英国史前沿译丛

主 编
H.T.狄金森
钱乘旦 刘北成

创造现代世界

英国启蒙运动钩沉

〔英〕罗伊·波特 著
李源 张恒杰 李上 译
刘北成 校

ROY PORTER
THE CREATION OF THE MODERN WORLD
The Untold Story of the British Enlightenment
Copyright © 2000 by Roy Porter
中译本根据 W. W. 诺顿出版公司 2001 年版译出

英国史前沿译丛

总　序

　　任何人都需要有历史知识，否则他就无法理解他所看到或体验到的现实，也就无法做好准备去影响未来。没有适当历史知识的人就如同患了失忆症，无法真正理解世界，只能随波逐流，既无法做出任何明智的现实决定，更无法采取审慎的行动来塑造未来。当然，无论多么热忱，无论多么努力，任何人都不可能洞悉整个世界的所有历史。对于一个公民来说，首先需要了解自己国家和社会的历史。除此之外，为了开阔视野，就应该努力了解一些特别重要国家和社会的历史——尽管那些国家与自己的国家经历不同，但对世界历史产生过深刻的影响。因此，我建议中国读者既要了解中国历史，同时也不妨了解一些英国历史。英国位于世界的另一端，社会文化与中国迥然有别，历史经验也大相径庭。最明显的差别是，中国历史悠久，人口众多，领土广阔，而英国的领土不大、人口不多，却利用近海之便而成为世界强国。英国在历史上有些事情乏善可陈，但它无疑也有一些惊人的成就，而且它对世界的影响超过了任何同等规模的国家。人类能够从过去的成功和失误中有所借鉴。对于今天的中国人来说，了解英国的历史经验及其对整个人类历史的贡献大有裨益，这将有助于他们理解周围的世界。因此，我们在确定这套译丛的书目时，力求能够反映英国历史的重要方面。我们希望能够有助于中国读者不仅了解英国历史，而且也能更好地理解中国的过去、现在和未来，还能窥见西方的历史学家是如何处理历史问题、历史资料以及研究方法的。

英国的历史无疑受到其特殊气候环境和地理位置的制约。英国是由欧洲西海岸附近的一系列岛屿组成的。这里气候宜人，没有长时间的严冬和酷暑。英国大部分地区土地肥沃，适宜农作物生长，山区也适宜放牧牛羊。英国自己能够提供重要的原料，如木材和煤铁矿石，沿海有丰富的渔业资源。这里没有人迹罕至的沙漠和高山峻岭，反而有众多可以通航的河流与天然港口。所有的居住区都距离大海不超过一百公里。在古代，这些岛屿迎来了一波又一波的和平移民和武装入侵者。但是最成功的入侵是在1066年，距今已有千年之久了。其他国家很少能有如此长久拒强敌于国门之外的和平时期。英国到欧陆的海上距离还算比较近，这就使得英国很容易与欧陆的巨大人口展开贸易活动，但是一旦英国开始建设强大的海军，大海也是防范欧陆强敌入侵英国的一道生死攸关的壁垒。英国的海军能够有效地保卫英伦群岛，但不能被某个专制君主用来压迫本国居民。借助海军，英国也致力于掌控跨洋贸易和占有远方的殖民地。当欧洲列强开始越过大西洋把自己的贸易和势力扩张到非洲和美洲时，在与西班牙和法国这些地广人多的国家竞争时，英国因为自身的地理位置、众多的天然港口和日益强大的海军而处于优越地位。因此，英国历史可以说是一个表明气候与地理在多大程度上可以塑造一个国家命运的故事。

在享受英伦群岛的天然优势方面，英格兰人（日耳曼人的一支）比苏格兰、爱尔兰和威尔士的凯尔特人和其他族群受益更多。英格兰人居住在最大岛屿（大不列颠岛）最富饶的地区，享有更好的气候条件，拥有更多的自然资源。他们的人口也逐渐多于比邻而居的凯尔特人，而且这种数量优势在几百年间变得越来越大。不仅在英伦群岛，而且在整个欧洲，英格兰人建立了第一个拥有明确边界的统一民族国家。因此，英国历史在很大程度上是英格兰人如何与英伦群岛上其他族群互动的故事。这是一个英格兰人侵略近邻苏格兰、爱尔兰和威尔士以及这些近邻武装反抗的故事。这也是通过王朝联盟、谈判订约以及和平方式来建立兼君共主政体、统一的行政机构和立法机构以及一个共同市场,从而创造一个人口众多的强大国家的故事。这就导致了英格兰对英伦群岛的文化和语言霸权,促进了文化融合,但是也造成了英伦群岛上非英语居民的某种反感。因此,英伦群岛的历史也是一个有限空间中更强势族群与人口更多的族群之间矛盾冲突的典型案例。这是一个关于把常常武装对立的不同族群变成新的统一民族国家是多么困难甚至是否可能的故事。许多英国近现代史学家都在思考,是否有一个大不列颠民族,英格兰人、苏格兰人、爱尔兰人和威尔士人之间的文化历史差异是否已经消除?许多英国近现代史学家也非常关注中央(以伦敦为基地的王室、行政机构和立法机构)与边缘(英格兰的偏远地区以及英伦群岛的其他部分)之间的政治关系。大多数英国近现代史学家非常清楚地意识到,旧有的英国史实际上仅仅是英格兰的历史,但是他们也发现,在撰写英伦群岛的历史时如何公正地对待中央和边缘,其实并不容易。不管怎样,近年来,他们开始尽力而为。

由于英国历史的一个重要脉络就是英伦群岛是如何统一为一个国家和形成统一的政治体系,由于英伦群岛在近千年的时间里没有遭受重大的外敌入侵,还由于英伦群岛开始把贸易活动和帝国统治扩展到世界各地,历史学家所争论的一个问题是,英国历史主要是由欧洲大陆的事件塑造的,还是说英国具有与其欧陆邻邦明显不同的历史经验?一方面,英国卷入了许多次与欧陆国家或敌或友的战争,也一直与欧陆保持着非常重要的贸易联系,同时也深受西方世界重大宗教和思想运动的影响,如基督教的传播、宗教改革、文艺复兴、启蒙运动以及世俗社会的兴起。另一方面,英国也在某种程度上孤立于欧陆之外,在许多世纪里免遭来自欧陆的入侵。英国先于其他欧洲国家建立了议会和代议制的体制,并且在许多世纪里维持和扩展了它们。英国先于其他欧洲大国建立了一个开放和流动性比较高的社会,而且比其他欧洲国家更早粉碎了建立威权式国教或绝对君主制的图谋。17世纪中叶，英伦群岛发生了第一次伟大的现代革命（先于美国、法国、俄国和中国革命）。尽管这场革命没有实现最激进的目标，但是它传播了许多新观念和新期望。1688—1689 年光荣革命之后，英国建立了有限君主制，实现了出版自由，确立了每年定期召开议会的制度，逐步扩大了选民的数量，保证了独立的司法和法治。与其他任何一个欧洲国家相比，甚至与世界上的其他任何一个大国相比，英国所经历的革命、内战或外敌入侵都比较短暂。英国先于世界上所有的重要国家建立了一个稳定而适度开放的政体，而且通过改良而不是革命的方式与时俱进。中国读者在了解这种演变是如何发生的之后，或许能借鉴不少东西。

直到 19 世纪之初，即便是按照欧洲标准来衡量，英格兰乃至整个大不列颠群岛领土面积不大，人口也不算多。但是，其他因素，如气候、地理位置、没有入侵之虞、便于进入欧陆市场，其海外领地生产欧洲人所渴求的产品，所有这些都有助于把英格兰乃至随后的整个大不列颠群岛变成世界上的第一个现代社会，并一度成为最先进的经济体。封建主义在英国的崩溃先于欧洲其他任何地方，因此自由的居民能够施展才能，改善自己的社会经济地位，财产和财富也得到更广泛的分配。英格兰社会越来越多样化，开始发展成一个公认的现代社会，其中包含着一个有产业的资本主义精英阶层，一个很有分量的中产阶级，一个与土地无联系的庞大的工人阶级。英格兰最初是以荷兰为榜样，逐渐变成欧洲最先进的农业经济体和最强大的金融中心，继而成为世界上最大的商业国和第一个工业国。这是第一个"现代"社会。在这个引领潮流的国家里，大多数人生活在城镇里，主要从事工商业而不是农业。这些变化很快就传播到其他国家，但是在某些地区现在还停留于早期阶段。最近数十年，中国已经成为这种潮流的一个主要参与者，因此中国读者可以了解英国是如何应对这些曾经影响并依然影响每一个现代社会的发展变化。

英国不是第一个建立海外大帝国的欧洲国家，但是前面所谈到的那些因素有助于解释为什么英国最终拥有了世界历史上最大的海外帝国。我们可以提出许多理由来批评大英帝国的兴起,肯定它在最后60多年里的土崩瓦解。不过,大英帝国的兴衰属于近现代世界历史上最重要的现象之列,值得仔细研究。我们需要了解这个大帝国因何建立起来,它给世界历史带来什么改变,它为何并如何土崩瓦解。例如,加拿大、澳大利亚和新西兰原先是大英帝国的白人殖民地,它们的历史与英国历史紧密相关。甚至可以说,如果不了解英国历史,也不能很好地理解印度和其他东南亚国家的历史。大英帝国的衰落当然牵涉到英国殖民地的民族主义与独立运动的兴起,但是即便在为了摆脱英国统治而进行过长期艰苦斗争的国家里,英语、英式议会和司法体制依然有很大的影响。许多现代国家曾经是大英帝国的一部分,非殖民化的进程并没有使得这些国家完全消除英国的影响。英国与其前殖民地的联系在今天也依然非常重要。不过,人们往往忽视了大英帝国的历史对英国国内历史的影响。只有认识到今天的英国是一个后帝国时代的大国,我们才能更全面地理解英国现代历史。为此,只要看看自20世纪中叶来自印度次大陆以及非洲的大规模移民涌入英国的情况,我们就能理解今天的英国如何受到其帝国历史的影响,可以说,今天的英国是其帝国历史的产物。大英帝国的历史在某些方面应该受到谴责,但绝不可忽视,否则就难以理解世界许多地区的历史和发展。

  在确定本译丛的选目时,我们的目的不是对英国历史做一番褒贬。英国优秀的历史学家所受的训练让他们在考察历史时不能带有傲慢、偏见或敌意。无论我们今天如何褒贬,这毕竟是一个不同寻常的故事。我们所挑选的著作都是西方学界公认的重要学术著作。这些著作不仅有助于读者从新的角度来理解英国历史,而且显示了现代历史学家如何改进历史研究的方法和路径。它们不是以传统的不容争辩的方式面面俱到地讲述英国历史的教科书。这些著作之所以受到好评,是因为它们揭示了以前没有充分探讨的历史侧面,它们以新颖的方式进行探讨，它们追问新的问题，进行扎实深入的研究，挖掘以前被忽视的史料，采用新的研究方法。它们受到其他学科，如社会学、语言学、文学批评和哲学的影响。它们对英国历史提出了全新的甚至颠覆性的解释。它们提出新的思路，引发新的争论，并且成为最高学术标准的样本。它们让读者看到了深入英国历史的全新路径，这些路径也是深入理解任何社会的新思路。我们相信，读者不仅仅能获得有关英国历史的新信息，了解到有关英国历史的新解释，而且也能学到令人兴奋的研究历史的全新方法，进而用于研究其他国家的历史。例如，我们在这些著作中所获得的如何研究历史的教益也可以用于研究中国。

哈里·狄金森

爱丁堡大学教授，前英国皇家历史学会副主席

2010年

（刘北成译）

目 录

致谢	1
导论	6
第一章　一个盲点？	14
第二章　一种意识形态的诞生	38
第三章　清理垃圾	63
第四章　印刷文化	87
第五章　宗教的理性化	112
第六章　科学文化	146
第七章　剖析人性	172
第八章　政治科学	200
第九章　世俗化	220
第十章　走向现代	246
第十一章　幸福	274
第十二章　从理智到情感	293
第十三章　自然	313
第十四章　心灵有性别之分吗？	340
第十五章　教育：万能药？	360

第十六章　平民　　　　　　　　　　386
第十七章　追逐财富　　　　　　　407
第十八章　改革　　　　　　　　　420
第十九章　进步　　　　　　　　　447
第二十章　革命时代："现代哲学"　469
第二十一章　持久的光明？　　　　500

注　　释　　　　　　　　　　　　509
参考文献　　　　　　　　　　　　671
索　　引　　　　　　　　　　　　749

致　谢

作为所谓的68年一代的一员，当时我非常幸运地能够聆听杰克·普拉姆（Jack Plumb）与昆廷·斯金纳（Quentin Skinner）在剑桥基督学院的课程，从那时起我对启蒙运动开始产生了兴趣。杰克告诉我，18世纪远非通常所呈献的那种程式化的高级政治风尚喜剧，而是一个动荡的时代，实际上也是一个重要的分水岭。昆廷则引起了我挑战思想史的欲望。这些出色的老师们对我思维的启迪也会让本书主要人物的心灵感到温暖。

1974年矿工罢工引发了停电，我在微弱的烛光下打字，我给剑桥历史学者做的最初的讲座就是关于英国启蒙运动的：在那时（我怀疑直到现在）这个题目会引起许多人奇怪探寻的目光。在这期间的四分之一个世纪里，我对这个题目的热情从未减弱过，我也总是打算把我的观点付诸笔墨。

这些年里，很多学者质疑我，并帮助我澄清看法。我尤其想要感谢米库拉斯·泰奇（Mikuláš Teich），他在20世纪70年代后期给出的建议——我们应该发起关于"民族语境下的启蒙运动"的系列讨论班——让我的思维不再那么狭隘可怜。特别感谢西尔瓦娜·托马塞利（Sylvana Tomaselli），她长期以来一直是我所有关于或围绕这个主题作品的耐心读者，也是一位对开明激进派而言具有如此珍贵公正性的评论人。

我受益于很多其他的学者，他们明确或间接地提到了这个话题。约翰·波考克（John Pocock）、玛格丽特·雅各布（Margaret Jacob）、

J. C. D. 克拉克（J. C. D. Clark），还有关于苏格兰问题方面的尼古拉斯·菲利普森（Nicholas Phillipson）必须特殊指明。他们的方法各异，观点彼此不同，但却都强调有一个问题需要说明。

在我写作的 12 个月当中，汉娜·奥格斯坦（Hannah Augstein）、比尔·拜纳姆（Bill Bynum）、卢克·戴维森（Luke Davidson）、布莱恩·多兰（Brian Dolan）、亚历克斯·戈德布卢姆（Alex Goldbloom）、菲奥纳·麦克唐纳（Fiona MacDonald）、迈克尔·尼夫（Michael Neve）、克莱尔·斯巴克（Clare Spark）、克里斯汀·史蒂文森（Christine Stevenson）、简·沃尔什（Jane Walsh）、安德鲁·韦尔（Andrew Wear）等人阅读了本书的章节与草稿。我深深感激他们无比珍贵的评论、批评、激励与友好的支持。

我在伦敦的惠康研究所学习医学史，度过了多年快乐的时光，这个组织最近才被惠康基金会（Wellcome Trust）解散。我非常愉快地感谢里面每一位工作人员所给我的巨大支持，尤其是我的秘书弗里达·豪泽（Frieda Houser），研究助理卡洛琳·奥弗里（Caroline Overy）以及管理复印机的安迪·弗雷利（Andy Foley）与斯图尔特·弗里克（Stuart Fricker）。萨莉·斯科维尔（Sally Scovell）与莎伦·梅辛杰（Sharon Messenger）则提供了出色的研究帮助，在吉尔·多伊尔（Gill Doyle）与乔安娜·卡弗里斯（Joanna Kafouris）的帮助下，永远不知疲倦的希拉·劳勒（Sheila Lawler）、简·平克顿（Jan Pinkerton）与特雷西·维克汉姆（Tracey Wickham）则重新录入了看似无穷无尽的手稿。杰德·劳勒（Jed Lawler）帮助了我这个计算机盲。关于企鹅图书，我非常感谢萨莉·霍洛韦（Sally Holloway）、塞西莉亚·麦凯（Cecilia Mackay）与珍妮特·达德利（Janet Dudley）专业的打印排版，图像扫描与编纂索引工作。我深深地感激英国科学院（British Academy）在他们的 1998—1999 年度研究计划之下给了我一份研究基金，在此期间，我这本停顿已久的书终于完成了。

感谢我的出版商西蒙·温德尔（Simon Winder），他对本书的信任采取了非常实际的形式，使我得到了大量有帮助的评论意见。我最后应该向吉尔·柯勒律治（Gill Coleridge）——我的作品经纪人——表达敬意。在过去的十年里，她教会我管理学术生涯中混乱局面的办法，可以说她的方式简单地改变了所有的一切。我还能再说些什么呢？

xiii　　先生,这是一本关于一个人头脑中思维经历的历史书(可以将它推荐给全世界)。

　　　　　　　　劳伦斯·斯特恩,《项狄传》(1759—1767)

　　我是一位真正的英国人,生来就不是为了去发现什么,而是要改造一切。

　　　　　　　　威廉·葛德文,转引自唐·洛克,《理性的幻想》(1980)

　　成为理性生物是如此方便,因为它能帮助人们给自己想要做的事情找到或者制造一个理由。

　　　　　　　　本杰明·富兰克林,《自传》(1793)

　　在有限范围内,人们认为启蒙运动是什么,它就是什么。

　　　　　　　　诺曼·汉普森,《启蒙运动》(1968)

　　怀疑,这是历史研究者的必备品质。

　　　　　　　　塞缪尔·约翰逊,《关于马尔伯勒公爵夫人事迹记载的评论》(1742)

　　当下充斥全世界的许多书籍,我们完全有理由怀疑它们是为了某种看不见的秩序而写的,因为毫无疑问,它们对于世界上一切有血有肉的居民都毫无用处。

　　　　　　　　塞缪尔·约翰逊,《索姆·杰宁斯评论》(1757)

xiv　　我厌恶肖像,很希望带着我的提琴远走高飞,到一个甜蜜的村庄里,在那里我可以画风景,并在恬静与安详中享受我的余生。

　　　　　　　　托马斯·庚斯博罗,致威廉·杰克逊的书信(1760)

农夫把种子种在土壤里，上帝的善、能力与智慧承诺他会通过勤劳、寡欲以及善良换取面包、健康与安宁。作家到处撒种——伴着头痛、耗损的健康与所有焦急的心愿，而人类的愚蠢、罪恶与浮躁则许他以印刷商的账单、纽盖特监狱专门关押债务人的侧楼，以此作为完全而充分的报酬。

塞缪尔·泰勒·柯勒律治，致托马斯·普尔的信
（1796 年 12 月 13 日，星期二）

我正在尝试一个在现代作家中很常见的实验，那就是无中生有。

乔纳森·斯威夫特，《木桶的故事》（1704）

然而我很惊异，有如此多的人都曾写作，而他们本可以不从事这一事业。

塞缪尔·约翰逊，《苏格兰西部诸岛纪游》（1775）

没有比作者期待他的劳动成果能够在世间得到接受更加错误的想法了。几乎所有人在出版一部（无论什么种类）作品时，都相信他已经抓住了契机，公众注意力正对他的呼吁虚位以待，世界也愿意以一种特殊的方式去学习他们想要教授的技艺。

塞缪尔·约翰逊，《商业与贸易辞典》序言
（理查德·罗特，1756）

人们可以随时写作，如果他对此坚持不懈。

塞缪尔·约翰逊，见于詹姆斯·博斯韦尔，
《塞缪尔·约翰逊生平》（1791）

导　论

关于英格兰启蒙运动的史料编纂至今仍然是空白。

——波考克[1]

提前做些说明会让这本书更容易理解。首先是不能令人满意，也无法避免的专门术语。在约翰·波考克看来，"'这场'（或'一次'）'英格兰启蒙运动'这样的措辞并不像听上去那么真实"。[2] 或许是这样吧。但是，效仿他自己的例子，我还得对这个词照用不误。诚然这是个有时代错误的表达方式，但是我相信它捕捉到了一场运动的思想和气质，这场运动的领袖大胆地宣称："我们首先关注的，和热爱我们国家的人一样，一定是'启蒙'。"[3] 好在我已经避免了"前启蒙状态"（pre-Enlightenment）这个词，这个词只能带来语义混乱，无法起到澄清的作用。（我们能把原有状况或类似的情形用前奏来表示吗？）[4] 或许我应该运用"早期"或"第一次"启蒙这样的词语来大体描述1750年之前的发展状况，或者大致描述我在本书前十一章里面所要展开的内容。我也写到了"后期"或"第二次"启蒙，大体上指的是那个世纪中叶之后所发生的事件，也就是书的后半部分所涉及的对启蒙运动的开明批判。"18世纪及其前后"这个词有时会被用来作为从王政复辟到摄政时期这一整段时间的简略表达，其他的一些年代性标记，比如说"乔治王时期"和"汉诺威时期"在使用上也同样具有弹性。

多年以来，波考克和其他一些人一直在强调，为了避免进步的

声音听起来像是小团体或是密谋集团所发出的,认为我们应该去掉 xviii
定冠词,或许还有大写字母,不再说启蒙运动(The Enlightenment),
而是改用小写(enlightenment),或者最好使用这个词的复数形式
(enlightenments)。我完全认可这种非常精明的建议,它尤其适用于英
国,因为这里从来没有出现过很多人认为在法国确实出现过的"哲人
小群体"(un petit troupeau des philosophes)——一小群人,一个人道
党。不列颠的先锋派并不是一群注定要把自由民主的火炬传递给肯尼
迪的美国和布莱尔的英国的受迫害反叛者或地下出版物作者的联合体。
他们更像是一群混杂的顾客,出没在乌烟瘴气、人群密集的咖啡厅里,
讨论不休。他们这些人分享广泛的信念与共鸣,但是在其内心最重要
的问题上却存在差异,并愿意保有这种差异。

　　说到"人"(men)这个词,就会涉及性别语言这个复杂论题。
就像那些咖啡馆的政客一样,下面将要讨论的思想家多数都是男性。
他们所惯用的"学者"(man of letters)、"时尚人士"(man of mode)、
"平民"(common man)等习语完完全全的性别化,他们的基本预设
也是如此:当约翰·洛克这类思想家说到"人"这个词的时候,毫
无疑问这里暗藏一种不言而喻的、泛指的人类概念,但是他们实际
想象中的教书、布道、写作和启蒙别人的人却都是男性。他们在这
种公共语境中很少想到女性,即便想到了,他们也会刻意加以说明。
这种隐形的性别语言反映了由处于主宰地位的男性精英所界定的男
人的世界。为了捕捉到那个时代的基调,我在此也基本上沿用他们
的惯例。[5]

　　这里还要对术语做进一步说明。英格兰和苏格兰议会通过1707年
《联合法案》联合在一起,大不列颠由此诞生。苏格兰因而接受了《嗣
位法案》,该法案于1701年在威斯敏斯特颁布,规定汉诺威家族为安
妮女王的继承人。1801年的第二次《联合法案》把爱尔兰纳入了"联
合王国"。接下来我在使用表示国族的词汇时没有那么的严格。我常常

用English（英语）作为English language（英格兰语言）的简略表达，在形容生活在不列颠群岛的精英们广泛共享的观念或取得的进步时会混用English（英格兰的）和British（不列颠的），因为实际上当时所有的启蒙思想都是英格兰人的头脑（English heads）想出来的，尤其是在18世纪的前三十年里。和这种"归并"习惯相反，当我具体讲述地区性传统和主题的时候，会在"英格兰的"和"苏格兰的"之间做出区分，而且我会在第十章用更多的篇幅来描绘苏格兰启蒙运动发展过程的特征。[6] 许多爱尔兰和威尔士裔思想家——比如说约翰·托兰德和理查德·普莱斯——也非常杰出，但是除了在第十章和第二十章一笔带过之外，我没有过多地关注发生在或关于爱尔兰和威尔士的争论。这些词汇的具体用法会通过语境得以阐明。或许这种偷懒的办法会让人困惑，或者触动现代民族主义者的敏感神经，但却也反映了那个时代的现实——当时英吉利（English）这个词普遍应用在出生于"我们的群岛"任何地方的人身上。[7]

在本书中，太多的主题我只是稍有涉及。我不能让政治争论、文学和艺术占用太多的篇幅，也不能过多地涉及流行风尚、文化的商业化和民族主义的形成。除了篇幅有限之外，还有很平实的理由：关于这些领域，最近有大量的著作出现，我并不想把良好的地基再翻一遍，相反，我将尝试在我的历史学同人所做的艰苦前期工作的基础之上，构建我的成果。[8] 同样，我也没有给重要的哲学家做过多的阐注。因为在大多数情况下，同样早已有很好的研究成果存在。[9] 我主要的兴趣点很少涉及复杂难懂的概念，例如霍布斯、休谟、赫顿或者哈兹利特，而是希望更多地展现活动家、观念和社会的交互影响。

苏格兰启蒙运动的历史学家们可能尤其会感到委屈不平：难道大不列颠北部就不值得更多关注吗？难道阿伯丁、圣安德鲁斯和格拉斯哥的文人，更不必说被称作"北方雅典"的爱丁堡新城（New Town）和其他所有，都不值得你用专门篇章来描述吗？我不会忽视苏格兰人的杰出贡献，但还和上面提到的原因一样，已经有非常杰出的研究成果可供我使用了。因为我的关注点更多是在意义与影响上，而不是追溯起源，我选择——也许有些大胆——把苏格兰思想家放在大不列颠的故事里当作一个整体来讲述。[10]

让我非常遗憾的是，我在此没法讲述更多欧洲大陆对英国的影响，以及英国思想与海外的相互影响。褊狭的历史并无益处。下文任何突出强调英国启蒙运动的英国特性或那些"英国例外论"[11]的主张，都不应立基于"笼罩英吉利海峡的迷雾"，后者使人无视其他地方的发展，这些主张必须有更坚实的基础。我只能自我辩护说，充分讨论这些问题只能让一本已经很冗长的著作更加烦琐，而且还需要研究米兰、美因茨和马德里的文人，这远远超出了我的能力范围。[12]

另一些数不清的重要问题亟待关注——这些问题涵盖心灵与肉体、天堂和地狱、来世、灵魂和自我不可知性的论争，这还只是冰山一角。我之所以忽略这些问题是有理由的：我计划在下一本书中讨论这些话题，我将考察英语世界的启蒙运动关于道德、物质与医学三者关系的讨论。

接下来简要说明一下我的立场。启蒙运动的历史书写早已被史学家的后见之明扭曲，并对各种偏见丝毫不觉得惭愧。进步主义者长久以来赞美启蒙哲人（*philosophes*），因为他们最早为人权振臂高呼，或在美国革命与启蒙运动之间寻找某种延续性——正如美国杰出历史学家亨利·康马杰曾有一次说过的那样，欧洲梦想启蒙，美国将其实现。[13] 而右翼人士——呼应着柏克和巴吕耶尔神父（Abbé Barruel）——谴责启蒙运动为恐怖统治提供意识形态弹药，认为卢梭的普适理论招致了"极权民主"，贻害无穷地为法西斯主义、纳粹和其他极权统治赋予了合法性。[14] 在某些领域里，对启蒙运动的抹黑司空见惯。"二战"之后，"极权主义"成了启蒙运动的代名词，该运动的管理理性（managerial rationality）被指控为社会强加了某种"被管制的生活",这就无可避免地把社会变成"普遍的集中营"。[15] 在呼应这些解读时,米歇尔·福柯认为不考虑启蒙运动的修辞,它的真实逻辑是控制与管理,而不是推动人类解放。某些现代文学批评圈的偏见也毫不逊色。[16] "后现代学术所描绘的所谓'新'18 世纪,"特里·卡斯尔冷冰冰地说,"与其说是理性的时代,不如说是偏执、压迫与萌发癫狂的时代。"[17] 霍布斯鲍姆在 1997 年以同样的口吻说道:"这几年间,启蒙运动或被贬低为肤浅、思想天真,或被描述成为戴着假发的冷漠白人的西方帝国主义提供某种学术基础的一场阴谋。"[18] 伏尔泰认为历史更像是我们和死人玩的游戏,而且没人否认客观性是虚幻的海市蜃楼。然而我相信那些福柯主义和后现代的解读是在刻意制造这种偏颇,接下来我会呈现如何以及为何会有这样的情形。

我发现我与启蒙思想家意气相投:我欣赏他们精练的散文,那些温和、睿智、善于交际之人所写的文章让我心为之触动,强于吸引了克里斯托弗·希尔的愤世嫉俗的清教徒与彼得·盖伊所描述的热切地充满情欲的维多利亚时代之人。我相信这本书会被视作分析研究著作,而不是宣言书或辩护词。启蒙运动是中性的,无需欢呼也无需嘲弄。别的不说,英雄-恶棍二分法式判断是很荒谬的,因为就像我不厌其烦地强调的那样,不存在铁板一块的"启蒙计划"(Enlightenment project)。启蒙思想家思路开阔,他们赞美多元主义,他们的词汇表里更多的是讽刺而不是教条。马克·戈尔迪认为:"启蒙运动不是改革运动,而是一种腔调,一种情感。"[19] 宽容是它的核心议题,它的倡导者会在一些问题上与人握手言欢,也会就另一些问题对人挥舞拳头。在其职业生涯的大部分时间,约瑟夫·普利斯特利,这位不知疲倦地宣扬宗教与政治自由之人,都把埃德蒙·柏克视为同道,虽然这种友谊因为对法国大革命看法不同而黯然终止。然而,尽管普利斯特利与不信教的爱德华·吉本关于(基督教)兴起的问题存在分歧,但他们却也在很大程度上共同批评教会的腐败。普利斯特利甚至和同样是不从国教者的理查德·普莱斯博士打笔仗,坚持自己那真诚到有些奇怪的立场,认为只有教会分裂才有可能激发真理的出现。[20] 很少僵化,争论总是重于教条,文化战不仅发生在敌我之间,也会爆发于启蒙人士内部。

简而言之,我们必须对明暗对比方法十分敏感,以便勾画出启蒙运动的轮廓,既要看到它的解放性,也要了解它的局限性,(一如既往)认识到,允许一些真理接受质疑,是因为其他真理仍旧不证自明。我们必须努力抵抗启蒙口号的诱惑性,既不要把启蒙运动假定为人类的天定命运,也不要把它贬低成冷漠白人男性的阴谋。它更应该被看作一个肩负着现代化使命、相互交叉、彼此影响的精英群体。我们对启蒙思想家的社会视角一定要尽可能细致入微,既要"自上而下",也要"自下而上";既要看到地方的情况,也要关注大城市;不仅要听到男性声音,还要关注女性。[21] 我们必须用足够广阔的视野囊括如下问题,具体出于何种偏好,一些人(比如杰里米·边沁)沿着成本-效率的理性化之路前进,而其他人,比如约翰·威尔克斯则吹响了自由的号角。对一些人而言(比如大卫·休谟),启蒙运动的基本问题是在政治现实之内把人从宗教偏执中解放出来。对另一些人而言(比如理查德·普莱斯博士),启蒙则意味着神意拣选出来的通往政治自由之路。[22]

为避免偏袒,本书力求通过展示他们的思想去理解究竟是什么在驱动进步知识分子,在洛克的名言的指导下,努力以"思想家使用它们时所表达的意义"来理解思想家的词汇,"而不是依每个人独特的哲学将这些词汇挪用至作者从来就没有思考过的概念"。[23] 这是一项特别重要的任务,因为他们当年所致力创造的世界正是今天我们继承下来的世界,我们中的多数人今天所接受的世俗价值体系也都拜他们所赐,这个价值体系认可人类的团结和基本的个人自由,以及宽容、知识、教育与机会的重要性。作为启蒙运动的孩子,我们应该努力理解父辈。

这当然从来就不是简单明确的。尽管 18 世纪的进步知识分子支持很多现在已被普遍认可的说法，但他们也会持有某些被今人弃如敝屣的想法。约翰·洛克力主人类的自然自由，然而他在 1669 年草拟的《卡罗来纳宪法》却授予新殖民地的自由人对奴隶的绝对控制权。[24] 边沁谴责给同性恋定罪的做法，但他却赞成阉割强奸犯和在犯人身上刺上印记——这还是建立在幸福原则的基础之上。[25] 玛丽·沃斯通克拉夫特为女权辩护，但她比任何仇视女性者还要偏执。罗纳德·诺克斯曾说："启蒙的时代也是一个狂热的时代。"[26] 我会在字里行间展现这些复杂性、交融性与冲突性。

"在多数人眼里，理性仅仅意味着他们自己的意见。"忧郁的威廉·哈兹利特如是说。[27] 我们自然不会完全盲从哈兹利特这种带有先天挫败感的顽固态度，但也应该提防用今人的角度理解古人，得承认任何时代（尤其是理性时代）都有那个时代实现理性化的方式，也有自身的意义符号，无论说辞还是隐含意义。对功利主义者而言，理性不只表达个人自由。它也强调规训，那是塑造有效体制的工具，在其中理性的人去管理其他的人。边沁主义以此种方式招致社会控制这一事实却不足以让我们把启蒙运动看作明日黄花而加以抛弃，这仅仅是防止"在一切启蒙中，所有都是为了寻求至善中的至善"这种简单解读出现的警告。[28] 没有比强行把已故先人套入今天的概念束缚之中更愚蠢的行为了。我们最应该做的是去理解——此世的威逼恐吓无法改变他们！本书根本不想评判谁是圣徒、谁是罪人，只求把思想战中的进步主义者作为问题来研究。

在真诚感激史学同人们的作品所带来的启发的同时，我也对文学研究者表示感谢。即使最出色的史学家也很少公正对待文学研究提供的卓越见解：对格拉布街（Grub Street）与文人共和国（repubic of letters）的文学研究，对作家和读者的研究，对流派、经典与语域的研究，对虚构个人与社会作品的研究。后面我会重点强调诗人、评论家和小说家对于身份认同、个性和主观性的争论，还有在性别化的自我政治学中，想象所扮演的角色。我深信，正如约翰逊所认为的那样，18 世纪确实是一个"作家的时代"。[29]

启蒙先锋谴责僵化，赞美创新（尽管他们也怀疑它），致力于争论，或自我批评与自我表扬。凭借印刷媒介，公共舆论形成了，它以某种不可思议的方式扮演了 20 世纪后期的数据革命与当今电子信息爆炸时代里因特网与万维网表达方式的先声。印刷进步所取得的成就让两位巨人兼对手——塞缪尔·约翰逊和大卫·休谟一度找到了某些共识。"没有出版业，知识就不可能普遍传播，民众仍将处于野蛮状态。"约翰逊感慨道[30]。休谟则感觉到："由于知识与自由的进步，在最近五十年里，人们的观念发生了急速而明显的变化。"[31] 印刷革命与阅读公众的兴起催生了新的知识贩卖者群体，他们扮演起社会的眼睛、耳朵、大脑与喉舌。[32] 这个正在萌芽的英国知识分子群体长期被忽视是多么的奇怪。本书意在为改变这一状况做出一点努力，重新反思英国人的启蒙运动，照亮那未知的"黑洞"。

（说明：我力求如实征引所使用的文献。但我不够严谨，没能完全遵照原文的标点与字母大写。）

第一章　一个盲点？

> 18世纪驶入了一个空前稳定的时代……任何动荡时期的观点或记忆都没有保存下来。
>
> ——佩里·安德森[1]

1783年不只发生了美利坚合众国赢得独立这样的重大事件，也有一些小事情出现，其中就包括柏林星期三学会（Berliner Mittwochgesellschaft）的成立。在当时的德意志城市中，许多辩论社团如雨后春笋般涌现，该学会就是其中一个典型代表。学会一位成员在当地的期刊上提出了这样的问题："什么是启蒙？"由此引发了一场激烈的辩论。在距此地以东360英里的柯尼斯堡（Königsberg），一位哲学教授提出了自己的想法。在《答复这个问题：什么是启蒙》（1784）一文中，伟大的伊曼努尔·康德宣称："若是问我，当下我们生活的时代是否已经完成了启蒙，我的答案是否定的。"不过他又进一步补充说明："但我们确实生活在启蒙的时代里"——欧洲正在**经历着**启蒙的阵痛。[2] 这是怎样的状况？

为了让"人类从自己加之于自己的不成熟状态中解放出来"，康德指出，人们必须在"勇于求知"（*sapere aude*）口号的驱动下为他们自身思考，这个口号来自罗马诗人贺拉斯。[3] 当然这并非易事。实际上，思想者必须敢于"认识"，但是作为教士和国家公职人员，其首要职责便是服务教会、听命君主——康德所说的君主指的是普鲁士的腓特烈大王，毫无疑问，他是位开明君主，既是伏尔泰的崇拜者，也是一位马基雅维里主义者，穷兵黩武，专制独裁。康德的结论是，臣民有义务克制异议，支持君主意志，由此预防无序状态的出现。

历史学家通常赞同康德的说法，即认为他那个时代启蒙尚未完成。⁴ 但若参考史实，则纯属误解。这说法可能很适合于他的大学城，即今天的加里宁格勒，该地位于波兰以东，俄罗斯的波罗的海沿岸。1724 年康德生于斯，八十年后死于斯。这位哲学家尽管在思想的海洋里勇敢航行，却终其一生从未跨出过东普鲁士半步。他每天散步的路线几乎都是完全一样的——据说正是因为他的生活相当有规律，当地人甚至能够根据教授路过的脚步声来校对手表时间。⁵

有人怀疑，并没有那么多的柯尼斯堡人在床头挂着"勇于求知"。康德的对完成启蒙的否认适用于整个普鲁士，那是一个封建王国，通过强制农奴劳动来供养傲慢的土地贵族阶层、顺从的官僚系统与恐怖的军事机器。尽管腓特烈自己摆出一副进步的姿态，推行进步政策，但普鲁士某种程度上只是在特殊意义上配得上"开明"称号。英国旅行家约翰·摩尔凝练地评论道："这是一个被 18 万军人撑起的政府，它可以完全无视少数有远见政客的批评与文人的口诛笔伐。"⁶

康德教授是位忠诚的国家公务人员，他对自由的看法和他本人一样谨慎。在欧洲其他地方，启蒙问题早已提出，并且许多人相信，早在柏林星期三学会被最终构想出来的几十年前就已得到解决。不管作为哲学家有多么伟大，作为文化旁观者的康德却注定是一个边缘人，难以掌握西方的政治现实，在那里，"这个完成了启蒙的时代"一类的词句早就耳熟能详。⁷ 在英格兰，安布罗斯·菲利普的《自由思想家》杂志在 1718 年就已把贺拉斯的"勇于求知"用作报头，并对迷信发起攻击。在这样一个从 1695 年开始就已经废除书报审查制度的国家里，鼓吹自由思想不会引起非难——相反，星期三学会却要乖乖地把自己

的出版许可呈交出版审查机关。⁸

早在菲利普的时代，英国人就以生活在启蒙之光下为荣。在康德之前的四分之三个世纪里，第三代沙夫茨伯里伯爵安东尼·阿什利·库珀（Anthony Ashley Cooper），就已在尼德兰用更为引人振奋的词汇写信给一位同人：

> 一束强大的光芒照耀了整个世界——尤其是英格兰与荷兰这两个自由国度。欧洲的事务开始转向二者。虽然上帝能很快把与我们已经取得的伟大成就相匹配的"和平秩序"带给我们，但文化和知识如果不取得史无前例的进步，这便不会发生……我从不认为公平的辩论会让有神论损失什么。我从没有……比期待哲学自由的完全确立更期待过其他的事情。⁹

就像本书将要强调的那样，这位辉格党人因为在一个自由进步的国家享受到"完全的哲学自由"而得意扬扬，他的这种感受也是那个时代很多人所共有的。但奇怪的是，历史学家却对英国思想家在整个欧洲启蒙运动中所起到的作用甚少提及！

各种修正主义充斥着我们的时代。长久以来，"理性时代"（age of reason）都被英美学者视为沉闷枯燥或者狂妄做作的过渡时期而加以蔑视，认为这个时代集中体现为伏尔泰式的自以为无所不知者与卢梭式的行为怪诞群体。近些年，启蒙运动却得到了认可——有时也是恶名，人们将其视为创造现代性过程中起决定作用的一场运动。¹⁰美国史学家彼得·盖伊（Peter Gay）一再强调启蒙哲学家是无所畏惧的批评家，他们同那些时至今日仍在困扰我们的现代生活诸问题英勇搏击。¹¹从那以后，我们就对启蒙运动（Aufklärung）的理解更为丰富了。时至今日我们可以看到，启蒙运动远远超出了盖伊所赞扬的"一小群哲人"。今天的文化史学家强调在整个公共阅读领域中新思想的激烈碰撞，报纸、小说、印刷品，甚至黄色书籍都会刺激这种碰撞的发生。启蒙运动不应被当作一部正典，它应是一种鲜活的语言，一场思想倾向的变革，各种口号的相映生辉，把新事物引起的震动带给世界。有着不同国籍，不同身份、职业与利益诉求的男男女女作为主角，参与并推动着这场运动，裁定看待世界的全新方法。[12]

启蒙运动在广泛的战线上批评、说服并呼吁进步实践：这种介入型的启蒙运动形象与那些早已过时的在巴黎沙龙中戴假发的装腔作势之人的形象相比，这无疑是个巨大的进步。但是，在这种受欢迎的修正主义中，英国的角色还是被离奇地忽视了。这也并不新奇。在介绍启蒙运动先贤的时候，恩斯特·卡西尔（Ernst Cassirer）就甚少提及英国启蒙思想家。他那权威且深奥的《启蒙哲学》（*The Philosophy of the Enlightenment*）一书便是一例，该书于1951年从德文译成英文，书中既没有提到博林布鲁克、边沁、普利斯特利、普莱斯、潘恩、葛德文和沃斯通克拉夫特——后两位是第一对启蒙夫妻搭档——也没有震惊世界的博学家伊拉斯谟斯·达尔文，更不用说盎格鲁-苏格兰的政治经济学家——居然没有亚当·斯密——与世俗传道者艾迪生（Addison）和斯梯尔（Steele）了。从他的哲学高度出发，卡西尔纡尊降贵地提到了那些少数他确实打算讨论的英国思想家："在这场运动的领袖中，"他总结自然神论时说，"并没有真正有深度或堪称原创的思想家。"[13]

卡西尔的博学理所当然地产生了巨大影响，而他对英格兰的忽视也成为其后继者的特征。莱昂纳德·马萨克（Leonard Marsak）汇编的文选《启蒙运动》（*The Enlightenment*）没有收录任何一位英国作家的作品，莱斯特·克罗克（Lester Crocker）的那本同样也好不到哪儿去，50位作者里只象征性地收入4位英国人。[14] 前一代人所确立的模式仍在继续：詹姆斯·施密特（James Schmitt）的新书《什么是启蒙？》（*What is Enlightenment?*）里收录了34篇文章，没有一篇是关于英格兰的。¹⁵ 一份关于乔治王时代英格兰的宗教和哲学的研究报告连"启蒙"这个词语都没有用到。克里斯托弗·希尔（Christopher Hill）同样瞧不起"犽猢社会"（Yahoo society）*的神秘理性。文学史家喜欢使用"奥古斯都文学"（Augustan）**这类标签，一部分原因在于"理性时代"被人们视为"想象力的冬天"。¹⁶ 那些没有忽视英国的作品，却否认其成就。亨利·斯蒂尔·康马杰（Henry Steele Commager）认为英格兰"或多或少处在启蒙运动之外"，一位美国同行朋友在1976年宣称："一旦听到'英国启蒙运动'一词，就感觉非常刺耳，不合时宜。"¹⁷ 看来本书对他来说注定是一次"刺耳"的体验。

这种在学术上的轻慢态度有根深蒂固的传统。与海峡对岸那些以"白日先驱"（lumière）与"光明使者"（illuminati）自居的人不同，乔治王时代的绅士很少标榜自己是"启蒙人士"（enlighteners）。"启蒙运动"这个表述直到维多利亚时代中期才被引入英语，且即便那时也只是用来揶揄伏尔泰，表达对"理性时代"浅薄的跳梁小丑的轻蔑，他们是浪漫主义时代与维多利亚时代如此憎恶的人。¹⁸ 对"启蒙运动"一词的轻蔑一直延续了下来：1973版的《简编牛津英语词典》将其概括为：代指某种"浅薄而又狭隘自大的理智主义，对权威与传统无来由的蔑视，等等。尤其指18世纪法国哲学家的精神和理想"。这一定义不仅体现出保持英国式市侩主义的骄傲，也反映了对于"权威和传统"的牛津式顺从的延续。¹⁹

因此，我们就不奇怪为什么没有一本名为《英国启蒙运动》或《不列颠启蒙运动》的书了。最近一本是约翰·瑞德伍德（John Redwood）的《理性、讽刺和宗教》（Reason, Ridicule and Religion, 1976），至少该书的副标题还名为"英国的启蒙时代，1660—1750"。

---

*　《格列佛游记》中描写的原始人社会。——译者
**　"奥古斯都文学"是18世纪上半叶产生并流行于英国的文学风格，其流行时期被称为奥古斯都时代。——译者

该书作者是一位牛津万灵学院的研究员，很偶然成为一位极右的保守党政客与公开的欧洲怀疑论者（Eurosceptic），书中提到了一个古怪的案例：由于不能对王权和教权做出理性的批评，反对统治集团的理性主义死敌竟自贬身份，转而使用嘲笑与讽刺这样的手段。[20] 继之而来的新保守主义史学家克拉克（J. C. D. Clark）当时也在万灵学院，他实际上默默地否定了英美启蒙运动，认为汉诺威时代的英格兰一直是一个"宣信国家"（confessional state），教会和国王意志拥有最高权威。克拉克虽然颇富学识，但他所阅读的资料确实非常特殊：他的注意力集中在政治上层建筑，完全忽视整个社会中不断涌起的对变革的热情。然而，他对高教会派（High Church）与保守党信仰的顽固不化本色的强调却有其独特价值，因为这就突出了意识形态冲突的紧张感，从而提醒我们：启蒙的姿态所形成的并非历史大事身后那类平淡的背景音乐，而是一种支持呼声，表达着不同的利益与分裂的精英。[21]

当然，关于这个学术盲点也有一些杰出的"例外"，尤其是波考克与玛格丽特·雅各布（Margaret Jacob）的研究，二人对这个词的用法做出了新的贡献，让后继者心怀感激地引用他们开创性的成果。然而还没有哪项"不列颠启蒙运动"研究，或任何关于"英格兰启蒙运动"（English Enlightenment）的争论能够比得上关于科学和工业革命的研究和讨论。[22]

之所以说上述现象很怪异，是因为启蒙哲人自己就把英格兰看作现代性的诞生地。法国、意大利与神圣罗马帝国的崇英派歌颂英国法治下的君主立宪和自由，赞美英国开放的社会、繁荣的经济与宗教宽容。"英国人是地球上唯一一个这样的民族，"作为扔向旧制度的重磅炸弹，伏尔泰在其享有盛名的《哲学书简》（1733）一书中宣称：

> 他们通过抵抗君主达到节制君主权力的目的。他们通过一系

列的斗争，终于建立了这样开明的政府：在那里君主有最强大无比的权力去做好事，同时被限制不能犯下罪行；在那里贵族们高贵但不傲慢，且无家臣；人民能够心安理得地参与国事。[23]

不管这多么理想化，伏尔泰的敬意至少基于他的亲身经验。在与罗昂骑士（Chevalier de Rohan）一番唇枪舌剑之后，这位年轻的作家遭到骑士的几个恶仆的痛打，并被投入巴士底狱，后虽被释放，却遭放逐。自1726年起，伏尔泰在英国居住了三年时间，与诗人和政客为伴，并埋头苦读英国科学家、哲学家与宗教自由思想家的作品。[24]

在《书简》一书中，伏尔泰称赞英格兰是一个"哲学家的国度"，是自由、宽容和理智的摇篮，就像后来的孟德斯鸠一样，将其作为敲打自己祖国的棍棒。弗朗西斯·培根是现代科学的先知，艾萨克·牛顿揭示了宇宙的规律，约翰·洛克推翻了笛卡尔体系，在经验的基础上重建了哲学。[25] 他们的学说在教条主义与怀疑主义之间开辟出一条道路，开拓了自然、道德和社会研究的新视野。

作为更年轻一代的哲学家，德尼·狄德罗的研究热情也一点不输前辈。在思考"培育出哲学的两个欧洲国家"的过程中，他做出了生动的区分："在英国，哲学家享有荣誉，得到尊重。他们担任公职，与国王葬在一起……在法国，他们会收到逮捕令，他们会遭到迫害，会被牧师口诛笔伐……难道我们看不出，英格兰从不行此恶事吗？"[26]

《百科全书报》（*Journal encyclopédique*）宣称，法国"受惠于英格兰，伟大的革命发生于每一个能带给人们快乐、促进国家繁荣的领域"。[27] 巴黎的进步主义者组成了非正式的英国迷俱乐部，18世纪60年代的一部大众喜剧却嘲弄那些崇英狂，说他们终日把"荷加得"（Hogard）和"欣德尔"（Hindel）挂在嘴边，非茶不喝，非莎士比亚、蒲柏不读，还声称："人类的导师诞生在伦敦，我们从他们那得到教诲。"[28] 其实这种讽刺的描绘一定程度来说是符合事实的，爱德华·吉本——显然他不是粗浅的沙文主义者——去巴黎旅行时正值波旁王朝刚刚在七年战争中惨败,他发现:"我们的观点、风尚,甚至游戏都被法国人接受了。民族荣誉照亮了每一个人,每个英国人都被认为是天生的爱国者和哲学家。"[29]

欧洲人欣然接受了英国的观念。以另一位英国崇拜者皮埃蒙特贵族阿尔贝托·拉迪卡迪·迪帕塞拉诺(Alberto Radicati di Passerano)为例,"他吸收了英国自然神论中最激进、争议最多的要素,"著名的意大利史学家弗朗哥·文图里(Franco Venturi)曾评论道:

> 他梦想一个没有(私有)财产、没有权威的世界,同时还表现出对不列颠群岛混合政体的热情,这是他在坎坷多舛的流放过程中所收获的体验。他以一种奇特而新颖的方式,把来自英国的各种多元要素融合在了一起……这个例子的每个侧面,无论是意识形态还是政治方面,都彰显了在世纪之初那些形成于英国的观念在欧洲大陆的渗透。[30]

欧洲大陆的学者被英国在政治学、伦理学、认识论、美学甚至纯文学领域的创新深深刺激,这种刺激如此之深,以至于狄德罗竟然情不自禁地高呼:"没有英国,法国的理性和哲学将仍然处于最卑微的初创期。"[31] 宗教批评通过托兰德、廷德尔、柯林斯、沃拉斯顿、伍尔斯顿与持自然神论的贵族沙夫茨伯里以及博林布鲁克的作品渗透进法国,乃至传播到更远的地方。通过莱布尼茨与女选帝侯索菲亚(Electress Sophia)传播到德意志,通过詹农传播到意大利。[32]

英国的道德良善论(moral benevolism)也流入大陆。狄德罗对美德的热情在翻译沙夫茨伯里的过程中被点燃。[33] 其他启蒙哲人则为蒲柏的《人论》(An Essay on Man, 1733—1734)鼓掌叫好。卢梭则在艾迪生和斯梯尔的作品中寻求安慰,他坦言:"《旁观者》尤其让我欢悦,并升华了我的心灵。"³⁴ 不久,英国功利主义鼓舞了法律改革家,一位西班牙人宣称:"伟大的边沁"真是"迄今为止最具世界意义的天才——他是梭伦,是柏拉图,是洛佩·德·维加"。³⁵ 自然科学的输出也毫不逊色,牛顿万有引力定律最终让法国人放弃他们一度钟爱的笛卡尔"旋涡说"(vortices)³⁶。艺术学中也有所体现:"法兰西所发生的伟大文学革命归功于英国,"《百科全书报》在 1758 年如是说:

> 最近几年中,在实用技艺——农业……商业,金融,手工业,航海和殖民地领域……诞生了多少杰出的作品,简而言之,在每一个能带给人们更多欢乐、带给国家更大繁荣的领域都取得了成果。³⁷

1751 年,举世无双的《百科全书》由狄德罗和让·勒朗·达朗贝尔发起编纂,并完成了 28 卷本,这项工程源自一个翻译伊弗雷姆·钱伯斯的《百科全书》的计划,这本书的历史可以追溯到 1728 年。³⁸

甚至英国的小说也变得非常流行。《鲁滨逊漂流记》(1726)在德意志轰动一时,到 1760 年前后已经出现了超过 40 种续书。之后"苏格兰荷马"莪相(Ossian)的诗歌也很流行。哀情剧与小说也抓住了欧洲大陆人的心灵:"哦,理查森,理查森,在我眼里你是独一无二的,"狄德罗歌颂《帕梅拉》(*Pamela*)的作者道,"你的作品我将反复阅读!"³⁹ 简而言之,1768 年一位法国评论家坦言:"一旦品味了英国的文字,革命很快就发生在我们自己身上。法国人……不再欢迎或看重任何没有英国味儿的东西。"⁴⁰

当时的评论以这种方式使人想到:英国的太阳为许多欧陆儿童带来了光明。但如果真的是这样,我们又该怎么解释帕尔默(R. R. Palmer)这些现代人的判断?

用老套的——很有历史特色的——方式很容易解释这一矛盾:"启

蒙运动通常被看作法国的事业。"⁴¹ 习惯上，这场运动被视为具有法兰西气质，尽管也许这场运动是在德意志哲学家的推动下达到了形而上学的顶峰。"哲人有很多，"盖伊如是说，"但启蒙运动只有一场"，这场运动的中心在法国，由伏尔泰的人道党引领，他们捍卫了现代社会的"三位一体"——无神论、共和主义与唯物主义。⁴² 莱昂纳德·马萨克认定启蒙运动"主要是法国的现象"；这场运动"以法国为中心"。莱斯特·克罗克（Lester Crocker）也这么认为，而罗伯特·达恩顿（Robert Darnton）最近也重申，"在18世纪早期的巴黎"启蒙运动开始启程。⁴³

这些解读很大程度上是受到埃德蒙·柏克与巴吕耶尔神父（Abbé Barruel）以来的假定潮流的影响，认为启蒙运动的顶峰——或低潮——在于帕尔默所说的"民主革命"，先是被美国人奉为至宝，之后又在法国大革命中备受推崇。⁴⁴ 实际上，英国确实没有与之相称的反抗起义，"约翰牛"（英国人的绰号）更像反革命壁垒的事实似乎支持了这样的观点：英国没有一场配得上英国启蒙运动这一名号的运动。

的确，如果启蒙运动的典型特征被认为是无神论、共和主义与唯物主义，并推测这些要素是受到了启蒙哲人的鼓吹，还引发了法国大革命，那么我们也就并不奇怪为何史学家会如此轻视英国的成就。既然被颂扬成现代化的权威预言家，⁴⁵ 这些先锋派难道不应该是骨子里的激进者吗？盖伊信手拈来，送出了诸如"革命家""怀疑主义者""民主人士"和"无神论者"这一类溢美之词。按照他的解读，如果启蒙运动本质上是"现代异教的兴起"，那么把伏尔泰的"消灭败类"（*écrasez l'infâme*）与霍尔巴赫（d'Holbach）的无神论唯物主义放在最突出的地位是很有意义的。⁴⁶ 可见，如果你发现英国几乎没有异端与反叛者渴望用最后一名教士的肠子勒死最后一位国王，就容易得出这一结论："英国启蒙运动"一词一定是用词不当，或是一种矛盾修饰法。⁴⁷

然而事实真相是，很少有法国哲人，实际上也没有哪位德意志、意大利和荷兰的同道是有献身精神的民主者、唯物主义者和无神论派。[48] 一些启蒙哲人尖锐的言辞以及许多人对红衣主教甚至国王真切厌恶的感受不该被误解为能让社会天翻地覆的实际方案。炫目的标语式表达虽然使法国启蒙运动处于后来激进的神话学与反动的魔鬼学的核心，但"高贵启蒙"（High Enlightenment）和革命活动的关系一直是泾渭分明的。[49] 就像革命者自己抱怨的那样，许多哲人在旧制度的庇护下装饰自己的安乐窝——要知道，达朗贝尔比约翰逊博士多了四个闲职。[50] 伏尔泰和狄德罗如果能活着看到大革命，他们在何种程度上，或直至何时才会赞美它真实的过程呢？这场革命将化学家拉瓦锡送上断头台，把孔多塞逼到自杀，也遭到后来的启蒙哲人雷纳尔（Raynal）与马蒙泰尔（Marmontel）深刻批判。从现代政治的透镜中反观启蒙运动，我们就会创造出一种严重歪曲的目的论叙事。

英国的成就被人们忽略也有学院派钟爱的唯理智论谬误的影响，他们正应了卡西尔对自然神论者的判断，把"深奥"看得高于一切，以深奥为标准评估已故思想家的地位。正是这种学术上的势利眼，使诸如气质独特的沙夫茨伯里、讽刺家托兰德、温和的斯梯尔，还有平民主义者潘恩之类的开创性人物都得了很低的分数。卡西尔决定称其书为《启蒙哲学》，也许甚至这个决定本身就使他扭曲，甚至背叛了启蒙精神，尤其是在他的想象中，启蒙哲人正吃力地试图写出后来的《纯粹理性批判》这样的书。毕竟，学院派的哲学是行动派最不愿意推动的东西。

任何接受卡西尔标准的人自然都会认为英国人的论述话语处于低等级，虽然他们或许会给托马斯·里德（Thomas Reid）与杜格尔德·斯图尔特（Dugald Stewart）等苏格兰学者很有条理的方法论梳理多打一点分数。[51] 毫无疑问，英国不生产康德，但这不是问题的关键：没有任何理由能够说明为什么只有系统的形而上学才被视作启蒙运动的高峰。[52]

洛克等思想家憎恶"体系精神"(*l'esprit de système*),并把陈旧的经院罗网抛在一边。沙夫茨伯里讽刺道,变得愚蠢的最好的办法就是成为兜售体系的贩子。英国的现代主义者使嘲弄成为对真理的检验,对带着难以理解的经院外壳的东西没有胃口。他们不是象牙塔学者,而是有文化的男性(和女性),这些人在大都市的集市上宣传、展示自己,取悦大众。他们和约瑟夫·艾迪生一样,非常赞同西塞罗对苏格拉底的赞美——因为苏格拉底把哲学从天堂带到人间,他们也期待哲学能够"存在于俱乐部、集会、茶座与咖啡馆里"。[53] 英国思想家把哲学卖给都市人,把文化人和世俗人联合在一起,他们将此作为自己的事业,并努力使这项事业受人欢迎、切实可行并且令人愉快。

尽管学究们曾经自我误导,沉迷于用单一、时代误置的范式研究"真正的启蒙运动应该是什么样",事情终究在发生着变化。最近的学术研究已经有了分化的气氛,多元论代替了纯粹、单一(即法国)的启蒙运动这种过时的本质主义假设,他们欣赏百花齐放,认为从都柏林到卢布林,从约克郡到纽约,每个地方都有自己的土壤和种子、自己的问题、自己的优先关注与计划。不再像以前那样把重点放在学术"超级明星"身上,如今人们正在从不同的视角研究更广泛的启蒙圈子,它们表达了 E. P. 汤普森所说的"英国独特性",当然,同时也表达了普鲁士、波兰和葡萄牙的独特性。[54] 今天,如果还认为只有那些为了无神论、共和主义和唯物主义而斗争的人才配得上"启蒙"这个形容词,就会显得武断与过时。时机已然成熟,汤普森自己一定会说,是该把英国启蒙运动从"后世巨大的蔑视"中解救出来了。[55]

想要追溯英国思想家在创造现代性的过程中究竟扮演了什么角色,我们还需要更精确地描绘出文人与他们的听众是如何接触的,以及他们交往的圈子是什么样的。所有的交流圈——无论是伦敦、爱丁堡和都柏林之间,首府与地方之间,高雅文化和低级文化之间,宗教和世俗之间，男人和女人之间——都需要追溯探究。汤普森反对那些认定知识分子的背叛（treason of intellectuals）的论调——佩里·安德森那尖刻的论说认为"根本没有什么思想或记忆的激荡"。汤普森指出："遍布英格兰、威尔士和苏格兰的众多'知识飞地'（intellectual enclaves）的形成，使得学者们能够从不同的思想基点出发提供多样的创造力，从而弥补他们在内聚力、一致性方面的缺憾。"[56]J. H. 普拉姆同样引导人们把过于专注的目光从"文化高点"上移开：他写道："对我而言，太多的注意力似乎都集中在知识巨人对观念的垄断上，而对他们的社会接受度关注太少。观念变成社会态度后就具有了活力，这正是英格兰所发生的一切。"[57]这些就是这本书所要承担的挑战。现在我应该把叙述重点转向英国启蒙运动的核心问题，并为大家说明在接下来几章所涉及的关键主题。

在漫长的18世纪，不列颠经历了深刻的转型：对绝对主义的摒弃，人口数量的持续增加，城市化进程，以居民可支配收入不断增长为标志的商业革命，工业化进程的起源。观念上的转变有助于催生这些变化，并且能够帮助人们去理解这些变化的意义、引发针对变化的批判，同时指引公众将注意力转向现代性，关注现代性所带来的乐事与不满。[58]

"高级文化"的深刻变化已初露端倪。新教的圣经主义（scripturalism）——认为《圣经》里每个词都是圣灵的指示——经过改善成为了一种新的理性信仰，在遵从上帝主宰这个大前提之下，关于人类命运的更多乐观主义模式被添加进信仰当中（见第五章）。在牛顿光辉成就的影响下，新科学受到了热烈欢迎，并不断开辟着新的"牧场"——不论是自然科学还是社会科学。科学方法、政治算术、概率学思维、系统观察法、实验与量化以及奉自然为标尺都赢得了声誉和具备了很强的适用性。（见第六章）

某种程度上是因为这些新信仰的影响，大量智力投资被用于创造涉及人类与社会的科学。霍布斯、洛克与他们的继承者仔细分析思维与情感,当今社会与人文科学——心理学、经济学、人类学、社会学等——可得到认可的前身开始有了初步发展(见第三、七、十七章)。人们对权力进行批判思考,对为固定不变、等级森严的社会秩序提供支持的君权神授论以及约定俗成的教条进行抨击,进而催生了幸福计算(felicific calculus)、功利改革主义与人权学说。(见第八章和十八章)

我将认真分析这些内容以及许多其他的革新,这些革新涉及科学、神学、心理学、社会和政治话语方面,我将关注一些核心人物,如牛顿、洛克、伯纳德·德·曼德维尔、大卫·哈特利、伊拉斯谟斯·达尔文、普利斯特利、潘恩、边沁、葛德文和沃斯通克拉夫特,也会考察艾迪生和斯梯尔、笛福、蒲柏、斯特恩以及其他的诗人、牧师和普及读物作家如何传播自己的理念。人们对这些逝去的大师做了大量的研究,但是成果依旧是碎片化的。这些碎片有待整合,从而让完整画面呈现出来。

伟大的思想必须要放在更广阔的变革背景中去分析,这些变革涉及心态、思维习惯以及情感色调。当然这些思想在阅读的公众中的传播也必须进行论述,从而使得我们能够真正把握和理解启蒙意识所带来的实际效果。只有这样,公共观点所经历的根本性修正才能被清晰地揭示出来:圣经学(biblicism)与天命论(providentialism)受到自然主义挑战;传统让位于人们对变革的渴望以及对新事物的信仰。在许多领域——道德困惑、自我认同、艺术品位、阅读习惯、休闲活动等——对传统的遵守被构想各种美好未来图景的推动者斥为守旧、落后、粗俗。启蒙现代化的核心是通过印刷品传达出来的光辉灿烂的进步愿景。

至少在不列颠,启蒙运动不仅仅是一个单纯在认识论上有所突破的事件。它主要是在表达一种新的精神与道德价值观、关于审美的新标准、社交的多重风格与理解人性的新视角。这些通常会在与人们日常活动息息相关的事务中体现出来：如城市的旧貌换新颜，医院、学校、工厂和监狱的建立，交通的加速发展，报业、商业设施和消费行为的发展，新兴商品与文化服务的销售。所有这些发展进步都重新调整了人们的生活模式，必不可免地改变了社会前景以及实现个人成就的规划安排。

英格兰的前卫人士享受了其他地方梦寐以求的各种成功机遇。活动家在任何转折处都不会受到阻碍，不会因为君主的政令、秘密逮捕令或者国家、教会、社会的僵化保守状态而退缩。相反，1688年光荣革命后，成文法里收入了许多开明主张，这份清单里面有：人身安全下的个人自由、法治、议会民主、宗教宽容等。此外，英国与其他地方不同的是，无论是书报审查、警察监控还是僵化的宗教章程，这些都不能阻止勇敢、有雄心壮志的人们追求他们的目标，他们在思想自由、生活自由的环境里尽情尝试，充实自我或寻求幸福。启蒙理性的推动者并不需要去摧毁障碍，体制内部的大门已经自行悄然打开，让培根那句总被引用的格言：“每个人都是自己命运的主人”（*faber suae quisque fortunae*）有了一些可行性。至18世纪后期，启蒙运动的新新人类已感觉彻底远离了英国的传统社会体制。

因此，并不会让人感到意外的是，启蒙的英格兰的一大特点是以培根式行动哲学为基础的积极实用主义。能够体现这一点的证据在于人们对自由的践行，对幸福的享受。外国旅行家对于英格兰这个熙攘繁忙之地感到非常震惊。"英格兰的实用技巧非常伟大。"瑞士裔美洲人路易·西蒙如是说。[59] 普鲁士的教区牧师莫里茨对英国的各种成就倾慕无比，甚至包括烤面包的本领——"把抹上黄油的面包片在火上烤……被叫作'吐司'"。[60] 不难断定，英国的宗教之所以受到尊敬也是因其强调实务而非虚言："英国的宗教，体现在城镇，甚至体现在小村庄里，"普雷沃神父（Abbé Prévost）嫉妒地说，"体现在为病人提供的医院，体现在为穷人、老人提供的收容所，体现在为儿童教育提供的学校。"[61]

相反，在遍游欧洲大陆的教育旅行（Grand Tour）中，开明的英国人时常会为欧陆的愚昧落后而恼怒，也为他们亲见的悲惨生活所震惊。在发现巴拉丁（Palatinate）农民"困苦潦倒"时，伊丽莎白·蒙塔古难以免俗地将饥饿的农民和"奢华至极的王公显贵"做了对比。[62] "我总是忍不住想到他们饱受压迫之下的呻吟声，"托比亚斯·斯摩莱特评论道，为"法国平民的贫穷、悲惨和肮脏"感到痛惜无比。[63]

英式实用主义并不只是世俗的，它象征了一种权宜哲学，一种对艺术、科学的投入，一种活在当下的责任。切斯特菲尔德勋爵向儿子传授快乐主义和礼仪教养（*souvir vivre*），这些建议巧妙地践行了洛克的格言："我们的任务不是无所不知，而是关注我们的品行举止"——蒲柏对此的看法是："人类研究的适宜对象是人。"[64] 沃波尔首相喜欢把自己说成"非圣人、非斯巴达式人物，也非改革家"，如果认为他的这个说法带有某种开明进步的色彩，那有什么奇怪吗？一种对于宇宙至善论（cosmic benevolism）的信仰取代了加尔文主义，这种信仰推崇对幸福的追求，鉴于此，不列颠人着手开发一个充满机遇的商业社会，并探索能够推动其发展的实用技巧。[65]

现代化推进者面临着紧迫的困境。首先就是在市场社会的"大争抢"中，[66] 怎样建立一个有助于追求幸福的稳定秩序？启蒙十字大军挥舞着自由的旗帜，通过洛克自由主义与那些被称为至善主义、感觉主义、联想主义和功利主义的道德哲学与心理学方法为这些主张赋予合法性。难道不是每个人都最好能了解如何寻求快乐吗？"美德就是顺应生命的规则，"约翰·盖伊牧师（Revd John Gay）解释道，"在涉及彼此幸福方面，引导着一切理性生物的行动。"[67] 另一位受人尊敬的英裔牧师威廉·佩利（Revd William Paley）在给蒲柏的《人论》中一段著名短句做了注解之后给出了这样的评价："任何权宜之计都是正确的。"——出自一位剑桥大学导师兼英国圣公会成员的惊人格言。[68] 在认可了个人利益和个人判断之后，约瑟夫·普利斯特利强调说："最明智之举就是让每个人有最大的自由服务于自己。"[69] 即使后来成为主教的约瑟夫·巴特勒（Joseph Butler）如此理智冷静，他也拿不准我们是否有足够的理由追求美德，"除非我们确信是为了幸福快乐而追求，至少不能与之相悖"。[70] 实践中的利己主义在公认的仍令人困惑且混杂的等级制度的虚饰中，相当自由地前进着。从洛克到斯密对私人财产不可侵犯的赞同支持，以及"开放一国贸易很少带来不便"这一观念得到认可，[71] 在经济自由主义和自由放任主义（laissez-faire）中都有所表现。（见第十一和第十七章）

进而又有人提出，正是开明的英格兰让婚姻家庭中的"情感个人主义"（affective individualism）第一次开花结果，至少在有教养的职业人群中是这样。人们在求偶上有了更多选择，在一定程度上，女性从严格的家长制之下被解放出来，儿童也摆脱了棍棒教育（第十二、十五章）。在遥远的法国，博卡日夫人（Madame du Boccage）发现英国乡绅的女儿们"与我们这种身份的年轻女士相比，生活中有着更少的约束限制"。[72] 作家和艺术家同样沐浴在罕见的机遇之下。"点滴的自由是如此的甜蜜！"海顿在1791年伦敦举办的一次营利性演唱会中高呼。"我有一位和蔼的君主，但有时我也不得依靠底层的群众。我时常叹息着想要得到解脱，现在我终于在某种程度上拥有它了。"[73]

这种把自我从迂腐的传统与严格的长辈、家庭与同僚评判中解放出来的行为，这种拒斥、轻薄前人的"道义经济"（moral economy）的行为[74] 都被普遍看作值得一试的冒险，因为让人感到幸福快乐这个因素已经被预设进启蒙期望中了。人们坚信这个时代已经足够成熟到可以脱离旧世界，向美好的希望扬帆远航。今人不仅可以，也应该胜过古人。各种预兆都是吉祥美好的：人性并未因"亚当的堕落"而带有缺陷，欲望也变得可以追求，社会可以改善，知识能够进步，幸福会从普利斯特利所称的"无尽的欲望"中不断涌现出来。[75]

所有这一切都与一种对自然的普遍信仰合拍：牛顿的宇宙，就像社会本身，是由无数原子构成的，同时这些原子集合构成了和谐绚丽的自然秩序，人类有权利通过自然科学和实用技艺进行探索和掌握（第六章）。关于神圣秩序的自信心也暴涨起来。上帝的仁慈解决了神正论的问题：撒旦不过是个比喻，罪恶从本质而言只是错误。神意（Providence）——斯密的"看不见的手"——表明利己和社会性在改良完善的进程中地位是同样的。[76]"私人之恶"幸运地成为"公共福利"，自利也可以是启蒙之物。沙夫茨伯里愉悦地表达了他的看法："那大自然的指挥、统治一切的最高智慧之主要求人们顺应私人利益以及每个人的福祉，为了总体的善而工作。"[77]或者，弗雷德里克·伊登（Frederick Eden）用没那么玄虚的态度表示："改善处境的欲望……激活了整个世界（并）催生了一切社会美德。"[78]

有了这样的鼓舞，英国那些彬彬有礼并追求商业财富的人便抓住了表达自己想法的时机，逃出加尔文主义、习俗与亲族的铁笼，甚至沉湎于他们的"奇思怪想"之中。[79]攫取的欲望、对享乐的追求、情感和性欲的自我发现、攀高结贵与时尚之乐挣脱了内疚感、罪恶与因果报应这类道德与宗教枷锁（见第十二章）。对子女的约束放松了，慈善事业激发了人们对于精神病人、聋哑人和失能者的同情心（见第十五、十六章）。[80]然而，启蒙精英仍然需要去证明解放自我、寻求快乐不会迅速引发被普遍担心的道德沦丧、社会混乱。所多玛、蛾摩拉、巴比伦和罗马——这些地方都毁灭了。内战与空位时期虔信者们的血腥厮杀留下了深深的伤痕。骑士党宫廷的放纵提醒人们：享乐主义不仅意味着用酒瓶、梅毒和手枪进行的自我摧毁，还意味着与教皇暴政结成的危险同盟。霍布斯已经提出了一项挑战：既然每个人都无可救药地自私自利，难道利维坦自身不能遏制人的过分行为吗？对启蒙人士而言，霍布斯主义与君权神授或圣徒神权政治一样，也不是一个可接受的选择方案。

因此，问题在于如何确保私人成就不会破坏公共秩序。人们提出的任何解决办法都要考虑英国社会的具体特点。一方面，启蒙精英们在光荣革命中可喜地摆脱了专制主义，但他们却又遭遇了民众暴乱。[81] 粗暴的街头政治，正如普鲁士人约翰·威廉·冯·阿兴霍尔茨（Johann Wilhelm von Archenholz）所言，是民族为自由付出的代价。他写道："自由的观念，以及从法律中寻求保护的意识，这才是人们虽然心里并不尊重，但却为统治者辩护的真正原因。"[82] 臣民若无法被制服就得被满足。博卡日夫人毫不掩饰自己的言辞："在法兰西，我们对权贵卑躬屈膝，在英格兰，权贵对人民卑躬屈膝。"[83]

此外，英国的自由市场经济，受启蒙个人主义鼓吹的影响，依赖于渗透到社会各阶层中的消费主义。随着各地方村镇的复苏，交通与服务业的发展以及新闻、消息与休闲的商业化进程，不断膨胀的公众群体渴望参与过去只限于精英的享乐（见第十一章）。罗兰夫人（Madame Roland）对英格兰评论道："很明显，无论是谁，在这里都会被看作重要的人，一小撮富人并不能构成一个民族。"[84]

正是在这样的环境下，随着议会、出版物和讲坛不断传播对于自由的赞美，舆论引导者们施展种种策略，将利己主义纳入稳定的社会框架。一种选择就是接受包容性。尽管宣传家们为有产者与特权精英说话，但他们的意识形态是普适主义的：理性是包括女人和平民在内的整个民族所具备的特质，至少也是一种潜在特质。想要实现协调与和谐，最好的办法在于把"人民"（people）吸收进"公众事务"（public）之中，一切人凭借自身的勤劳、文明、富有，或公开表示忠诚都可以得到准入。因为无法用武力压迫民众，实现秩序的方式也只能依靠休谟所称的"舆论"（opinion）、法律之下的人人平等、精英的社会流动性、世俗与宗教阻碍的减少、对忠诚的操纵、抬升期望等。[85] 对这点进行推论当然就是：那些不会或不能参与遵从游戏（conformity game）的人将会遭受非难：宗教狂热者、顽固不化的法律破坏者、游手好闲不值得救助的穷人就得顺从日渐严苛的反对措施与规训。[86] 但在一个蔑视命定论、质疑血统论的社会里，很少有哪位有志向抱负的男性会因为出身或血统而遭受阻碍。

启蒙舆论尝试各种策略以实现包容。其中一种涉及慈善事业和"家长主义"。[87] 通过学校、医院、施药处、收容院、感化院和其他慈善机构，人道主义得以实现，以此收买赤贫者与"不幸的人"。这些启蒙的慷慨馈赠的美好在于能在思想健全的人（bien pensants）中培育高尚情感（见第十六章）。[88]

其他的同化政策则在于表现社会的开放。外国人往往感到非常震惊，他们发现英国的上流人士与国民整体融合在一起，没有将自己与普通民众相隔离。竞选活动、运动赛事、矿泉疗养地、娱乐性公园和城市游行——全都在鼓励社交集会。普鲁士人卡尔·菲利普·莫里茨（Carl Philip Moritz）很震惊地发现，英国"官员并不穿制服，而是和平民百姓穿成一样"。在苦心思索了是什么让圣詹姆斯公园如此特别之后，他总结道："人群的混杂多样让人震惊。"法国游人格罗斯莱（P. J. Grosley）在面对伦敦的名胜时有着同样的感触："沃克斯霍尔（Vauxhall）和拉内拉赫（Ranelagh）的娱乐活动把男女两性、不同等级和身份的人联系在了一起。"那么板球运动呢？凯撒·德·索绪尔（César de Saussure）得出结论说："人人都玩这游戏，无论平民还是有身份的人。"英国的公共马车呢？路易·西蒙回应了为什么它可以容纳所有性别、年龄段和身份的乘客。咖啡馆也是一样。"多么令人印象深刻的经历，"普雷沃神父说道，"（我）看见一两位贵族，一位从男爵，鞋匠，裁缝，酒商和一些从事各种职业的人读着同样的报纸。咖啡馆确实……是英式自由的所在。"[89]

虽有历史学家指出精英和大众文化的裂痕正在扩大，[90] 但在英国，相反的趋势也同样存在。毫无疑问，显贵们在公共场合做着夸张的表演，在沃克斯霍尔和竞选活动中尤其集中而引人注目，但是很多民众都渴望涉足娱乐、表演、时尚与整饰自身等这些现代人的爱好。启蒙寓言向不甘平庸的人兜售社会地位提升的可能性，比如威廉·荷加斯（William Hogarth）的版画《勤劳的学徒》，同时给小孩的启蒙书籍写道：

> 是谁来自衣衫褴褛的世界，
> 虽有鞋穿，但只有一只；
> 他们的命运和名声将会日益改善，
> 坐在六匹马拉的大车上奔驰。[91]

美好的前景吸引了那些倾心于变成资产阶级的人们：佩利副主教指出，市长大人的公共马车不是为他自己的便利而设，而是为社会的利益——为了点燃学徒青年的雄心壮志。[92] 金钱为迈进一个现代商业的梦想世界提供了入场券，这个世界引导所有人怀揣梦想，并让不少人真的实现了梦想。

在一个让人（尤其是外国人）觉得极度缺乏对法律与君威的遵从的社会，融合性的姿态也为其他启蒙策略赋予了特征。正如将看到的，启蒙话语里被织进了调和的线缕——对个人与社会、金钱与教养、自利与良知、科学与宗教，甚至男性与女性能够相容的信心。斯多葛主义的悲观思维方式与基督教教义中的对另一个世界的痴迷纠缠让位于一种新的信念，人们相信自己在现世重塑自我的能力，相信随着时间的流逝，二分法能够被克服。与基督教人文主义赞美更艰难的抉择不同——例如弥尔顿的《力士参孙》（*Samson Agonistes*）和约翰逊的《拉塞拉斯》（*Rasselas*）——启蒙人士则总是想要，甚至**期待**兼得鱼和熊掌。

针对个人主义将自掘坟墓的担忧，有人曾指出，为实现和谐的一种尝试是，相信在社会角色和市场力量中将产生的均衡。另一种则在于对自然秩序和宗教-伦理学说的有效框架赋予信心。批评声音无疑对准了所谓的形而上学的晦涩难懂之说，正是这些学说使得压迫合法化，如柏拉图主义与预定论，但却鲜有犬儒主义者或怀疑论者坚决否认一切宇宙真理。[93] 启蒙人士的确有制造不稳定和制造破坏的欲望，但我们不能削弱他们要用一种更优越的井然秩序去取代被破除的旧系统的进步渴望，这种热切不只在于窥视、揭秘，更是要证明、宣传并开出药方。陈腐的说教被弃如敝屣，部分源于它们不真实，但最主要是因为它们虽然向人们许诺会有神赐予的秩序，但却明显不能真的实现这种秩序——宗教战争的经历就是证明。

对启蒙思想来说，过去的一切就是一场噩梦，充满了野蛮落后和偏执盲从：狂热盲信引发了血腥的内战，还让查理·斯图亚特在1649年被砍了头。启蒙观念支持现代文明，拒绝过去的好勇斗狠。但人们如何彼此适应呢？必须放下，教派意识（Sectarianism）这柄导致手足相残的圣剑，粗鲁必须听命于文雅。伏尔泰在英格兰这个"自由和平的大熔炉"里亲眼见到这一切的发生：

> 看看伦敦的皇家交易所吧，这里要比许多正义法庭更值得尊敬。各国的代表为了人类的福祉齐集一堂。在那里，犹太人，穆斯林，基督徒谈判交易，仿佛他们都信奉同一种宗教。"异端"之名只会给予破产者。在那里，长老会信徒相信再洗礼会教徒，国教会的人信赖贵格会信徒的话语。所有人皆大欢喜。[94]

这段话与启蒙信仰若合符节：即商业能够把因宗教而不同的人再度联合起来。通过描述人们的满足，以及对被满足的满足——存在分歧，但同意保留不同意见——启蒙哲人指出一种重新思考至善（*summum bomum*）的方式，从对上帝的恐惧转向更具心理学导向的自我。启蒙运动因而把终极问题"我如何才能得救?"转译成了实用的"我如何才能幸福?"由此进而预言了一种全新的调和个人与社会的实践。

这种对文雅的强调并不是对微小细节的愚蠢痴迷。它是一种绝望的补救措施,旨在治愈由社会及家庭的暴政和社会价值观颠覆引发的持久社会冲突以及个人精神创伤。教育可以教人礼貌,洛克和他的继承人强调"在对世界的利用中学习"——并通过实践来完善。詹姆斯·博斯韦尔宣称:"在社会中轻松而幸福生活的伟大艺术就是学习恰当的行为,即便是与我们最亲密的朋友们在一起也要遵守礼仪。"[95](那吵闹的醉鬼永远没有学会这一点。)

总而言之,积极社交的一个功能就是让自己变得文雅。孤寂——"一种对于快乐和进步的最大障碍"[96]——催生抑郁:沉默寡言的学者把自己锁在书房里,被消沉的意志压垮。大卫·哈特利悲叹道:"杰出科学家身上的虚荣心、自负、傲慢、好胜心和嫉妒心无法被轻易战胜。"[97]想要变得开明,绅士们就得善于交往,或者用约翰逊创造的词语来说就是"有加入俱乐部资格的"(clubbable)——这位"泰斗"自己的文学俱乐部号称拥有当时最顶尖的思想。诸如"观察家先生"俱乐部、共济会团体、小酒馆、咖啡馆和互助会,这些理性群体的微型自由共同体如雨后春笋般涌现,推动了友谊,促使人们获得良好的感觉。[98]启蒙者着手设计让人愉悦的方法和技巧。人性是有很强的可塑性的;人们必须愉悦地彼此接纳。有教养、善言辞与朴素的魅力都是很好的润滑剂,能够克服交际中产生的摩擦,"尽可能"推动"人类的安适和幸福"[99]。"我们相互促进彼此变得更加优雅,"沙夫茨伯里反思道,"并用温和的碰撞抹去我们的棱角。"[100]轻松、幽默、同情、约束和节制等理性技巧都建立在接受人性的基础上——所有这些都标志着新的幸福公式。[101]本书会着重书写这些独特的英国式启蒙策略:不是要颠覆体系,而是要保住它,从而在后1688年的框架下同时实现个体满足与集体稳定。

且不论这样或那样的思想学说的命运,一种深层的转变正发生在眼前:世俗凡人的公共舆论、新闻业、信息社会的兴起与胜利,涉及现代知识界从出现到婴儿时代与烦恼多多的青年时代的点点滴滴。[102] 许多代表英国文人的特征(尤其是一种矛盾的反智主义)只有放在启蒙运动的分娩之痛的独特环境下才合乎情理。启蒙舆论的制造者们凝视自我,思考他们的自我身份,以及用印刷品引诱社会的策略——诸如斯威夫特这样的讽刺作家也做着同样的事情,他用犀利的笔锋戳穿他们的虚夸。笔要比剑更有力量,布尔沃·李顿很快宣称:如果没有启蒙运动的经验,洞察力(aperçu)这个词听起来仍将显得更加奇怪。[103]

第二章　一种意识形态的诞生

>旧时代已过，
>是时候开启新时代了。
>
>——约翰·屈莱顿[1]

>我此刻在一个与全欧洲其他国家完全不同的国度里。这个国家对自由有强烈的热爱……这里的每个人都是独立的。
>
>——孟德斯鸠[2]

1660年之后的半个世纪时间给英国强权政治及其内部相互冲突的意识形态带来了决定性转型。1649年1月30日，连年的内战冲突导致神授君主查理一世人头落地，共和国随之建立，贵族院及其主教议席被废，克伦威尔成为护国主并建立军事独裁统治。这些事件让年轻的约翰·洛克对"这个十分癫狂的英格兰"彻底绝望。[3] 在空位时期，英格兰传统的统治集团遭受了沉重打击，与此同时新模范军长枪兵、千禧年主义的传道者以及提出了各种"新耶路撒冷"计划的唯信仰论的鼓吹者们——从掘土派的共产主义到喧嚣派（Ranter）的恋爱自由——都在拯救或是破坏这个上帝之国。由此就出现了王政复辟时期的和解状态。约翰·伊夫林在查理二世进入伦敦当日在日记里写道："我从未像今天这般开心过，我站在斯特兰德大道，观看这一切，并感谢上帝。"[4] 并不只有国王希望再也不要颠沛流离了，这个古老的政治民族也心向稳定。对许多骑士党议会议员来说，这意味着报复和镇压那些颠覆世界的人。正如1662年"第五王国派暴动"（the Fifth Monarchist Rising）所表明的，那些人随时准备卷土重来。[5]

为了使局面得到控制，各种办法都被用上了。国教会得以恢复——包括主教、审判庭与绝大多数特权。书报审查制度重新实行。所谓"克拉伦登法典"（Clarendon Code）——《机关团体法案》（the Corporation Act, 1661）、《礼拜统一法案》（the Act of Uniformity, 1662）、《秘密集会法案》（the Conventicle Act, 1662）、《五英里法案》（the Five Mile Act, 1665）和《宣誓法案》（the Test Acts, 1661、1673）深深地困扰着非国教徒们，限制他们布道、教学以及担任公职的权利。例如，《礼拜统一法案》要求所有神职人员与学校教师都签署一份遵从国教会祈祷文的声明，并宣誓绝不会不忠。[6] 接下来的十几年，对神权政治的鼓吹与国王神迹的盲信达到顶峰。托马斯·霍布斯或许被看作魔鬼的化身，但在寻求强大主权以终止争斗与宗教狂热的路上，他绝不是孤军奋战。[7]

复辟在一些方面确实起到了作用。在克伦威尔刚刚完成的海外征服的基础上，贸易出现了大繁荣。宫廷里面显露出有悖传统且声名不佳的浮华景象，"快活王"（Merrie Monarch）有着无与伦比的魅力，至少对那些厌恶虚伪的清教徒的人来说果真如此。接下来是文化与艺术灿烂繁荣的半个世纪，出现了雷恩（Wren）、吉本斯（Gibbons）、莱利（Lely）、内勒（Kneller）、珀塞尔（Purcell）等人的作品，屈莱顿（Dryden）、阿芙拉·贝恩（Aphra Behn）、埃思里奇（Etheridge）、威彻利（Wycherley）、康格里夫（Congreve）、范布勒（Vanbrugh）、法夸尔（Farquhar）等人的戏剧作品纷纷涌现。[8] 1662年，皇家学会领到特许证，它许诺要在科学领域做到世界第一。[9]

然而，恢复秩序说着容易，做起来难。空位时代的英格兰已经无可救药地四分五裂了，人人都有各自的新仇旧怨。现实主义者谁都没想到整个王国会完全落入国教徒之手。宫廷漫不经心地对待天主教，同时许多中等阶层已形成顽固的派系之见——一旦带有强制性的"克拉伦登法典"疏远了即便是主流的新教非国教徒，身份就有了永久性。政客们在法律、自由、宗教和解、国王-议会关系与外交联盟问题上争得不可开交。随着商业政策对于正在形成的"商业民族"越来越重要，以及路易十四的好战主义威胁不断扩大，意见的分歧变得深化，政党也形成了。[10]

与此同时，查理却开始玩火。他的《信仰自由宣言》（Declaration of Indulgence, 1672）只是机会主义式地暂时搁置反对非国教徒和天主教徒的法令——这一方法很快被迫中止，但却不可避免地加深了关于究竟该和解（理解）还是该压制非国教徒的争论。[11] 就在不久之前，他秘密签署了《多佛条约》（Treaty of Dover, 1670），通过以英国皈依天主教为代价交换"太阳王"的帮助，这一举动意在使王权脱离议会控制。在发现了一些蛛丝马迹之后，更加激进的辉格党徒在沙夫茨伯里伯爵带领下开始密谋，准备不惜一切代价阻止英国再度天主教化。这导致政治民族一分为二，查理二世的信奉天主教的弟弟詹姆斯即位之后，新教徒感到了可能存在的威胁，一场捏造的"天主教阴谋"引起了歇斯底里情绪的爆发。激进的辉格党人在王位排除危机（Exclusion Crisis）中最后一搏，支持蒙茅斯公爵（Duke of Monmouth）继承王位，此人是查理的私生子，但至少是新教男嗣。[12] 秘密行动遭遇了反侦察，指控遭到了反戈一击。沙夫茨伯里在计略上落败，先行逃亡，他的秘书约翰·洛克与其同行。同他们一样，激进分子在非国教徒大本营荷兰共和国寻求避难，还与来自法国的流亡者密谋，尤其是路易十四再度废除《南特敕令》（1685）引发了胡格诺派的大迁移，这更助长了泛新教主义者的恐惧和多疑。

查理晚年所积累的危机终于在1685年詹姆斯二世即位之后全面爆发。蒙茅斯的叛乱毫无光荣可言地被终结于塞奇高沼（Sedgemoor），但作为此次失败的余波，国王的暴力镇压疏远了高层政治参与者与主教，大贵族，城市的市政委员会与大学。原来的保守主义者偶然发现，在拒斥一个蔑视法律和权利，日渐通过天主教特权和特色进行统治的政权方面，自己其实与那些急性子们能够暂时成为很好的盟友。当詹姆斯的配偶摩德纳的玛丽经过多年诞下子嗣之后（根据"炭炉传闻"[warming-pan legend]*，这是个私生子），一切再也无法挽回了。荷兰执政奥兰治的威廉应邀入主英国，詹姆斯·斯图亚特遭到废黜。[13]

然而在1688年11月没有流血的"光荣革命"中，詹姆斯的"退位"所引起的麻烦和它带来的好处一样多。根据"革命解决方案"，作为继承王位的条件，威廉必须接受《权利法案》，内容包括：保证定期召开议会（三年一次），保证人身和财产安全，广泛宽容新教徒，以及其他自由条款。实际上，与其自己的基本本能相反，这个政治民族在保卫权利和宗教的名义之下，在复辟时期被迫采取了一系列措施，这些措施无疑被认为会引发危险的混乱。斯图亚特王朝的愚蠢、议会的分裂与命运的捉弄让宪制自由化不可避免地到来了，这也是多数精英都想要得到的结果。[14]

然而，潘多拉的魔瓶再次被打开。就像在空位时期一样，詹姆斯的余党们不会善罢甘休。恰恰相反，后1688时代的政治机器是未经试验过的，官职有待攫取，政治效忠不稳定，威廉-玛丽统治时期的规则和政策成了激烈争议的对象。最开始，宣传那些驳斥君权神授与宗法制的激进观点是为了给反抗詹姆斯提供理由，到了后来则是为驱除詹姆斯而服务。[15]但这样的话，威廉的统治合法性从何而来？是国家授予他的吗？如果是的话，这是否意味着人民主权？如果是1688年的"新教之风"把他吹到了托贝（Torbay），那么上帝是否还会保佑其他胜利的篡位者呢？那些违背了自己效忠詹姆斯的神圣誓言的教士们，怎么凭良知再宣誓效忠威廉？

---

* 有传闻称，詹姆斯二世之子并非亲生，是玛丽王后因迟迟无法诞下男性继承人，便在生产时用暖床炭炉从宫外偷运进来一名男婴，冒充自己的亲生子。——译者

而且，1688年绝没有提供最终的解决方案。[16] 詹姆斯党的反扑依旧是威胁。奥兰治主义也把英格兰拖进对抗法国的"世界大战"——一系列宗教战争的终章。威廉与新教不从国教者建立的"战略友好关系"让国教会受到前所未有的巨大压力。八万胡格诺难民涌入英国，煽动起反天主教的情绪，让宗教紧张更为激化。"平定"爱尔兰、威廉的"大同盟"战争的军费、行政机构与常备军的扩张（很多人断言这更多是为荷兰而不是英国的利益服务）都进一步加深了矛盾。[17]

即便安妮女王时代争议相对较少，局势有所缓和，但是由于她没能留下存活的子嗣又导致继承问题被旧事重提。原则性问题——谁是合法的继承者，谁有权许可其合法性？——成为辉格党和托利党用尽各种伎俩抢夺并保住那些肥缺的过程中不可避免的议题。[18] 因而后1688时代为这个"分裂国家"内部又加进了"政党躁动"（Rage of Party），它在教会与国家，国王与议会，辉格党与托利党，高教会派和低教会派，臣民与公民这些基本面上都出现了破裂——斯威夫特用大人国与小人国对此大加嘲讽。在这些争论发生的时候，国内出现了重大的制度与经济变化，这其中包括1694英格兰银行的成立、新货币市场与证券交易所的出现，还有"财政-军事国家"的迅速膨胀[19]——与作为背景的遭受劫难、被战争撕裂的欧洲形成鲜明对比，那里的新教事业时常看似将毁于可怕的太阳王之手。

在这个危机时代，大量小册子、出版物与宣传品出现了，才华横溢的辩论文章写手们推出这些带有各种立场和倾向的读物。正是17世纪80年代那越来越激烈的宗教与政治争论成为了启蒙运动的催化剂，它们以自由、财产、自治和理性的名义发出对暴君和教士骗术的抨击谴责，[20] 推手主要是好斗的辉格党们，正是他们组成了"乡村派"。[21] 想要理解这些成就带来的重大思想后果，先考查一下约翰·洛克的激进思想会很有帮助。[22]

洛克在复辟时代获得过牛津大学基督堂学院的"学员身份"（studentship）——其实是教职。1632 年，洛克生于萨默塞特（Somerset），在他年仅十岁时，父亲参加了反对查理一世的战斗。他在 21 岁时如此赞美奥利弗·克伦威尔："先生，你一定是从天而降的大英雄。"[23] 他虽是清教徒的后代，却厌恶空位时代的混乱。他早年思想一度转向保守，赞美秩序高于一切，从他的《论政府两篇》（*Two Tracts on Government*, 此书写于 1660—1661 年，但未出版）中明显能看出这一点。这本书提倡消极服从，支持治安法官推行宗教统一的权利。[24]

因为不愿意接受神职，洛克成为了阿什利勋爵（后来的沙夫茨伯里）的医生和秘书。1672 年，洛克在贸易委员会（Council of Trade）里供职，此间他的雇主沙夫茨伯里伯爵正在担任财政大臣一职（1672 年）。由于无法避免地被卷入王位排除政治，洛克或许曾帮助沙夫茨伯里策划过"天主教阴谋"。他在"麦酒店密谋案"（1682）之后受到监视，他焚烧、掩埋了手稿，逃到联省共和国。他的"学员身份"也在皇室命令下被取消。他在鹿特丹与辉格党出逃者和抗辩派（Remonstrants）密谋——这是荷兰的一批自由派不从国教者，他们坚持某些最低限度的宗教信条。搬到乌得勒支后，他再度置身于阴谋诡计最活跃的氛围中，甚至可能在蒙茅斯叛乱中还为莫当特子爵（Viscount Mordaunt）出谋划策。1686 年，詹姆斯二世想要将他与一批嫌疑分子引渡回国，他被要求出城。

光荣革命后，洛克回到英国，扮演起为革命辩护的关键人物，匿名出版了《政府论》（*Two Treatises of Government, 1690*），这本激进的作品写于王位排除危机的大环境里，用契约政府理论框架为反抗进行合法性辩护（见第八章）。[25] 作为出谋划策者服务于辉格党小集团（the Junto Whig）——萨默斯、哈利法克斯以及莫当特，洛克对他们施加了重要影响。作为税收专员，他在逐渐发展起来的财政官僚体系内表现非常活跃。在贸易委员会供职期间，他在商业政策方面表现出旺盛的精力。他也是英格兰银行的最初认购人之一,还与哈利法克斯与艾萨克·牛顿一起主持了1694—1696年的"货币大重铸"工作。启蒙思想家愿意把哲学家看作引领国家航船的舵手:洛克便是最好的榜样。

在四十年的时间里,这位习惯于谨小慎微的哲学家经历了一场深刻的激进化过程,象征着有胆识的思想家如何在黑暗时代的驱使下转向启蒙立场。回溯至17世纪60年代初期,由于担心宗教引起动乱,洛克一直在宣扬秩序、服从教会与国家。在对身边发生的事情进行回应的过程中,他却成了宽容理论的引领者。洛克的《人类理解论》(*An Essay concerning Human Understanding*, 1690)开启了反对先验论的大门(见第三章的讨论);他在《政府论》里提出政府问责与抵抗权的理论;随着他逐渐成为坚定的一位论者(Unitarian),他的宗教正统论也慢慢瓦解了(见第五章)。简而言之,这位复辟时期的保守主义者成了哲学上的激进派。1706年,一位告密者对牛津大学的大学学院时任院长夏莱特博士(Dr Charlett)说:"我认为洛克与沙夫茨伯里伯爵都是和斯宾诺莎一样的彻头彻尾的无神论者。"洛克也被牛津的托利党托马斯·赫恩(Thomas Hearne)谴责为一个坚持"恶劣原则"的人。[26]

在颂扬那些奠基岁月时,杰出的美国史学家玛格丽特·雅各布(Margraret Jacob)宣称:启蒙观点最早发声的语境是国内政治-宗教的混乱状态与太阳王的帝国野心。她把1689年命名为启蒙思想的诞生年,声称:"整体来看,无论温和还是激进形式的启蒙运动都是以英国光荣革命为开端,紧随艾萨克·牛顿的《原理》(1687)。"[27] 虽然多年来雅各布对自己的表述不断修订[28],但她一直把启蒙运动的开端定位在政治危机与思想革命的交汇点,认为这场运动是被振奋人心的社会氛围激荡起来的——成群的逃亡者、大量的宣传小册子、咖啡馆与酒吧以及公共知识分子的跨国网络提供了这种氛围。

幸运且合理的是，随着1714年乔治一世继承王位、后续拙劣的詹姆斯党入侵，以及汉诺威王朝由此牢固确立地位，进步主义意识形态大获全胜。宪制和政治-宗教自由得到维护，国王个人权力、高高在上的主教们的雄心受到对自由、新教、爱国与繁荣四头联盟的不可动摇的承诺的遏制。[29] 这一连串事件也促发了奇怪的转折：一贯自动持反抗态度的进步思想家此时发现自己已然成为新王朝之下的权力掮客。[30] 他们不再惶惶于持久的折磨，因为废除《许可证法案》（Licensing Act, 1695）终结了出版前审查制度，绝大多数主张都可以自由出版而不用担心受到责罚。尽管禁止渎神、猥亵、煽动诽谤的法律条文依然被保留在成文法中，带有攻击性内容的出版物仍有可能被呈交法庭，但是与法国、西班牙或是旧制度统治下的欧洲任何地方——或洛克流亡时所面对的那些情境——相比，英国的情况实在是太光明了。[31] 这种罕见的言论自由激发了出版论战，给思想战注入持久的活力，这让启蒙活动家最终胜过了他们的父辈。

在这种环境下，启蒙意识形态开始在英格兰具有了独特的音调：不再专注于抨击现状，而是为它辩护以对抗来自上下左右的敌人。偷猎者成了看守者，不知疲倦的君主批判者现在倒变得更像是君主的辩护士，随着政治局面的稳定，那些曾经认为权力腐败之人也开始把辉格派政权赞美成保卫新教自由的堡垒。这是一些被史学家约翰·波考克精妙地揭开的悖论。

在一系列出色的作品中，波考克分析了进步主义话语如何为后1688时代和后1714时代所取得的成就辩护，如何对抗由詹姆斯党人、高教会派、不从国教的狂热分子与坚持"美好的古老事业"（Good Old Cause）的共和分子组成的鱼龙混杂的群体——这些人看似有可能将英国再度拖入内部争斗和信仰之战。他挑战彼得·盖伊学派把"激进解放作为启蒙的范式，这导致很难说有一场英国启蒙运动"。[32] 在他看来，英国恰恰是唯一一个不需要启蒙哲人就能享受启蒙的国度，因为至少在 1714 年以后，已经没有什么"败类"需要砸烂。³³ 一个广泛自由化的政权早已就位，现在的最主要需求是防御那些顽固不化之人与劳德（Laud）、斯特拉福德（Strafford，"暴君黑汤姆"）和克伦威尔等人的幽灵再生。此类对宗教的敌视将被移除，因为在《宽容法案》(Act of Toleration, 1689)出台之后，信仰是在洛克心心念念的"基督教的合理性"框架之内发挥功能的。并不需要再想着弑君了，因为大不列颠早已是混合君主制国家，政体内部设有对国王意志的宪制约束；激进分子也不用再叫嚣着绞死贵族了，因为他们早已出于财政考虑废除了封建制度。被波考克试探性地称作"保守启蒙运动"的事物因而就是一种维持现状的做法，将 1688 年的成就合理化，根除敌对势力的病灶，招摇地展示充满诱惑力的关乎未来安全与富强的图景。启蒙变成了建制，而建制变得进步开明。³⁴

波考克认为，知识分子先锋替现状辩护存在一个似乎矛盾的情况，那就是，英国启蒙运动的自身认同源自对斯图亚特世纪各种创伤经历的反应。这是一种后清教时代统治秩序的意识形态，使英国成为欧洲最现代、（最终也是）最反对革命的国家。³⁵ 甚至更能引起争议性的说法是："英国太过于现代，以至不需要一场启蒙运动，英格兰'已经卷入与现代性本身的纠葛了'。"³⁶ 尤其在 1714 年以后，启蒙思想家加入新辉格秩序保卫者大军，该秩序延续了旧制度的某些特征³⁷，但也明显与其他大君主国不同。

玛格丽特·雅各布在补充了上述观点后，进一步指出牛顿体系如何被用来捍卫当时的宪制秩序以对抗反对者。³⁸ 既批判了霍布斯和斯宾诺莎令人反感的唯物主义，也批判了各教派过时的神秘主义，牛顿的宇宙论为一个现代、稳定与和谐的基督教政权提供了最好的范本，这个政体受法律的控制，任何人不能恣意妄为。³⁹ 上帝与几代乔治王分别是宇宙与国家的宪制君主。乔治二世的妻子卡洛琳王后在里士满

（Richmond）兴建了一座花园，在园中竖立了牛顿、塞缪尔·克拉克与洛克的半身像，以这种方式使这些新兴学说扎根于此。之所以这样做是因为"他们是国家的荣耀，代表了人性的高贵"，这些雕像表达了对实验科学、理性宗教与光荣革命的原则三者所构成的三位一体的信仰。[40]

这种为了使乔治王时代的秩序合法化而对启蒙宣传进行的重组自然而然会在进步思想家中间造成激烈分歧。[41]反对的声音从"乡村派"或"真正的"辉格党人，以及坚持"美好的古老事业"的激进派那里传来，他们对赞助庇护、任人唯亲、贿选的猖獗增长感到忧心和愤怒，顽固地认为1688年与1714年走得还不够远，对王权和教权的限制还不充分。颇具讽刺意味的是，这些鼓动者与托利党竟然产生了意识形态上的共鸣，后者在1714年之后被轻而易举地击败了。受到沃波尔的压制，长时期处于在野反对党的地位，托利党的智者们夸耀展示着一位他们自己的自由至上主义代表：乔纳森·斯威夫特，这位也可被称为鞭挞时髦文人的大棒的人士，可以在自己的政治墓志铭上刻下："他毕生都在呼唤公正自由。"[42]这样剽窃自由外衣的行为当然不会把托利党人变成启蒙人士，只能反映出一个迅速变换假面伪装的时代，在其中，启蒙宣传者一度惊奇地发现自己竟能发号施令。

由于彼此极端仇视，斯图亚特后期与汉诺威前期的意识形态对抗并没有因此减少：没有"意识形态终结"的静止时期。在整个世纪中，自封的进步派不断发起战争——有时是虚张声势——进攻黑暗与专制。实际上，彻底的不矢忠派（Non-Juror）、詹姆斯党、托利党、反牛顿主义者、反洛克主义者仍然大有人在，牛津依旧是不满人士的巢穴（那些已逝的古典事业并不全都是天生注定失败）。[43]而且，启蒙宣传家难免会制造各种新敌人——不止有尖刻的文人、天生爱唱反调之人与预言灾难之人，就连循道宗信徒与福音派信徒也坚信，机械宇宙中的理性宗教是滑向无信仰与无政府深渊的通道。然而在接下来的几十年里，启蒙批评家继续把权力的堡垒当作抨击的目标，正如杰里米·边沁对法律奥秘的揭露那样。对一些人而言，理性宗教的逻辑确实不可避免地会导致对基督教的排斥，而由洛克等人所提倡的对权力的极端不信任可能教会人们：政府只是不必要的恶。之后几章将会探讨启蒙运动的猎犬如何继续追踪新的怪兽。

34　　随着新世纪曙光的到来与《1707 年联合法案》的签署，现代主义者们可以自豪地说自己正生活在阳光之下，因为大不列颠的宪制与宗教框架似乎足以保障基本自由。还有其他能让他们自我庆贺的理由。这个时代似乎不只在孕育变迁，也孕育进步，繁荣的时代近在眼前：贸易、工业、企业与新科学难道不是比所有那些过时、庸俗、粗鄙的东西更耀眼吗？

当然，希腊和罗马文明依旧备受尊崇。而在不远的地方，引人注目的荷兰共和国黄金时代的成功故事则被威廉·坦普尔爵士（Sir William Temple）等受尊敬之人不断讲述着。[44] 尽管进步并非始终如一，但许多人宣称英格兰（若说苏格兰还没有取得的话）正在欣享快速而显著的商业变迁，资产阶级开始丰裕起来，这些进步由伦敦驱动，也在伦敦最为明显，它是出版、享乐与文明的大本营。

没有哪个欧洲首都像伦敦一样主导着自己的国家："这个城市的现在与古时的罗马一样，"《伦敦向导》（London Guide）吹嘘道，"它是自由的所在地、艺术的鼓励者，也是全世界膜拜的对象。"[45] 启蒙运动本身并不完全只是大都市的蓬勃发展，但在城市本身，文化的参考轴就是其自身的变化。

过去，艺术一直受到教会皇室和贵族的资助。宗教改革前的教会委托创作艺术作品，宫廷文化通过豪华的典礼、精致的艺术收藏以及诸如伊尼戈·琼斯的白厅宴会厅这样的恢宏建筑得到表现。[46] 然而从 17 世纪后期开始，文化的重心明显从宫廷转向了大都会的广泛空间中——在咖啡馆、小酒馆、学术团体、沙龙、集会所、会议室、辩论

俱乐部、剧院、画廊与演奏室。艺术和文学从前是君主的臣属，现在则成了商业与市民的伴侣。⁴⁷

在复辟时代到乔治三世加冕的那一百年之间，文化成为首都关键性的发展领域之一。成群结队的筹办人、出版商、记者与中间人不再只是（也不再首先）向国王与廷臣们寻求空位、工作与利益——他们觉得前三位乔治国王不是粗野就是吝啬——而是在饮用热可可的馆子、俱乐部与社会上的广大客户那里寻求机会。这种从宫廷到城镇的转换让伦敦变成了时尚的大都市。从齐普赛街到切尔西，一连串的活动、丰富的新闻、名流、时尚、谈话与娱乐消遣随处可见，让旅行家们对此啧啧称奇。火灾后在东部重建的城区中的喧嚣，以及发展中的伦敦西区的奢华表演，斯特兰特和皮卡迪利周围光鲜的商店，剧院和展会，交易所和市场，满是来往船只的河流与点缀着散步人群的皇家公园，这些都让他们深深震惊。首都成了不眠的游行场地，到处都是可供文化旁观者体验的场所，它是一场通过酒馆、花园和妓院为人们提供狂欢、美食与纵欲的感官盛宴，这些地方既能产生名誉与财富，也能使人堕落。⁴⁸伦敦本身成了乔治王时代艺术与思想的引领者，尽管也经常扮演反派角色：

> 这里有丑恶、掠夺、意外事故、阴谋，
> 一会乌合之众作乱，一会火光冲天；
> 恶贯满盈的暴徒在这里潜伏，
> 邪恶的代理人在这里四处寻找猎物；
> 坍塌房屋发出的巨响在头上轰鸣不止，
> 一位女性无神论者与你进行着索然无趣的交谈。⁴⁹

作为一个让人沉醉想象之地，伦敦被评论家们褒扬、谴责，其中包括艾迪生、斯梯尔，还有蒲柏、斯威夫特、盖伊、菲尔丁和其他诗人、小说家，还有荷加斯一类艺术家：显然不只是伦敦人。[50]

咖啡馆是滋生新闻、奇闻与流言的温床。这个复辟时代的新玩意儿迅速扩张，1739年一项调查发现伦敦总共有551家咖啡馆，这个数字是维也纳的10倍！更不用说首都里的447家酒馆与207家小旅馆。它们最初出现在皇家证券交易所与城市海关大楼附近，充当着国内外新闻的交易场。东印度公司的客户与其他蓬勃发展的财经机构（包括1694年的英格兰银行）在烟雾缭绕中敲定买卖。1691年，劳埃德咖啡馆搬到伦巴德街，成为海上保险的中心，同时"南海泡沫"悲喜剧则在交易巷内的乔纳森与葛瑞威咖啡馆里及附近上演。[51]

如果说商业提供了最初的缘由，咖啡馆很快成了文化网络的关键。屈莱顿在科芬园（Covent Garden）的威尔咖啡馆有一块自己的地方，蒲柏后来成了那里的常客。艾迪生赞助附近的巴顿咖啡馆，托利党笔杆子们则经常去蓓尔美尔街（Pall Mall）的士麦那咖啡馆。贝德福德很受演员们的欢迎。圣马丁路的老斯劳特咖啡馆成为艺术家常去光顾的地方。在伦敦的时候，爱丁堡密友们在查令十字街附近的不列颠咖啡馆集会。[52] 咖啡馆里摆着报纸和小册子——查普特咖啡馆甚至有自己的图书馆，批评家在滔滔不绝地谈论或争辩，对最近涌现出的戏剧、政治小品文、宫廷丑闻或异端说教进行着讨伐。小酒馆也起着新闻中心的作用。在这个世纪末，年轻的威廉·科贝特（William Cobbett）发表自己的看法时说："问问任何一位店主，为什么他那有报纸，他会告诉你，那些东西能把人们吸引到自己的店里来。"[53] 所有这类机构都为着让自己的客户消息灵通而运营。"我们正在成为一个政治家的国度，"《匠人》（Craftsman）杂志宣称，"我们的咖啡馆和小酒馆里全是这种人。"[54] 对外国人而言，文化追求者与为他们量身定做的商业设施的完美结合是显而易见的。"在这些咖啡馆里极为吸引人的东西是公报和各种公共印刷品，"瑞士旅行者凯撒·德·索绪尔写道："英国人都是传播新闻的大嘴。工人走进咖啡屋，读最新的新闻作为一天的开始，这已经成为习惯。"[55] 爱尔兰神职人员托马斯·坎贝尔博士（Dr Thomas Compbell）注意到在查普特有"英国自由的范例"，因为在那里有"穿着围裙、胳膊夹着锯的锡匠走进来，坐下，点一杯宾治酒，拿起一份报纸。他在喝酒看报时活像贵族老爷一样怡然自得"。[56]

咖啡馆是俱乐部的原型，许多咖啡馆是按照《旁观者》里不朽的虚构样板建造的。据说在乔治早期，伦敦有2000多家俱乐部、社团，其中一些是社交性的（比如贝德福德的"崇尚牛排社"，[Sublime Society of Beefsteaks]），一些是辩论性的（比如"罗宾汉社"[Robin Hood Society]），还有一些艺术家社团（比如"艺术爱好者协会"，[Society of Dilettanti]）。[57] 基特卡特俱乐部（Kit-Cat）成了辉格党显贵与文人的聚会之所，而后来最重要的地方变成了约翰逊博士的文学俱乐部——他们在索霍区杰拉德街的特克海德咖啡馆聚会，里面有政客埃德蒙·柏克、画家约书亚·雷诺兹（Joshua Reynolds）、剧作家奥利弗·戈尔德斯密斯（Oliver Goldsmith）、植物学家约瑟夫·班克斯爵士（Joseph Banks）、还有音乐理论家查尔斯·伯尔尼（Charles Burney）、戏剧演员大卫·加里克（David Garrick）、理查德·布林斯莱·谢里丹（Richard Brinsley Sheridan）和乔治·科尔曼（George Colman）、历史学家爱德华·吉本，东方学家威廉·琼斯爵士和经济学家亚当·斯密。哪里还能经常看到如此多的天才？[58]

俱乐部打着各种旗号。斯毕塔菲尔德的数学社（Mathematical Society）是一个商人的自我提升俱乐部。"鼓励学习社"（Society for the Encouragement of Learning）创建于1731年，旨在"成立文人共同体，推动科学与艺术发展"，它或许还是个共济会团体。[59] 充满欢乐气氛的以及政治性的俱乐部随处可见，例如"自由之子"（Sons of Freedom），或"反法国天主教协会"（Antigallicans），它们代表约翰·威尔克斯（John Wilkes）发声。自封为文化的监管人，俱乐部起到了巴黎的沙龙或当时伦敦所没有的大学的部分作用：它们建立了交流圈。[60]

共济会这个英国的新事物是这样的：私下采用像俱乐部一样的形式，但表面看上去却是公开的。作为微型共同体的代表，其成员按照生徒（apprentice）、出徒（journeyman）和师傅（master）分成三个等级，这一团体鼓励开明进步的行为方式：兄弟情、仁爱、喜乐、自由与文明。运动的《章程》宣称，"皇家的艺术"由"出生在文明国度、世界开端……的自由人"践行。[61]

共济会取得了显著的成功。1717年，伦敦的各个会所联合为"英国共济会总会"，有自己的大头领。在8年时间里，单单在大不列颠就出现了52家集会所，到1768年，有接近300家英国集会所建立起来，包括伦敦的87家。集会所创造了一种社交场地，人们欣享英国的宪制与富有，致力于在"伟大造物主"统治下培养美德与人道精神。[62] 然而共济会也充满了典型的英国意识形态张力，把服从等级制度与某种程度的平等主义、带有社会排他性的对差异的接受，以及对理性的信仰与对礼拜和仪式的兴趣结合在了一起。[63]

总之，俱乐部、社团和会所的猛增，还有不断发展的出版社和文苑，促使文化成为一种建立在印刷上的、服务于多元公众的繁荣交流事业（见第四章）。

为展现现代观念和价值观，夸耀政治和艺术方面的忠诚与热爱，促进新事物的发展，伦敦支持了无数的其他公共平台。这些现代性讲坛之中，最杰出的地方是剧院。因为被谴责为威胁了神的秩序，剧场被清教徒关闭了。1660年重开之后，剧院演员最开始接受皇室与贵族的资助，但也很快就开始照顾到更广泛的观众趣味，观众席能容纳的人数也逐渐变大。18世纪后期德鲁里巷的剧院能容纳3611人，甚至诺威奇的剧院也能容纳1000多人。

剧院就像现在的电视一样，里面混杂着感官与教育意义，用古装剧、伟人生平、历史、讽刺与错综复杂的道德困惑来使观众得到享受，剧院在拓宽观众眼界和品位的同时也可被看作是主张与政见的宣传媒介。约翰·盖伊的《乞丐歌剧》(Beggar's Opera, 1728) 被视作讽刺罗伯特·沃波尔爵士的滑稽剧，受到空前的欢迎，上演了 62 次，单单在第一个演出季就有 4 万名观众观赏过。1763 年，贵族浪荡子桑威奇伯爵欠了酒友约翰·威尔克斯的钱不还，他很快被赐予了"吉米·特里奇"的称号，一位背叛了盖伊笔下的英雄马齐斯的盗贼，这是一个很难接受的绰号。[64]

作为剧院的补充，另外一种可以满足人们精神享乐的地点是伦敦的新艺术画廊。在蓓尔美尔街的莎士比亚画廊里，艺术商约翰·博伊德尔（John Boydell）专门经营各种关于莎士比亚剧作场景的画作。佛里特大街的诗人画廊（Poet's Gallery）里面陈列着以英国韵文诗里的名句为灵感而创作出来的作品。英国皇家艺术院建于 1769 年，年度展览会将吸引众多的观赏者前来。在 1796 年的一个星期五出现了让人惊奇的一幕，1680 人挤进萨默塞特宫，就是为了去看一场皇家艺术院的展览！[65]

博物馆也是新鲜事物。1753 年，大英博物馆依照一项议会法案而建立，这是欧洲第一家公共博物馆，旨在"不仅要服务于博学之人、好学之士的参观和消遣，也为公众的普遍使用和利益服务"。[66] 无数私人博物馆也如雨后春笋般出现。"我认为天堂鸟与蜂鸟是最美丽的东西。"范妮的姐姐苏珊·伯尔尼这样写道。此时她刚参观了莱斯特大宅的阿什顿·利弗爵士的（Ashton Lever）博物馆（或用他自己夸张的说法叫 Holophusikon*）。"里面有很多鹈鹕、火烈鸟、孔雀（有一只颜色非常洁白）、企鹅。在兽类之中，有一种巨大的河马、大象、来自伦敦塔的老虎、格陵兰的熊及其幼崽、狼、两三只豹。"[67] 其他商业性经营手段，像"图像缩放"（eidophysicon）或称幻灯片秀，凭借新奇和感官刺激赚钱，为好奇之人带来全世界的奇珍异宝。1773 年，一

---

* 希腊语，意为"全部自然之物"。——译者

个关于伦敦的景象名录多少有些夸张地宣称:"在本城的每条街"都有"狮子、老虎、大象等"。喝茶的切罗基人首领、小矮人和巨人、食石者和其他怪人、"哲学烟花"(philosophical fireworks)、能自动下棋的装置、关于健康的讲座、性能力恢复术或催眠术——所有这些,还有更多有记录的东西都在冲击着人们的想象力,引起争论,并成为那些想要成为大人物者的文化行囊中的一部分。[68]

这种进步主要归功于一批新型企业家。约翰·里奇(John Rich),这位剧院经营者在剧院里面装上复杂的舞台机械设备与奢侈的银幕;歌剧经理人J. J. 海德格尔(J. J. Heidegger)举办色情的假面舞会;乔纳森·泰尔斯(Jonathan Tyers)这位沃克斯霍尔娱乐公园(Vauxhall Pleasure Garden)的经营者赞助艺术家与作曲家。[69]凭借这些,正在膨胀的都市民众可以用合理的花费享受一个艺术、文学和表演的新的高雅世界,他们变得更有学识,提高自己的品位,还能沐浴在当代的精致之中:"没有什么地方能比在小剧院里更能看到美好的景象,"据说一个戏迷如此高呼,"……这里没有疲劳困苦,花上一个先令就能快乐地看遍全欧洲。"[70]

地方城市也不甘示弱,它们也发展自己的新闻、事件和文化场所。在模仿着大都市的时候——"我们……追随着你的潮流,不论好的还是坏的",一位纽卡斯尔作家如是说[71]——它们也塑造了与众不同的地方特色。在约克、埃克塞特、布里斯托、诺威奇和其他地方,政治和文化活动为朗诵会、戏剧和音乐会创造了集会场所,特别是华丽的多功能礼堂(仍然很容易看到)。当地精英在这里聚集,办舞会,从事慈善资金募集活动,创作音乐或表演。舒适的马车酒店、购物街、公园以及充满现代气息的广场展现出都市的魅力,除商业利益之外,这些也引得乡绅们常在市镇中流连忘返。此外,洗浴与温泉疗养迅速勃兴,用虽然令人难以置信的承诺引诱人们,称它能够将保健疗养与追求快乐结合在一起。[72]

被这些新型公共设施推动或满足的享乐总体上促进了经济增长。英格兰现在是首屈一指的"贸易民族",其国民以作为"文明和商业人"一员而自豪,这样的陈词滥调流传着。[73] 殖民、对奴隶贸易的主导、在海外的迅速扩张促进国内消费不断增长。[74] 艾迪生宣称,伦敦成为了"全世界的一个大百货商场"。他的观点后来被丹尼尔·笛福的《不列颠全岛游记》(Tour Thro' the Whole Island of Great Britain, 1724—1727)传播到国家的各个地方,作品歌颂了国家在农业、商业、工业方面的长足进步。[75] 亚历山大·卡科特牧师(Revd Alexander Catcott)——其教区位于繁荣的大西洋港口布里斯托——歌颂英格兰在商业上的优越地位:"商业在我们身边迅速增长,我们的岛国早已旧貌换新颜。"[76] 带着蔑视传统的自命不凡,贸易不仅成为了利益的源泉,也成为文明的源泉:

　　商业带来艺术,与收益;
　　依靠商业,我们扬帆远航……[77]

还不只是文明:许多商业拥护者说,贸易增强了信心、和谐与团结,促进人与人交往,并把国家的各个地方都连接成一个圆。更好的驿道、收费公路与马车服务迅速缩短了运输时间与距离。1759年,纽卡斯尔到伦敦的行程需要6天;30年之后,时间减半。在该世纪中期,从曼彻斯特到伦敦需要4.5天,到1788年减少到了28个小时。公路的改善带来了交通运输的繁荣,成为社会经济的加速器。生活的步伐加快了,边远地区也被吸纳进来,参与到由消费、新闻与时尚所组的国民经济之中。例如1740年,从伯明翰到伦敦每天只有一趟马车。到1763年的时候,每天有了30趟。阿瑟·扬(Arthur Young)——同笛福一样,是个不知疲倦的劝导者——动情地表达对这个正在发展中的国家的看法:

总体的推动力形成了循环。新人类——新思想——新运用——每个工业分支的新活动。人们在状况良好的路旁休息，他们从未见过损毁严重的道路，每个人都生气勃勃，无论首都还是地方……工业都在全速前进。[78]

然而，不是所有人都这么想。"我只是岁数足够大，"约翰·宾（John Byng）在1790年说道，"能回忆起只有几条收费大道的时候，还有那些不好的……但我是极少数，或许是唯一还在对时代感到惋惜的人……现在一切来自伦敦的凌辱与卑鄙手段随时都可能被用在你身上。"[79] 各个地方变得有多么荒谬！

更好的道路催生更好的邮政事业。过去邮件只能沿着从伦敦延伸出的轴线传递，得益于"一对多邮寄"（cross-posts）的发展，名副其实的路线网出现了。1756年之后，除星期天外，几乎每天都有从伦敦向西到普利茅斯、布里斯托、斯旺西和彭布鲁克的邮递服务。霍利黑德邮路有工作日服务，直通爱尔兰，大北公路也每天都在传递邮件。对比来说，法国的多数地方城市只能一周收到两次巴黎的邮件。[80]

这样的成就在伦敦这个大温室里面发展到极致。"新的一便士邮局，"1794年《泰晤士报》（*The Times*）欣慰地表示：

> 很可能为公众提供了如此巨大的便利……全镇每天都有六次递送……若你早上九点写好了信件……同一个下午便能收到伦敦的回信。[81]

这种影响差不多和电子邮件的出现一样。

这个发展还带来了意识革命。乔治·科尔曼（George Colman）在旅行时若有所思地写道，以前旅行"就像是商队在阿拉伯沙漠里穿行",所有这些都已经一去不复返了。这都要归功于"道路的修缮……大都会的行为习惯、时尚、娱乐方式、罪恶与蠢行全都能传播到国土最远的角落。"[82] 其结果就是一种"地球村"效应,外乡人也被纳入了民族文化的网络联系中,此类人士"在仅仅半个世纪之前……被看作一类迥异于都市人的、如同好望角土著那样的群体"。[83] 瑞士裔美洲旅行家路易·西蒙在五十年后高呼:"这个国家没有外乡人。"[84] 正因为这些成就,伦敦一直保持了其作为国家首要推动者的地位,这主要靠的是它自身的活力。"我将你的城市当作'改善'的最佳之处,"索斯博士(Dr South)在17世纪90年代评价道,"从学校毕业我们进入大学,而从大学里毕业,我们则进入伦敦。"[85]

当大不列颠人把自己说成是唯一自由而幸运的种族时,或许你会稍稍存疑。实际上,是独一无二的启蒙民族。这种"朦胧地表达爱国主义的沾沾自喜行为"[86] 当然也被宣传所助长。"我们享受这一刻,"《每日新闻》(*Daily Courant*)在1734年6月13日宣称:

> 一个没有干扰的和平状态。欧洲的其他地方要么正在打仗,要么处在战争边缘。我们的贸易发展到史无前例的高度,在其他国家中罕有匹敌,这是他们自身的无能或他们政府的本性使然。我们避免了宗教混乱,其他国家则都备受困扰。我们的自由与财富都能很好地得到保护。[87]

换成诗句,这种情感就变成了苏格兰人詹姆斯·托马森的夸大言辞:

> 那些未如你一般受到祝福的民族,
> 它们都在相继堕入暴政的火炉;
> 而你却能够炫耀你的伟大和自主,

> 他们都对你感到恐惧和嫉妒,
> "统治吧,不列颠,统治着波涛;
> 不列颠人永不为奴。"⁸⁸

这个国家的人似乎一下子就沾沾自喜起来。"致敬不列颠,最快乐的国度!为你的气候、丰产、环境与商业贸易感到快乐。更是从心底里为你的法律和政府感到快乐。"爱尔兰人奥利弗·戈尔德斯密斯如此歌颂道。⁸⁹ 查理·丘吉尔偶然想出了另一种致敬:

> 欢呼**自由**吧!这个光荣的词汇,
> 在其他国家很少能够听到它……⁹⁰

英国人曾很少如此寻衅般地夸耀胜利,或如此带有沙文主义地吹嘘自己。我们看看荷加斯的版画吧,具有讽刺意味的是,他把签名写成了"亲英者"(Britophil)。在1729年的意大利旅行中,赫维勋爵(Lord Hervey)——蒲柏笔下的"斯波罗斯"*——用两行诗写道:

> 纵将整个意大利游遍,
> 除了欲望和自大,还能有何发现?
> 迷信愚昧的闹剧,
> 衰败、贫困与忧郁:
> 暴政狂虐,
> 国富民穷……⁹¹

在此前很长时间都不曾如此,我们应该记得,意大利曾是让英国瞩目的焦点(如果也考虑到它的堕落)。与之类似,在1775年去里斯本的

---

* 斯波罗斯(Sporus),罗马皇帝尼禄的同性伴侣,并且举行了婚礼。——译者

旅行中，托马斯·佩勒姆（Thomas Pelham）也激动地说："当每个英国人将自己民族的幸福与其他国家对比时，他们必定会感到何种快乐和感激啊！"⁹²

这种被"亲英者"荷加斯明智地讽刺的乐观颂歌中还有外国人的声音。瑞士游客德·索绪尔认为，人民会告诉你："世界上没有哪个国家能像英格兰这样欣享完美的自由。"⁹³ 毫无疑问，在他们推杯换盏的时候，呆头呆脑的乡绅和他们的酒友会责骂那些食禄虫和该死的征税人，可一旦到了国外，他们就开始嘲笑或可怜当地人（与此同时他们还在欣赏画作和画上的妇人），还一边自恋地说自己活在"伟大而自由"的土地上。启蒙运动和爱国主义都在迅速发酵。

启蒙运动不只是嘴上说说。毫不夸张地说，到处都是光明。"令人惊奇，多数街区都被照亮了，"刚到伦敦的德·索绪尔说，"因为每座房子前面都挂着提灯或一个大的球形玻璃照明灯，在里面放上一支可以燃烧整夜的灯烛。"⁹⁴ 过了一段时间，普鲁士的阿兴霍尔茨惊讶地说："仅牛津大街的灯就比全巴黎还多。"⁹⁵ 莫里茨神父也"震惊于整个街区非同寻常的照明。与此相比，柏林真是黯然失色"。⁹⁶ 故事还没完，一位德意志的小王公竟然认为所有亮灯是为了欢迎他而准备的。⁹⁷

品味和技术各有用武之地。宽大的上下推拉窗取代了平开窗，⁹⁸ 亚当式室内设计追求淡色与奶油色的色调。从 18 世纪 80 年代开始，全新的圆筒芯油灯让天黑后的屋内环境得到明显改观。管状灯芯与玻璃灯罩可以提供持续照明并且几乎无烟无味，要比蜡烛好多了。伯明翰的月光社在 18 世纪 70 年代曾致力于研究这个点子，当瑞士的路易·阿尔冈得到了专利权之后，伯明翰的马修·博尔顿（Matthew Boulton）取得了独占的生产权。⁹⁹

煤气也不甘落后。博尔顿的朋友，工程师威廉·默多克（William Murdoch）在 1792 年用煤气灯点亮了他自己的屋子。十年之后他照亮了博尔顿与瓦特的工厂,庆祝《亚眠和约》的签署。"这是一个耀眼的景象……令人惊奇,让人耳目一新。"一位热烈支持者呼喊道。[100]

光明始终是一种强有力的象征。上帝在最初几天里发明了它("要有光"),在创世最后一天的神迹里,则是人类理性之光(*lumen animae*)的创造。《以赛亚书》告诉我们:"走在黑暗中的人"能见到"伟大的光"。而在《新约》中,圣约翰用新柏拉图式语调说:"真正的光会点亮每一位来到这世上的人。"罪人"如同透过玻璃黯淡模糊地观看",而耶稣将成为"世界之光"。[101]拉丁文《圣经》在其中称上帝为"我的光明"(*Dominus illuminatio mea*,这是牛津大学出版社的格言)。而剑桥大学的柏拉图主义者则按照《诗篇》第二十章,把理性称为"上帝的烛火",一种被上帝植入灵魂的光明。[102]

灯光也有世俗意义。如果"太阳王"是一种法国比喻,那么英国人也有了自己的比喻。这源自一种自负,即从科学上说,是英国人最先"发现"了光——也即阐明了其中的原理。举世无双的牛顿在《光学》(1704)一书中解释说,光通过微粒传播,白光包含一种颜色光谱,遵循反射与折射法则。[103]

> 即使光本身,这每个物体都能呈现的东西,
> 在照耀时也没有被真正发现,直到他更闪耀的思想
> 解开了白日所有闪亮的衣袍……[104]

——尽管詹姆斯·托马森的诗句与蒲柏的盛赞相比简直相形见绌:

> 自然之道,旧藏玄冥,
> 天降牛顿,万物生明。[105]

毫无疑问,牛顿之后最主要的"启明"自然哲学家是启蒙博学

家约瑟夫·普利斯特利，代表作是《视觉、光和颜色的发现史及其现状》（1772）。[106]

光与启蒙渗透弥漫在公共意识中。"知识之光，"威廉·扬（William Young）在1722年宣称："已经普照大地。"[107] 60年后，吉尔伯特·斯图尔特（Gilbert Stuart）将提及"这个哲学和反思的光明岁月"。[108] 亚伯拉罕·塔克（Abraham Tucker）在《追寻自然之光》（*The Light of Nature Pursued*, 1768）里面宣传洛克。吉本盛赞自己那"自由而开明的国家"。吸纳了中部地区知识贵族的月光社，每个月满月时都会聚会（让自己晚上回家更容易些）。托马斯·斯宾塞（Thomas Spence）赞美"自由的太阳"，玛丽·沃斯通克拉夫特为这个"光明时代"欢呼雀跃，还因此遭到了柏克的取笑。[109] 托马斯·潘恩简洁地总结说："我们必须做的事就是像光一样清明澄澈。"[110]

作为把光的世俗与实际意涵带给世人的推手，塞缪尔·约翰逊把"照亮"（to enlighten）定义为"点亮，提供光，指导，用增长的知识去武装，欢呼，振奋，喜悦，提供观点见解，提高观察力"。[111] 确实，光在自然秩序里具有重要的意义，但人造探照灯也能刺透阴霾，驱散黑暗。在人们对视觉科学的强烈兴趣中，光的魔力显而易见。"除眼睛外，世上再无那样的精巧之物，"剑桥神学家威廉·佩利（William Paley）宣称，"就睿智的造物主的必然性而言，它本身就足以支持我们从中得出结论。"[112] 总而言之，光对于新兴的主流认识论有着关键性作用，因为经验主义让认识的问题变成了观察的问题：认知变成了观察。约翰·洛克的《人类理解论》（1690）成了一种范式，催生了大量的文本。他通过视觉隐喻解释认知，把思维看作"暗箱"（*camera obscura*）。[113] 这也就难怪里梅尔·格列佛会是英国文学里第一位戴眼镜的男主角。[114]

因为光的影响如此巨大，"启蒙运动"也就成了一个战斗口号。"为什么世界各民族如此安于专制统治？"理查德·普莱斯神父质问道，"难道不是因为他们生活在黑暗中，渴求知识吗？去启蒙他们吧，这会让他们得到提升。"[115] 几乎不可避免的是，托马斯·潘恩——此人不只是激进分子，也是无烟蜡烛的发明者——也在《论人权》（1792）一书中表达了同样的观点，宣称真理的透明性："太阳无须任何铭文，足以让自己不同于黑暗。"[116] 他认为，光是上帝的礼物，自然的财产，难怪威廉·皮特那臭名昭著的窗户税会引起如此强烈的怨恨，一名激进分子还写了讽刺文章把首相刻画成了"向光征税的比利先生"（Mr Billy Taxlight）*。[117]

所有这些辉煌都让光如此令人陶醉，在一群想要把"敢于认知"（sapere aude）变成"敏于行动"（facere aude）之人——不仅要认知，还要行动——中间兴起了一种渴望，他们想要积极投身到变革之中。尽管他可能抱怨说，这都是"革新带来的狂躁症"，塞缪尔·约翰逊也会赞美"他自己的时代"相较于古代的"优越性"存在于"各个方面"，当然，"对政府的崇敬要排除"。[118] 博斯韦尔记录到，伟大的反感伪善的人抗议说："当我听说要以牺牲现代为代价赞扬古代，我就总会愤愤不平。"[119] "我们生活在一个匆忙的时代，知识爆炸性增长，日趋完美。"年轻的杰里米·边沁满怀激情地说。此后六十年的时间里，他依照效用这一标尺投身于汉诺威时代的改革事业。"尤其是在自然世界里，一切都在发现与改进之中。"[120]

英格兰有多重面向，其中之一是有进取心的成功者的舞台，这一舞台是实际的、风雅的，或理智的。这些人热衷于科学，致力于理性知识的传播并渴望革新。他们是满怀雄心的外乡人、不从国教者、怀疑论者与政治现实主义者，投身于推动物质生活的丰富与舒适，愤恨于国家和教会所充斥的传统权威。这样的现代人士正是启蒙运动的鼓吹者。[121]

---

* 小皮特的绰号是"诚实的比利"（Honest Billy）。——译者

第三章　清理垃圾

理性是人性的荣耀。

——以撒·华滋[1]

启蒙运动并非一个私党或一场密谋，它更像一群善交际之人聚在一起。启蒙运动在大不列颠的凝聚力得益于分享一套共同的意象与习语，它既是一种语言，也是一项计划。我们已经看到，这里面最有力量的一个词和意象是光明：这是一个"光明时代"。另一个关键词是解放（emancipation）：现代之人把拯救戏剧化，并努力钻研逃脱术。[2]一些社会渴望超脱尘世。另一些则推崇传统，或正如文艺复兴时期的意大利，渴望昔日某个黄金时代。[3]启蒙社会却想要打破枷锁，创造一个新的未来。

人们可以把解放说成自然的成熟或长大，脱离襁褓。然而，人们所普遍设想的却更暴力，更令人痛苦：扯去眼罩、挣脱束身衣。因为身陷捉摸不定的语义，束缚在"由思想所打造的镣铐"中[4]，或被阴险的敌人欺骗，启蒙的心灵就渴望从时代的黑暗、精神的迷宫中逃脱。解放叙事当然不是史无前例，民谣里有很多抓捕者与被囚禁者的神话故事，传奇故事也是关于追索的游记，基督教的主导叙事本来就是关于"劫难和救赎"的失乐园与复乐园神话。[5]但让启蒙运动与之不同的是它的模式的世俗性，人们通过苏格拉底的"认识自己"（know yourself）以及它的现代推论"自己动手"（do it yourself）来探求自由。

脱逃的设想直接基于两种经验，一种是消极的经验，一种是积极的经验。前者包含着邪恶力量的威胁。它们在过去制造破坏，至今仍在制造黑暗。不列颠与其他地方一样，新教在反天主教过程中从未获得过安全感，后者不仅"错误""腐败"，而且是"邪恶的化身""巴比伦的恶魔"与"《启示录》里的怪兽"。一部分原因在于，罗马在特伦特会议（1545—1563）之后开始设置"禁书目录"、宗教裁判所、耶稣会以及其他"战斗教会"（the Church Militant）的斗争性团体，他们要用烈火与柴堆留给世界一连串大屠杀与殉道士名单。新教联盟在三十年战争中遭受重创，路易十四又要再起烽烟。英国人之所以不时地拥有共同目标与一致认同，原因便在于他们共同反对天主教，他们发自肺腑地憎恨"最傲慢、残暴的政策所形成的让人无法忍受的枷锁，这些政策打着宗教旗号，实则奴役人类"。[6] 只要詹姆斯党贼心不死，这种恐惧就随时可能被点燃。

正如本书第五章将详细说明的，启蒙人士继承了新教徒的反天主教思想，然后将其理性化。罗马被妖魔化为怙恶不悛的敌人。通过不正当地鼓吹人的卑贱，号召对暴政奴颜婢膝，教皇将神学教条神圣化，将崇拜偶像仪式化，干涉人们的灵魂，拒不承认在后谷腾堡时代，所有信徒都有在理性之光照耀下阅读上帝文本的责任。[7]

启蒙者通过联想进一步推定了天主教的罪行。新教徒把信仰完全建立在《圣经》之上，谴责罗马信纲对东方诺斯替教、希腊柏拉图主义、新亚里士多德主义和其他非基督教来源的依赖。天主教的关键教义完全是经院哲学家、教会权威与梵蒂冈敕令伪造出来的：变体论与炼狱全无经文作为依据。"新科学"用笛卡尔的系统怀疑论与培根经验论攻击柏拉图主义与阿奎那主义，致使经院神学的堡垒难免元气大伤，它们的形而上学基础因此变得可疑。洛克把新教信仰焊接在启蒙思想上，在《基督教的合理性》（1695）中宣称，对基督徒唯一的要求，就是承认《圣经》文本是上帝与弥赛亚耶稣的话。除此之外，神学（这

里说的是关于上帝的知识）基本上是超出人类需求、权力与事业之外的事情。⁸

经院遗产一再被弃如敝屣，启蒙宣传家视其为充满错误的悲喜剧——因为只会仰望天空，书呆子们不小心掉进了沟里。这样，用博林布鲁克子爵的话说，柏拉图"就像个浮夸的诗人，疯狂的神学家"，他"分散人们的注意力，使其不能追求真理"。⁹吉本也一样哀叹把人引入歧途的学问。"这些大师中的某些人，"他嘲笑晚期古典时代的新柏拉图主义者，"都是有着深刻思想且十分勤奋之人。但因为误解了哲学的真正目标，他们的努力无助于进步，只会腐蚀人们的理解力。"进而，在中世纪，因为更容易"愚昧盲从"，修道院诡辩家们沾染了"奴隶的恶习"，在一千五百年间，形而上学一直维系着无创造性的蒙昧主义。¹⁰

一旦与教皇的宣传机器勾结，本来只是潜在有害的诡辩术就会转为真正的危险。罗马命令穷凶极恶的灌输教条部门欺善扬恶，不惜使用各种阴险的信纲与花哨的意象。这个敌基督的邪恶帝国被反复塑造成一种致命的威胁，让生而自由的英国人不能享受上帝赐予的才能。¹¹

后复辟时代的精英不只寻求从教皇权威下解脱出来，而且集体记忆里也有内战留下的伤疤。加尔文主义的命定论催生了"狂热主义"（enthusiasm），一种对个人无谬误的信仰，令人畏惧、不可抗拒也无法证伪（见第五章）。长老会信徒，那些唯信仰论的"机械布道者"认为圣灵驱使他们说出了各种预言，另一些自封的"圣徒"也放出了千年至福论的洪流，弄得血流成河。那些经历像噩梦般挥之不去。即使在18世纪80年代，笃定的爱德华·吉本依然能在戈登暴动参与者身上看到肆虐于伦敦的圆颅党狂热分子的影子——这群幽灵不久就在伯克的《法国革命论》（1790）里再次出现。¹²如果教皇是专制的缩影，他自上而下进行压迫，清教主义就是无政府的化身，他们自下而上爆发。谁能说明白哪个更有害一些呢？¹³

幸运的是，光明已在降临，预示着欺骗、破坏和毁灭的长久统治或许快要远去了。圣战过时了——全欧洲的君主乃至主教对烧死异端和女巫愈发警惕，同时思潮正在逆转，从各种刻画偏执狂的滑稽剧广泛流行中可见一斑：

> 他们把信仰建立在这些之上：
> 圣经当作长矛与火枪，
> 无谬论作为大炮，
> 来判定一切争端……
> 仿佛宗教的目的只是
> 矫正错误，再无其他。[14]

尤其是——这是积极的成就——自然科学在成为知识的坚固平台方面取得了极大进展。望远镜与显微镜正在揭开无数的新世界面纱，或无限遥远，或无比庞大，或无限微小的世界。解剖学让身体结构得以充分展现，身为英国人的威廉·哈维发现了血液循环的规律。观察、实验正在揭示自然法则，气泵以及稍晚些的纽科门蒸汽机等新发明则为培根所鼓吹的"可以影响一切事物"做出贡献。同时，美丽新世界正不断地被环球航行者们所发现。所以，若说内战留下了一股刺鼻的恶臭，同时也出现了一些希望的先兆。

这一思想分水岭在"书的战争"中得到标明。[15] 文艺复兴崇敬古典哲学、科学、文学和艺术的成就，希波克拉底与盖伦的作品仍是医学圣经。人文主义者一贯坚持希腊科学里的"地心说"与"人类中心说"宇宙观，认为人类居于中心，也是神创宇宙的标尺。色诺芬、西塞罗、李维、维吉尔以及其他的古典诗人、哲学家、道德家、历史学家和政治家主宰了学校的德育，是有修养的学生们应该选读的内容。文艺复兴的"崇古风"让人获得安慰，学识已经成为了不可更改的文明守护者。

在启蒙人士眼中，人文主义信条——唯古为最——却被这时代给推翻了：毕竟，就像培根和霍布斯指出的那样，现代才真正古老。历史研究为往昔提供了一个新的视角，挑战了文艺复兴时期对古典的普遍认同，强调满是古物的旧世界与以火炮、印刷术为标志的新世界之间的本质区别。真正的新世界被发现了，尤其是美洲的发现，揭示了不为亚里士多德或托勒密所知的异邦生活图景。17世纪更发生了思想上的革命。灿烂夺目的"新科学"——开普勒与伽利略引领的天文学、宇宙学与物理学挑战了古希腊哲学与《圣经》中的陈词滥调。日心说天文学让地球不再是中心，降低为微小、次要的行星。在通过望远镜所新发现的那个惊人的无限大的宇宙中，地球没有什么特别之处，宇宙无限的空间不只让帕斯卡一人感到震惊。这种"新天文学"又被新"机械论哲学"所补充，后者剥夺了大自然的目的性生命力，将其降低为一种受普遍法则支配，由物质粒子组成的机械系统，可以用数学表达出它的运动方式。如果说，科学让人震惊又充满危险的话，那么它也让人充满期望。

经验式发现培育了一种新精神，人们渴望质疑权威，甚至是《圣经》，不顺从的胡格诺教徒皮埃尔·培尔在《辞典》(*Dictionnaire*, 1679)里坚定地表达了一种怀疑论转变。[16] 与培尔同时代的很多伟大欧洲思想家得出的结论是，在寻求真理的过程中，无论是对《圣经》的绝对信仰，还是对古典的习惯性依赖都远不能满足要求。如果说到1690年，威廉·坦普尔的《论古代和现代学问》(*Essay upon the Ancient and Modern Learning*)还在宣扬古典的优越性，威廉·沃顿（William Wotton）的《反思古代和现代学问》(*Reflections upon the Ancient and Modern Learning*, 1694)则提出反驳，认为至少在科学领域里，现代人完全让古典黯然失色。然而，诗歌、戏剧和美术上的古典成就是否已经或者可以被超越，这个问题仍在被激烈地争论。现代荷马是否可以更进一步呢？对这个问题，亚历山大·蒲柏等现代派有自己的解决办法：古典作品可被翻译，简化，并充分现代化，从而满足现代受众的需要。[17]

这些困惑、危机与争论塑造了启蒙运动的主要逃离策略，僵化的"心灵之屋"被谴责为黑暗、陈旧、危险，是不适合居住的，亟须清扫和净化。形而上学被斥为空谈，传统学说则被讽刺成虚构、欺骗、幻想、神话或谬误。[18] 现代派咒骂顽固不化、教条主义与过分的系统构建，他们也同样迫切地想要嘲弄"老太太的故事"以及其他口耳相传的民谣警句：各种形式的陈腐说教都需要被一扫而光。巫术、神秘主义、经院哲学与所有不切实际的计划、谬误的堡垒都要被摧毁，要在坚实的基础上重建知识。启蒙宣传家开始投身精神食粮的清洁、涤荡、筛选、过滤，从糠麸中拣选出思维的谷子，响应海尔蒙特那样的化学家与乔治·汤姆逊博士早在17世纪60年代就已提出的号召："要实干，不要空谈；要成果，不要想法……要实际效用，不只是猜测推断。"[19] 解放不会轻易到来："一切时代、一切国家的人们都极端依附于他们所熟悉的成见、旧俗，甚至习惯。"自由思想家约翰·特伦查德断言。在说这番话时，他用了一种启蒙作家在贬低"愚昧"的时候常摆出的一种自视高人一等的态度。"一切谣传、假象、偏见、无意义和唬人的恐怖之物、幻象、错觉……这些要比真实有说服力的理由对他们的影响更大。"[20]

抨击糟糕旧岁月的糟糕旧方式成为了一种时髦。乔治·贝克莱这位哲学家、数学家以及后来的主教激励自己说："要记住：永远放弃形而上学，召唤人们回归常识。"[21] 洛克的学生，第三代沙夫茨伯里伯爵同样也声讨"所有形而上学的聒噪之声，所有虚伪的学问"。[22] 真正的探究在哪里？"进行哲学思考，按其应有之义来说，只是为了让教养更上一个台阶"[23]——只要有自由精神的绅士参与，思想就能够从学术"阉人"手里拯救出来。

这些真理策略——对晦涩的无法忍受，对清晰澄澈的赞赏——的关键在于不信任那些被皇家学会辩护士托马斯·斯普拉特（Thomas Sprat）称为"语言欺骗"的事物。从"新科学"中寻找线索，在此过程中，启蒙思想家认为实物比言辞更重要；言辞一定不是真实化的，真实必须取代修辞。斯普拉特呼唤语言应该"回归原始的简单纯粹、简洁，鉴于人们在表达如此之多的东西的时候用了同样数量庞大的词汇"。[24] 他并没有因此"沉迷于词典编纂中"，塞缪尔·约翰逊沉思后说，"以至于忘记了词语是大地的女儿，而事物才是上天的儿子。"[25] 因为"词语很容易强加在理解力之上"，贝克莱灰心丧气地说，"在我的研究中，我力求尽可能少地使用它们。"[26]

重视真实胜过措辞，正在登场的英国经验主义也很青睐量化。至少，数字难道不清楚可信吗？"我不再只使用比较性、夸张词汇和理性推论，"皇家学会的创始成员威廉·配第（William Petty）解释道，"我已经走在了……依据数字、重量与比例表达自己的大路上。"[27]

永远保持学术敏感性是必要的，因为空洞浅薄到处流行，谬误肆意传播。谬误浅薄在嘈杂混乱中取得的令人恐惧的成功塑造了亚历山大·蒲柏在《愚人志》（*The Dunciad*, 1728）里描绘的梦魇场景，故事的高潮刻画了理性是如何在"呆板女王"的手里消逝的：

> 瞧！这可怕的帝国，混乱不堪！竟得以长存；
> 光明在毫无创造性的世界里黯淡：
> 伟大的叛乱者！请用你的手把那幕布降下；
> 让无边的黑暗埋葬一切吧。[28]

蒲柏的诗句所表达的怨恨反映出他对神话和虚构的质疑，正如剑桥教授艾萨克·巴罗（Isaac Barrow）在贬低诗歌本身时所表达的："这是一种精妙的废话。"尽管算不上先驱，但蒲柏与启蒙运动一样憎恶先验主义的中世纪经典作品注解者、咬文嚼字诡辩者、迂腐书呆子、自以为无所不知之人以及各种愚钝之人：在告诫人们要注意自己的界限时，他的《人论》读起来就好像洛克用英雄双行体写就的作品。[29]

同自然科学一样，哲学也需要在崭新的稳固基础上重建。它必须表达清晰，没有空话，不能冗杂，不能有祖先崇拜。它必须有自我批评性，必须立足自然，与常识和经验相一致。只有清晰的思想，平实的词汇，以及直率与诚实才能结束谬误的盛行。无可救药地断章取义、造假与放弃原则，这些低劣的知识货币无疑要被稳健通货所取代。[30]

在这种信仰的框架下，出版印刷业开始扮演重要角色，虽然具有两面性。与含糊不清相对比，印刷词汇被称赞是清楚且可靠事实的捍卫者，反例就像是那些口传手抄的教义当中的不确定性与夸张性。在那个意义上，它补充了培根式的硬科学。但出版物很容易随时被盲目崇拜，作者也容易又被固化成权威。"书的战争"在很大程度上取决于书作为真理武器库的模棱两可性。[31]

启蒙精英身份认同的关键在于对解放的争取，早期的三位勇敢知识分子代表了这种努力。[32] 一是笛卡尔，他在《论方法》(*Discourse on Method*, 1637）中冷静地宣告了思想领域哥白尼革命的发生，尤其是他对普遍怀疑论与源自第一原理的清晰、明确的推论的认同："我思故我在。"感官难免会有迷惑性，但理性却足以建立真理。几乎是为了证明他的新观念，他的《几何学》(*Geometry*, 1637）发展出了调和几何与代数的办法，《哲学原理》(*Principles of Philosophy*, 1644）则推出一种机械论哲学，上帝指挥着机械的宇宙，在"因果律"支配下进行交互行动，动力来自旋涡转动。

有了这种以理性主义为立足点的革新思想带来的希望——我思故我在——笛卡尔的哲学在复辟时代前后的英格兰大受欢迎，尤其为亨利·摩尔等剑桥柏拉图主义者推崇。由于验证了无形的心灵，笛卡尔对那些热衷于重建人类理性尊严的反加尔文主义者来说尤其有吸引力。但这个先验论从未被普遍信服。[33] 这个法国人的机械宇宙很容易被视为秘密无神论而遭到抛弃。[34] 而且，笛卡尔认为除了人以外，其他任何生物都没有意识，这震惊了所有英国学者，认为这不仅没有说服力（难道动物就没有感觉器官了？），而且冷酷无情，悍然不顾神的恩典。笛卡尔式二元论的生理学根基似乎也只是权宜之计——他认为身体和灵魂有着本质的区别，由大脑深处松果腺的模糊器官峡连接在一起。关于腺体的笑话不绝如缕。[35]

特别的是，自然哲学的进步推翻了笛卡尔物理学，尤其是旋涡说和实空理论，以及撞球接触作用的力学。自从英国科学家在质疑这些观点时处于领头地位后——尤其是通过牛顿的真空重力天体物理学与波义耳的真空气泵演示——笛卡尔的星光在英国迅速黯淡：伏尔泰巧妙打趣道，一个法国人在离开巴黎时以为身后是装满东西的世界，抵达英国后却发现那不过是真空。[36]

让人高兴的是，英国本土思想家能够对抗笛卡尔的声望，尤其是弗朗西斯·培根这位在启蒙运动中被看成神一样的人。[37] 这位哲学家御前大臣在他的《知识的进步》（*Advancement of Knowledge*, 1605）一书中第一次概述了他改革振兴自然哲学的计划，在书中，为了对付那些反对窥探上帝秘密的教士，科学被巧妙地与神学区别开来，从而使自由调查研究具有了合法性。

通过否定盲目崇拜亚里士多德等权威人物，培根开启了对知识的改革。糟糕的科学研究把自己埋在故纸堆，而不对自然这本书进行第一手观察。他否定三段论法这种玩弄措辞忽视物理真实性的东西，呈现了一种新的逻辑学。探究始于对自然现象的真实记录，进而得出各种"简练叙述"（无体系的推论）。接下来便可将它们放在一起归纳，并用"反例"证伪。

然而科学也得从感官开始，培根非常警惕深埋在直觉中的曲解，无论个人的还是社会的,他定义了四种容易扭曲感觉经验的"幻象"(或错觉):洞穴、兽群、剧院和市场(哲学上的这种反盲目崇拜显然反映了其新教孪生兄弟)。这些障碍能够通过一个可控的升华被克服,方法就是在归纳各种对人类有益的发现和发明的过程中,把事实上升到理论,并进一步接受实践的严格检验。科学应是集体事业,研究小组是最好的组织方式("所罗门圣殿"[Solomon's Temple]),不断累积的研究结果能够指引进步方向,无论是精神上的还是物质上的。

《大复兴》(Instauratio Magna, 1620)综合了培根的思想,产生了巨大影响。他的改革蓝图最早在内战期间提出,然后是17世纪60年代,皇家学会因为他的启发意义,将其誉为"经验哲学之父"。伏尔泰也赞扬这位被达朗贝尔誉为"最伟大,最博学,最雄辩的哲学家",因为他做了如此多的启蒙大事:攻击《圣经》崇拜、对传统的拒斥与破除、思辨与先验体系、为通过观察进行探究奠定基础、实验以及科学必须服务人类的信念。培根借助人类的三种基本思维能力——记忆、推理与想象——对认识所做出的描绘,后来在法国《百科全书》的"序言"中受到推崇。在他被皇家学会认作"福星"之后,开明的不列颠也有了自己蜚声海内的哲学家——除此之外还是位出色的大法官。

第三位决定了启蒙式自我理解方式的现代哲学家争议最大,但也实至名归。托马斯·霍布斯专心致力于清理政治哲学。因为他在内战期间过着流亡生活,内战造成的恐怖贯穿在他的成熟思想中。[38] 在《利维坦》(Leviathan, 1650)等作品里,他认为,对语言与逻辑进行彻底改革对于实现和平与秩序必不可少,他推行一种严苛的哲学净化,通过激进的唯名论与唯物主义,反对欺骗性的经院措辞:"**真实**与**虚假**是言语的属性,不是**事物**的属性。"[39] 模糊的思考与错误的教条主义会引起混乱:"词语是智者的筹码,帮助其思考;但对愚者来说,却是桎梏。"[40] 词语绝不允许有自己的生命,实物无须增大,所有的虚构都要放弃——这些命令的激进含意还包括霍布斯认为非物质完全无意义的主张："**宇宙**……是有形的，也就是说，是实体……不是实体的东西，就不是宇宙的一部分。"⁴¹ 就是这样。这个含意是划时代的：灵魂不存在，圣灵不存在。

霍布斯正是用这支唯名论、唯物主义与一元论之笔重新刻画了人性。人类是机器，只是行动中的物体。思想与感受是感觉器官内部的搅动，源自外部压力并反过来产生被称作观念的脑波。想象力是对观念的感觉，最初的刺激消失之后，它依旧存于脑中，记忆就是他们的重组。所有这样的活动都与语言无关，因此（这点堪比笛卡尔）为动物和人所共有。

人和兽也都拥有"情感"，外部刺激将其不断激活，内部器官的搅动在头脑中形成图像。可在情感上重要的不只是对当下欲望的满足，也与确保未来需要同样得到满足有关。因此幸福是没有终结的（*finis ultimus*），更多的是一种"欲望的不断增长，从一个对象转向另一个对象"。⁴² 然而，确实有一种绝对意义上的终结，那就是死亡。因此，防御暴力死亡的措施，包括无情的自卫也是必不可少的。没有人是孤岛，因此就会"持久地渴望荣誉、财富和威权"，这导致了著名的"自然状态"梦魇，在那个阶段里，人的生命"孤独、穷苦、肮脏、野蛮而且短暂"。⁴³ 然而霍布斯把生活看作"对各种权力永无休止的渴望，至死方休"，这一观点也因此让人恐惧——这是一种世俗加尔文主义——他的哲学决定论提出后，为一个有利于绝对主义和服从的政治主张提供了第一原理，因此给出了维持秩序的药方。⁴⁴

对复辟时代的笔杆子而言，霍布斯主义对一种自我主义权力表演的黑色喜剧进行了合理化解释，这位"马姆斯伯里*的怪物"，或英国的马基雅维里成了迷倒罗切斯特等人的导师，他们欣赏他那膝跳反射

---

* 霍布斯的故乡。——译者

式的反教权主义。然而批评者也对他的有些观点感到震惊,因为他尖刻地否定常规自然法与过去人们熟悉的神明的存在。[45] 在实际上废黜,或至少污蔑了上帝之后,霍布斯尖刻的唯物主义似乎不仅瞄准了"空洞的哲学与不可信的传说"——例如天使、恶魔以及其他由狂热想象培育的"抽象存在"——而且要反对基督教。[46] 霍布斯主义者成了众矢之的。1688 年,一位剑桥基督圣体学院的研究员丹尼尔·斯卡吉尔(Daniel Scargill)被逐出了大学,因为他"坚持一些不虔诚的无神论信条,对上帝不敬"。而在 1683 年,牛津大学把《利维坦》付之一炬,同时还有他的《论公民》(De Cive,1642)。[47]

尽管他本人一再否认,霍布斯还是被痛斥为与无神论者无异。这使得他对于启蒙思想家来说非常有帮助。只要他们虔诚地表示否定他,就可以悄悄引入他在概念上的"垃圾清理"的很多方面。有策略地抨击霍布斯能让他们的作品在现实中更容易通过。

这种进步的对"学院垃圾"的清理运动被大卫·休谟推向一个非凡的高潮:

> 当我们翻遍图书馆,被那些法则说服的时候,我们制造了什么样的浩劫?如果我们手里拿了任何神学或经院的形而上学之书,请自问,**这里有任何关于计量和数字的抽象推理吗?没有。有任何关于事实和存在的实验性推理吗?没有。那就把它们付之一炬吧**,因为这里面除了诡辩与幻象之外一无所有。[48]

前进之路不在"学院派的形而上学",而在于理智上的谦逊:揭穿一贯正确的预言,以事实和数字为依据,创造一种批判文化。哪怕人类知识有严重的局限性也没关系,因为上帝无疑已给予人们足够的力量卸下他们尘世的包袱。此中洛克所描绘的哲学家形象有着强烈的感染力:"一位清理广场的体力工人,负责清除通往知识之路上的垃圾",

从而为真正的"建筑大师"开辟道路，后者包括罗伯特·波义耳、托马斯·西德纳姆（Thomas Sydenham）和艾萨克·牛顿这些真正建立起真理圣殿的科学家。[49]

在这个现代铸模里，影响最深远的关键性哲学家是约翰·洛克。如我们所见，17世纪70年代之后，他在政治上变得激进，此后在政治辩论、经济政策、货币改革，以及推动宗教宽容的进程中扮演了关键角色。《人类理解论》（1690）是他的名篇，为新时代里的新人呈献了有说服力的愿景，立足于分析创造真正的知识时大脑的工作方式。[50]

同笛卡尔、霍布斯和其他理性主义者完全不同的是，洛克的真理主张属于稳健类型。对崇拜伽利略的霍布斯而言，理性无所不能；而对洛克来说，只要偏离经验领域，就会进入精神的雷区。霍布斯倾向于"几何方式"（modo geometrico）的证据，而洛克不认为欧几里得几何学具有确定性。人类是有限的存在体，理性恰能满足人类的目的。[51] 他的反先验论，还有对纯粹理性的不信任，都能从《理解论》引用的相对主义人类学证据中得到支持，此书记录了全世界的信仰与习俗的惊人差异性，从非洲南部萨尔达尼亚海湾的无神论者到明格尔人（Mingrelians）——一个宣称信奉基督教但却活埋幼童的民族，以及其他吃婴儿的民族。[52] 这种对人类信仰与习俗的无穷差异性的证实，有效地支持了洛克对于所谓先天认知能力和道德真理，以及建立在这个基础上的必然性体系的极端怀疑。然而洛克还没有形成成熟的怀疑论：知识可以习得，是一种思维与自然交互影响下的建构产物。

语言本身就是骗局。"所有修辞术，"洛克低吼道，"全都一钱不值，不过就是在含蓄地表达错误观念，挑动人的情绪，从而干扰其判断。"[53] 在对人类欺骗与误导能力不断谴责的过程中，他着重强调了"在这种交流方式中人们的几种应该感到愧疚的主观错误和疏忽"。[54] 滥用语言有各种形式：杜撰出不能清晰表述意思的新词汇，歪曲篡改旧词汇，这是一种时髦的词汇游戏。哲学家实际上每天都处于晦涩模糊的语境中，"要么把旧词汇用在新的、不寻常的含义上，要么就引入模棱两可的新术语却不对词义进行定义；更有甚者还把它们组合在一起，以至于可能混淆了它们的普通含义"——到最后，洛克冷冷地评论说，这样的东西却能在"**精妙、敏锐**"的崇高名义下得以通过。[55]"没有思想的名词"不过就是"空洞的声音"，而"那些把他自己创造的名词用来表达与常规用法完全不同的意思的人……都在胡言乱语"。[56]洛克主义者都以说话平实为荣。

正如思想不是先天就有的，词语本身也不是上帝给予的：亚当既没有被赋予绝对**政治**权力，同样也没有被赋予不可剥夺的**言语**权威，罗伯特·菲尔默爵士的父权制政治理论著作如是写道（见第八章）。说话在更多意义上是交感行为，所指与能指的关系也是本来就约定俗成的。语言说到底是实用性的、功能性的，在为了"方便传达"而被量身定做的情况下是最佳的。[57]它需要被合理管控。

知识的花园长满了杂草。为了将其连根拔起，洛克建立了一些可靠的基本规则，用于处理这些基本问题，诸如：我知道什么？——以及我如何知道？先要区分"赞同"（assent）与"知识"（knowledge）。赞同（或"信仰"）应给予的对象是启示上帝言辞者的证言。但在赞同被表达之前，必须要明确这确实是上帝的启示；所需要的不是盲从而是判断。[58]"一个理性的人，"洛克向一个支持者说道，"本应该为了自己去探究和了解，竟然能够满足于轻信某种信仰与宗教……对我来说，这太令人震惊了。"[59]

洛克和信仰主义者并无瓜葛，不认为理性和信仰彼此矛盾，因为后者"只是对思想的坚定赞同……它可以兼容他物，但前提必须是建立在良好理性之上"。轻信不等于虔诚。比如说，把一本书当启示，却对其作者丝毫不加检验，就是十足的迷信——认为理性不再是上帝赐予的，认为信仰压倒理性，这怎么能够礼拜上帝呢？[60]

洛克怀着典型的启蒙动机，规定了上帝能够揭示的真理类型：违背理性的启示不能被承认，"信仰不能让我们相信任何与我们的知识相违背之物"。然而确实会有些东西是确凿的事实没法得出的，比如说天堂、死后复活一类的事情："这超出理性发现之外"，这些议题"纯粹是信仰问题"。[61]

简而言之，洛克并不反对这一类天启真理，但某些东西是否"是神的启示，理性却必须做出判断"——它是人们需要经常诉诸的法庭。早期教会的神父们的"因为不可能而得确证"（credo, quia impossibile est）见证了虔信的巅峰，但"据此选择观念和信仰，对于人们来说是个不好的法则"。除非能够努力避免错误预言，否则思维就会成为"狂热"的牺牲品，狂热只是"人们自己大脑中没有根据的幻想"的爆发而已。毫无疑问，上帝有可能对圣人直接说话，但洛克却担心对大众轻信的利用，并呼吁人们要极度小心。[62]

洛克的这些关于信仰和理性的指导最早是在《理解论》里提出的，然后在《基督教的合理性》（1695）中也进行了论述，这两本书对于启蒙认识论的提出有着巨大的影响，使得理性成为对抗迷信与狂热的堡垒。他那独特的基督教观念将会在第五章做出进一步的考察。

与对信仰的"赞同"不同，自然"知识"源自感官——尽管洛克总是告诫人们，它们"能够影响的范围十分有限"。[63] 然而神的启示是必然（certainty）的基石，从感官经验收集到的"知识"却只有可能性（possibility）。在此，洛克和培根一样，对经院式三段论没有耐心，因为它们削除逻辑，却"没有进行任何增补"。[64] 相反，通过真实事实得来的经验——尽管这些知识比较有限——可以不断积累并取得进步。

知识——有别于信仰和虚假的演绎推理——有两种。一种是凭直觉获得的。这种知识更为确定，但有限制范围，由不需要证据支撑的事实组成：比如说，半圆没有整个圆大。[65] 另一种类型（"证明"

[demonstration]）则来自对感官资料进行的采集和吸收，最终得出"可能的"知识。尽管必然会缺少天启或直觉的确信，但这种知识却构成了凡人能获得的最主要的真理宝库。洛克赞同西德纳姆、波义耳、牛顿和其他同辈学人的观点，强调人类能力的局限性，但这并不是不可战胜的问题："我们的事业不是了解一切，而是去了解那些与我们行为有关的东西。"[66]

关于理解力的实际操作，洛克否认笛卡尔的先天观念。[67]新生儿的心灵就像一个"空橱柜"，一块"白板"（*tabula rasa*），或一片"白纸"，[68]知识只是通过经验，也就是说，通过五种感官，才能获得：

> 依我之见，**理解力**更像隔绝光线的壁橱，外部的可见物或事物的**观念**只能通过很小的口径进入其中：这些影像进入黑暗空间后停留在那里，并有秩序地叠在一起，以便不时被翻找出来，这就很接近人类理解力了。[69]

"观念"源自外部的实物（例如雪），最开始唤起了感觉，然后产生了涉及"观念"的反应：雪的感觉从而产生"白色"的观念，[70]一种"观念"就成为了"理解的对象"。洛克的这种用法是原创的："观念"存在于我们心灵之中，不仅在思考的时候存在，在我们观察或回应任何感觉输入的时候也存在。知觉的对象因此就不再是**事物**，而是源于外部世界对象的**观念**，它们的存在依赖思维。

因为观念源自感官，所以最初也就"很简单"。后来多亏了"反思"，它们才可以被综合起来，而变得"复杂"。比如说，因为不断重复相似的感觉，时间和空间观念在适当的时候就建立起来了。从运动中，产生了动作和力量的观念。为了让观念更加真实，它必须源自外部事物。在确认外部事物是否可认知的过程中，关键是要区分"基本"性质和"第二"性质，也就是那些真正源于实际世界的，而不是那些只在旁观者的反思里才有的特征。关于体积（"第一"性质）的观念与关于气味的观念有很大的不同。后者（"第二"性质）无关所研究的物质的本质，只和嗅探者的鼻子有关。这就是洛克的区分策略，一定程度上是因为这样一来，尽管否定观念先天论，但也可以避免被指控为怀疑论；但最终被证明是不可长久的。[71]

在策划认识论路径的过程中，洛克从感觉和反思发展到认知（perception），也就是思想本身。这里涉及沉思（contemplation），存留过去的经验并忆起它们。因此，记忆成了理解力的一部分，智慧、判断力亦然。[72] 智慧意味着对一些很可能充满想象成分与杂乱无章的观念进行表面联想；判断力能精确区分它们的差异。洛克的区分方法很大程度上是从霍布斯那里来的，对美学与文学批评有非常大的影响力。[73]

通过锻炼判断力与习惯性的观念联想，复杂的观念能够被建立起来，例如那些关于秩序、美和自由的观念。[74] 自由观念源自这样的事实：一个人在面对选择的时候有能力采取行动或拒绝行动。洛克在这里对霍布斯进行了很多反驳。对后者而言，自由是一种权力（power）：一个人能够不受制约地做任何他有权力做的事。洛克的政治自由观拒绝这点，从意志行为（act of will）的意义上来说，一种行为可能是自愿的，但依然不是真正"自由"的，如果它是外界的强制力驱动的产物（比如说，用枪顶着头）。尽管洛克反对霍布斯的威权主义政治学，他们也有很多共同的地方，比如获取真正知识的途径以及思维的工作方式。霍布斯把思想降低为机械行动；洛克也进行了相对而言更加简化的工作：

> 我们原初的观念……都能被归纳为少数基本的、原始的观念，也就是延展性、强度、移动性或被动力等；借助感官，我们从身体获得这些观念；感知力或认知能力，或思想；行动力，或行动

的能力；这些则是借助反思，从心灵中获得的。⁷⁵

与霍布斯相比，洛克受皇家学会的培根哲学影响更大（他在1688年被选为会员），培根哲学对于观察和实验的重视为洛克的科学哲学提供了基础。例如，他被显微镜深深吸引，通过它能够看到等待人们进一步探究的还未被察觉的世界："这东西让黄金的黄色消失了，取而代之，我们将会看到绝妙的组织结构，它们有特定的大小和形状。这个显微镜将自己的发现全都展现了出来。"⁷⁶ 耐心的观察和实验当然会带来累累硕果。但洛克警告人们，结论不要超出证据的范围。科学永远要被限定在可观察与测量的范围内，它无法对内在事实说明什么。⁷⁷ 在对经院哲学与笛卡尔式的自大进行纠正的过程中，洛克由此打算通过尊重其界限范围来推动知识的进步。尽管"可证明"的知识，经验的收获，从不会超出"可能"的范围，但也仍然非常有用，具有进步意义。⁷⁸

就这样，除了为宽容和政治自由辩护之外，洛克还在启蒙的日程表里加入了他对思维进步能力的支持。因为抛弃了柏拉图和笛卡尔的先验论，确信知识就是可行性的技艺（art of the probable），坚信前进之路就在实证研究中，洛克用合理性（reasonableness）取代了理性主义（rationalism），其方式对英国启蒙运动而言是纲领性的。

尽管洛克很激进，但他破坏是为了重建，解剖是为了彻底根除病态的表达方式和信条。在一些问题上，他似乎让人感到惊人的可疑，因为他把已被人们接受的事实和先天观念判定为错误的或欺骗性的。他贬低了所谓的"人类的堕落"，坚信人类理解力的力量：上帝的存在可以被认知，自然与自然法也同样可以。他不是在努力否认真理，而是要将其建立在更为牢固的基石上。他的哲学成为一个重要的分水岭，他成了英国启蒙运动的精神代表。

洛克的遗产是有争议的。⁷⁹ 他的许多观点让他饱受攻击，例如坚持把理性作为天启的裁判,他对先天观念与道德绝对性的否认,他对思考机制的暗示,对于"认同"和"意识"的激进意见,以及在三位一体问题上"可感受到的缄默"(见第五章、第七章)。即使艾萨克·牛顿这位平时的盟友有一次也指责他是"霍布斯分子"。[80] 正如我们已提到的那样,他在母校受到谴责。斯蒂林弗利特主教(Bishop Stillingfleet)则在他的信仰里嗅到了无神论。[81] 他坚信所有知识都源自经验,这让人非常不安,"获取观念的路径"引起了反对。在反对马修·廷德尔(Matthew Tindal)的洛克式观点时——有关政府的"观念"必须接受分析——斯威夫特这样抱怨道:

> 现在,我们需要理解:这个精致的说话方式是洛克先生引入的……全世界此前所有哲学家,从苏格拉底到我们的时代,都非常无知地提出了这样的问题:"何为统治权?"(*Quid est Imperium*),但现在我们似乎得改换措辞了。因为现代人类理解力的进步,不再渴求哲学家表述或定义一个"捕鼠器",或告诉我们它是什么,我必须严肃地问,"捕鼠器"这个观念里包含了什么?[82]

然而洛克的经验主义最终还是开花结果了。约翰·哈里斯很有影响的百科全书《技术辞典》(*Lexicon Technicum*, 1704)按照他的想法把观念定义成"心灵本身所感知的一切",后来在第二版(1710)里宣称,固有观念说是绝对错误的。"我们一定要质疑,"威廉·沃拉斯顿在 1722 年指出,"并没有他们假设存在的这种固有真理。"钱伯斯的《百科全书》(1728)则宣布:"我们伟大的洛克先生似乎已经使这件事不再需要争论了。"[83]

洛克的经验主义指明了推进科学研究的道路。爱尔兰绅士威廉·莫利纽克斯(William Molyneux)把一些由否认先天观念而产生的令人兴奋(即使会让人不安)的意涵引入了争论之中。例如,如果有人生下来是盲人，但后来又通过手术复明了，他马上就能区分立方体和球体吗？换句话说，是否有先天的形状观念？莫利纽克斯认为没有，没有人第一次看到东西时就能做出判断。洛克同意这一点——在其《理解论》的第二版里面承认过——这进一步打击了固有观念说。[84] 理性主义者莱布尼茨则对此提出异议：一个盲人复明之后应该可以辨认出形状及其差别。相反，贝克莱却支持洛克和莫利纽克斯。通过引用外科医生威廉·切塞尔顿（William Cheselden）在皇家学会的作品《哲学汇刊》（*Philosophical Transactions*）里的一则手术案例，他在《视觉新论》（*Essay Towards a New Theory of Vision*, 1709）一书中宣称：一个刚复明的盲人男孩不能很快"看见"东西。也就是说，不能把通过触摸感知的事物与远距离的视觉呈现相匹配。[85] 切塞尔顿充分意识到洛克实验主义让这样一位个体变成了关键性实验案例，他的观点反过来又被其他人所征引，包括伏尔泰、狄德罗、孔狄亚克、布封和康德。[86] 把眼睛和"我"联系在一起，洛克的认识论激发了后来被称为实验心理学的研究。

"洛克是世界性的。"威廉·沃伯顿（William Warburton）宣称。[87] 到1760年，《理解论》已经有了九种英语版本，以及洛克的文集里收录的四种，伦敦出版了拉丁语版在欧洲大陆发行。可以预见的是，在法国的销量十分萧条，虽然法语版在1700年便出版了，但25年之后还到处是没卖出去的存货。然而从18世纪30年代开始，得益于伏尔泰的《哲学书简》（*Lettres anglaises*, 1733），法国人对此书兴趣大增。此时在英国，各种攻击则被凯瑟琳·科伯恩（Catharine Cockburn）等支持者阻挡，后者的《捍卫洛克的〈人类理解论〉》（*Defence of Mr Locke's Essay on the Human Understanding*）于1702年匿名出版，一大批作家广泛宣传了他的看法。例如博林布鲁克颂扬了人类知识的潜力，同时也谈到了局限。这些观点被蒲柏的《人论》改成了韵文。[88]

洛克也在学生中间引发热烈讨论，尤其是在以撒·华滋的《逻辑》

（*Logic*, 1724）中，这本书到 1779 年已经出版到了第二十版。[89] 这位虔诚的追随者、勤奋的不从国教者在一首诗中表达了对洛克的崇敬。洛克死后，他又在一篇颂诗中说道：《理解论》，"在无数关于科学与人类生活的大事件里把更明亮的光芒传播到了全世界"，他继续说，其中的许多章节"配得上用金字来书写"。[90] 随着华滋这本书以及此后的各种教材成为标准，洛克对英国哲学的影响更为扩大。虽然有些不顺利，但他的思想也渗入高等教育之中。即使牛津大学也多少表现出了兴趣。1703 年，那里发起了镇压《理解论》的运动，但在 1744 年，学生的书单里已开始提及洛克的"形而上学"，也就是《理解论》。然而 11 年之后，他的母校却为这一轻率行为感到后悔，洛克的名字再一次消失了。[91]

与在托利派的牛津大学的遭遇相比，洛克的哲学很快就进入了辉格党控制的剑桥大学的文科课程。1739 年，麦格达伦学院（Magdalene College）的院长丹尼尔·沃特兰（Daniel Waterland），在写给本科生的《给青年学生的建议》（*Advice to a Young Student*）中赞美《理解论》，认为它揭示了推理的过程，不像早期逻辑学那样，只是定义人文术语。沃特兰的书说明经院哲学已经被迅速逐出了开明的剑桥大学，这归功于霍布斯、笛卡尔、莱布尼茨、巴特勒、贝克莱，尤其是洛克。[92] 他也被苏格兰的大学接受。最早是约翰·史蒂文森（John Stevenson）的课堂，此人从 1730 年开始担任爱丁堡大学逻辑学教授，尽管在那里，只有培根才被看作现代派的君王。[93]

同时，洛克经验主义的内涵经过梳理、简单补充、质疑和争辩，成为休谟的感觉主义（和他的"印象论"）以及哈特利阐释观念联想的基础。亚伯拉罕·塔克（Abraham Tucker）的《追寻自然之光》（*Light of Nature Persued*, 1768）被看作言过其实，因为他过分赞美了这位成功地"清理了先天观念、真正本质和此类垃圾所带来的负担"的思想家。[94] 杰里米·边沁专注于打破想象和语言的谎言，也向洛克表

达了由衷的敬意:"没有洛克我将一无所知。"⁹⁵

但把洛克带向更大范围的阅读公众的却是《旁观者》(*Spectator*)。哲学家最好的宣传代理人约瑟夫·艾迪生推广普及了他在智慧、判断、人格同一性以及语言谜题上的观点,特别是令人震惊的论《想象之乐》系列文章中的美学观点。⁹⁶尤其在处理关于理解自然的问题时,他用惯常的轻松口吻把洛克对基本性质和第二性质的观点戏剧性地描述出来:

> 我们的灵魂正在快乐地迷失,困在一个愉快的幻境中。我们就像一位被施了魔法的传奇英雄那样四处游荡,看见美丽的城堡、森林和牧场……一旦神秘咒语失灵,虚幻的景象也破灭了,哀伤的骑士发现自己身陷荒凉的原野或是孤寂的沙漠。⁹⁷

这个相当容易让人迷惑的差异所引起的滑稽可能性,被在《卫报》上的一段描述很好地捕捉到了,它讲述了杰克·利兹(Jack Lizard)从神学院回到家里的故事。在学校里,他的思维已显然发生了变化:"第一周他还完全沉浸于那些悖论……在姑娘们挑选饰带时,他会向她们证明,所有的丝带都是一个颜色;或干脆说,根本就没有颜色。"⁹⁸

肯尼兹·麦克莱恩(Kenneth MacLean)坚信洛克的《理解论》是除《圣经》外主宰了乔治王时代的大作,他记录下了对洛克的征引,从理智而严肃的讨论——塞缪尔·约翰逊在《词典》里面的关键引用——跨越各个层次直至诙谐的提及,以及故意自抬身价的"拽人名"。⁹⁹《科芬园杂志》(*Covent Garden Journal*)在1752年4月14日那一期登出一则广告,鼓吹亨利·菲尔丁所撰写的对犯罪的告诫之言尤其适合于年轻人,因为"那些观念一旦合在一起,就像洛克先生睿智地观察到的那样,此后就再也没法分开了"。¹⁰⁰很明显,洛克的名字能够让书卖得更好。

劳伦斯·斯特恩也自然而然地认为《项狄传》(Tristram Shandy)的读者应该知道，或者愿意被人认为他们知道"睿智的洛克"。在开头部分，主人公说他的父亲喜欢在每个月的第一个星期日晚上调钟：

> （这个习惯）小心翼翼地恪守，但一次不幸却降临在我的身上，它的影响之大，恐怕我得带到坟墓里去了；我是指，在一次本质上并没有关联的不愉快的思想联想之后，他们的争吵如此猛烈，以致最终我可怜的妈妈可能再也听不到这个钟被装上发条的声音了——但是一些关于其他事情的思想却不可避免地从她头脑中冒出来了——反之亦然：对于奇怪的观念综合，睿智的洛克——这位比多数人更理解这些东西的本质的人——断言会导致更多扭曲错误的行动，比其他所有偏见的来源都更甚。[101]

白板在那本小说和其他很多书里也成为了重要话题。在玛丽·海斯（Mary Hays）的《艾玛·考特尼回忆录》(Memoirs of Emma Courtney, 1796) 中我们被清楚地告知，思维最初只是一片白纸。[102] 塞缪尔·理查森的主人公帕梅拉从洛克的《教育漫话》(Some Thoughts concerning Education, 1693) 中学到了掌握婴儿思维的办法，这些都是她的未婚夫温柔体贴地教给她的。[103] 几年后，切斯特菲尔德勋爵送给儿子同一本书，还对关键段落做了标记，教育他"一位睿智、冷静和孤傲的人应该怎样思考"。[104] 那些想要在有知识的人群中表现出色的人必须跟上洛克的步伐。

英国启蒙运动大戏的关键内容是洛克的思维发展模型：从无知到有知识，通过经验变得成熟，以及他所主张的人类总体进步范式。个人可以通过感觉获得实际知识，可以通过言语进行推理，可以找到个人对上帝、与对同类之间的责任。因为容易犯错，人类都是不完美的；

但因为可以接受教育，人也可以取得进步。错误可以被擦去，进步可以通过反复实验得以实现。[105] 人们常说，洛克之所以成为启蒙运动的伟大导师，是因为他提供了一种"相当合理的论说，把新科学当作正当有据的知识，还夹杂着对自我进行理性控制的理论"，同时他还在理性的自我责任的理想之下，把二者合在一起。[106]

第四章　印刷文化

我歌颂书，我歌颂人。
　　　　　　　　　　　　　　——亚历山大·蒲柏[1]

每个民族最主要的荣耀都源自他们的作家。
　　　　　　　　　　　　　　——塞缪尔·约翰逊[2]

在这个时代，如果思考一下我们国家的状态，
或许就该将其冠名为"作家时代"。
　　　　　　　　　　　　　　——塞缪尔·约翰逊[3]

交流与信息将社会联结在一起。
　　　　　　　　　　　　　　——塞缪尔·约翰逊[4]

　　启蒙运动的关键是打笔仗：用笔杆子对抗武力、书报审查还有文字对手。在文字对决中，智慧、学识与批评把黑暗、落后与专制当作靶子。在最激进的法国，哲人的鹅毛笔对准了教会与政府，后者通过《违禁书籍索引》与书报审查机构、警局、法庭，甚至是巴士底狱，对作家与出版家进行监视和折磨。伏尔泰和狄德罗都曾入狱，二人与其他启蒙哲人都曾长时间流亡。在大革命前夜，路易十四的"思想警察"在职工薪名册上有超过160名审查官的名字；为了避开他们的视线，人们发明出精密的网络，在尼德兰与瑞士的边界走私各种违禁出

版物。[5]

英国的情况全然不同。历经内战与空位时期的完全出版自由之后，书报审查在复辟时期卷土重来，1688年光荣革命则废止了该制度。[6] 在1695年，《许可证法案》被废止——部分原因是对"书籍出版经销同业公会"（Stationers' Company）垄断状况的不满——出版审查的旧体制一去不复返。此后在伦敦、约克，与剑桥、牛津，出版成为自由市场，只要愿意承担在出版后可能被指控，甚至遭受监禁或示众的风险，便没有什么能够阻挠大胆的作家与书商了。丹尼尔·笛福在因《惩治不从国教者的捷径》（Short Way with Dissenters, 1702）被定罪后发现，这其实是广而告之的好方法。后1688时代的用于夸耀的陈词滥调之一就是出版自由，即"保护其余一切"的自由，这个说法是《伦敦晚报》（London Evening Post）在1754年的自我炫耀。[7]

出版物如雨后春笋般涌现。17世纪20年代英国大约出现了6000种书，18世纪第二个十年这个数字攀升到2.1万，该世纪90年代达到5.6万以上。[8] 一些单本作品的销售额颇为惊人。塞缪尔·理查森的《帕梅拉》（Pamela, 1740）在12个月里再版了5次，笛福的《鲁滨逊漂流记》（1719）和托比亚斯·斯摩莱特（Tobias Smollett）的《蓝登传》（Roderick Random, 1748）在第一年印刷了超过5000册，而亨利·菲尔丁的《阿米莉亚》（Amelia, 1751）在一周里就卖出了这么多。[9]

小册子出版一路走俏。笛福的政治讽刺诗《纯血统英国人》（True-Born Englishman, 1701）在4年时间里再版了9次，还有大量盗版书出现，总计大约有8万册。[10] 几年后，3种涉及萨谢弗雷尔（Sacheverell）事件的小册卖出了5万册。1776年，理查德·普莱斯（Richard Price）的《论公民自由本质》（Observations on the Nature of Civil Liberty）也取得了这样的硕果。[11] 在1660—1800年，超过30万种单行本图书、小册子在英国出版，总计印刷了约2亿册。[12] 即使从这些粗估数据里也很容易看出，与他们的欧洲兄弟非常不同，英国文人很少被迫组织"地下文学"，与当局打游击战。相反，他们是新兴文化产业的一部分，批评家、知识商贩与意见制造者是他们的自我身份认同，对正在发展壮大的公众群体发声，既可被当局利用，也可被粗暴对待。

印刷出版的到来象征着一个伟大的分水岭。威廉·沃辛顿（William Worthington）宣称，书写是所有人类发明中最美妙的，书写让我们成为"其他的人类劳动与研究的主宰，同时也是我们自身的主人"。进步的国教徒埃德蒙·劳确信，出版本身已经"为科学的进步与改革做出了无比巨大的贡献"。[13] 读写能力也受到重视，苏格兰人对自己的教区学校特别引以为豪，它们为"有才华的青年"（lad o'pairts）提供了上大学的跳板。[14] 在英格兰，数以千计的商业冒险项目与非国教学院从分布广泛但不断衰败的传统文法学校的裂缝中涌现出来，就像那个世纪初期的慈善学校与后来的主日学校那样。[15]

当然，目标设定得不高：教区学校通常只教阅读，不教写作，只让小孩读圣经和其他宗教文本，都是由"基督教知识宣传协会"（Society for the Promotion of Christian Knowledge）分发下来的书籍。但会阅读的眼睛永远无法被蒙蔽，这就是为什么会有很多反对的声音出现——从愤世嫉俗者伯纳德·德·曼德维尔到激进的《反雅各宾评论》（Anti-Jacobin Review）都在反对平民阅读教育的荒唐之处，这会让他们获得僭越身份的观念：索姆·杰宁斯（Soame Jenyns）认为，无知是穷人最好的"鸦片"。[16]

读者却欢呼雀跃。爱德华·吉本因为"早年对阅读难以抗拒的热爱，甚至给我印度财宝都不换"而感到自豪。[17] 而读书也革命性地改写了普通工人的生活。约翰·坎农（John Cannon）小时候被牧羊人父亲送到市场之后，悄悄地溜到当地园丁家里去读"那位博学、尚武的犹太人约瑟夫·本·古里安的大历史"，这是"我对英国历史矢志不渝的起点"。坎农后来成为了税收官、大学老师与当地抄写员，他秉持着他的园丁导师的精神开始外借书籍。[18] 在努力寻找工作的过程中，14岁的自学者威廉·科贝特在一家书店的窗户外看着斯威夫特的《木桶的故事》。他用了全部积蓄——三便士——买下，然后找了一个干草堆开始读书。就是它！——他回忆道，"这本书如此不同……它给我的快乐无以言表；它制造了我经常认为的某种思维能力的诞生"。科贝特一跃成为人们的护民官，自封的"英国人民伟大的启蒙者"。[19] 兰开夏郡编织工人的儿子塞缪尔·班福德（Samuel Bamford）也有过类似经历，他是另一位愿意为"愉悦的阅读习惯"买单的人。他第一本喜欢的书也是他一直喜欢的一本："第一本特别引起我注意的书是《天路历程》，里面有粗糙的版画。"[20] 班扬启发了弥尔顿与蒲柏，乃至整个英国文学，独立精神的强化让班福德成为一名激进主义者。与他同时期的、出生在北安普敦郡沼泽区一个几乎不识字的农民家庭中的约翰·克莱尔（John Clare）学习了他的文字，在工作中偷时间躲在篱笆后面读书，慢慢地熟读了讲述非凡自救精神的小说《鲁滨逊漂流记》，然后变成了愤怒的诗人，反对各种剥削行为与圈地运动。[21] 平民自尊的关键在于书籍给予他们的力量。[22]

阅读习惯改变了文化联系的方式。"农民中相对贫困之人，甚至就总体而言，穷苦乡村地区的人们，"詹姆斯·莱肯顿（James Lackington）在18世纪90年代时评论道，"听他们的子女朗读神话故事、传奇故事，以此来缩短冬天的夜晚。一进他们的屋子，你就能看到《汤姆·琼斯》（*Tom Jones*）、《蓝登传》还有其他趣味读物显眼地摆在熏肉架子上。"[23] "无数生活在贫苦悲惨状态之中的人们，"他赞叹道，就这样"得到助益"，他们现在得到拯救，不再把时间浪费在"非理性目标上"。[24] 莱肯顿视阅读为启蒙的说法明显有自己的利益诉求，因为说这话的人是个书商，且以贱卖知识为荣。这位白手起家之人让他在芬斯伯里广场的"缪斯神庙"成了伦敦的地标，其标语鼓吹说："这是世界上最便宜的书店。"到1792年，他公布了一个让人吃惊的营业额"每年出售超过十万卷书"，巨量的书籍种类与他出售打折图书的思路都是销量走俏的重要原因。[25]

感受到印刷力量的并非只有莱肯顿一人。塞缪尔·约翰逊很早就说过，"在这个国家的所有阶层中，文学普遍流行"，每家每户都有"知识壁橱"。[26] 时光倒溯至18世纪60年代，托马斯·霍尔克罗夫特（Thomas Holcroft）在向另一位学徒借《格列佛游记》和《旁观者》的时候，他同样指出了差异的存在：在他的童年时代，啤酒馆里有一些旧英国民谣集，但"现在几乎在每家每户都能找到……书籍，那时却并非如此"。[27]

由印刷主导的意识变迁在一定程度上源于较高的识字率。尽管到1700年时，以欧洲的普遍标准来衡量，英国的识字率已经非常高了，但在下个世纪这一比例并没有大幅度上涨。[28] 其实，关键不在于读者的总数高，而是阅读已经成为大多数国民的基本习惯。身处"印刷俱乐部"之中的人和其余者被一个玻璃屏隔开，而这个玻璃屏越来越重要：文盲受到毫不留情的嘲笑，阅读则是进入文化魔法圈的入场券，而且不问此人是否腰缠万贯、位高权重。实际上我已经提到过，乔治王时代的英格兰的主要对立，不在于显贵与平民之间，或穷人与富人之间，而在于那些在由印刷物所缔造的大都市文化圈子中畅游的人和那些被排斥在外的人之间，后者还基本停留在口头文化上——或许这就是詹姆斯·麦金托什爵士（Sir James Mackintosh）在说下面这些话时心里所想的，他说："印刷术的扩散……提供了一个让有学问之人的意见得以传递到商店和小村庄的渠道。"[29]

科贝特这种自学成才的人受到自己早年接触到的现代作品的启发尤其大，包括笛福、斯威夫特和斯摩莱特，也包括报纸和杂志。这反映出一种从"精读"到"泛读"的转变。[30] 过去，一位"普通读者"会对一架子神学经文倍加珍惜，一遍遍地反复阅读，尤其像霍尔克罗夫特所描绘的那样。莱肯顿回想自己的鞋匠老板："我师傅的全部藏书包含有一本学校用的《圣经》，华滋的圣歌和赞美诗，富特的再洗礼派手册，卡尔佩珀的植物志，钓鱼的历史，一卷不全的医学、外科诊疗秘方等。还有简便计算表。"《圣经》、一些宗教文本与一些指南书构成了工匠的智慧宝库。³¹

相反，新出现的"泛读"读者却接触到了更广泛的资源，其中大部分都是最新的书，在将其还回图书馆、传递给其他读书人或变成废纸之前他们可能会翻阅一遍这些书。个人藏书单不再有那么多的经书，读者习惯于随性地阅读。爱卖弄的女文人弗朗西丝·博斯科恩（Frances Boscawen）评论道："不用严格阅读，而是大致浏览。"³² 这种变化也深受谴责："现在阅读堕落了，充其量只是早间的休闲娱乐。"爱抱怨的约翰·布朗牧师愤愤不平地说。³³ 然而，新习惯并非全然是琐碎化的，正如那个世纪中期的苏塞克斯杂货商托马斯·特纳（Thomas Turner）在日记里所表明的。这位虔诚却又喜好社交的人令人印象深刻，他拥有超过70本书和杂志，里面包括启蒙的旗手人物洛克、艾迪生、蒂洛森（Tillotson）、斯梯尔、斯特恩和爱德华·扬的作品，同时也有莎士比亚和弥尔顿的作品。他的日记提到了1754年之后的10年间他所阅读的另外50本书，以及期刊和报纸。每到晚上，只要没有酗酒，特纳就会给同室之人朗读蒂洛森的宣教文。³⁴ 一旦贸易萧条，他就会坐在商店里潜心阅读洛克的《教育漫话》这类大部头的书。因为特纳也兼任乡村教师，他肯定向自己的学生传播过启蒙观点，或许还按照洛克的教育观进行过实践。³⁵

正如特纳的日记所证实的那样，印刷品迅猛扩张当中最突出的一类是报纸、杂志和其他短期消费品。报纸自身就是个新鲜事物。《邮童报》（*Post Boy*）、《报人》（*Post-Man*）和《空中邮报》（*Flying-Post*）进入了新世纪；最早成功的日报，《每日新闻》（*Daily Courant*）在安妮女王时代开始出现，接下来是《晚报》（*Evening Post*）、《圣詹姆斯晚报》(*St James's Evening Post*)、《白厅晚报》(*Whitehall Evening-Post*)、《伦敦日报》(*London Journal*)、《每日邮报》(*Daily Post*)、《伦敦晚报》、《每日广告报》(*Daily Advertiser*)等。《伦敦公报》(*London Gazette*)则起着官方喉舌的作用。到 1700 年，所有这些报纸都在英国印刷着。到 1712 年，伦敦已有大约 20 种单张报纸，一周能卖掉大约 2.5 万份。地方媒体很快也出现了——始于 1701 年出版的《诺威奇邮报》(*Norwich Post*)。截至 1760 年，35 种地方报纸每周能卖出 20 万份，到 1800 年增加了一倍。到世纪之末，每个大市镇都有了自己的报纸。[36]

1713 年报纸的年度销量约在 250 万份。到 18 世纪 70 年代有 9 种伦敦的日报和 55 种地方周报，销量达到了 1200 万份。到 1801 年，伦敦有 13 种日报与 10 种三周出版一次的报纸，销量一跃达到 1600 万份。"报纸低廉的价格使其被人们广泛接受，"约翰逊在评论传媒业的快速发展时说，"它们的多样性迎合了不同个体的口味"。[37] 新世界浮现在人们眼前。乔治·克拉布（George Crabbe）在 1785 年说，新鲜事物有着强烈的吸引力：

> 我歌颂新闻，我歌颂那些无聊的报纸，
> 小贩们叫嚷着沿着街区，四处兜售。[38]

"我的老乡同胞们竟如此没有幽默感，"《旁观者》先生宣称，"这比他们对新闻的普遍渴望更让我感到惊讶。"[39]

地方性的报纸在本地被视作指路灯，它们被分发到各处，让正在扩大的公众群体不仅知道了国王和战争的消息，也让他们了解到风尚、重大时刻的兴奋和刺激，正是它们首先**创造**了公众。创设于 1736 年的《索尔兹伯里日报》(*Salisbury Journal*)到世纪末的时候，每一期销量都超过 4000 份（超过了绝大多数的巴黎报纸），让白手起家的办报人本杰明·柯林斯（Benjamin Collins）获得大量财富——他去世时身价达到惊人的10万英镑。除了地方与国家新闻外，它还提供包含大事件、通告、书评、特辑以及零碎小文章在内的丰富大餐。威塞克斯78个市镇中，有大约200名教师在《索尔兹伯里日报》开办的前34年里刊登过广告，对于新设立的学校来说，这个比例很大，[40]说明出版界和教育界已经开始联手给人们的思想充电，证明了约翰逊的格言："知识通过报纸在人民中间传播扩散。"[41]

报纸改变了人们的想法，让不可能的事情真的发生了。"一位女士愿意为她丢失的那条价值五便士的小狗付五个基尼作为酬谢，"瑞士人德·索绪尔在1725年写道：

> 一位丈夫警告大家不要借钱、赊账给他妻子……一个江湖医生会登广告说他能治愈各种顽疾。一个遭遇抢劫的人承诺会给帮助他追回财物的人报酬。广告登出了各种娱乐和奇观；还提供关于房屋、地产、家具、马车、租售马匹、书籍、小册子之类的各种消息。阅读这些报纸，你能了解这个大城镇所有的闲言碎语以及所有被人们议论和做过的事情。[42]

难怪这项发明被誉为变革的发电机。"是生活的一项重大改善，让现代超过了之前所有的时代，"1753年有人写道，"正是大量报纸实现了信息的快速传播。"[43]当然怀旧者还是要指责。1768年，执拗的亚历山大·柯科特（Alexander Catcott）——他惹人关注的身份之一是狂热的反牛顿主义者——怒吼道："在这个开明时代的每一个人（都曾充分受到那些时髦、简单的知识传播工具，如报纸和杂志的引导）"都认为有"自由为自己创造一种哲学（我得补充说，实际上是宗教）"。[44]虽然稍显极端，但这位布里斯托教士的嘲讽却包含了真实的核心，正如1774年乔赛亚·塔克（Josiah Tucker）在一次有力的反驳中所说的那样:"这个国家对新闻的疯狂和新闻带来的困扰堪比当年人们对教皇的疯狂和教士带来的困扰。"[45]

文化变迁的另一个媒介是杂志,因为丹尼尔·笛福的《评论》(Review, 1704—1713)而广为传播。化名为艾萨克·比克斯塔夫(Issac Bickerstaff),理查德·斯梯尔编辑撰写了《闲谈者》(Tatler)杂志的大部分内容。1709年之后,此杂志每周发行三次。第一期《旁观者》于1711年3月1日出版,用乔治王时代人们钟爱的另一句贺拉斯的格言"照亮黑暗"(to turn the darkness light / ex fumo dare lucem)作为标语。[46] 本着像"旁观者先生"(Mr Spectator)一样思考的目的,斯梯尔和约瑟夫·艾迪生合作创办了《旁观者》杂志,除了周日休息外,他们每天都在一起工作,一直到1712年(也即前555期),这本杂志每期售价才一便士。和其他合作者一起,艾迪生出版了第二辑,在1714年6—12月每周出三期——两辑累计达到惊人的635期。

我将在第七章详尽阐述《闲谈者》与《旁观者》如何把启蒙思想、价值观带给民众,化民成俗,普及新哲学知识与提升品位。[47] 通过把戏剧化的场面与有教育意义的谈话以及真实或虚构的读者来信结合在一起,这种作为媒介的每日短评文章打造了一种共谋的优越感,读者在家里或在"人们常去的地方",也就是咖啡厅里朗读它们。[48] 这些新变化分毫不曾逃过塞缪尔·约翰逊的眼睛。在《闲谈者》和《旁观者》之前,他就说过,"英格兰没有日常生活的主宰。还没有任何作者开始着手改善疏于管照的粗野,还有不恰当的失礼"。[49]

深受成功者的刺激,更多期刊出现了。这其中最杰出的有《考察者》(Examiner, 1710—1714),其中一部分文章出自斯威夫特之手;有斯梯尔自己的《卫报》(Guardian, 1713);还有安布罗斯·菲利普(Ambrose Philips)的双周刊《自由思想家》(Free-Thinker, 1718—1721),报头是"敢于认识"(sapere aude),其流行程度值得让其出版三辑合订本。此外还有阿隆·希尔(Aaron Hill)的《老实人报》(Plain

Dealer，1724—1725）。这些名字就足够说明问题了。亨利·菲尔丁的《科芬园杂志》把新闻与散文放在一起发表，《格拉布街日报》（Grub-Street Journal，1730—1737）也是如此。一种很有象征意味的革新源自1744年出现的《女旁观者》（Female Spectator）。[50] 该杂志由戏剧家、小说家伊莱莎·海伍德（Eliza Haywood）编辑（尽管在表面上声称是一个妇女"俱乐部"的作品），这是第一本由女性主笔、为女性而编，且讲述女性的杂志，里面都是关于爱情、婚姻、家庭、女性教育、礼节和健康的内容（包括对过度饮茶会引发过度兴奋的警告）。[51]

在《闲谈者》与《旁观者》之后，最主要的期刊却是历久弥新、影响重大的《绅士杂志，或每月讯报》（Gentleman's Magazine: or, Monthly Intelligencer），该杂志提供一种普遍乐趣，1731年由爱德华·凯夫（Edward Cave）创办，此人和约翰逊一样，都是中部人，他机敏地以"西尔韦纳斯·厄本，绅士"（Sylvanus Urban, Gent）为名进行写作活动。《绅士杂志》吹嘘自己"比同类同价的书籍容量更大，内容更为丰富"，只要6便士。为了证明其内容丰富，在冗长的"每周争论和每月散文回顾"之后，第一期还用4个版面刊登诗篇，用6个版面刊登《每月讯报》，并且包括关于婚丧嫁娶、职务晋升、意外事故以及"遗失与被盗"、股票价格、死亡统计表、外国新闻、账目与破产的部分，还有一篇关于受骗（宾夕法尼亚的巫术）的文章、栽种园艺的指导，还有新闻剪报与评论性文章。此期刊的流通超过1万份，当然读者也就更多了。[52]

杂志变得越来越多。这其中包括约翰逊的《漫步者》（Ram-bler，1750—1752），每周发行2次，共发行了超过200期。他的《懒汉》专栏出现在每周发行一次的《全球纪事报》（Universal Chronicle，1758—1760）中，戈尔德斯密斯的《中国信札》出现在《公簿报》（Public Ledger，1760—1761）里。专题也适时出现了，探讨某个专门的话题，例如时尚之类的。书评杂志也登场了。起初是《月刊》（Monthly,

1749），之后是《评论》（Critical, 1756），然后在 1783 年，约翰·莫里（John Murray）发行了《英国评论》（English Review），1788 年约瑟夫·约翰逊出版了《分析评论》（Analytical Review），1793 年里文顿（Rivington）的《英国评论家》（British Critic）出版了，三年之后是《每月杂志》（Monthly Magazine）。在这中间，它们开创了各种介绍新书的元体裁。[53] 到 1800 年，英国发行的期刊数量达到了让人震惊的 250 种，创造了一种充满生机的文化传播渠道与交流方式。"一本带有指导意义和娱乐性质的期刊，"博斯韦尔反思道（他自己也是位专栏作家），"或许是现代最令人愉悦的发明之一吧。"[54]

观众的参与最容易吸引人，无论是真是假，都能劝说整个读者群体。就像今天的听众热线节目一样，能够让读者觉得自己正坐在那个重要的位置上。读者投稿是《雅典通讯》（Athenian Gazette）存在的意义，它的全名是《雅典通讯，又名决疑信使，解决天才们提出的所有最好、最有趣的问题》（Athenian Gazette, or Casuistical Mercury, Resolving All the Most Nice and Curious Questions Proposed by the Ingenious, 1691），采用回答读者问题的形式——对事实问题、道德问题和行为问题发表观点。这个"回答你所有问题"的剪辑簿是由行为古怪的约翰·邓顿（John Dunton）想出来的，之后改名为《雅典信使》。尽管人类被逐出了天堂，但他在冗长的自传里评论道，"获取知识的欲望不会毁灭"。正是为了给好奇者提供"真理的微弱闪现"，他才创办了这个每周一期的杂集，在 580 期里回答了将近 6000 个问题，主题涵盖从女性教育到灵魂不朽等各个方面。例如，你会看到"一个人怎么知道一位女士爱他？"或"男人打老婆合法吗？"[55] 后来他出版了合订本，一共二十辑，加入更多内容，例如"青年学生文库"，后者的诸多科学主题当中有洛克的《人类理解论》和托马斯·斯普拉特的《皇家学会史》（1667）的摘要，还有如《波义耳先生的特效药方》这样的内容，这是这位化学家在大众健康方面做出的尝试。[56] 邓顿的《雅典信使》

为文化变革提供了衡量基准,在"公众先生"(Mr Public)[57]向新闻人寻求生活指导的时候能给出自己的建议。或许就在这个过程中,父母、教士和其他曾受人尊敬的权威逐渐被边缘化了。

当然,这些出版物会带来出版业的广泛革新。报纸和杂志对于原版报道疯狂的抢夺使得著作权成了一种有利可图的生意。只有大约到了1700年,文学领域才有了真正的"职业作家"。丹尼尔·笛福在1725年说道,书写"正在变成英国商业里一个重要的分支……书商是大生产商或者雇主。大量作家、撰稿人、抄袭作家、代笔还有其他用笔墨工作的人都是工人"[58]。"受雇于笔墨"的悲惨遭遇在亨利·菲尔丁的《作家的闹剧》(The Author's Farce)中被捕捉到了,体现在波拉特佩吉(Blotpage)的悲叹中:

> 命运如此不幸!
> 凭脑袋吃饭,
> 为了面包涂鸦!
> 作品就是笑话,
> 举动犹如傻瓜,
> 只要他露出脑袋,他的脑袋,
> 只要他露出脑袋。[59]

波拉特佩吉是文坛新秀。1763年,在与约翰逊和戈尔德斯密斯一起吃饭的时候,博斯韦尔说,"和英国职业作家坐在一起"是多么不同寻常的事儿啊——那时索尼·麦哈切特(Sawney McHackit)还没出现在老雷基剧院里。[60]

格拉布街是这些写手的大本营,既是实际存在的地方(在巴比肯旁边),也是一个象征。[61]约翰逊将其定义为"莫菲尔德附近的一个街道，里面居住着撰写小历史故事、辞典与即兴诗歌的作家"，对那里的常住居民而言它是个笑话，他们自嘲地将其称为"格拉布街大学"，"多产的一流天才育婴室"。[62] 同时，他们被亚历山大·蒲柏这样的大作家看不起，担心被这些为帕特诺斯特街的"那群嘈杂喧闹的"书商（被称为"文学老鸨"）卖苦力的人拉下臭水沟。[63]

生活对新生代而言步履维艰，如同约翰逊在《理查德·萨维奇先生的生活》(Life of Mr Richard Savage, 1744) 里令人辛酸地回忆的那样，这些"商人作家"为了面包和名誉绷紧着神经。作为一个穷书商的儿子，约翰逊对此感触良多！[64] 虽然地位抬升缓慢，却毕竟是在上升——虽然只是一些人在上升。这在一定程度上要归功于一系列版权法案，这些法案把洛克推崇的英国式的财产神圣不可侵犯扩大到了著作权。"在人所拥有的东西里，没有比思想和发明更重要的了"，评论家约翰·丹尼斯（John Dennis）宣称；切斯特菲尔德爵士也认为智慧是"一种财产"。[65]

复杂的新版权法确保了出版商的权利，也维护了作者的部分权利。伦敦的"书商"（出版商）在英国书籍出版经销同业公会的保护之下，过去一直享受着全国的垄断权（除了大学出版社之外）。《许可证法案》的终止刺激了近百家伦敦书商联合起来捍卫自己的事业，建立各种联合出版体或者协会，试图垄断著作权。[66] 然而至1710年法案颁布之后，他们已不再那么明确地控制着排他性著作权，而且（从法案出台那天算起）21年之后，他们对死者的作品将不再享有任何排他性权利——例如莎士比亚的作品。已经印出的书将受保护14年，期满后只要作者或所有者还在世，版权保护再顺延14年。

在这种风云变幻的情况下，出版商发现与受欢迎的作家合作可大赚一笔，后者也能得到不菲的奖金。奥利弗·戈尔德斯密斯的《自然史》(History of Animated Nature, 1774) 让其有800基尼入账，而苏格兰史学家威廉·罗伯逊（William Robertson）也因为《查理五世史》

84 (*History of Charles V*, 1772) 得到了 4500 英镑的巨额收入。[67] 成功的作家和出版商同在繁荣的工业社会里茁壮成长着。"我崇拜米勒，先生，"约翰逊评论一位顶级书商说，"因为他提升了文学的价值。"[68]

  荷加斯画作中倒霉的"可怜诗人"无疑还有些真实性。亚当·斯密嘲讽道："最潦倒不顺的那群人通常被称作文人一族。"有人断言："阁楼里的作家和矿区里的奴隶"没有什么分别。[69] 然而职业作家确实已经在阳光下赢得了一席之地。不管在小楼里还是在宫殿中，他们并非正在创造毫无价值的东西，吉本的这一评论或许是正确的。[70] 包括他自己在内，越来越多的作家避免自己走向愚蠢的极端，把赢得金钱上的成功看得和公众认可一样重要。"我的书摆在每张桌子与几乎所有的梳妆台上。"这位历史学家在回忆《罗马帝国衰亡史》(1776—1781) 时心满意足地说。该书在一年左右的时间里就卖出了 3500 本。[71] 1700 年之前，还不能独立于世的作家们一般会寻求资助人，有些资助人——比如说盖伊和普赖尔 (Prior) ——依然很受欢迎。[72] 但接受资助感觉像是在出卖灵魂，让很多人十分苦恼，不只是约翰逊一人如此。但不管怎样，到 18 世纪 30 年代，以萨默斯勋爵、蒙塔古、哈利法克斯、哈雷以及基特卡特俱乐部为代表的皇室或贵族赞助的黄金时代逐渐过去了。作家们并没有一蹶不振，反而被市场抬升了地位，有了他们获得独立的方法。作为其中一位，约翰逊对自己的新地位从不后悔，作家可以面向公众，笔杆子得以脱离雇佣金，实现独立。在格拉斯哥旅行的过程中，他听到各种陈旧的说辞，告诉他商业和知识不能混在一起，但他一如既往地不把这些话放在心上：

  约翰逊：……现在学问也能买卖了。去找位书商，就能取得他能拿到的东西。我们不再需要资助人。

传记作者加入进来，像他往常那样愚笨地突然发声：

博斯韦尔：现在作家都得不到很好的资助，真是件丢人的事。

约翰逊：错了，先生！如果学问不足以养活自己，如果只是饭来张口，这对他来说就是件坏事。而且现在更好。资助，不就是溜须拍马嘛！不就是说假话嘛！

博斯韦尔：可事实并非如此，不去逢迎某个人，我们现在要逢迎时代吗？

约翰逊：错了，先生！这世界允许人们说出想法，以他自己的方式。[73]

尽管约翰逊咒骂切斯特菲尔德勋爵，作为前者《词典》的保护人，他让人大失所望，但他的抱怨也不是因为勋爵没能给他资助，资助总共大约有5000英镑，虽然是来自书商的。惹怒了这位词典编纂家的是，切斯特菲尔德没有提供"任何援助行为，哪怕一句鼓励的话，或支持的微笑"。因此他写下了这样锋芒毕露的话：

> 维吉尔的牧羊人最终邂逅了爱，却发现自己身处荒山乱石之中。上帝呀，那些对溺水之人的挣扎求生无动于衷之辈难道不是资助人吗？在落水者触到土地时难道不又是他们在妨碍他获得帮助？[74]

——并且约翰逊在修订《人类欲望的虚幻》(*The Vanity of Human Wishes*, 1749) 时又做了重要的修改：

> 那标志着学者生涯所能遭受的各种厄运，
> 辛劳、妒忌、渴望、**资助**人和监禁。

（这一行最初写的并不是资助人而是"阁楼"。）[75]

就在托利派的笔杆子们因为在沃波尔的"堕落"时代那些高贵的

资助人一去不返而怅然感伤的时候，却有不止约翰逊一人将其视为对职业作家最好的赐福——能够逃离被赞助的处境。英国诗人戈尔德斯密斯认为："不要再依赖伟大人物寻求生计。他们现在除了公众之外，没有其他资助人了，总体来看，公众才是真正善良慷慨的主顾。"[76]

文学成了各式各样的流通商品。约翰·卫斯理（John Wesley）编纂了4便士的经典著作（比如弥尔顿为公众写的《失乐园》）的袖珍缩略本、1本字典和9页的英语语法书。[77]新装帧方式也层出不穷，例如分册出版。约翰逊的《词典》（1755）第一版印刷了2000册，共花费4镑10先令，紧接着就出了第二版，有165分册，每周出一分册，每册6便士。斯摩莱特的《英格兰全史》（1757—1758）一周卖出了1万册，每册6便士。[78]

另外，有魄力的出版商开始以一先令左右的低廉价格销售优秀英国诗人与剧作家的套装作品——实际都是平装本。这要归功于1774年版权管理法所确立的制度：在保护阶段（最多28年）到期之后，一本书将归公众所有。旧的卡特尔被摧毁了。约翰·贝尔（John Bell）发行了《从乔叟到丘吉尔的英国诗人全集》（*Poets of Great Britain Complete from Chaucer to Churchill*）系列丛书，出版于1776—1792年，共有109卷，每本1先令6便士——便装本的只有6便士。[79]很快，约翰·库克（John Cook）就以他对英国诗人、散文作家与剧作家作品的改编加入了竞争，每周1册，每册6便士。[80]年轻的威廉·黑兹利特凭借库克的丛书通览了一遍英国文学，这些书定期通过邮购的方式送到他父母家里（那天被称为"永远的节日"）。18世纪70年代的另一项发明是威廉·莱恩（William Lane）的密涅瓦出版社与图书馆，因其黄色书籍和情感小说而众所周知。[81]

这样一来，出版越多，价格就越低廉。书籍很容易获得，地方出版物更是让书店蓬勃发展。《许可证法案》时代的印刷一度被伦敦垄断，各郡被迫面临着不能刊印大海报与宣传单、广告、剧院节目表、门票、收据和其他交易信息的问题。1700 年的伯明翰没有书商，18 世纪 20 年代的林肯虽有街头公告员，却没有报纸、印刷商。这些都在快速变化。1740 年之后，在近 200 个市镇中有将近 400 家印刷店，到 18 世纪 90 年代，300 个中心地区有大约 1000 家印刷店。泰恩河畔的纽卡斯尔能够炫耀的不仅是 20 家印刷商，还有 12 家书商以及 3 位镌版工。"书商现在已经和屠夫一般多了。"伦敦人威廉·布莱克说道。[82]

甚至都不需要买书了，因为大量的读书俱乐部与图书馆——传阅、专卖与订阅——开始出现了，到 1800 年，伦敦已有近百家，各郡也有千余家。[83] 其中一些规模很大：1793 年，贝尔的伦敦租书图书馆宣称有 15 万册馆藏，包括纯文学类的作品和密涅瓦出版社的小说，存量足以让安东尼·安勃索鲁特爵士（Sir Anthony Absolute）晕倒。[84] 尽管多数图书馆有大量历史书、游记和此类书籍，被时常借阅的还是小说、剧本与消遣读物。

出版的繁荣催生了各种新式文人。"在富裕的商业社会，"劳动分工理论家亚当·斯密认为，"思考或推理像其他雇佣方式一样变成了一种特殊的生意，由一小撮人经营。"[85] 这些新生事物里就有批评家们，他们自封为文人共和国的法官、审查官与改革家——也是遭受诽谤的靶子：

> 所以，自然主义者观察到，大跳蚤
> 被小跳蚤当猎物，
> 小的则被更小的叮咬，
> 如此循环往复……[86]

斯威夫特如是说，而科贝特则这么写道："那些从事批评行当的人……是一群卑劣的雇佣文人。"[87] 即使这样，批评家也是启蒙人士所化身的，尖刻的复辟时代文人在一个注重教养的年代被净化为一群更为文明的人士，他们支持捍卫言论自由，用理性的争辩来对抗教条主义与绝对主义。[88]

批评家先生（Mr Critic）在一定程度上与讽刺作家有所重合，尤其在启蒙运动早期，滑稽剧、讽刺文和滑稽文成为自由思考、进行反抗和颠覆破的完美工具。他的小兄弟是评论家先生（Mr Reviewer）。约翰逊或许会轻视这类工作，视其为"一种糟蹋纸张的传染性阴谋"，[89]但评论就像批评一样，也使得出版之船的风帆张满。它告诉读者如何思考、说话，同时可以在一个渴望听到他们自己被谈起、喜欢他们自己声音的圈子里培养一种极其向往（尽管被蔑视）的文化上的自我陶醉。[90]

他们的共同密友是旁观者先生。他是水平高低的仲裁者，也是广义的评论家。没有哪一家咖啡馆是旁观者先生不经常光顾的，那种艾迪生风格的形象呈献出一种普适的身份，超越他俱乐部中每个成员个体的特定身份——神职人员、时尚人士、商人、乡绅和士兵——使他变成世界主义者，成为美好理性、镇静自若与宽容多元主义的榜样。[91]

这种文人认同是启蒙运动再造思想家身份的关键部分，亚当·斯密对思想交易的评论最有象征意义。约瑟夫·艾迪生提出要把"哲学带出密室与图书馆、学校与学院，让其永驻俱乐部与集会之中、茶座和咖啡屋之内"，他是首位伟大的中介者，力图把哲学家变成文人，进而使其成为俗世之人。[92]思想不只是钻研学术，一定要从只能产生晦涩与自大的"僧侣"讨论班中逃脱出来，人们需要讨论而不是辩驳，需要交谈而不是争吵，需要礼貌而不是卖弄。"如果哲学就是我们所理解的那样，是关于幸福的研究，"第三代沙夫茨伯里伯爵说道，"不管怎样，每个人岂不都是熟练或不熟练地参与了哲学探讨和思考吗？"[93]这不只关乎形而上学，还关乎良好的教养（savior vivre）："美的品味，对尊贵、公正、和蔼可亲之物的鉴赏，都可以美化绅士与哲学家的

人格。"⁹⁴

大卫·休谟这时也呼唤哲学家的复活："把有学问的人从交谈的世界中隔离出来，"他强调说，"这是上一个时代最大的缺陷。"学问"被封闭在学院和屋子里，这是最大的失败"。哲学正在自我毁灭，因为"这种无精打采的隐居式研究方式，让得出的结论充满虚幻，正如同其表达的方式方法一样令人费解"。错在哪了？思想被自私固执的学术研究垄断了，"这些人在推理时从不诉诸经验，也从不寻求经验，经验本是可以在日常生活与谈话中发现的"。然而一切正在改善。"看到这些我感到很欣慰，"他指出：

> 这个时代的文人已在很大程度上没有了那种羞怯、忸怩的性格了，这让他们不再远离人群；同时，俗世的人又以能从书中提炼出能在谈话中使用的合适主题而自豪。⁹⁵

休谟的一生都体现着这位思想家的困境，还有他的启蒙决心。20岁的时候，这位苏格兰人陷入了事业危机。他放弃了法律研究，转攻哲学研究这潭浑水。他大胆地同他那关于自我的经验科学搏斗，放弃了第一原则哲学与先验理性，转而带着冷酷的怀疑论，坚持不懈地研究每项源于意识的感觉，这些研究催生了《人性论》（*Treatise of Human Nature*, 1739）。

休谟一度狂热地研究着，但那时他开始疲劳倦怠："我不再让自己的思维那般极度兴奋，虽然过去它曾给我很多快乐。"他试着工作，但在1730年的春天，他开始经受严重的身体与精神痛苦。不仅如此，他在斯多葛学派作品中读到的那些强烈的"对死亡、贫穷、羞耻、痛苦的反思"对他有明显的反作用，因为这些作品只是突出强调着他病了这一事实。

休谟开始精神紊乱，但仍不愿意相信自己的处境纯粹是由于大脑的问题，因为这会导致自我控制力的迷失。他的医生没有被欺骗："他嘲笑我，并告诉我……我完全是得了学问病。"医生给他开的方子是"一个疗程的苦味剂、对抗癔病的药片"、红葡萄酒与骑马。他的神经与精神需要恢复活力。就在接下来的18个月里，休谟的健康时好时坏。他仍相信自己没有精神或人格上的错乱，因为那意味着要么疯癫，要么诈病。然而他不能伪装的是他的境况颇有精神病征兆。休谟自己说道，和自己这种情况差不多的是宗教狂徒的奇怪病症。这位哲学家自我贬低，把自己刻画成一个年轻的宗教狂热分子，他很难感到自己受到了命运的眷顾。

可以说，这种被自身敏锐观察着的神经崩溃对塑造休谟的哲学性格与信条至关重要。因为这是纯粹、孤立和抽象理性的弱点的活生生的证据。思想不可能脱离感觉，感觉扎根于身体。神经崩溃必然让休谟相信正是他那特殊的哲学计划——探索感觉从而解决本体问题——让他陷入病态的自我反省之中不能自拔，从而引发疾病。哲学就是自传。

经过病痛之后，休谟成了全新的哲学家，这个经历堪比一个世纪之后约翰·斯图尔特·密尔（John Stuart Mill）走出神经衰弱的情况：从一个科学功利主义者变成了自由派个人主义者。一个人一旦沉迷于病态的自我反省，他就仍然是宗教狂热分子，理解并战胜这种境况催生了休谟哲学。把他带出忧郁的并不是宗教幻觉，而是"自然本身"。当他再度进入俗世，恢复社会交往之后，他达到了心态平衡："我进食，我玩一种叫'双陆棋'的游戏，我与人交谈，并享受与朋友一起的时光。当我……要继续那些苦思冥想时，发现它们看起来如此冰冷、让人紧张，而且荒谬。我发现自己的精神再也无法进入其中。"[96]"做一个哲学家吧，"他总结说，"但在你的所有哲学思维的包围中，仍然要做一个人。"[97]

当他的《人性论》在出版社"胎死腹中"之后[98]，休谟开始撰写旁观者式的散文和历史。但这并不等于放弃哲学，而是将其看作更高级、更现代的表达方式。他估计道："艾迪生在读到此文时或许会感到愉悦，那时或许连洛克都会被遗忘。"[99] 他开始改头换面，改变职业。1744 年，他申请爱丁堡大学的道德哲学教席没有获得成功，在七年之后，他最终定居在那个城市，他凭借新的文人身份、通过各种散文与《英国史》(*History of Great Britain*, 1754—1762) 在文化圈中间获得声誉。1763 年，他被任命为英国驻法国大使的秘书，还变成了沙龙里的杰出人物，和狄德罗、霍尔巴赫等哲学家成为好友，之后又在伦敦担任副国务大臣，最后荣归爱丁堡。这位哲学家在文人和政客之间成功地变换着身份。[100]

在其有着广泛影响的《修辞学和纯文学演讲集》(1783) 中，休·布莱尔从更深远的角度探讨了关于思想家与公众的问题。严肃书籍的读者到底想得到什么？毫无疑问，他们需要"指导，而不是娱乐"，但可读性也很重要。"同样的事实、推理，用枯燥乏味的方式表达出来和用恰当高雅的方式表达出来会给人留下极为不同的印象。"布莱尔其实在推崇"好的文笔"。尤其珍贵的是从历史与伟人事迹里面找到例证，"因为通过展现哲学同现实生活及人类活动的关系，这些例证让哲学告别抽象，让反思更为厚重"。[101]

进而，有人坚持认为，与僧侣式的前辈*不同，启蒙哲学应该并且将会变得实用。诚然，哲学家的"行当"就是，如亚当·斯密所说，"无须行动，而是观察一切"。然而，即使这种观察的技艺也是以应用为导向的。[102] 真正的哲学家不会在摇椅上做白日梦——因蒸汽机获得声名的詹姆斯·瓦特就值得赞誉。[103] 在斯密与其他人所提出的概念里，"旁观者先生"，也就是宇宙的观察者才是模范的思想家，哲学本身被重新引领和复兴：没有由与世隔绝的书虫们独享的形而上学的神秘知

---

* 指经院哲学家。——译者

识，只有将引领启蒙运动的对真实世界的理解。[104]

秉承着培根的格言"知识就是力量"，出版业成为传播启蒙观念与价值的引擎（见第十五章）。[105] 除了廉价书、祈祷书、笑话书之类的，出版商还发行大量自学指南、教育文章与指导手册，内容从园艺到体操，从木工活到烹饪不等。汉娜·格拉斯（Hannah Glasse）的《让厨艺简单易行》（*The Art of Cookery Made Plain and Easy*, 1747）甚至为仆人专门定制了烹饪食谱，"为女士们减少了一大堆麻烦"。[106] 儿童书籍也诞生了，[107] 印刷品和图画书繁荣昌盛。[108]

大量工具书出现了，里面就包括约翰逊的《词典》（1755）。约翰·哈里斯的《技术辞典》（*Lexicon Technicum*, 1704）是第一部现代英国专科全书，关注科学和技术。[109] 深受哈里斯的启发，伊弗雷姆·钱伯斯（Ephraim Chambers）编纂了一部更全面综合的作品，将此书取名为《百科全书，又名科学与艺术通用辞典》，1728年出版了两卷对开本，带各种插图，每本售价四个基尼。钱伯斯光荣入选伦敦皇家学会，葬在西敏寺。[110] 1778年，不从国教的教士亚伯拉罕·里斯（Abraham Lees）把钱伯斯的书重新编作四卷，以周刊的形式发行了418期。之后他又出版了新版，此后开始筹划自己的《百科全书，又名科学与艺术通用辞典……生物学、地理学和历史卷》，这项伟业在1819年完成，以39卷、四开本形式出版。[111]

同时，《大英百科全书》出现了，也是分部分出版的（第一部分出版于1768年），平装本，每本6便士，总计超过100部。其中有160幅铜版画的2670页四开本共需要12英镑。[112] 第三版印刷了1万套（1787—1797）。法国人口数量是英国的3倍，狄德罗主编的《百科全书》的订阅者仅有4500位。所有人类知识就这样首次变得触手可及，以英语为载体且中产阶级就可负担得起。[113]

尽管远不是每一部书都在传播启蒙思想——当然也有成千上万

的宗教文学——在公众的看法中，出版业与进步之间有着抹不掉的联系。通过印刷语言，一种特殊的民族文化正在形成，那些教导有教养的英国人的应知之事，尤其是本土成就的作品起到了重要的作用。贺拉斯·沃波尔的《英国绘画轶事》(Anecdotes of Painting in England) 出版于 1762 年，是第一部英国艺术史，托马斯·沃顿的《英国诗歌史》(History of English Poetry, 1774—1781) 为约翰逊博士的《英国诗人传》(Lives of the English Poets, 1779—1781) 做了补充；乔舒亚·雷诺兹爵士的《讲演》(Discourses)，探讨品位的问题，在 1769—1791 年之间出版。而在音乐方面，约翰·霍金斯 (John Hawkins) 的《科学与音乐实践通史》(A General History of Science and Practice of Music, 1776) 在出版的当年就有了查尔斯·伯尼 (Charles Burney) 的《音乐通史》(A General History of Music) 这一竞争对手。[114]

在世纪初期，沙夫茨伯里宣称："英国缪斯还处于婴儿状态。"[115] 但广受评论界和读者推崇的英国作家作品和本土名人传记辞典，如《大英名人传》(Biographia Britannica, 1747—1766) 则缓和了焦虑并增强了民族自豪感。对莎士比亚的崇拜蓬勃发展，特别是在大卫·盖里克 (David Garrick) 于 1769 年在埃文河畔斯特拉特福德举办莎士比亚庆典之后，势头更盛。在"莎士比亚美文"类型的作品集被编纂出来之后，莎翁成了民族圣人，他座椅的碎片被当作圣物出卖。"莎士比亚，"剧作家及学者阿瑟·墨菲 (Arthur Murphy) 赞叹道，"是一种在诗歌里被确立起来的宗教信仰。"[116] 西敏寺的诗歌角成了旅游观光必去之地，伦敦书商的商业卡片上印着莎士比亚、艾迪生与蒲柏这样的英雄，也有一些哲学家与先贤，比如洛克、牛顿、波义耳、克拉克和蒂洛森大主教。科巴姆子爵 (Viscount Cobham) 在其位于斯托维 (Stowe) 的乡村庄园中设计的英国先贤祠里放有莎士比亚、培根、弥尔顿、牛顿、洛克和琼斯的半身像，与将军及王室人员的半身像放在一起。伏尔泰对此印象深刻："英国人对天才无比尊敬，这个国家里有长处的人总是可以获得应有地位。艾迪生先生荣升国务大臣。艾萨克·牛顿先生也被任命为皇家铸币局总监。康格里夫先生也有不错的职务。"[117]作家、思想家成了民族财富。

"同时,小册子与小报被源源不断地送到手上,"斯威夫特在1710年抱怨道,"最好每天雇用一个人从早到晚阅读这些东西。"他解决这个问题的方式是从来不打开看。[118]托马斯·贝多斯(Thomas Beddoes)医生也是一个抱怨出版泛滥的人,认为无穷无尽的小册子、周刊让大脑混乱。"你今天看到报纸了吗?你读了新戏剧、新诗歌、新册子与最新的小说了吗?"这就是你每天听到的东西。"你要是没准备好回答这些问题和附带的问题,你在与人交往时就没法进行信息交流。"结果呢?"你必须每周都低下沉重的头,用充血的眼睛读那成百上千页纸。至于在周末它们提供的内容,使你对这个地区的知晓程度有如坐在邮车里日夜不停地穿梭其间。"[119]然而这并没有减少他对启蒙与书写的热情。

无论是斯威夫特这种反对革命之人,还是贝多斯这样的激进分子,很多人都害怕真相会深埋在文本生产的大雪崩之下。"当下,各种散文周刊、爱情戏剧和小说、政治宣传册、攻击宗教的书籍,以及这些的汇编,全都出现在'无聊的每月混刊'之中,"约翰·布朗(John Brown)牧师哀叹道,"这些都是各镇各村贫乏的文化饮食。"[120]守旧者恐惧约翰逊念念不忘地称赞的"读者民族"——对约翰逊而言,这位词典编纂者从不会质疑读写能力的益处,虽然也发牢骚说:"现时代繁荣的出版业……让我们为了赶时髦而读了太多质量低劣的东西。"[121]

知识扩散与维持它的文化产业招致如此尖刻的批评的原因在于,这种被每月混刊传播出来的丰富的世俗信息、即时舆论与文雅价值观是很新鲜的,史无前例。人们可以像从桶里拿苹果一样从阅读中获取信仰。而且,身处这些乱糟糟的散文、纯文学和小说之中,生活和文字好像在一个镜中世界里互相反映着对方，我们当然也就不奇怪，为什么有份重要的苏格兰报刊取名为《镜报》了。[122]

这是个转折点。出版繁荣塑造了知识分子群体，他们和教士集团分道扬镳（尽管还有交集），这是一个通过印刷业与公众群体连接在一起的"有教养的人文共同体"。[123] 印刷技术与过剩的财富支持着文化表演者，让其自封为保民官，依赖经理人、评论者与资本家共同打造的基础结构持续下去。作家的身份已无法逆转地与作家同公众的关系紧密联系在一起——事实上，就是他的公共关系——因为他把自己定位为民族的眼耳、喉舌，这个形象需要有公众知名度，即便是声名狼藉的存在感。写作生意与阅读大众是印刷资本主义这个硬币的两面。

当然，作家也面临着如何训练出成熟的文化观众，如何在遵循品位的过程中塑造品位的问题。一些人并没有隐藏自己的蔑视："乡巴佬"，也可以说是"长着两条腿的爬虫"，一个人啐骂着，他们现在希望被当作"公众"来对待，受到尊重。[124] 但是，即便讽刺家还会看不起这种所谓的"粗鄙无知"，后来的作家们变得更能接受大众，认识到他们自己的名声依赖后者的夸赞。"公众很少犯错误。"吉本宣称。[125] "我很高兴和大众读者看法一致。"约翰逊在评论托马斯·格雷的《墓园挽歌》时毫不隐藏地说道。[126] 即使这些赞美之词里面含有阿谀奉承，它们也反映了在英国启蒙运动中思想家与大众那亲近的，却很脆弱的关系。

第五章　宗教的理性化

> 这个时代最普遍的特征就是对理性宗教的情有独钟。
>
> ——托马斯·斯普拉特[1]

> 趁着理性还没在这些王国把基督教扫地出门……
>
> ——爱德华·莫尔[2]

上帝需要人类干什么？谁能了解他的意志？通过什么方式？这些属于启蒙思想的核心问题。[3]我们必须牢记并坚决避免两个错误：一是假设启蒙时代对宗教完全冷漠，认为那时"身披法衣的猎人与弹琴的牧师"坐拥上佳的酒窖和情妇，在圣会上昏昏欲睡，智者亵渎神灵，上流社会藐视戒律，严肃的贵格信徒也成为享乐者。荷加斯的版画、帕森·伍德福德（Parson Woodforde）的日记（此人更关心牛肉而非《圣经》）、吉本对"教会的胖懒汉们"的咒骂，以及其他类似文字为这幅讽刺画增加了可信度。[4]《旁观者》最初曾经暗示，参加主日祈祷的好处是很世俗的，"它是人们能够想出的让人有教养的最好方法"[5]，甚至连这也并不一定起作用，因为集会正在减少。[6]"教会处于危险之中"，这不只是那些依奉神律的满怀大志者的呼喊，也是许多人对"无信仰"浪潮表示哀叹的声音。丹尼尔·笛福在1722年悲叹道："自从教会建立和形成以来，还没有哪个时代敢像现在这样公然宣示无神论，亵渎神灵，传播异端邪说。"[7]英格兰已没人信教，大约在同一时间，孟德斯鸠也这样嘲讽道。[8]

尽管出现了冷漠与不信神现象，但却远远不是普遍行为。许多人，尤其是不从国教者坚守父辈们的苦修生活。在教堂与小礼拜堂内，这个新教国度每周都能听到神职人员在宣讲圣经，并且实际上在吟唱这些内容，这个时代其实是英国赞美诗的黄金时代。[9] 禁欲主义也得以保留，显赫的神职人员依然在谴责剧院，威廉·劳（William Law）怒喝道"演员不可能是基督徒"！[10] 在杰出的平信徒之中，塞缪尔·约翰逊坚信地狱之火，并深信"万能的上帝的箭袋之中充满箭矢"。[11] 而乔纳斯·汉韦（Jonas Hanway）这位不幸之人的援助者、雨伞的推广者则坚持说："学会怎么死去……是生活中最重要的任务。"[12] 如果我们想象民众对宗教无动于衷，那么自然神论者的辩难还有怀疑论者的嘲弄也就毫无意义了。[13] 宗教仍是炙热灼人的话题，虽然现在只是一种隐喻。

那另一个谬误呢？此观点与前面的相反，认为嘲弄者的抨击只不过是暴躁的无名小卒投出的纸飞镖。"在过去这40年出生的人，"埃德蒙·柏克在1790年质问道，"有谁读过柯林斯、托兰德、廷德尔、查布（Chubb）、摩根（Morgan），以及所有那些自称自由思想家的人的一个字吗？谁现在还读博林布鲁克？谁完整地读过一遍他的书？"[14] 与这些人有直接关系的自然神论挑战，柏克气势汹汹地说，不仅被赶走了；它们一开始便是虚弱无力的。换句话说，英国甚至不需要像其大陆兄弟一样，发出"消灭败类"（écrasez l'Infâme）的吼声，基督教仍旧怡然自得，直到维多利亚时代出现了诚恳的质疑者与《物种起源》。[15]

这也只是过于简单化的看法。玛丽·沃斯通克拉夫特当然对柏克的自信不敢苟同。"现在的潮流是年轻人信仰自然神论，"他的这位女性主义对头轻蔑地说，"许多人喜欢看不合时宜的书，漂浮在怀疑之海上。"[16] 在这点上，这位担心"理性四处游荡"的虔诚的国教信徒呼应了教士们对自由思想家侵害的恐惧。后来成为杜伦主教的约瑟夫·巴特勒无比痛苦地说："我不知道为什么，许多人理所当然地认为基督教最终会被发现是……虚构的。[17]"

尽管有柏克的反唇相讥，英国的自然神论始终新鲜、尖锐且有影响力，伏尔泰与其他哲学家从中大为受益。[18] 是由于其他原因，博林布鲁克等人才在柏克时代没被广泛阅读：在那个时代，他们的作品已经完成任务了。塞缪尔·约翰逊曾评论文艺复兴时代教导礼貌言行的书："如果现在人们很少再去阅读这些书，也只是因为它们已经按作者所设想的那样引发了革新。"[19] 奥古斯都时代的自然神论也同样适用。威胁到一位绅士按自己的想法信仰宗教的东西——包括高教会派的教士、不矢忠派、清教徒与后来的卫理公会派以及其他狂信者——一概遭到抵制，或自己消失，或被边缘化为"极端狂热分子"。[20] 立法为新教徒赢得宽容。1717 年宣布休会的宗教会议在超过一个世纪的时间内再没重开过，教会的"议会"没有了，教会法庭也失去了自己的爪牙。1800 年之后，劳德主教那些谄媚的教士绝迹了，阿特伯里主教等险恶的宗教阴谋家、亨利·萨谢弗雷尔等煽动家，以及斯威夫特教长这样的教士辩论家也都销声匿迹了。[21] 英国开始在很多重要领域摆脱宗教色彩，[22] 并且自然神论者和"旁观者先生"所盼望的世界——这个世界可以防范教皇与清教徒的神权政治——已经基本实现了。[23]

实际上，教会神职人员也在忙于把自己世俗化，追求与自己的邻居相差不多的生活方式。"外国人一定会惊讶地看到，"瑞士旅行家德·索绪尔指出，"教士出没在公共场所、小酒馆和小吃店，在那里像俗人一样抽烟喝酒。但因为没有人对他们的行为表示惊讶，所以你很快也会适应这种场面。"[24] 让很多国教神职人员出名的原因与上帝、虔诚无关，而是因为他们在其他领域做出了贡献，如威廉·德勒姆（William Derham）与吉尔伯特·怀特（Gilbert White）之于科学与自然史；理查德·本特利（Richard Bentley）、威廉·沃伯顿与理查德·赫德（Richard Hurd）之于学术研究；乔治·贝克莱之于哲学；托马斯·珀西（Thomas Percy）和劳伦斯·斯特恩之于文学；爱德华·扬和乔治·克拉布之于诗歌；威廉·吉尔平（William Gilpin）之于美学；霍恩·图克（Horne Tooke）之于语言学；托马斯·罗伯特·马尔萨斯之于政治经济学；更不用说成千上万醉心于韵文、古董或控诉偷猎者的乡村牧师。[25] 罗伯特·骚塞假托西班牙旅者身份，对比了伊比利亚教会和英国国教会的宗教差异：

> 我们生活的周围，每件事都被设计得使人联想起宗教。我们外出时必定看到关于炼狱的象征物，标志车站的十字架，圣母玛利亚像或耶稣受难像……这些在英国都是没有的。这里的牧师在穿着与生活方式上与俗信徒没有什么区别。这里没有将整个王国在同一时间以同一虔诚氛围联合起来的晚祷时间。即使能听到钟声，那也是因为这钟声是一种流行音乐。[26]

启蒙思想不再把宗教视为刻在石头上、通过经文传播、被不加怀疑地接受、由教会负责监督的一系列戒律。信仰正在成为由个人评判的事情，在一个宗教多元主义得到法定宽容政策许可的国度里，人们用个人理性做出判断。同时，国教会也失去了对教育的垄断权与强加道德要求的权力。随着宗教被理性支配，基督教不再是"理所当然的事"，而是成为一种分析对象和一个选项。对某些人来说，这意味着可以坚持怀疑论或拒绝信仰。

随着 17 世纪临近结束，一个呼声前所未有地高涨：宗教与理性是一体的，必须同心协力。"没有什么比宗教在本质上更为理性。"本杰明·惠奇科特（Benjamin Whichcote）强调说。洛克也附和这位受人尊敬的剑桥的柏拉图主义者。[27] 历史证明了为什么这种联合是很重要的，当人们愤怒地回顾宗教战争的历史，无论是天主教徒还是清教徒，都曾指挥着这尊"无谬误论大炮"。[28] 这个政治民族寻求的是一种理性宗教,摧毁盲目崇拜与教士权势。英国启蒙运动发轫于新教之内,而非反对新教。

启蒙人士坚持认为,宗教一定要被理性化,从而符合上帝之心与人类本性。拒绝那种把耶和华塑造成睚眦必报的、毁灭邪恶罪人的形象,[29] 启蒙神职人员重塑一种更加乐观(伯拉纠主义)的神学,宣扬造物主的友善,宣扬人类具有通过上帝赐予的本领完成其使命的能力,这些能力中最主要的就是理性,它是上帝的烛火。造物主不应被视为万军之主耶和华,而应被看作一位国家的立宪首脑。"上帝是位君主,"博林布鲁克子爵说道,"但却不是个专制君主,而是受制约的君主":他的权力受到他的理性的限制。[30]

正如我们之前看到的,洛克的认识论为"天启真理"留了一席之地,它应得"赞同"或信仰。[31] 理性本身可以论证上帝的存在性,证实《圣经》是神启真理并支持其基本要素:基督是弥赛亚,这是其门徒坚持的唯一信条——不是《三十九条信纲》,也不是《威斯敏斯特信条》,或者是《亚大纳西信经》。除此之外,人们怎么可以迷信全知全能呢?[32]

这里展示了一种信条,它应适应"劳动者和文盲"的需要,去除那些"被宗教争辩者填塞在宗教里"的诡辩,仿佛通往天堂之路被"学术"弄曲折了。洛克说,经文很简单,"可以做平常理解,直接按照字面意思就行"。[33] 经文与自然所揭示出的上帝意志一定可以通过人们的理解力而被领悟,因为,

> 理性是自然的显现,凭借永恒的上帝之光与所有知识的源泉,教会人们自然官能可感知范围内的那部分知识。[34]

他的要求并未超出人们的能力,且通过理智的行为即可实现:

> 人的任务就是,通过充分享受对生命、健康、舒适、快乐有

助益的自然之物，在世上快乐地活着，还要在生命终结之时对来世抱有美好的愿景。[35]

洛克对基督教的重要想法都被准确地表达在《圣经中体现出来的基督教的合理性》(The Reasonableness of Christianity, as Delivered in the Scriptures, 1695)里，此书出版于《人类理解论》面世后的第五年。他漠视经院学术的坚硬外壳，想要恢复《福音书》最初的纯洁。关键的真理——耶稣是弥赛亚，宣告天国的降临——无疑需要进一步澄清。犹太人想象出一位作为先知、教士与国王的弥赛亚，但"尽管这三个职位"，这位反教士哲学家评论道：

> 因我们的救世主而被写进了经文之中，我还是想不起他在哪儿被授予过教士头衔，也没看到哪里提及过他的教士职位……然而《福音书》或弥赛亚的天国福音却是他到处传扬的，并将向世人宣扬变成了他的伟大使命。[36]

另一个问题是：基督宣称不承认他的人进不得天国。[37] 这个古老的难题又出现了，那些成千上万没听过圣经的人该怎么办？洛克给出了安慰性答案，这个答案展现出他的思想以自然法为中心，还涉及关于天分(talent)的寓言：上帝只给人一种天分，就不会期望他们有十种才能。与天启无关，人类被理性规则控制，他应该利用好"这神的烛火，只要他看到自己的责任是什么"。[38] 即使没有基督，理性也会指明在自然法之下应该如何恰当地生活。

那么，基督的降临又有何意义？因为洛克不相信弥赛亚来到人间是为了承受世间的罪恶，他的答案再次回到了自然法。理性实际反映的是神性，但真理始终被迷雾包裹，人们被贩卖错误神灵观念的狡猾神职人员所蛊惑："邪恶、迷信充斥着世界，"他解释说，"教士们四处维护他们的帝国,把理性完全排除在宗教之外。"³⁹ 这些骗人的伎俩让人的视野失去了"智慧的建筑师"。仅凭建立在理性基石之上的观察还不足以说服人们。希腊人也曾有过自己的苏格拉底,但这些哲学家对暴民无计可施,当圣保罗来到雅典的时候,他发现这里的人沉湎于迷信,仿佛从未存在过圣人。他们醉心于典礼和祭献,完全无视理性那"清晰、有说服力的光芒"。⁴⁰ "在黑暗、错误的状态下……我们的救世主发现了世界。他不仅带来神的启示驱散了黑暗",还让人们了解到"一个看不见的真实上帝"。⁴¹ 基督就这样到来了,不是为启示新的真理,而是让那些原本被邪恶和错误玷污的真理得以重新彰显。

洛克引导普通人理解基督教思想,告诉所有接受弥赛亚的人都不需要拘泥于一些神学上的细节。"宗教教条留给别人吧,"他耸耸肩说,"我只是按照我们救世主和他的门徒的布道宣讲维持我的基督教信仰。"⁴² 同其他启蒙思想家一样,洛克关心的是基督的道德使命,没有事功的信仰是无效的,宗教是美德的渊薮。

洛克是位谨慎的激进派。他把基督打造成道德导师,尤其对三位一体不置一词,由此似乎倒向了阿里乌斯教派,即否认基督的神性。然而,与后来的自然神论者不一样的是,他并没有对经文感到不安:神的启示与理性并非敌手,而是盟友。即使这样,同他早年的加尔文主义与牛津大学的正统学说相比,这已经走得够远了,教条已经让位于探查的义务。所有这些事他都并非在独自奋战。⁴³

或许让人稍感惊讶的是,洛克这样的医生哲学家会认为这个时代的恐怖主要源于势力过大的神职人员,还坚持认为信仰应服从理性,并呼吁宗教宽容。更值得注意的是,一位在 1689 年加入坎特伯雷教区的神职人员竟会支持类似的观点:这就是伏尔泰与很多其他人发现的约翰·蒂洛森(John Tilotson)的不寻常之处。"尊崇上帝的基督教的所有义务,"他以一种彻头彻尾的洛克口吻强调说,"不是别的,而是自然之光推动人类去做的那些事,两种圣礼除外,以及奉基督的名并通过基督向上帝祷告。"⁴⁴ 像他的朋友洛克那样，蒂洛森教导人们，基督教很简单，与人性相符：

> 有两样东西能让生命之途更加轻松：当下的快乐与对未来奖赏的确信。宗教所带来的部分奖励触手可及，即人们因履行义务而获得的当下的舒适和满足感；此外，它还给予我们天堂可以给予我们的最好的安全感。⁴⁵

宗教能够变得简单是因为它是理性的，这位高级教士甚至可能启发洛克发明了"基督教的合理性"一词。在蒂洛森对常识的呼吁声中，此前让托马斯·布朗爵士（Sir Thomas Browne）这样的虔诚之人非常着迷的信仰的神秘之处被取代了。"上帝之法是理性的，也就是说，它符合我们的人性，有利于我们的利益，"这位广教论者粉饰以令人安心的话，"他的戒律不会让人感到痛苦难忍"，这是在接下来那个世纪最常用的布道词。⁴⁶

蒂洛森就这样把伯拉纠主义与上帝之爱在一个信经里结合起来。他相信，这信经会让所有英国人都能接受。难道耶稣不是一个完人吗？"他一生的美德是纯洁无瑕的，没有混入任何缺点，没有任何人格上的瑕疵，"由此他开始谈及弥赛亚：

> 他谦逊，但精神从不卑贱；他清白无瑕，没有缺陷；智慧而不狡诈；做好事坚定果决，不顽固或者自负，没有专制的性情：一言以蔽之，他的美德灿烂却不浮华，英勇却并不狂傲，不凡但毫不骄纵。⁴⁷

告诫他的信众不要"矫枉过正"——因为这是太危险的"热情"——蒂洛森勇于把耶稣从任何狂热诽谤中解救出来。

这位大主教的中间路线主义正好与这个争端泛滥时代的启蒙精英们产生了共鸣，但他对天主教的理性主义拒斥却在不经意间埋下了祸根，因为反对教皇的那些话同样可以用来攻击英国国教本身。蒂洛森拒绝圣餐变体论，因为这些得不到感官证明；半个世纪之后，休谟毫不费力地把这种对感官的诉诸扩展到了神迹的各个方面。[48]

当许多人在基督教中引入理性时，世纪之交的神学家塞缪尔·克拉克正在努力证明基督教不仅是有理性的，而且可以经过推理加以证明。他在剑桥接受教育，最初着迷于捍卫"基督信仰中的一切都不违背理性"这一论题。[49] 后来，在1704年的波义耳讲座上（见第六章），克拉克努力试图像欧几里得精确的几何证明一样证明造物主的存在，证明他无所不在，全知全能，拥有无穷智慧与仁慈。这是一个自相矛盾的说法，举例来讲，假设有一连串无穷尽的不独立的东西能够穿越永恒之后又回来，因此就必须有一个永恒的存在，它的不存在是荒谬的。请斯宾诺莎原谅，宇宙不会是这个必不可少的存在，因为没有矛盾对立物质就会被毁灭。

人类的责任非常明确，克拉克坚信，这得益于自然法的普遍性与不变性。就像数学一样，道德律也建立在"事物无穷、必然的差异"上。否认这些法则的显著性质就如同说"正方形的面积不是同底同高三角形面积的两倍"一样荒诞。[50] 通过这种哲学诡辩论证上帝存在、反对无神论却让他遭到了安东尼·柯林斯的嘲弄：此前本来没人怀疑上帝的存在，直到克拉克想要论证其存在。[51]

此外，单独用逻辑论证基督教也不能解决教义争辩。克拉克在筛选了不少于1251段新约文本之后，被迫在其《三位一体的经文-教义》（*Scripture-Doctrine of the Trinity*, 1712）一书中承认，《圣经》既无法证明亚大纳西亦即三位一体派的观点，也无法证明阿里乌斯派（一位论派）的观点。三位一体是基督徒可以自己选择信仰与否的教义，这种结论会让克拉克满意，但却容易被怀疑成异端，结果据说还让这位资深的饱学之士丢掉了主教职位。[52]

克拉克深信基督教如新哲学所揭示的那样是得到宇宙秩序证实的，这一信心成了广教论者中意的新自然神学的标准。在《自然神学》(*Physico-Theology*, 1713)一书中，尊敬的威廉·德勒姆（此人是皇家学会一员）如此总结自己对造物现象的研究："上帝的作品对全世界都清晰可见……这些都清楚明白地证明了无神论的卑贱与堕落。"[53]他赞美由仁慈造物主主持的伟大宇宙设计，正如约瑟夫·艾迪生改写的《诗篇》第十九篇里的韵诗：

> 每日出现的是不知疲倦的太阳，
> 大显神通的是造物主的力量；
> 全能之手的杰作，
> 出现在每个角落。[54]

这个有水有陆的星球是为接受上帝与自然法指导的人类设计的，这些法则引领他们过上道德、勤勉、快乐的生活。鉴于教士、神学家以前总在寻找恶魔、幽灵与奇迹作为证据来对抗无神论，广教论者却赞颂宇宙秩序，牛顿法则对这个秩序做出解释，视其为全能之手的有力证据，撒旦的邪恶帝国等诸如此类的言论被人们视作胡言乱语。理性宗教不再相信——实际是积极地宣布厌弃——加尔文主义者那热衷报复的上帝、巴洛克式的鬼神学还有与此有关的神学争论。（无底坑究竟容得下多少受诅咒之人？）人们开始把地狱之火与末世论看作深受蛊惑的不从国教者与疯狂的循道宗信徒的胡言乱语，尽管狂热者对凶兆与预言的执着可能是一种有益的提醒，告诫人们不要忘记空位时期那混乱怪诞的世界。

"宗教宽容是所有恶行中最坏的一个，"托马斯·爱德华兹（Thomas Edwards）在 1646 年做出这样的论断，"它先是带来教义上的怀疑论与生活上的放纵，然后是无神论。"⁵⁵ 这些观点过去曾如此正统，如今却日渐不合理。新风气有重要的内涵。如果宗教是理性的，基本事实也是简单的，那还凭什么施加强制？⁵⁶ 不论怎样，实用主义的考虑给出了另一条道路。宗教迫害确实曾制造了异端，并且基督徒的宗派和分裂的增多难道不会明显损害任何自称上帝选民的信仰告白的可信性吗？

洛克成为宽容的领袖人物，他的思想催生了反先验论认识论。在 1667 年的文章中，洛克给出了后来的《论宗教宽容》的关键论点，否认君主有权对民众强加宗教正统，论证了"信任、权力和权威"被授予世俗管理者只是为了确保"那个社会中的人们能生活在良好的状态中，享受保护与和平"。因此，君主权力只能扩大到外部事物，不能干涉信仰，因为它关乎人的良知。国家以任何形式介入信仰都是在"擅权干涉"。⁵⁷

为了阐明世俗权力的局限性，洛克把宗教观念与行动分成三类。第一类是关于上帝崇拜的思索性的观点与形式。它们应该得到"绝对、普遍的宽容权利"，因为它们从不影响社会，它们要么是私人行为，要么是上帝的事情。第二种是那些会对他人造成影响，因此受到公众关注的，比如关于婚姻和离婚的观念看法。它们"也可以享有宽容的权利，但前提是不能扰乱国家秩序"。如果它们有可能有损公共利益，官员可以禁止宣扬这类观念，但不能强制任何人宣誓放弃自己的观念，因为强制导致虚伪。第三种是那些本身具有善恶之分的行动。有鉴于此，洛克认为国家统治者应该"对人类灵魂的善与他们对来世的关注无所作为"，只有上帝可以惩恶扬善，世俗管理者的工作只是维持和平。洛克把这些原则用在现实中，提倡宽容，但是有限的宽容：教皇制分子不能被宽容，因为它们的信仰"是对除教皇之外所有政府的绝对灾难"，无神论者也不行，因为他们的誓言是不诚实的。

作为尼德兰共和国里激进的辉格党政治流亡者，洛克写了第一篇《论宽容书信》，最初用拉丁文写成，在 1689 年出版。对 1667 年的争论做出回应，这本书反对借助强制力推行基督教。基督是和平之主；他的福音是爱，他的方法是劝说；迫害不能拯救灵魂。世俗与教会治理有着不同的目的；世俗管理者的事务是确保生命、自由与财产安全，而信仰则与灵魂的救赎有关。教会应是自愿的社团，与一个"葡萄酒俱乐部"一样，不应该有任何与僧侣相联系的要求。尽管洛克的观念也受到反对，斯蒂林弗利特主教就将其谴责为"特洛伊木马"[58]，但这些观点在一个倾向于，或听凭于普遍的思想与言论自由的时代里仍得到了支持者。

就像洛克一样，所谓的 1689 年《宽容法案》最初首要的着眼点也主要集中在政治实践上，并没有承诺完全的宗教宽容。官方宣称此法案"意在赦免国王的新教臣民，不从英国国教者，还有受相关法规惩罚之人"。声明指出，三位一体论的新教不从国教者，只要承认最高主宰，宣誓效忠，并接受《三十九条信纲》之中的三十六条，就可以获得担任牧师、教师的许可。[59] 天主教与非基督徒不能享受在法案保护下公开祈祷的权利——非三位一体论者也要受到旧刑法的制裁。一位论者实际上被 1697 年的《亵渎神明法案》（Blasphemy Act）进一步区分出来，它使"否认三位一体中任何一个位格皆是神"成为犯罪之举。这些人直到 1813 年才有了属于他们的官方宽容法令，而在苏格兰，死刑仍可适用于否认三位一体的行为，就像 1697 年一样。[60]

宗教迫害仍有施展空间。宗教法庭仍然有权监禁无神论者、亵渎神灵之人与异端分子（最多可达六个月）。习惯法下仍不时出现指控，议会有权下令烧书。即使这样，爱国者们仍可以正当地宣布，英国已经与联省共和国一起，成为第一个接受宗教宽容的国家，这成了民族骄傲。"我的岛国现在是人民的了，我认为自己拥有很多臣民；这样的沉思时常让我快乐无比，我看起来多像一位国王呀！"笛福的漂流英雄鲁滨逊·克鲁索如是说。"我只有三位臣民，却有不同的信仰。我的星期五是没有宗教信仰的食人族，西班牙人是天主教徒，然而在我的领土上，我允许自由信仰的存在。"[61]

两大进步让宽容成为既成事实：一是1695年《许可证法案》的终止；二是英国早已出现了教派分立的状况。伏尔泰打趣说，这个国家有多个信仰，却只有一种沙司，这是一种保持宗教安定的秘方，虽然在饮食上会导致单调乏味。"如果英国只有一种宗教，就会有专制的危险，如果只有两个，他们就会割断彼此的喉咙。但现在有三十个，他们就可以和平相处了。"[62] 人们不再期待利用宗教去统一王国了。"这个国家的异端教派数量众多，"罗伯特·骚塞以他所假扮的西班牙游人的口吻评论道：

> 以至于解释这些名词的词典都出版了。他们构成了一个多么奇怪的名单！阿明尼乌派、索齐尼派、巴克斯特兰派、长老会派、新美利坚派、撒伯里乌派、路德宗、莫拉维亚教派、斯维登堡宗、亚大纳西派、主教制信奉者、阿里乌斯教派、堕落后预定论者、堕落前预定论者、唯信仰论者、哈钦森派、桑德曼派、马格莱顿派、浸礼派、再洗礼派、主张幼儿洗礼者、卫理公会派、教皇制信奉者、普救派、加尔文派、唯物主义者、毁坏主义者、布朗派、独立派、新教徒、胡格诺派、不矢忠派、分离者、茅屋派、德美浸礼会教派、威尔士卫理公会、震颤派、贵格会等等等等，真是个珍贵的术语表！[63]

异端们制造出一种环境，让宗教广受质疑——1731年一位作家写下了一个明显让其恼怒的事实："我不该深入考察能绝对被确定之外的东西，例如上帝是灵还是物质，还是二者兼有，或都不是；还有世界是不是永恒的这类问题。"[64]

在许多引人争议的内容里面，最主要的是灵魂的本质与使命。对洛克而言，精神的真相很简单（与霍布斯一样）："因为我通过观看或倾听能够了解到身体之外有物质存在，也就是那些感觉的对象，我能更明确地知道我的身体里面有能够看和听的精神存在。"[65] 尽管其"实质"还不为人知，接受灵魂也不比接受实体更难，因为"身体（自身）的运动受到一些妨碍，我们很难甚至无法解释或理解"。[66] 洛克就这样证实了灵魂的存在，并使批评者安心："死后复活"对他来说"是基督教信仰的信条之一"。[67] 他和伍斯特主教爱德华·斯蒂林弗利特在这一问题上争论的关键点在于他否认升天的必要条件是同一个躯体的复活。肉身不是随着时间而变化吗？

> 阁下你很容易就能看到他所拥有的身体形态：母腹中的胎儿，穿着外套玩耍的孩子，娶妻的男子，躺在床上、垂死残喘的男子，以及最终他复活之后将有的身体形态；这些都是他的身体，尽管样貌全都不同。[68]

洛克认为，最重要的一点是，当亡故者在最后审判日响起的号角声后苏醒时，那个人就要受到审判。虽然身体在俗世是必要的，但它毕竟还是附属的。对洛克这样的启蒙思想家而言，人的精髓在于心灵；相反，对教士而言，这关乎永恒赏罚的给予，肉体绝不能从综合体中略去。斯蒂林弗利特从洛克把"观念"抬升到"物质"之上的做法中看出了滑向怀疑论的危险，且不止他一人如此。

同样，虽然洛克承认死后复活，他并不认为个人永生依赖于灵魂的非物质性。意识导致了**非物质性**的存在，这是个正统的基督教-柏拉图主义信仰，得到了笛卡尔主义的支持，对洛克而言，这不是交由人来教条定义的内容：为什么造物者就不能赐予复杂物质思考的能力呢？这样，对于那些担心把思想和物质联系在一起等于否认灵魂存在的人，他使他们得到了抚慰，"永存"本身不会因此陷于危机：灵魂是否为物质并不影响复活的可能性。[69]

另一牵涉洛克的争论此后变得更为激烈，焦点是阿里乌斯教派，否认基督的神性。或许因为他故意对三位一体沉默不语，因而被指责为支持异端，比如约翰·爱德华兹在《露出真面目的索齐尼派》(*Socinianism Unmasked*, 1696) 中就是这样做的。[70] 洛克认为理性与《圣经》都给不出支持三位一体的证据，这就很容易让阿里乌斯教派猜测自己得到了这位伟大哲学家的支持。[71] 实际上一些历史学家认为洛克对启蒙思想最深刻的影响在于他那策略性的沉默给了索齐尼派莫大鼓励。[72] 当然人们普遍指责广教论者，认为他们是隐秘的阿里乌斯派，甚至更糟，蒂洛森被指为霍布斯主义者，他把"上帝贬低为物质，把宗教等同于自然，他的政治学是利维坦，他的宗教是广教论的……他被全英国的无神论笔杆子当作真正的首脑和特使"。[73] 宽容所许可的自由探究——也就是允许人们持有不同意见——引发了不可阻挡的异端扩散。

宽容因此使得迫害者失去了力量。洛克教导人们：唯一安全的教会就是拒斥权力之剑的自愿结成的团体。对启蒙思想家而言，这种让教士缴械的做法是非常必要的步骤，能让宗教像其他事物一样接受理性之光与大有裨益的批评检验。

围绕着宽容和教义的争论被煽动起来，并得到了决意要剪除神权政治翅膀的反教权主义的支持。从 17 世纪 60 年代开始，洛克本人开始责骂"狡狯之徒"往内战之炉里继续添加"来自圣坛的煤块"，以及"目光敏锐的"天主教秘法家宣誓要驾驭良知的行为。[74] "教士的骗术"(Priestcraft) 是王位排除危机时期塑造出的词汇：

> 在虔信时代，教士的骗术尚未兴起，
> 那时一夫多妻还不算罪行。[75]

约翰·屈莱顿的《押沙龙与亚希多弗》(*Absolom and Achitophel*, 1681)的开篇这样写道。约翰·托兰德接着让这种蔑视成为自己的标签，把"教士的骗术"看作一项阴谋，"人群被其教士们的错误控制着"，并用尖锐的警句迎接新的世纪：

  伴随着教士的骗术，宗教的安全就是一场战争，
  教士骗术的朋友，皆是人类公敌。[76]

反教权主义也是"真正的辉格党人"，诸如安东尼·柯林斯（Anthony Collins）、罗伯特·莫尔斯沃思（Robert Molesworth）、沃尔特·莫伊尔（Walter Moyle）、亨利·内维尔（Henry Neville）、詹姆斯·蒂勒尔（James Tyrrell）和其他一些"希腊酒馆俱乐部"（Grecian Tavern set）成员最好的幌子，他们聚在一起密谋粉碎"僧侣"暴政。[77] 被约翰·特伦查德与托马斯·戈登（Thomas Gordon）的《独立辉格党人》*The Independent Whig*, 1720—1721 进一步刺激之后，对教权的抨击在理查德·巴伦（Richard Baron）的汇编集《教士骗术的柱石与正统的动摇》(*The Pillars of Priestcraft and Orthodoxy Shaken*, 1768) 里达到高潮。巴伦旁征博引英国自然神论哲学家的观点，并列举了"反对所有教士的永久理由"，他还承诺要"解放人类思想，将他们从长久以来一直被禁锢的枷锁中解放出来，这个枷锁是对理性与基督教大大的侮辱"。[78] 这些毁誉的话把好战的沃伯顿主教气得中风：卑鄙的自由思想者怎么胆敢把教士刻画成"放荡、贪婪、自大、恶毒、野心勃勃、狡诈、没有信仰甚至不可救药之徒"呢？[79]

然而反教权的疾风骤雨还是慢慢平息下来，这一定程度上是因为神职人员已经变得不再像过去那样明目张胆地扮演权力柱石的角色，以污辱性语言激怒教士却仍然是启蒙修辞中一张制胜之牌。汤姆·潘恩猛烈抨击教士的骗术，亦即迫害异端；"马尔萨斯先生，"顽固不化

的杰里米·边沁说,"归属于这样的职业,承认错误对它来说是不可能的",[80]而他的追随者,弗朗西斯·普雷斯(Francis Place)与詹姆斯·密尔都是躁动不安的仇恨教士之人。[81]"暴政与残酷,"农民诗人约翰·克莱尔在1824年的日记里写道,"是教权不可分割的伴侣,这句箴言真是颇为接近真理:'天下教士一般黑'。"[82]宗教明显太重要了,因而不能托付给教士。

有国家宽容与普遍盛行的反教权呼声做保护伞,关于现代人应拥护何种类型宗教的争论十分激烈。确切地说,哪些信仰应获得冷静的认可?对洛克而言,就像我们已经看到的那样,正确理解基督教,它就是理性的。其他人,自封的或所谓的自然神论者承认理性能够照亮通往关于最高主宰与人类义务的知识的通衢大路——无神论者就像迷信一样盲目——但他们认为基督教要不就没往"自然宗教"里增补任何内容,要不就含有愚蠢、错误的成分,必须进行清洗,重新解释或索性抛弃。

自然神论者以各种立场出现。其中一位自诩为"基督教自然神论者"并支持洛克的反固有观念的人是万灵学院成员威廉·沃拉斯顿,他的《自然宗教概论》(1724)惊人地卖到了1万册。[83]沃拉斯顿更像塞缪尔·克拉克,认为宗教真理就同欧几里得几何一样简单,对所有思考宇宙的人来说都清晰可见。那么,为什么会有天启呢?这是一种双保险机制,是神体贴地提供给那些无思考能力的粗鲁之人的,他们在宗教上的领悟力与对几何的领悟力一样差。这种"双重真理"(Double Truth)理论就是自然神论的惯用手段。

马修·廷德尔是全灵学院的一位公民神学拥护者,此人的职业生涯始于猛烈抨击自命不凡之人。[84]他后来的作品《基督教与创世同龄,又名福音书是自然宗教的翻版》(Christianity as Old as the Creation, or The Gospel a Republication of the Religion of Nature, 1730)成为"自然神论者"的《圣经》,宣称"无论上帝要求人类什么,他始终都给予了人类充分的知晓之法"。这些"方法"存在于理性之中。[85] 而理性是永恒、无处不在的,《圣经》不过是一个迟来的且局部的真理版本。当然,没人认为上帝会用这样的方式首次启示自己的法则。[86]

> 我们还能将它认定为无限善良、仁慈的存在吗?它通过感官让人们注意到对身体有伤害或有益的东西,却不怎么重视人类不死的各个部分,并且始终没有通过他们的理解力之光给予他们充足的手段,以使他们发现对灵魂大有裨益的东西究竟是什么。[87]

拒绝让否认《圣经》的人得到救赎会让上帝看起来面目可憎。廷德尔转而完全基于创世(也即普遍理性)发展出一种信仰。因为"上帝意志如此清晰、完全地体现在'自然之书'里面,他能操控它,也能解读它"。[88]

就像多数自然神论者一样,廷德尔相信原始一神论,也就是相信只有一个真神,这是理性之光所揭示的最纯粹、最淳朴的自然宗教。[89] 然而,这种清晰、简单的真理是怎么被扭曲的呢?全都是教士的错:

> 教士的傲慢、野心和贪婪……已经成为宗教严重腐败的原因。[90]

113

世俗暴君的教士奉承者们制造的破坏也不仅限于天主教教徒所为:

> 哎,虽然说新教教士不比天主教的更狂热、更上蹿下跳,但同样不也一直在奴役人民,增进专制权力吗?[91]

廷德尔被自己学院的专职教士斥为:"斯宾诺莎再世",[92] 不断游走在各种自然神论的边缘。他讽刺那些仅仅因为"《圣经》是这么说的",就不假思索,或不诚恳地把《圣经》当作真理的人,这是一种循环论证。他取笑道:"通过一本书里面的信条所包含的真理性证明一本书的真理性；同时，因为这些信条是那本书里包括的就认定它们是真理，这是多么荒诞的一件事。"[93] 他还给经文之中思路松散的地方挑毛病。他宣称，唯一能够支持其假定的永无谬误性的办法就是，在偶然碰上矛盾之处时，扭曲或改动原意。比如说，在遇到明显前后不一致的地方时，辩护士们经常坚持认为上帝的这些话一定是对无知的犹太人说的。廷德尔却不会这样闪烁其词，相反，他用自己的《圣经》批判发出挑战。

当然，经文解释会有很多牢固确立的经典，它们起源于文艺复兴时期的语言学，斯卡利杰（Scaliger）、海因修斯（Heinsius）、格劳秀斯、卡索邦（Casaubon）还有其他的学者的博学得到了公正的赞誉，[94] 法国天主教教徒理查德·西蒙（Richard Simon）正实现着经文考据的伟大跨越。一定程度上受到皮埃尔·培尔的影响，异端观点现在是从英国自然神论者那里发出的，他们决心要把诡计多端的教士们种下的"谬论"种子挖出来晒晒。

廷德尔宣称，人们公正地阅读后就会发现，许多神学教义与《圣经》故事都是愚蠢的，有损造物主声誉。关于唯一性救赎的教义听起来十分荒谬：如果那些死在耶稣之前的高尚异教徒发现天堂之门紧锁的话，他是怎么成为人类救主的？自然之光揭示的神性本质的普遍善与经文上所记耶和华时常做出的可鄙行径之间存在着何种深刻的矛盾？比如说，因为人类没有犯下的罪行而用破坏自然秩序惩罚他们，例如，以利亚引起的三年半大洪水。如果上帝在过去的岁月里侵犯了自然法，折磨了无辜之人，谁能确定他不会再犯一次？《旧约》的正义其实非常奇怪。以利莎因为小孩说自己秃顶就召唤神的惩罚，这是多么怪异的一件事！把《圣经》，尤其是《旧约》这样暴露在理性光芒之下，这本书看起来就像是由各种问题拼贴起来的。

思想深受安东尼·柯林斯影响的剑桥大学西德尼·苏塞克斯学院研究员托马斯·伍斯顿，提出了解决办法。[95] 他的《神迹六辩》

（1727—1730）指出，从字面上看，《圣经》里许多内容有悖基本常识，甚至无益于教化，例如大卫王好色、残酷的行为，叛教的法利赛人保罗的欺世惑人，还有巴兰之驴开口讲话这类荒诞神话。只是为了说明教义就诅咒某人的无花果树，耶稣侵犯了私有财产的神圣性，这和斯图亚特王朝几乎一样恶劣。邪恶的灵魂怎么会被赶到加大拉的猪群里去？谁都知道犹太人不养猪。耶稣也不可能从任一可见的山上看到全世界的各个王国，至少没有神奇的望远镜他做不到。这种叙事完全是空洞的，且不虔诚。

治愈疾病的神迹也有问题。既然不能准确说明耶稣到底治愈了什么疾病，怎么能断言他的治疗法是超自然能力呢？估计有"信仰与想象"掺杂其中。在一些故事里——比如说用唾沫治愈盲疾——显然没有神迹："我们的外科医生用药膏、洗剂"就可以做到。其他那些更神乎其神的神迹，伍斯顿也直接否认：拉撒路的复活全都是"神话与虚构"。他在最后一辩里讨论了耶稣复活，重新捡起旧的说法，认为耶稣尸体的消失是因为狂热分子带着尸体逃走了。[96]

这些都不重要，因为伍斯顿追随着奥利金（Origen）的研究，指出《圣经》叙事并非意在做文字上的解读而是纯粹精神上的。这样，耶稣去耶路撒冷骑的那头驴实际上意指教会。他的这种寓言化（或理性化）说法很难说清楚是真诚的，还是仅仅为了嘲弄那个过分重视"事实""证据""证词"和"目击"的，狂热地忠实于《圣经》文字原意的时代。[97]谩骂声与法律制裁加于伍斯顿身上，但让伏尔泰最为印象深刻的却是，至少他的作品销量巨大。

受人尊敬的机构所豢养的尊贵人士开始批判各种宗教笑话，但自然神论有更广泛的支持者：律师、乡绅与医生讲着各种各样的反教士笑话，嘲笑各种迷信行为，进行讽刺甚至渎神，例如弗朗西斯·达什伍德（Francis Dashwood）的"地狱之火俱乐部"（Hellfire Club）所作的邪恶仪式。自然神论甚至在各个地方都有自己的资产阶级学者。能干的蜡烛制造商、索尔兹伯里的托马斯·查布以"净化涤罪"的名义，把真实正确的信仰从圣灵感孕说、三位一体、救赎与《圣经》的完全默示这类基督教"腐败信条"中剥离出来。[98] 抛弃这些神学垃圾，查布捍卫理性，赞美良善，视其为"人类本质的一部分"；[99] 他为人性"辩护"，支持洛克的自然法永恒合理性。尽管他认为哲学家的任务是关注细节——虚构出自然状态，将其作为人类"生命、自由和财产"权的理论基础颇显脆弱——他却完全赞许洛克的思想自由观念，视其为人类的基本属性。他宣称："让人类成为自由、负责任的生物会取悦上帝，他给人类理解力……让其能够……判断……真理与谬误。"[100] 查布赞美自由，否定原罪说、预定论与上帝特殊眷顾，将其等同于邪说，因为这些传播的是一种使人痛苦的宿命论，在这种宿命论下"人类的行为不是他们自由选择的"。然而宗教使人高贵，仪式使人失去尊严，只有理性能够驱走糟粕，并教导人们在上帝之下过上有道德的生活。

沃拉斯顿与查布这样的人物用不同的方式，直率地表达了他们要把宗教从不知羞耻的狂热分子手中解救出来的意图。其他对于僧侣的满纸空言的批评——伍斯顿就是这些批评者中的一员——看起来比较兜圈子。若说他的游戏很难猜透，我们又该如何理解教会最尖刻的批评者约翰·托兰德呢？[101]

1671 年，托兰德出生在天主教家庭，他的父亲似乎是个牧师。托兰德青年时就改宗新教了。他被一些"杰出的不从国教者"送去学校，后来进入莱顿大学学习，在那里结识了洛克。此后他过上了放荡不羁的学者生活，多次得到辉格党以及沙夫茨伯里伯爵三世等自然神论者的保护——当然也有托利党人哈雷勋爵。托兰德是位机智的辩士。他喜欢从蒂洛森与洛克这些受人尊敬的人物身上偷取衣装打扮自己，使权威对抗权威，用假心假意的否认来掩饰自己。他似乎在其早期作品《基督教并不神秘》(*Christianity Not Mysterious*, 1696) 里阐述过他的学说:"理性是所有'确信'的唯一基础……福音书里面没有违背理性或高于理性之物。"[102] 在阐释他的方法时,他一如既往地在过程中使用怀疑法:"我首先证明,真正的宗教必然是理性、可理解的。接下来我要表明,基督教具备这些必要条件。"[103] 基督教中确实有,但却从来不像各教会解读的那样!

托兰德认为——或许未必是真诚的——基督教真正的优势在于它能够把其他信仰里过于神秘的东西简单化。宗教应该回到最初的朴素状态,废弃三位一体及其他烦琐严肃但无意义的语言。坚信"福音书教义并不违背理性",他认为,对宗教具有神秘性的信奉

> 无疑是一切曾在基督徒中得到严肃阐发的荒谬说辞的来源。如果不是因为那些掩饰之词,我们或许从未听说过什么圣餐变体论,还有那些罗马教会的荒唐神话,也不会有任何源自东部教会的糟粕,后者几乎都流到了西部教会的阴沟里去。[104]

以上断言或许会使读者推断出,被接受的信仰通常是坏的信仰。

《基督教并不神秘》引起了众怒,由米德尔塞克斯大陪审团呈交,爱尔兰议会下令将其焚烧。尽管没有点名提及洛克,那个时代的人们也从托兰德作品的逻辑结论中焦虑地感到了洛克学说的影响。像洛克一样,他赞誉理性是一切可信性的基础,认为理性本身可以决定何为启示,因为上帝的智慧已经让包括启示在内的所有事物听命于理性。[105] 但共识至此结束。尽管洛克相信基督教通过了理性检验,但托兰德却要求放弃一切与基督教有关的神秘性。尽管他貌似赞同洛克的真理哲学,但《基督教并不神秘》一书却提出理性与启示之间有明显不同的关系。洛克认为必须接受已验证的启示里所表达的东西,托兰德则相反,认为经文里一切具体内容都应该根据其是否符合"常识"而做出判断:任何"超出理性"的东西都不能被承认。这样一来,他那信仰

无神秘的主张就挑战了《圣经》作为启示真理的地位。

上述做法之外，托兰德还运用典型的自然神论风尚，区分轻信的人群与"理性、会思考的那部分人"，后者能够为自己发现关于上帝的简单明晰的真理。对智者而言，经文的"奇迹"在事实解释面前都很脆弱，例如，云柱和火柱根本就不是什么奇迹，不过就是吊在柱子顶端的铁壶中喷出的信号。[106] 他在《泛神论要义》(*Pantheisticon*, 1720)里面说："只要我们把自己和大众区别开，就是安全的；因为大众是'何为最糟糕'的证据"[107] 大众最好也不过是待迁就的孩童，最坏则是轻信的傻子，他们和邪恶的"神秘贩子"(mystery-mongers)沆瀣一气，后者，从摇篮到坟墓，将生命历程本身贬低成谎言：

> 我们马上就能看到光，但大骗子们要开始四处欺骗我们了。正是接生婆通过迷信的仪式把我们带到这个世界，从旁助力分娩的好妇人有千百次机会去避免不幸发生，或为婴儿制造幸福；做出一些荒谬的观察，以发现他未来生活状态的预兆征象。在一些地方，祭司在这些无稽之谈方面也毫不落后，通过念一些有巨大魔力的咒语，及早地将他引入自己的仪式中。[108]

只有理性才能把人们从受困于迷信的状态中解放出来，恢复"古埃及人、波斯人和罗马人"真实、简单的自然宗教。这种宗教"没有神圣的肖像与雕塑，没有特殊地区，也没有靡费的礼拜风尚"，只是简单地崇拜神，追寻美德。[109]

如果托兰德是自然神论者中潜伏最深的，那么敢于给出最致命一击的就属安东尼·柯林斯(Anthoney Collins)了。[110] 他的路线方向本身很简单："既然思考以及在涉及观念的问题上做出自己的判断，是每个人都拥有的自然权利与责任，那么就该允许他们自由地表达观念。"这位在剑桥接受教育，靠他在埃塞克斯的产业过活的绅士律师还有一个附加条件:"这些观念不能意在颠覆社会。"[111]

柯林斯与洛克颇有私交。[112]在一封写给这位比自己年长的哲学家的书信里,他攻击约翰·诺里斯(John Norris)的《论关于理想或可认知世界的学说》(*An Essay towards the Theory of the Ideal or Intelligible World*, 1701—1704)有柏拉图主义倾向,讽刺其三段论逻辑,他否定笛卡尔认为动物没有意识的观点,为动物有思考的可能性做辩护。无疑,对自己批评者的激烈抨击以及对《理解论》的赞美会让洛克感到非常愉悦。[113]

像托兰德一样,柯林斯喜欢用正统来反正统,恶作剧般地把蒂洛森拉到自己的阵营里,攻击塞缪尔·克拉克,捍卫洛克的灵魂观念。[114]他的《完美的教士骗术》(*Priestcraft in Perfection*, 1709)否认教会有权规定仪式,他的作品里充斥着反教士主义:"平教徒就是教士的牛羊。"[115]柯林斯在他恶名昭彰的《论自由思想》(*Discourse of Freethinking*, 1713)里面继续对教会展开攻击,[116]此书无情地揭露了神职人员的卑鄙手段与争斗,还带有捍卫理性、反权威的做法,把苏格拉底奉为"伟大的自由思想家"。[117]

柯林斯后来转向自然神论,在他对经文可信性的抨击中略显端倪。吸收了克莱克、西蒙以及其他一些现代《圣经》学者的观点,他的《论基督教的根据和理性》(*Discourse of Grounds and Reasons of the Christian Religion*, 1724)揭露了从预言的实现中得出的有关神灵启示的古老证据的不可信性,表明这些全部依赖——乃至陷入——穿凿附会。为了在字面上证实这些预言的实现,剑桥神学家威廉·惠斯顿(William Whiston)竟然不惜用武断荒唐的方式断章取义![118]很快,预言就会证明理性基督教的阿喀琉斯之踵所在。[119]

自然神论者自诩要净化信仰。他们中更激进的那部分人不只要挑战教会陋习与神学家的小谎言,他们还对普遍信仰就其本质而言进行历史的、心理的与政治上的批判,只不过通常用攻击异教徒的荒谬、天主教教徒的欺诈与国教徒的错误来掩饰自己的进攻行为。宗教本身是纯粹的，膜拜上帝，教民美德，为什么后来它们总是要变坏呢？

在英国，这种激进批评的发起者是霍布斯（见第三章）[119]，后来被查尔斯·布朗特（Charles Blount）发扬光大。这位谜一般的人物所写的文字充满了拒斥。他的《以弗所的狄安娜之伟大》（*Great is Diana of the Ephesians*）——副标题是《论偶像崇拜的起源》（*On the Original of Idolatry*, 1680）——采用典型的自然神论"类比神学"策略：暴露异端的编造故事的荒谬性，诱使行家从字里行间读出基督教中的荒诞之处。例如，像失乐园的故事以及会说话的蛇这类叙述怎么从字面上理解呢？[120] 布朗特引发了激烈的回应，尤其是查尔斯·莱斯利（Charles Leslie）的《面对自然神论派的简易方法》（*Short and Easy Method with Deists*, 1698），该文为《圣经》辩护，称其是纯粹的事实。[121]

到18世纪10年代，更具毁灭性的批评开始有了土壤，这是一种对历史宗教本身的批评，透过权力政治与病理心理学的透镜研究观察。这一论点认为，自然宗教最初信奉一神教，当然，需要用神秘象形文字、符号语言进行表示，以便不让平民知晓。[122] 最初的纯洁性被糟蹋之后，所有社会的宗教都产生了两极分化，纯粹的版本是给上层精英的，品质低劣的是为普通民众准备的。怎么会这样呢？英国自然神论者在表述自身解释的过程中，吸收利用了大量资源：贝尔揭露的教士的欺世盗名之举；荷兰人巴尔萨泽·贝克（Balthasar Bekker）的《充满巫术的世界》（*De Betoverde Weereld*, 1691—1693）在1695年被译成英文（*The World Bewitch'd*）（此书实际上否认魔鬼的存在）；伯纳德·丰特奈尔（Bernard Fontenelle）对神迹的揭露；还有对着魔者进行的各式各样的医学病理学分析。[123]

约翰·特伦查德（John Trenchard）在《迷信的自然历史》（*Natural History of Superstition*, 1709）里指出，宗教有两种类型：真正的与虚假的。相信造物主的慈善与爱的福音是真理的精髓。其他一切表现都是错误的，他所从事的对迷信危害的研究是基于以上观点而展开的，他为此研究了全世界各个时期的教派和信条。早在休谟与启蒙哲人之前，特伦查德已经把宗教心理学的关键问题提出来了。为什么人会如此迷信？为什么他们制造奇怪的宗教仪式，以神的名义做出各种非自然的行为？他们是如何被神职人员的骗术所欺骗的？是什么促使那些自诩为先知的人相信自己的幻觉，还让其他人也跟着信了？

为了弄清"我们激情与虚弱的原因"，特伦查德从人性寻找解释，尽管心灵如此伟大，为什么却让迷信得以乘虚而入？[124] "在我们与生俱来的身体组织中，"——这是对原罪的心理-生理学类比——有某种东西让人相信幻觉。人类力求避免痛苦。人们被死亡困扰，担心未来的痛苦与惩罚，急切地盼望识别出潜在的迫害。[125] 但事物的原因是隐藏的，人在焦虑的时候会接受荒唐的想象或预言家的神话，制造各种异教神灵与连带的占卜方式。特伦查德在一段改编自贝克的段落中对此进行了分类：

> 我们因为自身弱点和他人的诓骗，制造出异教男神与女神、神谕者与先知、宁芙和萨梯、小鹿与特里同、复仇女神与魔鬼、诸多关于男巫与女巫、精灵与幽灵、仙女与妖怪的传说、关于预兆的学说、无数的占卜方式，即解梦、稻草灰烬占卜、木皮占卜、枝叶燃烧占卜、洋葱芽占、掷骰子占卜、天气占卜、姓名占卜、数字占卜、泥土占卜、雄鸡占卜、动物头骨占卜、斧头占卜、筛网占卜、水占、指甲占卜、指环占卜、水晶占卜、镜占、腹语占卜、水象占、大麦粉占卜、手相术、风水占卜、招魂术、星象、占星与预言术、皱纹占卜与手相术，以及对日食、彗星、流星、地震、洪水及其他不寻常现象的恐惧感。[126]

沉湎于令人兴奋的仪式中，原始人"看见"了幻象，体验了超自然之物。特伦查德从贝尔那里得出了一种假设,以解释这些"幻觉",他假定身体刺激能够产生各种魅影,"一旦感官……关闭或被锁住",客观事实就无法修正这些错觉。——这种现象可能出现在睡眠中,或发生于精神错乱、癫狂、生病以及休克的时候,内部的魅影会"肆无忌惮,不受约束。"[127]

这种挪用洛克经验主义认识论的做法解释了"内心之光"的幻想者是如何与外部感官——唯一真实的"知识通道"——相隔绝的。幻象由此与真实相混淆,正如有些受害者会把"云和雾"误看成"神"一样,有些人看到了"真福直观",有些人则看到了"带着令人恐惧害怕器具的魔鬼",一些受害者会把自己当作瓶子、尸体、神,或者那些天晓得是什么的东西。"疯人院里能看到许多这样的例子。"特伦查德评论道。[128]

引用了很多此类精神错乱的文献,特伦查德把宗教幻觉说成是心理-生理刺激。斋戒与鞭打会造成神志昏迷的状态,而那些素以不正常著称的虔信徒总是一些抑郁的隐士,他们见证的神迹只是疾病的症候。[129] 最初,由单个狂热分子提出,这些幻觉可能很快就在宗教潮流中流行传播开来,机械论哲学对这迅速蔓延给出的解释是:"一切事物从本质而言都在不断运动,不断发射出自身物质的气味和微小颗粒,影响和冲击其他物体。"[130] 因此只有医学而不是巫术能够解释为什么小孩会在老巫婆以及其他所谓的魔法显灵面前陷入惊厥。

沙夫茨伯里伯爵三世也提出过类似的观点,他的《独白》(*Soliloquy*, 1710)称赞"人类情感研究"(我们可以称之为心理学)是把真实从错误信仰中区分出来的界标:"通过这种科学,宗教自身可被评判,灵魂可被研究,预言可被证明,奇迹也能得到辨别。"[131] 因为对极端主义者与不矢忠派的奴性宗教政治深恶痛绝,这位辉格党贵族在其颇具影响力的《论狂热》(*Letter concerning Enthusiasm*, 1711)里对宗教狂热情感进行了心理学分析。在看到圣灵降临节期间的"法国先知们"使用伦敦音的滑稽表现时,沙夫茨伯里像特伦查德一样讽刺各种形式的狂热者——天主教徒、犹太人、清教徒、胡格诺派、宗教迫害者和宗教审判官。[132] 人们把自己的愤怒投射在神的身上:"当我们内心躁动不安,充满恐惧的时候,我们就会在神的身上看到愤怒、恼恨、报复,以及恐怖。"[133] 他对宗教方面的快速扩散的论述与特伦查德堪有一比:"恐惧从一个人蔓延到另一个人脸上;疾病一出现就会让人感染。这就是宗教,也是恐慌。"[134] 坏脾气的人会幻想出残酷、好妒忌的神来,拥有伟大灵魂的人却从不认为他的造物者有报复的属性。因此对沙夫茨伯里这样的自然神论者而言,基督教更是一种人性宗教,他在心理病理学中寻求对末日动乱、地狱之火、永世受罚这些怪诞论调的解释,这些东西使信仰名誉扫地。

自然神论因此在自然主义、社会学与心理学意义上对宗教进行了盘诘。与智者高贵的信仰不同,教会里盛行的是愚者们狂热的恐怖行为,这些行为都是由不顾他人的教士怂恿、煽动的。接下来,大卫·休谟完成了对宗教最后的启蒙心理病理学处理。

启蒙思想家坚定拥护皇家学会的培根座右铭:"勿轻信人言"(*nullius in verba*),他们把赌注押在了事实、证据规则与科学方法上。洛克等理性新教徒认为基督教值得相信,因为《圣经》叙事里含有已被确认过的史实,经典研究者则收集了大量关于奇迹和预言实现的证据。《圣经》的权威性并非依赖盲信,而是依靠真凭实据,就像一般的被验证过的历史一样,借助于可靠的见证者的叙述。

柯林斯的《论基督教的根据和理性》等类似的作品开始削弱预言与奇迹的可信度。怀疑论者的工作因此变得更加容易,因为新教的论战早已策略性地限制了奇迹的范围。基督与最初圣徒们所做的事情都是被认可的,反之,后来应该被鄙视的仅仅是教皇的欺世盗名,篡改证据,伪造神迹的行为。"奇迹时代"早已终结:一旦福音得到宣讲,上帝还需要再依赖于神迹吗?

证据确凿与证据不足的两种奇迹之间的差异是否真的存在,这引发了有原则的批评者和机会主义嘲笑者的质疑。这类"奇迹"在人们眼前不断出现,甚至在温文尔雅的笛卡尔时代的巴黎也是如此,这导致质疑就更多了。

1727年5月1日,一位受人尊敬的詹森教派执事弗朗索瓦·德·帕里斯(François de Paris)去世了,葬在圣梅达尔德教区公墓里。前来致哀的人涌进公墓,无数不治之症"神奇"地得到了治愈——如肿瘤、失明和耳聋,都是这位圣人死后治好的。对新教徒而言,断然否认这类"奇迹"难道不是太过奇怪,甚至不科学、不虔诚吗?因为这些神迹有着充分的同时代人证词,而且又暗合那些据说在几千年前就在巴勒斯坦的犹太人身上发生过的事。[135]

对方便实用的新教式"神迹时代终结"信条最主要的挑战来自康耶斯·米德尔顿(Conyers Middleton),他是剑桥大学三一学院的研究员。作为颇有好怀疑性情的神学家、古典派学者,米德尔顿喜欢把天主教仪式、迷信与异教徒的多神论相比拟:焚烧香膏令人想起维吉尔所描述的维纳斯神庙,崇拜者依旧在改变信仰的异教神庙中跪于神像之前,庙中的小神已被圣徒所取代。《罗马书信》(Letters from Rome, 1729)把异教刻画成天主教的预演。

米德尔顿因此转向奇迹研究。他的《关于据称在最早期的基督教教会中就已经存在的奇迹异能的自由探讨》(1749)表面上是想证明《圣经》中的奇迹,质疑后《圣经》时代各种关于奇迹的说法,但含沙射影地表示,同样的批评考证也可针对《新约》里的事件展开。实际上,这是一种孤注一掷,这些要么都是神迹,要么就什么都不是,新教徒不能兼得鱼和熊掌。[136]

在同时代的人里,休谟——他觉得奇迹研究被米德尔顿捷足先登了[137]——正在对宗教中所有的显灵显形说进行激进的批评。虽然不是刻意为之，他早年的《论奇迹》(*On Miracles*, 1748)将蒂洛森的反圣餐变体论纳入了它的逻辑结论中。所谓的奇迹违背人们对于"自然齐一性"的全部感官经验。不容反驳的结论肯定是那些奇迹目击者被骗了——或他们本身就是骗子——而不是宇宙秩序被打破了。[138]"历史里就没有，"他坚持认为，

> 任何一个被足够数量的人证明过的奇迹，这些证明人需要具备无可争议的美德、受过教育和拥有学识，足以让我们坚信那不是他们自身的幻觉；或具备无可置疑的诚实品格，足以让他们不被质疑有欺骗他人的企图；或在世人眼中是那种有信誉和有名声的人，一旦被发现造假就会声名俱损，同时，这些证人要在世界上的颇具名望之地，以极公开的方式做证，以便使他们无法回避探查。这些情形都是让我们完全相信这些人的证词的必要条件！[139]

虽说这是结论性的东西，但是之后却间接性地使读者把这种怀疑论的结论当作虔信的辩白。因为"我们最神圣的宗教是建立在信仰之上的，"并且因为没有其他宗教能与之匹敌，基督教很明显是其中的精华："我们可以得出结论说，基督教信仰里不仅最初充满了奇迹，即便在今天，如果没有奇迹，也不会有哪个有理智的人还会相信基督教。"[140]

在其《宗教的自然史》(1757)里，休谟用怀疑主义挑战自然神论者自鸣得意的陈词滥调，他强调说，这些人大肆吹嘘的原始一神论或自然宗教不过就是满足愿望。实际上，所有宗教都源于恐惧与无知，最初的信仰是原始的，崇拜多神的。毕竟野蛮人仍是信仰多神崇拜的，文明民族的暴民（以及暗指罗马天主教教徒及其圣徒崇拜与三位一体论）也是如此。多神论作为宗教冲动的最初表达方式会催生迷信，这是人民的鸦片，迷信诱发了祭祀的产生。一旦被认为拥有超自然力，巫师就可以用献祭、魔法和仪式来抚慰愤怒的神明。[141]

后来，人类思维的进步让一神论从多神崇拜中脱离出来，从混乱中产生清晰。然而一神论反过来又能产生狂热情绪，后者在约翰逊的《词典》里被定义为"徒劳地相信秘密启示，盲目地信赖神的关爱和交流。"狂人分子在兴奋、自我神化的时候会感受到超常的狂躁与亢奋，相信自己见到了神。"一切胡思乱想都被当作神圣的，"休谟强调，"人类的理性甚至道德都被当作错误的导向而被弃如敝屣：狂徒们盲目地、无条件地让自己按照上天的启示来做。"[142] 宗教狂热者不需要教士，他自己就是所有信徒的祭司——这就是为什么宗教狂热总能引发政治爆炸。就像最早的贵格会信徒一样，狂热分子在神的指引下变成了社会无政府主义者，成为法律与秩序的威胁。清教徒在内战中的胜利同样是因为狂热：他们相信这是一场圣战。圣徒们绝不会在攻击王权与教权时畏首畏尾。然而迷信却导致政治灾难，因为牧师们可能会组成邪恶的利益集团，秘密掌权，或在国家内部建立敌对政权。休谟对狂热——极端地不容异说，却驱使人们维护他们的自由——与迷信（通过用恐吓压制异议来迫使人们遵从戒律）进行了策略性的区分，后来它显示出很大影响力，尤其体现在吉本的《罗马帝国衰亡史》里。[143]

休谟提出这样一种对宗教冲动的自然主义解释，由此对基督教教义造成破坏，同时让自然神论的史前一神论神话也失去了根基。那宗教还剩什么？"完全就是一个谜语、谜题，无法解释的神秘事物。怀疑、不确定、无法判断似乎是我们对这类问题进行了最精确研究后能得出的唯一结论。"[144] 那么，事物的本质是完全不可理解的吗？这就是《自然宗教对话录》里探讨的问题，此书大约写于1751年，但在休谟已经离世后的1779年才出版。这部作品模仿西塞罗的做法，用哲学探讨进一步挑战基督教和理性主义的宗教真理论说：没有所谓的自然宗教。休谟所著的这本书，是正统派的迪密亚、理性信仰者克里安堤斯还有怀疑论者斐罗三人之间的对话录，虽然这本书并没有解决问题，但却给出了这一结论：没有任何宗教假说能够解释自然秩序与恶魔的存在。一切想从宇宙之谜中推断出上帝的公正或生命意义的尝试不过是缘木求鱼：

> 尽管我们根据自然进程进行论辩，并推论最初由某种特殊的智慧原因赐予了宇宙秩序，并仍保持这秩序不变，但我们得到的却仍是不确定和无用的原理。说它不确定是因为这个问题完全超出人类经验的理解范畴。说它无用是因为……我们无法在这个基础上确立任何关于行动和行为的原则。[145]

并不存在有说服力的神正论：自然神论或"理性基督教"的公正上帝最多就是"**可能性**或**假说**"。

休谟批判了能够从事实中了解上帝和他的属性的主张，这一批判建立在他在《人性论》和《人类理解研究》两书中对因果律的批评之上（见第七章）。因果的概念毫无疑问是一切知识的基础，但因果律本身却不能得到证明。经验显示出事件发生的连续性，但不能解释任何这种连续的必然性——人们习惯于产生某种期望，认为在一个事件之后一定会发生另一事件。惯常行为不是知识，不能严格地证明从过去到未来，从已知到未知的投射。因此因果律并不是来自事物秩序的确定原则，而是一个心理上的假设。相信自然的理性秩序仅仅只是前提条件，虽然这个前提条件很有用，甚至必不可少。[146]

在信徒与理性主义者相互争斗的过程中，《对话录》发现他们的信仰（基督教或自然神论）主张都无法证明，无神论也是如此。怀疑是唯一诚实可贵的选择。然而，这并不意味着宗教全无用处。休谟塑造的人物克里安堤斯说："宗教的恰当作用是规范人的心灵，教化人的品行，还有灌输自制、秩序与服从的思想精神"[147]，此时他大概也心有戚戚焉。在这点上，开明基督教人士与自然神论者大概都会愉快地说声"阿门"。

在弥留之际，休谟告诉詹姆斯·博斯韦尔，自从读了洛克与克拉克之后,他"再也不会怀有任何对于宗教的信仰了"。[148] 在这之前几年的时候,他曾说笃信宗教不过就是"病人空想"。[149] 早在1742年,他就已经发现"在这最近五十年里,人们的观念突然发生了明显的变化",这要归功于知识和自由的进步:

> 这个岛国的多数人已经放弃了所有对名人、权威的迷信。教士已大失信誉:他们的装模作样和教义被人们所讥讽。甚至宗教在这世上也难以自我支持。国王这个头衔几乎难以受到尊敬。把国王说成是上帝在人间的统治者或给予他任何高贵的头衔,在过去可能会迷惑一些人,但现在却只能惹来嘲笑。[150]

"好人"(le bon)休谟当然也会以堂皇的辞藻来掩饰自己,但他认为宗教的衰落与启蒙人士对权威的普遍攻击有关,这肯定是正确的,而在这个过程中他也曾出色地添砖加瓦。

当休谟仍属于一个怀疑论者的时候——在去巴黎的过程中他说今生绝不会与无神论者为伍——其他人却已经成了公开的无神论者,包括曾担任过不从国教派牧师的威廉·葛德文,还有他未来的女婿,《无神论的必然》(The Necessity of Atheism, 1811)的作者珀西·比希·雪莱(Percy Bysshe Shelley)。[151] 这是历史上一次令人瞩目的进步。"无神论者"长久以来是一种侮辱性的称谓,直到18世纪,无神论才被当作例如因宗教不可信、不道德,而在原则上拒绝宗教的行为。[152]

然而总的来说,英国自由思想家并不想让自己与正统派之间的争论发展到这么激烈的地步,或许是因为他们几乎不会因为自己持非正统见解而遭受痛苦,或受到法律的制裁。因为不能获得教职,休谟会谴责"校长的阴谋,教士的顽固与暴民的愚昧"。[153] 吉本也对英国人的愚昧无知嗤之以鼻。[154] 但无信仰不能阻止休谟成为爱丁堡律师公会的图书管理员,担任外交官员,吉本的不信教同样不能阻止其成为那时代最受欢迎的历史学家。[155] 大体上，启蒙思想家与一个精心拥护自由、怀疑教权的国度还是能够勉强相处的，其大环境是，精英重视宗教，主要是因为它能够教人们美德与法则。

在对洛克本人可能就是隐秘的阿里乌斯派信徒的怀疑中，功利主义一度被看作特洛伊木马，是会导致激进政治与宗教的催化剂（见第十八章）。[156] 总而言之，随着主流的宗教仪式开始摒弃超自然与精神方面的元素，"宗教的强大魔法"遭受了严格审视。[157] 因此理性的基督教教徒与自然神论者都对约翰·卫斯理产生了强烈的厌恶情绪，因为他认可巫术的存在以及撒旦在世上的力量。循道宗是"粗野、邪恶的狂热主义"，埃克塞特主教如是说。[158] 只要宗教是以理性为基础的而不是植根于主观精神，启蒙思想就会认可宗教。"我希望我的读者不会把我想象成一个懦弱的不敢站起来保卫真正基督教教义的人，诸如那些曾在原始时代（如果我们相信那些时代记录的话）对人类信仰和行动产生影响的教义，"斯威夫特在讽刺旧式宗教的过时陈腐时说道：

> 为了恢复它所做的努力实际是不切实际的计划，是一种破坏根基的做法：摧毁王国里所有的智慧和半数的学问；打破所有事物的框架与章程；摧毁贸易，消灭艺术与科学，以及相关的专家。简而言之，能够把我们的法庭、交易所与商店全部变成废墟。[159]

在这个世纪终结的时候，威廉·布莱克愤怒地表示："精神是合法的，但鬼魂不是；皇家杜松子酒尤其是合法的酒（Spirit）。"[160] 启蒙运动对真正的信仰（那些旨在劝人向善的宗教）少有异议，但却对教士手中的宗教魔法感到忧虑。

第六章　科学文化

> 新哲学质疑一切。
>
> ——约翰·多恩[1]

进入 17 世纪中后期，新科学仍极为令人困惑。哥白尼、开普勒、伽利略与其他如今被铭记于"科学革命"万神殿之中的研究者遭遇各种误解和抵制，并且这些不仅仅只来自罗马教廷。[2] 他们的理论被视为充满玄想的、谬误的或骇人的。在生命的最后几年里，学富五车的弥尔顿仍然无法全心全意接受日心说宇宙观。或许他怎么也看不出，与失乐园的悲剧相比，行星轨道有何意义：

> 去思考你或你的存在吧：
> 不要幻想其他世界。[3]

对道德家与智者来说，新科学是在制造混淆而不是澄清事实、终止论辩。理论家遭受指责，他们被认为执迷于虚妄的教条信仰、播种怀疑论、散布各种体系——亚里士多德主义、帕拉切尔苏斯主义、海尔蒙特学说、伊壁鸠鲁学说、笛卡尔主义、伽桑狄主义、德谟克利特学说以及其他"学说"——如同在信仰领域一样，在自然哲学方面这也被视为可耻的。各种假说层出不穷，例如托马斯·伯内特（Thomas Burnet）的《地球的神圣理论》（*Sacred Theory of the Earth*, 1681）出版后爆发的天体演化学大战：十几位地质学玄思者对地球进行分析、解构与重构，并进而陷入僵局。各种体系之间激烈地相互对抗，粗暴地对待已被接受的对《圣经》的诠释，以至于身为国教会神职人员的伯内特也认为：

> 所有关于摩西的书
> 只不过都是猜想……
> 至于我父亚当
> 与他的夫人夏娃女士，
> 还有魔鬼的话语，阁下，
> 都只是笑话，阁下，
> 都是一些编造的谎言。[4]

至于他们这一边，好奇心贩子们被讽刺只关注琐事：干嘛收集那些小虫子和化石？

> 哦！世人可曾想到，上帝赋予他们的眼睛
> 与理性竟然会被用来研究苍蝇！[5]

托马斯·沙德韦尔（Thomas Shadwell）的《学者》（*The Virtuoso*, 1676）把尼古拉斯·吉姆克拉克（Nicholas Gimcrack）爵士写成了地道的白痴，对一切真正有用之物都漠不关心，只热衷于在游泳时的沉思。而在《格列佛游记》（1726）里，斯威夫特讽刺拉加多的博学之人执迷于从黄瓜里提取日光，并把生活归纳成几何学。学者们的这些怪癖简直是讽刺家的天赐食粮。[6]

尽管 1662 年得到授权的皇家学会可能在知识界获得了威望，但也难免遭到冷眼。[7] 强硬分子认为新科学损害了经文的权威，阴谋取上帝意志而代之。笛卡尔的物质运动机械论把上帝从机械宇宙中排除出

去，认为宇宙没有生命、灵魂及有意识的目的。其他新哲学分支则在自己的理论中散发着亚里士多德式永恒论、德谟克利特式或然性和卢克莱修式决定论的气息：剑桥柏拉图主义者拉尔夫·卡德沃斯（Ralph Cudworth）的大部头作品《宇宙的真正知识体系》（*True Intellectual System of the Universe*, 1678）谴责所有这些理论都是无神论的垫脚石。[8]

尽管有这些冲突和误解，新科学，或人们所知的"自然哲学"[9]，还是以惊人的速度成功地进入启蒙话语中，此后二者又结成了强大同盟。这一定程度上是因为爱国者们非常幸运，他们可以利用培根的纲领，后者在《新大西岛》（*The New Atlantis*, 1627）中鼓吹"'一切皆有可能'带来的影响"。"人类的理解是不会停歇的，"培根强调说，"它不会停下来休息，只会向前挺进。"[10] 他的"古代是这个世界的青年时期""知识就是力量"等响亮的格言鼓舞着现代主义者去打赢书籍战。[11] 培根主义在《新工具》（*Novum Organum*, 1620）中得到了系统阐述，成为启蒙运动的关键资源。随着教条的经院哲学与魔法师的胡思乱想被归纳法与试验研究取代，自然哲学将足以匹敌和拓展那些被这位大法官所颂扬的"实用技艺"的成就。在《伦敦皇家学会史》（*The History of the Royal Society of London*, 1667）里，斯普拉特主教将培根与皇家学会绑在一起，强调他在推动科学与物质进步上所做的贡献。[12]

后复辟时代新科学被纳入进步思想体系的进程又因为另一件大幸事而加速推进。那就是一大批卓越的"自然哲学家"，他们不只因为探索发现而获得国际声誉，也迫切希望减轻人们的恐惧，推动了今天我们所说的公众对科学的理解。在争取公众认可的过程中，否定笛卡尔、斯宾诺莎和霍布斯起了很大作用，同时也把新科学纳入进步主义哲学之中。

在科学与启蒙这场结合中，艾萨克·牛顿先生毕生的事业、成就与形象扮演了无比重要的角色。[13] 这位少年天才生于1642年，1661年进入剑桥大学，在1667年成为三一学院的委员，两年后成为卢卡斯数学讲席教授。在那时他已经在数学的两个分支领域实现了大踏步前进，也就是微分和积分。早在 1666 年 10 月，他就写了一篇震惊世人的手稿，阐释了微积分的基本原理。但因为没有及时出版，所以 40 年后才与德国哲学家哥特弗里德·莱布尼茨围绕谁最先发现的问题展开了激烈争论。牛顿也进行了对于光的早期试验研究，阐明日光是组合而成的，将白光分离为组成它的各种光束之后，可得到不同颜色。

大约在 1670 年，他开始投身另外两项研究：炼金术与神学。他广泛阅读炼金术书籍，在自己的私人实验室做实验，写论文。尽管他从未出版过任何这方面的作品——这项技艺正在失去人们的尊重——但却可能在很大程度上影响了他的科学思维。[14] 在神学上，牛顿要比洛克更早也更为激进地认为三位一体论是错误的，他后来秘密成为阿里乌斯派信徒。他也致力于经文研究，阅读《启示录》与《但以理书》，将其当作三位一体异端学说兴起的征兆。他的神学研究提前阐发了很多卓越的启蒙观点，尽管就像他的炼金术研究一样，他只在自己信任的朋友圈子里谈起阿里乌斯派观点。[15]

1684 年，在他的物理学家同行埃德蒙·哈雷（Edmond Halley）来拜访过后，牛顿重拾起早年的兴趣。经过两年半的勤勉工作，他的名作《自然哲学的数学原理》最终诞生了，并于 1687 年出版。[16]《自然哲学的数学原理》介绍了一种关于力学的新科学，将开普勒的天体轨道定律与伽利略的地球运动动力学连接起来。牛顿不仅提供了一种对于将太阳系聚拢在一起的力量的全面解释，他还推导出一个惊人的概括，也就是万有引力：宇宙中的每一个物质微粒都与其他的有相互吸引力，这种力的大小与它们的质量乘积成正比，与距离的平方成反比。这一法则清晰、有力，是新自然观的理论基石，这确保了《原理》在关于自然的启蒙思想中占据主导地位。

1704 年，牛顿出版了第二部伟大著作:《光学》。该书详述了他 30

年间关于光学的研究发现，总结出十六项"疑问"（Queries），这些推测注定将决定实验科学的发展趋势。最后他又回到了神学。在他身后出版的《古代王国编年校订》（*Chronology of Ancient Kingdoms Amended*, 1728）与《对〈但以理书〉和〈启示录〉中预言的考察》（*Observations on the Prophecies*, 1733）拉开了修订圣经编年工作的序幕。牛顿认为这些编年是教皇主义与教士骗术伪造的，想用天文数据对此加以改正。[17]

1696年，牛顿离开剑桥，成为皇家铸币局总监（后成为局长）。1703年之后，皇家学会将其选作主席，并一直任职，直到1727年去世。1705年，他被授予骑士爵位，成为第一位获此殊荣的科学巨子。同时他还有了弟子圈子。大卫·格里高利（David Gregory）、约翰·凯尔（John Keill）、罗杰·柯特斯（Roger Cotes）、威廉·惠斯顿（William Whiston）与科林·麦克劳林（Colin Maclaurin）都是凭借牛顿的支持才获得大学教席的，弗朗西斯·豪克斯比（Francis Hauksbee）与德萨吉利埃（J.T. Desaguliers）也在他的帮助下才得以跻身皇家学会。这些追随者致力于与莱布尼茨的微积分发现权之争，凯尔与约翰·福林德（John Freind）扮演着牛顿捍卫者的角色，神职人员塞缪尔·克拉克则在更偏哲学的层面上参与战斗。[18] 有了这些追随者，牛顿便成了牛顿主义。[19]

牛顿的权威当然是建立在《原理》之上的。但因为此书对于数学能力要求非常高，人们主要是尊崇它，而不是阅读它。通俗化的大众推广是必要的。最初这只是亨利·彭伯顿（Henry Pemberton）等学生的工作（此人是《艾萨克·牛顿爵士哲学概览》[*A View of Sir Isaac Newton's Philosophy*, 1728]一书的作者），但很快一大批人加入进来，包括很多外国学者，例如意大利人弗朗西斯科·阿尔加洛蒂（Francesco Algarotti）的著作（*Newtonianismo per le dame*[1737]）就在1737年被译成了英文，题为：《艾萨克·牛顿爵士的哲学——为女士使用而写》（*Sir Isaac Newton's Philosophy Explain'd for Use of Ladies*, 1739）。[20]

牛顿的数学宇宙学很快被纳入其母校的教育课程。他的狂热追随者之一，理查德·本特利是三一学院里杰出的古典学家和院长，他是第一位波义耳讲座的讲座人（见下文）。本特利进而资助罗杰·柯特斯，他成为首位布卢米安天文学讲席教授，后来还编辑了《原理》的第二版（1709 年）。另一位受其支持的人是牛顿的学生威廉·惠斯顿，他也是卢卡斯讲席的继承者。[21]

牛顿的声名远播英伦之外，荷兰共和国尤其如此，这得益于实验者彼得·范·穆森布罗克（Pieter van Musschenbroek）与威廉·雅各布·斯赫拉弗桑德（W. J. 's Gravesande）的传播。赫尔曼·布尔哈弗（Herman Boerhaave）则在医学上引入了牛顿主义观点。牛顿学说在法国获得接纳比较慢一些，这主要是因为笛卡尔的物质空间论太过流行。伏尔泰勇敢地与牛顿书中的专门术语搏斗，他的《哲学通信》把牛顿尊为思想英雄，[22] 可直到 18 世纪 30 年代，牛顿的支持者克莱罗（Clairaut）与莫佩尔蒂（Maupertuis）才在法国皇家科学研究院里获得重要地位。[23]

牛顿作品的重要之处颇多。[24]《原理》推崇数学方法，后来被用在理性力学上。另一方面，《光学》开启了对热、光、磁和电的实验研究。这一成就一定程度上来源于结尾的"疑问"中新提出的物质理论。牛顿在 1706 和 1717 年的修订版中又进行了内容的扩充。他将力的概念从行星引力拓展到极小的微粒间的相互作用，目的在于解决化学亲和力一类的问题。牛顿也在 1717 年版的"疑问"中引入了"以太"的概念。这是一种细微流体，由相互排斥的细小颗粒组成。这被证明是一个适应性很强的理论资源，后人据此假设了各种微小流体，解释电、热等现象。

牛顿是让英国科学享有盛名的神；他是思想巨人，培根与洛克伴随在他身旁。

牛顿，智慧的结晶，

> 上帝让凡人通过他来探寻自己无边的成就,
> 用极其简单的法则,
> 在全部哲学中颂扬上帝的名望。[25]

詹姆斯·托马森在"艾萨克·牛顿爵士悼词"(1727)里唱到。华兹华斯后来写了更浪漫的诗:

> 牛顿带着他的棱镜与沉默外表,
> ……永恒的心智,
> 他在陌生的思想海洋中孤独畅游。[26]

"牛顿"这个偶像在英国启蒙运动中至关重要。除了极少数顽固的门外汉,他受到普遍的颂扬。这些门外汉里著名的有威廉·布莱克,他厌恶牛顿及其所有作品。[27]

牛顿的关键之处(除开这样的事实:对他的支持者来说,他是一位被赐予无限知识的英国人)是他推动了观察自然的新视角,这个视角虽然是革命性的,但支持了基督教广教论。除了极少数顽固分子,[28] 牛顿学说是对付无神论的必胜武器,牛顿学说不仅认为有"第一推动力"(First Cause),还认为有积极介入其中的造物主亲自不间断地维持着自然运转,并间或做出修正。[29] 像洛克一样,成为公众人物的牛顿仍在知识上保持着谦逊的态度。否定笛卡尔和之后理性主义者的先验猜想,他更倾向于经验主义实验观察法,不愿"构建任何假设"(hypotheses non fingo),[30] 也不会窥探上帝的秘密。这样一来,尽管他阐明了重力法则,但不会诉诸神学寻找解释。尤其重要的是,应和了最上佳的启蒙风尚,牛顿科学把清楚的事实置于比神秘主义形而上学更高的位置。有了牛顿主义,英国的科学文化就找到了经久不衰的修辞:谦逊、实验、合作、虔诚、实用。[31] "我不知道对世界而言我像什么,但是对我

自己而言,"他在一小段重要的摘录中回忆说,

> 我仅仅像一个在海边玩耍的孩子,随时会因为发现一枚光滑的卵石或更好看的贝壳而驻足。无边的知识海洋就在我面前,有待发现。[32]

牛顿在方方面面都与皇家学会在公众心中的形象相一致,当然也还有其他复辟时代杰出的自然哲学家,尤其是罗伯特·波义耳先生。除了出身高贵,波义耳更因其在哲学上的谦逊态度闻名于世。这位杰出化学家自己的研究本着无私的虔诚立场,坚信研究自然能通向上帝。[33]

牛顿的《原理》在 1687 年出版,这真是一件幸运的事情,彼时正值光荣革命的前夜。作为其大学的下院议员与坚定的辉格党党徒,牛顿同洛克一样,很快被威廉与玛丽授予了很高的职位,他的科学被新王所支持,并用其维护新的道德与政治秩序,主要是通过波义耳讲座。该讲座是按照波义耳的遗愿开办的系列布道活动,每年都在伦敦的讲坛宣讲,目的是"尊基督信仰之正统,攘恶名昭彰之异端"。1692 年第一系列讲座开始(以《驳无神论》为名出版),牛顿的门生理查德·本特利借助《原理》一书证明上帝对宇宙恰到好处的设计。塞缪尔·克拉克在 1704—1705 年的演讲以及其他早年的讲座也引用牛顿来支持广教论国教思想,同时不断灌输实验研究、思想自由与理性宗教价值观。这些讲座不仅支持了基督教信仰,还有助于巩固新政权的地位。[34]

牛顿宇宙观与后 1688 时代政治之间的密切关系被大做文章。就在这位大师去世后第二年,他的追随者德萨吉利埃直接把物理学用于政治学,写出了《牛顿的世界体系:政府的最佳模式,一首寓言诗》(*The Newtonian System of the World: The Best Model of Government, an Allegorical Poem*, 1728)。在这本书里,英国君主政体被赞美为自由和

权利的捍卫者:"引力的普遍性之于政治,如同其在哲学世界一样":

> 是什么让行星在这般秩序下运行,
> 他说,是和谐与彼此之爱。[35]

上帝被说成某种类型的立宪君主:

> 他的权柄,受法则的支配,并保证法则的自由,
> 自由受到引领而不是被摧毁。[36]

《原理》从此给出了一种原子论解释模型,不仅能解释自然,也能解释社会(受法律治理的诸自由个体)。对德萨吉利埃而言,任何赞美都不足以形容这位天才,这位最终揭示上帝与人的连接方式的人:

> 牛顿举世无双,
> 他的英明在声名之书里永不黯淡,
> 他让天体科学更进一步,
> 其贡献超越所有先贤。[37]

尤其幸运的是,牛顿有一批坚决捍卫自己形象的门徒。很多关于其私人书信的研究显示,他远不是那种被美化过的为了供大众消费用的毫无瑕疵的形象。他沉迷于秘术,独特的阿里乌斯派思想是其内心深刻的异端信仰,而且他妒忌心强,好威逼恫吓。把这些文献公开将冲击他作为启蒙偶像的地位。牛顿本人不公开他的推断,并将他的更具风险性的推论留给惠斯顿这类他的忠诚后辈公开研究,比如反三位一体论——有时候他们会为此付出惨重的代价(惠斯顿被剥夺了剑桥的教职)。[38]

在其死后,牛顿的发现——实际是总体上的新科学——被不断地拿出来反对、削弱基督教教义,例如自然神论地理学家詹姆斯·赫顿的所作所为,还有那鼓吹地球永恒的无所顾忌的泛神论者乔治·霍加特·图尔敏(George Hoggart Toulmin)。[39] 在英国,因为有了牛顿的集大成,自然哲学才能与启蒙运动温和派的理性基督教合拍——这个神圣同盟体现于充满生机的自然神学传统中,到威廉·佩利影响深远的《自然神学》(*Natural Theology*, 1802)达到巅峰。此书开篇巧妙地举了个例子:我们通过一个钟表推论出造表匠;[40] 从自然的复杂结构,比如人体里,我们能用同样的逻辑推论出一位"神"造表匠,"透过"自然推导出自然神:

> 支撑头颅转动的颈部中心点,髋关节窝里的韧带,眼睛的滑车神经或滑车肌、会厌软骨、固定手腕与跟腱的纽带、手部与脚部的狭缝或有孔的肌肉、肠子与肠系膜的结合。[41]

所有这些都是只是偶然出现的吗?[42]

正是关于自然的构造出现了一种激进的新型描述方式,启蒙运动确保了这一变化的胜利。[43] 亚里士多德关于元素、体液、物质、质量和最终因的形而上学在大学里一直居于主导地位。17 世纪 60 年代之后,亚里士多德学说及其对手文艺复兴时期的新柏拉图主义与神秘的精神宇宙论都被这样一些自然模型所取代,它们认为物质是运动的,受一种可以用数学来表达的法则支配。机械哲学登堂入室,这一"科学革命"的关键性范式转换反过来又支持了启蒙思想中颇为突出的有关人对自然的权利的新主张。[44]

机械哲学在法国最早的开拓者是皮埃尔·伽森狄(Pierre Gassendi)、马林·梅森(Marin Mersenne),尤其是笛卡尔,在英国是霍布斯,它的关键特征存在于其有关微粒通过彼此接触相互作用的本体论之中。它们只有大小、形状和运动性这些"基本性质",所有其他的("第二")性质——例如气味、颜色或味道——都是与人类感官接触之后的主观产物。对笛卡尔主义而言,宇宙是个充满物质的空间,物质没有自动力,消极地依赖碰球式接触才能运动。其他各种运动模型假说都被视为粗疏不堪或神秘主义而遭到讽刺挖苦,成为不可信的魔法的遗存。在用修改之后的机械哲学挑战笛卡尔时,牛顿提出了物质理论中的超距作用,他认为力在其中扮演着核心角色,与重力联系在一起并可被用于解释许多现象。

拥有多种多样与相互竞争的形式,机械哲学在早期启蒙运动中取得了惊人的名望,不限于物理科学。例如"时钟发条"思想就渗透到了生理学和医学之中;苏格兰医生阿奇博尔德·皮特凯恩(Archibald Pitcairne)和乔治·切恩(George Cheyne)发明的"机械医学"把人体看作一个由滑轮、弹簧和杠杆、管道与容器组成的系统,液体受水力学法则支配。生命在新机械范式里有可能被解释清楚。

到18世纪中期,严格的机械论已经不能解释生命现象的全部复杂性了,尤其是生长与生育这类事情。苏格兰外科医生、英国生理学之父,约翰·亨特(John Hunter)提出活力论作为替代理论,认为有机体具有内在的生命所必需的活力,与无机物全然不同。看起来有些自相矛盾,活力论被用来支撑唯物主义。在放弃了对自然性质及灵魂与其他精神力量("anima")的显形的信仰之后,伊拉斯谟斯·达尔文等启蒙思想家发现机械哲学不足以解释活体的特殊特性(例如生殖),"泛灵论者"曾对这些特殊特性大加强调。因而,他们将其与晶体生长现象做对比,由此把自我组织的力量扩大到所有物质之中。[45]

在英国,对物质的带有启蒙性质的理论化进程与对化学和实验物理学各分支的研究(例如热学研究)由牛顿学说主导,它与笛卡尔一派的机械论明显不同,不仅因为牛顿学说相信真空的存在——气泵实验给出了证明——也因为它认为宇宙中物质（严格定义）的总量很小。约瑟夫·普利斯特利生动地形容道："太阳系的一切固体物质或许能用果壳装下。"[46] 换句话说，"固"体多数是实心的，内部颗粒之间相互作用的强力能够抵抗分解或刺穿。这些内部的特殊力量最好的例子就是引力，但在《光学》的推测性"疑问"中，牛顿提出类似的关于微小力的观点，正如我们已看到的，他引入"以太"来解释电现象，甚至重力本身。

牛顿的物质模型也经受了挑战和变化调整。在18世纪20—30年代，罗伯特·格林（Robert Greene）与约翰·朗宁（John Rowning）认为，吸引与排斥的力互相作用，进而维持自然中的运动。[47] 这种结论预示着启蒙运动的物质论发生了重要转折。尽管对牛顿而言，力是一种上帝介入的表现方式，但此后的理论家则逐渐认为物质内部具有活力，自然的运转与上帝意志没有关系。

由于以太学说的兴起与修正，这一学术进展才成为可能。从18世纪40年代开始，布莱恩·罗宾逊（Bryan Robinson）的《论艾萨克·牛顿爵士的以太》（*Dissertation on the Aether of Sir Isaac Newton*, 1743）等著作使其流行开来，相似的"微细流体"说也在电学、磁学和生理学领域得到推广。苏格兰人詹姆斯·赫顿将它用于热学之中，随后在《地球理论》（*Theory of Earth*, 1795）之中将它运用于地质学研究。作为大卫·休谟与亚当·斯密的朋友，赫顿尝试对自然做出真正的世俗化处理：光、热、电都是某一种以太物质变体，表现出了斥力对抗引力的原理。在与引力物质的相互作用中，以太（排斥性的）物质在整个宇宙中的循环维持着与神的意外干扰无关的运动，自然神论者赫顿将这种干扰斥为粗俗观念。[48] 部分地就在这些基础上，他说地球无穷古老——它"没有开端的遗存——也无终结的征兆"。[49]"自然的上帝"就这样败下阵来。

物质理论的世俗化也可见于对力的思考中，例如牛顿的"力"（forces）就被融入了更加宽泛的"力量"（powers）中。后者被洛克归属于物质，特别是那些影响感官的力量。在《物质与精神专题研究》（*Disquisitions Relating to Matter and Spirit*, 1777）里，约瑟夫·普利斯特利大胆地提出，物质实际上可被简化为洛克意义上的"力量"："微粒"只不过是引力与斥力围绕着一个核心运转时的范围。既然这些力构成了使我们感知到物质存在的、洛克提出的力量，每个微粒的核心是完全无法认知的，普利斯特利由此得出结论，我们无法判断出那里是否真的有东西存在：物质基质的存在和它的力量无关，这是真正的牛顿主义者不愿意"捏造"的那些冗余猜想之一，由此，牛顿的"固体"、惰性物质就成了幻象。

作为开明的唯物主义者，普利斯特利论断的妙处在于，它冲垮了问题重重的笛卡尔式物质-精神二分法。一切物质都成了有精神的，反之亦然，思想/身体二元论的谜题也解决了。[50] 他的对手却谴责这样的观点是来自法国的那一派唯物主义的猛击——该派认为物质都是有生命的——进而支持了洛克的"思想物质"这种令人忧惧的事物。物质理论的发展就这样引发了一系列新的思考，包括认识论上的、身心关系上的，以及上帝对物理世界的统治上的。这使其成为启蒙运动尝试建立关于自然秩序的科学的关键步骤。

当然，不只有物理科学取得了进展，虽然因为牛顿，物理科学的成就最令人瞩目。到18世纪中期以后，关于自然各个方面的知识都在更大范围内取得进步。卡尔·林奈（Carolus Linnaeus）开发出一个体系，把自然史学家研究的领域进行了归类。奥利弗·戈尔德斯密斯的八卷本《地球与自然史》（*History of the Earth and Animated Nature*, 1774）等作品的流行则为新的阅读公众普及了生命世界知识，开拓了美学视野，我们将在第十三章谈到。[51]

牛顿的权威地位对启蒙思想有着里程碑式影响，让人们更加相信自然最终被彻底了解了。它还创造了一种关于物质现实的模型，可通过观察与实验进行检验，非常符合洛克的经验主义。自然既没有了生命，也不再神秘，而是主要由惰性物质组成，能被称重、测量，从而被掌握。机械哲学让人们树立了这样的信仰：人们可以，其实也有责任为了（用培根的话说）"上帝的荣耀与人类境况的改善"投身于自然之中。因为毕竟自然并不是神圣的，也未被"赋予灵魂"。利用自然，管辖自然与虔诚信仰并不相悖。科学进步因此成了启蒙宣传的支柱。前路已被照亮，犹如光明一样耀眼。[52]

在公众中间，科学得到了积极有效的推动。最初，在伦敦的咖啡馆里，演讲者开始使用地球仪、太阳系仪和各式展示"机械宇宙"奇观的设备进行演示，同时也在操作化学、磁场、电力和气泵实验。[53] 例如1713年的春天，牛顿的学徒威廉·惠斯顿在圣马丁巷道格拉斯咖啡馆与皇家证券交易所附近的海洋咖啡馆里（这是辉格党党徒们经常光顾之地）讲授数学和科学。不过，最杰出的普及者却是皇家学会的正式实验员德萨吉利埃。就在那年，他在21场讲座课中讲授牛顿科学，"向哪怕并不擅长于数学的人"用实验证明证明真空的存在，同时也满足那些对"机械引擎这一大类"感兴趣的人的需求。力学原理能被应用在杠杆、砝码和滑轮的操作中，乃至应用于弹道学——战争为科学应用提供了重要机遇。[54]

这类演讲也能创造时髦的职业，例如亚当·沃克尔（Adam Walker）的职业。这位发明家、天文学演讲家是普利斯特利的朋友，他于1778年在海马基特剧院表演，而在魅力四射的乔治大街汉诺威广场一侧，他每年冬天都会做一场讲座，引起伦敦知识分子的注意——尽管范妮·伯尼（Fanny Burney）认为他"言谈粗俗不堪"。大约在1781年，沃克尔造了一个高达20英尺的太阳系仪，里面有各种尺寸的发光小球，用来代表行星，并在一个被他称为"透明太阳系仪"（Eidouranion）的黑暗礼堂中展示该星系如何运转。他的另一个身份是威斯敏斯特、温切斯特和其他公立学校的科学客座讲师。在伊顿，他的一位听众珀西·比希·雪莱被他那关于天文学、电力、化学、磁场和流体静力学的演讲"完全迷住了"，这在雪莱的哲学诗歌里表露无遗。[55] 医学也有普及者——例如苏格兰人詹姆斯·格雷厄姆（James Graham）就在伦敦斯特兰德大道附近自己的健康寺（Temple of Health）里展示医用电学与性活力恢复，还在这里展示自己的"天床"（Celestial Bed）。[56]

科学普及进入各郡，德萨吉利埃本人曾在第一个地方科学与文学社团——林肯郡的斯伯丁绅士协会（Spalding Gentlemen's Society）发表演讲。早在1712年，《纽卡斯尔新闻》（*Newcastle Courant*）就刊印了詹姆斯·注林（James Jurin）博士的建议。此人是皇家公立文法学校的医生、校长，他提出"通过缴费参加完整的机械学课程，不熟悉机械学任何部分的绅士在12—18个月的时间里每周相聚3次，每次1小时，可以学会计算任何机器的效能"。注林也是牛顿主义者，他还有另一重启蒙身份，那就是天花疫苗的先驱。[57]

1724年，惠斯顿在布里斯托做了演讲。18世纪60、70年代，詹姆斯·弗格森——他是一大群沿着大路取道南下的苏格兰人中的一位——来到巴斯与布里斯托做了展示。詹姆斯·阿登（James Arden）、亨利·莫伊斯（Henry Moyes）、约翰·瓦尔泰尔（John Warltire）、本杰明·马丁（Benjamin Martin）等人把科学带往西部乡村。在职业生涯初期，马丁就在格洛斯特、索尔兹伯里、纽伯里、牛津、奇切斯特、巴斯、雷丁、约克、斯卡伯勒和伊普斯威奇做过演讲。1747年，他首次在伯明翰演说。[58] 到世纪末的时候，只有极少数的重要市镇还没被巡回演讲家光顾过，这些人几星期能做十几到二十几次演讲，同时靠出售书籍、仪器与自制药物，做土地测量或私人授课补贴收入。简而言之，正如本杰明·马丁思考的那样："知识现在已经成为时髦的东西了，哲学是流行的科学。由此，培养这种研究只是为了有品位，彬彬有礼是必然的结果。"[59]

科学凭借多种方式进入文明人的世界，改造了他们的世界。一种仪器生意繁荣起来——博学的绅士、富有的女士可能希望拥有一架显微镜或望远镜，以及一个装着甲壳虫与鸟类标本的橱柜。[60] 科普书籍出现了，有些是写给儿童看的，百科全书则在其传播过程中扮演了重要作用。[61] 尽管科学在优雅文化中获得了地位，但它也有功利用途，可以作为国家进步的动力。"没有什么比这更多地推动了机械技艺的发展。"法国人盖伊·米耶热（Guy Miège）表示。他热情地阐述了英国的科学、技术与工业的联合："这里有最好的钟表、手表、温度计、气压计、气泵以及各种数学仪器……可用于商业与航海，除了荷兰人之外，没人可接近它们的水平。"[62]《农业与商业改良选辑》（Collection for Improvement of Husbandry and Trade, 1692）的作者是药剂师、企业家与皇家学会成员约翰·霍顿（John Houghton），这本书宣称科学与实际知识的结合能带来经济效益。[63] 这种呼声越来越高。"研究实用技艺、科学与现代语言，"《贸易的新旧原则比较研究》（New and Old Principles of Trade Compared, 1788）宣称，"要比研究衰败国家的语言和高雅作品更有意义。"[64] "阅读人类历史，"另一位鼓吹者高声说道，

> 想想从野蛮到文明的渐进历史，你一定会发现社会从低级到最高级、从最糟糕进步到最完美状态总是由如下一点伴随并且主要由其推动，那就是人们在机械师或工程师这一角色上的愉快发挥。把所有机器毁掉吧，这样我们便会回到原始人状态去了。[65]

这样的想法引出了"技艺、商业与手工业促进协会"（Society for the Encouragement of Arts, Commerce and Manufactures, 1754）的开办目的，该会位于斯特兰德大道附近，提供奖金支持各种实用技艺与装饰艺术。创始人威廉·希普利（William Shipley）到处宣扬"实验"等词汇，鼓吹各种把技术发明用在获得经济利益的计划之中，其中包括一

个很有首创精神的点子，那就是制作用锡纸来防水的鞋（价格是一便士一双）。其他人则梦想着——令人感到不妙——用"英国材料"做咖啡。⁶⁶18世纪70年代，詹姆斯·巴里（James Barry）创作了一系列绘画作品，用来装饰协会的高墙：诸多哲学家、科学家位列其中，从古代名人开始，以当代英国巨擘结束，在巴里的画笔下，牛顿这样的大家被描绘成新时代的奥林匹斯诸神的形象。⁶⁷

在进步的旗帜下，科学、实用与博爱结成了启蒙同盟，这一联合的主要推动者是贵格会信徒约翰·科克利·拉特森（John Caokley Lettsom）。⁶⁸拉特森1744年生于西印度群岛，父亲是种植园主。他被送到英国接受教育，在伦敦和爱丁堡学习医学。其父于1767年去世后，他回到加勒比群岛继承家族遗产。他在那里做出了既虔诚又开明的举动："从成年开始，"他后来回忆说，"我就发现我的主要财产就是奴隶，我没有考虑自己未来的生计便给予了他们自由，并开始了没有财产，没有朋友的新生活。"⁶⁹

拉特森在伦敦的医学生涯十分成功。1782年，他指出："我在家里有时一周都腾不出20分钟闲暇时间来。"⁷⁰他的很多病人都是名人，包括谢尔本勋爵（Lord Shelburne），他是普利斯特利与边沁的资助人。忙碌的工作让拉特森变得很富有——到1800年前后，他的年收入已达2000镑，这是一笔巨款。财富为慈善活动提供了支持，"谁会因我们死时的富有而感谢我们呢"。⁷¹因为孜孜不倦地进行慈善活动，拉特森成了许多极具前瞻性机构的创始人。1770年，他在奥尔德斯盖特街创立了综合诊疗所，这是第一家此类诊所，他成为里面的医师。这家诊所为穷人提供免费的门诊治疗，药剂师既在诊所坐班，又上门出诊。1774年，他参与创立溺水者营救会协会，传播技术，普及抢救溺水者的办法。他是建立马盖特皇家海水浴疗养所（1791）的推动者，这是结核病人的舒心之家。他还帮助建立了伦敦医学会（1773），该组织的一个颇有艾迪生风范的目标就是要把改善与快乐结合起来。

拉特森在坎伯威尔郊区建了一所房子，在那里花钱筹办了一座博物馆、一座图书馆还有一所植物花园。像其他开明的贵格会信徒一样，他重视社交活动与知识交流，与乔治·华盛顿、本杰明·拉什、本杰明·富兰克林、伊拉斯谟斯·达尔文、阿尔布莱克·冯·哈勒等人保持通信。尽管贵格会推崇反战主义，但1803年，拉特森却成为坎伯威尔志愿步兵团的医师，宣称："我宁可倒在利剑之下，也不要活着看到这个自由国度成为科西嘉屠夫、僭主的领地！"[72]

拉特森对实用知识、科学实验、医学发展与道德进步满怀兴趣，作为一位不知疲倦的作家，他写了无数反对酗酒的小册子，而他的《茶树自然史以及对其医学属性与饮茶效用的观察》（*The Natural History of the Tea Tree with Observations on Its Medical Qualities, and Effects of Tea-Drinking*, 1772）揭露了这一不良习惯的坏处。在诸多慈善计划当中，他倡议建设贫民施舍处。由于他也对教育充满热情，于是围绕着寄宿学校的管理写了一系列文章，为娱乐活动、饮食、服装与保洁提出许多建议。这只忙碌的蜜蜂还把注意力专注在蜂巢上，它们"在大城市的花园里既有装饰价值，又有实用效果"。在伦敦20英里的范围内，可以维持大概5万座蜂巢，每个蜂巢每年都能为国家创造一个基尼的收入。

1801年，拉特森把自己的改革理念写进了三卷本的《旨在推动慈善、戒酒和医学科学的建议》（*Hints Designed to Promote Beneficence, Temperance, and Medical Science*）。这本书围绕着诸多话题给出了指导，包括济贫、释放罪犯、卖淫、发热性传染病、乐善好施的社会、犯罪与惩罚、遗嘱、分娩救助、聋哑人、乡村社团、盲人、为推动有益文学作品创作而建立的社团、宗教迫害、主日学校、慈善社团、诊所、狂犬病、海浴疗养所，还有"小麦面包的替代物"——将玉米做成稠粥。所有这些都构成了名副其实的启蒙运动大杂烩。

虽然因为贵格会教徒身份而被皇家医学学院拒绝入内，拉特森对此还愤愤不平，但他却是真正的热情高昂的科学追随者与其自身专业的斗士。他在报纸上向江湖庸医发起论战,成为天花接种的早期倡议者,还支持医院与监狱改革者约翰·霍华德的主张。

除了植物学、化石、医学与自然史之外,拉特森还热情地投入科学农业之中,在把饲用甜菜引入英国的过程中发挥了重要作用。所有这些科学与慈善活动都让人难以忘怀,因为就像与他同时代的医生伊拉斯谟斯·达尔文一样,他的著作大部分都写在前往病人家中出诊的路上,是坐在马车里完成的。像接下来几章会谈及的其他人一样——例如达尔文、理查德·洛弗尔·埃奇沃思与约瑟夫·普利斯特利——拉特森例证了开明英国人对以科学为基础的实用性改善的热情推动。

约瑟夫·班克斯爵士是拉特森的同时代人,他忙碌一生,在现存体制内把科学、改善和功用在更高的程度上结合起来。[73]出身富裕之家的班克斯在少年时从艾顿辗转来到牛津,那时候并没有明显的智识热情,但他在牛津迷上了植物学,发现教授不讲授这门课程之后,他就自己出钱去了剑桥。

继承了林肯郡广阔的田产后,班克斯在苏豪广场建了一座大楼。他把这座大楼变成了沙龙、俱乐部、图书馆与自然史博物馆——馆长是丹尼尔·索兰德(Daniel Solander)博士,林奈的一位学生,主持着一项宏大的植物标本收集工作。对农业的共同兴趣让班克斯与乔治三世成为朋友,后者使他成为了皇家植物园的管理人。班克斯是彻头彻尾的英国人——矮胖的乡绅、农民、渔夫、林肯郡的长官,患有痛风,也是毫不逊色的开明世界主义者。他独断专行地主持皇家协会42年,在提供支持和赞助方面毫不吝啬,并把国际主义与热情的爱国主义结合在一起。在詹纳的名言"科学永不交战"的号召下,他授予本杰明·富兰克林皇家学会金质奖章,因为后者在美国独立战争期间积极地保护过库克船长;在法国革命战争中,他多次参与拯救受困的学者,从那不勒斯地牢里救出了地质学家多洛米厄。

班克斯毕生的事业紧密围绕着与科学有关的活动,他将科学视为进步知识与一项国家财产。早在青年时代，他就在纽芬兰与拉布拉多做过探险，还在冰岛采集和研究植物。他去过赫布里底群岛的芬格尔山洞，在记录该山洞面积之前还背诵着莪相的诗。1769 年，他与库克船长航行去了南太平洋，这是最早的国际科学伟大事业之一。他看到了金星凌日，带回 17000 种新植物，保存在了被他塞得满满当当的苏豪广场的陈列柜里。

班克斯想把植物学湾（Botany Bay）——依据自己的爱好取的名字——当做囚犯殖民地的理想选址，此后他成了新南威尔士的主要支持者、赞助人。他用西班牙美利奴羊做实验，改善运往澳大利亚的品种，让布莱船长（Captain Bligh）从波利尼西亚向加勒比海运输面包树，又从孟加拉引进芒果树。作为非洲协会的资助人，他还把约翰·莱迪亚德（John Ledyard）送到尼罗河，资助蒙戈·帕克（Mungo Park）到尼日尔河探险。既自大又慷慨，既爱冒险又独断专行的他有着很深的社会责任感，但一点看不出他对基督教的虔诚。在半个世纪时间里，班克斯把财富都用于推动科学、学问和财富创造上，是一位十足的英国哲人。

科学声望日增，开阔了人们的视野，孕育了希望：一切都可探求、测量与分析。仪器将尽自己的一份力：望远镜、显微镜、气压计、温度计、液体比重计，经纬仪，泵和棱镜，这些技术设备都是新科学的好助手，新科学并不做无用、不切实际的玄想，而是不断实际动手探索自然。《绅士杂志》每个月都报道伦敦城里每天的气压、温度和死亡人数，做成清晰的表格，就像证券与股票一样。科学"长久以来都是脑力和想象的产物"，罗伯特·胡克在《显微图谱》(Micrographia, 1665) 里面得出这一结论；"现在该是我们回归对客观存在的、显见的事物进行清晰准确观察的时候了。"[74] 真正的科学方法"始于手和眼，接下来通过记忆进行，然后依靠理性得以持续，但并不会至此终结，而是再次回到用眼观察和动手操作，从一个官能到另一个官能，循环往复"。[75] 接受了这一方法,什么还能束缚住普罗米修斯?

概率思维在一定程度上取代了天意,[76] 而且人们逐渐有了新的观念,认为社会与自然事件一样,从根本上是由自然法统治的,因此在原则上适用于科学的计算、解释与控制。"没有能设定贸易中的价格的法律,"达德利·诺思爵士(Sir Dudley North)在《贸易论》(*Discourses Upon Trade*, 1691)里宣称,"价格一定且必将是自动形成的",商业有潜在的规则,价格就像水一样,会找到其自身的水平线。[77]

亚当·斯密在长期思考天文史的过程中,掂量着洞察自然的心理与美学的动因。斯密引用柏拉图的观点:哲学始于好奇心,进而指出:正是思维对陌生事物的不安提供了驱动力,让人们试图通过理论、模型与公式来消除困惑。他着重强调科学的心理学向度:始于对未知的不安,进而把不规律之事吸纳到熟悉的轨道之中(希望如此),从而获得心理上的安慰。科学理论在克服人们对异常事物的不安时,能给人满足感。

然而这不是思想家不满于现状,进而推动科学理论化的唯一原因:一个好的解释说明必须清晰、连贯、容易掌握。一旦大胆地尝试把所有观察到的现象容纳在一起,一个理论(斯密以托勒密的天文学为例)就会变得过于复杂,难于操纵,不满会随之产生,更新的简单模型便呼之欲出(这里他举了哥白尼日心说的例子)。"哲学是关于自然中起连接作用的原则的科学,"他概括道,这个框架很容易让人想到休谟:

> 大量通过常规观测可得到的经验表明,自然看上去充满了这样一些事件,它们同发生在之前的所有事件看似彼此孤立且不连贯,这些会打乱想象力的轻松运动。由于无规律的开端及突发灵感,这些会导致,如果可以这样说的话,一个接一个想法的出现,并且这些倾向于在一定程度上带来……误解与注意力的分散……哲学,通过展现把所有不连贯的对象连接起来的看不见的链条,

力求把秩序引入表面上杂乱无章的混乱之中。[78]

原始思维就这样到处遭遇无秩序状态，科学的进步则是在寻求规律。统一与秩序是奋发向上、永不停息的进步思想所梦寐以求的，至少像它们在自然中所呈现的那样。斯密就这样把科学的兴起纳入更为广泛的人类思维进化史之中。（这进化史在第十章讨论的关于文明的推测史学中得以向前发展。）作为休谟的密友，并且他们都不是基督徒，斯密宣布：科学是"狂热与迷信之毒的伟大解药"。[79]

除了这样去除"迷信"外，牛顿学说还让"真正"的科学与伪科学——也就是那些"神秘""魔法""粗俗"的科学——划清界限，从而服务于启蒙目标。这在去除占星学迷信的过程中最为明显。[80]整个文艺复兴史上，这种古代技艺都同主流的公共文化水乳交融，被大臣、教士与乡下人所接受，大约在1650年，精于此道的威廉·莉莉（William Lilly）和其强大的对手保皇党人约翰·盖布利（John Gadbury）的作品使得占星术在英国达到了巅峰，两人也都各自得到了很多追随者。[81]复辟之后，有学问的追随者数量大减，新科学的胜利很大程度上促成了人们的这种厌弃之心。托勒密的地心说认为宏观和微观、天体与人之间有相似性。但正如新天文学所揭示的，上天既不完美，也并非一成不变，地球只不过是一个无限宇宙中的渺小行星而已，宇宙受作为第二因的力学支配，这样一来，占星学就有许多问题需要解答了。

对占星学的否定也是一种社会文化反应。在内战期间，这项技艺因为平民的激进主义与狂热的共和派的预言行为而有了不可磨灭的污点，让其更容易受到攻击，被指为阴谋破坏，粗鄙不堪。1700年之后，同情占星术的皇家学会研究者——例如约翰·奥布里（John Aubrey）——都去世了，再没有哪位上流都市人还敢步其后尘。

尽管占星术的吸引力在启蒙圈子中很快就黯淡下去，但这种技艺还是有很强的大众影响力，地方的精于此道者还在从事着这项活动，尽管这大多发生在边远地区。像其他揭示神秘的活动——比如看手相、观面相一样，占星学并没有被科学所消灭，相反，它在调整中的文化环境里找到了新的位置。[82] 天文年历销售走俏，但其形象却改变了。许多变得更加"理性"，一些18世纪早期的产品还完全放弃了预言。另一些编纂者则反对裁判性的占星术，例如理查德·桑德斯（Richard Saunders）就为读者提供《论占星术的无效性》("A Discourse on the Invalidity of Astrology")。他的年历公然表达自己的敌对之心，嘲笑占星术没有科学根据，挖苦莉莉、盖布利还有自吹自擂的辉格党狂徒约翰·帕特里奇（John Partridge）写出的"吓人玩意儿"。[83]

沙夫茨伯里会很高兴地发现，讥笑颇有成效。皮埃尔·培尔的《辞典》(1697) 嘲笑占星术幼稚，他甚至都不屑于给读者看正式的反驳！这种轻蔑很有感染力。乔纳森·斯威夫特用笔名艾萨克·比克斯塔夫（Issac Bickerstaff）写成的《1708年大预测》里大肆讽刺古老的占星术士所作的政治预测，他的主要靶子还是约翰·帕特里奇。"比克斯塔夫"预测帕特里奇会在1708年3月29日晚11时死于发烧，接下来是7月29日，路易十四将要驾崩，六周之后教皇也将一命呜呼。一份"讣告"适时出现，证实了关于帕特里奇的死亡预言。这位倒霉的占星术士试图证明自己还活着，但他的"死后"的辩解被证明没什么效果。在精英中间，占星术已被看作笑话。[84]

最诚心教育大众的人都持有这样的观点：不依靠讽刺而是凭借思维的进步才能最终消灭这些无用的技艺。在斯威夫特的讽刺作品问世百年之后，1828年，"实用知识传播协会"（Society for the Diffusion of Useful Knowledge）出版了《英国年历》(The British Almanac)，提供了大量地球与太空的资料，完全没有占星学内容。"从那一刻起，"有人虔诚地说，"占星术帝国终结了。"就像帕特里奇的讣告一样，这一讣告似乎也出现得为时尚早。[85]

其他行当也都经历了改头换面。从17世纪后期开始，算命、魔叉探物术、相手术、相骨术、相面术以及诸如此类的秘术在精英中没有了市场，尽管与此同时，举国上下到处都有业余爱好者在不断实践。同样地，上层人士远离了古老的魔药，包括关于象征与通感的植物传说。在安妮女王之后，英国王室不再接触那些根据迷信说法只要国王触摸就能治愈的瘰疬病患者，（法国波旁家族直到 1830 年才不再触摸患者）。[86] 随着科学日渐羽翼丰满，古代智慧也就失去了合法性。塞缪尔·约翰逊自吹说："我可以写一本更好的烹饪书，但它一定建立在哲学诸原理之上。"[87]

科学对启蒙思想的关键贡献在于它对知识进步的认可信念，还有坚持要求成为衡量有益知识的优质标准。在这些方面有无数的进步故事，因此钱伯斯的《百科全书》（1738）能通过希波克拉底探寻医学技艺的诞生及其在中世纪的腐化堕落：

> 然而，最终它们（盖伦的错误）被清除出来，并以两种不同的方式出现爆炸式发展。这主要归功于在法国的希波克拉底的纯粹行为准则的恢复，还有炼金术士和解剖学家的实验和发现，最终直到流芳百世的哈维的颠覆性壮举。他用自己的证明推翻了全部古人的理论，奠定了新的、确凿的科学基础。从他的时代之后，药学不再受任何派系专制，通过解剖学、化学、物理学、植物学、力学等方面的确凿发现得到逐步改进。[88]

对医学进步的一个个描述详尽阐述了以上这些结论。在《痛风防治》(*Strictures on the Gout*, 1775) 一书中，作者塞缪尔·伍德（Samuel Wood）向前回溯两千年，嘲笑"古代医学从业者的蒙昧状态"，他们的"一切想法都仅仅是想象"。他认为，"在我们名垂千古的哈维发现血液循环之前，根本就没有生理学"，但"自从这些光芒照耀在我们身上之后,所有古代幻想、推理与体系都必定像清晨的云雾遇到太阳一样消散而去"。[89]伍德坚定地说,"我们明显比祖先有更多的优势",理论进步能结出实际的果实来。"我们现在能用仪器治愈很多疾病,有了这些再不用像以前一样忍受长期折磨了,并且结束了一种悲惨的生活方式。"在这种启蒙的老生常谈之中,他很有信心地预见到,那些长期被视为疑难杂症的疾病在未来将被人类征服,包括他自己的专长,痛风病。

对伟大突破的期待也让托马斯·贝多斯的宏伟医学梦更加绚丽多彩。此人集化学家、医生、研究员、教育人士、诗人、小册子写手于一身,简直就是"后期启蒙先生"的化身。作为一位积极的实验主义者,贝多斯对法国在化学上和政治上的革命一样赞叹不已。[90]从科学中寻找改善健康的办法,他把历史解读为进步的故事:尽管对古人的态度模棱两可——他批判柏拉图的"神秘难懂的文字"——并且贬低黑暗的中世纪,认为它被教士的迷信搞得乌烟瘴气,他对16、17世纪取得的成就推崇至极。[91]

贝多斯极力宣传把新的气体化学用于治疗呼吸障碍。1793年,他预言说:"化学这个日新月异、揭示自然之谜的学科"能够圆了人们的梦想,找到"一种安全、有效的药物来治愈最痛苦无望的疾病",他说的是痨病(肺结核)。深受后期启蒙运动完美主义的鼓舞,他展望道"无论目前的医学距离完美有多远",也没有理由怀疑"可获得同样的力量用于生命体,如同现在对无生命体所施加的控制。并且不仅是对疾病的防治方法,一种延续生命中最好时光的长度、给予更活力四射的健康的技艺也将在某一天部分实现炼金术士的梦想"。[92]化学就这样预示了医学纪元的到来。"在下一封信里,"他告诉月亮社的好友伊拉斯谟斯·达尔文:

> 我希望给你展示一系列疾病,我已经有了治愈之法……许多

情况已经表明这项技艺将取得革命性进展……如果你不会，其实我几乎确定你不会，认为如下观点是荒谬的，即人体像各类动植物一样会受到培养改良的影响，那么你就会和我一样不仅对医学实践中的有益变化怀抱令人愉悦的希望，而且对人天生体质的有益变化也将如此。[93]

科学能够引起一场生命的革命，贝多斯的这个普罗米修斯式期待建立在他的如下启蒙观点之上，即智人是一种存在无限可能的生物。心灵并未受到原罪的诅咒，也不能被先天观念束缚。贝多斯这位经验主义者没有为改善设置极限，自然真理向感官开放，广义而言，教育本身也是实验性的。[94]

科学似乎是进步的关键。"不要只偏执于源于自然哲学的科学、技艺上的伟大进步，"不从国教的医生约翰·艾金（John Aikin）说道，"一个视野开阔的人不会否认，人类思想哲学，法律哲学、商业哲学、政府哲学、道德哲学，还有，我还要补充一个，宗教哲学，都极大地促使这个时代比前代更具有优越性。"[95] 简而言之，是什么禁锢了心灵？约瑟夫·普利斯特利刻画了一幅在上帝指引下，智慧不断胜利的图景："知识……将会……增长。无论是自然里的物质还是法则，我们都将掌控更多。"[96] 科学因此被看作所有领域光明未来的基础。"英国的统治集团（假如其机制并非完全稳妥），"他说道，"哪怕只是在气泵和电机面前，也有理由颤抖。"[97]

科学的理性却并不是每时每刻对每个人都是合理的。毕竟普利斯特利也像牛顿一样把最后时光花在《但以理书》的预言上，天文学家威廉·赫谢尔（William Herschel）也对于找到月球上的居民这件事充满自信。科学作为"理性卫士"的头衔是确定无疑的吗？难道它就不受启蒙时代的谦卑标准影响吗？[98]

第七章　剖析人性

> 那么认识你自己，不要擅自审视上帝，
> 人类最恰当的研究就是人自身。
>
> ——亚历山大·蒲柏[1]

> 总体而言，我更愿意从西塞罗的《论责任》，
> 不是从人全部的责任中，获取美德的分类法。
>
> ——大卫·休谟[2]

> 那你是谁？他说道。
> 别把我弄糊涂了；我说道。
>
> ——劳伦斯·斯特恩，《项狄传》[3]

　　随着理性宗教的发展，圣经文本主义被取代，启蒙思想中解决人类境况的需求走上了舞台中心。"很明显，一切科学都或多或少与人性有关联，"大卫·休谟在题为《人性论》（1739—1740）的书中说道，不仅仅是认识论、伦理学、美学与政治学全部根植于人性，甚至数学与自然科学"在一定程度上也离不开人的科学"。[4] 蒲柏的话明显是对的：人类最恰当的研究就是人自身。

　　对于新教圣经崇拜的反感呼唤一种对于人类品质与命运的重新描绘。宗教改革时期的神学只是向人们布道一个令人悲哀的真理：人是堕落的，他的感情是卑鄙的，罪人无法通过自己的努力实现救赎。加

尔文主义者则认为不可改变的上帝意志已经预定了所有人的命运，只有圣人才能逃离地狱之火。因为祖先的堕落，人们丢失了天堂，因此只有成为朝圣者，人们才能通往救赎之路。在班扬的描绘中，在从浮华世界通往天城的苦路上，"基督徒"与他虔诚的同伴们被暴民投以乱石，加之斧钺，还被锁在笼子里当众展示。虔诚者被判烧死在火刑柱上，"基督徒"尽管脱逃了，但他却"来到一个惬意的平原——安然平原"。这更像是考验的开始而不是结束："在平原尽头是一座叫作不义之财的小山"，过了小山是"怀疑城堡"。[5]

这些失落之人被逐往流泪谷的故事，从新教徒以撒·华滋童年时代的一件事中就可窥见一斑。这个有关虔诚的故事是这样的，一天，他的母亲碰巧看到这位少年写的诗篇。因为这些诗写得非常出色，所以他的母亲怀疑是否真的出自他之手，于是母亲就想现场测验一下自己的孩子。为了证明这些诗是他写的，以撒·华滋写了一首藏头诗[*]：

> 我是被恶沾染的尘世粗人，
> 自我诞生之日便是如此，
> 虽然耶和华每天都对我施以恩惠，
> 但不可避免魔鬼撒旦也日日欺骗于我，
> 降临吧我主，解救我于撒旦魔爪吧。
>
> 请用您的血将我洗刷，哦，耶稣基督
> 请赐予我神的慈悲，
> 请遍查试探我内心的每个角落，
> 我将尽我所能，
> 服侍您，赞颂您。[6]

---

[*] 本诗每行的首字母合在一起即为以撒·华滋的名字。——译者

年轻的华滋在诗中遭遇一个困境：为了证明他的天分——这已经游走在傲慢罪的边缘了——他需要证明自己堕落。启蒙思想就是要否定这些教义，因为这种教义既贬低了上帝，也贬低了人。理查德·斯梯尔公开表示："没有什么比思考人性的尊严能更让我感到快乐了。"[7]

然而，这并不是说奥古斯都时代的黑暗立刻就全被启蒙的欢欣所取代了。在整个世纪里，许多道德家——对启蒙议程抱有各种不同的态度——不断提出以基督教人文主义风格表达出的严格道德戒律。哈姆雷特想象着人在这些戒律中"爬行在天堂与地狱之间"。[8] 一种有尊严的斯多葛主义受到广泛追捧，出自西塞罗与塞内卡的理论，认为人欲毫无意义，反对感官陷阱。人的一生需要更多忍耐而非享受，塞缪尔·约翰逊说道。基督教斯多葛主义强调，在人的内心深处，善与恶是种二元对立的力量：天使与兽性，精神与肉体，理性与欲望。[9] 在这种人类模型中，人的境况受制于自身的二律背反，以及不得不做的艰难抉择。在这个舞台上，幻想与谬误都要被打败。"人的主要美德，"约翰逊认为，"便在于抑制他们本性的冲动。"[10]

不只西塞罗主义，加尔文的方案里也没有积极的快乐主义这样一条通往愉悦的轻松之路。"有些东西注定不会快乐，"约翰逊在《漫步者》里面解释道，因为就像他在别处也说的那样，"尘世里有些东西，我们注定求而不得。"简而言之，人"并非为幸福而生"。[11] 对这种严肃哲学来说，最重要的不是娱乐，而是尊严与正直，它们否认缥缈的神灵与虚幻的期望。在巴士底狱风暴骤起前的六年里，约翰逊一直在提醒人们："这个时代正被各种新鲜事物弄得疯狂。"[12] 揭穿对新事物愚蠢而狂放的崇拜当然也是柏克《法国革命论》（1790）的题中之义。[13]

这类传统主义者嘲笑那种对人类境况的天真乐观主义。奥古斯都时代的讽刺作家们尤其嘲笑那些自大的一知半解者，以及他们犯下的各种肤浅错误。在《木桶的故事》（1704）和其他书里，斯威夫特想象出一群现代哲学家、诗人、教授与学究，他们过渡沉溺于唯我论困境之中。"我正在尝试一个在现代作家中很常见的实验，"小说里面的那个愚蠢的旁白说道，"那就是无中生有。"¹⁴ 这样荒诞的说法体现了对于奇特性的现代迷恋，在新科学的名义下，他们愉悦地把人类贬低成了机器或木偶。约翰逊、柏克这类人文主义者仇恨任何明显地放弃高尚的人类义务（虽然这些义务令人生畏）的人，它们包括践行自由意志，完成道德选择。斯威夫特著名的"温和的建议者"以及其他在奥古斯都时代的讽刺文里受到抨击的万能药的贩子都是人类更高责任的叛徒。蒲柏从他的角度呈现了他自己认为的无赖荟萃，尤其是他的《愚人志》(*Dunciad*, 1728)，塑造了许多自吹自擂的雇佣文人。保守的道德家屡屡把自己的愤怒仇恨或戏谑的话语加在现代派身上，认为这些可怜的家伙被肤浅的进步信念所愚弄，放弃人性，让自己堕入华而不实的乐观主义与油腔滑调的辩护词里。¹⁵ 用蒲柏的话说，道德正直所需的就是承认人"只要出生就会死亡，只要推理就会犯错"。对于所有这些自我开脱性的狂放，最为雄辩的警告确实来自蒲柏：

> 他被置于居于中间的狭窄地带，
> 愚昧又聪敏，拙劣又伟大：
> 对怀疑论派而言，他知识太多，
> 对斯多葛派的骄傲而言，他又太过软弱，
> 他犹疑在行动与静止之间，
> 不知道该把自己看作神，还是野兽；
> 拿不准应选择心灵，还是肉体；
> 出生就意味着死亡，推理就会犯错；
> 无论他想得太少还是过多，
> 他的理性都是同样茫然无知；
> 思想与情感的混沌皆可扰乱；
> 他经常欺蒙诓骗，或使人省悟；

> 生就一半是崇高，一半是堕落；
> 是万物的主宰，又受万物侵害；
> 是真理的唯一判官，又在无尽的错谬中咒骂着；
> 他是这世上的光荣、笑柄与谜团！ [16]

蒲柏在揭露人的自负时，拿捏好了分寸。尽管意在挫败人们的傲气，但他却比弥尔顿、班扬更为乐观。他强调人有认识事物的能力，或许这样就可以救赎自己。实际上，在某种状态下，他似乎在开启启蒙乐章。蒲柏虽然是天主教徒，但他毕竟沉迷博林布鲁克的自然宗教与沙夫茨伯里的仁爱主义，他对情感的信心预示了休谟的态度：

> 最可靠的美德就这样从情感中迸发出来，
> 原始的自然活力在根本上发挥作用。[17]

尽管对这样的古典价值观不免同情，但现代思想家对悲剧或戳穿虚饰并不感兴趣。他们的迫切愿望在于推动对于人类潜能的积极看法的发展。[18] 当然，乐观主义和悲观主义在每个时代都是相互交织的，且这种分类法本身就有很大问题。但如果我们否认启蒙思想对人类境况充满希望，那就显得不合时宜了。

在新乐观主义者当中，沙夫茨伯里伯爵三世惹人注目。[19] 作为洛克的学生（尽管他肯定不是洛克的复制品），沙夫茨伯里嘲讽霍布斯那严酷的学说：在思考关于恐惧的阴暗主宰情绪、关于人们对权力的渴望时，《利维坦》的作者岂不是"忘记谈及仁善、友谊、社交性、对于友人与敌人的爱、自然情感与诸如此类的东西了吗"？[20] 霍布斯并不是沙夫茨伯里眼中唯一的怪物，宣传地狱的人也和他一样，用他们的欺骗性的教条贬低人类，认为善良的本性与宗教之间存在冲突。沙夫茨伯里排斥所有此类厌世主义，无论是世俗的还是基督教的，他崇敬剑桥柏拉图主义者，把人赞颂为天生好交际的生物，他推崇一种对于美德无私的热爱："如果吃喝是天性使然，交友也是如此。如果欲望与理智是天性使然，朋友之谊也是如此。"[21]

沙夫茨伯里也谈论了人的能力：推理与嘲讽、批评与交谈能把错误赶走，增进真理的事业。"好的幽默，"他认为，"不只是对付狂热的最好安全措施，也是虔诚与正信的最好根基。""打趣的自由"是一种"存在于用恰当的语言来质疑一切的自由，以及对在不带冒犯之意的情况下解释或反驳任何论断的允许"。[22] 他的《人、风俗、意见与时代之特征》（1711）一书与《旁观者》有同样目的，也写于同一年，劝说读者放弃坏习惯，号召他们养成更好的习惯。就像这份杂志一样，他的作品——主要形式是对话集与谈话录——深受欢迎，到18世纪90年代，他的《特征》一书至少再版过十次。很明显，它引发了渴望通过甜蜜的交谈获得良好感觉的阅读公众的共鸣。[23]

新的希望始终建立在揭露人性之源的各种主张之上，以便最终真正掌握后来所称的个体心理学。一旦被了解清楚了，人类这种动物或机器就能被调节到其最适宜的社会角色状态。安德烈·维萨里时代之后的解剖学、新机械哲学都认可支持了研究皮下组织与颅骨的事业。想要掌握人体运动的工作方式，先得拆去它的外表。对这一观点早期的经典表达是《利维坦》，[24] 但霍布斯所持有的观点——人即他人之狼（*homo lupus homini*）——让神职人员与启蒙思想家都很反感，既伤害了人的尊严，又容易暗示无神论。然而，霍布斯主义的把人分割研究的提议还是很有吸引力的。

这种诉求有许多支持者，表现出不同的形式。完全能够预料到的是，牛顿是其中扮演重要角色的一位，他似乎在《光学》的最后几页里暗示了前进的道路："如果自然哲学的各个方面，通过追求这种方法能够最终变得完美，"他在第31个"疑问"里写道，"道德哲学的边界也就能够扩大。"²⁵ 艾萨克先生就这样描绘了一种前景：建立在自然科学基础上的一种真正的人性科学。正如我们所看到的，这种科学对大卫·休谟极具吸引力。²⁶

这个问题的主流研究方式是明晰人在自然秩序中的位置。这个确立已久的传统，连同格劳秀斯、普芬道夫等法学家，阐明了人在自然法之下的义务。²⁷ 这些论述内在地，并且通常清楚明白地含有关于人的一致性的假设。这种观点回应了"不分时间、无处不在、普遍适用"（*quod semper, quod ubique, quod ab omnibus*）这一经典表达，认为为了让解释权利与义务的工作变得科学，就得超越局部与暂时的变化，将其建立在事物的本质上。只有具备了与运动定律类似的普遍性，再现人性才有解释力，才会带着"真实"的光环。如果人类就像休谟认为的那样，无论何时何地"都是一样的"，那么追求"发现一种持久、普遍的人性原则"也将现实可行。²⁸

自然法理论通常和一种推测性的人类学联系在一起，后者提出一种"原初状态"（*status quo ante*），时而质疑、时而确认此时此地的已被接受的秩序。²⁹ 把人放在自然原初状态下的思想实验，排除其他因素，只考虑人的基本需求、欲望和官能，这种做法非常流行，洛克的《政府论》（1690）也是如此。³⁰ 为了检验当下的社会究竟在何种程度上是"自然"还是"非自然"，人们可以重构这个社会从原初状态开始发生的转变。这种探究甚至可以再进一步向上追踪一个阶段，即人类在哪个（时间）点上超越了动物，成为真正的人呢？——这是蒙博杜勋爵的进化推断背后的议题（见第十章）。³¹

然而，大体而言，追溯从"自然"到"社会"的过程，不是让人从字面意思或从时间去理解，而是通过"原来如此的故事"（just-so story）这种途径去完成，苏格兰哲学家亚当·弗格森坚持认为人类本质研究一定不能同真正的历史叙述相混淆。询问"哪里能找到自然状态"，我们可以回答，就在这里，并且重要的不是我们被认为是在何处这样说的，是在大不列颠岛，还是好望角，或是麦哲伦海峡。政治与道德理解的最优提炼和情感与理性的最初运转在人为性方面是不相上下的。³²

如果解释人性由此带来人类学意义上的对人类在时空中位置的重建，那么无论是建立在档案基础上还是想象之上，一次向内部的探索旅程也同样能够进行。我们必须"精确研究我们天性的构成"，1747年，格拉斯哥大学道德哲学教授弗朗西斯·哈奇森（Francis Hutcheson）说道，"以发现我们是哪种生物"。³³ "必须通过对心灵的解剖，"下一代的苏格兰哲学家托马斯·里德（Thomas Raid）强调说，"我们才能发现它的力量与原理。"³⁴ 启蒙计划的中心在于分析理解力。对这类哲学家而言，弥尔顿式研究法，即把人当作演员放在原罪与撒旦、信仰与堕落的剧本里面似乎不再可取了。同样，约翰逊式人文主义所想象出来的那种善与恶、灵与肉之间像角斗士和野兽一样的生死搏杀，现在看起来更像是宣教而非科学。³⁵ 远离这种修辞吧，对于人类官能、动机和行为的中立、客观研究才是需要的。

对那些拥护洛克经验主义的思想家而言，理解心灵与情感机制的关键在于一个感觉论者通过环境的刺激去分析意识与性格如何产生。这里有更深层次的含义：对自我（selfhood）的总体理解与对个体自我（individual self）的特殊理解都得优先考虑人的内在。过去被看作客观与外在的支配指令、永远恰当的东西现在需要重新修订，需要被视为一系列联想的产物、内部力量的作用，以及环境、经验的发展结果。那些被刻在石板上的真理被进行了心理学分析。此前深受怀疑的主观性现在初步得到了验证。

重新强调主观性的做法初期在一个领域中得到了探索，并受到了尊重，那就是美学。毕竟将品味个性化要比对道德本身这么做更看似合理，威胁性也更小。实际上，这一概念有着明显的感染力：对美的热爱需要运用出众的个人审美能力。正如第三章里面所说的，《旁观者》普及了洛克的经验主义美学，但审美的内在化则主要归功于沙夫茨伯里，在同一时期，他力求通过将"品味"与超验性联系在一起，从而抬高品味的地位。[36] 他认为美好在客观上是真实的，是神圣自然的光辉，是他狂热赞颂的对象。但是审美却不是随便哪位汤姆、迪克或哈利凭借本能都可以感觉到或有权利发表意见的。它深埋在人的内心，需要后天培养。品位不仅需要超越力学计算之上的敏锐且依凭直觉的鉴别力，还是一种近乎狂热的喜爱：审美激情意味着参与更大的重要整体，超越庸俗的自我满足。

沙夫茨伯里的美学信条——美有普遍的标准，但只有培养过审美品味的伟人才知道如何欣赏、珍惜它——与他的道德观保持一致。创造从本质而言是善的，他说，因此奴性盲从的加尔文主义者身上不存在美德，同样，服从外部命令的霍布斯哲学鼓吹者身上也没有。人的目标是超然地追求美德，后者将实现自我的至善至美。美德源自一种善良的性情，与良好的教养密切相关。就这样，品味的培养与美德的提高就是具有可比性的活动了。[37]

沙夫茨伯里的观点——美尽管不在旁观者眼中，但至少也需要一种慷慨宽厚的精神才能感知到——被他的后继者弗朗西斯·哈奇森加以系统化。[38]《对美、秩序、和谐与设计的探究》(1725)援引洛克的"观念方式"(way of ideas)，提出"美这个词源于人类的观念，我们接受这种观念的能力产生美感"。[39] 哈奇森认为美丽(pulchritude)不只存在于客体当中，并由其释放出来，还与我们的感知行为不可分割。可预见的是，他对思维的心理学分析方法会沿着大卫·休谟的相对主义道路更进一步："美，"休谟在1757年总结道，"与事物本身无关，它只是存在于心灵之中……不同心灵感知到不同的美。"[40] 这也是青年柏克的核心美学观，他的《对崇高与美概念起源的哲学探究》也出版于这一年，提供一种解读崇高的方式，本质上是一种感觉论：美学范畴主要由富于想象力的经验来定义，包括恐怖等情绪（见第九章和十三章）。1790年，苏格兰人阿奇博尔德·艾利森（Archibald Alison）在相似的主题上做了进一步延伸："一旦任何崇高或美的对象呈现在心灵面前，我相信每个人都能意识到在自己的想象之中，一系列想法被迅速唤起了，与原初客体的特性或表达相似。"[41] 由此，洛克的联想学说——艾利森的"符号与所指事物之间发生的不间断联系"——在审美体验的启蒙分析上占据了主导地位。然而，主观性在这些事物上并不排斥科学，因为休谟等人认为，美学联想与重力一样具有确定性，并因此同样具有决定性，因而可以被判断。[42] 美，已经被纳入了心灵机制当中。

像美这样的话题传统上都被视为由自然秩序所决定，受到古典评判标准的裹挟。因此，随着将它们重塑为心理现象，解释阐明这种人类心智的活动方式就变得十分迫切。内在"自我"究竟是什么？是否像基督教二元论所说的那样，是不朽且无形的灵魂，或其附属与变形？还是一些整体更加世俗，只与感官、判断力与记忆力等机能有关的东西？我们如何才能知道这些"难以描述的事物"（*je ne sais quoi*）？通过内省还是通过解剖大脑或者神经？这些都是摆在启蒙道德家面前的重大议题。

在这种语境下，最急迫的问题就变成了自我认同："我"的意义是什么？"人格（Person）这个词，"霍布斯评论道：

> 是拉丁语，代指伪装，或人的外表，在舞台上假扮的相貌。有时更特指它的一部分，遮住脸的那部分，像面具或头盔……所以人和演员是一样的，因为二者都在舞台上表演，进行着普通的对话。做人，就是表演，或呈现自我，或他人。[43]

霍布斯一如既往地指出两个方向：一方面他的观点是颠覆性的唯

物主义思想，把心智归结为运动着的大脑物质；另一方面，他寻求一种秩序严格的哲学，促使他关注人的外部表现。

《人类理解论》（1694）第二版里讨论了人格与内心意识的联系，洛克宣称："自我并非由实体的同一性或差异性决定，它无法确知其实体是什么，只能靠意识上的同一性来维系"：

> 人格（Person），我认为就是这个**自我**的名称。一个人无论在哪里发现那个他自认为的"他自己"，我想其他人也许会说那就是同一个人……这种人格性只能通过意识进行自我扩展，超越现有的存在状态通向过去。[44]

洛克认为，基本上人格（person）不是固定在肉体之中，而是存在于理解之中。他所说的"意识"代指"印象、想法、感觉这些的整体，它让人成为有意识的存在"。[45] 由此，他使灵魂的自我呈现取决于印象、感官这类闪现之物，似乎对其批评者而言，他已经完全处在了无法收场的危险边缘了。然而这却并没有让他不安。正如他所看到的那样，他的读者并没有陷入怀疑论、无信仰的地步，而是能从更高的角度看待心灵，与肉体皮囊分离开来。他当然并不怀疑自我的真实呈献。"因为如果我知道我觉得疼了，"他写道：

> 那么很明显，我就像感知到疼痛存在一样，确实感知到了自我的存在，或者说，如果我知道我在怀疑，那么我对那个我所怀疑的事物的存在有着确定的感知，就像我确实感知到了被我称为"怀疑"的这种思想。经验就这样说服我们，让我们相信，对于我们自身的存在，我们是有一种**直觉**的。[46]

不过这种信条潜在地颠覆了对于自我的永恒完整性信仰。洛克的学生沙夫茨伯里很享受这种沉思，他的思想产生了朝向内省的转变（更不必说自恋了）。对于这位伯爵而言，"人格是什么？"这理论问题与个人化的"**我是谁？**"混合在一起。尽管他坚定地支持贵族地位和等级制度，但他对自我之谜的兴趣越来越浓厚，不断思考认同的谜题："据说，我（或许）实际上已经迷失了，或说迷失了自我"，这是一个有可能逐渐推导，进而倒退回项狄式问题的结论。[47]

这种围绕自我的整体性、永恒性和同一性的颠覆性反思，在有关义务、责任和决定论的争论中得到了分析探讨。许多争论源于约瑟夫·普利斯特利与威廉·葛德文的预定论学说，[48]但这类思想冲突最初的具体化则出现在塞缪尔·克拉克与安东尼·柯林斯之间的交流中。对基督教理性主义者而言，连续性是有意识的心灵的关键因素，它的无所不在确证了灵魂不朽，反过来为最高智慧做了证明。柯林斯梳理了洛克的暗示中包括的含义——意识虽然确实是理解力的依托，但它也是间歇性、碎片化的。柯林斯强调，思考并不总在进行——例如在睡觉的时候，而昏迷、健忘与精神错乱都能证明认知力是不连续、可以分割的。[49]这些例子为这位有自由思想的律师提供了宝贵的机遇。他为这些令人不安的猜测赋予了挑衅性色彩，"让我们思考一下，我们把"自我"这个词汇应用于什么样的观念，"他建议道：

> 如果一个人以昨晚某人所为，而我并未意识到的谋杀控告我，我否认做过，不能将其归咎于我的**自我**，因为我没有意识到自己做过。同样，假设我短暂地疯癫了一个小时，在那段时间我杀了一个人，然后又回归了**自我**，对于之前自己的所作所为没有任何意识；我不能将那个行动归于我的**自我**，如同前一种我认为是由他人所为的情况。这个疯人和这个严谨的人是截然不同的，就像世界上任何两个不同的人一样。[50]

柯林斯挑逗性的庭审式推断不只让道德、法律领域的个人责任观念出现问题，而且挑战了关于神圣责任与惩罚的信条。这种关于同一性的争论注定要持续下去，尤其在被休谟重新点燃之后。（见下文）

或许为了化解后洛克时代的思考引发的风险，也即如果神学或斯多葛主义的绝对原则受到质疑，"我思"（*cogito*）这个公共人的支柱将会瓦解，某些道德哲学家开始盘点对于心灵的神学角度剖析。这其中"官能心理学"学派很显赫，特别是在苏格兰的大学中。他们寻找一种"中间道路"，制造一种道德哲学，这种哲学当然是现代哲学，但能让苏格兰教会与公民保护人都感到安心，相信道德哲学的基本作用是教育人们学习上帝赋予他们的义务。

在这个脉络里，格拉斯哥大学的弗朗西斯·哈奇森——"我在这里被称为新的光明"，他打趣道——发明了一种源自内省的精心设计的分类，认为人天生具有的心理机能，其目的是证明"道德感"（被认为是一种内部力量，如同重力）的真实性，从而反驳怀疑论与伯纳德·德·曼德维尔的犬儒利己主义。[51] 在长老会政治学的指引下，哈奇森大胆地为心灵的内部密室设计蓝图，并处于自然主义伦理的框架之内。避开对罪恶的讨论，他宣称"为最大多数人赢得最大程度幸福的行动是最好的"。[52] 他的开拓性的功利主义——道德考验不在意识而在结果——因如下原因获得了尊重，他坚持认为是上帝本人在心灵的结构里嵌入了对美德的倾向性，这种道德感自然会使人趋向善。[53] 这种情感让哈奇森得出了多元责任观：他信奉人类的天性善（也即上帝赋予的善），相信人的适应能力与最终因，支持把幸福作为一种标准与道德目标。他用经验来取代先验的决心也同样显而易见，因为他是在"我们的结构与体制中"——而不是在戒律或克拉克式的永恒适合性中——寻找"清晰的证据，证明人类的恰当事业是什么"。[54]

分析人性构成一定要考虑身体与灵魂两者，哈奇森在他的《道德哲学简明导论》（*A Short Introduction to Moral Philosophy*, 1747）里建议道。这其中，灵魂是"更高级的"部分，具有两种能力：理解力与意志力。前者"含有以知识为目的的全部能力"，后者则拥有"趋利避害的全部渴望"。[55]

哈奇森说的理解力是所有旨在生产知识的能力总和，包括感觉——这是心灵所具备的能力，在面对某种物体时将会借此产生（洛克所说的）观念。一些感觉（例如视觉）是外在的，依赖身体器官刺激产生印象，或在某种影响作用于身体之后，在心灵中会出现某些观念。其他的是内在的，亦被称作意识或思考。也有一些则是反射或后续感觉，他列举了审美（前面已经讨论过了）、因发现真理而感觉到的快乐、同情心或同感、行动的欲望、良知或"道德感"，

> 通过它们，我们在灵魂的触动中、在生活行为中、在词语和行动中体认到何为高雅、恰当、美或是受人尊敬……我们认为这种感觉所赞许之物是正确或是美的，进而称其为美德。其所谴责之物，我们视其为卑劣、畸形与邪恶。[56]

这种正邪感是普遍的，无论我们身处何时何地，上帝都将其深深植入我们的心底。还有荣耻感，建立在道德感上，但又与它不同，并依据我们在得到同伴赞许之后产生的意识发挥作用；最后是沙夫茨伯里意义上的荒诞感，对于纠正人的弱点甚为关键。

意志力是理解力的补充，它导演着对幸福的追求。这种愿望有两种类型：利己主义与无私公正。前者包括稳定的情感——为自我寻求好处的欲望，对于害的厌恶，善达成时的快乐或者害发生的悲伤——当然也有躁动、盲目、鲁莽和冲动的情感，包括对权力、名声和金钱的欲望。毫无偏私的情感包括那些冷静的愿望（例如仁慈或善意）、厌恶、欢喜（可能会以骄傲、自大或炫耀的形式表现出来），还有悲伤（包括羞耻、悔恨和沮丧）。然后还有一些强烈的欲望。"我们还没有发

明出好的名词来区分冷静的与热烈的渴望。"哈奇森补充说。很明显,他最后在其所从事的艰巨的分类任务上遭遇了挫败。

在心理组织里,最后还有四种"与理解力、意志力均相关的素质"。第一种是连结观念或感情的(洛克式)素质,这些观念或感情"无论何其不同,都会立即在我们的心灵里留下强烈的印象"。在哈奇森眼中,我们"记忆的能力,或者回忆过去的能力,甚至说话的能力"都归因于这种素质。第二是习惯,因为"它是灵与肉的本性,我们所有的能力都是通过练习得以增进、完善"。然后是渴望,期待获得任何看起来能够实现追求目标的手段,例如财富与权力。最后是雄辩的能力。[57]

哈奇森就这样把道德内在化了。道德行为源自内心冲动,同时通过强调上帝如何在有组织条理的意识里植入这些感觉,他就能绕开怀疑论的指控。与同时期林奈的植物学不同,哈奇森等人对于思维的概括很可能自己也认为是虚构的,很大程度上是为了启发教育的目的,但在实际的层面上,它们也被视为对能力的自然–历史分类法,神圣的造物主将这些能力授予人类这一理性动物,他们将其带到世上,践行美德,获得幸福。这些计划方案成了常识哲学中的学院道德哲学的基础,成为苏格兰(以及北美洲)大学的教学大纲的支柱,一定程度上还充当了抵抗曼德维尔犬儒主义与休谟怀疑论大潮的防洪沙袋。[58]

哈奇森等人的哲学已经悄然成为我们熟知的"心理学"的一部分。[59]在传统知识图谱里,对心灵或者灵魂的研究是放在"圣灵学"(pneumatology)这一类目之下的。圣灵学是一种关于"无形"之事的哲学(上帝、天使等),这项研究要归在神学领域里。与此相反,启蒙话语却开始描绘出一个与心灵有关的自然知识领域,与神学界的灵魂不死研究迥然不同。因此,钱伯斯《百科全书》(1727)把心理学定义为"关于灵魂的讨论",构成了人类学的一部分,也就是对人类总体的自然主义研究,而不是神学一部分。[60]《百科全书》用洛克的表达方式分析灵魂与思维。钱伯斯的书把灵魂与生理学、逻辑学联系起来,把对心灵的研究从圣灵学转移到心理学领域，使得后者成为新哲学的一部分。[61]下文将讨论到大卫·哈特利，他在1749年同样也谈及了"心理学，或人类心灵的理论学说"，将其放在"自然哲学"之下。[62]由此，通过洛克的工作，灵魂变得日益心理学化，在哈特利及其编辑普利斯特利的努力下，甚至变得物化了，启蒙思想由此把人的研究从神学中抽离出来。一项对心理的全新的、本质上自然主义的或者说世俗的理解就这样形成了框架。

启蒙思想接受新鲜的心灵研究法，从而使伦理学在继续借鉴柏拉图、亚里士多德、色诺芬、西塞罗、《圣经》、伊拉斯谟和蒙田等文艺复兴人文主义者以及许多其他受尊敬权威的思想的基础上，能够和关于人类天赋官能与素质的经验研究与反思研究相协调，实际上，也使伦理学必须从这些研究中得出结论。任何此类主张，此前在人类堕落信条的观念中都是重要性大为降低的。随着伯拉纠主义神学的复兴，人类要做的事不再被看作约翰逊所说的"对抗本性冲动"，而是培养这些情感。这就反过来需要解决人性自身的谜团。

那么人的构成是什么？不用说，这不止有一种启蒙视角，而是有着诸多差异、争论与对话。然而，战线在世纪之初就拉开了，发起人是伯纳德·德·曼德维尔，他是一位鹿特丹出生的医生，后来定居伦敦。曼德维尔接受的是笛卡尔式教育，还是拉布吕耶尔（La Bruyère）和拉罗什富科（La Rochefoucauld）的尖刻道德讽刺文的崇拜者，他热衷于解剖人性，也热衷于带读者到这风尚喜剧的大幕后面看个究竟。[63]据他说，揭开面具就会露出霍布斯式的自我主义，权力欲和因声名而产生的傲慢。"无私"的行为原来是在谋私，"美德"后面隐藏着自私自利，还有对获得满足与提高的无尽渴望。[64]

同后来的弗洛伊德一样，曼德维尔对道德家、神学家的令人难以释怀的对肉欲的否定十分着迷，尤其被令人耿耿于怀的与性相关的"戒律"激发了兴趣。他在《揭开面纱的圣女》(*The Virgin Unmask'd*, 1709)里解释道,男人和女人一样,性欲都是常年火热,两性都渴望肉欲满足。然而"道德观念"却为推迟或限制肉欲满足制定了复杂的规则。尤其是女性,被期待应该保持贞操,至少培养一种"美德"的名声。[65] 曼德维尔并不是断然反对管制性欲的体系中的这类措施——它们能调节不和谐的欲望,让系统运转——但他喜欢那些大胆的伪善之人的坦白。

虽然曼德维尔从未太过偏离性的问题,他的非医学著作的核心是另一种关于欲望和节制的辩证法:对获利与名声的渴求。他一次次设法解决被他定性为那个时代核心悖论的东西。个人公然利用一切机会捞取财富和名望。金钱、财产、炫耀和奢侈消费都能带来权力与声望。然而攫取却是在官方思想对贪婪的大肆攻击之下进行的,每个人实际上的所作所为都被谴责为奢靡和邪恶。为什么会这样?这是他在著名的《抱怨的蜂巢:或骗子变作老实人》(*The Grumbling Hive: or, Knaves Turn'd Honest*, 1705)中处理的问题,这是一篇用六韵步打油诗写成的 433 行道德歌谣,后来又用冗长的散文评论加以装饰,并用《蜜蜂的寓言:或私人的恶行,公共的利益》(*The Fable of the Bees: or Private Vices, Public Benefits*, 1714)为题再次发表,该书借其声名狼藉的每一版增强了影响力。[66]

曼德维尔想象出一个成功的"蜂房",所有蜜蜂都是野心勃勃的利己主义者,不择手段地嗡嗡奔忙,用劳动、贸易或其他方式诚实地赚钱,也从事蒙骗、欺诈、偷窃之类不光彩的肮脏事业:

> 所有行当与职位都知晓一些骗术,
> 没有一种行业不包含谎言。[67]

大千世界,集体行为就是个人的复制品:换句话说,国家蜂房总体上是自大的、充满攻击性以及好战的。如此积极果决,个人与共同体将会共存共荣：

> 因此，每个部分都充满恶， 173
> 然而，作为整体却是一片乐土；
> 鼓吹和平，同时惧怕战争，
> 他们受到异邦的尊崇，
> 他们有太多的财富和生命，
> 可抗衡所有其他蜂房。
> 而这已成了这个蜂国的福分，
> 他们的罪恶合力创造了伟大。[68]

繁荣的蜂房有什么秘密或巨大奥秘呢？曼德维尔的答案很有煽动性：让世界运转的是恶——或将基督教的非难翻译成平实的英语，就是自私。

> 恶就这样滋养出了精巧，
> 再加上时间和努力
> 为生活带来了诸多方便。
> 这是真正的愉悦、舒适和安逸，
> 在这程度上，赤贫之人
> 也比从前的富人生活得更好，
> 已达极致。[69]

或者说，直至道德严格主义发表意见之前已达极致。腐败在肆虐，高尚之人在怒吼；体系中孕育出自大与贪婪，创造了超出需求之外的非自然欲望；浮华与浪费；它刺激肉欲而不是抑制冲动；它引发对奢侈和放荡的欲求。他们坚持认为，所有这些都必须终结。

那么，当一个自我克制的社会体制在道德的名义之下被创建起来之后发生了什么呢？节约成为王道，行骗成了非法行为，结果却是凄惨的衰落。诚实与朴素不需要繁忙的市场经济，需求消失了，取而代之的是失业和贫穷。曼德维尔总结说，如果正直说了算，你就得放弃文明带来的满足感，开始用力咀嚼橡子。

因此，对相信人皆自私的曼德维尔来说——讽刺的是，他的斯多葛主义对手也是如此——选择是最关键的。想要拥有财富、职业、愉悦、高雅、教养和礼貌——一句话说，就是艾迪生所说的装饰物——通过追求那些被道德贩子们指斥为邪恶的东西，是可能实现的。或者你也可以，用一句老套的话说，过得贫穷但老实。惹恼他或者逗笑他的是那些目光短浅的愚蠢之人，或者明显的伪善者，这些人漫不经心地谴责着挥霍浪费，然而却对自己的雄辩的意含充耳不闻。

为什么"道德"会引发事与愿违的麻烦后果？那是因为教士等人制造出的关于道德本质与目标的意识是错误的。这就是为什么曼德维尔在《寓言》1723年的版本里面补充了"社会本质研究"。要恰当地理解真正的道德，它应该关涉的不是对欲望的否定，而是对欲望的调控。[70] 人性是赤裸裸自私的。在自然状态下，曼德维尔笔下的人基本是霍布斯式的，受基本欲望驱使（食物、生存、性等等），用最粗野的方式寻求自我满足。这种露骨的利己主义不可避免地滋生冲突。管理冲突要靠一群睿智的立法者制定一些传统性法典，从而使得自我主义更加文明化。占有的欲望要受到财产法的管制，性欲被婚姻关系驯服。最初促使人们偷窃他人财富的嫉妒心被正常化为劳动、交换与对金钱的热爱。因而，恰当的理解是，社会是一个经过人工巧妙设计的磨坊，对赤裸裸的自我主义进行提炼，使其变成更加平和、更有益的欲望满足方式，代价就是一些满足感的延缓达成以及需要更多地摆出道德姿态来。为什么不呢？毕竟哪怕体面也是有它的愉悦性的。

道德准则与道德行为是一种携带的身份牌，以确保对社交细节的遵守。荣誉和耻辱提供了一种刺激。那些遵守游戏规则的人，不管多么牟取私利，也会受到尊重，其他人则会被谩骂所淹没。考虑到人们的虚荣心，给予赞扬与贬损能够提供有力的诱因，确保这一系列繁忙活动保持运转。

最终让系统工作的是"强大的伪善习性及其所有变种，在这种习性的帮助之下，在摇篮时代我们便学会甚至对于我们自己也能够隐藏起强大的自私想法"，[71] 被说教者指斥为卑鄙的东西如果进行恰当的包装，就会成为重要的社会动力。"恶是一个伟大、强有力的社会所不可或缺的部分，"曼德维尔嘲弄道，"没有恶，财富和权势都无所依傍。"[72] 这一切的终极寓意是什么呢？

> 那么远离抱怨吧；愚人们只会奋力
> 建造一座伟大的、诚实的蜂房……
> 欺诈、奢侈与骄傲一定会存留，
> 而我们从中受益。[73]

换句话说，曼德维尔不会接受他的同时代人所渴望的轻松的道德上的自鸣得意：

> 享受世上的便利吧，
> 在战争中获得名声，但安逸地生活，
> 没有诸多大恶，那只是
> 头脑中想象出的空洞的乌托邦。[74]

他难免会受到基督教道德家的斥责（被说成是"邪恶的人"），因为他胆敢公然为腐化堕落辩护。"恶和奢侈有了支持者和辩护者，"批评家约翰·丹尼发牢骚说，"真是史无前例。"[75]

曼德维尔无情地提醒读者，人性就是堕落的，贪心、嫉妒心是邪恶的，对金钱的贪恋是万恶之源，这就是说，他正在肯定严格的道德主义者一直在宣讲的。但《揭开面纱的圣女》与《蜜蜂的寓言》的要旨却不是忏悔。恰恰相反，人确实就是自私的，但是这又有什么不可取吗？贪婪、好色、虚荣和野心也能带来好处，只要用社会许可的方式追求便可。只要在世间的舞台上正确引导，自私就能制造社会和谐。早在休谟与斯密之前，曼德维尔就这样提倡"私人的恶行"能带来"公共的利益"——曼德维尔期盼能对它们施加影响的立法者，斯密则依靠一只"看不见的手"。

这种价值重估的方式绝非个案。蒲柏难道不是在《人论》里说：只要正确引导，"自爱与社会性"将被证明是一样的吗？[76] 曼德维尔却独独热衷于扮演"顽童"的角色，挖苦沙夫茨伯里高贵的理想主义。[77] 反过来，就像我们看到的那样，沙夫茨伯里的追随者哈奇森发出了反击，强调仁慈上帝之下人类的正派。[78] 第十一章将会考察其他众多道德家给出的哲学观，他们虽明确谴责恶行，但把美德同开明有教养的自我主义画上了等号。

主张对人类进行科学研究的伟大的提倡者是大卫·休谟，他的《人性论》在1739—1740年问世，正如其副标题所强调的那样："尝试在道德主题中引入推理的实验方法。"[79] 或许部分由于个人的原因（他在20多岁时曾经神经崩溃），休谟弄清楚一个道理，"人的科学"的未来发展趋势必是怀疑论：必须得询问"我在哪或者我是谁？我的存在来自何因，我应该回到何种状态？"[80] 从这个立场出发，他探索了信仰的基础（被普遍接受的"真理"，大部分是一厢情愿的想法，暴露出人们的易受骗性），对草率的形而上学家、神学家做出了著名的批判，认为他们在"实然"和"应然"之间的思想跨越是不合理的。休谟渴望成为"道德科学领域的牛顿"，他寻求建立一种源自"谨慎、精确实验"的对心灵的严格解释，这种实验是扎根于"经验与观察"的"唯一坚实基础"。[81] 先验论过时了："任何想要最终发现人类原初性质的假设，在一开始就应该被拒斥为武断、荒诞的。"[82]

实际上，休谟进一步推动了洛克的经验论，将洛克的知识类别（"证明知识"[demonstration]）溶于"信仰"之中。休谟并非醉心于呈现一个随机且不可认知的宇宙，只是想要说明我们理解事物的心理禀赋是不完美的："相比于只思考自己所推理的对象，当我反思自己判断力所具有的天然易错性时，我对于自己见解主张的信心更小。"[83] 他却准备回到关于人类一致性的普遍经验上去：他提出了著名的疑问，"你了解希腊人和罗马人的情感、意愿与生命轨迹吗？好好研究法国人和英国人的脾气性情和行为方式吧……人类如此相似，各时各地无不如此"。在这个基础上，他对科学的可行性充满信心，认为它足以"发现人性恒常、普遍的原则"。[84]

《人性论》第一卷提出了一些与心智官能、知识和信仰有关的重要话题。宣称要清除所有不是来自经验与观察的概念，休谟认为我们对自我和世界的认识仅限于从观察与反思中得出的感受（印象）。所有合理的观念、想法都应追溯到感性印象，或内在的印象，或感觉，以及从三者得出的混合物。旧的经院哲学关于物质的教条都是空洞的冗词晦语，因果作用力也无法被发现——人只能服从于"恒常结合"（constant conjunctions），它弃绝了对本质同一性的信奉。[85]

因为这些原因，没有可被认知的固定的自我（或言外之意是：根本不存在）。休谟接受了洛克关于同一性的讨论（见上文），得出了怀疑论结论：因为经验是由"印象"构成的，而印象又是——对于休谟与柯林斯来说——离散的，其实也就没有一个明确的恒定统一体能叫作"人"，那只是碎片化的连续印象而已。因此，个人同一性具有极高的偶然性，并被质疑所包围。对有神论的洛克来说，真理仍旧是不证自明的，但却没能逃过怀疑论者休谟的考察。他说，在窥探自己的时候，他发现不存在连续的完全独立的自我，只有各种不稳定的感受。在睡觉时，存在状态实际上就终止了。鉴于无法把分散的感受融合在一起，因此同一性就"只是我们归纳的一种性质，源于我们反思它们时出现的想象中的观念集合……个人同一性的观念完全来源于思想沿着一条连续观念链条平稳而不受阻断的发展过程"。[86]

如果说《人性论》第一卷的要旨表现出惊人的怀疑论倾向，那么第二、三卷里对于情感与道德的分别论述，则传达出更多积极的意味。对骄傲与谦卑、爱与恨这类欲望的分析揭开了被称为"道德感"的内在感觉或情绪的面纱。[87] 在描述与人类存在状态相伴始终的习性的作用时，休谟指出，基督教神学家与柏拉图主义者都谴责欲望，前者将其当作罪行，后者主张用理性控制欲望。对休谟而言，感觉才是诸如热爱家庭，贪恋财产和渴求名望这些重要社会性特质的真正根源。像骄傲这样的受人嘲讽的情绪其实是社会黏合剂。休谟将贬低这一点的人称为"苦行僧"，他主张捍卫经过良好规训后的骄傲之心。实际上，宽宏大量这种每个伟大英雄都有的品质，"不过只是一种稳定的、已经建立来的骄傲与自尊心，或在很大程度上带有此种情绪"。除此之外，"由衷的骄傲"对我们的社会来说非常必要，社会的等级被"我们的出身、财富、工作、天分或名望"固定下来，如果社会要运转得好，这种等级制就不得不保留。人们需要借助骄傲以在自身的位置上有出色表现，彻头彻尾的谦卑会把社会生活变得混乱不堪。许多在过去被反复斥责为自我主义式的非道德行为，现在重新被他认作有益的东西。[88]

休谟注意到，由神学经典所要求的、当权者所颂扬的义务，或者像克拉克与沃拉斯顿那样，从事物的适当性中理性地推论出来的义务，与现实世界之间存在逻辑鸿沟。告诉人们"应该"和本性斗争，这和企图让行星抵抗引力一样无用。与玩世不恭的曼德维尔不同，自鸣得意、在社会问题上比较保守的休谟不想惹怒读者，而是使他们接受人类情感、信仰与行为的现实状况，引导他们关注社会实效性。[89]

在这方面重要的是，受人欢迎的社会行为并非源自理性，而是出于感觉。因此，在一个著名的悖论中，休谟坚持认为，理性是且应当是"情感的奴隶"，因为情绪就像重力一样，相当于动机，因而控制人们的实际行动。[90] 理性本身不能发起行动，因为它不构成动机。"人如果宁愿毁灭全世界，而不肯伤害自己一个手指头，这与理性并不矛盾"——休谟的反思非常惊人。严格地说，与柏拉图的想象不同，理性与情感之间并无内战这类事情——该问题的提出很不恰当：理性"永远不能妄想其他功能，只有遵从并服务于"情感。[91]

因此人类应该培养而不是束缚自然倾向。当正常的意愿被放弃，人成为野蛮想象的牺牲品，就像英国内战那样，会造成巨大的破坏性后果，这种野蛮想象常常被证明会使人失去方向，并具有毁灭性。由于先验性的真理、先天观念和先验戒律并不存在，我们需要遵从习俗这"伟大的生活向导"。启蒙运动中最不愿妥协的人性研究者就这样颇有讽刺意味地得出了这样内涵非常保守的结论，因为作为道德家的休谟是脚踏实地的实用主义者，他将自己的药方立基于实用性和需要清除社会疑虑之上。

行为就这样按计划地自然化了。社会已经得到发展，以满足基本需求，包括安全、自尊等。人性科学坚信这些实用主义行为都是建立在心理现实的基础之上，因此也不会轻易因为任何徒有虚名的先验性价值体系、抽象的形而上学或是乌托邦想象而被否定。曼德维尔用讽刺诗说明的东西，休谟用科学证明了出来。

两个大卫——休谟与哈特利——是完全不同的人，但他们的哲学却惊人地相似。像休谟一样，哈特利的思想也涉及对人性的探究，其观念相当激进，颠覆了关于心灵构成的传统观念。事实上，与不信神的休谟相比，哈特利甚至更加保守，他拥护基督教的基本信条，虽然时不时对其做出一些奇怪的曲解。[92]

哈特利是一位国教会穷牧师的儿子，他在剑桥学习的时候正值牛顿数学与洛克哲学共同构成核心课程的时候。后来他在耶稣学院获得研究员资格，直到1730年因为结婚而被迫辞职，这在当时也属正常行为。[93] 尽管是位诚挚的基督徒，但哈特利却对《三十九条信纲》抱有怀疑。和其他人的经历一样，这妨碍了他获得神职，因此他转而钻研医学。哈特利被选为皇家学会会员之后，进入高级知识分子圈，他的朋友里面就有学会主席汉斯·斯隆（Hans Sloane）爵士、斯蒂芬·黑尔斯（Stephen Hales）牧师（以其生理实验著称）和约瑟夫·巴特勒，国教会的顶尖神学家。

《对人的观察，他的体格，他的责任以及他的期望》（*Observations on Man, His Frame, His Duty, and His Expectations*）出版于1749年，提供了关于人的全面哲学解释，既考虑人的现世存在，也涉及来世情况。坚信一切知识源于实验，哈特利在诸多方面利用了洛克的联想主义经验论，但是谨慎的洛克避免与思想的物质基础有瓜葛，[94] 而这位年轻人却大胆地投身其中，认为心灵的谜题可以通过现代物理科学解决。

哈特利也吸取了约翰·盖伊牧师在《美德或道德基本原则刍论》（*Preliminary Dissertation concerning the Fundamental Principle of Virtue or Morality*, 1731）里创新性的联想主义功利论思想，后者提出一种快乐与痛苦心理学，将其视作行动哲学的关键。追随洛克与盖伊，[95] 哈特利放弃了认知与道德的天赋性理论，认为通过不断输入"心灵的感知"，复杂的观念由诸多简单观念串连而成，任何其他的说法都是在兜售神秘主义。凭借联想原则，通过复杂的结合，原发性感觉能够被复合为快乐与痛苦，形成六个不同种类：想象、野心、自利（庸俗的和高尚的）、同情心、宗教虔诚和道德感，每一种都是人为合成的。

就这样，人成了为幸福快乐而按预定步骤运转的机器，基督教关于人类进步的先验性目的论就这样被经验本身验证了。哈特利宣称："某种程度上的灵性（spirituality），是生命历程的必然结果。可觉察的快乐与痛苦必须通过联想每天累积传递，借助于本身不提供可觉察的快乐与痛苦的事物，并由此产生思想上的快乐与痛苦。"[96] 毫无疑问的是，由于总的来说，快乐要比痛苦多，所以"联想……就有一种使得那些吞食了善恶知识树果实的人重返天堂般快乐状态的倾向"。[97] 上帝就是用这种方式设计了心灵，经验与联想终将通向更高的真理。例如一名小孩把父母和从父母那里得到的愉悦联想在一起，沿着这个思路到一定的时候，就会忘记原始动机，学会爱他们。反过来，吝啬鬼一开始就把金钱与钱能买到什么的愉悦联系在一起，一样会忘记最初的联想，成为彻底的贪婪之人。[98] 感受与价值观就这样从心理活动中形成了，教育与环境的影响也应该进行最佳组织，从而保证快乐与符合社会期待的目标之间的联想。从最严格意义上来说，人也许绝不会具备利他主义精神，但他一定能够做善事。善事，哈特利认为，

> 也有与之相关的高等级的光荣与赞誉，为我们带来好处，从受恩惠的人或其他人那里都能获得善的回报，它与在未来获得奖赏的希望，与宗教的快乐，自我认可或道德感紧密相连……因此很容易看出，这样的联想在我们身上如何可能形成，从而让我们放弃巨大的愉悦，或忍受极强的痛苦，以利于他人。[99]

把联想主义看作一种解释原则，哈特利要比洛克走得更远，他把联想主义建立在物理学基础上，也就是对神经系统的解剖和有关"大脑受刺激产生的活动"的生理学。为了他的科学公理，哈特利把自己的注意力转向了牛顿。在《光学》的"疑问"里，牛顿展示了光如何在媒介中振动。这种振动影响视网膜，哈特利解释道。对眼睛产生影响后，这些微粒子运动进而发出更多的波浪，沿神经进入大脑。观念联想就这样在回旋振动的意义上被物质化了。这种振动存在于大脑和

脊椎的髓体之中，产生持续的痕迹，构成了复杂观念、记忆与性格的物理基质。

与拉·梅特里（La Mettrie）和其他法国启蒙哲人不同，哈特利依据包罗万象的基督教神学组织设计了自己的唯物主义心理-生理学。唯物主义绝不是通向无神论的道路，这是因为正是上帝用他的智慧赋予物质全部力量。进而，这种唯物主义产生的必然论对哈特利来说，也是因果律持续发挥效力的可靠保障，具有本质同一性，因此也是上帝那无边帝国的最安全的保障。预定论断言，物质上与道德上都存在严格的因果链，这将不可避免地回溯到伟大的造物主。实际上，《对人的观察》第二卷里将这一体系的适用范围扩大至解释人进入坟墓之后的前景。

哈特利的思想对后期启蒙运动关于人的科学具有重要影响，使得习得理论与道德观念具备了稳固的自然主义支柱。他在一种关于意识与行动的机械论式理论中把感觉、意愿、联想和意志统一起来，尽管他自己是虔诚的教徒，但这种做法却是意在把功利观念世俗化。他的思想树立了一种典范，被赞誉为心理学、生物学和社会学的某些真理的源头，在心理学、教育学中刺激了联想主义传统的兴起。哈特利的关于神经系统的假想生理学也提供了"感知力动力理论"（sensory motor theories）的模型，后来对神经生理学影响巨大，是巴甫洛夫条件反射观念的遥远前辈。

哈特利的影响范围十分广泛——早年对其作品的热情促使柯勒律治给自己的长子取名哈特利。1775 年再版的《对人类的观察》改名为《人类心灵论》（Theory of the Human Mind），尽管约瑟夫·普利斯特利忽略神经学，但他却非常重视哈特利的决定论，因为它让联想主义可以服务于一神论自然哲学。相反，伊拉斯谟斯·达尔文却把哈特利的神经学机制作为医学分类体系的基础，在其《动物学》（1794）里做了进一步推导，也是其《自然神殿》（1803）中进化论的基础，威廉·葛德文在《政治正义论》(1793)中提出的"进步不可避免"的论断也是从哈特利的道德社会改良论里得来的。在后期启蒙运动中,哈特利实际上要比休谟影响更大,因为他对人性可完善性的愿景——这是一种通向幸福快乐的预定趋势,科学易懂,在仁慈的上帝之下——正是进步主义者需要的人性信条,把科学与信仰嫁接在一起,否认了霍布斯与曼德维尔提出的那种令人生厌的自利性。但其阿喀琉斯之踵在于,对很多人而言,里面有让人不安的唯物主义内容,冒犯了他们。因为通常启蒙的解决方案对情感比较脆弱敏感的人来说都太过刺激,从而激起了多年的争论。

避开了神坛上的训诫与刻板的形而上学,启蒙思想家就这样把人性研究建立在自然主义、经验主义与分析的基础上。当然,任何关于人的自然科学都会面临指控,认为他们把那些照着上帝的形象创造出的基督教朝圣者贬低为受粗野的物质运动法则驱动的野兽、木偶或机器,这就是斯威夫特讽刺文的靶子。但是人性研究的新科学方法还是流行了起来,特别是在人文与社会科学生根发芽之后。[100] "从18世纪开始,在我们的大学中,一步一步地发生了多么大的变革呀!"杜格尔德·斯图尔特在书的结尾高呼:

> 本体论、圣灵学与辩证法研究都被人类思维研究所取代,洛克《理解论》的计划已经或多或少取得了成功;通过对培根有关哲学批判原则以及政治经济学要素的探究方法进行研究,一些学术领域也取得了一定成功。[101]

在学术中心之外,朝圣者向理智人的这种转型程度更大。

第八章　政治科学

　　自由对我们的本性来说是第一幸事。

——吉本[1]

　　1741年大卫·休谟在一篇论文里建议把政治学归为一门科学，这个观念确实已经显得老套了。其实《格列佛游记》（1726）的一个讽刺笑话就已经将其作为主题了，主人公挖苦巨人们"无知"，因为他们"到目前为止还没把政治学变成科学，更敏锐的欧洲智者早已完成这项工作了"。[2] 如我们已看到的，1728年德萨吉利埃写出了《世界的牛顿体系：政府的最佳模式》，他在其中用科学来论证社会秩序，宣称"当与我们体系的自然管理形式相类似的时候——依据宇宙的全知与无所不能的缔造者所制定的法则运转"，他认为"政府就成了一种……最完美的现象"。[3]

　　但即使国家因此被理解为可以进行科学分析，政治在实践中仍然是敌对论辩的战场，并且启蒙纲领的中心准则是自由：

> 免于绝对主义（君主立宪制），免于遭到任意逮捕，由陪审团审判，法律面前人人平等；免于任意闯入及搜查的在家中的自由；思想、言论与信仰的在某些方面受限的自由；由议会的反对权，选举以及选举造成的喧哗所提供的对自由的间接参与（或表面上如此）……还有旅行自由、贸易自由，出卖自身劳动力的自由。[4]

自由会唤起这样的热情不足为奇，因为在辉格党现代化派眼里，斯图 185
亚特王朝曾执意消灭自由。查理一世不需要议会，查理二世对待议会
制度和国教会的态度反复无常，他对财政部工作的阻止威胁到财产安
全和金融信用。接着詹姆斯二世通过任意逮捕、胡乱摆弄城市同业公
会、大学教席和其他财产形式，颠覆了法律的神圣性。而且查理与詹
姆斯都崇拜海峡彼岸的天主教绝对主义，不断使用王室特权、滥发淫
威。罗伯特·菲尔默爵士的《父权制》（*Patriarcha*, 1680）支持君权神
授，并且詹姆斯党们将长久地维持其遮遮掩掩的追随行为。[5]

对此类思想最有代表性的批评是约翰·洛克的《政府论》，写于王
位排除危机时期，出版于1690年。[6] 在上篇里，洛克驳斥了被动性服
从，反对菲尔默所认为的君权是上帝通过亚当传递下去的观念，这种
父权制铸造了"全人类的枷锁"。[7] 他也攻击如下观点："世上一切政府
都是强制力与暴力的产物，人类只借由野兽法则才生活在一起，弱肉
强食"，尽管没有提及霍布斯这一"强权就是真理"的创造者。[8] 洛克
把政治权力定义为："一种为公益服务的立法之权"，否认其来源于亚
当或来自武力。政治合法性只能源于共识，他通过一个假设性的从原
初状态过渡的故事，对这点做了解释。[9]

洛克构想出一种原初政府诞生前的状况，人们从事所有事情都受
到公民社会的基本权利和义务的约束（例如戒绝偷窃和暴力），因为
"自然状态由自然法则管理，每个人都受其规制。并且理性就是这法
则，教导着有意遵从它的全人类：人人平等独立，不可危害他人的生
命、健康、自由或财产"。这一自然法具有约束力，那是因为它是上帝
的指令，人们都是他的"财产"。[10]

政治社会就这样根据"所有人"的自愿协议建立起来，保护那些自 186
然状态之下理性看重的天赋权利和财产："人类结合在一起，形成共同
体，并让自己服从政府，他们之所以这样做的伟大和首要目的是：保护
财产"。[11] 政府有义务维护人们商定的契约，他们保留统治者不可剥夺的

剩余权威。换句话说，在自然状态下，个人虽然受自然法约束，但却是自主的。在公民社会，行动受制于公共评判，个人成为公共人，私人行为被公共行为取代，这种转变是为加强对生命、自由和财产的保护。[12] 终极权利被保留下来，一旦政府违背契约，人民可以奋起反抗，此权利并非由个人掌握，而是由"人民"（一个刻意说得模棱两可的概念）来行使："在这一点上说，共同体始终是最高权力。"[13] 只要政府公正地运转，大众就不会动用这一剩余权利。如果君主打算"奴役或摧毁他们"，人民就有权"诉之于天"，虽然睿智的洛克没有明确地说如何这样做。此外，他很快就让紧张的读者放下了悬着的心，这项权利不会"埋下无秩序的祸根"，因为只有"困境到达极限，以至于多数人都能感觉得到，并且倦怠于此"的时候才可动用。国家不会轻易发生叛乱：[14] 甚至统治者的巨大过错都会由人民无声地承受，只有经历"长期凌辱、搪塞说谎与阴谋诡计"之后，求助才会不得不变为反抗。[15] 洛克这是在走他常走的钢丝：不能用无政府来对抗暴政。

洛克把捍卫自由建立在财产理论上。面对菲尔默"上帝把世界交给亚当和他的子孙"的说法，[16] 他引用了《圣经》中的话：上帝"把土地交给人类子孙，给予所有的人"。[17] 在自然状态下，人合法地使他劳作的土地变为自己的：

187　　　　尽管土地和一切低等生物为一切人共有，但是每个人对他自己的人身享有一种**所有权**，除他以外任何人都没有这种权利。他的身体所从事的**劳动**和他的双手获得的**成果**，我们可以说，由他正当地拥有。任何被他去除自然状态并保持如此的事物，他已在其中混入了他的**劳动**，并使它与自己拥有的某物联结在一起，并且由此成为了他的**财产**。[18]

因此工作能阻止他人取得自己的劳动成果。[19] 通过为土地增加"自然"

之上的东西，劳动就有了不可侵犯的名义——这基本的"增值"原则帮洛克解决了"源于劳动的财产权如何能够比土地共有权更重要"的问题，在圈地运动方兴未艾之时，这个解决办法无疑对有产的读者是具有吸引力的，他们正享受着农业资本主义带来的高度不均衡的果实。[20] 既然财产已经高于政府，那君主也就无权再加以干涉了。

对自然状态更进一步的重要改变来源于，人们一致同意"发明了钱"，[21] 这导致对"更多财产，以及对它们的权利"有了合法认可，从而许可了所有工业带来的变革。"想要获得更多超出需求的东西的欲望改变了事物的固有价值"，[22] 并在使用价值之外加入了后来所称的交换价值。

洛克解释说，需求最初是通过物物交换而被满足的。通过用"一周之内就会腐烂的梅子换取能够保质一年的供他食用的干果"，自然人没有破坏对造物的节约利用，因为"他不曾浪费共有的储备"。[23] 因而物物交换就与自然法则相符合了，因为没有造成"浪费"。违背它的并不是"他的巨大的财富"，而是"在其中任何事物未产生任何价值的湮灭"。[24] 下一步就是发明货币，利用"人们能够持久保存的不会腐坏之物"，例如金子。[25] 有些人（洛克假设）要比其他人更加勤奋，货币经济到来之后难免会引发"土地占有的不成比例和不平等"，[26] 从而认可了财富差异，鼓励了积累与储蓄。笼统而言，资本主义享受上帝律法的庇佑，绝对主义却没有。

尽管洛克努力消除恐惧——反抗权是不得已的最后手段——他的政治学的潜在激进性也是难以否认的。其实当我们回首18世纪80年代，实用主义者乔赛亚·塔克悲叹：洛克理论中那让人不安的倾向已被同时代的"新光明"分子劫持了，即理查德·普莱斯一类的不从国教者。契约论带有对自然状态与原始契约的假设，塔克愤愤抱怨道，它并非扎根于现实，而是启蒙人士所嘲弄的形而上学的不可捉摸之物。正是这点让它在18世纪70年代被用于美洲的叛乱，并在18世纪90

年代被国内的潘恩主义者所用。[27]

在洛克的一生中，他的政治构想多少有些不切正题。《政府论》最初是为了给沙夫茨伯里伯爵一世的王位继承人排除政策做辩护。[28] 光荣革命之后，此书在 1690 年出版，他的反对性的原始契约理论实际上显得十分多余，甚至可能是对大获全胜的辉格党人的怒气，因为他们不想把反抗暴政合法化，而是要为新威廉秩序辩护。1688 年之后，人们发现，主要问题不在于是否"可以反抗行为不端的统治者，而在于一个建立在庇护关系、公债和职业化军队基础之上的政体是否侵蚀了统治者与被统治者"。[29]

因此并不令人惊奇，替换性的自由话语出现在了舞台中心。其中尤为突出的是这样一种思想，它利用了马基雅维里在《论李维〈罗马史〉》里发展出的，经过詹姆斯·哈林顿（James Harrington）的《大洋国》（Oceana, 1656）的修整以适应英国情况的有关国家兴衰的分析。[30] 哈林顿的追随者们用社会政治健康情况（病理学）解释在政治社会中自由的成功（或失败）。最初由反斯图亚特王朝的辉格党人提出之后，这一理论逐渐被持不同政见的（"乡村"或"真正的"）辉格党人拿出来对抗 1688 年以后的政府（"宫廷辉格党"），后来由于政治的一波三折，在野的托利党人还为了自己的目的对其加以利用，特别是博林布鲁克子爵。自诩为有公益精神、超然于党派的政治道德审查者，博林布鲁克在《工匠》（The Craftsman）上发表的文章，对弊政、腐败展开说教，尤其意在对付政治寡头罗伯特·沃波尔——这是偷盗对手意识形态外衣的典型例子。[31]

"公民传统"这一系统观念（它的形成要归功于波里比阿与其他希腊-罗马思想家），应对的是政治体的历史与制度现实。[32] 一个稳定国家的基本要素存在于其常规宪制之中，涉及选举产生的议会，以及立法、行政与司法等多种职能之间的分权，也在于为了公共防卫招募公民组成的军队。总的来说，政体的组成是共和主义的，政治自由取决于人们对军队与议院的参与。崇高、自由政治体的对立面是专制，一种无常、无宪制的政权，国家防御依靠常备军与雇佣兵，大众处于政治奴役之中。[33]

宪法与公民军队并不足以永保自由。人民还要有真正的公共精神（*virtù*）与道德品质，只有这样才能保证政治自由。这种精神反过来又取决于恰当的基础：在经济上，公民必须是"独立的"，就是说，免于直接参与生产活动、商业活动的需要。用亚里士多德式的表达就是，财产占有者与供养他们的人（商人、匠人、女人和平民）之间应划出明显的界限。

如果公民最终卑劣地把私人利益放在公共美德之上，那么依据这种公民传统，共同体就会陷入堕落的深渊，这对共同体的精神是一种严重的威胁。贪婪与冷漠能够加速制度的腐败，进而导致政治美德与道德的沦丧。

小册子写手、咖啡馆的博学家们高呼制止这种灾难，声称国家正在被商业社会毁掉，尤其被那些"富有的新贵"（*nouveaux riches*）、被他们的纸币、期货、股份和银行、国债以及其他新兴的见不得人的金融勾当毁掉，所有这些都被怀疑有引发欺诈、行骗与依附的嫌疑。乡绅与不动产所有者们，这些英国的脊梁据信已经衰落了，新崛起的城市财阀却在以一种显而易见的奢侈方式逞威风。

这种关于政治自由的新罗马式论述的一个突出例子是约翰·特伦查德与托马斯·戈登的《加图信札》（*Cato's Letters*, 1720—1723）。作为辉格党议员，特伦查德与沃尔特·莫伊尔合作完成了决定性的"共同体论"，攻击威廉三世的常备军。尽管他一开始为沃波尔撰写小册子，但他幻想破灭，逐渐醒悟，针对首相在"南海泡沫"问题上的处理，他与莫尔斯沃思勋爵（Lord Molesworth）一起领导了议会在1720年的抨击行动。[34]与戈登一起合作，他接下来完成了《加图信札》，发表在反对沃波尔的周刊《伦敦杂志》上。三年来,"加图"猛攻"罗宾政治"([Robinocracy]沃波尔的政权)、指责金融投机者在泡沫事件中的罪行,谴责在有地阶级独立的名目下有的只是"金钱",揭露危害着神圣的"财产安全"的"我们信誉的谋害者"。[35]

特伦查德与戈登也把自己的新哈林顿式观念嫁接在洛克的契约论上。"加图"明确阐述的关于不可侵犯的权利的信条重复了《政府论》的下篇。"所有人生而自由,"他宣称:

> 没人对自己的生命拥有权力,也不能丢弃信仰。因而不能把这任一权力转交他人手中。他也不能让渡他后代的生命、自由、宗教信仰或既得财产,他的子孙也和他一样生而自由,永不受他那些邪恶、荒唐的交易束缚。[36]

自由,"所有人类不可剥夺的权利",同样被洛克定义为"每个人对自己行动所拥有的权力(Power),以及享用自己的劳动、技艺与勤劳的成果的权利(Right)"。[37]不仅这些权利是被保护的,而且"人天然就是平等的","加图"进而大胆地说,"没有人生而高于他人,也不会低于任何人"。[38]政府远非菲尔默所写的那样,是由"上帝的直接启示"授权的,而是人民创造的,建立它是为了保卫他们的权利,因此强制力"不能给予人任何头衔"。[39]正是"如下原则:人们自己做判断,反抗不遵守法律的强制力"让"后来的快乐革命"有了合法性。为了防止读者担心反抗会矫枉过正,"加图"强调——呼应洛克的观点——国民非常担心和平被打破,以至于不会诉诸反抗,除非怨愤已不可忍受——实际上,真正的危险在于他们会耽搁得太久,因为"暴政几乎已经遍布全球……让世界变成了屠宰场"。[40]永远保持警惕十分必要。

早期启蒙运动的自由纲领就这样有了多个准则:洛克式自然自由被嵌进了公民人文主义者的政治剖析以及其他传统中——包括盎格鲁-

撒克逊式自治理想以及与之相对应的"诺曼枷锁"（Norman yoke）理论，还有对习惯法与宪法的普遍赞颂：[41]

> 接下来就是英国无与伦比的宪法，
> 它展示了全面、完善的方案，
> 权力之间互相监督与支持的混合体，
> 无论国王、贵族还是平民。[42]

这是詹姆斯·汤姆逊在诗篇《自由》（Liberty, 1735）里的"自由女神"所歌颂的。

后 1688 时代的英格兰就这样成了自由的土地，注定要给世界教上一课："自由的情感与法律的积极保护，"普鲁士游客冯·阿兴霍尔茨嘟囔道："是为什么普通人出庭做证，但很少顾及上流人士甚至官员的原因。"[43] 实际上，这种大话在政治现实中确实有其存在基础。记者们一边夸耀出版自由，一边鼓吹他们自己是英国独立的捍卫者。"有些人宣称反对由报纸带来的自由……他们并不知道自己在说什么，"《伦敦晚报》在 1754 年说道，"正是这种自由……保卫了所有其他的人。"[44] 地方报纸纷纷呼应。《阅读信使》（Reading Mercury）断言："每一位英国人都应该能感觉到，通过鼓励一份报纸，他支持了出版自由。"[45] 根据那些在托马斯·海特（Thomas Hayter）的《出版自由论》（Essay on the Liberty of the Press, 1755）、威廉·伯兰（William Bollan）的《在所虑及的公共事务上发表言论与进行写作的自由》（The Freedom of Speech and Writing upon Public Affairs Considered, 1766）以及类似作品中反复引用的论点，言论自由是一切自由的基石。"这是英国自由的伟大守护神。"法官威廉·布莱克斯通（William Blackstone）说道。小册子写手"朱尼厄斯"（Junius）则称其为"英国人所有民事、政治和宗教权利的守护神"。[46] 这句话变成了真正的辉格党咒语："反对任何形式、任何种类的暴政，"理查德·谢里丹（Richard Sheridan）宣称，"仅仅配置一个自由的媒体，英国的自由就不会动摇。"[47] 言论自由背后的基本原理被书商约翰·阿尔蒙（John Almon）说了出来。人本质上是交际的动物。随着社会扩大，就有必要用书写文字补充言语，从而保证交流突破远距离的障碍。因为言论自由是一项基本人权，出版自由必须同样如此，阿尔蒙总结道。[48]

大卫·休谟进一步举出了典型的实用主义论据：矛盾的是，出版自由是稳定因素，对公共秩序构不成威胁。大众既不会轻信也不会像吓唬人的家伙们说的那样是个威胁，私人阅读其实能够缓和政治的紧张气氛：

> 一个人独自静静地读书或小册子，他就不会接触到那些能在情绪上感染他的人……因此，出版自由，无论如何滥用，绝少会刺激起民众骚乱……
>
> 随着人类经验的增加，人们会发现，人民并不像他们以前被描绘的那样，是危险的怪兽，最好像对待理性生物那样在各个方面去指导他们，而不是像对待野兽那样领导或驱使他们。在联省共和国做出典范之前，人们一直认为宽容不能与好的政府兼容，人们同样认为众多的宗教派系不可能和谐、和平地共处……英国为公民自由树立了类似的榜样，尽管目前这种自由偶尔也会造成轻微狂热，但还没有制造出任何有危害的后果。[49]

简而言之，自由的拥护者赞美英国传统与"神圣的"宪法，贺拉斯·沃波尔在床的一边放着大宪章抄本，另一边放着查理一世的死刑执行令。[50] 光荣革命是自由的子午线。1688年之前的特征是知识上的"神秘"与天主教的控制，约翰·泰勒反思道，此后，

> 革命中的自由，噢，那光芒万丈的日子！以她优美的身形巍

然耸立，对着我们的乐土微笑。人们从暴政与迫害的恐惧中解脱出来，自由地运用自己的理解力。[51]

这些辉格神话带有启蒙色彩：自由不仅仅是政治上的幸事，也是文化的摇篮。"有绝对权力的地方，"沙夫茨伯里伯爵三世认为，"那里就没有公众。"[52] 相反，自由却带来了文明："一切儒雅都归功于自由。我们通过一种温和与友善的碰撞交往，相互改进，磨掉我们的棱角。"[53]

公民人文主义把独立地自由持有财产视为自由的保护伞，只有拥有土地才真正与国家休戚与共，与那些在1694年英格兰银行建立之后崛起的一批靠纸币、公债获益的富翁是不一样的。新哈林顿主义者害怕古老宪法被寡廉鲜耻的商贩颠覆，这些人的双手被不义之财与投机倒把活动所玷污。"有土地之人，"博林布鲁克认为，"是政治巨轮真正的主人，有钱人却只是其中的乘客。"[54]

怎么防止这一危险发生？有些人认为，英国应该学习古希腊、古罗马共和国的先例，正如加图与普鲁塔克描绘的那样。"希腊共同体既能保护自由，又是世上曾有过的最英勇的联盟，"詹姆斯·哈里斯说，"他们是最文明、最勇敢、最睿智的人。"[55] 然而这种观点不是和现实太格格不入了吗？汉诺威王室统治下的英国正在变得越来越富有，更加自信，中央集权也逐步加强，谁还能令人信服地否认英国在世界舞台上展现出的新的伟大成就是源于贸易、征服与强大行政部门呢？然而，根据公民人文主义者的信条，所有这些都是对自由的极大威胁。[56] 那么，辉格党的现实优势破坏了他们发誓捍卫的自由吗？如果是这样，英国的自由只是虚幻之物甚或是虚假的吗？[57] 当然，许多人会高呼赞同，攥紧双手，不断庄重地使用有关"腐化"的修辞，尤其是约翰·布朗牧师，他那哀怨十足的《对这个时代礼仪与原则的评估》（1757）判定国家腐化的病灶在于商业。[58] 然而这些悲叹正经受着新的启蒙话语挑战，后者正急于为商业社会做辩护。

如我们所看到那样，启蒙思想努力避开经院哲学，他们所渴望的不仅仅是理解世界，还有影响世界。有了这个动力，约瑟夫·艾迪生与理查德·斯梯尔成了影响最大的人，他们的《闲谈者》《旁观者》与《卫报》提出了关键的启蒙观点。[59] 观念一定要传播，为了这个目标，他们对这一天的到来翘首以盼："知识不再局限于书本中，不再被保留在图书馆与隐蔽处，而是闯入公众之中。知识在每一个集会中被讨论着，在每一张桌上呈现出来。"[60]

在选定采用"艾萨克·比克斯塔夫"这个假名后，理查德·斯梯尔编辑了每周发行三次的《闲谈者》，致力于行为与道德改良："这份报纸的总体目标是要揭露生活中那些不诚实的手段，撕下狡猾、自大、虚伪之人的伪装面具，并为我们的衣着、话语及行为推荐一种总体上的质朴。"[61] 尽管其中也有新闻报道，有文章、来信和消息的杂集，但社会改善却从一开始便是核心内容。

在最后一期《闲谈者》出版两个月后——它的销量达到4000份——第一期《旁观者》在1711年3月1日问世了。一经推出就立刻受到追捧。"人手一本《旁观者》，"约翰·盖伊充满热情地说，"它成为早餐桌旁、咖啡馆里经久不衰的话题。"[62] 到第10期的时候，艾迪生夸耀道："每天要发行3000份"——他还猜测："每份能有20位读者"，这就意味着"伦敦与威斯敏斯特有60000名位读者"。[63] 绅士俱乐部成员聚在一起讨论这份杂志的内容，从苏格兰到苏里南，人们都在阅读它。那些先锋媒体能够接触到的公众数量事实上非常庞大，但或许更重要的是，它们征服了公众的想象力：它们是街头巷尾热议的话题。旁观者先生巧妙地保持着一种亲近精英的姿态，这位交际场的活跃者，是第一位媒体人。

力求把"得体的欢乐"与为人们的品位与道德做出指导结合起来，《旁观者》的"清晨讲座"多种多样，淡雅清爽，让"匆忙的人能有时间，闲人能有耐心"去浏览它们。无知、教条主义、暴力、粗俗、愚顽、制造不和——一切有碍文明的东西都是靶子。为了促进礼节、良好举止与风尚的发展，它的世俗性说教向错误的价值观、纨绔习气与愚蠢行为宣战——也包括低级趣味，比如说俏皮话。

在缺乏政治与宗教上的一致性的情况下，好的品味制造出新的社会黏合剂，把有产精英联系在一起。"诚实人"（honnête homme）文明的角色扮演、泰然自若的自我表现在"旁观者的联谊会"中流行开来[64]，在所有人既充当演员又担任观众的城市舞台上变得最为重要。虔诚地脱帽致意，艾迪生指出，尽管圣奥古斯丁把生活称为"朝圣之旅"，爱比克泰德却将世界看成"每个人都有属于自己角色的大剧院"，也会依此被人们评判。上述二人中，艾迪生首要推崇的是那位古典道德家，虽然，和斯梯尔一起，他无可争辩地是他那个时代最有影响的基督徒。[65]

"没有什么比这种降临到国家之上的惩罚更严重了，可怕的分裂精神把政府划分成了两种截然不同的阵营……一旦狂热的党派精神完全发展到暴力的程度，就会陷入内战与流血的泥潭里。"[66]这种伤口必须治愈。致力于促进和解的艾迪生自豪地说："我的报纸没有一个词是关于新闻的，不思考政治，也不写党派。"他不会推动"任何时髦的对不忠行为的触及，下流的观念，或对教士、婚姻的挖苦，以及这类受欢迎的讽刺话题"。[67]政治和丑闻或许能大卖，但他更想把"人们的注意力从党派之争中吸引过来"，并制造共识。[68]然而，《旁观者》的反政治言论当然完全是政治性的，鼓吹温和主义和接受现代化，更像是"狂热之人"的死对头，丹尼尔·笛福与后来的大卫·休谟。新的政治极端主义与过去的狂热一样具有摧毁性，分裂的社会必须被黏合起来，政治热情需要被控制。[69]以它们的方式引人注意，嘲弄俗人的举止、过时的与时髦的做作之举，《闲谈者》与《旁观者》向青年人推销关于生活方式政治学的观念，提供对社会成功的诱人一瞥，还兜售希望。"半数人生中的悲苦，"艾迪生写道，"是可以被消灭掉的，只要人们共同运用同情心、友善与人道，就能减少他们遭受的一般灾祸。"[70] 然而进步的代价却是管制，"旁观者先生"坐在咖啡厅的角落里写道，并把自己想象成有世界眼光的人，通过公开谴责来纠正错误。"调查员"会被派出去检查恶习，就像"社会礼仪改善协会"所做的那样。只是与这个监督穷人的组织不同，《旁观者》意在考验精英。[71] 毕竟仪表很重要：他提醒读者说，私人的方方面面——举止、礼节、服饰与态度——都是使角色和地位得到清晰显示的社会标志，因此如果自我和社会要勉强相处，就需要多加注意。

日复一日，《旁观者》以及同类的出版物成了与自身群体交谈的现代精英的宝书，以及他们愿意听的内容。最初，它们的吸引力——来自以熟悉的角色为特征的对话类文章（最早的肥皂剧主角？）——直指聪明的城市人。但在发展过程中，随着一次次翻印与被模仿，它们俘获了整个国家的大多数读者。在18世纪60年代，爱丁堡的品味大师休·布莱尔牧师评论说：该读物"人手一份"。作为文人、教师和教士的维塞斯莫·诺克斯（Vicesimus Knox）表示赞同："很少有人没有看过《旁观者》们。"[72] 许多人也证实了它的影响力。伏尔泰用它提高英语水平，它为本杰明·富兰克林讲授流行式样，而另一位美国人詹姆斯·麦迪逊则回忆道，它向人们灌输"公正的情感，对知识的渴望以及一种改善思维与举止的鉴赏力"。[73]《旁观者》周刊是启蒙言行的《圣经》。

艾迪生与斯梯尔正在为政治动物书写，那些人从小到大就是偏狭地看待城市的——视其为巴比伦、罗马或名利场——事实上，他们本身可以将其描绘成虚伪的巢穴，在那里理想从属于利益，品味屈服于俗丽。[74] 取代了这种奥古斯丁或新哈林顿主义式的妖魔化，这二人唤起了另一种图景：建立在仁爱基础之上的繁荣的公共领域。受利他主义而不是利益的驱动，在小酒馆、咖啡厅与交易所这种轻松、面对面的环境里，在有不同生活轨迹的伙伴的陪伴下——绅士、教士、士兵、商人——真正的友谊将会开花结果。人们天生的美德将因此释放出来，生活将变会得愈加美好。正如它可以腐化美德，现代城市也能够变成美德的摇篮。一旦美德与商业携手并进，清教禁欲主义与人文主义者的焦虑担心，谢天谢地，就可以随风而逝了。

在很大程度上得益于艾迪生与斯梯尔的努力，新政治学开始取代传统修辞学，尤其在1714年之后，国家看上去确实带来了承诺的和平与繁荣。"公共自由、国内和平与秩序几乎没被打断过，一直保持着兴旺繁荣状态，"大卫·休谟歌颂在他有生之年这如此明显的、震撼人心的变迁：

> 贸易、手工业与农业都取得了增长，艺术、科学、哲学都得到了发展。即使宗教派别也被迫放下了对彼此的仇恨。国家的声名在欧洲传播。这既要归功于我们在和平方略上的进步，也源于战争中的勇气与胜利。[75]

休谟计划的核心是推动道德实践，这或许可以解释他在1740年完成《人性论》之后，放弃系统哲学转向艾迪生式风雅文章书写的决定。作为使行为道德化的工具，文章与休谟的天赋与目标相匹配。艾迪生与斯梯尔应付了有产城市人群的渴望，教会他们在复杂社会里如何经营个人的幸福，休谟意识到这种新兴的商业秩序仍需捍卫，尤其要对抗那些聒噪的道德家们。

休谟挑战了公民人文主义的不容置疑的观点，他认为市场经济与自由若合符契。"如果我们在商业进步中追溯它的历史，推罗、雅典、叙拉古、迦太基、威尼斯、佛罗伦萨、热那亚、安特卫普、荷兰、英格兰等，"他说道，"我们常常会发现商业在自由的政府中拥有稳固的地位。"[76] 经济发展远不会导致腐败，而是与社会进步融为一体。替代了源于贫困、匮乏的弊端，市场带来的物质丰富很可能成为"社会的主要优势"。而且通过聚集更多人口,以提升安全性及利用规模经济和劳动分工,这种优势将得到确保。[77]

贪婪会引发秩序的混乱,公民人文主义如是说,休谟正是为了摧毁这个绊脚石才在《人性论》中转移了自己的关注点。他承认"无法满足的、永恒的、普遍的"攫取欲"对社会具有直接毁灭性",但如果"严格约束,使财产安全得到保障"就不会发生这样的情况。这种必要的稳定性是由正义提供的,它将确立财产及其转让的规则以及守约的义务。然而,正义并非是由某种先验理性所领悟到的某些先天观念或永恒的适应性;只有当各民族的外部安全只能通过保护自身免受外敌入侵来获取时,政府才会逐步建立起来。与洛克的思考不同,正义是作为结果产生的,休谟强调——用一种过分误读的区分来说明——这一美德其实是"人为性的",根本不是"任意性的"。正义是衍生的,不是先天的,它是协议的产物,就像政府是必需性的产物,而不是理性的产物。[78]

休谟贬低洛克的自然状态,认为是那无用的虚构物。正义与道德的出现都是现实性的,是经过一次次试错形成的,与人们的需要保持一致:

> 通过经验,人们发现,他们的自私自利、十分有限的慷慨,如果随心所欲地发挥,会使他们无法进入社会。与此同时还发现,社会对于满足那些情绪来说十分必要,他们自然地被诱导让自己受到这样的规则限制,因为这可能让商业更加安全、便利……**由此,自利是建立正义的原始动机,但对公共利益的同情是伴随那种德行而来的道德赞许的来源**。[79]

战争第一次让人们适应了拥有领导者。一旦财产增加,他们适时地将倾向于为了正义承担起责任。人们随之认识到,正是为了每个人的真正利益才会建立司法以及防御机关,它们由公职人员管理,后者的声誉依系于对这些功能的称职发挥。因此政府并非像洛克所说的那样是必须的恶，相反却可以是社会进步的源泉与标志。出于对政府的需要和政府的功用，产生了效忠政府的义务。[80]

接下来，休谟开始强调经济进步的影响。新哈林顿主义的观点是错误的，奢侈是好东西，它确保人们有服从政府的动机，为社会生活创造一个令人向往的环境。向古代先哲的智慧发起挑战，休谟认为罗马的衰亡并非源于进口"亚洲人"的奢侈品，过度的征服与帝国政府的无能才是罪魁祸首。[81] 真相是，艺术的进步有利于自由，因为它培育出稳定的社会秩序。在"野蛮未开化的民族中"，土地所有者与他们的走卒们存在极大的冲突分歧，引起了社会的倾轧。在最早的暴政国家里面，大众是奴隶，他们无法"享受富足或安全生活的必需品"。[82] 这种环境既不能产生学识，也不会产生贸易。只有在"自由政府"中法律牢固确立下来，改善才会发生。早期共和国的公民渴望自由，他们努力通过制定法规来约束权力。这反过来会培育并传递出富有成效的力量，这样的共和国才能成为鼓励知识、技能与艺术的温床。早期希腊人的对外交往，以及他们的"被商业和政策相互联系起来的相邻且独立的城邦"，同样推动了文明的崛起。东地中海的小政治体之间的竞争，防止了庞大帝国那特有的令人压抑的统一性的出现。因而，休谟总结道，法律和制度、稳定与秩序——商业和文化的先决条件——一开始就是"共和国的独有产物"。[83]

然而，休谟的王牌是他的这一主张：现代君主国本质上更接近于共和国，而不是与前者名字相同的先辈："我们现在可以坚信，文明的君主国是一个法治政府，而不是人治政府，这在此前只是用于赞美共和国的。"[84] 奴隶制毁灭了古代专制主义，因为奴隶不许有家庭生活，奴隶人口必须通过战争得以补充。但是早期城市国家也未证明自己更可取，他们由公民精英领导，迫使女人、外国人与奴隶顺从。早期民主国家中很典型的公开集会是难于操控的，官职轮替依靠派系与争斗。政治混乱随之而来，古代的政体被政变、放逐与仇杀弄得分崩离析，出现了暴乱。并且，为了抢夺战利品和荣耀，各城邦被迫陷入无止境的战争深渊。人口随之减少，经济发展受到阻碍，政治与战争的诱惑力意味着生产劳动遭到了轻视。总之，奴隶劳动与早期国家持续不断的战争无益于经济的发展。然而，尽管有着这样的混乱，至少文明的种子还是种下了。手工技艺、艺术的培育启迪了心灵，缓和了暴烈的情绪：

> 高雅艺术越是进步，人们就越是热爱交际。当科学发展起来，并有大量谈资时，他们就不会满足于独处，或是用那种冷漠疏远的态度与同胞生活在一起，那是无知、野蛮的民族才有的特质……这样，工业、知识与人道都被一个牢不可破的链条联系在一起，并且这三者是更文明、更繁荣时代所特有的。[85]

201 休谟对于情感的文明化力量的信心显示出了启蒙乐观主义精神。政府和自由并非不可兼容：没有权威就没有自由。

因而，在休谟眼里，文明进步既不需要圣人也不需要英雄。非个人力量驱使人们集体完成个人不愿完成的东西："时代精神影响所有技艺。人们的思想从昏睡中被唤醒，逐渐发酵，纵横于各个领域，让每一种艺术和科学都得到了改进。"[86] 正是在这种语境之下，他那艾迪生式的呼求控诉了分裂英国的无所顾忌的党派纷争。

那么，尽管其中有谄媚者、花花公子与投机家，美德和幸福将怎样在休谟的现代商业社会中实现呢？他采纳了艾迪生的答复，好生活并不存在于充满事件的伟大世界之中（战场或议会大厅），而是在亲朋好友中，在一个能够保证财富免遭动荡、自尊得以维系的社交环境中。这是一个私人领地，需要人们去建设，去珍惜，正如亚当·斯密简要地解释的那样，人们必须学会培养用他人的眼光进行自我审视的技巧。过往属于大人物，随着宝剑已化作茶匙，文明必须着眼于心灵。私人领地必须被塑造出来，使得人们在其中感到足够的从容，能够接纳彼此的观点，把尊重看得高于正当。自信、和解与对话能够磨掉怪癖、做作与偏见。《旁观者》的价值观被休谟接受，他认为自我批评、公正，还有培养亲情、友谊的愿望可以让信仰与行动更加温和，只有这样才能得到社会的认可。最后，这其中还有亚当·斯密的贡献。

艾迪生、斯梯尔不是学者，休谟也从未获得过教席。然而在一次引人注意的转折中，他们的学说获得了更正式化的表达，那就是格拉斯哥大学教授亚当·斯密成为旁观者先生的哲学家之后。[87] 以自己给学生的讲座为基础，斯密写出《道德情操论》（1759），阐明适用于不断自我改善的中等阶层的道德和社会生活的原则，这批人产生于现代商业社会，他们距离旁观者先生俱乐部常客的社会地位还差几步阶梯。在给苏格兰青年的演讲中，斯密把商人的利己主义抬高到古典共和主义公民美德之上，特别详细叙述了用于维系一个商业性政体的财富、自由与政治智慧。

尽管与其他苏格兰哲学家一样急于把自然科学方法引入道德科学，但斯密还有本质上非常实际的道德目标：指导学生扮演好公民的角色（这在他那篇题为《公正的旁观者》的讨论中再清晰不过了）。[88] 他设法解决这样一个心理学事实："我们既想变得值得尊重，又想获得别人的尊重，"他指出，"快乐源于被爱的感觉。"美德就像洛克所说的那样，是后天学习的行为。得到表扬的欲望是后天习得的，而不是先天的。[89] "公正的旁观者"是斯密发明出的工具，意在帮助人们应对提供了相互冲突的选择的复杂社会情境，并获得尊重。

对斯密而言，"公正的旁观者"有不同的面相，可以是具体环境下一个真实的人的身份（"细心的旁观者"），人们很看重他的赞许。在更高层面上，"公正的旁观者"更多存在于想象之中，而非现实世界，他是"我们行为的假想旁观者"。在最复杂层面上，这个形象完全被内化为"抽象、理想的旁观者"，或者换句话说，是良知。这种内心法庭——"心中的半神"——由此是一个监督者,是第二个我,人们在脑海中召唤他去处理社交难题。"当我努力考察自己行为的时候,"斯密反思道:

> 当我努力对其做出裁判的时候,无论是赞许还是谴责,很明显,可以说我总是把自己分成两个人格;一个"我"作为监督者和法官,代表与另一个"我"不同的角色,那个"我"的行为要接受监督及审判。[90]

203 总之,公正的旁观者是"一个窥镜,透过它我们可在一定程度上用他者的眼光审视自己行为是否得体"。[91]

斯密的人际适应理论源自同情理解——换位思考。需要将它放到已被艾迪生、斯梯尔与休谟拓展过的实践道德哲学的语境中理解它。他们认识到社会是复杂的,在这样一种纷繁的社会环境中需要具备精湛的技能,才能帮助人们过上有益、快乐、高尚的生活,帮他们自己利用正不断拓展的机会。对现代人来说,退回到加图式的艰苦朴素,以便逃离偏见、时尚与幻想的旋涡,是非常荒谬的,现代人只能通过建立各种社交场所才能过上有德的生活,例如家庭、咖啡厅、小酒馆和沙龙。在这些地方,从事不同职业的人们可以像朋友、同侪一样交谈,人们从中学会宽容、温和与互相尊重。[92]

斯密鼓励有独立思维的个人建立关系纽带,意在揭示人们如何能够获得正义感、公共责任心和个人认同。他不相信庞大单一的政治-经济体系,而是注重面对面的人际关系与自发性团体,这反映了休谟的洞见:俱乐部或许能作为社会自身的道德历史的典范。[93]通过思考他人如何对待我们,以及通过社会这面镜子,亚当·斯密强调,我们"把自己想象成自身行为的旁观者"。[94]正如无与伦比的罗伯特·彭斯所说的那样:

啊，愿上天给我们一种天赋，

能像别人看着我们那样去审视自己！[95]

在某些方面，斯密的哲学反映了曼德维尔的利己主义，但是这位《蜜蜂的寓言》的作者相信人遵守规则的原因是他们想得到别人的赞美，斯密则认为他们也想变得值得人们赞美。他的观点是道德动机内化论，正符合情感时代到来的历史大势。[96]

启蒙政治话语维护商业社会的方法是将其植入英国自由的土壤之中。艾迪生与斯梯尔承担了推广宣传的任务，休谟与斯密则提供了理论。挖掘自身的论点，挑战时代的自我形象（如果说方式要比曼德维尔更文雅），休谟为后来的启蒙政治话语转向制定了议程，这一转向更关注证明商业社会的益处，证实商业对和平、繁荣与社会交往的助益——实际是不可或缺性。第十七章会进一步讨论经济发展与自由政治究竟将达到何种协调程度。

至少在最开始的时候，休谟对政治学的科学分析以及为现状所作的辩护并不与辉格党对自由的捍卫相冲突。即使最后成为煽风点火者的约瑟夫·普利斯特利，在其职业生涯早期也相当具有休谟风格，把"公民自由"贬至"个人自由"之下。"幸福其实是拥有固有价值的立法的唯一目标，"他认为，"被称为政治自由的东西只是实现这个目标的手段之一。拥有良好法律带来的好处，人民就算没有政治权力，也可以在很大程度上享受幸福。"[97]但到了一定的时候，这种早期的调和就会出现问题。

第九章 世俗化

> 英国古典文学时期的记者与批评家表达了他们对自身社会正发生的社会经济变迁的完全世俗化的意识,他们是有记录以来最早一批这么做的知识分子。
>
> ——J. G. A. 波考克[1]

漫长的18世纪,出现了虽然不平坦但却不可阻挡的世俗化加快趋势。宗教改革之前天主教的典型的宗教热忱不再四处弥散,而是让位给一种秩序,在这种秩序中宗教事务变得纯粹化,与日常生活的世俗领域划清界限。至少在城镇中,教堂不再是主要的集会场所,教士也不再是最权威人士,日常事务以及年度仪式开始超脱于圣餐礼与基督教历之外。这种变迁已成为新教以及商业社会的特征,随着启蒙者的推动进一步发展。[2]

在新的批评氛围中,随着生活节奏的加快,古老的生活方式受到挑战,神圣的传统或"上帝的意志"不再自动成为生活问题的答案。随着物质文化的蓬勃发展,"business"(这个词的两层含义:事业、生意)变得重要,国家脉搏开始加快,现实考虑的意义变得更大。时间——短暂易逝而非永恒——变成了金钱,实际成为了一种财富。塞缪尔·佩皮斯(Samuel Pepys)得到第一块表后感到称心满足。"现在的英国有很多大钟,"五十年后,法国旅行家亨利·米松(Henri Misson)评论道,"几乎每个建筑主体上都有一座钟。"[3]

时间,对于商人来说变得越来越珍贵,英国随之变成了快步前进的国家。他们"行走非常迅速",法国旅行家格罗斯莱记述道:"他们的思想完全专注在生意上,他们在自己的预约方面非常守时。"⁴ 随着时间越来越紧张,伦敦人甚至开始依赖外带的快餐食品。"有一天我路过一家面包店",罗伯特·骚塞写道,还是假借他那西班牙游人的身份:

> 我问老板娘为什么在这种恶劣的天气还开着窗户,而且我发现好多商铺都是这样。她告诉我,如果她关上窗户,每天就会少赚40—50先令——有很多路过这里拿了小圆面包和饼干后直接把钱从窗户扔进来的客人,因为他们没时间走进来付钱。这是多么不知疲倦的民族啊!⁵

随着任务导向让位给以时间为导向,时间纪律性得到了重视。工厂更强调上下班计时,约翰·怀特赫斯特(John Whitehurst)甚至为好友乔赛亚·韦奇伍德的"伊特鲁利亚工厂"设计出一种特殊钟表。⁶ "最重要的是,"约翰·伯纳德爵士建议道,"学会赋予时间正确的价值。"⁷ 甚至贵族也得到了启迪。"我最盼望你了解的是只有少部分人真正懂得的事情,那就是时间的真正用途与价值,"切斯特菲尔德勋爵告诉自己的儿子:

> 我认识一位绅士,他是位出色的时间管理者,他不会浪费一丁点时间。因为人的自然需求,他必须每天都要去那个小房间,但是他利用这段时间竟然一步步地把所有拉丁诗歌作品都浏览了一遍。例如,他买了本常见的贺拉斯诗集,每次都撕下几页,带着他们去必须去的房间,看完之后把它们献给掌管下水道的克罗阿西娜女神。这样他就得到了相当多的时间,我建议你好好学习他……这样会使任何一本你应该通过那种方式阅读的书都呈现在脑海中。⁸

祈祷与虔诚仍在继续，但在普遍存在的世俗氛围里，信奉天佑（providence）的虔信习惯被一种新的渴望挑战，人们希望自救自助，在能掌控的领域自己负责，事实上就是要做到"未雨绸缪"（provident）。例如在疾病方面，开始有了建立医院的热潮。中世纪的医院已经成了"临终安养院"，成为招待穷人的圣殿，把善终与救赎置于治疗之上。大多数这类医院在宗教改革期间被摧毁了。新建立的医院是护理与治疗贫穷病人的中心（富人还是在家接受护理）。五所伟大的伦敦新医院通过接受遗赠与私人慈善基金建立起来：威斯敏斯特医院（the Westminister, 1720）、盖伊医院（the Guy, 1724）、圣乔治医院（the St George's, 1733）、伦敦医院（the London, 1740）和米德尔塞克斯医院（the Middlesex, 1745）。各省与苏格兰也出现了医护所与专门机构，例如布鲁姆斯伯里为弃婴设置的育婴堂、"分娩医院"，为性病患者设置的性病医院，还有为妓女设置的妓女收容所，新的药房也为门诊病人提供药物。[9] 名字十分贴切形象的救生协会（Humane Society）于1774年在伦敦成立，出版关于抢救技能，尤其是溺水之后紧急救护的书籍。依据荷兰先行者的做法，该社团提供设备，奖励先进，分发小册子教人们人工呼吸、烟雾灌肠术与电刺激疗法。受到杰出内科医生约翰·考克里·莱特森（John Coakley Lettson）等人的推动，并得到了上流人士的支持，救生协会得以在《绅士杂志》等期刊上发表观点，同时，报纸中也对急救技术做出解释说明。[10] 这项人类发明此时意味着从死神手中夺回生命。

到这时，大量过去被以超自然方式解释的事物，如疯癫与自杀，都被世俗化理解了，这成为"世界的祛魅"[11]趋势的一部分。杀婴不再被看作巫术行为，而是被放在弑婴罪的民法语境下重新解读。[12] 沿着这个脉络，托马斯·罗伯特·马尔萨斯牧师尽管是——也或许因为他是——国教会牧师，能够自称将在《人口原理》（1798）中证明，战争与饥馑等无可置疑的"神之所为"，其实与恶魔还有天启四骑士无关，而是直接源于人们在食物与性的需求方面数量上的不均衡。[13]

在量化氛围不断发展的背景下，统计制表——公开的死亡数据表——帮助人们把意外事故看作常规事件。[14]生病在过去被看作生命的不可预测性的象征，或被看作与事物本质上的神意有关。一旦将死的折磨来临，人们就开始望向上苍。现在呢，医生们能够通过描绘生物医学上的各种规律来扩大自己的控制范围。身体的生理活动被评估、测算、计量，进而有了像不同的预期寿命这类精密计算，这对于保险、养老金等是非常重要的。后期启蒙运动的权威理查德·普莱斯与威廉·弗伦德（William Frend）都是杰出的精算师，这并不是偶然的。死亡率危机成了陆军、海军与平民医生的研究对象，尤其在1750年之后，人们预计，一旦确定天花和其他流行病的周期性，这些传染病也许就能变得可预测，进而得到控制。[15]值得注意的是，正是坚定的牛顿主义者、皇家学会的秘书、杰出的内科医生詹姆斯·注林为天花疫苗接种提供了统计学实例。[16]

从20世纪的角度看，许多领域都经历了"驯服偶然"（taming of chance）的过程，尽管相较而言将其视为对先验论的否定和疏远会更少一些时代错置。[17]这在社会科学思维框架的兴起中得到了例证——相信社会上发生的事情可以通过客观的普遍法则解释，这在诸如政治经济学、人类学、社会学、心理学和人口学这类新兴的学科范畴内得到了表达。[18]所有这一切积少成多，日渐启示人们：尽管文明、富有的社会会遭受逆境与未知现象，但人们却越来越不愿听凭上帝处置，更不会在意什么撒旦的诡计。尽管环境仍然恶劣、不安全，疾病依旧损害巨大，然而风险却可以通过优势信息加以管制，关于流行病、价格、危机、战争与天气趋势的信息经由印刷品提供给大众；同样，日常生活中的各类机构、工具也能管控风险，例如银行、年金保险、消防泵、天花接种以及医院对伤病员的接收治疗。[19]人身保险与火灾保险事业扩大了。约翰·宾（John Byng）在18世纪90年代注意到，即使运货的马车也印上了凤凰保险公司的徽章,"新安全卫士,许多人已为之激动"。[20] 面对家中的老鼠问题,复辟时代的占星术士埃利亚斯·阿什莫尔(Elias Ashmole)尝试使用护身符将其驱走,到了下个世纪,专业的捕鼠者则在报纸上为自己所提供的服务打广告。公共彩票的出现——他们的幸运哲学似乎与天命论格格不入——象征着更加世俗的趋势。[21] 同时,许多其他在过去被奉为神圣的事物现在都被质疑带有迷信、荒谬或者原始的性质,例如决斗以及大部分贵族荣誉规范。[22]

启蒙思想用理性对抗习俗,用世俗对抗超自然,挑战了人们对于身体与健康的传统态度。关于生孩子,进步医生呼吁抛弃主教授权的那些"无知的"产婆,支持那些接受过医学培训的男性产科医生,这些精于解剖学的人大多数情况下会把分娩交给智慧温和的生理机能完成,并在必要时使用新发明的手术钳。[23] 一旦平安出生,小孩就不再被捆绑于襁褓中——这是另一种有关分娩的象征性形式——而是允许他们自由嬉戏。依据天性,用母乳而不是人工制品喂养孩子,由母亲亲自哺乳而不要使用奶娘。[24] 幼儿不应被溺爱娇惯,而应该鼓励他们在户外自由运动,从而变得更坚强,更加茁壮地成长。理性、天性与健康就这样并肩前进,而迷信则在科学的光芒下黯然失色。这种新型"分娩的一揽子建议"之所以得到人们的信任是因为它与文明进步观念相一致:诉诸现代科学、理性、对"自然"的迎合与家庭情感。从"农村"产婆到正规毕业的男性助产士,从"习俗"(奶娘)到"天性"(母乳),从迷信(用襁褓包裹来为婴儿的脆弱骨骼做支撑)到"科学"(活动可以促进孩子身体强健)——一切都与逃离无知、迈向知识,从充满偏见的过去转向勇敢新未来这样的梦想相符。从幽暗密闭的产房转向在光明下出生其实恰如其分地抓住了"点亮世界"(enlightenment)的本质。[25]

既然在身体健康方面给予了足够的重视,为什么生命不能延长呢?伊拉斯谟斯·达尔文医生以及其他人对此进行了思考。如果死亡一定要发生，进步思想家希望消除其中传统的对地狱之火的恐惧。基督教传统把死亡塑造成未来的起点。对天主教徒来说，最终的豁免恩典是非常重要的，没有经历圣礼死去的好人（例如没有忏悔罪孽）就可能被打入地狱，得到神恩的罪人却可以得救。采用废除僧侣神权策略的新教则教导信徒面临死亡要清醒坚毅。基督徒的临终之时，从根本上被视为宗教性事件，由此展现了高度的戏剧性，"临终的艺术"（ars moriendi）描画了对死亡的克服，证明死亡并不恐怖。当然，它具有恐惧性，大量记录证实了基督徒们心中那些很难消除的恐惧，例如塞缪尔·约翰逊和詹姆斯·鲍斯韦尔对于死后的看法，人要么被赦免，或堕入深渊（约翰逊就是一个特别害怕末世受罚的人）。

在与这种病态思想战斗的过程中，启蒙人士力求通过让人们相信死亡只是物理意义上的肉体消失来去除死亡的神秘性。[26]理性基督徒、自然神论者、怀疑论者与无神论者一样，认为这其中最重要的是攻击关于永罚的神学，这是教士骗术虚构出来的东西，意在恐吓老实人，使得教会的权力与利益最大化。启蒙人士也赞许临终前的尊严，这吸引着基督徒常去将死的异教徒床边探视，争取在最后时刻让他们皈依，或者希望他们那斯多葛式的镇静显露出软弱的迹象。本想在休谟临死时介入一番的詹姆斯·鲍斯韦尔却对这位无信仰者将死时的"平静"感到震惊。[27]宽泛地说，存在着一种告别由旧的"临终的艺术"擅写的虔诚"善终"的趋势。也即，把将死之人求告上帝、痛斥恶魔的传统做法转换成一种安详离世的理想，如果需要辅助，可以通过医生的帮助，使用新出现的麻醉剂来帮助人们平静离世。[28]

一些人接受了湮没（罗切斯特认为"人死万事空"），[29]并且身后观念自身也发生了变化。[30]在他那洛克式风格的《追寻自然之光》中，亚伯拉罕·塔克承认气息奄奄之人那忧郁的外表非常可怕，但那"只是对想象来说，而非理解。任何诉诸这后一官能的人都会一眼看到，在所有这种情形中都没有任何恐怖忧郁的东西"。他说道，要学会如何平静地死去，战胜那些与葬礼仪式相关的恐怖幻想以及附随的关于地狱、永罚及恶魔的废话是非常必要的。[31]

世俗化也渗透到与死亡有关的社会仪规中。遗嘱中对上帝的提及被化简为正式的开场白。平常的英语几乎成为了传递家内财产时使用的唯一语言工具。复杂的葬礼布道让位给印刷品上的讣告。[32]

那么下层民众呢，他们的生与死仍离不开祈祷、流行的万灵药或神恩吗？进步医生发起的大众健康教育已经成为一场神圣的运动。威廉·巴肯的《家庭医学》最初在1769年出版，之后又经常再版，向普通读者详细说明了关于健康的启蒙观点，健康可以通过理智、节欲、卫生与遵从自然规律的办法获得。病人不再需要把自己抛在命运手里：知识与技能可以拯救生命。[33] 执着于"让药物更能服务于人"，在爱丁堡受过训练的巴肯欣然采纳了一种有着民主精神的后期启蒙时代的医学民粹主义。如果人们对疾病一无所知，那是因为"医学仍被专员们把持着"。长久以来，医生把药品变成了神秘的东西，药品业是一个封闭的行业，使用冷漠的交流方式，服务于"从事这交易"的人的卑鄙私欲。教皇主义导致了教士骗术，像那些教士力图"伪装并隐瞒技艺"一样，医生则确立了自己的医生骗术（doctorcraft）。[34]

"当人们依然处于黑暗，被告知他们在健康方面无法使用自己的理解力时，"巴肯用人们熟悉的能说明实情的隐喻解释道，"他们将被诡计多端的坏人骗作傻瓜。"垄断使无知永恒。引用顶尖的美国医生、《独立宣言》的签署者之一本杰明·拉什（Benjamin Rush）的话，巴肯后来愤怒地声讨说，医生长久以来在"人造药剂方面实行垄断"。但是"新的秩序正在医学中，也在政府中兴起"。现代由此要求医药民主化，这意味着获得信息的自由权。"病人并非必然要对他服用的治愈疾病的药品茫然无知，就像政府事务也不能够为了确保人们服从公正的法律而被秘密处理。"他解释道。[35]

那么他构想了怎样的未来呢？巴肯坚持认为，多数身体机能紊乱与意外伤害都能自我治疗:从腹泻到颈部脱臼,很少有病床边的问题能超出理智的非专业男女的理解能力,人们只需简单地远离愚蠢的民间谚语与专业骗术就可以了。巴肯因而谴责道:

> 这种糟糕的传统,让每个不幸摔倒或因为类似事件不能自主行动的人把自己交到死神手里,被夺去生命。不幸的人并不是被送进温暖的房间,躺在火旁,或放在温暖的床上,而是基本匆忙地被送到教堂或谷仓,或者一些寒冷潮湿的房间里,在那里经过一些让他流血的无意义的努力后……将其放在那里等死,弃之不顾。

这种致命的愚蠢就是"无知"导致的,"从旁作梗的古老迷信观念禁止任何被认为可能因为意外而死去的病员躺在有人居住的房间里"。这种观点"违背所有理性原则、人道主义与常识"。[36]

巴肯的书吹响了医学的民享、民治理想的号角。[37] 然而,与其他事情一样,在关于健康的问题上,启蒙观点也不是一致的。甚至那些坚信巴肯那无可挑剔的自由主义政治学的医生们也不是必然认可他对于民众医学的信念。就像没有舵手的航船一样,自我治疗可能非常危险。

一位面临此类困境的激进医学家是托马斯·贝多斯,已经在第六章里提到过。贝多斯是一个中部地区制革工人的儿子,他曾为法国大革命非常卖力地摇旗呐喊,以至于在1793年被牛津大学从化学讲师的职位上赶了下来,回到布里斯托郊区克里夫顿开设私人诊所。1799年他在那里开设了他的气疗研究所。贝多斯希望通过新发现的氧气、一氧化二氮(笑气)治愈肺结核。贝多斯也写反对皮特的抨击文章,还为富裕阶层写卫生保健指南,他同时也为底层人民写了很多医学小册子,这些人粗俗的错误让他烦恼不已。教育就是答案,人民必须抛弃错误,不要乱插手。外行治病是非常糟糕的治病方式,治疗必须让经过训练的人去完成。[38]

喋喋不休地说着开明专制式的医学主张,贝多斯并不认同巴肯的信仰:医学应该向所有人开放。大众的无知必须结束,但是人们必须了解的东西不是如何治病而是建立在良好饮食、锻炼与节制基础上的健康生活方式。而且,他希望把"生理学知识用于家庭生活"。按照洛克、卢梭与贝多斯的岳父理查德·洛弗尔·埃奇沃思所拥护的建立在理智之上的教育法,应该通过"教会孩子准确区分身体各个部分"的方法创造一个新的开始。[39]

巴肯、贝多斯与其他进步医生既批判社会现状,也批判医学现状,攻击特权阶层对无知的视而不见,认为不公正与压迫危害了人们的健康。贝多斯指控皮特的高赋税,通货膨胀与穷兵黩武造成的劳工贫困,谴责医学已经被财富和时尚扭曲成"病态的生意"。医学因而成为了启蒙思想变成实际行动的众多案例当中特点鲜明的一个,证实启蒙思想并非只是空洞的咖啡馆闲谈,而是一种行动哲学。[40]

健康管理在规范其他领域的尝试行动中发现了同伴。不正当行为是边沁所说的"祸根"(bête noire),立法和行政系统的合理化改革则是"存在理由"(raison d'être)。"法律彩票"(lottery of the law)让罪与罚成了可耻的随心所欲,戴木枷成了"概率游戏"。[41]改革者尤其想要终止法官们展现出来的残暴与宽大的荒唐混乱,这让所有威慑失去效力。[42]边沁也以同样的方式反对济贫法的荒谬:"一连串小型济贫机构散布在英国,它们分散,毫无关联……全都是不透明的暗箱操作。"同样,在论及地方行政机构时,他抱怨道:"一切都是隔绝的,一切都是特殊的,一切都无法接触,一切都缺乏了解。一切都在变得越来越糟,一切都到了无法治愈的地步。"混乱糟糕一定要让位给方法条理。[43]

其他异常现象和弊病都成了要被简化与合理化的目标。当英国(终于)在1753年接受了格林尼治体系后,历法改革开始了。[44]英语取代了诺曼法语成为法律语言。⁴⁵ 板球运动在 1744 年拥有了规则，下一年就有了埃德蒙·霍伊尔（Edmund Hoyle）不朽的著作《文明的赌徒，关于惠斯特牌、夸德里尔牌、双陆棋和象棋的简明论著》（*The Polite Gamester, Containing Short Treatise on the Games of Whist, Quadrille, Backgammon and Chess*）。

语言改革也有其拥护者。在抵制法语新词汇入侵的排外呼声中，新的建议纷纷出炉，呼吁大学规范并监管英语的用法。⁴⁶《绅士杂志》敦促"任命一位恰当的人选或委员会，以查明我们语言中所缺少的这类词汇，以清晰准确地表达每个人心灵中自然产生的这类观念"。⁴⁷ 在《词典》（1754）序言里，塞缪尔·约翰逊强调规则最终应该被引入英语的发音——这门语言现在"丰富但无序，虽充满活力但却没有规则"——尽管像伊弗雷姆·钱伯斯（Ephraim Chambers）一样，他拒绝让法国式的研究院一支独大。⁴⁸ 约瑟夫·普利斯特利的《英语语法入门》（*Rudiments of English Grammar*, 1761）把语法简单化，并谴责大卫·休谟的法语化风格，而约翰·沃克尔的《英语发音词典》（*Pronouncing Dictionary of English*, 1761）则提供"苏格兰、爱尔兰与伦敦本地人应遵循的规则，为了避免他们各自的特殊性"——纠正的议程还是这样一如既往地带有政治意涵。⁴⁹ 把英语描述成第三种高级"古典"语言，爱尔兰人托马斯·谢里丹在其《英国教育：又名大不列颠无秩序状态的渊源》（*British Education: or The Source of the Disorders of Great Britain*, 1756）里主张把不列颠文学遗产作为现代礼仪教育的基础：

> 作为风格典范，写诗的弥尔顿，写作戏剧的莎士比亚，写作散文的斯威夫特、艾迪生、屈莱顿和威廉·坦普尔……都可被看作真正的古典作家，堪比罗马的维吉尔、恺撒、西塞罗以及撒路斯提乌斯，他们的作品没有理由不永传于世。⁵⁰

应用艺术也没有逃过系统化分子之手。1728 年，巴蒂·兰利

（Batty Langley）出版了《园艺新原则》（*New Principles of Gardening*, 1728），接着在 1747 年又出版了让人乍一看感觉矛盾的《按规则与比例改良的哥特建筑》（*Gothic Architecture, Improved by Rules and Proportions*）（乔治王时代的哥特艺术通常是不规则的）。甚至威廉·荷加斯这个反对外国暴政，捍卫英国自由的强悍斗士也希望其《美的分析》（1753）将修正"变动不定的品位"。[51] 然而，这种制定秩序与规则的计划通常很少成功，边沁跌宕起伏的职业生涯就清晰地说明了这点。启蒙抗辩者并不想独善其身，支持英国的"自由"压倒大陆的集权主义——这种偏见阻挠进行国家人口普查的计划，并且一直在波德斯纳普式的维多利亚时代的人身上传递。[52]

18 世纪时，在某些领域，观念和实践上都出现了显著的世俗化变革。以疯癫为例，在王政复辟以前，疯癫通常被解读为一种灵魂状态，要么就是被魔鬼控制了，要么就是被神赋予了才能。然而，在 1660 年之后的医学著作中，认为精神失常是灵魂受到折磨因而真正威胁到救赎的观点不再被写进去，因为它太接近鬼神学家的信条而令人不安。医生则把精神失常说成肉体上的病症："因此，心灵的任何变化，"尼古拉斯·罗宾逊（Nicolas Robinson）医生认为（并非巧合，也是积极信仰牛顿学说的人），"都暗示身体器官发生了变化"——这个推测的意思是，如果能够诊断出器质性病变，就无法指责是不死的灵魂带来这损伤，疾病的真实性也得到进一步证实。这个想法不仅仅是一种"想入非非"——这也本应是一种污名化——因为就像罗宾逊坚持认为的那样，它源自"物质与运动的真实、无意识的属性"。[53]

一定程度上是因为疯癫被看作与堕落状况密不可分，几乎没有治疗疯癫的专门机构得到过捐赠。差不多唯一的例外是伦敦贝特莱姆（Bethlem）医院（疯人院［Bedlam］），住院病人一般是被锁住，弃之不顾，古老的放血疗法和催吐剂疗法长期是主要治疗方式。医院大门向外界敞开，来访者看到里面的情景后目瞪口呆。贝特莱姆医院成了讽刺家的笑柄。[54]

这一切都发生了变化。随着启蒙医生抛弃了魔鬼学，支持疾病模式，精神错乱就变成了一种疾病，而不是被谁控制，因此也是可以进行治疗和恢复的。治疗需要合适的环境，也就是精神病疗养院最好在乡间，远离尘嚣。个人的与慈善团体的精神病院开始兴起，贝特莱姆也从1770年开始不再允许外界参观。大约从那时开始，对镇静剂或机械束缚器具的依赖也开始受到新的人际交往管理方法的挑战。随着心理学的世俗化（见第七章），真正的心理疾病成为可理解的疾病，因为人们能够谈及"理解力错乱"，而不再带有对魔鬼占据了不朽灵魂的暗示。1798年之后，专业的精神病医生亚历山大·克赖顿（Alexander Crichton）已经能够提及"我们不列颠心理学家"的遗产，即洛克、哈特利、里德、斯图尔特、普利斯特利和凯姆斯的遗产。[55] 新洛克主义理论宣称要揭示疯癫如何可以被解读成个人悲剧的后果，例如，蒙受损失、失败或者单相思。在洛克派的剑桥大学接受教育，威廉·巴蒂医生把一切疯癫全部当作"被蒙骗的幻想"，[56] 这个看法当然源自洛克有关（错误）联想观念的学说。对托马斯·阿诺德这位洛克主义精神病学家、莱斯特精神病院管理人来说，"想象力一旦被一直频繁使用，就会过于活跃"。[57]

一旦疯癫不再与超自然力有关，伊拉斯谟斯·达尔文医生这类不信宗教之人就可以把对集体性歇斯底里与宗教忧郁的谴责转加于狂热者与循道宗信徒之上，并把宗教狂热看作精神错乱的症状。恶魔不再把你逼疯：现在，对他这样的医生来说，相信恶魔与地狱之火就是疯癫的标志。[58]

在这种情况下，"道德疗法"成了有魔力的词汇，疯癫者就像所有人一样，要用理性、镇静与好的榜样来对待他们。著名的约克休养所创办于1796年，路易·西蒙在这里参观的时候发现，它的管理

"非常令人赞叹,几乎完全是用理性和善心在管理,它是贵格会教徒创办的。大多数病人可以自由走动,没有喧哗与混乱"。[59] 在精神病问题上,启蒙思想家感到很自豪,愚昧的宗教解释以及可能伴随着它们的忽视与残忍对待现在都被理性与人道取代了。值得一提的是,约克休养所尽管是贵格会教徒为本教派开设的,但它却只采用世俗疗法。

人们对于自杀的反应也有了显著的相似变化。[60] 在基督教世界,"自杀"既是一种罪孽又是一种犯罪,冒犯上帝与君主,宗教法庭与民事法庭都要处理此事。自都铎时代以来,陪审团都会例行做出"故意杀害自己"(*felo de se*)的裁定,自杀之人死后将遭受严厉的惩罚:不许为自杀者举行基督教葬礼,尸体被埋在岔路口,用一根尖棍直插心脏,财产也被国王没收。这种残忍的处理方式反映了新教神学的严格主义——自杀是故意对抗上帝的反叛行为——也象征了对新君主政体之下王权的坚决维护。清教主义将惩罚的力度再翻倍。

如同在其他各行各业,复辟带来了转变。不久之后,做出"精神不健全"(*non compos mentis*)裁定已经成了死因裁判法庭的一种常规判决,无论自杀之人是否真有精神上错乱的病史或独立迹象:自杀还不足以说明此人疯了吗?这种把自杀"医学化"或"心理学化"的做法使得教堂安葬有了合法性,也使得没收财产的事情不再发生,这是对共同体意志对抗王权的明确维护,此时洛克正明确肯定对财产的自然权利以对抗菲尔默。

无论如何,对"自我"的哲学观点的转变让精英们将"古代罗马"的自杀辩护词称赞为高尚思想。在 1737 年 4 月 4 日,尤斯塔斯·巴杰尔(Eustace Budgell),在口袋里装满石块,自沉泰晤士河,他曾是为《旁观者》供稿的作者。在他的桌上留有一张自杀声明:"一件加图做过、艾迪生赞许的事情是不会错的。"[61] 大卫·休谟和其他人提供了启蒙时代对自杀的辩护方法。[62] 时髦的社会宽恕了这一行为,认为死亡较蒙羞而言更可取。启蒙的观点渴望胜过顽固盲从，为怜悯之心而放弃惩罚。诗人托马斯·查特顿（Thomas Chatterton）于 1770 年服毒自杀，年仅 17 岁，他提供了浪漫主义自杀崇拜的行为榜样。[63]

这些变化——让不列颠成了声名狼藉的世界自杀之都——在很多方面支持了历史学家基思·托马斯的解释：基督教命定论首先在宗教改革世纪被强化，后来又在韦伯式的"祛魅化"中黯然凋零，这种祛魅化由科学与理性主义的光芒激起。[64] 但它们并不能支持另一种对早期现代文化史的流行理解，这种观点认为精英与大众文化在后复辟时代开始出现越来越大的裂缝。各种各样后 1660 时代的自杀戏码在社会各阶层的人们中间都在上演。大众对贵族浪荡子打破自己脑壳自杀的反应与对怀孕挤奶工消失于鸭塘里的反应没什么两样（这两件事或许并非毫无关联）：过去被诋毁攻击的自杀行为现在经常能引起人们的同情。国教信徒伍德福德大牧师（Parson Woodforde）对他了解的那些自杀故事只有同情之心。[65] "是这样吗？"蒲柏问道——

> 在天堂里，爱得太深也是罪吗？
> 有着一颗太柔软，又或者太坚定的心灵，
> 扮演情人或罗马人的角色呢？
> 那些有着伟大思想，或英勇赴死的人，
> 天堂中没有他们明亮的归宿吗？[66]

印刷文化的兴起对这种对自杀的重新定义十分关键。过去由教会扮演的为自杀定性的角色——绝大多数是异常严厉的惩罚——现在则被媒体窃取了，通篇都是在宣传人道主义话语。报纸与杂志把自杀变成了"有人情味儿"的故事，事实上是轰动性事件，通过在出版物上登出自杀者的笔记、遗书与凄凉的爱情故事，激发大众间接的、经常是病态般的参与。像在其他方面一样，媒体在自杀这种行为上，赋予

其新的世俗意义，表达了启蒙的"人道主义叙事方式"。[67] 就像生活本身一样，自杀也被世俗化了。

从被社会遗弃者、道德败坏之人与罪人，成为被同情的对象，身份的转变在精神错乱与自杀的案例中表现得最为明显（他们通常都被说成精神病）。这种趋势在各个领域中都有反映，过去遭受宗教或道德谴责的行为现在可以让人心情矛盾地宣判无罪了。在一系列关于罪恶与贫穷的论战、关于自由意志与预定论的争辩，以及功利主义的结果论哲学中，在面对道德过度评判和对社会问题的关注时如何权衡个人责任的难题赫然耸现（见第十六章）。

或许能够说明人们抛弃传统基督教教义转而支持新型世俗榜样的最显著的例子就是人们不再相信巫术。这个变化发生在关于灵鬼的真实性与能动作用之争的大背景下。[68] 正如霍布斯等唯物主义者发起的批评所强调的那样，历史上的基督教——无论精英的还是大众的——都渗透着灵鬼的故事。约瑟夫·普利斯特利回忆道，在18世纪30年代，他正在约克郡过着童年岁月，"很不幸我有着关于黑暗的观念，还有关于恶灵与鬼魅的观念，这二者是紧密相连的"。他所接受的严格加尔文教育讲了"太多恐怖故事"。他还记得"自己带着巨大的焦虑不安阅读《天路历程》里的'笼中之人'的故事"。他肯定地说，一想起那种"无知与黑暗的状态，就让我对宗教理性原则的价值有了特殊的感悟"。[69] 杰里米·边沁有着同样可怕的童年记忆，二十多年后他写道："关于幽灵的话题始终存在于我一生所遭受的精神折磨中，恶魔在其中无处不在，在我心中也是如此。"像普利斯特利一样，在评论早年阅读班扬的体验时，他惊呼："我本来应该快乐得多，如果我知道自己的恐惧是多么地迷信！"[70] 作为成熟的思想家，他们都不遗余力地谴责给他们的童年带来恐惧与眼泪的灵鬼。

公众否认灵魂存在的最佳例证是对巫术的态度转变。人们长久以来都相信撒旦及其追随者会侵入尘世，不只教会如此（《圣经》里写道上帝通过摩西告诉人民："你不可让女巫活着。"[《出埃及记》22 章 18 节]），诸如罗伯特·博尔顿这样的著名思想家们也深信不疑。[71] 这个共识在 1650 年被打破。[72] 在一定程度上这要归功于霍布斯等理性主义哲学家，他们的唯物主义在定义上排除了恶灵真实存在的可能。在《利维坦》中，霍布斯把"未开化的人对精灵、鬼魂与地精，以及女巫魔力的观点"归因于他们分不清"幻想"与"理智"。"关于女巫，"他认为，"我不认为她们的巫术有何力量"——尽管他也赞成惩罚这些骗子，因为他们"有错误的观念，才会做出这些勾当来"。[73]

然而，后复辟时代的英格兰所取得的最明显的胜利不在于一种先验的否定的胜利，而在于在经验与人道的基础上，信仰在实际上的普遍的苍白暗淡。"我基本相信，"艾迪生在《旁观者》里写道，"一种叫作巫术的东西是存在的，并且是一直都有的"——这是一个假动作，旨在建立自己的诚意（*bona fides*）——然而他"绝不相信任何与此有关的事例"。这套巧妙的说辞确立之后，他开始解释那些被错当成女巫的人不过是些可怜的老太太，她们成为"无知与轻信"的受害者。当一个丑老太婆（把她唤作莫尔·怀特 [Moll White]）有了"女巫的名声"之后，巨大的危险就要到来了。

> 如果她在教堂犯下任何错误，在错误的地方喊出了"阿门"，他们就认为她反向地念着咒语……如果挤奶的少女没能在本该完成的时间内做出黄油，莫尔·怀特就一定躲在她的搅乳器底下。如果马在马棚里面流汗了，莫尔·怀特就一定在它的背上。[74]

因此，他呼吁停止迫害：

> 我听说英格兰几乎没有哪个村庄不存在莫尔·怀特。当一个

老太太开始昏聩,变得易于受到教区的指控,她基本就会变成女巫,并使整个乡间充满各种怪念头、空想虚构引发的动乱,还有各种吓人的噩梦。[75]

艾迪生的观点与弗朗西斯·哈钦森牧师(Revd Francis Hutchinson)在影响力深远的《巫术史研究》(*An Historical Essay Concerning Witchcraft*, 1718)中表达的观点呼应了起来,此书与巴尔萨泽·贝克(Balthazar Bekker)的笛卡尔式的《充满巫术的世界》(*The Bewitched World*, 1691—1693)不同,没有那种理论上的讽刺,但也可能正是因为这样,才更有效果。

哈钦森是荣升主教的辉格党党徒,与洛克、艾迪生一样认可灵魂,认为"对善与恶的神灵的冷静信仰是每一位虔诚基督徒信仰的一部分"。然而他同时也认为这种信仰完全不同于"那些支持关于巫术的粗鄙观点的异想天开的信条"。[76] 他毫不怀疑,"轻信的大众总是乱来,他们淹死老妪,对解释不了的现象与奇怪的事故充满好奇并肆意夸大"。[77] 但教育能够及时制止错误。自然原因可以解释"巫术",与此有关的经文都被错误地解读了。流传于大众之间的鬼怪传说都是一些无聊的闲话。[78] "老太太"的坦白供认简直"不值一提",关于魔鬼契约的奇想纯属"空想",他像洛克一样摆手说道。[79]

尽管可以看作是约翰内斯·韦耶(Johannes Weyer)、雷金纳德·斯科特(Reginald Scot)、约翰·韦伯斯特(John Webster)与巴尔萨泽·贝克的怀疑论的预演,但是哈钦森将巫术狂热看作一种社会恐慌,探查了它的心理特征。尽管从不在原则上否认巫术,并且巧妙地在书中添加了两个反对撒度该教的布道词——一个证实基督的神迹,一个证实天使的存在——但他强调巫术之说主要在落后的天主教王国里盛行,指出引发恐慌的是那些蛊惑人心的书籍,还有好从中作梗的猎巫者。

哈钦森是温和、进步的人文主义辉格思想家的典范,他们在启蒙时代的英格兰显得如此杰出。霍布斯极端地把"迷信"等同于大骗局,而国教神学家审慎、明智地考虑到了自欺欺人、歇斯底里、社会压力以及给人贴标签的行为。人们太容易被说得相信她们是女巫了,"老妪容易接受这种对于她们自身的幻想。""想想一个可怜的老年人,"他唤起读者的同情心,

> 上了年纪,虚弱不堪,体弱多病,像傻子一样被置于屋子中央,一群镇上的暴民围着她的屋子:然后她的双腿被交叉着绑起来,全身的重量都压在臀部。然后在二十四小时里她就要持续这么疼着,不许睡觉也不许吃饭……如果她们觉得生不如死,"供认"出人们乐意听的任何故事,这有什么奇怪呢?[80]

一个像简·韦纳姆(Jane Wenham)这样的案例(此人是英国最后被判死罪的女巫,1714年)说明:"对多数无辜之人来说,为自己辩护是一件多么难以做到的事。"温顺的老妇人活在一个"野蛮的教区"里,用哈钦森的观点看,她才是邪术的受害者,也是真正值得同情的人。[81] 艾迪生与哈钦森的信仰在受过教育的精英中间生根发芽,利用了反对无知愚昧的自我优越感以及对教士骗术的怨恨。在《论巫术》(1724)一文中,托马斯·戈登指控教士们犯有煽动巫术恐惧罪,因为正是他们正式垄断了对付巫术的特权,还得到无知暴民的协助。但是英国现在正在弥补:"老妇人现在可以变得令人不悦,不会因此被绞死了。"这位信奉自然神论的辉格党徒夸耀自己的自由主义情感——他自己"太是一名异端了,乃至于相信统治世界的是全能的上帝而不是魔鬼"。像其他所有启蒙发言人一样,他不愿意活在有魔鬼出没的世界里。[82]

这种人道主义看法流露出一种纡尊降贵的意味,无论印刷品与布道坛都在传播此类观点,这种观点被当作聪明人的特征。在1736年的一次布道中(此前一位被怀疑是女巫的人被"投入水里"),莱斯特郡

223 教区牧师约瑟夫·贾克森（Joseph Juxon）呼吁质疑巫术之说，呼唤同情心。被怀疑的人通常是的"没有朋友的人，常年弯腰驼背，体弱多病。她从没有招惹谁，连照顾自己的能力都没有"。然而恐慌与迷信太过盛行，以至于"总会有一伙人围在一起……反对这些贫穷、无知、无助的人"。对女巫的指控一定要扼杀在萌芽中，尤其因为，那种指控会造成极大破坏——虽然"名声不好的人最先受到指控……然而可能最终会落到那些品格和名声没有污点的人身上"。精英当然不想冒被连累的危险！83

虽然1736年有关女巫的法令被废除，但是巫术、魔法与超自然现象仍长期被争论着。许多人抓住艾迪生式道德制高点，瞄准容易击中的目标，谴责守旧的观点，1727年匿名出版的《巫术体系》宣称，那些冒充有神秘力量的人"或许欺骗这个世界最多"。84 在1736年废除女巫法的时候，另一本匿名出版的《论巫术》，称赞英国人活在快乐时代的开明土地上，教士的"骗术"与"粗鄙之人"的蠢行都最终被埋葬了。85

以一种惬意的高人一等姿态与他们精明的读者勾连在一起，媒体喜欢揭露巫术行为或怪诞迷信的耸人听闻的表现。1773年，一份此类报纸宣称："女巫与巫术这类荒谬的观念还流行在底层人中间。"接着又讲述了一个发生在威特郡的残忍故事，某个所谓的女巫被按死在水里。86 在另一个韦塞克斯乡村里，"某位叫作萨拉·杰里柯特的人逃过了一整套折磨……这是没脑子的粗鄙之人经常对女巫做的事"，多亏了——以真正的启蒙方式——"一些人道的绅士及时干预，还有机敏的市政官保持了警惕"。87

在那个引人注目的人道时代，女巫和妓女一样甚至可以成为故事的女主人公，她们被塑造成悲哀、孤独、遭受宗教顽固之徒迫害的模式化形象。这种伤感的格调已经在哈钦森的书中表现了出来。当恶毒的教民不允许简·韦纳姆"吃几个芜菁的时候"，读者被告知，"她就非常驯服地认罪了"。88 克里斯托弗·斯马特的《伍德斯托克善良魔鬼的真实历史》（1802）也引入了类似的强烈同情感：村民对可怜的简·吉尔伯特太过粗鲁，称其为女巫并责打她，但来自社会上流的同情心给了她部分支持，她像善良的基督徒一样忍受了这些。最终她继承了一笔遗产，以榜样式的善意对待那些迫害自己之人。[89]

人们虽然渐渐不再相信女巫与幽灵，但恶魔与魔法却没从上流社会文化中消失，而是改头换面了。超自然事物中令人不快的内容被去除了，在繁荣发展的娱乐与印刷文化领域里被在文化上重新改造了。当然这其中没有什么是全新的。超自然事物一直是艺术的主要成分，也即《哈姆雷特》里边的幽灵或《麦克白》里的女巫。[90]然而女巫在英国戏剧舞台上的形象角色发生了变化。莎士比亚笔下的女巫们始终是邪恶、超自然的存在，相反，在托马斯·沙德韦尔的《兰开夏郡的女巫》（The Lancashire Witches, 1681）与《爱尔兰教士泰格·欧伍莱》（Tegue o Divelly the Irish Priest, 1682）中，女巫的角色是为热情支持辉格党、反对教皇的滑稽剧提供粗俗的喜剧性调剂的。它们在机械的帮助下飞过舞台，用适当的戏剧性表现方式揭露其荒诞性。他的刻画方式广为流传，这说明了女巫如何成为了政治皮球，被开明的辉格党人用来讽刺邪恶的托利党人，还有处于"天主教阴谋案"恐慌之下的蛮荒之地——爱尔兰。几年以后，阿兰·拉姆齐（Allan Ramsay）的田园戏剧《温柔的牧羊人》（The Gentle Shepherd, 1715）引入了新的形象：一个无辜的"女巫"被恐惧、轻信的乡下人指控为具有超自然力，毫无疑问，拉姆齐是苏格兰的艾迪生。[91]

幻想出的魔鬼也越来越多地出现在奥古斯都时代讽刺作品的媚俗的超自然物舞台道具中，尤其是蒲柏的《夺发记》（The Rape of the Lock, 1712）。他的《愚人志》用一种模仿古典时期的盛大表演的方式描写了一个恶魔的宇宙，阴间的女神——"多尼斯"与"克罗阿西娜"——控制着凡人，并要求行"挽回祭"（propitiation），里面有一些蛇发女怪、龙、恶魔和男巫师这样的小角色。讽刺作品还解释超自然的组织结构，例如威廉·荷加斯经典的雕版画集《轻信、迷信与狂热》(*Credulity, Superstition and Fanaticism*, 1762)。这部作品最初名叫《狂热描绘》(*Enthusiasm Delineated*)，它虚构出（多亏是在那时）一个撒旦、女巫与灵鬼组成的荒谬联盟，用于讽刺循道宗。歇斯底里的教堂会众在狂暴中痛苦挣扎，同时温度计也出现在约瑟夫·格兰维尔（Joseph Glanvill）一度走红的赞同灵鬼存在的作品《撒都该主义的胜利》(*Sadducismus Triumphatus*, 1681)与约翰·卫斯理的布道里，用于测量循道宗信徒的思想温度，温度计的显示范围是从"绝望"到"发疯发狂"。这一切都源于躁狂症吗？狂热分子在讲坛上咆哮，他骑着扫帚，顶着尖帽，一只手拿木偶撒旦，另一只拿着女巫娃娃。[92] 因而奥古斯都时代仍旧可以把超自然现象搬上舞台，但主要通过令人发笑的夸张演绎。塞缪尔·约翰逊琢磨道，"一位诗人如果将其悲剧的所有情节都建立在施魅之上，并借助超自然作用因素的帮助制造主要事件"，他的手一如既往地把握了文化的脉搏，"那么他就会被谴责为僭越了可能性边界，会被赶出剧院，送到幼儿园去，并被迫去创作童话故事而非悲剧"。[93]

女巫的形象就这样成了滑稽丑怪，并迅速广为使用。恰逢现实中的女巫从有教养的人们的意识中（如果不是从噩梦中）消失。到了一定的时候，女巫将找到更进一步的化身：当魔鬼可能会彻底转变成黑人形象时（挑动性地把黑色与男性特点混合在了一起），[94] 村庄里的老巫婆也会被魅惑女妖与妖妇取代——尽管，住在小屋里、裹着大披巾、抱着猫围着坩埚的老太太此后在浪漫主义神话故事、儿童文学与电影里面仍有顽强的生命力。[95]

通过这种艺术上的改头换面，超自然现象有了新的符号现实（symbolic reality），连同女巫传说与超自然现象的心理学真相被公开讨论，标志着后期启蒙运动猛地冲入内心世界。在约翰·洛克警告不要给小孩讲"灵鬼"故事的一个世纪之后，浪漫主义者查尔斯·兰姆

（Charles Lamb）很有想象力地品味出受幽灵与妖怪惊吓引发的矛盾心情。假想出一名相信姑妈是女巫的小女孩，"我害怕、不知所措地蜷缩在自己的床上，"他写道，"我躺在那里时睡时醒，萦绕着可怕的幻觉，直到天明。"⁹⁶ 在此兰姆对女巫形象做了心理学分析，使其具备性别特征，其方式对后期启蒙运动的幻想家有着持久的吸引力。

将超自然现象从超验的重新描绘为心理学上的，这种做法标志着诗歌领域的更广阔的发展。通过理性从宗教中清洗出来的黑暗、邪恶、让人不安的元素，现在得到净化，进而以新的文学风格重返。特别是，对崇高的崇拜让超自然现象变得富有美感。在其《对崇高与美概念起源的哲学探究》里，埃德蒙·柏克给这种"可怕"之物的诱惑力提供了经典的心理学解释：崇高就是在安全中享受的恐惧感。幽灵、魔鬼、未知事物、难以解释之物的可怕现在可以带给坐在剧院包厢、客厅沙发上的人舒适与安全感。⁹⁷

新的美学所具有的内涵远远超出了对大山与幽灵的敬畏，它通过心理学分析挽回了宗教。⁹⁸ 对一些人而言，这甚至会重新引入神的观念，表面上看来，启蒙运动对于非理性神秘主义极具摧毁性的批判已经让这种观念失去了可信度。罗伯特·洛斯（Robert Lowth）关于希伯来诗歌的讲座在这方面具有重大意义。作为牛津大学诗歌研究教授，洛斯（用拉丁文）做了一系列演讲，赞美希伯来神学诗歌是"原生的、真正的诗歌的唯一标本"。⁹⁹ 他是将宗教当作艺术的趋势中的一分子。在对《新约》中的魔鬼与奇迹的讨论中，安东尼·布莱克威尔（Anthony Blackwell）用对信仰的心理学分析取代了理性主义专注于基督教证据的模式。他认为《圣经》里那位被大群控制的人得到了出色的戏剧化：

> 他看到极其强大的恶魔附身者首次出现，却没有恐惧、震惊、颤抖……看到人类仁慈的救主命令邪恶的大群放弃对那位

> 可怜受害者的控制，我们得怀着何种虔诚的敬畏、崇敬与献身之情啊！ [100]

这里《圣经》被做了戏剧化处理，其精神权威被看作依赖于怀疑的暂停（the suspension of disbelief）之上。[101] 说到拉撒路的兴起，布莱克威尔同样强调悬念与惊异的戏剧性，仿佛《圣经》神迹的真实性主要归属于它们对高尚的沙夫茨伯里式文艺鉴赏力的吸引力。[102]

他不是唯一一位把《圣经》转变为埃德加·艾伦坡风格的神秘、想象作品的人。詹姆斯·厄舍（James Usher）的《克利俄女神，又名论品位》（*Clio or, Discourse on Taste*, 1769）赞许狂热，因为它能够激起恐惧感、好奇心与虔诚的狂喜："在崇高之中，我们感觉自己警醒了，我们的行动开始踟蹰，这样持续一段时间，直到情绪弱了下来，隐藏于沉默与好奇的恐惧之中。"作为柏克的追随者，厄舍认为费解、不规则与崇敬之心构成了崇高，它基本是与"关于不可见的巨大权力的观念"联系在一起的，简言之，上帝成了一个心理学意义上的存在。现代派可能嘲笑这种情感是迷信的，但恐惧和敬畏却是人类体验不可或缺的一部分。[103]

崇高在把超自然现象心理学化、美学化，进而让其再度产生影响的过程中发挥的作用，突出表现在哥特狂热之中。贺拉斯·沃波尔的《奥特兰托城堡》（*The Castle of Otranto*）预示着这种风格的诞生，在拉德克利夫女士（她使得"解释超自然现象"合理化）、马修·路易斯（《安布罗西奥，又名僧侣》[*Ambrosio, or the Monk*]一书的作者）的小说里继续存在，并以更为复杂的方式出现在玛丽·雪莱的《弗兰肯斯坦》里。[104] 这类作品把日常生活做了超自然处理，将旧有的老一套元素加入新内容：云雾缭绕的城堡、对撒旦宣誓的反派、恶魔、幽灵、男巫师、悍妇，他们与离奇、神秘和怪异事件相勾连，其支柱是柏克式的对恐怖与无限未知的着迷。随着曾受到压制的，如关于附身的鬼神学古老话题卷土重来，类似鬼魂这样的元素引起了新的与性有关的强烈兴奋感，梦淫妖和魅魔也被典型的后期启蒙时代艺术家亨利·菲斯利（Henry Fuseli）塑造得深入人心且具有色情意味。[105] 在超自然从经文转向画室、书房和舞台——还有后来的银幕——的过程中，浪漫主义扮演了关键角色。在被心理分析学家超越之前，在19世纪，探究那些关于好人与恶魔、尘世与永生之类的问题的人将是作家、艺术家，而这些长久以来都是神学家的特权。这个趋势在T. E. 休姆（Hulme）的格言"浪漫主义……是分裂出来的宗教"里得到印证。对浪漫主义者而言，艺术的创造力重新定义了神圣：布莱克认为，"想象力，是主耶稣的圣体，被永远称颂"。[106]

在神灵附体、疯癫、自杀与巫术这类问题上，不断变换的态度与行动证明显著的进步已经取得：《圣经》字句及其神学中心视角渐渐不能够再控制精英。[107] 对《圣经》文本主义的挑战也正在其他领域发生，包括后面将要讨论的对人类历史的解释。

启蒙思想家寻求用自然秩序的模型将生活理性化，这一模型用活跃的人取代积极介入的上帝。僭越全知全能上帝的这种傲慢为那些一心想要打击理性主义怪物的讽刺家们提供了黄金般的机遇：斯威夫特紧咬住不放，认为现代性的信徒一直受到理性魔鬼的控制。[108] "世界被说服相信这一点——不乏某些理性色彩，"18世纪70年代，杰里米·边沁用他那洋溢着青春的欢快自嘲语气说："那就是，一切改革家与兜售思想体系的人都是疯子……有一天晚上，我梦到自己成为一个教派的创始人，当然是一位神圣的、举足轻重的大人物，它被称作功利主义派。"[109] 诙谐夸张地说自己是狂热分子让其非常满足："出现了一位叫作Ld. S.的好人（指的是谢尔本勋爵［Lord Shelburne］），他对我说，我怎样才能得到救赎呢？我渴望拯救这个民族。我对他说——拿起我的书，跟我来。"[110]

尽管出现了从理性转向狂热的令人不安的趋势，但启蒙运动带来了一种基本价值观的转变，标志例证就是废除与女巫相关的法令，政府权力神授理论变成过时之物，国王神迹也终结了。[111] 巫术也被从医学中剔除：毒蛇肉、梭子鱼的嘴和独角兽的角都从药典中消失了。中世纪基督教对"神迹"的承认，还有它对"违禁知识"的恐惧都为启蒙人士对"好奇"的强调认可和对"奇迹"的蔑视让路了。[112]

然而，从基督教天意论向更加世俗、更加科学世界观的纲领性转变的过程必须被恰当看待。毕竟，每个人都依然渴望一瞥超凡事物。丹尼尔·笛福的《论异象的历史与真实》（Essay on the History and Reality of Apparitions, 1727）渲染了传统圣灵学里面的精神世界，同时期待着现代心灵学。[113] 1750年2月的伦敦地震引起了大恐慌，宣传地狱之火的传教士的威廉·罗曼（William Romaine）和他的国教同仁托马斯·夏洛克（Thomas Sherlock）都号召他们的信众在神的惩罚的威胁前忏悔。"在后世会让人难以置信，"托比亚斯·斯摩莱特写道：

> 四月的第八天晚上，伦敦郊区的大空地上聚集了难以计数的人……他们在一种最大的担忧焦虑中徘徊到天明，太阳再次升起证明可怕预言的真实性纯系子虚乌有。[114]

18世纪60年代的"公鸡巷鬼魂事件"等惊人的系列灵异奇闻（一种都市报纸的促销行为），包括有人声称看见伦敦一间公寓里有鬼魂出现，都是超自然主义持久影响的残存物，就如同玛丽·托夫特（Mary Toft）事件这样的轰动消息证明了大众的愚昧。1726年，这位萨里妇女让包括皇家医生和解剖学家在内的很多人相信，她生下了兔子。[115]

作为思想状态深刻变迁的内在组成部分，世俗化与自然化也有自己的社会维度，让启蒙人士与其他人有了明显区别。奇迹的地位下降并不是抽象理性的胜利,而是知识分子思想特征的转变,对他们来说,奇观与神迹都是粗鄙的标志,都是光明之路的对立物。[116] 无论如何,这样的变迁有很多并非是事实上的变化,而是修辞上的。也不是必须只能将它们看作"进步",因为一个人的理性对另一个人来说可能是愚昧。"有人说迷信被逐出了这个世界,"海丝特·斯雷尔(Hester Thrale)在1790年说道:"纯属胡说八道,它们只是被赶出了书本、谈话而已。"[117]

第十章 走向现代

> 我们必须考虑到,留下来的历史是多么稀少:我指的是真实历史。
>
> ——塞缪尔·约翰逊[1]

乔治王统治的世纪出现了快速而深刻的社会经济转型,它由政治革命开启、终结并不时打断。毫不奇怪,启蒙思想家感到有必要对变动的力度大书特书,并要形成诸多理论,用无所不包的进步视角把过去、现在与未来连为一体。[2]

历史书写本身也在变化。文艺复兴时代的语言学家最早开始了文献复原、编辑与研究工作,17世纪又发展到运用铭文、钱币与考古证据。这些传统还在延续,但这种古代研究者的自我沉浸却在启蒙时代遭遇挑战。一类新兴的哲学史家博学多才,渴望建构一种有智慧,有指导意义,并且尤其要让人愉悦的历史,用优美的散文表现出来。"历史的好处似乎有三种,"休谟写道,"愉悦想象,推动理解,加强德育。"[3]

关于这种新历史的观点因为革新性而卓越非凡。沃尔特·雷利(Walter Raleigh)的《世界史》(History of the World, 1614),威廉·豪威尔(William Howell)的《世界史》(1680—1685),红衣主教波舒哀的概要性作品《世界通史》(Histoire universelle, 1681),还有其他代表作品都是"上帝之眼"式的叙事文,追溯从创世开始神把文明的火炬交给他的选民的过程。1669—1678年间,西奥菲勒斯·盖尔

（Theophilus Gale）出版了四卷本大作《外邦人院》（*The Court of the Gentiles*），证明一切科学技艺都源自犹太民族——源自亚当、摩西（纯熟的史学家、哲学家）、赛斯和以诺（天文学）、诺亚（航海）、所罗门（建筑）和约伯（伟大的哲学家）。[4] 此类以圣经为中心的读物即将过时。

其实休谟和吉本等史学家已经开始尝试从自然主义角度解读基督教的产生，采用了一种超脱的，甚至时常是讽刺的手法。休谟的《英国史》（1754—1762）对宗教的说理充满了敌意，认为修道士、苦行者是疯狂弄权的伪君子，教会里满是欺骗和迷信，十字军东征是由狂热和贪婪挑起的，教义之争十分愚蠢。[5] 这为吉本高傲的讥讽奏响了序曲。《罗马帝国衰亡史》第15、16章揭露了基督教的人为历史并非源于神意，他不用神的恩典解释基督教的发迹史，而是用第二因解释：基督教从犹太教继承的顽固、偏狭的狂热主义，对来世生活的信条，原始教会自称所具备的神奇能力，基督教道德的禁欲、朴素，"基督徒共同体"（Christian Republic）组织。[6] 下文将说明，势不可当的社会进化叙事取代了经书对历史起源的解释。

启蒙史学蔑视沉闷乏味的好古研究，[7] 力求让目标读者群更加广泛。爱国史学非常流行，吉尔伯特·伯内特的《宗教改革史》（*History of Reformation*, 1697—1715）是新教辉格史学最重要的作品之一，该书赞美宗教改革与光荣革命对国家自由进步所做的贡献。[8] 甚至非常不凡的吉本（"英国人、哲学家、辉格派"）也难逃沙文主义。"让我们思考社会的演变发展，从原始野蛮状态的低潮发展到现代文明的满朝，"他情绪高昂地说：

> 让我们对比赤身裸体的布立吞人与牛顿这类当代人，前者大概会错把阿基米德的球体当成理性生物，而在后者的学校里，就算阿基米德本人也只能做谦卑的学生了。我们把沿着海岸线漂泊的

柳条、兽皮做成的小舟与强大的海军船队相比较，后者能抵达并控制大洋中最遥远的海岸。无需沉迷于爱国虚荣的痴想偏见，我们能够在地球的居民中获取一个显眼的位置。[9]

然而，这位世界主义者通常也带着同情心书写伊斯兰历史，反思未来的新西兰人会如何看待欧洲历史。

休谟把史学家的任务定义为，"书写那些最繁荣帝国的兴起、进步、衰落、最终灭亡的历史：那些为伟大添砖加瓦的美德，以及导致它们毁灭的罪行"。[10] 将其用在英国史里面，意味着把重点放在社会文化现象上："艺术与科学的兴起、进步与衰落，"他反思道，"这些是能引发好奇心的观察思考的目标，并且与公民交往的叙事有直接关系。"[11] 回顾他通常所称的"黑暗时代"的历史时，他摒弃了许多编年史，认为它们只是虚构的故事，并且，他这样一位好哲人用野蛮人的平淡乏味与"文明国家的那些动荡"做对比，后者大体上"构成了其历史当中……最富有教益的部分"。[12]

依据均变论（uniformitarian）信仰，人性在普天之下从始至终都是一样的，启蒙史学家断定依据行动中隐藏的动机可以认知历史，动机的持续性让历史与当下产生了联系。[13] 后来的"历史主义者"（historicists）将斥责这种想法是年代错置，因为没有对已故前人的心智进行探究。然而这种变化不会让启蒙史学家烦恼，他们非常珍视自己的"哲学"立场——历史是用案例教育人的哲学。正如博林布鲁克的格言所阐明的[14]，启蒙史学孜孜以求的是说教，为政治家提供历史鉴戒，同时也拓宽其视野。他说："历史帮我们清除思维中的民族狭隘思想与偏见，而我们的教育很容易让人沾染这些陋习。"[15] 这种史学最伟大的道德意义在于：人类事务——无一例外，特别是希腊-罗马古典时代——曾是一场充斥罪行与蠢行的噩梦，人类必须苏醒，尽快逃出来。[16]

启蒙史学宣称要用真理取代谬误，但他们其实是用新的神话替代了旧的神话，他们自己的心态也是创作神话式的。然而，不管他们对自己制造神话的过程有多么视而不见，启蒙人士也是积极的神话解剖者，超越个体神话，塑造关于制造神话的想象力本身的宏大人类学，或病理学。

神话博物馆——主要指的是希腊-罗马传奇故事——被从很多出发点进行了研究，为了简便，或可称它们为基督教的出发点，自然神论的出发点和理性主义的出发点。[17] 按照基督教思想，神话即异教信仰从本质上是错误的，当然也可以富有启发性地把异教神话当作《圣经》真理的堕落版本理解。塞缪尔·舒克福特（Samuel Shuckford）的《神圣与世俗相连的世界历史》（*The Sacred and Profane History of the World Connected*, 1728）就是典型案例。作者满怀信心地把《圣经》以外的一切传统故事全部融入《圣经》之中，把《圣经》的编年、人物与事件看作黄金准则，不可动摇。在他那将神话视作间接表达的历史的"犹希迈罗斯式"的解读中，古代诸神实际是诺亚及其子孙，只是换了其他的名字，穿着异端服饰罢了。[18] 对世纪末最出色的基督教神话研究者雅各布·布莱恩特（Jacob Bryant）而言，诺亚在各地神话中有着各种形象：普罗米修斯、丢卡利翁、阿特拉斯（Atlas）、特乌斯（Theuth）、左斯（Zuth）、苏托斯（Xuthus）、伊纳科斯（Inachus）、奥西里斯（Osiris）、赫利俄斯（Helius）、宙斯、迪奥斯（Dios）、狄奥尼索斯、巴克斯（Bacchus）、纳乌斯（Naus）和诺乌斯（Nous），这些地方神话源于真正犹太-基督教的歪曲版本。[19] 基督教享受特殊地位的这种传统在威廉·沃伯顿作品中也十分明显。他的《摩西的神圣使命》（*Divine Legation of Moses*, 1737—1741）使用看起来自相矛盾的方法捍卫基督教正统，他接受自由思想家的如下主张：认为天堂、地狱信仰纯粹是人造的，有着不可告人的政治目的。有鉴于此，这位主教推断希伯来神权政治一定是有神意指引的,因为《旧约》里并没有提及来世的赏罚。[20]

正如我们前面看到的,自然神论者的解释进路以原始的一神论为基础,进而推断异教多神论与基督教教义(连同准多神主义的三位一体说与圣徒崇拜)是原始最高主宰崇拜的倒退版本。在《给塞丽娜的信》(*Letters to Serena*, 1704)中,约翰·托兰德探究了"偶像崇拜的起源与异教理性",把愚蠢的异教神话与纯洁的一神论做了比较:

> 最古老的埃及人、波斯人与罗马人,最早的希伯来长老们……并没有圣像或塑像,没有具有独特意义的地方或者靡费的敬神风气,他们的信仰平实简单,与神圣自然的简单性最相适宜。[21]

神话已变为传播宗教与道德说教的工具,托兰德解释说,那是因为虚构的故事具有蛊惑性。问题在于,希腊、埃及与希伯来传奇故事适时地给僧侣作家提供了"撒谎艺术"的样板:"用戒律进行宣教显得苍白、赤裸且简单,人们会觉得枯燥乏味,非常厌烦,因而掺杂进神话则被认为对于哄骗和吸引人来说是很必要的,当然,它们富含迷信、欺骗成分。"[22] 用神话为宗教信条镀金,证明了说教本身的捏造性,并且教士运用骗术,散播寓言来掩饰让人生厌的荒谬信条。但托兰德能够接受神话,只要它们公开宣扬美德,例如伊索就是这样一位意在"扬善抑恶"的作家。[23]

理性主义视角认为神话体现的是人类因陷入无知而恐惧的婴儿般愚行,无知是迷信之母。先锋者有皮埃尔·培尔、《神话起源》(*De l'origine des fables*, 1724)的作者伯纳德·德·丰特奈尔(Bernard de Fontenelle)、大卫·休谟,他们都把迷信看作原始心态的征候。蒙昧思维里有癫狂的想象,强迫性地将世界编造为寓言。乍一看神话只是废话的合集，但其实也可看作对原始人努力理解世界的记录，原始心态就如孩童的一般。在《历史批判辞典》（*Dictionnaire historique et critique*, 1697）里，培尔尖锐地挖苦希腊、罗马神话中的荒诞与伤风败俗的故事，以便将其与《圣经》里的相似片段并论对比：朱庇特是个奸夫，你瞧，大卫王也是！从查尔斯·布朗特（Charles Blount）开始，这类观点在英国也非常有影响力。[24]

对神话的评价慢慢变得没有那么敌视了。亚当·弗格森用标准的方式说道："把《伊利亚特》《奥德赛》的不实之词，关于赫拉克勒斯、忒修斯或俄狄浦斯的神话当作与人类历史有关的真实事件的证据来加以引用，是多么的荒谬。"然而这不是全部情况，他继续说道，

> 它们可被极公正地征引，来确定它们形成的那个时代的观念与情感，或用来描述那个民族的天赋的特征。他们用想象力来混合神话，并充满感情地不断默诵和称赞。[25]

弗格森认为，在历史记录稀缺的地方，神话可以为人们那种希望了解过去的心态打开一扇窗户。这点得到广泛接受，尤其是德国的赫尔德。弗格森对有自己神话的民族与借鉴他者的民族做了区分，表达了对希腊神话的尊敬："诗人的热情渗透到整个民族的心灵当中，天才人物的观念传播到平民中间，成为民族精神的诱因。"[26] 像维柯一样，他建议进行神话的比较研究，因为这也许能为了解心智未开、思维简单的人们的观念模式提供启迪。[27] 另一些人却并不在意。"我们对异教的手法不感兴趣，"直言不讳的塞缪尔·约翰逊武断地说，"荷马或维吉尔的作品一出现神灵，我们就觉得厌烦。"[28]

想要打造一个自然历史而非神圣历史的愿望也在同时期的语言研究中有所体现。这是一个热门话题：笛卡尔做出了惹人注目的裁决——正是语言把动物与人区别开来。[29] 语言纯洁性的问题和语言异

常,正如第三章表明的那样,对于有关真理的发展变化趋势的启蒙理解非常重要,同时语言的发展被广泛看作文明兴起(或衰落)的指标。[30] 尤其是,说话能力的起源成为一个《圣经》权威在其中危在旦夕的领域。语言真像《创世记》里所说的那样,是上帝的礼物吗?如果是,又是怎么衰朽的呢?为什么有这么多不同的方言?一旦亚当是语言的鼻祖的观点受到挑战,《旧约》中的人类历史本身,其实也就是经文的真实地位,不就受到威胁了么?无疑,辩论就此爆发了。[31]

文艺复兴时期的语言学建立在《圣经》之上。根据《创世记》,说话能力可追溯到伊甸园,上帝命令亚当为所有东西取名字。《圣经》记述中的关键特征已被语文学上的正统奉为圭臬:最早的词汇都是名字。在上帝的鼓动下,亚当为动物取了名字。他起的名字将声音与视线联系起来。根据《创世记》,语言的混乱则源自巴别塔的修建,人类不自量力地想要直通天上。简而言之,神学理论认为人类最初都说同一种语言,之后产生的差异是上帝的旨意,源于巴别塔,用来打击人们的傲慢。

此中含有授予词语最大重要性的谋划。因为在人类堕落之前《圣经》就使亚当给事物取了名字,人文主义者普遍认为,这种原始的标记一定是"极其重要的"。因此,通过解读如记录在希伯来语中的人类最初的语言,人们希望能够揭示造物的长久以来被隐藏的神圣真相,词源学能揭开神与人两者的心灵秘密。语法学家中普遍流行着这样的观点:认为最初的语言一目了然、定义清晰而且真实。这真正给了人们复兴语言的那种纯洁性的希望,因而支撑了切斯特主教、皇家学会会员约翰·威尔金斯(John Wilkins)等人的梦想,就是要通过世界通用语言颠覆巴别塔历史,再度统一语言。创造一种崭新、"完美"的语言的可能性吸引了宗教作家威廉·沃辛顿与约翰·戈登,他们把单一语言的全球化看作通往神圣知识顶峰的一步。世界通用语言,普利斯特利坚持认为,将是"人类天赋里最后,也是最伟大的成就之一"。[32]

启蒙理论家不赞成一部分乃至全部旧式语文学的原则。很少有英国作家直接对抗亚当理论——曼德维尔是一位，批评家们另辟蹊径阐述有关语言起源的自然主义解释，把语言看作人类的发明或自然习得，与其他技能很相像。洛克用霍布斯式的、唯名论式方式，强调词语的重要性"完全是武断的"。[33]

一旦开始质疑上天的赠予，问题就变成了"说话能力究竟是怎样发展出来的？"一些人认为语言源于某种言语表达与事物特定属性之间的"自然"关联，认为是这触发了思维中的特定声音序列。支持者极为重视对自然的声音模拟（"砰""嘶嘶"等），以及人类本能的发声。毕竟还有其他"自然的"交流方式，例如手势，并不需要发出声音来。"在世界的早期时代，"威廉·沃伯顿认为，"对话是通过语言和动作的混合进行的……这种习惯做法在已经失去必要性之后依然长期存在，尤其在东方人中间。"（天性习惯于随性的手势。）[34] 因此，人类在肢体表达方面拥有自然天赋，但关键的是与声音一同发出的手势，"自然的呼喊"（cris naturels）或感叹，它们反映了内心的情绪——欲望、渴求、饥饿、恐惧。不断的重复产生了记忆，同时，重复也是用于交互信息的声音的再现。简单声音符号的使用扩大了思想活动的范围，反过来又改进了符号，增加了符号的数量，并使它们更为常见。[35] 语言就像人们通常认为的那样，源于必需性，进而与思想和社会进步齐头并进。

在《语言的起源与发展》（1773—1792）中，蒙博杜勋爵采纳了洛克的观点，认为词源学能澄清认识论，因为不"探讨观念起源"就无法研究"语言的起源"。[36] 因此，他认为"从语言研究出发，如果它进行得很好，人类心灵的历史就能得到最好的了解"，他认为，特别是"在心灵发展的最初阶段，除了保存在语言中的信息，没有任何其他的记录"。[37]

这位苏格兰法官提出了一种完全自然主义的进化的语言起源理论。[38] 依据解剖与其他理由，他确信红毛猩猩是目前为止还不会说话的一种人类变种。[39] 有意义的表达需要很高的能力，以至于只有人设法掌握了它。说话能力并不是先天的,因为"不仅孤僻独处的原始人,整个族群"——他指的是类人猿——"都被发现不会使用说话能力":

> 它们确实表现出人类的形态:直立行走,而是不靠四肢着地,就像我们在欧洲发现的原始人一样。他们用木棍做武器,群居生活,用树枝搭建窝棚,他们抢夺黑人女孩,将其作为奴隶。[40]

蒙博杜指出,笛卡尔主义者曾宣称:"语言是人类天性,因此不会说话的动物就不是人。"[41] 但这是一种想当然,既然红毛猩猩不会说话纯粹是偶然的,那么就破除了这种假想:语言从根本上把人和动物区别开来。与其说人类是独特的,不如说自然在这里如同在他处一样展现了连续性:红毛猩猩是直到现在也不会说话的人。语言的历史也就成了智人更为广阔的生物社会进化史中的一章。[42]

在神话研究、语文学与其他领域(例如种族起源与分化、地球的物理变迁),强调时间发展的自然主义解释要么正在驳斥《圣经》的叙事,要么正在对其进行理性化,或隐喻化。[43] 尽管英国很少有思想家完全否认《圣经》全部的事实性,但许多人却将其搁置一边甚至公然无视其存在,用自然论取代神学解释,用渐进发展取代神迹凸显,并且,明确或隐性地围绕着比《摩西五经》所允许的更长的时段进行研究。[44]

人类的社会和文化史过去被解读为关于堕落的传说,人类从黄金时代或伊甸园里被逐出。[45] 在"古今之争"及其他争论中,这种悲观的解读受到挑战,人们逐渐开始相信改善。关于这一点,没有哪里比最需要、最渴望变化,并且变化最剧烈的边缘地区表现得更明显了。[46]

18世纪为知识分子在效忠问题上带来很多冲突,他们在世界主义倾向与地方效忠之间撕裂挣扎。成为"世界公民"对那些深刻认同希腊-罗马价值观、厌恶派系与沙文主义盲从的人很有吸引力。然而呼吁民族认同的潮流也开始兴起了：毕竟启蒙的自由意志论要求从压迫者那里取得独立，与此同时，一种对起源与种族，对方言、习俗与历史的新迷恋，正培养超越王朝忠诚的民族感情。⁴⁷

使英国人卓尔不群，并有时起了黏合作用的那些神话已成为本书的核心主题，尤其是对盎格鲁-撒克逊政治自由，以及自由的新教、理性宗教、商业成功和文明进步之间的"友善关系"（entente cordiale）的骄傲之情。至少在理论上，英格兰人不是唯一被纳入这种启蒙惯用词语的人——"不列颠人绝对、绝对、绝对不会成为奴隶！"苏格兰人托马森在一出名为《阿尔弗雷德》（Alfred）的假面剧上唱道。[48] 但非英格兰人中的情感态度却并不总是那么清楚明确。苏格兰、威尔士与爱尔兰人，更不用说海外不列颠人，例如十三州殖民地居民，容易感受到分裂。过早提出或夸大知识分子中的"凯尔特民族主义"无疑是错误的，非英格兰的不列颠人在适当情形下称呼自己为"英格兰人"（English）也不会感到愧疚[49]。一个明显确定无疑的事实是：许多杰出的"凯尔特"优秀人物欣然离开家乡，在大城市（Great Wen）*寻求声名与财富。苏格兰人沿着大路奔向南方的流动非常有名，[50] 很多威尔士与爱尔兰出生的英国人或可跻身启蒙运动第一梯队，例如，理查德·普莱斯、威廉·琼斯爵士和罗伯特·欧文、理查德·斯梯尔、约翰·托兰德、汉斯·斯隆爵士、谢里丹家族（Sheridans）、劳伦斯·斯特恩、奥利弗·戈尔德斯密斯、埃德蒙·柏克，因为他们选择在家乡之外度过成年时光。那些留在家乡并成为爱国者的人的故事却没有那么光鲜动人。都柏林圣帕特里克教堂的牧师乔纳森·斯威夫特评论道："我认为没有比不得不在爱尔兰待一辈子更悲惨的事了"，或者可以把爱尔兰称为"这个奴隶之岛"。他在《一个小小的建议》（A Modest

---

* 指伦敦，威廉·科贝特在19世纪20年代发明了这一称呼。——译者

Proposal, 1729）里为爱尔兰问题提供的解决方案是，把爱尔兰婴儿做成可口的食物，"煎炒烹炸皆可，并且我毫不怀疑，一定能以浓汁肉丁或者蔬菜炖肉这样的菜品呈上餐桌"。[51]

乔治王时代的威尔士大部分区域是农村，人口稀疏，那里没有文雅城市或者大学，一些主教甚至连自己的辖区都没有去过。威尔士的绅士在学识方面没有声名，19世纪初，托马斯·皮科克打算在小说《海德隆庄园》（*Headlong Hall*, 1816）里写一个笑话——取材于一位威尔士的乡绅——他的哈利·海德隆确实拥有一些书。[52]

光明还是有的。生于格拉摩根谷地（Vale of Glamorgan），后被称为伊欧·摩尔冈（Iolo Morganyg）的爱德华·摩根（Edward Morgan）是一位论派信徒，也是伏尔泰及其他启蒙哲人的坚定追随者。他同他们一样对教士骗术充满仇恨，并发起马多克（Madoc）崇拜。马多克是中世纪的威尔士人，据称他向西航海，发现了美洲，将他的同族安置在大平原。随着威尔士人开始向新世界移民，探究这个被长期遗忘的勇敢部落的渴望自然而然地日益强烈了。这一兴趣是由约翰·威廉姆斯博士（Dr John Williams）培养出来的，他是一位居住在伦敦南部西德纳姆（Sydenham）的博学的神职人员，写有《关于马多克·阿布奥文·圭内斯王子在公元1170年发现美洲这一传统说法的真相探究》（*An Enquiry into the Truth of the Tradition concerning the Discovery of America by Prince Madog ab Owen Gwynedd About AD 1170*, 1791）。[53] 尤其在十三州殖民地起义之后，马多克的追随者被推崇为自由的拓荒者，第一个脱离英国枷锁的民族。这种民族自由主义言辞后来被雅各宾主义进一步增强。[54]

摩尔冈也对古典文学、德鲁伊神话、文学与历史十分着迷（他在原始希伯来人与威尔士人之间推断出了亲缘关系），把德鲁伊教徒当作雅各宾党人的原型。[55] 他旨在复兴吟游诗人传统，把一年一度的威尔士诗人、音乐家大会（Eisteddfod）想象为一种民族文化学院：追溯到中古诗人安奈林(Aneirin)与塔里辛(Taliesin)的时代,亚瑟王与他的骑士是威尔士诗歌的支持者。摩尔冈十分熟悉古代的露天吟游诗人集会"哥赛德"(Gorsedd)的传统,他在脑海中想象着它的复兴,连同它的礼袍、名次等级与仪式。最早的重新举办的"哥赛德"是在伦敦的威尔士人于1792年在樱草花山开展的,这为"创造传统"做出了贡献。威尔士复兴运动在这个时代主要发生在伦敦,受到活跃的伦敦威尔士人社团"盖内德帮"(Gwyneddigon)的支持。

爱尔兰则不同。它是一口充满冲突的坩埚,它的人民因为语言、土地、种族、信仰、财富与残酷的反天主教刑法而四分五裂,新教的支配地位则引发了深刻的仇恨。在都柏林、科克和少数其他城市里,爱尔兰也拥有一些值得夸耀的文明中心:都柏林有议会、一所古老的大学与一些同业公会。

乔治王时代的爱尔兰孕育着致力于现代化的机构,尤其是都柏林学会(Dublin Society)。这个机构成立于1731年,意在推动"农业、手工业等实用技艺的改善",其成员主要是拥有土地的新教绅士,还有少部分主教、法官、律师、医生与军人。它的方向是实用性的:交流农业论著,尝试新工具,做实验,为高产作物的研发提供津贴。1770年,阿瑟·扬在爱尔兰旅行的时候,尽管对爱尔兰的农艺学并无深刻印象,但却拜访了许多进步地主。都柏林也以其剧院与高雅文化集会场所为荣——亨德尔于1741年到访都柏林,并指挥了《弥赛亚》。爱尔兰议会与法院则保留着引以为豪的论辩传统:三一学院——贝克莱在那里很早就开始了自己的职业生涯——发起了著名的辩论社团。为推动科学发展,皇家爱尔兰学院在1785年成立。[56]

从斯威夫特开始,到柏克公开谴责《宣誓法案》,有关爱尔兰人的权利的争论一直持续不断。然而直到18世纪90年代,这种申诉才用带有启蒙政治主张(到那时,也是革命性的主张了)色彩的论断发出自己的声音。[57]

苏格兰又与此不同。[58] 与威尔士不一样，这是人口众多的有大城市的地区。与爱尔兰不同，新教徒占绝大多数，也不是类殖民地。苏格兰培养出一种杰出的人文主义传统，并且由于加尔文主义的影响，苏格兰人十分重视学校教育，即使在1707年《联合法案》出台后失去了自己的议会，它仍保留了自己的教会（Kirk）、司法与教育系统以及文化声望的长久源泉。大学城爱丁堡、格拉斯哥，还有相对次一级的阿伯丁与圣安德鲁斯，有高度集中的神职人员、律师、医生与悠闲的绅士，许多人兼有文人身份。深沉的文化传统扎根于职业人士、土地所有者和大学之中。[59]

虽然这个民族也陷入过混乱——在世纪中期以后，围绕着詹姆斯党的效忠问题、利益与意识形态方面产生的冲突，此地陷入分裂，但它也得到了快速发展经济、实现社会进步的机遇，而在与英格兰结成联合王国之前，这个民族处于极度贫穷落后的状态。对一些人而言，1707年出让政治主权是民族的耻辱，对另一人而言，文化、思想与社会进步——"市民社会"的进程——让这一损失成为只有守旧者才在乎的事情。[60] 更重要的是，苏格兰思想家无不敏锐地注意到变化的发生，无论是实际发生的还是可预期的。许多人因此感觉到，自己有义务为这个民族正在或者应该经历的大转型进行理论分析。

苏格兰启蒙运动究竟在多大程度上起源于本土仍存在很大争议。[61] 许多人相信火炬来自外部，尤其是伦敦的上流文化。奥赫特泰尔（Ochtertyre）的拉姆齐（Ramsay）认为："安妮女王时代的《闲谈者》《旁观者》与《卫报》的出现，使庸俗的苏格兰人英格兰化，变成有教养的学者。"[62] "信息与对不同观点的宽容思想从外部的不断涌入，"杜格尔德·斯图尔特（Dugald Stuwart）赞许道，"有助于解释天才人物的突然大规模出现，这在外人看来必定是这个国家在1745年大叛乱之后被施加了什么魔法导致的雨后春笋般的发展。"[63]

伦敦当然能够吸引文人学士。"苏格兰不过是个狭隘的地方。"建筑师罗伯特·亚当（Robert Adam）在1755年哀叹道。他解释自己为什么渴望"更伟大、更广阔、更受人尊敬的环境，我指的是过上英格兰的生活，"还对身在爱丁堡的妹妹开玩笑说，像他这样的"天才"竟然"被丢弃在苏格兰"实在是"太遗憾了"。[64] 同时，大卫·休谟努力抹去自己的苏格兰特性，把伦敦描绘成"我自己国家的首都"，对自己的密友亚当·斯密说："苏格兰对我而言是个太狭隘的地方。"[65] 休谟并不是狂热的爱国者：结成联合王国前的苏格兰是落后的，那时苏格兰甚至还算不上一个市民社会，一直"是所有欧洲民族中或许最粗鲁的；最贫乏、最混乱、最不稳定"，[66] 苏格兰的历任国王从未设法维持秩序。然而他也会怒骂"住在泰晤士河岸边的野蛮人"，[67] 否认重要的思想作品出自英格兰，吹嘘苏格兰人的胜利。"这难道不奇怪吗？"他在1757年向吉尔伯特·艾略特（Gilbert Elliot）提出，

> 我们失去了自己的王公，我们的议会，独立的政府，甚至我们的显要贵族，他们不愿用我们的发音和语调，不愿用我们自己使用的腐朽方言。我说，在这种情况下我们真的是欧洲文化界最杰出的民族吗？[68]

但是，对英格兰与苏格兰的启蒙传统做出严格划分是时代错置的，主要是因为这种描述只是反映了后来的民族主义。在哲学，道德与自然科学上，由特威德河所分开的南北方的共性超过了差异。英格兰与苏格兰思想家不断对话，例如弗朗西斯·哈奇森吸收沙夫茨伯里的观点去攻击曼德维尔，约瑟夫·普利斯特利与托马斯·里德、詹姆斯·比蒂（James Beattie）与其他"常识"哲学家之间长期存在的唯物主义之争。[69] 鉴于他们有共同的语言和读者群，我们就不会奇怪这个共存共生的传统。1750年之后出现了一股英格兰学生到爱丁堡大学读书的潮流，许多苏格兰领军人物，例如休谟、斯密和斯摩莱特，都有

244 一段生涯是在英格兰度过的，甚至更远。做世界主义者对开明的苏格兰人而言非常重要。

无论构成因素是什么，苏格兰启蒙运动的催化剂再清楚不过了。1707 年，国家精英用政治独立性换取了与英格兰的联合，这有可能给苏格兰带来更好的经济前景。[70] 接着他们又拒绝了詹姆斯党的武装召唤。到卡洛登战役（1746 年 4 月 16 日）时，合并明显产生了社会经济成果，[71] 这就是塞缪尔·约翰逊在 18 世纪 70 年代去苏格兰高地（这个民族"从野蛮状态崛起了"）旅行时感到十分震惊的原因：

> 或许从来没有哪个民族的生活方式发生过这么迅速、伟大和广泛的变化……我们本想到这看看古代生活的样子……但却发现为时已晚。部族的最初特性被保留下来的已经非常少了，他们的暴躁脾气变得柔和，他们的尚武激情消亡了，他们的独立尊严被削弱，他们对政府的轻蔑得到抑制，对部族首领的尊崇也减轻了。[72]

合并后的几十年中发生了很多显著的变化。最初，权力之争爆发于处境艰难的苏格兰教会，自从 1688 年后，教会就被加尔文派空论家以神圣盟约派的模式主导了。1696 年，一位爱丁堡年轻人托马斯·艾金海德（Thomas Aikenhead）因被指控亵渎神灵而遭到杀害，女巫依旧被处以极刑。[73] 1714 年开始，格拉斯哥大学神学教授约翰·辛普森（John Simpson）因为异端罪名遭受迫害，1736 年，圣安德鲁斯大学教会史教授阿奇博尔德·坎贝尔（Archibald Campbell）因为他的著作《对使徒不是狂热信徒的论证》（*A Discourse Proving That the Apostles Were No Enthusiasts*, 1730），也被指斥为异端。弗朗西斯·哈奇森在 1738 年，格拉斯哥大学神学教授威廉·利奇曼（William Leechman）在 1744 年，还有大卫·休谟在 1756 年都遭受了同样命运。凯姆斯勋爵因为在《论道德与自然宗教原则》(1751)里提出决定论哲学而受到狂热分子攻击,[74] 而约翰·霍姆牧师(Revd John Home)则因为写了一部舞台剧受到攻击。

然而,随着时间的推移,苏格兰教会强硬的领导权却被"温和派"(Moderates)成功地挑战了,他们主张用理性与现代学问来调和信仰。[75] 最后温和派的主张取得了优势,这在其领导人休·布莱尔牧师与威廉·罗伯逊牧师出色的职业生涯中有突出体现。在爱丁堡受过教育的布莱尔在一份广受欢迎的评论中阐释了自己的立场,它讨论了哈奇森的《道德哲学体系》,发表在第一期《爱丁堡评论》上,赞美哈奇森的道德研究,但却不赞同他对待仁爱的过度的美学观点。在1776—1788年间,布莱尔获得了新设置的爱丁堡大学修辞学与纯文学教授一职,出版了影响巨大的《修辞学与纯文学讲座》(1783),这本书赞美《旁观者》,甚至认可小说是一种文学形式。如果说布莱尔在替袭相的辩护中获得了最大的公众赞誉,那么他被永久记住则是因为他的广教论布道,这也让他变得非常富有——他是爱丁堡神职人员中最早拥有马车的人。[76] 罗伯逊与休谟、吉本一起,成为了英国启蒙史学家三巨头。罗伯逊在1759年出版了《苏格兰史》(History of Scotland),1769年出版《查理五世史》(History of the Emperor Charles V),1777年出版了《美洲史》(History of America)。[77] 他成为了爱丁堡大学校长,后来又成为苏格兰教会中的温和派领袖,在1763年又被任命为宗教大会的主席,这充分证明了那时苏格兰教会的自身解放程度。

《联合法案》之后,文化向更广的领域迈进。报纸出现了,包括《爱丁堡晚报》(Edinburgh Evening Courant)、鲁丁曼(Ruddiman)的《每周信使》(Weekly Mercury)以及《苏格兰人杂志》(Scots Magazine)、《加勒多尼亚信使》(Caledonian Mercury)——后者号称在1739年的发行量是1400份。[78] 俱乐部与进步社团也如雨后春笋般出现。"舒适俱乐部"(Easy Club)于1712年开始聚会,发起人是诗人阿兰·拉姆齐，他们坐在一起阅读《旁观者》，这别具意味。"明镜俱乐部"（Mirror Club）也做了差不多的事，而"精英协会"（the Select Society, 1754—1756）则是有身份的人在一起论辩的社团，亚当·斯密就是发起人之一。[79] "改进农业知识荣誉协会"（the Honourable Society for the Improvement in the Knowledge of Agriculture, 1723—1745）也是精英社团。"这些高雅技艺越是进步，人们就越是热爱交往，"休谟这样评论这种自发协会的作用：

> 他们涌入城市，喜欢获取并交流知识，来展示自己的智慧或教养……到处都有独特的社团与俱乐部：男女都以一种轻松的交际方式相聚一堂。人们的脾气、行为、都迅速得到改善……这样一来，勤奋、学识和仁爱就被一条坚固的链条联系在一起了。[80]

这类社团把绅士成功地聚在一起，这点非常关键，因为与英格兰不同，苏格兰从未有过职业作家群体。杜格尔德·斯图尔特指出，直到18世纪30年代，著作权交易在苏格兰还无人知晓，爱丁堡的格拉布街尚未出现，在"北方的雅典"从事写作的是绅士、律师、神职人员、学者和医生。[81]

同时，大学也在现代化。尤其在爱丁堡与格拉斯哥，旧式的监护体制（大学教授被迫像私立中小学的教师一样工作，什么都要教）让位给专业化的教授职位。[82] 尽管有任人唯亲的趋势，但毕竟大学里聚集了哲学、科学以及医学等领域的一大批天才，许多杰出的作品在学院内外纷纷涌现出来。

在1754年，一群文人创办了最早的《爱丁堡评论》，发起人里面就有布莱尔和斯密。尽管只出版了两期——显然它太过早熟了——但它为未来提供了指针。"这个国家正准备在学问界大显身手，"斯密在第二期，也就是最后一期说，"目前还只是出版了少量有影响的作品，以至于主要对它们进行评论的文章几乎不能在较长的时间里引起公众的兴趣。"吸收引进大陆作品得到了优先考虑，为了给人们树立榜样，斯密也开始评论起《百科全书》。[83]《评论》将规范苏格兰的写作当成一种使命，谴责语言的"粗俗"。第一期序言解释了不列颠北部"知识进步"艰难的原因，因为在这个缺少典雅写作标准的国家，"很难进行恰当的表达"。[84]

除了英格兰的积极活跃与苏格兰的死气沉沉这种显而易见的两极分化之外，对立还体现在低地地区的先进与高地地区的落后上。面对这种截然不同，苏格兰思想家很难不得出一些强调社会差异与变迁的理论模型。或许最有雄心的此类行动源于罕见的高地杰出人物亚当·弗格森（Adam Ferguson），此人从事的职业有幸涵盖了士兵、牧师和教授等。他的《文明社会史论》（*An Essay on the History of Civil Society*, 1767）分析了各民族在通往商业社会过程中的道德与物质进步，尤其是两篇关于社会发展的历史讨论——"蒙昧民族的历史"和"政策与技艺的历史"。最后三部分——"内政与商业技艺进步的后果"、"民族的衰落"和"腐败与政治奴役"——正如潮流清晰表明的那样，对通往现代过程中的历史与道德的得失进行了分析。[85] 在呈现了"从蒙昧到文明"的发展概观的同时，他对发达商业社会所具有的问题的分析还表达了公民人文主义者的忧虑，关乎一种在追求经济发展的同时保持美德的苏格兰式尝试。生于正在努力寻求商业与宪制自由的国度的原始与先进社会的边界线上，弗格森深深地牵挂着苏格兰的问题，即使他的《史论》在讨论落后经济体时并没有点名提及高地地区，在谈及商业化进程的时候也没有详述英格兰，论述这个国家时也没有谈及英格兰与苏格兰的联合。一个大问题是传统公民美德在现代国家中的位置——或其可替代性。现代化会不会削弱尚武精神与市民精神的至关重要的传统，并最终损害自由呢？富裕的代价一定要这么高吗？[86]

《史论》与大卫·休谟进行了暗中对话，休谟不赞同弗格森，但和他一样，悄悄把新旧苏格兰映射到了更广阔的历史画布上。休谟自己也进行过古代与现代政体的比较，强调斯巴达（我们从中能读出中古苏格兰来）与现代商业社会的差异。[87] 作为自由社会的样板，斯巴达长期被苏格兰的"共和派"（Commonwealthmen）高度赞美，从索尔顿的安德鲁·弗莱彻（Andrew Fletcher of Saltoun）[88] 到弗格森无不如此。但休谟却颠覆了支持斯巴达美德的反奢侈论据：他认为贸易不会产生腐败，而是带来文明、和平与进步。[89] 休谟反对长久以来对斯巴达式勇猛的赞颂——后者近期又在卢梭的《论科学与艺术》（1750）中被推崇——他推翻了赞誉占有土地的战士是自由社会基石的公民人文主义传统观点。在文章中分析源自"对人们生活认真观察"的"人的科学"时，[90] 休谟认为斯巴达这样的士兵国家既不合需要也显得过时，因为现代商业带来的"高雅时代""既是最幸福的也是最有美德的"。[91]

休谟把"奢侈的艺术"放在历史语境中，他的最初阶段——很快以亚当·斯密的社会最初状态重现——是"原始阶段"（savage state），这是一种渔猎的自给经济。此后各个社会开始发展农业，到了一定的时间就能够为"多余的双手"提供用武之地，可以自由地将其用在艺术事业之中。越来越多人有了"享受的机会，否则他们不会知道可以这样"，由此幸福快乐广泛传播开来。[92]

斯巴达是这种进步的鲜明例外。实际上，它被当作"古典"美德的完美榜样，用来对较低级国家进行道德谴责。在斯巴达，过剩的劳动力没有从事经济活动而是参与军事活动。显然，在"国家（其军事机器）的伟大"与"臣民的快乐"之间存在着明显的紧张关系。[93]

奢侈年代更加幸福，这种幸福包含三个要素："闲散"、"行动"和"愉悦"，最后一种与行动有明显的联系，因为行动能激活心灵，从而满足自然欲望，压抑非自然欲望。[94] 然而，休谟赞美行动不是为了颂扬西塞罗对公共事物（res publica）的关注——对国家事务的参与——而是个人对"勤奋"的追求。人们想要追求更加"奢华的生活方式"或为了"奢侈享乐"而从事各种活动或变得勤勉。[95] 这些都被古典道德家与基督徒鄙视，因为这些行为迎合了对身体欲望的满足，但休谟却让自己远离这种责骂，并赞美"无罪的"奢侈。只有僧侣等"被热情的狂躁扰动的人"才会痛斥好食物、好衣服这类无害的东西。实际上，休谟抗辩道，奢侈带来的对快乐的改进会减少低俗的放纵，只有野蛮的部落才是贪吃鬼，不能将其与凡尔赛宫廷中的廷臣和"精致厨艺"相提并论。道德家对现代商业社会里诸多"无度现象"的攻击因而偏离了目标。[96]

斯巴达这样的原始民族仍缺少社交礼仪与人道，而勤奋的到来不断释放着进步的力量，"一切艺术与科学"都取得进步，"彻底的无知"被赶走，"灵与肉的愉悦"得以培育。[97] 休谟驳斥那些对城市堕落进行道德谴责的陈词滥调——空想出把单纯的农民从土地上吸引出来的让人沉溺的花花世界。这种厌恶城市的陈腐观点背后的支撑是哈林顿式的手执"犁与剑"的道德公民模范形象，弗格森就是拥护者之一。对休谟而言，完美的现代人与此相反，文明、礼仪是与公民生活相协调的，[98] 社会交往与人道会为"法律、秩序、治安与纪律"提供支持。正是在"文雅的"时代里，"勤奋、知识与人道被一个牢不可破的链条连在了一起"。[99]

斯巴达国王把战争放在人民福祉之上。对休谟而言，"人道"本身却要求脾气与行为习惯变得"柔和"，[100] 回应了孟德斯鸠在《论法的精神》（1748）里提出的"温和的商业"。[101] 这种令人渴望的柔和行为方式的一个标志是：现代战争不再那么"野蛮"，随着时间的流逝，勇气这一在未开化民族中最重要的美德也不再重要。休谟安慰说，这种柔和并不意味着变得娇气。当代法国、英国的强大清晰地表明，"奢侈"并不会导致军事衰朽。[102]

休谟积极宣传用"现代"自由观念取代"严格道德家"的斯巴达式理想，这个想法很快就被他的好友亚当·斯密完整阐述了。希洛人与"士兵或有身份之人"之间的两极分化阻碍了斯巴达社会的发展。[103] 奢侈增长的值得想望的好处之一就是终结这种野蛮的分野。奴隶制对"幸福"而言是非常不利的，而在商业社会里，大多数人都是幸福的，所有的成员都能"从这些商品中获得好处"。[104]

休谟把这个正面的替代方案与对"人的科学"的呼吁结合起来。斯巴达是个例外，"暴力，违背事物的更自然与正常的轨道"，要不是它真的存在过，这简直是不能相信的！[105] 现代国家不应该——其实也不可能——回到那个轨道上去，斯巴达是幸运地被我们遗失的一个世界。把现代城市变成"军营"，让居民被"为了公益"的热情点燃，[106] 这些都很难真正实现，因为"我们最关注的还是自己"。[107] 政府必须用那些能真正触动臣民的情感管理臣民——它们必须"用一种贪婪与勤劳、艺术与奢侈的精神来刺激他们"。[108]

对休谟而言，贪婪，这个"严格道德家"眼里的洪水猛兽反倒是"公民自由"的促进因素[109]，还能推动"实践与就业"，"人类心灵中没有任何其他渴望或需要比贪婪更加持久和难以满足"。[110] 贪婪"随时随地都在每个人身上"发挥作用[111]——这种普遍性对"尽可能寻求普适原则"的休谟式"人的科学"十分重要。[112] 因此，对政治的理解不能放在斯巴达这类反常现象上，每个"思考过人性的人"都会认为那是个"奇事"。[113]

休谟审慎选择了用词之后提出：使人类摆脱罪恶需要"一场奇迹般的转型"。[114] 市政官必须按照人的本色来管理人，使一种恶与其他那些对社会害处较少的恶相对抗。政府不能用发号施令的方法把"美好生活"强加给人们。相反，因为人性是始终如一的，统治者必须建设性地利用情感来促进幸福。斯巴达犯了错误，"勤奋、技艺与贸易"如果被正确理解，是能够增强君主的力量的，但这种增强并不能以牺牲

"臣民的快乐"为代价,就像斯巴达军国主义所表现的那样。[115]

启蒙哲学家认为既然商业民族是强有力的,那么无贸易的社会就没有了发展前途:士兵在本质上是无知、少礼、懒散的一帮人。文明国家因它们的其他品质能够组织起有效的军事力量,特别是因为,在富裕国家里军队能够通过征税组建起来。[116]

最重要的是,商业社会是不断进步的——休谟谈起"这个让英格兰超越世界上所有其他民族的巨大优势"。这种成功不仅在于拥有"众多机械技艺",更在于"大批人能够分享这些技艺带来的产品",因为"每个人只要有可能就应该享受自己的劳动果实"。利益的公平分配与人性和谐一致。[117]总之,开明的"人的科学"提供了一项清楚明确的经验:苏格兰应该竭其所能尽快英格兰化。

休谟就这样为现代吹响了号角。苏格兰不能模仿斯巴达,对这个想象出来的共同体抱有怀旧情绪完全是一种浪费。时代已向前发展,一定程度上是因为人们对于改善的冲动。休谟与弗格森不同,甚至在一定程度上与亚当·斯密认为现代化会同时带来伤害和收获的观点也不同,他对社会变迁的方向完全持一种乐观态度。

在一股热潮的作用下,这种假设被写进关于历史的预定进程的模型里。社会必须经历几个阶段,所有发展的要素——经济的、道德的、法律的、文化的和政治的——都在共生与交往中取得进步,这成了1750年后思潮的特征,在苏格兰尤其如此。休谟的一位亲属,凯姆斯勋爵亨利·霍姆就把这类模型看作第二自然。[118]他早期的作品《论道德与自然宗教原则》(Essays on the Principles of Morality and Natural Religion, 1751)被苏格兰教会裁定为危险读物,在完成这本书之后,这位法官及孜孜不倦的人类状况研究者开始写《历史上的法律——小册子》(Historical Law—Tracts, 1758),转而研究法律的起源与发展史。1774年,卷帙浩繁的《人类史纲》(Sketches of the History of Man)完成了，这是一部四卷本的有关道德的人类学著作，追踪了各色各样的社会制度的发展史。[119]

关于法律，凯姆斯大胆地宣称，法律合理性本身并非永恒的，必须做历史化处理："一个国家的法律若是与人们的行为方式、社会环境与政府合拍，那就是最完美的。因为它们不是固定不变的，所以法律也必须随之变化。"[120] 在分析人类"显著的'擅用，盗用'习性"时，这位上议院司法委员认为："没有私有财产就不会有勤奋，没有勤奋人类就会永远保持原始状态。""在社会的曙光出现的时候，"他解释道，个人开始捍卫自己的所属物，寻求私人复仇。在适当的时候，当财产争端出现，第三方就会被召来做评判。这样一来，法官就稳稳地获得了介入争端的大权，民事管辖权也就呼之欲出了。刑事管辖权发展得比较慢，因为"复仇是人类无组织纪律的本性的心爱的特殊利益，从不会轻易交出"。[121] 同样，仇杀如此有破坏性，以至于政府最终还是要拾起程序的外衣，反对血腥复仇。[122]

凯姆斯在法律史的指引下勾画出了一种更广泛的社会变迁哲学："为了生存而进行的渔猎，是人类最初的职业。接着是游牧生活，再下一阶段将是农业阶段。"[123] 这种"进步的变迁随处"都能发现，但只有农业阶段才出现了"真正的社会精神，它存在于互惠互利之中，存在于使个人的勤劳对他者和自身都有利这一行为中"。[124]

另一些人也描绘过类似的路径，用约翰·达尔林普尔爵士（Sir John Dalrymple）的话说，就是"人类如何从最蒙昧的状态发展到最文明的社会状态"。在《爱丁堡史，从最初的叙述到当代》（*History of Edinburgh, from the Earliest Accounts to the Present Time*, 1787）中，亚历山大·金凯德（Alexander Kincaid）描绘了"整个苏格兰历史里行为方式的概貌"，尤其关注被视为文化阶段而不是严格意义上的经济阶段的"野蛮时代"。[125] 这样的观点在亚当·斯密及其追随者约翰·米勒（John Millar）的四阶段理论中得到完整论述，他们尝试把孟德斯鸠对行为方式的描绘进行历史化处理，将其放在人类自然历史之下。"¹²⁶ 斯密解释道："社会的四阶段是渔猎、游牧、农业和商业。"他的这场思想实验更接近鲁滨逊·克鲁索而不是卢梭：

> 如果一群人遇到海难，流落荒岛，那他们最初的维生之物将是从土壤中自然生长出的果子，还有他们能够杀死的野兽。这些不可能总是够用，他们就要驯服一些野兽，从而随时取用。随着时间发展，甚至这些也不够了。一旦他们看到土地能够自然产出相当数量的蔬菜，他们就会想到种植蔬菜，从而产出更多。因此，农业在成为一国的主流职业之前，需要大量改进……商业时代自然接续了农业时代。¹²⁷

每个阶段产生的动态张力都会引发向下个阶段的转型。因而畜群会导致"财富的不均衡"，后者"最先促进了政府的兴起。没有财产的地方不会有政府"，因为政府的目的就是"保卫富人，对付穷人"。¹²⁸

正是约翰·米勒详细阐述了这些观点。和所有苏格兰进步主义者一样，这位格拉斯哥大学的法学教授赞美自光荣革命与《联合法案》以来积累的巨大好处："从这个幸福时期开始，商业与手工业呈现出新的面貌，持续快速发展，导致社会状况、人民的性格与行为方式都出现了数不清的变化。"¹²⁹ 他的准唯物主义观点强调四个阶段的经济逻辑。不言而喻，人类的第一目标是"维持生计，获得必需品以及生活的舒适与便利"。之后，他们的目标变成"保卫人身安全与占有物，对抗他人的攻击"。最初，因为财产很简单，政治组织也便如此。但随着财富的增加就需要"政府变得更加复杂"，因为这个原因，通过"追溯财富的发展史，我们就有望查明政府的进步历史"。¹³⁰

米勒对这四种前后相继的状态进行了详细的列举说明。最初是原始人，"他们以渔猎和采集土地自然结出的果实为生"，然后是牧人，

再后来是农人,最后是商业民族。[131] 总之,他讲述了一个完整、纯粹的进步故事:

> 他们的期望越来越高,他们的欲望和渴求也不断被唤醒,被激励着追求生活的更多舒适便利。手工业的多种分支及其不可分割的伴生物——商业,以及安逸与富有的自然产物——科学与文学也就随之产生,并逐渐成熟了。[132]

环境在这种发展进程中扮演着重要角色,这就解释了为什么有的社会要比其他社会更为进步。但和斯密一样,米勒从本质上把进步归于人性本身,"这是一种改善自己生存状况的脾性和能力","这在其进步的诸多阶段中制造了一种显著的统一性"。[133]

在休谟、斯密与米勒的学说里,改善实质上是注定要发生的,各地的进步路径也会逐步变得清晰。在评价斯密的贡献时,杜格尔德·斯图尔特赞美其《语言起源论》(*Dissertation on the Origin of Language*, 1761)是那个时代典型的"独特研究的范例",尝试解释"过去与当下在体制、观念、行为方式和技艺上的显著差异"。"从源于未经雕琢的本性的第一次简单努力,到如此不可思议的人工完成的、精妙的事物状态,这一转型所经历的渐进的步骤",在探查这一问题的过程中难以否认的是,研究它能用的确凿证据很少。因此,答案必须在其他来源里找,那就是猜想。"我们的演绎性结论或许能够确认事实的可信性,但以一种浅薄的视角来看,这些事实就显得可疑,或者难以置信。"这种推测式解释,斯图尔特坚持认为,不只是用来满足人们的好奇心的,它们有自己的科学价值,可以表明变迁"是如何由自然原因引起的"。这个过程应该有个名号:"我不揣冒昧为此取个名字:理论史学或猜测史学(Theoretical or Conjectural History)。"[134] 进步就这样成了启蒙军械库里非常重要的理论武器,当缺乏能够支持的史料证据时可以用想象来填补。

随着《圣经》被质疑是否足以解释人类状况，尝试描绘历史大画卷就有了新的紧迫性，物质与社会的快速变迁激发人们尝试依据不断发展中的进步来定位当下的发展阶段。有鉴于民族的快速发展——特别是在苏格兰——从蒙昧到高雅的转型理论被确立起来：从原始人到苏格兰人，从伊甸园到爱丁堡。现代化不仅带来繁荣，它是一种综合性力量，能把文明带到生活各个方面："社会状况的改善是物质丰富与精神高雅的结果，"米勒赞颂道，"让父亲在使用其权威时倾向于更加仁慈温和。因为生活在更加富裕、安全的时代，他就有更多的闲暇时间去关爱社会，促进那些能够让脾气变得更加柔和、更通人情的艺术。"[135] 进步是人性化的过程。

到最后，苏格兰人极其乐意接受启蒙，并变得富裕。[136] 他们对自身牢固的学术与哲学传统十分自信，也因为提出了人类心灵及它的改善能力理论而让这种自信更加合理。除了社会变迁理论，亚当·弗格森还完成了《道德哲学原理》（1796）一书。在前几个章节中，他在人类学背景下概述了"物种发展史"，后面则开始研究"个体的历史"，关注意识、理智与感觉、观察力、记忆、想象力、抽象能力、推理能力、洞察力、习性癖好、情感、欲望与意志力。人类的智识潜力自身没有边界。[137]

作为支持精神进步的史家，弗格森的后继者杜格尔德·斯图尔特是苏格兰学术王朝里另一位典型的博学教授。1772 年，由于父亲身体每况愈下，小斯图尔特开始替父亲在爱丁堡大学教授数学课程，六年之后还替弗格森做讲座。1785 年弗格森退休之后，他转任道德哲学教席，并获得巨大成功。所有他的关键性著作——《人类心灵哲学原理》(*Elements of the Philosophy of the Human Mind*, 1792)、《哲学论文》(*Philosophical Essays*, 1810)，以及《人类的能动及道德力量哲学》(*The*

Philosophy of the Active and Moral Powers of Man, 1828）——呈现了一个共同纲领：对精神进步进行培根式哲学研究。

斯图尔特认为，当研究脱离了形而上学式的推测，被引向发现（通过观察、实验）统治客观现象间关系的法则时，自然哲学就获得了科学地位。自然科学通过这样一种方式得以发展，它将那些同一性置于具有更大普遍性的法则之下，这些法则能够理解彼此分离的现象：心灵哲学一定要通过同样的方式获得发展。

对斯图尔特而言，他最迫切需求的东西是一门**统一**的"人的科学"，尽管这门科学可能有两个分支：社会科学（包括经济学和政治学）与意识科学。他强调，应该通过思辨对意识的现象进行无偏见的论述，它们间关系的法则可以通过归纳得出。心灵科学会寻求关于"我们的精神素质的普遍法则"方面的知识，就像牛顿的物理原理一样能够对大量事实集合进行演绎说明。

然而心灵科学假定托马斯·里德最爱用的词汇"常识原则"是错误的，因为这让其诉诸常识而反对怀疑论的做法听起来就像是求助俗人而反对受过教育之人一样。斯图尔特选择"人类信仰的基本法则"的说法作为替代。

斯图尔特从早期苏格兰思想家那里得到一个观念，将其作为他的主旨，它几乎是一种固定观念：逻辑学、道德与政治哲学、政治经济学与美学等"哲学科学"（philosophical sciences）的统一性全部建立在心灵哲学之上。为此，需被看作"一个大整体"的人性研究需要依靠最广泛意义上的心理学。他还想把他的自然哲学的观点整合进理性宗教之中。灵魂不是我们通过内省的方式意识到的，我们有关灵魂的知识完全是"相关的"，源于意识现象。心灵的非物质性创造了对死后生活的期望，并且深植于人性中的倾向需要有一个来生加以实现，例如，有关对错的无法化简的观念需要并使人想到神的统治。在苏格兰学术界尝试在历史中发现人类心灵进步表现的过程中，斯图尔特象征着顶峰。

　　在启蒙运动的诸多希望中，居于核心的理想是把科学思想扩大到对人与社会的研究之中。居于一个快速发展的社会，且有着深厚的大学传统，苏格兰人在运动中表现出色丝毫不令人惊讶，特别是贡献出了清晰、连贯的进步哲学。

第十一章 幸福

当下是个娱乐时代,是快乐的黄金时期。

——塞缪尔·福尔克纳[1]

啊,幸福,我们人类的归宿与目标!
美善,快乐,闲适,满足!
不论你冠以何名……

——亚历山大·蒲柏[2]

这个繁忙世界的脉动是什么?
对快乐的热爱……

——爱德华·扬[3]

我来告诉你是什么构成人生中的至善:它存在于对《项狄传》的阅读中,存在于炎炎烈日里,你的双脚享受着风箱的吹凉,以及在冬日的壁炉里烤马铃薯。

——会吏长佩利[4]

启蒙运动的重大历史转折在于对快乐的认可。本章将要考察人们逐步接受——尽管程度不同且尚有保留——把尘世幸福作为"至善"来追求的过程,这将使本书前半部分的内容更加充实与完善。

倘若认为启蒙运动之前并无放荡挥霍,没有欢愉,抑或认为感官与想象之乐为人所不齿，那就显得荒唐可笑了。在古代，伊壁鸠鲁及其追随者曾提倡一种享乐主义，认为即便不能将欲望得到满足置于首位，至少也应优先考虑规避痛苦。[5] 异教徒的酒神节在文艺复兴时期是广为人知的[6]，田园诗与田园画则呈现了牧歌田园式的黄金时代的恬静生活，在那里丰裕富足的大自然慷慨地奉献出她的累累果实。[7] 基督教历法中的节日数量，不亚于它的斋戒日——十二天的圣诞节，主显节，忏悔节星期二，愚人节，还有很多圣徒纪念日——各行各业还有自己特殊的节日：譬如，鞋匠的圣克里斯宾节，铁匠的圣保罗节。类似的主题——纪念酒神巴克斯和维纳斯的狂欢，丰饶之角与斟满美酒的碗——表明了无论是在现实还是在艺术想象里，节日、放纵和享乐无处不在、无时不有。

然而情欲主义曾经遭到坚决拒斥。柏拉图把欲望比作闹事反叛的船员——只有"理性船长"才能控制全局，避免失事——同样，斯多葛学派认为，快乐主义即是虚幻泡影：智者必须鄙弃转瞬即逝之欢愉，寻求精神的与永恒的真理。这样，斯多葛主义在基督教之前就提出了对肉欲的否定，认为通往幸福的唯一途径是苦行和禁欲。[8] 淫欲是原罪之恶果。通过无处不在的"逐出天堂"、"死亡之舞"（danse macabre）和"死亡警告"（memento mori）的意象，基督教使信徒们相信这便是眼泪谷，劳作便是对人类因堕落而受诅咒的提醒，自我主义是有害的，要把骄傲自大从心灵中排除出去，正如托马斯·布朗爵士所言："沉湎肉欲，绝无幸福。"教会挑选出嫉妒、贪婪、好色与甚至有点可笑的贪食作为致命罪恶加以谴责，这传达出了教会对诱人的物欲的忧虑。在这死亡阴影笼罩的幽谷，禁欲才是精神的解脱。[9]

仍有许多畏惧上帝的基督徒——吉本嘲笑这类大煞风景的人是如何剥去了他们所崇拜的上帝的"每一种和蔼可亲的特质"。[10] 塞缪尔·约翰逊的《拉塞拉斯》（1759）表明"幸福谷"一点也不幸福，他提出或可被称为"不幸计算"（infelicific calculus）的概念："不幸包含于物质的本质中，并且与我们自身交织在一起；所有想要完全避开它的努力都是徒劳的。"[11]

虽然偶有例外，但是总体而言，享乐主义被传统的基督教教义完全排斥在外。启蒙运动的创新性在于它赋予了享乐以合法性，这里的享乐不是偶尔的狂欢，也不是神秘的喜不自胜和贵族特权，而是人们普遍地追逐感官享受（并非仅是追求净化灵魂）及寻求现世满足（而不仅是在来世）的日常权利。

我们看到，这种转变部分发生在基督教教义中，因为广教论思想塑造了一位作为和谐宇宙的造物主的仁慈上帝，在这宇宙中尘世之乐昭示着天国的恩赐。"行善积德是世间最愉悦的享受，"蒂洛森大主教（Archbishop Tillotson）解释道，"这是很自然的事情，且无论如何是令人愉快的。"[12] "不应该总是暴风怒雷，"哈利法克斯侯爵说，"一片晴空有时会使教堂看起来更像天堂。"[13]

更重要的是，享乐主义还出现在教会之外，这要归功于古典理念的复兴和启蒙的人性哲学。新兴科学提倡一种关于人的机械论模型，将人类在本质上看作一台旨在趋乐避苦的机器。在《利维坦》（1651）中，霍布斯提倡的是主要以规避痛苦和死亡为导向的消极快乐主义，而曼德维尔则鼓吹一种持人皆自私论的自我主义：所有人实际上都是在追求一己之乐，即便人们虚伪地否认这一点。[14] 由于挑战了传统人文主义和基督教的信条，霍布斯和曼德维尔招致非议，但是他们的基本观点被世人逐渐地——如果说是有保留地——接受了：是自我实现而非自我否定应被人所信奉，因为它是人性所固有的，且有益于社会。后来的思想家们对这些惊世骇俗的观点多有阐释。由于在不同的话语场域下呈现出不同的形式，所以有必要对其进行简要评论。

一个变化，如已经提到的，发生在神学领域。到1700年，自然神论已经占据优势地位，它把上帝描绘成一个完美世界的仁慈的建筑师。继艾萨克·牛顿爵士之后，波义耳讲座教授们把地球看作一个供人类栖居的有序世界。[15] 人类可以采集果实，驯服动物，从事农耕。[16] 当然，宇宙乐观主义回避了许许多多的问题，从而受到伏尔泰的《老实人》（Candide）和塞缪尔·约翰逊的《拉塞拉斯》的辛辣嘲讽——这是意识形态敌手的会师——两书都是在导致三万人丧生的里斯本大地震之后的1759年面世。[17] 但是自然神论的设计论依然极富影响力，并在威廉·佩利牧师的基督教功利主义中达到顶峰，他满足地轻声说道："这终究是一个幸福的世界。"[18]

将世俗幸福与神圣幸福相结合，这样的观点亦出现在亚伯拉罕·塔克同样直言不讳的功利主义的话语中，他把天堂比作一个"世界银行，这里账目定期维护，每个人会因他们带来或取走的每分钱而被记入借方或贷方"。神圣储蓄所与英格兰银行相比具有很多优点：绝对安全且利率极高；无论基督教徒何时需要，塔克说，"经营它的天使"会"在我最不经意的时候秘密地把刚好合适的款项递到我手中"。他认为我们所有的苦难可能只相当于每二十二年经历一分钟痛苦。[19]

与这种新的基督教幸福观相似的还有沙夫茨伯里勋爵及其追随者弗朗西斯·哈奇森所信奉的美学与道德哲学传统。沙夫茨伯里蔑视庄严与肃穆，他对德性之快乐（pleasure of virtues）的溢美为那些支持快乐之德性（virtues of pleasure）的人指明了方向。[20] 虽然哈奇森鄙视曼德维尔的作品，但是他的思想（特别是他对"最大幸福"原则的超前阐述）同样倾向于从心理学方面来劝谕美德。[21]

早期启蒙运动的哲人们从心理学方面赋予了伦理学一个新的、充满前景的坚实基础。传统上，道德曾被当作一种神律或宇宙适宜性的客观体系：绝对的正确与错误，责任与公正。逐渐地，美德被重塑为一种重视内在提升的行为——善不在于遵守诫命，而在于驾驭动机。与奥古斯丁式的严格禁欲主义恰恰相反，它的新的重点在于，人性并非是无可救药地堕落了，毋宁说欲念在本质上是善的——且在任何情况下快乐都源自同情。简言之，美德是真正的快乐心理学的不可缺少的组成部分——的确，它自身就是一种回报。²² 高雅品位和高尚道德融合在一种德性的美学中。

神学和伦理学的这些改变符合社会知觉的变化。传统上，朝圣者曾是宗教戏剧中的一种角色，其结局在第一幕开端犯下原罪之人被逐出天堂时就已经一清二楚了。但是，启蒙思想家们通过更乐观的透镜看到：当科学和技术宣称着人定胜天时，文明为自然环境与人造环境带来了迅速的、翻天覆地的变化。人们自身也在变化——并且在世界范围内，看似在体型与外貌、观点、前途、预期上差异极大。如此看来，理性人终究不是某种在伟大的存在之链（Great Chain of Being）上占有预定位置的先验灵魂，而是多重外部影响和刺激下的可塑品；人不仅是工具制造者（*homo faber*），还是自己命运的创造者（*homo hominis faber*）；人类不是菲尔默所说的生于束缚中，而是如洛克所讲的生而自由。²³

如同整个自然界一样，人构成了由零部件组成的一台机器，通过一种"道德解剖学"的手法能够对其进行科学研究，可以使心理学的运动定律像物理学的一样得到揭示。²⁴ 基于这种自然主义的假设，思想家们提倡个人主义，对于自我完善还有追求幸福的权利。《鲁滨逊漂流记》（1719）幻想人在自然状态下遭遇海难的困境，必须（几乎）独自（重新）塑造文明并争取他自己的命运。事实上，曼德维尔那样的做法愈发普遍：将社会描绘成一个由许多个体组成的蜂巢，每个人都充溢着自己的所需、所望与所欲，或共谋或冲突。地产开发商兼医生尼古拉斯·巴尔本（Nicholas Barbon）²⁵ 宣称"精神的欲求是无止境的"，他所表达的观点指向了亚当·斯密对"每个人在改善其境况方面所做的始终如一、持续不断的努力"的礼赞。²⁶

人们有追求个人利益的自然权利成为启蒙运动者的共识。曼德维尔所提出的自利对于体现大众美德更为可取的悖论同样为休谟和斯密所谨慎坚持，减轻了令人震惊的程度，却更加令人信服。乔赛亚·塔克认为"利己是人性中的伟大原动力"；而且根据詹姆斯·斯图亚特爵士（Sir James Steuart）的观点，因为"个人利益原则"即"人类行为的普遍动机"，所以

> 对于政治家而言，管理一个社会与使每个人按计划行事的最好方式，是制定一种最能符合每个个体利益的管理制度，他绝不能自鸣得意地认为，人民会因为任何其他非私利的原则而行动起来。[27]

这种将公益碎化为不同利益的举动，相当于美德的私人化。

在启蒙运动早期，诸如善与恶、对与错、美德与邪恶的问题，从关于义务的教条被重塑为关于人性的事实问题。我们的认识是怎样发生的？我们仅仅是机器吗，抑或我们是否有自由意志？或者如凯姆斯勋爵示意的那样（见第十章），我们是否只是**认为**我们有自由意志？我们应该听从我们的冲动吗？我们能助长此举吗？由于提出了此类问题，启蒙思想家们常常被誉为是"社会人"的第一批现代分析者、第一批社会学家和人类学家、社会心理学家、犯罪学家等。[28]

通过把心灵假想成一块白板，并由此认为人极易受影响，能发生不确定的变化，洛克显示出了强大影响力。《人类理解论》（1690）和《教育漫话》（1693）不只否定了笛卡尔式的我思故我在，也否定了严酷的人类堕落信条，还通过观念的联合将人的性格完全描绘成一种习自经验的结果。[29]作为环境的产物，人反过来拥有了改变他自身所处境况的能力；面对着环境的挑战，他在不断变化。[30]总之，上帝的理性之光指引着他理性地追求幸福。"我会虔诚地追求那份自己希冀的幸福，"洛克陈述道，"所有自身无罪的消遣和娱乐，只要它们有助于我

的健康，与我的改善、境况以及由知识与名声带来的更为坚实的其他欢愉相一致，我都会享受。"[31] 虽然在大卫·哈特利的哲学里，理性的享乐主义找到了扎下唯物主义之根的土壤，[32] 然而一位论派信徒约瑟夫·普利斯特利，把对幸福的追求置于一种决定论式的但具有天意性的进步理论之中，如在第十八章中论述的那样。

这种习得认识论被启蒙运动的思想家们并入心理学模型中，这些模型将行为视为本质上是由享乐型冲动（hedonic impulse）驱使的活动。通过对传统的优先考虑的颠覆，大卫·休谟将理性描绘为情感的奴隶：情感中的自信会有助于社会的凝聚和利益。经过合理的引导与改进，"爱自己与爱社会"将会被证明"是一样的"。[33]

通过把人定义成一种由感知输入激活的刺激与回应的集合体，感觉论心理学（sensationalist psychology）认可了一种新的实用享乐主义。切斯特菲德勋爵教育他儿子："欢愉现在是你所受教育的主要内容。"在当下合理地追求幸福——确切而言，获得幸福的权利——成了作家和评论家的谈资。[34] "人逐渐被描述成一只为社会而生并在社会中获取快乐的动物，"亨利·菲尔丁强调说：

> 据说只有在这种情形下，他的诸多天分才能充分发挥出来，他的无尽需求才能实现，他行将面临的危险才能避免，他渴望的诸多快乐才能得到享受。总之，要通过良好的教养……我指的是令人愉悦的艺术，或尽可能多地增加与你交流之人的舒适和幸福。[35]

对于有教养的人来说，《天路历程》中的教诲开始显得离奇而过时了。"幸福是实际存在的唯一真正有价值的事情，"索姆·杰宁斯断言，"而不是财富，也不是权力、智慧、知识、力量、美丽、美德、宗教，甚至不是生命本身，只有当它们有助于幸福之果形成的时候，才变得重要。"[36] 整合这些观点的是实用主义，边沁的最大幸福原则与亚当·斯密将之系统化的新政治经济学十分协调：有了"看不见的手"的调节，符合自由市场竞争的利己主义将会带来公共利益（见第十七章）。37

因而，启蒙思想提出了新的关于人的分析模型和幸福的基本原理。人性的可塑性意味着人们可以通过受教育或环境培养，不断塑造和重塑自我。尤为重要的是，人们的信心逐渐增长，认为自然秩序提供的不只是快乐，还有和谐发展。部分原因在于"新享乐主义者"不是"旧时浪子"（old rake）的隐蔽翻版，而是具有感受能力的男人或女人，他们能够通过社会行为寻求满足，他们的美好天性既可以提供快乐，也可以获得快乐。我们最终回归到至为重要的艾迪生和斯梯尔那里去了。

《旁观者》嘲笑各式各样的人类弱点，尤其是清教徒式的顾虑重重和目空一切的放荡玩乐：假虔诚贬低了神的仁慈，浪荡子沉湎酒色走向自我毁灭。第三条路被提了出来，是正人君子所采用的，他们在社会环境中对理性快乐的适度追求能够带来持久的愉悦。艾迪生主义在强调文雅、礼貌、理性与节制的同时，认可了理智的消遣活动——消遣阅读、茶话会、城镇中的乐事——在满足个人愉悦的同时保持了社会的和谐。因此，启蒙思想赞同追求快乐，主要是因为它重新定义了值得追求的快乐。总之，由洛克心理学、《旁观者》式的自我风格学、功利主义和政治经济学所表述的英国思想观念，在消费资本主义之中促进了高雅享乐主义和启蒙利己主义的发展。38

只有最为自负的计量历史学家才会宣称，有些阶层所获得的快乐多于其他阶层，或者这些阶层更加热衷于寻欢作乐。尽管边沁提出了幸福计算，但是快乐是很难量度的。39 然而，可以说，不同时代的欲望诉求形式不同，因此对启蒙的享乐追求的娱乐场所与娱乐方式的嬗变做一番考察还是很有意义的——它折射出商业社会不断增长的财富使更多人手头有更多的金钱可以消费或挥霍。[40]

随着物质文化的发展，人们的快乐获取也在发生着变化——建筑环境、城市里各种可资利用的娱乐场所、室内和露天度假地，以及有鉴赏力的顾客能够用以消遣和娱乐的"享乐机器"。[41]一种兴高采烈的"感觉良好"鼓舞着人们——的确，这是这样的一个社会：在18世纪80年代，人们借助热气球，真的可以飘浮在空中，这在人类历史上还是第一次——如果坐不了热气球，则可以买一顶气球帽子作为纪念品；[42]从1808年开始，在尤斯顿广场一个"蒸汽马戏团"（steam circus）的围场内，你甚至可以坐着"谁能追上我"（catch-me-who-can）围绕轨道一圈圈地转，这是第一辆蒸汽客运机车，由康沃尔郡的工程师理查德·特里维西克（Richard Trevithick）设计。但是，是谁享受哪些欢愉呢？随着财富的传播，曾经只属于少数人的乐趣频频向多数人且偶尔向大众开放：启蒙的欢愉意味着在合理的范围内向最大多数人敞开门窗。

传统上，排他性曾是情趣的赋予源。只有上层有闲阶级才有时间和金钱致力于炫耀性娱乐——而且，也是由他们来定义消遣和娱乐究竟是什么。但是，由于与这些显贵联系在一起，这种价值观念同样会被蔑视为特权者挥霍浪费的象征。牧师斥责说，下层社会由于懒散而纵情声色，因为休闲变得极为堕落。

显贵们借助古典教育给定的价值系统，体验着他们的消遣娱乐。自由的时间是奖赏给贵族出身者的特权，闲暇的缺失则是对贫困者的惩罚，抑或是吝啬的商人急财近利的一个标志，众所周知他们痴迷于不义之财。长期的辛劳和压力滋生依赖；反之，闲暇时多才能有机会培养身心，锻造出亚里士多德和沙夫茨伯里赞扬的灵魂的伟大之处。[43]

地主阶层绝不会轻视生意：毕竟它成就了一个雄心勃勃、积累财富的精英集团，他们像充满活力的农业资本家那样创造经济利益，也像政治家、地方行政官和军事领袖那样施加影响力。但是显贵们更加热衷于闲暇安逸；他们赞同贺拉斯关于美好生活的理想（生活正直、戒绝恶行）。尤为重要的是，他们在接受启蒙价值观念的同时，认为自己持久不衰的权威必须依赖于魔力而非权势——一种令人羡慕的生活方式的炫耀性展示。因而他们形成了一个"有闲阶级"（leisure class），致力于炫耀性的文化消费。⁴⁴ 对于统治阶级而言，商业和娱乐在传统上是密不可分的。富裕的中等阶层甚至甘冒破产的风险，也要削尖脑袋跻身有闲地主阶级的行列，这充分显示出其魅力之大。然而，表现出典型的都市化和资产阶级特点的休闲享乐也在兴起：娱乐和休闲出现新的转变，正趋向于商业化。⁴⁵

前工业时代的英国一直保持着非常传统的休闲模式，它围绕着农业生活的节律、基督教节日和政治日程而展开，鸣钟、点燃篝火、设宴狂欢是必不可少的内容。⁴⁶ "旧式娱乐"呈现出一种田园牧歌式的氛围。有产阶级在他们的土地上具有象征意义地通过狩猎和射击来作乐，这些仪式与权利得到了愈加血腥的游戏规则的坚定支持。霍尔克姆（Holkham）、霍顿（Houghton）、布伦海姆（Blenheim）以及其他豪族用艺术、书籍收藏、古物研究等贵族的乐趣，来巩固乡村庄园的联合。除了在欧洲大陆的"大游学"（Grand Tour）这种年轻人的成人礼，贵族娱乐集中在家族地产上进行。当然他们也觉得，有必要在大都会设立一个大本营，新潮的伦敦西区是再理想不过的地方。⁴⁷

对于下层社会而言，他们通过乡村运动、狂欢、集市以及与行业（学徒礼）和农桑日程（收割完成节）相联系的饮酒节庆来偶尔放松一下。然而，这些活动遭到牧师和地方官员越来越多的抵制，他们谴责闲散和纵酒狂欢导致的无序、与之相伴的暴乱，以及随后出现的更能说明问题的私生子现象。乡村娱乐变得越来越只属于特定阶层，因而城市中为了多数人而设置的娱乐活动就显得很重要了。⁴⁸

休闲和娱乐的是是非非引起了人们的激烈争论，但是社会的变化和商业投机主义将伦理学者们远远抛于脑后。威廉·劳这样的福音派信徒可能仍然谴责舞台，但是无论愿意与否，新的娱乐模式正日趋风行，剧院和板球比赛颇受青睐，人们还用实际行动表示他们喜欢有赏金的格斗，盛大活动和温泉疗养。一项娱乐产业出现了，由专业演员、剧院经理、画师、运动员、艺术商、新闻记者、评论家和辅助性的文化掮客控制。市场首次成为娱乐产业不竭的源泉。[49] 当然，所有这些都会招致批评。但是，由启蒙经济学家和进步的社会评论员所形成的新游说集团开始试图说服人们：市场文化、运动、出版印刷以及休闲娱乐都能在经济上产生效益，它们是推动文明进步和社会凝聚的力量，也是改善的标志。

当然，休闲娱乐产业的壮大多亏了商业活力和"消费革命"。[50] 在窗帘、地毯、杯碟、印花布等方面，家居行业的新式耐用消费品不断涌现。随着曾为富人专享的家用商品的逐渐普及，家变得越发舒适：软垫座椅、桌布、玻璃与陶瓷器皿、茶具、梳妆镜、钟表、书柜、雕刻品，以及挂在墙壁上或摆在壁炉台上的小古董。孩子们则可以从商店买到玩具、游戏和七巧板。除了《圣经》和《福克斯殉道者名录》（*Foxe's Book of Martyrs*, 1554）等旧式畅销物之外，杂志、小说、剧本、布道词、政治小册子、年鉴以及其他短期出版物也满足了人们的猎奇心理和新闻需求，开阔了人们的视野，使人们了解到其他阶层的生活，并由此滋长了物欲和期望。[51]

城市空间本身已经发生了变化。乔治王时期的城市日趋发展为社会文化中心，被设计用来在娱乐活动上消磨时间和金钱。[52] 商店变得愈加明亮宽敞，以最新的时尚吸引着顾客的眼球。[53] 过去的商店曾是一种作坊；而现在它成了一个零售渠道，摆满了现成的商品。[54] 外国人大为惊奇："每一件商品都比在巴黎或者其他任何城镇制作得更加引人注目。"德意志小说家索菲·冯·拉罗什（Sophie von La Roche）评论说："巨大的玻璃橱窗后面绝对整齐、诱人地摆满了人们所能想得到的商品,有几乎使人变得贪婪的丰富选择。"55 光是闲逛浏览就如此充满了乐趣,她在参观首都最大的印染商博伊德尔的店面时失声惊叫道:"这么大的库存!容纳着成堆的物品!"商店购物成了一种开阔眼界的消遣方式。56

还有什么比休闲花园更能象征乔治王时代人们对娱乐消遣的热爱呢?在伦敦的城郊村落,出现了约二百个度假地,它们有自己的鱼池、烟火表演、乐师和化装舞会,是约会的理想去处。57 沃克斯霍尔(Vauxhall)是伦敦第一个大型的时髦度假胜地,度假村里布设着雕塑、幽径以及静态画。人们可以随着乐队的演奏翩翩起舞,也可以独自在一个有着豪华装饰的花园凉亭里啜饮品茗。1742年,在切尔西医院的旁边,拉内拉赫花园对外开放了,遂与沃克斯霍尔形成竞争。它的主要吸引力来自一个直径150英尺的圆形大厅,中央设有管弦乐队,四周有阶梯形包厢。只需付几个先令,人人皆可入内,休闲花园和度假地使乔治王时代的娱乐革命达至顶峰。58

各种形式的消遣娱乐,如戏剧,现在也瞄准了中间阶层观众。59 传统上,体育活动属于社区庆典,与农业和宗教节日融为一体——例如乡村足球赛的举办是在忏悔星期二。60 现在,职业运动员出现了,付费的观众也出现了。拳击运动开始规模壮大,并出现了丹尼尔·门多萨(Daniel Mendoza)、汤姆·克里布(Tom Cribb)以及"绅士"约翰·杰克逊(John Jackson)等明星职业拳手,大量观众来观看他们赤手空拳的较量。61 板球运动也成为了一项有观众的运动;赛马也是如此,其吸引力主要在于下注。62 体育新闻激起了人们的兴趣。

和运动一样,其他以前主要是自发举办或由宫廷及贵族赞助的活动开始趋向组织化、商业化、职业化、全国化,并在文字文化中得到讨论。乔治王时期的英格兰支持各种形式的演奏会和其他音乐活动;亨德尔的《水上音乐》(*Water Music*, 1717)和《皇家烟火音乐》(*Music for the Royal Fireworks*, 1749)的首次演出是在沃克斯霍尔,虔诚和愉悦在其宗教清唱剧中有了交集。一流的欧陆乐师选择在伦敦举办巡回演出，一些人，尤其是亨德尔，在此定居，因为与担任宫廷乐队指挥相比，在这里事业上的机遇更诱人。[63]

表演和展览随处可见。从舰队街和斯特兰德大街穿过查令十字街，直到莱切斯特广场，索霍区和皮卡迪利广场，在这一大片街区中，有各种义卖、临时摊位及展览，交织呈现着哗众取宠的题材与奇闻逸事。为"埃塞俄比亚的野人"做好准备！1778年6月4日的《每日广告报》（*Daily Advertiser*）报道说："这种令人惊讶的动物与在欧洲见到的任何物种都不一样，像是连接理性的和野蛮的造物间的一环……应被视为在英格兰展出过的最大奇物。"第二年，罗伯特·巴克（Robert Barker）在莱切斯特广场举办了一场巨幅画作的展出活动；在俪人街附近，詹姆斯·卢泰尔堡（James Loutherbourg）点亮了他的魔幻灯——更不必说在伦敦塔和在斯特兰德大街的埃克塞特交易大楼供展览的动物，以及史密斯菲尔德区的巴托罗缪集市每年9月引来大批人群围观的街头演出。[64]

在这种发展态势下，起重要作用的是市场力量。[65]在乔治王时期的英格兰，博物馆和美术馆的发展动力通常源于有闲与有教育心的企业家，这些人一心想将自己的物品带给大众，并从新鲜感、好奇心、商业机遇以及人们对体验经历的渴求中寻求获利。[66]休闲的商业化并没有扼杀传统的民间娱乐——实际上，这些传统娱乐对人们的业余爱好和社区活动的开展在某种程度上起到了积极的促进作用。例如，在富有进取心的约翰·沃尔什（John Walsh）的推动下，活页乐谱被印刷出来，这样，博伊斯（Boyce）或者艾恩（Arne）一旦谱出新曲，家庭音乐演奏者就可以轻而易举地用他们自己的维奥尔琴和长笛进行演奏。[67]自佩皮斯（Pepys）以降，大量信笺和日记证明了人们愉快地纵情享乐，虽然也带有一些不安。那一时代物价低廉，菠萝等异域商品被引入，食物给人们带来了显而易见的快乐。饭桌之乐因酒杯之乐而黯淡。塞缪尔·约翰逊评价说：饮酒是人生第二大乐事。[68]

当然，现代人可能会认为文明的不良倾向的真正晴雨表在于情色文化。然而，这一塞缪尔·约翰逊的人生第一大乐事所留下的记录相对较少，而且这些记录为了追求轰动效应也被严重歪曲。不过，在18世纪的英格兰，性被人们以一种历史上非典型的方式——人们不免要将它与我们时代的相比较——公开炫耀。[69]当然，最明显的标志便是卖淫。据说光伦敦就有多达3万在街头拉客的妓女——詹姆斯·鲍斯韦尔在日志中提到，漫步在斯特兰德大街或圣詹姆斯公园时，注意力不集中在成群的妓女身上简直是不可能的（至少对于这位年轻的花花公子而言是这样的）。[70]摆脱了长老派的教养环境，鲍斯韦尔曾有过恣意狂欢的渴望——"当我感到快乐实现时，我只是坐在那里并在内心中拥抱自我。"他在1772年写道，恰有约翰逊的陪同。[71]作为一位耽于肉欲的庸俗之人，他认为："男人所能拥有的人间至福，莫过于和一名温柔的女子享受温存。"[72]而且他以自己所宣扬的热情将其付诸实践，1763年当他还是年轻的花花公子的时候，演绎了许多风流壮举，尤其是有一次在新建立的威斯敏斯特大桥上与妓女发生关系（为安全性爱起见，还戴有安全套）。[73]

后审查制度时代带来了情色产品的迅速增长。[74]一本引人注目的畅销书便是约翰·克理兰（John Cleland）的《欢场女子回忆录》（1749），即广为人知的《范妮·希尔》（Fanny Hill）。"欢场女子"这一概念在明显透露出大男子主义偏见的同时——将女性视为性玩物——还传达出在性欲享受上的自信。在该书中，作为鸨母的科尔太太"认为这样或那样的欢娱是全人类的目的港，在于人无害的情况下，每一阵帮助人们抵达那里的风都是好的"[75]"妓女生涯"在荷加斯那里曾是一出悲剧，但克理兰将之转变为一种大获全胜：范妮从她的职业中获得了享受和利益，并与第一位客户共坠爱河，终至以身相许——欢娱、收获与浪漫在此交织成一场悖于情理的启蒙幻梦。[76]

撇开卖淫,现代人也同样沉溺于性欲之欢。不是像奥古斯丁神学理论那样谴责情欲性爱,或者主要将它放在生殖语境下看待,乔治王时代的性爱指南认为性本身是一种娱乐,且有助于夫妻婚姻生活。[77] 著名的伊拉斯谟斯·达尔文医生一生有 14 个孩子,其中 12 个是婚生子,他对情爱推崇备至,将之视为"人类最纯粹的快乐之源,生命之杯中的甘露琼浆,没有它将了无趣味"。[78]

王政复辟时期,最明目张胆的男士性爱代表是浪荡子,它的最典型范例(或邪恶天才)便是罗切斯特伯爵约翰·威尔莫特(John Wilmot, Earl of Rochester)。伯内特主教对这位放荡之人的描述是:"他觉得禁止男人玩弄女人是对人类自由的不合理要求。"罗切斯特作为"性交机器"的自我形象,背后隐含的是霍布斯哲学。[79] 后来,曼德维尔为反清教的性欲释放辩解;他的《为公共妓院而作的谨慎辩护,又名娼妓论》(*A Modest Defence of the Public Stews; or An Essay Upon Whoring*, 1724)反对性压抑,提倡对性冲动的释放进行疏导。[80] 放荡的洛夫莱斯(Lovelace)是塞缪尔·理查森在《克拉丽莎》(*Clarissa*, 1748)中塑造的反面角色,约翰·威尔克斯的《妇女论》(1763)基本展示了自由的情爱如何能融入对自由的开明追求之中:

> 既然生活已难以提供什么,
> 宁可花下死,做鬼也风流。[81]

然而,随着受喜爱的形象从性享乐者向正人君子或"理智男人"转变,艾迪生式的礼貌优雅暗中削弱了罗切斯特式的痛饮狂欢的地位。切斯特菲尔德勋爵告诫儿子的话非常有名:通奸是年轻人所受教育的一部分,也是令人向往的,只要在实施中恪守礼仪即可。[82]

色情和启蒙汇聚于成熟的色情哲学作品，后者基于对异教文化的重新发掘（或发明），即一种新古典品味，崇尚简单、高雅与自然的文明。这里的一个关键人物便是完全的唯物主义和享乐主义者伊拉斯谟斯·达尔文，他的《植物园》(*Botanic Garden*, 1791)普及了林奈的关于植物分类的性系统，暗示了植物中的多偶制：

> 金雀花在桃金娘的荫蔽下芬芳四溢，
> 十个痴情的小伙齐向那位高傲的少女求爱。
> **两位骑士俯身屈从**，
> 醉倒在你芳香的圣坛前，
> 惹人爱的蜜蜂花！**两名扈从也加入进来**。[83]

达尔文在欢呼"性爱之神"的同时，将他的科学植物学研究融入古代神话中，想象出一系列古典和东方传说中的林泉仙子和风精灵，作为对自然进程的神话阐释。[84] 他把希腊神话看作自然真理的拟人化呈现：异教徒的神话中充斥着情爱风流，这正是因为自然之人——在基督教禁欲主义取得可怕的优势之前——觉察到自然界是由性推动的。[85]

达尔文对生育崇拜与习俗的了解，源于对最近得到挖掘的两座古城赫库兰尼姆和庞培的研究。英国驻那不勒斯大使威廉·汉密尔顿爵士（Sir William Hamilton）是一位文物收藏家，也是一位天主教教义批评者，他鼓吹与圣经相悖的地质年代说，并支持异教信仰。[86] 他的文章《普利阿普斯崇拜遗风之研究》("Account of the Remains of the Worship of Priapus")阐述了隐藏在近代天主教中的异教男性生殖器崇拜仪式的残存。该文于1786年由富裕的艺术鉴赏家理查德·佩恩·奈特（Richard Payne Knight）连同他自己的同主题《演讲》("Discourse"）私下一起发表。佩恩·奈特认为男性生殖器崇拜的遗俗（比如五朔节花柱）出现在所有信仰中，尤其是基督教，这说明男性生殖器是"一种非常自然及具有哲学性的体系或宗教的极为理性的象征"——换言之，就是开明的自然崇拜。古希腊是黄金时期，是唯一"将原始的优势融入文明生活优势"的时期。他推崇希腊人关于生殖崇拜的节日庆典，可以料想，他对犹太-基督教提出了责难："由一种等级制所统辖的……犹太人，通过一种严格而朴素的表象，努力使人们对它产生敬畏。"有组织的宗教往往对于个人的幸福有害，并且是一种政治镇压的工具，佩恩·奈特谴责道："有两种最大的一直折磨着人类的祸根，一个就是教条的神学理论，另一个就是伴随这种神学理论而来的宗教迫害。"[87] 他对于婚姻的不可解除性予以抨击，并认为"有很多理由都可以证明离婚的合理性，也可以证明女性方面通奸的合理性"。他与葛德文和达尔文一起，成了保守派辱骂的对象，18 世纪 90 年代反雅各宾派的《文学的追求》(*The Pursuits of Literature*) 一书，责难他们败坏了国家的道德理念。[88]

杰里米·边沁同样是一位性自由的倡导者，他谴责盲从偏执和禁欲主义，还把性交说成是"一杯肉体甜品"。他撰文赞同对关在他设计的圆形监狱里的囚犯进行婚姻探视，同时探求"各类性不正当行为"的合法性，他呼吁以后要宽容"堕落"（指同性恋）的存在，因为非常规的欲望也不过是一种口味偏好，就像是对牡蛎的喜爱。无论如何，同性恋是一种于人无害的罪，"无需担心折磨第三个人"。"非常规性行为者"应该和不信奉国教者一样，免于受罚。[89]

这里无法考察 18 世纪的性取向——将它们全都化简为启蒙情感带来的音调变化是愚蠢的——但值得强调的是，在这期间，古老的性禁忌被视为愚昧的偏见而广受抨击，性欲欢愉的合理性则受到拥护。这方面的证据在司各特·罗伯特·华莱士（Scot Robert Wallace）的手稿中不难找到。他发表过一篇著名的论文，不但热衷于有关性的愉悦，还以某种方式提倡平等主义。[90] 他的《性欲论，又名论两性间的交往》（"Of Venery, or Of the Commerce of the two Sexes"）认为"爱与性是密切相关的","最腼腆的处女或者最端庄的主妇往往更为渴望或倾向于纵欲,甚于最恶劣的妓女"。[91] 理想的,或柏拉图式的爱——像所有柏拉图式的事物一样——是一种幻象:

> 我不太相信一个男人只是欣赏一位高雅女士的良好品行,而不暗自渴望亲昵她的身体。美德、荣誉、谨慎可能会遏制他的越轨行为,但是他内心总是会夹杂着肉欲的东西。如果他身体健康、精力旺盛,便会乐于投入她的怀抱;女士们做何感想我不知道,但是最腼腆的处女或者最端庄的主妇也许不会没有类似的激情欲望。[92]

尽管华莱士承认"通奸应予阻止",但他认为只应予以"轻微惩罚":他坚决认为失贞"甚至在一名妇女的品质上不应算是一个很大的污点"。毕竟,谁会反对孀妇再婚?人们将目光聚集在女性贞洁上,说明道德大众"在这方面陷入了多么愚蠢、古怪、非自然、荒唐、没有根据的自负幻想当中"。欲望是天生的,"单身能给妇女带来很多幸福,这是没有自然根据的"。因此,他"鼓励两性之间有比我们的习俗所允许的更多的自由交际,同时给予妇女与男人同等的发言权"。[93] 令人吃惊的是华莱士是一位长老会牧师兼苏格兰教会大会主席。

我们很难掌握以前的享乐冲动。然而,视觉材料可以提供帮助。荷加斯及其他人的作品提供了大量证据,证明英国人不仅耽于享乐,还希望他们的自我享受被记录下来。这些印刷品描绘了平民在啤酒街和萨瑟克市集度过美好时光的景象,荷加斯还描绘了诸多受人尊敬的中等阶层家庭,并不像他们的祖父母可能在画作中被呈现的那样,被一块头骨所暗示的死亡阴影笼罩,也不像他们维多利亚时期的儿孙辈那样，致力于郑重的改善活动，而是消遣娱乐、喝茶品茗、与他们的孩子或宠物玩耍、散步、垂钓、游览休闲花园——体验所有艾迪生式的赏心乐事，他们脸上常常洋溢着幸福。[94] 一点也不意外的是，维多利亚时期的人们对耽于享乐的启蒙先辈极不认同，他们引以为荣的是他们的诚挚认真及女王的端庄严肃。[95]

第十二章　从理智到情感

哦！那群被小说打入地狱的不幸之人！

——阿瑟·扬[1]

对公共事件大加评论的公众人物主导了早期启蒙运动的辩论。必须使国家建立在一个由自由、法律构成的合法性基础上，使宗教变得理智与宽容，必须净化哲学、矫正理性、促进新科学发展，必须使都市生活提升到文明交际的高级层面。与古典主义和帕拉第奥主义塑造视觉艺术相匹配，文学上享有声望的体裁是高贵与市民化的——悲剧和史诗，这正顺应了紫袍议员的口味，他们的教育对他们灌输了对古风的热爱；此外，在另一种不同的语体风格中，奥古斯都时期的讽刺作品旨在矫正大众的举止与道德理念。

早期启蒙运动的先导者形成了一个有内聚力且强大的精英梯队，包括一些显贵（如沙夫茨伯里和博林布鲁克），议员（如艾迪生、斯梯尔、特伦查德和戈登），上层神职人员（著名的蒂洛森大主教），专业学者（如牛顿和洛克），律师（如安东尼·柯林斯），以及与他们同类型的人。高调的辉格党基特卡特俱乐部聚合了上层政治人物和文学精英，并以高爵显贵为领袖——以下诸封地的公爵：纽卡斯尔、萨莫塞特、德文郡、曼彻斯特、多塞特和蒙塔古；以下诸封地的伯爵：林肯、巴斯、威明顿、卡伯里、卡莱尔、贝克莱以及哈利法克斯。只有出版商汤森和剧作家兼建筑师范布勒不是土地贵族或者豪门出身。这同样适用于更广泛的支持者。例如，《闲谈者》吹嘘自己的来自贵族和上流社会的订阅者占到了相当比例。在其 752 位订阅者名单里，1/10 是英格兰贵族；还有 35 位苏格兰或爱尔兰勋爵，26 位贵族的后代和同样数量的贵族夫人。包括 8 位主教在内，这份名单里有 166 位贵族，约占总数的 22%。²

在一个世纪的发展历程中，社会、知识及文化层面上的情况都发生了变化。智识探求的焦点转移到**内在的**启蒙——个人性变得具有政治性。³ 在某种程度上，这意味着与先前提倡的典范的疏远与脱离，对旧批判的批判。比如，艾迪生式的恪守礼仪被抨击为道貌岸然的虚伪，尤其是当它以一种明显戏仿的形式呈现的时候，如同切斯特菲尔德勋爵写给儿子的书信——用约翰逊博士惯用的双关语来说，这位伯爵展示了娼妓的道德和舞蹈大师的礼节。⁴

这种转变体现了一种持续的内在逻辑。随着国内的和平与繁荣对消费和印刷资本主义的促进，更多人有了时间和闲暇来把握文雅文化所提供的机遇，重估自身的价值和地位。无论是行动者还是观众，文化参与者中包含了越来越多的妇女和外乡人，以及更多的中等阶层甚至更低层次的民众。来自过去那些吸引人的名流小集团之外的派系进入了这个日益扩大的圈子——这一发展得到了启蒙的人民之声（*vox populi*）普适主义的支持与认可——尽管仍保留了一些作为"被排斥者"的认同感。⁵ 这些既是圈内人也是圈外人的边缘人群的不断膨胀，不可避免地带来了紧张局势。本章将以他们为讨论对象，同时回顾 1750 年之后"内在启蒙"的辩证法，并对描述自我的新论述模式及其困境进行考察。

启蒙哲学打造了对个人心理与"心理学"的现代演绎（见第七章）。协同作用论（synergism）形成于洛克的心灵哲学和主体性模型之间，在小说、纯文学、肖像画、日记和信笺等这些不怎么死板的文艺类型中受到追捧。这种辩证法对新兴的个人主义、自我意识、自我界定及自我提升有着重要启示:"自传"一词首次出现于这一时期并非偶然——或者确切地说,在论及灵魂时,传统清教徒的精神反省体裁,被更为世俗的自白模式补充。[6] 在启蒙的自我形塑中,从早期的浪漫派作家如德拉里维耶尔·曼利(Delariviere Manley),到言情小说家,再到玛丽·沃斯通克拉夫特及其在雅各宾派中的姐妹,女性声音的影响力日益增加,出现了对性与性别的反思。(关于女性的声音,亦可参阅第十四章)

第一人称书信与小说宣扬的"新我"——以特里斯舛·项狄为标志——往往公然反传统,远离教会法规的结构,只关心自己,并对自身的特异之处孤芳自赏。他们摒弃正统规范,认为怀疑、残缺、粗糙、多变比确切、完备、圆滑、恒定更有价值:变动、斗争和无常都获得了一种新的使人兴奋的短暂刺激感。随着对真实、体验、感觉及"内心的真诚"越来越多的关注,对传统、惯例、父权制及它们的图腾式权威标志的反叛正在临近。[7]

极具讽刺意味的是,这种叛逆性亦确立了一尊纪念碑式的男性偶像:让·雅克·卢梭。以自白的方式,卢梭为魅力无限的自我而感到自豪:他的名言"虽然我没有更加优秀,至少我是与众不同的"在被浪漫主义采纳之前,成为了后期启蒙运动非正式信条。[8] 在艾迪生看来,个人责任就是作为欢快友好的墨守成规者而闪光;而在卢梭的《忏悔录》(Confessions)的信条中,只有桀骜不驯的内秀外粗者才具有真正的价值;打破陈规的精神变得时尚起来,自我关注得到重视。内在体验受到了新的特别优待,这摧毁了传统上横亘在内在与外在、事实与幻想之间岿然不动的分水岭,并且指导个体依原初重塑自我,以服从内心的召唤:"我明了我自己的内心。"安妮·利斯特(Anne Lister)在日记中这样写道,与卢梭相呼应。[9]

这种变化的一个信号便是重新开始的关于创造力的辩论。洛克的白板说曾看似解决了问题:所有人生来就大同小异,天才与先天观念一样并不存在，心智和个性上的差异是经验的产物。鲍斯韦尔1773年记载道："约翰逊博士认为，没有一个孩子比另一个孩子更优异，只有不同的指导导致的优势。"[10] 颇具讽刺意味的是，这类反先天论的观点也同样为切斯德菲尔德勋爵所赞同，他以绝对平等主义的论调教育儿子，男人——尽管女人几乎并非如此——始于同样的智识起点："一名运货的马车夫可能生来就有像弥尔顿、洛克或者牛顿一样良好的智力区。"[11] 普利斯特利也否定牛顿的头脑有什么卓异之处；亚当·斯密也同意这样的观点："事实上，先天禀赋的差异比我们意识到的要少得多"；[12] 葛德文也如是说："天才不是天生的，而是后天形成的。"[13]

这类洛克式观点与文学创作的经典说教相符。对于蒲柏这样的博学者而言，艺术才能既不是一种天赋，也不是超自然的灵感；他在《批评论》（1711年）中写道，它实质上是一种技艺（craftsmanship）：

真正的智慧是衣着靓丽的自然；
过去人们经常想到，却从未如此精妙地表达出来。[14]

约书亚·雷诺兹同样评论道：他的审美与异想天开的神启概念或与天然的创造力毫无瓜葛。他觉得论及"等待天赋的召唤和启示"或者"关注想象力最激情迸发的时节"不但做作而且有害。既非"神赐礼物"，也不是一种"机械手艺"，绘画是一种技巧，需要训练、知识和实践，相较"从未如此精妙地表达出来"，新奇感没有那般重要。[15] 当然，想象力是弥足珍贵的——艾迪生歌颂"想象之乐"，这个短语被马克·阿肯赛德（Mark Akenside）纳入他1744年创作的同题诗歌中。但是为了避免"想象力大行其事之危险"导致人们丧失理智，必须以学识、智慧和判断力进行调和，以防患于未然。[16]

所有这些均遭到该世纪中叶出现的新思想的挑战，它在对独特性的颂扬中重新诠释天赋。脑力运转的机械模式，特别是观念的联想，被以植物生长为模型的创造性进程的有机形象所代替。[17] 在《对于原始创作的猜想》（1759）一书中，圣公会牧师、诗人爱德华·扬（Edward Young）颂扬了原创性和创造力——大自然"将我们带入这个世界，每一个人都是原创品，没有任何两张面孔、两种思想是完全相同的"。[18] "人类共有的判断"及艾迪生作品的推崇者所吹嘘的其他关键妙策，这时被斥责为枯燥乏味：个人特征须从头脑找寻。扬嘲笑盲目模仿，他把诗人送回自然以寻求启示，在那里"天才可以随意漫步"。人们所看重的将会是独特性，而不是奥古斯都时期的作家所宣扬的千篇一律："我们生而独特，死时怎变为他人的呆板复制？"扬惋惜道："如果我们多年来言行失检（让我这样说吧），胡乱的笨拙模仿便会得势，它捉起笔，消除自然的分隔标记，抹杀她的良苦用意，毁灭所有的精神个性。"[19] 幸运的是，莎士比亚只读两种书，大自然之书和人类之书。"如果弥尔顿放弃他的部分学识，他的沉思会收获更多成就。"最伟大的天才是那些进入自然这所学校，并只以自然为师的人，艺术家的第一法则必须是无所依傍："你们是如此令人尊敬地选择自我心智的自然成长过程，而不是自外界习得大量舶来品。"[20]

无独有偶，威廉·夏普的《天才论》（1755）和亚历山大·杰拉德的《天才论》（1774）[21] 都将原创性放在第一位，将文学创作类比为自然界的生长，认为它是有独特性的健全心智的喷涌迸发。认为"植物性"天才能参透生命本真的观点得到捍卫，免遭非理性污名的责难：杰拉德坚称，"自然绝少赋予人完美的判断力，即便是对她最青睐的子民；但是，真正的天才总是在相当程度上拥有这能力"。[22]

对天才的反思，使激情热忱得到了正名。曾遭到早期启蒙运动宗教批评者们严厉指责的热烈情绪，被重新塑造为炽热的情感——因此，幸运的是它不具有公共威胁性。热情被无害化和私人化，随着约瑟夫·沃顿（Joseph Warton）的《狂热者，又名自然的爱好者》（The

Enthusiast: or Lover of Nature, 1744）对于哥特式野性的赞美以及对自然的推崇胜过对技巧的青睐，热情的回归最先出现在美学领域。[23] 随着个人阅读激发了想象力，并为感官提供养料，剥离了先前天启色彩的外衣后，热情发展成为一门绚丽的美学。[24] 雷诺兹的新古典主义格言"狂热崇拜很难增进知识"遭到威廉·布莱克否定，后者认为它是"知识及其得以持久存在的首要原则"。雷诺兹认为"纯粹的狂热使人难有作为"，而布莱克则反驳道："纯粹的狂热最为重要！"[25]

感性，这一后期启蒙运动的关键概念，对内在自我予以证实。[26] 当然，它从早期的源头发展而来。《旁观者》呼吁上层男性摈弃传统的大男子主义：暴戾的浪荡子与笨伯先生（Sir Tunbelly Clumseys）是同样荒谬且难以接受的粗蛮过往的遗留；对于女士们而言，她们不再被教导要静默服从，而是要去体验。在感性灵魂（sensitive soul）的形成过程中，其他关键因素也很容易具备。随着"作为一种恒久状态的渴望"，成为"理解现代消费主义的关键"，物质文化、印刷媒介以及社会繁荣为自我修养的提升提供了越来越多的机会。[27] 受镜子和杂志的影响，人们在温暖舒适的家庭生活和个人情感上倾注了更多的感情投资，[28] 虽然在 20 世纪的叙述中，尤其是有关心理分析的叙述，家庭常被描写成自我实现的阻力，[29] 启蒙运动带来的新式家庭生活却是对个体的解放。

在检视和强化自我意识的过程中，启蒙思想家们利用了新的心理-生理模式。在挑战得到神圣表达的基督教灵魂或笛卡尔的"我思"的同时，后洛克时期的思想认为意识具备无限潜力，是许多不断变化的感觉的总和，它依赖于一种难以识别的、在外部世界和内部的难以名状之物之间传达信号的神经与纤维的震颤网络。[30] 神经学刚获得了命名，并且有关神经的流行学说将人类动物描述为既非柏拉图式的理性人，也不是基督教意义上的原罪者，而是一个具体呈现的自我，他随经验之风的吹拂而飘荡，随经由神经系统引导的印象、情感和同情而摆动。在这里，这一征状便被信仰牛顿学说的医生乔治·切恩贴上"英国病"（the English malady）的标签。[31] 内省与沮丧带来的不安，这个苦乐参半的新疾与传统的伯顿式的忧郁（Burtonian melancholia）形似，但是有着微妙而重要的不同。忧郁者是独居者或局外人，像莎士比亚的《皆大欢喜》中的雅克。根据切恩的观点，相比之下，英国病的受害者是一群有教养的生物：正是一个流动、开放、富饶社会所存在的压力和乐趣，促成了这种典型的启蒙运动时期混乱状态。他强调，这种混乱源于在现代生活方式下人们的神经系统所遭受的各种冲击——还有他们的社会仿效、饮食无度、懒散、紧身系带、晚睡与任性、一心求胜的交谈。切恩强调其特定病因说：这种病在简单的原始社会或者乡村中并不存在，他们神经很少受到刺激，因而可以免遭其罪。因而，启蒙运动不仅推动了社会进步，也带来了进步的反面：源于文明病的观念，折磨着多愁善感的精英。[32]

可以说明问题的还有，经过了两代人之后，托马斯·特罗特在《神经质论》（1807）中认为，他的那位先驱所察觉的神经质危机不仅在扩散，而且也像启蒙运动通常的发展趋势一样，参透到社会里层，折磨着中等阶层——还有妇女。[33] 特罗特断定，一个流动的高压社会使民众靠他们的精神承受力过活。他们很快喜欢上了能带来兴奋感的东西，诸如茶饮与烟草制品、酒精和麻醉剂。容易使人上瘾的高效兴奋剂方面的消费越来越多，但收益递减规律也再次发挥了作用。结果是什么？痛苦、失眠、疑病症等其他有害后果，这反过来又需要药物治疗，有些药物，尤其是鸦片，会产生危害性极大的负面作用，而且这些药物本身就容易使人上瘾。特罗特认为，现代社会在对兴奋剂的病态渴求的驱使下，再加上快节奏的生活，逐渐变成了一个沉溺上瘾的社会。[34] 神经质导致自恋癖，自恋又引发疑病症和歇斯底里。在用医学方式处理现代性带来的吉兆和隐患的戏剧性过程中，这些文明病和想象力病症开始折磨着自我意识。[35]

多愁善感的男女（对于一个糟糕的世界来说太过善良）由此变得入时起来，被赞美或诅咒的"名流"，以及敏锐、优雅的细腻情感的吸引力渐增。[36] 根据沙夫茨伯里的观点，在时髦一族那里，以及在反映并认可时髦观点与形象的纯文学里，道德本身可能呈现出一种具有审美趣味的、主观的面貌，迎合了个人偏向和渴望（见第七章）。责任不再被刻在摩西律法的碑牌上，由欧几里得式的普遍适应性推导得出或者受制于社会习俗；对于感性的男人和女人来说，善便是那些感觉正确的事物，是被欲望和痛苦触动着的诚实善良之心的冲动流露。随着笛卡尔那轮廓清晰的"我思"融入休谟的印象、希望和欲望的集合中，真理便得到了内在化和个人化。[37]

随着个性和印刷业之间的关系成为一个前所未有的强大力场，小说作为"反思自我"的优良媒介应运而生。确切而言，小说是自从印刷业发明以来就出现的一种文学类型。[38] 在虚构作品的想象帝国形成的过程中，尤其是1750年之后，小说起了非常重要的作用，它从一开始便与个人主义以及一种特定的政治自由主义联系起来。笛福富有影响力的叙述引发了人们对于离群索居或孤独的主角——鲁滨逊·克鲁索、摩尔·弗兰德斯[39]——的认同，并且为情感小说所效仿。莎拉·菲尔丁（Sarah Fielding）的《大卫·桑普勒历险记》(*The Adventures of David Simple*, 1744)，亨利·布鲁克（Henry Brooke）的《高尚的愚人》(*The Fool of Quality*, 1765—1770)，奥利弗·戈尔德斯密斯的《威克菲德的牧师》(*The Vicar of Wakefield*, 1764)，劳伦斯·斯特恩的《项狄传》(1759—1767)和《感伤之旅》(*A Sentimental Journey*, 1767)，以及亨利·麦肯齐（Henry Mackenzie）的《性情中人》(*The Man of Feeling*, 1771)，都是感伤小说中最早一批有影响力的作品，它们赚取读者的同情，并为他们提供间接感受到的情感认同。麦肯齐让他的男主角孤儿哈利进入伦敦，在那里他上了骗子的当，但是也遇到了品行高尚之人，即悔过的妓女阿特金斯小姐，并将她视为朋友。返家途中，哈利邂逅了一位潦倒衰朽的军人爱德华兹，后者原来是他童年时代的良师益友。爱德华兹不幸而悲戚的故事，使哈利潸然泪下。到了家里，他们发现爱德华兹的儿子死了，撇下两个孤儿。哈利在照顾他年迈的老师的时候发烧了；再加上令人倍感煎熬的单相思，哈利沉疴不起，随后安然死去。这种套路在小说中反复出现。[40]

"我亲爱的姑娘，拿起笔，"塞缪尔·理查森的小说《查尔斯·格兰迪森爵士》(Sir Charles Grandison, 1753—1754)中的男主角大声说道，"我太过感伤了。"感伤(sentimental)(大概意思是充满情感的)这个由斯特恩使之家喻户晓的词，却被约翰·卫斯理视为荒谬可笑的。"我偶然拿起一本书，名字是《从法国到意大利的感伤之旅》。感伤！"他惊呼道："那是什么？它不是英国的；倒不如说是大陆的。它毫无意义。它没有传达确定的概念。"[41] 在《女士杂志》(Lady's Magazine, 1770—1832)这类刊物中，感伤一词频繁出现。成功的每月连载小说充斥着陈词滥调的故事：首先是相爱，然后是父母的反对或者其他方面的恋爱阻力，紧接着情节有了转折，幸亏有作者的看不见的手相助，难题终获解决。这种套路成为杂志小说的主线，延续了半个世纪之久。[42]

不过，感伤小说家经常会把个人经历体现在作品当中。夏洛特·史密斯(Charlotte Smith)的丈夫去世，撇给她一群叽叽喳喳的孩子，她便将自己表现为一个可恶世界里的死要面子的女主角。在一系列小说中——《埃米琳》(Emmeline, 1788)、《埃塞琳德》(Ethelinde, 1789)、《瑟莉堤娜》(Celestina, 1791)、《德斯蒙德》(Desmond)(1792)、《旧庄园》(The Old Manor House, 1793)、《沃里克漫游》(The Wanderings of Warwick, 1794)、《被流放者》(The Banished Man, 1794)、《蒙塔波特》(Montalbert, 1795)、《马奇蒙特》(Marchmont, 1796)，以及《年轻哲人》

(*The Young Philosopher*, 1798）——她的女主角们遭受着法律诈骗和男性强权的侵害，比如专制的父亲、阴险的丈夫、奸诈的律师、纵容的牧师，还有其他各种各样的流氓和仗势欺人者。她通过每年炮制一到两部此类套路的小说，维持着自己的经济和情感生活。[43]

尽管他们或感伤或苦难的情节剧式故事有所不同，但是感伤小说里的道德重心，始终落在受到无情世界伤害的感情细腻的男女身上。[44] 他们用一种更加私密、个人化的语体风格，而不是通过行为准则手册或冗长说教，将困境中的美德戏剧化。道德挣扎可能被描绘得非黑即白——正直对抗邪恶，忠诚与不义之财的冲突——但是在小说中，这种困境并没有被描述为天路历程式的巨大寓言抑或布鲁图斯、加图或者卢克莱修的斯多葛式的崇高，而是在常见的中等阶层背景下被个别化地表现了出来。现代的困境是对唯利是图的双亲的撕裂的忠诚，或者是心灵与头脑的对抗，这些困境寓于这样的情节中，所要处理的不是弥尔顿式的罪孽与拯救，而是烦恼、不安的心灵。在感伤小说的叙述语境里，仁慈大度的多愁善感的男女会遭遇现实世界的罪恶与残酷——最重要的是，他们**将体会**这些邪恶——然后，回应以无穷的眼泪。仅以仁慈为武装，徒步苦伤之路，男女主角会发现恶行与不幸无处不在，这凸显了一个新的困境：正如在此显示的那样，在一个充满邪恶的世界，假如理性和仁慈不能得胜，结果会怎样？

感性或多愁善感，狂热由此绘制出的是一幅比乐观的《旁观者》近来构想的更加阴郁的场景：问题缠身的个人不可能指望有一个幸福的结局。然而这样的磨炼自有其补偿：悲痛、绝望与落败证实了道德的优越，并彰显了个人操守的振奋人心。并且无论如何，正如警觉的评论家总是含沙射影的那样，通过这类小说给人心带来的骚动，此类狂热难道不是给人们提供了一种间接感受到的刺激和不正当激情，一种想象中的俄狄浦斯式反叛或者虚拟的床笫间的偷欢所带来的愉悦？

然而，小说的新颖不应该被忽略。这类小说及其派生品，比如文摘和杂志上的短篇故事,取代《圣经》而成为时代的主导叙事方式——据说,牧师在布道坛上大声地朗读《帕梅拉》。正是通过这一发展,驶向自我的启蒙航程,它的渴望和暧昧,被追逐并流行开来。根据博林布鲁克的意思,小说是一种实例性的新式哲学说教,而且是一种暧昧的说教。这种异军突起的文类还标志了文化的资产阶级化及女性化趋势。依凭像夏洛特·史密斯、玛利亚·埃奇沃思、阿米莉亚·奥佩(Amelia Opie)和玛丽·布伦顿(Mary Brunton)这样的1800年左右的畅销书作家,通过印刷品,女性第一次为塑造人的行为方式和道德观念做出主要贡献。[45]

小说,因饱含"现代"价值观,使得人们对它普遍感到迷惑,甚至反对的恶意——这可与今天对大众流行文化的某些反应相比较:

> 最是小说蛊惑了女人的心。
> 阅读的小姐——她伤心——她叹息——
> 爱情悄悄逼近了她——
> 然后——唉,可怜的女孩!——晚安,可怜的气节![46]

像剧作家乔治·科尔曼的上述警告一样,还有数不清的类似警告展现了文化消费者的应归咎于小说的轻佻虚幻生活,他们都热衷于孤独的阅读。人们普遍认为,此类读者群包括"没有经验的学徒以及妙龄少女",或者用约翰逊的话说,"年轻人、无知的人和不务正业的人",都被卷入了印刷品的巨大旋涡中。[47]由小说滋生出的轻浮的心理迷茫可能会引起诸如渴望自慰一类的生理后果,这反过来可能会导致神经疾病甚至消瘦症的发生。在《玛丽》(Mary,1788)中,玛丽·沃斯通克拉夫特在回顾她的女主角俗艳的母亲时说:"她快速地浏览那些最宜人的身体作乐的替代品,小说"——讽刺的是,这也是她创作的小说之一。[48]这位小说家相信,这种由小说激起的病态的虚幻生活会导致读者误入歧途:"经常发生这样的事,一些女性有着浪漫、非自然的脆弱情感,她们会在想象中虚度生命,幻想着有一位丈夫,一天比一天热烈地爱着她,那该是多么幸福的事情。"⁴⁹评论家理查德·贝伦格(Richard Berenger)控诉道,小说败坏了美德,在婚姻问题上"欺骗"女性。有些女士本来会成为"好妻子和好母亲",出于对小说散播的"浪漫爱情"的不断增长的渴望,远离了恰当的"社会生活情感"。他提供了一个警示性故事:"克拉琳达"是一位富商的独女,她沉迷于"阅读小说而不能自拔",还拒绝了一位丈夫,因为他不是想象中的男主角。⁵⁰教育家维塞斯莫·诺克斯承认:小说"在幽深之处污染了心灵……向所有人表明了独处的危害"。⁵¹

小说在大众中的声名不佳体现在其拥护者的尖锐上。简·奥斯丁逗趣道:"我们家的人都是小说的读者,并不以此为耻。"⁵²《诺桑觉寺》(1818)中的一段反抗性的评论这样说道:

> 大家似乎存在着一个普遍的心理,即贬低小说家的能力,看轻小说家的劳动,并且轻视那些只以天才、智慧和情趣见长的作品。"我不是小说读者——我很少看小说——别以为我经常看小说——小说么,写到这种程度就不错了。"诸如此类,都是常见的话。⁵³

但是在其他方面,保守的奥斯丁通过《理智与情感》(1811)中的玛丽安以及《傲慢与偏见》(1813)中的班内特姐妹,又暴露了小说在美化个人激情、漠视公共责任上的危险趋势。总之,依小说角色安排个人生活的设想是愚蠢而有害的——以《桑迪顿》(1817)中讽刺滑稽的反面角色爱德华·德纳姆为证,他

> 曾阅读过很多感伤小说,超过了与他相称的地步。他的想象

很早就被理查森小说中充满激情且最会引起反对的内容所俘虏;在男人不顾一切反对情绪和困难而执意追求女性方面,一些作家似乎都仿效理查森,他们的作品已经占据了他的大部分文学时间,且影响了他的性格。[54]

1783 年,爱丁堡的名流协会(Pantheon Society)举行了这样的辩论:"阅读小说更能够促进美德还是破坏它?"其结论?——一个有限的缓刑,这可能与休·布莱尔、亨利·麦肯齐和他们的镜子俱乐部曾在爱丁堡文学界大力提倡此种文体有关。布莱尔在其 1783 年的《修辞学和纯文学演讲集》中驳斥了对小说的谴责,他认为这种"虚构的故事"在道德方面有助于"传达教益,描绘人们的生活和行为方式,揭示我们因激情而犯下的错误"。他批判旧式的"出格的骑士罗曼史",而对现代"日常小说"关于每日生活场景的描述褒扬有加。他补充道:"所有小说家中,最具美德的要数《克拉丽莎》的作者理查森。"小说作为一种文学类型的地位——教育性的还是纵乐性的?——受到人们无休止的争论,尤其在小说界自身内部。这是一个确切的迹象,表明第一次启蒙运动时的公共关怀让位于对个人更多的关注。[55]

小说包含着"人道叙事"(humanitarian narratives),探究道德困境和社会两难。托马斯·拉克尔(Thomas Laqueur)曾经提出,"从 18 世纪开始,一系列新的叙事以非常细腻的手法,述说着普通人的痛苦与死亡",以此吸引着读者的同情。[56] 他的问题——为什么道德特权应由此"在某个特定的时间被延及一个群体而不是另一个群体"——尤其适用于感伤时代那些评判性的秉持某种道德思想的小说。而且有一点是显而易见的,那就是它们的"现实主义的态度",再加上情节设计上的偏见(这点将在第十八章进一步讨论),赋予它们一种强烈的对中间阶层的吸引力。"我曾见一群女士对一部新小说中的角色行为进行讨论,"罗伯特·骚塞揭露道："就好像那些角色是她们熟识的真实人物。"[57] 启蒙运动时期的心理学作家们在思考，到底是什么使想象的产物如此真实。大卫·哈特利的反思证明了想象力的巨大力量："一个不可信的甚或虚构的有趣事件的频繁重复发生，一定程度上使它看起来像是一个真实事件，仿佛在梦中，读着罗曼史，欣赏着戏剧演出，等等。"在小说的白日梦里，对一段情节的念念不忘最终可以使它看起来像是真实的。[58]

大卫·休谟生动地称头脑是"一种剧院，在那里一些观念相继出现；经过，再经过，不知不觉地消逝，交织成一个无限多样的态度立场和心理情境"，[59] 而小说阅读所固有的同情投射与亚当·斯密的《道德情操论》(1759)的心理学是一致的。[60] 就像斯密的道德理论设想了在一个公共舞台上的自我表现一样，小说阅读也同样鼓励了想象出来的身份认同感。读者被牵引着使自己投入行动，同时也做着他们自己的观众。当然，这种手段并不新鲜，也不是小说阅读所独有的。18世纪60年代，年轻的詹姆斯·鲍斯韦尔记录下自己试穿了一整个戏装保管室的衣服："在某种意义上，我们可能成为我们所选择的任何角色。"[61] 有时，他想以父亲或者他熟识的人的形象塑造自己（例如，约翰逊和科西嘉爱国将军帕欧里 [Paoli]），他还想象着成为埃涅阿斯、马奇斯（《乞丐歌剧》[The Beggar's Opera] 中的人物）以及一位"快乐的男人"；但是将他拉入"我生活的剧本"里的是旁观者先生这一角色。鲍斯韦尔承认他"很想成为艾迪生先生"，或者更好的是将他的"感性"与斯梯尔的"欢快"结合起来：尽管"一小笔财富"不足以享受伦敦的生活，不过"一个富于想象力的性情之人，如《旁观者》细致描述的那样，则足以享受到最强烈的乐趣"。一个沃斯通克拉夫特式的伦理学者可能会得出这样的结论，鲍斯韦尔放荡生活的悲剧在于他无可救药地混同了幻想与现实。[62]

鲍斯韦尔一类的实例有助于解释广为传播的恐慌，那就是一般读者——特别是无知的年轻女性——把感情过多地投入在小说的人物与情节上,以致将它们与现实相混淆,由此误入歧途。当然,这是一个古老的主题——塞万提斯的《堂吉诃德》(1605—1615)中的话题,同时也是夏洛蒂·伦诺克斯的流行的《女堂吉诃德》(1752)⁶³的题中暗含之义,它思索着乔治王时代所有小说的核心问题:什么是小说之真?伦诺克斯的女主角阿拉贝拉(Arabella)持着"罗曼史即是生活的真实描绘"的想法,从这些作品中汲取了"她所有的观念和期望"。那自然是一个错误,但是如果小说终归不提供"真实的描绘",那么《女堂吉诃德》何以做到?

对普通读者正受到小说的诱导的焦虑日益严重:理查森小说女主角的命运使读者们牵肠挂怀,他们阅读时难道不是在一边啃咬指甲、一边泪流满面吗?莎拉·菲尔丁注意到,克拉丽莎被"她的所有读者们引为知己"。[64]而且读者对于虚构之事,这种"小说化生活"的可疑认同,带来了一个更深层次的谜题:作者与其创作角色的融合。这种迷惑性由于1759年劳伦斯·斯特恩那惊人的关于内在性的第一人称视角小说《项狄传》的出现而得以增强。它之所以能够流行,部分是凭借它不落陈套的手法和忧郁感伤的基调,尤其体现在托比叔叔(Uncle Toby)和下士特灵(Corporal Trim)身上。然而,很大程度上它的流行源于作家的角色在第一人称的特里斯舛和他的创造者斯特恩之间的游移,就像在斯特恩和此后的《感伤之旅》男主角帕森·约里克之间的游移。[65]斯特恩大胆而轻快地模糊了角色和作者之间的区别,同时请求读者原谅男主角自我表露的冲动:"问我的笔,是它驾驭我,不是我驾驭它。"[66]

斯特恩发现——或者毋宁说,使得——自己成为了一位名流,在得到大众支持的印刷文化兴起之前,他的作品便以一种不可思议的方式赢得了广泛关注。作者的朋友约翰·霍尔-史蒂文森(John Hall-Stevenson)的《两封抒情书札》(*Two Lyric Epistles*)(1760年)是大量模仿作品和派生品中的第一部,这些作品赞美、维护、攻击、模仿,并且尤其是宣传了《项狄传》。一年之内便涌现出二十篇这类作品。《钟表匠对项狄的生活与观点的创作者的强烈抗议》(*The Clockmaker's Outcry against the Author of the Life and Opinions of Tristram Shandy*, 1760)谴责沃尔特·项狄的日常家庭生活带来的对钟表的情欲化处理,而小说通过化名提及了耶利米·库纳斯托洛鸠斯(Jeremiah Kunastrokius)的性变态行为,促使他在1760年出版了《解释性说明》(*Explanatory Remarks*)。小说催生小说,现实与虚构在幻化假扮中交错纠缠,并且产生了媒体的大肆宣传。通过出色的自我包装,惹眼的斯特恩(特里斯舛/约里克)以一种在拜伦之前无人企及的方式把自己变成了一位明星——一位英国的卢梭。⁶⁷

《项狄传》通过对男主角痛处的展示触及了人们的要害——并且它其实是作者的表现癖的产物,掀开了遮盖在斯特恩疯狂想象力上的面纱。如果他对学究式博学的戏谑性模仿显示了经典启蒙思想对博学的无用者的批判,使人耳目一新的则是他的"意识心动仪"(cardiographs of consciousness)。⁶⁸在深入理解的同时,他广泛引入了流行的心理学理论,尤其是洛克的。斯特恩的自吹自擂——"我写作是为荣誉而非稻粱"——说明他明白读者们现在可以因想象而迷乱,以及作者现在正如何扮演着大众的思想指导者。

《项狄传》是喜剧式感伤小说,而后来的小说则不厌其烦地讲述浪漫、夸张情节和性,尤其从贺拉斯·沃波尔的《奥特兰托城堡》(*The Castle of Otranto*, 1764)掀起哥特式风尚之后。在浪漫的自我表现兴起之时,作家们痴迷于挖掘情感深处;比如柯勒律治和华兹华斯,后者于1798年开始创作的《序曲》(*Prelude*)是对"我自己思想精神发展"的沉思,通过启蒙运动的心理学透镜,尤其是洛克和哈特利的理论,两位诗人都全面而彻底地分析了自己诗歌的变化发展过程。

像在自传和日记中一样,意识的神秘在小说中得到了心理学和哲学层面的体现。⁶⁹《艾玛·考特尼回忆录》(1796)为小说、哲学和生活之间的相互渗透提供了一个突出实例，这是一部具有高度自传性质的书信体小说，作者是伦敦不信国教的小资产阶级知识分子玛丽·海斯（Mary Hays）。[70] 它的女主角艾玛迷恋上了奥古斯都·哈利，这个男人的名字要追溯到亨利·麦肯齐《性情中人》里的男主人公。艾玛不求回报地疯狂追求着他，试图用爱和自怜来打动这个男人，由于她的感情"超越了单纯的惯常行为"，她甚至想要让出身体（"我的朋友，我要把自己给你"），但结果却是一无所获。在催人泪下的结局中悲剧旋踵袭来。[71]

何以海斯的书能如此扣人心弦，是什么使它成为后期启蒙运动的一部文学瑰宝？是她通过袭自当代思想的表达方式来处理激情和难题的写作手法。[72] 海斯全面吸收了她朋友威廉·葛德文《政治正义论》（1793）中的决定论，以及哈特利的联想主义心理学。她的女主角因而受制于她的激情而不能自拔；艾玛在自我辩护时坚持认为，这应当归因于对儿童错误的感性教养方式，尤其对于女孩来说。后来沃斯通克拉夫特进行了指责：作为在必然性的错综复杂的关联中的"情感的产物"，她的迷醉及其结果完全超出了她的控制。[73] 由于"受制于激情"，她沦为了自己"错误的温柔"的牺牲品。她问道："美德是与我的激情搏斗还是屈服于它？"答案是不言而喻的。[74]

尽管海斯的女主角表面上被当作对"沉溺于激情"这一危害的警示，但她明显是具有极大魅力的。虽然最初的意向是支持沃斯通克拉夫特对于过分的女性感性的揭露，[75] 但是海斯同时受到了批评与赞美。她明确意识到了自己可能毁誉参半，预料到会被谴责为不道德，她将她的吸引力投向了"敏感善思的少数人"，这些人是超越了"共有的规范"的受启蒙的读者。[76]

海斯的教育小说（Bildungsroman）引人注目地描述了后期启蒙运动的自我概念及其所具有的令人愉悦但危险的暧昧性，虽然在这方面它并非独一无二。她的女主角是真诚论哲学原则的支持者，也是一簇失控的情感火焰；极为独立，又受制于形势；意志坚定，但也是所处环境的产物，被超越她掌控的力量所役使。总之，小说完全是自传性质的。小说中艾玛的悲惨境遇体现了玛丽·海斯对她第一位情人约翰·埃克尔斯及之后的威廉·弗伦德（William Frend）的炽热感情。弗伦德本身就是启蒙运动时期的一位著名人物，由于他的雅各宾主义倾向而被剑桥大学新近除名。小说中艾玛的信件几乎是海斯本人写给弗伦德的情书及与葛德文往来信函的复写。[77] 因此，事实与虚构在后期启蒙运动的主体性中得到了融合。

无独有偶，这种生活与爱情的故事也发生在另一对威廉和玛丽身上——威廉·葛德文与玛丽·沃斯通克拉夫特——前者在他在妻子死于分娩之后，写了《〈女权辩护〉作者传》（*Memoirs of the Author of the Vindication of the Rights of Woman*, 1798）。葛德文的披露令整个世界震惊，他说，玛丽曾经投入已婚的亨利·菲斯利的怀抱；此后又与吉尔伯特·伊姆莱（Gilbert Imlay）保持着联系，并且有了一个非婚生孩子；后来，在为葛德文怀孕前，她曾两次试图自杀；最后在弥留之际，她没有皈依宗教。[78] 这位女权主义者的生活被改编成小说中的女主角的故事，由密涅瓦出版社推出。惊呆于如此伤风败俗的冗长曲折的故事，查尔斯·卢卡斯（Charles Lucas）将之更名为《葛德文关于其妻子私通的故事》（"Godwin's History of the Intrigues of his Own Wife"），托马斯·马赛厄斯（Thomas Mathias）还建议再增设《投机性放荡行为简册》（"A Convenient Manual of Speculative Debauchery"）这一副标题。[79] 这些作品的评论者发现，作者披露自己（与其他人）之露骨、之大胆令人惊讶。这种文学上的暴露癖，在公众面前毫无顾忌地挖掘自己的隐秘情感，不知羞耻地漂白自己的邪恶与罪孽，通过将真实与虚构颠覆性交融震惊了世人。

从这个角度来说，简·奥斯丁的如下做法并非偶然。在《曼斯菲尔德庄园》（*Mansfield Park*, 1814）中，她以不认可的态度描述了伯特伦家族道德散漫的年轻成员演出粗俗下流的舞台剧的故事，上演剧目是奥古斯托·冯·科茨布（August von Kotzebue）的《山盟海誓》（*Lovers' Vows*），他们是想借此沉溺于不体面的色情演出。她可能也知道《反雅各宾评论》对现代德意志戏剧的攻讦:《流浪者》*是对科茨布剧作的戏仿，鼓吹"将每一个人（依他自己的看法）从法律、宗教以及人性等强加在他身上的每一种束缚中解放出来，并且让他们放开手脚在他们喜欢的地点与时间，用他们喜欢的方式做他们喜欢做的事"。[80] 评论家们以这种方式嘲弄后期启蒙运动出现的有害发展趋势。通过赋予内在和想象力自由驰骋的空间，奇幻小说被创造出来，这在使情感的反叛合法化的同时，还以神圣自我为名挑战了标准规范。

由此，情感与个人主义彼此鼓动着对方。小说提供的替代性经验释放了内在感情，并将其转化为文本。情感也推动了性方面的转变。在旧的基督教教义那里，性要么具有功能性（生殖繁衍）要么就是有罪孽性，这种思想如今被取代，性欲现在富于表现力，成为至高的内在秘密，被隐藏的自我。在现实生活中，也在像《艾玛·考特尼回忆录》之类的小说中，灵魂的呼喊变成了性欲的想象，一个不会被拒绝的情欲的恶魔——理查森笔下的洛夫莱斯对于女色的肆意沉溺，克拉丽莎的渴望，帕森·约里克的调情，或者艾玛的激情，莫不如此。真理被主观化了，而性欲（Eros）也成为了现代人的习用语。[81]

这些变化的激进性显示在它们所激起的恐惧中。社会栋梁谴责盛行一时的自我放纵并预言会出现道德滑坡、灾难性衰落、歇斯底里、文明病等——使人想起后来的对弗洛伊德的强烈抵抗。男性沙文主义者回避"新女性"提出的权利要求。[82]

---

* 《流浪者》被说成是葛德文的诗作。——译者

这些进展有着不明确的意涵,尤其对于女性而言。个性解放的实现,尽管"真实可信",但往往以这样一种自我重塑为代价,它将女性转为性对象、危险冲动下有诱惑力的脆弱而悲伤的受害者。在情感的激励下,母性光辉的理想化同样营造出了玩偶之家似的家庭氛围,这有可能使维多利亚时期的"家庭天使"处于一种压抑状态。[83] 对于男性而言,意义同样复杂。尽管情感受到珍视,"女子气"所滋生的相关焦虑激起了人们对于后来所称的同性恋的不断增强的恐惧。[84]

这一章追溯了后期启蒙运动中的生活与艺术、真实与虚幻的交织——实际上,是混乱。随着印刷业的兴起,书写成了用以塑造自我形象的一面镜子,就像是一本生活指南。启蒙渴望变得私人化。文本,尤其是小说,被设计用来私下阅读,在心理及身份的转型中赫然耸显,创造出了新的情感与想象的可能性,它是对自我的进一步反思,也是社会伦理批判的平台。以教育小说为标志,情感个人主义破土而出,因而生活呈现出一部新的脚本——这便是哈兹利特所谓的"宗教的伪善之言"让位给"情感絮叨"。[85] 它是对真理与自由的动态启蒙探索的一个新重要阶段。

第十三章　自然

> 整个地球……遭到诅咒与污染。
>
> ——大卫·休谟[1]

> 遵循自然之径，疯癫的念头会远离
> 每个能实现它的国家，每个能构思出它的头脑。
>
> ——亚历山大·蒲柏[2]

> 在所有我们用于描述人类事务的词中，那些有关**自然**和非**自然**的是意义最不确定的。
>
> ——亚当·弗格森[3]

启蒙运动的关键概念是自然。尽管它深邃神秘，但我们可以从它的对立面入手来讨论它。它是对客观的、崇高的外在真实的一种肯定，自然由上帝创造，与加尔文主义所想象出的堕落而衰败的世界截然不同。自然之物还可以被视为所有那些混乱而扭曲的、虚伪且徒有其表的事物的对立。对于早期启蒙运动思想家如沙夫茨伯里来说，自然连接着神（永恒而超验的）与人；它指向人类的净化与完善，并超越欺骗形成的狭隘界限，扩展人性中的同情。有序、客观、理性、崇高及庄严，自然既尊奉规范，也尊奉理想。通过这种方式，可以维护自然宗教和在浪漫主义中到达顶峰的自然的神圣性，同时开拓一个先前曾被基督教教义诽谤的创造领域。[4]无怪乎蒲柏呼吁"顺应自然"：

> 永无谬误的自然，依旧闪耀着神圣之光，
> 那光亮透彻、普照且亘古不变，
> 必向所有人传递生命、力量和美
> 顿时成为艺术的源泉、归宿和检验。[5]

尤其是，自然的开明神化涉及对此前基督教话语中罕见的美学规范的肯定。正如在第十一章中所强调的，对直白的感官满足存在许多否认和诋毁的传统：柏拉图主义、清教主义、理性主义者的反感官主义、新教徒的反偶像崇拜以及破坏偶像主义。攀登至冯杜山，彼特拉克并没有凝视迷人的普罗旺斯风景，而是打开圣奥古斯丁的手抄本，热情地谈论精神的高度。[6] 所有那些都随着启蒙运动的展开而变化。18世纪是不列颠风景画和美学写作的第一个伟大时代，这绝非偶然。[7]

启蒙运动并没有杜撰"环境"（environment）一词——那是稍后由托马斯·卡莱尔首创的——但是思想家们都致力于反思人类在造物中的位置。随着对上帝和人类榜样的新解读的出现，人们对于上帝将其创造物所放置的位置的感知也不可避免地发生着变化。这是以复杂的方式发生的。《巴斯纪事》（*Bath Chronicle*）在1799年5月30日（关于前一日的查理二世复辟第139周年庆典）的一则记录，表达了对于人类对自然的权利与义务的模糊性的见解：

> 令人深感遗憾的是，我们已经谈论到，多年以来，这个城市周围的树木和幼林受到了严重损害，因为在5月29日这一天，人们的帽子上戴着橡枝，商店橱窗及寓所也用橡枝进行装饰。如果这种做法暗含表达忠诚之义，那么我们只能说，这是对忠诚的一种极为不当的表示：因为，这些对私人财产每年一次的破坏而导致的个体损害与公众损失，绝不会得到认可。[8]

正如上面所述，作为公共财物甚至是爱国主义象征的自然，很容易与作为私人财产的自然发生冲突。

现在，"自然"属于社会范畴已获得认可。西蒙·沙玛解释说："尽管我们习惯将自然与人的感知分为两个领域，事实上，它们是不可分割的……景观是心智的产物。"[9]在英格兰，如今所认为的自然之物——棋盘式的田地、山楂树篱和矮林等这些自然保护主义者反对开发商破坏的事物——多是启蒙运动时期农业生意、景观园艺及农民垦荒的结果。宣称"整个自然都是你不知道的艺术"的亚历山大·蒲柏本意是虔诚的，但是他不自觉地成了乔治王时代环境史的密码破译者。[10]

是什么构筑了英国启蒙运动时期的精神景观？景观在扩大：托勒密的封闭世界被牛顿的无限宇宙所取代，而环球航行者如库克船长，则鼓励着诗人和哲学家等将这个由水陆组成的地球描绘成一个完整的整体，一个启蒙世界主义的舞台背景，人则是这一整体世界的公民。[11]

然而造物的范围也正以惊人的速度收缩。在构想宇宙的时候，一位18世纪晚期的科学家与皇家学会的创始会员是不一样的，他很可能已经从他的视野中排除了天堂、地狱和弥尔顿作品中所有那些无所不在的东西：撒旦的恶魔军团、精灵及女巫。[12] 1829年，卡莱尔悲叹道："真实情况就是人们失去了对于不可见物的信仰，而将信仰、希望和工作只寄托在有形物上……只有物质的、直接实用的，而不是圣神的和精神的东西，对于我们来说才很重要。"[13]

尽管我们在这里勾画马克斯·韦伯所称的"世界的祛魅"，但这个行星尚未沦为一大块使丁尼生和其他维多利亚时期的诚挚怀疑者感到无法继续论辩的无意义的凝固岩浆。有蒲柏作为向导的乔治王时代的人们，将大自然视为一件神圣的杰作——人们通过自然，仰望自然之神。星期日，虔诚的民众从教堂中陆续走出，目的是为在敬畏中凝望自然。《圣经·诗篇》第三章中的文字，经过约瑟夫·艾迪生的调整协韵，写道：

> 高高在上的寥廓苍穹,
> 飘渺湛蓝的美丽天空,
> 诸天闪闪,形成灿烂一体,
> 彰显着它们伟大的原始像。[14]

在如此自信的广教论世界观中,是不存在纯粹的自然的。存在着的是造物,它仍然是一个神圣的会堂,那里有为大大小小的生物指定的角色、装束和剧本,从草本植物和食草动物,经存在之链,到诗篇作者的,或者艾迪生所说的伟大的原始像(great Original):

> 看,穿过这块天,这片海,这大地,
> 所有的物质勃然出世。
> 奋发的生命向上可至多高!
> 周遭多么宽广!向下可至多深![15]

将陆地体系视为一种激动人心的场面,或者同样视为一种传承下来的财产的看法,符合人与自然界相互依存的日常物质现实。[16] 毕竟,大多数人仍要在这片土地上继续生活——1700年,只有八分之一英格兰人居住在超过五千人的城镇里——羊的数量超过人口数量。人类、畜群与土地之间在物质、精神和情感上存在压倒性的亲近度。造物中每一种事物都有其等级和地位的观念符合民众心理,在他们的民间故事里,孩子、狼群、巨人以及怪兽并处杂陈;吉尔伯特·怀特的《塞尔伯恩自然史与古代史》(1788—1789)为精英文化提供了例证,在其中燕子和刺猬都被人格化为教区荣誉居民。[17] 尤其是,宗教信条也是惊人地以人为本位的。与某些世界宗教不同,基督教神学理论断言,所有生物都依天意适应了人类,因为只有人类拥有不灭的灵魂并可因此而得救。《创世记》已经授权人类"管理海里的鱼、空中的鸟,地上的牲畜和全地,并地上所爬

的一切昆虫"。甚至在人类堕落和灭世洪水之后，上帝不也没有改变他的命令："要生养众多，遍满地面，治理这地"？ [18]

以启蒙情感观之，换句话说，大自然并不是被撒旦占据的荒野；它本质上也并不活泼和神圣——教会曾总是与泛神论的异教做斗争。剑桥大学神学家、牛顿理论的推广者理查德·本特利认为，毋宁说大自然是一种资源，它"主要是为人类的生存、使役和冥思而量身定做"。[19] "如果有需要，我们可以寻遍整个地球，"他的同道、自然神学家威廉·德勒姆牧师断言，"也可以或渗透到地球内部，或下至深邃的底部，漫游到这个世界的最远处，去寻求财富、增加我们的知识，甚或只是为游目骋怀。"上帝是如此仁慈，以致无论人类有多么贪得无厌，"天地万物依然不会枯竭，依然不会缺少食物，不会缺医少药，不会缺少房屋和栖息地，不会缺少洁净和活力，甚至是消遣和欢愉"。[20] 迟至19世纪初，贵格会地理学家威廉·菲利普斯（William Phillips）向读者保证"万物皆为人之所好"，后者才是"万物之主"，这种情绪在威廉·佩利的《自然神学》（*Natural Theology*, 1802）和19世纪30年代由多位著者联合撰述的《布里奇沃特论文集》（*Bridgewater Treaties*）中也有反映。[21]

理性宗教维持着一种适应城堡里的富人和他城门口的穷人的日常需求的社会环境感。[22] 溪水里有书，石头上有布道辞，林木上有文字。树干是生命之杖，保留着各各他的启示；但是木材也有它指向的社会道德。

　　万岁，古老的**贵族**树，是如此的高大美丽！
　　万岁，尔辈平民林下灌丛！

以上是亚伯拉罕·考利（Abraham Cowley）于复辟时期的咏唱，先于柏克对"荫庇国家的橡木"的赞美。[23] 像在国家中一样，在大自然中，每一事物都有它的位置和目的，它的意义和真谛。在地方病流行之处，上帝有没有栽下自然治疗方法？18世纪60年代，埃德蒙·斯通（Edmund Stone）牧师发现了另一种树的皮的医疗特性，即柳树皮，这被证明是通往阿司匹林的第一步。他对此投以关注，部分是因为他虔诚地相信在导致风湿病的湿地，会产生治疗风湿病的药物，这证实了邦格乐思博士（Dr Pangloss）也许引以为傲的那种乐观主义的正确性，即"一切都是最好的安排"。[24] 由此，所有环境都是一个舞台——奥利弗·戈尔德斯密斯在他著名的自然史《地球与生机勃勃的自然的历史》（An History of the Earth and Animated Nature, 1774）中赞美"上帝之尊荣的伟大剧场"——而且，如果上帝也是天国里的艺术家，那么，大自然便适合于被当作设计用来引发适当反应的背景，通过画家般的眼睛进行欣赏。[25]

出现这种把自然作为一个理想栖息地的描述，部分原因是艾迪生那代人沐浴着光荣革命的和风，承袭了一场他们积极与之搏斗的深刻环境危机。"世界衰落的观点如此被普遍接受，"乔治·黑克威尔（George Hakewill）曾于1630年评论道，"不但在普通百姓中，而且在知识分子之间，既在神职人员中，也在其他人中。"[26] 改革的评论者曾赞同古老的经典比喻和圣经预言：烦恼尘世是一艘年久失修、损毁严重的船；世界的终结就近在咫尺。[27] 之前有鼓吹地球衰老观点的千禧年论者宣称，在每一个地方，都出现气候持续恶化，土壤日益贫瘠，以及瘟疫猖獗肆虐的情况。神学家托马斯·伯内特在《地球的神圣理论》（1684）中坚持认为，在创世之初，地球的表面曾经像蛋壳一样光滑。但是正是山峦的存在，以及它们不间断的剥蚀，表明一切都处于衰退中，都在沦为废墟和垃圾。由于人类堕落的结果，现代人所居住的是一个"肮脏的小行星"，一个衰朽的球体，且接受着原罪带来的惩罚。[28]

如果说伯内特对变化的论述带有巴洛克式修辞的味道，那么其他人则指出了明确可见的环境衰退：峭壁坍塌，山体滑坡，地震，火山喷发，河口泥沙淤积等。在国内，约翰·伊夫林哀叹烟尘污染和滥伐森林，而在巴巴多斯和其他新殖民地，以烧垦清理土地以及种植单一作物——例如甘蔗——的种植园，如此迅速地导致了干旱、洪水以及毁灭性的水土流失，使曾经的肥沃地带变为荒地，这令在国外的观察家们大为震惊。[29] 原罪及现代人的贪婪一同解释了这些现象，许多人将它们视为一颗得了不治之症的星球的症状。

但是这种神学的生态悲观主义遭到了启蒙思想的挑战。光荣革命使一种新制度上位，它提倡自由、秩序、繁荣及进步；而且它的辩护者们，尤其是波义耳讲座教授们，提供了环境愿景（environmental visions），通过用自然道理对其进行解释来证明新统治秩序的合理性。为了使1688年的政治解决方案，尤其是1714年汉诺威世系的王位继承完美无缺，自然的稳定性新近受到了人们的赞扬：牛顿学派地质学家、物理学家约翰·伍德沃在《地球自然史论》（1695）中总结道：因此，"上帝的宏伟设计"就是将整个世界维持在一个均衡状态。[30]

伍德沃在书中坦然承认，诺亚洪水之类的事件——他情愿将之视为文本上的历史事件，且已为《圣经》和实物所证明——乍看来表明了"动荡和混乱，并无其他"：

> 然而，如果我们再稍微靠近点，对它近距离观察……我们可能会探寻到一只稳定的手正从……混乱与丑恶中创作出最完善的秩序和极致的美……并且将所有的步骤及阶段导向最后结局，那是一种最高尚和最卓越的结局，不亚于整个人类的幸福。[31]

随着英国的君主政体，也随着天降奇迹，地球动荡的巨变过程已告终结；现如今一切都归于平静，陆地的主体部分也处于良性平衡状态；而最终的全球巨变——大洪水——也是建设性的而非惩罚性的，一场"革新"将一种新的"体制"引入"自然世界的统治"当中。经过这场革命,上帝将人类从"最凄惨的痛苦境遇和被奴役的状态中解救出来,转变为拥有变得幸福的能力",通过极少惠赐后洪水时期的地球,迫使人们辛勤劳作,从而推动一种稳重的勤奋。[32]

启蒙理论家还认为,统治地球的自然法则是"永恒不变"且"进步"的,熟悉的现象也要根据起主持作用的神的旨意重做解释。[33] 山体崩裂一度被视为自然的机能失调,是大灾难(通常是诺亚洪水)的征兆;但是现在它们的正面作用得到强调,戈尔德斯密斯曾解释说:"随着山峦的退化,平原相应变得更丰饶。"[34]

没有山峦,没有雨水,就没有肥沃土地——新一代的自然地理学家论证道,同时驳斥了生态悲观主义者。苏格兰医生、地质学家詹姆斯·赫顿在其《地球理论》(1795)一书中认为,山体分裂所产生的岩屑随河水流荡,形成海床,历经数百万年从而成为新地质层的基础,而新地质层的衰退又反过来会形成肥沃的土壤,如此循环往复以至无穷。火山喷发和地震也同样如此。1755年灾难性的里斯本地震之后,一个沉痛的话题便是:如今人们宣称,所有这类明显具有破坏性的过程,事实上都是大自然良性运行所必不可少的:

> 当我们探索陆地系统赖以构成的部分,并考查各部分之间的关系的时候,便发现这整体像是一台具有特定结构的机器,通过这种结构陆地系统可以适应一种特定目的。我们认识到了这样一种结构,它产生于智慧之中,使命是实现一种配得上在产生它的过程中得到清晰展现的力量的目的。[35]

赫顿坚持认为,地球具有自我维护和自我修复功能,以便为人类提供一个长期的理想栖息地。[36] 一位评论家注意到了从生态晦暗(eco-gloom)到生态辉煌(eco-glory)的转变:"那种荒芜和普遍衰败的阴郁图案已全然改观，现在呈现在人们头脑中的是一幅令人愉悦的景象，认为自然系统能够得到睿智而持久的供养。"[37]

启蒙运动中出现的新的环境愿景，是与牛顿和洛克学说相匹配的。伴随着这部由规律统治的地球机器的是一种"占有性个人主义"（possessive individualism），它通过一种有关所有权与价值的劳动理论使上帝赐予人类的统治权合理化：人类有权利享有这个地球及其果实。[38] 圣经对于人类管理地球及生息繁衍的授权因而获得了合理性。诗人多恩的时代看到过动荡——"一切都支离破碎，一切都不再连贯"——清教徒已经预料到天启之火和大洪水；但是始自17世纪90年代，环境在哲学层面上变得稳定了。[39] 无论是虔诚的基督徒如波义耳讲座教授们，还是后来像赫顿这样的自然神论者，都描绘出一幅稳定状态下的陆地体系，[40] 如同亚当·斯密将自由市场体系视为可以自我调节的和最佳的。在阐述这些观点的同时，奥利弗·戈尔德斯密斯把地球描绘成一个天赐"栖息地"，一座上帝提供给租户享用的大厦——条件是租户需辛勤劳作来改善自己的状况，因为：

> 尽管他很多需求都会得到仁慈的满足，但一方面，存在着许许多多的不便激励着他去勤奋劳作。这片栖息地尽管提供空气、牧场以及饮水的便利，可仍是荒野，这里没有人类的耕作。
>
> 由此，这样一个在某一方面存在益处，在另一方面存在着不便的世界，是理性的合适寓所，对于一种自由而有思想的生物而言，最适于锻炼他们勤奋劳作的精神。[41]

因此，地球并未陷入危机；它通过一种由普遍规律支配的自我调节系统，进行着有利于人类的运转。广教论国教思想赞同这样的观点：上帝是仁慈的，魔鬼实际上是不足信的（在这部机器中，可能存在一个鬼魂，但是肯定没有众多会引起机械故障的小妖精们）。而且这种自然哲学在虔诚而富有教化意义的自然诗歌中,又得到了进一步宣扬。像理查德·布莱克莫尔的《创世记》(1712)之类的作品,它们歌颂宇宙的宏伟,并赞美造物主。[42] 诗人、牧师爱德华·扬的《哀怨》——通过副标题《夜思录》,可约略知其内容所指——完成于1746年,与詹姆斯·汤姆逊的《四季》同年发表,比马克·阿肯赛德的《想象之乐》晚出版两年。[43] 扬赞美自然世界,表达空间的浩瀚无垠及上帝的威力:

> 海洋,河流,山峦,森林,沙漠,岩石,
> 岬角之高,地层之深,
> 凿出的岩洞拱高面宽,
> 皆源自自然之结构,或岁月的侵蚀。[44]

类似情感在亨利·布鲁克的《宇宙之美》(*Universal Beauty*, 1735)也有表达:

> 永恒的缔造者隐于深处,
> 在他的作品之上,造物主在掌控;
> 那无限的作品,超出我们所及的高度;
> 超出克拉克的论证,和牛顿的探索![45]

布鲁克并不抵制新科学,他只是希望针对得意感阐明一个道德观点。

在《想象之乐》中,阿肯赛德以一种典型的培根式风格将自然称颂为上帝之书(God's book):

> 她在更纯净的火焰中,以更好的模具铸造。
> 万能的炉火展现出

世界的和谐书卷，

在那里将他自己的抄本阅读。⁴⁶

因此，18世纪中期的无韵诗掀起了对自然的赞美。环境哲学与诗歌支持着启蒙的秩序：上帝是自然规律的设计师，就像沃波尔是政治稳定的经营者。

而且不只是稳定，还有**改善**（improvement）。就像很久之前韦伯和托尼（Tawney）所认为的，新教神学彰显了自我实现的个人责任：培养自然应允的精神奖励不亚于每日的面包。启蒙学者对于人类驾驭大自然的权利——甚至是责任——没有太多疑虑，按照戈尔德斯密斯所说的："使自然中所有鲁莽的族群臣服于他的意志，并且在地球之上产生……秩序和统一性。"⁴⁷ 约瑟夫·格兰维尔解释着培根的话语，坚持认为通过自然哲学，"被了解的自然……可以被掌握、运用以及造福于人类生活"。⁴⁸

当然，这些观点认证了几个世纪以来欧洲在环境方面所做的事情：清理森林、筑堤围堵、耕作、种植、采矿。排水和采伐森林被誉为可使土地摆脱潮湿和病害的状态，变荒地为财富。

最近，激进和女权主义历史学家谴责后培根时期思想中咄咄逼人的大男子主义因素，因为它以一种新的开采自然甚至掠夺自然的观点取代了地球母亲的和谐概念。罗伯特·波义耳以反迷信的方式抱怨道："人类被灌输的对于大自然的崇拜，成了他们统治上帝所造低等生物的一个令人气馁的障碍：因为许多人已经将这种统治视为……不虔诚的企图。"这些恼人的顾虑！⁴⁹ 对于掌控环境引发的焦虑应该予以关注，但也应该全面地看待。因为在人类与环境关系的启蒙范式中，二者并不是冲突的，而是合作性的，实际上是一种积极的田园牧歌式的。"我已经将你安放在一个宽敞而布置得当的世界里，"植物学

家、圣公会牧师约翰·雷设想上帝如此告知人类:

> 我已经为你们提供了很多物资,你们可以用来发挥你们的力量、施展你们的艺术……我还将地球分为丘陵,峡谷,平原,草地及林地;所有这些地方,都可以通过你们的辛勤劳作进行栽培,谋取发展。为了协助你们耕地,拉车,汲水,和旅行,我给了你们勤劳的公牛,任劳任怨的驴子,以及强壮、可供使用的马匹……[50]

一旦上帝已向人类解释了后者在神的安排中的位置,雷就认真思考了上帝对于所亲见的事物的评价:

> 我说服自己,人类慷慨而仁慈的造物主会为人类的勤劳而高兴,是他们以美丽的城市和城堡,舒适的村庄和乡间住房……以及其他一切使一个文雅、开化的地区区别于贫瘠的荒凉之地的事物,装点着地球。[51]

所以,体现人与自然关系的典型范例是农场。根据雷的同时代人马修·黑尔爵士(Sir Matthew Hale)的观点,上帝是最大的田主,世界是他的不动产,而人类则是其承租人。这位大法官用法律术语解释说:"创造人类的目的是使他们充当上帝的管家、管事、代理人或者这个广大的尘世农场的农民。"由于这个原因,人类"被赋予了力量、权威、权利、支配权、信任与关怀,以纠正并摆脱更凶猛的动物的放肆行为与残忍"——简言之,"维护美丽、实用和丰饶的世界面貌"。[52] 无论是在圣经中还是贝尔福德郡,每一个人都会明白黑尔提出的优秀管家的慈父式隐喻。只有在勤奋耕作的原则得到维持的情况下,大自然才会结出累累硕果:为土地匹配畜群和作物,采用合理的轮种制,规划长期的可持续性——毫不夸张地说,就是把利润犁回来。[53]

这种看管工作的形象——父亲般的而不是盗贼般的——约束了人们的行为，并规定了环境伦理学和环境美学。这方面的开拓之作当数约翰·伊夫林（John Evelyn）的作品，他的《林木志：论陛下领土中的森林树木与树木繁殖》(*Silva, A Discourse of Forest Trees and the Propagation of Timber in His Majesty's Dominions*, 1662) 谴责在土地上的浪费行为，并且揭露为了提供木炭和放牧的牧场，"在根除、破坏和彻底毁掉我们的节俭先辈留下的所有那些优良木材和森林的趋势中"，"惊人的破坏"有多么严重。[54] 伊夫林相信，经济的可持续增长依赖合理的保护措施，这为在18世纪被广泛提倡的新的自然管理方法定下了调子。

"改善"作为一个资本主义农业，尤其是圈地的代名词，是一个经常被用于土地的词，同时还被用于园艺学。从诸如约翰·霍顿的《农耕与商业改善文集》(*A Collection for the Improvement of Husbandry and Trade*, 1692—1703)，及蒂莫西·诺斯（Timothy Nourse）的《富饶的坎帕尼亚，又名论农耕的好处与改善》(*Campania Foelix, or A Discourse of the Benefits and Improvements of Husbandry*, 1700) 等早期著作开始，农业改善已被大批的介绍文字广为宣传。身为法学家，同时还是农业改良者的凯姆斯勋爵亨利·霍姆（Henry Home, Lord Kames）推出了《乡绅；依据理性原则的检验进行农业改善的尝试》(*The Gentleman Farmer; Being an Attempt to Improve Agriculture by Subjecting it to the Test of Rational Principles*, 1776)，这本书非常流行，到1798年就已经发行至第四版。[55]

同时，农业也依赖科学。爱丁堡大学教授威廉·卡伦（William Cullen）的学生乔治·福代斯（George Fordyce）撰写的《农业与植被原理》(*Elements of Agriculture and Vegetation*, 1765)，促进了农业在化学层面的发展。在爱丁堡接受医疗实践培训的亚历山大·亨特博士（Alexander Hunter）成立了约克农业协会（York Agricultural Society），并且编辑了研究农业的论文选集《农业论文集》(Georgical Essays)，该文章集在1770—1772年间出版了四卷。

《格列佛游记》中的巨人国的国王明确指出："那些在原本只长有一颗玉米或一叶草的地方，收获两颗玉米穗，或者两叶草的人，不仅会收获更好的回报，而且为他的国家作出的贡献比整个政治家群体所作的加在一起都多。"[56] 因此，农业改良符合政治经济学目的，还体现了启蒙思想宣传的人与自然之间的新关系：对土壤施以直接管理，以使它受制于人类，并产出更多的作物。

苏格兰的詹姆斯·赫顿是一位地质学家，不仅如此，他还从理论上阐明了它蕴含的哲学信息。赫顿先是在爱丁堡学习医药学，1752年又转到诺福克农场学习农业实用技术。在随后的欧陆旅行期间，他考察了国外的农耕模式，一回到自己的家庭农场，便实行了多项改革。此后多年，他雄心勃勃致力于写作《农业发展原则》("Principles of Agriculture")，这是一部一千多页的手稿（仍未发表），旨在"帮助农业社群判断他们的耕作是否符合正确的科学与经济原理，并提高国家的总体利益"。[57]《农业发展原则》将科学农业描述成能够使得人与自然之间的关系出现普罗米修斯式转变的东西："农业属于一种科学运作，"赫顿写道，人由此而变得"类似于地球的上帝……规定着这个世界的体系，掌管着诸物种的生死"。[58]

赫顿的朋友伊拉斯谟斯·达尔文是另一位科学农业的热情倡导者。在他的《植物学》(1800)的导论中，他惋惜道："农业和园艺……仍旧只是技艺，它们包含许多零碎的事实和模糊的观念，而缺乏一个将它们联系起来的确切理论。"[59] 这种情况必须改变。只有与理性的、资本主义式的开拓精神结合，努力才会有进展：

> 没有土壤与所养育的畜群这样的资产，牧场便不会存在；因为技术上的新发明与工具的生产都是农业所必需，一些人必须用

脑，另一些则出力；由于一些人的努力取得了比其他人更大的成就，社会各阶层间的不平等必会随之产生。[60]

由于这部分原因，皇家艺术学会（Royal Society of Arts, 1754）农业委员会给予改善以高度嘉奖，对于进步的热情也在"巴斯与英格兰西部农业协会"（the Bath and West of England Society, 1777）等农业协会的建立中体现了出来。贝德福德公爵和其他土地所有者还组织举办展览会，富有进取心的佃农在其上阐述他们的方法，还给予最好的牲畜以奖励。这种忡忡热心使得第一个农业委员会（Board of Agriculture）在1793年成立，这是一个由政府资助的私人组织。

在从事农业改善的过程中，没有人比阿瑟·扬更任劳任怨了，他是一位农人、旅行家、作家、《农业年鉴》（Annals of Agriculture）的编者，最后还是新的农业委员会的干事。[61]他在1767年的著作中宣称："毫无疑问，农业是其他任何艺术、商业，或者职业的基础。"他还概括了巨人国的伟大训令："使原有一叶草的地方长出两叶草。"方法便是"栽培那种能带来最大金钱利润的农作物，无论它是什么作物"。阻力便是，农业贫困的恶性循环及由此导致的可怕后果：少投入，也会少收获。[62]

扬将农业视为"最伟大的制造业"，[63]对于他来说，新型农业许诺了一种更有效的环保主义。旧式的公地导致浪费，他认为，它们是对自然的浪费，因而也浪费了上帝的慷慨恩赐，而且它们既是对个人的浪费，同时也是对国家的浪费。敞田的田埂和边角空地实际被公认为"浪费"难道没有揭露真相吗？[64]所以，从"道德经济"到"政治经济"，从部分使用权到完全私有的转变，将结束对自然的浪费，确保所有人的收益："我觉得圈地所带来的普遍利益，足可为证。"[65]因此，资本主义农场和公地分别变成了勤奋与懒散的隐喻。扬高唱着环境改善的颂歌，游历了整个国家，就像此处他在参观诺福克时所说的：

在改善思想占据居民的脑海之前，从霍克汉姆到霍顿的所有乡村都是荒凉的牧羊场，而这个闪光的思想则催生了惊人的效果：与人迹稀少、只被羊群占据的大片荒地及未开垦的废地的情况不同，乡村被分割成一片片的圈地，以最妥善的方式开垦，多施肥料，合理住人，并且收获比在先前状态下多出百倍的产品。[66]

圈地不仅可以改善土地。根据扬的观点，尽管"实行敞田制的哥特人及汪达尔人"仍然在影响着"圈地文明"，但是围圈土地已经"在很大程度上改变了人类，就像圈地对乡村的改善"："当我从与被推荐拜访的农民的谈话中抽出身来，投入到与路遇之人的谈话，我已仿佛失去了一个世纪的时间，或者一天内走了一千英里。"[67] 在这种国家改善的驱动下，农业带头人理应是贵族，尽管他们也必须摒弃贵族臭名昭著的浪费："在曾经荒芜的土地里，摆动着的玉米穗散发出夺目的光泽，比奥尔马克社交俱乐部中最炫目的名人还要闪亮五十倍。"[68] 然而它所传递的基本信息很简单："最成功的农民，即是最伟大的人"：大概，"农夫乔治"（国王乔治三世是一位热情的农业爱好者）读懂了它。[69]

借助2000多条圈地法令和受到影响的超过600万英亩土地，圈地和进步的农业将利润与家长式统治相结合，然而也包含着可贵的价值观念，从而为启蒙人士提供了一个适当的环境管理模式。传统上田园牧歌式的乡间神话——自然作为天然的乡间生活的酬赏——仍有容身的空间。

> 哦，平原之上的乐趣，
> 幸福的林间仙子，幸福的乡间少年，
> 无邪、欢乐、自由、轻快，
> 在时间的流逝中起舞跳动。[70]

亨德尔的《阿西斯与加拉蒂亚》(Acis and Galatea, 1718)中这样吟唱道。类似重农主义的信条也能被嫁接进来——自然是一切价值之源，或者以亚当·斯密的名言来说："迄今为止，土地仍是每一大国的财富的最大、最重要和最持久的组成部分。"[71] 而最终新教伦理将成为推动因素：劳动将个人所得神化为一种公共的和生态的善。此后，人们广为接受的看法便是：但凡有益于农业的，都有利于国家；英格兰的朋友，即是地球的朋友。罗伯特·安德鲁斯（Robert Andrews）先生以及他的新娘弗朗西丝（Frances）——由庚斯博罗做过知名画像——肯定会同意这样的观点：无疑，所有权、富裕及美学在他们的景观政治学（politics of landscape）中结为一体。根据所有他们调查过的领主，没有废地，就没有小农、贫民和偷猎者，甚至没有任何轻快的林间仙子会侵犯他们的权力和隐私。[72]

然而，这种对环境的慷慨恩赐的憧憬，虽然主要存在于辉格党和贵族之中，但并非特权阶层所独有的。那些认为对自然的充分利用支持着人类发展进步的人同样可以从这里获得满足。威廉·葛德文非常惊讶地评论道，"地球的四分之三，现在还没有得到开垦"，他还将《圣经》中的"去不断繁衍吧"合理解释为政治激进主义。通过合理经营，大自然会维持人类的无限发展："许多个人口不断增长的世纪可能会过去，地球仍被发现可为它的居住者提供足够的支持。"[73] 不仅如此，对于葛德文和许多其他人而言，对自然的驯化进一步推动了文明化的进程——因为野生环境养育出野蛮的人。就像艾迪生和斯梯尔的《旁观者》滋养了资产阶级一样，农业正为各个郡播种着文明。[74] 这种使人惬意的共识一直持续了下来，直到马尔萨斯令人沮丧的《人口原理》(Essay on the Principle of Population, 1798)问世。这位教士的将生态系统看作一个零和博弈的观点，不仅给革命性的乌托邦设想泼了冷水；它相当于丢弃了广为接受的关于环境管理如何确保人类进步的广教论设想。[75]

如前所述，启蒙时期的辩护者把环境呈献为一个农场，推动着为个人利益和长远的公共利益而负责任地管理自然资源的政策。对荒地的掌控是自豪的源泉。

> 我歌唱被压制的洪水，被驯服的海洋
> 回归平静的河流不再恣意奔放
> 水波被堤岸所困，形同监禁，
> 直到友善的水闸许其保释；
> 溪流受制于堤坝之缰，学会顺服，
> 循规蹈矩，好似它们找到了自己的路……[76]

这是由查理二世的地形测量局总监乔纳斯·摩尔（Sir Jonas Moore）爵士执笔的一篇对排干沼泽进行庆祝的诗歌；一个人不需要是虔诚的福柯追随者（Foucauldian）就能领会这种关于对自然进行极大限制的幻象作品的主旨。驯服荒野一直是一个热门话题。坎伯兰的沙文主义者约翰·道尔顿（John Dalton）兴奋地说道："当我们看到了一片荒野和未开垦土地所获得的巨大改进，不禁为大自然面貌的完全改变而惊愕。"[77]

但是，随着荒地日益变得既有利可图又令人愉悦，环境的另一面也开始变为一个问题：那就是传统上被设计成非常正式的、带有围墙的，并附属于乡间宅邸的庭园。[78]人们的富足和雄心威胁着要改变这一切：在一个以更豪华住宅为标志的贵族权势扩大的时代，为什么要往小处想呢？约瑟夫·艾迪生认为，"难道不能通过频繁的植被种植使整个庄园变为一座花园么……一个人或可使其属地成为一道美丽的风景"——这便给人一种印象，一个人的财产无限延伸展至自然——这是一个因为威廉·肯特发明的暗墙促成的幻觉。[79]但是，艾迪生温和的建议只是加重了这种庭园问题，因为它看起来动摇了独特的庄园元素。

如果说自然所呈现出的是荒野气息，那么它的反义词即"庭园"必定是整齐有序的，因此文艺复兴时期经典的正式庭园，都有棋盘式的布局、花园迷宫、树篱、小径以及雕塑，表面看来类似规划城市，并且扮演着保护文明免遭可怕荒野侵蚀的堡垒的角色。但是，当大自然本身被规划为农场，并被议会派出的测量员的图表和测链加以几何分割，这样的巧计不可避免地失去了令人信服的理由。随着大自然被人类驯化，荒野最终可能具有美学欣赏价值，正如同一旦开明的精英摆脱了对于巫术和恶魔附身的迷信，超自然现象在哥特式小说和灵异故事中进行重新包装的时机便成熟了。

英式庭园否定了意大利庭园越来越遭人非议的会造成幽闭恐惧的风格和凡尔赛宫死板乏味的对称样式，而是重新取法自然，摈弃了明显的刻意雕琢和修葺齐整的装饰。大宅不再附建正规花圃，同时也把家用农场和家庭菜园建在隐蔽的地方。受到"能人"布朗（"Capability" Brown）的启发，新一代园艺师通过将大宅改建为由树丛草地之海围绕的岛屿，促成了一种新的田园牧歌般的消遣逃避。这种简约朴素的风格——只有草皮、树丛和一片片的水域——几乎能乱自然之真，这要感谢不露声色的艺术手法。[80]

对于这种新的背离之下的文化心理学，维多利亚时期的伟大园艺师约翰·克劳狄·劳登（John Claudius Loudon）给我们提供了很好的解释：

> 相较其他欧洲国家，英格兰的农业土地总体上更快地被树篱和矮树篱的林木圈围起来，由此英格兰的乡村……呈现出一副酷似按几何风格规划的乡间宅邸的面貌；而且由于这个原因，试图模仿自然的不规则来设计游园场所之风气的兴起，在英格兰……要早于世界其他地区。[81]

审美品位绝不是静止不变的；很快，布朗也被讥笑为痴迷于切削、修饰和裁剪的人，他的后继者们，尤其是汉弗莱·雷普顿（Humphry Repton）和理查德·佩恩·奈特（Richard Payne Knight），坚持着他不加修饰的自然风格的准则，将它引入它的逻辑结论。为追求奇思妙想，他们挥动着"施魅的魔杖"，无愧地将荒野引入住宅，正像托马斯·洛夫·皮科克《海德隆庄园》中的雷普顿庭院设计师马默杜克·迈尔斯通（Marmaduke Milestone）所强调的那样，他承诺表现出"宇宙外貌的一个新轮廓"。[82] 这种对裸露着的大自然的新的亲近，会吓倒一些人，这是可以想见的。安娜·苏华德（Anna Seward）抱怨道："在我看来，奈特的体系是雅各宾主义的风格。"她悲叹"不受约束且野性盎然，必定会很快使我们的岛屿景观像美洲未开垦的稀树草原一样，恶臭、杂草丛生、潮湿和腐烂"。[83]

然而景观上的这种高贵的原始，是令人很难全然抗拒的，因为它迎合了人们品味上的巨大变化。沙夫茨伯里勋爵曾经在世纪之初宣称："荒凉之乐，我们……在这些独创的荒野上以更加欢喜的心情注视着它，造作的迷宫和大片宫殿给我们带来的欢乐无法与之相比。"[84] 而且这类评论，连同他们辉格派的、喜爱自由的资历，引起了环境美学上的巨大变化。

以山脉为例。地球衰老论的比喻将它们视为病态的、大自然的丘疹。约书亚·普尔（Joshua Poole）的诗人手册《英国诗坛》（*English Parnassus*, 1657年）为它们推荐了大约60个表述，大多表达的都是厌恶之感——"粗野、乖戾、野心勃勃、贫瘠……荒僻、凄凉、忧郁、人迹罕至"，如此等等。"山脉阴郁"之感一直挥之不去：迟至1747年，《绅士杂志》还评价威尔士为"一片阴郁之地，通常有十个月的时间都覆盖着白雪，有十一个月弥漫着雾气"。[85]

山脉在美学方面地位的提高要归功于广受嘲笑但又有影响力的评论家约翰·丹尼斯，他推崇朗吉努斯（Longinus）。尽管把阿尔卑斯山脉描述为"废墟的堆积",但不妨碍他品味它们那巨大又可怖的特质。⁸⁶ 不出一代人,对于阿尔卑斯山的反应就变成了惊叹般的赞美。"不是一道悬崖,不是一注激流,不是一面绝壁,而是充满信仰与诗意。"1739 年托马斯·格雷(Thomas Gray)横穿阿尔卑斯山时赞美道。⁸⁷ 这样的想法成为可能,是因为山脉能够通过艺术的眼光获得认可,并且将其当作画作而非仅仅是一项自然客体,能够感知到更多内容:"悬崖、山峦、激流、狼群、低声诉说、萨尔瓦多·罗萨(Salvator Rosa)"——1739 年,贺拉斯·沃波尔如是写道。⁸⁸ 18 世纪 80 年代,威廉·吉尔平从理论上阐述,如画般信条(Picturesque creed)的本质即是,将景象的检验标准设定为它在多大程度上体现出一幅精美画作的构成特质。⁸⁹ 然而,文明秩序的美学原理遇到的真正挑战是与埃德蒙·柏克《对崇高与美两种观念之根源的哲学探究》一同出现的,后者赞美巨大、崎岖和荒凉,以及所有其他产生"振奋、敬畏感或者那类宏壮感"的事物。峭壁、悬崖和激流、风蚀的山脊、未耕的高地——此时这些成为了审美的极致,正是因为它们没有经过人为的修整与完善。⁹⁰ "与此相比,人类建造的大教堂和宫殿建筑是些什么啊!"约瑟夫·班克斯爵士在参观芬格尔山洞时说。他还自问自答:

> 当与自然的杰作相比,他的作品不过是模型或者玩具,是始终微不足道的模仿。如今什么才是建筑师自夸的东西!规整是他自以为是地认为自己超越了自然这位女主宰的唯一部分,但是规整在这里仍为她所占有,而且在难以描述的长时段内始终占有。⁹¹

通过这种情感,出现了被称为"自然的超自然主义"的事物,它属于新异教、浪漫主义观念,认为自然是神圣的,且对于人来说是无边无际的,这种情感也许还反映在对生命的新的尊重中,比如雪莱《自然饮食之辩护》(1813)中的素食主义较为明显地体现了这一点。⁹²

对于庄严的崇拜预示着审美观念的困惑；当乡村正日益遭受重工业那令人不安的入侵时，构成优美风景的因素也受到了质疑。假如洞穴、峭壁和峡谷可以变得庄严崇高，并由此雅致美观，那么熔炉和工厂呢？对于这种意外的美学体验，两个地方为其提供了实验的场所：什罗普郡和德比郡。"柯尔布鲁克代尔（Coalbrookdale）本身是一个非常浪漫的地点，"1785年阿瑟·扬尚在旅途中时便如是评论：

> 两座大山之间，是一条蜿蜒的峡谷……葱葱茏茏的林木，形成了最美丽的林海墙幔。它太美以致与人类艺术在谷底所传播的各种恐怖景象不怎么协调：熔炉和制造厂及所有它们的大型机械发出的噪音，烧煤的火炉里蹿出的火苗，石灰窑里的烟雾，一切都很宏大。[93]

农学家的审美受挫可能是我们所预料到的。作为一个诗人，安妮·苏华德有更加明确的想法。她并不厌恶工业，还对伯明翰充满了兴趣，那里的"树篱、灌木丛、树木，早已全被连根拔除"，改造成了"泥灰砂浆建造的宏伟建筑、延长的街道和更庄严的广场"——这便是都市化和工业造就的文明。但是，安置工业的合理地点在城镇，当提到她曾经喜爱的什罗普郡，她的音调就变了：

> 哦，被亵渎的柯尔布鲁克！……
> ——如今我们看到
> 它们的洁净，它们的芬芳，以及它们无声的主宰
> 都遭到独眼巨人库克罗普斯的侵犯；
> 听，那混杂的音调，
> 挤在一起的驳船发出嘈杂之声，它们笨重引擎的叮当作响
> 穿过你娴静的山谷；

数不尽的红色火焰，

夹杂着棕色的火苗，闪烁在你所有的山岗，

硫磺色烟雾形成的巨大烟柱遮蔽了夏日的阳光。[94]

约翰·赛尔·柯特曼（John Sell Cotman）1802年的水彩画《梅德利附近的贝德兰姆高炉》（*Bedlam Furnace, near Madeley*）同样表达了对一个临近工业区的反对意见。对于柯特曼而言，工业明显地破坏了自然——更确切地说，造成了混乱嘈杂的场面。浪漫主义的信念正被广为认同，认为工业对环境造成了物质上的和审美上的破坏。[95]

工业化的德比郡变成了另一个美学论战的焦点。它的经济和美丽拥有许多捍卫者——尤其是约瑟夫·赖特（Joseph Wright），他画了不少当地名人，例如纺织厂主理查德·阿克赖特（Richard Arkwright）——并且还有许多著名的地方：多夫多拉、马特洛克石山，还有德文特河谷以及他的山洞、城堡、矿山、山泉以及工厂。詹姆斯·皮尔金顿（James Pilkington）非常钦慕赖特那"美妙而有魔力的铅笔"，他在《论德比郡的现状》（1789）中声称："也许没有哪一个地方……能够自称是比这更好的景观。"赖特的《阿克赖特的磨坊：对马特洛克附近克劳姆福德的考察》（*Arkwright's Mill, View of Cromford, near Matlock*，约1782—1783）表明了自然与工业作为快乐的双重来源是互为补充的。画家及剧场设计师菲利普·詹姆斯·德·卢泰尔堡（Philip James de Loutherberg）为1779年在德鲁里巷（Drury Lane）上演的《德比郡奇事》（*The Wonders of Derbyshire*）所做的布景，同样致力于展现工业与引人入胜的风景是怎样共同带有崇高庄严特征的。[96]

不是每个人都心悦诚服。1790年，脾气暴躁的旅行者托灵顿子爵约翰·宾（John Byng, Viscount Torrington）评论说："从一个观光者的角度说，这些溪谷已经失去了它们的美感；乡下小屋已经让位给矗立的红色工厂……朴素的农民……已经变成了粗俗的机械工……溪水被水闸和沟渠改变了流向。"⁹⁷ 当在艾斯加斯（Aysgarth）的"乡间溪谷"，偶然遇见"一个火光摇曳的庞大制造厂"，他怒火中烧：

> 整个溪谷都被打破了平静；背叛和平等制度成为争论的话题；反抗也许近在咫尺……理查德·阿克赖特先生应该已经为他的家庭和家乡赚取了许多财富，但是作为一个观光者，我反对他的规划。⁹⁸

对于宾和安妮·苏华德而言，再明显不过的是，自然界的无序预示着社会的混乱。

宾的谴责得到了美学专家的认同。景观理论家尤维达尔·普莱斯（Uvedale Price）喜爱德文特河那"惊人的自然美"，因而痛斥马特洛克近旁的河岸边矗立的工厂："在对那片迷人的风景造成的破坏上，没有什么能与它们相比。"他讽刺说，"如果有一个奖是专为丑陋而设"，那么获奖者非工厂莫属。⁹⁹

更能说明问题的是，甚至有人认为，长期以来所赞誉的农业改善，实际上导致了环境的恶化和审美上的贫困。当然，资本主义农业总是会引来一群批评者。奥利弗·戈尔德斯密斯的《荒村》（1770）谴责圈地对于人口的驱逐；威廉·考伯谴责由圈地开启的对农村地区的资产倒卖——"田产好似风景一样，人们欣赏一会儿，之后就拍卖了事"；后来，约翰·克莱尔针对这种谴责给予了最有力的回应。¹⁰⁰ 但是，值得注意的是一些原本的热心者也滋生了不满情绪。阿瑟·扬甚至质疑他的圣物，承认改善如何导致了农村劳动者生活环境的恶化："我宁愿所有英格兰的平民百姓都沉入海底，而不愿看到穷人往后都受到目前为止他们在圈地中所遭受的待遇。"¹⁰¹

汉弗莱·雷普顿是继布朗之后启蒙运动时期又一位重要的不列颠

庭园设计师，他的职业生涯体现了一场危机的到来。窘境和债务导致的困苦使他最后的作品包含了对于不负责的大地产者利益的冗长说教。"经常有人问我，"他沉思道，

> 对于农村自然风光的改善，是否没能跟得上它财富增长的步伐……现在我要实话实说……乡村的品位屈从于所有人都崇拜的圣物；个人的财富已改变了农村的面貌。[102]

雷普顿通过对自己手法的令人发笑的诙谐模仿，图解了这些令人厌恶的变化。他曾凭借他的"红皮书"（Red Book）赢得名望，他在书中向客户和公众展示了"以前"与"之后"的景象，说明景观美化带来的好处。但是，现在他则将新近"改造"后的庄园的可怖景象与庄园被"古老业主"卖给暴发户前的原始景象进行了比较。

未经改造的景色是迷人的。在前景中，雷普顿描绘的是一棵"老山毛榉"荫蔽着道路，交错的枝丫伸向正在长条凳上休憩的一家人；近旁是一排台阶，和一条公共人行小道，穿过栽满"古木"的公园；右边是一片林木茂盛的公地。这种感觉是一种大地产所有者的乐善好施。

之后，所有一切都惨遭新所有者的摧残，对他来说，"金钱取代了其他任何考量"：

> 通过砍伐木材和圈占公地，（他）使租金翻了两倍。覆盖着苔藓和青藤的老树篱，换成了高耸的新围栏；目的不是圈养鹿群，而是把人驱逐出去……长条凳不见了，阶梯被替换为关于陷阱和伏击枪（spring gun）的警示，以及一张告示，宣布那条人行小道被专员勒令禁止通行。[103]

这个暴发户可能是托马斯·皮科克《科罗切特城堡》中西蒙·斯蒂尔

特里普爵士（Sir Simon Steeltrap）的原型，作为"一位伟大的规则和社会公德的维护者"，他"曾圈占大片公地和林地；废止农舍花圃；将村庄板球场变成他自己的公园——完全是出于对礼拜日的圣洁性的考虑；封闭人行小道和酒馆"。[104] 对于村民和旁观者等人来说，环境由此而被破坏。难怪画家约翰·康斯特布尔（John Constable）宣称："我对一个乡绅的公园充满了厌恶。它并不漂亮，因为它不是自然的。"[105]

威廉·布莱克同样憎恨商业资本主义，厌恶它的形而上学基础（三位女巫：培根、洛克和牛顿）和它的有艺术才能的谄媚者（雷诺兹）、它的麻木不仁和丑陋不堪。那首广为流传的诗《耶路撒冷》——实际上，是他的史诗《弥尔顿》（*Milton*, 1804—1808）的序言诗——回顾了英格兰那充满乐趣的绿草地，并拿它和现在"黑暗的邪恶制造厂"相比较。但是，如果那使布莱克听起来像一位具有审美情趣的观光者，四处探寻柯尔布鲁克代尔或者德文特河谷，那么事实远非如此。布莱克是一个彻头彻尾的伦敦人，出生在索霍区，居住于朗伯斯区；事实上，这些黑暗的邪恶制造厂很有可能不是阿克赖特的纺织厂，而是位于黑衣修士地区（Blackfriars）对面岸坡的蒸汽驱动的阿尔比恩面粉厂。[106] 而当布莱克写下有关新耶路撒冷的文字，他想象中那充满乐趣的绿草地又在何处？

> 从伊斯灵顿到圣玛丽莱本，
> 到樱草花山和圣约翰森林，
> 立满了金柱；
> 耶路撒冷的柱子也在那里屹立。[107]

正像布莱克在这首诗的结尾所表达的那样，环境是想象的景观，而生态取决于旁观者怎么看。启蒙文化造就了多种感官环境和土壤，使人们幻想着人类生产与自然持续发展之间的和谐。[108] 然而，在对自然的启蒙态度的核心，存在着一套悖论。启蒙之人，特别是在他的如画般标准的具体化身中，试图发现未遭人破坏的大自然。但是，倘若被他发现，他便无法抑制内心的冲动，即使只是在他的想象中，对它进行审美上和农学上的"改善"。至18世纪末，功利化的大自然——改善后的大自然——变得越来越成为问题，浪漫主义正使之变得玄奥、神圣和主观。在浪漫主义思潮下，自然成了新的宗教。

第十四章　心灵有性别之分吗？

他为了上帝而造，她为了他身上的神性而造。

——约翰·弥尔顿[1]

为什么……女性一定要被塑造得无足轻重？

——范妮·伯尼[2]

世界不就是一个巨大监狱，并且女性生而为奴吗？

——玛丽·沃斯通克拉夫特[3]

女性所拥有的一切都反对她。

——凯瑟琳·麦考莱[4]

我觉得在我的一生中，从来没有看到哪一本书不提到女性的反复无常……但是，也许你会说，这些都是男性所写。

——简·奥斯丁[5]

我相信，倘若有慧骃国（如同斯威夫特博士所假定的），那么它们当中应当会有这样一条格言，即母马难以被教会步法。

——玛丽·沃特丽·蒙塔古夫人[6]

为启蒙运动所继承和批判的世界是一个男性世界，在现实中和出版物中皆是父权制的——别忘了，为斯图亚特王朝所做的关键性辩护，实际上已被冠以《父权制》之名。⁷圣经、法律和其他权威共同确认了男尊女卑的社会纲常。⁸"通过婚姻，丈夫和妻子在法律上是一个人，"著名法学家威廉·布莱克斯通阐述道，"即，在婚姻存续期间，妇女的存在或法律存在被搁置，或者至少被并入丈夫的法律身份之中并与之结合。"⁹《妇女法令集》(The Laws Respecting Women, 1777)注解道，除女王之外，任何一位妻子都处于丈夫的权威之下，她就像是动产："没有丈夫允许，她不得出租、处置、出卖、丢弃，或者转让任何东西。"¹⁰一位匿名诗人怨艾道：

> 在青年时代，
> 父亲的严格管制
> 和戒备的眼神掌控着她的意志，
> 兄长的高傲监视
> 使她形同俘虏，难以动弹。
>
> 专横的丈夫紧随其后，
> 眉头紧锁，令人害怕；
> 此刻他没有了情人的样子：
> 她的奴隶如今已变成了她的主宰。¹¹

这些授权得到了其他自诩为专家的男性的回应。威廉·亚历山大(William Alexander)在1779年出版的《妇女史》(History of Women)中，批判性地列举了她们所遭受的司法排斥。"我们允许一位女人执掌王权，但是通过法律和习俗，我们阻止她对其他一切进行管理，除了其自己家庭内部的事务，"他说，"如同在监管王国和她自己的厨房事务之间，没有一个可以由有天赋和有能力的女性管理的公职。"¹²从历史上，女性被贬低为一个不值得羡慕的角色，"就多数而言，只是不恰当地，或者略微地接受了一点教育；而在严格法律限制下，她们始终处于一种依附状态"。[13] 然而，仍有理由感到乐观，这位苏格兰外科医生补充道。妇女最初曾经作为"奴隶"，但是社会在不断进步，而这种进步总是与女性地位的提升密切相关——实际上这是文明进步的试金石。[14]

轻慢之情是大量存在的，尽管不是鄙夷或彻头彻尾地歧视女性：

> 那种无畏的、独立的、进取的精神，在男孩身上是如此广为夸赞，而当它偶尔发生在女性身上，非但未见有人鼓励，反而予以压制。应当教育女孩及早放弃主张，即使她们应该知道自己将是正确的。

这种表态看似惊人，却出自女作家汉娜·摩尔笔下。[15] 其他作家——不只是男性——也赞同性别上的这种现有状态，认为这是上帝和大自然的安排。哈利法克斯侯爵乔治·萨维尔在《给女儿的忠告》（*Advice to a Daughter*, 1688）中武断阐述道："你必须为一个基本原则而放弃其他，那便是两性间不存在平等，而且为了更充分地利用世界，男性——他们将成为法律制定者——拥有赐予他们的更多的理性。"[16] 因此，男性不仅高高在上，且其身份优势源自对启蒙运动的基本特质——理性——的不平等的神圣分配。"女人只是长大了的孩子，"切斯特菲尔德勋爵和一位贵族同伴打趣道，"她们喜欢娱乐性的说长道短，间或露出善辩机巧，但若论及坚实理智的判断，我在我这一生中从未见过哪位女人有这能力，或哪位女人能够连续二十四小时做出推理判断并采取相应行动。"[17] 还有些人，尽管在避免露出此类轻蔑，但他们潜意识中同样持此观点。汉娜·摩尔还撰写有《当下女性教育制度批判》（*Strictures on the Modern System of Female Education*,

1779），认为女子教育的"真正"目的，是应当使她们成为"好女儿，好妻子，好主妇，社会的好成员以及基督的好教徒"。[18] 威廉·汉密尔顿爵士警告侄女，在融入上流社会的时候，"你的拉丁文知识要秘不示人，女士受到过教育通常被视为巨大错误"。[19] 类似建议来自男性，也同样来自女性，他们坚信自己对女性的真正利益给予了深切关注。

许多人对这种歧视表示愤怒。1663年，纽卡斯尔公爵夫人玛格丽特·卡文迪什（Margaret Cavendish, Duchess of Newcastle）大胆提出："我们只是活着和死去，好像我们是动物所生，不是人所生的。"[20] 数十年后玛丽·沃特丽·蒙塔古夫人评论说："在英格兰，我们的性别遭受如此轻蔑的对待，在这一点上，世界其他地方无法与之相比。我们在粗俗无知中接受着教育，所有的技艺都是在扼杀我们的自然理性。"[21] 具有讽刺意味的是，考虑到一些自鸣得意的言论对英国自由的推崇及对东方专制的贬抑，作为英国驻土耳其大使夫人而定居于君士坦丁堡的她，断定土耳其女性要比她们的英国女性同胞自由得多。蒙塔古夫人在浴室结识了一帮朋友，与伦敦茶话会上的诽谤中伤相比，这些女士之间表现出的团结一致使蒙塔古羡慕。[22] 尽管土耳其实行一夫多妻制，但女性由于蒙有面纱的缘故而享有某些自由，那种"永久的遮掩给予了她们随性而为的彻底释放，没有被发现的危险"。[23] 她自我解嘲说自己成了俘虏，仿佛被囚禁在"机器"里——她的紧身胸衣，这被当地妇女认为是其丈夫施加的牢笼。[24]

对于使女性的屈从永久化的习俗惯例所形成的合谋的愤恨，不唯蒙塔古夫人所独有。像后来的简·奥斯丁一样，《女性性别之辩护》（1696）的作者朱迪思·德雷克——截至1750年，该书已经发行五版——认为人们很难从书籍中获得对女性的真正了解，因为它们的作者通常是男性，而且"由于男人合伙抵制我们，他们的证据遭到排斥是理所当然"。不过，在提及某些"博学男性"的权威性的同时，她反驳说"所有人都是平等的，所以类似两性之间灵魂的差别并不存在"。

由此,"男人认为我们缺乏他们如此虚荣地夸耀自己所拥有的可靠理智,是大错特错了……我们的内在品性与他们的一样高尚,只是他们所依赖的器官通常更为完善"。[25]

因此,无论在观念上还是现实中,乔治王时代的女性都遭到如此歧视。尽管在那方面没有什么新变化,但一些女权主义者认为,对女性美德与女性情感的理想化加重了以上偏见,这种理想化将她们置于一种崇高地位,并通过新的尝试(后文讨论)确立生物学上的"分离领域"。随着詹姆斯·托马森在演讲中宣传"英国淑女"(British Fair)的责任,共同的男性观点肯定会规定适合于女士的言行:

> 井然有序的家庭最能得男人欢心;
> 运用顺从的智慧,谦恭的技巧,
> 以及每一种温柔的、规避忧虑的技艺,
> 来唤起美德,增进福祉,
> 甚至化苦为乐
> 并缓解人生中的所有劳累:
> 这便是女性的高尚和颂歌。[26]

对此类规定无须过多诠释,然而启蒙文化在许多方面仍然相当有利于女性。尽管现实中的法律条文一仍其旧,父权制却显示出虽不均衡但却明显的总体温和迹象。受过教育的人对于恋爱、订婚与结婚的期望,以及父母对待孩子的态度,正经历着巨大转变,劳伦斯·斯通称此为"情感个人主义"(affective individualism)的兴起,是从父权制下的疏远和顺从向更亲密甚至平等的转变。[27]尽管存在顽固的法律不平等性,但是就友善的伴侣关系而言,婚姻变得理想化了,呈现出相互沟通交流的态势。"丈夫与妻子总是一起并分享同一个社交圈子,"普鲁士来访者冯·阿兴霍尔兹惊叹地说,"只看到其中一位,而不见另一位的情况很少出现。他们共同进行所有的旅行。在英国，做除此之外的事情远比在巴黎偕妻子四处游玩更荒谬。"[28]

这种发展变化使男性的新行为规范成为必要。有些人物诸如韦斯顿乡绅（出自《汤姆·琼斯》）、放荡贵族洛夫莱斯（出自《克拉丽莎》），以及蒂勒尔（出自威廉·葛德文《凯莱布·威廉斯传奇》[Things as They Are, or the Adventures of Caleb Williams, 1794]），他们滥用男性的特权，被妖魔化为不受欢迎的愚昧无知的大男子形象。专横的父亲和不公平的双重标准受到指责。早期的女权主义者蕾蒂西亚·皮尔金顿（Laetitia Pilkington）评论说："在自然的所有事物中，我最不解的是为什么男人因贞洁方面的失守而如此严厉斥责我们的性生活：玩弄过我们的人竟反过来谴责我们，这难道不是非常荒谬吗？"[29] 其他人则流露出疑惑的表情。"合乎庄重与礼貌才符合社会利益，"持犬儒论的伯纳德·德·曼德维尔讽刺道，"这就要求女人应该消磨时光、虚耗浪费并死去，而不是以违反道德标准的方式求得自我释放。"[30] 自称要改革男子气概的现代主义者提倡家庭美德。理查德·斯梯尔的作品——非常开明超前的《基督徒的英雄》(The Christian Hero, 1701)和感伤戏剧《温柔丈夫》(The Tender Husband, 1705)——引领了改进夫妻关系的早期运动；[31] 理查森的最后一部小说《查尔斯·格兰迪森爵士》(Sir Charles Grandison, 1753—1754)中的男主人公为招人喜爱的男性树立了一个新标准；而大卫·休谟则推许男女混合集会的风尚，在那里"两性可以以一种轻松和社交的方式接触；男人的脾气和品行也会迅速改进"。[32] 这类社交绝不会像人们普遍担心的那样导致性格柔弱，相反会赋予他们一种出众的男性气质："在一个有教养的群体中，男性会在一种更加宽厚，然而又非常显而易见的方式中找到他们的权威，通过礼貌、尊重，一言以蔽之，通过绅士风度做到这点。"[33]

因此，随着"婚姻关系为君主制之缩影"的父权主义格言让位于家庭是温情之圣殿与社会化之媒介的新理想，"性情之人"赢得了人们的赞赏。³⁴ 在"脂粉气的男人"（同性恋）、纨绔子弟和轻佻之人被贬低为滥用情感的同时，启蒙话语——优雅对于粗暴的征服——引导男性既不要"有纨绔习气"也不要"放纵越轨"，并且旨在协调"男子的自由"与"良好的人类秩序"。比如，沙夫茨伯里的理想典范——构想出一个典型，上承文艺复兴时期巴尔达萨雷·卡斯蒂利奥内（Baldassare Castiglione）论述的"侍臣"，下启查尔斯·格兰迪森爵士——将具有"服从理智的思维，适应所有自然情感的、通人情的脾性"。³⁵

随着不断变化的文化价值观念对更加亲密的家庭相互关系的赞扬，可以说女性的公共地位也获得了提高。在乔治王时代的公共生活中，在政治活动中（无论是街区中还是沙龙上），在慈善活动与爱国运动中，以及在休闲文化中（无论是作为赞助者还是表演者），妇女都扮演着重要角色。³⁶ 尽管当前的女权主义者断言，由于对性骚扰的恐惧及对丧失"名誉"的担忧，妇女正在被逐出城市的公共空间，³⁷ 英国的女性在整个欧洲都享有美名——或者恶名——只因为她们明显的在公众场合的独立性。"在大不列颠，女士与绅士一样自由，"约翰·波特（John Potter）于1762年说道，"在我们的消遣活动和公共娱乐中，无意冒犯，每个人都很坦诚。"当然，他未免夸大其词，不过历史学家乔伊斯·埃利斯注意到，"城市女性可以自由走动，无须蒙纱，并且在绝大部分情况下无须陪护"，去访友，看戏甚至去咖啡屋。³⁸ 伦敦有一些男女共用的咖啡馆和俱乐部，³⁹ 女性的和男女混合的辩论协会自18世纪70年代以来在伦敦不断增多，他们的话题包括像在1798年11月12日的威斯敏斯特论坛上提出的问题："婚姻仪式上的服从条款是否约束着女性，使其始终服从丈夫？"虽然《泰晤士报》可以想见地抱怨说"参与辩论的女士如果做针线活更发挥所长"，但其抗议无济于事：市中心至少有四十多套房屋被这类协会租赁。⁴⁰

总之，印刷文化带来的新机遇使女性的社会参与，或许还有她们的地位日渐改观，尤其是当阿芙拉·贝恩（Aphra Behn）、德拉里维耶尔·曼利（Delariviére Manley）和伊莱莎·海伍德在文坛上崭露头角，[41] 并且其他一些女性也在才智上熠熠发光的时候。安妮·康韦（Anne Conway）的笛卡尔式的《古老与现代哲学的原则》（*The Principles of the Most Ancient and Modern Philosophy*）一书的拉丁文版本于 1690 年面世，同时凯瑟琳·特罗特·科伯恩（Catherine Trotter Cockburn）出版了为洛克辩护的书，属于此类作品中最早的一批。女性教育有了全面改进："现在，我们所有的女士都能阅读了。" 1778 年约翰逊博士说道。[42] 当然，他反感女性的矫揉造作（出名的评论是，女牧师像用后肢行走的狗），他的《英国诗人传》（*Lives of the English Poets*, 1779—1781）也未收录女性作家，但是，随着印刷文化中女性的地位逐渐突出，这种排斥情绪日益减弱。

1777 年，理查德·塞缪尔在英国皇家美术院展出了名为《大不列颠九位当世缪斯》（*The Nine Living Muses of Great Britain*）的一组肖像画，之后又以《约翰逊的新优雅女性口袋备忘录》（*Johnson's Ladies New and Polite Pocket Memorandum*）之名复制。它是一座装饰着古典帷幕的现代万神殿：斯多葛派爱比克泰德的译者、女学者伊丽莎白·卡特（Elizabeth Carter）；安吉莉卡·考夫曼（Angelica Kaufmann），皇家美术院两位女性会员之一；安娜·蕾蒂西亚·巴鲍德（Anna Laetitia Barbauld），一位教育家、诗人、散文作家；演唱家伊丽莎白·林利（Elizabeth Linley）；凯瑟琳·麦考莱（Catharine Macaulay），一位教育家和八卷本《英格兰史》（1763—1783）的著者；伊丽莎白·蒙塔古（Elizabeth Montagu），"女学者中的女王"，一个著名文学沙龙的负责人；伊丽莎白·格里菲思（Elizabeth Griffith），爱尔兰女演员、小说家及剧作家；汉娜·摩尔（Hannah More），诗人、小说家、福音派信徒；还有小说家夏洛蒂·伦诺克斯（Charlotte Lennox）。

女性在公共文化中赢得了一席之地；她们的名字出现在乔治·巴

拉德（George Ballard）的《因在博雅语言、艺术及科学领域的写作和技能而知名的大不列颠女士传记》（*Memoirs of Several Ladies of Great Britain Who have been Celebrated for their Writings or Skill in the Learned Languages, Arts and Sciences*, 1752），西奥菲勒斯·西柏（Theophilus Cibber）的《诗人传记》（*Lives of the Poets*, 1753）、《大不列颠五百位著名当代作家名录》（*Catalogue of 500 Celebrated Authors of Great Britain, Now Living*, 1788）、《新人物生平辞典》（*New Biographical Dictionary*, 1796），以及《大不列颠当代文学作家列传》（*Literary Memoirs of Living Authors of Great Britain*, 1798）等书中，同时，她们也是玛丽·海斯六卷本《女性传记》（*Female Biography*, 1803）的唯一主题。[43] 对于期刊的繁荣，女性功不可没，这促使作家要迎合不同性别读者的品位；同情女性的雄心的文章也经常突然出现在刊物上，尤其是《绅士杂志》上，尽管有些匪夷所思。[44]

实际上，18、19世纪之交，几乎所有的畅销小说家都是女性：玛利亚·埃奇沃思、伊丽莎白·汉密尔顿、阿米莉亚·奥佩、玛丽·布伦顿、简以及安妮·玛利亚·波特，还有西德尼·欧文森（Sydney Owenson）——在销量上，只有沃尔特·司各特爵士可与之匹敌。乔安娜·贝利（Joanna Baillie）是当时第一流的剧作家，而且女性们在诗歌创作上也崭露头角——1760—1830年间，至少有339名女诗人以她们自己的名字发表作品，还有已经被发现的82位匿名作者。玛丽·罗宾逊（Mary Robinson）在其《论女性状况》（*Thoughts on the Condition of Women*, 1799）中，列举了二十几位杰出的女性文学评论家、散文作家、历史学家、传记作家、翻译家和古典派作家，认为她们已经写出了"自斯摩莱特、理查森和菲尔丁以来最好的小说"。[45]

男性意识形态与女性对自身作为文化生产者的显要地位的诉求之间存在一种紧张关系，爆发关于性别本质的论战在所难免。除常见的《圣经》、形而上学和心理学方面的教导，一项赫然凸显的真理断言——在一个科学的时代，这必不可免——是生物学意义上的。许多人认为，生理学和医药学研究将会最终解密女性的本质，并由此解密其适当的社会地位：生理构造是天意所在。而且，据许多医学专家所言，这样一种"女性科学"决定了一种在形式上与维持现状相符合的性别秩序，虽然这种"科学"认为两性拥有等量的不同禀赋，远非哈利法克斯所认为的女性低男性一等。[46]

根据解剖学与生理学的观点，上帝和自然专门将女性的生理构造设计为适于分娩，同时从心理学来讲她们必须是温和而富有教养的，这样才适宜结婚并适于"她们存在的主要目的"，即做母亲。古代的亚里士多德式思想认为，女性的身体是男性身体的劣质版，因为她们的生殖器官是男性对应器官的倒置（阴道是一种由外而内的阴茎）。有人认为，这种观念已经被相信两性身体在本质上不同的观念所取代。曾被视为男女一样的解剖结构，比如骨骼和神经系统，现在发现并不相同。诸如卵巢和睾丸之类先前共用一个名字的器官，也有了不同的名称。一些对于女性脑部的研究认为，女性的大脑比男性的要小，也就是暗示她们不适合从事智力职业。[47]

这些结论尤其取决于对神经系统的性别解读：一般认为，女性的神经比男性的更为敏感，而且她们通过意志力来抑制冲动的能力也受到了质疑。考虑到生活中的这些生物学事实，自诩为生物医学专家的人声称，社会利益要求女性应该认真地投入大自然已经为她们设计好的母性角色。她们绝不可仅仅做蝴蝶一样轻浮多变的人，但也无须仿效男性；而是要遵循自然，做"她们自己"。[48]

让·雅克·卢梭是以一种极端的方式阐明该理论的，他称赞真正的女性乃是情感的全心全意的化身——或者如玛丽·沃斯通克拉夫特那令人印象深刻的总结所说，是一个"没有头脑"的家庭奴隶。[49] 尽管完全成型的卢梭观点在不列颠未赢得广泛赞同，但其中一些方面得到了英国作家的支持——男女作家都有。沃斯通克拉夫特是卢梭的教育学著作《爱弥儿》(*Émile*, 1762)的热心推崇者,对于卢梭提出的女性的独特天赋在于育子的观念,她是众多认同者之一。她们可以成为好母亲和优秀的教育者,不过只能通过培养她们的理性能力——与卢梭的荒谬说法相反——幸而她们本已具有。如果男性必须"要履行一个公民的义务,否则会遭人鄙视",他妻子同样要专心"持家教子,帮助邻里"。沃斯通克拉夫特决心致力于提升教育和道德修养,以使子孙后代成为优秀的女儿、妻子和母亲,因而将她们必须"幽居在家,在黑暗中摸索"视为一种暴虐。理想的婚姻不应该以性的吸引或浪漫的激情为基础,而应建立在相互尊重、情感和包容的基础上。[50]

然而,一些自视为启蒙圣骑士的男性接受了卢梭(在《爱弥儿》的姊妹篇《索菲》[1762年]中宣布的)的宠物计划,即对女性进行培养,使她们承担起作为人类女性保护人的特殊角色。月亮社的托马斯·戴(Thomas Day)是卢梭及其女性应温柔顺从的观点的热心崇拜者,[51]他希望通过皮格马利翁式的方式将一个洋娃娃改造成一位居家相夫教子的、不慕时尚的优秀妻子,使理论实践化。为实验起见,戴在一个朋友的帮助下从什鲁斯伯里孤儿院挑选了一名金发碧眼的十二岁女孩,他为其取名为塞布丽娜·西德尼(Sabrina Sidney)(以纪念塞文河和他政治上的偶像、辉格党殉道者阿尔杰农·西德尼[Algernon Sidney])。之后,他在伦敦孤儿院为她挑选了一位有深褐色头发的十一岁大的伙伴卢克丽霞(Lucretia)。为避免流言蜚语,他将两人送到法国,在那里他竭力使她们对奢侈品、服饰、头衔及轻浮举止产生一种卢梭式蔑视,同时展开一项遵循加尔文派教育思想的教育计划。然而,他们发生了争执,使他感到苦恼,最后还患上了天花——同时卢克丽霞表现出"无可救药的愚笨"。一年后,戴回到英国,将后者送给一位女帽制造商当学徒,而把塞布丽娜安置在利奇菲尔德(Lichfield)。[52]不管怎样,他以培养其预期的性情为目的的实验最终破灭了。当他将融化的蜡油滴到塞布丽娜手臂上，以使她适应痛感时——一种十足的卢梭式实验——她突然畏缩了；更糟的是，当他用空包弹射击她的裙子时，她失声尖叫。他断定她不是一个合格的实验对象，匆匆将她送到一个寄宿学校。后来，他认定她智力低下而将之抛弃。[53] 终于戴找到了一位意气相投的精神伴侣，即埃丝特·米尔纳（Esther Milner）；在她丈夫的不断努力下，她成功地适应了斯巴达式的生活方式，丢下了她的羽管键琴，接受了她不会有用人的事实。之后，戴在道德说教小说《桑福德与默顿》(*Sandford and Merton*, 1783) 中，又继续描绘了一位卢梭式的完美女性形象，她天不亮就起床投身于家务，并彻底摈弃了那些时尚的恶习，这恶习——启蒙女权主义者相信——使女性受到轻视并且使她们对于自己的自然使命而言被娇惯坏了。

尽管连戴的好友也把他看作堂吉诃德式的空想者，但自然赋予了女性神圣职责——发挥其作为道德守护者的生物自然禀赋——的观念还是吸引了许多人。玛丽·沃斯通克拉夫特在其出版的第一本书《女教论》(*Thoughts on the Education of Daughters*, 1787) 中，将女性誉为正在成长中的一代人的保育员，[54] 并在此崇高基础上，表达了她对于忸捏作态、哭哭啼啼、卖弄风情的娇惯女子的极度蔑视——她们以爱情为天职，"总是能够保持着育儿所里的那种咿呀之声，而且当她们学会了愁容满面时，还不忘咬舌讲话"，因而将性欲转化成了压迫的特洛伊木马。[55] 毫无理智的姐妹们——她们迎合着男性和自己的虚荣——其缺陷仅仅是使女性的弱点永远存在："女性的愚笨是对其个人魅力的极大提升。"简·奥斯汀批判道[56]。意识到性欲对姐妹们造成的伤害，沃斯通克拉夫特尤其谴责佳人与情郎的勾连，这往往使前者沦为后者的附庸：被男性引诱去展示其幼稚的装腔作势，女性"身体与精神上的力量都被奉献给了浪荡公子对美人的理解"。[57] 因此，她痛斥荒谬的教育体制，它被设计来使女人成为"迷人的情妇"而不是"温柔的妻子和理智的母亲"。[58] 女人的真正力量需要自我克制，且绝不感情用事或者被诱惑勾引：

> 小说、音乐、诗歌，以及男人对女人的殷勤，所有这些都有可能使女性成为感性的生物，她们的性格也因而变得愚笨……过度的感性自然会减弱其他的理智力量，还妨碍智识取得它应有的最高权威。[59]

理智必须战胜情感这个"时代怪癖"，沃斯通克拉夫特这样宣称；她在推崇洛克的同时，主张精神自律。[60]

在提升女性的积极形象上发挥了重要作用的男性——虽然有些难以理解——是艾迪生和斯梯尔，他们的著作促进了对于女性的教化任务。通过将戏谑与抨击相结合的文字，他们竭力主张改革女性教育：女士应该使自己的举止谈吐更加理性，以使自己成为丈夫的好伴侣、孩子的好榜样。这两位论说文作家通过对女性的角色表示尊重，如果以斯威夫特的尖刻表述来说就是"使之女性化"，来奉承她们。[61]

斯梯尔于1709年开始出版的《闲谈者》不仅面向"具有公共意识的男性"，还面向"我以此刊名向其致敬的女性"。[62] 那种语带讽刺的恭维轻视女性的话语（"闲谈"），虽然它的作者自己也涉足其中。他写道："当我声称存在一种心灵性别时，我认为它并不意味着对女性的伤害。"这是《旁观者》反复申述的观点："根据为他们所设定的应该从事的事务，男人与女人的灵魂被塑造成完全不同的类型。"[63] 面对约翰·邓顿所赞同的普兰·德·拉巴尔（Poulain de la Barre）的观点，"心灵无性别之分"（*l'esprit n'a pas de sexe*），艾迪生大胆提出反面的可能，也许"存在一种精神性别"。[64] 尽管可能现在看起来有些奇怪，不过当时一些著名女性都赞赏艾迪生的观点以及他对她们的态度。"女人们对他心存无限感激"，女学者伊丽莎白·蒙塔古夫人称赞道：

正如哈姆雷特所言，在他那个时代之前，她们经常叫错各种神造生物的名字，或者为她们的无知而骄傲。艾迪生先生使她们明白，无知、虚假的精致、矫揉造作以及幼稚的恐惧对于女性的品格来说都是一种耻辱，她们应当温柔而不软弱，文雅而不胆怯。他尽其所能地矫正女性的特质，同时避免使她们表现出男子气。[65]

那些自视开明进步的女性——虽然并无任何雄心想变得和男性一样——或许会因此认为，被囊括进旁观者的理性的上流社会印刷文化圈子可以提升她们的地位。

反思艾迪生的温和建议，困惑于"是否果真存在精神之性"，亨利·麦肯齐的小说《茱莉亚·德·鲁比格尼》(1777)的主角赛威龙(Savillon)断言，"习俗与教育已经在我们的观念中塑造了一种性别"。[66]当然，这里存在一个困惑：如果灵魂真有性别之异，那么是大自然的杰作还是教育的结果呢？——这是通常意义上的忠实的洛克信徒艾迪生所无法解释的一个问题，洛克本人亦然。

一切都取决于作为博爱与自由的强大工具的理性能力。女性是否天生就具有与男性一样的理性？如果有，那么现存的社会法律无疑是压迫性的。同样，正如1688年光荣革命后的意识形态所强调的，如果君主不再是王权神授的国王，而是依据契约执政，那么父亲与丈夫凭什么主张他们对女性的支配权？[67]

> 妻子与仆人无异，
> 唯称谓不同而已。[68]

在这首简单的对韵诗中，玛丽·恰德莱夫人抓住了性别（如果不是仆人）问题的实质！

对于这个难题的回答是复杂而混乱的。洛克曾说，所有人的心灵，无论男性还是女性,起初都仿如白纸,因此同样易于培养。[69] 不过,他对于这条思想路线的逻辑探求没有达到对当前女性所处的法律地位或职业地位提出质疑的程度。[70] 许多女性作家都以洛克的作品为基础。辉格派教育理论家凯瑟琳·麦考莱认为女人"具有男子气概、高贵、充满了力量与威严",讥笑"人类性格中的性别差异观念"——这会被"对大自然的密切观察"证伪——并提倡不分性别的教育。[71]

共同理性(common rationality)的含义既简单又复杂。巴斯瓦·梅金(Bathsua Makin)在她的《论古代淑女教育之复兴》(*Essay to Revive the Antient Education of Gentlewomen*, 1673)、朱迪思·库克(Judith Cook)在《为女性辩护》(*Essay in Defence of the Female*, 1696)中,都认为教育是一项根本权利——并且不管怎样,受过良好教育的女士难道不属于国家的财富吗?[72] 最清晰有力地表达出这一观点的是玛丽·阿斯特尔(Mary Astell),尽管她反对女权主义者不假思索地对号入座。她出生于纽卡斯尔,1687 年移居伦敦,成为"最后的剑桥柏拉图主义者"约翰·诺里斯(John Norris)的精神伴侣,诺里斯抨击洛克的感觉主义认识论对上帝的边缘化处置。与后来的女性知识分子不同的是,阿斯特尔拒斥洛克:在她看来,洛克的《基督教的合理性》(1695)对基督教信仰和英国国教会构成了威胁,她在《基督教信仰》(*The Christian Religion*, 1705)中驳斥了他的政府契约论,重新申述了神圣君权的理想。[73] 她在指责沙夫茨伯里"倾向于自然神论"的同时,拒绝辉格党的原则,支持消极服从,[74] 而在教会政治上,她的《对待不从国教者及其赞助者的公正方式》(*A Fair Way with the Dissenters and Their Patrons*, 1704)和《对英国内战和反叛原因的公正探究》(*An Impartial Enquiry into the Causes of Rebellion and Civil War in This Kingdom*, 1704)支持对不从国教者施以惩罚,并赞同托利党的不抵抗主义。[75]

不过在论及女性地位时,阿斯特尔就没有那么保守了。在《对婚姻的一些思考》(*Some Reflections upon Marriage*, 1700)中,她批判了

"那些认为自己生而为奴的女性"所具有的"驯服、唯命是从且依赖的性格",责难那种家庭里的"绝对最高权威"信条:"如果所有男人都生而自由,为何女人天生就是奴隶?"但是,在鼓吹女性精神独立、悲叹她们如饰品般无足轻重的同时,她还警告人们提防这样一些人,他们有可能吹起"反叛号角",并鼓励妻子们"反抗或者抛弃背信弃义的丈夫"。[76] 作为政治上的一位高教会托利党人,玛丽·阿斯特尔并不期望破坏基督教的性别秩序:女人在精神上与男人平等,只是妻子必须服从丈夫。

阿斯特尔的主要愿望在于更加完善的教育,以确保和促进女性作为道德与精神推动力的发展:对心智的教化是一种权利。然而,男性适合积极生活,而女性适于沉静生活,所以需要对他们的思想精神进行恰当的教化培养。她为这个目标提出的解决方案是女"修道院","这不仅是想要抽身避世者的好去处,也同样是一种制度和前期(即早期)训练,以使我们在其中臻于至善"。她的关于女性教育飞地的思想后来得到多方回应,[77] 包括莎拉·司各特(Sarah Scott)的乌托邦小说《千禧庄园》(*Millenium Hall*, 1762),小说描绘了一个全由女性组成的慈善社区,在那里,一群女士创建了一个女性乌托邦来照看老、穷、病、残。社区主要由曾遭受过男人虐待的女性组成,因此与阿斯特尔所提议设立的学院相比,它感情色彩偏浓,而理智成分不足。[78]

启蒙思想家坚持认为,女性天生具有与男性同样的理性灵魂;因此,她们的头脑理应受到培养训练。不过,正像阿斯特尔的例子所显示的,无论是通过女人还是男人,勇敢地为她们的利益——更大的社会、经济或政治自由——发出的呐喊少之又少。同样,尽管——或者可能是由于这一点——存在着对双重标准的普遍谴责,但对后来所称的性解放的要求此时仍很罕见。沃斯通克拉夫特的《女权辩护》(*A Vindication of the Rights of Woman*, 1792)是对现状的一个少有的直截了当的否定,它是革命时代的一部重要作品。[79]

尽管毕生都是一位国教徒,沃斯通克拉夫特还是从理查德·普莱斯和伦敦的郊区纽因顿-格林的一些理性的不从国教者那里获取了知识与政治上的教育,18世纪80年代,她在纽因顿-格林还开办了一所学校。在动荡不安的生活中跋涉,她在政治性逐渐增强的同时,继而成为了教育家(《女教论》),小说家(《玛丽:一部小说》[Mary, a Fiction, 1788]),儿童作家(《源自真实生活的故事》[Original Stories from Real Life, 1788]),还是《分析评论》(Analytical Review)的评论家。《男权辩护》(A Vindication of the Rights of Men, 1790)是她对柏克的《法国革命论》的回应,把柏克当作一个权力的谄媚者和压迫的辩护者。[80]

《女权辩护》(A Vindication of the Right of Woman, 1792)对女性教育中的缺陷及误导提出抗议。女性竟被教育要以取悦男人作为其生活的真正目的,这激怒了沃斯通克拉夫特,她痛斥对"没有生气的消极无为和愚蠢的默默顺从"的鼓励。女性"在单纯天真这种迷惑人的名头下被保持着无知的状态",男性只在她们身上找寻"温顺、好脾气和韧性——与任何智识的健全发挥都不兼容的一些美德"。她愤怒地说:"仁慈的教育者啊!我们为何而生?也许会有人说,为保持单纯天真;他们意指一种孩童的状态。"[81]

在以"哲学家"兼"道德家"示人的同时,沃斯通克拉夫特为她对女性从属地位的抵制添上了政治色彩。"直到社会被以极为不同的方式构建之前,"她告诫道,"我担心为人父母者仍会坚持要儿女服从,因为他们将会获得服从。"那么答案是什么?——一场"女性社会行为的革命"。然而,它将会如何发生,以及到底会引起什么样的后果,尚难确定。[82]尽管如此,她的呼吁还是有了一些回音。1795年,不从国教者安娜·蕾蒂西亚·巴鲍德在《女性权利》(The Rights of Woman)中声明:

> 啊，受到伤害的女人！起来，维护你的权利！
> 女人！经受了太久的屈辱、轻蔑、压迫；
> 哦，在不公法律的伤害中生而为主，
> 重新占据你胸中的原有帝国……[83]

而在写给她的"未启蒙的全国女性"的《致英国女性的一封信，论精神从属的不公正性》(*A Letter to the Women of England, on the Injustice of Mental Subordination,*1799）中，玛丽·罗宾逊同样呼吁女性："摆脱那无足轻重的、艳丽夺目的镣铐，它有损你的人格……让你的女儿接受自由的、古典的、哲学的及有用的教育。"[84]

尽管具有夸张性，所有这些声明因它们所遗漏的内容也值得注意。沃斯通克拉夫特鼓励女性开发她们的天赋，但是她没有关于妇女的选举权或政治活动的计划。也无男性改革者代表她们起而争辩。民主主义者卡特莱特少校驳斥了女性适于选举的观念，[85] 而且，边沁主义者詹姆斯·密尔在他的《论政府》(1824) 中同样排斥女性，提出实质代表（virtual representation）的陈词滥调（她们的利益"包含在她们父亲或丈夫的利益当中"）。[86]

不过，那些谈论政治的启蒙女性承担着极大的风险，且广受抨击。约翰·贝内特（John Bennett）不满足于否定两性间的平等，在《女性教育批判》(*Strictures on Female Education,* 1787) 中警告要提防女性"过度教育"的危险，因为那时"世界将会被剥夺它最美丽的装饰……而男人也会失去他在艰辛劳作之余赖以依靠的温柔胸怀"。[87] 在妖魔化沃斯通克拉夫特的同时，牧师理查德·波尔威尔（Richard Polwhele）指责难驾驭的女性破坏天定秩序：

> 面对那难以摹状的新景象，我不寒而栗，
> 在那里，失去性别特征的女性夸耀她那傲慢的样子；

> 在那里，少女们佯装摒除内心情感，
> 祈求普罗透斯的石化术；
> 身体上或在心里，同样轻易地
> 听从于高卢人的怪诞或高卢人的信仰。[88]

在诉诸自然（那"人和神的所有规则的壮丽基础"）的同时，这位康沃尔郡的牧师断定，不满足于其地位的女性尽管仍认为"那因谦逊而涨红的双颊，总是比满怀信心的智慧的闪耀更具魅力"，但她们"很快会'随肉身，纵污秽的情欲，轻慢主治之人'"。[89]

此外，一个典型事实便是"女性的相互提防"。玛格丽特·卡文迪什，背负着"疯狂玛琪"（mad Madge）的绰号，由于观点的极不寻常，受到其他女性的攻击，就像阿芙拉·贝恩因大胆破格而招致责难一样。"女性拥有智慧往往引发不良后果，"谈到热情洋溢的蕾蒂西亚·皮尔金顿（Laetitia Pilkington）时，玛丽·沃特丽·蒙塔古夫人尖刻地反思道："我很遗憾，一般智力过人的女性难免失之纯洁。"[90] 由于作品的过度的政治化风格，凯瑟琳·麦考莱同样遭到才女们的排斥——而且还因为她嫁给了一个小她36岁的男人：伊丽莎白·蒙塔古和汉娜·摩尔都拒绝读她的作品。[91] 摩尔还斥责玛丽·沃斯通克拉夫特这样的"女政治家"，[92] 沙蓬夫人（Mrs Chapone）亦然，对她而言，《女性权利》因"许多荒谬、不得体之处及可鄙的粗俗"而遭到损害。[93] 蕾蒂西亚-玛蒂尔达·霍金斯（Laetitia-Matilda Hawkins）在其《论女性心灵，它的力量和追求》（*Letters on the Female Mind, Its Powers and Pursuits*, 1793）中，把海伦·玛利亚·威廉姆斯（Helen Maria Williams）这样一位发表过同情革命言论、生活在巴黎的激进分子当成了替罪羊。她坚持认为，"除了作为人类的附属阶层，我们的造物主不会把我们缔造成他不需要的样子"，同时赞同性别的现有状态，并因拥有如下想法而感到自豪，她认为"管理一个王国的利益太过复杂，远非我所能理解。我会劝阻我的女同胞们学习这些"。[94]

这种回应泄漏出防卫性焦虑——就像凯撒之妻，重要的是不被怀疑。女人们知道她们失去了很多：由于效仿在如政治这般龌龊的领域中的男性，她们将放弃源自无瑕贞操的道德与精神优越性。在一个男性的世界中遭受夹击时，她们必须团结一致相互支持。此外，屡被重申的是需要陶冶心智，使女性适于成为对社会和家庭尽心尽力的负责任的成年人，并且赋予她们一定的独立性，以及作为道德主体对她们生活的一定的理性控制。这对于那种才女云集的圈子是非常重要的，如爱比克泰德的译者伊丽莎白·卡特，以及伊丽莎白·蒙塔古夫人，约翰逊博士赞赏蒙塔古夫人"在交谈中表现出极高的才智，是我在其他任何人身上未曾见过的"。[95] 另一位女学者沙蓬夫人，在至少重印了16次的畅销作品《论心智提升书简》(*Letters on the Improvement of the Mind*, 1773）中，要求女性心智与男性的受同等对待。[96] 因此，最主要的不是要求社会内两性关系的重组，而是要求在心理和精神上的平等以及受教育权利得到接受，以便结束"长久的幼稚愚蠢"。[97] 女人必须为自己思考：英国启蒙运动常常如此，设想中的解决方案在于解放思想。

理性时代被诸如凯瑟琳·贝尔西（Catherine Belsey）这样的后现代女权主义者描述为一场女人的灾难："我们现在可以认为，启蒙运动对真理与理性的投入，意味着一种历史上的单一真理与单一理性，它们在实践中合谋协力使得女性的依附地位合法化。"[98] 其他女权主义者提出异议，甚至有人争论说，女性并未因启蒙运动而处于不利地位，相反她们恰恰是启蒙运动的先锋：在情感的消费者、播种者及传播者的外衣下，女性在现代的诞生中起了重要作用。评论家南希·阿姆斯特朗（Nancy Armstrong）宣称："现代个体首先是一位女性。"[99]

第十五章　教育：万能药？

在我看来未经教育的心灵，无异于采石场里的大理石。

——约瑟夫·艾迪生[1]

那些从事孩子教育工作的人，担负着社会最重要的责任。

——托马斯·戴[2]

恕我们大胆直言，没有哪一类人能够像从事青少年教育工作的人那样，承受如此厚重的民族感激：因为，如果是教育造就了文明人与野蛮人之间的唯一差别，那么这在很大程度上肯定要归功于那些献身于教育事业的人。

——《大英百科全书》（1800）[3]

受启蒙之人的模范是受过教育的成年人，应当是成年的、独立的——并且是男性：一位"旁观者先生"（Mr Spectator），一位理智或富有情感的人。人们还认为，原则上，女性至少是该俱乐部的名誉成员，而不是某些"落选者沙龙"（*salon des refusées*）的参与者。但是其他人呢？

显然，孩子是至关重要的。他们被给予了新的特殊关注，因为他们将成为更美好的明天的旗手，这美好的未来对进步主义思想来说是极为可亲的。[4]并且，人们对孩子的态度也正经历着巨大变化。主流基督教教义被福音派教育家汉娜·摩尔简括为：婴儿不就是"这样一种存在吗？他们生而带有一种堕落本性与邪恶倾向，而对之加以纠正正是教育的伟大目标"。[5]与这种原罪教义相符的——在《圣经》中，孩子不打不成器——粗暴甚至残忍的育子习俗一直被鼓吹和实践着。340常被原罪论予以合理化阐释的传统教养方式是严酷的——它不仅是穷人的教养方式——且不管是在家里、学校还是工作场所，鞭笞对于年轻人来说都是司空见惯，在广泛的菲尔默意义上（Filmerian sense），未成年人就是其父母或者监护人的财产。一些历史学家进一步提出，前工业化社会甚至不存在一个特有的儿童观念，孩子完全被视为小大人（Lilliputian adults）：那么，有什么理由特别对待他们的状况呢？[6]

但是到1780年，由于将孩子视为邪恶罪人的强硬观点遭到启蒙人士挑战，摩尔小姐陷入不利境地。启蒙人士相信人性是可改良的并且期望着一个更美好的未来，他们认为，如果没有关于儿童的新式模范和对教育潜能的恢宏视野，就不会有进步。同其他许多问题一样，洛克抓住了关键。[7]

"我们所见的人中，"洛克在《教育漫话》（1693）中断言，"十个里有九个，他们之所以成为好人或坏人，成为有用之才或无能之辈，都是因为所受的教育。正是教育导致了人类之间的巨大差别。"[8]然而，新教徒中的严格主义者对教育能否真正培养年轻人的美德表示怀疑——恶念太过于根深蒂固，仅采用凡人的方式难以矫正过来——相比之下，洛克则将幼童的心灵比作"白纸或者石蜡，可以依照人们的喜好把他铸成或塑成任意的样式"[9]——尽管这不是严格意义上的"依据喜好"的问题，因为父母并不是他们子女的拥有者（正如菲尔默所言），而是受托人，被上帝要求将他们的孩子抚养成理智的、负责的基督徒。[10]

洛克并未对幼童的天真无邪作理想化解释——感性来得稍迟，而儿童崇拜（child worship）是从浪漫主义才开始的。他确实认为人性是可塑的：因为幼儿在生下来后处于未定的状态，并多多少少是相同的，

341　所以广义而言，他们未来的心性将取决于他们所受到的教育。很多事物都是由此开端。教育不能仅限于学校：它不是关于知识的学习，而是对生活的体认，是一种对性格、习惯和行为的培育。他提醒说，读者或许会感到惊讶，因为他对于书籍谈论得极少：但是本本主义不是关键所在。[11] 重要的是要以恰当的思维习惯规训心智，以便塑造良好性情。运用了《人类理解论》中的经验主义认识论，洛克坚持认为，应该抛却迂腐的经院哲学和荒谬的童话故事——这类作品"用完全无用的东西来填充他们的头脑"——应该培训孩子用他们的观察力来了解身边的世界。令人头晕眼花的幻想必须服从可靠的理性，[12] 洛克尤其警示父母防止佣人拿"幽灵和鬼怪…骷髅和血淋淋的骨头这样的观念"来吓唬孩子。他认为，一旦这种"使人烦恼忧愁的思想……进入孩子幼稚的心灵"，可能就不会"再出来了"，从而使他们"在以后的生活中对它们所造成的阴影感到恐惧"。[13]

体罚与纵容的来回往复，通常会导致少年儿童任性、易怒，他们会丧失自控力。但是，这种自控又是极为重要的。对于这种"抑制他们欲望的本领"来说，鼓励与榜样是极为重要的。[14] 指导者的教导绝不能带有威吓和强迫，而应当诉诸理性，使他们心甘情愿。针对更高级的官能——大脑而非臀部——教育应当使用心理学手段达成，通过赞扬、责备、尊重以及羞愧感，逐步培养纪律观念和树立人格。

洛克没有忽视健康问题，这对于一名医生而言是合适的。他认为："多数孩子的体质，都是由于娇惯而被宠坏，或者至少是被损害了。"[15] 孩子应该多游泳，甚至冬天也要坚持每天用冷水洗脚——鞋子"透气透水"，就更好了。[16] 女孩应当穿宽松的衣服："胸部发育不良、短促的呼吸及口气，患病的肺脏，以及佝偻，这些都是僵硬的连衣裙上身和紧缩的衣服所导致的自然的、近乎常见的结果。"[17]

饮食应以简单为宜，进餐无需固定在某个时间——不要迎合口腹之欲——而排泄则须按时。便秘"是一种小病,我有特别的理由予以探究",洛克发现幼儿能够被训练在早餐后直接如厕。[18] 过度溺爱是不好的,"因为如果幼童心里想要葡萄或者糖球就一定可以得到……那么等他长大成人,想要美酒和女人时,怎么就一定不能得到满足呢?"[19] 他认为,教育的目的是"美德",而这取决于"对满足不受理性支配的欲望的自我否决能力",同时他宣称,应当使孩子"从孩提时代起,便不带热望地成长"。[20] 然而,严厉是一回事;暴虐则是另外一回事:"奴隶般的约束"会导致"卑屈的性格"。[21] 奖赏和惩罚不应当采取物质的形式,而应当示以"尊重与羞耻"。如果父母用害怕和畏惧在孩子面前树立了的最初权威,那么爱和友谊便要紧随其后。[22] 因此,洛克怀抱着并不理想化的看法:孩子在统辖支配中感到喜悦,而父母则必须区分"本性需求"与"幻想需求"——后者绝不应给予满足。[23]

从积极方面说,天赋应当予以激发。死记硬背的学习是没用的,重要的是有好奇心。洛克并不完全寄希望于卢梭的通过实践而发现、通过犯错而学习的信念,但他当然反对那种给年轻的头脑灌输死板知识的做法:孩子们必须保持着乐于接受、渴望学习的状态。[24] 尽管洛克对教养和举止远非漠不关心,但与后来的切斯德菲尔德勋爵不同,他所关注的不是文明的虚饰,而是能履行基督徒义务的有责任感的理性之人的发展。[25] 由于认为女孩与男孩一样具有理性能力,他前瞻性地预料到在对两性的教育上"不会存在很大差异"。[26]

洛克的观点显示出了巨大影响力——早在1728年,钱伯斯的《百科全书》便介绍道:"洛克先生卓越的教育论著被每个人所知。"[27] 四分之三个世纪过后,《教育漫话》至少发行过25种英语版本、16种法语版本、3种德语版本、6种意大利语版本、1种瑞典语版本以及2种荷兰语版本。他忠实的追随者以撒·华滋认为,洛克的政府理论与教育理论共同"为真正的自由奠定了基础,为公正约束年轻人与年长者定下了规则"。[28] 詹姆斯·塔尔博特(James Talbott)对洛克的观点表示赞同，他呼吁慈善学校的建立者要对幼儿加以特别关注，因为他们的思维像"白纸或者光滑的石蜡……能够承载任何印记"，[29] 约翰·克拉克的《论文法学校的青年教育》(*Essay upon the Education of Youth in Grammar-Schools*, 1720) 同样赞同洛克的心理学教育方式：他认为关于这一话题唯一"值得精读"的书，是"洛克先生的"。[30] 诸如此类赞同洛克理论的论述俯拾皆是。的确，教育学变得风行一时：1762—1800年间，英格兰竟刊发了200多篇教育学论文。[31]

洛克极大地影响了启蒙时期的教育学家。如前所述，辉格派的凯瑟琳·麦考莱回应了他的观点，主张无性别区分的教育。她呼吁家长们拒绝"那种女性教育应当与男性教育截然相反的荒谬观念"——他们应该为男女两性提供相同的教育。"让你的孩子一同接受教育；让他们享受相同的运动和学习；使他们在监护者的持续管照下，享受所有那些因纯真而无害的自由，在后者之中本性将颇感欣喜。"[32]

作为一个坚定的爱国者，她反对以襁褓紧紧包裹婴儿，认为它是法国习俗。[33] 哺育孩子应当用水果、鸡蛋、蔬菜和少量肉食——"对于人的味觉来说，肉的味道不是自然的。"糖有不良作用（自然从未想要剥夺我们的牙齿）；"温热的烈酒、暖和的床铺和加热的睡前饮品"过时了，冷水洗浴和"吃苦耐劳的习惯"时兴起来。母亲们不应过度打扮幼儿，绝不要让女孩穿胸衣，也不要让她们穿鞋袜。不可用儿语跟他们讲话。莫大的讽刺是，母乳哺育也遭到她的否定：怎么可能期望"一位娴雅女士"仅仅为了"用有益健康的食物喂养她的孩子"，而放弃"她所有的娱乐活动"？[34]

其他教育家在称赞洛克的同时，也在其理论中添加了自己的观点，尤其在1762年卢梭的《爱弥儿》问世之后。月亮社成员兼创建者理查德·洛弗尔·埃奇沃思回忆说："1785年……我产生了一个强烈的愿望，要用卢梭的方法教育我的儿子。"[35] 不过这次尝试被证明是一场灾难。小迪克（可预见地）变得难以管制。"在对待我的孩子的心灵与性格方面，我发现自己陷入了困境，"这位父亲不得不承认，"敦促他做任何他不愿做的事都是困难的"——甚至这位日内瓦的大师见到这些结果时，也提出批评。[36] 然而，卢梭影响的痕迹仍然保留在埃奇沃思与女儿玛利亚·埃奇沃思[37]合著的意义深远的作品《实践教育》（1798）中，它强调通过实践而学习，并推进技术的、科学的以及实际的指导——就广泛意义而言，教育便是"实验性的"。[38]

与洛克一样，埃奇沃思父女认为，幼童应当被视为一种理性存在，"被赞同性地引导着走向独立思考，激起他们的兴趣以在智力的发展中获得快乐"。应当鼓励孩子自由谈论和行动；游戏应能训练孩子的机敏性，玩具当是具有启发意义且注重实践的，并且要用赞同来控制注意力。记忆的训练应当通过"有条理的联想"而不是采取填鸭的方式，老师也要鼓励孩子"归纳自己的想法，并将自己的观察结果和原理付诸实践"。[39] 理想的"学校"将会是一个建在庄园上的家庭，里面还有宠物和家畜。

对于埃奇沃思父女而言，一切名副其实的教育都必须依赖真实的——即洛克式的——心理学。他们认为，课本知识的学习不是重点，重要的是才能的发展及理智方面与道德方面的判断力的成熟。一切都不要靠运气；学习氛围一定要细心营造，并与负责监管的仆人沟通，以免孩子沾染"愚蠢而粗俗的癖性"。[40]

《实践教育》在某些方面超越了洛克，尤其是它对科学与手工课的强调。理查德·埃奇沃思早年曾"对力学感兴趣"，[41]终其一生都在尝试改良四轮马车与交通设施——榜样性的启蒙研究。对端庄娴雅的"技艺"——以及宗教[42]——一言未发，他们会让一位女孩学习力学和化学，而不是如卢梭所赞许的打扮得像洋娃娃一般；她应该能成为"一位好的节俭之人，一位好主妇，以及一位家庭的好母亲"。[43]

埃奇沃思父女将他们所提倡的付诸了实践。他们对玛利亚几个弟弟妹妹的成长经历进行了研究，尤为值得注意的是，他们还对"野孩子"皮特（Peter the "Wild Boy"）进行了实验。于1724年在德国汉诺威外森林里被找到的皮特——年青、不会说话、像动物一般——被带到英国，由约翰·阿巴斯诺特博士（Dr John Arbuthnot）进行监护，后者着手对其进行教育并研究其成长过程。《实践教育》描述了埃奇沃思父女对当时已入暮年的皮特进行的心理实验，以便对有关先天或后天的争论进行检验。尽管皮特"所有的官能都处于良好的状态"，但却只能"不流畅地说出几个单词，特别是'国王乔治'"。[44] 实验旨在判断他的愚笨程度，并通过扰乱他"无意识的习惯"来激活他的官能。[45] 例如，在日常生活中，每当皮特打过水后，埃奇沃思的孩子们都会将它从桶中倒光并付给他一先令——但他所做的一切就是重复这些杂务。[46] 对于他们的父亲和姐姐尝试使教育成为一门"实验科学"的目标来说，这类测试是非常重要的。[47]

理查德·埃奇沃思不仅仅是理论家，还热心投身于教育的社会使命。他主张在爱尔兰普及教育，并谴责那些畏惧大众的识字读写能力，视其为定时炸弹的人的狭隘观点。教育不但能改进穷人的习惯，还会使他们更加遵纪守法：他指出，在格洛斯特主日学校接受教育的3000名男孩中，只有一人走上犯罪道路。[48]

埃奇沃思父女和后期启蒙运动的其他学者创造了一种教育宗教。理查德的女婿、思想激进的医生托马斯·贝多斯热心于为孩子提供"理性玩具"——化学制品、用于木工工艺的木头、科学仪器和可供他们拆卸的简单机械。贝多斯引述了托马斯·戴让人略感震惊的观点："一个孩子的灵魂……完全存在于他的感官之中"，[49] 以此来支持洛克的经验主义。概念若非源自感官（例如地狱之火）是没有意义的，鹦鹉学舌式的学习是一种专制的工具，一种旨在灌输服从的洗脑方式。适当的教育对于"教化人们的心灵"是极为重要的。这便是公民社会的幸福之基。[50]

贝多斯思想的一个逻辑结果便是普及教育，就像他在《早期教育论摘要》(*Extract of a Letter on Early Instruction*, 1792) 中提倡的那样。不过在其实施过程中, 那些启蒙学者几乎言人人殊, 没有共同的观点。尽管不信奉国教者是热心的教育工作者, 但是他们坚决反对公办学校, 唯恐那样会有助于英国国教会的一家独大的地位。在这一问题上, 普利斯特利提到了执拗的牧师约翰·布朗。[51] 在其《论公民的自由、不道德与派系斗争》(1765) 中, 布朗曾建议以受尊崇的斯巴达模式为模型, 为国家建立统一标准的国教教育。[52] 布朗所期望的, 正是普利斯特利所谴责的。无疑, 标准化的国家教育最有利于保持现状——而这正是不信国教者所痛恨的! 停滞不前如何有益于社会?"如果构架最佳的国家固定在它现在的状态中,"普利斯特利解释说,"我对此毫不怀疑, 随着时间推移它将会是最糟的。"[53] 与后来的约翰·斯图尔特·密尔一样, 他喜欢差异: "相对于斯巴达人单一的性格特征, 雅典人各式各样的性格肯定是更可取的。"[54] 而多样性则要求教育的多元化。

此外, 英国的教育制度曾是专为教会培养人才的。然而, 形势已经发生变化, 这时候必须培养男孩们去适应一种"积极的公民生活", 尤其是在商业方面, 因此, 现代课程应当根据历史和"国内政策"做出相应调整。[55] 不过, 对下层民众的教育应当是严格的功能性的。奇怪的是——与主日学校的倡导者汉娜·摩尔一样, 她的原则是"不教穷人书写 (no writing for the poor)"[56]——普利斯特利也为劳动者的孩子设定了有限视野, 试图在学校教育他们阅读、书写与算数的同时, 也使他们保持温顺驯良: "那些生活前景最糟糕的人, 可以通过教育使他们满足其所处的境况, 且保持对上帝的智慧和仁慈的坚定信仰。"[57]

非国教院校被普利斯特利誉为高等教育的理想模式, 特别是它们营造了日渐浓厚的自由氛围。据说, 在 1711 年的格洛斯特学院 (学院教科书中收录有洛克的《人类理解论》), 那里的导师塞缪尔·琼斯赋予他的学生"反驳他观点的所有可想象到的自由"。约翰·詹宁斯（John Jennings）从 1715 年起，便在基布沃思（Kibworth）学院和欣克利（Hinckley）学院任教，他也向学生介绍洛克，而且鼓励"在探究方面的最大自由"。当时身为基布沃思学院学生的菲利普·多德里奇（Philip Doddridge）评论道：在讲授神学的过程中，"詹宁斯先生……有时候是一位加尔文主义者，有时候是一位阿米尼乌斯派信徒，有时候还是理查德·巴克斯特的追随者，因为事实和证据决定了他的观点"。多德里奇在他自己的北安普敦学院，[58] 同样支持自由传统，这一传统在 1751 年他去世后又一直由达文特里的凯莱布·阿什沃思（Caleb Ashworth）坚持着。当 1752 年普利斯特利来到这里时，他发现阿什沃思的思想很开明。他写道，"我们学习的总体方案非常有助于自由探究"，因为两位导师"见解不同；阿什沃思博士对一切问题采取正统原则，而副导师克拉克先生则持异端学说"。[59]

关于最好的教育模式，人们尚未形成共识。洛克曾在西敏寺中学，在严酷的巴斯比博士（Busby）的管辖下熬过六年学校生活，他赞同采用私人教师的形式；一些人喜欢旧式捐资公立学校和语法学校，另一些人偏爱新设的商业学院。对于穷人而言，则有慈善学校和家庭妇姊创办的家庭学校，到世纪末出现了主日学校。[60] 然而，启蒙思潮一致批判古老的英国大学，尤其是牛津大学，它遭到亚当·斯密、杰里米·边沁，还有爱德华·吉本等校友的猛烈批评，后者嘲笑它的董事们"乏味且沉溺于饮酒"。[61] 1715 年，应政府的要求，汉弗莱·普里多（Humphrey Prideaux）提交了一份改革计划书。他声讨了终身董事和多数导师——"我几乎很难将一只狗交给他们照管"——他敦促为老朽的大学教师建一个"混日子者大厅"（Drone Hall）。[62] 尽管剑桥大学的课程设置得到现代化并且考试制度得到合理化，但在英格兰，大学改革还是收效甚微，不过这一时期苏格兰的爱丁堡与格拉斯哥却一直呈强劲的发展势头。正是学院之外的地方支援并促进了英格兰的启蒙运动。

除了一大堆杂乱的指南和自我提高手册,[63] 这段时间的重要发展在于青少年文学的实际上的发明,满足了启蒙时期父母与教师对于具有教导传授、陶冶启迪与理性愉悦功能的书本的需要。专门为孩子创作的文学作品和游戏直到复辟时期才出现,这或许使人想起阿里耶斯（Ariès）对传统社会中的"儿童性"的否定:很多在今天看来被误认为是儿童作品的东西——例如神话或者畅销故事书——构成了整个流行文化的一大部分。[64] 然而,在18世纪,儿童导向的书籍开始变得普遍,还带着启蒙的印记。一些出版商专门为孩子量身打造出版物,其中比较著名的是出版《汤姆·泰利斯科珀》（*Tom Telescope*, 1761）和《好小姐》（*Goody Two-Shoes*, 1765）的约翰·纽伯里（John Newbery）。[65]

为了反映书籍须兼具趣味性和启发性的启蒙观点,《好小姐》充满了这类信息:

> 五点起床,
> 家业兴旺。

正如荷加斯描绘的懒惰学徒和勤勉学徒,在新儿童文学中,好人出人头地,而坏人不得善终。[66] 暴力遭到谴责,尤其是对动物施暴;[67] 洛克教育孩子不要惹人讨厌,而虔诚的以撒·华滋在《论儿童和青年的教育》（*Treatise on the Education of Children and Youth*, 1679）中坚持认为,不应当允许他们"拿棍棒敲打公鸡":折磨动物的孩子会变成残暴的人。[68]

的确,在重塑孩子的同时,启蒙运动也反思了动物的地位及其与人类的关系。[69] 传统农业社会逐渐向人们灌输了为基督教教义所认可的简单直接的观点。人是万物之灵，因为只有他被赋予了不朽的灵魂；上帝曾授予亚当统治动物的权力。人类可以驯服它们，驾驭它们，捕获它们，屠宰、烹煮以及吃掉它们。[70]

在18世纪的漫长时期里，事情发生了变化。对于富裕的城镇居民来说，与动物世界的接触越来越少：或许现在他们根本看不到动物繁殖、闯入或者屠宰。的确，他们甚至再也不骑马，而是坐在马车上到处游荡。受过教育者谈到动物，不是通过与它们一同劳作，而是通过头脑与心灵。首先，新科学使人们明白，研究越来越陌生的大自然是社会的权利、义务，也是乐趣所在。昆虫采集与甲壳虫收藏变得盛行起来，动物越来越多地为科学研究而牺牲，例如，斯蒂芬·黑尔斯牧师（Revd Stephen Hales）利用从青蛙到马等各种物种进行开拓性实验，当然这些实验极其骇人。[71]虽然这类事业涉及活体解剖或尸体解剖，但是任何由此产生的良心不安都被如下理由化解了，这一切都服务于了解自然及自然的上帝这一更崇高的目的。

然而，都市社会体现出的不仅是求知欲：它表明了新的情感倾向。动物连同儿童、奴隶、高贵的野蛮人、孤儿、盲人、聋哑人，还有堕落的女人，都成了同情的对象，并且，重要的是，解除它们痛苦的仁慈推力，不是来自高级教士或者议会、权贵要人或者民众，而是源自受过教育的从事专门职业的中产阶级。漫不经心的暴力——鞭打猫咪和其他无情冷酷的娱乐——成为威廉·荷加斯1751年发表的版画《四个残酷舞台》（*Four Stages of Cruelty*）攻击的目标，而且残忍的竞技如纵狗斗熊和斗鸡都遭到抨击。

随着工作场所与动物的联系逐渐减少，一种激进的新观点出现了：人类与动物从根本上是一样的。抛开灵魂不谈，两者都具有感觉。杰里米·边沁解释说："问题不在于它们能否进行理性思考，也不在于它们是不是能讲话，而在于能否忍受苦痛。"[72]宠物被赋予了人性，边沁自己养了一只"漂亮的猪"，"当他在它后背和耳朵上抓痒的时候，它会发出满足的咕噜声"。还有斯特恩笔下的托比叔叔，对他来说，一只"在他鼻子底下飞来飞去的"苍蝇都不能受到伤害。[73] 由此看来，启蒙思想导向一种对动物界明显温和的态度。詹姆斯·托马森把沙夫茨伯里和哈奇森的观点以诗歌形式表达出来，展示了悲悯之情：

> 不要将备受折磨的蠕虫挂上你的钓钩
> 在痛苦中抽搐扭曲；
> 它们因为贪婪的饥饿被深深吞下，
> 当你从这个无助的可怜家伙流血的胸膛中将钩子扯下时，
> 温柔的手带去了巨大的痛苦和悲惨[74]

而索姆·杰宁斯（Soame Jenyns）与其他一些人则认为牲畜死后会有阴间生活。[75]

1758年，塞缪尔·约翰逊控诉道，医生"每天都在炫耀似地公布"动物实验，他们决意要扩大"折磨艺术"的范围。[76] 他讥讽道，他们中包括那些"以解剖活狗为最高乐趣"的人。[77] 就科学对情感的两难困境而言，这类实验至关重要，在画家约瑟夫·赖特的《气泵里的鸟实验》(An Experiment on a Bird in the Air Pump, 1768)中表现得尤为突出，这幅画旨在激发人们的同情。作为巡回讲演者展示真空状态的一个牺牲品，这只无法呼吸的鸟被困于玻璃罩中，拍翅奋飞：它会活下来还是死掉？一些观众全神贯注于气体定律的演示，另一些人则在惊骇中颤栗。赖特的作品还象征着人与大自然之间新出现的分离。传统上被视为圣灵象征的鸽子，此时无论在身体上还是在象征意义上，都被实验器具隔离在人类之外。[78]

因而，爱护动物既成为了"慈善事业"，也标志着对启蒙理念的运用。有多重目标的启蒙学者托马斯·戴是那些不能言语的生灵的捍卫者。他认为它们的遭遇是残酷而不必要的——善待动物，无须严厉苛刻——他还用一头小马驹验证他的理论。不过，相比他运用卢梭的理论去训练出一位妻子，他在训练小马上也没取得更大成功。那匹马脱缰惊跑，将他甩下马鞍，这位博爱者因伤不治身亡，成为英国启蒙运动真正的殉道士。[79]

教育工作者坚持认为，儿童应当以新的态度对待动物——并认为动物本身甚至可以教导人类。例如，莎拉·特里默（Sarah Trimmer）的《青少年娱乐与教育寓言故事集》（*Fabulous Histories Designed for the Amusement and Instruction of Youth People*, 1786）指出了"它们赖以完成清洁与节约职责的那种规律性"。懒汉可能会从蜜蜂那里获取教益，不忠实的仆人也会从狗身上获得训诫。[80] 约翰·纽伯里写给儿童的畅销科普读本《汤姆·泰利斯科珀》，极力主张慈悲之心：窃取鸟蛋或者折磨刚会飞的雏鸟是不文明的。善良不该是反复无常的：汤姆讲述了一位邻居的事情，这个人以善待生物为乐，不过却怒斥"在他们前颤栗的穷孩子，将两手空空的他们赶走"。[81]

启蒙运动时期的教育使人认识到，正直不在于头衔、地位或者出身，而在于内心的善。托马斯·戴的《桑德福与默顿》（1783—1789）是披露贵族恶行的经典著作。该书约有45个英文版本，同时也被翻译成法文和德文。[82] 汤米·默顿（Tommy Merton）是一位富家公子，而哈利·桑德福（Harry Sandford）是农民的儿子。故事讲述了诚实的哈利与汤米的家庭的冲突，以及他对他们价值观的强烈反感。[83] 书的扉页坦然声明："我不知道世界上还有什么动物比不从事商业或者专门职业、艺术、科学或者运动的浪荡公子更无用、更卑鄙、更可悲"[84]——这是该书诚挚地阐述的箴言。正如默顿一家的例证，上流人士毫无素质："至于……勤奋、节俭和履行义务时的准时性，或者信守诺言，"哈利评论道，"在他们那被认为只是适合于粗鄙之人的素质……他们的知识和教育的伟大目标就是挥霍、浪费、破坏。"[85]

《桑德福与默顿》及与它类似的作品均不提倡轻浮之举。启蒙作家担心，痴迷于幻想将会使孩子堕落、缺乏责任感。[86] 这便是儿童书籍中普遍赞扬科学的一个原因：它注重真实性，并致力于开发理性力量。作者署名为"汤姆·泰利斯科珀"的《牛顿的哲学体系》(*The Newtonian System of Philosophy*)，通过启蒙时期的实验主义方法来教授牛顿学说。[87] 这位洛克的年轻推崇者解释说："我们所有的观念要么来自感觉，要么来自反省，也就是说，来自我们的五种感官，即视觉、听觉、嗅觉、味觉和触觉，或者来自我们头脑的运用。"这本书在1760—1800年间销量超过2.5万本，从而显示了与博爱主义相联系的洛克、牛顿对塑造青少年思想的广泛影响。

露西·艾金（Lucy Aikin）的《与童诗》(*Poetry for Children*, 1803)拒绝"上一代人的虚构神话故事"，幸运的是虚构神话故事不再是一个威胁，因为"理性的魔杖"已经祛除了"龙族与精灵、巨人与女巫"。[88] 这位不从国教的作家也拒绝接受"为人们提供虚假的现实世界图景"的小说，不过她却不反对诗歌，认为它有教化和启发意义。由威廉·葛德文执笔，并于他在牛津街开设的书店出售的儿童读物，同样不带有想象色彩并有说教的特征："我的先辈是令人尊敬的家族首领，"在《儿童戏剧》(*Dramas for Children*, 1808)中，被傲慢贵族所嘲笑的一个自命清高的角色宣称，[89] 父母"的确给我一个需要辛勤劳动的身份；但是，我也从他们那里继承了对自立的热爱和对任何卑鄙欺诈行径的痛恨"。[90] 在他的说教故事中，小男孩——甚至有时候是小女孩——能击败无赖和巨人，因为理性和正义站在他们这边（尽管这位实事求是的哲学家，对自己故事中的虚构特色谨慎地做了理性解释，部分是出于要消除吃人女妖所带来的梦魇般的恐惧）。[91]

在撰写这种进步少年读物的作家当中，不从国教的医生约翰·艾金的妹妹安娜·巴鲍德是一位主要人物。在她有影响力的《家中的夜晚》(*Evenings at Home: or The Juvenile Budget Opened*, 1794—1798)中，奴隶与帝王均遭指责，而获得称赞的是科学、工业和商业。[92] 这种严

厉的道德说教使查尔斯·兰姆抓狂。"巴鲍德夫人的作品将儿童室中所有古老的经典作品都驱逐了，"他对柯勒律治痛斥道，

> 想一下，如果你在童年时代被灌输的是地理和自然历史的知识，而不是一些故事和老妇人的寓言传说，你现在将会是什么样的！……可恶！我说的就是可恶的巴鲍德一伙，所有那些被阻碍与毁灭的是男人和儿童身上的人性。[93]

像洛克、埃奇沃思父女以及巴鲍德夫人周围的非国教徒自由派小圈子等这样一些人，都企图教育青少年，使他们在未来成为理性、有责任心的成年人；因此，童年构成了伟大的成长道路上的一个阶段。然而，浪漫主义者很快将童年想象为人类最纯洁的表露，而试图保护它，使之免遭开发者的伤害。[94]

关于那些有待改善、具有可塑性的孩子的模型，很轻易地被启蒙思想家转移到这样几类人身上，他们不能，或尚且不能完全负责任地思考问题，特别是成了自我招致的罪恶的"受害者"，但被相信有能力改正或改过。启蒙的环境论认为，这类"不幸者"陷入错误或者犯罪的深渊并非由于他们本身的真正过失，而应该归罪于环境或者真正的罪魁祸首——那些引诱少女的浪荡公子，使工人沦为穷人、使乞丐沦为盗贼的无情社会（见第九章）。[95]救赎无法如教会所指示的通过忏悔、祈祷或救世主的血获得，而是要在恰当的博爱指导下通过再教育获得。（关于人道主义式社团，亦可参阅第九章。）

启蒙运动接过了受盲从或迷信压迫的个人或少数人的事业。如侏儒和两性人这样的"畸形"和"怪物"引起了人们的同情和科研兴趣——尽管也算一种窥探。[96]在启蒙思想中，从前的恶人有可能被转化为受害者。例如，在《归化犹太人的原因》（1714）中，自然神论者

约翰·托兰德建议,应当给予犹太人平等的社会地位。1753年通过的《犹太人法案》(the Jew Bill)试图推动解放,尽管公众的不满声浪导致其于次年被撤销。[97] 在她的小说《哈林顿》(*Harrington*,1817)中,玛利亚·埃奇沃思因为她后来意识到的自己欠考虑的反犹主义,进行了一项个人补偿行为。一部先前的作品《缺席者》(*The Absentee*,1812)引起了一位犹太读者的抱怨,因为它赋予一个犹太角色粗俗刻板的形象。对《威尼斯商人》(*The Merchant of Venice*)进行激进修正的《哈林顿》,意在弥补过失。[98]

当进步论者忙于解决业已启蒙的(或者,正在启蒙中的)欧洲人与世界其他居民之间的关系的时候,他们往往将这些人视作另一类孩子。谈到汉诺威"野男孩"的时候,蒙博杜勋爵认为皮特的故事是"人性从单纯的动物性向文明生活第一阶段迈进的进步过程的简明年谱或简史"。[99]

发现的工作继续进行着。詹姆斯·库克("我的志向不但引导着我比其他任何先于我的人走得更远,而且远至我认为人类可以到达的地方")是第一个看到南极浮冰的欧洲人。[100] 探索是新闻事件。1774年,詹姆斯·布鲁斯(James Bruce)刚从阿比西尼亚返回,贺拉斯·沃波尔就对贺拉斯·曼爵士(Sir Horace Mann)说:"非洲真的流行起来了。"五年之后,蒙戈·帕克(Mungo Park)的《在非洲内部地区旅行》(*Travels in the Interior Districts of Africa*)成了畅销书,几月之内发行了1500册。除了真实的长途旅行,虚构的旅程同样为启蒙人士带来了其他方面的启发:《鲁滨逊漂流记》、《辛格顿船长》(*Captain Singleton*)、《格列佛游记》、《蓝登传》(*Roderick Random*)、《拉塞拉斯》、《瓦塞克》(*Vathek*)或者《孟乔森男爵的奇妙冒险》(*Marvellous Adventures of the Baron Munchausen*)。抵达月球,抵达地心世界,抵达太平洋或印度洋——虚构的旅行者敢于各处冒险,同时大量文学作品描绘了异国情调，如阿芙拉·贝恩（Aphra Behn）广受欢迎的《奥鲁诺克，或王奴》（*Oroonoko or The Royal Slave*, 1688）。[101]

埃德蒙·柏克欣喜地说："庞大的人类分布图瞬间铺展开来，我们在同一时刻能看到所有的未开化状态或阶段，以及所有的改进模式。"[102] 由此启蒙思想家可以为打开了全世界而自豪：促进知识的传播、人类的统一以及和平事业难道不是被如此虔诚地期盼的吗？[103] 当然，这些希望助长了对于西方与世界其他地区之间关系的乐观主义。进步主义者认为航海与科学正在消除其他地区的神话色彩，揭穿如庞大的南方大陆这类的古老幻想，同时，人种志将"人类中的骇人种族"从地图上清除掉了——独眼巨人、犬头人、食人族以及巨人族，尽管糟糕的是，新的"野蛮人"出现了，填补了它们刚刚腾出的空隙。[104]

异域及其种族提出了不同的问题。非洲与印度群岛的"彼地此时"与昔日欧洲的"此地彼时"完全相同吗？热带地区是一部活历史吗？是否陌生和遥远的种族会挑战关于"开化"的必然之事，与星期五对鲁滨逊·克鲁索的困惑一样？然而，正是极度愤怒的斯威夫特对文明提出了坚决控诉。[105] 关于欧洲人的发现，"老实说，"格列佛脱口而出：

> 对君主们在这种情况下的所得的正义性我略有顾忌。例如，一群海盗被一场他们不知将去向哪里的风暴裹挟着，终于，一个小男孩从中桅上发现了陆地，他们登岸实施劫掠抢夺，他们发现一个并无恶意的部落，还受到善意招待，他们给这个国家取了一个新名字，并为他们的国王正式占领了它……他们屠杀了二三十个土著人……返回家乡，并获得特赦……船只在第一时间被派往那里，土著人遭驱逐或杀戮，他们的王公被酷刑逼供交出财宝……这帮可恶的屠夫进行了如此道貌岸然的一次探险，这

是一个现代的殖民团,被派遣去传播文明、改变崇拜偶像的野蛮种族。

斯威夫特的男主角带着明显的宽慰总结道:"但我承认,这种描述绝不会影响不列颠民族。"[106] 事实上,欧洲人想成为人类之主的雄心遭到了攻击和讥笑,反殖民的思想不断发展。洛克否认一切征服权利,亚当·斯密对其经济和战略成本感到恐惧,而其他人则站在人道主义的立场。塞缪尔·约翰逊表示:"我并不渴望去探索发现什么,因为我总是担心那样会导致征服和抢劫。""解放你们的殖民地!"这是若干年后杰里米·边沁对法国革命者提出的建议。[107]

不断增强的对于人类多样化的面对面的认识,推动了启蒙人类学的建构。[108] 差异通常得到圣经叙事的解释。几千年前,人类诞生于伊甸园。在部落流散的过程中,作为诺亚洪水和巴别塔的后果,腐化不期而至,蜕变的语言、信仰、神话和习俗由此激增,同时由于含受到的诅咒,其子孙陷入了黑暗和野蛮。这种基督教的主导叙事赢得了广泛支持,其假设前提是一元发生说(人类原初的统一)以及从文明至野蛮的堕落。它为经验主义研究提供了一个貌似合理的框架(例如宗教的对比分析)和道德指令:土著居民必须以基督教的正义相待,因为所有人都是上帝的孩子。这种观点仍然对19世纪早期不列颠最杰出的人类学家、《人类的物质史研究》(*Researches into the Physical History of Mankind*, 1813)著者詹姆斯·考尔斯·普理查德(James Cowles Prichard)的探究产生着影响。然而,直到那时,这位贵格派出身的在爱丁堡大学接受教育的杜格尔德·斯图尔特的学生仍处于守势,与新的归化理论进行着积极的斗争,这些理论的出现要归功于观察,也要归功于推理。[109]

约翰·米勒所阐述的那种阶段论社会学(见前第十章)塑造了启蒙人类学,后者自称其意图并非追溯自伊甸园的堕落,而是回顾人类从原始状态开始的演进过程。启蒙运动的"从原始蒙昧到文明高雅"的参考坐标系从不同角度挑战了圣经叙述。它质疑人类从伊甸园开始退化的观点,而且还暗示,世界范围内人类习俗和信仰的相似性,不应该像以前那样被解读为从一个共同来源开始流散的证据,而是象征着全世界的早期人类对他们所面临的反复出现的痛苦经历——恐惧、迷惑、无助、愚昧——的相似心理回应。[110]

种族差异——"为何有些人肤色黝黑",这是提出问题的方式——也成了亟待解决的问题。启蒙话语提出了各种各样的解决方法。有人认为,黑人的特征属于在热带地区生活的结果,甚至是对严峻气候的一种有益适应,这是一个符合可塑性模型的解答。在挑战这种激进环境论的同时,反对者反驳说,如果黑人变黑是长时间暴露在赤道太阳下的结果,那么为什么他们生活在比较寒冷地区的后代的肤色也未见变浅?对于其他人来说,色素的不可变更意味着人种的多元发生说:黑人共同构成一个独特的种类、一个单独的造物。以"人类和语言的多样性"为演讲题目的凯姆斯勋爵,也是众多设法应对人类多样性证据的人之一。他总结说,必然存在独特的生物,[111] 暗示着黑人可能与猩猩以及那时在热带地区发现的相似的大猿联系在一起。[112] 各种含义接踵而至:多元发生说可能意味着黑人不可抹煞的差异性、低等性,而独特地适合生活在赤道周边———种使奴隶制合理化的方式。争论激烈而没有结果,而且也没有单一的启蒙运动党派路线,尤其是非欧洲人如此多样,以致拒斥了同质化的发生。

中国成了研究的对象和激烈讨论的话题,[113] 信奉印度教的印度也是如此。作为亚洲协会的第一任会长,威廉·琼斯尤其精通梵文。[114] 关于伊斯兰教的知识通过历史、科学著作和宗教作品的译介而传播开来,《古兰经》于 1734 年被乔治·赛尔(George Sale)翻译成英语,而且"哲学"旅行家们也撰写有关于伊斯兰世界的流行文本,其中著名的是玛丽·沃特丽·蒙塔古女士所写的关于奥斯曼帝国的文章。[115] 因而，随着信息的增多，那些"东方主义"的争论愈加激烈。[116]

自中世纪开始，对于东方世界的刻板印象变得根深蒂固：强大的亚洲帝王们极度专制；阿拉伯人的宗教是一个编织出来的"骗局"；亚洲人的想象力创作出了一种奇异的、世俗的、俗艳的艺术。启蒙思想一定程度上挑战了这种负面的陈词滥调。自然神论者与无宗教信仰者更能从伊斯兰教中发现"自然"宗教（原始的一神论）的痕迹，这在基督教中留存更少。因而吉本在《罗马帝国衰亡史》中将穆罕默德描述为一个英雄人物，且将伊斯兰教描绘成相对其他宗教更为宽容。[117] "贤圣者"（noble sage）（或者婆罗门）是一个颇受欢迎的写作设计，类似于高贵的野蛮人，他们在欧洲进行着反向的欧陆游学（Grand Tour）的同时，可以为基督教世界举起一面镜子。因此，奥利弗·戈尔德斯密斯的《世界公民》（*The Citizen of the World*, 1762）中描述了一位游历伦敦的中国河南人李安济（Lien Chi Altangi），这位博学的中国人在一系列家书中对在英国的见闻做了仔细的剖析。[118] 具有中国风情的物品（壁毯、灯具、象牙雕刻、地毯、制陶工艺、图案）在欧洲的流行极大地推动了东方艺术的普及——这可以邱园中的宝塔和布莱顿的摄政王阁（在那里中国与印度独特的装饰图案融合在一起）为证。此外还存在一股对东方故事的狂热崇拜，如在威廉·贝克福德的《瓦塞克》（1786）中所体现的。

即便世人对东半球的某些方面产生共鸣，但对其基本看法仍未改变。进步论者发现亚洲是极好的反例：停滞。高调炫耀的功利主义鄙夷一切落后的东西，边沁的追随者詹姆斯·密尔认为印度教"鄙俗而令人讨厌"，印度法律"不可思议的落后"，还有印度的艺术"粗鄙不堪"。这块次大陆脏乱、不诚实、颓败并且令人厌恶地"耽于感官享乐"。麦考莱勋爵很快就总结道："一个架子上的英文书比印度的所有图书馆都有价值。"[119]

此外，美洲、非洲以及新发现的太平洋岛屿上的土著人由何构成？基督教教义将原始人视作含和该隐的未开化子孙，这种轻蔑的观点是易于进行世俗化与合理化处理的。美洲土著印第安人的游牧状态使他们处于那位苏格兰人的四级金字塔形文明结构的底端，同时，洛克派哲学家或许会认为，这些土著在发展农业上的失败，宽恕了对那些被他们明显浪费的土地的征用。[120]

但是，启蒙思想家也可能将土著居民理想化地描述为大自然的孩子——旧世界堕落的无辜受害者，他们善良而高尚——并且，自然神论者也许会幻想着他们拥有关于上帝的直觉性知识。进行征服的白人才是真正的野蛮人——尤其是被残忍的教士煽动的西班牙人。这种观点助长了对高贵野蛮人的崇拜。[121]

激增的对奴隶制的批判的根基和基本原理也存在于此。[122] 自 1700 年起，很少有人公开质疑奴隶贸易的正当性：它是商业经济的一部分，而这种经济成就了不列颠的伟大。1740 年一位作家写道，这种制度可以被委婉表述为不是"使人沦为奴隶"，而是"将黑人从他们国家的暴君那里赎出"，移民到殖民地，在那里，"他们处于法律与福音的良性影响之下，他们可以提前获得更大程度的幸福"。事实上，对这种制度的理想化是可能的：詹姆斯·格兰杰的《甘蔗》（1764）展现了心满意足的黑人乡村少年享受着种植园里那田园牧歌生活的恬静：

> 充足的营养，漂亮的衣物，
> 所有人都争先恐后地争取获得
> 将他们当作人看待的主人的微笑。[123]

然而，人们的态度发生了迅速而根本的变化。诚然，没有人生而为奴——洛克对菲尔默的反驳不是也说明，在大自然的状态下，所有人都是自由的？奴隶因而必定是暴力与非正义的产物。生活在英国的非洲人的惹人注意的博爱仁慈和文化上所取得的显著成就——例如，作家奥拉达·艾奎亚诺（Olaudah Equiano）或斯特恩的朋友伊格纳修斯·桑乔（Ignatius Sancho）——证明他们不是含的堕落的子孙。[124] 而且，法律在不断地变化。1772 年，在宣布王室法庭对奴隶詹姆斯·萨默塞特（James Somersset）的审判结果的时候，曼斯菲尔德勋爵看上去规定了奴隶制在不列颠境内是违法的。[125]

启蒙运动的主要人物加入到越来越大的谴责声浪中来。[126] 可靠的晴雨表托马斯·戴写道："奴隶制度……是一种反人类的极端罪恶，所有那些实施它的人都应当被从地球上清除掉。"[127] 1791 年，他在月亮社的朋友乔赛亚·韦奇伍德制作了数以千计的奴隶跪像浮雕，高举被缚的双手作祈求状，还带有这样的格言："难道我不是人，不是你的兄弟吗？"同时，协会另一名成员伊拉斯谟斯·达尔文用诗歌来表达对奴隶贸易的谴责：

> 听啊，不列颠尼亚！强大的思想女王，
> 美好的艺术、谦恭的宗教都对她报以微笑，
> 你狡猾的子孙是如何侵入非洲海岸的，
> 伴随着屠杀，劫掠，偷盗——并称之为贸易交换！
> 锁链下的奴隶祈求跪地，
> 伸张着手臂，抬眼看你；
> 饥饿憔悴、带着伤痕、受尽疲累，
> 其他人抽泣："我们不是同胞兄弟吗？"
> 天空！他们无辜的呼号
> 在你那蔚蓝的波涛中传向天堂！——大地！遮不住他们的鲜血！[128]

震惊于野蛮的奴隶法的边沁写道："让殖民主义者反思，如果这样

的法典是必要的,那么殖民地就是一种耻辱和对人道的粗暴践踏;如果不必要,那么这些法典就是殖民主义者本身的耻辱。"[129] 以他功利主义的天平权衡一切,他承认糖和咖啡可以给人带来幸福,但是"如果要获取它们,就必须使三十万人处于唯有对被施以极刑的恐惧才能维持的状态,还存在能够抵消这种罪恶的对于奢侈和享受的考量吗?"[130] 另一位功利主义者威廉·佩利牧师从"必要性"的角度对以前的论点予以强烈否认:

> 据说,如果不采用奴隶劳动,不可能使用更便利而廉价的方式来耕作(土地);一磅糖,种植园主现在卖六便士,如果不用奴隶劳动,不可能以低于六个半便士的价格售出——这就是必要性![131]

可想而知,在这种思想运动中,走在前面的是理性的非国教徒。笛福谴责奴隶贸易,并在他的《雅克上校传》(*Life of Colonel Jacque*, 1722)中呼吁更好的对待方式。[132] 对于剥夺"天赋"的自由权利极度敏感的约瑟夫·普利斯特利,谴责奴隶制度使人沦为"纯粹的畜生","以致他们被剥夺了他们理性本性的每一个优点"。进步的浸信会牧师,剑桥的罗伯特·罗宾逊,痛斥奴隶贸易是对天赋权利的侵犯:"专制权力的施行导致良心受压制、财产被掠夺、家庭分离和繁荣国家遭毁的历史"应被教给孩子,而激进的一位论派教徒托马斯·库珀声明,反对奴隶贸易是每一位"宣称自由为天赋权利"的英国人的责任。[133] 如果说在议会废止奴隶贸易的事件中活动的是福音派游说团体,那么批判势头的高涨则很大程度上要归功于启蒙自由主义。[134]

高贵的野蛮人很久以来就被赋予了传奇色彩。在阿芙拉·贝恩的《奥鲁诺克,或王奴》中,年轻帅气的男主角非洲王子奥鲁诺克,爱上了他的贵族养父之女伊梦茵达(Imoinda)。两人第一次分开,是由于觊觎伊梦茵达美貌的国王的干涉，随后他们被卖为奴，被第二次分开。两人在贝恩曾游访过的英国殖民地圭亚那（苏里南）重聚，最终在被殖民主义者压迫致死之前，奥鲁诺克和伊梦茵达领导了一场注定要失败的奴隶反叛。寓意是显而易见的：非洲"王族奴隶"远比欧洲人高贵。（但另一方面，他是一位王子，有幸长着一个"高鼻梁"！）[135]

考虑到这类小说所提出的困境，问题变得更加棘手：应当如何对待高贵的野蛮人？既然他们拥有共通的人性，那么文明不是他们所拥有的权利吗？他们不应该有被教育和西方化的机会吗？年轻的波利尼西亚人欧迈（Omai）提供了一个测试案例。他被带到英格兰，被当成一位要人对待，被主人提升到王子的地位，在宫廷上受到热情款待并受到公众的关注，他被约书亚·雷诺兹画在古典帷帐上！[136] 然而，与"野孩子"皮特和托马斯·戴的塞布丽娜颇为类似，结果他令那些期望他成为改善典范的人很失望。他学东西相当慢，英语一直很差，并且在库克第三次航行时返回家乡，他随身携带的不是像农具这类的有用的资产，而是玩偶匣和一副护甲，令他的指导者颇为悲伤。[137]

尽管如此，詹姆斯·库克相信他已经在波利尼西亚人中发现那些被史密斯和米勒视为进步基础的文明生活的特征：法律、婚姻、财产和等级。[138] 因此，他对法国指挥官布甘维尔（Bougainville）描绘的被感情色彩渲染过的画面颇有微词：把他们刻画成缺乏私人财产的样子，是对塔希提人的侮辱——他们没有那么简单原始。这位脚踏实地的约克郡人本身是一位农夫的儿子，以不被幻想蒙蔽双眼而骄傲，他记录说，实际上，几乎每一棵岛上的树，都是某一个土著人的财产。他们的被大肆鼓噪的自由性爱也并非原始主义的产物。塔希提人的性道德与英国和法国的也没那么大差异，也远非认可淫乱滥交。库克承认，的确，当他的船只第一次泊岸，就被放荡的妇人们团团围住，渴望委身交易，但是如果塔希提人划船到朴次茅斯，他们不是会发现同样的情况吗？

与这位航海者相比,足不出户的启蒙思想家狄德罗是一位更出色的神话创造者,但是库克在他自己的启蒙范畴内思考。他对于塔希提人的性道德的"辩护"(他是这样认为的)源自广为传播的均变论式的世界主义信念,认为在全世界范围内人性都是相同的,他认可政治经济学家的信条,主张个人财产与社会差异是每一个繁荣社会的必要条件。与澳大利亚裸体的原住民不同,塔希提人的社会很繁荣:很明显,他们必然具有社会等级制度和私人财产。

事实上,波利尼西亚人以他们与欧洲人**不同**的社会风俗和生活习惯为荣,这并不直接使他们变得低级,更不用说以此为理由来剥削和奴役他们。当然就不存在征服的权利:莫尔顿勋爵(Lord Morton)在写给库克的信中认为:"使这些人喋血殒命是一桩死罪,因为我们正在与同样由全能的造物主所创造的人类打交道……他们是他们所居住的不同土地的自然且在严格的法律意义上的所有者。"[139] 库克赞同宗教宽容主义者的格言,我们不应该对其他民族武断评价,而应当尽量设身处地去试着理解他们。[140] 针对欧洲人对他们领土的侵犯,他所做颇多,以进一步表明他并不赞同:

> 我们使他们的道德太过堕落,以致极易受到恶的影响,并且我们为他们带来了渴望,还有他们也许从不知道的疾病,而这些疾病只会破坏他们和他们的先父们所享受的恬静生活。如果有任何人否认这话的真实性,让他告诉我整个美洲的土著居民在与欧洲人的商业往来中获得了什么。[141]

这种对异邦族人——就像对农民一样——模棱两可的态度,使高贵的野蛮人具有了后期启蒙运动的感伤文化所赋予的特征。1779年的一首关于塔希提天堂岛的诗,其题目足以说明问题:《受伤的岛民》(*The Injured Islanders*)。塔希提的女王欧贝瑞恳求它的发现者沃利斯船

长,恢复岛民从前的和平与幸福。在将岛屿的现状与先前状态(在奢华让野心更大之前)进行比较的同时,她声称:

> 你可曾忘记,塔希提的子孙
> 曾多么开心,多么满足地过着他们的快乐的日子![142]

同时,考特尼·梅尔莫斯(Courtney Melmoth)在《人道》(*Humanity*, 1788)中,呈现了一幅相似的无辜土著居民的图景,在堕落随白人到来之前,那里是多么的"平静与幸福,长满香蕉"。[143]

  现代化的推动者都是乐观主义者;他们根据有待解决的问题而非绝望的堕落来进行思考。他们以自己的乐善好施和带动改革的能力为荣:那些尚未被启蒙的人要么是无辜者,要么是受害者。没有人应下地狱,人人皆可得救——教育和慈善事业能够使他们进入文明的行列。尽管后现代主义控诉启蒙思想家的理性"帝国主义",但是这些思想家的策略既否定了认为人类价值存在差异的严格的等级制视角,又批判了加尔文主义认为人类全部被神摈弃并受到天谴的观点。[144]
  儿童和动物只是个案。然而,正如我们已经看到的,非欧洲人提出了更为复杂的道德与行为困境。而且还有更棘手的问题迫在眉睫。

第十六章 平民

> 注定有些人要劳心，另一些人劳力。
>
> ——伊拉斯谟斯·达尔文[1]

"人民"是一项严峻考验。启蒙自由主义把自由视作人类的原有状态：没有人生来就是奴隶。洛克派认识论中的"白板"消除了意识上的差别；人性的均变论学说认为所有人的天资和需求是平等的；反特权争论把生命描述为一场起点相同的竞赛。某种博爱思想大声宣告："难道我不是人吗，难道我不是你的兄弟吗？"[2]

然而，整体而言，启蒙精英对普通大众的态度非常含糊，他们通常暗示了自己和平民大众并不是一致和平等的，而是两种族群、两类心智、两种类型的人——并且靠近这些散发着气味的人令他们厌烦，那些人不太理智，并且显然不是艾迪生风格的绅士。贺拉斯的"我鄙视，我痛恨那些平庸的大众"（*odi profanum vulgus et arceo*）经常从那些受过古典教育的人的口中吐出，呼应着《圣经》中的那句话："被召的人多，选上的人少。"[3] 斯威夫特认为："大部分人类，让他们思考简直如同让他们学会飞一样难。"[4] 那么，有学识的启蒙者对贫穷之人的态度是什么样的呢？这是否会成为启蒙运动的滑铁卢呢？

进步精英喜欢普通民众，至少这种喜欢是有选择性的，他们尤其喜欢那些被赞为勤勉、值得帮助、全心全意的人。荷加斯为他的仆人画像，塞缪尔·约翰逊在遗嘱中留给男仆弗朗西斯·巴伯70英镑的年金，切斯特菲尔德勋爵把两年的薪水遗赠给他的仆人们，"平等是本性，而差异只是运气不同罢了"，出身寒门的有才干之人跻身上流社会是受到欢迎的，虽然是一种表现出优越感的欢迎。在当地神职人员的帮助下，农业劳动者斯蒂芬·杜克（Stephen Duck）作为"打谷者诗人"称号的获得者，得到了卡罗琳王后的资助，而罗伯特·彭斯在爱丁堡文人中一时赢得了"受上天教导的耕田汉"的美誉。[5]

培根主义者认为能工巧匠的精湛工艺强于闭门造车学者的无聊说教，并且在一些领域，乡村智慧仍有价值。尽管启蒙运动对占星术和预知未来的能力嗤之以鼻，但是医生可能仍然会相信一些口传的医学传统——至少是在清除了那些带有巫术的成分之后。玛丽·沃特利·蒙塔古夫人从土耳其民间经验中找到了预防天花的技术，格洛斯特郡的乡村医生爱德华·詹纳从有关挤牛奶女工的传言中得到有关疫苗接种的线索。[6]

虽然都市印刷文化的兴起削弱了传统的口传文化，但它同时也激发了人们对后者的兴趣。大众的思想状况散发着迷人的魅力，留存和保护民间传说、歌曲和谚语有了推动力。[7]例如，1711年，艾迪生曾让《旁观者》的读者大吃一惊，他用一整页的篇幅来介绍古老的民谣《切维·切斯》（"Chevy Chase"）。跟18世纪英国文学鼎盛时期的其他作家一样，他也认为真正的文学必须遵守"规则"，不过作为"一首英雄史诗"，他却把它比作维吉尔的《埃涅阿斯纪》（Aeneid），并赞扬它的"雄壮的质朴"。[8] 1765年，北安普敦郡的牧师托马斯·珀西发表了《英诗辑古》（Reliques of English Poetry），促进了民谣的复兴。这个杂货商的儿子，为了宣称自己是诺森伯兰伯爵的后代，势利地改变了自己的原名皮尔西（Pearcy）。在这些"辑古"中——一个有意识使用的古语——收录了大量著名的抒情诗歌，比如《芭芭拉·艾伦》（"Barbara Allen"）、《帕特里克·斯宾塞爵士》（"Sir Patrick Spence"），还有《切维·切斯》。尽管他并不认为民谣起源于民间——它们是中世纪受宫廷赞助的游方艺人的作品——《英诗辑古》却作为民歌集在英国和欧洲赢得了美誉。[9]

在苏格兰，对人民的灵感之源的兴趣使《加勒多尼亚的俄耳甫斯》(*Orpheus Caledonius*, 1725) 一书得以问世；埃文·埃文思（Evan Evans）编纂了《古代威尔士吟游诗人诗歌选集》(*Some Specimens of the Poetry of the Antient Welsh Bards*, 1764)；里斯·琼斯（Rhys Jones）在1773年出版了《威尔士诗歌名作》(*Gorchestion Beirdd Cymru*)。随着该世纪文学伪作"莪相诗集"的出现，民谣的复兴达到了顶峰。[10] 很大程度上是为了在卡洛登战役后证明凯尔特文明无罪，詹姆斯·麦克弗森（James Macpherson）出版了《苏格兰高地古诗残篇，译自盖尔语》(*Fragments of Ancient Poetry, Collected in the Highlands of Scotland, and Translated from the Galic or Erse Language*, 1760)。他宣称这些诗篇是从佃农口中听到的，据说是出自"高地荷马"莪相的诗：极富自然气息的诗歌中会蕴含最丰美的诗情画意，这种信念得到了证实。诗歌的仰慕者拿出资金，来赞助更为广泛的走访，搜求更多的盖尔语"残篇"，两首古老吟游诗人的史诗《芬格尔》(*Fingal*, 1762) 和《特莫拉》(*Temora*, 1763) 随之而得。虽然对这两首诗的真实性存在着越来越多的质疑，但截至1800年，英国国内出现了至少十个版本，不计其数的更多文版在德国、意大利、西班牙、法国、丹麦、瑞典、波兰、荷兰和俄国出现。[11]

被视为大众灵感代言人的凯尔特诗人被描绘为这样的形象，他们弹着竖琴，用俚语吟唱英雄事迹、爱情和死亡。不久，在《抒情歌谣集》(*Lyrical Ballads*) 中，华兹华斯表达了对普通民众的尊敬："淳朴的乡野生活是被广泛选择的生活，因为在那种环境中，心灵的本性激情找到了合适的土壤……（他们的）语言更平实、更有力。"[12]

大体上说，启蒙精英也对底层社会和新的"约翰牛"（乔治王时代虚构出的被无限利用的人物形象）持同情态度：他们用劳动耕耘着土地，忍受着炎炎正午的炙热，得到的回报和感谢却少得可怜，苦工的高尚赢得了沙龙中宾客的同情，[13] 后期启蒙运动为佃农和马车夫而伤感，这些人受到贪婪地主、粗野乡绅以及其他利用他们的诚实、无知和脆弱的人的压迫。奥利弗·戈尔德斯密斯的《荒村》（1770）是一曲哀悼圈地运动受害者的挽歌：为了满足贪婪，农民被肆无忌惮地剥夺，这是英格兰不幸的时代：

> 厄运在大地上横行，加剧受害者的困苦，
> 财富堆积如山之处，人们衰朽堕落。[14]

乡下人可能被认为保存了原始的善良，未受名流街（Quality Street）的堕落污染，而总体来说，受过教育的精英对他们既没有十分同情也没有那么充满信心。[15] 对自然神论者而言，下层社会的民众容易轻信，故而需要礼节、信条来引导，甚至需要牧师来监督他们。信仰牛顿学说的医生乔治·切恩（George Cheyne）简单生硬地将社会成员分为"才思敏捷的思想家、迟钝的思考者和从不思考的人"，[16] 同时乡村气息总是人们的笑料。巡回讲演者本杰明·马丁回忆道，"我记得有一回在某一城镇，当我的东西被搬进讲演室时"，吸引了很多自以为是的围观者，

> 下层民众在门口挤作一团，想弄明白它到底是什么；一个比其他人伶俐一点的人立即大喊，一个"展示秀"（ZHOW）到了咱们镇上；我们观看它要花多少钱呢？另外一个人回答道，一个几尼。一个家伙说，得两个（Z-nds），这是"展示秀"的第一天，真是幸运儿啊，只有绅士能看。[17]

实际上，谁被准许通过天国之门，进入启蒙理性的极乐净土？当然是人民——然而，"人民"一直是个棘手的概念。根据约翰·布朗牧师1765年的解释，"人民"是"拥有土地的贵族，享有圣俸的乡村牧师，许多更为重要的商人和贸易从业者，大量勤勉劳作的不动产所有者或者自耕农"——显然，这些人民之间是很不平等的。[18]三年后，一位署名"雷古勒斯"（Regulus）的人，在《政治纪事报》（Political Register）上把"既对政府事务缺乏判断力，又不拥有应受到关注的财产的目不识丁的乌合之众"排除在人民之外。[19]虽然一般来说，对这种社会歧视的描述需要委婉圆滑一点。洛克解释说，所有的人生来都是平等的，但是，

> 不能认为我理解了所有形式的平等。有些人可能因年龄或德行享有一些正当的优先权，某些出众才能和优点能够使一些人享有高于普通人的地位；出身或许会使一些人，联盟关系或收益会使另一些人，尊敬那些由于本性、感激之情或其他方面的原因应给予尊敬的人们。[20]

基督教的好处在于它提供了适合无知者的信仰。因为"那些手持犁和铁锹的人，他们的精神很难提升至接受崇高观念的程度"：[21]洛克的优越感——"大部分人无知无识，只能信奉"[22]——认可了自然神论的双重真理信条：宗教是为理性人准备的，迷信是为糊涂人准备的。

另一些人就不这么宽容了。在《四季》（The Seasons, 1730）中，詹姆斯·托马森把"少数受启蒙的人"的"受到哲学推崇的神明般思维"和"盲从群众"的愚蠢相对比。后者对"神秘的信仰"盲目迷信，而且"很容易盲目惊诧"，当他们看到彗星划过天穹时，会感到恐惧——在他们看来，这似乎证明了一个古老谚语，即一个乡村情郎奔跑着去追逐着彩虹"落下的光芒"。[23]博学的伊丽莎白·卡特是爱比克

泰德的译者，她很不高兴地发现，自己竟然和霍奇（Hodge）一起出名了，不仅因为据传她能预报天气，甚至还说她能施魔法——她在文章中咬牙切齿地咒骂："我真的以为，即使是在最底层人民中也不曾有这样的胡说八道。"[24] 普通大众对奇迹、预兆和其他迷信的信仰惹怒了精英，当然也满足了他们的优越感：对此，伯纳德·德·曼德维尔说："目光短浅的平民在因果链里很少能看得比一个环节更远。"[25] 休谟也说："去问任何一个平民，为什么他会信仰无所不在的造物主，他从来不会提到终极因之美，他对此完全不知……他会跟你讲一个很突然、很意外的死亡，或者另一起灾难的突然降临和伤害：比如这个季节的极度干旱。"[26]

简言之，有些词汇难于处理。亨利·菲尔丁对"小人物"（nobody）这个词语下的定义就很著名："除了大约1200人之外的所有英国人。"[27] 沙夫茨伯里极力称赞"人民"——只有当"人民"被"包括"进来时，才会有"公众"（public）。不过据他对这一术语的理解，以古典的波里比阿政体模式而言，共同体的自由公民就是那些"见过世面，并且知晓欧洲一些国家的礼仪和风俗的人"——这样一来，大多数人都被排除在外了。[28] 由于"仅仅身为平民的人"缺乏自由精神，他们只能依凭"奴性的顺从"行动——即使如此，他们"通常也迫切需要一台置于他们眼前的绞刑架之类的行为矫正物"——的确，"在监狱和绞刑架被认为数量不够的地方，恶魔和地狱就占了上风"。[29]

这种身份的差异构成了启蒙思想的本能反应。《旁观者》认为："一位拥有文雅想象力的人，能感受到大量的愉悦，而平庸百姓则没有能力感受到这些。"[30] 品位能够说明问题，詹姆斯·米勒（James Miller）在喜剧《有品位的人》（*The Man of Taste*, 1735）中嘲弄道，品味的确已经成为能够揭示差异的真正标识："贵妇与绅士衣着高雅……画家创作出有品位的作品。"[31] 就大卫·休谟而言，他对"人类中那些高雅的人"

发声，"这些人不再仅仅浸淫于纯粹的动物生活之中"。[32] 玛丽·安妮·拉德克利夫（Mary Anne Radcliffe）写道："优雅和精致"，使女性脱离"卑贱和低下"，开始注重礼貌仪态。[33] 诗人威廉·申斯通（William Shenstone）仍是如此直言不讳："大部分普通民众活在错误中。"[34]

在这场歧视的耀武扬威中，可能被评判为"平庸大众"是令人难以接受的。苏格兰常识哲学家托马斯·里德很自然地将自己的喜好与普通民众区分开："普通人满足于知晓事实……而哲学家热切地渴望探究事情是如何发生的，做出解释，或确定原因何在。"[35] 然而，他搬起石头砸了自己的脚，当他被休谟批评责难时，试想他该有多恐慌："让我倍感羞耻的是，"他勉强承认，"我发现自己被归入平庸大众。"[36] 当然，洛克很长时间以来都在担心"农民性"像天花一样具有传染性，他唯恐家庭佣人将妖精、女巫之类的荒唐异闻传递给下一代，会使错误的联想铭刻心中（见第九章）。[37] 他同样担忧的是，大众会滑稽地模仿上流文化，并且或许会通过阅读小说，"沉浸在幻想变得卓尔不凡的危险白日梦里"：[38]

> 倘若乡野之人变得优雅礼貌，
> 谁来承担卑微的职责？
> 他们可能会从信手乱写诗歌信件开始，
> 不断进步，直到向更有才智者发号施令。[39]

总之，如何定义"人民"这个术语，取决于观者的视角，"人民"这个概念有多重含义，它扮演了多种多样的意识形态角色，可以是完人，也可以是被社会遗弃者。虽然在他们善意的梦想中，启蒙者喜欢幻想人民变得完美，但这只是严格根据他们自己的条件。并且从短期看，人民被主要描述为麻烦。

启蒙运动充满积极乐观的氛围，对平民这一问题的解决方案也充满乐观情绪，希望被寄托在进步的可能之上：今天的平民，也许就是明天的上流人士。斯雷尔夫人（Mrs Thrale）在 18 世纪 80 年代指出：该世纪伊始，"女性举止风格"已有可感受到的进步。当她把《旁观者》读给她十一二岁的女儿们听时，她们为其中的"粗俗言语"而发出阵阵笑声；更能说明问题的是，"正为我梳发的女仆"也加入了笑声中。倘若 70 年来，连仆人都变得比旁观者先生更文雅了，这难道不令人宽慰吗？《绅士杂志》也认同语言的粗俗已经如何大为减少——只有"最低阶层的人"现在才说"出汗了"（sweat）。"我们每天都在变得越发雅致，"作者嘲讽道，"毫无疑问，我们的德行也变得更加高尚；容我自信地说，我们将变成世界上最文雅、最有教养的人。"[40] 如果粗俗具有传染性，为什么文雅礼貌就不可以呢？

历史的发展显示出，所有人都可能搭上文明的扶梯。从 1801 年回望过去，牧师理查德·沃纳叹息道，"我们 16 和 17 世纪的祖先从其中获得了充分满足的消遣玩乐"，不过是些"骗子的鬼把戏，杂耍艺人、杂技演员、舞者的技艺，巡回演出的哑剧演员的笑料，持矛刺靶所带来的危险娱乐，偶尔以纵狗斗牛之类的高雅游戏丰富内容"。在过去，即便是高级人士也涉猎那些粗俗的乐趣。幸运的是，如今一切都改变了："随着国民风气日渐高尚，高雅思想也相应广为传播，并且公共娱乐悄无声息地趋近于它现在所展现出来的品位与气派。"[41]

如果时间的推移本身可以起到教化作用，那么学校教育则加速了进程。大众学校教育方面的新举措主要来自基督教慈善家——18 世纪早期的慈善学校运动和该世纪晚期的主日学校。[42] 但是，正如上一章揭示的，启蒙思想也发挥了作用——如安德鲁·贝尔（Andrew Bell）和约瑟夫·兰卡斯特（Joseph Lancaster）设计的教育模式颇具开创意义，即机械化的导生制教学方式（monitorial method），它被称为"道德世界的蒸汽机"。该模式利用劳动分工，设立学生导生（student monitor），通过导生，把一位教师的指导传递给学生。

1797年贝尔写道:"正是这些智识机构,使整个学校的机器得以运转;这……应该成为每一间教室、工厂、作坊、劳动救济所、救济院、监狱、济贫法管理部门,以及每一个公共机构甚或任何大小的私人机构运行的原则。"[43] 企业家罗伯特·欧文在新拉纳克构建的新式社会,是基于对人的可完善性和可影响性的启蒙信念而建设的。推崇洛克和爱尔维修的那些无神论者,创建了大量旨在把劳动大军塑造成快乐的人的教育机构。[44]

时间和教育也许由此证明是有效的。但是,这些进程也需要帮手。在压制"野蛮"习俗和破坏它的声誉上需投入精力,让粗鄙之人受到更多限制束缚。为使他们与那些现在被视为粗俗的消遣活动脱离关系,精英们开始着手对暴力的消遣活动进行清理和废除,如纵狗斗熊游戏,现在被视为违背了理性、美德和庄重,扰乱了社会秩序,是非法的。[45] 进步人士公开谴责普通民众酗酒、私通、荒废人生,并尝试着在劳工阶层中激发新的自尊,使他们能够适应新的工业经济。制陶业工厂主乔赛亚·韦奇伍德的《对陶器厂年轻工人的话》(Address to the Young Inhabitants of the Pottery, 1783),在当地饥民骚乱之后出版,他秉持的"第十一戒"是"你不应该无所事事",他谴责普遍的纵情遂欲,详述工业能给劳动人口带来的实际提升,如果他们互相合作并放弃嗜酒、不守时、低效、好逸恶劳的恶习。[46] 韦奇伍德的医生朋友伊拉斯谟斯·达尔文猛烈抨击酗酒恶习,另一位朋友,即激进的托马斯·贝多斯医生也抱持同样观点。[47]

反酗酒运动由众多"人民之友"发起。詹姆斯·帕金森,一位拥有无可指摘的启蒙资历的医生——也是激进的伦敦通讯社的一位领袖人物——著有《健康之路》(The Way to Health, 1802),它以宣传单形式张贴在公共场合,以供贫穷的工人阅读。[48] 他深入劳苦大众中,面对面谈话——那是启蒙学者和乡野之人之间的谈话:"由于你们中大部分人通过劳动对社会做出贡献,靠流汗谋生,那么我略微发表一些对锻炼和劳动的看法，作为我的教导的开场白，这不会使你们感到吃惊。"[49]体力劳动被固定在一种田园乡村生活的视角中：诚实的劳动赋予了劳动者强健的体魄。[50]通过引用苏格兰医生、感伤派诗人约翰·阿姆斯特朗（John Armstrong）的话，帕金森认可了这样的观点："健康使农民的辛劳得到了很好的回报"，因为"力量在经常使用中得到增强，而储存过多则会失去它"。[51]

由此，醉汉也出现在了印刷品里，就如同那些与法律发生冲突的人一样。正如上文分析的，启蒙运动关于因果关系和个人品性的模式提出了一种新的罪责观念。女巫等一些特定的群体，在传统社会中一直被中伤贬低，现在则被视作受害者。同样，妓女现在逐渐被描绘成迫于环境而从事卖淫，成为人们同情的对象。

卖淫被广为讨论。1758年，治安法官约翰·菲尔丁要求人们深入思考拉客妓女的罪和责："忙于工作的寡妇孤苦无依，她的女儿们还能做什么？她们贫穷、目不识丁，如何去抵挡各种诱惑呢？"答案就是："为生计所迫，她们沦为娼妓，此时她们甚至激情尚未萌发，难成罪因。"[52]除此以外，她们还有别的选择吗？"女性可以借以谋生的方式太少，大多数岗位被男性占据；收益少得可怜……得到一份工作难之又难。"雇主通常不太情愿雇佣城市女孩，更喜欢那些来自乡村的姑娘。她们的无知使她们更容易被利用。[53]惩罚只会使情况变得更糟。乔纳斯·汉韦在他的《警政的不足之处》（Defects of Police, 1775）中写道：

> 倘若施以重刑的对象是一位年轻女性，并且犯罪时间也不长，那么她的羞耻心会因此泯灭：她会被引诱着把她自己看成是人性的弃儿：她会不受控制地继续犯罪：她的心将变得越发冷硬：她会变得对一切漠不关心，不在意自己将在何时，以何种方式离开这个对她如此冷酷无情的世界。[54]

启蒙思想由此剥离了加诸妓女个体身上的责难。在《为公共妓院而作的谨慎辩护》(1724)中，曼德维尔主张，从功利角度出发，从男性的强烈性欲望的角度来看，商业化的性交易并不是什么十恶不赦的罪行，并且它是防止骚扰"贞洁的"妇女的唯一方式。[55] 然而，占主导地位的观点将妓女看成受害者：她本质上既不高洁也不堕落，她是社会的孩子，就像荷加斯在名为《妓女生涯》(*A Harlot's Progress*, 1730—1731)的画中描绘的，她们的典型形象是一位天真淳朴的乡村女孩，来到邪恶的城市，结果却变为被冷酷的鸨母和无情的客户剥削的苦命人。由此，启蒙思想构建的罪责观并非关涉个人的罪与赎，而是从社会问题出发，并寻求解决之道。[56]

那么，究竟该怎么做呢？启蒙思想家战略性地提出了制度性的答案：不是惩罚，而是改造；不是鞭打，而是感化。基于此，1758 年，伦敦娼妓救济所(Magdalen Hospital)建立，该机构旨在使妓女远离危险，教她们自律以及正直的手艺，再给她们一个工作岗位。[57] 就像儿童能够被教育，问题人群亦可以改过自新。

在修正的进程中，具有启蒙思想的医生通常将自己看作有责任对社会失序做出诊断和治疗的人。托马斯·贝多斯这样的启蒙名人认为，在一个被不公正和愚蠢腐蚀得千疮百孔的病态社会，正直的医生是能够为公众福祉开药方的最佳人选[58]——这一观点通过他的作品《艾萨克·詹金斯、病弱的妻子萨拉和三个孩子的故事》(*The History of Issac Jenkins, and of the Sickness of Sarah His Wife, and Their Three Children*, 1792)得到了证实。[59]

在这个面向穷苦劳工阶层的富含教育意义的故事中，疾病突然降临在一个什罗普郡的工人家庭中。詹金斯一家无力出钱延请医生，便从当地的一个江湖郎中那里买药。当他们再也付不起钱的时候，那名唯利是图的庸医就不管不问了——叙述者加入旁白："那些江湖郎中，一点都不关心他们是在治病还是在害人，只是一味地榨取那些走投无路的人。"[60]

幸运的是,有一天,外科医师兰福德在探望外出打猎受伤的教区牧师(典型的启蒙运动反教权式风格)时恰巧路过。兰福德同莎拉交谈,得知孩子们病了,便免费为他们看病,并倾听了莎拉一家的悲惨故事。她丈夫酗酒。兰福德讲道式地插入解释,这个过失并非源于内在的堕落,而是源于发生在这个家庭的一次可怕意外(几个笨蛋使一匹马受惊,马在惊逃奔窜中,将詹金斯的大儿子踩踏致死)。艾萨克悲痛不已,终日沉溺在哀伤中不能自拔,一家人也跟着受苦。当谴责"可憎的酗酒行为"时,旁白断言,艾萨克应该被"怜悯"而不是被"责怪":"穷人是善良的,他们做错事常常因为缺乏头脑,而不是出于恶意。"[61]

医师与艾萨克倾心交谈,为他开了些药,并使艾萨克感到羞愧,重返工作。兰福德提供的借款还使他们家还清了欠酒店老板的钱。谨遵医嘱,艾萨克恢复了健康——不像他那下流的师父西姆科克斯,他沉湎肉欲导致患水肿病而死(另一种以阶层为导向的讽刺),落得个极其可悲的下场。艾萨克意识到了"节制滋生丰美……酗酒和贪婪造就穷光蛋",[62]最终迎来了幸福。在写给"有教养读者"的"后记"中,作者力劝道:从洛克的角度看,穷人不应该被看作无赖,而应被视为环境的受害者,假以适当的关注和援助,是有能力改过自新的。[63]这则寓言教导人们,拯救恶棍,不是靠文雅,而是靠启蒙的救助,不是靠牧师,而是靠医师。[64]

在实践中,最主要的是针对这样一些人的态度与计划:他们的贫困被看作国家资源的流失或混乱的引爆点。对待贫穷应该如何做呢?基督的在如下方面的教导受到理性主义者的怀疑和不满:在乞丐中发现圣洁,并且不理会明天。为什么要奖赏懒惰?约瑟夫·普利斯特利在为他新建立的地方医院——利兹市医院(Leeds Infirmary)——举办的募捐布道中不假思索地警告说,你若救济穷人,虽"是怀揣世界上最美好的愿望，不过可能一无所获，而只是在鼓励游手好闲、放荡挥霍和招摇撞骗"。[65] 洛克倡导的自然法理性个人主义，主张每个人有义务照顾好自己及自己的所有物，改善自己的状况。[66] 早在撒切尔夫人之前，基督教经济学家就引用了圣保罗的话："若有人不肯作工，他也不应该吃饭。"[67] 而"旁观者先生"的商人朋友安德鲁·弗利波特爵士（Sir Andrew Freeport）认为，施舍乞丐的行为糟糕透顶，因为这会让他们的懒惰成为习惯。[68]

这并不是说，启蒙精英反对慈善事业——恰恰相反，施舍可以是一种义务，是只有高贵的心灵才能享受的"奢侈品"。[69] 然而，永远不应该不加区别地对待一切慈善行为。慈善行为应该有合适的目标、适度的标准。既能够产生效果，又不会耗尽捐赠人的口袋，也不会使受赠者堕落。论及慈善事业，启蒙人士分析了动机和行为、原因和结果，并且衡量了善行是否物有所值。如果仅仅出于善心大发，那么施舍行为很容易适得其反，使道德败坏，为骗子利用。然而，慈善事业还是应该继续进行下去，而非摒弃不做，毕竟它是重要的美德，是代表斯文绅士们的博爱与人道的徽章，是超越卑鄙的吝啬与教区济贫法的制度化的微少给予之上的慷慨大方。据此事实，乔治时代的人们寻求能够在多愁善感的斯库拉（Scylla）和精于算计的卡律布狄斯（Charybdis）之间达到平衡，用密切注意的清醒头脑引领慷慨的心。

就像其他许多事情一样，在慈善事业上，启蒙人士是极其自满的。1784年利兹市医院的年度报告宣称，捐赠人的慷慨，证明了"人类的仁爱宽厚……取得了长足的进步，并且反映了本时期独特的光彩"。[70] 普利斯特利认为，在捐助中，我们"收获了现时代真正的风雅和品位的所有益处"；[71] 同样，另一个医院募资人威廉·沃茨（William Watts），也敦促同胞们"在一个慈善盛行的时代、国家和情形中，变得乐善好施起来"。[72] 东米德兰地区可以引领世界："就这一点,以及所有其他人道、文雅、慈善和基督教精神方面而言,值得尊敬的莱斯特郡——在神意的指引下——都可称得上是一个楷模,颂扬着这片自由热土和社会美德。"73 其他观点同样举足轻重。普利斯特利因此指出,医院是"所有慈善行为里最划算的,以最低的成本收获最大的益助"。74

这便是理性的乐善好施的角色,但是,这角色还需被置于另一情境之中:对教区济贫法的压力越发不祥。为什么在社会日益繁荣,济贫制度存在的情况下,贫困还是挥之不去,甚至日益加重?这些济贫法是否滋生或加剧了它们宣称要治愈的社会痼疾?济贫法需要改革吗?在繁荣的资本主义经济中,仍存在不断蔓延的贫困之痛,启蒙的英格兰在这一问题上陷入了激烈争论。

从伊丽莎白时代开始,英格兰就为自己全国性的须依规执行的济贫法感到自豪——不像天主教的欧洲和加尔文宗的苏格兰,在那里,救济物的分发掌控在教会手中。75 而在英格兰,正如1662年的《落户和迁徙法》确认的那样,济贫的责任在教区。一名赤贫者有权利在他所属的教区获得"院外救济"(outdoor relief),而在其他教区则不可。消极的一面则是,《定居与迁徙法》剥夺了贫民迁徙的权利:教区没有责任为那些非本地居民提供救济,贫穷、年老和体弱的流浪者被猛然移出。

18世纪早期,济贫管理人在发放赈济物上相当慷慨:只要劳动力处于短缺状态,节约劳动力就具有重要意义。但随后穷人的数量和费用激增。1700年的年支出大约是60万英镑;到1776年,这个数字飙升至150万,随后在1883年达到了420万英镑的顶峰。

对这种现象的原因和解决之道的探寻陷入死结,因为从每一个层面来说,公众对待穷人的态度都是如此具有冲突性的。有劳动能力的人,总是因他们的命运遭受责备。笛福抱怨那些不值得帮助的穷人时说,"当工资不错时",

他们仅仅工作至能勉强糊口，便不再做什么了；或者如果他们确实做了什么，也是把时间花在参加骚乱和放纵享受上，所以这对他们也没什么意义。另一方面，一旦商品买卖受到限制，接下来会发生什么？他们会喧闹叫嚣，以另一种方式无理取闹，图谋不轨，同时又逃之夭夭，把他们的家人扔给教区不管，自己却到处流浪行乞。[76]

亨利·菲尔丁在《对于近期盗贼增加的原因探究》(*An Inquiry into the Causes of the Late Increase of Robbers*, 1751) 中，发出了相似的控诉。犯罪的基本原因是"低等级民众"的"奢侈"习惯，以及济贫法的弊政。生机勃勃的贸易和娱乐休闲的商业化在穷人中间滋生了堕落的爱好和欲望。他不无揶揄地说："除了消耗大地的果实外生无他志，这是极少数人的特权。"杜松子酒和赌博正在削弱工业，因管理不善、错误施舍而未达标准的济贫法更使问题雪上加霜。[77] 弗雷德里克·莫尔顿·伊登随后武断地说："劳工阶层的悲惨境况，与其说源于收入的微薄，毋宁说源于他们自己的奢侈浪费。"[78] 换言之，只有一小部分人，才配得上新的启蒙意义上的"受害者"身份：对大多数人而言，理性则意味着责任。

为了激发美德，许多人明确要求务必使工资保持在低水平。威廉·坦普尔爵士断定："使穷人变勤劳的唯一方式，是驱使他们除了休息和睡觉之外必须马不停蹄地工作。"一个世纪后，阿瑟·扬回应道："只要不是白痴，任何人都明白必须使低等级的人保持贫困状态，否则他们不会勤劳这个道理。"[79] 然而，正如已指出的那样，低工资水平解决方案的缺陷在于它使工人站在滑向赤贫的门槛上：任何微小事故、疾病、经济衰退都会使一个稳定的家庭立即一无所有，并由此使该方案易于受到公众指责。[80]

从来不乏兜售解决方案的规划者。如我们已见到的，其中一个得到详细讨论，但具有长期性的解决方案是，更新思维，培养底层民众养成勤奋、虔敬、节俭的习惯。散发有教育意义的小册子、兴办慈善学校、布道以及诸如此类的活动，旨在培养人格和灌输劳工的规范。但是，这需要假以时日。因此，一个越来越受欢迎的妙策，是要求在施舍财物时附带条件；特别是，救济可能意味着丧失自由。劳动救济所不啻为突然出现的转机，借用杰里米·边沁的箴言（见第十八章），劳动救济所是"一个把无赖碾磨成老实人，将懒人打造成勤劳者的磨坊"。在那里，穷人可以挣钱糊口（这样就节省了纳税人口袋里的钱），也可以学会自我约束和手艺——真是一石多鸟的实用之法。

洛克几乎必定无疑会成为这种制度最早的倡导者之一。他为贸易委员会撰写的《论济贫法》（*An Essay on the Poor Law*, 1697），简要地分析了贫困和失业的原因：既不是"食物和必需品的匮乏，也不是工作岗位短缺"，而是"松弛的规训和堕落的举止"——作为一个政策制定人的洛克总是比哲学家洛克听起来更严厉一些。因此，"促使穷人去工作，抑制其堕落"的第一步就是"严格执行反对堕落的法律"。[81] 济贫管理人着手创办训练劳动学校，要求工厂和农场的雇主雇用从这种学校毕业的学生当学徒。"乞讨的寄生虫"——四肢健全的游手好闲者——应该被强制出海服役，孤儿被安置到劳动救济所，每天劳动十四个小时，男孩从三岁开始劳动，女孩从五岁开始劳动，他们维持生存的食物是"像水一样的稀粥"。[82]

博爱的贵格会信徒约翰·贝勒斯（John Bellers）和托马斯·弗明（Thomas Firmin）是洛克的同代人，他们认为，除了劳动救济所外，培养儿童养成勤勉的习惯并使他们投入工作也是解决贫困问题的方法。[83] 在《关于创办一所包含一切实用手艺和农业的学院的建议》（*Proposals for Raising a College of All Useful Trades and Husbandry*, 1696）中，贝勒斯以一种标准的重商主义风格宣称："一个国家不能有过多劳动力。"他提议，每个殖民地安置300名生产者，采取合股方式运营——组成"一个早期基督教共同体的类似物，共同生活"。[84]

1697 年，英国首次在布里斯托尝试建立劳动救济所；在接下来的数十年中，几百所劳动救济所相继建立。在某些群体中，这类机构赢得了大量赞誉——虽然有些不祥之兆。在《羊毛》(The Fleece, 1757)中，约翰·戴尔（John Dyer）赞扬快乐的劳动救济所为社会的流浪贫民问题提供了解决办法：

379
> 呵，你们这些穷人，
> 在勤劳者的居所寻觅
> 不劳而获的生计，你们在屋外
> 挨家挨户闲逛，
> 你们怀揣不良的动机，
> 假装不幸：呵，你跛足，你眼盲，
> 你们的四肢慵懒，掩盖真正的欲求，
> 你们行走在坑坑洼洼的大路上，荒凉的大山中，
> 穿行在暴风骤雨中，沐浴在心灵的愁苦中；
> 你们是苦难的孩子，被驱迫着
> 走向幸福。[85]

然而，当原本指望的好处兑现不了时，须出台修订方案以使劳动救济所更有纪律，成本效益更高。杰里米·边沁建议成立一个强制性的普遍体制——创办国民慈善公司（National Charity Company），这是由国家颁发执照的私人公司，旨在搜捕乞丐和赤贫者，将其隔离，收容到劳动救济所。该公司拥有在大街上逮捕游手好闲者的权力——将他们强制带入劳动救济所。[86] 该方案尤其针对年轻人，他们将通过训练养成勤劳的习惯。边沁写道："一丁点时间都不应必然是闲置未用

的。"(见第十八章)为使劳动济贫所的成本效益更高,管理上的微小细节都得到了明确规定,通过"道德簿记"防止对时间和金钱的浪费。和"圆形监狱"一样,[87]国民慈善公司按照私有化的分包体制运营——因为边沁认为国家的岗位诱生营私舞弊,而竞争性的岗位则能产生高效。

面对贫困,一些强硬路线者断定资本主义制度本身在制造贫困——这是不可避免的,甚至是有利的。功利主义者苏格兰人帕特里克·科洪(Patrick Colquhoun)沿着马基雅维里的路线断言:"贫穷,是一个社会最不可或缺和必要的因素。"[88]没有贫穷,就没有劳动的动力,勤劳便会绝迹。财富与人口比率的平衡——或称两者新的令人害怕的失衡——必然引发了更多关注。

以前,人口稠密总是受到推崇。洛克写道:"增加人口和正确使用它们,是政府的一门伟大的艺术";[89]威廉·配第爵士认为"人是最主要的、最基本、最珍贵的商品";尼古拉斯·巴尔本宣称人是"这个国家的财富和力量"。[90]重商主义也曾欢迎勤劳双手的增殖。然而,到18世纪晚期,就像牧师约瑟夫·汤森(Joseph Townsend)在他的《论济贫法》(*A Dissertation on the Poor Law*, 1786)中论述的那样,被感受到的危险是人口过剩带来的,该论著是马尔萨斯理论的先声。[91]这位圣公会的理性主义者阐释道,人的生殖欲望是无节制的,出自好意的社会改良尝试必定要失败。救济贫民的干预行为总是使情况变得更糟:"这似乎是自然规律:穷人在一定程度上是缺乏远见,并且可能总是要有一些人去履行社会上最微贱、最肮脏和最卑劣的职责。"唯一的依靠是"用一种欲望去调解另一种欲望"——并承受结果。[92]

汤森赞同后期启蒙运动的政治经济学家的论断,确信必须由自然,或者说市场来决定谁成功、谁失败,谁富有、谁贫困。这不应是国家管控的事务,而应是个人的责任。[93]相似的论点在托马斯·罗伯特·马尔萨斯的《人口原理》(1798)中得到具体化。[94]在一个遵从科学事实和数字的时代，他的特长在于以数字表达的自然的铁律。[95]食物供应成算数等级缓慢增长：2、4、6，如此等等；而人口呈几何等级跳跃式增殖：2、4、16，如此等等。就像米考伯先生（Mr Micawber）将指出的那样，这一简单的数学问题暗示着不幸：饥荒、瘟疫、战争将带来积极抑制——除非穷人通过道德约束带来的有助益的预防性抑制抢先压制住本性，就像该论著的后续版本强调的那样：禁欲和晚婚将减轻悲苦。

"马尔萨斯陷阱"是机智的一招。这位牧师宣称，没有人比他更具有真正的人道主义精神，也没有人比他更具有自由精神，更热切企盼改善；如果自然的吝啬和小气使这些目标没有实现，这不是他的过错。"大自然的非凡盛宴"席位有限，并非人人都能享受。[96]这位启蒙的悲观主义者断言：对于数字是没有争议的，他被托马斯·洛夫·皮科克在小说中贴上"真实情况先生"（Mr Fax）的标签。[97]

完全废除救济是使人们远离教区的一个特定办法，并且因而是一个公认的减少穷人数量的长期办法。这一方案的首倡者是汤森，并经马尔萨斯仔细斟酌，他们认为：救济，远远不能缓解贫困，恰恰相反，它使事态更恶化，因为它去除了审慎的动机。去掉安全网，人们就将自立。"饥饿会使最凶猛的动物变得驯服，"现实主义者汤森断言，"它可以教会他们体面和礼仪、服从与遵守。"它能让自然的制裁发挥作用，所有人会找到自己的位置——然而这一大胆的方案从未被尝试过。自诩为人道主义者的乔治王时代的政客们退缩了。无论如何，救济都是有用的诱饵：人们通常不会恩将仇报，济贫法继续发挥了主要的社会调节功能。[98]

启蒙运动对待普通大众的态度十分含糊不清，虽然，大体来说，穷人被认为是一个麻烦，而不是威胁——尽管有时会出现骚乱和暴动，但是，精英们从不认为第三等级会真正武装起来反抗。然而，正像即将看到的那样，18 世纪 90 年代，忧惧时时闪现，且不无理由。[99] 人道主义继续自我张扬，但是当布莱克发出诘问：

> 在一个富足的国度，
> 目睹被冷酷和高利盘剥之手
> 喂养的婴儿陷入悲苦，
> 这是一件神圣的事情吗？[100]

没有人可以作出回答。

无疑，试图通过移植中产阶级的理性来改造大众文化的做法，体现了精英阶层同情感的局限性，而且，从某种程度上说，也证实了对"文化帝国主义"的谴责的合理性。[101] 但是，倘若认为大张旗鼓的启蒙改革工程无非是对控制社会的尝试，则是非常陈腐的观点。其具有历史独特性的地方在于，现代人通过有关改善的各种模式，着手处理与解决人民的问题和有问题的人民。正如那种新的乐观主义，即相信儿童是可以教育的，精神疾患是可以治愈的，那么流氓同样有可能变成老实人，娼妓也有可能转变成好主妇。[102]

这场文化斗争（Kulturkampf）带来的更为宽广的政治斗争曾被激烈争辩。一些历史学家，尤其是罗伯特·穆尚布莱（Robert Muchembled）在他对法国的"文化适应"（acculturation）的分析中，认为教会和国家开始有系统地抑制大众文化，以此加强中央权威。然而他的观点受到批评，因为它夸大了精英的文化清洗的阴谋性及其功效。[103] 其他人从不同角度强调了关于理性的新的陈词滥调如何更多地通过文化霸权来服务于精英阶层：科学破坏了扎根于土壤的大众文化的神秘基础，而旧的"道德经济"受到新的、从个人主义出发的、崇尚竞争的、据信以自然法为基础的"政治经济学"的攻击。[104] 在这类关于"强制性"和"霸权性"的解读中，大众文化被描述为由上层人士通过施政和宣传进行控制。然而，在英格兰，强调诱导比强调压制更有意义。现代化观念取得重大胜利，与其说是依靠强加，毋宁说是渗透，它通过供需机制在印刷资本主义的商业交易中发掘机会。更好的交通联系以及报纸杂志、教育书籍的传播，使乡下人熟悉了都市文化，使他们跟上了那里的风尚。[105] 市场的隐形诱导是启蒙纲领中的另一条核心。

第十七章　追逐财富

改善我们境遇的欲望，在我们尚处于母体时便已萌发，它将追随我们终生，直到我们进入坟墓。

——亚当·斯密[1]

英国在汉诺威王朝时期步入繁荣，一个消费型的社会诞生了，针对这一引发争议的发展，启蒙话语开始对其进行鼓励促进、理性化思考，也提出质疑。丹尼尔·笛福是最早的、著述最多的支持经济发展的学者之一。不从国教的笛福就读于纽因顿格林学院，该学校以它先进的"实验室"著称，其中包括"空气汞"。笛福是典型的过渡性人物，他横跨在保持怀疑的清教徒式禁欲主义的旧世界与理性、欲望和富足的新世界之间。[2] 他对魔鬼学和超自然事物颇有研究——从他的《魔鬼政治史》(Political History of the Devil)和《魔法体制》(System of Magick，两书均于1726年出版)可见一斑——该世纪最著名的灵异故事《威尔夫人显灵记》(The Relation of the Apparition of One Mrs Veal, 1706)和《幽灵史》(History of Apparitions, 1727)便是他的大作。[3] 然而，当他谈到魔鬼时，头脑中想到的是现代政治的营私舞弊，他也是一位真正的现代人：人"是一张空白的纸"，他以洛克的论调写道，"并且灵魂像一张干净的白纸一样被置于体内，他的指导者们将在上面写下人生的准则"。[4] 笛福的作品《不列颠全岛纪游》(Tour thro' the Whole Island of Great Britain, 1724—1727)对整个国家的进取心、商业和工业进行了鼓吹。

作为一名长期的道德说教者，笛福反对挥霍、贪婪、虚荣、高傲，他以中产阶级价值观为财富积累增辉。他宣称：贸易"无疑是最高贵、最有益的，能够提升生活方式的方方面面"，因为它培育了个人的审慎，并且使整个社会结构充满生气。[5] 经济交易可用科学探究和理性计算进行处理："没有什么比贸易更遵循自然法则了，原因和结果的衔接就像白天与黑夜那么理所当然。"[6] 这一愉快的事实归功于上帝。笛福对"上帝创世的和谐，在世界走向贸易之路时，神意的美妙和关爱"大唱赞歌。[7]

符合主流的重商主义风尚，笛福相信，大不列颠似锦前程的伟大希望在于海外贸易的扩张，尤其是与潜力至今仍几乎未被开发的殖民地的贸易。贸易不仅能使英国走向富庶，还能为上帝效劳，"使已经被我们和其他欧洲人定居的土地上的当地民族走向文明；使衣不蔽体的野蛮人穿上衣服，指导原始落后的民族怎样生活"。[8]

启蒙运动早期，对现代商业社会的赞誉接连不断：曼德维尔宣称"贸易是使民族强大的基本的……必要条件"；[9]《旁观者》感情丰沛地夸赞着贸易的好处；[10] 而亨利·菲尔丁惊异于商业如何"确确实实使整个民族旧貌换新颜……并且已几乎改变了整个举止方式、风俗和习惯"。[11] 几乎是第一次（也是最后一次），商人阶层获得了舆论的好评。爱迪生称赞道，商人通过"相互斡旋将人类连接在一起，分配大自然的恩赐，为穷者提供工作，为富者增加财富，使伟大者获得颂扬"。[12] 但是，如果市场社会想要繁荣发展，显然需要为经济活动做可信的分析和辩护。

在市场得到赞同的过程中，现代理念使人们对工作和财富的态度发生了巨变。希腊哲学和基督教神学都以自己的方式对追求财利予以谴责。教会视金银为粗俗之物，把贪婪看作一种罪恶，将不劳而获当作一种高利贷行为。价格和工资水平得到广泛约束，原因之一是对无度行为的在宗教上的不信任。此外，人们相信确实存在一个公正的价格，铭刻在由神规定的公平分配制度中，这一制度为经院哲学家和地方执法官所明了。从生活必需品中牟取暴利尤其被视为不道德，它首先成为法律打击的对象，谷物贸易被管制，以免出现饥馑和骚乱现象。[13] 在大众心目中，这些信念被古老的虔诚信仰补充：每个人都是亚当的后代，所有人都有权利享有上帝的肥沃土壤，至少是以公地和放牧权的形式，这种表达被 E. P. 汤普森称为"共有的习惯"。[14]

有秩序地从事个人经济活动是基督徒的职责，这在共同体整体中已经反映了出来。从"斯图亚特世纪"开始，"重商主义"成为主流经济思潮，对它的倡导和讴歌在詹姆斯·斯图尔特爵士的作品中达到了顶峰——在被亚当·斯密的《国富论》（1776）取代其地位之前。[15] 重商主义（被斯密称为"现代制度"）以良好的家政管理为范例，将个人审慎投射到整个国家之上。托马斯·芒爵士（Sir Thomas Mun）是东印度公司的董事，《英国得自海外贸易的财富》（*England's Treasure by Forraign Trade*, 1664）的作者，像他这样的重商主义倡导者主张，基于出口顺差产生的有利贸易平衡是衡量国民经济健康程度的主要标尺。重商主义者将货币或金银看作主要的财富，提倡囤积金银。一切有助于财富或金银聚集、有助于有利的贸易平衡的事物，均是政府调控的合理目标，尤为重要的是，政府要鼓励出口，限制进口，以及对关键行业进行垄断管理。

启蒙思想对此类政策持续不断地大加挞伐，认为它们不科学，因而也是无效的。休谟的《贸易平衡论》（"Of the Balance of Trade", 1787）就是针对那些"在贸易平衡方面有强烈嫉妒心，并且害怕他们悉心看守的所有金银有一天会离他们而去的人"，休谟认为，只要有民众和工业存在，国家就不必为失去金钱而忧心忡忡，因为存在一种自然的经济机制，"在相互临近的所有国家中，它使财富必定永远与每一国家的技巧和工业水平几乎全然相称"。[16] 故而，重商主义的信条是缺乏远见的。亚当·斯密随后阐释了重商主义是如何成为主流思想的。

据斯密看来，海外扩张，尤其是新大陆的发现，使欧洲的商业地区变为"数量众多且蓬勃壮大的美洲的耕耘者以及运货商的生产商；还在某些方面成为亚洲、非洲以及美洲的所有民族的生产商"。这些获利颇丰的商业渠道产生了一种幻象，即创造财富本质上就是控制通货和贸易——换言之，流通管理。财富的真正源泉因此被掩盖了。斯密用他那惯常的不带感情色彩的智慧，一针见血地指出："事实上不难看出谁是整个重商主义制度的创制者；并不是消费者，我们可以相信，他们的利益被完全忽视了。"[17]代替了管制，劳动、消费——从本质而言，是"欲望"——将被置于新思想的中心位置。

越来越多的批评认为，重商主义对干预的信奉是肤浅、机会主义的，且常常是凶险的。没有彻底洞察支配财富、货币、贸易和商业交易的系统性机制，管制起了适得其反的作用，使境况更糟糕，尤其是当"那阴险狡诈的动物，即被通俗地称为国务家或政治家"的人在操纵它的时候。相反，需要的是对关于现金转移的宏观经济，以及财富与金银、钱币与商品、短期与长期等关系的博学的把握。经济政策必须植根于经验现实而不是统治者的一厢情愿，更不能是垄断阶层的阴谋诡计。[18]

同时，人们对经济生活的理解本身也发生了深刻的重估。旧的"道德经济学"正在遭受新的"政治经济学"[19]的攻击，政治经济学自诩为一种更优越的基本原理，是对财富创造和需求满足的科学理解——声称是对事实而非愿景进行的分析，是对真实发生之事，而不是对克拉伦登和科贝特的政令之类的分析。双方争论的焦点包括撤销对谷物市场的管制以及圈地问题——财产全盘私有化代替用益权。[20]

启蒙分析家业已与虔敬的准则、荣耀和做法分道扬镳，他们坚持认为，不管人们喜欢不喜欢，经济活动受不可阻挡的基本规则支配。道德经济学所固守的理想，比如公平价格、劳有所酬等，虽然值得嘉奖，但是它们都存在致命的缺陷。其一，它们不能反映人性。人类，如果不像霍布斯所说的那样赤裸裸地贪婪，至少也是一种喜欢累积的生物——经济行为的动力就蕴藏其中，植根于人类持续不断地追求自我改善的欲望。任何无视或祈望扼杀这一无所不在的动力的人，终将以失败告终。[21]

道德经济学可以说是一种自我拆台的学说，而令新型政治经济学引以为傲的是，后者建立在对目的与手段、个体与体制、自我与社会的适度把握的基础上——通常援引自然科学，尤其是牛顿物理学来证明各种经济因素是如何"受引力作用"达到平衡的。乔赛亚·塔克阐释说："商业流通，可以设想成源自两个殊异的社会行为原则，类似于行星系统中的离心力和向心力。"[22] 斯密采用了相同的模型：价格"不断地受到吸引——如果可以这样说的话——趋向于自然价格"。[23]

在事物的本质中，经济行为，宛如流水一般，会找到自己的水平线，故而管控是无效的，实际上最终会适得其反。在非常重要的17世纪90年代，查尔斯·达芬南用代数方法表达了这一观点。他论述了谷物的市场价格会如何不顾立法的干预（无论这干预是多么出于好意）而大获全胜：

> 因为如果B拒绝给予，同样的东西可以从C或D那里得到，假如从他们那里都得不到，在异国则可能产生这样的价格；从这里产生了我们通常说的固有的价值……每一件商品都会形成自己的价格……无上的权力可以做很多事，但却无法改变自然的规律，其中最原始的一条就是，每个人都应该保全自己。[24]

达芬南以流体静力学做比喻，以无可挑剔的自由开明的口吻武断地提出："贸易本质上是自由的，它找到自己的水道，引导着自己的最佳路线，当人类智慧试图为自然引路时，总是谬误百出。"[25] 既然追求利润正是人类的天性，那么使贸易不受约束，放手让经济参与者干下去是最好的方法。他的同代人达德利·诺思指出："贸易，更确切地说,工业和创造力的主要动力,是人类永不餍足的欲望,人们总是尽心竭力设法满足自己,当其他方式行不通时,他便不辞辛劳去工作;如果人类只满足于少数必需品,那么我们的世界必然是贫困的。"[26] 正如经常发生的那样,此时,启蒙思想又祭出"自然"来反对不问世事的学者和自以为是的神学家所抱持的陈腐观念。

毫无疑问,洛克当数这一学派的自由主义理论家中的先驱。在他的理论构架中,除财产之外,交换和金钱也是在自然状态中预先建立的,受自然法和人类理性和勤勉的制约。劳动创造价值,因此经济管制超出了对权利的法律保护,不是国家日常职权范围的一部分。[27]

新的政治经济学因此否定宗教伦理式的或政治家式的对财富的管理监督,转而青睐一种对"自然"经济力量的"科学"支持。基督教反对贪婪的戒律渐渐淡化,对获得的追求被世俗化、私人化,并被赋予价值。约翰逊博士——一个道德标准严苛的人,同时也是一个精明的现实主义者——相信"相比赚钱,很少有其他什么能使人更清白地忙于其中",[28] 当亚当·斯密的导师弗朗西斯·哈奇森提出狂暴与平和的激情之间的区别时,他同样认为"对财富的冷静的欲求"蕴含于后者。[29]

正是亚当·斯密使新的政治经济学系统化,使其建立在关于人类欲求的科学上,尤其是"改善自身境遇的欲望"。[30] 由于"自我改善"的不断鞭策,"每个人都以交换为生……整个社会自身逐渐变成一个合适的商业社会"。[31] 简言之,自利性使世界得以运转:"我们无法期望自己的晚餐得自屠夫、酿酒商人或面包师傅的仁慈之心,而是得自于他们对自己利益的关注。"[32] 斯密的惯用语——让市场来决定——表达了启蒙思想倾向于信赖自然以及它的源自欲望和需求的合力作用。在这样做时,斯密不得不面对老派的公民人文主义者提出的难题。"致富"和社会政治稳定是否相容?追求富足和美德相悖吗?如新哈林顿主义者忧惧的那样,"奢侈"是否会破坏自由,挑起阶级冲突,损害共同体?

和休谟一样,斯密并不是狭隘的"经济学家",他投入对普遍的人的研究中,尤其是有关科学探究、审美、语言、伦理和社会法则的哲学。他引发了对商业社会中的激烈争夺的关注,[33] 对于"政治经济学在一定程度上可能造成的有失公平、压迫性的负面后果",尤其是在劳工阶层中造成的异化,他十分清醒。[34]《国富论》对有关自由、公正、臣民-国家关系以及商业社会中的生活质量的启蒙讨论有着广泛贡献,对它的分析必须据此进行。

斯密早年在格拉斯哥大学的授课讲座中,提出"自由和富裕"是"人们能够得到的两项最大幸福"。[35] 这一结合可能就是为使人震惊而存在的。在古代,就存在两种迥异的自由观。[36] 在斯多葛派的观点中,如塞内卡和爱比克泰德详述的那样,自由是肉体的强烈欲求被理智约束,进而达致平和安宁的一种状态。也有一种"公民的"观点,由李维和西塞罗提出,即自由存在于为了实现共同的善而采取的政治行动中。斯密拒斥了前者的政治上的消极以及后者的"直接行动",他认为,启蒙的所欲之物的关键是商业,在其中每个人"在某种程度上都成了商人"。[37] 古典思想家可能谴责这样的社会可耻,但是对斯密而言,这和"互通有无、物物交换、互相交易的总体倾向"[38] 相一致,这种倾向只能在一个商业社会,实际上是在一个小店主的国家里,才能得到充分发挥。

斯密认为,不足之心是富裕的推动力,"聚集财富"成为"大部分人计划并祈求改善自身境遇"的最佳手段。[39] 故而,商业社会与人性相符。斯密继续论述道,什么是真正"有违自然"的呢?那就是斯多葛学派的"平和宁静",它教导一种"超越人性所及"的完美。[40] 斯多葛主义蔑视经济生活,而斯密把"自私"诠释为每个人的值得赞赏的上进心。[41] 此外,和休谟一样,斯密蔑视共同体传统,他认为,人类施展才干的真正竞技场不是公共或政治舞台,既非名誉,亦非荣耀,而是个人的、关注自身的追求。对于古希腊罗马的哲人来说,为满足家庭需要而劳作为真正的男性公民所不齿——的确，那是下等人、农民、手艺人、女人和奴隶的事；对斯密而言，恰恰相反，这是人类普遍的天然任务，事实上，这是公共利益，因为经济交换铸就了支撑性的社会网络：在一个"文明昌盛的国家"，倘若没有"众多工人的戮力合作"，即便是"最熟练的人"，也甚至无法得到一件身上的衬衫。[42] 商业社会独特的力量就是来源于这样的互相依存。

对斯密而言，依赖当然是堕落的——这是一个无懈可击的古典观点，且是公民人文主义者将自由与独立等量齐观的关键。[43] 然而，根据新哈林顿主义，腐败的来源和对独立的威胁主要存在于商业的增长、纸币、信贷关系、公债（见第八章）之中。斯密拒斥这种观点，虽然他从不否认依赖滋生堕落，但他反而坚持认为"商业能够很好地防止"堕落出现。商业活动非但不是病态，还能起到预防堕落、保护宪制健全的作用。对公民人文主义者来说，历史就是一个不断堕落的过程；对斯密而言恰恰相反，历史更是一个华丽的进步过程。

在"四阶段"理论的斯密变体中，"最低级、最原始的社会阶段"是狩猎时代。[44] 在这一阶段的生产方式中，所有人"几乎没有任何财产"，但这种匮乏也防止了依赖出现。[45] 相反，在第二阶段——游牧时代——更多的不平等产生了，随之而来的就是依附关系。[46] 由于在"财产占有上的绝对优势"，鞑靼部落的首领可支配数以千计的附庸，不可避免地成为后者的"将军和仲裁者"。[47] 第三阶段农耕时代同样如此。就像游牧时代的军事领袖成为首领一样，第三阶段的社会权力掌握在最大的地主手中。[48]

第四阶段，即商业时代，是一个分水岭：对"互通有无、物物交换、互相交易"的自然倾向最终得到放任，使之建立起一个互相依赖的有益网络。卢梭认为贸易会滋生堕落，斯密则认为商业社会带来了一种形式上全新的、更为优越的自由：法律之下的自由，它是文明的真正标示。斯密探究了富足和自由、文明和奢华彼此和谐结合的秘密——他注意到，这种和谐结合此前已经被休谟所强调[49]——然后，转而把探索的重点放到了封建地主阶层的衰落上。

封建大地主使用财富的方式和游牧首领更是差不多，用来供养大批家臣和侍从，还有什么其他方法消耗剩余财产呢？[50] 随着消费机会的增加，他们自然被俘获了——毕竟，"消费"，对斯密而言，"是所有生产活动的唯一结局和目的"。[51] 使商品消费取得重大进展成为可能的，是"对外贸易的悄无声息且不易被察觉的运转"，它的影响的确非同一般。他阐释道：

> 为了得到一对钻石扣环，或诸如此类无用、无意义的东西，封建领主以可在一年内豢养一千人的给养作出交换，或让出相等物，即这些给养的价格，并且他们也随之交出了这些将带给他们的影响力和权威……由此，为了满足最幼稚、最刻薄、最丑恶的自负与虚荣，他们逐渐当掉了他们全部的权力和权威。[52]

"这些小饰品或花哨货"[53]——换言之，"家庭中的奢侈品"[54]——闯入封建主的领域，从长远来说，也使一个极富有的和商业的社会摆脱了个人依赖的束缚。一旦佃户赢得独立，财产拥有者便"不能再干预司法的常规执行"。后封建社会的典型的法律和规则成了现代自由的保障，在这种后封建社会中，每个人都是独立自主的经济行为人。[55]

在商业社会中，个人从对一个特定的领主和主人的依赖中解放出来，得享不受个人影响的市场机制以及契约性的社会制度所独有的独立和自由。这一"对公众幸福有巨大意义的社会革命"不应被视作蓄意的行动，因为，地主或商人对此一无所知、始料不及，而且他们"一点也不想为公众谋福利"。[56] 虽然公民人文主义者相信政治和个人德行的首要性，然而，公共利益不是有意识设计的结果，不拜赐于一些伟人或立法机构的良好意愿。

商业社会的自由特质，一部分是依赖于成本效益带来的财富。规模铸就成功：市场的拓展产生了专业分工，这反过来意味着生产力。因此，在斯密著名的别针生产案例中，由于劳动分工的存在，10个工人一天可生产48000个别针，而一个工人仅凭一己之力一天连20个别针都造不出来。市场社会因而创造了"惠及最底层民众的普遍富足"。[57] 与此形成对比的是，卢梭式的自主使广大民众成了"悲惨的穷人"，并且，在斯密的观点中，他们未获任何补偿。贫穷的社群冷酷无情，他指出他们往往"倾向于破坏，有时，他们把婴儿、老弱与饱受疾病折磨之人抛弃"。相反，富足是"恩赐之福"，只有在发达的市场社会才能荣享物质富足；"英国普通工人的生活方式比印第安君王更为奢侈"，他的住所"好过很多非洲的首领——那些手握1万名赤裸的野蛮部民的生杀予夺大权的专制统治者"，来自"文明昌盛"国度的农民比原始部落的君主的生活更胜一筹。[58]

撇开商业社会所有明显的不平等现象不谈，[59] 它的确把人类的又一福祉——自由——奉若神明。比如，摆脱了封建义务，个人可以依据己意选择工作——斯密谴责亚细亚式的强迫子承父业的"粗暴"行为。[60] 加上有保障的继承权，在天赋自由体系下，职业选择使个体获得了"我们现在语义上的"自由，[61] "每人可以完全自由地依照自己的方式追求他自己的利益"。[62]

个人自由含有政治上的意义。政府通过颁布禁奢法令等手段管制私人经济，这种行为是最粗暴与自以为是的；[63] 经济福祉不是产生于皇家法令，而是源自一个不受个人影响的、法治的公共自由体制所给予的信心。与古典共和主义相比，现代宪制自由的优越性在于：法律之下的自由是所有人的自由（然而比较休谟对斯巴达的评价），古代政治自由只为少数人享有，靠低效且令人难以接受的奴隶制度来维持。[64] 和曼德维尔不同，斯密认为，"对劳动的丰厚酬劳"实际上增加了社会财富，因为这是勤劳的动力。[65] 高薪水可以使工人更加"积极、勤勉、高效"——英格兰比苏格兰更明显,城市也比乡村表现得更突出。[66]因为工人构成了民众的大多数,任何改善他们境遇的做法都有利于促进社会繁荣。[67]

在斯密看来,现代自由需要公正来调和。[68]虽然批评休谟把公正简化为效用问题,但斯密还是紧跟这位密友的步伐。在《道德情操论》(1759)中,斯密断言,维持社会良好运转的不是慷慨大方(它不是商人必备的品质),[69]而是公正——"支撑起整个大厦的中坚支柱"。[70]其实,公正的基本要求是不伤害他人,从这个意义上说,这种美德是消极性的。"我们或许常常在无所做为时便已实践了公正的所有规则。"[71]在这一方面,斯密的观点与亚里士多德和卢梭相左,因为他相信,消极地履行公共义务是可能的,很简单,只要遵守法律就行了。在有序的商业社会,支持"既存秩序"是一位"好公民"的"最好的权宜之计"。[72]出身高贵和富有的人有能力追求积极的"共和主义"政治生活方式,但自由与公正的生活并非为这些人所独享。

正是在这一点,斯密与公民人文主义的决裂清晰可见,因为他并不认同弗格森的忧虑,即拘泥于法规会使社会肌体血枯力竭。在《文明社会史论》(1767)中,弗格森断言:当国民幸福仅用"伴随公平合理的行政管理而产生的安宁"来衡量时,[73]自由权便身处危境——"这比我们所想象的更贴近于专制。"[74]他担心一个不需要个人参与的政治制度,会"浇熄政治精神之火"。因此,虽然现代社会无疑包含着重要的自由权,他担忧的是,其社会成员会变得"不配享有他们已获得的自由"。[75]为使之持久,公民自由需要"个人在自己的位置上为自身以及公众有所作为"。[76]虽然他承认斯巴达模式是落伍过时的,但真正的"权利"只能由个人政治行动来维持。[77]

斯密藐视这类用华而不实的辞藻来诉诸公民精神的做法,公共利益并不取决于"公意",而是由特定意志之间的互动促发。当然,这就是"看不见的手"的要点——每个人"追求个人私利",但是,这样做"经常会比他真正想要为社会服务的时候更有效地促进社会利益"。[78] 的确,他不无辛辣地补充道:"我从未看到有哪个声称要换得公共利益的人做出什么好的事情来。"[79] 事实上,政客们对于在法治中奉为圭臬的自由权绝对是一种积极威胁,因为他们总是在追求这样一些政治议题,它们影响民众的方式"明显与统治者应给予他的不同阶层臣民的公正与平等的对待方式相抵牾"。[80] 政府的职能应仅限于国防、通过"严谨的行政"来维持公正以及像教育这样的"一些特定公共事务"。[81] 商业社会的复杂性和相互依存性使公民人文主义者的豪言壮语成为陈词滥调。

由此,片面地从经济学角度来审视斯密的"看不见的手"是缺乏远见、肤浅的,休谟和斯密学说中至关重要的是对"公共善"的古老理想的去政治化。对他们而言,个人幸福和物质福祉才是关键,将"善"定义为某些崇高的政治或伦理上的美德则失去了价值。社会的相互依存性令任何对奠基于个人美德行为之上的社会的构想不再受到关注。

鉴于这种个体意愿与社会性结果之间的不一致,斯密认为奢侈会带来有益的结果,即使动因是那么微不足道——所有那些"令人不齿的、幼稚的"钻石扣环![82] 尽管他偶尔进行一些道德说教,诸如"人类的真正幸福"是如何从"乞丐的平静心灵"中发现,而不是只依靠空想财富与伟业在脑海中产生一些华而不实的愉悦。然而,这种斯多葛主义从未在他的思想中占支配地位。[83] 事实上,他从未低估想象对经济活动的刺激作用。[84] "想象"(imagination),自从霍布斯阐明以来,其含义就只是"头脑的虚构"[85],但正是它使自身成为一种力量巨大的激励。准确地说,正因为"从财富与伟业中产生的愉悦……像某种堂皇、美好、高贵之物那样冲击着想象力",人们才致力于那些带来所有"使人类生活变得美好与尊贵的科学与艺术"的艰巨工作。[86] 这样难道不好吗?想象使"荒凉的森林"成为"宜人的肥沃的良田";[87] 商品的生产与消费,与其说是为了满足固定的需要,毋宁说是为了满足"欲求"。[88]斯密得出结论:"整个人类生产活动,不是被用来满足衣、食、住这三项基本需求,而是被用来根据我们品位的严苛与精致获得生活的便利性。"[89]斯多葛学派仅仅膜拜"真实的"满足,实在是使人类深陷悲惨境地之举。[90]

这种对传统的公民人文主义和它的支持"自由的自然体系"的卢梭式变体的拒绝,与斯密信任个人的倾向相一致,正如它与边沁的功利主义的关系。斯密和边沁共同为自由放任的政治经济学的出现提供了智识基础。[91]这种观点滋生了乐观主义,而且,一如经常发生的,启蒙运动显示了爱国精神。

启蒙运动引领了从"社会人"(homo civilis)到"经济人"(homo economicus)的转变,这一过程包含了作为启蒙意识形态的自私、自利的合理化,还包含了德行的私人化,奢侈、骄傲、自私、贪财的去道德化。法团主义(corporatism)让位于个人主义。埃德蒙·柏克——在其他场合是家长式统治的拥护者——评论道:"提供给我们必需品,不在政府的权力范围内,那些以条款限制自由贸易的管制是毫无意义的、野蛮的,事实上,也是邪恶的。"他得出结论:最大的危险,就是"政府干预过多"。[92]这使得威廉·哈兹利特低声说出:"政治经济科学意味着地主的神圣权利。"[93]当自由放任成为主流,经济活动与传统价值观分道扬镳,发展出了自己的一套道德伦理——作为一个"工具制造者",一个独立自主、不向任何人负有义务的理性行为人,在芸芸现世发迹成功的端正品行。

资本主义消费社会就这样以自然、欲望和个人自由之名合法化了。取代了传统的道德反对,新的意识形态认为,个人富足可以改善个体境遇,增加社会凝聚力。政治经济学将生机勃发的资本主义与社会秩序融合为单一的启蒙话语。然而,个人主义并非总是愉快地得到顺应。

第十八章　改革

与人类在自然界的**发现**与**改善**相符合的，是道德领域的**改革**。

——杰里米·边沁[1]

启蒙运动既发现了自由，亦发明了规训。

——米歇尔·福柯[2]

所有的知识都将被细分并延伸；正如培根爵士所说，**知识就是力量**，事实上，人类的力量会不断增加；大自然，包括物质世界和自然法，将会越来越为人类所掌控；人类在这个世界上变得富足和舒适将会更加容易；他们甚至可以增加寿命，他们一日比一日更幸福，也将更有能力（我相信，他们也更愿意）把幸福传递给他人。因而，**无论这个世界初创时面貌如何，终点会充满荣光、灿若天堂，超越我们现在的想象**。

——约瑟夫·普利斯特利[3]

后期启蒙运动继续高唱法律、自由权、思想自由和宽容的旧式战歌，但是，抨击矛头逐渐指向1688年光荣革命后建立的现存秩序。最初，启蒙先驱分子由反对教皇、教士、国王和朝臣的地主绅士阶层组成；议会议员的后代构成了一个更高级别的精英群体，他们拥有土地、生活富裕、有教养。[4]然而，随着时间的推移、印刷资本主义功能的发挥，中间阶层和下层民众，以及传统上被排除在外的更多阶层，诸如不从国教者这样的少数群体和女性[5]，接过反抗的大旗，攻击既得利益者，向安享现存秩序的"富人"发难。这现存秩序即被宪制、光荣革命、"统治吧，不列颠尼亚"等合法化的"稳健开明"的辉格党国家。美国史学家玛格丽特·雅各布强调："在统治18世纪的英格兰的辉格党和伊拉斯图派（Erastian）的政治原则中"，自由主义知识分子如鱼得水。她恰当地补充道："该世纪晚期，那些致力于推动英国科学进步的人，只是在特定的圈子里，将自己的热情用来反对业已建立的社会政治秩序。"[6] 约翰·艾金这位曼彻斯特的不从国教的物理学家，在1790年的一封公开信中告诫儿子："你与国王、贵族之间并不存在自然的纽带，你属于共同体中最有德行、最开明、最独立的那部分人：中间阶层。"[7] 此话一针见血。艾金的妹妹，儿童作家安娜·巴鲍德（Anna Barbauld），为她的虔诚教友身属"勤劳德厚的中间阶层"而感到庆幸："无荣利闭目，无金锁噤声"；[8] 而玛丽·沃斯通克拉夫特则为自己能"弃簪缨，远离诱人堕落之显位"而欣喜，她同样认为"中间阶层最具德才"——在这里，"才盛者昌"。[9]

约瑟夫·普利斯特利致言伯明翰的教友："感谢上帝，让我生而成为一名不从国教者，免遭使人声名败坏的国教之桎梏，并且没有在牛津、剑桥接受过教育。"[10] 一股新兴的反抗"现存世界"的自豪之情渐趋明朗——这世界包含所有那些非凡的大人物，从地方行政官、富豪到上院议员：霍尔克罗夫特尖锐指出："所谓的王国贵族都是些什么货色？""不过是一些从童年的最初时光开始便在堕落中接受教育，在偏见中成长的人，并且每日都呼吸着他最初便吸入的污浊空气。"[11] 同时，这些正义之士，怀揣愤慨，勇敢地为社会弱势群体的利益奔走呼喊——他们甚至像彭斯一样，为一只胆怯的小老鼠掉泪。由此，他们诠释了自己的信条："社会——有教养的社会——总是错误的，那些勇敢地行动起来反抗他们的人，总是正确的。"[12] 1688年后的英国，曾因公正和自由而得到进步派的支持，但批判精神使新一代的行动者具有不同的正直性和更激进的能量。

总而言之，后期启蒙运动猛烈抨击"旧有的腐败"，即由贵族资本主义、土地和商业权势、头衔和财富在庞大的寡头国家的支持下形成的错综复杂的关联，这个国家很快被威廉·科贝特戏称为"那个东西"。[13] 官方意识形态纯属欺人之言：批评家指出，自由的守护神——宪制——是虚伪的。这些意在向国家肌体的毒瘤开刀的人认为，政府组织和社会等级仍然是压制性的，只是手段经常是隐秘的。激进的无政府主义者威廉·葛德文扼腕叹息："英格兰的公共特性销声匿迹了。"他重提早期"公民人文主义者"的雄辩豪言："我们生活在一个锱铢必较和商业的国家中。每个人都精于算计……承包商、理事、暴发户——这些依靠吸吮民脂民膏而脑满肠肥之徒——占据了皮姆（Pym）、塞尔登（Selden）、温特沃斯（Wentworth）这样的人曾经的位置。"[14] 这样的言辞或可同样轻易地从严厉责难"精于算计之人"的柏克口中说出。这显示了后期启蒙运动的激进派对商业主义的仇恨程度，丝毫不亚于任何主张家长式统治的反对者。如若他们有丝毫共同之处，那就是柏克、葛德文、威尔伯福斯都厌恶上层社会的道德败坏。[15]

越来越多的人加入批评的队伍，他们自外于现存的权力机器，颂扬着独立。在《词典》前言中，来自米德兰、靠个人奋斗成功的塞缪尔·约翰逊对"不依靠任何大人物的赞助"，独立完成皇皇巨著引以为荣，他对成立一所英语学院的建议置若罔闻，因为他"从不希望看到依赖滋长"。[16] 在流传下来的休谟最早的一封书信中（1727年7月4日写给迈克尔·拉姆齐），他便响亮喊出"鄙弃任何形式的依赖"：事实上，一位"完全自主的人"是幸运的。[17] 对斯密而言，亦是如此，迫切需要之物是"最高度的自主"。他教导学生："没有什么能比依赖更能使心灵腐朽、孱弱、声名败坏"；[18] 他的学生约翰·米勒也对"求知若渴的心灵的独立"褒奖有加。[19] 在范妮·伯尼的戏剧《才女》（The

Witlings, 1779）中，一个角色呼喊："哦！依赖，是多么悲哀啊！"[20] 为批驳法国大革命，早年曾是激进分子的圣公会会吏长佩利可能会称赞"顺从和依赖是神圣的精神"。[21] 但对于启蒙运动这头公牛来说，它不啻于一块红布：玛丽·海斯在她的激进女性主义小说《艾玛·考特尼回忆录》（1796）中，借一位主人公之口宣称："独立，是启蒙理性的第一课，是这样一条原则——仅凭其自身，人就可以成其所能成。"[22]

18 世纪最后 30 年，对政治压迫、社会腐化和贵族阶层道德沦丧的攻击与责难渐入高潮。在新教徒根据己意解释圣经的权利和"信徒皆为祭司"所带来的世俗化浪潮中，中间阶层学者对诚实和诚恳大加赞赏。[23] 新的严肃的道德观大力要求严格与艰难的自省。对一些人而言，真理栖息于心田，虔诚的心灵固若金汤，可抵御一切诱惑；[24] 对另一些人而言，明晰的头脑和自我控制必须作为坚堡守护正直。无论哪一个，都能让正直的大卫杀死傲慢的哥利亚。

小说提供了攻击腐化的主要载体。18 世纪 80、90 年代，愤怒的感伤小说聚焦家庭冲突和代际争斗，用夸张方式描述了劳工、仆人、女儿、佃户等受压迫的悲惨故事，嘲弄贵族特权与傲慢。并且，尤其是女性的著作，向双重标准发难。美德在茅屋中诞生，腐败在宫廷中滋长。伊丽莎白·英奇博尔德（Elizabeth Inchbald）的《自然和艺术》（*Nature and Art*）讲述了一对表兄弟的故事。其中一人生于豪奢之家，在溺爱中长大，在堕落中毁灭。另一人天缘巧合流落到一个热带荒岛，被高贵的野蛮人抚养。用诚实的土著来衬托腐败的权贵，朴素的乡村女孩被邪恶的乡绅诱拐，通过这样的主题，英奇博尔德表明了当时流行的道德观：正直是至高的美德，堕落是最令人发指的恶。[25] 像许多人一样，她渲染了舒适的中产阶级家庭生活。

托马斯·霍尔克罗夫特是《休·特雷弗历险记》（*The Adventures of Hugh Trevor*, 1794）的作者，另著有大量的讽刺小说，他是另一位投入这种说教模式的小说家。他是鞋匠的儿子，先后做过马夫、鞋匠、织袜工、流浪者、教师、剧作家、翻译等，生活的风霜雪雨使他变得激进。他贴近下层，并创作了大量戏剧、小说、散文、评论、传记、历史著作、游记和译作，以这些作品不知疲倦地致力于新哲学观大众化的工作。启蒙运动的环境论减轻了他对严酷与腐化的嫌恶："人们受他们生活在其中的制度的有害影响，变得自私和堕落……他们并非青睐卑劣，而是身不由己。"[26]

据其好友威廉·赫顿（William Hutton）回忆，英格兰中部造纸商罗伯特·贝奇（Robert Bage）"几乎不能称为一个基督徒"，这个英国月光社的边缘分子，创作了一系列善意的讽刺小说，其中充满了与后期启蒙运动精神相似的信息。小说老套的故事情节含有道德审判的意味：男女主人公必须证明自己配得上对方，其证明方式不像浪漫主义叙事惯用的那样，靠精神的激情，而是靠正直、无私、对社会的贡献等更为理性的考验。[27] 在《赫姆斯普朗，又名非本真的人》（*Hermsprong: or Man as He is Not*）中，一位德裔青年、法国大革命的拥护者、潘恩的读者，偶然来到康沃尔郡的小乡村，并挽救了克罗恩斯戴尔勋爵女儿的性命，勋爵是贝奇塑造的老套的反派角色，是一位堕落的暴虐之人。他有多重化身：买卖议会中自治市镇代表席位的人、地主、父亲。赫姆斯普朗爱上了他女儿，然而，他受到无可指摘的政治正确性的鼓舞，感到自当义不容辞教导她改正自己的不足之处。而她则执意要尽自己做女儿的义务，受制于传统和偏见，于是，他拒绝与她结婚。[28] 通过考验心灵和头脑，现状被发现显然无法达到后期启蒙运动的道德主义的沉重标准。

一个新的政治激进主义也出现了。它由18世纪60年代抗议行政权滥用的"威尔克斯与自由"（Wilkes and Literty）运动触发，[29] 由权利法案支持者协会（Society of the Supporters of the Bill of Rights, 1769）来施行，其领导人包括伦敦市议员约翰·索布里奇（John Sawbridge，凯瑟琳·麦考莱的父亲），以及牧师约翰·霍恩（John Horne），后来以霍恩·图克（Horne Tooke）之名为人所知。[30] 协会提出将被强加于议员候选人的十一点计划，包括反行贿受贿法、"人们在议会中得到平等和完全的代表"、议会一年一选、在批准给政府的拨款前先行解决申冤、从下院中驱除津贴领取人和禄虫、关注爱尔兰问题、将"基本的征税权"归还美洲人——这些要求成为激进运动的支柱。[31]

美国《独立宣言》（The Declaration of Independence, 1776）和美国独立战争对英国激进运动意义重大，因为"启蒙的"英国扮演了新的、还不习惯的旧制度压迫者的角色。而启蒙运动的理想已在那个新的共和国中得以实现。美洲的诱惑力由来已久，洛克评价道："太初有美洲。"[32] 而乔治·贝克莱也宣称：

> 帝国大业踏上西进征途；
> 前四幕俱成往事，
> 第五幕将随白昼结束这出剧，
> 时代的最高贵后裔，是那最晚出现的。[33]

美国开始被视为未来——法裔作者赫克托·圣约翰·德·克雷夫科尔对美国人的称呼"新人类"，就很能说明问题。[34] 理查德·普莱斯的《论公民自由本质》（1776）销量惊人，达到6万份。该书支持殖民地居民的自治权，将他们的国家描绘为公民真正享有旧大陆居民梦寐以求的个人和公民自由的新国家。他宣称："我由衷欣慰的是能够目睹推崇普遍自由权的革命在美国发生——这一革命开启了人类历史的新纪元，开辟了探究人类事务的新视域。"[35] 杰里米·边沁也对新诞生的美国称羡不绝，认为它"如果不是现今地球上最开明的国家，那也是其中之一"；[36] 威廉·布莱克（William Blake）在史诗《美利坚：一

403 个预言》(*America: A Prophecy*, 1793)中写道,虎鲸,革命之精神,从大洋浮出,宣告了一个帝国的终结:"英格兰国王展眼西望,战栗不已。"[37]

与此同时,1780 年成立的宪制信息促进协会(the Society for Promoting Constitutional Information)为政治变革大造舆论,积极的活动者包括理性的不从国教者,以及约翰·杰布(John Jebb),无所不在的托马斯·戴,约翰·卡特莱特少校(John Cartwright)这样的杰出改革者。四年前,卡特莱特在他的《做出你的选择》(*Take Your Choice*)中,初步创制了激进纲领的蓝图:议会一年一选,给予成年男性普选权,不记名投票,同等代表权,议员有薪。半个世纪以来,他发表演说,创作小册子,不辞劳,不言倦,为改革而奔走号呼,1792 年,他帮助创建了"人民之友"(Friends of the People),1812 年,他协助成立了汉普登俱乐部(Hampden Club)。至 1782 年,逐渐壮大的宪制信息促进协会认可了另一激进派别威斯敏斯特协会(Westminster Association)所青睐的激进计划,后者成员包括威廉·琼斯爵士和霍恩·图克,二者都是语文学家。激进的辉格党人里士满公爵(Duke of Richmond)在 1782 年的一次晚宴中,为"大宪章""伟大的人民"和"怀抱美国,脚踏专制"而举觞祝酒。然而,在 1785 年皮特的议会改革法案失败后,该组织由于太过激进,未获取广泛支持,但法国大革命的爆发重新唤起了它启蒙正在兴起的一代人的努力。[38]

该时代启蒙激进分子的典型代表是苏格兰人詹姆斯·伯格(James Burgh)。他 18 世纪 40 年代定居于伦敦,从此开始献身于改革理想主义。[39] 他敦促要对"情操与风尚"进行彻底的变革,在早期著作中,他建议成立一个正直贵族的全国大联合。接着,在 18 世纪 60 年代早期,他教导年轻的乔治三世如何净化威斯敏斯特的污秽腐败之所,团结全国人民。这位"巴比伦的道德学家"开始带有政治色彩,在更具平民色彩的 18 世纪 70 年代,他建议成立"恢复宪法全国联合会"。

秉持着真正的独立辉格党人的精神,他在著作《政治研究》(*Political Disquisitions*, 1774—1775)中,重新采用了经典共同体作家的论调,支持公共自由,抨击贵族,哀叹国民堕落,敦促由宪法对暴政和腐败进行遏制。他早期有关奢侈使人萎靡的批评此时升级为对国民大灾难的预言:"一千万民众不会无所作为,坐待罪恶的集团埋葬他们的自由权。"⁴⁰

伯格的修辞源自圣经。⁴¹"对那些不虔不敬地假装你在尘世的代理人的邪恶之徒,宣示你至高无上的统治权吧,"他向上帝控诉,"来吧!让你的闪电照亮世界!"⁴² 然而,在政治上,他越来越表达出新的自由主义的价值观和惯用语。就像斯密谴责垄断和贵族的挥霍浪费,普利斯特利追求"发挥能力的自由空间"一样,伯格开始为所有人要求"建立功名的平等机会"。公正与机会平等成为这些圈子中人们情绪高涨地不断重复的话题。富兰克林和普利斯特利的推崇者、不从国教的牧师大卫·威廉姆斯(David Williams)宣称:"正如跑马场上的马儿那样,所有人应当以相同的有利条件从相同的位置出发,之后的一切全靠个人能力与长处了。"⁴³ 葛德文同样赞赏一种任人唯才的生活竞赛:"我们公平地开始,使每个人获取的源自社会制度的优势与荣耀与他的聪明才智及发挥成正比。"⁴⁴ 自由主义是后期启蒙运动的产儿。

政治改革家与迫切要求拓展宗教自由的人士有着共同的事业。长老会非国教徒中出现了向索齐尼主义或一位论发展的倾向,⁴⁵ 同时国教会中的理性主义者对《三十九条信纲》的专横愈加不满。他们的灵感来自埃德蒙·劳(Edmund Law)。他是彼得豪斯学院的院长以及剑桥神学的自由转向中的首要天才。他的学生弗朗西斯·布莱克本(Francis Blackburne)是约克郡里士满的教区长,他的信念得自一位"杰出的平信徒老绅士",后者曾告诉布莱克本:"年轻人,进入剑桥的首本必读之书,应该是洛克的《政府论》。"⁴⁶ 秉承坚定的政治和宗教自由精神,布莱克本在他的《忏悔录》(*The Confessional*, 1766)中认为：圣经，且唯有圣经，才是新教徒的信仰之本，因此，除了要求公开声明经文是上帝之语，教会无权索取任何其他承认义务。无论如何，《三十九条信纲》在神学理论上是不可信的，强制承认滋生不虔敬。

卡特里克教区牧师西奥菲勒斯·林赛（Theophilus Lindsey）等具有索齐尼主义倾向的国教会教徒发动了要求废除承认义务、改《信纲》的运动。在伦敦的羽毛酒馆（Feathers Tavern）举行的一次集会，导致与会者在1772年向议会递交了请愿。请愿内容包括布莱克本主张的废除承认义务，代之以对圣经的虔诚表白的建议，遭到议会拒绝后，林赛和他的女婿约翰·迪斯尼（John Disney）脱离了教会。时隔不久，在谢尔本伯爵、格拉夫顿公爵（Duke of Grafton）等要人的支持下，林赛在离斯特兰德大街不远的艾塞克斯大街，创建了英格兰第一所指定的一位论派教堂，在这些高官显爵的赞助下，一位论派成为英国土地上的一支力量；至1800年，有将近200所该派小教堂涌现。[47]

林赛的同道人有约翰·杰布，他是劳的学生，在彼得豪斯学院教授数学和希腊文新约。杰布致力于剑桥文学士荣誉学位考试的改革，建议一年一考核。他逐渐倾向于一位论，同样参与签署了"羽毛酒馆请愿书"，随后辞去了教职，开始从医。[48]"现在已经众所周知的是，"他宣称：

> 在基督位格问题上，多数有思想的教士倾向于阿里乌斯和索齐尼的假说。亚大纳西的观点虽然被诸次统一法令立于正统，但现在几乎已经被所有圣经读者揭穿。[49]

毫无疑问，这只是他的一厢情愿，然而仍然是那一时代的符号。

与国教会内部的自由化潮流同时发生的，是不信奉国教团体的激进化，后者产生了更重要的结果。在威廉和玛丽统治下，不从国教者获得了祷告自由，但并未取得平等的公民权。随后的数十年，许多不从国教者从神学的探索灵魂转向更理性、更具政治色彩的立场；随着历史命运感越来越强，他们逐渐显露身手。大卫·威廉姆斯在1777年告知他的不从国教的教友们：

> 你的存在取决于你以往不从国教的原因——追寻更正统的教义、更圣洁的信仰与祷告——的改变。不从国教的合理的、正当的唯一理由，只能是不可分割的、普遍的个人评断权、不受制约地进行探寻的必要性，以及论辩关于知识、伦理、宗教的所有话题的自由，这或可被称为**心智自由权**，这才应该是不从国教的普遍原因。[50]

在那个"动荡的年代"实践着"智识自由"，理性的不从国教者受到一位论的吸引，这是启蒙模式新教中的佼佼者，它的主要人物即是约瑟夫·普利斯特利。[51]

博学的普利斯特利似乎是手拈妙笔而生——他一生笔耕不辍，著作汗牛充栋，洋洋洒洒达26卷之多，一直到临终前他还在改订校样，这对他几乎是难以避免的。[52] 在捍卫探究的自由上，无人能与他比肩，这自由被当作一名理性的基督徒不断进步的一生的根本理由。1791年，他在哈克尼学院（Hackney Academy）呼吁：

> 使我们的年轻人向着那新的光芒生长，这光芒现在几乎从各处迸发出来，支持着人们的公民权。让每一颗年轻的心灵扩展自我，乘风直上，并且参与那光荣的热情活动，其伟大目标是繁荣科学、艺术、制造业和商业，消除战争，连同这些战争带给人类的灾难，以及废除所有无用的差别对待，那是野蛮时代的产物。[53]

在英国发展史独特的弧线上，普利斯特利居于拱顶位置，然而，他却被大多数研究启蒙运动的史学家所忽视了。

他1733年出生于约克郡一个贫穷的布料加工者之家，幼年丧母，他由富裕的姑母抚养长大。姑母是长老会信徒，但从不盲信，她家的大门总是为当地不从国教的牧师敞开，即使是那些"因坚持异端邪说而令人厌恶之人……如果在她看来，是善良诚实的，也不会被拒之门外"。[54]

普利斯特利少年时已经感受到一种全然的加尔文宗信徒的恐惧："相信世人的得救必须依靠一名经圣灵直接介入而诞生的新生儿，"他回忆道，"同时我却无力使自己确信我经历过任何此类事情，为此，我时常有一种莫可名状的思想上的忧虑。"[55]这些不快以及加尔文宗的"阴郁"驱使他"独特地感受到宗教理性原则的价值"[56]——因为，毕竟，姑母家的异端茶客已经向他显示了"诚实善良的人"可以正当地为自身思考。[57]

普利斯特利注定要成为一名长老派牧师，他在16岁之前，一直在文法学校接受教育，后来开始了他自己的对迦勒底人、古叙利亚语、阿拉伯语以及现代语言、数学、物理、哲学的研究。19岁进入达文特里学院，这是一所具有自由倾向的机构，他对此经历一直非常珍视。1787年，在一封致威廉·皮特的公开信中，他写道："你们的大学恰似一潭死水，而我们的（即非国教徒学院）就像诸条自由奔流的大河，滋润了整个国家。"[58]普利斯特利声称，不像死板的牛津与剑桥，这些非国教徒学院的教育方法鼓励自由探究。他在那种自由交流的环境里如鱼得水，成为一位不折不扣的好争论者。他的一个学生回忆道："对于那些对他传达出的观点的最强烈反对，他从未表现出一丝一毫的不悦。"[59]

在达文特里学院，普利斯特利偶然发现大卫·哈特利的《对人的观察》(*Observation on Man*, 1749)，该书以"联想的法则"解释心灵的运转，这种说法使普利斯特利颇为折服。哈特利的哲学简单明晰，满足了普利斯特利简单实用的洛克主义倾向:没有令人费解的"官能"或"先天本能",只有概念和它们的前因后果。而且,哈特利暗示了教育就是一切,进步是无止境的。借助指出人通过学习可臻至完善,联想主义使对教育与进步两者的信仰获得了正当性。[60] 尤其是,虔诚的哈特利对自由意志和身心二元性的拒斥让普利斯特利相信他可以同时成为一名预定论者、唯物主义者和基督徒:"与哈特利博士相比,休谟简直微不足道。"[61] 休谟的保守政治思想,就像他轻率的不信教一样,令普利斯特利厌恶。[62] 相反,哈特利诚挚的美德和信仰,则是出于内心。安东尼·柯林斯的《人的自由与必然性之哲学探究》(*Philosophical Inquiry concerning Human Liberty and Necessity*, 1714)已经削弱了他对自由意志的信仰,而哈特利现在为他提供了一个替代品。他是哈特利的终身信徒:1775 年他缩编出版了《哈特利的基于联想原则的人类思想理论之考察》(1775),15 年后,出版了柯林斯的《人的自由之哲学探究》的新版本。[63]

1755 年,22 岁的普利斯特利迎来了他的第一次公开讲经,地点在萨福克郡尼达姆市场。结果并未成功——他说话有口吃,并且他的非正统的阿里乌斯派神学理论激怒了会众。他搬到了柴郡的南特威奇,在那里创建了一所学校,采买了科学仪器,包括一个"发电机"和气汞,不久,1761 年,普利斯特利成为沃灵顿一所不从国教学院的"语言学导师",该学院很快将成为最卓越的不从国教者高等学府。在那里,他对全世界发表了自己对考证、语法、历史、法律的看法,他的《人物传记图表》(1765)、《新历史图表》(1769)成为广受欢迎的教程。[64] 这位博学者从来没有气馁过:他是自学成才的律师,1769 年发表了《对布莱克斯通〈英国法释义〉的一点看法》(*A Few Remarks on Blackstone's Commentaries*, 1769),公然反对英国最博学的法学家,这位口吃者甚至写了一本《批评和演讲术教程》(1777),[65] 晦涩难解,其专业性也令人怀疑。

在游访伦敦时，普利斯特利与科学家、哲学家广泛交友，比如著名的本杰明·富兰克林，以及不从国教的牧师、精算师、统计学家理查德·普莱斯。[66] 与前者的交流使他出版了《电的历史与现状，附独创性试验》（1767），该文试图立足于科学来理解电。[67] 他不无得意地宣称，他对电的研究首次以实验方法证明了"电的吸引与万有引力受制于同一种法则，即距离的平方"。[68] 该文亦涵盖了他对科学方法的看法。作为一个培根式的注重事实经验的人，这位思想无拘无束的好争论者并非对理论弃之不顾，只是有些教条。"一个长期系附于心仪的假说的哲人，有时不会那么容易被最平实的事实证据说服而认定它是伪说。"[69]

1767年，普利斯特利受邀来到利兹的密尔希尔（Mill Hill）布道。会众普遍感觉与他的宗教立场意气相投。他早已经摈弃正统的三位一体论与赎罪论。[70] 现在，这位简单坦率的启蒙斗士从阿里乌斯主义转向了索齐尼主义，不仅否认基督与圣父"同质"，而且否认基督的神性。弥赛亚只是"如同我们一样的人"，"一位上帝拣选的人"，既非永无过失，也非圣洁无瑕——"就像一块面包，或上帝的其他造物一样。"其大胆的索齐尼主义将基督崇拜斥为"盲目"——的确是神学理论上的彻底摧毁！——而三位一体论在他看来，和圣餐变体论一样荒谬。[71] 普利斯特利1769年创办《神学集锦》（Theological Repository），这是第一本公开宣称致力于自由的宗教探究的杂志。[72]

普利斯特利后来的神学著作，特别是《基督教腐化史》（1782）和《关于耶稣基督的早期看法史》（1786），试图论证索齐尼主义与福音书彼此相符。[73] 然而这注定是一场徒劳，认可者百无其一，他不禁扼腕叹息："大部分与我熟识的哲人，皆因我与基督教的联系而嘲笑我，而大部分基督徒则视我为异己。"[74] 的确，不信教的吉本告诉他要坚持研究"那些能带来真正、有用的改良的科学"[75]，而基督徒绝不喜欢接受一个拒斥原罪、三位一体论与赎罪论的唯物主义预定论者。约翰·卫斯理认为"他是基督教最危险的敌人之一";而普利斯特利在一份匿名的《致基督教信仰者的吁请书》(Appeal to the Professors of Christianity, 1770)中进行了回击,表达了对"宗教热情"的厌恶,[76] 而卫理公会派信徒则在他们的赞美诗中夸耀着他们对基督的爱:

> 三位一体的上帝啊!
> 请您伸出手,
> 驱逐那一位论的魔鬼
> 将他的邪说,
> 送回地狱。[77]

然而,攻击让普利斯特利英勇无畏,因为他看到上帝之手无所不在。他在《哲学必要性学说例证》(1777)中阐释道:"即便是迫害者,也只是给受迫害者提供了受拯救的优先权,并促使其在磨炼中变得更为完美。"[78] 上帝的意志便是这样起着积极性作用。1795年,普利斯特利痛失幼子,随后,他表达了一种信念:"感觉到自己的性格有了某种基础,一种优良的上部构造此后或可在此之上产生。"[79] 即使是死者也注定带来提升。

不过,普利斯特利在利兹时并未把全副精力都用于对神学理论的去神秘化工作。1772年,他发表了一部光学史,[80] 后来,他投入化学研究中,他的第一部化学出版物带有典型的实用主义倾向,说明了怎样制作代替进口矿泉水的人造苏打水。他的《对各种不同气体所做的实验以及观察》(1774),论述了"不同种类气体"的问题或空气的组成要素,增加了关于他所称的"脱燃素气体"(即今天的"氧气")的知识,虽然他并不同意这个称谓和其背后的拉瓦锡理论。[81] 科学使普利斯特利在国内十分知名,1771年,约瑟夫·班克斯推荐他在库克的第二次太平洋探险中任"科学观察者"。但是他的神学异端越发让其声名狼藉,使班克斯的提议不了了之。但是,第二年,谢尔本伯爵请他担任"图书馆管理员和文学伴读",这份工作他一直做到1780年移居伯明翰。

1774年,普利斯特利出版了他第一部哲学著作:《对里德博士按常识原理探究人类心灵、贝蒂博士论真理的本质和永恒性、奥斯瓦德博士为了宗教而诉诸常识的考察》。因虔诚地将目标对准休谟,里德和其他苏格兰常识哲学家的思想或许会得到普利斯特利的赞许。[82] 但他是哈特利的忠实信徒,并因为哈特利的影响,而对洛克的"观念方法"深信不疑。而这些苏格兰学者则对洛克的这种思想产生怀疑,在其中探查出休谟式罪恶的根源。普利斯特利断言,里德的探究纯属"机敏的诡辩"。而针对长老会牧师、哲学家詹姆斯·奥斯瓦尔德(James Oswald),他评论道:"这实在莫名其妙,不可理解——对于所有通过洛克先生了解此类知识的基本原理的人而言,奥斯瓦尔德的作品所激发的唯一一种感情,只能是鄙视。"[83] 他们用"如此多的不相关的、武断的、得自本能的原理(光是列举它们就使人不胜其烦)"代替了洛克和哈特利的科学的观念理论。普利斯特利认为,常识哲学是反启蒙主义的。[84] "常识"事实上不过是神秘化的委婉说法,是深入研究的路障。所有他们所谓的"本能"真理——例如,对"外在的世界"的信念——可以通过一个清晰易懂的原则从经验中获得,那就是联想。

在普利斯特利版本的哈特利著作中,前者提出了"整个人类是由一些相同的组成部分构成的,拥有感知是如大脑那样的有机结构的产物"。[85] 这一唯物主义观点无疑引发了思想界的轩然大波。普利斯特利抗议道:"所有报纸都给我贴上了不信上帝启示的标签,这无异于斥责我为无神论者。"[86] 然而,他决心要证明这一说法的谬误,无论从宗教上,还是从哲学角度。

在普利斯特利的《关于物质与精神的探究》(*Disquisitions Relating to Matter and Spirit*, 1777)中,他在神学理论上承认,唯物主义一直被认为与永生不灭相冲突。然而,人并非"自然而然"地永生,而是上帝选择了复活他,主要是肉体的复活——而精神的复活是因为它包含于肉体中。哲学上的反唯物主义主要是基于这样一种不足信的观念,即物质是无活动能力的、不可进入的、纯质的。[87]因此,物质与精神力量并非是绝对不相容的,人们有足够的理由拒斥认为物质与精神相互排斥的传统信条。因为二元论者(在这一点上,他与教皇主义一致)永远无法解释二者如何可能相互作用。

1777年,普利斯特利在《哲学必要性学说的例证》中,引用了大量柯林斯与哈特利的观点来反对自由意志。[88]普利斯特利认为自由意志在神学上是错误的,因为它排除了天意;它是形而上学的空话,因为它使行动变得不可理解;它在道德上令人反感,因为它使道德选择变得随心所欲。在这场理论争锋中,他的好友理查德·普莱斯却成为他势均力敌的对手,他们的通信以《唯物主义与哲学必要性学说的自由争论》(1778)之名发表,被当作真诚坦率的榜样。普莱斯认为基督教宣扬了自由意志,后者本身就能为道德责任提供根基;普利斯特利排斥这种观点,认为这过于武断、非理性,且反天意,"我们没有理由相信一个人可以移动自身,即他可以毫无动机地想要做什么,就像我们没有理由相信石头可以自己移动一样":只有上帝才拥有这种力量。[89]对普利斯特利而言,诸如"卑鄙"、"应受谴责"这类词语应该摈弃;应该说个人行为是出于善的动机或恶的动机,动机不同,该行为的社会后果便不同,或增进社会幸福,或损害它。对"奖惩"进行巧妙的社会操控可以提高道德水平和法律持久性。

普利斯特利的政治思想也折射出同样的道德功利主义。他毫不关心高层政治,对"任何党派的话语"嗤之以鼻;他真正关注的是自由。

但他作为一名不从国教者的经历在这里使他变得激进了，对自由可以在一般的社会政治土壤中生根发芽越发难以相信。[90]

普利斯特利早期曾在《论政府的首要原则》（1768）中区分了两种不同类型的自由，即公民自由与政治自由。[91] 前者指"国民自身享有的不受任何公职人员侵害的对自身行动的权力"；后者是"担任地方行政长官的权利"——即选举和担任公职。[92] 二者之中，公民自由是基础（他坚持主张的两大自由——宗教和教育——根植其上）。相反，有关政治领导的问题，则比较务实——谁最不可能被权力腐化？"成员（即任何国家的成员的大多数）的利益与幸福是一项伟大标准，所有与那一国家相关的问题最终都必将依这一标准进行评判。"（读到此处，边沁"高呼'我找到了'，仿佛陷入内心的狂喜"）[93] 对于很多在传统上认为属于其职权范围的事，政府不应再予以干涉，若现存秩序毁灭了大多数人的幸福或公民自由，应准许民众反抗。在宽容的问题上，普利斯特利比洛克激进得多，他支持"在宗教事务上不受限制的自由"——对于罗马天主教徒和无神论者给予像对待非国教徒那样的"完全的宽容"。[94]

直到 18 世纪 60 年代，虽然普利斯特利一直在捍卫少数派利益，但那时的他仍然对宪制感到相当满意；他轻蔑地称国教是"一群为暂时的利益驱使，济济于名利的世俗之徒"的联合，但并未迫切要求废除国教。然而，此后，他所写的捍卫不从国教者的小册子变得越发尖锐。[95] 1785 年，在《论当下英国的自由探究状态》中，他将不从国教者描述为"正在谬误和迷信这所老朽的建筑下一点点堆积火药，只需一粒火星，便可瞬间爆炸"——因此，人们戏谑地称他"火药乔"。[96]

1780 年，普利斯特利定居伯明翰，然后加入月亮社。由于生活在新兴的工业核心地带，他逐渐对中部地区工厂主的放任自由态度产生了温和的同情。接着他抨击济贫法，在他看来，济贫法"贬低了人性……挫败了上帝临降于他的意志……将他降格于野兽不如的境地"。⁹⁷虽然，他提醒人们对由中央控制立法保持警惕，在社会法纪方面，普利斯特利秉持严苛态度。他认为，死刑、单独监禁、减食都是有效实用的威慑手段；既然惩罚的意义在于防范，那么本质上来说，宁可使无辜者受罪，也不能让罪犯漏网。

法国大革命对他后期的政治思想产生了至关重要的影响：随着英国人的观点变得强硬，普利斯特利变得越发激进。这在他的《致埃德蒙·柏克的信，因他的〈法国革命论〉而发》以及同一年发表的匿名之作《关于政府普遍原则的政治对话》中清晰可见，⁹⁸他不再认为英国的宪制是最好的，而认为国教会现在恰似"长在基督教这株高贵植物上的真菌"。⁹⁹他摒弃了认为最高主权存在于国王、下议院与上议院的平衡中的观点，提出"我们唯一正当的最高统治者，是议会"。¹⁰⁰世袭爵位与国王是封建残余，在"商业与工业精神盛行时"定会被扫荡一空。¹⁰¹这位长久以来的"宗教上的一位论，但政治上的三位一体论者"现在转变成完全的政治和宗教上的一位论者："在每个国家中，就如同在每个人体内一样，都应只有一种意志"，¹⁰²那就是人民的意志：改革下议院，此后"其他任何改革便易如反掌了"。¹⁰³在《致皮特的信》（1787）中，他公开谴责首相没能通过废除《宣誓法案》来解除对不从国教者的束缚，指责首相对主教们卑躬屈膝，这些主教们"只能以最善妒、最心虚、睚眦必报的面目出现在所有历史书写中"。¹⁰⁴这些刺激性的评论惹怒了许多人，使他树敌颇多。

1791年7月14日，为纪念巴士底狱革命风暴，"革命之友"在伯明翰举办晚宴，普利斯特利本人没有参加。一群暴徒在当局的纵容下，高呼"该死的普利斯特利"，捣毁了伯明翰不从国教者会堂，此后还捣毁了普利斯特利的家、图书馆和科学实验室。法国则不失时机地为他提供了一个国民议会的荣誉议席，但这并不能使他在母国更受欢迎，尤其是在1793年法国宣战后。故而，普利斯特利翌年移居美国宾夕法尼亚的诺森伯兰。然而，在美国，民众对一位论也心存猜忌，普斯特利的布道并未赢得固定的教堂会众。他的确做过一系列索齐尼主义的布道，以《有关天启宗教证据的讲演录》（1794—1799）为名发表。[105] 普利斯特利在新大陆同样遭遇了政治不宽容，这使他警醒（并发现虔诚的追随者不易得），他以一贯的直言不讳，告诉东道主："美国人比大多数欧洲人更缺少美德和知识。"[106]

普利斯特利西行前，详细阐释了"基督复临"：《欧洲当前状态和古代预言之比较》（1794）阐明了他的信条，"圣经上预言的大灾难时代即将来临"。在研究了《但以理书》的预言之后，他断言，基督将于二十年内降临人世："启示录中的大怪兽的十只角即隐喻了欧洲的十个戴王冠的头颅，"他解释道，"法国国王被处决便意味着第一个角的掉落"，而纳尔逊的胜利则证实了《以赛亚书》的预言。在牛顿的时代，孜孜专注于预言书是十分不合时宜的事情。[107]

普利斯特利无畏、活力十足、直言不讳，体现了极端朴素之人的启蒙运动：真理简单纯粹，向所有人开放。他对自然权利的投入与他的功利主义相一致，并且二者都服务于高于一切的目标：改善。他那宣扬摆脱国家暴政、教士和迷信的自由主义，伴随着一种对新机构的赞同认可——工厂、监狱、学校——意味要进行指导与规训。在与对权力的神秘化的斗争中，唯物主义描绘了一种美好未来，科学将为人们带来幸福。[108] 最重要的是精神自主："自由探索会引起基督教自身的灭亡吗，"他反思道，

> 它应该不会由于这一缘故遭到终止；只有假设这信仰是名副其实的，我们才能希冀基督教会盛行于世；倘若基督教果真在自由探究的强大影响力下走向终结，那么这结果一定是由于它名不副实。[109]

此类观点是不从国教者在政治上追求坦率与公正的典型：假以公平的机会，真理定会凯旋，自由带来启蒙，启蒙鼓动着人类。[110] 天启论者普利斯特利同样自信的是，在冲突中一致终将出现。他在1787年写道："总有一天，自由探讨的氛围会带来理性与持久的一致。因为，毋庸置疑，真理会战胜一切。"[111]

改革的呼声呈现不同的形式和姿态，它们或表达不同，或重点相异，但都有很多共同之处。杰里米·边沁堪称后期启蒙运动改革者中思想最具系统性的激进者。他出奇的高寿，将毕生心血倾注于改革，尤其是法律改革（这一领域"一团漆黑"）。此外，他还致力于以功利的评判标准为指导来改革国家。[112]

边沁是一个托利党律师的儿子，从威斯敏斯特学校毕业后，1760年，他以12岁的幼龄考入牛津大学。毕业时，他进入林肯律师学院学习，然而，时隔不久，便又回到母校，聆听著名法学教授威廉·布莱克斯通的讲座。在1776年这一"重大之年"，边沁匿名发表了首部作品《政府片论》，文中批判了这位法学家对英国宪法与习惯法的赞歌。[113] 虽然只引起了一时的兴趣，但精辟、才智横溢的《政府片论》却为边沁的系统思想奠定了基调，因为其中阐发的功利原则驱动着所有他日后的理论化工作：

> 自然将人类置于苦和乐两大最高主宰之下，只有这两者决定我们应当做什么，将会做什么。它们的王座系缚着两物：其一，是非准则，其二，因果之链。我们所言、所做、所思都受它支配：我们为摆脱我们的屈从而做的所有努力，结果只会显示并确认这屈从。一个人可能在言语上假装发誓永远离开它们的绝对统治，但在现实中，他将始终俯首称臣。功利原则接受这种臣服，将其视为整个体系的基石，此体系之宗旨在于用理性与法律来打造幸

福的大厦,只有那些沉溺于感觉而非理智,用随心所欲代替理性,用黑暗代替光明的体系才试图对此质疑。[114]

在接下来的半个世纪里,边沁进一步阐释了这些典型的启蒙观点,将探寻的目光投向法律和权力的阴暗幽深之处,他的基本原则从未动摇。

社会的合理目标是其成员的幸福,促进该目的的达成亦是立法者职责所在。[115] 幸福在于使个人快乐最大化,痛苦最小化。政府应保证所有人的幸福,每个人都同样重要,无论他是平民还是贵族。保障最大多数人的幸福,应将赋予个人自由和行政手段结合起来。国家政策的基本原则是保障个人与财产安全。同等重要的是相同的对待和机会。在其他条件不变的情况下,平等使公共幸福最大化。因为所有人都有相似的能力去体验快乐与幸福;倘若平等缺失,那么每一单位的额外财富带来的就是收益递减。然而,由于人的才能、勤劳程度等存在差异,绝对的平等是非自然的。没收财产也不是使功利或快乐最大化的有效手段,因为倘若个人财产处于危险状态,会给失去财产的人带来巨大的痛苦,在社群中散播恐慌。毕竟,安全受损,便是泯灭了期冀这一连接现在与未来的想象之链。故而,安全是首要目标,虽然不平等的总额将随着时间的推移而削减。

将服务于人民的政府,行为应透明、可被人们理解。公众监督可保护国民免遭暴政侵害。政府必须建立一种使利益协调、用法律保证利益与义务相结合的机制。法律必须涵盖动机——因此建立"意愿的逻辑",全面分析并归类这些"行动之缘起"是至关重要的。[116] 制裁可产生欢乐与痛苦,它诱导人们按特定方式来行动——制裁有五种类型:身体上的、政治的、道德的(或大众的)、宗教的和同情心的。只有政治制裁直接掌握在统治者手中,但政府可以支配某些间接的劝导手段,譬如公共舆论。

政府应操控制裁机制,提供促使个人选择最适宜行动的法律和惩罚框架。尽管所有人可能都知道自己的利益所在,仍有一些未受教育者眼界短浅,如孩童,他们抓住一切机会偷盗、挥霍,置前途于不顾。因而,教育、规训和法律是必须的。法律作为社会控制的主要手段,必须具有可认知性且广为人知;所有人必须明了违背法律一定会被发现并受到惩罚。

边沁是真正的启蒙运动之子,他相信权力通过神秘化使自身位置稳固。专制君主、教会、贵族、行会——它们都营造了服务自身的神话:神圣权利、古老的制度、神学、仪式、先例。尤其可憎的是律师对传统所施的暴政的膜拜:"啊!何时才能摆脱习惯之轭——习惯,这盲目无理性的暴君,其他暴君皆受制于它——啊!何时才能挣脱这种使痛苦永久存在的枷锁?——何时理性才能登上王位?"[117]

权力必须经受仔细审视,虚构之物须被揭露。然而,快乐-痛苦关联是真实的,因为它建立在人性的基础上。最大多数人的最大幸福是检验是非的唯一科学准则。其他所有标准(习俗、契约、荣誉、神意等)归根结底,要么是功利的变体,要么是欺人的无稽之谈;就连人权也是毫无意义的废话。[118] 每一种社会安排须依结果进行评判——它产生幸福的趋势。因此,在制定法律时,政治家务必把倾向、目的考虑在内。[119]

这就是为何边沁认为动机分析如此重要。实质上,所有的制裁都可化约为物质上的制裁,即对可计算的快乐的期盼,对有形痛苦的畏惧。快乐或痛苦产生的票面价值,随其强度、持久性、确定性、接近性、增值力(紧接着产生同类感觉的可能)、纯洁性(不会紧接着产生相反感觉的可能)的变化而变化。[120] 制定科学的法律,必须以深刻理解人的动机为基础。

边沁尊崇所有权威的启蒙运动主人公,尤其是培根:"要有光,"边沁高呼,"这是上帝之言——要有实验,则出自他所创造的最富智慧的天才之口。"[121] 洛克与爱尔维修亦是他的偶像:"没有洛克与爱尔维修的著作，一部法律汇编便不可能完成。"因为两人都展示了文字的魔力。¹²² 他的哲学激进主义显然蕴含了主要的启蒙运动价值观。

像从洛克到霍恩·图克的其他人一样，边沁憎恶含混的语言，为改变这一缺陷，他创造了一套新的政治和法律辞典。颇具讽刺意味的是，他对精确的追求导致大量晦涩的新词出现以及语言的唯我论，无怪乎威廉·哈兹利特打趣说边沁的著作应该翻译成英文。¹²³

此外，边沁还是位无畏的唯物主义者，他不相信精神有超越物质的所谓优越性——"快乐的数量都是一样的，图钉游戏与诗歌一样好"——并且，他没有背离基督教人文主义者对感官享乐主义的憎恶。¹²⁴ 任何事物都可用票面价值来衡量。边沁对自己死后遗体的处理体现了他的唯物主义倾向——这一问题引发了争议。¹²⁵ 边沁早年要求，"如果他死于疾病"，那么他的尸体可以解剖，用于医学研究，以"促进外科手术和医学的发展"。后来，他又研究了防腐技术，发表了《自我肖像，又名为生者进一步利用死者》（*Auto-Icon; or, Farther Uses of the Dead to the Living*, 1831）。该文认为，以"自我肖像"的方式，伟人的人体标本应该展览，用以启迪众人，而且其制作成本要低于雕塑。¹²⁶

边沁是位坚定的个人主义者。幸福是个人的目标；每个人最清楚自己的幸福所在；倘若其他因素不变，政府或社会干预得越少越好。他推崇亚当·斯密的自由放任经济学说，信任市场对利益的自然调节。虽然，怀疑自然权利理论（夸张做作的无稽之谈），但他得出与普利斯特利类似的结论，即个人自由至高无上，并且正如已经谈论过的那样，他寻求放宽规制性行为的法律。¹²⁷

边沁憎恶特权，痛恨各种基督教会。他认为有组织的宗教是专制的，神学理论是妄言。1777年，他宣称："一个读过《圣经》后便喜爱上《亚大纳西信经》的人，绝对是个低能儿。"¹²⁸ 45年后，《不是保罗而是耶稣》出版，边沁以由来已久的自然神论的腔调，论证了这位使徒是骗子，[129] 与此同时，边沁公然抨击了"冷酷、自私，充斥着牧师、律师、地主、乡绅和士兵的英格兰"。[130]

边沁主义是一种卓越的行动哲学；除了济贫法（见第十六章），边沁主要还致力于监狱改革，这是当时公众关注的焦点问题。正如第九章论述的那样，英国刑罚体系已经成为众矢之的：法规汇编、法官的判决，以及诸如颈手枷之类的惩罚毫无理性可言——正义是残暴与怜悯的怪诞组合。刑法典的苛刻产生了相反的结果，尤其是就它的恣意专断而言。监狱成了"邪恶的学校"。[131] 改革者呼吁，必须以一致性取代混乱，通过心理赏罚来加强身体惩罚。

作为对批评的回应，现代监狱在该世纪晚期开始被设计出来，它的拥护者，就像劳动救济所和精神病院的倡导者们一样，展示了对用高墙来拯救人们的炽热信念。旧式监狱被攻击为疾病与邪恶的渊薮，新式模范监狱——高效、纪律严明、负责、经济节约——被吹捧为解决犯罪问题的正确道路。改革者认为，长期监禁最终会带来真正的惩罚，因为它剥夺了人类最美好的权利：自由。因此，它可以起到威慑作用。正是出于这一原因，人们将不敢犯罪。鉴于传统的肉刑和死刑殊为残暴，经过仔细校准的、为特定目的建造的、科学管理的新型监狱机制可以用"适度的痛苦手段"代替反复无常、残忍和堕落，将犯人塑造为新人。[132]

一些改革者，特别是宗教上的福音派人士，如乔纳斯·汉韦和约翰·霍华德（John Howard），将希望寄托在"隔离制度"上，该制度将犯人单独监禁，强迫他们静默隔离。传统的犯人亚文化群将由此被摧毁，犯罪性将不再具有传染性，独自反思将使心灵产生变化。

边沁认可许多此类观点，但不是全部。他通过"圆形监狱"这一建筑上的得意之作阐发了自己的观点："一种获取心灵支配心灵的力量的新形式，其力量之大是前所未见的。"这一建筑的基本结构是圆形或多边形，囚室环绕着分布在圆周上。中间是长廊和守卫室，作为中央

421 监视区域。从这里，监狱管理者可以实施持续的监视，同时使这一监视保持隐蔽。高科技建筑手段使其成为可能。柱子、拱门、长廊、楼梯都是由铸铁制造，重量轻、体积小，并且成本或许比石头和砖块要低，此外，铸铁不会腐坏，而且防火。建筑广泛使用玻璃，天窗以及每个牢房的两个大窗户都是玻璃材质。带有中央监控室（蛛网中心的蜘蛛）的独特监狱设计能够保证监控者完全观察到每一间囚室里罪犯的一举一动，意在通过完全的监视，获得绝对控制与管制。[133]

圆形监狱的管理方法同样重要。罪犯将从事高强度劳动——通过惩罚措施弥补其罪行造成的损失，并逐步培养纪律观念。[134]一位囚犯每天坐着从事劳动长达十四小时，进食两餐共用一个半小时，早餐半个小时，晚餐一个小时：一分一秒都不能浪费。囚犯持续处于监视之下。这一方案——"将游手好闲的无赖打磨成诚实正直者的工厂"——体现了功利主义的简单原则："改进道德—增强体质—促进勤奋—散播训导—减轻公众负担—促进经济稳定—解开而非斩断济贫法带来的戈尔迪乌姆之结——一切都是通过这一建筑上的简单观念实现的。"[135]

在监狱管理上，边沁服从三个功利主义评判标准：宽宏大量（不得损害囚犯身体或生命）；严厉（犯人的境遇不得高于赤贫者）；经济（节省空间，节约至上）。[136]通过这三个原则，实现了人道主义和高效并行不悖。[137]

边沁自认为他的新科学具有如神般的力量。他沉吟道："杰里米·边沁，雄心壮志者中最具雄心的那个人，他的帝国——那个他热切渴望的帝国——能拓展到所有地方，容纳所有人类……在未来的任何时间。"[138]他终生对支配着迷，以使其服务于功利最大化的事业。"倘若能找寻到方法，掌控在一定量的人群中可能发生的每一件事，"他沉思道：

422 如果可以处置他们周身的一切事情，以在他们身上产生想要的影响，如果可以确定他们的行为，他们的联系，以及他们生活的所有环境，以使没有什么不在掌握之中，没有什么可以产生事与愿违的结果，那么毫无疑问，这种手段可以成为非常强大、有用的工具，政府可将其用于诸多极具重要性的目标。"[139]

边沁不仅仅梦想扮演上帝的角色，他还将功利主义发展成为世俗宗教。他写道："有一天晚上，我梦到自己成为一个教派的创始人，当然是一位神圣的、举足轻重的大人物，它被称作功利主义派。"[140] 在这一点上，他是完全正确的。与英国启蒙运动激流中的其他人物不同，他有可靠的、忠诚的信徒：塞缪尔·罗米利（Samuel Romilly）忙于法律改革，特别是减少死刑法令的运动；[141] 边沁的秘书（并是他的圣保罗）詹姆斯·密尔（James Mill）是一位出身低微的苏格兰人，此人非常痛恨贵族腐败，他在一种民主方向上发展了边沁的政治思想；[142] 像边沁一样，他的学生、工匠出身的弗朗西斯·普莱斯是一位极端的无神论者、生育控制论者，在他的帮助下，边沁的《不是保罗而是耶稣》（1823）顺利出版。[143]

然而，功利主义并非边沁的专利，这一思想的来源毕竟有很多，包括牧师约翰·盖伊、弗朗西斯·哈奇森和约瑟夫·普利斯特利。神学上的功利主义者的主要代表人物是威廉·佩利。[144] 他的首部著作《伦理与政治哲学的原则》（1785）注定要成为剑桥大学的必读书目，该书阐发了前1789年时代里引人注目的神学激进主义。该书认为，奴隶制是"令人厌恶的暴虐"；财产不平等本身就是一种罪恶；"认为富有的人养活了他的仆人、送货人、佃户和工人是颠倒黑白之说，事实上，后者养活了前者"。佩利认为，应该"给予所有的不从国教者以完全的宽容"，效忠宣誓"应当允许在国王的愚蠢与错误使反抗对社会有益时，反抗国王"。特别是他引用了鸽子的寓言，嘲弄了"自相矛盾的、非自然的"财富分配，一百只鸽子中的九十九只把他们取得的所有东西堆在一起，留给"那个鸽群中最弱小，兴许是最糟糕的鸽子"。¹⁴⁵ 这位剑桥的神学家言论如此犀利，难怪在1802年，《反雅各宾评论》"毫不犹豫地断言"：在这本书里，"意志最坚定的雅各宾主义者也许能找到他的信念的正当性，以及对他行为的批准"。¹⁴⁶

"第二次启蒙运动"决然地同意承担早前对于自由、宽容、宪制的承诺。然而，它的驱动力来自对社会阴暗面的揭露抨击，而不是对英国政治社会秩序的成功之处进行讴歌，并且它迫切要求完成尚未实现的承诺。曼彻斯特棉制品生产商、政治活动家、不信国教的托马斯·沃克（Thomas Walker）很好地总结了"启蒙中的启蒙"的抱负和追求：

> （我们不追求）财富与私有财产的平等……改革之友坚持的平等是**权利平等**……每一个人平等地拥有受社会保护、分享社会成果的权利；在选举立法者时，能平等地发声……每个人有平等的机会发挥自己的才干和天赋。规则并不是"让所有的人类永远平等"——上帝和自然也不允许。而是"在生活的**竞争**中，让所有人站在同一起跑线上"。¹⁴⁷

在18世纪七八十年代司空见惯的这些观点，在各阶层拥有广泛的支持者。然而，到沃克写文章的1794年，这些论点就变得有争议了。

第十九章　进步

自然是循环的，而人类是向前进步的。

——爱德华·扬[1]

所有讨论人类行为的上乘之作，实际上都在讲述思想的进步。

——托马斯·霍尔克罗夫特[2]

我们活着就是为了改善。

——安妮·瓦特[3]

没有人自诩能给人类在农业与制造业领域早晚将取得的进步设定边界……在有益的发明方面，我们仅仅开了个头并刚刚步入门廊，这样的说法难道不是比认为我们已达致最远点自然、理性得多吗？

——乔赛亚·塔克[4]

让我们为哲学与贸易的成功而干杯。

——伊拉斯谟斯·达尔文[5]

随着启蒙活动者站上改良时代的波峰，他们在一首情绪越发高亢的大合唱中高歌：历史是进步的。[6]玛丽·沃斯通克拉夫特有言："卢梭倾力证明一切在开始时曾经是好的，一批作家们则认为此时一切是好的,而我则要说,一切将会是好的。"⁷ 视野被固定于未来——然而,未来,不再是基督教的世界末日,而是一个与此时此地相关的端点。的确,启蒙运动催生了科幻小说与未来幻想小说——例如,塞缪尔·马登(Samuel Madden)的《20世纪回忆录》(*Memoirs of the Twentieth Century*, 1733),以及无名氏的《乔治六世时代,1900—1925》(*The Reign of George VI, 1900—1925*, 1763),后者在时间安排上并未偏差太多。⁸

进步的味道到处弥漫,国教徒埃德蒙·劳对"世界整体不断改善"深信不疑,苏格兰人约翰·米勒认为,"人与其他动物最大区别就是人类拥有改进他的官能的神奇能力"。⁹ 受理性的不从国教者刺激,理查德·普莱斯问道:

> 在本世纪初,谁会料到,短短几年内,人类将有这样的力量,使闪电的可怕力量臣服于己意,利用借助空气静升力的装置飞上天空……许多类似的发明仍有待涌现……(倘若俗世政府不从中作梗)这样一种期望或许不算太过分:改善的进程不会停歇,直到地球上所有罪恶被扫除一空,它回复到——依摩西历史的记载——先于目前状态的天堂般生活。¹⁰

甚至连提出"人口论"的马尔萨斯也以对智力荣光的称颂抵消了他的人口学的悲观论调,称赞"近年来在自然哲学方面取得的伟大而意外的发现……盛行的热忱且得到释放的探寻精神"。¹¹ 自我改善成为这一切的要旨。约翰·艾金在《父亲给儿子的信》(1796)中强调人如何是"可改善的生物"(把矛头对准柏克),对于"反对改善的雄辩言论"以及"反对派的轻蔑态度",他极力辩驳,强调"在公民机制中,完善是可实现的"。¹²

诚然,后期启蒙运动对进步的崇信是世俗的神正论——进步是启蒙运动的鸦片——但是,作为极端虔诚的神话创造的一部分,"一切将会是好的"并不像早前莱布尼茨主义者"一切都是最好的安排"的乐观主义那般自鸣得意。沃斯通克拉夫特解释道,世界尚未臻于完美:通过批评、改革、教育、知识、科学、勤勉,以及十足的活力来使之完善是人类的职责。蓄势待发的知识革命将使一切改观:大卫·哈特利宣称,进步在世俗方面的"第二因"是"知识在所有等级与阶层之间,在所有国家、家族、语言、民族之间广泛传播",这进步"无法被停止,而是永远加速度前进"。[13] 并且,所有这些对未来的乐观主义,对祖先对"禁忌知识"的恐惧的抛弃,被这样一种信念所鼓舞:在哈特利、普莱斯、普利斯特利等人看来,神的意志即"第一因",保障了这些发展,[14] 或者就像自然神论者伊拉斯谟斯·达尔文所认为的,社会进步因生物学上的普遍进化得到保证。

进步是"改善"(improvement)的普遍化,它是乔治时代的终极时髦语。公众被新奇攫住了眼球。景观、园艺、制造品、礼仪、品位、艺术与文学——都在不断重复着一个词:"改善"。广告商们将"最新潮"的引入裁缝和烹饪的优雅之中,将"现代方法"引入商业,并且经典文学也针对大众进行了现代化。对此,有些人并不赞成——斯威夫特等讽刺小说家嘲笑他们为了新奇而新奇——并且,正因为这样,必须不停地使公众确信改变真正地富有教益、启迪美德、有利于社会。[15]

吉本是从本质上对轻率的信条持怀疑态度的人,他设法处理并减轻了传统上人们对过去与现在的重重疑虑。如公民人文主义者惧怕的那样,摧毁罗马的大灾难会在"这个启蒙的时代"重现吗?不会:他在《罗马帝国衰亡史》中劝慰道,因为永不停歇的改善,便是"慰藉与希冀的伟大源泉"。从荒蛮时代开始,人类"逐渐掌握了驯养动物,肥沃土壤,横渡海洋,丈量天空"。无疑,这些进步没有规律,伴随着"光明与黑暗的交替变迁",然而,"四千年来,人类积累的实践经验应扩展了我们的希望"——因为技术薪火相传，没有人会"重回最初的荒蛮"。故而，归根结底，人们会"默认这样一种令人愉悦的结论：人类的财富、快乐、知识，或许还有美德，在每一时代都在不断增长，且会继续增长下去"。而且，进步没有可预见到的边界，因为成果一旦取得，便不可逆转。吉本的长文《西罗马帝国灭亡之考察》使其《罗马帝国衰亡史》上半部分圆满结尾，文中阐述了任何新的"哥特人"入侵者想要成功，就需要首先吸取现代成果，不仅限于军事技术："他们必须摆脱落后野蛮状态，然后才能成功征服。"[16] 简言之，至 1800 年，进步成为一种"大观念"，开始变为麦考莱在"思想的进军"中所提出的辉格党原则的万能药或者鬼火（*ignis fatuus*）——由此被启蒙运动的后进托马斯·洛夫·皮科克进行了夸张的讽刺模仿。[17]

正如第六章强调的，科学与积极知识是乐观主义的主要发生器。随着时间的推移，科学文化的传播更广更快，在社会中向下渗透，并传播至地方。[18] 尽管皇家学会仍然是英国地位较高的科学学会，首都有更多团体涌现，著名的有伦敦林奈学会（Linnean Society of London, 1788）和皇家科学研究院（Royal Institution, 1799）。爱丁堡皇家学会成立于 1783 年，它的爱尔兰翻版即爱尔兰皇家学院，成立于 1785 年，在英格兰地区，科学、不从国教、政治改革主义在伯明翰的月亮社以及曼彻斯特、纽卡斯尔和其他商业和工业中心的类似的组织中实现了力量联合。科学不仅被称赞为对于实用是不可或缺的，对于文明进程同样如此。一位论教派牧师威廉·特纳在泰恩河畔纽卡斯尔成立了一个文学和哲学学会，他对该学会的文化意义的强调不亚于它的实践价值：这些学会岂不是"增加了社交带来的快乐和优点"？[19] 曼彻斯特的重要人物托马斯·亨利，宣称探索自然哲学比流连于"酒馆、赌桌、妓院"要好得多。[20] 为了将这种对于科学的态度变为理性文化，曼彻斯特文学与哲学协会于 1781 年成立了，协会早期的发起人有当地医生、工厂主，荣誉会员包括达尔文、普利斯特利和乔赛亚·韦奇伍德。

这些体现了启蒙对科学的信仰的组织中最活跃的是月亮社。它集中了西米德兰兹的志趣相投的贤达人士。尽管在18世纪初，伯明翰只是个名不见经传的小集镇，但它短时间内迅速崛起，到1760年，已有3万居民。马修·博尔顿（Matthew Boulton）的索霍工厂成为具有国际声誉的机床厂。威廉·赫顿后来撰写了该城市的爱国史，他发现伯明翰的精神气质是他在别的地方从未见过的："以前，我身边到处是沉于大梦中的人，现在，我看到人类觉醒了。"[21]

从1765年开始，一群朋友——一流的工厂主、科学家、教育家、不从国教的牧师和医生——开始在每月的月圆之日，聚集在博尔顿家，讨论科学技术上的革新，以及在它们推动下正形成的新的工业秩序。它宣称："月亮社成员的联系以及他们的活动，显示了他们正在有意识地塑造自己的世界，从容不迫地持续致力于解决正处于工业化中的英国的这样一些问题，它们与古典的和谐以及奥古斯都时期的平衡并不相容，从某种程度上而言，这和谐与平衡也是18世纪英国的特质。"——或者，更简单地说，"牛顿们与洛克们的国家变成了博尔顿们与瓦特们的国家"。[22]

"改善"这一标签，亦经常适用于土地的利用，成为资本主义化的农场经营，尤其是圈地运动的代名词。第十三章中讨论的农业中的进取精神与科学的联系愈加紧密。在他的长达600页的巨著《植物学》（1800）的导言中，伊拉斯谟斯·达尔文不无遗憾地说："农学与园艺学……仍然只是技艺，由众多离散的事实、模糊的观点组成，缺乏真正的理论来整合。"[23] 这一现状必须改变。根据政治经济学理论，只有变得全然理性且高效有序，这些领域才能真正进步。他坚持道："没有土地和它供养的畜群这两种财产，畜牧业便不存在，"

> 并且为了发明技艺，生产必要的农业工具，必须有一些人劳

心，其他人劳力；一部分人的努力将比另一部分人的取得更大的成功，这必然会产生社会阶层之间的不平等。[24]

随着资本主义农业以这样的方式被视为理性的，农牧业开始采用制造业的管理方式，罗伯特·贝克韦尔（Robert Bakewell）的肥羊供应，就如同牛顿的棱镜一样，成为启蒙运动的标志。[25] 兰开夏郡的畜牧业者明确地将羊牛猪当作产肉机器饲养，他们进行选种以便使鲜肉产出最大化，骨骼与无用部分缩减到最小，动物们由此变成了机器。[26]

正如上例显示的那样，虽然农业进步被广为称颂——的确，阿瑟·扬有言：农业"是最伟大的产业"[27]——时下得到最热烈称颂的是进步的另一分支：制造业。进步人士在技术性工作的传统意义上表达了他们对工业的迷恋，提升了"工具制造者"这一形象：

> 工业，你力量强大，这些都是拜你所赐，
> 你的工人依旧流汗辛劳；
> 然而你是所有高雅艺术、所有温良恭谦之生活的仁慈源泉：
> 你养育了整个人类！[28]

1744 年，詹姆斯·托马森如此高唱道。

鲁滨逊·克鲁索满怀绝望地发现自己身陷困境："我浑身湿透，没有蔽体之衣，没吃没喝；我也看不到任何希望，只能饿死，或成为野兽的美餐，葬身兽腹。"然而，解救途径出现了。笛福的主人公在失事船骸中找到了工具和武器：刀和叉，一只铲子，一个锄头，针和线，毛瑟枪，弹药。工具是文明重生的基础："我这辈子之前从来没有和工具打过交道；然而，靠着劳动、努力与技巧，我最终发现除了我可以动手制作的东西，尤其是如果我有工具，其他什么我都不想要。"[29]

技术革新在更广阔的前沿凯歌高奏。水轮技术成为实验效率的典范，工程师约翰·斯密顿（John Smeaton）完善了灯塔设计。1758年，"改进版伯明翰车厢"的侧面装饰着"摩擦力消失"几个大字，1801年，理查德·特里维西克（Richard Trevithick）完善了蒸汽动力车辆。最重要的是纺织技术的转变和蒸汽机使动力发生了革命性的变化。工业化加快了速度，生产也在突飞猛进地增长：1780年代年均出口值为900万英镑，到该世纪末，出口值攀升至2200万。铁和钢的出货量在1765—1774年间为16770吨，到1800年几乎达到该数字的两倍。在同一时期，棉花的出口金额从23.6万英镑飞升至537.1万英镑。[30]

在这一令人震惊的变化的黎明，约翰·道尔顿的《叙事诗》（1755）作了很生动的序言。该文的开篇便是对农业的一首赞歌：

> 当我们看到未经开垦的野地有了巨大的改善时，我们看到了这些改善的完成状态，没有看到它们兴起与发展的过程，我们被疑惑与惊异震撼着，看到自然完全变了模样。

但是，接下来，论调陡然改变：

> 然而，无论这种景象带来的愉悦多么巨大与合理，仍无法与一个贸易市镇的非凡增长、诸多遍布房屋与人口的新农庄带来的愉悦气象相比。这便是作者看到怀特黑文的城镇与港口的样貌时的满足感，这种感觉为近三十年来所未有。[31]

作家与艺术家们使初生的工业化变为了一种文化，用饱含赞美之情的笔与颜料描绘了技术的进步。德比郡画家约瑟夫·莱特给当地工业界知名人士作的肖像画表现出了他们所从事的事业的特征：地质学家约翰·怀特赫斯特（John Whitehurst）与地层剖面一起出现在画中，铅矿大亨弗朗西斯·哈特（Francis Hart）手持一大块方铅矿石，工厂主理查德·阿克赖特旁边是一台纺织机的模型——他在克劳姆福德的棉纺厂也吸引了画家的注意。[32]

制造业对启蒙思想的吸引是多方面的。技术因为居于新奇事物的最前沿，成为报纸的头条。马修·博尔顿十分确定地告诉詹姆斯·瓦特："伦敦、曼彻斯特、伯明翰的居民为蒸汽磨而疯狂。"[33] 工业也成为受规训的理性的典型范例。陶艺商乔赛亚·韦奇伍德本人就是一位实验主义者，他的目的是"确保人这台机器不会出错"，为此，他引入了考勤制，以确保他的工人准时工作。[34] 1783 年，他为西米德兰兹郡取得的显著进步而欢呼：

> 工业和机器带来了这些令人欣喜的变化。得到良好引导的长时期辛勤奋斗如此改变了我们国家的旧貌，使其变得更好，房屋、土地、公路，以及居民的举止风度也是如此。[35]

换言之，商业带来的不仅是财富，还有幸福。

鼓吹者宣称，制造业催生了一批新型偶像，他们主要是"工业领导者"，被当作白手起家的典范到处传诵。他们投资工厂、锻造间、铸造厂，将所获利润再次投资，统筹生产能力，招募、培训、配置劳动力，评估市场动向和机遇。早在塞缪尔·斯迈尔斯（Samuel Smiles）之前很久，工业家们就被吹捧成了民族英雄。安娜·巴鲍德富含教育意义的《家中的夜晚》（1794—1798）中有一个儿童故事，赞美了理查德·阿克赖特取得名声和财富的过程。在故事中，父亲用一种近乎渎神的启蒙话语告诉孩子："这就是实业家们所能做的。在这里，人就是一类创造者，并与伟大的造物主相似，他可以用自己的产品来取悦自己并说这产品不错。"故事中的父亲带领孩子们参观一家工厂，并坚称这一切是如何有趣："对于一个有教养的人来说，观看图钉制作比其他时髦消遣有意思得多。"36

企业家被誉为现代活力的榜样。詹姆斯·博斯威尔访问索霍工厂时回忆道："我永远都不会忘记博尔顿先生对我说的话。他说'在这里，我出售的是全世界都渴望获得的东西——力量'。他的工厂有700名工人，他就像一个部落的酋长。"37 工业被誉为可被用来化剑为犁，以和平竞争代替战争。这种中心思想与那些致力于揭示从封建社会到商业社会的跃迁的思想家们十分契合。1771 年，乔赛亚·韦奇伍德调查市场前景时说："你真的认为我们能完全征服法国吗？"——这一想法使他"热血沸腾"。38

和博尔顿一样，韦奇伍德是新一代中的卓越代表。他们依凭启蒙思想投身商海。尽管他只接受过些微的正式教育，却显示了对理性坚定不移的信仰。他满怀热情地进行测评、称重、观察、记录和实验：他坚信陶瓷产业的所有问题"都将交由实验解决"。39 他的理性观念逾越了商业领域，扩及宗教上的一位论和政治上的激进主义——他敌视奴隶制，且是美洲的那些移民和法国大革命的忠实支持者。他雄心勃勃，向他的搭档托马斯·本特利宣告："我要立刻让世界震惊！""因为我痛恨做鸡毛蒜皮的小事，你知道。"40 他成为了"普天下的花瓶制造商"，在他离世时，资产达 50 万英镑。

如果商人或许由此扮演了这样一个角色，即英国对开明专制者的回应，罗伯特·欧文就是企业家中的太阳王。他提供了一个将启蒙思想运用至工业帝国的完美例证。欧文生于威尔士中部，他的人生第一份工作是商店跑差，后来从事布料行业，逐渐成为曼彻斯特一家工厂的合伙人。该世纪末，他成为克莱德河沿岸新拉纳克工厂的合伙人和经理。在随后的二十年里，他将兴办实业与推进社会改革结合起来。在他的《新社会观》(*A New View of Society*, 1813) 中——用今天的术语来说，可以称为他的"使命宣言"——欧文敦促要以普遍教育为基础理性地重建社会。他认为,只有去除市场的恣意、任性,根据社会功用来重新组织市场,制造业才能成为幸福的基石。性格可以通过正确的环境影响来塑造。如果说当前的劳工阶层无知愚昧,粗暴并且会犯罪,那么责任必然在于社会。

欧文目睹了发生在自己周围的变化,其中一些变化则要归功于欧文的努力,他为之欢欣鼓舞。"那些三四十年前投身于贸易、制造业和商业的人,如今成为帝国的财富、知识、影响力或人口的非常重要的一部分,"他解释说:

> 在那之前,英国本质上是一个农业国,但是,从那时到现在,国内外贸易急剧增长,以至于使商业的地位提升至在任何一个有如此政治权力和影响力的强国中都前所未有的高度。[41]

然而,在确保长期繁荣和福祉方面,自由放任主义是无效的,市场力量将会导致"最令人痛惜的、最持久的恶",必须存在"立法干预和引导"。[42] 虽然工业化为巨大的人类福利擘画愿景,但是在竞争机制下,一些人暴富,而另一些人则注定贫困。为使工业对社会的潜在有益作用得到发挥,合作是必须的。由于人是环境的产物,在欧文"为整体改善底层民众生活、培养品格而组建的全国性的、吸纳能力良好的、非排他性的体制"中,教育将扮演至关重要的角色:

> 以终身致力于这一问题的经验,我可以毫不犹豫地说,任何一个共同体的成员都可以一步步接受培训,以使他们的生活中不再有懒惰、贫困、罪犯、惩罚,这些现象都是在当今世界盛行的诸多各异体制中的弊病产生的影响。它们都是人们的愚昧无知带来的必然结果。[43]

在他的新拉纳克工厂村,提供学校教育、博物馆等公共设施将帮助培

养工人的幸福感,这是一个在开展中的名副其实的社会实验:

> 通过揭示人类的不同观念、风俗、恶行以及美德产生的根源,[434] 并且其中最好或最坏的如何以数学般的精确性被教给正在兴起的一代人,该实验必定能证实改善道德与宗教准则的特定方式。[44]

欧文设想了"一个预言中的黄金时代……那时,所有的奴隶、囚犯、被束缚的男人、女人,以及儿童和仆人,终获永久的自由,肉体与心灵的压迫永远绝迹"。[45] 作为不信教者,欧文在做这一设想时使用了基督教话语的世俗化表达。这一预言很难得到证实,然而,罗伯特·骚塞还是从这位努力创建人间天堂的先驱者身上看到了他的不同寻常之处。"我不知道别人对新千年有什么看法,"他回忆起听欧文滔滔不绝时的场景:

> 但我知道社会或许能成为一个没有犯罪,没有贫穷,健康状况大大改善,痛苦大为减少(如果还有的话),智慧与幸福以百倍增加的地方,除了愚昧无知,此时没有什么可以阻挡这种社会状态的普遍化。

骚塞注意到,为了克服这一障碍,欧文建立了一座学校、一座博物馆、一座音乐厅和一座舞厅,这反映了这位实业家为工人增加百倍幸福感的热切愿望。欧文就这样成为启蒙思想的逻辑上的"终点和目的",在工业化的方案内想象并实现了广泛的善意控制,显示了对他的"人类机器"的教育和纪律的爱尔维修式关切。[46]

结合了科学与想象、诗歌与社会理论,许多赞美改良的颂歌涌现出来,从桂冠诗人亨利·吉姆斯·派伊(Henry James Pye)的《文雅的发展》(*Progress of Refinement*, 1783)到雪莱1822年去世时未完成的遗作《生命的凯旋》。[47]仿效卢克莱修的《物性论》(*De rerum natura*),理查德·佩恩·奈特写成《公民社会的发展》(1796)。本书分为六卷——"狩猎""畜牧""农耕""艺术、制造业、商业""气候和土壤""政府和征服"——显然,他把启蒙的思辨性人类学变为了韵文,用诗歌演绎了亚当·斯密的社会阶段论:

> 每一个人都会发现自己辛劳的产出超过他自己的需求,
> 无论是奢侈品还是生活必需品;
> 每一种过剩从哪里退出不见,
> 反过来就会有更多有用的东西被发现,
> 人人都把自己所占有的过剩之物自由地给予他人,
> 大家都同等地享受剩余部分。[48]

对进步进行诗人般的预言,最著名、最杰出的代表当数伊拉斯谟斯·达尔文。1731年他出生于诺丁汉附近,是一位"诚恳勤勉"、喜欢古董的律师的儿子。[49]1750年,青年达尔文考入剑桥大学圣约翰学院,随后,像许多人一样,他穿过特威德河,到爱丁堡完成他的医学训练。随后的二十五年,他一直在利奇菲尔德行医。

虽然像普利斯特利一样,达尔文有点口吃,但他精力充沛、热情洋溢,是很有气势的健谈者。他机智、风趣,论锋直指传统习俗和基督教,从而声名渐隆,从18世纪60年代开始,他本人以及他那"不可思议的博学"渐渐被后来发展成月亮社的小圈子所熟悉。他早年的密友马修·博尔顿那时只是一名搭扣制造商,而达尔文则着迷于制造一辆"燃烧战车"的想法;虽然博尔顿对这样的蒸汽车辆的实用性并不信服,但达尔文的热情驱使他开始研究蒸汽机,为他后来与詹姆斯·瓦特的合作铺平了道路。在18世纪60年代晚期,达尔文"最喜爱的朋友"是威廉·斯莫尔（William Small）博士，此人从美国带来一封本杰明·富兰克林的推荐信。但是他与乔赛亚·韦奇伍德也走得很近。韦奇伍德于18世纪60年代成立制陶工厂。在促成英国第一条主干运河即特伦托-默西运河开凿的过程中，精力充沛的韦奇伍德找到了达尔文这位坚定的同盟者，后者帮助他创作宣传小册子，并为这一耗资巨大的工程寻求有影响力的支持。

理查德·洛弗尔·埃奇沃思也加入了达尔文的圈子，他与达尔文一样，热切地渴望发明一台不容易翻倒的蒸汽车辆。二者也都是热心的教育家——达尔文热衷教育的部分缘由是他与让-雅克·卢梭相熟。那时，卢梭在德比郡过着流亡生活。埃奇沃思的《实践教育》（1798）（见第十五章）比达尔文那同样进步的《妇女教育指导方案》（1797）有实际价值得多。[50]

来自格拉斯哥的詹姆斯·瓦特是使用分离冷凝器来改良蒸汽机的先驱。1767年，他初到英格兰，当时这一发明尚处于酝酿之中。他拜访了已经对蒸汽机很热心的达尔文，向他透露了自己的蓝图，二者一拍即合，在后来的岁月中，瓦特常向达尔文寻求鼓励、建议和健康咨询。同一年，达尔文在爱丁堡的老友詹姆斯·凯尔（James Keir）从军队退伍，定居在西布罗姆维奇，他的蒂普顿制碱厂成功地用盐做原料，大规模产出烧碱，促进了工业化学的兴起。

从18世纪60年代晚期开始，这几位密友——博尔顿、达尔文、斯莫尔、韦奇伍德、埃奇沃思、瓦特、凯尔——以及后来的新人（尤其是约瑟夫·普利斯特利，他1780年定居于伯明翰），开始定期聚会，聚会日期逐渐变得有规律，即每月的月圆之夜，以使月光帮助他们照亮回家的路，由此得名月亮社，他们的聚集处即现代科技世界的最中心。

达尔文首先且主要是名医生，行医40多年，他的1400页的巨著《生理学》（1794—1796）在第三版时增加至2000页，实质上是一部医学理论书籍，深受哈特利式的唯物主义神经生理学的影响。[51]虽然行医事务繁忙，达尔文依然将他无穷的精力投入许多其他领域。1771年，他热衷于制作讲话机或者机械声匣；⁵²第二年，他与韦奇伍德以及工程师詹姆斯·布林德利就延长干运河的想法进行了长时间的讨论；他与好友布鲁克·布思比（Brooke Boothby）组建了利奇菲尔德植物学会（Lichfield Botanic Society），该学会及时地翻译了林奈的书籍。他对植物学的兴趣促使他在1778年于利奇菲尔德西部建造了一座植物园，由此带来的灵感使他日后写下了同名诗歌。⁵³

达尔文将艺术与科学、医学、物理学和技术结合在一起，粗壮的他不仅是兴趣极为广泛的人，而且正是启蒙价值观的具体化身。"所有熟知他的人都认为他的仁慈和亲善是最令人印象深刻的特征，"凯尔写道，"他鄙视苦行僧般的禁欲和如此经常地欺骗世人的伪善借口。传递幸福、减少苦难对于他来说是道德品质的唯一标准。"⁵⁴

达尔文的仁慈独立于——事实上还敌视——基督教价值观和动机。从早年开始，他拒斥了基督教，转向自然神论。他宣称："存在更高级的制造了这些美妙生物的本源的存在者（Ens Entium），这是一种数学论证。"但是理性并未给相信第一因便是耶和华提供保证："他以独特的神的意志对万物施加影响，这并非显而易见……自然之光给人类提供了不止一种有关未来的论据。"⁵⁵实际上，他发现基督教万能的上帝十分令人排斥：一个真正慈爱的父亲怎么可能使可怕的疾病降临到无辜的孩子身上呢？⁵⁶达尔文认为关于好猜忌的上帝的说法十分违反常情；他厌恶教会固执于惩罚、罪行和忍受苦难的观点；他的《生理学》将宗教狂热和迷信归于病态，将宗教狂诊断为精神失常症候。⁵⁷像启蒙人士中的其他嘲笑者一样，达尔文对渎神颇感兴趣：例如，他发明讲话机，是为了用"粗俗的口吻"背诵"主祷文、信经和十诫"。⁵⁸

达尔文支持哈特利哲学，是位彻头彻尾的唯物主义者。"达尔文总是说，"虔诚的贵格会信徒希姆潘尼克夫人（Mrs Schimmelpenninck）回忆道：

人是饮食、饮水的动物，是需要睡觉的动物，生活在一个物质世界，这个物质世界为人类提供了渴望的一切。除此之外人还被赋予了认知能力，实际上能够开发这个世界的资源为己所用。这些就是现实。其他一切都微不足道；良知和情感只是想象力臆造的事物。[59]

（有人猜测，达尔文在他的男性好友面前，使用的不是"需要睡觉的动物"这种说法。）

达尔文反基督教的唯物主义塑造了他的人道主义。盲信偏执者喜爱责备，但理性的人倾向于探究和怜悯。听闻一位杀婴的母亲的事情后，他在给朋友的信中用悲悯的口吻写道：

> 那位犯下这一最反自然罪行的母亲，其实非常值得我们同情。她们的教育曾使她如此谦逊、知耻，以致这种人为产生的情感翻覆了自然的本能！她一定经历了难以想象的心灵磨难，多么大的痛苦！……
>
> 因此这一最可怕的罪行的原因是真正的美德、耻辱感或谦逊的过量，这便是人性的境遇！[60]

在政治上，达尔文是位全然的自由主义者。他的书信充溢着对血腥（"我痛恨战争"）、专制和奴隶制的谴责。[61] 有一次，他怒不可遏，对乔赛亚·韦奇伍德说："我刚听说，伯明翰在制造施用于我们这个岛国的奴隶的口套或张口器，倘若事实真是这样的，这些器具应该由下院的一位发言者做亲身演示，应该会有巨大的效果。"[62] 他从一开始就支持法国大革命，1791 年伯明翰骚乱之后，他写信给普利斯特利，强烈谴责宗教狂热者对他的侵害——同时礼貌地建议他不要再做那些唠叨饶人的宗教神学说教，多做些有用的事情，也就是科学实验。"几乎世界上任何时代努力造福人类的伟大心灵，都曾受到他们的迫害，"他在写给普利斯特利的信中，代表德比哲学学会说道：

> 伽利略因为自己的哲学发现被宗教裁判所投入牢房；苏格拉底发现他宣扬"只有一个神"的回报是毒酒一杯；你的敌人，不能以理性在论辩中获胜，便诉诸暴力。[63]

然而，达尔文的政治思想从未具有革命性。他认为，法律、秩序、财产是社会进步的基础因素，而这种进步将在自由市场资本主义与工业化的架构内达成。

达尔文清楚有力地表达了他的诸多思想和观念，发展出了第一个综合性的生物进化理论："这样的猜想会不会过于大胆？即，所有温血动物都由'伟大的第一因'赋予了动物性的、有生命的单一丝状体演进而来。"[64] 虽然有异于其孙查尔斯·达尔文的今天普遍被接受的理论，但伊拉斯谟斯·达尔文的观点在他那个时代的科学中有充分的根据，并宣扬了启蒙运动的核心哲学信条。[65] 他断言，自然的每一处都在变化之中，蝴蝶破茧而出，生物调适自身以适应环境改变——"生活于终年覆盖积雪的纬度的野兔和鹧鸪，在冬季身体会变成白色。"[66] 此外，就像在纯种狗或猫的繁殖中出现的那样，通过"人工的或偶然的培育"，经历了"重大变化"的物种代代延续下去。[67] 人类通过驯养制造人工品种的能力看上去改变了自然的面貌："许多这类体型巨大的生物被繁殖出来，并且，倘若不能称其为新物种，至少也是以一种变种的形式繁殖下去。"[68]

自然因此改变了，对达尔文而言，理解其内在动力学的出发点在于有机物内在固有的能动性："在纤维的每一次收缩中，它的感觉力量，或者精神活力都在消耗。"[69] 有生命的生物对外界环境做出的反应并不是机械的，而是具有自己的内在响应能力[70]：有生命的活体，简言之，就是有能力与环境产生互动的生物。[71]

纤维有力量进行收缩，产生"刺激"；刺激产生"感觉"；而愉快和痛苦让他们产生渴望和厌恶的感觉，产生更高一级的身体控制：自行决断，它构成了生物对愉快与痛苦感觉的反应能力。然而，自行决断不应该与不足信的神学上的自由意志概念相混淆（他吸取了哈特利和普利斯特利的观点进行了阐释），后者无异于源自思维或者理解的随心所欲的行为。[72]

在探索思维的功能时，达尔文论述了自行决断和习惯之间的联系。某一举动的频繁重复构成行为模式；一旦习惯形成，后续的动作就会更少需要思维的有意识运用。钢琴初学者需要全神贯注，而娴熟的钢琴家可以同时顾及其他事情。习惯不会取代自行决断，仅仅使后者上升到更高的水平，可以适应同时完成多种行为的复杂需要。[73]

意志使孤立的行为跃升至行为模式的力量为理解变化提供了一个综合性模型。动物——包括人类——并不是天生就被赋予了性情、能力、倾向和技能。达尔文受到洛克的影响，认为先天观念和它在苏格兰常识哲学里的变体毫无价值。他指出，在对某些特定行为的重复中，习惯形成了，[74]它将随着时间的推移不断修正，使行为本身适应环境压力、机会以及生态位。感官的认可——愉悦或痛苦——使有机体能够学习，并通过学习进步。感官反应经由习惯，转化为自行决断，使所有生物具备了改变和进化的能力。[75]

有机体的另一能力确保这些调适行为能够具有真正复杂的形式——尤其在人类中——这能力就是联想。[76]联想能力——达尔文怀有的是洛克、哈特利和休谟阐释的联想论的经典概念——就像万有引力，[77]对于作为整体的有机体行为所具有的殊为微妙的互动性，它是关键所在。对达尔文而言，情绪的表现——气愤、恐惧、大笑——组成了反应链条的习得性产物，通过模仿的力量，一代又一代地从父母遗传给子女。

联想是达尔文进步观念的关键，也是他的进化论的核心。通过这一机制,行为获得了复杂得多的表达,比如说,产生了美感、同情心,后者形成了人类以及其他群居性动物中的互爱。通过想象,大脑成为经验的储库。[78] 反过来,想象在繁殖中同样也很关键。

围绕生殖和遗传的机制问题,一直存在激烈的争辩。达尔文拒斥"预成论",该理论流行于早期机械论哲学家中,认为胚胎成长不过是一开始就被"赋予了的"微观部分的机械式的扩张;而达尔文则反驳说,子孙后代并不只是先辈的简单复制。[79] 最重要的是,他坚信,在遗传特性向下传递的过程中,心智起到了一部分作用。诸如这类的观点并不鲜见,因为民间风俗和某些医学理论家相信,母亲的想象力有在怀孕时期将想象的内容传达给胚胎的能力——这正是"畸形儿"产生的原因。[80] 达尔文拒斥这类观点,但是他提出了类似的(同样也是有性别歧视的)理论:是男性的想象在孕体中留下烙印。[81] 他由此提出了一种机制,"改善"这一经验的产物凭借这种机制传递给了后代。和他的同时代人拉马克一样,伊拉斯谟斯·达尔文的进化论是奠基于获得性遗传之上的。

达尔文认为有性繁殖对一个物种的未来是有最有益的:更简单的无性繁殖,比如鳞茎植物的繁殖,会导致后代的退化。[82] 不管怎样,性交提供了获得"快乐"的机会,它还有更深层的好处:通过提供将源自心灵或想象力的"观念"传递给下一代的方式,有性生殖在进化上可以是进步的,将上一代的适应性变化传给下一代。[83]

对有生命物体的分析显示了生物有重复、持续、逐渐修正自身的能力,这种修正"部分地源于他们自身的行动,是他们的渴望和厌恶、愉悦和痛苦、刺激或者联想的结果,这些后天获得的构造或习性中的很多被遗传给后代"。[84] 由此,进化论的论证以生命的总体活力为基础,并由它最终确定,使达尔文为进化的整个过程欢呼:

这样的猜想会不会过于大胆?即,所有温血动物都由"伟大的第一因"赋予了动物性的、有生命的单一丝状体演进而来,它们有获得新部分的力量,加入了新的习性,被刺激、感觉、自行决断和联想所导引,并由此获得了通过自身的内在行为持续改善自己的能力,并将这些改善一代代传递,这个世界因此生生不息。[85]

进化论是对创世说的大胆颠覆,达尔文在《生物学》中首先主要从生物医学的角度诠释了进化论,而它对人类和社会的意涵则通过其富含教益的诗歌《自然的殿堂》得到进一步表达,此诗于达尔文去世后的1803年付梓。在诗中,一幅关于变化的庄严的全景画卷被展开了,令人啧啧称奇,从星云的沉聚到现代社会,从蘑菇到专制君主。刺激是生命能量的原动力,它释放了潜在的生命力,使感觉苏醒:

接下来,绵长的神经将它们的银色链条连起,
并且年轻的**感觉**弥漫在脑海中,
热切的情感借由每种新感觉急速飞奔,
使年轻的面颊绯红,使悸动的心充满激情。[86]

感觉转而使对愉悦和痛苦的感知更加敏锐活跃,并触发了自行决断:

从痛苦与欢愉中,**自行决断**迅捷升腾,
抬起粗壮的臂膀,或投出探查的目光。[87]

这些进而产生了联想,唤醒了心灵:

最终,**联想**勃然兴起,
想法连接想法,行动附着行动;

> 由此，在一长串连锁反应中，
> 想象着快乐，并可随意悲伤。[88]

伴随着观念的联想，产生了习惯、模仿、想象和更高级的精神力量，这转而又产生了语言、艺术和科学，爱美之心，以及由同情之心产生的道德和社会力量。通过这些进化过程，人类成为万物之灵——他的卓越并非源自神意或先天的、笛卡尔式的天资，而是因为基本的物质性事实：例如，高度灵巧的双手，使人类得以发展出优秀的自行决断力和理解力。[89]

"整个自然都处于永不停歇的改善状态"，因此生命拥有无限改善的潜能。[90]快速发展的有机物在陆地和海洋中不停歇的彼此竞争也会引发死亡、毁灭，甚至灭绝：

> 从饥饿之人伸出的臂膀上，死亡之光猛然投射下来，
> 这个争斗不断的世界简直是个大屠宰场！[91]

然而，就如同亚当·斯密，达尔文认为竞争法则带来的是纯粹的改善，人口总数的增长不会带来马尔萨斯式的悲苦，而是增加了宇宙中的幸福总值：

> 在全世界大声呼喊，繁衍如何努力求胜，
> 征服了死亡——幸福得以留存；
> 生命如何使人口在每一个地带增长，
> 自然焕然一新，战胜了时间。[92]

达尔文的进化论是英国启蒙运动中关于无限改善的理论的最高峰。[93]

可将在后期启蒙观点中得到隐含或明确表述的，并由达尔文赋予

实际形式的关于人类进步的宏大叙事，同《失乐园》和《人论》中表达的早期观点进行对比。就弥尔顿而言，最重要的是上帝与人的关系——亚当的罪过在于违背了上帝的意志——人类的命运在一种先验启示中得到表达。蒲柏认为人类的境遇被固定在一种神的命定的程度上：

> 他被置于居于中间的狭窄地带，
> 愚昧又聪敏，拙劣又伟大；[94]

蒲柏想象着一种静态的"存在之链"，[95] 他认为人悬在神灵与野兽中间，处于既可笑又可悲的窘境：

> 生就一半是崇高，一半是堕落；
> 是万物的主宰，又受万物侵害；[96]

相反，达尔文立足于进化，描绘了一幅全然乐观主义、自然主义以及现世的画面。人的能力是延及"心智的进步"的生物学和生理学发展的结果。[97] 弥尔顿式的魔鬼和人类堕落是不存在的，蒲柏式的意识和身体的冲突、人类和自然的冲突亦不存在。达尔文从自然的角度，而不是从上帝的角度，来审视人性。他将人提升至前所未有的高度：人类自身就对自然秩序拥有感知。蒲柏将自豪贬低为傲慢，对达尔文以及先于他的休谟而言，自豪和它的凯旋在自然中有其合理根基。蒲柏讽刺人类，达尔文尊崇人类。

达尔文的进化观有强有力的意识形态意涵。他的作品实际上是为工业社会所做的早期全面辩护，通过生物学为其寻找合理依据。[98] 在他的自然主义神正论中，争斗、性选择、竞争都是自然秩序的一部分。然而，在他的思想中，同样重要的是爱、同情、合作——他的诗歌、信件证实了他对暴力、残忍、战争和帝国的痛恨。[99] 他从未将人类仅视作机器,事实上,他努力使人类从"只是一台机器"的污蔑中脱身。他强调人的内在能量与动力,学习的能力和学习的需求,"工具制造者"的发明创造力和调适能力,那是塑造了自身的人。达尔文为机器时代提供了一种对人的解读,而不是把人等同于机器。

进步被证明是启蒙运动的终极信条。它点燃了乐观精神,并指向一个方案:对于更好未来的许诺暴露并凸显了现存社会的弊病。这是一种希望的愿景,关于变革的信条。如果《失乐园》从违抗、罪与罚,或许还有救赎的角度讲述了人类的故事,目的是证明上帝对人类的所作所为的正当性;如果《人论》提供了一个关于人的高深莫测的观点,即认为人虽然在原则上至少有通过自我认识进行改善的能力,但他仍是一个谜,那么,达尔文与他的同侪提出了一种人本观点,指出是人创造了自身——这是一种关于无限可能性的普罗米修斯般的视角。神已变为一切原因的遥远本因;真正起作用的是人类在自然中的行为。神正论这一主导叙事已经世俗化。[100]

第二十章 革命时代:"现代哲学"

人们的主动行为源自他们的观念。

——威廉·葛德文[1]

这就是真理不可抗拒的本性,它所要求的、渴望的,就是自由显现。光明无须铭文标示,便自别于黑暗。

——托马斯·潘恩[2]

光荣革命在英国的民族记忆中熠熠生辉。《诺福克编年史》记载了1788年11月1日在诺威奇举行的纪念光荣革命一百年的欢宴:

> 光荣革命无疑是英国的历史记载中最辉煌、最欢快的重大事件……由此英国成为……欧洲自由和新教信仰的伟大堡垒。由此,英国的农业、制造业、商业发展到了一个高峰,极大增加了共同体的财富。由此,科学、纯文学与社会生活的艺术以这样一种方式得到提升,世界历史中的任何一个时期都无法与之匹敌。[3]

由一位不从国教者主持,一百多位绅士齐聚在城市中心的梅斯海德酒馆里饮酒欢庆,人们为"威廉国王带来的永恒记忆"三次举杯;"辖区的主教"受到热情欢迎,"郡首席治安长官"和"市议员"也是如此。还有更激进的祝酒词:"人民的陛下"和"给奴隶自由"。在离家更近的餐会上,人们为城市监狱里可怜的债务人举行募捐。[4]这一事件捕捉到了英国启蒙运动的核心精神,进步但是不具有煽动性,宗教宽容且足够自信,以至于可以为高级教士以及人民同时举觞祝酒,能够包容国教信徒和不从国教者,并对不幸者表示同情。然而,法国大革命的爆发使这一轻松、宽容的乐观主义没能持续下去。

一开始,英国人对巴士底风暴额手相庆,辉格党领袖查尔斯·詹姆斯·福克斯(Charles James Fox)宣称:"这堪称世界上有史以来最伟大的事情。"伊拉斯谟斯·达尔文欢呼:这是"世界自由的黎明"。他的密友乔赛亚·韦奇伍德在"光荣无比的革命中""雀跃不已"——这一措辞足以表达他的欢欣鼓舞。[5] 有一段时间,气氛很是欢庆,人们戴着"无檐红帽"到处游荡,互相称呼对方"公民"(citoyen)(可与两个世纪后柏林墙倒塌在欧洲引起的反响相比)。华兹华斯的诗行,

> 我看见了,看见了!令人愉悦的自由的凯旋
> 满载着爱国者的各种美德![6]

敏锐地捕捉到了当时的情绪。为分享愉悦之情,1790年,年轻的威廉·华兹华斯横跨英吉利海峡,就在7月14日"那伟大的联盟节"的周年纪念举行前来到法国。后来,在《序曲》中(虽然到那时,这位年少时的激进者改变了他的基调),他回忆道:

> 那时的欧洲充满了激动人心的喜悦,
> 法国立于黄金时代的巅峰,
> 看起来人性获得重生。[7]

站在旧制度的火堆边手舞足蹈很容易,但是大革命也需要放在繁杂庞大的历史背景中来理解。这就是理查德·普莱斯在1789年11月4日为纪念光荣革命致辞时脑海里所想的。[8] 光荣革命被当作保守事件,

流传于英国政治智慧中：立宪主义者坚称，詹姆斯二世实际上"退位了"，合法性的伟大链条从未突然中断。这位牧师博士自己大胆地将其与法国最近发生的事情联系起来，挑战对1688年光荣革命的解读。448 由英国开启的进程，法国正在将其完成：现在警钟为人民权利而鸣响。因此他的结束语的确是激进的警钟："世界上所有的压迫者，战栗吧！"这位瘦弱年老的不从国教者发出了雷鸣般的呼喊：

> 这是个不平凡的时代！我庆幸能活到此时；我几乎可以说出："主，现在就释放你的仆人安然离去，因为我的眼睛已经看见你的救恩。"我亲眼看见知识的传播，破除了迷信和错误——我亲眼看见人的权利比任何时候都要被充分理解；各民族渴望自由，它们看似曾失去了这个想法。——我亲眼目见义愤填膺、坚决的三千万民众，藐视奴役，强烈要求自由，势不可挡……在分享了一场革命的伟大成果之后，我有幸得以见证另外两场同样光荣的革命。[9]

普莱斯朝"压迫者"摇了摇手指，警告道：

> 现在你不能让世界继续蒙在黑暗中了。不要再妄想阻挡光明和自由了。赶紧恢复人类应有的权利；停止虐待吧，趁他们和你被一起摧毁之前。[10]

他还挑战他的同胞：如果他们支持真正的1688年原则，并且是自由的衷心信奉者，他们必须欢迎法国革命。

埃德蒙·柏克接受了挑战。他的《法国革命论》（1790）从没有怀疑过大革命的重要性："有史以来世界上最震撼人心的事情。"但是，作为在18世纪70年代末期为北美的反抗者以及其他自由事业辩护的老牌辉格党人,柏克谴责革命者("最具破坏力的建筑师")为"凶残的哲学家",开始摧毁几个世纪以来勤勤恳恳营造的大厦:"法国完完全全地摧毁了他们的君主政体、教会、贵族、法律、税收、陆军、海军、商业,他们的艺术和制造业。"他们的愤怒是破坏性的愤怒:"骑士时代已经终结,"柏克写道,"诡辩家、经济学家、计算师得了志,欧洲的荣光永远消逝了。"显然,政治不能简化为一门科学。[11]柏克从不限制改革——"不具备某些变革手段的国家也不具备保存自己的手段"[12]——但是,他坚持认为,变化必须在多方同意后逐渐进行。

然而,甚至连柏克的雄辩言辞都不能阻止这一潮流。由激进的技工和小资产阶级组成,由新闻工作者、知识分子和叛逆的绅士领导的政治社团纷纷涌现。民众的呼声变成了要求宪制改革。1792年,伦敦通讯社宣布:"法国人,你们已经自由了,而英国人正在朝向自由奋斗。"[13]次年,通讯社接到的一封信,信中呼吁:"看在上帝的分上,给我们带来启蒙的消息吧。"[14]同样于1792年成立的"人民之友协会"(the Society of Friends of the People)要求议会改革,认为英国不是自由的天堂,而是寡头政治的牢狱:只有1/8的英国男性享有选举权,多数的议员们仅由11000多位投票人选出。[15]

许多人回应了柏克的攻击——《法国革命论》至少收到38份回复,包括玛丽·沃斯通克拉夫特的《为人权辩护》(1790),该文谴责了柏克的"对理性的极端憎恶"。[16]然而,最重要的是托马斯·潘恩,他为人民的事业辩护,反对腐败的当权派及其"走狗"。《人权论》(*Rights of Man*, 1791—1792)抨击了一个最初由"无赖的匪徒"建立的政权,该书直接面向补鞋匠、印刷工、织布工,以及木匠,他们是城市激进主义的灵魂、平民启蒙运动的火炬手。因为潘恩而感到惊恐,T. J. 马蒂亚斯(T. J. Mathias)气愤不平地抱怨:"我们的农民现在在高山、荒野和大路旁阅读《人权论》"[17]——1792年5月,首相皮特颁布了一项反对"煽动性文章"的法令。潘恩谨慎地逃亡了,但留下了他的极具鼓舞性的精神。次年，他的《理性时代》(The Age of Reason)问世，该著作攻击教会，其标题成为激进潮流的标语。他们打算继续充当"专制暴君踢来踢去的皮球吗？"1797年诺尔(Nore)的反叛者的回答铿锵有力："不，理性时代终于扭转了乾坤。"[18]

有些人期盼、有些人恐惧革命的火焰会越过英吉利海峡。雅各宾主义极具煽动性，并且不满的火种遍地可见：急剧的通货膨胀，农民暴乱（尤其发生在圈地上）和令人担忧的工业化。叛乱和暴动一触即发，旧的家长制统治坍塌了，政治上的顺从也随它而去。为从祖辈传承下来的复仇性增添了一件新式武器，一位匿名的诗人警告上流人士：

> 你希望穷人吃糠咽菜，
> 总有一天我们能期待在断头机下看到你的脑袋。

钉在教堂大门上的一则布告则表达了新的情绪："随着你们的宪法倒下，一个共和国建立起来"[19]——现在的宪法是"你们的"，而不是"我们的"。这一新的"他们和我们"情绪被托马斯·沃克(Thomas Walker)敏锐捕捉到。这位曼彻斯特的制造商注意到，民众逐渐认识到，"当多数人过着艰辛悲苦的生活，深陷无知与堕落、痛苦与贫穷的泥潭中时，少数人如何试图永远生活在富足和奢华放纵之中"。[20]

然而，旧秩序仍然未受到决定性的考验。一当法国宣战，国内的激进分子便发现他们自己处于进退两难的境地。恐怖统治分化了许多以前的支持者；[21]在反对外国敌人和普利斯特利这样的国内"叛徒"的"教会与国王"游行中，有产者团结一致，自发的或刻意上演的爱国支持在膨胀。反对"煽动性文章"的公告（1792）中提及了潘恩的危险性，人们把他的模拟像吊了起来。[22]

在1793—1794年的苏格兰大审判中，许多激进派领导人因为出席另外组成的议会而被判处流放,以警示其他地区的激进分子。同时,在英格兰,皮特组建了间谍网,他相信,或声称相信激进社团预示着一种凶兆,即"整个体制的反叛……它存在于有关人权的现代信条之中"。[23] 1794年4月,人身保护法被终止,次月,一场异乎寻常的叛国罪起诉开始了,它针对的是包括霍恩·图克、约翰·塞沃尔(John Thelwall)和托马斯·哈代在内的伦敦激进运动的领导力量。[24] 对政府而言,当年晚些时候这些人的无罪释放被证明是因祸得福,因为他们的殉道本应成为控告皮特施行暴政的证据。[25]

激进浪潮减弱了,而且在1794年之后,经济萧条成了保持反抗继续存在的动因。1795年10月——这是小麦价格飞涨的一年——国王的马车遭到石块袭击,皮特抓住这个机会,进一步巩固了形势,颁布了两个法案:《煽动性集会法案》(Seditious Meetings Act)禁止在未经治安法官同意的情况下举行50人以上的集会,而《叛国活动法案》(Treasonable Practices Act)扩充了有关煽动叛乱言论或行动的法条。作为反对派辉格党残余的领袖,查尔斯·詹姆斯·福克斯(Charles James Fox)反驳道,所有的议会改革者,至少从技术层面说,都很容易遭到流放,而仍处于激进状态的塞缪尔·泰勒·柯勒律治,则预言"专制统治下死水般的宁静将会代替自由的宽容秩序"。[26] 反对言论在1795年被压制住,在危急时刻,公共舆论与政府取得一致,认为英国的当务之急是拯救民族危亡。然而,在爱尔兰,情况却大有不同,在革命的18世纪90年代,政治不满达到了顶峰,通过沃尔夫·托恩(Wolfe Tone)的启发鼓舞以及"联合爱尔兰人"运动,爱尔兰本土抵抗与雅各宾主义结合在了一起——最后被内部的分化和猛烈的镇压所挫败。[27]

革命的威胁消退了,然而,评论家却感觉到旧秩序也在渐次瓦解消失。英国社会正处于混乱中,它已经不再像大多数欧陆国家那样,立基于农业秩序之上。劳动力正在从乡土离开——更确切地说,他们正在被圈地运动以及农业资本主义带来的其他新事物撵出土地。罗伯特·骚塞是一位转向激进的托利党人,他认为"两个因素,也只有这两个因素,能促使农民走向反叛:难以承受的压迫,或宗教狂热"。但是,那种勉强让人感到安慰的设想不再有适用性了:"一位身处制造业中的穷人更易受煽动而反叛:他们在此地没有本地的羁绊……他们对政治世界发生的事情足够熟悉,以至于认为自己是半个政客了。"[28] 英国的统治者必须注意:"如果制造业继续扩张,我相信革命将会不可避免地发生,而且是以最骇人的方式呈现。"[29]

启蒙运动的朋友变成了革命的朋友。伦敦通讯社着手宣传政治知识,以便引发一场"本民族思想中的革命……一个启蒙的民族马上就要自由了"。[30] 启蒙哲学的首要圣人成了托马斯·潘恩。[31]

潘恩生于贵格会教徒之家,他在移居美洲并在《常识》(1776)中为反叛辩护前,曾从事过多种职业——做过裁缝、教师以及税务官。法国革命爆发后,他返回欧洲,在英国点燃了反抗的火焰。《人权论》的第一部分于1791年3月出版,每本卖3先令——足够昂贵——政府希望这可使普通大众难以把此书拿到手。然而,几周之内,在发行此书的伦敦宪制协会(London Constitutional Society)的帮助下,5万册销售一空。[32] 人们恳求潘恩以更便宜的形式出版它,[33] 一年以后问世的《人权论》的第二部分,价格仅为6便士,同时,第一部分又以更便宜的价格再版。[34] 到1793年,据称有20万册在流通中,这一数字令人惊愕——柏克的《法国革命论》的销售量仅为这一数字的1/7。[35]

潘恩慷慨陈词,描绘了一幅有关压迫的阴郁画面:"在所谓的文明国家里,当我们看到老弱之人走向劳动救济所,年轻人走向绞刑架,政府制度一定是出了问题。"谁应对此负责?潘恩认为,是特权:"立法者世袭的观念正如作家可以世袭那样荒唐。"[36] 权力来源于人民,而且必须掌握在人民手中:"死后继续统治带来的虚荣和狂傲,是最荒谬和最无耻的暴政。"[37]

潘恩嘲笑王子和贵族这类词语，认为这是对理性的侮辱，它们依赖于有关世袭传承的谬论："人类不应该继续被灌输这样的观念，即他们不应该思考或阅读。"在津贴、赞助和战争上浪费数以百万计的金钱的专制权力必须终止，代之以"选举、代表"的政府：防止权力滥用的唯一方式是成年男子普选权。

潘恩大胆地预言——君主政体和贵族制将不会"在任何一个欧洲的开明国家延续超过七年"——但是，忠实于他的贵格会教徒色彩，他不赞成流血方式。也不主张严格意义上的平等。"自由的基底像水面一样是持平的"，但是，"可以确定的是财富永远不可能是平等的"，因为人的禀赋和勤奋程度是有差异的。[38]

潘恩与柏克的论争，涉及历史的束缚。柏克认为光荣革命的解决方案，束缚着子孙后代，因而也就否认了民众选择或撤销自己的统治者的权利。然而，潘恩坚持认为，1688年议会恰恰已然做到了这点，而且"就所有情况而论，每一个时期、每一代人在为自身而行动上都必须像他们的先辈那样自由"。"超越死亡的统治"是彻头彻尾的暴政，柏克对"骑士时代"的消逝的哀怨是很荒唐的：他"为美丽的羽毛而惋惜，却忘了奄奄一息的鸟儿"。[39]

人权的起源存在于人类的起源之中：创世。所有历史，尤其是摩西律法——"无论将其奉为圣典还是普通史籍"——都一致"确立了一点，人类具有一致性，我是指所有人都生而平等，享有相同的天赋权利"。[40]公民权奠基于这些权利之上，按照洛克主义的阐释，公民权与公民社会存在的原因一样，即并非所有的天赋权利单靠一己之力便能完好保护。诸如宗教自由等权利在公民社会未被触动；其他一些权利，比如评判的权利、根据自己的情况行事的权利，是属于为获得正义，公民自动让渡的权利。政府的合法性以人民主权为基础。

《人权论》的第二部分从美国革命开始写起，因为新大陆是"政治世界里唯一一个普遍改革原则可以生效的地方"。新大陆居民及信仰的多样性和复杂性催生了一种妥协精神,并且开垦荒野需要合作。当美国政体促进社会繁荣时,欧洲正淹没在"成群结队的穷苦人"中,"政府贪婪的手"伸到了"工业的每一个角落和罅隙中"。[41]

潘恩的源于他的民粹主义的立场看似有自相矛盾之处。他拥护自由主义:人生而自由,根据契约成立的国家"只在社会和文明很难胜任的少数情况下才有必要发挥作用"。换言之,"政府,即使是最完美状态的政府,也只是一种必要的恶",是"丧失清白的标志"。[42]然而,在第二部分的末章,他描绘了充满活力的政府满足民众需求的画面:为25万穷困家庭提供救济,普及初级教育,为14岁以下儿童提供家庭补助,发放养老金和生育津贴、丧葬费,为年轻人举办讲习班,为伦敦穷人提供公共工程建设工作。为了达此目标,潘恩主张削减军费开支,征收累进所得税。他认为,可以自豪说出"我的穷人很快乐"的社会才是真正的文明社会。[43]

《人权论》成为激进者的圣经。它的续作《理性时代》(1794—1796)也同样是一部启蒙文本,它将精英主义的自然神论对神学家和高级教士的批判转化成了民粹派的语言。[44]此书充溢着对《旧约》中残酷和专断的上帝的义愤,他嘲弄《圣经》中的"无法解释的情况",赞赏自然宗教:"所有教导人们向善的宗教都是有益的。"[45]反信经的潘恩说:"我不相信犹太教会、罗马教会、希腊教会、土耳其教会、新教教会或我所知的任何一个教会所宣扬的信经,我自己的思想就是我的教会。"[46]他认为已确立的宗教辱没了理性,《圣经》中充斥着秽语,主教们是暴君的谄媚者,建立教会是为了"恫吓、奴役人们,以及垄断权力和利益"。只要教士骗术的被毁终结了对神秘的兜售,"现时代就将值得被称作理性时代"。[47]潘恩拥抱了启蒙思想中的世界主义——他坚持:"我的祖国,是世界"——他期待这样一个时代,那时"现在这代人在未来看来,就如同新世界的亚当"。[48]作为希望之声,他广受欢迎,在一首世俗的颂歌里,他被赞颂道:

> 上帝保佑伟大的托马斯·潘恩，
>
> 他的《人权论》为每一个灵魂做出了阐释，
>
> 他使盲者看到了
>
> 他们如何被欺蒙与奴役，
>
> 他指明了自由之路，
>
> 从世界的这一端直到那一端。[49]

然而，对于另一些人来说，潘恩则是魔鬼的化身；他的书被禁止传播，销售者将被处以监禁。[50]

18世纪末，许多政治理论纷纷涌现，体现出启蒙思想这样或那样的方面，这些理论通常还利用了基督教、乌托邦或民粹主义等其他传统。从哲学上说，其中最激进的当数葛德文的无政府主义。[51]

威廉·葛德文生于1756年，父亲是不从国教的牧师。葛德文就读于批判思想的温床——霍斯顿非国教徒学院（Hoxton Nonconformist Academy）——后来成为赫特福德郡沃尔的一个不从国教会堂的牧师。开始是卢梭、霍尔巴赫、爱尔维修的书籍，后来是约瑟夫·普利斯特利的学说，使他的加尔文派信仰动摇了。不像"火药乔"，他不愿停在一位论信仰；5年后他辞去了牧师的职位，迅速成为一名无神论者。1783年，27岁的葛德文移居伦敦，在那里度过了他剩余的长时间生活，介入激进政治的同时，他在格拉布街谋生——事实上，1789年，他出现在理查德·普莱斯的布道中。

1791年5月，在《人权论》刚刚问世后，葛德文开始构思他的伟大著作——然而，和潘恩不同，他将超越代表制的华丽辞藻，直达基本要理。1793年2月出版的《政治正义论》（*An Enquiry concerning the Principles of Political Justice*）使葛德文名声大噪。[52]激进分子克莱布·罗宾逊（Crabb Robinson）回忆说，这是一本"事实上指引我整个人生事业的书",我"甚至愿意成为这本书的殉道者"。[53]

这本书混合了洛克的经验论和哈特利的决定论、感觉论以及功利主义,将其融为独特的综合体。[54]该书认为,个体差异源于教育背景和外部环境的影响。葛德文拒斥先天观念和本能,甚至由此怀疑人类能否真正称得上有心智,他只是将这个词用作一种暂时的简略表达,以说明制造个体身份的复杂性的思想上的交错结构。理性规定了个人的义务是通过果敢的智力运用和自由的个人判断来为增进最大幸福而努力。"当信息交流充分时,正确的推理和事实,总是能战胜谬误,"他强调,"真理是无所不能的……人类具有可完善性。"[55]真理会凯旋,因为罪孽从根本而言是愚昧无知,不是邪恶。

然而,痛苦到处蔓延,暴政、上层社会的腐朽和猖獗的资本主义是罪魁祸首。[56]不像潘恩和大部分其他激进分子,葛德文寻求的不是改革政府,而是废除政府。他认为,政府是不必要的,起反作用的,政府创造了它假装要去消除的恶,就像自由市场资本主义造成了无谓需求带来的奴役以及白白浪费掉的劳动带来的负担。解决这一切的方式就是对政府实施"安乐死"。

葛德文断言,不公正实际上是有缺陷的教育的产物:"所有的恶不外乎是将谬误和错误应用于实践,作为指导我们行动的原则。"[57]一旦人们能够理性认识他们的义务,这些错误的价值观就会消失。诸如荣誉、慷慨、感激、孝亲、承诺、勇敢或友情等主观感情,在真正的道德哲学或者真正正义的社会里是没有位置的。比如,在一场毁灭性的大火中,一个人应该去抢救伟大的法国作家费内隆(葛德文在一则后来变得臭名昭著的道德小故事中进行了说明),而不是抢救费内隆的姐妹或母亲;因为拯救一位道德学家将会是人类的正确行为,而不是迎合主观的情感。[58]

葛德文认为,在非理性的消除过程中,法律和惩罚的全套胄甲也会消失。[59]司法系统是低效的;惩罚,无论是旧式的还是新近发明的，都是在无效地施加痛苦，绞刑架更是无须争论了。[60] 而且，在严格坚持普利斯特利式决定论的葛德文看来，这些东西也是毫无意义的。一个人，就像一把刀，是从外界被发动起来的——武器因"物质性的推动力"而运动，人类则被"诱导和说服"推动。因此"刺客之于谋杀，恰恰像匕首之于出鞘一样，是不自控的"。[61] 故而，憎恨一个谋杀犯就像憎恨他的武器一样非理性。的确，反对与指责可能是顺理成章的，但是"我们非难邪恶恰如我们在指责传染病一样"。在一种由"事件链"决定的预定论的宇宙中——这个放弃加尔文宗信仰的人争论道——让作恶者为自己的罪行负责是愚蠢的：社会应全面重建，人们应被重新教育，以使他们失去犯罪的动机。

"暴政"侵犯了个人判断权，必须使之减少到最低限度：因此，葛德文反感婚姻、同居，管弦乐队、音乐会和舞台剧，因为所有这些都扼杀了"个性"。[62] 政府是"一种恶"，管控民众最需要的方式是建立盎格鲁-撒克逊模式的教区委员会。[63] 使个人判断变得至高无上，人们或可期待这样一个未来："没有战争，没有犯罪，没有所谓的司法行政，也没有政府。"[64]

的确，不仅如此，未来社会也"没有疾病，没有痛苦、忧郁和憎恨。每个人都会为了所有人的利益热情洋溢地上下求索"。[65] 一旦人们真正理性行事，体弱多病和老化就会消失，人们就会变得永生不灭。这不会导致人口过剩，因为性欲——它本身也是非理性的——将会消失，性行为会终止。结果就是"整个社会由成年人组成，而不是儿童。代际替换不再出现。真理……也不必每隔30年就重新开始循环"：这的确是一个中年单身汉的天堂。[66]

引用富兰克林的"心智总有一天会变得对于物质无所不能"的推测，葛德文反思道："如果智识的力量可以超越所有物质，我们难免要问，它为何不能超越我们自己的身体？"[67] 责任必然将替代欲望：

第二十章 革命时代:"现代哲学"

现在,理性之人不是因感官愉悦而吃喝,而是因为进食对我们健康的生存是基本的。理性之人将繁衍他们的种群,亦不是为获得与这行为联系在一起的感官享受,而是因为种群繁衍是正确的行为。[68]

葛德文的任务是尽可能将信仰和行为细化到最小的单位,因为,毕竟"个体是卓越智识的根本所在"。[69]他赞美启蒙运动的灵魂——无休止的批判,自我省察和持续的警醒——因为未经省察的人生不值得一过。"智者对任何事情都不会满意……智者对自己的造诣不会满足,甚至对自己的原则和观点也不会感到满意。他一直在检测其中的错误;他有更多怀疑;他在不停地修正和探求。"[70]葛德文还信奉渐进主义——"我们应该不断改革,但不要革命"——因为暴力是胁迫,所有的胁迫都是无用的,或者会让情况更糟糕。[71]改善必须首先从"开明之士和贤达智士"、从内部、从思想开始:"只有开启民智才能改变任何由来已久的风俗习惯。"[72]接着,他论道:"理性,是唯一的立法者。"[73]

在许多方面,葛德文都是位教条的唯理主义者,但是,他肯定没有忽略复杂性。在他的小说《凯莱布·威廉斯传奇》(1794)中,他继续以《政治正义论》称赞的方式披露腐败:英格兰有它自己的巴士底狱;法律的效果功用违背了其所宣称的公正性;在强者与弱势者之间并没有公正可言;野蛮的乡绅通过收买法律来对比他低微的人施行暴政;小说中,正当法律程序不能触碰贵族谋杀犯福克兰,却追捕着无辜者凯莱布。但是《凯莱布·威廉斯》也探讨了"政治正义"原则产生的问题,虽然没有仔细深思。在得知了福克兰的重大秘密后——后者谋杀了粗野的泰瑞尔——凯莱布陷入了要求他保守秘密的重重威胁。在小说修改后的结尾中,主人公最后对真相的揭露使福克兰破产,葛德文实际上质疑了《政治正义论》中阐释的哲学观念:不屈不挠地对真理和正义进行追寻，丝毫不向人性妥协。当对真理的探索使凯莱布深陷他拼命逃脱的毁灭性的权力网络时，《政治正义论》中坚信的"真理无所不能"的观念被揭示出是有问题的。当福克兰提出这一问题时，"在仁慈、人性，以及人类心灵珍视的所有的考量都告诉他应该停止的时候，理性之人还愿意为空洞的真理牺牲吗？"这种观念的惨败已经显示出来了。[74]

在抨击伪善说教，要求停止喋喋不休的空话时，在展望以个体理性为基础的行为整体转变时，相比任何人，甚至包括边沁，葛德文将启蒙逻辑推进至更远的地方。他的极端主义——尤其是他创造的令人战栗的"慧骃"式的理性且无激情的人——是讽刺作家的天赐礼物。葛德文的复制品们在当时的喜剧小说中喋喋不休——艾萨克·迪斯雷利（Isaac D'Israeli）的《无赖》（*Vaurien*, 1797）中的狡猾先生，伊丽莎白·汉密尔顿的专题式的《现代哲人传》（*Memoirs of Modern Philosophers*, 1800）中的近视眼博士。[75]"他的愚行以这种方式使他永远成为一个被滥用的标志，这真是让人难以置信，"骚塞哄笑道，"来揍我吧——是他永恒的语言。"[76]不过，在改革派的圈子里，葛德文很有影响力，被誉为将启蒙思想带至它的逻辑结论的人。

葛德文并非是唯一一位倡导以正义之名废除权力的人。18世纪90年代产生了一批乌托邦空想家，其中就包括威廉·霍奇森（William Hodgson），在他的《理性共和国》（*The Commonwealth of Reason*, 1795）中，理性与腐败势不两立，并且在开篇大声为自由辩护（"做任何事情的权力……这权力不侵犯别人的权利"）。[77]然而，在这批思想家里，最引人注目的是托马斯·斯宾塞。

斯宾塞是纽卡斯尔一名技工的19个孩子中的1个，他从小就是桑德曼教派的成员，这是一个信奉教友们财产共有的宗教派别，就像葛德文和其他许多人一样，斯宾塞后来的思想是他早期宗教观念的合理化。18世纪70年代,纽卡斯尔公司试图圈占摩尔镇(Town Moor)的土地,斯宾塞向当地哲学学会慷慨陈词,坚称该土地属于教区。为宣传他的激进思想,1792年,斯宾塞移居伦敦,在高霍尔本附近经营一家名为"自由蜂巢"的商店,并重新发行了他的土地改革提议《真正的人权》,收录在他的《自由的全盛时期》(1796)中。[78] 他还开办了只花一便士便能买到的周刊,名为《猪肉,又名给粗鄙大众的教导》(Pig's Meat, or Lessons for the Swinish Multitude)——该刊物对柏克嗤之以鼻,内容包括哈林顿、洛克、伏尔泰,以及其他启蒙运动名流的选篇。[79]

土地国有化是斯宾塞的万灵药。在"斯宾塞尼亚"(Spencenia),土地应转归集体所有,并持有教区的租约。由教区委员会来治理社区,管理学校、民兵,经营贸易。公共所有权是与生俱来的权利:"土地上的财产和人的自由在自然状态下应该是平等的,人们欣然希冀于此,很少有人会愚蠢地拒斥。"[80]

斯宾塞的政治思想恰恰是哈林顿思想的翻转。在《大洋国》中,土地的独立是有保障的;相反,对斯宾塞而言,土地所有权是贵族压迫的工具。他在《社会自然状态的恢复者》(The Restorer of Society to Its Natural State, 1807)中认为,财产不是天上的伟大土地所有者的神圣恩赐,而是源于赤裸裸的侵犯。土地,人们与生俱来的权利,成了血腥之地,因为任何有钱人都能够骗走人们理所应得的东西。[81]

恰如在土地问题上一样,在语言方面斯宾塞也是位平等主义者。他的《英语大词库》(Grand Repository of the English Language, 1775)基于一个字母一个声音的完美的平均主义原则,提出了一个改进字母表。斯宾塞认为,书写偏离口语的轨道太远,以至于书面语言变成了"少数人的财产",斯宾塞创造的新符号就是为补救这一现象。他的书构成了启蒙运动时期通过揭示词根和简化来使语言去神秘化的运动的一部分。[82]

不过这种类型的语言改革的主将是霍恩·图克，1794年他被控告"策划和想象国王之死"。他在《珀利的消遣》（1786）中详述了自己的词源学理论，这位大胆的政治激进分子揭露了语言怎样在有关"形而上学的冒名欺诈"的权力政治中被收买了。[83] 他的"符号哲学"追溯每个单词的盎格鲁-撒克逊词根，提供了有关英语语言的叙述，该叙述支撑了关于国家权力的"诺曼枷锁"（Norman Yoke）理论。图克公然藐视文法学家的正统理论，提出彻底简化了的对部分口语和单个单词的意思的解释，他反对所有类型的语文学精英主义（"冒名欺诈"），无论它源自保守党人、词典创造者塞缪尔·约翰逊、理想主义的形而上学者蒙博杜，还是温文儒雅的詹姆斯·哈里斯。哈里斯的《赫尔墨斯，又名关于普遍语法的哲学研究》（Hermes, or a Philosophical Inquiry concerning Universal Grammar, 1751）将等级制的语言结构视为自然和社会等级制度的映射。在图克看来，和柏克式的历史神话一样，哈里斯的理论是意识形态的诡计，目的是授予现存秩序合法性。图克认为语言学必须解开用文字编织的权力的骗人把戏。[84]

激进的托马斯·贝多斯医生同样指出了"文字长久以来支撑的幻象，以及它们激起的致命的仇恨，无论是公开的，还是私下的"。[85] 同样地，查尔斯·皮戈特（Charles Pigott）的《政治词典，解释词语的真意》（Political Dictionary, Explaining the True Meaning of Words, 1795），也揭露了作为压迫工具的官方符号。比如说，纸币不就是"纤小、轻薄、如丝般光滑的纸张，上面刻印有支持专制权力的强有力的论据"。另一位志同道合的解密者，威廉·弗伦德也认为纸币是偶像崇拜的媒介，他忧惧"金钱权术"可能"变得像教士权术一样危险"。[86] 洛克的对文字的激进怀疑依然盛行。

土地改革在年轻的柯勒律治以及罗伯特·骚塞的如下鼓吹公有社会的计划中得到了表达，他们曾设想在美国这片激进梦想之地上建立

一个"大同世界":[87]

> 晨曦初露,在安详的希望里,迎来更美好的一天,
> 比在英格兰最幸福的年月时所见到的还美好。[88]

受革命热情的驱动,同时也因债权人的纠缠,1793年,柯勒律治从剑桥大学退学,他受到了布里斯托年轻的激进同伴的吸引——特别是骚塞——并投身于宣讲、创作诗歌和小册子。他们打算在未受旧世界污染的宾夕法尼亚萨斯奎哈纳河畔成立一个乌托邦公社。[89]"性情相熟的"12位男人和12位女人,准备跨越大洋,前往美国。公社每天劳动两到三个小时将足够,其余充足的闲暇时间用来学习、讨论和育儿。一位脚踏实地的朋友,托马斯·普尔写道:"倘若他们真能实现他们的计划,那么他们一定能实现理性的时代,但是,虽然人性是可完善的,恐怕目前人性还未足够完善至能长期施行这一体制的程度。"[90]

他们的计划如预料那样失败了,但是如同乘着天使之翼的年轻的柯勒律治仍然是启蒙运动的灯塔。他的《守望者》(*Watchman*, 1796)高举培根式"知识就是力量"的旗帜,宣称"人的自由程度依他们形成自己观点的程度而变"。[91]在"对洛克,哈特利和其他人的学说做深入勤勉的研究"之后,[92]他开始信奉一位论、决定论、唯物主义和进步,[93]对骚塞的"思想的物质性"赞同不已。[94]激进知识分子如葛德文、达尔文和普利斯特利为此铺平了道路;[95]道德改良将是渐进的,但是不可避免的;在"一群人数不多,但卓越出众的理智、无私爱国者"的引领下,社会将使世界重新成为乐园。[96]柯勒律治的《宗教沉思录》(*Religious Musings*, 1794)展现了一幅人类命运的"美景",人类将走向"幸福的明天",即"社会现状,法国革命、黄金盛世,普遍救赎,终结"——这是所有历史的概括。[97]如果英国浪漫主义,在很大程度上说是柯勒律治等人的小圈子的创造,那么它由此成为了启

蒙运动的产儿,尽管他并不承认这点。

因为柯勒律治的观点转变了。1798年,他宣称:"我猛地折断了我那发出尖声的具有煽动性的小喇叭,它的碎片在装满忏悔的储藏室里散落一地。"[98]引人注目的是,在给自己的长子取名为哈特利后,他给次子取名为贝克莱,暗示他从唯物主义到唯心主义的转变。1801年,他写信给普尔说,他"推翻了哈特利宣扬的关于联想的信条,以及所有那些现代异教徒的反宗教的形而上学——尤其是必然性学说"。[99]

像骚塞一样,柯勒律治变得越来越向国王和教会靠拢,反对改革。他摒弃了启蒙的经验主义,转向德意志唯心主义和先验论。纵向回溯早期宗教传统,横向审视康德的形而上学,他将洛克扔进了垃圾堆,转而欣赏一种关于心灵的理论,它着重关注心灵固有的活动;阐述了一种关于有机的"想象"的学说,以代替和反对他贬低的认为"幻想"只具有被动机械功能的旧观念;认为人天生具有宗教性。视被戳穿的经验论为"哲学漫长、不祥的黯淡期中的"可悲篇章之一,[100]他会拯救并复兴被洛克派摈弃的(新)柏拉图主义。

柯勒律治的敌意变得越发强烈。1801年,他写道:"牛顿仅仅是名唯物主义者。在他的理论中,心灵总是消极被动的,是对外部世界的一个懒惰的旁观者。"[101]因此当他审视启蒙哲学的余波时,他的晚年是在痛苦中度过的:

> 自然状态,或人类起源的猩猩说,代替了《圣经·创世记》的一至十章。自然权利代替了公民的义务和荣耀。无理念的事实,从历史中得来的名不副实的证据,由经验构成的根据等,代替了诸信条和源自它们的洞见……人们被工人俱乐部、评论、杂志,最重要的是被报纸统治了。[102]

难怪皮科克嘲笑这个神谕传递者。"在我们的道德和政治文学中,有太多司空见惯的光,"《噩梦隐修院》(Nightmare Abbey)中的福罗斯基先生(Mr Flosky)宣称,改述自柯勒律治的《布道》(Lay Sermons, 1817),"而光是神秘的最大敌人。"[103]

然而,对启蒙运动的浪漫主义排斥并不必然意味着政治保守主义,[104]从威廉·布莱克的事业来看,这一点是相当明晰的。他是自由的宣扬者,这位伦敦的艺术家诗人的思想植根于17世纪的唯信仰论派,后来的唯灵论滋养灌溉了他。[105]他早期的《月亮上的小岛》(An Island in the Moon, 1784—1785)不无嘲讽地称普利斯特利为"易燃的瓦斯",后者不断挑衅别的哲学家:"你的理性呢?你的理性在哪里?"布莱克书中的乌里森(Urizen)是一个令人憎恶的唯物主义的偶像,此人即是对普利斯特利的影射。[106]

对波墨主义者、唯灵论者布莱克而言,启蒙运动的罪恶在于它的唯物主义,它否定了上帝的荣光和人的奇迹。唯物主义来源于培根、洛克和牛顿这卑劣的三人组。"培根的哲学毁掉了英格兰,"布莱克哀叹,"他的首要原则是不信";[107]"洛克的赫然耸现",以及他对精神天赋的否认,也同样恶劣。[108]启蒙哲学的单调枯燥的唯物主义折射了资本主义压迫的残酷现实:工业主义、贫困、奴役、卖淫、战争。[109]而理性主义本身,是对神圣奥秘的亵渎:

> 嘲笑吧,嘲笑伏尔泰、卢梭,
> 嘲笑吧,嘲笑吧,这一切都是徒劳!
> 你以尘沙掷狂风,
> 但狂风旋即将尘沙吹回。[110]

启蒙人士认为理性的沉睡催生了许多棘手问题,下决心去除神秘。然而,布莱克认为理性本身就是病态人的白日梦,产生了"用思想锻造的手铐"。相反,他相信神启:[111]他宣称,"每位诚恳的人都是先知",应该恢复被破坏名誉的关于神圣狂热的观念,[112] 始终做"自由之子",[113] 对崇拜那卑劣三人组的邪恶的当权派勃然大怒:

> ……愿上帝
> 让我们远离单一的视野,或牛顿的昏睡![114]

反启蒙几乎与启蒙同时开始:斯威夫特对那些偏激狂热、强迫他人停下来听他说话的理性化的人愤世嫉俗的模仿;约翰逊阴郁的现实主义;威廉·劳之辈认为理性宗教根本就是无信仰;还有苏格兰常识哲学的追随者对大卫·休谟的纠缠。[115] 18 世纪 90 年代此类思想开始重申人性的软弱和堕落,且态度表达更为明晰。

1790 年 11 月 1 日,随着柏克《法国革命论》的发表,反启蒙上升到哲学思辨层面。他宣称:"我们害怕每个人都按照自己的理性来生活和交易,因为我们怀疑每个人的理性储备并不多……在危急情况中,偏见随时可能发挥作用……偏见使一个人的义务成为他的习惯。"[116] 通过动员团体式的传统主义来反对原子式的个人主义,柏克推翻了对永恒进步的启蒙信仰。他强调:"我们知道我们并没有什么发现,而且我们认为在道德方面也不会有新发现,在政府原则、自由观念这些在我们出生前已被人们理解的领域同样不会有什么新发现。"[117]

此外,老练的辉格党人也披露了革命热潮的黑幕:新启蒙不过是显而易见的旧启示,革命热情使它重生——但这次是与宗教无关的热情。柏克将激进事业与古怪崇拜看作一路货色,它具有梅斯梅尔催眠疗法的作用。诸如普莱斯之类颂扬新千年的预言家和吹捧一个自己动手的国度的理性主义形而上学家——所有这些都成了活靶子:柏克暗示,诡辩家和盲目的暴徒都不要选。[118]

另外一位将英国激进主义与法国革命,启蒙运动者与极端的光照派联系到一起的是爱丁堡大学教授约翰·罗比逊(John Robison),

他是《反欧洲所有宗教及政府之阴谋的证据》(*Proofs of a Conspiracy against All the Religions and Governments of Europe*, 1798）一书的作者，他坚持现代人应摈弃"鲜血铺就的道路"：他断言，"光明比黑暗更糟糕"。[119] 然而，大部分反动人士都要简单得多。律师约翰·里夫斯（John Reeves）1792 年 11 月发布了一个协会的创办计划书，该协会的目的是"保护自由和财产，反对共和与平等"，他相信自由的命运取决于对财产的保护，称激进分子为"平等派"。[120] 其他人也反复提及这一巨大恐惧，而此前启蒙激进分子在用它反对宗教狂热分子：阿瑟·扬坚称，"真正的基督徒永远不会是平等派的人，永远不会听从法国政治，或法国哲学"。[121]

挖掘看似为启蒙思想加油打气的愚蠢行为是《反雅各宾评论》的目的所在，他们陶醉在吉尔雷式的讽刺画里，这些画作讽刺"无套裤汉"之类的疯子：

> 我是真心实意的雅各宾分子，
> 我没有上帝可敬畏，也没有罪恶可惧怕，
> 在任何情况下随时准备冲锋陷阵，
> 为自由而战……[122]

而且把启蒙运动的议程降格为《愚人志》式的蠢话：

> 理性，哲学，"瞎扯，胡说"，
> 和平与博爱，乱七八糟，
> 乱七八糟，"瞎扯，胡说"。[123]

1798 年 8 月期杂志中的一幅版画表现了这样的景象，理性的使徒变作在"新道德"的祭坛上顶礼膜拜的虔诚之人：葛德文，在《政治正义论》中

叫嚣不止的傻瓜；潘恩，一只穿着紧身胸衣的鳄鱼；霍尔克罗夫特，一位戴着脚镣的"被开释的重刑犯"；从"愚昧的丰饶之角"中流泻出的《女性的错误》和葛德文的《玛丽·沃斯通克拉夫特传》。[124] 引人注目的是，《反雅各宾评论》点明了所有现代罪恶的根源："长期以来，我们一直视报刊业的成立是这个国家的不幸，并深感惋惜。"[125] 然而，正是通过这报刊业的存在，《反雅各宾评论》开始悄悄地拥抱相同的哲学——印刷的力量，他们甚至分享了激进分子喜欢的报头栏：伟大的真理战胜一切。[126]

在滑稽短文《三角恋》中——讽刺模仿伊拉斯谟斯·达尔文的《植物的爱》(1789)——《反雅各宾评论》戏仿了葛德文式的对可完美性的标榜：

> 我们认为，显而易见，如果说仅仅依靠自身能量的发挥，我们已从田里的大白菜那样的水平发展到了现在相对更加智慧、更有尊严的生存状态，如果我们自身的能量不被偏见抑制，被国王权术和教士权术蒙蔽……那我们应该继续发挥并拓展自我：使人类从目前的两足动物提升到更配得上人类天资和雄心的等级；届时人类将具有全然的心智……并且除非他自己愿意，否则永远不会死。[127]

其他的讽刺作品也嘲笑类似的理性主义者的拙劣说辞。在《一位印度王公的信札》(1796)中，伊丽莎白·汉密尔顿塑造的哲学家一般有"蒸汽先生"之类的名字，性格怪异，比如坚持素食主义，或一本正经地训练小麻雀和蜂群。[128] 她后来的《现代哲人传》(1800)用主人公布里吉缇娜·博舍利姆（Bridgetina Botherim）来影射玛丽·海斯，书中，布里吉缇娜试图适应霍屯督人的原始的快乐。进步者的两项崇拜之物——高贵的野蛮人和可完善性——被一击致死，当格里卜先生（Mr Glib）——此处映射葛德文——巧遇矮胖的布里吉缇娜散步回来：

> 他一看见她，便尖叫道："遇到困境了吗，公民女士？""发挥你的精力，我明白，就是这样！精力可以战胜一切。可以使你的双腿瞬间变长……启蒙的社会没有短腿。所有的霍屯督人都像五朔节花柱一样高挺笔直。"[129]

福音派也同样拒斥启蒙。出身名门的布里斯托女教师、剧作家汉娜·摩尔在18世纪80年代成为宗教和政治保守派的突出代表——她给自己的宠物猫们起名为"消极服从"和"不抵抗"。[130] 她的《大人物的举止对总体社会的重要性之思考》（*Thoughts on the Importance of the Manners of the Great to General Society*, 1788）和《上流社会宗教信仰之评价》（1791）谴责爱迪生式的礼貌："在启蒙哲学美丽的面具下，所有的宗教束缚都化为乌有。"她认为："没有了圣洁，没有人可以见到上帝。"[131] 她从早年开始便以十足的英式立场强烈反对法国大革命，1789年11月，她告诉贺拉斯·沃波尔："我认为，比独裁和贫穷祸害更大的，就只有无政府状态和无神论了。"接着她又大声呼喊："上帝，把我们从自由、平等和人权的泥潭中拯救出来吧。"[132]

摩尔小姐认为民众受出版业毒害甚深。她哀叹道："小说在祸害人心"，因为"它们被立刻用来散播破坏性的政治主张、令人愤慨的浪费挥霍和放肆的通奸行为"。平民全神贯注地阅读潘恩，垃圾小说中的女主角过度地节食，只依靠茶，"小说和形而上学"过活。[133] 她提出问题：当沃斯通克拉夫特的《女权辩护》（1792）在《人权论》之后接踵而来时，接下来会是什么？她言辞激烈地说道："我们的启蒙运动倾注于我们身上的光辉照耀，下一次将以有关青年权利—儿童权利—婴儿权利的庄重论述点亮世界！"（她的猜测应验了：1797年，托马斯·斯宾塞发表了《婴儿权》(Rights of Infants)。[134]

然而，摩尔意识到必须以出版对抗出版，于是她在1795年策划了"物美价廉的知识宝典小册子"；每册约一便士，销量惊人——前六周，各种各样的小册子以批发方式共售出30万册，到1796年3月，销售总量达到200万册。[135] 为了"抵制因法国大革命的原因而变得极其令人担忧的有害学说"，她开始回击了，1793年，出版《乡村政治》(Village Politics)——它被称为"初学者的柏克"——向"所有大不列颠的技工、雇佣工和劳动者"致辞。该书硬性灌输服从上级的信条，她的另一本书《暴乱，又名半块面包总比没有强》(The Riot; or, Half a Loaf is Better than No Bread, 1795)以三位主人公之间的对话为形式。主人公之一是诚恳的铁匠杰克·安维尔，二号主人公是汤姆·霍德(Tom Hod)，一位被自己名字诱导入行的泥瓦匠，三号主人公是汤姆·潘恩，一个追求"新的宪法，自由和平等"的人。杰克问汤姆："你在读什么书，为何如此垂头丧气？"

> 汤姆：(看看他的书)理由已经足够了。为何我如此不快乐，如此悲惨；在这本书中已经找到答案。邂逅此书，真是三生有幸啊！哦！多么珍贵的书！
>
> 杰克：好迹象！但是，不专研这本书，你居然看不到自己不快乐，怎么回事啊？
>
> 汤姆：怎么回事？因为我想要自由？
>
> 杰克：自由！这能带给你什么保证？高兴起来吧，我敢肯定——你总体是个诚实的人，虽然你在玫瑰与王冠酒馆经常喝酒和胡扯。
>
> 汤姆：不，不，我想要的是新宪法。
>
> 杰克：的确，我居然还以为你是个无比健康的小伙子呢，你应该去看医生。

汤姆：我没病；我渴望自由和平等，还有人的权利。

杰克：哦，现在我理解你了。我敢说，你是一个平等派和共和主义者。

汤姆：我是人民的朋友。我渴望改革……我渴望自由和幸福，就像法国人已经获得的那样。

耐心的杰克然后开始向乖戾的汤姆解释："当这种平等真的来到时，整个国家将没有医务所，没有医院，没有慈善学校，没有主日学校……因为谁来为这些东西埋单？平等无法负担这些。"[136] 此后，杰克引用了圣保罗关于服从掌权者的话，并向这位同伴保证目前英国有世界上最好的国王，最好的法律和自由。只要汤姆"管好自己的事情"就万事大吉了，所有人都会欢声歌唱"英格兰的烤牛肉"。[137] 摩尔小姐的另一本书《新潮哲人幽灵先生以及他的助手威廉的故事》(*History of Mr Fantom the New-Fashioned Philosopher and His Man William*, 18世纪90年代) 有同样的风格和路线，该书刻画了一位名叫威廉·威尔森的鲁莽侍从，受激进哲学的影响走向堕落，最后被绞死："新潮哲人"说明了这一切。[138]

另一位从福音派角度攻击启蒙运动的人是威廉·威尔伯福斯。[139] 他断言，"理性宗教"只是"有名无实的基督教"：理性的基督徒几乎可谓无信仰者，对于真十字架的宗教而言，信仰一定是至关重要的。[140] 早在1785年，威尔伯福斯还是赫尔选区一位年轻议员时，他便记录了他"对共和政体的绝望"，"当今时代普遍存在的腐败和挥霍"使他突陷这种想法之中。他确信"倘若不改革，便是毁灭"，于是开始实践自己的使命："全能的上帝交给我两项伟大的使命，"他在1787年10月28日的日记中庄重地写道，"抑制奴隶贸易和革新举止。"他的福音主义是建立在人性堕落——"人类是背信的造物，从高级的原初状态跌落，本性亦发生退化"——以及耶稣受难基础上的。[141] 他的《关于与真正基督教相比的本国上流和中等阶层中自称基督徒者之盛行信仰体系的实际观点》(1797)成为福音派的指南。他在书中宣称:"这已经成为一个普遍接受的观点,也就是说倘若一个人基本上承认基督教的真义……我们没有什么理由对他不满意。"[142] 他不仅从整体上反对广教论,而且尤其反对佩利的功利主义("这终究是个幸福的世界"),[143] 威尔伯福斯重申一种更为沉郁的神性,它强调人的被考验观察的状态、道德审判和救赎:

> 对我来说,基督教认为世界处于背离上帝的状态……故而,使我们产生真正的和公正的对于罪恶的强烈厌恶感,应该是所有道德书写者的伟大目标……而佩利博士在这一点上在我看来似乎失败了。[144]

威尔伯福斯确信人人有罪,他再次将救赎认定为基督教的核心。他认为必须要关注政治后果:他写道,目前我们国家面临的种种困境都可以直接或间接地归因于宗教和伦理的衰落。[145]

在这股反动的浪潮中,最引人注目的是托马斯·罗伯特·马尔萨斯。其父丹尼尔是卢梭的私人朋友,启蒙运动的先驱。他让儿子师从当时最开明的老师,如沃灵顿学院的吉尔伯特·韦克菲尔德(Gilbert Wakefield)和威廉·弗伦德,后者从1784年开始在剑桥的耶稣学院指导马尔萨斯(后来因他的雅各宾主义倾向而被学校除名)。马尔萨斯研读了洛克和哈特利,被培养成一名哲学激进者——在现在或可被称为他的俄狄浦斯式反抗之前。[146]

大革命的香槟气泡带给了民众巨大的企盼,但这些是否符合理性?马尔萨斯在他的《人口原理》(1798)中提出了质疑。激进分子允诺了可完善性,但是人类真的能够实现这些普罗米修斯式梦想吗?[147]

不像柏克和威尔伯福斯，马尔萨斯从未否认"新黎明"的魅力，但他始终对此保持警醒。进步无止境的纲领本质上是自我拆台的——知识将引发发展，发展将增进财富，财富将推动人口爆炸——这需要我们关注某些令人难以接受的事实：

> 人口必然总是被压低至生活资料的水平；然而，没有作者……特别研究过这一水平受到影响的方式：据我看来，可以说这些方式形成了社会在未来取得重大改善的最大障碍。[148]

马尔萨斯因而击中了那些空想家的盲点。对重商主义者和功利主义者而言，人口越多越好——人口稀少的王国缺乏劳动力、士兵和纳税人。但是，在反驳马尔萨斯时，像葛德文和孔多塞（《人类精神进步史纲要》的作者）一样的进步预言家从来没有彻底弄明白人口增殖的含义。他们的幻想凌驾于思考之上了："我当然没有权利说他们故意视而不见，"这位圣公会的神职人员不无讽刺地说道，然而"我们都太容易犯错了"。[149]

马尔萨斯批驳空想家，他以一种审慎而清醒的现实主义者的姿态，谴责华而不实的言辞和"单纯的臆测"，倡导以事实说话。[150] 他独自采用科学方法探讨了"被休谟解释了一部分的，但主要由亚当·斯密阐述的"生产和人口增长问题。[151] 问题在于高期望值与人口统计数据的事实之间存在巨大差异。"只要正在兴起的一代人能免于'贫苦'这一'致命寒霜'"，人口"必然会快速增长"，因为富足会导致早婚现象增加。[152] 孔多塞短暂地感受到了人口过剩的深渊，但是在其可能的结果影响上止步不前。[153] 他意识到了人口增长是阻碍而不是机会，由此蜚声饮誉，但因随后回避这一问题而为人诟病。[154]

孔多塞盲目乐观的地方，恰是马尔萨斯全然忧虑的[155]：剧增的人口一定会阻碍进步。激进的方案令人陶醉——葛德文的哲学是"至今为止出现过的最美好、最迷人的"[156]——然而乌托邦泡沫在自然现实面前破碎了。狂热派将所有罪恶归因于旧制度;铲除了旧秩序,立即如变戏法似的,一切皆有了可能。但是"葛德文在整个著作中犯下的最大错误就是将在公民社会见到的几乎所有罪恶与悲惨现象归罪于人类机制"。[157] 真正的障碍因素并不是政客的罪恶,而是事物的本质。

自然是如何平衡生产与人口增长的?马尔萨斯提出:"我认为,可以提出两个假设",即"食物是人类生存的必需"与"两性之间的激情是必需,而且基本会维持在目前的水平上"("这两个法则……看起来是我们本性的固有法则")。[158] 于是人口不可避免地使资源供不应求,触发饥荒、战争和瘟疫等危机。这是激进分子从来未曾直面的问题——他们仅仅提出了一些可笑的意见,尤其是葛德文愚蠢地推测"两性之间的激情将会适时地被熄灭"。[159] 换言之,是自然本身,打碎了社会公平的美梦。[160] 承认了这些铁的法则,剩下的便是黯淡的现实:"倘若不产生罪恶或穷困,人口增长的强大威力无法得到抑制,这证据太过令人信服。"[161]

马尔萨斯由此描绘了一幅阴郁凄凉的前景,其中,大自然蓄势待发,准备报复狂妄自大的人类。马尔萨斯在该著的增补版中确实至少提出了灾难是可以避免的——通过"道德约束"。他认为,那些无力养家之人应该尽量避免结婚,或在婚后停止性活动。(作为牧师,马尔萨斯憎恶避孕,因为它是对恶的认可。)

许多反对者均从道德和政治角度驳斥马尔萨斯;从许多方面来说,关于马尔萨斯的论战成为启蒙运动的难题症结:人与自然是善的吗?这一问题电闪雷鸣般划过19世纪的长空,当然,这一问题不在本书探讨范围之内。然而,简要介绍一下两位在早期反驳他的医生还是有价值的,因为二者的辩驳都基于启蒙理性。

1805年,不从国教的医师查尔斯·霍尔(Charles Hall)发表了《文明对欧洲国家人民的影响》(*The Effects of Civilization on the People in*

European States），该书后来被附上一份"反马尔萨斯"的"附录"。[162] 如马尔萨斯一样，霍尔医生也受困于贫困的梦魇，然而，他认为，贫困问题的根源在于不公正的政治制度。社会分裂为两种人——穷人和富人——"穷人的死亡率是富人的两倍"。前者所从事的职业一般都危害身体；他们的道德教育被忽视，他们心智蒙昧，他们的生活状态令人无法忍受。所有这一切都源于剥削的经济秩序。[163] 霍尔指出，马尔萨斯"并不认为文明应为这些事情承担责任，因为，就像他说的那样，在每一种制度中，同样的匮乏和悲惨之事都必然会发生"，但这是错误的。政治发挥了主要作用；统治者造了孽，却归罪于自然。像斯宾塞和其他人一样，霍尔寄希望于重新分配土地来解决这个问题。

另一位批评者是不从国教的托马斯·贾罗德（Thomas Jarrold）。[164] 他 1770 年出生，在爱丁堡大学学习医学，随后在曼彻斯特行医，并在那里与制造业人士过从甚密。他著有《人类学，又名论人类的形态与肤色》(*Anthropologia, or Dissertation on the Form and Colour in Man*) 以及其他有关教育、贫困和性格问题的著作。[165] 在《从哲学、生理学、政治学角度论人》和《回应马尔萨斯〈人口原理〉》(*In Answer to Mr Malthus's "Essay on the Principle of Population"*，1806) 中，贾罗德争论道，悲惨不是人类的**自然**命运："并不存在战争、饥馑、瘟疫的自然规律上的原因"。灾难"源于人类的一些愚蠢行为或者是无知的结果"。[166] 因为人便是他自身毁灭的动因，灾难的蔓延并不能证明灾难的必然性。[167] 对人口过剩的恐慌根本是没有事实根据的。人口增长的原因是多方面的。野蛮的部落因好战尚武，热衷于繁衍后代，而在文明社会，许多群体——比如说教授和娼妓——子女较少。因为"人不仅仅是动物"，人口出生率并不是一个生物学恒量，而是社会性的变量。[168]

霍尔和贾罗德都驳斥马尔萨斯，但角度完全相反。对霍尔而言，贫穷和饥馑是资本主义的恶果，而不是由自然造成，而贾罗德与伊拉斯谟斯·达尔文观点相似，即认为现代资本主义社会为马尔萨斯困境提供了解决之道。如葛德文一样，霍尔相信依靠政治行为可以铲除贫穷；贾罗德则认为持续增长的繁荣可以消除人口过剩带来的威胁。二人都谴责马尔萨斯的宿命论，它产生于把实际上由人为的、历史的、政治的因素造成的结果归因于自然的安排。他们反对马尔萨斯对人的贬低——人是性欲的奴隶——二人都捍卫神的设计和人的尊严。二者都企盼着更好的事物——"人类的境况远好于现在的时代正在加速到来，"贾罗德断言："我认为我几乎已经看到了那个我们热切祈望的时代的第一缕晨曦。"[169] 由此，二人都果敢地再次确认了启蒙运动的乐观主义。

然而，整体而言，以 1815 年滑铁卢之战告终的战争年代是启蒙人士的黑暗时期，他们发现自己与国家和政府发生了分歧，并且卷入了保卫行动，以守护这一个世纪以来所取得的成就，尤其是自 1688 年以来所取得的言论、集会自由及其他基本自由。他们不仅成了新的反动意识形态攻击的靶子，同时以前的同盟者也离他们而去。

然而，仍不乏如年轻的拜伦之类的坚定者。他高傲的讽刺文章表达了对浪漫主义者、福音派和托利党人等启蒙的变节者的坚定敌意。[170] 还有威廉·哈兹利特，他在 20 岁时，对激进的柯勒律治深为着迷。他是一名一位论派牧师的儿子，在孩童时期就读过《闲谈者》《汤姆·琼斯》以及父亲书房里的其他所有现代经典（"被掩埋的宝藏"），因此，在启蒙方面，他具备无可挑剔的资格。艺术家之梦搁浅后，他成为一名多产的、言辞辛辣的演讲者、记者和撰稿人，并借此勉强谋生。躁动、思想根深蒂固的哈兹利特最终陷入苦恼之中，他有一种强烈的疏离感（"土星之命"），这多半源于他的不从国教的信仰。深深思索后，他对自己的不从国教信仰的异议评价道："在不从国教者中被抚养长大（也许）是我的不幸……（他在哈克尼学院受教育），不从国教者对他人心存太多偏见，又对他们自己的独特的主张自视甚高，从他们自己被剥夺权利的经历中，他们学会了剥夺他人的权利。"[171]

他为法国大革命欢呼，他写道："一个崭新的世界，呈现在世人惊异的目光前……比起这一新生的希望，一切都微不足道了；通往人类幸福之路恰如《天路历程》中描述的通往天堂之路那样平坦。"[172]严于律己的他仍然是一名毫不动摇的雅各宾主义者：[173]"对自由之爱存在于对专制之恨。"[174]哈兹利特是写散文的拜伦，他把自己生活的时代描述为一个背叛的时代：英格兰背叛了它自己，法国背叛了大革命；湖畔诗人背叛了他们的雅各宾主义；英国政客背叛了宪法和自由精神；柏克背叛了自己的自由原则，边沁背叛了人性，马尔萨斯和葛德文背叛了经验。哈兹利特深度的幻灭挫败感来自一种启蒙希望落空的感觉。"我不是政客，"他在1819年的《政治论》中写道：

> 亦不能算得上政党的忠实成员；但我憎恨暴政，唾弃其工具……我不认为自由和奴役是可转换的词语，也不认为是与非、真理与谬误、富裕与饥馑、一个人的安乐或悲惨是完全无关紧要的。我所知道的就是这些；但是在这些问题上，我仍然倾向于固执己见。[175]

伴随着国王精神错乱，伴随着哈兹利特这样的启蒙之士对非理性的凯旋的扼腕痛惜，伴随着斯威夫特的阴冷狂笑，乔治三世的统治走向了尾声。[176]

第二十一章　持久的光明？

> 书籍对理解总是有神秘的影响力。
>
> ——塞缪尔·约翰逊[1]

> 那些通过自己的著作或者行为对人类思想有着永久改变的人在人类历史上的重要性，绝不亚于在一个王国中发起革命的政治家或者征服者。
>
> ——托马斯·戴[2]

> 在人类既往的所有历史中，18世纪对于人性而言是最为体面的。知识和美德得到增进和散播；改善人类境况的有益科学与艺术得到在此前任何相等时间内均未有过的提升。
>
> ——约翰·亚当斯[3]

后现代主义至少有一个优点——它重新开启了对现代性及其起源的研究。[4]"现代"自身与"现代"社会何时出现？原因何在？过程如何？我们是要追溯到"自我塑造"（self-fashioning）的文艺复兴时期的人，还是将我们的疑问抛向更远的后来？[5]本书认为18世纪对于现代精神的产生至关重要，在这一过程中，英国思想家尤其显得卓越，实际上是早熟，故而探讨英国启蒙运动不仅仅合乎情理，不这样做反而是荒谬的。

就像所有同时期的政治派别所共同认可的那样，现代精神的形成

离不开印刷文化的爆炸式发展，葛德文宣称："借助这项技术，我们不必担心人类业已取得的进步在未来会湮灭遗失"，

> 知识已传至太多个人的头脑之中，以至于其对手已没有机会压制它。对科学（即知识）的垄断已经在实质上终结了。借助简单的大量复制，以及书籍便宜的售价，每个人都有机会得到它们。古代社会同一共同体内不同成员之间的信息极度不平等的状况已经消失。[6]

在公开表明印刷业有助于"人类的解放"时，葛德文承认沃尔西主教的洞察力，此人曾说："我们一定要摧毁印刷业；否则便会被它摧毁。"[7]

书刊审查制度的终结开辟了一个新纪元。光荣革命的支持者讴歌出版自由，他们之后的激进分子期望引领更进一步的变革——虽然在18世纪90年代那些黑暗的日子里，他们手中的笔杆再次受到了威胁。

> 哦！在这个多事之秋，
> 请拯救知识之树，让它远离权力之利斧……[8]

忧心忡忡的伊拉斯谟斯·达尔文在《自然神殿》中祈祷。启蒙活动家欢呼与期盼的是由作为战斗者的书写者主持与操纵的新秩序。因为早在18世纪40年代，大卫·休谟就坦率地承认"统治者除了舆论，便无任何支持"，这一形势的逻辑需要传统主义者以牙还牙：不仅对于进步派，而且对于所有人而言，文字已经变成利剑。[9]

对于这一发展不可或缺的是文化生产者与掮客中坚力量的出现——从休谟到博洛特佩奇（Blotpage）和他这类人——他们在某种程度上预示了将被柯勒律治称为知识阶层（clerisy）的群体的出现。[10] 亚当·斯密洞察到："在富裕的或商业的社会中，思考和理性，像其他行

业一样，成为一种特定的职业，他们为公众提供了绝大多数劳动人群所拥有的思想与理性。"[11]

著名的历史学家弗朗哥·文图里（Franco Venturi）曾经写道，在18世纪的英格兰，那些"奋争"并不是由"初生的知识分子"进行的。但是他完全错了。[12]思想家以不同形式出现，也许文图里脑海中想到的是意大利烧炭党时代的激进派以及法国的启蒙哲人，他们自然不同于乔治王时代的伦敦、曼彻斯特或伯明翰，或爱丁堡和都柏林的知识阶层。但是英国著作家也同样是变革的重要推动者，他们是安妮女王治下聚集在"希腊人咖啡馆"（Grecian Coffee House）的"真正的辉格党人"，嘲弄着地狱之火，诅咒着暴君和教皇党人，他们是月亮社自由的技术统治论者，他们是被柯勒律治激发出热情的大同世界论者，或是在伦敦的激进分子兼出版人约瑟夫·约翰逊的书店周围徘徊、同他共进晚餐的作家们。仅按字母顺序列举出最著名者：约翰·艾金、安娜·巴鲍德、伊拉斯谟斯·达尔文、约翰·迪斯尼、理查德·洛弗尔·埃奇沃思、托马斯·厄斯金、乔治·福代斯、威廉·弗伦德、亨利·福塞里、威廉·葛德文、玛丽·海斯、托马斯·亨利、托马斯·霍尔克罗夫特、西奥菲勒斯·林赛、约翰·牛顿、托马斯·潘恩、理查德·普莱斯、约瑟夫·普利斯特利、霍恩·图克、乔治·沃尔克、玛丽·沃斯通克拉夫特，还有后来的汉弗莱·戴维、玛利亚·埃奇沃思、威廉·哈兹利特，托马斯·罗伯特·马尔萨斯、亨利·克莱布·罗宾逊以及威廉·华兹华斯。所有这些知识界名人都仅仅由一位出版商联系起来。[13]这些名士并不像一群身披斗篷、佩带短剑的人士。少数人称自己为"雅各宾主义者"，一些人转变为彻头彻尾的反动派。但那只是表明了知识巨人们在高度紧张的法国大革命年代里复杂且易变的政治忠诚。凭借哪种评判标准，这一长串的"哲人"——在该词的启蒙意义上，他们"应比其他人更伟大、更杰出"[14]——不应得到"初生的知识分子"的头衔呢？

尽管思想精英群体中包括了宗教界人士，既有国教人士，也有不从国教者，他们很快便摆脱了对有组织的教会的任何最初认同，他们也不是主要由宫廷、显贵和教士资助的。逐渐地，作家和思想家开始作为独立的个体行动，实质上只听命于他们自己、购买他们的作品或为讲座捐款的公众，以及出版商那样的文化中间人。德国社会学家卡尔·曼海姆（Karl Mannheim）曾经揭示："从社会学角度来看，现代的决定性事实是……这种由教士阶层所控制的、对世界进行基督教解释的垄断权被打破了……一个自由的知识分子阶层崛起了。"曼海姆对英国情境的解读比文图里更可取。[15]

现代思想家群体新的面貌特征正在形成：他们不是被囚禁在书院里的书呆子，也不是"乏味且沉溺饮酒"的大学老师，而是城市性的和好交际的一类人。他们是人道主义的先驱，深入接触那些他们为之代言和书写的人们，他们可能是散文随笔作家，也可能是科技文化的巡回讲演传播者。大约一代人以后，在庆祝"文人成为英雄"的演讲中，托马斯·卡莱尔颂扬文人和独立知识分子在传播文字方面做出的巨大贡献，使圣坛的布道和议会的讲坛都黯然失色："文学便是我们的议会。"[16] 虽然维多利亚时代中期，约翰·斯图亚特·密尔谴责公众舆论正强加一件从众一律的紧身衣，但是总的来说，在启蒙时代的这种舆论的前身则被视为批评与变革的力量。[17]

随着纯文学、小说、杂志、报纸和低俗虚构作品的兴起，英国淹没在印刷物的浪潮中。不论真实的还是虚幻的，精心设计的反馈机制开始出现，将读者和作者联系起来。启蒙文人承担了多重角色：鞭挞者、改革家、悲观的预言者、讽刺作家、闲话专栏作家、预言家、精神导师、监督人、宣传员、人民的保护者。[18] 许多人姿态惊人——自我吹捧，自我宣传，甚至做痛入心扉的自我忏悔，就像葛德文和玛丽·海斯的"知无不言，言无不尽"。知识分子开始组成自我陶醉的善于思考的小圈子，在这个圈子里他们互相著文，[19] 暗中传播作家与艺家是真正举足轻重的人,是真正的世界立法者的思想。

世俗思想家视自己为批评家,最重要的是视自己为教师。他们将成为人类的教导者,他们像皮科克的角色塞思罗普——也即珀西·比希·雪莱——一样拥有"想要改造世界"的激情,[20]担负着从上帝那里为人类盗取火种的神圣使命,或至少怀抱着普罗米修斯般的雄心与传统做抗争。

这一正在形成的知识分子阶层自豪于身处思想前沿:它将斩断传统、偏见、既得利益和压迫的枷锁,捍卫自由的基本原则——人身保护令、言论自由、出版自由、贸易自由、普遍教育。改善,或后来经过改进的习语,自我提升,开始显露锋芒。在精神导师的少许帮助下,每个人都在把自己变成"旁观者先生",或者"汤姆·泰利斯科珀"。

从培根的《新大西岛》到罗伯特·欧文的《新社会观》,"新奇"成为最时髦的词语。新术语不断涌现,旧术语获得了新内涵:知识分子、自传、理性主义、人道的、功利的、公共舆论、浪漫主义、意识形态、原始、十年期、进步、现代化、当代、过时的、新闻工作者,以及有关现代性的许多关键词。可以预料,"新义"(neologism)这个词本身在以前就是一个新词,"激进派"是18世纪90年代新造的政治名词。[21]思想论战产生了多种多样的"主义"和"学说",这一发展在启蒙运动末期作家托马斯·洛夫·皮科克的讽刺小说中有耀目的诙谐模仿。他的《险峻堂》(*Melincourt*, 1817)中的泰利格若夫·帕克萨利特爵士(Sir Telegraph Paxarett)注意到:"人被发现很容易在以 *ites* 与 *onians*、*avians* 与 *arians* 结尾的那类人中转换……三位一体论者、一位论者、任何论者"。[22]笔战日趋多元化,一些人称其为无政府状态,担忧会出现《英国评论》中所说的"文人相战的状态",在这种状态中,现有秩序的捍卫者将义不容辞地"操起笔杆子,大动干戈"。[23]

启蒙者们为自身不仅是新生的,而且与众不同而感到骄傲。柏克奚落"不从国教者中的不同意见",²⁴ J. C. D. 克拉克追随他的思路，准确总结出了"在打破旧秩序方面，不从国教的发展所做贡献最大"。²⁵ 然而，克拉克从与教会有关的角度对"异议"（dissent）下定义未免太狭隘了——最好将其概括为批评、质疑、颠覆的冲动欲望的普遍表达。然而，当玛丽·雪莱——毫不夸张地说，她是启蒙运动的产儿——最终向这一切说再见的时候，她的反应是多么说明问题。²⁶ 她早年生活相当悲苦，这始自她母亲玛丽·沃斯通克拉夫特的过世，这清楚说明了过度激进的可悲的愚蠢。与雪莱的婚姻为她留下一名幼子，名为珀西。当有人告诉年轻的珀西，应该像他父亲那样为自己思考时，玛丽·雪莱惊恐地回应说："哦！天啊，教他像其他人那样思考吧。"为了让这愿望顺利达成，她把儿子送到哈罗公学。他没有沿着成为国会议员的道路成长，并且让她感到安慰的是，儿子最终成为一名普通的国教徒。²⁷

　　本书并不是要宣称英国是在思想独创方面是独一无二的，甚或必然居于首位。²⁸ 但是，我们也不应轻视它的作用。就像我们看到的，佩里·安德森曾经认为"英国从未酝酿过什么思想"，罗伯特·帕尔默断言英国启蒙运动这个词是"刺耳的、荒谬的"。与这些否定者不同，我曾经论证过洛克和牛顿、艾迪生和斯梯尔、休谟和斯密、哈特利和边沁、普莱斯和普利斯特利，以及许多其他人的重要性。他们不仅改变了英国的精神，甚至从某种程度上而言，其影响力蔓延到国外。倘若说到创新，英国作家肯定可以和大陆同仁相媲美。倘若说启蒙运动有一个"父亲"，洛克的父亲身份所有权要完胜于其他人，边沁是功利主义最具创新性的鼓吹者，该主义注定将具有世界性的吸引力；没有比安东尼·柯林斯更自由的自由思想家了，没有比约瑟夫·普利斯特利更难打交道的自由个人主义者了，而无政府主义方面的作者葛德文，从基本原理上对政治-道德生活进行了极端彻底的理性反思。毫无疑问，这位被哈兹利特谑称为"移接在非国教牧师之上的形而上学者"

的单调的书呆子完全缺乏狄德罗的魅力和机敏；但是他确立的自主自立的新式人类模范仍然具有令人惊叹的原创性及挑战性。

写一部"一个国家的启蒙运动"史并非本书的原意，但是，在两个关键方面，英国的确在按照"自身的方式"来进行该运动，并且强调"英国启蒙运动的英国性"有其合理之处。[29] 启蒙运动很早就出现在大不列颠，因此，其鼓吹者们要做的不仅仅是创造它，还要在目标达成后守住它——他们的任务不仅是批评、推倒，而且要阐释、辩护、扩展。故而，在英国，启蒙运动是目标，也是开端。[30] 从精神上说"任务已经完成"，但是，可以肯定的是，这并不能阻止继续存在的批评和颠覆，以及对进步的质疑。尤其重要的是，后期启蒙运动包含了新近雄辩地发声的群体对自我发现的急切追寻。与之十分相似的是，20世纪60年代叛逆的青年一代反对西方民主制的自满，直面华美辞藻与现实的言行差距。

英国启蒙运动不同于在欧洲大陆上的启蒙运动的另一个特质，在于它无处不在的个人主义。洛克强调用于抵制统治者的个人权利；休谟将私人生活置于公民美德之上；斯密支持自由市场中的个人角色——看不见的手会将私利转变为公利；边沁认为所有人都是平等的，每个人都是他自己利益的最佳评判者，而葛德文构建了体系化的无政府主义。英国思想的特点在于将进步视为个人的改善或者（正如医院、学校及慈善机构）是自愿性组织的工作。康德的绝对命令的信徒会发现他们的英国同仁有种快乐计量学倾向。与福柯强调的规训、监督与控制不同，大多数启蒙思想指向异议和反体制，是关于拆解"某物"，或做你自己的事。[31]

在英国，启蒙事业绽放得很早。自由、个人利益、文雅组成的洛克-艾迪生式的三位一体赢得了上流社会的坚实支持，只遭到诸如斯威夫特、卫斯理和布莱克之类的自我边缘化的顽固者的贬低和诋毁。[32] 然而，从长远来看，对自由、开放而稳定的社会的追求——将有活力的个人主义和良好的社会秩序相结合——由于该世纪晚期社会和意识形态断裂而脱离了正常轨道；用一个比喻的说法，正像悲观的灾难预言者曾警告的，占有性个人主义这只雏鸡，最终只能回窝自食其果。[33]

在经历了愈益增加的社会-政治紧张与痛苦后，自由主义意识形态开始四分五裂。正像我们看到的，对一些人而言，自由至上论的辞藻导致了雅各宾激进主义——托马斯·潘恩的书名证实了这点：《常识》《理性时代》《人权论》。而中间阶层的自由主义，正如辉格派的《爱丁堡评论》（创刊于1802年）所支持的，使启蒙意识形态呈现出另一种不同的面貌：在此，个人主义遵守政治经济学的铁律；社会和谐需要时间管理和工作纪律、监狱管理学以及科学的济贫法；而人道主义冲动则渗入了最早期的维多利亚时代的多愁善感。[34]建制派的卫道士们开始从启蒙的前提中得出他们自己的结论。尤其是马尔萨斯开始从新的角度阐释需求，利用科学来论证立法活动终究无法缓解苦难和饥馑。[35]更具戏剧性的是，法国大革命的骚乱使许多人改变了立场。

然而，从长远来看，启蒙意识形态并未被摒弃：它们已经深深植入骨髓。它为资本主义提供了世俗的合法性，继续影响着维多利亚时代的自助式的自由主义和自由市场意识形态——一条从斯密到斯迈尔斯之路。[36]他们鼓吹理性自助，许诺未来社会是向善的、充满美德的，使得本土激进分子免受阶级斗争信条或提倡公有制的社会主义的影响。颅相学、世俗主义、费边主义都是启蒙运动的遗产。约翰·斯图尔特·密尔宣称在维多利亚时代早期，每个英国人都是隐含着的"边沁主义者或柯勒律治主义者"：前者显而易见是启蒙运动的产儿。[37]著名的哈勒维命题可能需要修正了：也许并非是循道宗，而是启蒙运动为英国人接种了疫苗，使之得以抵制法国革命以及之后所有革命的影响。[38]

所有这些发展进程都不甚清晰且张力十足。启蒙的行动主义总是牵连着利益冲突，它的灵活、有弹性的意识形态资源可以被激进分子利用，也可以被有产者、财阀以及上流社会用来使他者声名败坏、使其归附，或使其边缘化。启蒙运动的矿藏已不是关于"进步"的故事，反而更像是一场"文化斗争"，包含矛盾、挣扎、讽刺，留下各种各样的受害者和牺牲者。

正是这经久不衰的意识形态激战显示了启蒙这一大观念的深入人心。"自由探索会引起基督教的自行灭亡吗？"人们将记得约瑟夫·普利斯特利曾这样反思："它应该不会由于这一缘故遭到终止，只有假设这信仰是名副其实的，我们才能希冀基督教会盛行于世；倘若基督教果真在自由探索的强大影响力下走向终结，那么这结果一定是由于它名不符实。"[39] 用"启蒙"替代"基督教"，那么普利斯特利的精辟论断就相当精彩地阐释了对自由探究的现代追求，那是由启蒙浇灌的自由之树，那是一种对了解"你的理性"，以及拒斥和藐视知识禁忌的大不敬的需求。另一项评论对象的替换将用于本书的结尾。[40] 威廉·哈兹利特向晚期启蒙运动中最具有战斗性的托马斯·霍尔克罗夫特致敬：他将希望、博爱与谦逊集中一身，

> 他相信，真理相对于谬误来说总是具有天然的优越性，只要人们肯于倾听；一旦真理被发现，它必定会凭借自身迅速散播，凯旋四方；印刷技术不仅仅使这一影响加速，还能清除那些到目前为止阻碍人类道德和智识进步，使其发展缓慢、不合常规、不稳定的一切不测之事。[41]

将这段评论转用于整体的英国启蒙运动，没有其他论述能比它更能准确地概括该运动的理想了。

注 释

导论

1. J. G. A. Pocock, "Clergy and Commerce" (1985), p. 528.
2. J. G. A. Pocock, "Post-Puritan England and the Problem of the Enlightenment" (1980), p. 91.
3. The Revd Richard Price, *A Discourse on the Love of our Country* (1789), pp. 11—12.
4. 例如，罗伯特·达恩顿把洛克与托兰德放在"前启蒙时期"："George Washington's False Teeth", (27 March 1997)。我看不出将最有影响力的经验、自由和宽容哲学家以及最有挑战性的自然神论排斥在启蒙中心地带之外是出于何种理由。我同样对关于"先见"的讨论充满怀疑，例如 A. C. Kors and Paul J. Korshin (eds.), *Anticipations of the Enlightenment in England, France and Germany* (1987)。
5. "18世纪的人们，基本上有精确的性别指向，很少使用'man'一类的词汇来指代人类中男性成员之外的内容"，这是一个合适的注解：Margaret R. Hunt, *The Middling Sort* (1996), p. xiii。然而，一个同时代评论值得我们考虑：

    > 人（Man）这个词被用于描述人类的一种，男性，一个完全成熟的人类，一具躯体，一座塑像，一幅图画，或棋盘上的一块木头，然而通过它的使用场景，我们不会误读这个词。

    Abraham Tucker, *The Light of Nature Pursued* (1997 [1768]), vol. i, p. 241.
6. 这里很容易出现混淆：对排印错误着迷的人会对下面的拼写感兴趣："当我们谈及苏格兰的英国/启蒙运动（Scottish Englishtenment）时（原文如此）……", Pocock, "Post-Puritan England and the Problem of the Enlightenment", p. 92。
7. Norman Davies, *The Isles* (1999); Alexander Grant and Keith Stringer (eds.), *Uniting the Kingdom? The Making of British History.* (1995).
8. 关于政治学理论，参见 J. G. A. Pocock, *The Machiavellian Moment* (1975), 以及 *Virtue, Commerce and History* (1985); 关于文化，见 John Brewer, *The Pleasures of the Imagination* (1997); 关于爱国主义, Linda Colley, *Britons* (1992)。
9. 约翰·托尔顿（John Tolton）关于洛克和洛克传统的论述很典型: *John Locke and the Way of Ideas* (1956), *Locke: An Introduction* (1985), 以及 *Locke and French Materialism* (1991)。

10　关于"英语世界的启蒙运动"的范围更广的方面在此被完全忽略了：美国经验。其他学者已经为我做好了美国方面的研究，尤其是 Henry F. May, *The Enlightenment in America* (1976), 以及 Ernest Cassara, *The Enlightenment in America* (1988)。

11　关于英国例外论，见 E. P. Thompson, "The Peculiarities of the English", 收在其 *The Poverty of Theroy and Other Essays* (1978), pp. 35—91。

12　关于这类研究有价值的代表作是：Fania Oz-Salzberger, *Translating the Enlightenment* (1995); Vincenzo Ferrone, *The Intellectual Roots of the Italian Enlightenment* (1995); Franco Venturi, "Scottish Echoes in Eighteenth-Century Italy" (1985), pp. 345—362。

13　Henry Steele Commager, *The Empire of Reason* (1978).

14　J. I. Talmon, *The Rise of Totalitarian Democracy* (1952).

15　法兰克福学派对于启蒙运动是通往奥斯威辛之路的论述，见 M. Horkheimer and T. Adorno, *The Dialectic of Enlightenment* (1990), p. 6。无论作为一个论争有多么的好，它也是一种历史的无稽之谈；毕竟纳粹是憎恶启蒙哲人的。我们却还要记得，在纳粹使用 *Aufklärung*（enlightenment，启蒙）这个词的时候，他们指的是"宣传"。

16　Michel Foucault, "What is Enlightenment?" (1984). 关于这场讨论，见 David R. Hiley, "Foulcaut and the Question of Enlightenment" (1985—1986); Christopher Norris, "What is Enlightenment?" (1994); Jürgen Habermas, "Taking Aim at the Heart of the Present" (1986)。

17　关于这些不了解历史的后现代主义者所空想出来的"禁锢思想"的世界，见 Terry Castle, *The Female Thermometer* (1994), p. 13。见 Jonathan Dollimore, *Death, Desire and Loss in Western Culture* (1998), p. 123, 论让·鲍德里亚（Jean Baudrillard）狂热的后现代解读：

> 主要的主张是，启蒙理性主义并不是通往自由、授权民主的工具，而是相反，变成压迫和暴力的工具。启蒙运动对普遍人性的世俗式的强调也是如此；对鲍德里亚来说，这就导致了他所称的"人类之癌"（cancer of the Human）——远不是一种包罗万象的解放方式，普遍人性的概念把差异妖魔化，并给予了"正常人"压迫他人的特权。

18　这句之前的一段话写道："在我们与迅速堕入黑暗深渊之间，有少数几样事物，其中之一即一系列源自 18 世纪启蒙运动的价值观。这并不是什么时髦的观点"：Eric Hobsbawm, *On History* (1997), p. 254。相同的观点可见于 Robert Wokler, "The Enlightenment Project and its Critics" (1997)。阴郁的结构主义和后现代主义对启蒙运动的解读方式把理性贬斥为排异、意识形态控制与规训权力的工具，对此的批判也可见于 Robert Darnton, "George Washington's False Teeth"。在美国后现代主义中，对启蒙政治学最全面的论述见 Karlis Racevskis, *Postmodernism and the Search for Enlightenment* (1993)。

19　Mark Goldie, "Priestcraft and the Birth of Whiggism" (1993), p. 210。"在法国，"汤普森（E. P. Thompson）沿着同样思路说道：

正统大军与启蒙阵营相互对视。(但)……启蒙运动在英国的进程并不像冲毁堤坝的大潮，而是像河口处的海潮，这河口的坡岸易于接受这海潮，它慢慢渗入被侵蚀的海岸、泥滩与溪流。

"The Peculiarities of the English", in *The Poverty of Theory and Other Essays* (1978), p. 58.

20. Joseph Priestley and Richard Price, *A Free Discussion of the Doctrines of Materialism and Philosophical Necessity* (1994 [1780]).

21. 这个口号可见于 Robert Darnton, "In Search of Enlightenment" (1971), 最近的评论见 Haydn T. Mason (ed.), *The Darnton Debate* (1998); Peter Burke (ed.), *New Perspectives on Historical Writing* (1991), 特别是 Jim Sharpe, "History from Below", pp. 24—41; John Bender, "A New History of the Enlightenment?" (1992); 关于光明与阴暗面, 见 P. Hulme &L. Jordanova (eds.), *Enlightenment and Its Shadows* (1990)。

22. "启蒙"信仰并非为启蒙活动家所专有。拥护这样或那样的"启蒙"立场也不会自动把一个人变成"发言人"；启蒙活动家也没有垄断道德和批评的"市场"。例如，乔纳森·斯威夫特就像洛克与休谟一样激烈嘲讽混乱的形而上学、罗马天主教和神秘主义，但他愤世嫉俗的基督教思想也让他将进步谴责为专横傲慢的。对英国启蒙运动加以限定会涉及对其文化特性的开放与多样性的曲解。

23. 引自：Yolton, *Locke: An Introduction*, p. 1。

24. 见 Mark Goldie (ed.), *Locke: Political Essays* (1997), p. xiii。

25. Janet Semple, *Bentham's Prison* (1993), p. 100.

26. R. A. Knox, *Enthusiasm* (1950), p. 388.

27. William Hazlitt, *The New School of Reform* (1901—1906 [1862]), p. 188.

28. 关于启蒙诡辩术中涉及目的、方式和较轻的恶的睿智言论，见 Jean Starobinski, *The Remedy in the Disease* (1992)。

29. W. J. Bate, J. M. Bullitt, and L. F. Powell (eds.), *Samuel Johnson: the Idler and Adventurer* (1963), p. 457.

30. George Birkbeck Hill, *Boswell's Life of Johnson* (1934—1950), vol. ii, p. 170. 另见 Alvin Kernan, *Printing Technology, Letters and Samuel Johnson* (1987), p. 19。

31. David Hume, *Essays Moral, Political and Literary* (1898 [1741—1742]), vol. i, essay vii, p. 54.

32. 你们将会看到，我赞同把18世纪的英国看作各种变化的熔炉而不是"安乐和茶歇之处"这样的观点，后一种观点可见于 George Saintsbury, *The Peace of the Augustans* (1916)。我在我的论文里提到过这样的观点："English Society in the Eighteenth Century Revisited" (1990), "The New Eighteenth Century Social History" (1997)。

第一章　一个盲点？

1. Perry Anderson, "Origins of the Present Crisis" (1965), p. 17.
2. Immanuel Kant, *Beantwortung der Frage* (1912—1922 [1784]), vol. iv. p. 169. 英译文见

Issac Kramnick (ed.), *The Portable Enlightenment Reader* (1995), pp. 1—7。另一位杰出的讨论者是 Moses Mendelssohn，见 James Schmidt, "The Question of Enlightenment" (1989)。关于这些社会，见 Richard van Dülmen, *The Society of The Enlightenment* (1992), pp. 52f。

3 "我们的时代，"康德认为，"在某种程度上就是批判的时代，一切都要诉诸批判"：Norman Kemp Smith (ed.), *Emmanuel Kant's Critique of Pure Reason* (1963), p. 9; R. Koselleck, *Critique and Crisis* (1988), p. 121。

4 见 Dorinda Outram, *The Enlightenment* (1995), pp. 2f。

5 康德通过阅读拓展了自己的视野，尤其著名的是凭借休谟的《人类理解研究》（1748）从自己的"独断论的睡梦"中苏醒过来。

6 Jeremy Black (ed.), *Eighteenth Century Europe 1700—1789* (1990), p. 402; C. B. A. Behrens, *Society, Government and the Enlightenment* (1985)。

7 例如，见下文第二章和本书其他部分。莫里茨牧师（Pastor Moritz）和阿兴霍尔茨（Johann Wilhelm von Archenholz）等普鲁士人惊讶地发现英国是如此自由。如果康德曾经西行，或许也会有这样的反应。我的评论当然不会对康德的哲学才华有丝毫贬损，见 Ernst Cassirer, *Kant's Life and Thought* (1982); J. B. Schneewind, *The Invention of Autonomy* (1998)。

8 书报审查制度见 Eckhart Hellmuth, "Enlightenment and the Freedom of the Press" (1998); Black (ed.), *Eighteenth Century Europe 1700—1789*, p. 404。关于菲利普，见 George S. Marr, *The Periodical Essayists of the Eighteenth Century* (1971), p. 57。

9 Anthony Ashley Cooper, 3rd Earl of Shaftesbury, to Jean Le Clerc (1706), 引自 B. Rand, *The Life, Unpublished Letters and Philosophical Regimen of Anthony, Earl of Shaftesbury* (1900), p. 353。沙夫茨伯里的《论狂热书信》指出现代不列颠人能够生活在批评文化中非常幸运：1688 年改变了一切："我认为革命之后的英格兰，要比旧英格兰上了很多层次"：Anthony Ashley Cooper, 3rd Earl of Shaftesbury, *Characteristicks of Men, Manners, Opinions, Times* (1999 [1711]), vol. i, p. 10。

10 任何关于"理性时代"的幼稚信仰都被卡尔·贝克尔（Carl Becker）尖刻地摧毁了：*The Heavenly City of the Eighteenth Century Philosophers* (1932)。关于现代的概念，见 Marshall Berman, *All That is Solid Melts into Air* (1983), Miles Ogborn, *Spaces of Modernity* (1998), 后者指出（p. 10），据称"在启蒙运动的时代背景下，现代性将个人从传统的纽带中解放出来，现代性还与社会日新月异的变化相关，与市民社会的出现、政治平等，还有革新和变迁相关。所有这些成就还与资本主义、工业主义、世俗化、城市化与理性化分不开"。

11 Peter Gay, *The Enlightenment, An Interpretation*, vol. i: *The Rise of Modern Paganism* (1967), vol. ii: *The Science of Freedom* (1970)。

12 有影响力的修正主义观点见 Robert Darnton, "In Search of the Enlightenment" (1971), 以及 "The High Enlightenment and the Low-Life of Literature in Pre-Revolutionary France" (1982)。另见 Haydn T. Mason (ed.), The Darnton Debate (1998)。Outram, *The Enlightenment*, 提供了详细的启蒙史学研究。

13　Ernst Cassirer, *The Philosophy of the Enlightenment* (1951), p. 174. 与约翰·斯图尔特·密尔的结论做一比较，密尔认为边沁"并不是伟大的哲学家"：F. R. Leavis (ed.), *Mill on Bentham and Coleridge* (1962), p. 48。

14　L. M. Marsak (ed.), *The Enlightenment* (1972); L. G. Crocker (ed.), *The Age of Enlightenment* (1969). Robert Anchor, *The Enlightenment Tradition*（1967）进行的是总体研究，但只是顺带讨论了一位英国人：大卫·休谟（pp. 61—64）。在其关注的 19 世纪杰出启蒙运动宣传家的介绍里，Dorinda Outram 只是收录了洛克和牛顿两位英国人，毫无理由地忽略了休谟、边沁和斯密：见 *The Enlightenment*, pp. 128—132。

15　James Schmidt (ed.), *What is Enlightenment?* (1996). 这里有一个原因：这本书主要关注的是康德。值得尊敬的例外是 Isaac Kramnick (ed.), *The Portable Enlightenment Reader* (1995)。

16　J. V. Price, "Religion and Ideas" (1978); Christopher Hill, *Reformation to Industrial Revolution* (1969), p. 281; A. R. Humphreys, *The Augustan World* (1954); Pat Rogers, *The Augustan Vision* (1974); Kenneth Clark, 引自 R. W. Harris, *Reason and Nature in the Eighteenth Century* (1968), p. 234; 相似的判断见 Douglas Bush, *Science and English Poetry, a Historical Sketch 1590—1950* (1967), ch. 3。

17　Henry Steele Commager, *The Empire of Reason* (1977), p. 4; Robert R Palmer, "Turgot: Paragon of the Continental Enlightenment" (1976), p. 608. 一些年前阿尔弗雷德·科本（Alfred Cobban）认为启蒙这个词"用英语来说很不自然"：*In Search of Humanity* (1960), p. 7。

18　W. O. Chadwick, *The Secularization of the European Mind in the Nineteenth Century* (1975); 见《牛津英语词典》第二版（1989），启蒙词条之下。关于"光明使者"等，见 Richard van Dülmen, *The Society of the Enlightenment* (1992), p. 105。

19　*The Shorter Oxford English Dictionary on Historical Principles* (1973), 转引自 Arthur Wilson, "The Enlightenment Came First to England" (1983), p. 3。威尔逊承认在英格兰的启蒙运动，但很奇怪地认为英国的贡献在 1700 年之间就终结了（p. 4）。
　　关于市侩主义（philistinism）："我希望我能足够优秀到倾听那些知识分子的话，"拜伦伯爵早在 1813 年就叹气道：转引自 Raymond Williams, *Keywords* (1988), p. 141. 见威廉对在很大程度上具有负面意味的"知识分子"概念的传入的更广泛讨论；另见 W. E. Houghton, *The Victorian Frame of Mind 1830—1870* (1957), 关于英国反智主义更喧嚣粗陋的例子，见 Paul Johnson, *Intellectuals* (1988)。

20　John Redwood, *Reason, Ridicule and Religion* (1976). 对英国自由思想家发起的最无耻指控是认为他们"威胁了教会的生存，最严重的是导致了风俗习惯的败坏"（196 页）。Redwood 带着偏见的书至少承认古老的信条经受了多么激进的攻击。这确实是一个存在"社会分裂"危机的时代。我们在使用的时候却必须格外小心，因为这本书里混杂着事实错误，1996 年再版的时候也没做修改。John Gascoigne, *Joseph Banks and the English Enlightenment* (1994), 意识到了此书描述的现象。

21　J. C. D. Clark, *English Society, 1688—1832* (1985), *Revolution and Rebellion* (1986). 克拉克对启蒙运动的否定建立在如下基础上："那时在英语世界里没有人提及'The

Enlightenment'", 这一说法是夸大其词: *The Language of Liberty* (1994).p. 14: 毕竟许多时人会谈及 "这个开明的时代" (this enlightened age)。关于对他的批评, 见 Joanna Innes, "Jonathan Clark, Social History, and England's Ancien Regime" (1987); G. S. Rousseau: "Revisionist Polemics" (1989); Frank O'Gorman, "Recent Historiograhy of the Hanoverian Regime" (1986); Jeremy Black, "'England's Ancien Regime'?" (1988)。

22 实际上不仅没有争论, 而且缺乏综合。最近的关于乔治王时代主要的思想研究——几乎令人难以置信——是莱斯利·斯蒂芬 (Leslie Stephen) 的 *History of English Thought in the Eighteenth Century*, 出版于 1876 年! 尽管他自己是位不可知论者, 因此是启蒙运动的产儿, 斯蒂芬好为人师的口气却谴责怀疑论者 (sceptics) 的肤浅圆滑, 而不是像他自己这样诚实的质疑者 (doubter)。很少有维多利亚时代人与那个时代产生共鸣。牛津导师帕提森 (Mark Pattison) 开玩笑说, "真正的国教徒都把那个时代从教会史里面忽略掉": B. W. Young, "Knock-Kneed Giants" (1993), p. 87。关于"科学革命"的讨论, 见第六章。

23 F. M. Voltaire, *Letters concerning the English Nation* (1926 [1733]), pp. 41—42; Ahmad Gunny, *Voltaire and English Literature* (1979). 在 1753 年, 伏尔泰向一位在欧陆进行游学的英国人威廉·李道贺, 因为他来自一个 "在全欧洲自由阴影最少的国家": Jeremy Black, *Convergence or Divergence?* (1994), pp. 144—145; 关于这场讨论, 见 Daniel Roche, *France in the Enlightenment* (1988), p. 11。关于另一些到访英国的可敬探访者, 见 A. C. Cross, "By the Banks of Thames" (1980)。

24 见 F. M. Voltaire, *Philosophical Dictionary* (1962 [1764]) 一书的导论, p. 9。

25 Voltaire, *Letters concerning the English Nation*, pp. 73, 76. 伏尔泰宣称: "或许没有人能比洛克先生更加睿智, 或有如此条理清晰的天分, 或更为精确的逻辑。"

26 Denis Diderot, *Oeuvres complètes* (1875—1877), vol. ii, p. 80. 伏尔泰和孟德斯鸠, 这些启蒙运动"真正的创始人", "是英国哲学家、伟人的学生与追随者"; 引自 Gay, *The Enlightenment*, vol. i, p. 12, 出自 *Oeuvres complètes*, vol. iii, p. 416。

27 引自 Joseph Texte, *Jean-Jacques Rousseau and the Cosmopolitan Spirit in Literature* (1899), pp. 86—87。

28 Texte, *Jean-Jacques Rousseau and the Cosmopolitan Spirit in Literature,* p. 260.

29 Edward Gibbon, *Memoirs of My Life* (1966 [1796]), p. 125; Joséphine Grieder, *Anglomania in France, 1740—1789* (1985).

30 Franco Venturi, *Utopia and Reform in the Enlightenment* (1971), p. 67.

31 Diderot, *Oeuvres complètes*, vol. iii, p. 416, 引自 Gay, *The Enlightenment*, vol. i, p. 12。

32 Norman Torrey, *Voltaire and the English Deists* (1930); Ahamd Gunny, *Voltaire and English Literature* (1979); I. O. Wade, *The Structure and Form of the French Enlightenment* (1977), vol. i. ch. 5; M. C. Jacob, "Newtonianism and the Origins of the Enlightenment" (1977); Ross Hutchison, *Locke in France (1688—1734)* (1991). 本杰明·富兰克林认为沃拉斯顿的《自然宗教概论》对他的思维进步有着至关重要的作用: Douglas Anderson, *The Radical Enlightenment of Benjamin Franklin* (1997), p. 6; Franco Venturi, *Utopia and Reform in the Enlightenment* (1971), p. 60。

33 R. L. Cru, *Diderot as a Disciple of English Thought* (repr. 1966), ch. 3.
34 Jean-Jacques Rousseau, *The Confessions of Jean-Jacques Rousseau* (1954 [1781—1788]), p. 110.《旁观者》《卫报》《闲谈者》分别在 1714 年、1725 年、1734 年被译成法语。
35 Mary. P. Mack, *Jeremy Bentham, An Odyssey of Ideas, 1784—1792* (1962), p. 4.
36 见 A. Rupert Hall, "Newton in France: A New View" (1975). 长期以来，牛顿就是英国至高无上地位的代名词。一家希腊科学杂志在 19 世纪初宣称："在培根之后，牛顿出世，带给英国光辉与永恒的荣耀"：George N. Vlahakis, "The Greek Enlightenment in Science" (1999), p. 330。
37 Dorat, "Idée de la poesie allamande" (1768), p. 43, 引自 Texte, *Jean-Jacques Rousseau and the Cosmopolitan Spirit in Literature*, p. 335。
38 Jean Le Rond d'Alembert, *Preliminary Discourse to the Encyclopedia of Diderot* (1995 [1751]), p. 109.
39 Cru, *Diderot as a Disciple of English Thought*, p. 351. 狄德罗和斯特恩是朋友。莎士比亚在 18 世纪 70 年代在德意志风靡一时。莪相的作品广为流传，詹姆斯·麦克弗森的《苏格兰高地古诗残篇》(*Fragments of Ancient Poetry Collected in the Highlands*, 1760) 被翻译成德语 (1768)、法语 (1777)、俄语 (1792)、荷兰语 (1805)、丹麦语 (1807—1809) 以及捷克语 (1827)，并在歌德的《维特》(*Werther*)(1774) 里面出现；Jeremy Black, *Convergence or Divergence?* (1994), p. 155。利希滕贝格 (Lichtenberg) 为了《鲁滨逊漂流记》的一小部分两次发誓要丢弃克洛卜施托克 (Klopstock) 的《弥赛亚》(*Messias*)：M. L. Mare & W. H. Quarrell, *Lichtenberg's Visits to England as Described in his Letters and Diaries* (1938), p. xxiii。
40 引自 Texte, *Jean-Jacques Rousseau and the Cosmopolitan Spirit in Literature*, p. 335。
41 Geoffrey Hawthorn, *Enlightenment and Despair* (1976), p. 10.
42 Gay, *The Enlightenment*, vo. i. p. 3. 盖伊对启蒙运动的同质性的强调很早就受到了贝蒂·贝伦斯 (Betty Behrens) 的挑战，见他的评论，*Historical Journal* (1968), pp. 190—195; 另见 Henry F. May, *The Enlightenment in America* (1976)。
43 L. M. Marsak (ed.), *The Enlightenment* (1792), p. 3; Lester G. Crocker 为 John Yolton (ed.), *The Blackwell Companion to Enlightenment* (1991) 所写的导论，p. 1。关于法国作为启蒙运动"核心"的论述，见 Darnton, "George Washington's False Teeth"。Daniel Roche 称巴黎是"启蒙运动的首都"：*France in the Enlightenment* (1998), p. 641。
44 R. P. Palmer, *The Age of the Democratic Revolution* (1959—1964).
45 启蒙运动也被透过"现代化理论"的棱镜做过解读：A. M. Wilson, "The Philosophes in the Light of Present-Day Theories of Modernization" (1967); H. B. Applewhite & D. G. Levy, "The Concept of Modernization and the French Enlightenment" (1971); Joyce Appleby, "Modernization Theory and the Formation of Modern Social Theories in England and America" (1978)。
46 Gay, *The Enlightenment*, vol. i. p. 3.
47 J. H. Plumb, *In the Light of History* (1972). 该书抱怨道，18 世纪的英国人竟会"如此之少"地接纳"唯物主义哲学"，并解释说这是"非理性"的复苏导致的。这种与法国

48 关于这个问题的讨论，例如，Roy Porter and Mikuláš Teich (eds.), *The Enlightenment in National Context,* (1981)。

49 关于"相当温和"的法国的高贵启蒙，见 Robert Darnton, "In Search of Enlightenment", pp. 118—119。

50 科尔斯（A. C. Kors）的 *D' Holbach's Coterie* (1976) 表明，甚至是霍尔巴赫圈子里的大多数人的生活是多么传统——人们应该能够从他们的头衔背景推测出来这一情况。

51 根据 D. Spadafora, *The Idea of Progress in Eighteenth Century Britain* (1990), pp. 10—11："在一定程度上，法国启蒙运动如果有任何方面与英国相对应，那也不在英格兰，而是在苏格兰。"

52 不管怎样，某些系统性的作品的确出现了，尤其是边沁的鸿篇法典编纂。

53 Joseph Addison and Richard Steele, *The Spectator* (1965), vol. i. no. 10, pp. 44 (12 March 1711); Cicero, *Tusculan Disputations* (1927), V. iv. 10, pp. 434—435。关于知识与文学的社会生产的开创性研究，见 J. H. Plumb, "The Public Literature and the Arts in the Eighteenth Century" (1972), 以 及 *The Commercialization of Leisure* (1973); Pat Rogers, *Grub Street* (1972)。见下文第四章。

54 Thompson, "The Peculiarities of the English", p. 42; Roy Porter and Mikuláš Teich (eds.), *The Enlightenment in National Context.* 对英国独特性的反思，见 Nikolaus Pevsner, *The Englishness of English Art* (1976)。

55 汤普森希望"将贫困的织袜工、卢德派的剪绒工、'落伍的'手织工、'热衷空想的'匠人，甚至乔安娜·索斯科特（Joanna Southcott）所哄骗的追随者，从后代子孙的不屑一顾中拯救出来"：*The Making of the English Working Class* (1968), p. 13。

56 Thompson, "The Peculiarities of the English", p. 58.

57 J. H. Plumb, "Reason and Unreason in the Eighteenth Century", 载于 *In the Light of History* (1972), pp. 23—24。一个证实了普拉姆观点的很好的研究作品是，凯思琳·威尔逊（Kathleen Wilson）的 *The Sense of the People* (1995)。

58 关于社会变迁，见 J. A. Sharpe, *Early Modern England* (1987); Trevor May, *An Economic and Social History of Britain, 1760—1970* (1987); John Rule, *Albion's People* (1992), *The Vital Century* (1992); Jeremy Black, *An Illustrated History of Eighteenth-Century Britain, 1688—1793* (1996); Roy Porter, *English Society in the Eighteenth Century* (1990)。

59 C. Hibbert (ed.), *An American in Regency England* (1968), p. 47.

60 R. Nettlel (ed.), *Journeys of a German in England in 1782* (1965), p. 33.

61 A. F. Prévost, *Mémoires et aventures d'un homme de qualité* (1927 [1728—1731]), p. 136.

62 R. Brimley Johnson (ed.), *Bluestocking Letters* (1926), p. 90.

63 Tobias Smollett, *Travels through France and Italy* (1766), vol. ii. pp. 197—198。另 见 C. Maxwell, *The English Traveller in France, 1698—1815* (1932); Brian Dolan, *Exploring European Frontiers* (1999)。

64　John Locke, *An Essay concerning Human Understanding* (1975 [1690]), bk I, ch. 1, para. 6, p. 46. 另见 J. L. Axtell, *The Educational Works of John Locke* (1968); Alexander Pope, *An Essay on Man*, in J. Butt (ed.), *The Poems of Alexander Pope* (1965 [1733—1734]), p. 516, l. 2。

65　例如，政治经济学的发展（下文第十七章）。功利主义是资本主义经济的蓝图。

66　这一说法出自 Adam Smith, *Lectures on Jurisprudence* (1982 [1762—1763]), vol. iv, p. 163。

67　John Gay, "A Dissertation Concerning the Fundamental Principle and Immediate Criterion of Virtue", in W. King, *An Essay on the Origin of Evil* (1721), pp. xvii—xviii.

68　W. Paley, *The Principles of Moral and Political Philosophy* (1785), p. 61.

69　Joseph Priestley, *Lectures On History* (1793), vol. ii. p. 47.

70　见 Joseph Butler, *Fifteen Sermons Preached at the Rolls Chapel* (1726), sermon xi, p. 70。关于此书的讨论，见 Donna T. Andrew, *Philanthropy and Police* (1989), p. 39。见 Christopher Cunliffe (ed.), *Joseph Butler's Moral and Religious Thought* (1992)。

71　Joseph Priestley, *Lectures on History and General Policy* (1788), vol. ii, p. 231. 另见 J. A. Passmore, *Priestley's Writing on Philosophy, Science and Politics* (1965), p. 260。

72　Madame du Boccage, *Letters concerning England, Holland and Italy* (1770), vol. i, pp. 28—29.

73　H. C. Robbins-Landon, *Haydn in England 1791—1795* (1976), p. 97. 海顿的音乐会与佣金带给他不菲的收入。在 1794 年从自己的慈善音乐会获得了 800 英镑时，他评论道："这么多钱只有在英格兰才能赚到。"

74　E. P. Thompson, "The Moral Economy of the English Crowd in the Eighteenth Century" (1971).

75　J. Passmore, *The Perfectibility of Man* (1970), pp. 158f.

76　这样上帝与自然将整体框架连接，令利己与社会性变得一样。

Alexander Pope, *An Essay of Man*, bk III, ll. 317—318, in J. Butt (ed.), *The Poems of Alexander Pope*, p. 535; C. H. Vereker, *Eighteenth-Century Optimism* (1967); A. O. Lovejoy, *The Great Chain of Being* (1936).

77　Anthony Ashley Cooper, 3rd Earl of Shaftsbury, *Characteristicks of Men, Manners, Opinions, Times* (1999 [1711]), vol. i, p. 273.

78　Sir F. M. Eden, *The State of the Poor* (1797), vol. i, p. 468. 伊登在此依据的是斯密的观点。

79　"在伦敦，人们可以根据自己的想法甚至是突发奇想生活着，世界上的其他地方在这一点上都不及伦敦"：Pastor Wendeborn, *A View of England* (1791), vol. i. p. 184。

80　见 Lawrence Stone, *The Family, Sex and Marriage in England, 1500—1800* (1977), ch. 9; J. H. Plumb, "The New World of the Children in Eighteenth-Century England" (1975); D. Owen, *English Philanthrophy, 1660—1960* (1965); B. Rodgers, *Cloak of Charity: Studies in Eighteenth-Century Philanthropy* (1949). 资本主义经济——由启蒙运动的政治经济学认可的——无疑正在创造人道主义想要清除掉的那些弊病。

81　E. P. Thompson, "Patrician Society, Plebian Culture" (1974), "Eighteenth-Century English Society" (1978), p. 139; Ian Gilmour, *Roits, Risings and Revolution* (1992); Nicholas Rogers,

Crowds, Culture and Politics in Georgian Britain (1998).

82 J. W. von Archenholz, *A Picture of England* (1790), p. 24.
83 Madame du Boccage, *Letters concerning England, Holland and Italy*, p. 44.
84 引自 G. May, *Madame Roland and the Age of Revolution* (1970), p. 131 (整个第九章都在说明这个问题); Neil McKendrick, John Brewer and J. H. Plumb, *The Birth of a Consumer Society* (1982)。
85 "Of the First Principles of Government" (1741), in David Hume, *Selected Essays* (1993), p. 25.
86 富有建设性的论点见 Michel Foucault, *Discipline and Punish* (1977), 以及 Michael Ignatieff, *A Just Measure of Pain* (1978)。
87 见 Thompson, "Patrician Society, Plebian Culture" 有关于这个概念的注解。
88 见 J. Woodward, *To Do the Sick No Harm* (1974); M. G. Jones, *The Charity School Movement* (1938)。
89 Nettel, *Journeys of a German in England in 1782*, pp. 30, 69; M. Grosley, *A Tour to London, or New Observations on England* (1772), vol. iii, p. 168 ; C. de Saussure, *A Foreign View of England in 1725—1729* (1995), p. 25; Hibbert, *An American in Regency England*, p. 25; Abbé Prévost, *Adventures of a Man of Quality in England* (1930), p. 119.
90 Peter Burke, *Popular Culture in Early Modern Europe* (1978).
91 Anon. , *A History of Little Goody Two Shoes* (1766), 标题页。
92 引自 Hibbert, *An American in Regency England*, p. 52。
93 这里明显和政治相关，普拉姆在 *The Growth of Political Stability in England 1675—1725* (1967) 中有涉及。关于改造人性，见 J. A. Passmore, "The Malleability of Man in Eighteenth-Century Thought" (1965)。
94 Voltaire, *Letters concerning the English Nation*, p. 34. 伏尔泰是在回应艾迪生对皇家交易所大厅的赞美："有太多的国民与外国人聚集在这里，他们在一起商议私人事务，让这座大都市成为**整座地球的商业中心**": Addison and Steele, *The Spectator*, vol. i. no. 69, p. 293 (Saturday, 19, May 1711). 阿姆斯特丹交易所也因为同样理由备受尊崇。
95 F. A. Pottle (ed.), *Boswell's London Journal* (1950), p. 63; "学会克制"（"learn retenu"）: F. A. Pottle (ed.), *Boswell in Holland, 1763—1764* (1952), pp. 47, 49, 390。
96 Samuel Johnson, letter to *Richard Congreve* (25 June 1735), in R. W. Chapman (ed.), *The Letters of Samuel Johnson* (1952), vol. i. p. 6.
97 D. Hartley, *Observations on Man* (1749), vol. ii, p. 255.
98 J. Brewer, "Commercialization and Politics" (1982).
99 Henry Fielding, "An Essay on Conversation" , in *Miscellanies, by H. F. Esq.* (1743), vol. i, p. 159.
100 Shaftesbury, *Characteristicks of Men, Manners, Opinions, Times*, vol. i, p. 39.
101 关于以一种好交际的方式呈现自我，见 R. Sennett, *The Fall of Public Man* (1977); F. L. Lucas, *The Search for Good Sense* (1958), 以及 *The Art of Living* (1959); S. M. Brewer, *Design for a Gentleman* (1963)。

102　美国学术界尤其紧紧抓住尤尔根·哈贝马斯关于"公共领域"(指的是一个由私人组成的空间,这些人被理解为以私人领域为其根基所在,包括家庭)的创生的概念。因为公共舆论在乔治王时代英格兰的重要性从来没有被否认,这就是无谓的重复劳动。见 Jürgen Habermas, *The Structural Transformation of the Public Sphere* (1989), 以及 "Further Reflections on the Public Sphere" (1992); 有助于理解的著作见 Craig Calhoun, "Introduction: Habermas and the Public Sphere", in *Habermas and the Public Sphere* (1992), pp. 1—50; Geoff Eley, "Nations, Publics and Political Cultures" in Calhoun, *Habermas and the Public Sphere*, pp. 289—339; Robert C. Holub, *Jürgen Habermas: Critic in the Public Sphere* (1991)。倾向于批判的观点,见 Dena Goodman, "The Public and the Nation" (1995), 这是《18世纪研究》(*Eighteenth Century Studies*)专门探讨哈贝马斯及历史的一期的导言。

103　关于剑和笔的双关用法(暗指戳刺)很常见:"你的笔,和你的剑一样没有伤害。"卡尔·斯克罗普爵士(Sir Carr Scrope)在复辟时期这样认为。Warren Chernaik, *Sexual Freedom in Restoration Literature* (1995), p. 80。

第二章　一种意识形态的诞生

1　John Dryden, "Secular Masque" (1700), in *The Poems of John Dryden* (1959), pp. 202—203.

2　引自 Joseph Texte, *Jean-Jacques Rousseau and the Cosmopolitan Spirit in Literature* (1899), p. 60。

3　Maurice Cranston, *John Locke: A Biography* (1957), p. 42. 斯图亚特时代的政治,见 Mark Kishlansky, *A Monarchy Transformed* (1996); Dereck Hirst, *Authority and Conflict* (1986); Barry Coward, *The Stuart Age* (1980)。关于空位时代的激进主义,见 Christopher Hill, *The World Turned Upside Down* (1972), 以及 *God's Englishman* (1970)。

4　E. S. De Beer (ed.), *The Diary of John Evelyn* (1955), vol. iii, p. 246.

5　Ronald Hutton, *The Restoration* (1985); J. R. Jones (ed.), *The Restored Monarchy, 1660—1688* (1979)。关于持续不断的威胁,见 Richard Greaves, *Deliver Us from Evil* (1986), *Enemies under His Feet* (1990), 以及 *Secrets of the Kingdom* (1992); Michael R. Watts, *The Dissenters* (1978), vol. i, p. 222。1662年起义被残忍地镇压了。

6　Ursula Henriques, *Religious Toleration in England, 1783—1833* (1961), p. 9; Robert S. Bosher, *The Making of the Restoration Settlement* (1951).

7　关于霍布斯,见 Quentin Skinner, *Reason and Rhetoric in the Philosophy of Hobbes* (1996), 以及本书第三章。关于对君权神授的装饰,见 Raymond Henry Payne Crawfurd, *The King's Evil* (1911); Marc Bloch, *The Royal Touch* (1973)。

8　关于复辟时期的文化,见 Paula R. Backsheider, *Spectacular Politics* (1994); John Brewer, *The Pleasures of the Imagination* (1997), ch. 1; James Anderson Winn, *John Dryden and His World* (1987); Michael Foss, *The Age of Patronage* (1971)。

9　Michael Hunter, *Science and Society in Restoration England* (1981), *The Royal Society and its*

Fellows 1660—1700 (1994), 以及 *Establishing the New Science* (1989)。

10 关于国际政治，见 Jeremy Black, *A System of Ambition?* (1991)。

11 Watts, *The Dissenters*, vol. i, pp. 221f.

12 见 John Kenyon, *The Popish Plot* (1972); Paul Hammond, "Titus Oates and 'Sodomy'" (1997); John Miller, *Popery and Politics in England 1660—1688* (1973)。

13 见 W. A. Speck, *Reluctant Revolutionaries* (1988); Robert Beddard (ed.), *The Revolution of 1688* (1991)。

14 见 J. R. Jones (ed.), *Liberty Secured?* (1992); J. G. A. Pocock (ed.), *Three British Revolutions, 1641, 1688, 1776* (1980); Geoffrey Holmes, *The Making of a Great Power* (1993); Lois G. Schwoerer, *The Revolution of 1688—1689* (1992)，此书强调《人权宣言》的激进主义，反对当下的修正主义。

15 G. J. Schochet, *Patriarchalism in Political Thought* (1975); 关于沙夫茨伯里对君权神授理论的攻击，见 Paul Hammond, "The King's Two Bodies" (1991), p. 33。

16 尽管在后来英国的意识形态里，它被看作一场结束了所有革命的革命: Christopher Hill, *Some Intellectual Consequences of the English Revolution* (1980), p. 19。

17 关于威廉-玛丽时代的政治紧张状态，见 Geoffrey Holmes and W. A. Speck, *The Divided Society* (1967); Geoffrey Holmes (ed.), *Britain after the Glorious Revolution 1689—1714* (1969), 以及 *The Birth of Britain* (1994); J. P. Kenyon, *Revolution Principles* (1977); Clyve Jones (ed.), *Britain in the First Age of Party, 1684—1750* (1987), pp. 195—219; Holmes and Speck, *The Divided Society*。关于政治难民，见 I. Scoutland (ed.), *Huguenots in Britain and their French Background, 1550—1800* (1987)。

18 Geoffrey Holmes, *British Politics in the Age of Anne* (1987)。

19 John Brewer, *The Sinews of Power* (1989); Geoffrey Holmes, *Augustan England* (1982)。

20 关于安妮统治之下的积怨，见 Geoffrey Holmes, *The Trial of Doctor Sacheverell* (1973)。

21 Caroline Robbins, *The Eighteenth-Century Commonwealthmen* (1968).

22 见 Cranston, *John Locke: A Biography*; John Marshall, *John Locke: Resistance, Religion and Responsibility* (1994)。

23 Mark Goldie (ed.), *Locke: Political Essays* (1997), pp. xiiif, 其中有很好的导读文章。

24 John Dunn, *Locke* (1984), p. 23.

25 Marshall, *John Locke: Resistance, Religion and Responsibility*, p. xvi.

26 引自 J. W. Gough, *John Locke's Political Philosophy* (Oxford: Clarendon Press, 1950), p. 134; J. C. D. Clark, *English Society, 1688—1832* (1985), p. 47: 赫恩（Hearne）抱怨说，洛克的《政府论》"多数只是在剑桥大学里受到研读和学习"。关于无神论者，见 Michael Hunter, "The Problem of 'Atheism' in Early Modern England" (1985)。

27 Margaret C. Jacob, *The Cultural Meaning of the Scientific Revolution* (1988), p. 97; 对比其更早的论点: "启蒙运动温和与激进的形态，最早都是源自英格兰", *The Radical Enlightenment* (1981), p. 79, 以及她的如下观点（第 84 页）: "欧洲启蒙运动的真实根源……既在于反抗斯图亚特王朝绝对主义的英国革命经验，也在于欧陆对法国绝对主义的反对。"关于 17 世纪 80 年代更广泛的欧洲激进主义，见 P. G. M. C. Hazard, *The European Mind, 1680—1715* (1964)，以及 Margaret Jacob, "The Crisis of the European Mind" (1987)。

28 "启蒙运动的温和与激进形态均起源于英格兰，但思想上的成熟却在欧洲得以实现。" Jacob, *The Radical Enlightenment*, p. 79，以及 "The European Enlightenment Begins in 1689"（p 84）。

29 汉诺威王朝初期政治，见 J. H. Plumb, *The Growth of Political Stability in England, 1675—1725* (1967); G. Holmes, "The Achievement of Stability" (1981); Jeremy Black (ed.), *Britain in the Age of Walpole* (1984)，以及 *The Politics of Britain, 1688—1800* (1993); Hiram Caton, *The Politics of Progress* (1988)。关于詹姆斯党，见 Paul Kleber Monod, *Jacobitism and the English People, 1688—1788* (1989)。

30 Reed Browning, *Political and Constitutional Ideas of the Court Whigs* (1982).

31 关于欧洲大陆的书报审查制度，见 Robert Darnton, *The Forbidden Best-Sellers of Pre-Revolutionary France* (1996)。

32 J. G. A. Pocock, "Conservative Enlightenment and Democratic Revolutions" (1989), p. 84.

33 J. G. A. Pocock, "Post-Puritan England and the Problem of the Enlightenment" (1980), p. 105.

34 J. G. A. Pocock, "Clergy and Commerce" (1985); 对比 Jacob, *The Radical Enlightenment*, p. 94。

35 Pocock, "Clergy and Commerce", p. 528; 对比 Jacob, *The Radical Enlightenment*, p. 94。

36 J. G. A. Pocock, *The Machiavellian Moment* (1975), p. 477，以及 *Barbarism and Religion* (1999), vol. i, p. 294。与波考克一样，雅各布也认识到了英国也在开拓一条"特殊道路"（*Sonderweg*）: Margaret C. Jacob, *The Cultural Meaning of the Scientific Revolution*, 1988, p. 139。

37 克拉克（J. C. D. Clark）用"旧制度"（*ancien régime*）来指代汉诺威时代的英格兰，见其 *English Society, 1688—1832* (1985) 以及 *Revolution and Rebellioin* (1986)。

38 Jacob, *The Radical Enlightenment*, p. 94.

39 Margaret Jacob, *The Newtonians and the English Revolution, 1689—1720* (1976). 她还说，在波考克研究的保守启蒙运动左侧有一场更为激进的运动: *The Radical Enlightenment*。

40 Jacob, *The Cultural Meaning of the Scientific Revolution*, p. 124.

41 "新""旧"工党为了争夺主导，在 20 世纪 90 年代发生的那场争斗也是类似的案例。

42 关于斯威夫特，见 David Nokes, *Jonathan Swift: A Hypocrite Reversed* (1985), p. 295; 另见 Isaac Kramnick, *Bolingbroke and His Circle* (1968); Bertrand A. Goldgar, *The Curse of Party* (1961)，以及 *Walpole and Wits* (1976); J. A. Downie, "Walpole: The Poet's Foe" (1984)。

43 Clark, *English Society, 1688—1832*, 以及 *Revolution and Rebellion*; C. B. Wilde, "Hutchinsonians, Natural Philosophy and Religious Controversy in Eighteenth-Century Britain" (1980), 关于辉格党支持下的剑桥大学，见第三章。

44 Sir William Temple, *Observations upon the United Provinces of the Netherlands* (1972 [1673]); Simon Schama, *The Embarrassment of Riches* (1988).

45 引自 Brewer, *The Pleasures of the Imagination*, p. 52。
46 对比 Kevin Sharpe, *Criticism and Compliment* (1987); Kevin Sharpe and Peter Lake (eds.), *Culture and Politics in Early Stuart England* (1993); Michael Foss, *The Age of Patronage* (1971)。
47 J. M. Beattie, *The English Court in the Reign of George I* (1967); R. O. Bucholz, *The Augustan Court* (1993).
48 关于大都市的奇观，见 Miles Ogborn, *Spaces of Modernity* (1998); Roy Porter, "Visiting London" (1994); M. Byrd, *London Transformed* (1978)。
49 Samuel Johnson, "London" (1738), in Patrick Cruttwell (ed.), *Samuel Johnson: Selected Writings* (1986), p. 42.
50 关于伦敦人观察自身时的欢愉之情，见 Roy Porter, "Capital Art" (1997)。
51 Aytoun Ellis, *The Penny Universities* (1956); Bryant Lillywhite, *London Coffee Houses* (1963).
52 Brewer, *The Pleasures of the Imagination*, p. 44.
53 见 Geoffrey Alan Cranfield, *The Press and Society from Caxton to Northcliffe* (1978), p. 89。
54 *The Craftsman* (4 October 1729), 引自 Herbert M. Atherton, *Political Prints in the Age of Hogarth* (1974), p. 61。另见 *The Craftsman* (20 March 1727): "我由衷希望阁下能偶尔在一个晚上乔装进入公共咖啡馆，就像您的一些前辈已经做的那样；因为那样您就可以真正获悉人类的观念和情感。" Simon Varey (ed.), *Lord Bolingbroke: Contributions to the Craftsman* (1982), p. 8。乔纳森·斯威夫特反对说："正是那太多的蠢人，把伦敦咖啡馆里的应和声误当作王国的声音": *The Conduct of the Allies* (1711), p. 47。
55 C. de Saussure, *A Foreign View of England in 1725—1729* (1995 [1902]), p. 111.
56 James L. Clifford (ed.), *Dr Campbell's Diary of a Visit to England in 1775* (1947), p. 58.
57 关于俱乐部，见 Peter Clark, *Sociability and Urbanity* (2000); Kathleen Wilson, *The Sense of the People* (1995), p. 67; Marie Mulvey Roberts, "Pleasures Engendered by Gender" (1996); Howard William Troyer, *Ned Ward of Grub Street* (1968), p. 151。与欧洲的对比，见 Rcihard van Dülmen, *The Society of the Enlightenment* (1992), pp. 1f., 85。
58 如果约翰逊的所有好友都聚在一起，鲍斯韦尔估计道，"我们就可以得到一个非常一流的大学": R. W. Chapman (ed.), Samuel Johnson, *A Journey to the Western Islands of Scotland* 以及 James Boswell, *The Journal of a Tour to the Hebrides* (1970), p. 228。
59 D. G. C. Allan, *William Shipley: Founder of the Royal Society of Arts* (1968), p. 8.
60 关于启蒙的社交性，见 Brewer, *The Pleasures of the Imagination*, p. 44。关于沙龙，见 Dena Goodman, *The Republic of Letters* (1994)。丹尼尔·笛福提议成立伦敦大学: *Augusta Triumphans or the Way to Make London the Most Flourishing City in the Universe* (1728)。
61 Margaret C. Jacob, *Living the Enlightenment* (1992), p. 32; *The Radical Enlightenment*, p. 110; 从更广的欧洲维度进行研究的有 Ulrich Im Hof, *The Enlightenment* (1994), p. 139; van Dülmen, *The Society of the Enlightenment*, p. 151f。共济会发现牛顿式比喻很有吸引力。例如在 1779 年，肯特的牧师与共济会成员詹姆斯·史密斯在他的集会处布道，赞美上帝的仁慈："引力连接宇宙，就像仁慈连接我们": Jacob, *Living*

the Enlightenment, p. 56。

62　Jacob, *The Radical Enlightenment*, p. 110; John Money, "Freemansonry and the Fabric of Loyalism in Hanoverian England" (1990); John Brewer, "English Radicalism in the Age of George III" (1980), p. 359.

63　Wilson, *The Sense of the People*, p. 71.

64　关于剧院的政治，见 Marc Baer, *The Theatre and Disorder in Late Georgian London* (1991)。

65　Brewer, *The Pleasures of the Imagination*, p. 60; Iain Pears, *The Discovery of Painting* (1988); David H. Solkin, *Painting for Money*（1993）.

66　Richard D. Altick, *The Shows of London*, 1978, p. 25.

67　引自 Roy Porter, "John Hunter: A Showman in Society" (1993—1994), pp. 21—22。

68　Altick, *The Shows of London*, pp. 60, 35, 47.

69　假面舞会提供了一种自由的大胆形式，因为就像菲尔丁认为的那样，"遮住脸"就是"敞开心灵"：引自 Terry Castle, *Masquerade and Civilization* (1986), p. 73. Pat Rogers, *Eighteeenth Century Encounters* (1985), pp. 11—17, 28; Pears, *The Discovery of Painting*, pp. 77—87; Louise Lippincott, *Selling Art in Georgian London* (1983)。

70　Paula R. Backscheider, *Spectacular Politics* (1994), p. 172.

71　引自 P. Clark & P. Slack, *English Towns in Transition, 1500—1700* (1976), p. 156。

72　Trevor Fawcett, *The Rise of English Provincial Art* (1974); Peter Borsay, "The Rise of the Promenade" (1986), 以及 *The English Urban Renaissance* (1989); Phyliss Hembry, *The English Spa 1560—1815* (1990).

73　Paul Langford, *A Polite and Commercial People* (1989); Jonathan Barry and Christopher Brooks (eds.), *The Middling Sort of People* (1994).

74　Neil McKendrick, "Introduction. The Birth of a Consumer Society" (1982); Maxine Berg and Helen Clifford (eds.), *Consumers and Luxury* (1999); John Brewer and Roy Porter (eds.), *Consumption and the World of Goods* (1993); Lorna Weatherill, *Consumer Behaviour and Material Culture, 1660—1760* (1988); Carole Shammas, *The Pre-Industrial Consumer in England and America* (1990).

75　Addison and Steele, *The Spectator* (1965), vol. i, no. 69, p. 293 (Saturday, 19 May 1711). 其他鼓吹英国历史的书包括 William Camden, *Britannia* (1695), 由 Gibson 主教整理编辑，以及 Edward Chamberlayne, *Angliae Notitia* (1669)。

76　Alexander Catcott, *The Antiquity and Honourableness of the Practice of Marchandize* (sn, 1744), p. 14, 引自 David Dabydeen, "Eighteenth-Century English Literature on Commerce and Slavery" (1985), p. 26。

77　Edward Young, *The Merchant* (1730), vol. ii, p. 1, 引自 Dabydeen, "Eighteenth-Century English Literature on Commerce and Slavery", p. 31。

78　引自 Ogborn, *Spaces of Modernity*, p. 202。关于道路，见 Henry Homer, *An Enquiry into the Means of Preserving and Improving the Publick Roads of This Kingdom* (1767), pp. 3, 6, 8。作为一位沃里克郡的教士，霍默宣称："发生在任何国家内部系统的革命（在交通上）所取

得的成就，都无法和英国过去几年所经历的事情相比"："所有事物都戴着快件的面具。"

79 C. Bruyn Andrews (ed.), *The Torrington Diaries* (1934—1938), vol. ii, p. 149: "我衷心地希望这个王国内半数的收费大道能够被刨掉，"他抱怨道，"我会在大道上遇到挤奶工，他们的穿着就像是海滨的小姐。"

80 Ogborn, *Spaces of Modernity*, p. 203; Howard Robinson, *The British Post Office* (1948), pp. 99f.; John Rule, *The Vital Century* (1992), pp. 224—225, 249; Daniel Roche, *France in the Enlightenment* (1998), p. 234.

81 *The Times* (28 February 1794).

82 George Coleman in *St James's Chronicle* (6 August 1761).

83 引自 Langford, *A Polite and Commercial People*, p. 117。

84 L. Simond, *An American in Regency England* (1968), p. 59.

85 引自 Robert Demaria Jr, *Johnson's Dictionary and the Language of Learning* (1986), pp. 132—133。对比奥利弗·戈尔德斯密斯的评论："在人口众多的城市，学习最为超前……在那里，这个高级学府的成员，如果我可以这么说的话，随着成长他们注重礼貌，他们学习生活而不是逻辑，像记者那样了解这个世界"：*Enquiry into the Present State of Polite Learning in Europe* (1759), pp. 183—184。

86 E. P. Thompson, 引自 Linda Colley, "Radical Patriotism in Eighteenth-Century England" (1989), p. 183.

87 Jeremy Black (ed.), *Britain in the Age of Walpole*, (1984), p. 1。

88 James Thomson, *The Masque of Alfred* (1740), in Roger Lonsdale (ed.), *The New Oxford Book of Eighteenth-Century Verse* (1984), p. 192. 自由创造了繁荣的商业，结果就是：

> 缪斯们，带着找寻到的自由，
> 将来到你的幸福海岸；
> 祝福我们的岛国！加冕绝美的王冠，
> 用那强壮的心胸去护佑这美丽之地吧！
> "统治吧，不列颠，统治着波涛，
> 不列颠人永不为奴。"

89 Oliver Goldsmith, "The Comparative View of Races and Nations" (1760), p. 286. 将新教关于天选之民的概念世俗化为昭昭天命，见 Christopher Hill, *The World Turned Upside Down* (1972), p. 248。

90 Charles Churchill, *The Duellist* (1984 [1764]), p. 512.

91 Jeremy Black, *The British and the Grand Tour* (1985), p. 174. 也见 Black 的 "Ideology, History, Xenophobia and the World of Print in Eighteenth-Century England" (1991). 吉本在意大利旅行时谴责压迫，并发现一度非常著名的帕多瓦大学是一支"将息的蜡烛"：Gibbon, *Memoirs of My Life*, p. 135。

92 Black, *The British and the Grand Tour* (1985), p. 180.
93 C. de Saussure, *A Foreign View of England in 1725—1729* (1995), p. 111.
94 Madame Van Muyden (ed. and trans.), *A Foreign View of England in the Reigns of George I & George II* (1902), p. 67.
95 Johann Wilhelm von Archenholz, *A Picture of England* (1791), p. 85.
96 Carl Philip Moritz, *Journeys of a German in England*, (1982 [1783]), p. 36.
97 Joachim Schlör , *Nights in the Big City* (1998); Porter, "Visiting London" .
98 在 1752 年时，利特尔顿博士（Dr Lyttelton）在康沃尔说，这里几乎没有不带上下推拉窗的马车。六年之后蒙塔古夫人在参访拉姆利城堡时抱怨说："那里被上下推拉窗"装扮得过于"现代化"了: B. Sprague Allen, *Tides in English Taste (1619—1800)*, (1958), vol. ii, p. 73. 注意"现代化的"（mordernized）这个词的新用法。
99 Robert E. Schofield, *The Lunar Society of Birmingham* (1963), pp. 196, 347; Wolfgang Schivelbusch, *Disenchanted Night* (1988), p. 11. 进一步的资料，见 D. King-Hele (ed.), *The Letters of Erasmus Darwin* (1981), p. 146（达尔文给韦奇伍德写过 11 封信，主要是关于油灯的）; Benjamin Rumford, "Of the Managment of Light in Illumination" (1970 [1812])。许多月光社的杰出人物被光影画家约瑟夫·赖特画了下来；见 Benedict Nicolson, *Joseph Wright of Derby* (1968); 也见 Michael Baxandall, *Shadows and Enlightenment* (1995)。
100 引自 Caroline A. Davidson, *A Woman's Work is Never Done* (1982), p. 33。
101 Isaiah 9: 2; Matthew 4: 16; John 1: 9; I Corinthians 13: 12. 对比 Rosalie L. Colie, *Light and Enlightenment* (1957)。从《以赛亚书》里面摘录的这段被置于亨德尔的《弥赛亚》中。
102 Frederick J. Powicke, *The Cambridge Platonists* (1971), pp. 23f. 剑桥大学的柏拉图主义者认为一种光不会消灭另一种光。关于光的一种基督教式排他性观点，见 Charles Wesley "Morning Hymn" (1740) :

> 救世主，你的荣耀充满天际，
> 基督，那纯正唯一的光……

收在 Lonsdale, *The New Oxford Book of Eighteenth-Century Verse*, p. 335。

103 Isaac Newton, *Opticks, or A Treatise of the Reflections, Refractions, Inflections & Colours of Light* (1704); George Berkeley, *An Essay towards a New Theory of Vision*, 2nd edn (1709); G. N. Cantor, "The History of 'Georgian' Optics" (1978); Marjorie Hope Nicolson, *Newton Demands the Muse* (1946).
104 James Thomson, "Ode to the Memory of Sir Isaac Newton" (1727), in Lonsdale, *The New Oxford Book of Eighteenth-Century Verse*, p. 190.
105 Alexander Pope, "Epitaph: Intended for Sir Isaac Newton in Westminster Abbey" (1730), in John Butt (ed.), *The Poems of Alexander Pope* (1965), p. 808.
106 约瑟夫·普利斯特利提及"从黑暗到光明，从迷信到扎实的知识这一转变": *Memoirs*·

       of Dr. Joseph Priestley, Written on Himself (1904 [1795]), p. 156。

107 Jeremy Black (ed.), *Eighteenth Century Europe 1700—1789* (1990), p. 186.

108 Gilbert Stuart, *The History of the Establishment of the Reformation of Religion in Scotland* (1780), p. 206.

109 Gibbon, *Memoirs of My Life*, p. 186; Thomas Spence, *The Meridian Sun of Liberty* (1796); Mary Wollstonecraft, *A Vindication of the Rights of Men with A Vindication of the Rights of Woman* (1995 [1790 and 1792]), p. 112; Edmund Burke, *Reflections on the Revolution in France* (1790), p. 207. 当然，柏克式的崇高是恢复黑暗：Edmund Burke, *Philosophical Enquiry into the Origin of Our Ideas of the Sublime and the Beautiful* (1757)。

110 Thomas Paine, "American Crisis" (1776—1783), in *The Complete Writings of Thomas Paine* (1945), vol. i, p. 125.

111 在 *Dictionary of the English Language* (1755) 中，约翰逊把 vision 分成了四类：
       1、视觉：就是看的官能。
       2、看的行为。
       3、一种超自然的显现；幽灵；幻影。
       4、一场梦；一些在梦中出现的事物。梦是睡眠时出现的，而 vision 则可能是醒着时出现的。梦应该是自然的，而 vision 则是神奇非凡的；但它们是相混淆的。
       两项与对可见事件的感知有关，两项与对不可见事物的感知有关。洛克传统将对不可见事物的感知（幽灵、幻影、超自然鬼怪、奇迹、梦）视作病态想象力的产物而加以排斥。

112 William Paley, *Natural Theology* (1802), p. 81, 引自 Searby, *A History of the University of Cambridge*, vol. iii, p. 299。

113 这一讨论见 Robert A. Ferguson, *The American Enlightenment 1750—1820* (1997), p. 28; Leigh Schmidt, *Hearing Things* (2000), ch. 1; 以及本书第三章。洛克从"事物的光明与黑暗部分之界限"的角度来审视人类心理。

114 Rogers, *Eighteenth Century Encounters*, p. 1. 这个器械难以解释清楚：镜片帮助他看见，但也证实他的视力很弱。

115 Richard Price, *A Discourse on the Love of Our Country* (1789), pp. 15—16.

116 Thomas Paine, *The Rights of Man* (1984 [1791]), p. 159.

117 引自 Theo Barker (ed.), *The Long March of Everyman 1750—1960* (1978), p. 64.

118 George Birkbeck Hill, *Boswell's Life of Johnson* (1934—1950), vol. iii, p. 3; 这一讨论见 D. Spadafora, *The Idea of Progress in Eighteenth-Century Britain* (1990), p. 40.

119 Hill, *Boswell's Life of Johnson*, vol. iii, p. 3, and vol. iv, p. 217. "我真心认为，"这位传记作家写道，"这个时代比古人的时代要好很多"：James Boswell, "On Past & Present ", *The Hypochondriack* (January 1782), in M. Bailey (ed.), *Boswell's Column* (1951), no. 52, p. 267。

120 Jeremy Bentham, *A Fragment on Government* (1988 [1776]), p. 3.

121　Clark, *English Society, 1688—1832*, p. 42. 我这一段是对克拉克的概括。

第三章　清理垃圾

1　Isaac Watts, *Logick* (1724), 导论。
2　Basil Willey, *The Eighteenth Century Background* (1962), p. 1: Willey 强调通过逃避所获得的（"一个人可以随时随地感受放松的感觉"）；逃避所寻求的也同样重要。在整个漫长的 18 世纪里，囚禁与拯救的主题仍处关键地位: John Bender, *Imagining the Penitentiary* (1987)。
3　Peter Burke, *The Renaissance Sense of the Past* (1970).
4　关于 Blake 的话，见 G. Keynes (ed.), *The Complete Writings of William Blake* (1957), p. 170。
5　见 W. B. Carnochan, *Confinement and Flight* (1977); 关于民间传说里的主题，见 Marina Warner, *From the Beast to the Blonde* (1994). 关于基督教的教谕，见 Christopher Hill, *A Turbulent, Seditious and Factious People* (1989), *The English Bible and the Seventeenth-Century Revolution* (1993)。
6　John Toland, 引自 Stephen H. Daniel, *John Toland: His Methods, Manners, and Mind* (1984), p. 6; Linda Colley, *Britons* (1992); John Lucas, *England and Englishness* (1990)。
7　关于对这种偏见的分析，见 Christopher Hill, *Antichrist in Seventeenth-Century England* (1971)。
8　P. C. Almond, *Heaven and Hell in Enlightenment England* (1994) 说明了理性新教对有希腊形而上学色彩的基督教神学的拒斥；另见 J. G. A. Pocock, *Virtue, Commerce and History* (1985), p. 143, 关于作为神秘宗教信仰者的柏拉图，见 Joseph Priestley, *An History of the Corruptions of Christianity* (1871 [1721]), pp. 9, 113, 132，在其中他被贴上了"东方哲学"的标签，见本书第五章。
9　Henry St John, Viscount Bolingbroke, *Essays on Human Knowledge,* in *The Works of Lord Bolingbroke* (1969 [reprint of 1841 edn]), vol. iii, p. 294.
10　Edward Gibbon, *The History of the Decline and Fall of the Roman Empire* (1994 [1776]), vol. i, pp. 398—399.
11　关于"教士骗术"，见下面第五章。天主教加倍危险，因为它极具诱惑性。相当多的启蒙人物经历过短暂的皈依，其中就包括培尔，吉本和鲍斯韦尔: Colin Hayden, *Anti-Catholicism in Eighteenth-Century England, c. 1714—1780* (1993)。
12　J. E. Norton (ed.), *The Letters of Edward Gibbon* (1956), vol. ii, p. 245; 评论见 Iain McCalman: "Mad Lord George and Madame La Motte" (1996); Pocock, *Virtue, Commerce and History*, p. 155。
13　关于宗教战争的创伤，见 Christopher Hill, *Some Intellectual Consequences of the English Revolution* (1980); Michael Heyd, "*Be Sober and Reasonable*" : *The Critique of Enthusiasm in the Seventeenth and Early Eighteenth Centuries* (1995); R. A. Knox, *Enthusiasm* (1950)。

14   Samuel Butler, *Hudibras, Part I and II and Selected Other Writings* (1973 [1663]), part I, canto 1, "The Argument" , p. 7, ll, 193—195.

15   见 R. F. Jones, *Ancients and Moderns* (1936); Joseph M. Levine, *The Battle of the Books* (1992)。

16   见 Elisabeth Labrousse, *Bayle* (1983)。

17   比较充分的讨论见 Jonathan Brody Kramnick, *Making the English Canon* (1999)。

18   边沁最喜欢的词汇: Jeremy Bentham, *The Book of Fallacies* (1824); "小说季已然过去了。" 他在《政府片论》(*A Fragment on Government*) (1988 [1776]), p. 53 里面宣称。——Mary P. Mack 指出"早在《政府片论》里,他就谴责'小说里面有瘟疫一样的内容'": Jeremy Bentham, *An Odyssey of Ideas, 1748—1792* (1962), p. 76。

19   Jones, *Ancients and Moderns*, p. 261. 正如托马斯的表述所显示的,将新与旧、虚构与事实做对比,不是启蒙运动所独有的修辞方式。

20   引自 David L. Jacobson and Ronald Hamowy (eds.), *The English Libertarian Heritage* (1994), p. 272。

21   G. J. Warnock, *Berkerley* (1969), p. 15. 另见 Ian Tipton, *Berkeley: The Philosophy of Immaterialism* (1995); Peter Walmsley, *The Rhetoric of Berkeley's Philosophy* (1990).

22   Anthony Ashley, Cooper, 3rd Earl of Shaftesbury, *Characteristicks of Men, Manners, Opinions, Times* (1999 [1711]), "Miscellany III" , vol. ii, ch. 1; "'Tis the persecuting Spirit has rais'd the bantering one" : "Sensus Communis" , section 4.

23   Shaftesbury, "Miscellany III" , in *Characteristicks of Men, Manners, Opinions, Times* vol. ii, ch. 1, p. 206. Lawrence E. Klein, *Shaftesbury and the Culture of Politeness* (1994), p. 34. 他用同样的论据攻击加尔文主义与霍布斯:他们的恐惧道德观使美德失去了意义;由此他们都是粗暴的。沙夫茨伯里最喜欢的对话形式显示他倾向于知识的开放性: Michael Prince, *Philosophical Dialogue in the British Enlightenment* (1996)。

24   Thomas Sprat, *The History of the Royal Society of London, for the Improving of Natural Knowledge* (1667), p. 43; P. B. Wood, "Methodology and Apologetics" (1980); Hans Aarsleff, *From Locke to Saussure* (1982), pp. 8f.; Robert Markley, *Fallen Languages* (1993).

25   Samuel Johnson, *A Dictionary of the English Language* (1755), para. 17; 他终归要捍卫词语,结论说:"我希望……符号被赋予永久性,就像它们所指代的东西一样持久稳定。"见 Robert DeMaria Jr, *Johnson's Dictionary and the Language of Learning* (1986), p. 155。

26   George Berkeley, *Treatise concerning the Principles of Human Knowledge* (1710), p. 152.

27   C. H. , Hull (ed.), *The Economic Writings of Sir William Petty* (1899), vol. i, p. 244. 也见 Richard Olson, *The Emergence of the Social Sciences, 1642—1792* (1993); Alessandro Roncaglia, *Petty: The Origins of Political Economy* (1985); Richard Stone, *Some British Empiricists in the Social Sciences, 1650—1900* (1997), pp. 41f。

28   Alexander Pope, *The Dunciad* (1728), book IV, ll, 653—656 in John Butt (ed.), *The Poems of Alexander Pope* (1965), p. 800.

29   实际上蒲柏在一定程度上帮沙夫茨伯里与博林布鲁克做了宣传,这二者都从洛克那里汲取了很多观念：Brean S. Hammond, *Pope and Bolingbroke* (1984).

30 见 C. G. Caffentzis, *Clipped Coins, Abused Words, and Civil Government* (1989), p. 46。洛克监管了 1695—1696 年的货币重铸，相信法定货币的价值必须被当做本质的东西——其不应依赖政治家：John Dunn, *Locke* (1984), p. 40. 对于货币不足量和假币的恐惧与对于假面以及那个造像年代其他欺诈手段的忧虑相似：见 Roy Porter, "Making Faces" (1985)。

31 Walter J. Ong, *Orality and Literacy* (1982); Elizabeth I. Eisenstein, *The Printing Press as an Angent of Change* (1979). 艺术上的破坏圣像运动，见 Andrew Graham-Dixon, *A Hsitory of British Art* (1996)。

32 当然这里挑出三位先行者的做法有点武断：其他人也有很大影响，斯宾诺莎就和霍布斯一样是主张无神论的可怕之人。见 R. L. Colie, "Spinoza and the Early English Deists" (1959)。

33 关于讨论，见 John Cottingham, *Descartes* (1986); Marjorie Hope Nicolson, "The Early Stage of Cartesianism in England" (1929); Martin Hollis (ed.), *The Light of Reason* (1973); William Barrett, *Death of the Soul* (1987), pp. 14f.; Sylvana Tomaselli, "The First Person" (1984); Roger Smith, "Self-Reflection and the Self" (1997)。

34 Alan Gabbey, "Cudworth, More and the Mechanical Analogy " (1992); Rosalie L. Colie, *Light and Enlightenment* (1957), p. 124; G. A. J. Rogers, "Descartes and the English" (1985).

35 比如，存在恋爱者的腺体："松球腺体……闻起来有很强的香精味和橙花水的味道……我们发现在前顶里有一个大的腔或洞，里面充满了丝带、蕾丝和刺绣"：Joseph Addison and Richard Steele, *The Spectator* (1965), vol. ii, no. 275, p. 571 (Tuesday 15 January 1712). 或"自由思想家的腺体"，贝克莱打算去探访。他发现理解力腺体 "比常见的腺体更窄，乃至没有地方装奇迹、预言和与身体分离的灵魂……我发现偏见以女人的形象站在一个角落"：*Guardian* (1713), no. 39, p. 155 (Saturday, 25 April 1713)。在据称是 Martin Scriblerus 的传记的书中——他徒劳地把精力用在了追求知识上——第十二章描述了他"探究灵魂居所"的事情："他最后发现自己喜欢上松球腺体了，解剖了很多对象寻找这种腺体的不同形象。从那时开始，他也许发现了人类不同性格产生的原因"：Charles Kerby-Miller, *Memoirs of the Extraordinary Life, Works and Discoveries of Martinus Scriblerus* (1988 [1742]), p. 286。

36 F. M. Voltaire, *Letters concerning the English Nation* (1926 [1733]), pp. 84f.; 另见 A. Rupert Hall, "Newton in France" (1975)。

37 见 Lisa Jardine, *Francis Bacon: Discovery and the Art of Discourse* (1974); Charles Webster, *The Great Instauration* (1975); Barbara J. Shapiro, *Probability and Certainty in Seventeenth-Century England* (1983).

38 见 Quentin Skinner, *Reason and Rhetoric in the Philosophy of Hobbes* (1996); Samuel I. Mintz, *The Hunting of Leviathan* (1962).

39 Thomas Hobbes, *Leviathan* (1968 [1651]), pt 1, ch. 4, p. 105.

40 Hobbes, *Leviathan*, pt 1, ch. 4, p. 106.

41 我们该怎么用**幽灵**（Ghosts）这个词来转译**精神**（Spirits）这个词，后者并没有指代什么，既不在天上也不在地上，而是在人们大脑里的想象，我得不到什么。但我想说，**精神**这个词在文本里不是指代这种东西。而是要么是某种真实的**实体**，要么是形而上学意义上的存在，一种灵或肉的超凡**能力**或**情感**。

        Hobbes, *Leviathan*, pt 3, ch. 34, p. 43。见 Jeffrey Barnouw, "Hobbes's Psychology of Thought" (1990)。

42　Hobbes, *Leviathan* (1968 [1651]), pt1, ch. 11, p. 160; Mintz, *The Hunting of Leviathan*, p. 30。

43　Hobbes, *Leviathan*, pt1, ch. 11, p 161。

44　Hobbes, *Leviathan*, pt1, ch. 11, p 161。关于世俗化的加尔文主义，见 Christopher Hill, *The World Turned Upside Down* (1972), p. 313。

45　Warren Chernaik, *Sexual Freedom in Restoration Literature* (1995), p. 27; Mintz, *The Hunting of Leviathan*, p. 23: "在霍布斯的手中，"明茨认为，"唯名论和唯物主义都是强大的怀疑论的武器，这种怀疑论涉及绝对事物的真实、客观存在，并且特别是关于作为神意、善恶与不死灵魂的那些绝对事物。"

46　Hobbes, *Leviathan*, ch. 46。

47　Mintz, *The Hunting of Leviathan*, pp. 50, 61。

48　David Hume, *Essays Moral, Political and Literary* (1898 [1741—1742), vol. ii, p. 135. 不用说，启蒙运动的话语听起来会像很多其他话语一样偏执、不宽容，虽然带有戏谑的成分。

49　关于"体力工人"，见 John Locke, *An Essay concerning Human Understanding* (1975 [1690]), "给读者的书信", p. 10. 尽管知识远不是绝对的，洛克相信："却能够确保他们的重大关切，那就是会有足够的光引导他们通往造物主的知识，并看到他们自己的责任。"洛克对新科学深深着迷，并收集了很多科学书籍。另见 John C. Biddle, "Locke's Critique of Innate Principles and Toland's Deism" (1990), p. 141. 关于理智的局限性，见 Robert Voitle, "The Reason of the English Enlightenment" (1963)。

50　总体研究可见 Maurice Cranston, *John Locke: A Biography* (1957); John W. Yolton, *John Locke and the Way of Ideas* (1956), 以及 *Locke: An Introduction* (1985)；Dunn, *Locke*; Peter Schouls, *Reasoned Freedom* (1992). 这本书做了很好的哲学解释。关于《理解论》一书，见 Katharine M. Morsberger, "John Locke's *An Essay concerning Human Understanding*" (1996). 此书会很有帮助。

51　Locke, *An Essay concerning Human Understanding*, bk IV, ch. 3, p. 21; bk I, ch. 3, p. 27。

52　Locke, *An Essay concerning Human Understanding*, bk I, ch. 3, para. 12, p. 73. 关于讨论，见 Mark Goldie (ed.), *Locke: Political Essays* (1997), p. xix。

53　Locke, *An Essay concerning Human Understanding*, bk III, ch. 10, para. 34, p. 508. 他继续说道："所有修辞术"都"不值一提，只是传播错误观念，煽动情绪，从而误导了判断"。Peter Walmsley, "Prince Maurice's Rational Parrot" (1995) 指出了洛克有多么不相信语言，还有 Markley, *Fallen Languages*. 洛克这本书的第三部分全都与此相关。

54　Locke, *An Essay concerning Human Understanding*, bk II, ch. 10, para. 34, p. 508。

55　Locke, *An Essay concerning Human Understanding*, bk III, ch. 10, para. 34, p. 508; 见

Cranston, *John Locke: A Biography*, pp. 272f.《项狄传》的主人公说:"洛克在书中写了一章,论述语言的缺陷": Laurence Sterne, *Tristram Shandy* (1967 [1759—1767]), pp. 354—355。

56 Locke, *An Essay concerning Human Understanding*, bk III, ch. 10, para. 31; bk. III, ch. 10, para. 9, p. 495. 洛克担心人们制造新的圣经: bk III, ch. 6, para. 29, 456。

57 Aarsleff, *From Locke to Saussure*, p. 27. 这里所呼吁的词汇清理被斯威夫特用归谬法所嘲弄。他提及拉加多(Lagado)学院"完全废除所有词语的计划;这是一种通向健康和简洁的很大进步……由于词只是事物的名称,那么人们在谈论某事物时,如果随手出示一下该事物,岂不是更方便": Jonathan Swift, *Gulliver's Travels* (1954 [1726]), bk III, pp. 51—85 (Penguin edn, p. 230)。斯威夫特既赞同又嘲讽对知识分子的荒谬行为的启蒙式批评: 见 J. R. R. Christie, "Laputa Revisited" (1989); Deborah Baker Wyrick, *Jonathan Swift and the Vested Word* (1988); Christopher Fox, *Locke and the Scriblerians* (1988)。

58 Locke, *An Essay concerning Human Understanding*, bk IV, ch. 16, para. 14.

59 引自 Alan P. F. Sell, *John Locke and the Eighteenth-Century Divines* (1997), p. 9。

60 Locke, *An Essay concerning Human Understanding*, bk IV, ch. 13; bk IV, ch. 18, para. 2.

61 Locke, *An Essay concerning Human Understanding*, bk IV, ch. 18, para. 5: "一切与清晰、不证自明的理性命令相背反或不一致的东西,都不应作为信仰问题被鼓励、被赞同,理性在此没有发挥作用。"因为没认识到这点才让宗教里充满了迷信。

62 Locke, *An Essay concerning Human Understanding*, bk IV, ch. 18, para. 2. 在第四版里,洛克补充了对狂热的攻击: 见第五章。

63 Locke, *An Essay concerning Human Understanding*, bk IV, ch. 17, para. 2.

64 Locke, *An Essay concerning Human Understanding*, bk IV, ch. 27, para. 6.

65 Locke, *An Essay concerning Human Understanding*, bk IV, ch. 17, para. 15.

66 Locke, *An Essay concerning Human Understanding*, bk I, ch. 1, para. 6, p. 46. 关于洛克与新科学, 见 G. A. J. Rogers, "The Empiricism of Locke and Newton" (1979), "Locke, Anthropology and Models of the Mind" (1993), "Boyle, Locke and Reason" (1990), 以及 "Locke, Newton and the Cambridge Platonists on Innate Ideas" (1990)。相信一种语言在科学意义上是清楚的,而且去除了让人误导的修辞,关于这种观念,见 W. K. Wimsatt, *Philosophic Words* (1948)。

67 Biddle, "Locke's Critique of Innate Principles and Toland's Deism"; Charles Taylor, *Sources of the Self* (1989), p. 164.

68 Locke, *An Essay concerning Human Understanding*, bk II, ch 1, para. 2, p. 104.

69 Locke, *An Essay concerning Human Understanding*, bk II, ch. 11, para. 17, pp. 162—163; Taylor, *Source of the Self*, p. 167. 早在《理解论》的第一部里,洛克就问道:"它(心灵)带着如此之多(的观念)从何而来? 人类不知疲倦而无限的幻觉总是在其上作画,里面充满了无限的多样性"(还是问的这个问题:"理性和知识的材料究竟从何而来?"),回应是:"关于这个问题,用一句话说,就是从经验中来。"(bk I, ch. 2, para. 1.)

70　Locke, *An Essay concerning Human Understanding*, bk II, ch. 1, para. 5：洛克的陈述——"凡是心灵在自身中感知到的，或者知觉、思想或理解的直接对象，我称为观念"——被塞缪尔·约翰逊在《词典》的"观念"词条引用。

71　正如贝克莱等人进一步攻击哲学家创造的错误思想世界时所说的。见 Barrett, *Death of the Soul*, p. 35。

72　Locke, *An Essay concerning Human Understanding*, bk II, ch. 11, para. 2; bk II, ch. 11, para. 1.

73　Locke, *An Essay concerning Human Understanding*, bk II, ch. 11, para. 2; Martin Kallich, *The Association of Ideas and Critical Theory in Eighteenth-Century England* (1970); Ernest Lee Tuveson, *The Imagination as a Means of Grace* (1960).

74　Locke, *An Essay concerning Human Understanding*, bk II, ch. 33.

75　Locke, *An Essay concerning Human Understanding*, bk II, ch. 21, para. 73.

76　Locke, *An Essay concerning Human Understanding*, bk II, ch. 23, para. 13.

77　Locke, *An Essay concerning Human Understanding*, bk III, ch. 6, para. 9.

78　Locke, *An Essay concerning Human Understanding*, bk IV, ch. 3, para. 6.

79　"把欧洲启蒙运动看作洛克的遗产是十分正确的。" Dunn, *Locke*, p. 21。

80　E. S. De Beer (ed.), *The Correspondence of John Locke* (1976—1989), letter 1659, vol. iv, p. 727. 迟至1768年，洛克的《理解论》被放在了葡萄牙的禁书名单里。

81　Yolton, *John Locke and the Way of Ideas*, p. 88; Sell, *John Locke and the Eighteenth-Century Divines*, p. 29.

82　关于廷德尔，见他的作品, *Rights of the Christian Church Asserted* (sn, 1706); 关于斯威夫特，见他的 *Bickerstaff Papers* (1957 [1708—1709]), p. 80, 引自 John Valdimir Price, "The Reading of Philosophical Literature" (1982), p. 167。洛克关于人格的观念也被讽刺了: Kerby-Miller (ed.), *Memoirs of the Extraordinary Life, Works, and Discoveries of Martinus Scriblerus*, 1950。

83　关于钱伯斯，见"观念"一词的词条; William Wollaston, *The Religion of Nature Delineated* (1724), p. 17, in Yolton, *John Locke and the Way of Ideas*, p. 69。

84　William R. Paulson, *Enlightenment, Romanticism and the Blind in France* (1988), pp. 21—38; Marjorie Hope Nicolson, *Newton Demands the Muse* (1946), pp. 82—84; 另见 Locke, *An Essay concerning Human Understanding*, bk II, ch. 9, para. 8.

85　William Cheselden, "An Account of Some Observations Made by a Young Gentleman" (1727—1728); Richard C. Allen, *David Hartley on Human Nature* (1999), p. 140. 另见 G. N. Cantor, "The History of 'Georgian' Optics" (1978); Luke Davidson, "Identities Ascertained" (1996)。

86　Alan Bewell, *Wordsworth and the Enlightenment* (1989), p. 26; Jonathan Rée, *I See a Voice* (1999), pp. 334—337.

87　William Warburton, *Letters from a Late Eminent Prelate to One of His Friends* (1808), p. 207: letter of 3 March 1759. 这位"朋友"指的是理查德·赫德（Richard Hurd）。

88　Bolingbroke, *On Human Knowledge*, in *The Works of Lord Bolingbroke* (1969; repr. of 1841 edn [1754—1777]), vol. v. p. 166. 理性对博林布鲁克和对洛克是一样的，都是给黑夜

中的旅行者照明的烛光。
89 Watts, *Logick*; 见 Arthur Paul Davis, *Isaac Watts: His Life an Works* (1948), p. 86。
90 Isaac Watts, *Philosophical Essays on Various Subjects* (1733), preface. 洛克的作品是"阳光": Sell, *John Locke and the Eighteenth-Century Divines*, pp. 36, 163。
91 Sell, *John Locke and the Eighteenth-Century Divines*, p. 5; J. Yolton, "Schoolmen, Logic and Philosophy" (1986), p. 570.
92 John Gascoigne, *Cambridge in the Age of the Enlightenment* (1989), pp. 7f.; Peter Searby, *A History of the University of Cambridge* (1997), vol. iii, p. 152.
93 W. S. Howell, *Eighteenth-Century British Logic and Rhetoric* (1971), pp. 273—274; Anand C. Chitinis, *The Scottish Enlightenment* (1976), p. 159.
94 Abraham Tucker, *The Light of Nature Pursued* (1997 [1768]), vol. i, p. 44. 塔克在主题上对开阔的"哲学之地"和荆棘丛生的"形而上学之地"进行了对比（vol. ii, p. 76)。
95 Mary P. Mack, *Bentham, An Odyssey of Ideas, 1748—1792*, p. 120. 边沁却不是天真地对待语言：

> 如果说在辩论中，虚构的语言在任何场合都不应该被使用，这就等于是说，在包括心灵的运作，或情感，或其他现象在内的主题上，不该进行对话。

Chrestomathia (1816), 引自 Bender, *Imagining the Penitentiary*, p. 138。
96 Addison and Steele, *The Spectator*, 11 papers, vol. iii, nos. 411—442, pp. 535—582. 在对想象之乐的"主要"来源（主要是那些因为伟大、不凡或美丽而显得不同的目标或期望）进行分类之后，艾迪生转而研究想象之乐的"次级"来源。Malcolm Andrews, *The Search for the Picturesque* (1989), pp. 39—40; Tuveson, *The Imaginations as a Means of Grace*。关于洛克对滥用词语的见解，见 *Spectator*, no. 373; 关于论人格同一性，no. 578. 在1704年，艾迪生接任洛克成为上诉委员会委员。
97 Addison and Steele, *The Spectator*, vol. iii, no. 413, pp. 546—547 (Tuesday, 24 June 1712).
98 Sir Richard Steele, Joseph Addison and others, the *Guardian*, vol. i, no. 24, p. 95 (24 June 1712).
99 Kenneth MacLean, *John Locke and English Literature of the Eighteenth Century* (1936), p. 1; 另见 Gerd Buchdahl, *The Image of Newton and Locke in the Age of Reason* (1961)。作为教育家的洛克见第十五章，洛克的国际影响，见 John W. Yolton, *Locke and French Materialism* (1991), 以 及 Ross Hutchison, *Locke in France* (1688—1734) (1991)。Robert DeMaria Jr. 称洛克是约翰逊的"首要哲学家": *Johnson's Dictionary and the Language of Learning*, p. 50。
100 *Covent-Garden Journal*, no. 30, 引 自 MacLean, *John Locke and English Literature of the Eighteenth Century*, p. 2。
101 Laurence Sterne, *The Life and Opinions of Tristram Shandy* (1967 [1759—1767]), vol. i, ch. 4, p. 39; Judith Hawley, "The Anatomy of Tristram Shandy" (1993); 斯特恩或许心里想

的是洛克《教育漫话》里的一段话："我们不要在谈话中把惊恐不安传递给他们，也不要让可怕的对象惊吓到他们。这经常会摧毁灵魂或让其不安，他们再也不会恢复了。" J. L. Axtell, *The Educational Writings of John Locke* (1968), section 115, p. 221. 在下一幕，特里斯舛·项迪觉得必须回过头来解释洛克的《理解论》：

> 我会用三个词告诉你这本书讲了什么——这是历史——一段历史！谁的历史？什么历史？在哪发生？何时发生？别着急——这是本历史书，先生，（或许可以将其推广到全世界去）其内容是一个人心灵的历程。

Sterne, *Tristram Shandy*, vol. ii, ch. 2, p. 107.

102　Mary Hays, *Memoirs of Emma Courtney* (1996 [1796]), p. 23.
103　Samuel Richardson, *Pamela* (1883—1884 [1740]), vol. iii, p. 330, letter 90. 她建议道，父母应该小心，不要"惯坏了子女，使其养成坏习惯，当他们稚嫩的心灵就像蜡一样，能够被浇铸成型以塑造他们的喜好时，就应该让他们拥有自己的头脑"。
104　Charles Strachey (ed.), *The Letters of the Earl of Chesterfield to His Son* (1932), vol. i, p. 292, letter 168.
105　John Passmore, *The Perfectibility of Man* (1970), pp. 171—212.
106　Taylor, *Sources of the Self,* p. 174.

第四章　印刷文化

1　Alexander Pope, *The Dunciad* (1728), I, 1, in John Butt (ed.), *The Poems of Alexander Pope* (1965), p. 349.
2　Samuel Johnson, *A Dictionary of the English Language* (1755), preface.
3　W. J. Bate, J. M. Bullitt, and L. F. Powell (eds.), *Samuel Johnson: The Idler and Adventurer* (1963), no. , 115, p. 457 (11 December 1753).
4　George Birkbeck Hill, *Boswell's Life of Johnson* (1934), vol. iii, p. 293 (16 April 1778).
5　关于欧陆的书报审查，见 Robert Darnton, *The Forbidden Best-Sellers of Pre-Revolutionary France* (1996), 以及 *The Business of Enlightenment* (1979)。关于书籍影响的元史学叙事，见 Ernest Gellner, *Plough, Sword and Book* (1991)。
6　讨论见 Adrian Johns, *The Nature of the Book* (1998), pp. 187f。
7　此后在 *Salisbury Journal* (18 March 1754) 中再次得到重复：C. Y. Ferdinand, *Benjamin Collins and the Provincial Newspaper Trade in the Eighteenth Century* (1997), p. 155.《许可证法案》(1737) 还导致了对剧院的一定程度上的审查。
8　James Raven, Naomi Tadmore and Helen Small (eds), *The Practice and Representation of Reading in Britain 1500—1900* (1996), pp. 4ff. ; John Feather, "The Power of Print " (1997), 以及 *A History of British Publishing* (1988); Marjorie Plant, *The English Book Trade* (1965)。
9　Richard D. Altick, *The English Common Reader* (1957), p. 49.

10 James Sutherland, *Defoe* (1937), p. 68
11 A. Beljame, *Men of Letters and the English Public in the Eighteenth Century, 1660—1744* (1948), p. 309; A. S. Collins, *Authorship in the Days of Johnson* (1927), p. 21.
12 见 John Brewer, *The Pleasures of the Imagination* (1997), p. 428; Clifford Siskin, *The Work of Writing* (1998). 福柯主义者可能会对蒲柏做出修正，并在"作者功能"的表象上着墨：Michel Foucault, "What is an Author?" (1977); 这一讨论见 Roger Chartier, *The Order of Books* (1994), p. 29。
13 William Worthington, *An Essay on the Scheme and Conduct, Procedure and Extent of Man's Redemption* (sn. 1743), pp. 155—156; Edmund Law, *Considerations on the State of the World, with Regard to the Theory of Religion* (1745), p. 25.
14 George Davie, *The Democratic Intellect* (1961), p. 66; T. C. Smout, *A History of the Scottish People , 1560—1830* (1969), p. 478; R. A. Houston, "Scottish Education and Literacy, 1600—1800" (1989).
15 根据议会的调查，在1819年英格兰有4167所"受资助"的学校，其中包括文法学校，共有165433名学生；14282所未受资助的学校，从"妇女学校"到不从国教者学院，共有478849名学生；为穷人的孩子开办的主日学校有5162所，共有学生452817名。见 John Lawson and Harold Silver, *A Social History of Education in England* (1973), pp. 226—266。
16 E. G. Hundert, *The Enlightenment's Fable* (1994), p. 122; Soame Jenyns, *Free Inquiry into the Nature and Origin of Evil* (1757), pp. 49—50. 约翰逊要求杰宁斯不要出格：

> 教育权利有时可能被不恰当地授予。但我一直担心的是拒绝给予这些权利，唯恐我屈服于这些傲慢的提议。我努力劝说自己，我只是在按照政策准则行事；在有益限制的表象之下，应该是对统治欲望的沉迷，以及看到别人被压制而感到快乐的恶意。

Samuel Johnson, "A Review of Soame Jenyns 'A Free Inquiry into the Nature and Origin of Evil' " (1757), in B. Bronson (ed.), *Samuel Johnson, Rassela, Poems and Selected Prose*, 3rd edn (1971), p. 224.

17 Edward Gibbon, *Memoirs of My Life* (1966 [1796]), p. 36.
18 Brewer, *The Pleasures of the Imagination*, p. 187; John Money, "Teaching in the Market-Place, or '*Caesar Adsum Jam Forte; Pompey Aderat*' " (1993). 莫尼教授正在撰写坎农的传记。
19 G. D. H. and Margaret Cole (eds.), *The Opinions of William Cobbett* (1944), p. 17; George Spater, *William Cobbett: The Poor Man's Friend* (1982), p. 18; 科贝特继续阅读了屈莱顿、蒲柏和戈尔德斯密斯，这三位是他的最爱，以及弥尔顿、马维尔、巴特勒、考利、丘吉尔、托马森和考珀，还多少学习一些拜伦、华兹华斯和骚塞的著作，以及菲尔丁、斯特恩、勒萨热和塞万提斯的小说。他研究布莱克斯通的《英国法释义》，华滋的《逻辑》，以及布莱尔的《修辞学和纯文学演讲集》，还有一些培根、伊芙林、吉本、艾迪生、佩利、约翰逊和威廉·坦普尔的作品。

20 Samuel Bamford, *The Autobiography of Samuel Bamford* (1848—1849, repr. 1967), vol. i, pp. 23, 40; 也见 Patricia Anderson, *The Printed Image and the Transformation of Popular Culture 1790—1860* (1991), pp. 31, 90: "我的思维一向需要与书本进行更多虽然安静但却令人兴奋的对话。"

21 John Clare, "The Autobiography, 1793—1824", in J. W. And A. Tibble (eds.), *The Prose of John Clare* (1951), p. 14.

22 David Vincent, *Literacy and Popular Culture* (1989), and Bread, *Knowledge and Freedom* (1982).

23 James Lackington, *Memoirs of the First Forty-Five Years of the Life of James Lackington,* 7th edn (1974), pp. 254—255.

24 James Lackington, *Memoirs of the First Forty-Five Years of the Life of James Lackington,* pp. 232, 257; 见 Altick, *The English Common Reader 1800—1900,* pp. 36ff.; Roy McKeen Wiles, "The Relish for Reading in Provincial England Two Centuries Ago" (1976), pp. 85—115。

25 见 Altick, *The English Common Reader 1800—1900,* p. 57. 作为一个鞋匠的学徒，莱肯顿成为了一名循道宗信徒，并开始自学成才，饿着肚子也要买书。1774年，他搬到了伦敦，成为一名鞋匠。他在伦敦的第一个圣诞节，原本要去吃圣诞晚餐，但最后却买了一本爱德华·扬的《夜思》（1742—1725）。他成为一名书商并采用薄利策略，在6个月里使自己的股票价值涨到25英镑。1779年，他出版了第一本目录册，列出了12000卷书。到18世纪90年代时，他的年销售量已经达到数万卷，他说："我发现我所有拥有的全部（利润非常小），与工业捆绑在一起，与经济紧密联系"：*Memoirs of the First Forty-Five Years of the Life of James Lackington,* pp. 210—214, 256—259, 268。

26 Samuel Johnson, "Milton", in *The Lives of the Most Eminent English Poets* (1939 [1779—1781]), vol. i, pp. 103—104, 引自 Altick, *The English Common Reader 1800—1900,* p. 41。一名普鲁士游人来到伦敦之后，描写他的房东，一位裁缝的遗孀："阅读她的弥尔顿，并告诉我他已故的丈夫之所以爱上她，乃是由于她在朗读这位诗人的作品时的优雅风度"：Carl Philip Moritz, *Journeys of a German in England* (1982 [1783]), p. 30。

27 William Hazlitt, *Life of Thomas Holcroft* (1816), in P. P. Howe (ed.), *The Complete Works of William Hazlitt,* vol. iii, p. 42; 另见 A. S. Collins, *The Profession of Letters* (1973 [1928]), p, 31。

28 实际上，伴随着快速的人口增长和早期工业化的混乱，这最后一直延续到1800年。 见 R. A. Houston, *Literacy in Early Modern Europe* (1988); David Cressy, "Literacy in Context" (1993). 1650—1800年，英国女性识字率从不到15%增加到了36%：Margaret R. Hunt, *The Middling Sort* (1996), p. 85。

29 引自 Keith Hanley and Raman Selden (eds.), *Revolution and English Romanticism* (1990), p. 2; Dror Wahrman, "National Society, Communal Culture" (1992)。

30 这些词语是 Rolf Engelsing 发明的，他称其为"阅读革命"。见 *Der Burger als Lesser*

(1974)。关于讨论,见 Dorinda Outram, *The Enlightenment* (1995), p. 19; Robert Darnton, "History of Reading" (1991); Robert Darnton and Daniel Roche (eds.), *Revolution in Print* (1989); Roger Chartier, *Forms and Meanings* (1995), and *The Order of Books*。

31 Brewer, *The Pleasures of the Imagination*, p. 169. "医学秘方"(Receipts in Physics)指医学疗法。关于一个典型的"高强度"读者,见 Thomas Bewick 所作的对 Anthony Liddell 的描绘:*A Memoir of Thomas Bewick, Written by Himself* (1961 [1862]), p. 29: Liddell 阅读圣经,约瑟夫斯与杰里米·泰勒的布道文。

32 引自 Brewer, *The Pleasures of the the Imagination,* p. 169。

33 John Brown, *An Estimate of the Manners and Principles of the Times* (1757), pp. 25—26。

34 塞缪尔·约翰逊认为布道书是绅士的藏书里的必备之物:J. C. D. Clark, *Samuel Johnson: Literature, Religion and English Cultural Politics from the Restoration to Romanticism* (1994), p. 125。

35 David Vaisey (ed.), *The Diary of Thomas Turner of East Hoathley* (1984), p. 347. 特纳在 1757 年 5 月 26 日读过洛克的书。

36 在 1758 年,塞缪尔·约翰逊说"几乎每个大城镇里面都有自己的每周事件记录者": Bate, Bullitt & Powell (eds.), *Samuel Johnson: The Idler and Adventurer* (1958—1971), no. 30, p. 22 (11 November 1758)。关于报纸,见 Roy McKeen Wiles, *Freshest Advices* (1965); Michael Harris, *London Newspapers in the Age of Walpole* (1987); Michael Harris and Alan Lee (eds.). *The Press in English Society from the Seventeenth to Nineteenth Centuries* (1986); Jeremy Black, *The English Press in the Eighteenth Century* (1986); Geoffrey Alan Cranfield, *The Development of the Provincial Newspaper 1700—1760* (1962), 以 及 *The Press and Society from Caxton to Northcliffe* (1978); Hannah Barker, *Newspapers, Politics and Public Opinion in Late Eighteenth-Century England* (1998)。

37 Samuel Johnson, preface to the *Gentleman's Magazine*, 1740, 引自 Cranfield, *The Development of the Provincial Newspaper 1700—1760*, p. 93。

38 G. Crabbe, *The News-Paper* in Norma Dalrymple-Champneys (ed.), *George Crabbe: The Complete Poetical Works* (1988), vol. i, p. 182. 关于新鲜事物,见 C. John Sommerville, *The News Revolution in England* (1997)。

39 Joseph Addison & Richard Steele, *The Spectator* (1965), vol. iv, pp. 90—94 (Friday, 8 August 1712); 关于"新闻的愉悦",见 vol. v, no. 625, pp. 134—137 (Friday, 26 November 1714)。

40 C. Y. Ferdinand, *Benjamin Collins and the Provincial Newspaper Trade in the Eighteenth Century* (1997), p. 196.

41 James Boswell, *The Life of Samuel Johnson* (1946 [1791]), vol. i, p. 424; Hill, *Boswell's Life of Johnson*, vol. ii, p. 170. 约翰逊也说"书籍对理解力有暗中的影响":引自 Brewer, *The Pleasures of the Imagination,* p. 167。

42 C. de Saussure, *A Foreign View of England in 1725—1729* (1995 [1992]), p. 102.

43 Collins, *The Profession of Letters*, p. 19.

44　Alexander Catcott, *A Treatise on the Deluge*, 2nd edn (1768), p. vi. 关于这一彻底的反动，见 Roy Porter, and Michael Neve, "Alexander Catcott: Glory and Geology" (1977)。

45　Josiah Tucker, *Four Tracts* (1774), pp. 89—90.

46　全文是：
　　　（荷马的）作法不是先露火光，然后大冒浓烟，
　　　相反他是先出烟后发光，这样才能创出光芒万丈的奇迹。
　　Horace, *Ars poetica*, l. 143.（此处拉丁文原文的中译文采用杨周翰先生译本。——译者）

47　Richmond P. Bond (ed.), *Studies in the Early English Periodical* (1957), p. 17; Erin Mackie, *Market à la Mode* (1997).

48　Bond, *Studies in the Early English Periodical*, p. 19.

49　Samuel Johnson, *The Lives of the Most Eminent English Poets*, vol. ii, pp. 362—364.

50　《女旁观者》被《女闲谈者》（1709—1710）超过了，但尽管后者自称是由克拉肯索普女士（Mrs Crackenthorpe）主持的，但实际上是男性在运作。见 Gabrielle M. Firmager (ed.), *The Female Spectator* (1992), p. 5; Cheryl Turner, *Living by the Pen* (1992), p. 149; Kathryn Shevelow, *Women and Print Culture* (1989); Paula McDowell, *The Women of Grub Street* (1998)。

51　Margaret Beetham, *A Magazine of Her Own?* (1996). 伊莱莎·海伍德（1693—1756）是斯梯尔的一位朋友。她的《女旁观者》（1744—1746）是道德故事和反思文章的集合，共发表了24期，月刊。她写过一些流行小说，其中就有《思想简单的贝斯蒂小姐的历史》（*The History of Miss Besty Thoughtless*, 1751）。

52　C. L. Carlson, *The First Magazine* (1938); Terry Belanger, "Publishers and Writers in Eighteenth-Century England" (1982)，p. 5. 关于其功能的论述，见 Roy Porter, "Laymen, Doctors and Medical Knowledge in the Eighteenth Century" (1985)，以及 "Lay Medical Knowledge in the Eighteenth Century" (1985)。

53　Bond, *Studies in the Early English Periodical*, p. 27; Benjamin Christie Nangle, *The Monthly Review* (1934—1935); Derek Roper, *Reviewing Before the Edinburgh* (1978), p. 21.

54　M. Bailey (ed.), *Boswell's Column* (1951), p. 21.

55　G. McEwen, *The Oracle of the Coffee House* (1972), p. 57; Michael Mascuch, *Origins of the Individualist Self* (1997), p. 148; John Dunton, *The Life and Errors of John Dunton, Citizen of London,* (1960 [1818]).

56　McEwen, *The Oracle of the Coffee House* (1972), p. 23f., 130.

57　这是约翰·拜罗姆（John Byrom）使用过的词汇：H. Talon (ed.), *Selections from the Journals and Papers of John Byrom, Poet-Diarist-Shorthand Writer* (1950), p. 47.

58　Daniel Defoe, "On Pope's Translation of Homer" (1725), in William Lee, *Daniel Defoe: His Life and Recently Discovered Writings* (1869), vol. ii, p. 410. 关于"小说工厂"的讨论，见 Collins, *Authorship in the Days of Johnson*, p. 21; Alvin Kernan, *Printing Technology, Letters and Samuel Johnson* (1987), pp. 17f.

59　Henry Fielding, *The Author's Farce* (1966 [1730]), p. 28; Brean S. Hammond, *Professional*

Imaginative Writing in England, 1670—1740 (1997), p. 28; Philip Pinkus, *Grub St Stripped Bare* (1968), p. 71.

60　John Clive, "The Social Background of the Scottish Renaissance" (1970), p. 227; Fredrick A. Pottle (ed.), *Boswell's London Journal, 1762—1763* (1950), p. 287.

61　Pat Rogers, *Grub Street* (1972). 格拉布街就在跛子门城墙外面，位于贝特莱姆医院附近。用这个词来指代穷写手们之家的现象出现在复辟时期。蒲柏在《愚人志》里扩展了这个概念，那是一部格拉布街的叙事诗，里面有写手、蠢笨之人与作为"迟钝女王"仆从的蹩脚诗人。见 Johnson, *An Account of the Life of Richard Savage*, 2nd edn (1748)。

62　*Memoirs of Martin Scriblerus* 的叙述者就这样吹嘘，认为自己在"那个社会的有学识者中"得到了教育，这或许为《格列佛游记》里的拉加多大学院的构思提供了素材：Rogers, *Grub Street*, p. 182。

63　关于"老鸨"，见 Frank Donoghue, *The Fame Machine* (1996), p. 44。

64　Johnson, *An Account of the Life of Richard Savage* (1993). 这是柯勒律治等人为自己贴的讽刺性标签：Earl Leslie Griggs (ed.), *Collected Letters of Samuel Taylor Coleridge* (1956), vol. i, p. 185, letter 105 (22 Febuary 1796)。

65　John Dennis, *The Characters and Conduct of Sir John Edgar, Call'd by Himself Sole Monarch of the Stage in Drury-Lane* (1720), in E. N. Hooker (ed.), *The Critical Works of John Dennis* (1943), vol. ii, pp. 191—192; Martha Woodmansee, "The Genius and the Copyright" (1984), pp. 417—432; Mark Rose, *Authors and Owners* (1993). 福柯对这一概念的关注，见 Foucault, "What is an Author？"；Hammond, *Professional Imaginative Writing in England, 1670—1740*, p. 5。

66　Johns, *The Nature of the Book* (1998), p. 353; Hammond, *Professional Imaginative Writing in England, 1670—1740*, p. 23; John Feather, *Publishing, Piracy and Politics* (1994).

67　一个不错的进步，是一名劳工一年收入的一百倍。见 Collins, *Authorship in the Days of Johnson*, pp. 9—10, 25; Kernan, *Printing Technology, Letters and Samuel Johnson*, p. 10。

68　Collins, *Authorship in the Days of Johnson*, p. 47; James Aikman Cochrane, *Dr. Johnson's Printer* (1964).

69　James Ralph, *The Case of Authors by Profession or Trade, Stated with Regard to Booksellers, the State and the Public* (1758), p. 22.

70　Gibbon, *Memoirs of My Life*, p. 153.

71　Gibbon, *Memoirs of My Life*, p. 157.

72　资助人被约翰逊定义成"一位提供支持、帮助或保护的人。一般是以傲慢的态度出钱从而赚回恭维话的无耻之人"：见 Robert DeMaria Jr, *Johnson's Dictionary and the Language of Learning* (1986), p. 211; Dustin Griffin, *Literary Patronage in England, 1650—1800* (1996)。

73　R. W. Chapman (ed.), *Samuel Johnson, A Journey to the Western Islands of Scotland and James Boswell, The Journal of a Tour to the Hebrides* (1970), pp. 196—197.

74　Hill, *Boswell's Life of Johnson*, vol. i, p. 262, 引自 James Boswell (ed.), *The Celebrated Letter from Samuel Johnson, LLD to Philip Dormer Stanhope, Earl of Chesterfield* (1790)。

75 Samuel Johnson, *The Vanity of Human Wishes* (1749), ll, 159—160, in Patrick Cruttwell (ed.), *Samuel Johnson: Selected Writing* (1986), p. 143.

76 Oliver Goldsmith, *Selected Essays* (1910), p. 65.

77 Altick, *The English Common Reader* (1957), p. 36.

78 Altick, *The English Common Reader*, p. 56; Roy McKeen Wiles, *Serial Publication in England before 1750* (1957).《格拉布街日报》上的一篇文章抱怨"那种将书零碎地出版，每周卖六到十二便士的奇怪的疯狂行为"："《圣经》难逃这种出版方式。我有一天用三便士买了《福音书》，这种形式让勤杂工、车夫和扫烟囱的人也能容易接触到这些……好吧，我活在这样一个充满智慧和学问的时代是多么快乐！"：Cranfield, *The Development of the Provincial Newspaper 1700—1760*, p. 52。

79 四十位伦敦书商联合起来想要抢培尔的风头，出版一种高档的英国诗人文集，约翰逊写了著名的序言：Johnson, *The Lives of the Most Eminent English Poets*。

80 Stanley Morrison, *John Bell (1745—1831)* (1930), p. 88.

81 哈兹利特的父亲从1792年开始购买库克的"英国小说选编"，第一本是《汤姆·琼斯》——这本书"很怡人"。还是小孩的哈兹利特很快读到了《约瑟夫·安德鲁斯》，并陆续读完了斯摩莱特和斯特恩的作品：Catherine Macdonald Maclean, *Born Under Saturn* (1943), pp. 49—51; Altick, *The English Common Reader*, p. 54; Olivia Smith, *The Politics of Language 1791—1819* (1984), p. 157。

82 Pat Rogers, *The Augustan Vision* (1974), p. 8; John Feather, *The Provincial Book Trade in Eighteenth-Century England* (1985), p. 29; Jack Lindsay, *William Blake: His Life and Work* (1978), p. 3.

83 Brewer, *The Pleasures of the Imagination,* p. 178.

84 "女士，城镇中的公共图书馆就像邪恶知识的常青树！它常年开花结果！——就是靠这个，马拉普洛普太太，那些如此喜欢触摸叶子的人最后就会渴望果实"：Richard Brinsley Sheridan, *The Rivals* (1961 [1775]), act 1, scen ii, ll, 33—37. 关于图书馆，见 Paul Kaufman, *Borrowings from the Bristol Library, 1773—1784* (1960); M. Kay Flavell, "The Enlightened Reader and the New Industrial Towns" (1985); James Raven, "From Promotion to Prosecription" (1996), p. 175 ——雷文颂扬一种"图书馆革命"。"豪门大宅甚至会有仆人"的图书室：Joanna Martin (ed.), *A Governess in the Age of Jane Austen* (1988), p. 67。

85 W. R. Scott, *Adam Smith as Student and Professor* (1937) pp. 344—345。从1769年《国富论》的草稿来看，出版的时候删节了这一段："随着社会进步，'哲学或思辨……自然和其他工作一样，成为公民之中某个特殊阶层所独掌的职业"：Adam Smith, "Early Draft of Part of *The Wealth of Nations*" (1762), in *Lectures on Jurisprudence* (1982), pp. 570—574。这方面的讨论见 Outram, *The Enlightenment*, p. 14; 也见 Adam Smith, *An Inquiry into the Nature and Causes of the Wealth of Nations* (1976 [1776]), bk I, ch. 1, para. 9。

86 Jonathan Swift, "On Poetry" (1733), ll, 353—356, in *The Complete Poems* (1983), p. 531. 斯威夫特写过"关于批评家的遐想"，认为"真正的批评家"是"一种技工，用一张

工作台和一些工具就可以干起他的行业来，花费少得像个裁缝一样": Jonathan Swift, *A Tale of a Tub* (1975 [1704]), p. 62; 也见 Paul Fussell, *The Rhetorical World of Augustan Humanism* (1965), p. 85。

87 Cole (eds), *The Opinions of William Cobbett,* p. 42. 通常科贝特会说:"我在乎的批评家就是公众。"
88 对斯梯尔而言:"在一个自由国家，在全体民众中没有谁比审查官更为绝对必要": Donald F. Bond (ed.), *The Tatler* (1987), vol. ii, no. 144, p. 318 (Saturdy, 11 March 1710)。在伊格尔顿看来，启蒙批评的讽刺性在于如下事实:"尽管他们用普遍理性标准表达对绝对主义的反抗，批评的姿态本身一般却是保守且纠正式的，修正和调整独特现象，使之适应它不能缓和的话语模式。" Terry Eagleton, *The Function of Criticism* (1984), pp. 31, 34。
89 Samuel Johnson, *The Rambler* (1969 [1750—1752]), vol. i, p. xxviii.
90 Donoghue, *The Fame Machine.*
91 Edward A. Bloom and Lilian D. Bloom, *Joseph Addison's Sociable Animal* (1971).
92 Addison and Steele, *the Spectator,* vol. i, no. 10, p. 54.
93 Anthony Ashley Cooper, 3rd Earl of Shaftesbury, *Characteristicks of Man, Manners, Opinions, Times* (1999 [1711]); Lawrence E. Klein, *Shaftesbury and the Culture of Politeness* (1994); Robert Voitle, *The Third Earl of Shaftesbury: 1671—1713* (1984).
94 Shaftesbury, *Characteristicks of Man, Manners, Opinions, Times,* vol. ii, p. 207.
95 David Hume, "Of Essay Writing" (1741), in *Selected Essays* (1993), p. 2.
96 David Hume, *A Treatise of Human Nature,* 2nd edn (1978 [1739—1740]), p. 269; Ernest Campbell Mossner, *The Life of David Hume* (1954), ch. 6.
97 David Hume, *A Treatise of Human Nature* (1969 [1793—1740]), p. 21.
98 Davdi Hume, *The Life of David Hume, Esq.* (1741—1742); in David Hume, *The Philosophical Works of David Hume* (1874—1875; repr. 1987), vol. 3, p. 2.
99 Hume, *The Life of David Hume, Esq.,* in David Hume, *Essays Moral, Political and Literary* (1898), vol. 4, p. 5. 与休谟不同的是，休·布莱尔赞扬洛克的风格，称他那"关于人类理解的杰出论文"是"极其清晰、明白的哲学风格"的模板，"很少进行矫饰": Hugh Blair, *Lectures on Rhetoric and Belles Lettres* (1783), vol. iii, lecture 37, p. 81。
100 讨论见 Stephen Copley, "Commerce, Conversation and Politeness in the Early Eighteenth-Century Periodical" (1995); Jerome Christensen, *Practising Enlightenment* (1987)。
101 Blair, *Lectures on Rhetoric and Belles Lettres,* vol. iii, pp. 78, 79, 80.
102 Smith, *An Inquiry into the Nature and Causes of the Wealth of Nations,* vol. i, bk. I, ch. 1, p. 21, para. 9.
103 Smith, *An Inquiry into the Nature and Causes of the Wealth of Nations,* vol. i, bk. I, ch. 1, p. 21, para. 9.
104 关于斯密的总体研究，见 John Barrell, *English Literature in History, 1730—1780* (1983)。
105 Compare Jean Le Rond D'Alembert, *Preliminary Discourse to the Encyclopedia of Diderot*

(1995).

106 关于指导性和教育性书籍，见 Isabel Rivers (ed.), *Books and Their Readers in Eighteenth-Century England* (1982); John Ashton, *Chap-Books of the Eighteenth Century* (1882); Victor Neuberg, *Popular Literature* (1977), pp. 113f.

107 见 S. F. Pickering Jr, *John Locke and Children's Books in Eighteenth-Century England* (1981), 以及下文第十五章。

108 Herbert M. Atherton, *Political Prints in the Age of Hogarth* (1974); Barbara Maria Stafford, *Artful Science* (1994); Anderson, *The Printed Image and the Transformation of Popular Culture 1790—1860*, pp. 17f.; Marcus Wood, *Radical Satire and Print Culture 1790—1822* (1994); Michael Duffy (ed.), *The English Satirical Print, 1600—1832* (1986); Ronald Paulson, *Representations of Revolution* (1789—1820) (1983); Brian Maidment, *Popular Prints, 1790—1870* (1995).

109 DeMaria, *Johnson's Dictionary and the Language of Learning*; J. Harris, *Lexicon Technicum* (1736); 这本书有 1200 位订购者。关于百科全书，见 Frank A. Kafker (ed.), *Notable Encyclopedias of the Seventeenth and Eighteenth Centuries* (1981), p. 108; Robert Collison, *Encyclopaedias* (1964), p. 99; Richard Yeo, *Encyclopaedia Visions* (将出)。这本词典很少涉及神学。

110 Ephraim Chambers, *Cyclopaedia, Or an Universal Dictionary of Arts and Sciences* (1728).

111 Abraham Rees, *The Cyclopaedia* (1819).

112 *Encyclopaedia Britannica* (1771). 见 Collison, *Encyclopaedias*, pp. 138f.

113 这样，在《项狄传》中，劳伦斯·斯特恩大量借鉴了钱伯斯的博学的幽默：见 Judith Hawley, "The Anatomy of *Tristram Shandy*" (1993)。

114 Brewer, *The Pleasures of the Imagination,* p. 463; Jonathan Brody Kramnick, *Making the English Canon* (1999).

115 引自 B. Sprague Allen, *Tides in English Taste (1619—1800)* (1858), p. 85。

116 Michael Dobson, *The Making of the National Poet* (1992); Jonathan Bate, *Shakespearean Constitutions* (1989); Robert W. Babcock, *The Genesis of Shakespeare Idolatry, 1766—1799* (1931).

117 F. M. Voltaire, *Letters concerning the English Nation* (1926 [1733]), p. 165; Brewer, *The Pleasures of the Imagination*, p. 473.

118 Jonathan Swift, letter to Dean Sterne (26 September 1710), 引自 Michael Foss, *Man of Wit to Man of Business* (1988), p. 163。

119 Thomas Beddoes, *Hygeia* (1802—1803), vol. iii, ch. 9, p. 163. 通过主人公的角色，斯特恩滑稽地问读者："这对阁下的眼睛会有好处吗？"：Sterne, *The Life and Opinions of Tristrum Shandy,* p. 268. 关于阅读的社会异常现象，见 Roy Porter, "Reading: A Health Warning" (1999)。

120 Brown, *An Estimate of the Manners and Principles of the Times* , vol. i, pp. 42—43.

121 Hill, *Boswell's Life of Johnson,* vol. iii, p. 332.

122　Henry Mackenzie, *The Mirror* (1779—1780).
123　该短语来自戈尔德斯密斯: Thomas Schlereth, *The Cosmopolitan Ideal in Enlightenment Thought* (1977), p. 3; 见 Kramnick, *Making the English Canon;* Anne Goldgar, *Impolite Learning* (1995); Benedict Anderson, *Imagined Communities* (1983); Lorraine Daston, "The Ideal and Reality of the Republic of Letters in the Enlightenment" (1991)。
124　Anthony Pasquin (假名), *Memoirs of the Royal Academicians* (1796), p. 148。许多人会谴责公众:

> 仍然有对智者的羞辱,
> 这个洞穴中的多头怪物:
> 一群愚蠢的, 不值一提, 不值得尊敬的乌合之众;
> 他们要破坏这远胜他们的智者的无上自尊,

Alexander Pope, "The First Epistle of the Second Book of Horace" (1733), ll. 304—307, in Butt, *The Poems of Alexander Pope*, p. 646.
125　Gibbon, *Memoirs of My Life*, pp. 162—163.
126　Samuel Johnson, *Life of Gray* (1915), p. 14.

第五章　宗教的理性化

1　Thomas Sprat, *The History of the Royal Society of London* (1667), p. 374.
2　爱德华·莫尔对礼拜日的观察, 发表在《世界》杂志上, 第 21 期。引自 George S. Marr, *The Periodical Essayists of the Eighteenth Century* (1971), p. 144。
3　相关的历史研究, 见 Sheridan Gilley, "Christianity and the Enlightenment" (1981)。关于背景, 见 Gerald R. Cragg, *From Puritanism to the Age of Reason* (1950), *The Church and the Age of Reason* (1960), 以及 *Reason and Authority in the Eighteenth Century* (1964); David Hempton, *Religion and Political Culture in Britain and Ireland* (1996); Jane Garnett and Colin Matthew (eds.), *Revivial and Religion since 1700* (1993); Sheridan Gilley and W. J. Sheils, *A History of Religion in Britain* (1994); James Downey, *The Eighteenth Century Pulpit* (1969)。
这一章的内容具有限定性, 主要研究宗教理性问题。基本忽略掉某些在特定教义上进行热烈争论的问题, 例如灵魂、天堂地狱和来世的问题; 但是可见 Roy Porter, "The Soul and the English Enlightenment" (将出) ; 以及 P. C. Almond, *Heaven and Hell in Enlightenment England* (1994); B. W. Young, " 'The Soul-Sleeping System' " (1994); Colleen McDannell and Bernhard Lang, *Heaven—A History* (1988)。
4　Edward Gibbon, *Memoirs of My Life* (1966 [1796]), p. 139. "穿法衣的猎人" 是诗人乔治·克拉布塑造的形象。"享乐的" 贵格教徒是那些放弃了 17 世纪服装, 更接受世俗乐趣的一批人。

5   Joseph Addision and Richard Steele, *The Spectator* (1965), vol. 1, no. 112, p. 459 (9 July 1711); John Beresford (ed.), *The Diary of a Country Parson* (1978—1981).

6   John Walsh, Colin Haydon and Stephen Taylor (eds), *The Church of England, c. 1689—c. 1833* (1993), p. 19.

7   引自 Hiram Caton, *The Politics of Progress* (1988), p. 207; Roland N. Stromberg, *Religious Liberalism in Eighteenth-Century England* (1954), p. 2。关于高教会派，见 George Every, *The High Chuch Party 1699—1718* (1956)。许多历史学家只是把这些"无神论者"当成假想出来的"鬼怪"，但大卫·伯曼（David Berman）却对此持相反意见，认为这些人数量很多，只是被迫求助于欺骗性的保密手段: *A History of Atheism in Britain from Hobbes to Russell* (1988), p. 43。在 *Answer to Priestley's Letters to a Philosopher Unbeliever*（sn, 1782）里，威廉·哈蒙（William Hammon）写道（p. xvii）：

> 至于是否存在着无神论者这样的人，也即怀疑一切的人，我敢以名誉担保，我就是一个。愿后人永远铭记，在英格兰王国的伦敦，在我主一千七百八十一年，有人公开地宣称自己是一位无神论者。

8   Joseph Texte, *Jean-Jacques Rousseau and the Cosmopolitan Spirit in Literature* (1899), p. 59; C. John Sommerville, *The Secularization of Early Modern England* (1992), p. 185。在1766年的伦敦，亚历山德罗·维理（Alessandro Verri）写道："这里甚至没人谈论宗教": 引自 Nicolas Davidson, "Toleration in Enlightenment Italy" (2000), p. 230。

9   关于华滋、卫斯理和考珀的时代，见 Horton Davies, *Worship and Theology in England from Watts and Wesley to Martinueau, 1690—1900* (1996)。以撒·华滋的 *The Psalms of David Imitated in the Language of the New Testament*（1719）里面就有这样著名的诗行："哦，上帝呀。你在过去的日子里帮助我们。"

10 William Law, *The Absolute Unlawfulness of the Stage Entertainment Fully Demonstrated* (1726), p. 11. 关于劳，见 A. Whyte, *Characters and Characteristics of William Law* (1898); 关于引文，见 John Brewer, *The Pleasures of the Imagination* (1997), p. 333。劳发现了"特洛伊木马"，那就是"现在公然得到赞成的无信仰，自称要以理性或自然宗教的充分性、优越性和绝对完美性来维持自身": William Law, *A Serious Call to a Devout and Holy Life* (1729), introduction。吉本认为，"他最后的作品里面染上了雅各布·伯麦的神秘色彩": Gibbon, *Memoirs of My Life*, p. 22。

11 见 M. Quinlan, *Samuel Johnson: A Layman's Religion* (1964); C. F. Chapin, *The Religious Thought of Samuel Johnson* (1968). 关于"万能上帝的箭袋"，见 W. J. Bate, J. M. Bullitt, and L. F. Powell (eds), *Samuel Johnson: The Idler and Adventurer* (1963), no. 120, p. 468。

12 Jonas Hanway, *A Journal of Eight Days' Journey*, 2 vols, 2nd edn (1757), vol. i, p. 35.

13 在该世纪中期，约翰·利兰（John Leland）发现自然神论者的进攻仍然很有威胁: *A View of the Principal Deistical Writers That Have Appeared in England in the Last and Present Century* (1754)。

14 Edmund Burke, *Reflections on the Revolution in France and on the Proceedings in*

Certain Societies in London Relative to That Event (1982 [1790]), p. 186. 关于博林布鲁克的自然神论，见 Ronald W. Harris, *Reason and Nature in the Eighteenth Century, 1714—1780* (1968), p. 151。约翰逊也对博林布鲁克很不礼貌，在他的《词典》里把"反讽"定义成"某种说话的方式，其中的意义与词语本意是相反的，例如，博林布鲁克是一位圣人"。关于博林布鲁克，见 H. T. Dickinson, *Bolingbroke* (1970)。

15 当然这是那位最诚挚的不可知论者的观点，Leslie Stephen, *History of English Thought in the Eighteenth Century* (1962 [1876])。

16 Mary Wollstonecraft, *Thoughts on the Education of Daughters* (1995 [1787]), p. 132. 一位确实读过自然神论者作品的同时代人自然是哈兹利特：Catherine Macdonald Maclean, *Born Under Saturn* (1943), p. 58。

17 Joseph Butler, *The Analogy of Religion to the Constitution and Course of Nature* (n. d.), advertisement.

18 Norman Torrey, *Voltaire and the English Deists* (1930). 同那些思想家一样，伏尔泰虽然强烈反对天主教，但一生的大部分时间里仍是位自然神论者，相信上帝是秩序的奠基者。

19 Claude Rawson, *Satire and Sentiment 1660—1830* (1994), p. 200.

20 Joseph Granvill, *Vanity of Dogmatizing* (《独断论的浮华》, 1661) ——多么重要的标题！——该书沿着培根的主张分析了人类容易犯错的本性，并拒绝独断论。洛克反对"那些身处不同且相互敌对的派别中的、肆无忌惮的狂躁分子"，他们都是受非理性"狂热"驱动的：R. D. Stock, *The Holy and the Daemonic from Sir Thomas Browne to William Blake* (1982), p. 85。John Fletcher Clews Harrison, *The Second Coming* (1979)。

21 Michael R. Watts, *The Dissenters* (1978), vol. i, p. 263：萨谢弗雷尔 (Sacheverell) 称不从国教者为"一群恶徒，孕育于叛乱，生于煽动言行，长于派系之争"。关于教会法庭，见 John Addy, *Sin and Society in the Seventeenth Century* (1989)。

22 逐渐地，平教徒在礼仪改革社和宣告社等团体中主导了劝善除弊。福音复兴运动通过威廉·威尔伯福斯（William Wilberforce）等非教会人士作为先锋得以传播：T. C. Curtis and W. A. Speck, "The Societies for the Reformation of Manners" (1976); Sommerville, *The Secularization of Early Modern England*, 勾画了"宗教文化向宗教信仰"的转变（p. 1.）；C. John. Sommerville, "The Secularization Puzzle" (1994); Pieter Spierenburg, *The Broken Spell* (1991)。另见第九章的开篇处。

23 "虽然教士的声音如此聒噪难听，他们的手却被解除了迫害的权力"：Gibbon, *Memoirs of My Life*, p. 159。

24 C. de Saussure, *A Foreign View of England in 1725—1729* (1995 [1902]), p. 132.

25 Jeremy Gregory, "Christianity and Culture" (1997), p. 113. 他们就这样以多种方式让柯勒律治所说的"知识阶层"（clerisy）提前出现了。

26 Robert Southey, *Letters from England by Don Manuel Alvarez Espriella* (1984 [1807]), p. 111.

27 Maurice Cranston, *John Locke: A Biography* (1957), p. 125.

28 Samuel Butler, *Hudibras, Parts I and II and Selected Other Writings* (1973 [1663—1678]), p. 7, ll. 193—195. 巴特勒嘲弄清教徒的启明的"黑暗性"：

> 这是扇精神的黑暗天窗，
> 无人能见唯有那些承受的人：
> 一束光从天而降，
> 进行一场灵魂的欺骗：
> 幻火在迷惑人心，
> 只会把人们带进沟壑。

29　威廉·葛德文有力地表达了对基督教中"暴虐的"的上帝的厌恶，见 Godwin, *The Enquirer* (1965 [1797]), p. 135。

30　Henry St John, Viscount Bolingbroke, *The Idea of a Patriot King*, in Henry St John, Viscount Bolingbroke, *The Works of Lord Bolingbroke* (1969 [reprint of 841 edn]), vol. ii, p. 382.

31　关于洛克与宗教，见 John Marshall, *John Locke: Resistance, Religion and Responsibility* (1994); Ashcraft, "Anticlericalism and Authority in Lockean Political Thought"。关于围绕着这个问题的讨论，见 Alan P. F. Sell, *John Locke and the Eighteenth-Century Divines* (1997)。

32　John Locke, Journal (8 February 1677) : R. I. Aaron and J. Gibb (eds), *An Early Draft of Locke's Essay Together with Excerpts from His Journals* (1936), p. ii.

33　John Locke, *The Reasonableness of Christianity* (1695), p. 2.

34　John Locke, *An Essay concerning Human Understanding* (1975 [1690]), bk IV, ch. 19, para. 4, p. 698; Ernest Campbell Mossner, *Bishop Butler and the Age of Reason* (1990), p. 43; 讨论见 Basil Willey, *The Eighteenth Century Background* (1962), p. 35。

35　John Locke, *Works* (1714), vol. vi, p. 157.

36　Locke, *The Reasonableness*, in *Works* (1714), vol. vii, p. 113.

37　Locke, *The Reasonableness of Christianity,* in *Works*, vol. vii, p. 125.

38　Locke, *The Reasonableness of Christianity*, in *Works*, vol. vii, p. 133.

39　Locke, *The Reasonableness of Christianity*, in *Works*, vol. vii, p. 135.

40　Locke, *The Reasonableness of Christianity*, in *Works*, vol. vii, p. 139.

41　*Acts* 17: 22—29.

42　Locke, *The Reasonableness of Christianity*, in *Works,* vol. vii, p. 176.

43　Marshall, *John Locke: Resistance, Religion and Responsibility,* p. 454.

44　引自 Willey, *The Eighteenth Century Background*, p. 3。下面将会看到，这样的立场被自然神论者欣然采纳，他们将自己的逻辑推向极限。引述这段之后，安东尼·柯林斯继续说道："即使那些他无可非议地观察到的东西，也完全不比那些在本质上管照着人类社会的福祉的宗教更重要"：*Discourse of Freethinking* (sn, 1713), p. 136。

45　John Tillotson, *The Works of the Most Reverend Dr John Tillotson* (1820), vol. i, p. 475.

46　Tillotson, *The Works of the Most Reverend Dr John Tillotson*, vol. i, p. 468. 关于分析，见 Norman Sykes, *Church and State in England in the Eighteenth Century* (1934); 另见 Downey, *The Eighteenth Century Pulpit*, pp. 10, 15. 另见 Tillotson, *The Works of the Most Reverend Dr*

John Tillotson, vol. i, sermon 6, pp. 152—173。

47 "The Life of Jesus Christ Consider'd as Our Example", Tillotson, *The Works of the Most Reverend Dr John Tillotson*, vol. i, sermon 6, p. 71. 托马斯·潘恩后来把基督形容成一位"有美德、慈祥的人",一位"有德行的改革家"。

48 David Hume, "Of Miracles", in David Hume, *Enquiries concerning the Human Understanding and concerning the Principles of Morals* (1966 [1751]), pp. 109f. ; W. M. Spellman, *The Latitudinarians and the Church of England, 1660—1700* (1993), p. 60; R. M. Burns, *The Great Debate on Miracles* (1981).

49 Quinlan, *Samuel Johnson: A Layman's Religion*, p. 28. 自然神论者安东尼·柯林斯称"所有自由思想家都视他为领袖": *Discourse of Freethinking*, p. 171。

50 Samuel Clarke, *A Demonstration of the Being and Attributes of God* (1705), 引自 Stephen, *History of English Thought in the Eighteenth Century*, vol. i, pp. 100—104; J. P. Ferguson, *An Eighteenth Century Heretic* (1976), pp. 23f.; Peter Gay, *The Enlightenment* (1967), p. 326; Peter Searby, *A History of the University of Cambridge* (1997), vol. iii, p. 281, 他将克拉克与威廉·惠斯顿之间的友谊公诸于众。

51 引自 David Brown, "Butler and Deism" (1992), p. 9。

52 Samuel Clark, *The Scripture-Doctrine of the Trinity* (1712); John Redwood, *Reason, Ridicule and Religion* (1976), ch. 7, 对比 M. Greig, "The Reasonableness of Christianity?" (1993)。以撒·华滋投身于三位一体论20多年,直到他不得不承认:"这只让自己更加清楚自己的无知",他最终被迫责怪自己的造物主把他放在这么一个困局之中:"我当然应该了解我所崇拜的上帝,他是纯粹、单一的神,还是三位一体的": Stromberg, *Religious Liberalism in Eighteenth-Century England*, p. 36。

53 William Derham, *Physico-Theology* (1713), p. 467.

54 Addision and Steele, *The Spectator*, vol. iv, no. 465, pp. 141—145 (Saturday, 23 August 1712).

55 引自 Nigel Smith, "The Charge of Atheism and the Language of Radical Speculation, 1640—1660" (1992), p. 131。

56 关于概要,见 O. P. Grell and B. Scribner (eds.), *Tolerance and Intolerance in the European Reformation* (1996); O. P. Grell, J. I. Israel and N. Tyacke (eds.), *From Persecution to Toleration* (1991); W. K. Jordan, *The Development of Religious Toleration in England* (1965 [1932—1940]); Elisabeth Labrousse, "Religious Toleration" (1974); Henry Kamen, *The Rise of Toleration* (1967); John Christian Laursen and Cary. J. Nederman (eds.), *Beyond the Persecuting Society* (1998); and O. P. Grell and Roy Porter (eds.), *Toleration in the Enlightenment* (2000)。

57 见 John Dunn, "The Claim to Freedom of Conscience" (1991); Henry Kamen, *The Rise of Toleration* (1967), pp. 231f.; Cranston, *John Locke: A Biography*, p. 100; John W. Yolton, *Locke: An Introduction* (1985), pp. 77f. ; John Dunn, *Locke* (1984), p. 26。

58 Kamen, *The Rise of Toleration*, p. 204.

59 Ursula Henriques, *Religious Toleration in England 1783—1833* (1961), pp. 11—12.

60　《亵渎神明法案》将如下行为视作罪行：任何接受基督教教育的人，"在书写、出版、宣讲或劝解时否认圣三位一体中任何一个位格为神，宣称或认为有不止有一个神，或否认基督教信仰是真实的，或否认《新约》《旧约》的神圣条文具有神性权威"。见 Michael Hunter, "Aikenhead the Atheist" (1992)。因为宗教罪行遭到处决的情况长期存在于很多地方：最迟在 1782 年还有一位女仆在瑞士格拉鲁斯州被当作女巫处决。

61　Daniel Defoe, *Robinson Crusoe* (1719), p. 240; Brean S. Hammond, *Professional Imaginative Writing in England, 1670—1740* (1997), p. 273. 见 J. B. Bury, *A History of Freedom of Thought* (nd), pp. 138—140。威廉·沃伯顿打趣道："正统是我的教义，异端是别人的教义"（教义［doxy］这个词在英语俚语中还有娼妓之义。——译者）: S. C. Carpenter, *Eighteenth Century Church and People* (1959), p. 146。

62　F. M. Voltaire, *Letters concerning the English Nation* (1926 [1733]), p. 34, 引自 Arthur Wilson, "The Enlightenment Came First to England" (1983), p. 7; F. M. Voltaire, *Philosophical Dictionary* (1979 [1764]), p. 387。每个人都可以用自己喜欢的方式去天堂。

63　Southey, *Letters from England by Don Manuel Alvarez Espriella*, p. 159. 关于全世界范围内教派的涌现，见 William Hodgson, *The Commonwealth of Reason* (1795), pp. 31—34:

> 鉴于宗教似乎已经成为了人们永远不会完全达成一致的议题；因为没有人能用任何确实证据来证明他所属教派的教义比其他派别更能够为上帝接受，不管他是：浸礼派、犹太教徒、非犹太教徒、伊斯兰教徒、亚美尼亚教会信徒、基督徒、敌基督徒、亚当派、德美浸礼会教派成员、斯维登堡信徒、太阳神崇拜者、月亮神崇拜者、普救派教徒、优迪克主义者、亚得米勒派、英国新教徒、十四日派、命定论信徒、烦恼派、博纳西安派、波希利德斯的信徒——这个名单无休无止。
>
> ——这当然涉及确立一种优先于其他宗教的宗教或使其本民族化，方法是鼓励、支持、保护懒惰与奢侈的不劳动者，例如穆夫提、教皇、大和尚、大喇嘛、牧师、大主教、女执事、修道院院长、祭司长、神学博士、和尚、修女、拉比、僧侣、神父、加尔默罗会会士、耶稣会会士、加尔都西会教士、多明我会会士、方济各会会士、女修道院院长、马所拉学士、喇嘛、红衣主教、埃米尔、圣公会牧师、先知、受俸牧师、东南亚和尚、僧人、婆罗门、使徒、预言者、普里蒙特会会士、本笃会会士、雅各宾修院修士、斐扬修院修士、西多会修士、仁慈兄弟会修士、绳索腰带修士、方济各会托钵僧、法国方济各会改革派……以及其他此类没用的存在，或就像他们彼此间断然使用的称谓，粗鲁的骗子。这些因为太骄傲和太懒而不愿工作的人，利用别人的轻信、行政权力的腐败，出台法律让自己不受惩罚地从勤劳能干的公民身上榨取财富。他们对这样的欺骗行为还不满意，还在分割利益的时候相互欺骗，利益被给予某位戴着特殊的、他自己发明的法帽的人。这些人一年能得到**1 万至 1.2 万英镑**的收入。与此同时，那些向痴狂的民众朗诵他们所有信条的穷苦的家伙们，每年能够得到上帝圣言解释者们分给他们的**15—20 英镑**。这些圣言解释者看似温和、谦恭、节制、严谨、诚实、纯洁、有德行、正派、高贵和超

凡，但正如他们彼此指责的，都是不虔诚地选择某些话，将其称作上帝的圣言。他们的座右铭是"耐心一点，或许我能成为一位主教、教皇、穆夫提、大和尚、大喇嘛或是大祭司"。

在罗列了这些冗杂的彼此竞争的教派之后，霍奇森提出了一个无疑非常开明的结论：

> 这些小人假意宣称有一位完全公正的上帝送他们到人间来，享用世上的美好事物，又不用付出劳动生产它们。所以，我认为，那个制造了这些小人的权势阶层能够带来的不过就是一种令人不快的结果：在那些直接利益存在于捍卫崇高的热忱、和谐以及相互间的兄弟般情谊的人中激起充满敌意的仇视和难以平息的怨恨。因为他们无时无刻不在努力压倒对方，他们在自己的追随者中制造出邪恶的仇恨，反对那些与他们的某种教义不合之人。我因此建议，由于宗教只是一个观念问题，应该像呼吸空气一样自由信仰。这应以发表一份权利宣言为开始——我认为这完全切合我的主题。宣言建立在**自由、博爱与平等**的广泛而永恒的基础之上，我认为只有在这个不可磨灭的权利基础上，法律、规章才可确立。这应被真诚、忠实的当作目标，这应被看作所有人类追求中最重要的一个——**全人类快乐地共同生活在社会中**。

引自 Gregory Claeys (ed.), *Utopias of the British Enlightenment* (1994), p. 208。

64 (Anon.), *Some Reflections on Prescience* (1731), p. 2.
65 Locke, *An Essay concerning Human Understanding*, vol. ii, ch. 23, para. 15. 洛克提出存在"思想物质"的可能性与其说推动了唯物主义，不如说否认了人类不能限定神的力量范围：John W. Yolton, *Thinking Matter* (1983)。
66 Locke, *An Essay concerning Human Understanding*, vol. ii, ch. 23, para. 31.
67 John Locke, *A Letter to ... Edward (Stillingfleet), Ld Bishop of Worcester* ... (1697), p. 303; Yolton, *Locke: An Introduction*, p. 88; 总论见 William Rounseville Alger, *The Destiny of the Soul* (1878)。
68 John Locke, *A Letter to ... Edward (Stillingfleet), Ld Bishop of Worcester* ... p. 304.
69 见 Yolton, *Locke: An Introduction*, p. 88。
70 引自 Sell, *John Locke and the Eighteenth-Century Divines*, p. 197。
71 在临终时，沙夫茨伯里据说谈到了索齐尼派观念，这些观念："从洛克先生和他的《人类理解论》第十章中汲取营养"：H. R. Fox Bourne, *Life of John Locke* (1876), vol. i, p. 469。
72 "似乎洛克在18世纪英国的主要影响并不是把契约论引入政治学，而是把阿里乌斯主义引入了宗教"：J. C. D. Clark, *English Society, 1688—1832* (1985), p. 47。在剑桥大学，约翰·杰布的讲座"制造了如此大的声响"，因为他"被指控宣传索齐尼主义与宿命论（洛克先生关于权力的章节被认为展望了这些）"：引自 J. C. D. Clark, *The Language of Liberty 1660—1832* (1994), p. 314；见 Stromberg, *Religious Liberalism in Eighteenth-Century England*, p. 98。
73 (Charles Leslie), *The Charge of Socinianism against Dr Tillotson Considered* (sn, 1695), p. 13.

74　Redwood, *Reason, Ridicule and Religion*, p. 142.
75　John Dryden, *Absolom and Achitophel* (1681), in John Sargeaunt (ed.), *The Poems of John Dryden* (1959), p. 42, ll. 1—2.
76　Stephen H. Daniel, *John Toland: His Methods, Manners, and Mind* (1984), p. 34; Mark Goldie, "Priestcraft and the Birth of Whiggism" (1993), p. 219.
77　Ashcraft, "Anticlericalism and Authority in Lockean Political Thought", p. 74. 洛克早年的作品表达了自己反对教士涉足政治的立场, 谴责英国内战的爆发是因为那些 "恶人的野心……傲慢和虚伪"。人们被教士 "诓骗", 被用 "面罩蒙住他们的双眼"(p. 82)。
78　Richard Baron, *The Pillars of Priestcraft and Orthodoxy Shaken* (1768), vol. i, pp. iii, vi; Justin A. I. Champion, *The Pillars of Priestcraft Shaken* (1992); Goldie, "Priestcraft and the Birth of Whiggism", p. 214.
79　Peter Harrison, *"Religion" and the Religions in the English Enlightenment* (1990), p. 79.
80　Charles F. Bahmueller, *The National Charity Company* (1981), p. 98; James E. Crimmins, *Secular Utilitarianism* (1990). 1818 年, 边沁出版了他的《英国式教会》(*Church of Englandism*)一书, 描绘了一种对道德基督教最简化的设想。大约也就在同一时间, 他还完成了《并非保罗而是耶稣》(*Not Paul but Jesus*)(1823), 在这本书里, 他力图证明保罗是个骗子、野心家, 他的教义与耶稣几乎完全不同, 他才是真正的反基督分子。
81　Mary Thale (ed.), *The Autobiography of Francis Place* (1771—1854) (1972), p. xvii: "废话连篇之人" 是他最爱用来描述教士的表达方式。
82　Journal for Tuesday, 7 September 1824: John Clare, "The Autobiography, 1793—1824", in J. W. And A. Tibble (eds.), *The Prose of John Clare* (1970 [1951]), p. 103.
83　William Wollaston, *The Religion of Nature Delineated* (1924). 富兰克林指出这本书激发他开始了自己的事业: Douglas Anderson, *The Radical Enlightenment of Benjamin Franklin* (1997), p. 6。
84　Matthew Tindal, *The Rights of the Christian Church Asserted* (sn, 1706); 见 Christopher Cunliffe (ed.), *Joseph Butler's Moral and Religious Thought* (1992), pp. 11f。
85　Matthew Tindal, *Christianity as Old as the Creation; or The Gospel a Republication of the Religion of Nature* (1733), p. 7; Harrison, *"Religion" and the Religions in the English Enlightenment*, p. 167.
86　Tindal, *Christianity as Old as the Creation*, pp. 7, 10.
87　Tindal, *Christianity as Old as the Creation*, p. 10.
88　Tindal, *Christianity as Old as the Creation*, p. 23.
89　关于原始一神论, 见 Jan Assmann, *Moses the Egyptian* (1997), p. 80。对比蒲柏的见解:

> 不要认为他们在自然状态盲目践踏,
> 自然状态就是上帝凌驾一切……

Alexander Pope, *An Essay on Man* (1733—1734) in John Butt (ed.), *The Poems of Alexander*

Pope (1965), p. 530, ll. 247—278.
90 Tindal, *Christianity as Old as the Creation,* p. 92.
91 Bury, *A History of Freedom of Thought*, pp. 144—145.
92 L. S. Sutherland and L. G. Mitchell, (eds.), *The History of the University of Oxford* (1986), vol. v, p. 455.
93 Tindal, *Christianity as Old as the Creation*（1733）, p. 49; Ernest Mossner, *Bishop Butler and the Age of Reason* (1990), p. 76.
94 Hans W. Frei, *The Eclipse of Biblical Narrative* (1974), p. 52f.
95 见 William H. Trapnell, "Who Thomas Woolston Was" (1988), "What Thomas Woolston Wrote" (1991), 以及 *Thomas Woolston: Madman and Deist?* (1994)。
96 Thomas Woolston, *Six Discourses on the Miracles of Our Saviour and Defences of His Discourses* (1979 [1727—1730]); Stock, *The Holy and the Daemonic from Sir Thomas Browne to William Blake*, p. 99; Trapnell, "What Thomas Woolston Wrote", p. 17.
97 例如见 Thomas Sherlock, *Trial of the Witness* (1729)。这个小册子主要报道了一场在律师学院进行的审判，使徒们被控在复活问题上给出了假证据。结果他们被判无罪。塞缪尔·约翰逊谴责"老贝利街（中央刑事法庭所在地。——译者）神学"，"使徒们每周都要被控将被杀头的造假罪"。
98 下面的部分，见 T. L. Bushell, *The Sage of Salisbury* (1968), p. 18。
99 Bushell, *The Sage of Salisbury,* p. 51.
100 Thomas Chubb, "Human Nature Vindicated", in *A Collection of Tracts* (1730), p. 342, 引自 Bushell, *The Sage of Salisbury,* p. 88。
101 关于托兰德，见 Daniel, *John Toland: His Methods, Manners and Mind*; R. E. Sullivan, *John Toland and the Deist Controversy* (1982); Margaret Jacob, *The Newtonians and the English Revolution, 1689—1720* (1976), pp. 210—211。
102 John Toland, *Christianity Not Mysterious* (1969), p. 6, 引自 Simon Eliot and Beverley Stern (eds.), *The Age of Enlightenment* (1979), vol. i, p. 31; James O'Higgins, *Anthony Collins: The Man and His Works* (1970), p. 52。
103 John Toland, *Christianity Not Mysterious*, preface, p. xxvii.
104 John Toland, *Christianity Not Mysterious*, p. 6.
105 John C. Biddle, "Locke's Critique of Innate Principles and Toland's Deism" (1990), p. 148.
106 John Toland, *Tetradymus* (1720), p. 45.
107 John Toland, *Pantheisticon, Sive Formula Celebrandae Sodalitatis Socraticae* (sn, 1720), 引自 Frank E. Manuel, *The Eighteenth Century Confronts the Gods* (1967), p. 67。关于托兰德的泛神论，见 Margaret Jacob, *The Radical Enlightenment* (1981), p. 49。
108 John Toland, *Letters to Serena* (1704)。
109 John Toland, *Letters to Serena*, p. 71.

> 自然宗教平实而简单,
> 神话让它变得神秘,贡品让其有了所得;
> 献祭和表演经过精心的准备,
> 教士吃着烤肉,而人民却在挨饿。

Daniel, *John Toland: His Methods, Manners and Mind*, p. 34.

110 见 O'Higgins, *Anthony Collins: The Man and His Works*。大卫·伯曼暗示柯林斯是无神论者: Berman, *A History of Atheism in Britain*,然而这并无证据。柯林斯这样的绅士崇拜维持秩序的自然神;这种信仰与他们身为土地和财产占有者的利益相吻合。

111 Anthony Collins, *A Discourse of the Grounds and Reasons of the Christian Religion* (sn, 1724), p. vi.

112 Sell, *John Locke and the Eighteenth-Century Divines*, p. 209; O'Higgins, *Anthony Collins: The Man and His Works*, pp. 6ff.

113 O'Higgins, *Anthony Collins: The Man and His Works*, p. 6. 有关柯林斯与洛克的联系,在激进圈子里有很多说法,旨在暗示洛克其实要比他的表现还激进。伪造的洛克写给柯林斯的书信在1753年登在《绅士杂志》上; Margaret C. Jacob, *Living the Enlightenment* (1992), p. 61。

114 O'Higgins, *Anthony Collins: The Man and His Works*, p. 12. 他的论著说得太过分以至于很多谨慎的辉格党人公开宣布与他脱离关系(他们的私下想法则不是很清楚):见O'Higgins, *Anthony Collins: The Man and His Works*, p. 89; Yolton, *Thinking Matter*, p. 42。

115 引自 O'Higgins, *Anthony Collins: The Man and His Works*, p. 10。

116 斯威夫特在《柯林斯先生论自由思想》(*Mr Collins' Discourse of Free-Thinking*, 1713)里做出了极好的反讽, p. 7。"教士们告诉我,"他嘲讽道,"要相信《圣经》,但自由思想则告诉我不要这样。《圣经》说犹太人是被上帝钟爱的民族,但作为一个自由思想家,我认为不可能这样,因为犹太人住在地球的一个角落里,自由思想使这一点很清楚,住在角落里的人是不可能被上帝所钟爱的。""自由思想家"(Free-Thinker)是洛克在1697年使用的描述托兰德的一个词汇。在1711年出现了以《自由思想家》为名的刊物。

117 引自 O'Higgins, *Anthony Collins: The Man and His Works*, pp. 78, 89f。

118 Collins, *A Discourse of the Grounds and Reasons of the Christian Religion*; Bury, *A History of Freedom of Thought*, p. 140; Frei, *The Eclipse of Biblical Narrative*, pp. 70f.

119 霍布斯自称基督徒,但是他清空了基督教全部的传统含义,把上帝仅仅刻画成不可抗拒的力量之源。灵魂天然不灭的信仰是"希腊魔鬼学"的残存: Thomas Hobbes, *Leviathan* (1968 [1651]), p. 405。

120 Charles Blount, *Anima Mundi* (1679); Harrison, "Religion" and the Religions in the English Enlightenment, p. 73; Champion, *The Pillars of Priestcraft Shaken*, p. 142.

121 Charles Leslie, *A Short and Easy Method with the Deists* (1698); Searby, *A History of the Universtity of Cambridge*, vol. iii, p. 277.

122 下面的论述十分依赖 Manuel, *The Eighteenth Century Confronts the Gods*, pp. 66f., 以及 Harrison, *"Religion" and the Religions in the English Enlightenment*, pp. 16f。

123 S. I. Tucker, *Enthusiasm* (1972). 洛克的《人类理解论》第四版有一章补充进去,叫做《论狂热》,洛克在这篇文章里攻击新教极端分子宣称从上帝那里得到专有的启示。他拒绝将这类现象尊称为"启示",而是称之为"毫无根据的头脑错乱": Cranston, *John Locke: A Biography*, p. 277。

124 John Trenchard, *The Natural History of Superstition* (1709); Manuel, *The Eighteenth Century Confronts the Gods*, p. 74; 特伦查德接下来开始与约翰·戈登在《独立辉格党人》(1720)上合作,有关政治与宗教的文章大获成功,不仅不断再版,还跨越海洋被无神论者霍尔巴赫译成法文。

125 曼德维尔也采纳了这种卢克莱修式观点,认为宗教源于恐惧:

> 原始人在其遭遇的每一次不幸或灾难背后看到一个隐形的敌人,这些灾难的原因不是那么清晰、明显。极度的炙热与寒冷,洪水与干旱,甚至包括不会带来明显伤害的雷鸣或闪电,黑夜里的声响,还有黑暗本身,以及一切吓人和未知的东西……当所有对尘世的探寻以失败告终之后,他就把目光转向了天空。

Bernard de Mandeville, *The Fable of the Bees* (1924 [1714]), vol. ii, pp. 208—212. 见 Redwood, *Reason, Ridicule and Religion*, p. 34。

126 Trenchard, *The Natural History of Superstition*, pp. 10—11; Manuel, *The Eighteenth Century Confronts the Gods*, p. 75.

127 Trenchard, *The Natural History of Superstition*, pp. 12—13.

128 Trenchard, *The Natural History of Superstition*, p. 15. 另见 John Beaumont, *An Historical, Physiological and Theological Treatise of Spirits, Apparitions, Witchcrafts and Other Magical Practice*s (1705)。

129 Trenchard, *The Natural History of Superstition*, pp. 14—15; Manuel, *The Eighteenth Century Confronts the Gods*, p. 77.

130 Trenchard, *The Natural History of Superstition*, p. 19. Manuel, *The Eighteenth Century Confronts the Gods*, p. 78. 关于狂热的心理病理学,见 Michael Heyd, *"Be Sober and Reasonable"* (1995); Hillel Schwartz, *Knaves, Fools, Madmen*, 以及 *"That Subtile Effluvium"* (1978), 以及 *The French Prophets* (1980)。

131 Anthony Ashley Cooper, 3rd Earl of Shaftesbury, *Characteristicks of Men, Manners, Opinions, Times* (1999 [1711]), vol. i, p. 86. 由此, "在所有奴役别人的恶行、所有理性与合理思想的限制者之上,对理解力最具毁灭性的致命之物乃是迷信、偏执和粗野的狂热"(vol. i, p. 153)。

132 Shaftesbury, *Characteristicks of Men, Manners, Opinions, Times*, "Letter concerning Enthusiasm", vol. i, p. i. Manuel, *The Eighteenth Century Confronts the Gods*, p. 79; 另见 Robert Voitle, *The Third Earl of Shaftebury: 1671—1713* (1984). 沙夫茨伯里说:

> "嘲笑是制止一切狂热继续发展的恰当解药。我们不用打碎法国骗子们的骨头，我们只要让他们成为巴特利米集市的木偶剧嘲笑对象就很好"："Letter concening Enthusiasm", in Shaftesbury, *Characticksticks of Men, Manners, Opinions, Times*, vol. i, p. 19. 沙夫茨伯里的老师洛克也在他第四版《人类理解论》里面加了一章攻击狂热。斯威夫特在《木桶的故事》(1975 [1704])里面也嘲弄狂热。

133 Shaftesbury, *Characticksticks of Men, Manners, Opinions, Times*, vol. i, p. 8; Manuel, *The Eighteenth Century Confronts the Gods*, p. 79.

134 Shaftesbury, *Characticksticks of Men, Manners, Opinions, Times*, vol. i, p. 13.

135 Robert Kreiser, *Miracles, Convulsions and Ecclesiastical Politics in Early Eighteenth-Century Paris* (1978); Daniel Roche, *France in the Enlightenment* (1998), p. 373; Stanley Tweyman (ed. and intro.), *Hume on Miracles* (1996), p. 31.

136 Conyers Middleton, *Free Enquiry into the Miraculous Powers which are Supposed to Have Subsisted in the Christian Church from the Earliest Ages* (1749). 这就是为什么青少年时期的吉本因为读了米德尔顿的书投向了天主教。

137 休谟在 1748 年出版了《人类理解研究》，并对其寄予厚望，但"在我从意大利回来之后，我很惭愧地发现全英格兰因为米德尔顿的自由探究而陷入狂躁之中。我的成果却完全被忽略无视了"；见 John Valdimir Price, "The Reading of Philosophical Literature" (1982), p. 171。见 Ernest Campbell Mossner, "The Religion of David Hume" (1990)。

138 见 David Hume, "Of Miracle"，最早出版在 *Philosophical Essays concerning Human Understanding* (1748)，收在 *Enquiries concerning the Human Understanding and concerning the Principles of Morals* (1966), section X, "Of Miracles", part I, p. 86:

> 奇迹是对自然法的违背；因为稳定、不可变更的经验已经确立了这些法则，反对奇迹的证据，从事实的性质来看，与一切从经验中可能想象出的论证一样完整……一个看似身体健康的人突然死去并非奇迹：因为这种死亡，虽然和其他死亡相比略显不正常，但也随处可见，经常发生。死人复活则是奇迹，因为在任何时代和国家里从没有过这样的事。因此，一定存在有违任何奇迹事件的一致经验，否则这个事件就不值得那个奇迹的称号。并且因为一致的经验等于**证据**，事实的本质中就存在着直接且充分的证据，反对任何奇迹的存在；这样的证据也不会被摧毁，奇迹如果只是凭借一个更高级的相反证据，也不会具有可信性。

见 Tweyman (ed, and intro.), *Hume on Miracles* (1996); James E. Force, "Hume and Johnson on Prophecy and Miracles" (1990); Donald T. Siebert, "Johnson and Hume on Miracles" (1990)。

139 见 Hume, "Of Miracles", *Enquiries concerning the Human Understanding and concerning the Principles of Morals*, pt. 1, p. 86。

140 Hume, *Enquiries concerning the Human Understanding and concerning the Principles of*

Morals, p. 130.
141 David Hume, *Essays Moral, Political and Literary* (1898 [1741—1742]).
142 David Hume, "Of Superstition and Enthusiasm" (1741—1742), in *Selected Essays* (1993), p. 39.
143 J. G. A. Pocock, *Virtue, Commerce and History* (1985), p. 153; 另见 John B. Stewart, *Opinion and Reform in Hume's Political Philosophy* (1992), p. 277。
144 David Hume, "Natural History of Religion" (1741—1742), in *Essays Moral, Political and Literary*, vol. ii, p. 363.
145 David Hume, *Dialogues concerning Natural Religion* (1947).
146 Gladys Bryson, *Man and Society* (1968), p. 230.
147 关于他们最后一次见面的记述，见博斯韦尔的日记，1777 年 3 月 3 日。Charles M. Weis and Frederick A. Pottle (eds.), *Boswell in Extremes, 1776—1778* (1971), pp. 11—15, 尤其是第 11 页："他接下来平静地说，任何宗教的道德都是败坏的，当他说到他知道一个人有信仰的时候，就会认为那人是个恶人，虽然他也知道很多好人也有信仰，但那时我真的觉得他就是这么认为，并不是开玩笑"；见 A. N. Wilson, *God's Funeral* (1999), p. 22。
148 Hume to Boswell, 7 July 1776. Charles M. Weis and Frederick A. Pottle (eds.), *Boswell in Extremes, 1776—1778* (1971), p. 11.
149 David Hume, *The Philosophical Works of David Hume* (1874—1875; repr. 1987), vol. 3, p. 83.
150 Hume, *Essays Moral, Political and Literary*, vol. i, p. 54, essay vii.
151 关于休谟，见 Berman, *A History of Atheism in Britain from Hobbes to Russell*, p. 101; Don Locke, *A Fantasy of Reason* (1980), p. 340: "在我 44 岁那年，我不再像多年以来那样志得意满地看待无神论者这个词了。" 在 1818 年，他开始写自传性散文《论宗教》，一开头便大声宣布："我是个无信仰者。" 见 Percy Bysshe Shelley, *The Necessity of Atheism* (1811), 以及 Wilson, *God's Funeral*。葛德文宣称："过去我宁可像柏拉图和培根勋爵一样被永罚，也不愿和佩利与马尔萨斯一起进天堂"：Harold Orel, *English Romantic Poets and the Enlightenment* (1973), p. 181。
152 Wilson, *God's Funeral*.
153 David Hume, *Letters* (1932), vol. i, p. 62, 见 Stewart, *Opinion and Reform in Hume's Political Philosophy*, p. 106。
154 Pocock, Virtue, *Commerce and History*, pp. 153f. 吉本沿用休谟关于迷信和狂热的结论。
155 吉本对他不信神所引起的大众批评故作惊讶，见 Gibbon, *Memoirs of My Life*, p. 159。
156 Sell, *John Locke and the Eighteenth-Century Divines*, p. 165. 对启蒙时代的从宗教思想框架到政治思想框架的转换的讨论，见 Michel de Certeau, "The Formality of Practices", in *The Writing of History* (1988), pp. 149—151; B. W. Young, *Religion and Enlightenment in Eighteenth-Century England* (1998). 另见 Hans W. Frei, *The Eclipse of Biblical Narrative*, p. 51："如果历史的各个阶段都有年代与地理上的起点，那么现代神学则在 17—18 世纪之交的时候产生于英国。" 理性的新教徒在回望时，对洛克抱有感激，尤其是他对宗教宽容的支持。见 Sell, *John Locke and the Eighteenth-Century Divines*, p. 165.

157　Gibbon, *Memoirs of My Life*, p. 80.
158　Richard Polwhele, preface to George Lavington, *Enthusiasm* (1833), p. cxiv: "循道宗的狂想已经控制英格兰西部了，现在正沿着这个方向向最远的地带蔓延。"
159　Jonathan Swift, *An Argument to Prove that the Abolishing of Christianity in England ...* (1717), p. 9.
160　William Blake, "Annotations to Dr Thornton's 'New Translation of the Lord's Prayer'" (1827), in G. Keynes (ed.), *Blake : Complete Writings* (1969), p. 787.

第六章　科学文化

1　　新哲学质疑一切，
　　　火的元素被扑灭，
　　　太阳消失了，地球亦然，人的智慧
　　　不足以指引他去哪里寻找它。

　　John Donne, *The First Anniversarie* (1611), 引自 Victor I. Harris, *All Coherence Gone* (1966), pp. 20—21。

2　"科学革命"的概念始终是有争议的，尽管发生的一切可否称得上"革命"并不影响本章的论点：见 I. Bernard Cohen, *Revolution in Science* (1985); H. Floris Cohen, *The Scientific Revolution* (1994); John Henry, *The Scientific Revolution and the Origins of Modern Science* (1997); Roy Porter and Mikuláš Teich (eds.), *The Scientific Revolution in National Context* (1992); John A. Schuster, "The Scientific Revolution" (1990)。迈克尔·弗雷斯（Michael Fores）的《科学与"新石器时代悖论"》("Science and the 'Neolithic Paradox'" [1983]）攻击了科学革命的"神话"：史蒂文·夏平（Steven Shapin）的《科学革命》(*The Scientific Revolution* [1996]）开篇就挑衅道："没有科学革命这么个东西，这就是本书所写的内容。"（p. 1.）

3　大天使拉斐尔给人们的提醒，见 John Milton, *Paradise Lost* (1667), bk VIII, ll, 167—168. 见 Marjorie Hope Nicolson, *The Breaking of the Circle* (1960), p. 167, 以及 *Science Demands the Muse* (1966)。

4　William Pittisd 的 "The Battle Royal" (1694), 收入 *The Original Works of William King* (1776), vol. i, pp. 221—222。伯内特的事业被自然神论者查尔斯·勃兰特所接手这一事实并无帮助；Roy Porter, "Creation and Credence" (1979)。

5　Alexander Pope, *The Dunciad* (1728), bk IV, ll, 453—454, in John Butt (ed.), *The Poems of Alexander Pope* (1965), pp. 788—789.

6　Jonathan Swift, *Gulliver's Travels (*1954 [1726]), p. 165; Douglas Patey, "Swift's Satire on 'Science' and the Structure of *Gulliver's Travels*" (1991); Roslynn D. Haynes, *From Faust to Strangelove* (1994), p. 44. 从这本书的论点来看，重要的是，斯威夫特笔下的"学院能人"想要生产的是阳光: *Gulliver's Travels*, "A Voyage to Laputa", pt III, section 5。

7   Michael Hunter, *Science and Society in Restoration England* (1981), 以及 *Establishing the New Science* (1989)。1999 年 6 月号的 *British Journal for the History of Science* 主要关注 18 世纪的皇家学会。
8   Richard S. Westfall, *Science and Religion in Seventeenth-Century England* (1970); John Hedley Brooke, *Science and Religion* (1991).
9   "自然哲学"是一个当时的词语，用于后来将被改为放入"科学"的东西。这种区别的主要特点见 Andrew Cunningham, "Getting the Game Right" (1988)。
10 J. Spedding, R. Ellis and D. Heath (eds), *The Work of Francis Bacon* (1857—1874), vol. iv, p. 57.
11 关于培根的形象和影响，见 Charles Webster, *The Great Instauration* (1975); R. F. Jones, *Ancients and Moderns* (1936)。
12 P. B. Wood, "Methodology and Apologetics" (1980); Peter Dear, "*Totius in Verba*" (1985).
13 关于传记，见 R. S. Westfall, *Never at Rest* (1980); Frank E. Manuel, *A Portrait of Isaac Newton* (1968)。
14 Betty Jo Teeter Dobbs, *The Janus Face of Genius* (1991).
15 Frank F. Manuel, *Isaac Newton, Historian* (1963), 以及 *The Religion of Isaac Newton* (1974)。
16 Isaac Newton, *Mathematical Principles of Natural Philosophy* (1962 [1687]).
17 Norman Hampson, *The Enlightenment* (1968), p. 34; Manuel, *Isaac Newton, Historian*.
18 A. Rupert Hall, *Philosophers at War* (1980).
19 Betty Jo Teeter Dobbs and Margaret C. Jacob, *Newton and the Culture of Newtonianism* (1995); Simon Schaffer, "Newtonianism" (1990); Marie Boas Hall, *Promoting Experimental Learning* (1991). 关于其剑桥渊源，见 Peter Searby, *A History of the University of Cambridge* (1977), vol. iii, pp. 150f. 关于德萨吉利埃，见 Margaret C. Jacob, *The Radical Enlightenment* (1981), p. 124。
20 Steven Shapin, "The Social Uses of Science" (1980); Gerald Dennis Meyer, *The Scientific Lady in England, 1650—1760* (1955).
21 Searby, *A History of the University of Cambridge*, vol. ii, p. 150; James A. Force, *William Whiston: Honest Newtonian* (1985).
22 牛顿超越了亚历山大大帝这样的征服者：F. M. Voltaire, *Letters concerning the English Nation* (1926 [1733]), p. 65。
23 Henry Guerlac, *Newton on the Continent* (1981); A. Ruper Hall, "Newton in France" (1975).
24 Henry Guerlac, "Where the Statue Stood" (1977).
25 James Thomson, "Summer", ll. 1545—1548, in Hames Thomson, *Works* (1744), vol. i, p. 141; Richard Yeo, "Genius, Method and Mortality" (1988); Gerd Buchdahl, *The Image of Newton and Locke in the Age of Reason* (1961); Marjorie Hope Nicholson, *Newton Demands the Muse* (1946).
26 William Wordsworth, *The Prelude* (1970 [text of 1805]), p. 35. 柯勒律治早年也是位狂热的牛顿分子：

> 在此，自然的教士！绽放光芒吧，

> 牛顿！神一样的万王之王。

引自 Ian Wylie, *Young Coleridge and the Philosophers of Nature* (1989), pp. 32—33。

27 即便是布莱克也会含糊其辞: Donald D. Ault, *Visionary Physics* (1974)。

28 C. B. Wilde, "Hutchinsonians, Natural Philosophy and Religious Controversy in Eighteenth-Century Britian" (1980).

29 Schaffer, "Newtonianism"。

30 Newton, *Mathematical Principles of Natural Philosophy*, "General Scholium", vol. ii, p. 547.

31 这些形象是供公共消费的。其实，牛顿这个人是位傲慢的自我主义者：见 Manuel, *A Portrait of Isaac Newton*。科学以和谐的面目示人，其实充斥着优先权与所有权的纠纷：见 R. Iliffe, "'In the Warehouse'" (1992)。关于牛顿的方法论、修辞与科学语言，见 J. V. Golinski, "Language, Discourse and Science" (1990) ; 对形而上学的"排斥", 见 Gary Hatfield, "Metaphysics and the New Science" (1990); G. A. J. Rogers, "The Empiricism of Locke and Newton" (1979), 以及 "Locke's *Essay* and Newton's *Principia*" (1990)。

32 Westfall, *Never at Rest*, p. 863.

33 波义耳坚定地表示, "在自然之中是否存在原子论者不能用任何物质粒子的形态、运动或关联给出满意解释的现象, 我深感怀疑": Robert Boyle, *Some Considerations Touching the Usefulness of Experimental Natural Philosophy* (1663), in Thomas Birch (ed.), *The Works of the Honourable Robert Boyle* (1744), vol. ii, pp. 47f。关于波义耳, 见 Michael Hunter (ed.), *Robert Boyle Reconsidered* (1994)。

34 Norman Sykes, *Church and State in England in the Eighteenth Century* (1934), p. 153; John Gascoigne, "From Bentley to the Victorians" (1988); Margaret C. Jacob, "Reflections on the Ideological Meaning of Western Science from Boyle and Newton to the Postmodernists" (1995), 以及 *The Newtonians and the English Revolution, 1689—1720* (1976), p. 18。这本书"强调被之前的评论者所忽视的内容——（牛顿主义）对于国教会知识领袖的用途, 他们将其作为一种视角的支柱, 他们习惯称这视角为'世界政治'（World Politik）"。柯勒律治打趣说, 对理性主义者来说, 上帝就是重力在星期日的名字: R. W. Harris, *Romanticism and the Social Order* (1969), p. 234。

35 J. T. Desaguliers, *The Newtonian System of the World* (1728), ll. 17—18, 引自 Jacob, *The Radical Enlightenment*, p. 124. 还有其他方式将科学用于更广泛的关于国家的目标, 尤其是政治算数：见 Julian Hoppit, "Political Arithmetic in Eighteenth-Century England" (1996); Andrea Rusnock, "Biopolitics" (1999); Peter Buck, "People Who Counted" (1982)。

36 Desaguliers, *The Newtonian System of the World*, p. 8.

37 Desaguliers, *The Newtonian System of the World*, p. 8.

38 关于牛顿一位追随者的命运, 见 Force, *William Whiston: Honest Newtonian*。

39 Dennis R. Deans, *James Hutton and the History of Geology* (1992); Roy Porter, "Philosophy and Politics of a Geologist" (1978); 托兰德关于活跃物质的泛神论观点挑战了正统的牛顿学说: Stephen H. Daniel, *John Toland: His Methods, Manners and Mind* (1984), pp. 12f.

40　William Paley, *Natural Theology* (1802), ch. 1. "State of Argument". 钟表的比喻很常见——例如博林布鲁克等——早在佩利将其为己所用之前就已经如此了。这段话或许是他从这本书里面改编过来的：Abraham Tucker, *The Light of Nature Pursued* (1768), vol. i, p. 523; vol. ii, p. 83。

41　Paley, *Natural Theology,* ch. 1. 关于蒲柏的引文，见 *An Essay on Man* (1733—1734), l. 332, in Butt, *The Poems of Alexander Pope,* p. 546。

42　根据 Richard Dawkins, *The Blind Watchmaker* (1986)，是这样的。

43　下面的讨论考察了有关自然界极微观物质的观念转变（本体论）。第十三章则探讨了关于由水陆组成的地球上的自然秩序之意义的新理论。

44　关于物质理论、自然秩序和上帝意志，见 Robert E. Schofield, *Mechanism and Materialism* (1970); Arnold Thackray, *Atoms and Powers* (1977); Simon Schaffer, "Natural Philosophy" (1980); P. M. Heimann 以及 J. E. McGuire, "Newtonian Forces and Lockan Powers" (1971); P. M. Heimann, "Newtonian Natural Philosophy and the Scientific Revolution" (1973), "'Nature is a Perpetual Worker'" (1973)，以及 "Voluntarism and Immanence" (1978); Peter Harman, *Metaphysics and Natural Philosophy* (1982)。

45　关于欧洲大陆的唯物主义，见 Aram Vartanian, *Diderot and Descartes* (1953); Thomas L. Hankins, *Science and the Enlightenment* (1985); 关于伊拉斯谟斯·达尔文，见下文第十九章。另见 Theodore Brown, "From Mechanism to Vitalism in Eighteenth-Century English Physiology" (1974)。

46　Josephy Priestley, *Disquisitions Relating to Matter and Spirit* (1777), pp. 1—7. 普利斯特利认为自己正在完善牛顿的经验主义，也就是，并不是在捏造虚构的实体：Robert E. Schofield, *The Enlightenment of Joseph Priestley* (1997), 也见下面第十八章；John W. Yolton, *Thinking Matter* (1983), pp. 113f。

47　Robert Greene, *The Principles of the Philosophy of the Expansive and Contractive Forces* (1727); John Rowning, *A Compendious System of Natural Philosophy* (1735—1742). 关于反对牛顿的理论，见 C. B. Wilde, "Hutchinsonianism, Natural Philosophy and Religious Controversy in Eighteenth-Century Britain" (1980), 以及 "Matter and Spirit as Natural Symbols in Eighteenth-Century British Natural Philosophy" (1982)。

48　James Hutton, *An Investigation of the Principles of Knowledge, and of the Progress of Reason, from Sense to Science and Philosophy* (1794).

49　James Hutton, *Theory of the Earth* (1795), vol. i, p. 200.

50　Schofield, *Mechanism and Materialism,* p. 263, 见下文第十八章。

51　Harriet Ritvo, *The Animal Estate* (1987), p. 8.

52　关于大众普及，见 Simon Schaffer, "Natural Philosophy and Public Spectacle in the Eighteenth Century" (1983); 载于 *British Journal for the History of Science,* vol. xxviii (March 1995); 以及 Roger Cooter and Stephen Pumfrey, "Separate Spheres and Public Places" (1994)。

53　Steven Shapin and Simon Schaffer, *Leviathan and the Air-Pump* (1985), 这本书通过具体的案例研究，提出并尝试解决新科学如何建立其真理地位的问题，夏平也会再次回到这个问题（Shapin, *A Social History of Truth* [1994]）。在这个时期，**科学**真理对于一般真理变得具有规范性和决定性。也见 Larry Stewart, "Public Lectures and Private Patronage in Newtonian England" (1986), "The Selling of Newton" (1986), and "Other Centres of Calculation" (1999)。

54 Margaret C. Jacob, *The Cultural Meaning of the Scientific Revolution* (1988), p. 142.

55 Richard D. Altick, *The Shows of London* (1978), p. 81; Desmond King-Hele, *Erasmus Darwin and the Romantic Poets* (1986).

56 Roy Porter, "Sex and the Singular Man" (1984); 关于其他医学演示者，见 Roy Porter, *Health for Sale* (1989)。

57 Geoffrey Alan Cranfield, *The Development of the Provincial Newspaper 1700—1760* (1962), p. 216. 关于注林，见 Andrea Rusnock, *The Correspondence of James Jurin (1684—1750) Physician and Secretary of the Royal Society* (1996)；关于巡回演讲人，见 A. E. Musson and Eric Robinson, *Science and Technology in the Industrial Revolution* (1969); Larry Stewart, *The Rise of Public Science* (1992), p. 94。

58 John R. Millburn, *Benjamin Martin: Author, Instrument-Maker and Country-Showman* (1976).

59 Millburn, *Benjamin Martin: Author, Instrument-Maker and Country-Showman*, p. 4.

60 Gerard Turner, "Instruments" (2000); Patricia Fara, *Sympathetic Attractions* (1996); Michael Adas, *Machines as the Measure of Men* (1989). 关于科学与妇女，见 Alice N. Walters, "Conversation Pieces" (1997)。

61 关于给儿童看的科学，见 James A. Secord, "Newton in the Nursery" (1985)。Robert Collison, *Encyclopaedias* (1964); Frank A. Kafker (ed.), *Notable Encyclopedias of the Seventeenth and Eighteenth Centuries* (1981)。Richard Yeo, *Encyclopaedic Visions* (forthcoming), 引用了查尔斯·兰姆滑稽的表白，他认为自己"是引导世界其余部分的整部百科全书"。另见第四章。

62 引自 D. Spadafora, *The Idea of Progress in Eighteenth-Century Britain* (1990), p. 326。

63 Jan Golinski, *Science as Public Culture* (1992); Stewart, *The Rise of Public Science*, p. 22, 关于此类项目计划者，见 Margaret R. Hunt, *The Middling Sort* (1996), pp. 175f。

64 Benjamin Vaughan, *New and Old Principles of Trade Comapred* (1788), 引自 Nicolas A. Hans, *New Trends in Education in the Eighteenth Century* (1966), p. 13。

65 (Thomas Bentley), *Letters on the Utility and Policy of Employing Machines to Shorten Labour* (1780), 引自 Hans, *New Trends in Education in the Eighteenth Cenrtury*, p. 14。

66 D. G. Allan, *William Shipley: Founder of the Royal Society of Arts* (1968), p. 112.

67 Spadafora, *The Idea of Progress in Eighteenth-Century Britain,* pp. 53, 211. 在其名为《航行，又名泰晤士河神的凯旋》（"Navigation, or The Triumph of the Thames"［1778］）的画作中，由商业之神墨丘利召唤出的拟人化民族形象，把他们的货物放到泰晤士河神的腿上。巴里强调现代人的优越性：James Barry, *An Account of a Series of Pictures in the Great Room of the Society of Arts... at the Adelphi* (1783), in *The Works of James Barry, Esq.* (1809), vol. ii, p. 323。

68　见 James Johnston Abraham, *Lettsom, His Life, Times, Friends and Descendants* (1933); Thomas Joseph Pettigrew, *Memoirs of the Life and Writings of the Late John Coakley Lettsom* (1817)。
69　Pettigrew, *Memoirs of the Life and Writings of the Late John Coakley Lettsom,* vol. ii, p. 3.
70　Pettigrew, *Memoirs of the Life and Writings of the Late John Coakley Lettsom,* vol. i, p. 21.
71　Pettigrew, *Memoirs of the Life and Writings of the Late John Coakley Lettsom,* vol. i, p. 118.
72　Pettigrew, *Memoirs of the Life and Writings of the Late John Coakley Lettsom,* vol. ii, pp. 129—130.
73　见 John Gascoigne, *Joseph Banks and the English Enlightenment* (1994); H. B. Carter, *Joseph Banks 1743—1820* (1988)。
74　Robert Hooke, *Micrographia* (1665), p. 5.
75　Hooke, *Micrographia,* preface, p. 7.
76　L. Krüger, L. Daston and M. Heidelberger (ed.), *The Probabilistic Revolution* (1987), pp. 237—260; I. Hacking, *The Emergence of Probability* (1975); 以及 *The Taming of Chance* (1990)。
77　Robert Brown, *The Nature of Social Laws, Machiavelli to Mill* (1984), pp. 58f. 另见下文第十七章。
78　Adam Smith, *Essays on Philosophical Subjects (*1980 [1795]), bkII, sect. 12, p. 45. 另见 Lorraine Daston and Katharine Park, *Wonders and the Order of Nature 1150—1750* (1998), pp. 326f。
79　Smith, *Essays on Philosophical Subjects,* p. 51. "如同无知导致迷信，"他写道，"在没有被神的启示所启蒙过的那些民族中，科学将带来最初的有神论。"这一讨论见 D. D. Raphael, "Adam Smith: Philosophy, Science, and Social Science" (1979)。
80　关于边缘化，见 Patrick Curry, *Prophecy and Power* (1989); Gloria Flaherty, "The Non-Normal Sciences" (1995).
81　Ann Geneva, *Astrology and the Seventeenth-Century Mind* (1995).
82　Curry, *Prophecy and Power.*
83　Bernard S. Capp, *Astrology and the Popular Press* (1979), p. 239; Simon Schaffer, "Newton's Comets and the Transformation of Astrology" (1987).
84　Capp, *Astrology and the Popular Press,* pp. 243—235; Curry, *Prophecy and Power,* p. 90.
85　Capp, *Astrology and the Popular Press,* pp. 167—181.
86　Marc Bloch, *The Royal Touch* (1973).
87　George Birkbeck Hill, *Boswell's Life of Johnson* (1934—1950), vol. iii, p. 323.
88　Ephraim Chambers, *Cyclopaedia,* 2nd, edn (1738 [1728]), vol. ii, unpaginated, "Medicine".
89　Samuel Wood, *Strictures on the Gout* (1775), p. 6.
90　Roy Porter, *Doctor of Society* (1991).
91　Thomas Beddoes (ed.), *Chemical Experiments and Opinions* (1790), p. 60, 以及 *A Letter to Erasmus Darwin* (1793), p. 29。

92　Thomas Beddoes, *A Letter to Erasmus Darwin*, p. 58.
93　Thomas Beddoes, *A Letter to Erasmus Darwin*, p. 62.
94　Thomas Beddoes, *A Letter to Erasmus Darwin*, p. 62.
95　John Aikin, *Letters from a Father to His Son,* 3rd, edn (1796 [1792—1793]), p. 47.
96　Joseph Priestley, *An Essay on the First Principles of Government* (1768), p. 7.
97　Joseph Priestley, *Experiments and Observations on Different Kinds of Air* (1774—1777), p. xiv; Maurice Crosland, "The Image of Science as a Threat" (1987).
98　见 Kevin C. Knox, "Lunatick Visions" (1999). 关于疯狂的科学家、非理性的理性主义者的一直延续的虚夸, 见 Haynes, *From Faust to Strangelove*。

第七章　剖析人性

1　Alexander Pope, *An Essay on Man* (1733—1734), epistle, ii, ll, 1—2, in John Butt (ed.), *The Poems of Alexander Pope* (1965), p. 516.
2　J. Y. T. Greig (ed.), *The Letters of David Hume* (1932), vol. i, p. 34.
3　Laurence Sterne, *The Life and Opinions of Tristram Shandy* (1967 [1759—1767]), vol. vii, ch. 33, p. 500.
4　David Hume, *A Treatise of Human Nature* (1978 [1739]), p. xv. 潜在的效益不可估量:"我没法告诉你们, 我们能在这些科学中制造何种变化与改善, 除非我们完全熟悉了人类理解力的限度和力量。"
5　John Bunyan, *Pilgrim's Progress* (1678), 对它的讨论, 见 Michael R. Watts, *The Dissenters* (1978), p. 263, 以及 Christopher Hill, *A Turbulent, Seditious and Factious People* (1989)。
6　Arthur Paul Davis, *Isaac Watts: His Life and Works* (1948), p. 7.
7　Donald F. Bond (ed.), *The Tatler* (1987), vol. ii, no. 87, p. 48 (Saturday 29, October 1709).
8　William Shakespeare, *Hamlet,* act III, scene i, l. 130.
9　关于约翰逊的信念, 见 Paul K. Alkon, *Samuel Johnson and Moral Discipline* (1967); Maurice Quinlan, *Samuel Johnson: A Layman's Religion* (1964); C. F. Chapin, *The Religious Thought of Samuel Johnson* (1968); R. Voitle, *Samuel Johnson the Moralist* (1961); G. Irwin, *Samuel Johnson: A Personality in Conflict* (1971); 更广泛的关于人道主义道德学说的讨论, 见 Herschel Baker, *The Dignity of Man* (1947); J. B. Bamborough, *The Little World of Man* (1952)。
10　引自 Paul Fussell, *The Rhetorical World of Augustan Humanism* (1965), p. 8; 也见 pp. 110f。
11　W. J. Bate and A. B. Straus (eds.), *Samuel Johnson: The Rambler* (1969), vol. iii, no. 196, pp. 257—261 (Saturday, 1 February 1752); Samuel Johnson, *Life of Thomas Browne*, in *The Lives of the Most Eminent English Poets* (1939 [1779—1781]); George Birkbeck Hill, *Boswell's Life of Johnson* (1934—1950), vol. i, p. 198; Fussell, *The Rhetorical World of Augustan Humanism*, p. 53.
12　Hill, *Boswell's Life of Johnson*, vol. iv, p. 188.
13　Fussell, *The Rhetorical World of Augustan Humannism,* p. 65.

14 Jonathan Swift, *A Tale of a Tub, and Other Satires* (1975 [1704]), p. 133. 关于斯威夫特的厌恶人类情结，见主神朱庇特在《审判日》中的声明：

讨厌的人类，
天生就在盲目地学习，盲目地推理；

Jonathan Swift, *The Complete Poems* (1983), p. 317。

15 这个讨论见于 Fusell, *The Rhetorical World of Augustan Humanism,* p. 303。
16 Pope, *An Essay on Man*, epistle ii, l. 10, in Butt, *The Poems of Alexander Pope*, p. 516.
17 Pope, *An Essay on Man*, epistle ii, ll. 183—184, in Butt, *The Poems of Alexander Pope*, p. 522. 另见，Brean S. Hammond, *Pope and Bolingbroke* (1984)。
18 "能人"布朗（Lancelot "Capability" Brown）得到这个外号是因为他有传奇般的才能，能够看到贵族的土地的"能力"。启蒙道德家们对人性怀有同样的观感。
19 John Andrew Bernstein, "Shaftesbury's Optimism and Eighteenth-Century Social Thought" (1987); Robert Voitle, *The Third Earl of Shaftesbury: 1671—1713* (1984)。
20 Anthony Ashely Cooper, 3rd Earl of Shaftesbury, *Characteristicks of Men, Manners, Opinions, Times* (1999 [1711]), vol. ii, p. 67; Robert E. Norton, *The Beautiful Soul* (1995).
21 Shaftesbury, *Characteristicks of Men, Manners, Opinions, Times*, "The Moralists", vol. ii, pt II, sect. 4, p. 49, 关于此书的讨论见 Lawrence E. Klein, *Shaftesbury and the Culture of Politeness* (1994), p. 68; Basil Willey, *The Eighteenth Century Background* (1962), p. 73.
22 Shaftesbury, *Characteristicks of Men, Manners, Opinions, Times*, "Sensus Communis", vol. i, sect. 1, p. 38. 也见 Klein, *Shaftesbury and the Culture of Politeness*, p. 168。
23 Klein, *Shaftesbury and the Culture of Politeness*, p. 2.
24 Thomas Hobbes, *Leviathan* (1968 [1651]). 霍布斯的认识论和道德哲学在第三章里面已经讨论过了。
25 Sir Isaac Newton, *Opticks* (1721), Query 31, p. 381; 讨论见 Hume, *A Treatise of Human Nature,* 导言。
26 关于心灵科学，见 Elie Halévy, *The Growth of Philosophic Radicalism* (1792)。这个计划自然也会吸引怀疑论者、讽刺家们：见 Christopher Fox, *Locke and the Scriblerians* (1988)。
27 关于欧洲背景，见 Ulrich Im Hof, *The Enlightenment* (1994), p. 182; Knud Haakonssen, *Natural Law and Moral Philosophy* (1996)。
28 David Hume, *Enquiries concening the Human Understanding and concerning the Principles of Morals* (1966 [1748]), pt I, sect. viii, pp. 83—84. 见 D. Spadafora, *The Idea of Progress in Eighteenth-Century Britain* (1990), p. 269。这种论述非常多。例如，博林布鲁克子爵认为："所有国家、说着不同语言的人们，只要培育了自己的理性，都会做出同样的判断来"：*Of the True Use of Retirement and Study*, in *The Works of Lord Bolingbroke* (1969; repr. of 1841 edn), vol. iv, p. 163. 关于曼德维尔的观点"人的天性无处不同"，见 *The Fable of the Bees* (1924 [1714]), vol. i, p. 275。
29 关于自然状态，见 Ronald L. Meek, *Social Science and the Ignoble Savage* (1975); Robert

Wokler, "Anthropology and Conjectural History in the Enlightenment" (1995)。

30 关于洛克的人类学，见 G. A. J. Rogers, "Locke, Anthropology and Models of the Mind" (1993)。

31 见 William Knight, *Lord Monboddo and Some of His Contemporaries* (1900); 关于"原初"状态的讨论相当于原罪说的重塑。

32 Adam Ferguson, *An Essay on the History of Civil Society* (1995 [1767]), p. 14.

33 Francis Hutcheson, *A Short Introduction to Moral Philosophy* (1747), p. 2; cf. *A System of Moral Philosophy* (1755), vol. i, pp. 1—2; Vincent Hope, *Virtue by Consensus* (1989); Gladys Bryson, *Man and Society* (1968), p. 19. 弗朗西斯·哈奇森（Francis Hutcheson, 1694—1746）是阿尔斯特一位不从国教牧师的儿子，他提出一种神学，用理性主义取代加尔文主义。在1729年，他接受了格拉斯哥大学的道德哲学教席，并在那里任教到1747年去世。在形而上学上，他主要追随洛克，但他还是以道德著作最为著称。

34 Bryson, *Man and Society*, p. 131. 对于人体解剖可能会"曝光人性"的观点，另见 Mandeville, *The Fable of the Bees*, vol. ii, pp. 3, 142。见 Roger Smith, *The Fontana History of the Human Sciences* (1997), ch. 3, pp. 215—259。

35 约翰逊的精神斗争的意识，在 Gloria Sybil Gross, *This Invisible Riot of the Mind* (1992) 中得到了很好的表达。

36 还进一步扩大到独立的绅士："若一个民族的自由精神按照这个趋势发展，判断就会形成：批评将出现；公众的眼睛、耳朵都会进步；正确的品位会流行开来"：引自 John Barrell, *The Political Theory of Painting from Reynolds to Hazlitt* (1986), p. 34。

37 G. J. Barker-Benfield, *The Culture of Sensibility* (1992), p. 205; Michael Prince, *Philosophical Dialogue in the British Enlightenment* (1996), p. 35.

38 哈奇森着力解释"已故的沙夫茨伯里伯爵的原则"，并道出"《蜜蜂的寓言》作者的错误"：John B. Stewart, *Opinion and Reform in Hume's Political Philosophy* (1992), p. 76。

39 Francis Hutcheson, *An Inquiry into the Original of Our Ideas concerning Beauty, Order, Harmony, Design* (1973 [725]), p. 2; John Darling, "The Moral Teaching of Francis Hutcheson" (1989); J. Mordaunt Crook, "The Arcadian Vision" (1988), pp. 48—49. "心灵……是被动的，没有能力直接阻止观念的感知"：Hutcheson, *An Inquiry into the Original of Our Ideas concerning Beauty, Order, Harmony, Design*, p. 2。

40 David Hume, "Of the Standard of Taste" (1741), in *Selected Essays* (1993), p. 136; David Marshall, "Arguing by Analogy" (1995).

41 Archibald Alison, *Essays on the Nature and Principles of Taste* (1790), p. 55; Martin Kallich, *The Association of Ideas and Critical Theory in Eighteenth-Century England* (1970).

42 关于联想主义，见 John P. Wright, "Association, Madness, and the Measures of Probability in Locke and Hume" (1987); Hume, *A Treatise of Human Nature*, bk I, pt I, sections 1—4, pp. 1—13。

43 Hobbes, *Leviathan*, p. 6; 见 Edward Hundert, "Performing the Passions in Commercial Society" (1998), p. 150; Charles Taylor, *Sources of the Self* (1989), pp. 172ff。

44 John Locke, *An Essay concerning Human Understanding* (1975 [1690]), bk II, chs. 27—

29; H. E. Allison, "Locke's Theory of Personal Identity" (1977); R. C. Tennant, "The Anglican Response to Locke's Theory of Personal Identity" (1982); D. P. Behan, "Locke on Persons and Personal Identity" (1979); Taylor, *Sources of the Self*, p. 172; Sylvana Thomaselli, "The First Person" (1984); John Marshall, *John Locke: Resistance, Religion and Responsibility* (1994), p. 399.

45 洛克的人格论很让人不安:"如果现代读者阅读对洛克的最早批评者的文字,首先触动他的……是他们对洛克自我理论的真实困惑感": Fox, *Locke and the Scriblerians*, pp. 50f。关于对洛克的讽刺,见 Roger S. Lund, "Martinus Scriblerus and the Search for a Soul" (1989)。

46 John Locke, *An Essay concerning Human Understanding*, bk IV, ch. 9, p. 618, 引自 Patricia Meyer Spacks, *Imagining a Self* (1976), p. 2。

47 Lawrence E. Klein, *Shaftesbury and the Culture of Politeness* (1994), pp. 73, 83—90. 沙夫茨伯里很明显在"自我"上给了斯特恩提示,见 Max Byrd, *Tristram Shandy* (1985)。

48 见下面的第十八、二十章,以及关于疯癫之类问题的讨论:第九章。新兴的小说明显提供了探索自我之谜的平台。

49 J. P. Ferguson, *An Eighteenth-Century Heretic* (1976)。此书包含了很好的讨论;另见 James O'Higgins, *Anthony Collins: The Man and His Works* (1970), p. 72f.; John W. Yolton, *Thinking Matter* (1983)。关于梦的意义,见 Jennifer Ford, *Coleridge on Dreaming* (1998); Fox, *Locke and the Scriblerians*, p. 51。

50 Anthony Collins, *An Answer to Mr Clarke's Third Defence to His Letter to Mr Dodwell* (1708), p. 66; 引自 Fox, *Locke and the Scriblerians*, p. 53。柯林斯像洛克一样认为人格同一性并不存在于肉体之中,而是"只存在于意识当中",进而从洛克的理论推导出他根本不会赞同的结论。克拉克反对说,如果个人格同一性存在于意识,那么如果它是暂时的,同一个人就不可能会复活了。"我对此回应如下,"柯林斯回复道,"如果人格同一性存在于意识当中,就像此前所解释的那样……那么意识在身体消解之后也不会消失,就像我们停止思考、神志不清之后所发生的那样": Anthony Collins, *A Philosophical Inquiry Concerning Human Liberty* (1790 [1717]), p. 66。鉴于这些独特行动的无常性,柯林斯认为"我们并没有意识到,我们以同样的、单独的连续存在延续着一个时刻"。(p. 66.)

51 Gladys Bryson, *Man and Society* (1968), p. 8; Daniel Carey, "Reconsidering Rousseau" (1998), p. 27.

52 Francis Hutcheson, *An Inquiry into the Original of Our Ideas of Beauty, Order, Harmony, Design*, sect. iii, fig. 8; Bryson, *Man and Society*, p. 8.

53 下文见 Francis Hutcheson, *A Short Introduction to Moral Philosophy in Three Books*, pp. 2f。

54 Bryson, *Man and Society*, p. 155.

55 Francis Hutcheson, *A Short Introduction to Moral Philosophy in Three Books*, p. 4.

56 Francis Hutcheson, *A Short Introduction to Moral Philosophy in Three Books*, p. 17.

57 Francis Hutcheson, *A Short Introduction to Moral Philosophy in Three Books*, p. 2.

58 关于常识哲学，见 Selwyn Alfred Grave, *The Scottish Philosophy of Common Sense* (1960); Keith Lehrer, *Thomas Reid* (1989)。

59 Nathan Bailey, *Universal Etymological English Dictionary* (1721) 中出现了这个词，该书出版了三十个版本：Gary Hatfield, "Remaking the Science of the Mind" (1995); Christopher Fox, "Introduction: Defining Eighteenth-Century Psychology", in *Psychology and Literature in the Eighteenth Century* (1987), p. 3。米歇尔·福柯认为，18世纪"并不存在心理学"：*Madness and Civilization* (1967), p. 197。前面的部分说的很清楚了，这个论断是错误的。

60 Fernando Vidal, "Psychology in the Eighteenth Century" (1993); John Christie, "The Human Sciences" (1993).

61 Fox, *Psychology and Literature in the Eighteenth Century* (1987), 以及 "Crawford, Willis, and *Anthropologie Abstracted*" (1988)。

62 David Hartley, *Observations on Man* (1791 [1749]), vol. i, p. 2.

63 Mandeville, *The Fable of the Bees*, vol. ii, p. 79.

64 Mandeville, *The Fable of the Bees*, vol. ii, p. 72. 曼德维尔重新开启了霍布斯提出讨论的议题。下面的内容见 E. G. Hundert, *The Enlightenment's Fable* (1994); Dario Castiglione, "Excess, Frugality and the Spirit of Capitalism" (1992); R. I. Cook, *Bernard Mandeville* (1974); M. M. Goldsmith, *Private Vices, Public Benefits* (1985); T. A. Horne, *The Social Thought of Bernard Mandeville* (1978)。

65 Bernard de Mandeville, *The Virgin Unmask'd* (1709), pp. 25, 87.

66 Mandeville, *The Fable of the Bees;* Rudolf Dekker, "'Private Vices, Public Virtues Revisited'" (1992); J. Martin Stafford, *Private Vices, Publick Benefits?* (1997).

67 Mandeville, *The Fable of the Bees*, vol. i, p. 20.

68 Mandeville, *The Fable of the Bees*, vol. i, p. 24.

69 Mandeville, *The Fable of the Bees*, vol. i, p. 26.

70 Mandeville, *The Fable of the Bees*, vol. i, pp. 323—369.

71 Mandeville, *The Fable of the Bees*, vol. i, p. 212.

72 Mandeville, *The Fable of the Bees*, vol. i, p. 10.

73 Mandeville, *The Fable of the Bees*, vol. i, p. 76. 关于奢侈，见 John Sekora, *Luxury: The Concept in Western Thought, Eden to Smollett* (1977), p. 80; 关于骄傲，见 Hundert, *The Enlightenment's Fable*, p. 73。

74 Mandeville, *The Fable of the Bees*, vol. i, p. 76.

75 Mandeville, *The Fable of the Bees*, vol. i, p. 407.

76 Pope, *An Essay on Man*, epistle iii, ll. 317—318, in Butt, *The Poems of Alexander Pope*, p. 535.

77 "那些专心的读者，他们精读了本书前面的内容后就会发现，没有比阁下的体系与我的体系冲突更大的两个系统了"：Mandeville, *The Fable of the Bees*, vol. ii, p. 324。

78 Francis Hutcheson, *Thoughts on Laughter, and Observations on the Fable of the Bees* (1989

[1758]），可见于 Hundert, *The Enlightenment's Fable*, p. 37。

79　Hume, *A Treatise of Human Nature,* subtitle. 它"在出版商那里胎死腹中"。关于休谟的生平，见第四章。对休谟的总体讨论，见 Philippa Foot, "Locke, Hume, and Modern Moral Theory" (1991); Peter Jones (ed.), *The "Science" of Man in the Scottish Enlightenment* (1989); Nicholas Phillipson, *Hume* (1989) John B. Stewart, *The Moral and Political Philosophy of David Hume* (1963)。

80　Hume, *A Treatise of Human Nature,* p. 296.

81　Hume, *A Treatise of Human Nature,* p. xvi.

82　Hume, *A Treatise of Human Nature,* p. xvii.

83　Hume, *A Treatise of Human Nature,* bk I, section iv.

84　Hume, *Enquiries concerning the Human Understanding and concerning the Principles of Morals,* sect. viii, pt i, p. 83.

85　Hume, *A Treatise of Human Nature,* bk I, sect. i; bk I, sect. xii, "Of the Probability of Causes".

86　Hume, *A Treatise of Human Nature,* bk I, sect. vi. 休谟写道（p. 259）：

我们下面来讨论人格同一性的本质，在哲学领域这问题已变得如此重要，英格兰最近几年尤其如此，那里所有深奥的科学都被人们满怀热情地研究、应用。因此显而易见，同样的推理方法必须要继续下去。我们过去曾用这种方法成功地解释了植物、动物、船舶、房屋以及所有无论是自然还是人类技能的复杂多变的产物。同一性，我们认为人类心灵具有的同一性，只是虚构之物。

87　关于休谟对骄傲的看法，见 Stewart, *Opinion and Reform in Hume's Political Philosophy,* p. 123。休谟认为，一些道德家试着把一切骄傲都贬低成"纯粹异教徒与天生的行为"，但是这实际上会阻碍我们实现更多东西：Hume, *A Treatise of Human Nature,* bk III, sect. ii, p. 600。

88　Stewart, *Opinion and Reform in Hume's Political Philosophy,* p. 127.

89　18 世纪 90 年代的激进小说通常都有一个副标题"本真的人"，或略有不同。休谟想要使社会顺应人本来的样子。

90　见 Mossner 有趣的讨论，见其为 David Hume, *A Treatise of Human Nature*（1969 [1739]），p. 22 所写的导论。

91　Hume, *A Treatise of Human Nature,* bk II, sect. iii, p. 416.

92　例如，哈特利就不理会永罚的问题：Richard C. Allen, *David Hartley on Human Nature* (1999), pp. xx, 38。

93　对哈特利的总体研究，见 Barbara Bowen Oberg, "David Hartley and the Association of Ideas" (1976); C. U. M. Smith, "David Hartley's Newtonian Neuropsychology" (1987); M. E. Webb, "A New History of Hartley's *Observations on Man*" (1988), 以及 "The Early Medical Studies and Practice of Dr David Hartley" (1989); Margaret Leslie, "Mysticism Misunderstood" (1972); Spadafora, *The Ideas of Progress in Eighteenth-Century Britain,* p. 153; Allen, *David Hartley on*

Human Nature。

94　洛克说："我现在不能介入对心灵的物质性思考"——"无论这些思考多么奇妙、令人愉快，我也应该拒绝它们"；Locke, *An Essay concerning Human Understanding*, bk I, ch. 1, p. 43。

95　关于盖伊，见 Halévy, *The Growth of Philosophic Radicalism*, pp. 7f。

96　引自 R. V. Sampson, *Progress in the Age of Reason* (1956), p. 46; 关于哈特利的影响，见 R. M. Young, "David Hartley" (1970), 以及 "Association of Ideas" (1973); Yolton, *Thinking Matter*, p. 158。

97　Hartley, *Observations on Man*, vol. i, pp. 83.

98　这个由约翰·盖伊牧师得出的结论被亚伯拉罕·塔克所采用，写在他的《追寻自然之光》（1768）里。见 Allen, *David Hartley on Human Nature*, p. 267。

99　Hartley, *Observations on Man*, vol. i, pp. 473—474.

100　Smith, *The Fontana History of the Human Sciences*, pp. 216—217; Hatfield, "Remaking the Science of the Mind"。

101　Dugald Stewart, "Dissertation: Exhibiting the Progress of Metaphysical, Ethical and Political Philosophy since the Revivial of Letters in Europe", in Sir William Hamilton (ed.), *The Collected Works of Dugald Stewart* (1854—1860), vol. i, p. 479。

第八章　政治科学

1　Edward Gibbon, *Memoirs of My Life* (1966 [1796]), p. 51.

2　David Hume, "That Politics may be Reduced to a Science" (1741—1742), in *Selected Essays* (1993), pp. 13—24; Jonathan Swift, *Gullivers' Travels* (1985 [1726]), bk ii, p. 176: 在"大人国游记"里，格列佛说道：

> 但我认为他们的这缺点源于无知，到目前为止还没把政治学变成科学，更敏锐的欧洲智者早已完成这项工作了……他（国王）把治理的知识限制在非常狭窄的范围内：普遍的感性和理性、正义和仁慈、对市政与犯罪问题的快速决断。

3　J. T. Desaguliers, *The Newtonian System of the World* (1728), preface, p. 32. ll. 175—176:

> 大胆地将牛顿的（唯一正确的）哲学
> 当作完美的模型吧。

4　E. P. Thompson, *The Making of the English Working Class* (1965), p. 79.

5　Robert Filmer, *Patriarcha, and Other Political Works of Sir Robert Filmer* (1949); Mark Kishlansky, *A Monarchy Transformed* (1996); Paul Kleber Monod, *Jacobitism and the English People, 1688—1788* (1989).

6 关于洛克的政治学，见 Peter Laslett, "The English Revolution and Locke's *Two Treatises of Government*" (1956); John Marshall, *John Locke; Resistance, Religion and Responsibility* (1994); Richard Ashcraft, *Revolutionary Politics and Locke's Two Treatises of Government* (1986); John Dunn, *The Political Thought of John Locke* (1969)。一部很有用的政治思想选集是 David Williams (ed.), *The Enlightenment* (1999)。

7 John Locke, *Two Treatises of Government* (1988 [1690]) bk i, ch. 1, sect. 1, p. 141. 洛克补充道：奴役是一种如此恶劣、悲惨的人的境遇，如此明显地违背我们民族的宽宏性格与勇气，以至于我们很难想象，一位英国人，更不用说一位绅士，会呼吁这种东西：bk i, ch. 1, sect. 1, p. 141。正如洛克指出的，菲尔默哲学的要害就是，"没有人生来自由"：bk i, ch. 1, sect. 1, p. 142。

8 John Locke, *Two Treatises of Government*, bk i, ch. 1, sect. 1, p. 141.

9 John Locke, *Two Treatises of Government*, treatise 2, ch. 1, sect. 2, p. 268. 关于财产政治学，见 H. T. Dickinson, *Liberty and Property* (1977); John Brewer and Susan Staves (eds.), *Early Modern Conceptions of Property* (1995)。

10 John Locke, *Two Treatises of Government*, treatise 2, ch. 2, sect. 6, p. 271. 洛克解释说，这是因为人"都是全知全能的造物主的作品，都是这位主宰的仆人，按照他的命令被送到这个世上，并从事他的事业"。关于公民社会的关键概念，见 Marvin B. Becker, *The Emergence of Civil Society in the Eighteenth Century* (1994)。

11 John Locke, *Two Treatises of Government*, treatise 2, ch. 9, sect. 124, pp. 350—351.

12 John Locke, *Two Treatises of Government*, treatise 2, ch. 9, sect. 135, pp. 357—358.

13 John Locke, *Two Treatises of Government*, treatise 2, ch. 13, sect. 149, p. 367.

14 John Locke, *Two Treatises of Government*, treatise 2, ch. 19, sect. 223, pp. 379—380: "人们不像某些人所设想的那样易于摆脱旧的形式。"

15 John Locke, *Two Treatises of Government*, treatise 2, ch. 19, sect. 225, p. 415.

16 John Locke, *Two Treatises of Government*, treatise 2, ch. 5, sect. 25, p. 286。关于财产的讨论，见 C. B. Macpherson, *The Political Theory of Possessive Individualism* (1964)。

17 John Locke, *Two Treatises of Government*, treatise 2, ch. 5, sect. 25, p. 286. Cf. Psalms 115, verse 16.

18 John Locke, *Two Treatises of Government*, treatise 2, ch. 5, sect. 32, pp. 290—291; Richard Ashcraft, "Lockean Ideas, Poverty, and the Development of Liberal Political Theory" (1995).

19 John Locke, *Two Treatises of Government*, treatise 2, ch. 5, sect. 27, pp. 287—288.

20 John Locke, *Two Treatises of Government*, treatise 2, ch. 5, sect. 35, p. 292.

21 John Locke, *Two Treatises of Government*, treatise 2, ch. 5, sect. 36, p. 293.

22 John Locke, *Two Treatises of Government*, treatise 2, ch. 5, sect. 37, p. 294.

23 John Locke, *Two Treatises of Government*, treatise 2, ch. 5, sect. 46, p. 300.

24 John Locke, *Two Treatises of Government*, treatise 2, ch. 5, sect. 46, p. 300.

25 John Locke, *Two Treatises of Government*, treatise 2, ch. 5, sect. 47, p. 300.

26 John Locke, *Two Treatises of Government*, treatise 2, ch. 5, sect. 50, p. 302.

27　Joseph Tucker, *A Treatise concerning Civil Government* (1781), p. 33; W. George Shelton, *Dean Tucker and Eighteenth-Century Economic and Political Thought* (1981); J. G. A. Pocock, "Josiah Tucker on Burke, Locke, and Price" (1985). 类似的批评休谟、布莱克斯通与柏克都做过。"社会唯一真实而自然的基础,"布莱克斯通写道:"就是个人的欲望与恐惧": Isaac Kramnick, *Republicanism and Bourgeois Radicalism* (1990), pp. 73f.; J. C. D. Clark, *The Language of Liberty 1660—1832* (1994), ch. 3。

28　Laslett, "The English Revolution and Locke's *Two Treatises of Government*"; Ashcraft, *Revolutionary Politics and Locke's Two Treatises of Government*.

29　J. G. A. Pocock, *Virtue, Commerce and History* (1985), p. 48.

30　J. G. A. Pocock, *The Machiavellian Moment* (1975), pp. 75f. 在《大洋国》(1656)里,詹姆斯·哈林顿(1611—1677)为英格兰提出了一个理想宪法。财产,尤其是地产,决定了一国之内的权力分配。为了防止行政权力集中在少数人手里,他提出了官员有限任期制。他的观念影响了"乡村派"意识形态的发展,他强调反对权力集中并对腐败持有戒心。

31　第一代博林布鲁克子爵(Henry St John, first Viscount Bolingbroke [1678—1751]),托利派政治家,1704—1708年任战争大臣,并与罗伯特·哈利结为政治盟友。他因为支持斯图亚特王朝复辟,在安妮女王驾崩后逃到了法国,很快成为伪政权的国务大臣。他在1723年被赦免,但是被拒绝给予上议院席位,他在《匠人》杂志上撰文对沃波尔发起攻击,谴责腐败的"罗宾政治",要求定期选举并对官员、常备军加以限制: H. T. Dickinson, *Bolingbroke* (1970); Isaac Kramnick, *Bolingbroke and His Circle* (1968); Simon Varey (ed.), *Lord Bolingbroke: Contributions to the Craftsman* (1982); John B. Stewart, *Opinion and Reform in Hume's Political Philosophy* (1992), p. 63。

32　Caroline Robbins, *The Eighteenth-Century Commonwealthmen* (1968); Nicholas Phillipson and Quentin Skinner (eds.), *Political Discourse in Early Modern Britain* (1993); John Robertson, "The Scottish Enlightenment at the Limits of the Civic Tradition" (1983).

33　J. G. A. Pocock, "Machiavelli, Harrington and English Political Ideologies" (1972), 以及"Civic Humanism and its Role in Anglo-American Thought" (1972).

34　Robbins, *The Eighteenth-Century Commonwealthmen*; Shelley Burtt, *Virtue Transformed* (1992); Malcolm Jack, *Corruption and Progress* (1989); Pocock, *The Machiavellian Moment*, p. 467; David L. Jacobson and Ronald Hamowy (eds.), *The English Libertarian Heritage* (1994).

35　这两位之后创办了另一份在18世纪20年代早期十分畅销的周刊,《独立辉格党人》,推动反对教权和思想自由(见第五章)。特伦查德1723年去世后,戈登的极端主义立场也结束了,这多少说明了当时的"雇佣文人"的道德观。他成为了沃波尔的出版顾问,接受了酒类许可证第一专员的职位,并适时变成了著名的宫廷写手,成为他曾极力谴责的"腐败"的柱石: Marie P. McMahon, *The Radical Whigs, John Trenchard and Thomas Gordon* (1990)。

36　Jacobson (ed.), *The English Libertarian Heritage* (1965), letters 59—68, p. xxxix.

37　Jacobson (ed.), *The English Libertarian Heritage* (1965), letters 62, p. xxxvi.
38　Jacobson (ed.), *The English Libertarian Heritage* (1965), letters 45, p. xxxvii.
39　Jacobson (ed.), *The English Libertarian Heritage* (1965), letters 60, p. xxxviii.
40　Jacobson (ed.), *The English Libertarian Heritage* (1965), letters 60, p. xxxix, p. 47.
41　关于宪法，见 J. A. W. Gunn, *Beyond Liberty and Property* (1983); 以及 Ernest Neville Williams, *The Eighteenth Century Constitution, 1688—1815* (1960)。
42　James Thomson, *Liberty* (1735), p. 45, ll. 814—816. 托马森和其他"爱国者们"有自己的政治议程，他们用"爱国主义"来支持威尔士亲王反对乔治二世。
43　Johann Wilhem von Archenholz, *A Picture of England* (1791), 引自 Harry Ballam and Roy Lewis (eds.), *The Visitors' Book* (1950), p. 79; Nicolas Rogers, *Crowds, Culture and Politics in Georgian Britain* (1998), p. 274。
44　引自 C. Y. Ferdinand, *Benjamin Collins and the Provincial Newspaper Trade in the Eighteenth Century* (1997), p. 155. 关于欧洲大陆对出版自由的限制，见 Ulrich Im Hof, *The Enlightenment* (1994), p. 150。
45　Geoffrey Alan Cranfield, *The Development of the Provincial Newspaper 1700—1760* (1962), p. 273; Marilyn Butler (ed.), *Burke, Paine, Godwin, and the Revolution Controversy* (1984), p. 6. 关于出版作为英国自由的卫士，回想一下亨利·蒂尔尼（Henry Tilney）对持怀疑态度的凯瑟琳·莫兰（Catherine Morland）的挖苦：

> 一直以来，你从何判断？记住我们所处的时代与国家。记住我们是英国人，我们是基督徒。问问自己的理解力，你自己对可能发生之事的感觉，你自己对身边发生事情的观察。你的教育使我们做好准备接受如此暴行了吗？我们的法律是否默许了暴行的发生？在这样一个国家中——社会与文字交往如此频繁；每个人都被自发的探子所包围；道路和报纸把一切公开——这些暴行能否在不知不觉中被犯下？

Jane Austen, *Northanger Abbey* (1975 [1818]), p. 172.

46　William Blackstone, *Commentaries on the Laws of England* (1979 [1765—1769]), 引自 Butler, *Burke, Paine, Godwin, and the Revolution Controversy*, p. 6; James T. Boulton, *The Language of Politics in the Age of Wilkes and Burke* (1963), p. 19; H. T. Dickinson, *The Politics of the People in Eighteenth-Century Britain* (1995), p. 169; Eckhart Hellmuth, "'The Palladium of All Other English Liberties'" (1990)。
47　引自 Butler, *Burke, Paine, Godwin, and the Revolution Controversy*, p. 6。
48　J. Almon, *Memoirs of a Late Eminent Bookseller* (sn, 1790), pp. 148f. 柏林星期三学会在 1783 年赞成书报审查制度，这并不奇怪，因为很多成员都是公务人员：Eckhart Hellmuth, "Enlightenment and the Freedom of the Press" (1998)。
49　引自 Stewart, *Opinion and Reform in Hume's Political Philosophy*, p. 306。
50　Pat Rogers, *Hacks and Dunces* (1980), pp. 8—9。
51　Alan. P. F. Sell, *John Locke and the Eighteenth-Century Divines* (1997), p. 2. 所有空想家都

把 1688 年看做保卫英国法律与自由的一年（《权利法案》《宽容法案》《继承法》，与苏格兰的合并，笛福的《神律》[*Iure Divino*, 1704] ）。

52 Anthony Ashley Cooper, 3rd Earl of Shaftesbury, *Characteristicks of Men, Manners, Opinions, Times* (1999 [1711]), vol. i, p. 90.

53 Shaftesbury, *Characteristicks of Men, Manners, Opinions, Times*, vol. i, p. 39.

54 Henry St John, Viscount Bolingbroke, "Idea of the Patriot King" (1738), in *The Works of Lord Bolingbroke* (1969 [1754—1798]), vol. iii, p. 123：" 有土地之人是政治巨轮真正的主人，有钱的人却只是其中的乘客。" 引自 Leslie Stephen, *History of English Thought in the Eighteenth Century* (1962 [1876]), vol. ii, p. 178。必然有无休止的社会讽刺存在，它们把矛头对准了为富不仁的那些人：Colin Nicholson, *Writing and the Rise of Finance* (1994)。

55 James Harris, *Hermes* (1751), in *The Works of James Harris, Esq.* (1801), vol. i, ch. 5, p. 438.

56 关于国家的巩固，见 John Brewer, *The Sinews of Power* (1989); P. Corrigan and D. Sayer, *The Great Arch* (1985); John Cannon (ed.), *The Whig Ascendancy* (1981); J. H. Plumb, *The Growth of Political Stability in England 1675—1725* (1967); Jeremy Black, *The Politics of Britain, 1688—1800* (1993)。

57 关于对 " 虚假之物 " 的控诉，见 D. Hay, "Property, Authority and the Criminal Law" (1975); Peter Linebaugh, *The London Hanged* (1991)。

58 John Brown, *An Estimate of the Manners and Principles of the Times* (1757), pp. 29, 35—36; 布朗相信不列颠就像 " 堕落而衰朽的罗马 " 一样，" 正在滑向毁灭的深渊 "：最后他自杀了。见 Jack, *Corruption and Progress*; D. Spadafora, *The Idea of Progress in Eighteenth-Century Britain* (1990), p. 214; Howard D. Weinbrot, *Augustus Caesar in "Augustan" England* (1978)。

59 见第一、四章的讨论，关于艾迪生与斯梯尔的政治思想，见 Nicholas Phillipson, "Politics and Politeness in the Reigns of Anne and the Early Hanoverians" (1993), pp. 211—245。

60 Joseph Addison and Richard Steele, *The Spectator* (1965), vol. i, no. 124, p. 507 (Monday, 23 July 1711); 讨论见 Erin Mackie, *Market à la Mode* (1977), p. 208。

61 Donald F. Bond (ed.), *The Tatler* (1987), vol. i, p. 8. dedication. 斯梯尔说：" 对我而言，看见在世界的革新中我取得的进步如此缓慢是个不小的打击 "：Bond, *The Tatler* (1987), vol. ii, no. 139, pp. 297—301 (Tuesday, 28 Febuary 1710)。请注意，八十年之后处于主导地位的西班牙文学杂志《报纸精粹》(*Espiritu de los majores diarios*) 只有 756 位订户。

62 John Gay, *The Present State of Wit* (sn, 1711), p. 20.

63 Addison and Steele, *The Spectator* (1965), vol. i, no. 10, p. 44 (Monday 12 March 1711)

64 Addison and Steele, *The Spectator* , vol. i, no. 10, pp. 44—47 (Monday 12 March 1711)

65 Addison and Steele, *The Spectator,* vol. ii, no. 219, pp. 351—354 (Saturday, 10 November 1711)，以 及 vol. ii, no. 275, pp. 570—573 (Tuesday, 12 January 1712) ， 见 Edward A. Bloom, Lilian D. Bloom and Edmund Leites, *Educating the Audience* (1984); Scott Black,

"Social and Literary Form in the Spectator" (1999); Peter Burke, *The Art of Conversation* (1993); Stephen Copley, "Commerce, Conversation and Politeness in the Early Eighteenth-Century Periodical" (1995); Michael Ketcham, *Transparent Designs* (1985); David Castronovo, *The English Gentleman* (1987); George C. Brauer, *The Education of a Gentleman* (1959). 关于谚语"整个世界就是一个剧院"（*Totus mundus agit histrionem*），见 Addison and Steele, *The Spectator*, vol. iii, no. 370, p. 393 (Monday, 5 May 1712)。

66 Addison and Steele, *The Spectator*, vol. i, no. 125, pp. 509—510 (Tuesday, 24 July 1711).

67 Addison and Steele, *The Spectator*, vol. ii, no. 262, p. 517 (Monday, 31December 1711). 他的为人和他的言辞一样善良，但是，讽刺性地，作为回报，后来蒲柏嘲弄般地将他描述为"阿提库斯"（Atticus）（"怀有恶意，却害怕出手，或只是暗示错误，并顾虑厌恶之情"）：Alexander Pope, *An Epistle to Dr Arbuthnot* (1735), in John Butt (ed.), *The Poems of Alexander Pope* (1965), p. 604, ll. 203—204。

68 Addison and Steele, *The Spectator,* vol. ii, no. 262, p. 519 (Monday, 31 December 1711). 对比在《木桶的故事》里，斯威夫特宣称的目的。

69 Addison and Steele, *The Spectator*, vol. i, no. 81, pp. 346—349 (Saturday, 2 June 1711)。

70 Addison and Steele, *The Spectator,* vol. ii, no. 169, pp. 164—167 (Thursday, 13 September 1711)。

71 Scott Paul Gordon, "Voyeuristic Dreams" (1995). "旁观者先生""蒙面"出访：Terry Castle, *Masquerade and Civilization* (1986); Lee Davison, Tim Hitchcock, Tim Keirn and Robert B. Shoemaker (eds), *Stilling the Grumbling Hive* (1992)。

72 George S. Marr, *The Periodical Essayists of the Eighteenth Century* (1971), p. 57.

73 Ernest Cassara, *The Enlightenment in America* (1988), p. 43. "艾迪生，"麦考莱写道，"使智慧与美德相一致，此前二者已经过长期的灾难性分裂，智慧已被放荡引入歧途，而美德则被狂热误导"：引自 Terry Eagleton, *The Function of Criticism* (1984), p. 4。

74 这段分析，见 Christopher J. Berry, *The Idea of Luxury* (1994), pp. 147f.; Jean-Christophe Agnew, *Worlds Apart* (1986); John Sekora, *Luxury* (1977); James Raven, *Judging New Wealth* (1992)。

75 Hume, "Of the Protestant Succession" (1741—1742) in *Selected Essays* (1993), p. 297; 另见 David Hume, *The History of England under the House of Tudor* (1754—1762), vol. iii, ch. 23, p. 296。以及 Spadafora, *The Ideas of Progress in Eighteenth-Century Britain*, p. 309。关于休谟政治哲学的总体论述，见 Duncan Forbes, *Hume's Philosophical Politics* (1975), 以及 "Sceptical Whiggism, Commerce and Liberty" (1975); John B. Stewart, *The Moral and Political Philosophy of David Hume* (1963); 以及 *Opinion and Reform in Hume's Political Philosophy;* Nicholas Phillipson, *Hume* (1989)。

76 Hume, "Of Civil Liberty" (1741—1742), in *Selected Essays,* p. 52. 关于这些概念，见 Phillipson, "Politics and Politeness in the Reigns of Anne and the Early Hanoverians"。

77 Robertson, "The Scottish Enlightenment at the Limits of the Civic Tradition", pp. 152—153.

78 Hume, "On the Origin of Government" (1741—1742), in *Selected Essays*, pp. 28—32, *A Treatise*

of Human Nature (1978 [1740]), bk III, pt 2, ch. 1, and "Of Justice", in David Hume, Enquiries concerning the Human Understanding and concerning the Principles of Morals (1966 [1777]), pp. 183—204; Jonathan Harrison, Hume's Theory of Justice (1981); Christopher J. Berry, Social Theory of the Scottish Enlightenment (1997), chs. 2—3.

79 Hume, A Treatise of Human Nature, bk III, pt 2, sect . 2, pp. 498—500. 这些观点先于斯密的。

80 Robertson, "The Scottish Enlightenment at the Limits of the Civic Tradition", p. 152.

81 Hume, "Of Luxury" (1741—1742), in Selected Essays, pp. 167—177. 从 1760 年开始，这篇文章改名为《技艺的改进》("Of Refinement in the Arts")。吉本赞同这一观点：罗马帝国的衰落不是由于奢侈而是因为专制：见 Pocock, Virtue, Commerce, and History, p. 148. 关于罗马的争论，见 Howard Erskine-Hill, The Augustan Idea in English Literature (1983); Philip Ayres, Classical Culture and the Idea of Rome in Eighteenth-Century England (1997); Sekora, Luxury, p. 110。

82 Hume, "Of the Rise and Progress of the Arts and Sciences" (1741—1742), in Selected Essays, pp. 56—77.

83 见 Robertson, "The Scottish Enlightenment at the Limits of the Civic Tradition", p. 163。

84 Hume, "Of Civil Liberty", in Selected Essays, p. 54. 吉本也否认现代君主制是僭主制：

> 僭政的滥施淫威受到恐惧与羞耻的相互影响的限制；共和国已取得秩序与稳定；君主制已吸纳了自由原则，或至少也吸纳了节制稳健的原则。某种荣誉和正义感凭借那个时代的通用方式被引入缺陷最大的政体之中。

Edward Gibbon, The History of the Decline and Fall of the Roman Empire (1994 [1781]), vol. ii, ch. 38, p. 514.

85 David Hume, The Philosophical Works of David Hume (1882 [1741—1742]), vol. iii, pp. 301—302, 引自 Hiram Caton, The Politics of Progress (1988), p. 329。

86 Hume, "Of Refinement in the Arts" (1741—1742), in Selected Essays, p. 168.

87 1737—1740 年，斯密是格拉斯哥大学的学生，他听过弗朗西斯·哈奇森的讲座。1748—1751 年他在爱丁堡教授修辞学、文学，最终教授法学。当他被聘为格拉斯哥大学逻辑学教授后，很快又坐上哈奇森原有的道德哲学教席，直至 1763 年。在格拉斯哥，他讲授文学以及法律，政府学以及伦理学，1759 年，他出版了《道德情操论》。Nicholas Phillipson, "Adam Smith as Civic Moralist" (1983)。另见 T. D. Campbell, Adam Smith's Science of Morals (1971); V. Brown, Adam Smith's Discourse (1994); Forbes, "Sceptical Whiggism, Commerce and Liberty"; Donald Winch, Adam Smith's Politics (1978)。

88 Adam Smith, The Theory of Moral Sentiments (1976 [1759]), pt III, ch. 3, para. 20, 引自 Phillipson, "Adam Smith as Civic Moralist", p. 185。

89 人们可以竭尽全力追求欲望，只要接受道德限制就可以了："在财富、荣誉、提升的竞争中，他可以尽最大努力追求，绷紧每条神经与每块肌肉，以便超过所有的竞争者。但如果他排挤或打倒任何一个人，旁观者的宽容也就此终结了。": Smith, *The Theory of Moral Sentiments*, p. 83。

90　Smith, *The Theory of Moral Sentiments*, p. 113.

91　Smith, *The Theory of Moral Sentiments*, p. 112. 引自 Nicholas Phillipson, "Adam Smith as Civic Moralist", p. 189。

92　Phillipson, "Adam Smith as Civic Moralist", p. 189—192.

93　休谟说："可为什么在更大的社会或人类的联合体中的情况会与在某个具体的俱乐部、小团体中的不同呢？": Hume, *Enquiries concerning Human Understanding and concerning the Principles of Morals*, p. 281。

94　Smith, *The Theory of Moral Sentiments*, p. 112. 在第二版（1761）里，据说斯密放弃了一种伦理观，这种伦理观完全建立在对一种道德准则的温和、有见识的公众舆论上，这种准则强调个体、内在良知的卓越性。斯密公开了"内心法庭""抽象的人"，还有"人类的代表"这些概念，将其作为人类情感的"最高法官": John Dwyer, *Virtuous Discourse* (1987), p. 141。

95　Robert Burns, "To a Louse" (1786), in *The Poetical Works of Burns* (1974), p. 44. 实际是对斯密的精彩解释。

96　E. G. Hundert, *The Enlightenment's Fable* (1994), p. 173. "曼德维尔博士的《蜜蜂的寓言》错误地把所有热情都描绘为全然的恶。" Smith, *The Theory of Moral Sentiments*, pt. VII, sect 2, p. 312.

97　引自 Michael Ignatieff, "John Millar and Individualism" (1983), p. 329。

第九章　世俗化

1　J. G. A. Pocock, *The Machiavellian Moment* (1975), p. 451.

2　Pieter Spierenburg, *The Broken Spell* (1991); Ronald Hutton, *The Rise and Fall of Merry England* (1994). 对韦伯新教伦理说比较公允的改动，见 Keith Thomas, *Religion and the Decline of Magic* (1971), 尤其是结论部分。萨默维尔的《近代早期英国的世俗化》（C. John Sommerville, *The Secularization of Early Modern England* [1992]）被普遍认为过分夸大了世俗化的过程。作为前奏，见本书第五章开始的讨论。

3　Samuel Pepys, *The Diary of Samuel Pepys* (1970—1983), vol. vi, pp. 83, 100, 101; Henri Misson, *Memoirs and Observations in His Travels over England* (1719), pp. 36—37; 关于时间，见 D. S. Landes, *Revolution in Time* (1983); 关于拥有钟表，见 Lorna Weatherill, *Consumer Behaviour and Material Culture, 1660—1760* (1988), pp. 25—28; Stuart Sherman, *Telling Time* (1996)。

4　M. Grosley, *A Tour to London* (1772), vol. i, p. 107.

5　Robert Southey, *Letters from England by Don Manuel Alvarez Espriella* (1984 [1807]), p. 361.

6　关于这些引文和讨论，见 E. P. Thompson, "Time, Work-Discipline and Industrial Capitalism"(1991), pp. 385—386; Neil McKendrick, "Josiah Wedgwood and Factory Discipline"(1961)。

7 Thompson, "Time, Work-Discipline and Industrial Capitalism".
8 Charles Strachey (ed.), *The Letters of the Earl of Chesterfield to His Son* (1924), vol. i, p. 192.
9 关于医院,见 J. Woodward, *To Do the Sick No Harm* (1974); Roy Porter, "The Gift Relation"(1989)。关于妓女收容所,见 Vivien Jones (ed.), *Women in the Eighteenth Century* (1990), p. 87; Miles Ogborn, *Spaces of Modernity* (1998), pp. 39—74。
10 P. J. Bishop, *A Short History of the Royal Humane Society* (1974); Elizabeth H. Thomson, "The Role of the Physician in Humane Societies of the Eighteenth Century"(1963)。卡洛琳·威廉姆斯指出,救生协会在文雅价值观的框架内得到了提升:"The Genteel Art of Resuscitation"(1982)。受这个社团的启发,报纸开始发表各种救助事故受害者的建议。*Jopson's Coventry Mercury* (31 March 1784) 这么说道:

> 一位读者来信写了下面这些用于救助溺水之人的建议:首先,脱去他们湿的外衣;反复摩擦,并将他们放在火旁的热毯子里;强力做人工呼吸,或把手压鼓风机插入病患口中,同时捏住鼻孔;把点燃的烟管的小的一端放入肛门,拿一个在底部扎满洞的纸杯放在另一端,必须从这里向肛肠内吹气……

关于《绅士杂志》刊登救生协会的广告,见 Roy Porter, "Lay Medical Knowledge in the Eighteenth Century"(1985), pp. 140, 156。

11 这是马克斯·韦伯的概念: *The Protestant Ethic and the Spirit of Capitalism* (1930)。
12 Mark Jackson, *New-Born Child Murder* (1996), pp. 46f.
13 Thomas Robert Malthus, *An Essay on the Principle of Population as it Affects the Future Improvement of Society* (1798)。另见第 17、20 章。
14 Julian Hoppit, "Political Arithmetic in Eighteenth-Century England"(1996).
15 Ulrich Tröhler, "Quantification in British Medicine and Surgery 1750—1830" [1978]; James C. Riley, *Sickness, Recovery and Death* (1989).
16 G. Miller, *The Adoption of Inoculation for Smallpox in England and France* (1957); Andrea Rusnock, *The Correspondence of James Jurin (1684—1750)* (1996).
17 I. Hacking, *The Taming of Chance* (1990); Lorraine J. Daston, *Classical Probability in the Enlightenment* (1988),以及 "The Domestication of Risk"(1987); Tore Frängsmyr, J. L. Heilbron, Robin E. Rider (eds), *The Quantifying Spirit in the Eighteenth Century* (1990); Geoffrey Clark, *Betting on Lives* (1999)。
18 Christopher Fox, Roy Porter and Robert Wokler (eds.), *Inventing Human Science* (1995); Richard Olson, *Science Deified and Science Defied* (1990), vol. ii,以及 *The Emergence of the Social Science, 1642—1792* (1993)。
19 关于媒体对接种疫苗的支持,见 C. Y. Ferdinand, *Benjamin Collins and the Provincial Newspaper Trade in the Eighteenth Century* (1997), p. 157; 也见 Simon Schaffer, "A Social History of Plausibility"(1993)。

20　C. Bruyn Andrews (ed.), *The Torrington Diaries* (1954 [1781—1794]), vol. ii, p. 120; Clark, *Betting on Lives*. 关于知识、数据和计量在将一个更有规则的世界概念化的过程中所扮演的角色，见 Peter L. Bernstein, *Against the Gods* (1996); Siegfried Giedion, *Mechanization Takes Command* (1948); Roy Porter, "Accidents in the Eighteenth Century" (1996)。

21　Cecil Henry L'Estrange Ewen, *Lotteries and Sweepstakes* (1932). 消除彩票抽奖——因为它违背天意——在福音派纲领中居于核心：Ford L. Brown, *Fathers of the Victorians* (1961), p. 107。

22　James Kelly, *That Damned Thing Called Honour* (1995); V. G. Kierman, *The Duel in European History* (1989).

23　William Cadogan, *Essay upon Nursing and the Management of Children* (1748) 里面说道，"这项业务长期交给女性管理太不幸了，她们没有恰当的知识胜任这项工作"（p. 3），见 Adrian Wilson, *The Making of Man-Midwifery* (1995)。

24　V. Fildes, *Breats, Bottles and Babies* (1986), 以及 *Wetnursing* (1988)。

25　C. Hardyment, *Dream Babies* (1983).

26　"当我一想到死的时候，总是没有恐惧或痛苦"：Desmond King-Hele (ed.), *The Letters of Erasmus Darwin* (1981), p. 279, letter 95E, to Richard Lovell Edgeworth (15 March 1795)。

27　休谟自始至终保持了激怒鲍斯威尔的能力。见鲍斯威尔的日记（1777 年 3 月 3 日）中关于他们最后会面的谈话，收录于 Charles M. Weis and Frederick A. Pottle (eds.), *Boswell in Extremes*, 1776—1778 (1971), pp. 11—15, 特别是第 11 页："他（休谟）直截了当地说每一种宗教的道德都是坏的，当他听到一个人有信仰的时候，就会认为那人是个恶人，我真的认为他在说那些话的时候不是在开玩笑。"虔诚的基督徒鲍斯威尔在听到凯姆斯勋爵（Lord Kames）的临终遗言时，也感到非常的失望：

"我说过有关永久的地狱折磨的信条是有害的。""不，"他说，"没有人相信它。"今晚我一点都不理解他。

Ian Simpson Ross, *Lord Kames and the Scotland of His Day* (1972), p370.

28　Philippe Ariès, *L'homme devant la mort* (1977). 阿里耶斯对启蒙时代的死亡仪式表示厌恶；其他观点，见 Nigel Llewellyn, *The Art of Death* (1991); John MacManners, *Death and the Enlightenment* (1981); Roy Porter, "Death and the Doctors in Georgian England" (1989).

29　见 Warren Chernaik, *Sexual Freedom in Restoration Literature* (1995), p. 8。

30　见吉本的评论：

过去，希望带来的慰藉属于给予儿童新生命的父母的温柔，还有高唱着直通云霄的哈利路亚的虔信者的信仰，以及自认为他们名字与作品会不朽的作家的自负。

Edward Gibbon, *Memoirs of My Life* (1966 [1796]), p. 188.

31　见 Alan Bewell, *Wordsworth and the Enlightenment* (1989), p. 215. 可对比一下洛克是如何

消除黑暗的神秘性的。

32　Ralph A. Houlbrooke, *Death, Religion and the Family in England, 1480—1750* (1998), pp. 329—330.

33　C. J. Lawrence, "William Buchan: Medicine Laid Open" (1975); Roy Porter, "Spreading Medical Enlightenment" (1992).

34　W. Buchan, *Observations concening the Prevention and Cure of the Venereal Disease* (1796), p. xxii.

35　Buchan, *Observations concening the Prevention and Cure of the Venereal Disease*, p. xxvi, 引自 Benjamin Rush, *An Account of the Bilious Remitting Yellow Fever* (1794)。

36　Buchan, *Domestic Medicine* (1769), p. 730. 有些人或许看上去死了，但却是能治愈的：见 pp. 730—758。

37　Buchan, *Domestic Medicine*.

38　Roy Porter, *Doctor of Society* (1991), 全书各处。

39　Thomas Beddoes, *Hygeia* (1802—1803), vol. ii, essay vi, p. 46.

40　Roy Porter, "Civilization and Disease" (1991).

41　Charles F. Bahmueller, *The National Charity Company* (1981), p. 7; 见 David Lieberman, *The Province of Legislation Determined* (1989), p. 211.

42　这是 V. A. C. Gatrell, *The Hanging Tree* (1994) 里面的关键主题。

43　Bahmueller, *The National Charity Company*, p. 6. 见下文第十六、十八章。

44　Robert Poole, "'Give Us Our Eleven Days!'" (1995).

45　Paul Langford, *A Polite and Commercial People* (1989), p. 300.

46　S. I. Tucker, *Protean Shape* (1967), esp. pp. 33—48.

47　*Gentleman's Magazine* no. 58 (1788), p. 947, 讨论见 Penelope J. Corfield (ed.), *Language, History and Class* (1991), p. 102. 这个建议最初是艾迪生的。

48　Robert DeMaria Jr, *Johonson's Dictionary and the Language of Learning* (1986), p. 6; John Barrell, *English Literature in History 1730—1780* (1983), pp. 149—50; Carey McIntosh, *The Evolution of English Prose, 1700—1800* (1999), 该书讨论了语言的高雅化、标准化与典籍化过程。激进的语言改革计划在第二十章提及，语言理论将在第十章谈到。
在《词典》的序言里，约翰逊反对成立英语研究院改进语言，因为他"从来不希望看到更多依赖性的出现"（para. 90），他自豪地说，他在"没有任何大人物的帮助之下"完成了此书 (para. 94)。见 Barrel, *English Literature in History, 1730—1780*, ch. 9. 笛福赞成成立英语研究院，这一定程度上是因为它可以鼓励学习，也因为能够让语言更稳定——见 James T. Boulton (ed.), *Selected Writings of Daniel Defoe* (1975), p. 29。

49　Jeremy Black, introduction to Jeremy Black and Jeremy Gregory (eds.), *Culture, Politics and Society in Britain, 1660—1800* (1991), pp. 5—6.

50　Thomas Sheridan, *British Education* (sn, 1756), pp. 241—242, 引自 John Brewer, *The Pleasures of the Imagination* (1997), p. 475。

51　William Hogarth, *The Analysis of Beauty* (1753), 扉页；讨论见 Ronald Paulson, *Hogarth, The "Modern Moral Subject"* (1992—1993), vol. iii, pp. 56—151。

52　D. V. Glass, *Numbering the People* (1973)。

53　N. Robinson, *A New System of the Spleen* (1729), p. 174; 见 Akihito Suzuki, "An Anti-Lockean Enlightenment?" (1994), 以 及 "Mind and Its Disease in Enlightenment British Medicine" (1992);更广泛的讨论，见 Roy Porter, *Mind Forg'd Manacles* (1987)。

54　Jonathan Andrews, Asa Briggs, Roy Porter, Penny Tucker and Keir Waddington, *The History of Bethlem* (1997); Michel Foucault, *La Folie et la Déraison* (1961); Andrew Scull, *The Most Solitary of Afflictions* (1993)。

55　Alexander Crichton, *An Inquiry into the Nature and Origin of Mental Derangement* (1798), 引自 Richard Hunter and Ida Macalpine, *Three Hundred Years of Psychiatry* (1963), p. 559; 由此，回到第七章的讨论，在新出现的精神病学领域，基督教的圣灵学也被自然主义的"心理学"排挤到了一边。

56　William Battie, *A Treatise on Madness* (1758), 以 及 John Monro, *Remarks on Dr Battie's Treaties on Madness* (1962 [1758]). 贝蒂借鉴了洛克的心理学，尤其是他在痴呆与疯癫之间做出的区分：

> 总之，先天性缺陷似乎源于智力官能缺乏灵敏性、活力及运动，因此才会被夺去理性。而疯人则可能是因为走向了另一个极端而备受折磨。在我看来，他们没有失去理性官能，却把一些观念非常错误地组织在一起了，他们将其误认为真理。他们也和正常人一样走上歧途，希望从错误的原则里面争论出正确的原则。

John Locke, *An Essay concerning Human Understanding* (1975 [1690]), bk II, ch. 11, pp. 160—161.

57　Thomas Arnold, *Observations on the Nature, Kinds, Causes and Prevention of Insanity* (1782—1786), vol. ii, p. 432.

58　Erasmus Darwin, *Zoonomia* (1794—1796), bk IV, pp. 83—84.

59　C. Hibbert (ed.), *An American in Regency England* (1968), p. 109; Samuel Tuke, *Description of the Retreat* (1813).

60　接下来的内容，见 Michael MacDonald, "The Secularization of Suicide in England, 1600—1800" (1986); Michael MacDonald and Terence R. Murphy, *Sleepless Souls* (1990); S. E. Sprott, *The English Debate on Suicide from Donne to Hume* (1961); R. Bartel, "Suicide in Eighteenth-Century England" (1959); 以及关于长时段研究，见 Georges Minois, *History of Suicide* (1999)。

61　MacDonald and Murphy, *Sleepless Souls,* pp. 180—181.

62　David Hume, *On Suicide* (1741—1742), in *Selected Essays* (1993), p. 315.

63　　我想起查特顿这个神奇的男孩，
　　　永不停息的灵魂消逝在它的骄傲之中。

William Wordsworth, "Resolution and Indenpendence" (1802), 引自 MacDonald and Murphy, *Sleepless Souls*, p. 192. 查特顿的自杀被普遍解读为过分敏感的结果: Janet Todd, *Sensibility: An Introduction* (1986), p. 53。

64 Thomas, *Religion and the Decline of Magic*.
65 MacDonald and Murphy, *Sleepless Souls,* p. 323.
66 Alexander Pope, "Elegy to the Memory of an Unfortunate Lady" (1817), ll, 6—10, in John Butt (ed.), *The Poems of Alexander Pope* (1965), p. 262.
67 Thomas Laqueur, "Bodies, Details and Humanitarian Narrative" (1989). 关于讨论，见第十二章。
68 概括性著作，见 Thomas, *Religion and the Decline of Magic*。
69 关于普利斯特利对幽灵的看法，见 John Towill, Rutt (ed.), *The Theological and Miscellaneous Works of Joseph Priestley* (1817—1832), vol. iii, p. 50。以及 vol. iv, pt 1, "Remarks concerning the Penetrability of Matter"; Simon Schaffer, "State of Mind" (1990), pp. 241f。
70 关于边沁对幽灵的看法，见 John Bowring (ed.), *The Works of Jeremy Bentham* (1995 [1843]), vol. x, pp. 11—21。
71 Porter, *Mind Forg'd Manacles,* pp. 63f.; Stuart Clark, *Thinking with Demons* (1997).
72 当然它在其他地方也发生过变化。关于法国，见 Robert Mandrou, *Magistrats et sorciers en France au XVIIe siècle* (1968)。
73 Thomas Hobbes, *Leviathan* (1968 [1651]), p. 92. 霍布斯就是那位可怕之人，他证实了那句古老格言: 魔鬼才会否认巫术。
74 Joseph Addison and Richard Steele, *The Spectator* (1965), vol. i, no. 117, pp. 480—482 (14 July 1711). 接下来这段主要参考了 James Sharpe, *Instruments of Darkness* (1996) 以及 Ian Bostridge, *Witchcraft and Its Transformation, c. 1650—c. 1750* (1997)。
75 Addison and Steele, *The Spectator,* vol. i, no. 117, pp. 480—482 (14 July 1711).
76 Francis Hutchinson, *An Historical Essay concerning Witchcraft* (1718), p. vi. 之后成为邓恩郡和康纳主教的哈钦森，还写了另一本书: *A Short View of the Pretended Spirit of Prophecy* (1708)。
77 Hutchinson, *An Historical Essay concerning Witchcraft,* p. viii.
78 见 Sharpe, *Instruments of Darkness,* pp. 284—285; R. D. Stock, *The Holy and the Daemonic from Sir Thomas Browne to William Blake* (1982), p. 81。
79 Hutchinson, *An Historical Essay concerning Witchcraft,* pp. 229, 230.
80 Hutchinson, *An Historical Essay concerning Witchcraft,* p. 69.
81 Hutchinson, *An Historical Essay concerning Witchcraft,* p. 63. 注意从恶人到受害者的反转。
82 见 Thomas Gordon, *The Humorist,* 3rd edn (1724), pp. 74—77; R. D. Stock, *The Holy and the Daemonic from Sir Thomas Browne to William Blake* (1982), p. 82. 关于戈登的政治学，见第八章。
83 Joseph Juxon, *A Sermon upon Witchcraft* (1736), p. 24; Sharpe, *Instruments of Darkness,* pp. 372—374.

84 (Anon.), *A System of Magick* (1727). 像沙夫茨伯里一样，这位作者主张嘲笑此类冒牌之人。
85 (Anon.), *A Discourse on Witchcraft* (1736), ch. 3, p. 6. 魔法和巫术源自"粗鄙之人的神话故事"。
86 *Reading Mercury and Oxford Gazette* (15 March 1773). 在被投入水中之后，这位可怜的妇人很"幸运"地被一位市政官救了出来，免于第二次受罚。
87 *Lloyd's Evening Post* (2 January 1761). 类似的报纸随处可见。
88 Hutchinson, *An Historical Essay concerning Witchcraft*, pp. 130—131.
89 Christopher Smart, *The Genuine History of the Good Devil of Woodstock* (1802).
90 K. M. Briggs, *Pale Hecate's Team* (1962); Diane Purkiss, *The Witch in History* (1996), pp. 179—249.
91 Jonathan Keates, *Purcell: A Biography* (1995), pp. 107, 180; Sharpe, *Instruments of Darkness*, p. 291; Stock, *The Holy and the Daemonic from Sir Thomas Browne to William Blake*, pp. 83—84.
92 Ronald Paulson, *Hogarth: His Life, Art and Times* (1974), pp. 404f. 另见 Maximillian Rudwin, *The Devil in Legend and Literatue* (1959); Sharpe, *Instruments of Darkness*, pp. 257—258, 291—292. 关于卫斯理对巫术和撒旦介入的辩护，见 Owen Davies, "Methodism, the Clergy, and the Popular Belief in Witchcraft and Magic" (1997)。
93 W. K. Wimsatt, *Samuel Johnson on Shakespeare* (1960), p. 128.
94 关于这种新的魔鬼／敌英雄，见 B. Easlea, *Witch-Hunting, Magic and the New Philosophy* (1980), pp. 249—250; Bram Dijkstra, *Idols of Perversity* (1986); David Dabydeen, *Hogarth's Blacks* (1985); Hugh Honour, *The Image of the Black in Western Art* (1989), vol. iv; Luther Link, *The Devil: A Mask without a Face* (1995)。
95 关于儿童文学里的超自然概念，见 Bruno Bettelheim, *The Uses of Enchantment* (1977); Bette P. Goldstone, *Lessons to be Learned* (1984); Ruth B. Bottigheimer, "Fairy Tales and Folk-Tales" (1996)。
96 兰姆的仿詹姆斯时代戏剧《约翰·伍德维尔》(*John Woodvil*, 1802) 里的一段后来删去的话是这么写的：

> 我能够想起当我还是小孩的时候，保姆会把我
> 放在腿上，一边脱掉我的衣服，
> 就像蠢女人通常的做法，一边给我讲
> 女巫的故事——让我读"格兰维尔的女巫故事"。

Charles Lamb, "Witches, and Other Night Fears", *London Magazine* (October 1821), p. 384; Geoffrey Summerfield, *Fantasy and Reason* (1984), pp. 254—262. 兰姆关于儿童从小就接受了女巫信仰的说法当然重复了约翰·洛克的话。洛克曾写道："地精和精灵的观念和黑暗其实没什么关系，正如它们与光明没什么关联，然而，只是一个愚

蠢的保姆将这些反复灌输在儿童心灵之中，并且……他终其一生将无法再剥离它们，黑夜本身却不能带来这样可怕的观念。"：Locke, *An Essay concenrning Human Understanding*, bk II, ch. 33, para. 10, pp. 397—398。

97 Edmund Burke, *Philosophical Enquiry into the Origin of Our Ideas of the Sublime and the Beautiful* (1757). 柏克认为，人类已知最强大的两种本能是自我保护和社交冲动。一切威胁到自我保护的东西会引起恐惧，可怕的经历是崇高的来源。我们对于崇高的体验要远比我们对美的体验强度更高。源于崇高的兴奋，这"让人愉悦的恐惧"依赖于人们能够在安全距离上欣赏危险：见 Eagleton, *The Ideology of the Aesthetic*; Hipple, *The Beautiful, the Sublime, and the Picturesque in Eighteenth-century Aesthetic Theory*; Monk, *The Sublime: A Study of Critical Theories in Eighteenth Century England*; Andrew Ashfield and Peter de Bolla (eds), *The Sublime: A Reader in British Eighteenth-Century Aesthetic Theory* (1996), pp. 131—143; Tom Furniss, *Edmund Burke's Aesthetic Ideology* (1993); Terry Castle, *The Female Thermometer* (1994)。关于崇高，见第十三章。

98 Marjorie Hope Nicolson, *Mountain Gloom and Mountain Glory* (1959); M. H. Abrams, *Natural Supernaturalism* (1971), p. 102.

99 Robert Lowth, *Lectures on the Sacred Poetry of the Hebrews* (1787), p. 50.

100 A. Blackwall, *The Sacred Classics Defended and Illustrated* (1725), pp. 250—254; Stock, *The Holy and the Daemonic from Sir Thomas Browne to William Blake*, p. 107.

101 对比 James Thomson 的 *The Season* (1726—1730) 或 Edward Young 的 *Night Thoughts* (1742—1751) 里面的启示性片段；关于《圣经》的艺术化叙述，见 Abrams, *Natural Super-Naturalism*, p. 38。

102 Blackwall, *The Sacred Classic Defended and Illustrated*, pp. 277—278. 众魔狂欢在伦敦西区剧院上演——被弥尔顿看做宗教的东西现在变成了精彩表演：R. D. Altick, *The Shows of London* (1978), p. 123; Humphrey Jennings, *Pandaemonium 1660—1886* (1985)。

103 James Usher, *Clio*, 2nd edn (1769), pp. 101, 103, 107—109, 116, 237—240; Stock, *The Holy and the Daemonic from Sir Thomas Browne to William Blake*, pp. 107—108.

104 Castle, *The Female Thermometer*, p. 120; 另见 E. J. Clery, *The Rise of Supernatural Fiction* (1995), esp. pp. 172f.; Chris Baldick, *In Frankenstein's Shadow* (1987); Stephen Bann (ed.), *Frankenstein, Creation and Monstrosity* (1994); David Punter, *The Literature of Terror* (1980); Christopher Frayling, *Nightmare, The Birth of Horror* (1996)。

105 N. Powell, *Fuseli's "The Nightmare"* (1956).

106 T. E. Hulme, "Romanticism and Classicism" (1936 [1923]), p. 118. 作为幻想者的布莱克，见 David V. Erdman, *Blake, Prophet against Empire* (1954)。

107 Christopher Hill, *The English Bible and the Seventeenth-Century Revolution* (1993)，该书说明在复辟之后，同敌基督与千禧年主义一道，《圣经》的地位也衰落了。另见他的 *Antichrist in Seventeenth-Century England* (1971); 关于此类主题的持续性，见 John Flecther Clews Harrison, *The Second Coming* (1979)。

108　David Nokes, *Jonathan Swift: A Hypocrite Reversed* (1985). 这当然会让我们想起卡尔·贝克尔著名的批评: *The Heavenly City of the Eighteenth-Century Philosophers* (1932)。

109　引自 Schaffer, "States of Mind", p. 247; Mary P. Mack, *Jeremy Bentham, An Odyssey of Ideas,* 1748—1792 (1962), p. 337。

110　Mary P. Mack, *Jeremy Bentham, An Odyssey of Ideas,* 1748—1792, p. 370.

111　John Neville Figgis, *The Divine Right of Kings* (1965); Raymond Henry Payne Crawfurd, *The King's Evil* (1977 [1911]); Marc Bloch, *The Royal Touch* (1973).

112　Lorraine Daston and Katharine Park, *Wonders and the Order of Nature 1150—1750* (1988); Roger Shattuck, *Forbidden Knowledge* (1996).

113　Daniel Defoe, *A System of Magic* (1727).

114　Langford, *A Polite and Commercial People*, p. 285.

115　关于对超自然持续的关注, 见 Schaffer, "A Social History of Plausibility"; 关于对怪异的着迷, 见 Dennis Todd, *Imagining Monsters* (1995)。

116　Daston and Park, *Wonders and the Order of Nature 1150—1750.*

117　Katherine C. Balderston (ed.), *Thraliana: The Diary of Mrs Hester Lynch Thrale 1776—1809* (1942), vol. ii, p. 786; 超自然信仰的边缘化, 见 Simon Schaffer, "Newton's Comets and the Transformation of Astrology" (1987); Kevin C. Knox, "Lunatick Visions" (1999)。

第十章　走向现代

1　George Birkbeck Hill, *Boswell's Life of Johnson* (1934—1950), vol. ii, p. 365.

2　Sidney Pollard, *The Idea of Progress* (1968); Robert Nisbet, *History of the Idea of Progress* (1980); D. Spadafora, *The Idea of Progress in Eighteenth-Century Britain* (1990).

3　David Hume, "Of the Study of History" (1741), in *Essays Moral, Political and Literary* (1898 [1741—1742]), vol. ii, p. 389. 关于对作为历史学家的休谟的讨论, 见 J. P. A. Pocock, *Barbarism and Religion* (1999), vol. ii, sect 3。

4　Christopher Hill, *The English Bible and the 17th-Century Revolution* (1993), p. 427.

5　Pocock, *Barbarism and Religion* (1999), vol. ii, p. 210.

6　Edward Gibbon, *The History of the Decline and Fall of the Roman Empire* (1994 [1776]), vol. i, ch. 15, p. 446:

> 神学家可能会沉迷于一项令人心仪的工作, 把宗教描绘成从天而降, 具有天然的纯洁性。比较让人忧伤的任务则落在了历史学家身上。他必须发现那些错误与腐败的难以避免的混合品, 她会在尘世驻留很长时间, 在那些脆弱、堕落的人类之间传播扩散。

见 Pocock, *Barbarism and Religion*。

7　对蒲柏来说, 牛津大学古物研究者托马斯·赫恩 (Thomas Hearne) 是最典型的朽木一块:

> 这人是谁？他把自己关在小房间中，
> 面容严肃，让学问的尘土到处飞扬。
> 在羊皮纸残片上，以及沃尔密乌斯的学问里，
> 我的眼睛读到的满是神秘的幽灵。

Alexander Pope, *The Dunciad* (1728), bk III, ll, 185—189; in John Butt (ed.), *The Poems of Alexander Pope* (1965), p. 758. 在真正的启蒙风尚里，赫恩的形象是隔绝尘世之人，因为恣意地沉迷于一些小纸片而忽视生活。

8　Edwin Jones, *The English Nation* (1988), pp. 70f.

9　引自 Edwin Jones, *The English Nation*, p. 154; 另见 Spadafora, *The Idea of Progress in Eighteenth-Century Britain*, p. 223。

10　Hume, "Of the Study of History", in *Essays Moral, Political and Literary,* vol. ii, p. 389.

11　Hume, "Of the Study of History", in *Essays Moral, Political and Literary,* vol. ii, p. 389. 据蒙博杜勋爵说："风俗习惯的历史最有价值。我从来不会给其他历史高度评价"：James Boswell, in R. W. Chapman (ed.), *Samuel Johnson, A Journey to the Western Islands of Scotland and James Boswell, The Journal of a Tour to the Hebrides* (1970), p. 209。

12　Hume, "Of the Study of History", in *Essays Moral, Political and Literary*, vol. ii, p. 389. 吉尔伯特·伯内特（Gilbert Burnet）称中世纪是"黑暗世纪"，并称那个时代的作家都是"垃圾"；吉本类似的说法，见 Edward Gibbon, *Memoirs of My Life* (1966 [1796]), p. 49。

13　塞缪尔·约翰逊怀疑"真正真实的历史"（Real authentick history）：

> 约翰逊：某位国王登基了，某场战争爆发了，我们可以视其为真实。但历史的所有渲染、所有哲思都是猜想。
> 鲍斯韦尔：那么，先生，你这样会把所有历史都贬低成年历，只是对大事件的年代排列而已。

Hill, *Boswell's Life of Johnson,* vol. ii, pp. 365—366.

14　见 James William Johnson, *The Formation of English Neo-Classical Thought* (1967), p. 33。

15　Henry St John, Viscount Bolingbroke, *The Works of Lord Bolingbroke* (1969 [1841年再版])，vol. ii, letter 2, p. 183. 见 J. B. Black, *The Art of History* (1965), pp. 30—31。

16　Karen O'Brien, *Narratives of Enlightenment* (1997), p. 14; Laird Okie, *Augustan Historical Writing* (1992), p. 48. 关于逃离的主题，见第三章。

17　对下面内容的概括，见 Burton Feldman and Robert D. Richardson, *The Rise of Modern Mythology* (1973)。

18　Samuel Shuckford, *The Sacred and Profane History of the World Connected* (1728); Peter Harrison, *"Religion" and the Religions in the English Enlightenment* (1990), p. 143.

19　讨论见 Hans W. Frei, *The Eclipse of Biblical Narrative* (1974); Harrison, *"Religion" and the*

Religions in the English Enlightenment, p. 148.

20　William Warburton, *The Divine Legation of Moses Demonstrated* (1738—1741); Frei, *The Eclipse of Biblical Narrative,* p. 151.

21　John Toland, *Letters to Serena* (1704), letter 3, p. 71; Feldman and Richardson, *The Rise of Modern Mythology,* p. 27; Stephen H. Daniel, *John Toland: His Methods, Manners, and Mind* (1984), p. 32. 托兰德也翻译过《伊索寓言》。

22　引自 Daniel, *John Toland: His Methods, Manners, and Mind,* p. 32。

23　Daniel, *John Toland: His Methods, Manners, and Mind,* pp. 33—34。

24　Frank E. Manuel, *The Eighteenth Century Confronts the Gods* (1967), p. 15; Feldman and Richardson, *The Rise of Modern Mythology,* pp. 28, 34. 休谟的观点在第五章已经讨论过。

25　Adam Ferguson, *An Essay on the History of Civil Society* (1995 [1767]), pp. 76—77。

26　Ferguson, *An Essay on the History of Civil Society,* p. 77。

27　Ferguson, *An Essay on the History of Civil Society,* p. 77。

28　W. K. Wimsatt, *Samuel Johnson on Shakespeare* (1960), p. 128。

29　会说话的动物总是一项挑战,洛克讨论过鹦鹉: Peter Walmsley, "Prince Maurice's Rational Parrot" (1995)。从希腊人开始,人类就被赞美为理性动物、智人。这种说法合理性的相关证据便是人类能够说话,其他的造物则最多会叽叽喳喳、嚎叫、吠或者嘶鸣,怒吼或喵喵叫,甚或发出清晨的鸟鸣,只有人类才有词语,才会造句、立论: Allan Ingram, *The Madhouse of Language* (1991)。

30　Christopher J. Berry, "James Dunbar and the Enlightenment Debate on Language" (1987); Stephen K. Land, "Adam Smith's 'Considerations concerning the First Formation of Languages' " (1977), 以及 *The Philosophy of Language in Britain* (1986)。

31　见 Hans Aarsleff, *The Study of Language in England, 1780—1860* (1983), 以及 *From Locke to Saussure* (1982)。

32　Spadafora, *The Idea of Progress in Eighteenth Century Britain,* p. 360。

33　E. G. Hundert, *The Enlightenment's Fable* (1994), p. 90. John Locke, *The Philosophical Works of John Locke* (1905), vol. ii, p. 8。

34　William Warburton, *The Divine Legation of Moses Demonstrated,* Part I, bk IV, section 4, in *Works* (1788), vol. ii, p. 83. 此书第一部分出版于 1737 年,第二部分出版于 1741 年。

35　Warburton, *The Divine Legation of Moses Demonstrated,* Part I, bk IV, section 4, in *Works* (1788), vol. ii, p. 83; 另见 William Godwin, *An Enquiry concerning Political Justice* (1985 [1793]), p. 158。关于这类观念的历史,见 Jonathan Rée, *I See a Voice* (1999), pp. 128f。

36　James Burnett, Lord Monboddo, *Of the Origin and Progress of Language* (1773—1792, 再版于 1970 年), vol. i, pp. 214—215。

37　Monboddo, *Of the Origin and Progress of Language,* vol. i, p. 574; Berry, "James Dunbar and the Enlightenment Debate on Language"。

38　E. L. Cloyd, *James Burnett, Lord Monboddo* (1972), pp. 64—89。

39　这类观点绝非前无古人,例如在 1699 年爱德华·泰森(Edward Tyson)就出版了人与大猿（他称之为 *Homo sylvestris*）的解剖学对比，将后者放在人属之下。结果，红毛猩猩（orang-utan）就在英文翻译里面常常被称作"森林里的野人"：Robert Wokler, "From *l'homme physique* to *l'homme moral* and Back" (1993), "Anthropology and Conjectural History in the Enlightenment" (1995), 以及 "Apes and Races in the Scottish Enlightenment" (1988)。

40　Monboddo, *Of the Origin and Progress of Language,* vol. i, p. 187—188. 蒙博杜指出，他的信息来自于布封。

41　Monboddo, *Of the Origin and Progress of Language,* vol. i, p. 257.

42　蒙博杜的观点被皮科克做了有趣的发挥，在他的小说《梅林科特》(*Melincourt*, 1817) 中，奥兰·豪特－托恩爵士（Sir Oran Haut-Ton）是主角，这是只成功变为（沉默的）下院后座议员的大猿: David Garnett (ed.), *The Novels of Thomas Love Peacock* (1948), pp. 120f.

43　Roy Porter, *The Making of the Science of Geology* (1977); 关于种族，见下文第十五章。

44　Roy Porter, *The Making of the Science of Geology*; P. Rossi, *The Dark Abyss of Time* (1984).

45　T. Goddard Bergin and Max H. Fisch (trans.), *The New Science of Giambattista Vico* (1948 [3rd edn, 1744])。

46　"人们易于注意到启蒙运动在这样一些地方诞生并得以组织，在那里一个旧世界与近代世界的联系，在时间上更为突兀，在地理位置上更为相近。": Franco Venturi, *Utopia and Reform in the Enlightenment* (1971), p133。关于讨论，见 Dorinda Outram, *The Enlightenment* (1995), p. 6.

47　Thomas Schlereth, *The Cosmopolitan Ideal in Enlightenment Thought* (1977).

48　Linda Colley, "Britishness and Otherness" (1992); Gerald Newman, *The Rise of English Nationalism* (1987), 这是一部关于英格兰民族主义隐秘历史的有力作品。此处的篇幅不够探讨英格兰、苏格兰、威尔士和爱尔兰在18世纪的复杂交往，见 Hugh Kearney, *The British Isles (*1989); Jeremy Black, *The Politics of Britain, 1688—1800* (1993); Noman Davies, *The Isles* (1999)。

49　一个很好的例子是亚当·斯密在最早的《爱丁堡评论》(1755) 上的一篇评论文章：见下面的讨论。

50　Hill, *Boswell's Life of Johnson,* vol. ii, p. 50.

51　David Nokes, *Jonathan Swift: A Hypocrite Reversed* (1985), p. 111; Joseph McMinn, *Jonathan's Travels* (1994).

52　关于威尔士，见 Gwyn Williams, "Romanticism In Wales" (1988); Peter D. G. Thomas, *Politics in Eighteenth-Century Wales* (1998); Geraint H. Jenkins, *The Foundations of Modern Wales: 1642—1780* (1987); D. Moore (ed.), *Wales in the Eighteenth Century* (1976); Philip Jenkins, *The Making of a Ruling Class* (1983). 皮科克写道：

哈利·海德隆先生，就像所有其他威尔士乡绅一样，喜欢射击、打猎、赛马、喝酒，以及此类无害的娱乐项目……但是与其他威尔士乡绅不同的地方在于，他实际上容忍了某些现象，某种被称为书籍的东西进了他家。

Headlong Hall (1816), in Garnett, *The Novels of Thomas Love Peacock*, p. 10.《绅士杂志》在 1747 年宣称威尔士被公认是"一个灰暗的地区，通常有十个月会被埋在大雪之中，有十一个月阴霾密布": David Pepper, *The Roots of Modern Environmentalism* (1984), p. 80。当时的英格兰人如果想到威尔士，大多和山脉有关。见 Malcolm Andrews, *The Search for the Picturesque* (1989), ch. 6.

53 见 Whitney R. D. Jones, *David Williams: The Hammer and the Anvil* (1986)。

54 Gwyn Williams, *Madoc: The Making of a Myth* (1979)。到头来，雅各宾主义在威尔士的影响微乎其微。在彭布罗克郡登陆的法国人很惊奇地发现他遇到的不是狂热分子，而是以长柄钩镰武装起来的、带着敌意的农民，法国人没放一枪就缴械投降了。

55 Eric Hobsbawm and Terence Ranger (eds.), *The Invention of Tradition* (1983). 关于德鲁伊派，见第 62—66 页。

56 关于爱尔兰，见 W. E. H. Lecky, *A History of Ireland in the Eighteenth Century* (1972); Constantia Maxwell, *Dublin under the Georges, 1714—1830* (1946); Roy Foster (ed.), *The Oxford Illustrated History of Ireland* (1991); David Dickson, *New Foundations* (1987); Mary Pollard, *Dublin's Trade in Books 1550—1800* (1990); Norman Vance, *Irish Literature: A Social History* (1990).

57 Theobald Wolfe Tone, *An Augument on Behalf of the Catholics of Ireland* (sn, 1791); 见 Stella Tillyard, *Citizen Lord* (1997); Foster, *The Oxford Illustrated History of Ireland*, pp. 180—184. 见下文第二十章。

58 关于整体进步，见 T. C. Smout, *A History of the Scottish People, 1560—1830* (1969); Charles Camic, *Experience and Enlightenment* (1983); R. A. Houston, *Social Change in the Age of Enlightenment* (1994); T. M. Devine, *The Scottish Nation, 1700—2000* (1999), pp. 64f.

59 关于大学，见 George Davie, *The Democratic Intellect* (1961); Margaret Forbes, *Beattie and His Friends* (1904); Richard Sher, *Church and University in the Scottish Enlightenment* (1985); Roger. L. Emerson, *Professor, Patronage and Politics* (1992); Paul B. Wood, *The Aberdeen Enlightenment* (1993)。关于文人传统，见 David Craig, *Scottish Literature and the Scottish People, 1680—1830* (1961)。

60 关于"市民社会"的重要新观点，见 Marvin B. Becker, *The Emergence of Civil Society in the Eighteenth Century* (1994); John Dwyer, *Virtuous Discourse* (1987)。

61 比较公正的讨论，见 David Allan, *Virtue, Learning and the Scottish Enlightenment* (1993), p. 18。对苏格兰启蒙运动的总体描述，见 Anand C. Chitnis, *The Scottish Enlightenment: A Social History* (1976), 以及 *The Scottish Enlightenment and Early Victorian Society* (1986); Alexander Broadie (ed.), *The Scottish Enlightenment: An Anthology* (1997); Christopher J. Berry, *Social Theory of the Scottish Enlightenment* (1997); David Daiches, *The Scottish Enlightenment* (1986); Nicholas Phillipson, "The Scottish Enlightenment" (1981); "Towards a Definition of the Scottish Enlightenment"

(1973), 以及 "Culture and Society in the Eighteenth Century Province" (1974); Nicholas Phillipson and Rosalind Mitchison (eds.), *Scotland in the Age of Improvement* (1970); R. H. Campbell and Andrew S. Skinner (eds.), *The Origins and Nature of Scottish Enlightenment* (1982); Jane Rendall, *The Origins of the Scottish Enlightenment* (1978)。

62 A. Allardyce (ed.), *Scotland and Scotsmen in the Eighteenth Century, from the MSS of John Ramsay* (1888), vol. i, pp. 6—7, 引自 Allan, *Virtue, Learning and the Scottish Enlightenment*, p. 18。"人们都知道在 1723—1740 年之间……洛克、克拉克、巴特勒与贝克莱的作品呈献了广泛而有趣的研究领域"：John Ramsay of Ochtertyre, 引自 Ian Simpson Ross, *Lord Kames and the Scotland of His Day* (1972), p. 60。

63 由 Hugh Trevor-Roper, "The Scottish Enlightenment" (1967), p. 1649, 摘引，载于 Dugald Stewart, *The Collected Works of Dugald Stewart* (1854—1860), vol. i, p. 551。特雷弗-罗珀认同维多利亚时代的观点，认为苏格兰启蒙运动应该被视作对传统的加尔文主义的大规模拒斥。

64 Janet Adam Smith, "Some Eighteenth-Century Ideas of Scotland" (1970), p. 108.

65 John B. Stewart, *Opinion and Reform in Hume's Political Philosophy* (1992), p. 234.

66 J. Y. T. Greig (ed.), *The Letters of David Hume* (1932), vol. ii, p. 310.

67 Angus Calder, *Revolutionary Empire* (1981), p. 534; Smith, "Some Eighteenth-Century Ideas of Scotland", p. 108.

68 引自 Chitnis, *The Scottish Enlightenment: A Social History*, p. 12。休谟当然并不认为这有什么奇怪，他高呼："这是一个历史性年代，我们是历史性民族。"见 David Daiches, *Robert Burns* (1952), p. 2。

69 Forbes, *Beattie and His Friends;* Selwyn Alfred Grave, *The Scottish Philosophy of Common Sense* (1960).

70 John Robertson (ed.), *A Union for Empire* (1995).

71 例如，见 Devine, *The Scottish Nation, 1700—2000*, pp. 105—123。

72 Chapman, *Samuel Johnson, A Journey to the Western Islands of Scotland and James Boswell, The Journal of a Tour to the Hebrides*, p. 51; 见 Claire Lamont, "Dr Johnson, the Scottish Highlander, and the Scottish Enlightenment" (1989)。

73 Michael Hunter, "Aikenhead The Atheist" (1992).

74 凯姆斯否认自由意志的真实性，认为是上帝给了人们这种幻觉：Henry Home, Lord Kames, *Essays on the Principles of Morality and National Religion* (1751), p. 147。他后来放弃了有关自由的错谬感的学说，成为彻底的宿命论者。见 Ross, *Lord Kames and the Scotland of His Day*, p. 152; Stewart, *Opinion and Reform in Hume's Political Philosophy*, p. 13; Gladys Bryson, *Man and Society* (1968), p. 54。

75 关于温和派，见 Sher, *Church and University in the Scottish Enlightenment;* Ian D. L. Clark, "From Protest to Reaction" (1970)。

76 Brian Hepworth, *The Rise of Romanticism* (1978), p. 233; Dwyer, *Virtuous Discourse*, p. 20.

77 关于作为历史学家的罗伯逊，见 Pocock, *Barbarism and Religion*, vol. ii, section 4。

78   Dwyer, *Virtuous Discourse*, p. 12. 其发行量几乎和英格兰的地区报纸一样。
79   David Dunbar McElroy, *Scotland's Age of Improvement* (1969); Dwyer, *Virtuous Discourse*, p. 26; Ross, *Lord Kames and the Scotland of His Day*, p. 67.
80   "Of Luxury" (1741—1742), 后来改题目为 "Of Refinement in the Arts", in David Hume, *Selected Essays* (1993), p. 169: 见 Christopher J. Berry, *The Idea of Luxury* (1994), p. 143。
81   John Clive, "The Social Background of the Scottish Renaissance" (1970), p. 227; Houston, *Social Change in the Age of Enlightenment*.
82   Peter Jones, "The Scottish Professoriate and the Polite Academy" (1983).
83   亚当·斯密在《爱丁堡评论》中的文章，引自 Ross, *Lord Kames and the Scotland of His Day*, p. 177。《评论》把苏格兰说成是："处在青年状态，被她的亲缘国家里更成熟的力量引导支持着"：见 Daiches, *Robert Burns*, p. 28。
84   Craig, *Scottish Literature and the Scottish People 1680—1830*, p. 52.
85   Ferguson, *An Essay on the History of Civil Society*, p. 97; David Kettler, *The Social and Political Thought of Adam Ferguson* (1965); William C. Lehman, *Adam Ferguson and the Beginnings of Modern Sociology* (1930). 另见 Pocock, *Barbarism and Religion*, vol. ii, section 6。对弗格森将在第十七章有进一步讨论。
86   Berry, *Social Theory of the Scottish Enlightenment*, ch. 3.
87   见 Istvan Hont and Michael Ignatieff (eds.), *Wealth and Virtue* (1983); Knud Haakonssen, *Natural Law and Moral Philosophy* (1996). 关于斯密的《国富论》，见第十七章。
88   在新哈林顿主义的谱系中，一个关键人物是弗莱彻。就在大合并之前的日子里，他讨论了苏格兰式公民道德的成因，提出需要通过捍卫自治议会与民兵组织来保存这种道德：Robertson (ed.), *A Union for Empire*, 以及 *Andrew Fletcher: Political Works* (1997)。
89   关于对休谟与政治学的概括性讨论，见第八章。关于对斯巴达的老一套说法，见 Elizabeth Rawson, *The Spartan Tradition in European Thought* (1969); Berry, *The Idea of Luxury*。关于休谟对苏格兰传统爱国史学的贬损，见 Colin Kidd, *Subverting Scotland's Past* (1993), ch. 9。
90   David Hume, *A Treatise of Human Nature* (1978 [1739—1740]), p. 273; Peter Jones (ed.), *The "Science" of Man in the Scottish Enlightenment* (1989), and (ed.), *Philosophy and Science in the Scottish Enlightenment* (1988). 对休谟支持现代化的理由的概括解释在第八章已经得到阐述，下面的讨论从中抽取了一些要点，特别将它们运用于这场苏格兰人的论辩中。
91   Hume, "Of Refinement in the Arts", in *Selected Essays*, p. 169.
92   Hume, "Of Commerce", in *Selected Essays*, p. 157.
93   Hume, "Of Commerce", in *Selected Essays*, p. 161.
94   Hume, "Of Refinement in the Arts", in *Selected Essays*, p. 170; cf. Berry, *The Idea of Luxury*, pp. 144—145.
95   Hume, "Of Commerce", in *Selected Essays*, p. 163.
96   Hume, "Of Refinement in the Arts", in *Selected Essays*, p. 175.
97   Hume, "Of Refinement in the Arts", in *Selected Essays*, p. 176.

98　Hume, "Of the Standard of Taste" (1741—1742), in *Selected Essays*, pp. 133—154.
99　Hume, "Of Refinement in the Arts", in *Selected Essays*, p. 169.
100　Hume, "Of Refinement in the Arts", in *Selected Essays*, p. 170.
101　Albert O. Hirschman, *The Passions and the Interests* (1977), p. 60; Pocock, *Barbarism and Religion*, p. 331; 见 Montesquieu, *The Spirit of Laws* (1750 [1748]), bk XX, ch. 1。
102　Hume, "Of Refinement in the Arts", in *Selected Essays*, p. 172.
103　Hume, "Of Commerce", in *Selected Essays*, p. 157f.
104　Hume, "Of the Populousness of Ancient Nations" (1741—1742), in *Selected Essays*, pp. 223—274, 以及 "Of Commerce", in *Selected Essays*, p. 157。
105　Hume, "Of Commerce", in *Selected Essays*, p. 159.
106　Hume, "Of Commerce", in *Selected Essays*, p. 162.
107　Hume, *A Treatise of Human Nature*, pp. 487—488.
108　Hume, "Of Commerce", in *Selected Essays*, p. 160.
109　Hume, "Of Civil Liberty" (1758 [1741]), in *Selected Essays*, p. 56.
110　Hume, "Of Interest" (1741—1742), in *Selected Essays*, p. 180.
111　Hume, "Of the Rise and Progress of Arts and Sciences" (1741—1742), in *Selected Essays*, p. 67.
112　Hume, *A Treatise of Human Nature*, pp. xx—xxi.
113　Hume, "Of Commerce", in *Selected Essays*, p. 157.
114　Hume, "Of Refinement in the Arts", in *Selected Essays*, p. 174.
115　Hume, *A Treatise of Human Nature*, pp. 417, 437.
116　Hume, "Of Commerce", in *Selected Essays*, pp. 154—167.
117　Hume, "Of Commerce", in *Selected Essays*, p. 160.
118　关于凯姆斯，见 Henry Home, *Lord Kames, Sketches of the History of Man* (1774); Ross, *Lord Kames and the Scotland of His Day*; William C. Lehmann, *Henry Home, Lord Kames and the Scottish Enlightenment* (1971); 关于法律，见 David Lieberman, "The Legal Needs of a Commercial Society" (1983), 以及 *The Province of Legislation Determined* (1989); Alan Bewell, *Wordsworth and the Enlightenment* (1989), p. 15。有类似阶段论主张的人是历史学家威廉·罗伯逊。正如他在《美洲史》(1777) 里所说的："在每项关于当人们在社会中被联合在一起时会如何运作的研究中，首先应该注意的就是他们的生存模式。如果这模式不同，那么他们的法律和政策也必然不同"：Ronald L. Meek, *Social Science and the Ignoble Savage* (1975), p. 2; 另见 Karen O'Brien, "Between Englightenment and Stadial Theory" (1994); Ronald L. Meek, "Smith, Turgot and the Four Stages Theory" (1971); Berry, *Social Theory of the Scottish Enlightenment*, ch. 5。
119　Chitnis, *The Scottish Enlightenment: A Social History*, p. 101. 凯姆斯对人性的启蒙乐观主义遭到了塞缪尔·约翰逊的攻击。对于《人类史纲》(1774)，约翰逊指出：

> 这本书主张美德是人的天性，只要我们能扪心自问，我们就应该是道德的。现

在经过扪心自问我们所能做的以及我们所拥有的所有帮助，我们发现我们中间很少有有德之人。这个说法全人类都知道绝对不是真实的。

    Hill, *Boswell's Life of Johnson*, vol. iii, p. 353.
120 引自 Lieberman, *The Province of Legislation Determined*, p. 149。
121 Henry Home, Lord Kames, *Historical Law Tracts,* 3rd edn (1776), vol. i, p. 30—31; Chitinis, *The Scottish Enlightenment: A Social History*, p. 101; Meek, *Social Science and the Ignoble Savage*, p. 102.
122 Ross, *Lord Kames and the Scotland of His Day*, p. 208.
123 Kames, *Historical Law Tracts,* vol. i, p. 77.
124 Kames, *Historical Law Tracts,* vol. i, p. 78.
125 Allan, *Virtue, Learning and the Scottish Enlightenment*, p. 163.
126 Pocock, *Barbarism and Religion*, vol. ii, p. 320.
127 Adam Smith, *Lectures on Justice, Police Revenue and Arms,* (ed.) Edwin Cannan (Oxford: Clarendon Press, 1896), pp. 107—108. 引自，Chitinis, *The Scottish Enlightenment: A Social History*, p. 104。华兹华斯后来抱怨道：" 一位苏格兰教授很难对人性这一问题总共写上三分钟，但他一定涉及他的人的蒙昧状态、农业状况、猎人的状况等等等等"：Bewell, *Wordsworth and the Enlightenment*, p. 30。阶段理论也被皮科克大加讽刺。在《科罗切特城堡》（1831）里，马奎迪先生（Mr MacQuedy）长于此道：

> 马奎迪先生：没有比勾画出完美社会的轮廓更容易的事了……（制作一大幅卷轴）"社会的婴儿期是……"
> 福利奥特神父：拜托，马奎迪先生，你们国家的人怎么在写每件事的时候都是要从"社会的婴儿期"开始呢？
> 马奎迪：呃，先生，这是最简单的开头方式呀。"在社会的婴儿期，政府被发明出来保住一个百分比；比如说百分之二点五……"

    Garnett, *The Novels of Thomas Love Peacock,* p. 686.
128 Smith, *An Inquiry into the Nature and Causes of the Wealth of Nations*, vol. ii, bk V, ch. 1, p. 715. 引自 Chitinis, *The Scottish Enlightenment: A Social History*, p. 104。斯密的观点将在第十七章详细分析。
129 William C. Lehmann, *John Millar of Glasgow, 1735—1801* (1960), p. 326. 关于米勒的讨论见 Michael Ignatieff, "John Millar and Individualism" (1983), 关于米勒的总体叙述，见 Lehmann, *John Millar of Glasgow, 1735—1801*。
130 Lehmann, *John Millar of Glasgow, 1735—1801.* p. 125.
131 引自 Chitinis, *The Scottish Enlightenment: A Social History,* pp. 100—101。另见，Lehmann, *John Millar of Glasgow, 1735—1801,* p. 125。
132 John Millar, *Observations concerning the Distinction of Ranks in Society* (1771), p. 4.

133 Millar, *Observations concerning the Distinction of Ranks in Society* (1771), p. 3. 并非只有苏格兰才有阶段理论，吉本也采用这个理论，见 J. G. A. Pocock, "Clergy and Commerce" (1985)。但是用这类理论解释英格兰历史却没有那么急迫（英格兰历史没有那么难理解）。

134 Stewart, *The Collected Works of Dugald Stewart*, vol. x, pp. 32—34, 37; Bryson, *Man and Society*, p. 87; H. M. Höpfl, "From Savage to Scotsman" (1978); Wokler, "Anthropology and Conjectural History in the Enlightenment" (1995). 关于斯图尔特的另外一面，见 S. Rashid, "Dugald Stewart, Baconian Methodology and Political Economy" (1985); Stewart, *The Collected Works of Dugald Stewart*, vol. x, pp. 32—34, 37. 斯图尔特自身是位伟大的闪耀人物，约翰·罗素爵士的颂词写道：

> 更近处的诸世界是生命与光明之源，
> 远处的诸星是夜空中的向导。
> 每一颗恒星都占据着它耀眼的宝座，
> 为其他星系增辉，并维护他自己的；
> 因此，我们铭记斯图尔特，依赖他的盛名，
> 心灵的全部宇宙得以照亮。

引自 Chitinis, *The Scottish Enlightenment and Early Victorian Society*, p. 21。

135 Millar, *Observations concernning the Distinction of Ranks in Society*, pp. 94—95. 休谟和米勒把女性看作"行为习惯的学校"。可对比第十四章中威廉·亚历山大关于妇女与社会的观点。另见 Berry, *Social Theory of the Scottish Enlightenment*, p. 109。

136 John S. Gibson, "How Did the Enlightenment Seem to the Edinburgh Enlightened?" (1978); Istvan Hont, "The 'Rich Country-Poor Country' Debate in Scottish Classical Political Economy" (1985).

137 Bryson, *Man and Society*, p. 31; Adam Ferguson, *Institutes of Moral Philosophy, for the Use of Students in the College of Edinburgh*, 2nd edn (1773); Bewell, *Wordsworth and the Enlightenment*, pp. 14—15.

第十一章　幸福

1 引自 Iain Pears, *The Discovery of Painting* (1988), p. 21。

2 Alexander Pope, *An Essay on Man*（1733—1734）, epistle IV, ll. 1—2, 引自 John Butt (ed.), *The Poems of Alexander Pope* (1965), p. 536。

3 引自 Cited in Mary P. Mack, *Jeremy Bentham, An Odyssey of Ideas, 1748—1792* (1962), p. 204。

4 H. Digby Beste, *Personal and Literary Memorials* (1829), p. 209. 这条引证应当归功于 Michael Neve。

5 关于希腊人，见 A. W. H. Adkins, *From the Many to the One* (1970); H. North, *Sophrosyne* (1966);

Peter Quennell, *The Pursuit of Happiness* (1988), pp. 167—169。

6 关于文艺复兴代表人物的态度，见 Herschel Baker, *The Dignity of Man* (1947); J. B. Bamborough, *The Little World of Man* (1952); W. Kaiser, *Praisers of Folly* (1963); M. M. Bakhtin, *Rabelais and His World* (1968)。

7 Raymond Williams, *The Country and the City* (1973); pp. 35—45; Kevin Sharpe, *Criticism and Compliment* (1987).

8 见 Alasdair MacIntyre, *A Short History of Ethics* (1966); Peter Brown, *The World of Late Antiquity* (1971)。边沁后来写道，即便是基督教神学理论，也没有从根本上谴责幸福；然而，只有灵魂与其造物主在天堂重聚，幸福才会来临。

9 关于基督教教义，见 Morton W. Bloomfield, *The Seven Deadly Sins* (1952); Jean Delumeau, *Sin and Fear* (1990); Piero Camporesi, *The Fear of Hell* (1990)。关于死亡，见 Nigel Llewellyn, *The Art and Death* (1991); Philippe Ariés, *Western Attitudes towards Death* (1976); 和 John McManners, *Death and the Enlightenment* (1981)。

10 Edward Gibbon, *Memoirs of My Life* (1966 [1796]), p. 23. 相比之下，他则感谢命运为他带来好运：

> 当我思索凡人的普通命运时，我必须承认，在生活的博彩中，我获得了高额奖赏。这个地球的极大部分地区都存在着野蛮或奴役：在文明世界，数量最庞大的阶层被判定为无知和贫困的；而我出生于一个自由而开明的国家，并且生于一个体面且富裕的家庭，这种双重幸运是百万分之一的侥幸。(p. 186.)

11 Samuel Johnson, *The Rambler* (1969), vol. i, no. 32, p. 175 (7 July 1750). 关于《拉塞拉斯》，见 B. Bronson, *Samuel Johnson, Rasselas, Poems and Selected Prose*, 3rd edn (1971).

12 John Tillotson, *The Works of the Most Reverend Dr John Tillotson* (1820), vol. ii, p. 205.

13 George Savile, marquis of Halifax, *The Character of a Trimmer*, 2nd edn (1689), p. 17. 可对照参阅拜伦的言辞："在一个阳光明媚的日子里，我几乎是最虔诚的人": L. A. Marchand (ed.), *Byron's Letters and Journals* (1973—1982), vol. ix, p. 46。关于艾迪生称赞的"信仰中的快活"，见 Joseph Addison and Richard Steele, *The Spectator* (1965), vol. iv, no. 494, pp. 251—254 (26 September 1712)。

14 利己的理性个体与等级社会之间的冲突引出了以下著作：James L. Clifford (ed.), *Man versus Society in Eighteenth-Century Britain* (1968)。

15 John Hedley Brooke, *Science and Religion* (1991); A. O. Lovejoy, *The Great Chain of Being* (1936); Margaret C. Jacob, *The Newtonians and the English Revolution, 1689—1720* (1976).

16 关于这类环境观，见 C. Glacken, *Traces on the Rhodian Shore* (1967)。

17 Richard B. Schwartz, *Samuel Johnson and the Problem of Evil* (1975).

18 William Paley, *Natural Theology* (1802), p. 490; M. L. Clark, *Paley: Evidences for the Man* (1974).

19 Abraham Tucker, *The Light of Nature Pursued* (1768), vol. ii, pt III, ch. 28, pp. 373, 375.

20 Lawrence E. Klein, *Shaftesbury and the Culture of Politeness* (1994). 沙夫茨伯里得到了斯特恩的回应:《项迪传》主人公特里斯舛告诉我们，约克里牧师"天生对庄严极度厌恶和反感"，他"机智而高尚": Laurence Sterne, *The Life and Opinions of Tristram Shandy* (1967 [1759—1767]), vol. i, ch. II, p. 55。斯特恩本人写道:"我未能像一位智者一样应对我的悲惨境遇。而且如果上帝——因我不及他们而安慰我——没有给我灌输项狄式的精神，这精神将避免使我对重大课题有稍微多的思考，那么现在我将坐以待毙。" Letter to John Hall-Stevenson (1761)，载于 Lewis P. Curtis (ed.), *Letters of Laurence Sterne* (1935), p. 139。

21 John Darling, "The Moral Teaching of Francis Hutcheson" (1989).

22 关于善，见 G. J. Barker-Benfield, *The Culture of Sensibility* (1992)。

23 C. B. Macpherson, *The Political Theory of Possessive Individualism* (1962).

24 Roy Porter, "Medical Science and Human Science in the Enlightenment" (1995).

25 　　心灵的需求是无止境的，人类生来便不懈追求，而且随着心灵的提升，他的理智更为完善，并更易于获得快乐；他的欲望逐渐膨胀，而随着他越发渴望每一件稀少的、可以满足他的感官、润饰他的身体，并且增进生活的闲适、快乐与浮华的事物，他的需求也在增加。

Nicholas Barbon, *A Discourse of Trade* (1905 [1690]), p. 14, 转引自 Christopher J. Berry, *The Idea of Luxury* (1994), p. 112。关于蕴含在这些观点中的心理学意义上的个人主义，见 J. O. Lyons, *The Invention of the Self* (1978); Patrick Meyer Spacks, *Imagining a Self* (1976); Charles Taylor, *Sources of the Self* (1989); G. S. Rousseau, "Psychology" (1980)。

26 Adam Smith, *An Inquiry into the Nature and Causes of the Wealth of Nations* (1976 [1776]), bk II, ch. 3, para. 28, p. 341. 有关进一步讨论，见下面第十七章。

27 引自 Stephen Copley (ed.), *Literature and the Social Order in Eighteenth-Cenutry England* (1984), pp. 121, 115。

28 Gary Hatfield, "Remaking the Science of the Mind" (1995); David Carrithers, "The Enlightenment Science of Society" (1995).

29 Locke, *An Essay concerning Human Understanding*, bk I, ch. 2, p. 55, para. 15; J. A. Passmore, "The Malleability of Man in Eighteenth-Century Thought" (1965); G. A. J. Rogers, "Locke, Anthropology and Models of the Mind" (1993).

30 关于洛克的心灵理论及其影响，见 John W. Yolton, *John Locke and the Way of Ideas* (1956), and *Thinking Matter* (1983); Kenneth MacLean, *John Locke and English Literature of the Eighteenth Century* (1936)。

31 Maurice Cranston, *John Locke: A Biography* (1957), p. 124. 此外可参看洛克的一则手稿，引自第 123 页:

　　趋乐避苦是一个人的正当事业。幸福存在于愉悦与满足心灵的事物中，不幸则是指那些使心灵烦乱、不安或痛苦的事物。因此我要将追求满足和愉悦、避免焦虑与不安作为我的事业，并且尽可能多拥有前者，少遭遇后者。

32 关于哈特利，见 M. E. Webb, "A New History of Hartley's *Observations on Man*" (1988)。
33 Philippa Foot, "Locke, Hume, and Modern Moral Theory" (1991).
    18 世纪的思想强调道德行为的愉悦性，正如慈善事业所体现的：Betsy Rodgers, *Cloak of Charity* (1949)。
34 Charles Strachey (ed.), *The Letters of the Earl of Chesterfield to His Son* (1924), vol. ii, p. 68 (19 July 1750); F. L. Lucas, *The Search for Good Sense* (1958) 有一篇关于切斯特菲尔德的有益文章。也可参阅他的 *The Art of Living* (1959); S. M. Brewer, *Design for a Gentleman* (1963)。
35 Henry Fielding, "An Essay on Conversation" (1972 [1743]), pp. 199, 204.
36 Soame Jenyns, *Free Inquiry into the Nature and Origin of Evil* (1757), p. 46; P. Rompkey, *Soame Jenyns* (1984).
37 见 Albert O. Hirschman, *The Passions and the Interests* (1977); J. Viner, *The Role of Providence in the Social Order* (1972); Istvan Hont and Michael Ignatieff (eds.), *Wealth and Virtue* (1983); Joyce Oldham Appleby, "Consumption in Early Modern Social Thought" (1993)。
38 关于不断主张传统的、保守的、基督教方面的思想的逆流，见 J. H. Plumb, "Reason and Unreason in the Eighteenth Century", in *In the Light of History* (1972), pp. 3—24; Maurice J. Quinlan, *Victorian Prelude* (1941)。关于国际比较与对比，见 Robert Mauzi, *L'Idée du bonheur dans la littérature et la pensée française au XVIII siècle* (1960), 以及主要关于意大利方面的著述，Piero Camporesi, *Exotic Brew* (1992)。
39 在 18 世纪，边沁当然试图做到那一点——创立一把快乐的标尺。关于这种幸福计算法，见第十八章。
40 关于作为商业社会的不列颠正引起一场"消费革命"，见 Neil McKendrick, John Brewer, J. H. Plumb, *The Birth of a Consumer Society* (1982)。因为荷兰已经在英国之前创造了现代化的娱乐方式，他们第一个学会面对其道德困境：见 Simon Schama, *The Embarrassment of Riches* (1988)。
41 关于物质文化，见 Chandra Mukerji, *From Graven Images* (1983); Alan Macfarlane, *The Culture of Capitalism* (1987)。
42 在大不列颠百科全书涉及热气球那部分中，英国第一位气球驾驶员詹姆斯·泰特勒（James Tytler）写道："利用这种发明，通过大气层运输人类的计划，尽管以前看来荒诞，但却实现了；而且无法确定航行技术将会发展到什么程度，或者它会带来什么进步。"见 C. Gillispie, *The Montgolfier Brothers and the Invention of Aviation 1783—1784* (1983)。
43 关于贵族生活方式，见 David Cannadine, *The Decline and Fall of the British Aristocracy* (1990); J. V. Beckett, *The Aristocracy in England, 1660—1914* (1986); G. E. Mingay, *English Landed Society in the Eighteenth Century* (1963); Lawrence Stone and Jeanne C. Fawtier Stone, *An Open Elite?* (1984)。关于一个热衷娱乐的贵族家庭的集体传记，见 Stella Tillyard, *Aristocrats* (1994)。

44　经典之作是，Thorstein Veblen, *The Theory of the Leisure Class* (1912)。
45　开拓性作品来自 J. H. Plumb, *The Commercialization of Leisure in Eighteenth-Century England* (1973); J. H. Plumb, *Georgian Delights* (1980)。
46　Ronald Hutton, *The Rise and Fall of Merry England* (1994); Nicholas Rogers, *Crowds, Culture and Politics in Georgian Britain* (1998), pp. 24ff. ; David Cressy, *Bonfires and Bells* (1989).
47　Mark Girouard, *Life in the English Country House* (1978); Jeremy Black, *The British and the Grand Tour* (1985); Lawrence Stone, "The Residential Development of the West End of London in the Seventeenth Century" (1980).
48　R. W. Malcolmson, *Popular Recreations in English Society 1700—1850* (1973); Barry Reay (ed.), *Popular Culture in Seventeenth-Century England* (1985), p. 6; Peter Burke, *Popular Culture in Early Modern Europe* (1978); Ronald Hutton, *The Stations of the Sun* (1996), pp. 23f.
49　关于文化表演者，见 Emmett L. Avery (ed.), *The London Stage 1600—1800* (1968); Paula R. Backscheider, *Spectacular Politics* (1994); 关于视觉艺术的商业化，见 Pears, *The Discovery of Painting*; Louise Lippincott, *Selling Art in Georgian London* (1983)。
50　Maxine Berg, *The Age of Manufactures, 1700—1820* (1994); Maxine Berg and Helen Clifford (eds.), *Consumers and Luxury* (1999); Neil McKendrick, introduction to McKendrick, Brewer and Plumb, *The Birth of a Consumer Society*, pp. 1—8.
51　关于享乐对象的传播，见 Carole Shammas, *The Pre-Industrial Consumer in England and America* (1990); Lorna Weatherill, *Consumer Behaviour and Material Culture, 1660—1760* (1988), 以及 "The Meaning of Consumer Behaviour in Late Seventeenth-and Early Eighteenth-Century England" (1993); T. H. Breen, " 'Baubles of Britain' " (1988), "The Meanings of Things" (1993); B. Fine and E. Leopold, "Consumerism and the Industrial Revolution" (1990)。
52　Peter Borsay (ed.), *The Eighteenth-Century Town* (1990); Peter Borsay and Angus McInnes, "The Emergence of a Leisure Town" (1990).
53　乔赛亚·韦奇伍德在 1779 年致其搭档本特利的一封信中表示："在许多方面，时尚绝对在优秀品质之上。"引自 Ann Finer and George Savage (eds.), *The Selected Letters of Josiah Wedgwood* (1965), p. 235。
54　Alison Adburgham, *Shopping in Style* (1979); David Alexander, *Retailing in England during the Industrial Revolution* (1970); Hoh-cheung Mui and Lorna H. Mui, *Shops and Shopkeeping in Eighteenth-Century England* (1989). 伦敦的石板铺就的地面——在法国是未知事物——辅之以只逛不买的人。
55　Clare Williams (ed. and trans.), *Sophie in London* (1933), p. 87.
56　Williams, *Sophie in London*, p. 237; 罗伯特·骚塞注意到了英国商店的光彩: *Letters from England by Don Manuel Alvarez Espriella* (1984 [1807]), p. 361。
57　关于度假地，见 William Biggs Boulton, *The Amusements of Old London* (1969)。

58 关于沃克斯霍尔，见 Miles Ogborn, *Spaces of Modernity* (1998), p. 119。可与休闲花园媲美的是化装舞会：Terry Castle, *Masquerade and Civilization* (1986)。
59 关于剧院，见 Marc Baer, *The Theatre and Disorder in Late Georgian London* (1991); Kristina Straub, *Sexual Suspects* (1991)。
60 Cressy, *Bonfires and Bells*, p. 19。
61 关于运动，见 Hugh Cunningham, *Leisure in the Industrial Revolution, c. 1780—c. 1880* (1980); R. Longrigg, *The English Squire and His Sport* (1977); John K. Walton and James Walvin (eds.), *Leisure in Britain 1780—1939* (1983); Dennis Brailsford, *Sport, Time and Society* (1990), *British Sport* (1992), and *Bareknuckles* (1988); John Ford, *Prizefighting* (1971); W. Vamplew, *The Turf* (1974)。
62 John Ashton, *The History of Gambling in England* (1898); Cecil Henry L'Estrange Ewen, *Lotteries and Sweepstakes* (1932).
63 H. C. Robbins-Landon, *Handel and His World* (1984); Eric David Mackerness, *A Social History of English Music* (1964).
64 Richard D. Altick, *The Shows of London* (1978), pp. 121—133, 303—316; Ricky Jay, *Learned Pigs and Fireproof Women* (1986), pp. 277—278.
65 这由普拉姆进行了极为出色的讨论，Plumb, *The Commercialization of Leisure in Eighteenth-Century England*, 以及 *Georgian Delights*。
66 Kenneth Hudson, *A Social History of Museums* (1975); Edward Miller, *That Noble Cabinet* (1973).
67 Roger Elbourne, *Music and Tradition in Early Industrial Lancashire 1780—1840* (1980).
68 Peter Clark, *The English Alehouse* (1983).18 世纪三四十年代见证了对杜松子酒的狂热：Peter Clark, "The 'Mother Gin' Controversy in the Early Eighteenth Century" (1988); Roy Porter, "The Drinking Man's Disease" (1985)。可对照参阅 Jordan Goodman, *Tobacco in History* (1993)。
69 关于一般性的介绍，见 Lawrence Stone, *The Family, Sex and Marriage in England, 1500—1800* (1977); P. -G. Boucé (ed.), *Sexuality in Eighteenth-Century Britain* (1982); Tim Hitchcock, *English Sexualities, 1700—1800* (1997); Jean H. Hagstrum, *Sex and Sensibility* (1980)。
70 Frederick A. Pottle (ed.), *Boswell's London Journal, 1762—1763* (1950); V. Bullough, "Prostitution and Reform in Eighteenth-Century England" (1987); A. R. Henderson, "Female Prostitution in London, 1730—1830" (1992); Randolph Trumbach, *Sex and the Gender Revolution* (1998), vol. i; Peter Martin, *A Life of James Boswell* (1999).
71 William Wimsatt Jr and Frederick A. Pottle, *Boswell for the Defence 1769—1774* (1960), p. 108. (10 April 1772); Susan Manning, "Boswell's Pleasures, the Pleasures of Boswell" (1997); Bruce Redford, "Boswell's 'Libertine' Correspondences" (1984); David M. Weed, "Sexual Positions" (1997—1998).
72 Pottle, *Boswell's London Journal*, p. 84 (14 December 1762).
73 对于鲍斯韦尔的性生活与性观念，以下著述已有分析，Stone, *The Family, Sex and*

Marriage in England, 1500—1800。

74 Peter Wagner, *Eros Revived* (1986); Lynn Hunt (ed.), *The Invention of Pornography, 1500—1800* (1993); David Foxon, *Libertine Literature in England, 1660—1745* (1965); Patrick J. Kearney, *The Private Case* (1981), and *A History of Erotic Literature* (1982); A. D. Harvey, *Sex in Georgian England* (1994); Karen Louise Harvey, "Representations of Bodies and Sexual Difference in Eighteenth-Century English Erotica" (1991). 女性也对这一体裁做出了贡献，见 Ros Ballaster, *Seductive Forms* (1992)。

75 John Cleland, *Memoirs of a Woman of Pleasure* (1985 [1748—1749]), p. 144.

76 Cleland, *Memoirs of a Woman of Pleasure*; Leo Braudy, "*Fanny Hill* and Materialism" (1970—1971); Randolph Trumbach, "Modern Prostitution and Gender in Fanny Hill" (1987).

77 最为全面的讨论，见 Roy Porter and Lesley Hall, *The Facts of Life* (1994)。

78 Desmond King-Hele, *Doctor of Revolution* (1977), p. 240.

79 男性生殖器与笔的形象融合在一起：Warren Chernaik, *Sexual Freedom in Restoration Literature* (1995), pp. 10—11; G. J. Barker-Benfield, *The Culture of Sensibility* (1992), p. 41; Gilbert Burnet, *Some Passages of the Life and Death of the Right Honourable John, Earl of Rochester* (1680), pp. 57, 72。

80 在《为公共妓院而作的谨慎辩护》(1724) 中，曼德维尔为将卖淫合法化和对其进行公开管制提出了很多理由，将其作为保护其他女性免遭勾引与强奸的一个手段。他认为，无论如何，男性都需要性宣泄，而且 "我们的交易将会设计出一个方式，使他们尽可能以少牺牲女性美德为代价而获得满足"（第 44 页）。他认为性交易是一种明显有利于公共利益的私人的恶，应当为使顾客和消费者更加安全与便捷进行改良。

81 John Wilkes, *An Essay on Woman* (1972 [1763]), p. 213. George Rude, *Wilkes and Liberty* (1962); Adrian Hamilton, *The Infamous Essay on Woman* (1972); Peter D. G. Thomas, *John Wilkes: A Friend to Liberty* (1996), p. 4. 关于威尔克斯的浪荡行为，见 Donald McCormick, *The Hell-Fire Club* (1958); Kathleen Wilson, *The Sense of the People* (1995), p. 219。

82 Strachey (ed.), *The Letters of the Earl of Chesterfield to His Son*, vol. ii, p. 133 (25 March 1751).

83 Erasmus Darwin, *The Botanic Garden* (1789—1791), vol. i, ll. 57—64. 达尔文比较了植物杂交与在波里尼西亚新发现的有关自由性爱的信息。更多达尔文的内容，见后文，第十九章。

84 Janet Browne, "Botany for Gentlemen" (1989); Darwin, *The Botanic Garden*, vol. i, ll. 57—64.

85 讨论见 Marilyn Butler, *Romantics, Rebels and Reactionaries* (1981), pp. 129f.

86 Brain Fothergill (ed.), *Sir William Hamilton: Envoy Extraordinary* (1969); Giancarlo Carabelli, *In the Image of Priapus* (1996); Butler, *Romantics, Rebels and Reactionaries*, pp. 130ff. 同时，威廉·布莱克也一心专注于性自由与性活力（"欲望获得满足的特征"），抑或专注于源自阴茎性交的风险与源于性挫败的恶。他还制作了色情雕版画：见 Peter Ackroyd, *Blake* (1995), p. 281。

87 见 Michael Clarke and Nicholas Penny (eds.), *The Arrogant Connoisseur* (1982), pp. 14, 59; Marilyn Butler, *Peacock Displayed* (1979), p. 32. 根据佩恩·奈特的说法，基督教把创造者和生产者巴克斯变成了好妒忌、易怒的上帝，Frank E. Manuel, *The Eighteenth Century Confronts the Gods* (1967), p. 259。

88 Butler, *Peacock Displayed*, p. 30.

89 (Charles F. Bahmueller, *The National Charity Company* (1981), pp. 98f. ; Jeremy Bentham, "Offenses against One's Self: Paederasty"（1978 和 1979 年［原作写于 1785 年左右，但未发表］）。关于启蒙运动对同性恋的态度，见 G. S. Rousseau, "The Pursuit of Homosexuality in the Eighteenth Century" (1987); and Trumbach, *Sex and the Gender Revolution*, vol. i。

90 讨论见 Anand C. Chitnis, *The Scottish Enlightenment: A Social History* (1976), pp. 47f。

91 Chitnis, The *Scottish Enlightenment: A Social History*, p, 47.

92 Chitnis, The *Scottish Enlightenment: A Social History*, p, 48.

93 Chitnis, The *Scottish Enlightenment: A Social History*, p, 48.

94 Derek Jarrett, *The Ingenious Mr Hogarth* (1976); Michael Duffy (ed.), *The English Satirical Print, 1600—1832* (1986). 关于中间阶层的娱乐，见 Peter Earle, *The World of Defoe* (1976), 和 *The Making of the English Middle Class* (1989)。

95 关于对维多利亚时期"反情欲"反动的重新评估，见 Michael Mason, *The Making of Victorian Sexual Attitudes* (1994)。

第十二章　从理智到情感

1 M. Bentham-Edwards (ed.), *The Autobiography of Arthur Young* (1898), p. 421.

2 W. A. Speck, "Politicians, Peers, and Publication by Subscription 1700—1750" (1982), p. 65; 有价值的讨论见 Pat Rogers (ed.), *The Context of English Literature* (1978), introduction, p. 13.

3 见 Stephen Mennell, *Norbert Elias: Civilization and the Human Self-Image* (1989); Alain Boureau, *et al.* (eds.), *A History of Private Life* (1989), vol. iii; Michelle Perrot (ed.), *A History of Private Life* (1990), vol. iv; Dena Goodman, "Public Sphere and Private Life" (1992).

4 见 George Brikbeck Hill, *Boswell's Life of Johnson* (1934—1950), vol. i, p. 266。关于对贵族腐化的抨击，见第十八章。

5 关于中等阶层及其公共生活的参与，见 Geoffrey Holmes, *Augustan England* (1982); Penelope Corfield, *Power and the Professions in Britain 1700—1850* (1995); Peter Earle, *The Making of the English Middle Class* (1989); Margaret R. Hunt, *The Middling Sort* (1996)。

6 "自传"一词是由威廉·泰勒在 1797 年创造出来的。关于自我，见 S. D. Cox, "*The Stranger within Thee*" (1980); J. O. Lyons, *The Invention of the Self* (1978); Charles Taylor, *Sources of the Self* (1989); Quentin Skinner, "Who Are 'We'?" (1991); Michael Mascuch, *Origins of the Individualist Self* (1997)。

7 Gordon Rattray Taylor, *The Angel Makers* (1958).

8　　Jean-Jacques Rousseau, *The Confessions of Jean-Jacques Rousseau* (1965 [1781—1788]), p. 17. 在翻译卢梭 1751 年所著的《论科学与艺术》的过程中，威廉·豪尔（William Howyer）对卢梭的思想不以为然，坚持认为他传播它们只是因为它们罕见的"独特性"。关于对卢梭的激进批判，见 Mark Hulliung, *The Autocritique of Enlightenment* (1994)；关于卢梭的影响，见 Edward Duffy, *Rousseau in England* (1979), pp. 14f.；关于他在自我观念转变中所起的作用，见 Richard Sennett, *The Fall of Public Man* (1977)。沃尔特·项狄对其孩子特里斯舛的评论是对卢梭之语的重复：幸亏他出生时的事故，特里斯舛"不能像任何其他人的孩子那样思考与活动"：Laurence Sterne, *The Life and Opinions of Tristram Shandy* (1967 [1759—1767]), p. 572。

9　　H. Whitbread (ed.), *I Know My Own Heart* (1987). 卢梭被人无数次地引用：例如，见 Mary Hays, *Memoirs of Emma Courtney* (1996 [1796]), p. 8。关于事实如何反映虚构想象的一个示范研究，见 John Bender, *Imagining the Penitentiary* (1987)。

10　　Hill, *Boswell's Life of Johnson*, vol. ii, p. 437, n. 2. 见 Penelope Murray (ed.), *Genius: The History of an Idea* (1989); G. Tonelli, "Genius: From the Renaissance to 1770" (1973)。

11　　Charles Strachey (ed.), *The Letters of the Earl of Chesterfield to His Son* (1924), vol. ii, p. 136. 关于切斯特菲尔德论女性的内容，见第十四章。

12　　Adam Smith, *An Inquiry into the Nature and Causes of the Wealth of Nations* (1976 [1776]), bk I, ch. 2, para 4, pp. 28—29; Simon Schaffer, "Genius in Romantic Natural Philosophy" (1990)。

13　　Joseph Priestley, *Memoirs of Dr Joseph Priestley, Written on Himself* (1904 [1795]), p. 70; William Godwin, *The Enquirer* (1965 [1797]), p. 17.

14　　Alexander Pope, *Essay on Criticism* (1711), 自 John Butt (ed.), *The Poems of Alexander Pope* (1965), p. 153, ll. 297—300。

15　　Paul Fussell, *The Rhetorical World of Augustan Humanism* (1965), p. 104; John Barrell, *The Political Theory of Painting from Reynolds to Hazlitt* (1986), pp. 124, 151f.

16　　Mark Akenside, *The Pleasures of Imagination* (1744). 关于对想象的恐惧，见 M. V. De Porte, *Nightmares and Hobbyhorses* (1974); Donald F. Bond, " 'Distrust' of Imagination in English Neoclassicism" (1937), 以及 "The Neo-Classical Psychology of the Imagination" (1937); S. Cunningham, "Bedlam and Parnassus" (1971)。关于约翰逊的表述，见 Roy Porter, "The Hunger of Imagination" (1985)。

17　　关于原始浪漫派的天才观念，见 J. Engell, *The Creative Imagination* (1981); Schaffer, "Genius in Romantic Natural Philosophy"。

18　　Edward Young, *Conjectures on Original Composition* (1759), p. 42; R. W. Harris, *Romanticism and the Social Order* (1969), p. 238; Howard Mumford Jones, *Revolution and Romanticism* (1974), p. 270.

19　　Young, *Conjectures on Original Composition*, p. 42.

20　　Young, *Conjectures on Original Composition*, p. 52, 53—54.

21　　William Sharpe, *A Dissertation upon Genius* (1755); Alexander Gerard, *An Essay upon Genius*

(1774).

22 引自 G. Becker, *The Mad Genius Controversy* (1978), p. 26; Roy Porter, "Bedlam and Parnassus" (1987)。

23 Joseph Warton, *The Enthusiast*（1744）将英国与法国做了对比，更喜欢"哥特式的城垛"，而不是大陆的惯于矫饰和古典品位：

> 施展技巧的艾迪生的诗歌，
> 冰冷的事实是，相比莎士比亚充满鸟鸣的荒野算得上什么呢？

引自 Ronald W. Harris, *Reason and Nature in Eighteenth Century* (1968), p. 16. 见 C. Thacker, *The Wildness Pleases: The Origins of Romanticism* (1983)。

24 关于对热情的重新描绘，见 R. A. Knox, *Enthusiasm* (1950); M. Abrams, *The Mirror and the Lamp* (1953). 关于（前）浪漫主义，见 David Aers, Jonathan Cook and David Punter, *Romanticism and Ideology* (1981)。

25 Michael Ferber, *The Social Vision of William Blake* (1985), p. 29.

26 Janet Todd, *Sensibility: An Introduction* (1986); G. J. Barker-Benfield, *The Culture of Sensibility* (1992); Adela Pinch, *Strange Fits of Passion* (1996); Michael Prince, *Philosophical Dialogue in the British Enlightenment* (1996); Bruce Redford, *The Converse of the Pen* (1986).

27 C. Campbell, *The Romantic Ethic and the Spirit of Modern Consumerism* (1989), p. 90.

28 特别是以女性为目标的时候: Margaret Beetham, *A Magazine of Her Own?* (1996); Kathryn Shevelow, *Women and Print Culture* (1989)。

29 Roy Porter, "Madness and the Family before Freud" (1998).

30 John Mullan, *Sentiment and Sociability* (1988); G. S. Rousseau, "Towards a Semiotics of the Nerve" (1991), and "Nerves, Spirits and Fibres" (1991).

31 见 George Cheyne, *The English Malady* (1990 [1733])中罗伊·波特作的导言。

32 G. S. Rousseau, "Nerves, Spirits and Fibres".

33 Thomas Trotter, *A View of the Nervous Temperament* (1807); Roy Porter, "Addicted to Modernity" (1992).

34 Roy Porter, "Consumption: Disease of the Consumer Society?" (1991).

35 Roy Porter, "Civilization and Disease" (1991), *Doctor of Society* (1991), and "'Expressing Yourself Ill'" (1991).

36 这方面同样存在着相反潮流。吉本自豪的是，"我的神经并未震颤"：Edward Gibbon, *Memoirs of My Life* (1966 [1796]), p. 188。许多人痛惜情感流于矫饰。

37 Barker-Benfield, *The Culture of Sensibility*, p. 133.

38 关于小说的总体论述，见 Ian Watt, *The Rise of the Novel* (1957); John J. Richetti, *Popular Fiction before Richardson* (1992 [1969]); Michael McKeon, *The Origins of the English Novel, 1600—1740* (1987); R. F. Brissenden, *Virtue in Distress* (1974)。关于自我认同意识，见 Alan Richardson, *Literature, Education, and Romanticism* (1994)。

39 Marilyn Butler, *Jane Austen and the War of Ideas* (1975), p. 9.
40 见 Todd, *Sensibility: An Introduction*, p. 90。
41 Todd, *Sensibility: An Introduction*, pp. 65—128; Barker-Benfield, *The Culture of Sensibility*, pp. 71f. ; Taylor, *The Angel Makers*, p. 265.
42 Robert D. Mayo, *The English Novels in the Magazines, 1740—1815* (1962), p. 223.
43 Edward Copeland, *Women Writing About Money* (1995), p. 49; Katharine M. Rogers, *Feminism in Eighteenth-Century England* (1982), pp. 152f.
44 玛丽·海斯让她的一个角色大声疾呼:"'我没有家,'我抽噎着说——'我是这个世界的异乡人——宇宙中的孤独者。'" *Memoirs of Emma Courtney*, p. 161。
45 Janet Todd, *The Sign of Angellica* (1989). 在男性中,只有沃尔特·司各特有类似的知名度。见下文第十四章。
46 George Colman 为 *Polly Honeycombe* (1760) 所作序言; Jacqueline Pearson, *Women's Reading in Britain, 1750—1835* (1999)。
47 *Critical Review*, no. 2 (November 1756), p. 379. 约翰逊于 1750 年将小说视为危险之物:

> 这些书主要是写给青年、无知者,和懒惰者,他们视之为行为的讲义和生活入门。这些书为这样的心灵提供消遣:它们不尚思想,因而易于得出印象;不受原则束缚,因而容易追逐当前的绮思幻想;由于缺乏经验而单见浅闻,因而敞开接纳每一种错误建议和片面言辞。

Samuel Johnson, *The Rambler* (1969), vol. i, no. 4, p. 21 (Saturday, 31 March 1750).

48 Mary Wollstonecraft, *Mary: A Fiction* (1788), pp. 1—2. 这本小说展示了被消遣读物所误导的女性:这位母亲"是贞洁的,根据该词在这个世界的通俗含义,即她没有出现任何实际上的失态;她惧怕这个世界,消极慵懒;但为了弥补这种看上去的自我否定,她阅读了所有的感伤小说,沉浸在情爱场景里,而且如果她且读且思,她的心灵就会受到污染"。这种小说所传递的娱乐是"身体上的"或"肉欲的":Barker-Benfield, *The Culture of Sensibility*, p. 328。有关自慰及小说,见 Thomas W. Laqueur, "*Amor Veneris, vel Dulcedo Appelatur*" (1989); Eve Kosofsky Sedgwick, "Jane Austen and the Masturbating Girl" (1995). 关于文学作品警告阅读的危害这样一个劝告悖论,见 Roy Porter, "Forbidden Pleaures" (1995)。
49 Sylvana Tomaselli (ed.), *Mary Wollstonecraft: A Vindication of the Rights of Men with A Vindication of the Rights of Woman* (1995), p. 102.
50 Peter H. Pawlowicz, "Reading Women" (1995), p. 45.
51 Vicesimus Knox, *Liberal Education* (1789), vol. i, p. 301.
52 A. S. Collins, *The Profession of Letters* (1973 [1928]), p. 95; R. W. Chapman (ed.), *Jane Austen's Letters to Her Sister Cassandra and Others* (1952), p. 38: letter to Cassandra (18 December 1798).
53 Jane Austen, *Northanger Abbey* (1975 [1818]), p. 58.

54 Jane Austen, *Lady Susan, The Watsons, Sanditon*, (ed.), Margaret Drabble (1974 [written1817]), p. 191; 关于奥斯丁保守的道德说教，见 Butler, *Jane Austen and the War of Ideas*, pp. 287—288。

55 John Dwyer, *Virtuous Discourse* (1987), pp. 26, 141.

56 Thomas Laqueur, "Bodies, Details, and Humanitarian Narrative" (1989), pp. 176—177; Gary Kelly, *The English Jacobin Novel, 1780—1805* (1976).

57 Robert Southey, *Letters from England by Don Manuel Alvarez Espriella* (1984 [1807]), p. 348.

58 David Hartley, *Observations on Man, His Frame, His Duty, and His Expectations* (1749), vol. i, p. 377.

59 David Hume, *A Treatise of Human Nature* (1978 [1739—1740]), bk I, sect. 6, p. 253.

60 正如 Dwyer, *Virtuous Discourse*, pp. 170—171 所讨论的。也可参看上面第八章。

61 Patricia Meyer Spacks, *Imagining a Self* (1976), p. 16; 鲍斯韦尔喜欢反思他自己："就像一位女士在镜子前整理她的衣服一样，男人通过看日记来调整他的性格"：引自 Spacks, *Imagining a Self*, p. 228。

62 Frederick A. Pottle (ed.), *Boswell's London Journal, 1762—1763* (1950), p. 62. 见 John Brewer, *The Pleasures of the Imagination* (1997), p. 32 中的讨论; Spacks, *Imagining a Self*, p. 231。当然，鲍斯韦尔以"疑病症"的笔名写了一个杂志专栏：M. Bailey (ed.), *Boswell's Column* (1951)。

63 Charlotte Lennox, *The Female Quixote*, (1989 [1752]).

64 Lennox, *The Female Quixote*, p. 15; Mullan, *Sentiment and Sociability*, pp. 57—113; Pawlowicz, "Reading Women", p. 45.

65 从开始它就被认为是一部"时髦"小说——因此塞缪尔·约翰逊向鲍斯韦尔保证"反常之物不能长久，《项狄传》不会持久流传"：Hill, *Boswell's Life of Johnson*, vol. i, p. 449. 斯特恩谈及他的书："它是……我自己的写照"并在信件上署名"特里斯舛"或者"约里克"：Max Byrd, *Tristram Shandy* (1985), p. 8。

66 Sterne, *The Life and Opinions of Tristram Shandy*, 引自 Spacks, *Imagining a Self*, p. 134。

67 Frank Donoghue, *The Fame Machine* (1996), pp. 74, 85f.; Arthur Cash, *Laurence Sterne: The Later Years* (1986), ch. 2.

68 Peter Conrad, *Shandyism* (1978), p. 31.

69 关于哥特式小说，见 E. J. Clery, *The Rise of Supernatural Fiction* (1995); David Punter, *The Literature of Terror* (1980); M. H. Abrams, *Natural Supernaturalism* (1971), p. 74; Alan Bewell, *Wordsworth and the Enlightenment* (1989)。

70 玛丽·海斯（Mary Hays [1760—1843]）出生于一个理性的非国教徒家庭，她的文学爱好受到家人的鼓励，还加入了托马斯·霍尔克罗夫特、安娜·蕾蒂西亚·巴鲍德、威廉·葛德文以及玛丽·沃斯通克拉夫特的团体。如同《艾玛·考特尼回忆录》一样，她的第二部小说《偏见的牺牲品》也遭受了猛烈批判。她出版了一本女权主义小册子，*Appeal to the Men of Great Britain in Behalf of Women* (1798)，以及 *Female*

Biography (1803)。

71　Hays, *Memoirs of Emma Courtney*, p. 4.
72　见埃莉诺·泰为海斯的《偏见的牺牲品》作的序言；Marilyn L. Brooks, "Mary Hays: Finding a 'Voice' in Dissent" (1995); Kelly, *The English Jacobin Novel, 1780—1805*, pp. 12, 85，海斯直接引用卢梭、沃斯通克拉夫特、爱尔维修、亚伯拉罕·塔克、葛德文、斯特恩·霍尔克罗夫特、哈特利（"联想及习惯的牢不可破的链条"）以及理查森，并且还间接提及其他人，包括洛克。
73　Hays, *Memoirs of Emma Courtney*, p. 4.
74　Barker-Benfield, *The Culture of Sensibility*, p. 365.
75　Hays, *Memoirs of Emma Courtney*, pp. 3—5. 她是"被教育赋予了一种性征的女人"：第 117 页。
76　Hays, *Memoirs of Emma Courtney*, p. 119.
77　作为剑桥耶稣学院的一位成员，威廉·弗伦德改变信仰，成为了一位论派，并且推动了废止支持《三十九条信纲》的运动。他由于卷入法国革命而被学院开除。在伦敦，他成为了自由撰稿人兼教师，直至 1806 年成为岩石寿险公司的一名计算师。Frida Knight, *University Rebel* (1971); Peter Searby, *A History of the University of Cambridge* (1997), vol. iii, p. 410.
78　Barker-Benfield, *The Culture of Sensibility*, p. 369.
79　Don Locke, *A Fantasy of Reason* (1980), p. 135.
80　*The Anti-Jacobin*, no. 30 (4 June 1798); Butler, *Jane Austen and the War of Ideas*, pp. 92, 235; Edward Copeland, "Money Talks" (1989), p. 156. 科布茨批判金钱婚姻，而赞美基于情感之上的关系，Kotzebue, *Lovers' Vows* (1798)。
81　Taylor, *The Angel Maker*; Hagstrum, *Sex and Sensibility*. 还可参见第十一章中的对性的讨论。
82　Philip Carter, "An 'Effeminate' or 'Efficient' Nation?" (1997), and "Mollies, Fops and Men of Feeling" (1995).
83　Leonore Davidoff and Catherine Hall, *Family Fortunes* (1987).
84　Rictor Norton, *Mother Clap's Molly House* (1992); Randolph Trumbach, *Sex and the Gender Revolution* (1998), vol. i.
85　William Hazlitt, *Selected Writings* (1970), p. 447.

第十三章　自然

1　David Hume, *Dialogues concerning Natural Religion* (1947 [1779]), pt X, p. 194: 这是《对话》中基督教正统的代言人第美亚的说辞。
2　Alexander Pope, *An Essay on Man* (1733—1734), epistle IV, ll. 29—30, in John Butt (ed.), *The Poems of Alexander Pope* (1965), p. 537; 做一比较：

也不要认为他们在自然状态盲目践踏
自然状态就是上帝凌驾一切……

Pope, *An Essay on Man*, epistle III, ll. 147—148, p. 530.

3 Adam Ferguson, *An Essay on the History of Civil Society* (1995 [1767]), p. 15.

4 对这些话题做出精辟论述的是 A. O. Lovejoy, "'Nature' as Aesthetic Norm" (1955)。

5 Alexander Pope, *Essay on Criticism* (1711), ll. 70—73, in Butt, *The poems of Alexander Pope*, p. 146.

6 "我感到羞愧……我合上了书本,懊恼自己,因为我应当一如既往地赞美尘世之物":引自 R. W. Harris, *Reason and Nature in the Eighteenth Century* (1968), p. 22。

7 Andrew Graham-Dixon, *A History of British Art* (1996). 美学史不在本书所论范围之内,但可参见前面第七章,以及 Malcolm Andrews, *The Search for the Picturesque* (1989); Stephen Copley (ed.), *The Politics of the Picturesque* (1994); Walter John Hipple, *The Beautiful, the Sublime, and the Picturesque in Eighteenth-Century Aesthetic Theory* (1957); Walter Jackson Bate, *From Classic to Romantic* (1946); Andrew Ashfield and Peter de Bolla (ed.), *The Sublime: A Reader in British Eighteenth-Century Aesthetic Theory* (1996)。

8 Trevor Fawcett (ed.), *Voices of Eighteenth-Century Bath* (1995), p. 191.

9 Simon Schama, *Landscape and Memory* (1995), pp. 6—7.

10 Pope, *An Essay on Man*, epistle I, l. 289, in Butt, *The Poems of Alexander Pope*, p. 515. 关于"对环境的思考", 见 Denis Cosgrove and Stephen Daniels (eds.), *The Iconography of Landscape* (1988); Yi-fu Tuan, *Topophilia* (1974); Derek Wall, *A Reader in Environmental Literature, Philosophy and Politics* (1994); Clive Ponting, *A Green History of the World* (1991); Donald Worster, *The Wealth of Nature* (1993), 以及 *Nature's Economy* (1985)。

11 Roy Porter, "The Terraqueous Globe" (1980); B. Smith, *European Vision and the South Pacific, 1768—1850* (1960); Barbara Maria Stafford, *Voyage Into Substance* (1984); Neil Rennie, *Far-Fetched Facts* (1995).

12 Marijke Gijswijt-Hofstra, Brian P. Levack and Roy Porter, *Witchcraft and Magic in Europe* (1999), vol. v.

13 Thomas Carlyle, "Signs of the Times, An Addiction to Prophecy, Not a favourable Indication, Either of Nations or Individuals" (1829).

14 Pope, *An Essay on Man*, epistle IV, ll. 332, in Butt, *The Poems of Alexander Pope*, p. 546; 关于艾迪生, 见 Basil Willey, *The Eighteenth Century Background* (1962), p. 51。艾迪生说道:"我们发现大自然的作品越是令人愉悦,它们就越类似于那些艺术的结晶":引自 Andrews, *The Search for the Picturesque*, p. vii. 关于另一个流行的宇宙诗的例子, 见 Richard Blackmore, *Creation* (1712)。

15 Pope, *An Essay on Man*, epistle I, ll. 233—246, in Butt, *The Poems of Alexander Pope*, p. 513. 关于蒲柏对存在之链的论述, 见 *An Essay on Man*, epistle I, ll. 233—236; 也可参见 A. O. Lovejoy, *The Great Chain of Being* (1936)。

16　Keith Thomas, *Man and the Natural World* (1983).

17　Marina Warner, *From the Beast to the Blonde* (1994); Gilbert White, *The Natural History and Antiquities of Selborne* (1977 [1789]).

18　Genesis, 1: 26, 28. 见 C. Glacken, *Traces on the Rhodian Shore* (1967); J. A. Passmore, *The Perfectibility of Man* (1972), 和 *Man's Responsibility for Nature* (1980), pp. 6f.

19　Richard Bentley, "Eight Sermons Preached at the Hon. Robert Boyle's Lecture in the Year MDCXCII", 载于 A. Dyce (ed.), *The Works of Richard Bentley* (1838 [1693]), vol. iii, p. 175。参见 Thomas, *Man and the Natural World*, p. 18 中的论述。

20　William Derham, *Physico-Theology* (1713), pp. 54—55, 112. 德勒姆于 1682 年被授予圣秩，且从 1689 年起历任阿普敏斯特、埃塞克斯教区牧师，在那里他进行了一些气象学、天文学、自然历史及机械学的业余研究。该著作已发行至 12 个版本。

21　William Phillips, *An Outline of Mineralogy and Geology* (1815), pp. 191, 193; William Paley, *Natural Theology* (1802). 构成《布里奇沃特论文集》的一系列自然神学作品都是创作于 19 世纪 30 年代，它们都符合布里奇沃特伯爵的意愿，旨在阐明神设（Divine Design）论证。Charles C. Gillispie, *Genesis and Geology* (1951) 对它们进行了讨论。

22　见 John Hedley Brooke, *Science and Religion* (1991)。

23　Abraham Cowley, "Of Solitude" (1668), 引自 John Sparrow (ed.), *The Mistress with Other Select Poems of Abraham Cowley* (1926), p 178; Edmund Burke, *Reflections on the Revolution in France* (1790), p. 10。

24　Miles Weatherall, *In Search of a Cure* (990), p. 10.

25　Oliver Goldsmith, *An History of the Earth and Animated Nature* (1774), vol. i, p. 401.

26　George Hakewill, *An Apologie,* 2nd ed. (1630), 前言; Yi-fu Tuan, *The Hydrologic Cycle and the Wisdom of God* (1968), p. 65。

27　Gordon Davies, *The Earth in Decay* (1969).

28　Thomas Burnet, *The Sacred Theory of the Earth* (1965 [1684—1690; 拉丁文原版，1681]), 引自 Glacken, *Traces on the Rhodian Shore*, p. 411。

29　John Evelyn, *Silva* (1776 [1662]); 也可参见 Richard Grove, *Green Imperialism* (1995)。

30　John Woodward, *An Essay towards a Natural History of the Earth* (1695), pp. 30, 32. 见论述，Margaret C. Jacob, *The Newtonians and the English Revolution, 1689—1720* (1976); Tuan, *The Hydrologic Cycle and the Wisdom of God*, p. 76。

31　Woodward, *An Essay towards a Natural History of the Earth*, p. 35.

32　Woodward, *An Essay towards a Natural History of the Earth*, pp. 61, 94.

33　Roy Porter, "Creation and Credence" (1979).

34　Goldsmith, *An History of the Earth and Animated Nature*, vol. i, p. 163.

35　James Hutton, *Theory of the Earth* (1795), vol. i, p. 3; Dennis R. Dean, *James Hutton and the History of Geology* (1992).

36　见 Hutton, *Theory of the Earth*; T. D. Kendrick, *The Lisbon Earthquake* (1956)。

37　Jean Jones, "James Hutton's Agricultural Research and His Life as a Farmer" (1985).

38　C. B. Macpherson, *The Political Theory of Possessive Individualism* (1964); Anthony Pagden, *Lords of All the World* (1995).

39　G. Williamson, "Mutability, Decay and Seventeenth-Century Melancholy" (1961); Victor I. Harris, *All Coherence Gone* (1966).

40　赫顿认为，"一种适当的地球系统应当引导我们理解那种智慧的结构，它使地球回答其意欲实现的目标，并使它自己免遭任何有可能破坏这个生生不息世界的设计的意外"：Hutton, *Theory of the Earth*, vol. i, p. 275。

41　Goldsmith, *An History of the Earth and Animated Nature*, vol. i, p. 400. 作家们通常对美与实用的结合体赞叹不已：

> 景观充分展现出一幅多么赏心悦目的景象！
> 那迷人的风景总是吸引着人们的目光……
> 看！繁荣的商业为社会城镇带来的财富，
> 欣喜满溢于他的闪耀之翼，
> 看！数不清的牲群在青翠山坡觅食，
> 或细心倾听那轻快的芦苇摩挲声。
> 看！金黄的谷物遍及起伏的旷野；
> "布伦瑞克统御下的宁静与富足"。

John Langhorne, "Studley Park" (nd), ll. 83—84, 91—96, 引自 John Barrel, *The Idea of Landscape and the Sense of Place 1730—1840* (1972), p. 74。经过精心培育的景观是迷人的。

42　Richard Blackmore, *Creation* (1712), p. xx, 他反对"偏执的无神论者"，这些人在赞美宇宙的同时，却轻视它的创造者：

> 我将维护他杰作中的永恒不朽，
> 并歌颂创世之技的神奇。（第4页）

R. D. Stock, *The Holy and the Daemonic from Sir Thomas Browne to William Blake* (1982), p. 120.

43　关于托马森，见 Robert Inglesfield, "Shaftesbury's Influence on Thomson's 'Seasons'" (1986)；关于扬，见 Stock, *The Holy and the Daemonic from Sir Thomas Browne to William Blake*, p. 188. 阿肯赛德论述了卓越的灵魂：

> 万能的上帝向他们展开世界的和谐卷轴，
> 阅读他自己的抄本。在每一部分，
> 他们追寻他亲手留下的鲜明的印记：
> 在地面或天空，草地上紫色的家畜，
> 月亮柔和的光辉，或者纯洁少女的倩影，

> 伴着嫣红的微笑绽放，他们看到勾画出的
> 未曾有过的美丽，它使
> 最高的心神得以愉悦。

Mark Akenside, *The Pleasures of Imagination* (1744), 载于 *The Poetical Works of Mark Akenside* (1866), bk I, ll. 99—107。

44　Edward Young, *Night Thoughts on Life, Death and Immortality* (1780).

45　Henry Brooke, *Universal Beauty* (1735).

46　Akenside, *The Pleasures of Imagination*, 载于 *The Poetical Works of Mark Akenside*, bk I, ll. 97—107。

47　Goldsmith, *An History of the Earth and Animated Nature*, vol. i, p. 401; Max Weber, *The Protestant Ethic and the Spirit of Capitalism* (1930); Richard Tawney, *Religion and the Rise of Capitalism* (1926).

48　Francis Bacon, "Of Heresies" (1597), 引自 J. Spedding, R. L. Ellis and D. D. Heath (eds.), *The Works of Francis Bacon* (1857—1874), vol. vii, p. 253, 以及 *New Atlantis* (1627), 引自 *The Works of Francis Bacon*, vol. iii, p. 156; Joseph Glanvill, *Plus Ultra, Or the Pogress and Advancement of Knowledge Since the Days of Aristotle* (1668)。讨论内容参见 Carolyn Merchant, *The Death of Nature* (1980), p. 188。

49　René Descartes, *Le Monde* (1664), 引自 Brian Easlea, *Science and Sexual Oppression* (1981), p. 72: Robert Boyle, "A Free Inquiry into the Vulgarly Received Notion of Nature Made in an Essay Addressed to a Friend, To Which is Pre-Fixed the Life of the Author by Thomas Birch", 载于 *The Works of the Honourable Robert Boyle* (1744), vol. iv, p. 363; Passmore, *Man's Responsibility for Nature*, p. ii; 关于批评，例如可参见 Merchant, *The Death of Nature*。

50　John Ray, *The Wisdom of God Manifested in the Works of the Creation* (1691), pp. 113—114. 文明胜过阿尔卡迪亚似的世外桃源：

> 虽然一个国家这样广植林木且环境优美，这样优雅而文明，这样被提升至如此高度……以上这些在野蛮而不适居住的西叙亚……或者在居住着怠惰且赤裸的印第安人的蛮荒美洲——那里没有建构良好的房屋，印第安人居住在由插在地上的小棍搭成的小屋和帐篷屋内——并不被喜爱。粗鲁的野兽般的生存条件和生活方式当然……被他们视为比人类社会的更好，人被赋予的智慧与理性徒劳无效。(第118页)

51　Ray, *The Wisdom of God Manifested in the Works of the Creation*, ll. 117—118.

52　Matthew Hale, *The Primitive Origination of Mankind* (1677), sect. 4, ch. 8, p. 370.

53　G. E. Mingay, *A Social History of the English Countryside* (1990).

54　Evelyn, *Silva*, p. i.

55　Ian Simpson Ross, *Lord Kames and the Scotland of His Day* (1972), p. 351.

56　Jonathan Swift, *Gulliver's Travels* (1954 [1726]), pt II, ch. 7, p. 143.

57 Jones, "James Hutton's Agricultural Research and His Life as a Farmer", p. 579.
58 James Hutton, "Principles of Agriculrure", 引自 Maureen McNeil, *Under the Banner of Science* (1987), pp. 172—173; Jones, "James Hutton's Agricultural Research and His Life as a Farmer"。
59 Erasmus Darwin, *Phytologia* (1800), p. vii;《植物学》分为三部分：1. "植物生理学"（"physiology of vegetation"），详细叙述了植物的结构与机能（pp. 1—139）；2. "植物经济学"（"economy of vegetation"），涉及种子的成长、光合作用、营养、施肥、排水、通风以及病害（pp. 141—372）；3. "农业与园艺学"（"agriculture and horticulture"）强调生产率，涉及果实、种子、块根作物及花卉（pp. 373—578）。
60 对于获得最大量的食物、实现最大化的人类幸福这一目标，当前世界中人类的不平等过于悬殊；在社会链条的一端不应当有奴役，而另一端不应当专制。Darwin, *Phytologia*, pt II, pp. 415, 416.
61 J. G. Gazley, *The Life of Arthur Young* (1973), pp. 20f.; G. E. Mingay (ed.), *Arthur Young and His Times* (1975). 也可参见 Merchant, *The Death of Nature*, p. 236。
62 Arthur Young, *The Farmer's Letters to the People of England* (1767), p. 84, letter 3.
63 McNeil, *Under the Banner of Science*, p. 7.
64 J. M. Neeson, *Commoners* (1993).
65 Young, *The Farmer's Latters to the People of England*, p. 91. 关于 "道德经济"，见 E. P. Thompson, *Customs in Common* (1991). 关于圈地，见 M. Turner, *English Parliamentary Enclosure* (198), 和 *Enclosures in Britain, 1750—1830* (1984)。
66 Arthur Young, *A Six Weeks' Tour through the Southern Counties of England and Wales* (1768), p. 21.
67 Arthur Young, *View of the Agriculture of Oxfordshire* (1809), p. 36. 前面的文字这样写道：

> 牛津郡的农民……现在正处于一个观念、知识、实践，和其他方面大革新的时期。相较于王国中任何其他郡，该郡的圈地比例最大，这已经给人们带来了许多变化，就像它对国家的改善一样；他们现在正处于这次变化的顶点；一次大幅度的改善已经形成并且正在起作用；而大量的无知与蛮荒也被保留了下来。实行敞田制的哥特人和汪达尔人影响着圈地文明。人类已经被教会如何思考，在那之前，任何事物都无可能有效进行。

68 Young, *The Farmer's Letters to the People of England*, p. 306. 关于贵族涉足进步农业，参见 G. E. Mingay, *English Landed Society in the Eighteenth Century* (1963)。
69 Arthur Young, *A Six Months' Tour through the North of England*, 2nd edn (1771), vol, i, p xiv, 引自 Gazley, *The Life of Arthur Young*, p. 45。
70 关于田园诗，见 Raymond Williams, *The Country and the City* (1973); 关于田园画，见 Ann Bermingham, *Landscape and Ideology* (1986); Christiana Payne, *Toil and Plenty* (1993); Nigel Everett, *The Tory View of Landscape* (1994)。
71 Adam Smith, *An Inquiry into the Nature and Causes of the Wealth of Nations* (1976 [1776]), vol. I, bk I, ch. 11. n, p. 258.

72 关于庚斯博罗所作的夫妻画像,见 Cosgrove and Daniels, *The Iconography of Landscape*; John Berger *et al*, *Ways of Seeing* (1972), pp. 106—108。

73 William Godwin, *An Enquiry concerning Political Justice* (1985 [1793]), p. 769.

74 Roy porter, "Medical Science and Human Science in the Enlightenment" (1995); James Dunbar, *Essays on the History of Mankind in Rude and Cultivated Ages* (1780).

75 Thomas Robert Malthus, *An Essay on the Principle of Population* (1798); M. Turner (ed.), *Malthus and His Times* (1986).

76 Jonas Moore, *The History or Narrative of the Great Level of the Fenns, Called Bedford Level* (1685), p. 72.

77 John Dalton, *A Descriptive Poem Addressed to Two Ladies at Their Return from Viewing the Mines at Whitehaven* (1755), p. iii. 这里的道尔顿不是那位原子化学家。

78 关于英式造园与造景的论述,见 Christopher Hussey, *English Gardens and Landscapes, 1700—1750* (1967); C. Thacker, *The Wildness Pleases* (1983); Tom Williamson, *Polite Landscapes* (1996)。

79 Joseph Addison and Richard Steele, *The Spectator* (1965), vol. iii, no. 414, pp. 551—552 (Wednesday 25 June 1712); 亦可参见 no. 111,其中艾迪生反对大陆式花园的过分正式化。关于暗墙,见 Thacker, *The Wildness Pleases*, pp. 32—33。

80 Dorothy Stroud, *Capability Brown* (1975); Williamson, *Polite Landscapes*, pp. 77—99.

81 J. C. Loudon, *The Suburban Gardener and Villa Companion* (1838), p. 162.

82 关于佩恩·奈特,见 Marilyn Butler, *Peacock Displayed* (1979), pp. 6, 30f. ; Richard Payne Knight, *The Progress of Civil Society* (1796); Thomas Peacock, *Headlong Hall* (1816), 载于 David Garnett (ed.), *The Novels of Thomas Love Peacock* (1948), p. 22。

83 A. Constable (ed.), *The Letters of Anna Seward, 1784—1807* (1811), vol. iv, p. 10.

84 Anthony Ashley Cooper, 3rd Earl of Shaftesbury, *The Moralists* (1709) ,引自 Thacker, *The Wildness Pleases*, p. 12。

沙夫茨伯里表达了他对"自然之物"的偏爱,"既没有艺术,也没有人类的自负和反复无常糟蹋它们的真正的秩序"。他继续写道:

> 哦,壮丽的大自然!至高无上的公平,与崇高的善!
> 博爱的、迷人的、神圣的!模样如此得体
> 并具有如此无限的优雅;
> 其学问带来如此的智慧,还有其沉思
> 如此令人愉悦;其每件作品
> 都带来更丰富的美景,并且这些景观之宏伟
> 超过每一种艺术品所呈现的!哦,
> 伟大的自然!上帝的充满智慧的替代者!
> 被注入权力的女创造者!哦,强大的神,
> 至高无上的造物主!我祈求你的保护,我只崇拜你。

Shaftesbury, *The Moralists*, sect. I, 载于 *Characteristicks of Men, Manners, Opinions, Times* (1711), p. 158, 引自 Brain Hepworth, *The Rise of Romanticism* (1978), p. 81; Willey, *The Eighteenth Century Background*, p. 62。

85 见 Joshua Poole, *English Parnassus* (1657), pp. 137—138; *The Gentleman's Magazine* (1747), 引自 David Pepper, *The Roots of Modern Environmentalism* (1984), p. 80; Marjorie Hope Nicolson, *Mountain Gloom and Mountain Glory* (1959)。

86 John Dennis, 引自 Christopher Hussey, *The Picturesque* (1967), p. 87。

87 Paget Toynbee and L. Whibley (eds.), *The Correspondence of Thomas Gray* (1935), vol. i, p. 128.

88 贺拉斯·沃波尔致理查德·韦斯特（1739年9月28日）的信, 载于 W. S. Lewis (ed.), *The Yale Edition of Horace Walpole's Correspondence* (1937—1983), vol. xiii, p. 181。

89 关于威廉·吉尔平, 见 Andrews, *The Search for the Picturesque*。该观点可追溯至古典美学: 约瑟夫·艾迪生于1712年在《旁观者》中写道: "我们发现大自然的鬼斧神工越是合乎人意, 它们就越类似于那些艺术作品": Addison and Steele, *The Spectator*, no. 14, p. 549 (1712年6月25日, 星期三)。

90 Edmund Burke, *Philosophical Enquiry into the Origin of Our Ideas of the Sublime and the Beautiful* (1757), p. 52. 见前文第九章给出的较为充分的讨论。

91 Joseph Banks in T. Pennant, *A Tour in Scotland, and Voyages to the Hebrides* (1774—1776), vol. ii, p. 262. 见 John Gascoigne, *Joseph Banks and the English Enlightenment* (1994)。

92 Percy Bysshe Shelley, *Vindication of Natural Diet* (1813).

93 关于扬, 见他的 *Annals of Agriculture and Other Useful Arts* (1784—1815), vol. iv (1785), pp. 166—168; Barry Trinder, *The Industrial Revolution in Shopshire* (1973); Francis D. Klingender, *Art and the Industrial Revolution* (1975 [1947]); Bermingham, *Landscape and Ideology*, p. 79。

94 Sir Water Scott (ed.), *The Poetical Works of Anna Seward* (1810), vol. ii, pp. 314—315.

95 Bermingham, *Landscape and Ideology*, p. 80; 也可参见 Stephen Daniels, *Fields of Vision* (1993)。

96 James Pilkington, *View of the Present State of Derbyshire* (1789), p. 49. 对于上面的重点论述, 见 Daniels, *Fields of Vision*, pp. 60f; Charlotte Klonk, *Science and the Perception of Nature* (1996)。

97 C. Bruyn Andrews (ed.), *The Torrington Diaries* (1934—1938), vol. ii, p. 194.

98 Andrews, *The Torrington Diaries*, vol. iii, p. 81.

99 Uvedale Price, *Essays on the Picturesque, as Compared with the Sublime and the Beautiful* (1810), vol. i, p. 198.

100 Oliver Goldsmith, *The Deserted Village* (1770); William Cowper, *The Task* (1785), bk III, ll. 755—756, 载于 James Sambrook (ed.), W. Cowper, *The Task and Selected Other Poems* (1994), p. 136; Roger Sales, *English Literature in History, 1780—1830* (1983); Barrell, *The Idea of Landscape and the Sense of Place, 1730—1840*, 与 *The Dark Side of the Landscape* (1980)。

101 Young, *Annals of Agriculture and Other Useful Arts*, vol. xxvi, p. 214.
102 Humphry Repton, *Fragments on the Theory and Practice of Landscape Gardening* (1816), p. 191. 在汤姆·斯托帕德的《阿尔卡迪亚》中，有一段对雷普顿的令人捧腹的滑稽模仿，书中的园艺师诺基斯（Noakes）坚持认为，"不规则" 是 "如画式风格中最主要的原则之一"：*Arcadia* (1993), p. 11; Stephen Daniels, *Humphry Repton: Landscape Gardening and the Geography of Gorgian England* (1999)。
103 Repton, *Fragments on the Theory and Practice of Landscape Gardening*, p. 193.
104 Thomas Peacock, *Crotchet Castle* (1831), 引自 Garnett, *The Novels of Thomas Love Peacock*, p. 85。
105 C. R. Leslie, *Memoirs of the Life of John Constable* (1949), p. 111.
106 Peter Ackroyd, *Blake* (1995), p. 130.
107 William Blake, "Jerusalem" (1804—1820)，引自 G. Keynes (ed.), *Blake: Complete Writings* (1969), p. 649。
108 Jon Mee, *Dangerous Enthusiasm* (1992); Blake, "Jerusalem"，引自 Keynes, *Blake: Complete Writings*, pp. 480—481, 649。

第十四章　心灵有性别之分吗？

1 John Milton, *Paradise Lost* (1667), bk IV, ll. 299.
2 Fanny Burney, diary (1768), 引自 Patricia Meyer Spacks, *The Adolescent Idea* (1981), p. 23. 她将日记写给"亲爱的无足轻重之人"：见 B. G. Shrank and D. J. Supino (eds.), *The Famous Miss Burney* (1976), p. 5。
3 Mary Wollstonecraft, *Maria or The Wrongs of Woman* (1994 [1798]), p. 11. 她在别处的自传体著作中使用了"巨大监狱"这个短语：见 *Letters, Written During a Short Residence in Sweden, Norway, and Denmark* (1976 [1796]), p. 102。
4 Catharine Macaulay, *Letters On Education* (1790), p. 212.
5 Jane Austen, *Persuasion* (1965 [1818]), p. 237. 这段接下来的文字是："男人在讲述他们自己的故事上，比我们具有优势。教育便是在如此高的程度上为他们所享有；笔在他们手中。"这类评论很常见：对照阅读 Mary Astell, *The Christian Religion, as Profess'd by a Daughter of the Church of England* (1705), p. 293：

> 作为历史学家的男人，绝少屈尊记载女性伟大而良善的行为；而当他们留意到她们时，是带有这样的高明评论的，这些女人的**举动超越了她们的性别**。通过这种方式，一定能猜到，他们希望让读者明白，这些人不是做出了伟大举动的女性，而是穿着衬裙的男性。

6 Isobel Grundy, *Lady Mary Wortley Montagu. Comet of the Enlightenment* (1999), p. 526.
7 Robert Filmer, *Patriarcha* (1949 [1680]); G. J. Schochet, *Patriarchalism in Political Thought* (1975).

8 关于性别关系，见 Anthony Fletcher, *Gender, Sex and Subordination in England, 1500—1800* (1995); Mary Abbott, *Family Ties* (1993); Ralph A. Houlbrooke, *The English Family, 1450—1700* (1984); Susan D. Amussen, *An Ordered Society* (1988)。关于女性与启蒙运动，见 Bridget Hill, *Eighteenth-Century Women: An Anthology* (1984), 以及 *Women, Work and Sexual Politics in Eighteenth-Century England* (1994); Margaret Hunt, Margaret Jacob, Phyllis Mack and Ruth Perry, *Women and the Enlightenment* (1984); Anne Laurence, *Women in England 1500—1760* (1994); Alice Browne, *The Eighteenth-century Feminist Mind* (1987); Laura Brown, *Ends of Empire* (1993); Barbara Caine, *English Feminism 1780—1980* (1997); Natalie Zemon Davis and Arlette Farge (eds.), *A History of Women in the West* (1993), vol. iii, 以及 Phyllis Mack, "Women and the Enlightenment: Introduction", (1984)。

9 William Blackstone, *Commentaries on the Laws of England* (1979 [1765—1769]), vol. i, p. 430。玛丽·沃斯通克拉夫特称婚姻为"合法卖淫": Claire Tomalin, *The Life and Death of Mary Wollstonecraft* (1974), p. 106。

10 引自 Linda Colley, *Britons: Forging the Nation 1707—1837* (1992), p. 238。

11 Anon, 引自 Roger Lonsdale (ed.), *Eighteenth-Century Women Poets* (1989), p. 136。

12 William Alexander, *The History of Women* (1779), vol. ii, p. 336, 引自 Colley, *Britons: Forging the Nation 1707—1837*, p. 238。现代礼貌提升了对妇女的尊重；文雅的言谈举止与女性相得益彰又有机结合。

13 Alexander, *The History of Women*, vol. i, p. 210。

14 他认为，只有在商业社会，女性才不会沦为异性的奴隶或偶像，而是成为他们的"朋友和伴侣"；只有在欧洲，女性才不会沦为"不幸的奴隶"或"永久的囚犯"，而是成为"智慧的生命": Alexander, *The History of Women*, vol. i, p. 300。

15 引自 Spacks, *The Adolescent Idea*, p. 120。摩尔意在使年轻女性顺从以免去未来的苦难，但是这种观点也与她的福音派基督教信仰和社会保守主义相吻合。关于更多摩尔的观点，参见下面第二十章。

16 George Savile, Marquis Halifax, *The Lady's New Year's Gift* (1688), 导言；见 Vivien Joes (ed.), *Women in the Eighteenth Century* (1990), p. 18 中的论述。

17 Charles Strachey (ed.), *The Latters of the Earl of Chesterfield to His Son* (1932), vol. i, p. 261; cf. Felicity A. Nussbaum, *The Brink of All We Hate* (1984)。这种观点是建立在有关责任的性别观念的基础上。据凯姆斯勋爵所说，"做一个好丈夫，只是一个男人应负责任的一部分；但做一个好妻子却是一个女人的主要责任": 见 Spacks, *The Adolescent Idea*, p. 121。

18 Hannah More, *Essays on Various Subjects* (1778), p. 133。这段话来自女家庭教师阿格尼斯·波特（Agnes Porter）的手抄本: Joanna Martin (ed.), *A Governess in the Age of Jane Austen* (1988), p. 58。

19 M. G. Jones, *Hannah More* (1952), p. 50; Sylvia Harcstark Myers, *The Bluestocking Circle* (1990), p. 4。在《雅典信使》（*Athenian Mercury*）的第一辑中，约翰·邓顿（John Dunton）为来自女性的问题提供了讨论的空间。在1691年5月，有人问该刊"女性

变得博学是否合适？": G. McEwen, *The Oracle of the Coffee House* (1972), p. 103。稍后他创办了《女性信使》(*Ladies Mercury*) (1693)。

20　Margaret Cavendish, *Orations of Divers Sorts* (sn, 1663), p. 225, 引自 Hilda Smith, *Reason's Disciples* (1982), p. 82。有着深深的文化忧虑的是：Andrew Hicock, "Here's No Design, No Plot, Nor Any Ground" (1997)。

21　书信（1753年10月10日），引自 Lady Mary Wortley Montagu, *Letters and Works*, 3rd edn (1861), vol. ii, p. 242。关于蒙塔古论女性教育，见 Grundy, *Lady Mary Wortley Montagu. Comet of the Enlightenment*, pp. 503ff。安妮·芬奇（Anne Finch）认为女性"教育远非对自然的愚钝之人的教育"：Sara Mendelson and Patricia Crawford, *Women in Early Modern England* (1998), p. 252。

22　Montagu, *Letters and Works*, vol. i, p. 314; Grundy, *Lady Mary Wortley Montagu. Comet of the Enlightenment*, pp. 152f。

23　Montagu, *Letters and Works*, vol. i, p. 328。

24　Felicity A. Nussbaum, "Polygamy, *Pamela*, and the Prerogative of Empire" (1995); Katharine M. Rogers, *Feminism in Eighteenth-Century England* (1982), p. 54, 一封1717年4月1日的信，致女士；Katharine M. Rogers, *Before Their Time* (1979), p. 54。

25　Judith Drake, *Essay in Defence of the Female Sex* (1696), pp. 11—12, 23, 143, 引自 Estelle Cohen, "'What the Women at All Times Would Laugh At'" (1997), p. 134。

26　James Thomson, "Autumn", 引自 *The Seasons* (1744), pp 157—158, ll. 610—616; 讨论见 Gordon Rattray Taylor, *The Angel Makers* (1958), p. 19。关于出版物中塑造的家庭妇女，见 Kathryn Shevelow, *Women and Print Culture* (1989), p. 5。

27　关于新式夫妇生活与平等主义家庭及和谐婚姻的论述，见 R. Trumbach, *The Rise of the Egalitarian Family* (1978); Lawrence Stone, *The Family, Sex and Marriage in England, 1500—1800* (1977); L. A. Curtis, "A Case Study of Defoe's Demestic Conduct Manuals Suggested by *The Family, Sex and Marriage in England, 1500—1800*" (1981)。

28　Harry Ballam and Roy Lewis (ed.), *The Visitors' Book* (1950), p. 89。

29　Browne, *The Eighteenth-Century Feminist Mind*, p. 148. 关于双重标准的论述，见 Rogers, *Feminism in Eighteenth-Century England*, p. 10。

30　Bernard de Mandeville, *The Fable of the Bees* (1924 [1714]), vol. i, p. 151。

31　有关实例，见 Stella Tillyard, *Aristocrats* (1994)。有关斯梯尔的论述，见 Jean H. Hagstrum, *Sex and Sensibility* (1980), p. 66; Brean S. Hammond, *Professional Imaginative Writing in England, 1670—1740* (1997), p. 178。

32　引自 Philip Carter, "An 'Effeminate' or 'Efficient' Nation?" (1997), p. 438。蒙塔古夫人赞赏她孙女在"开明的"18世纪60年代享受的"这种男女混合集会的举办频率"，这提供了"一种在我看来对于女孩和男孩同样必要的公共教育"：引自 Jones, *Hannah More*, p. 7; 关于新型男子气概的论述，见 Michèle Cohen, *Fashioning Masculinity* (1996)。

33　Carter, "An 'Effeminate' or 'Efficient' Nation?", p. 438; 见 David Castronovo, *The English Gentleman* (1987)。

34. 关于"性情之人"（man of feeling）的论述，见 G. J. Barker-Benfield, *The Culture of Sensibility* (1992)。
35. Anthony, 3rd Earl of Shaftesbury, *Characteristicks* (1723), vol. i, p. 48; vol. ii, pp. 12, 24, 148; Jones, *Women in the Eighteenth Century*, p. 11. Philip John Carter, "Mollies, Fops and Men of Feeling" [1995]; Rictor Norton, *Mother Clap's Molly House* (1992); Susan Staves, "A Few Kind Words for the Fop" (1982).
36. Colley, *Britons: Forging the Nation 1707—1837*, ch. 6; 女性对露天政治运动的参与，尤其是拉票活动，见 Nicholas Rogers, *Crowds, Culture and Politics in Georgian Britain* (1998), ch. 7, pp. 215—247 中的记录。
37. Anna Clark, *Women's Silence, Men's Violence* (1987) 及 *The Struggle for the Breeches* (1995)。
38. John Potter, *Observations on the Present State of Music and Musicians* (1762), p. 106; Joyce Ellis, "'On The Town'" (1995), p. 22. 对分离领域（separate spheres）的约束效果的设想，同样在下列文献中受到质疑，Lawrence E. Klein, "Gender and the Public/Private Distinction in the Eiteenth Century" (1995); Amanda Vickery, *the Gentleman's Daughter* (1998)。
39. Helen Berry, "'Nice and Curious Questions'" (1997).
40. Vickery, *The Gentleman's Daughter*, p. 257; 阿尔马克俱乐部 (Almack's Club) 是男女混合性质的，而且在巴斯有女性咖啡屋：Mary Thale, "Women in London Debating Societies in 1780" (1995)。
41. Cheryl Turner, *Living by the Pen* (1992), p. 46.
42. George Birkbeck Hill, *Boswell's Life of Johnson* (1934—1950), vol. iii, p. 333. 可以想见，约翰逊接下来会对小说提出告诫。另参见 Jacqueline Pearson, *Women's Reading in Britain, 1750—1835* (1999)。
43. Kate Davies, "Living Muses" (1995); John Brewer, *The Pleasures of the Imagination* (1997), p. 78. 关于这些成功者，见 Dale Spender, *Mothers of the Novel* (1986); Myers, *The Bluestocking Circle*, p. 276; Jane Spencer, *The Rise of the Woman Novelist, From Aphra Behn to Jane Austen* (1986); 关于女性文化上的低成就，见 Germaine Greer, *The Obstacle Race* (1979), 与 *Slip-Shod Sibyls* (1995)。关于女性对科学研究的参与，见 Gerald Dennis Meyer, *The Scientific Lady in England, 1650—1760* (1995); Myra Reynolds, *The Learned Lady in Englsnd 1650—1760* (1920); Patricia Phillips, *The Scientific Lady* (1990)。
44. 凯瑟琳·斯沃鲁（Kathryn Shevelow）认为家庭妇女是由"印刷品"塑造出来的：Shevelow, *Women and Print Culture*, p. 5; Jean E. Hunter, "The Eighteenth-Century Englighwoman" (1976);《绅士杂志》中只有四分之一的文章支持以往将女性视为弱者，应排除在学习与公共活动之外的观点。大多数相关文章则对女性报以同情，关注她们缺少教育机会，缺乏就业机会，婚姻的不公平和对两性平等的需求。在《女性不是最弱者》（"The Female Sex Not the Weakest"）（pp. 588—589 [October 1735]）中，"Climene"认为，"女性除了在蛮力上，其他一点都不比男人逊色"；女性被剥夺了学识，是因为男人的嫉妒。

45　Mary Robinson, *Thoughts on the Condition of Women, and on the Injustice of Mental Subordination* (1799), p. 95; 有关讨论参见 Anne K. Mellor, "British Romanticism, Gender, and Three Women Artists" (1995), p. 121; 以及 Cohen, "'What the Women at All Times Would Laught At'", p. 38。

46　"在 18 世纪的某一时刻,我们所知道的性别被创造出来": Thomas W. Laqueur, *Making Sex* (1990), p. 149。拉克尔 (Laqueur) 论证说,在 18 世纪,传统的 "单性等级" 模式被一种观念所取代,那就是男女两性在解剖学层面存在根本差异,因而性情与机能也不相同。虽然这个假设无论在经验上还是概念上都有诸多缺陷,但拉克尔正确地意识到,两性间的差异成为一个紧要问题,并在某些学派的思想中得到着重强调。关于试图缔造 "女性科学" 的启蒙尝试,见 Londa Schiebinger, *The Mind Has No Sex*? (1989); Lynn Salkin Sbiroli, "Generation and Regeneration" (1993); Ludmilla Jordanova, "Natural Facts" (1980); Sylvana Tomaselli, "Reflections on the History of the Science of Woman" (1991)。

47　Laqueur, *Making Sex*, p. 148 及各部分。

48　Ornella Moscucci, *The Science of Woman* (1990)。

49　Mary Wollstonecraft, *A Vindication of the Rights of Women*, 载于 *A Vindication of the Rights of Men with A Vindication of the Rights of Woman* (1995), p. 171；关于卢梭与女性,见 Sylvana Thomaselli, "The Enlightenment Debate on Women" (1985)。

50　Wollstonecraft, *A Vindication of the Rights of Men with A Vindication of the Rights of Woman*, pp. 151, 236, 以及 *Thoughts on the Education of Daughters* (1995 [1787]); E. Yeo (ed.), *Mary Wollstonecraft and 200 Years of Feminism* (1997); Ludmilla Jordanova, *Nature Depicted* (1999)。

51　年轻时的戴对卢梭无限崇拜: "假如世界上所有的书籍行将遭毁……除了《圣经》之外,我希望保护的第二本书便是卢梭的《爱弥儿》……每一页都布满重要的真理。" 见 Marilyn Bulter, *Jane Austen and the War of Ideas* (1975), p. 127。

52　Richard Lovell Edgeworth, *Memoirs* (1820), vol. i, pp. 220—222。

53　Edgeworth, *Memoirs*, vol. i, p. 334; Desmond Clarke, *The Ingenious Mr Edgeworth* (1965), p. 86。

54　见 Tomaselli, "The Enlightenment Debate on Women"。

55　Wollstonecraft, *A Vindication of the Rights of Women*, 载于 *A Vindication of the Rights of Men with A Vindication of the Rights of Woman* (1995), p. 8; Patricia Meyer Spacks, *Imagining a Self*, p. 69。

56　Jane Austen, *Northanger Abbey* (1995 [1818]), p. 99。

57　Wollstonecraft, *A Vindication of the Rights of Women*, 载于 *A Vindication of the Rights of Men with A Vindication of the Rights of Woman* (1995), p. 77。亦可参见 Barker-Benfield, *The Culture of Sensibility*, p. 347。

58　对于女子卖弄风情的批判,见 Wollstonecraft, *A Vindication of the Rights of Men with A Vindication of the Rights of Woman* (1995), pp. 6, 74, 137; Gary Kelly, "(Female) Philosophy in the Bedroom" (1997)。

59 Wollstonecraft, *A Vindication of the Rights of Women*, 载于 *A Vindication of the Rights of Men with A Vindication of the Rights of Woman*, p. 137。

60 Wollstonecraft, *A Vindication of the Rights of Women*, 载于 *A Vindication of the Rights of Men with A Vindication of the Rights of Woman*, pp. 6, 214; Felicity A. Nussbaum, *The Autobiographical Subject* (1989); Syndy McMillen Conger, *Mary Wollstonecraft and the Language of Sensibility* (1994)。洛克颇受尊崇。蒙塔古夫人告诉她女儿: "洛克先生……对人类的头脑进行了一次比他之前的任何人都更为细致的解剖": John Valdimir Price, "The Reading of Philosophical Literature" (1982), p 166。在女权主义学者中产生了争论: 关于洛克被视为一位反女权主义者, 见 Carole Pateman, *The Sexual Contract* (1988)。

61 Claude Rawson, *Satire and Sentiment 1660—1830* (1994), p. 209. 鉴于他对自己女性朋友居高临下的关系和态度, 对斯威夫特是很难评说的。

62 Donald F. Bond (ed.), *The Tatler* (1987); Shevelow, *Women and Print Culture*, pp. 17, 93; M. Mahl and H. Koon (eds.), *The Female Spectator* (1977)。

63 Bond, *The Tatler*, vol. ii, no. 172, p. 444 (Tuesday, 16 May 1710).

64 Joseph Addison and Richard Steele, *The Spectator* (1965), vol. ii, no. 128, pp. 8—11 (Friday, 27 July 1711); Poulain de la Barre, *De l'égalité des deux sexes* (1673), 见 Cohen, "'What the Women at All Times Would Laugh At'", p. 125; 以及 Browne, *The Eighteenth-century Feminist Mind*, p. 122; 相关讨论见 Erin Mackie, *Market à la Mode* (1977), p. 165. 关于《旁观者》对于和谐婚姻的论述, 见 nos. 105—108。

65 引自 Myers, *The Bluestocking Circle*, p. 123。

66 Henry Mackenzie, *Julia de Roubigné* (1777), vol. ii, letter 30, pp. 73—74; Janet Todd, *Sensibility: An Introduction* (1986), p. 100.

67 关于这些问题, 见 Janet Todd, *The Sign of Angellica* (1989)。对于丈夫的"天赋权利"的谴责, 见 Wollstonecraft, *A Vindication of the Rights of Women*, 载于 *A Vindication of the Rights of Men with A Vindication of the Rights of Woman*, pp. 112—113: "丈夫的天赋权利, 就像国王的天赋权利一样, 希望在这个开明的时代可以在没有危险的情况下提出质疑。"

68 Lady Mary Chudleigh, "To the Ladies" (1705), 载于 Lonsdale, *Eighteenth-Century Women Poets*, p. 36。

69 James L. Axtell, *The Educational Works of John Locke* (1968). 洛克的观点将在第十五章做进一步探讨。

70 例如, 洛克从未表示过, 女性应享有政治参与权。然而, 值得注意的是, 洛克将婚姻视为一种纯粹的民事契约, 而不是一种自然的安排, 并且他在《人类理论》中基于人类学角度的观察囊括了认可离婚或多配偶制的社会, 未对其给予明显批评。

71 Jones, *Women in the Eighteenth Century*, p. 101; Myers, *The Bluestocking Circle*, p. 104; Bridget Hill, *The Republican Virago* (1992), p. 158 ——"共和派的悍妇"是柏克的诋毁之辞, 亦可参见 Macaulay, *Latters On Education* (1790)。

72　Ian H. Bell, *Literature and Crime in Augustan England* (1991), p. 103. 有关类似的论证，见 Lady Mary Chudleigh, *The Ladies' Defence* (1701), *Woman Not Inferior to Man* (1739), 后者的作者署名"索菲"（"Sophia"）。很多这类作品都是匿名发表的。玛丽·阿斯特尔也用匿名发表自己的作品，她知道"当一个女人出现在印刷物上，她肯定会遭到一系列攻击"。在她 1702 年为洛克作的辩护文字里，凯瑟琳·科伯恩解释她之所以匿名，是因为相信"一个女人的名字，会使人对这种性质的作品产生偏见"：Catharine Cockburn, *A Defence of the Essay of Human Understanding Written by Mr Lock* (1702)。当然，许多出自男性手笔的作品也以匿名形式出现。

73　Warren Chernaik, *Sexual Freedom in Restoration Literature* (1995), pp. 125—126; Bridget Hill, *The First English Feminist* (1986), pp. 50f.; Rogers, *Before Their Time*, pp. 28f. 阿斯特尔发表了 *A Serious Proposal to the Ladies for the Advancement of Their True and Greatest Interest* (1694), *Letters Concerning the Love of God* (1695), *A Serious Proposal to the Ladies: Part II* (1697), *Some Reflections Upon Marriage* (1700), *Moderation Truly Stated* (1704), *An Impartial Enquiry into the Causes of Rebellion and Civil War in This Kingdom* (1704), *The Christian Religion, as Profess'd by a Daughter of the Church of England* (1705), 与 *Bart'lemy Fair or an Enquiry after Wit* (1709)。

74　Ruth Perry, *The Celebrated Mary Astell* (1986).

75　Barker-Benfield, *The Culture of Sensibility*, pp. 73, 19, 221—228; 露丝·佩里（Ruth Perry）有些悖于常理地推崇阿斯特尔，称后者看穿了资本主义的现代主义："Mary Astell and the Feminist Critique of Possessive Individualism"（1990）。

76　Astell, *Some Reflections upon Marriage*, 前言, 引自 Warren Chernaik, *Sexual Freedom in Restoration Literature* (1995), pp. 125—163; 当然，阿斯特尔提出了家庭关系和政治关系之间的一致性这一永恒问题。正如范布勒的《愤怒的妻子》中卜如特夫人（Lady Brute）的疑问："既然国王与人民之间的争论是好的，为何夫妻之间的不是？"

77　Astell, *A Serious Proposal to the Ladies for the Advancement of Their True and Greatest Interest*; Hill, *The First English Feminist*, p. 49; Rogers, *Feminism in Eighteenth-Century England*, p. 29.

78　Sarah Scott, *A Description of Millennium Hall and the Country Adjacent* (1996 [1762]); Gregory Claeys (ed.), *Utopias of the British Enlightenment* (1994), p. xv. 比较如下作品中的女性社群 Clara Reeve, *The School for Widows* (1791)。

79　Tomalin, *The Life and Death of Mary Wollstonecraft*.

80　Gary Kelly, *Revolutionary Feminism* (1992).

81　Spacks, *Imagining a Self*, p. 183; Wollstonecraft, *A Vindication of the Rights of Women*, 载于 *A Vindication of the Rights of Men with A Vindication of the Rights of Woman*, p. 137。

82　Wollstonecraft, *A Vindication of the Rights of Men with A Vindication of the Rights of Woman*, pp. 250, 292.

83　Roger Lonsdale (ed.), *The New Oxford Book of Eighteenth Century Verse* (1984), p. 816. 值得注意的是，在赞赏沃斯通克拉夫特的文章的同时，巴鲍德夫人"因行为太过端正以致没有拜访她"：Rogers, *Feminism in Eighteenth-Century England*, p. 218。她有着刻板

的名声。根据柯勒律治的说法,她不赞同他的《古舟子咏》,认为它悖于情理,且无道德可言。

84　引自 Cohen, "'What the Women at All Times Would Laugh At'", p. 138。

85　H. R. Dickinson, *The Politics of the People in Eighteenth-Century Britain* (1995), p. 184. 参见下面第十八章。

86　James Mill, *Essay On Government* (1824), p. 22.

87　John Bennett, *Strictures on Female Education Chiefly as it Relates to the Culture of the Heart*, 载于 *Four Essays* (1787), p. 124。

88　(Richard Polwhele), *The Unisex'd Females* (1798), p. 7.

89　(Polwhele), *The Unisex'd Females* (1798), pp. 6, 16. 书中宣称沃斯通克拉夫特的死是上天安排的报应(pp. 29—30):

> 我不禁想,上帝之手是看得见的,在她的生命、死亡及那些传略本身之中。她沉湎于"内心的渴望",并"顺从她自己的想象",所以她理论上的谬误及其无信仰行为的结果将会暴露于世界;她的死通过为女性指明了她们易于感染的病症及其命运,明白无误地显示了两性的不同特征;所以在为她撰写传略时,她丈夫被允许以一种暂时的热忱参与其中,每一件事都未加虚饰,——每一件事实都被毫无歉意地曝光出来。

引自 Todd, *The Sign of Angellica*, p. 215。

90　Todd, *The Sign of Angellica*, p. 131. 1744 年威尔克斯坚持认为,智慧"是能够潜伏在女性心底的最危险的伴侣",除非受到严格控制:Spacks, *The Adolescent Idea*, p. 23。

91　Hill, *The First English Feminist*, p. 145; Myers, *The Bluestocking Circle*, p. 44. 当嫁给朱塞佩·皮奥齐的时候,等待着海斯特·斯瑞尔的是相同的命运:伊丽莎白·蒙塔古对这场婚姻怒不可遏,称它"如此可怕地占据着我的心灵,使我无暇顾忌其他任何问题":Rogers *Feminism in Eighteenth-Century England*, p. 216:斯瑞尔夫人已经成了"女性的一个耻辱"。

92　Todd, *The Sign of Angellica*, p. 131; Tomalin, *The Life and Death of Mary Wollstonecraft*, p. 244.

93　Myers, *The Bluestocking Circle*, pp. 238, 257; 沙蓬夫人也不赞同麦考莱,因为她的政治主张和类似于情色冒险主义的思想。

94　Laetitia-Matilda Hawkins, *Letters on the Female Mind, Its Powers and Pursuits* (1793), vol. i, p. 142:

> 我认为,我们不能断言智识力量没有性别的差异。自然肯定是有意要区别对待……女性的智识偏于敏锐而强度不够。结果在我们运用它的时候,显得更缺少毅力并更有活力。

95 Rogers, *Feminism in Eighteenth-Century England*, p. 32. 伊丽莎白·卡特（Elizabeth Carter, 1717—1806）是一位牧师的长女，他教她拉丁语、希腊语和希伯来语；她学习法语并自修意大利语、西班牙语和德语，还间或学些葡萄牙语和阿拉伯语。她也学习数学、地理、历史和天文学，还进行音乐创作。1758 年，她靠翻译爱比克泰德的作品挣了 1000 英镑，该作品由塞缪尔·理查森筹资出版。

96 Myers, *The Bluestocking Circle*, p. 231.

97 Mary Hays, *Appeal to the Men of Great Britain in Behalf of Women* (1798), p. 97, 对它的讨论见诸 Browne, *The Eighteenth-Century Feminist Mind*, p, 117。

98 Catherine Belsey, "Afterword: A Future for Materialist-Feminist Criticism?" (1991), p. 262. 启蒙运动对于"黑人"和"非西方人"而言，也被视为一场灾难。

99 Nancy Armstrong, *Desire and Domestic Fiction* (1987), p. 8; 见 Miles Ogborn, *Spaces of Modernity* (1998), p. 42 中的集中讨论。

第十五章　教育：万能药？

1 Joseph Addison and Richard Steele, *The Spectator* (1965), vol. ii, no. 215, p. 338.

2 James keir (ed.), *An Account of the Life and Writings of Thomas Day* (1791), p. 104, 引自 B. Simon, *The Tow Nations and the Educational Structure 1780—1870* (1974 [1960]), p. 25。

3 "教师"辞条，出自 *Encyclopedia Britannica*, 4th edn (1800), vol. xx, p. 230。

4 对于孩子的一般论述，见 J. H. Plumb, "The New World of the Children in Eighteen-Century England" (1975); Ivy Pinchbeck and Margaret Hewitt, *Children in English Society* (1969—1973); Hugh Cunningham, *The Children of the Poor* (1991), 以及 *Children and Childhood in Western Society Since 1500* (1995). 劳伦斯·斯通已经对 18 世纪前父母对孩子的亲情提出了质疑，琳达·波洛克也重申了这一点：Lawrence Stone, *The Family, Sex and Marriage in England, 1500—1800* (1977); Linda Pollock, *Forgotten Children* (1983), 以及 *A Lasting Relationship: Parents and Children over Three Centuries* (1987)。

5 M. G. Jones, *Hannah More* (1952), p. 117.

6 Philippe Aries, *Centuries of Childhood* (1973); Stone, *The Family, Sex and Marriage in England, 1500—1800*. 关于青春期这一现代概念在较早时期的缺失，也可参见 Ilana Krausman Ben-Amos, *Adolescence and Youth in Early Modern English History* (1994), 和 Patricia Meyer Spacks, *The Adolescent Idea* (1981)。

7 J. A. Passmore, *The Perfectibility of Man* (1970), pp. 159f.

8 John Locke, *Some Thoughts concerning Education* (1693), 载于 James L. Axtell, *The Educational Writings of John Locke* (1968), p. 114。关于抚养子女，见 D. Beekman, *The Mechanical Baby* (1979); C. Hardyment, *Dream Babies* (1983)。不应夸大洛克作为一位教育者的首创性：他是文艺复兴时期庞大教育工作者链条中的一环。然而，他的影响是不容否认的。

9 Maurice Cranston, *John Locke: A Biography* (1957), pp. 239ff. Axtell, *The Educational*

Writings of John Locke, p. 325; 见 D. Spadafora, *The Idea of Progress in Eighteenth-Century Britain* (1990), p. 167 中的讨论。

10　玛丽·沃斯通克拉夫特指出："父母对孩子的奴役性束缚会阻碍他们心智的发展，并且洛克先生明智而审慎地注意到，如果孩子的心灵被一味地约束和贬低，如果他们的精神被过于严厉的管制挫败和破坏，他们就会丧失活力和勤奋。" Mary Wollstonecraft, *A Vindication of the Rights of Woman*, in *A Vindication of the Rights of Men with A Vindication of the Rights of Woman* (1995 [1790 and 1792]), p. 247. 她所谈及的内容见 Locke, *Some Thoughts concerning Education*, para. 46, 载于 Axtell, *The Educational Works of John Locke*, p. 148, para. 2 and 46。

11　Axtell, *The Educational Writings of John Locke*, p. 253.

12　Isaac Kramnick, "Children's Literature and Bourgeois Ideology" (1983), pp. 21—22. Kramnick 解释并引述的是 Locke, *Some Thoughts concerning Education* (1899 [1693]), pp. 149 and 156。

13　Axtell, *The Educational Writings of John Locke*, pp. 242—243："如果不扰乱孩子们，那么他们在黑暗中就不会过于恐惧，就像在明媚的阳光下一样"; S. F. Pickering Jr, *John Locke and Children's Books in Eighteenth-Century England* (1981), pp. 43, 60。

14　Axtell, *The Educational Writings of John Locke*, p. 19.

15　Axtell, *The Educational Writings of John Locke*, p. 116.

16　Axtell, *The Educational Writings of John Locke*, p. 117.

17　Axtell, *The Educational Writings of John Locke*, pp. 116, 123. 也可参见 Maurice Cranston, *John Locke, A Biography* (1957), p. 240。

18　Axtell, *The Educational Writings of John Locke*, p. 134："如果一个人在早上第一次用餐之后，立刻祈求自然的帮助并努力尝试他能否通过用尽力气而顺利排便，通过持续这样做，他可能会适时地将这变成习惯。"

19　Axtell, *The Educational Writings of John Locke*, p. 140.

20　Axtell, *The Educational Writings of John Locke*, pp. 118, 143.

21　Axtell, *The Educational Writings of John Locke*, pp. 118, 150.

22　Axtell, *The Educational Writings of John Locke*, p. 146.

23　Axtell, *The Educational Writings of John Locke*, pp. 208—209.

24　Axtell, *The Educational Writings of John Locke*, p. 212.

25　Axtell, *The Educational Writings of John Locke*, p. 152.

26　Axtell, *The Educational Writings of John Locke*, p. 117：洛克说，孩子"喜欢被当作一名理性的人来对待，这比人们想象的要早"（p. 181）。关于教养，见 George C. Brauer, *The Education of a Gentleman* (1959)。

27　Ephraim Chambers, *Cyclopaedia, Or an Universal Dictionary of Arts and Sciences* (1728), vol. i, p. 279. "每个人"是指"每个重要的人": Pickering, *John Locke and Children's Books in Eighteenth-Century England*, p. 10。

28　Isaac Watts, *Philosophical Essays on Various Subjects* (1733), p. viii; M. J. M. Ezell, "John

Locke's Images of Childhood" (1983/1984).
29. James Talbot, *The Christian Schoolmaster* (1707), p. 24.
30. Pickering, *John Locke and Children's Books in Eighteenth-Century England*, p. 10. 功利主义法律改革者塞缪尔·罗米利（Samuel Romilly）居于洛克教育观点的后期崇拜者之列。可参看 *Memoirs of the Life of Sir Samuel Romilly* (1971 [1840]), vol. i, p. 279。
31. Lawson and Silver, *A Social Histiry of Education in England* (1973).
32. 转引自 Bridget Hill, *The Republican Virago* (1992), p. 146。
33. Catharine Macaulay, *Letters On Education* (1790), p. 27, 讨论见 Hill, *The Republican Virago*, p. 158。
34. Hill, *The Republican Virago*, p, 159.
35. Richard Lovell Edgeworth, *Memoirs* (1820), vol. i, p. 173, 引自 Desmond Clarke, *The Ingenious Mr Edgeworth* (1965), p. 166; Robert E. Schofield, *The Lunar Society of Birmingham* (1963), p. 55。
36. Edgeworth, *Memoirs*, vol. i, pp. 253—254, 268—269. 迪克移居卡罗莱纳过着一种耽于享乐的生活。
37. Clarke, *The Ingenious Mr Edgeworth*, p. 164; Mitzi Myers, "Shot From Canons" (1995). Marilyn Butler, *Maria Edgeworth: A Literary Biography* (1972).
38. Clarke, *The Ingenious Mr Edgeworth*, p. 163. 事实上，《实践教育》是一个团队努力的结果，其中有家人和朋友的贡献，并由玛利亚负责执笔撰写——这是一个文学伙伴关系的开端，她写道："这在多年以来一直是我生活中的欣喜与骄傲。"
39. Clarke, *The Ingenious Mr Edgeworth*, p. 40.
40. Clarke, *The Ingenious Mr Edgeworth*, p. 40.
41. Clarke, *The Ingenious Mr Edgeworth*, p. 50.
42. Marilyn Butler, *Romantics, Rebels and Reactionaries* (1981), p. 94. 一个半世纪以前，约翰·弥尔顿在《论教育》中就已经认为宗教是教育的关键："学习的目的是要通过重新正确认识神，来修复我们祖先的废墟。" *Of Education* (1644), p. 2.
43. Edgeworth, *Memoirs*, vol. ii, pp. 527, 549.
44. Michael Newton, "The Child of Nature" (1996).
45. R. L. Edgeworth and M. Edgeworth, *Practical Education* (1798), vol. i, p. 63. 这是作者以使教育成为一门"实验科学"为目的的许多实验中的一个 (vol. i, pp. v—vi)。关于将孩子作为(思想)实验对象，见 Larry Wolff, "When I Imagine a Child" (1998)。
46. Edgeworth and Edgeworth, *Practical Education*, vol. i, p. 6.
47. Edgeworth and Edgeworth, *Practical Education*, vol. i, p. xii.
48. Clarke, *The Ingenious Mr Edgeworth*, p. 202.
49. Thomas Beddoes, appendix to J. E. Stock, *Life of Thomas Beddoes MD* (1881); Dorothy A. Stansfield, "Thomas Beddoes and Education" (Spring 1979), 以及 *Thomas Beddoes MD 1760—1808, Chemist, Physician, Democrat* (1984), p. 83。
50. Roy Porter, *Doctor of Society* (1991), pp. 39f., 79f.

51 关于普利斯特利对教育的论述，见 J. A. Passmore, *Priestley's Writings on Philosophy, Science and Politics* (1965), pp. 285—313; H. McLachlan, *Warrington Academy, Its History and Influence* (1943); Joseph Priestley, *An Essay on a Course of Liberal Education for Civil and Active Life* (1765).

52 John Brown, *Thoughts on Civil Liberty, Licentiousness and Faction* (1765).

53 Joseph Priestey, *An Essay on the First Principles of Government* (1771), 载于 John Towill Rutt (ed.), *The Theological and Miscellaneous Works of Joseph Priestley* (1817—1832), vol. xxii, p. 119。见 Peter N. Miller (ed.), *Joseph Priestey: Political Writings* (1993), p. xix。

54 Priestey, *An Essay on the First Principles of Government*, 载于 Rutt, *The Theological and Miscellaneous Works of Joseph Priestley*, vol. xxii, p. 46。

55 启蒙人士倡导为了商业实行实践教育。韦奇伍德认为，"对于任何有意于商业的男孩而言，学习拉丁语是对时间的无用荒废，因为他们在对它的学习上很少达到任何可接受的完善程度，或者记住他们学过的。除了他们不需要它之外，将时间用在完善他们的法语或账目学习上将会好得多"：Ann Finer and George Savage (ed.), *The Selected Letters of Josiah Wedgwood* (1965), p. 244。

56 W. Roberts (ed.), *Memoirs of the Life and Correspondence of Mrs Hannah More* (1834), vol. iii, p. 133.

57 Joseph Priestley, *Miscellaneous Observations Relating to Education* (1778), p. 129.

58 Michael R. Watts, *The Dissenters* (1978), vol. i, p. 371.

59 Watts, *The Dissenters*, vol. i, p. 467.

60 例如，见 John Lawson and Harold Silver, *A Social History of Education in England* (1973); H. McLachlan, *English Education under the Test Acts* (1931); Nicholas A. Hans, *New Trends in Education in the Eighteenth Century* (1966)。

61 Edward Gibbon, *Memoirs of My Life* (1966 [1796]), p. 53.

62 V. H. H. Green, "Reformers and Reform in the University" (1986), p. 607.

63 有关例子，见 Victor Neuberg, *The Penny Histories, in Milestone in Children's Literature, and Popular Education in Eighteenth-Century England* (1971).

64 Ariès, *Centuries of Childhood*; 关于开创性的讨论，见 Plumb, "The New World of the Children in Eighteenth-Century England".

65 见（Anon, ）*A History of Little Goody Two Shoes* (1766); James A. Secord, "Newton in the Nursery" (1985)。纽伯里是一位商业革新者，事实上是他开创了儿童出版业。至1850年，《好小姐》已经在英国发行了66版：Margaret R. Hunt, *The Middling Sort* (1996), p. 78。

66 《好小姐》将女性在逆境中的力量这一主题与对于识字读写和美德的追求，以及成功的社会流动相结合，完全起到了鼓舞人心的作用。身为孤儿的马杰丽·米恩韦尔与其弟弟汤米身无分文地被抛弃在这个世界上。他们备受亲友轻慢，却得到一位当地牧师的帮助，他为他们购买衣服，还将汤米送去出海。同时，小马杰丽自学读写，熟练到开始教其他孩子。她还拥有了与年龄不相匹配的智慧，为一位性情暴躁的乡绅提出早起少食的建议，与迷信思想作斗争，并阻止了一次对他父亲的往日仇人以及前地主蒂莫西爵士的房子的抢劫——由此表明了她以德报怨的能力。很快，她的美名为她赢得了当地学校女教师的职位，她在那里继续通过她的字母积木教孩子们识字，并教导孩子们要服从权威，还有早起及勤奋工作的价值。她对于斗鸡、折磨昆虫以及鞭打马匹和狗极为反对，而且她无论走到哪里，还一如既往地为村民提供明智的建议和理智的问题解决办法。后来，一位乡绅爱上了她，并与她结为夫妇。这个时候，她弟弟汤米意外地出现了，他在非洲发了财，还赠给她一套豪华住宅作为嫁妆。

67 理查森笔下的反面角色拉夫莱斯谈到了对女人的粗暴为何往往始于对动物的粗暴：Samuel Richardson, *Clarissa* (1748), vol. iii, letter 75, pp. 347—350。

68 Axtell, *The Educational Works of John Locke*, p. 225.

69 James Turner, *Reckoning with the Beast* (1980), p. 7. Pickering, *John Locke and Children's Books in Eighteenth-Century England*, p. 19.

70 Keith Thomas, *Man and the Natural World* (1983); 基督教曾认为（皮科克笔下的牧师加斯特博士为其做见证），"所有的动物生来都只是且只能为人类所用"——由于缺乏灵魂，它们本身并不是目的，而且笛卡尔哲学已经否认了它们拥有意识：Thomas Peacock, *Headlong Hall* (1816), 载于 David Garnett (ed.), *The Novels of Thomas Love Peacock* (1948), p. 15. 有关讨论见第十三章。

71 David Elliston Allen, *The Naturalist in Britain* (1976); Nicolaas A, Rupke (ed.), *Vivisection in Historical Context* (1987); Macdonald Daly, "Vivisection in Eighteenth-Century Britain" (1989)。

72 K. Tester, *Animals and Society* (1991), p. 96.

73 Turner, *Reckoning with the Beasts*, p. 13; Laurence Sterne, *The Life and Opinions of Tristram Shandy* (1967 [1759—1767]), p. 131.

74 James Thomson, "Spring", 载于 *The Seasons* (1744), p. 19, ll. 386—391。

75 Turner, *Reckoning with the Beasts*, p. 49.

76 John Wiltshire, *Samuel Johnson in the Medical World* (1991), p. 129.

77 Wiltshire, *Samuel Johnson in the Medical World*, p. 125.

78 "An Experiment on a Bird in the Air Pump", 载于 Benedict Nicolson, *Joseph Wright of Derby: Painter of Light* (1968), pp. 43—45, 112—113。

79 Schofield, *The Lunar Society of Birmingham*, p. 215.

80 Kramnick, "Children's Literature and Bourgeois Ideology", p. 26. 以撒·华滋写下《切莫游手好闲、无事生非》（*Against Idleness and Mischief*, 1715）：

小小蜜蜂忙碌着
不放过每一个良机
终日奔忙，只为从每一个绽放的花朵中
采撷蜂蜜！

载于 Roger Lonsdale (ed.), *The New Oxford Book Of Eighteenth-Century Verse* (1984), p. 74。

81　J. H. Plumb, "The New World of the Children in Eighteenth-Century England" (1975), p. 303.

82　Thomas Day, *The History of Sandford and Merton* (1783—1789)，见 F. J. H. Darton, *Children's Books in England*, 3rd edn (1982), pp. 145—147。

83　Kramnick, "Children's Literature and Bourgeois Ideology".

84　Kramnick, "Children's Literature and Bourgeois Ideology", p. 37. 克拉姆尼克引述了戴的话。

85　Kramnick, "Children's Literature and Bourgeois Ideology".

86　(Tom Telescope), *The Newtonian System of Philosophy* (1761); Geoffrey Summerfield, *Fantasy and Reason* (1984); Pickering, *John Locke and Children's Books in Eighteenth-Century England*; Bette P. Goldstein, *Lessons to be Learned* (1984); Susan Pedersen, "Hannah More Meets Simple Simon" (1986); Joyce Whalley, *Cobwebs to Catch Flies* (1975).

87　(Tom Telescope), *The Newtonian System of Philosophy*，它声称是"对小人国所做的六次演讲的要旨": Plumb, "The New World of the Children in Eighteenth-Century England", p. 302; Secord, "Newton in the Nursery"。这不是第一部写给儿童的通俗科学书籍：以下书籍早在 1710 年就出现了，(Anon.), *A Short and Easie Method to Give Children an Idea or True Notion of Celestial and Terrestrial Beings* (1710)。

88　Pickering, *John Locke and Children's Books in Eighteenth-Century England*, p. 41.

89　Kramnick, "Children's Literature and Bourgeois Ideology", p. 227; Marina Warner, *No Go the Bogeyman* (1998), p. 318.

90　Kramnick, "Children's Literature and Bourgeois Ideology", pp. 227—228.

91　Warner, *No Go the Bogeyman*, p. 318.

92　Kramnick, "Children's Literature and Bourgeois Ideology", pp. 228—229; Pickering, *John Locke and Children's Books in Eighteenth-Century England*, p. 146. 关于女性在废奴运动中的作用，见 Moira Ferguson, *Subject to Others* (1992)，它考察了女性是怎样为奴隶和黑人发声的。

93　Pickering, *John Locke and Children's Books in Eighteenth-Century England*, p. 61.

94　Peter Coveney, *The Image of Childhood* (1968).

95　见 Ian H. Bell, *Literature and Crime in Augustan England* (1991)。

96　Dennis Todd, *Imagining Monsters* (1995); Alice Domurat Dreger, *Hermaphrodites and the Medical Invention of Sex* (1998).

97　John Toland, *Reasons for Naturalising the Jews in Great Britain and Ireland* (1714). 关于犹太人，见 Frank Felsenstein, *A Paradigm of Otherness* (1995); Todd M. Endelman, *The Jews of Georgian England 1714—1830* (1979); 广泛讨论见 Ulrich Im Hol, *The Enlightenment* (1994), p. 245, 以及 Hiram Caton, *The Politic of Progress* (1988), p. 246。

98　Warner, *No Go the Bogeyman*, p. 163.

99　在维多利亚时期的社会评论者开始讨论"最黑暗的英格兰"之前，早就有了这种类比，部分是由于发现了所谓的"野男孩"和"野女孩"（带有与"野蛮人"相联系的性格和问题的人）: Newton, "The Child of Nature"; Alan Bewell, *Wordsworth and the*

Enlightenment, p. 62。

100 James Cook, *Journals* (1955—1968), vol. ii, p. 322.

101 Felicity A. Nussbaum, "Polygamy, *Pamela*, and the Prerogative of Empire" (1995), p. 217; Henry Steele Commager, *The Empire of Reason* (1978), p. 52; Gregory Clays (ed.), *Utopias of the British Enlightenment* (1994), p. xi. 关于对虚构历险作品意义的讨论，见 Charles Kerby-Miller, *Memoirs of the Extraordinary Life, Works, and Discoveries of Martinus Scriblerus* (1988), p. 316。关于在欧洲内的旅行，见 Brian Dolan, *Exploring European Frontiers* (1999)。

102 Edmund Burke, in a letter to W. Robertson, 载于 W. Robertson, *Works* (1840), 引自 Ronald L. Meek, *Social Science and the Ignoble Savage* (1975), p. 173; 见 Peter Marshall and Gwyndyr Williams, *The Great Map of Mankind* (1982)。

103 Meek, *Social Science and the Ignoble Savage*, p. 173.

104 Jonathan Lamb, *Preserving the Self in the South Seas* (即出)。

105 Daniel Defoe, *Robinson Crusoe* (1985 [1719])。关于将《鲁滨逊漂流记》作为时代象征的经典解释，见 Ian Watt, *The Rise of the Novel* (1957), pp. 60—90。

106 Jonathan Swift, *Gulliver's Travels* (1985 [1726]), p. 243, 讨论可见 Laura Brown, *Ends of Empire* (1993), p. 170; Dennis Todd, "The Hairy Maid at the Harpsichord" (1992)。

107 George Birkbeck Hill, *Boswell's Life of Johnson* (1934—1950), vol. i, p. 308. Jeremy Bentham, *Emancipate Your Colonies!*, 载于 John Bowring (ed.), *The Works of Jeremy Bentham* (1995 [1843]), vol. iv, p. 407。

108 有关18世纪人类学的论述，见 H. F. Augstein (ed.), *Race: The Origins of an Idea, 1760—1850* (1996); J. S. Slotkin, *Readings in Early Anthropology* (1965)。

109 见 M. T. Hodgen, *Early Anthropology in the Sixteenth and Seventeenth Centuries* (1964); H. F. Augstein, *James Cowles Prichard's Anthropology* (1999)。

110 Hugh West, "The Limits of Enlightenment Anthropology" (1989); Robert Wokler, "From *l'homme physique* to *l'homme moral* and Back" (1993), and "Anthropology and Conjectural History in the Enlightenment" (1995).

111 Ian Simpson Ross, *Lord Kames and the Scotland of His Day* (1972), p. 337; Ivan Hannaford, *Race. The History of an Idea in the West* (1996).

112 Henry Home, Lord Kames, *Sketches of the History of Man* (1774); Robert Wokler, "Apes and Races in the Scottish Enlightenment" (1988); Martin Bernal, *Black Athena* (1987), vol. i, Christopher J. Berry, "'Climate'in the Eighteenth Century" (1974).

113 H. Honour, *Chinoiserie* (1961); J. J. Clarke, *Oriental Enlightenment* (1997); William W. Appleton, *A Cycle of Cathay* (1951).

114 Peter Marshall (ed.), *The British Discovery of Hinduism in the Eighteenth Century* (1970); Hans Aarsleff, *The Study of Language in England, 1780—1860* (1983), ch. 4.

115 见 Isobel Grundy, *Lady Mary Wortley Montagu. Comet of the Enlightenment* (1999), pp. 152f。关于《古兰经》，见 Rana Kabbani, *Europe's Myths of Orient* (1986), p. 31; Sarah Searight,

	The British in the Middle East (1979), p. 82; Ahmad Gunny, *Images of Islam in Eighteenth-Century Writing* (1996)。
116	Edward Said, *Orientalism* (1978).
117	Roy Porter, *Gibbon* (1988), p. 131; Gunny, *Images of Islam in Eighteenth-Century Writing*.
118	见 Oliver Goldsmith, *Citizen of the World* (1762); Appleton, *A Cycle of Cathay*, p. 122; V. G. Kiernan, *The Lords of Human Kind* (1972), p. 22. 自然神论者如马修·廷德尔将儒家学者视作圣人,因为他们认识到宗教的本质在于道德。
119	引自 Michael Adas, *Machines as the Measure of Men* (1989), p. 169; 詹姆斯·密尔的讨论见 J. W. Burrow, *Evolution and Society* (1966, 1970), pp. 42—62。关于西方人愈益诋毁东方知识,称其幼稚,见 Roberta Bivins, "Expectations and Expertise" (1999)。
120	Anthony Pagden, *Lords of All the World* (1995), p. 77. 洛克学派不承认征服有理论。
121	Lois Whitney, *Primitivism and the Idea of Progress* (1934). "高贵的野蛮人"是屈莱顿(Dryden)发明的短语。这个虚构遭到了埃德蒙·柏克的讽刺, Edmund Burke, *A Vindication of Natural Society* (1982 [1756])。
122	见 David Brion Davis, *The Problem of Slavery in Western Culture* (1966); Angus Calder, *Revolutionary Empire* (1981); Hugh Honour, *The Image of the Black in Western Art* (1989), vol. iv; Roxann Wheeler, "The Complexion of Desire" (1999); Markman Ellis, *The Politics of Sensibility* (1996)。
123	James Grainger, *The Sugar-Cane* (1764), bk I, ll. 611—612. 见 Lonsdale, *The New Oxford Book of Eighteenth-Century Verse*, p. 520; David Dabydeen (ed.), *The Black Presence in English Literature* (1985) 及 *Hogarth's Blacks* (1985)。约翰逊是怀有敌意的:鲍斯韦尔记录说,他提议"为下一场西印度群岛的黑人暴动干杯",使几位非常严肃的牛津人目瞪口呆: Hill, *Boswell's Life of Johnson*, vol . iii, p. 200。
124	Vincent Carretta (ed.), *Unchained Voices* (1996), 以及 *Olaudah Equiano: The Interesting Narrative and Other Writings* (1995)。
125	见 Folarin Shyllon, *Black People in Britain, 1555—1833* (1977), p. ix。William Blackstone, *Commentaries on the Laws of England* (1979 [1765—1769]),该书第一版宣称"一名奴隶或黑人在他到达英格兰的那一刻,便成为了一位自由人": Carretta, *Unchained Voices*, p. 5。
126	见 Ferguson, *Subject to Others*,有关来自女性的反抗。
127	引自 Carretta, *Unchained Voices*, p. 6。戴写了一首反奴隶制的诗,名为《垂死的黑人》(*The Dying Negro*)(1773)。
128	Erasmus Darwin, *The Botanic Garden* (1789—1791), pt ii, pp. 421—430. 关于韦奇伍德的反奴隶制情绪,见 Finer and Savage (eds.), *The Selected Letters of Josiah Wedgwood*, p. 310。也可见 David Turley, *The Culture of English Antislavery, 1780—1860* (1991); Shyllon, *Black People in Britain 1555—1833*, p. 9。
129	F. J. Klingbery, *The Anti-Slavery Movement in England* (1926), p. 51.
130	Klingbery, *The Anti-Slavery Movement in England*, p. 51.

131　William Paley, *The Complete Works of William Paley* (1824), vol. iii, pp. 146f. ; Klingbery, *The Anti-Slavery Movement in England*, p. 51.

132　Deniel Defoe, *The History and Remarkable Life of Colonel Jacque, Commonly Call'd* (1722).

133　David Turley, *The Culture of English Antislavery, 1780—1860* (1991), pp. 25f.

134　关于废奴主义，见 J. Walvin, *Slavery and British Society, 1776—1848* (1982), 以及 *Black and White* (1973); J. Walvin and D. Eltis (eds.), *Abolition of the Atlantic Slave Trade* (1981); J. Walvin, M. Craton and D. Wright (ed.), *Slavery, Abolition and Emancipation* (1976)。在一定程度上，黑人的声音是以那种典型的启蒙语言发出的，但他们通常是基督徒：Carretta, *Unchained Voices*。

135　Aphra Behn, *Oroonoko or the Royal Slave* (1688), p. 30.

136　Paul Langford, *A Polite and Commercial People* (1989), p. 514.

137　T. B. Clark, *Omai: The First Polynesian Ambassador to England* (1941), pp. 76—89.

138　关于波利尼西亚，见 Bernard Smith, *Imagining the Pacific* (1992); Barbara Maria Stafford, *Voyage Into Substance* (1984); Neil Rennie, *Far-Fetched Facts* (1995)。

139　詹姆斯·库克，引自 Hof, *The Enlightenment*, p. 227。

140　Roy Porter, "The Exotic as Erotic"（1989）.

141　Cook, *Journals*, vol. ii, p. 175.

142　Whitney, *Primitivism and the Idea of Progress*, p. 58.

143　Whitney, *Primitivism and the Idea of Progress*, p. 64; R. D. Altick, *The Shows of London* (1978), p 47.

144　Kiernan, *The Lords of Human Kind*; Simon Schaffer, "Visions of Empire: Afterword" (1996); Karils Racevskis, *Postmodernism and the Search for Enlightenment* (1993).

第十六章　平民

1　Erasmus Darwin, 转引自 Maureen McNeil, *Under the Banner of Science* (1987), p. 111。

2　Josiah Wedgwood, "An Address to Young Inhabitants of the Pottery" (1783), p. 22. 参见上文第十五章。

3　Joseph Trapp, *Lectures On Poetry* (1742), 引自 Brian Hepworth, *The Rise of Romanticism* (1978), p. 58。参见 Henry Fielding, *The Covent-Garden Journal*, no. 33（Saturday, 23 April 1752），附带有这样的结尾语："我厌恶那些亵渎神灵的无赖"，并戏谑地称"这是一个受教育程度高和开明的时代"。关于"被召的人多"，见 David Hartley, *Observations On Man, His Frame, His Duty, and His Expectations* (1791), vol. ii, p. 405。

4　引自 Leslie Stephen, *History of English Thought in the Eighteenth Century* (1962), vol. i, p. 197。当时一些名人持不友好的语调。沃伯顿主教和朋友理查德·赫德争辩道："教会，像诺亚方舟一样，是值得拯救的。不是为了几乎填满船舱的肮脏野兽和害虫，而是为了角落里存留的理性，船内的污浊空气对它所造成的困扰不亚于船外的狂风暴雨带给它的。"参见 William Warburton, *Letters from a Late Eminent Prelate to*

One of His Friends (1808), letter 7, 引自 S. C. Carpenter, *Eighteenth-Century Church and People* (1959), p. 148。

5 见 Jenny Uglow, *Hogarth: A Life and a World* (1997); Colin Franklin, *Lord Chesterfield, His Character and Characters* (1993), p. 35; David Craig, *Scottish Literature and the Sottish People 1680—1830 (1961)*, p. 59。关于普通民众的形象, 见 John Brewer, *The Common People and Politics*, 1750—1800 (1986)。

6 Roy Porter, "The People's Health in Georgian England" (1995); G. Miller, *The Adoption of Inoculation for Smallpox in England and France* (1957).

7 "我们所拥有的历史只是上层社会的历史罢了", 出自 Thomas Robert Malthus 的 *An Essay on the Principle of Population* (1798), p. 32; John Brand (ed.), *Observations on Popular Antiquities* (1777)。

8 Peter Burke, *Popular Culture in Early Modern Europe* (1978), p. 285.

9 Thomas Percy, *Reliques of Ancient English Poetry* (1765); Burke, *Popular Culture in Early Modern Europe*, p. 5; Bob Bushaway, *By Rite* (1982); Richard M. Dorson (ed.), *Peasant Customs and Savage Myths* (1968).

10 Jeremy Black, *An Illustrated History of Eighteenth-Century Britain, 1688—1793* (1996), p. 158; Paul Baines, *The House of Forgery in Eighteenth-Century Britain* (1999), pp. 103—124.

11 以上三个诗集据称是古代盖尔语诗歌的翻译作品, 实际上, 大部分是麦克弗森自己创作的诗歌。在他的 *Critical Dissertation on the Poems of Ossian* (1765) 中, 休·布莱尔从"社会童稚时期"的质朴激情方面出发, 为这些诗歌辩白: 诗人就是预言家。关于欧洲人对非基督教的和非古典的文化和往昔不断增长的关注, 见 Kirsti Simonsuuri, *Homer's Original Genius* (1979); Craig, *Scottish Literature and the Scottish People 1680—1830*, p. 107。

12 William Wordsworth, *Lyrical Ballad* (1798) 的前言, 载于 *The Prose Works of William Wordsworth* (1974), vol. i, p. 124。

13 见 Keith Thomas (ed.), *The Oxford Book of Work* (1999), pp. 16, 80f。

14 Oliver Goldsmith, *The Deserted Village* (1770), p. 4. 托马斯·格雷的《墓园挽歌》(1751) 中也有这种对农民的哀叹伤感:

> 妄者莫嘲讽, 劳碌终有功。
> 微贱无须叹, 家乐可颂扬。
> 蓬户家史短, 简略不足耀。
> 权贵或有闻, 无为相讥诮。

Thomas Gray, *Selected Poems* (1997), p. 23. (本诗采用王佐良先生译本。——译者) Raymond Williams, *The Country and the City* (1973).

15 关于对穷人的否定态度, 见 Daniel A. Baugh, *Poverty, Protestantism and Political Economy* (1977—1978); A. L. Beier, "'Utter Strangers to Industry, Morality and Religion'" (1988)。

16 Roy Porter, "Civilization and Disease" (1991). 就像以往一样, 一个人必须警惕含糊其词

的话语：多少带点卢梭的风格，切恩认为笨拙之人更健康些。

17　引自 John R. Millburn, *Benjamin Martin: Author, Instrument—Maker and Country—Showman* (1976), p. 41。

18　John Brown, *Thoughts on Civil Liberty, Licentiousness and Faction* (1765); 关于布朗，见 James L. Clifford (ed.), *Man Versus Society in Eighteen-Century Britain* (1968), p. 29。在 17 世纪中期的争论中，许多发声者如亨利·艾尔顿表明他们所提及的"人民"并不包括"穷人"; C. B. Macpherson, *The Political Theory of Possessive Individualism* (1964), pp. 227f。

19　Carl B. Cone, *The English Jacobins* (1968), pp. 11—12. 对比大卫·休谟在《论商业》（1741—1742）中的说法："大部分人或许可分为两类：肤浅者，与真理无缘；深邃者，与真理偕行。"载于 David Hume, *Selected Essays* (1993), p. 154。"乌合之众"是休谟喜欢使用的词语。

20　引自 John Marshall, *John Locke; Resistance, Religion and Responsibility* (1994), p. 298。比较 C. B. Macpherson, *Democratic Theory* (1973)。

21　John Locke, *The Reasonableness of Christianity* (1695), p. 302，转引自 Cone, *The English Jacobins*, p. 12。

22　Locke, *The Reasonableness of Christianity*, p. 279。洛克摒弃了下层社会中的"人人皆教士"的主张："白天劳作的人和商人，未婚女子和挤奶工"必须被告知信仰什么。"大部分人无知无识，只能信奉。"

23　James Thomson, "Summer", in *The Seasons*, in *Works* (1744), l. 1710，转引自 Marjorie Hope Nicolson, *Science Demands the Muse* (1966), p. 32。1787 年，在巴黎郊外，有人用一个大热气球进行飞行实验，当地惊惧的农民以为月亮在休息时掉了下来，他们攻击并毁坏了热气球: Margaret C. Jacob, *Scientific Culture and the Making of the Industrial West* (1997), p. 132。

24　Paul Langford, *A Polite and Commercial People* (1989), p. 282。

25　Bernard de Mandeville, *The Fable of the Bees* (1924 [1714]), vol. i, p. 91。

26　David Hume, *Hume's Dialogues concerning Natural Religion* (1947 [1779]), section 6, p. 185。

27　引自 Newman, *The Rise of English Nationalism*, p. 70。

28　Anthony Ashley Cooper, 3rd Earl of Shaftesbury, *Characteristicks of Men, Manners, Opinions, Times*, 4th edn (1727), Second Characters, pp. 22—23, 转引自 John Barrell, *The Political Theory of Painting from Reynolds to Hazlitt* (1986), p. 34。

29　Shaftesbury, *Characteristicks of Men, Manners, Opinions, Times* (1999 [1723]), vol. i, p. 70。

30　Joseph Addison and Richard Steele, *The Spectator* (1965), vol. iii, no. 411, p. 539。博林布鲁克勋爵认为："一些人被安排来照管公众幸福所必需的政府。"参见 Lord Bolingbroke, *A Letter on the Spirit of Patriotism* (1738)，载于 Henry St John, Viscount Bolingbroke, *The Works of Lord Bolingbroke* (1969 [reprint of 1814 ed.] [1754—198]), vol. ii, p. 353。

31　James Miller, *The Man of Taste* (1735), p. 27。

32. David Hume, "Of Essay Writing" (1742), in *Essays Moral, Political and Literary* (1898 [1741—1742]), vol. ii, pp. 367—370, 转引自 Stephen Copley, "Commerce, Conversation and Politeness in the Early Eighteenth-Century Periodical"（1995）。休谟对比了"无家可归的下层人"。其他以品味建立社会差异的重要作品还有 Alexander Gerard, *Essay On Taste* (1759) 以及 Lord Kames, *Elements of Criticism* (1762)。
33. G. J. Barker-Benfield, *The Culture of Sensibility* (1992), p. 291.
34. Iain Pears, *The Discovery of Painting* (1988), p. 48.
35. Thomas Reid, "Of the Powers We Have by Means of Our External Senses", 载于 *Essays On the Intellectual Powers of Man* (sn, 1785), p. 128, 在 John W. Yolton, *Perceptual Acquaintance from Descartes to Reid* (1984), p. 3 中得到了论述。
36. Thomas Reid, *The Works of Thomas Reid* (1846—1863), p. 302.
37. 玛丽·沃斯通克拉夫特认为仆人"无知与狡诈"，参见 Mary Wollstonecraft, *Thoughts on the Education of Daughters* (1995 [1787]), p. 118。她的丈夫威廉·葛德文也对仆人的恶劣特点提出警告，不过他解释说这并不是他们自己的错，因为他们的卑屈境遇才是使他们受大家嫌恶的原因，参见 William Godwin, *The Inquirer* (1965 [1797]), essay IV: "Of Servants", p. 201。
38. Chudleigh 引自 Moira Ferguson (ed.), *First Feminists* (1985), p. 217。
39. Jane West, "To the Hon Mrs C (ockayn) e" (1791), 转引自 Clifford Siskin, *The Work of Writing* (1998), p. 130.
40. Katherine Balderston (ed.), *Thraliana: The Diary of Mrs Hester Lynch Thrale* (1942 [1776—1809]), vol. ii, p. 547, 引自 Alice Browne, *The Eighteenth-Century Feminist Mind* (1987), p. 125; the *Gentleman's Magazine* (1791), 引自 Maurice J. Quinlan, *Victorian Prelude* (1965), pp. 66—67。
41. Richard Warner, *The History of Bath* (1801), p. 349; 参见 John Rule, *Albion's People* (1992), p. 158。
42. M. G. Jones, *The Charity School Movement* (1938), and *Hannah More* (1952), pp. 92—95。
43. Joyce Taylor, *Joseph Lancaster: The Poor Child's Friend* (1996); John Lawson and Harold Silver, *A Social History of Education in England* (1973), pp. 241—246.
44. 关于欧文，参见第十九章。教育和关于孩子的启蒙观念在第十五章中有论述。
45. Burke, *Popular Culture in Early Modern Europe*; Lee Davison, Tim Hitchcock, Time Keirn and Robert B. Shoemaker (eds), *Stilling the Grumbling Hive* (1992); R. W. Malcolmson, *Popular Recreations in English Society, 1700—1850* (1973). 关于围绕魔法和超自然艺术作品的争论，参见第九章。
46. Neil Mckendrick, "Josiah Wedgwood and Factory Discipline" (1961), pp. 52—53; E. P. Thompson, "Time, Work—Discipline and Industrial Capitalism" (1991); Ann Finer and George Savage (eds.), *The Selected Letters of Josiah Wedgwood* (1965), p. 310.
47. Desmond King-Hele, *Erasmus Darwin, A Life of Unequalled Achievement* (1999), pp. 199—200.

48 James Parkinson, *The Way to Health, Extracted form the Villager's Friend and Physician* (1802). 关于帕金森，参见 Arthur D. Morris, *James Parkinson, His Life and Times* (1989)。

49 James Parkinson, *The Villager's Friend and Physician*, 2nd edn (1804), p. 66.

50 有关这种乡野生活的设想的背景，参见 John Barrell, *The Dark Side of the Landscape* (1980)。

51 James Parkinson, *The Villager's Friend and Physician*, p. 9.

52 John Fielding, *A Plan for a Preservatory and Reformatory for the Benefit of Deserted Girls and Penitent Prostitutes* (1758), p. 7; 也可参见 John Bender, *Imagining the Penitentiary* (1987)；Ian H. Bell, *Literature and Crime in Augustan England* (1991)；Donna T. Andrew, *Philanthropy and Police* (1989), p. 116; W. A. Speck, "The Harlot's Progress in Eighteenth-Century England" (1980)。娼妓是诱惑的受害者的形象，普遍存在于乔治王时代的文学中。

53 Donna T. Andrew, *Philanthropy and Police* (1989), p. 124. 类似的认为盗贼们是出于生存的必需才犯罪的观点，丹尼尔·笛福在早前就提出来了，可参见 *The History and Remarkable Life of Colonel Jacque, Commonly Call'd* (1722)。

54 Jonas Hanway, *Defects of Police* (1775), p. 54.

55 Bernard de Mandeville, *A Modest Defence of the Public Stews* (1724).

56 参见 V. Bullough, "Prostitution and Reform in Eighteenth-Century England" (1987); D. A. Coward, "Eighteenth-Century Attitudes to Prostitution" (1980); A. R. Henderson, "Female Prostitution in London, 1730—1830" [1992]；Stanley D. Nash, "Social Attitudes towards Prostitution in London form 1752 to 1829" [1980]；John B. Radner, "The Youthful Harlot's Curse" (1976)。

57 Saunders Welch, *A Proposal to ... Romove the Nuisance of Common Prostitutes from the Streets* (sn, 1758); R. Dingley, *Proposals for Establishing a Place of Reception for Penitent Prostitutes* (1758); Sherrill Cohen, *The Evolution of Women's Asylums since 1500* (1992), p. 130; Sarah Lloyd, "'Pleasure's Golden Bait'" (1996)；S. Nash, "Prostitution and Charity" (1984); Miles Ogborn, *Spaces of Modernity* (1998), pp. 34—79.

58 关于作为医学的权威性基础的科学对贝多斯的重要性，在 Roy Poter, *Doctor of Society*（1991）一书中得到强调。

59 Thomas Beddoes, *The History of Isaac Jenkins* (sn, 1792)（下文所引该书都出自 1796 年版）。由于售价便宜或免费分发，这本书印行了很多版。1796 年贝多斯宣称，这本书已经惊人地售出或分发了 4 万多册。

60 Beddoes, *The History of Isaac Jenkins*, p. 5.

61 Beddoes, *The History of Isaac Jenkins*, p. 37.

62 Beddoes, *The History of Isaac Jenkins*, p. 40.

63 Beddoes, *The History of Isaac Jenkins*, p. 43.

64 关于贝多斯对教育的看法，参见 Porter, *Doctor of Society*, pp. 39f。

65 Joesph Priestley, *A Sermon on Behalf of the Leeds. Infirmary Preached at Mill Hill Chapel* (sn, 1768), p. 18. 有关论述参见 Roy Porter, "The Gift Relation" (1989), p. 164。

66　关于对慈善的各种看法，参见 Andrew, *Philanthropy and Police*; Gertrude Himmelfarb, *The Idea of Poverty* (1984)。"经济人"在第十七章有进一步论述。

67　参见 Andrew, *Philanthropy and Police*, pp. 17, 19。

68　Addison and Steele, *The Spectator*, vol. ii, no. 232, pp. 401—405 (Monday, 26 Novermber 1711)。艾迪生继续说道："我反对所有的慈善行为吗？上帝禁止这样做！我认为，在福音书中，劝告我们实践其他美德时都没有使用比这更为悲悯的表达……我们神圣的救世主，把对穷人的施舍看作履行对主的责任，把对慈善的忽视看作违背对他的责任。"

69　Betsy Rodgers, *Cloak of Charity* (1949), pp. 163f; D. Owen, *English Philanthropy, 1660—1960* (1965), pp. 69f.

70　J. T. Anning, *The General Infirmary at Leeds.* (1963), vol. i, p. i.

71　Priestley, *A Sermon on Behalf of the Leeds. Infirmary Preached at Mill Hill Chapel*, p. 10.

72　E. R. Frizelle and J. D. Martin, *Leicester Royal Infirmary, 1771—1971* (1971), p. 24, 引自 Porter, "The Gift Relation", p. 163。

73　William Watts, 参见 Frizelle and Martin, *Leicester Royal Infirmary, 1771—1971*, p. 24, 引自 Poter, "The Gift Relation", p. 176。

74　Priestley, *A Sermon on Behalf of the Leeds. Infirmary Preached at Mill Hill Chapel*, p. 10.

75　Paul Slack, *The English Poor Law, 1531—1782* (1995); George R. Boyer, *An Economic History of the English Poor Law, 1750—1850* (1990); Brian Inglis, *Poverty and the Industrial Revolution* (1971); J. R. Poynter, *Society and Pauperism* (1969); G. W. Oxley, *Poor Relief in England and Wales: 1601—1834* (1974); M. E. Rose, *The English Poor Law 1760—1830* (1971).

76　丹尼尔·笛福，引自 Oxley, *Poor Relief in England and Wales: 1601—1834*, p. 35。

77　Henry Fielding, "An Enquiry into the Causes of the Late Increase of Robbers" (1751)，载于 *An Enquiry into the Causes of the Late Increase of Robbers and Related Writings* (1988)，转引自 Nicholas Rogers, "Confronting the Crime Wave"（1992），p. 84。菲尔丁指出："实际上，穷人的苦难比他们的恶行受到更少的关注，他们在自身的群体中饥寒交迫、堕落沉沦，但他们向生活境况好的人行乞或偷盗抢劫。"

78　Sir F. M. Eden, *The State of the Poor* (1797), 多处。

79　Sir William Temple, *The Works of Sir William Temple, Bart*, 2 vols. (London: Churchill, 1720). 坦普尔在书中各处发表了一些类似的评论；Arthur Young, *The Farmer's Tour through the East of England* (1771), vol. 4, p. 361。然而扬认识到，激励很重要，因为，或许能够用以治理穷人，并且能够最容易、最便宜地提供的巨大动力就是财产。

80　这也是亚当·斯密提倡给予劳动力优厚报偿的部分原因，参见第十七章。

81　有关论述参见 Mark Goldie (ed.), *Locke: Political Essays* (1997), p. xiii; Marshall, *John Locke; Resistance, Religion and Responsibility*, p. 331; Rule, *Albion's People*, p. 124; Beier, "Utter Stangers to Industry, Morality and Religion"。

82　Marshall, *John Locke; Resistance, Religion and Responsibility*, p. 324; Maurice Cranston,

83. *John Locke: A Biography* (1957), p. 424; Richard Ashcraft, "Lockean Ideas, Poverty, and the Development of Liberal Political Theory" (1995), p. 48.
83. George Clarke (ed.), *John Bellers: His Life, Times and Writings* (1993 [1987]); Michael Ignatieff, *A Just Measure of Pain* (1978), p. 13; W. H. G. Armytage, *Heavens Below* (1961), pp. 29—30. 关于弗明，参见 Mitchell Dean, *The Constitution of Poverty* (1991), p. 41。
84. Clarke, *John Bellers: His Life, Times and Writings*; Armytage, *Heavens Below*, p. 29.
85. John Dyer, *The Fleece* (1757), bk II, ll. 239—248, 被收录进 Roger Lonsdale (ed.), *The New Oxford Book of Eighteenth-Century Verse* (1984), p. 172。
86. Charles F. Bahmueller, *The National Charity Company* (1981), pp. 152, 193; 基督教的"强迫进入"(*compellare intrare*)的回响在此明显可感。
87. Bahmueller, *The National Charity Company*, pp. 92, 142.
88. Patrick Colquhoun, *The State of Indigence* (1799), p. 18.
89. John Locke, *Two Treatises of Government* (1998 [1690]), vol. ii, p. 42; Goldie, *Locke: Political Essays*, p. xxv.
90. Dean, *The Constitution of Poverty*, pp. 27—28; 威廉·配第认为"人口少是真正的贫穷"，参见 Wiliam Petty, *Treatise of Taxes and Contributions* (1662), p. 34。
91. Sylvana Tomaselli, "Moral Philosophy and Population Questions in Eighteenth-Century Europe" (1989); Frederick G. Whelan, "Population and Ideology in the Enlightenment" (1991).
92. J. Townsend, *A Dissertation on the Poor Laws* (1786), p. 34. 有关争论参见 Kenneth Smith, *The Malthusian Controversy* (1951), pp. 28—29。
93. Dean, *The Constitution of Poverty*, p. 69.
94. Malthus, *An Essay on the Priciple of Population*. 有关马尔萨斯的思想，参见 James R. Bonar, *Malthus and His Work* (1966); Donald Winch, *Malthus* (1987); Smith, *The Malthusian Controversy*; Andrew Pyle (ed.), *Population: Contemporary Responses to Thomas Malthus (1994)*, p. 129。关于他的最佳的传记，见 Patricia James, *Population Malthus: His Life and Times* (1979)。这里简要地从人口与贫困的角度探讨了马尔萨斯；有关他政治思想的进一步论述，参见第二十章。
95. Mary Poovey, *A History of the Modern Fact* (1998).
96. Malthus, *An Essay on the Principle of Population*, 2nd edn (1803), p. 531. 马尔萨斯认为：

> 一个人……倘若他不能在父母处勉强维持生计（他对后者有正当的需求），并且倘若这个社会不需要他的劳动力，那么他就无权主张最小份的食物，而且实际上，与他的所居之处没有瓜葛。在大自然的丰盛筵席上，没有他的一席之地。

97. Thomas Peacock, *Melincourt* (1817), 载于 David Garnett (ed.), *The Novels of Thomas Love Peacock* (1948), pp. 103f。
98. Townsend, *A Dissertation on the Poor Laws*, p. 20.
99. Ian Gilmour, *Riot, Risings and Revolution* (1992); J. Stevenson, *Popular Disturbances in*

England, 1700—1870 (1979).

100　William Blake, "Holy Thursday" (1793), 载于 G. Keynes (ed.), *Blake: Complete Writings* (1969), p. 211, ll. 1—4。

101　Karlis Racevskis, *Postmodernism and the Search for Enlightenment* (1993); Robert Darnton, "George Washington's False Teeth", *The New York Review* (27 March 1997). 关于大众文化的改革，参见 Burke, *Popular Culture in Early Modern Europe*, p. 208。

102　M. Foucault, *Discipline and Punish* (1979). 认为社会腐蚀与生俱来的美德的观念加强了这种看法，参见 Lois Whitney, *Primitivism and the Idea of Progress*（1934）。这种对平民主义的限制不是英国所独有的反常现象。在法国，启蒙哲人们期望改革社会而非革命，伏尔泰和其他哲人对普通民众的看法普遍是严苛的。哲人们不是想关注农民而只是想帮助他们，他们的境况要被改善，以便让他们更有用，使社会更富强。参见 H. C. Payne, *The Philosophes and the People* (1976)。

103　R. Muchembled, *Popular Culture and Elite Culture in France, 1400—1750* (1985).

104　Larry Stewart, "The Selling of Newton" (1986); Margaret C. Jacob, *The Cultural Meaning of the Scientific Revolution* (1988), pp. 116f.

105　Neil Mckendrick, John Brewer and J. H. Plumb, *The Birth of a Consumer Society* (1982); Dror Wahrman, "National Society, Communal Culture" (1992).

第十七章　追逐财富

1　Adam Smith, *An Inquiry into the Nature and Causes of the Wealth of Nations* (1976 [1776]), vol. i, bk II, ch. 3, p. 341.

2　Paula Backscheider, *Daniel Defoe: His Life* (1989). 丹尼尔·笛福（1660—1731），一名屠夫的儿子，曾以经商为生，不过破产了。关于商业他写了很多作品，著名的有《英国绅商全书》（1969 [1726]）。他还开创性地发表了一些具有异国情调的冒险小说，包括《鲁滨逊漂流记》（1719）、《摩尔·弗兰德斯》（1722）、《罗克珊娜》（1724）和《杰克上校》（1722）。他还负责编辑杂志《评论》（1704—1713），得到罗伯特·哈雷的赞助，尽管他后来是为辉格党著述。他在《不列颠全岛纪游》（1724—1726）中对这个国家做了一番论述，强调商业的发展和价值。

3　关于笛福对魔鬼的论述，参见 Peter Earle, *The World of Daniel Defoe*（1976）, pp. 43f。

4　Daniel Defoe, *The Compleat English Gentleman* (1729), 载于 James T. Boulton, *Selected Writings of Daniel Defoe*（1975）, p. 247。

5　Daniel Defoe, *The Review*（3 January 1706）, 引自 Denis Donoghue, *England, Their England*（1988）, p. 65. 有关他对商业阶层的赞扬，参见 *The Complete English Tradesman*, vol. i, pp. 368—387。他的经济思想，参见 T. K. Meier, *Defoe and the Defense of Commerce*（1987）; Simon Schaffer, "Defoe's Natural Philosophy and the Worlds of Credit"（1989）, and "A Social History of Plausibility"（1993）。

6　Daniel Defoe, *The Review*（1706）, vol. ii, p. 26, 引自 Donoghue, *England, Their England*,

p. 65。

7   Daniel Defoe, *The Review*, (Thursday, 5 February 1713), vol. ix, p. 109, 引自 Donoghue, *England, Their England*, p. 65。

8   Daniel Defoe, preface to *A Plan of the English Commerce* (1728), p. x.

9   Bernard de Mandeville, *The Fable of the Bees* (1924 [1714]), vol. i, p. 116.

10 Edward A. Bloom and Lillian D. Bloom, *Joseph Addison's Sociable Animal* (1971), pp. 11—83.

11 Henry Fielding, *An Enquiry into the Causes of the Late Increase of Robbers* (1751), p. xi; Nancy F. Keohn, *The Power of Commerce* (1994), p. 25.

12 Joseph Addison and Richard Steele, *The Spectator*, (1965), vol. i, no. 69, p. 296 (Saturday, 19 May 1711).

13 关于传统基督教经济思想，参见 Richard Tawney, *Religion and the Rise of Capitalism* (1926)。

14 E. P. Thompson, *Customs in Common (1991);* Robert W. Gordon, "Paradoxical Property" (1995); 有关论述也可参见 John Rule, *The Vital Century* (1992), p. 79。

15 关于重商主义，参见 D. C. Coleman, *The Economy of England* 1450—1750 (1977); Michel Foucault, *The Order of Things* (1970), pp. 174—180。

16 David Hume, "Of the Balance of Trade" (1741—1742), in *Selected Essays* (1993), p. 191. 有关论述参见 Ronald L. Meek (ed.), *Precursors of Adam Smith* (1973), pp. 61f。

17 Smith, *An Inquiry into the Nature and Causes of the Wealth of Nations*, vol. ii, bk IV, ch. 8, p. 661.

18 W. L. Letwin, *The Origins of Scientific Economics* (1963), pp. 41—45; Erich Roll, *A History of Economic Thought* (1938); J. A. Schumpeter, *History of Economic Analysis* (1954), pp. 186—187; Louis Dumont, *From Mandeville to Marx* (1977), pp. 34—36.

19 斯密《国富论》第四卷标题，"论政治经济学体系"。

20 Joyce Oldham Appleby, *Economic Thought and Ideology in Seventeenth-Century England* (1978), and "Ideology and Theory" (1976); 关于旧准则，参见 E. P. Thompson, "The Moral Economy of the English Crowd in the Eighteenth Century" (1971); Keith Snell, *Annals of the Labouring Poor* (1985); J. M. Neeson, *Commoners* (1993). 汤普森、斯内尔和尼森对有关农业的论辩做出了分析，在此将不做进一步讨论。

21 关于人性与经济学，参见 Albert O. Hirschman, *The Passions and the Interests* (1977); James Thompson, *Models of Value* (1996); Sylvana Tomaselli, "Political Economy" (1995)。

22 Koehn, *The Power of Commerce*, pp. 74f.; W. George Shelton, *Dean Tucker and Eighteenth-Century Economic and Political Thought* (1981); Robert Brown, *The Nature of Social Laws, Machiavelli to Mill* (1984), p. 58; J. G. A. Pocock, "Josiah Tucker on Burke, Locke, and Price" (1985); Jocob Viner, *The Role of Providence in the Social Order* (1972), p. 92. 据说，沃伯顿曾评论道：塔克，这位格洛斯特教区的主任牧师，把贸易当作自己的宗教。

23 Smith, *An Inquiry into the Nature and Causes of the Wealth of Nations*, vol. i, bk I, ch. 7, pp. 74—75. 价格应该是自然形成的："当市场的供给量恰好能满足有效需求时，这时

的市场价格要么自然而然地与自然价格完全一致，要么与自然价格的距离已近到可被判断出来"（bk VII），对斯密而言，供求原则发挥作用，应如同万有引力定律一样，是自然而然的。

24　Charles Davenant, "A Memorial concerning the Coyn of England" (1695), 引自 Abbot Payson Usher (ed.), *Two Manuscripts by Charles Davenant* (1942), pp. 20—21。

25　Charles Davenant, *An Essay on the East-India-Trade* (sn, 1696), pp. 25, 34。

26　参见 Dudley North, *Discourses Upon Trade* (1691), 引自 Appleby, *Economic Thought and Ideology in Seventeenth-Century England*, p. 169; Terence Hutchison, *Before Adam Smith* (1988); 与之对照的是 Alessandro Roncaglia, *Petty: The Origins of Political Economy* (1985)。

27　Joyce Oldham Appleby, "Locke, Liberalism and the Natural Law of Money" (1976); C. G. Caffentzis, *Clipped Coins Abused Words, and Civil Government* (1989)。关于洛克，参见 Patrick Hyde Kelly (ed.), *Locke and Money* (1991)。

28　Hirschman, *The Passions and the Interests*, p. 58。

29　Hirschman, *The Passions and the Interests*, p. 65。参见上文第七章。

30　Smith, *An Inquiry into the Nature and Causes of the Wealth of Nations*, vol. i, bk II, ch. 3, p. 341. 以下讨论超越了现代经济学家对斯密的有限且经常时代误置的关注：Donald Winch, *Adam Smith's Politics* (1978), and *Riches and Poverty* (1996)。Stephen Copley and Kathryn Sutherland (eds.), *Adam Smith's Wealth of Nations* (1995); V. Brown, *Adam Smith's Discourse* (1994)。

31　Smith, *An Inquiry into the Nature and Causes of the Wealth of Nations*, vol. i, bk I, ch. 4, p. 37。

32　Smith, *An Inquiry into the Nature and Causes of the Wealth of Nations*, vol. i, bk I, ch. 2, pp. 26—27. 对詹姆斯·斯图尔特爵士而言，"所有的私人利益共同组成了公共利益"；因而，斯密阐释道，"公共幸福"一般是社会中的每位成员"仅仅着眼于自身利益"行事，并追求那种"从任何能赚钱之处获利"的原则所产生的无意识结果，引自 John Barrel, *The Political Theory of Painting from Reynolds to Hazlitt* (1986), p. 49。

33　Adam Smith, *Lectures on Jurisprudence* (1982) (lectures given 1762—1763), vol. iv, p. 163. 接下来的论述很大程度上来自 Christopher J. Berry, *The Ideas of Luxury* (1994), pp. 152—173。

34　Smith, *An Inquiry into the Nature and Causes of the Wealth of Nations*, vol. ii, bk IV, ch. 9, p. 674. 斯密并非对生产系统的缺点浑然不知：

> 那些终其一生都在重复做几个简单操作的人，这些操作的结果也许总是或者几乎是相同的，他没有机会发挥自己的理解力，或运用他的创造力为解决困难而找到应急办法，困难永远不会出现。故而，他们自然而然地失去了发挥运用自己才智的习惯，在人类可能达到的程度内，逐渐变得越来越愚昧无知。

Smith, *An Inquiry into the Nature and Causes of the Wealth of Nations*, vol. ii, bk V, ch. 1, p. 782。

35　Smith, *Lectures on Jurisprudence*, p. 185.
36　Berry, *The Idea of Luxury*, p. 153.
37　Smith, *An Inquiry into the Nature and Causes of the Wealth of Nations*, vol. i, bk I, ch. 4, p. 37.
38　Smith, *An Inquiry into the Nature and Causes of the Wealth of Nations*, vol. i, bk I, ch. 2, p. 30. 这句话经常被人们重复。
39　Smith, *An Inquiry into the Nature and Causes of the Wealth of Nations*, vol. i, bk II, ch. 3, p. 341.
40　Adam Smith, *The Theory of Moral Sentiments* (1976 [1759]), pp. 60, 292. 斯密与重农主义者在价值来源问题上分道扬镳，参见 Daniel Roche, *France in the Enlightenment* (1998), p. 122。
41　"Digression on the Corn Trade"，载于 Smith, *An Inquiry into the Nature and Causes of the Wealth of Nations*, vol. i, bk IV, ch. 5, p. 540：

> 每个人为改善自己境遇自然而然做出努力，当这一行为得以自由、安全实施时，这一行动理由便会变得拥有巨大力量。无须任何帮助，它仅凭自身便不仅能够促使社会繁荣富裕，还能克服不计其数因人类法律的愚蠢而导致的种种障碍。

42　Smith, *An Inquiry into the Nature and Causes of the Wealth of Nations*, vol. i, bk I, ch. 1, pp. 22—23.
43　Smith, *Lectures on Jurisprudence*, p. 333.
44　Smith, *An Inquiry into the Nature and Causes of the Wealth of Nations*, vol. ii, bk V, ch. 1, p. 689. 有关休谟，参见 Eugene Rotwein, *David Hume: Writings on Economics* (1970)。
45　Smith, *An Inquiry into the Nature and Causes of the Wealth of Nations*, vol. ii, bk V, ch. 1, p. 709.
46　Smith, *Lectures on Jurisprudence*, p. 14; Smith, *An Inquiry into the Nature and Causes of the Wealth of Nations*, vol. ii, bk V, ch. 1, p. 714.
47　Smith, *An Inquiry into the Nature and Causes of the Wealth of Nations*, vol. ii, bk V, ch. 1, p. 712.
48　Smith, *An Inquiry into the Nature and Causes of the Wealth of Nations*, vol. ii, bk V, ch. 1, p. 717.
49　David Hume, *The History of England* (1894 [1754—1762]), vol. iii, p. 99; cf, vol. ii, p. 602. 有关休谟的经济理论，参见 Rotwein, *David Hume: Writings on Economics*; Meek, *Precursors of Adam Smith*, p. 43。有关斯密对休谟的赞扬，参见 Smith, *An Inquiry into the Nature and Causes of the Wealth of Nations*, vol. i, bk III, ch. 4, p. 412。
50　Smith, *An Inquiry into the Nature and Causes of the Wealth of Nations*, vol. i, bk III, ch. 4, p. 413.
51　Smith, *An Inquiry into the Nature and Causes of the Wealth of Nations*, vol. ii, bk IV, ch. 3, p. 660.
52　Smith, *An Inquiry into the Nature and Causes of the Wealth of Nations*, vol. i, bk III, ch. 4, p. 419.
53　Smith, *An Inquiry into the Nature and Causes of the Wealth of Nations*, vol. ii, bk V, ch. 1, p. 712. 关于休谟谈到"毫无价值的玩具和花哨无用之物"，参见 John B. Stewart, *Opinion and Reform in Hume's Political Philosophy* (1992), p. 193。
54　Smith, *Lectures on Jurisprudence*, pp. 227, 416, 420.
55　Smith, *An Inquiry into the Nature and Causes of the Wealth of Nations*, vol. i, bk III, ch. 4, p. 421.

56　Smith, *An Inquiry into the Nature and Causes of the Wealth of Nations*, vol. i, bk III, ch. 4, p. 422; 关于"非预期后果", 参见 Christopher J. Berry, *Social Theory of the Scottish Enlightenment* (1997), pp. 39—47。

57　Smith, *An Inquiry into the Nature and Causes of the Wealth of Nations*, vol. i, bk I, ch. 1, p. 22.

58　Smith, *An Inquiry into the Nature and Causes of the Wealth of Nations*, vol. i, bk I, ch. 1, p. 24.

59　正如斯密直言不讳地指出的那样,"公民政府,就它是为了保护财产安全而建来说,实际上是为保护富人,抵制穷人而建,或者是为保护拥有一定财产之人,抵制一无所有之人而建"。参见 Smith, *An Inquiry into the Nature and Causes of the Wealth of Nations*, vol. ii, bk V, ch. 1, p. 715。

60　Smith, *An Inquiry into the Nature and Causes of the Wealth of Nations*, vol. i, bk I, ch. 7, p. 80. 他还认为济贫法之下的《定居法》侵犯了自由,是不可接受的,见 Smith, *An Inquiry into the Nature and Causes of the Wealth of Nations*, vol. ii, bk V, ch 1, p. 715.

61　Smith, *An Inquiry into the Nature and Causes of the Wealth of Nations*, vol. i, bk III, ch. 3, p. 400.

62　Smith, *An Inquiry into the Nature and Causes of the Wealth of Nations*, vol. ii, bk IV, ch. 9, p. 687.

63　Smith, *An Inquiry into the Nature and Causes of the Wealth of Nations*, vol. i, bk II, ch. 3, p. 346.

64　Smith, *Lectures on Jurisprudence*, p. 226.

65　Smith, *An Inquiry into the Nature and Causes of the Wealth of Nations*, vol. i, bk I, ch. 8, p. 99.

> 对劳动的丰厚酬劳在促进人口繁殖的同时,也增进普通民众的勤勉。劳动者的工资是对勤勉的奖励,和与之类似的其他每一人类品性一样,勤勉会随着它收到酬赏的增多而相应增多。丰富的生活资料增加劳动者肉体的体力,以及改善自身状况的殷切希望……因此,与低工资情况下相比较,可以经常发现劳动者在较高工资的情况下更积极、勤勉及高效。

参见 A. W. Coats, "Changing Attitudes to Labour in the Mid-Eighteenth Century" (1958)。斯密认为劳动能够创造财富。在这方面,他受到法国重农主义者的一些影响,参见 Ian Ross, "The Physiocrats and Adam Smith" (1984)。

66　Smith, *An Inquiry into the Nature and Causes of the Wealth of Nations*, vol. i, bk I, ch. 8, p. 99.

67　Smith, *An Inquiry into the Nature and Causes of the Wealth of Nations*, vol. i, bk I, ch. 8, p. 99.

68　关于这个问题,参见 Istvan Hont and Michael Ignatieff, "Needs and Justice in the *Wealth of Nations*: An Introductory Essay", 载于 Istvan Hont and Michael Ignatieff (eds.), *Wealth and Virture* (1983), pp. 1—44. 该书作者认为"《国富论》主要关涉公正问题"的观点,似乎有夸大之嫌(见第2页)。

69　Smith, *The Theory of Moral Sentiments*, p. 86.

70　Smith, *The Theory of Moral Sentiments*, p. 86; cf. David Hume, *A Treatise of Human Nature* (1978 [1739—1740]), p. 497.

71　Smith, *The Theory of Moral Sentiments*, p. 82.

72　Smith, *The Theory of Moral Sentiments*, p. 231.

73　Adam Ferguson, *An Essay on the History of Civil Society* (1995 [1767]), p. 255. 该书写作的情境在第十章已有所论述。

74　Ferguson, *An Essay on the History of Civil Society*, p. 255.

75　Ferguson, *An Essay on the History of Civil Society*, p. 210.

76　Ferguson, *An Essay on the History of Civil Society*, p. 152.

77　Ferguson, *An Essay on the History of Civil Society*, p. 155.

78　斯密在《国富论》《道德情操论》和《天文学史》(1795) 中三次使用这一表述，参见 Berry, *Social Theory of the Scottish Enlightenment*, p. 44。也参见 Smith, *An Inquiry into the Nature and Causes of the Wealth of Nations*, vol. i, bk IV, ch. 2, p. 456。

79　Smith, *An Inquiry into the Nature and Causes of the Wealth of Nations*, vol. i, bk IV, ch. 2, p. 456. 有关对"看不见的手"的论述，参见 Ronald Hamowy, *The Scottish Enlightenment and the Theory of Spontaneous Order* (1987), pp. 13—22（关于斯密）；pp. 22—25（关于弗格森）。

80　Smith, *An Inquiry into the Nature and Causes of the Wealth of Nations*, vol. ii, bk IV, ch. 8, p. 654.

81　有关论述，参见 Smith, *An Inquiry into the Nature and Causes of the Wealth of Nations*, vol. ii, bk V, ch. 1, pp. 707—723。

82　这种不一致很容易使人联想到"曼德维尔的悖论"。

83　Smith, *The Theory of Moral Sentiments*, pp. 183—185.

84　Smith, *The Theory of Moral Sentiments*, p. 51.

85　Thomas Hobbes, *Leviathan* (1968 [1651]), vol. ii, p. 16.

86　Smith, *The Theory of Moral Sentiments*, p. 183.

87　Smith, *The Theory of Moral Sentiments*, p. 229.

88　Smith, *The Theory of Moral Sentiments*, p. 50. 巴尔本在更早的时候就论及过这种"心灵的欲求"。见本书第十五章的讨论。

89　Smith, *Lectures on Jurisprudence*, p. 488.

90　Smith, *The Theory of Moral Sentiments*, p223. 曼德维尔当然也持这种观点。

91　这是 Elie Halévy, *The Growth of Philosophic Radicalism* (1972) 的主要论题之一。

92　Edmund Burke, *The Works and Correspondence of the Right Honourable Edmund Burke* (1852), vol. ii, p. 398, letter from Burke to Arthur Young (23 May 1797).

93　Catherine Macdonald Maclean, *Born Under Saturn* (1943), p. 549.

第十八章　改革

1　Jeremy Bentham, *A Fragment on Government* (1988 [1776]), p. 3.

2　Michel Foucault, *Discipline and Punish* (1979), p. 222.

3　Joseph Priestley, *An Essay on the First Principles of Government* (1768), pp. 7—9.

4　关于这种盎格鲁-拉丁的教育和文化传统，参见 J. C. D. Clark, *Samuel Johnson: Literature, Religion and English Cultural Politics form the Restoration to Romanticism* (1994), p. 2。

5 关于"两种文化"的分裂,《诺威奇报》曾宣称:"拉丁文警句隽语在本报发表已有一段时间;不过,由于大多数读者对拉丁语不熟悉,因而已奉劝作者将同一种观点用英语写出。"参见 Geoffrey Alan Cranfield, *The Development of the Provincial Newspaper 1700—1760* (1962), p. 105。关于这种新读者的出现,参见 Peter Burke, "*Heu Domine, Adsunt Turcae*" (1991)。

6 Margaret C. Jacob, *The Cultural Meaning of the Scientific Revolution* (1988), p. 139.

7 John Aikin, *An Address to the Dissenters of England on Their Late Defeat*(1790), p. 18; Isaac Kramnick, *Republicanism and Bourgeois Radicalism* (1990), p. 60; Penelope Corfield, *Power and the Professions in Britain 1700—1850* (1995).

8 Anna Barbauld, *Address to Opposers of the Repeal of the Corporation and Test Acts* (1790), pp. 18, 25.

9 Mary Wollstonecraft, *A Vindication of the Rights of Woman* (1792), in *A Vindication of the Rights of Men with A Vindication of the Rights of Woman* (1995), p. 132. 沃斯通克拉夫特曾说:"感谢上帝,我不是一个贵妇。"参见 Claire Tomalin, *The Life and Death of Mary Wollsonecraft* (1974), p. 59。

10 Joseph Priestley, *A View of the Principles and Conduct of the Protestant Dissenters with Respect to the Civil and Ecclesiastical Constitution of England* (1769), p. 5, and *Familiar Letters Addressed to the Inhabitants of the Town of Birmingham in Refutation of Several Charges Advanced Against the Dissenters and Unitarians, by the Revd Mr Madan* (1790—1792), letter 4, p. 6; Richard Price, *The Evidence for a Future Period of Improvement in the State of Mankind, with the Means and Duty of Promoting It* (1787), pp. 41—44.

11 Thomas Holcroft, *The Adventures of Hugh Trevor* (1973 [1794]), pp. 9, 158.

12 Crane Brinton, *The Political Ideas of the English Romanticists* (1926), p. 39. 在玛丽·海斯(Mary Hays)的《艾玛·考特尼回忆录》(*Memoirs of Emma Courtney*)(1996 [1796])的第49页中,一位人物高声呼喊着"无论什么,都是错的"这样的反蒲柏哲学:"人类绝大部分的悲惨和缺陷,追根溯源,都是邪恶和错误的政治制度造成的。"

13 Philip Harling, *The Waning of "Old Corruption"* (1996), p. 1.

14 引自 Jeremy Black, *An Illustrated History of Eighteenth-Century Britain, 1688—1793* (1996), p. 51。

15 参见 Marilyn Butler, *Romantics, Rebels and Reactionaries* (1981) 中具有洞察力的论述。

16 Samuel Johnson, preface to *A Dictionary of the English Language* (1755).

17 Ernest Mossner, *The Life of David Hume* (1970 [1954]), pp. 10, 365; Charles Camic, *Experience and Enlightenment* (1983), p. 56. 有关休谟书信中的其他一些论述,参见 J. Y. T. Greig (ed.), *The Letters of David Hume* (1932), vol. i, pp. 86, 161, 170, 193, 355, 392, 451, 504; John B. Stewart, *The Moral and Political Philosophy of David Hume* (1963), p. 187。

18 Adam Smith, *The Theory of Moral Sentiments* (1976 [1759]), pp. 245, 254.

19 William C. Lehmann, *John Millar of Glasgow, 1735—1801: His Life and Thought and His Contributions to Sociological Analysis* (1960), p. 35.

20　Edward Copeland, *Women Writing about Money* (1995), p. 167.
21　William Paley, *Reasons for Contentment Addressed to the Labouring Part of the British Public* (1793), p. 12. 哈兹利特把佩利称为"思想被洗牌的教士",参见 Catherine Macdonald Maclean, *Born Under Saturn* (1943), p. 194. 有关他早年的激进思想,本章下文有所论述。
22　Hays, *Memoirs of Emma Courtney*, p. 140。她说:"留给我的那一点遗产根本不够使我保持独立。**独立**!我再次对自己说。我感觉心如死灰。"(第 31 页)
23　威廉·葛德文写道:"诚恳,一旦被引入人类的行为方式,它必然会一同带来其他每一样美德。"参见 William Godwin, *Enquiry concening Political Justice* (1985 [1793]), p. 26。
24　不久,华兹华斯便称真正的诗歌"是强烈感情的自然流露。"参见 Alan Bewell, *Wordsworth and the Enlightenments* (1989), pp. 30f.
25　Mrs Inchbald, *Nature And Art* (1796).
26　William Hazlitt, *Life of Thomas Holcroft* (1816), in *The Complete Works of William Hazlitt* (1932), vol. iii, p. 140; Holcroft, *The Adventures of Hugh Trevor*, Gary Kelly, *The English Jacobin Novel, 1780—1805* (1986), p. 114. 霍尔克罗夫特是法国大革命的热情支持者:"哦,新耶路撒冷!黄金时代!愿安宁和至福与托马斯·潘恩的灵魂相伴。"引自 Marilyn Butler, *Jane Austen and the War of Ideas* (1795), p. 49. 诚挚必须取代隐秘、自恋和盲目。
27　Butler, *Jane Austen and the War of Ideas*, p. 42. 在罗伯特·贝奇(Robert Bage)的《本真的人》(*Man as He is*) (1792)中,贫穷的女主人公是贵格会信徒,她拒绝嫁给富裕的准男爵,直到对方通过行动,证明了自己的社会价值。
28　Robert Bage, *Hermsprong, or Man as He is Not* (1951 [1796]), ch. 76, p. 233.
29　John Cannon, *Parliamentary Reform 1640—1832* (1972), p. 66; Peter D. G. Thomas, *John Wilkes: A Friend to Liberty* (1996), James T. Boulton, *The Language of Politics in the Age of Wilkes and Burke* (1963); George Rudé, *Wilkes and Liberty* (1962).
30　关于 1760 年后的政治,参见 H. T. Dickinson, *The Politics of the People in Eighteenth-Century Britain* (1995), pp. 236f.; J. G. A. Pocock (ed.), *The Varieties of British Political Thought, 1500—1800* (1993); John Brewer, "English Radicalism in the Age of George III" (1980), pp. 323—367; Kramnick, *Republicanism and Bourgeois Radicalism*.
31　Carl B. Cone, *The English Jacobins* (1968), p. 50.
32　John Locke, *Two Treatise of Government* (1988 [1690]), p. 301; 有关论述载于 John Dunn, *Locke* (1984), p. 39。
33　George Berkeley, "On the Prospect of Planting Arts and Learning in America" (1752), in Roger Lonsdale (ed.), *The New Oxford Book of Eighteenth-Century Verse* (1984), p. 175; W. H. G. Armytage, *Yesterday's Tomorrows* (1968), p. 26.
34　J. Hector St John de Crèvecoeur, *Letters from an American Farmer and Sketches of Eighteenth-Century America* (1997 [1782]), p. 64.
35　Richard Price, *Observations on the Importance of the American Revolution* (1784), pp. 1—2, 5;

D. O. Thomas, *The Honest Mind* (1977), p. 264.

36　Mary P. Mack, *Jeremy Bentham, An Odyssey of Ideas, 1748—1792* (1962), p. 410.

37　William Blake, *America: A Prophecy* (1793), pt 4, 1. 12, in G. Keynes (ed.), *Blake: Complete Writings* (1969), p. 197; David V. Erdman, *Blake, Prophet against Empire*, 3rd edn (1954). 边沁欣赏美国，虽然强烈反对《独立宣言》和美国宪法中的关于天赋人权的形而上学。

38　Kramnick, *Republicanism and Bourgeois Radicalism*, pp. 183f.; Dickinson, *The Politics of the People in Eighteenth-Century Britain*, pp. 237f.; Peter Searby, *A History of the University of Cambridge* (1997), vol. iii, p. 297.

39　Kramnick, *Republicanism and Bourgeois Radicalism*, pp. 175ff.; Carla Hay, *James Burgh, Spokesman for Reform in Hanoverian England* (1979); Gerald Newman, *The Rise of English Nationalism* (1987), p. 197.

40　James Burgh, *Political Disquisitions* (1775), 有关论述可见 Newman, *The Rise of English Nationalism*, p. 197。

41　J. C. D. Clark, *The Language of Liberty 1660—1832* (1994), p. 33.

42　Burgh, *Political Disquisitions*, vol. iii, pp. 458—460.

43　(David Williams), *Incidents in My Own Life Which Have Been Thought of Some Importance* (1980 [1802?]). 在伦敦玛格丽特大街新落成的教堂里，威廉姆斯在布道时说到，在这里"只应宣讲单纯的美德，其他所有的信仰问题都可以忽略不计"，他实行一种基于朴素的自然神论的公众礼拜形式，在这方面，他是欧洲第一人。他热诚地支持自由表达权。"我不明白为何不允许小偷宣讲偷窃之道；引诱者不能宣讲勾引之道；私通者不能宣讲私通之道；叛国者不可以宣讲谋反之道。"引自 Martin Fitzpatrick, "Toleration and the Enlightenment Movement" (2000), p. 44. 也可参见 J. Dybikowski, *On Burning Ground* (1993)。

44　Joseph Priestley, *Lectures on History and General Policy*, 4th edn (1826 [1788]), lecture 18, p. 337; James Burgh, *Crito* (1767), vol. ii, p. 68; David Williams, *Lectures On Education* (1789), pp. 4, 64; Godwin, *An Enquiry concerning Political Justice*, pp. 42, 472; Issac Kramnick, "Eighteenth-Century Science and Radical Social Theory" (1986).

45　Micheal R. Watts, *The Dissenters* (1978), p. 380.

46　Leslie Stephen, *History of English Thought in the Eighteenth Century* (1962 [1876]), vol. i, p. 358.

47　Martin Fitzpatrick, "Heretical Religion and Radical Political Ideas in Late Eighteenth-Century England" (1990), pp. 350—352; Searby, *A History of the University of Cambridge*, vol. iii, pp. 407f.; A. M. C. Waterman, "A Cambridge 'Via Media' in Late Georgian Anglicanism" (1991).

48　Searby, *A History of the University of Cambridge*, vol. iii, p. 405; Anthony Page, "Enlightenment and a 'Second Reformation'" (1998)，该文强调了杰布对洛克与牛顿的赞赏。威廉·科尔是一位古物研究者和顽固的托利分子，他公然谴责林赛是"直至推翻现存的国家和教会的结构，否则将永不罢休的不安分一代"中的一员。

49 Anthony Hadley Lincoln, *Some Political and Social Ideas of English Dissent, 1763—1800* (1938), p. 320.

50 引自 Dickinson, *The Politics of the People in Eighteenth-Century Britain*, p. 168。

51 1778—1791 年，约瑟夫·巴伯是霍克斯顿的福音派独立学院的导师。参见 Alan P. F. Sell, *John Locke and the Eighteenth-Century Divines* (1997), p. 14。1792 年的《每月评论》对一位论下的定义是：否认三位一体，否认耶稣基督的先存性和他为人类赎罪，否认存在着与肉体不同的精神原则；坚持上帝的绝对完整性，耶稣基督具有完全的人性，坚持善功的必要性及其有效性，坚持一个人不需要代人受难，只要充分忏悔，便可得到宽容的上帝的谅解。参见 G. M. Ditchfield, "Anti-Trinitarianism and Toleration in Late Eighteenth-Century British Politics" (1991). p. 48。关于索齐尼主义，参见 Roland N. Stromberg, *Religious Liberalism in Eighteenth-Century England* (1954); Knud Haakonssen (ed.), *Enlightenment and Religion* (1997); Lincoln, *Some Political and Social Ideas of English Dissent, 1763—1800*; Fitzpatrick, "Heretical Religion and Radical Political Ideas in Late Eighteenth-Century England"；Ursula Henriques, *Religious Toleration in England 1783—1833* (1961); H. McLachlan, *The Unitarian Movement in the Religious Life of England* (1931)。

52 人们不会忘记，弥留之际的休谟还在幻想着恳求卡戎神，多给他点时间，让他能够完成即将付梓的一本书的修改工作。关于普利斯特利之死，有诗记载："他静静地躺着，整洁而安详，栎木制成的大箱子中，安息着他的骨骼和大脑，他的血肉，还有普利斯特利博士的灵魂。"引自 Horton Davies, *Worship and Theology in England from Watts and Wesley to Martineau, 1690—1900* (1996), p. 91。有关普利斯特利的生平，见 Ann Holt, *A Life of Joseph Priestley* (1931); Robert E. Schofield, *The Enlightenment of Joseph Priestley* (1997)。

53 Joseph Priestley, *Proper Objects of Education in the Present State of the World* (1791), pp. 22, 39. 关于这所学院的自由氛围，参见 Maclean, *Born Under Saturn*, p. 65。

54 Joseph Priestley, *Memoirs of Dr Joseph Priestley, Written on Himself* (1904 [1795]), p. 4, para. 10. 随后的论述参见 J. A. Passmore, *Priestley's Writings on Philosophy, Science and Politics* (1965); Schofield, *The Enlightenment of Joseph Priestley*。

55 Priestley, *Memoirs of Dr Joseph Priestley, Written on Himself*, p. 5, para. 13.

56 Priestley, *Memoirs of Dr Joseph Priestley, Written on Himself*, p. 6, para. 14.

57 在不从国教者中，对严苛的加尔文主义的厌恶日益增强。露西·艾金在晚年回忆说，1750 年前后，不从国教者冲破了"加尔文主义的枷锁和黑暗，而且他们的行为举止随制度变得温和"。参见 Cone, *The English Jacobins*, p. 13。

58 Joseph Priestley, *Letter to the Right Homourable William Pitt* (1787), in John Towill Rutt (ed.), *The Theological and Miscellaneous Works of Joseph Priestley* (1817—1832), vol. xix, p. 128; 关于不从国教者学院的自由主义，参见 Watts, *The Dissenters*, pp. 370, 466。当普利斯特利 1761 年成为沃灵顿学院的教师时，他发现学校的三位导师无一不是阿里乌斯派信徒。

59 Rutt, *The Theological and Miscellaneous Works of Joseph Priestley*, vol. i, p. 50n.

60 特别是参见 Joseph Priestley, *An Examination of Dr Reid's Inquiry into the Human Mind on the Principles of Commonsense...* (1774), p. xxxvii; Joseph Priestley, *Disquisitions Relation to Matter and Spirit* (1777), p. 120。除了《圣经》，哈特利的《对人的观察》是对普利斯特利影响最大的著作。参见 *An Examination of Dr Reid's Inquiry into the Human Mind on the Principles of Commonsense...*, p. 2。

61 Joseph Pristley, *Letters to Philosophical Inbeliever*, letter IV, "An Examination of Mr Hume's Dialogues on Natural Religion", vol. iv, p. 368.

62 Joseph Pristley, *Additional Letters to a Philosophical Unbeliever, in Answer to Mr William Hammon (i. e. Matthew Turner)* (1782).

63 Joseph Priestley, *Harley's Theory of the Human Mind on the Principle of the Association of Ideas* (1775), 以及他为如下著作写的导言: Anthony Collins, *A Philosophical Inquiry concerning Human Liberty* (1790)。

64 Joseph Priestley, *The Rudiments of English Grammar* (1969 [1761]), *A Chart of Biography* (1765), and *New Chart of History* (1769).

65 Joseph Priestley, *Course of Lectures on Oratory and Criticism* (1777), and *Remarks on Some Paragraphs in the Fourth Volume of Dr Blackstone's Commentaries on the Laws of England, Relating to the Dissenters* (1769).

66 Carl B. Cone, *Torchbearer of Freedom* (1952); Jack Fruchtman, Jr, *The Apocalyptic Politics of Richard Price and Jseph Priestley* (1983); William D. Hudson, *Reason and Right* (1970).

67 Joseph Priestley, *The History and Present State of Electricity, with Original Experiments* (1767).

68 Priestley, *The History and Present State of Electricity, with Original Experiments*, p. 711.

69 Priestley, *The History and Present State of Electricity, with Original Experiments*, p. 420.

70 Joseph Priestley, *The Scripture Doctrine of Remission* (1761).

71 Watts, *The Dissenters*, p. 477.

72 H. McLachlan, *English Education under the Test Acts* (1931), p. 168; Fitzpatrick, "Heretical Religion and Radical Political Ideas in Late Eighteenth-Century England", p. 352.

73 Joseph Priestley, *An History of the Corruptions of Christianity* (1871 [1782]), *An History of Early Opinions concerning Jesus Christ* (1786), 在书中，普利斯特利提及"可怕的腐败"（第 x 页），并攻击说"赎罪"和"原罪"并非出自圣经（第 93，107 页）。普利斯特利称赞英国的教士是"开明的"；谴责"偶像崇拜"（第 108 页）和把耶稣看做神（第 108 页）——这些都是受到柏拉图哲学（第 113 页）和东方哲学（第 132 页）的影响；对普利斯特利来说，"人类'共同的父亲'委派耶稣来要求世人养成美德，并以他对忏悔的宽恕为保证"（第 301 页）。

74 Joseph Priestley, preface to *Letters to the Revd Edward Burn*, 载于 Rutt, *The Theological and Miscellaneous Works of Joseph Priestley*, vol. xix, p. 310。

75 出自吉本的信（1783 年 1 月 28 号），载于 J. E. Norton (ed.), *The Letters of Edward Gibbon* (1956), vol. ii, p. 321。

76 (Joseph Priestley), *An Appeal to the Serious and Candid Professors of Christianity...by a*

Lover of the Gospel (1775).

77　Passmore, *Priestley's Writings on Philosophy, Science and Politics*, p. 17.

78　Joseph Priestley, *The Doctrine of Philosophical Necessity Illustrated* (1777), 载于 Rutt, *The Theological and Miscellaneous Works of Joseph Priestley*, vol. iv, p. 450。普利斯特利称自己是一名"宿命论者"。

79　Passmore, *Priestley's Writings on Philosophy, Science and Politics*, p. 18.

80　Joseph Priestley, *The History of the Present State of the Discoveries Relating to Vision, Light and Colours* (1772).

81　Joseph Priestley, *Experiments and Observations on Different Kinds of Air* (1774—1777); R. G. W. Anderson and Christopher Lawrence (eds.), *Science, Medicine and Dissent* (1987); William H. Brock, *The Fontana History of Chemistry* (1992), pp. 99—101.

82　Priestley, *An Examination of Dr Reid's Inquiry into the Human Mind on the Principles of Commonsense*; Michael Barfoot, "Priestley, Reid's Circle and the Third Organon of Human Reasoning" (1987). 里德拒斥洛克的观念形式，贝克莱的唯心主义和休谟的怀疑主义：所有这些都削弱了对常识告诉我们的神意创造的现实世界的信仰。在他的《按常识原理探究人类思维》中，对这样一种观念，即认为现实只是由"意识"组成的，他提出质疑，提出对外部现实的信念是依凭直觉，而非感官知觉得到的。Keith Lehrer, *Thomas Reid* (1989), p. 5。

83　Priestley, "An Examination of Dr Reid's Inquiry into the Human Mind on the Principles of Common Sense", 载于 Rutt, *The Theological and Miscellaneous Works of Joseph Priestley*, vol. iii, pp. 4—5。

84　Priestley, introduction to "Remarks on Dr Reid's Inquiry into the Principles of the Human Mind", 载于 Rutt, *The Theological and Miscellaneous Works of Joseph Priestley*, vol. iii, p. 27.

85　Priestley, Hartley's *Theory of the Human Mind on the Principle of the Association of Ideas* (1775), 载于 Rutt, *The Theological and Miscellaneous Works of Joseph Priestley*, vol. iii, p. 182.

86　Priestley, *Memoirs of Dr Joseph Priestley, Written on the Himself*, p. 52, para. 124.

87　Priestley, *Disquisitions Relating to Matter and Spirit*. 也可参见第六章结合语境的讨论。

88　Priestley, *The Doctrine of Philosophical Necessity Illustrated*.

89　Joseph Priestley and Richard Price, *A Free Discussion of the Doctrines of Materialism and Philosophical Necessity* (1778), 载于 Rutt, *The Theological and Miscellaneous Works of Joseph Priestley*, vol. iv, p. 72. 这些思想预示了葛德文的观点，参见第二十章。

90　Priestley and Price, *A Free Discussion of the Doctrines of Materialism and Philosophical Necessity* (1778), 载于 Rutt, *The Theological and Miscellaneous Works of Joseph Priestley*, vol. iv, p. 74。

91　Priestley, *An Essay on the First Principles of Government* (1768), 参见 Elie Halévy, *The Growth of Philosophic Radicalism* (1972), p. 22; Joseph Priestley, *Political Writings* (1993).

92　Priestley, *An Essay on the First Principles of Government*, 载于 Rutt, *The Theological and*

Miscellaneous Works of Joseph Priestley, vol. xxii, p. 11.

如果问我自由的含义，为了更为明晰，我将它分为两种类型，即政治自由和公民自由。在这一主题上有明确概念十分重要，这是我对这一创新所作的辩解。**政治自由**，我认为存在于一种权力之中，国家的成员自身保留着这种权力，关涉可担任公职，或至少可投票提名能满足他们的人；另一种自由，我将其称为**公民自由**，即对于自身行动的权力，国家每位成员都保留着它且公职人员绝不能侵犯。

参见 Priestley, *Political Writings*, p. 12。

93   Priestley, *An Essay on the First Principles of Government*, 载于 Rutt, *The Theological and Miscellaneous Works of Joseph Priestley*, vol. xxii, p. 13; Mack, *Jeremy Bentham, An Odyssey of Ideas, 1748—1792*, p. 103。

94   (Joseph Priestley), *A Free Address to Those Who Have Petitioned for the Repeal of the Late Act of Parliament in Favour of the Roman Catholics* (1780); Halévy, *The Growth of Philosophic Radicalism*, pp. 133f.

95   Priestley, *An Essay on the First Principles of Government*, in Rutt (ed.), *The Theological and Miscellaneous Works of Joseph Priestley*, vol. xxii, p. 57, and *A Free Address to Those Who Have Petitioned for the Repeal of the Late Act of Parliament in Favour of the Roman Catholics*; Halévy, *The Growth of Philosophic Radicalism*, p. 22.

96   Joseph Priestley, *Reflections on the Present State of Free Inquiry in This Country* (1785), in Rutt, *The Theological and Miscellaneous Works of Joseph Priestley*, vol. xviii, p. 544; Maurice Crosland, "The Image of Science as a Threat" (1987). 这就解释了约翰逊博士的反应："普利斯特利哦，一个邪恶之人，他的作品搅乱了一切。"引自 Boswell Taylor, *Joseph Priestley: The Man of Science* (1954), p. 11。

97   Joseph Priestley, "Some Considerations on the State of the Poor in General" (1787), in Rutt, *The Theological and Miscellaneous Works of Joseph Priestley*, vol. xxv, p. 314; Kramnick, *Republicanism and Bourgeois Radicalism*, p. 54.

98   Joseph Priestley, *Letters to Edmund Burke Occasioned by His Reflections on the Revolution in France, & c.* (1791). 还有他匿名发表的 *A Political Dialogue on the General Principles of Government* (1791)。

99   Priestley, *Letters to the Right Hon. Edmund Bruke*, 载于 Rutt, *The Theological and Miscellaneous Works of Joseph Priestley*, vol. xxii, p. 203。

100 Priestley, *The Doctrine of Philosophical Necessity Illustrated* (1777), 载于 Rutt, *The Theological and Miscellaneous Works of Joseph Priestley*, vol. xxii, p. 168。

101 Priestley, *A Political Dialogue on the General Principles of Government*, 载于 Rutt, *The Theological and Miscellaneous Works of Joseph Priestley*, vol. xxv, p. 92。

102 Priestley, *A Political Dialogue on the General Principles of Government*, 载于 Rutt, *The Theological and Miscellaneous Works of Joseph Priestley*, vol. xxv, p. 96。

103 Priestley, *A Political Dialogue on the General Principles of Government*, 载于 Rutt, *The Theological and Miscellaneous Works of Joseph Priestley*, vol. xxv, p. 107。

104 Priestley, *Letter to the Right Hon. William Pitt* (1787), 载于 Rutt, *The Theological and Miscellaneous Works of Joseph Priestley*, vol. xix, p. 118。

105 Joseph Priestley, *Discoures Relating to the Evidence of Revealed Religion* (1794—1799); Kramnick, *Republicanism and Bourgeois Radicalism*, p. 75; Watts, *The Dissenters*, p. 486.

106 Joseph Priestley, *Letters to the Inhabitants of Northumberland* (1801), 载于 Rutt, *The Theological and Miscellaneous Works of Joseph Priestley*, vol. xxv, p. 18。

107 Joseph Priestley, 载于 Rutt, *The Theological and Miscellaneous Works of Joseph Priestley*, vol. ii, p. 404。Ian Wylie, *Young Coleridge and the Philosophers of Nature* (1989), p. 63. 纳尔逊的胜利实现了《圣经·以赛亚书》第 19 章的预言，而拿破仑是被允诺给埃及的拯救者。

108 Priestley, *Disquisitions Relating to Matter and Spirit*; Kramnick, *Republicanism and Bourgeois Radicalism*, p. 97; John W. Yolton, *Thinking Matter* (1983), p. 113.

109 Joseph Priestley, *The Importance and Extent of Free Inquiry in Matters of Religion* (1785), in Rutt, *The Theological and Miscellaneous Works of Joseph Priestley*, vol. xv, p. 78; Priestley, *Political Writings*, p. xxiv. 可与葛德文关于真理和自由探究的说教相比较。

110 Joseph Priestley, *Letter to the Right Honourable William Pitt* (1787).

111 参见 Joseph Priestley, *Letter to the Right Honourable William Pitt*, 载于 Rutt, *The Theological and Miscellaneous Works of Joseph Priestley*, vol. xix, p. 125。

112 关于边沁的总体情况，参见 Mack, *Jeremy Bentham, An Odyssey of Ideas, 1748—1792*; J. Dinwiddy, *Bentham* (1989); Ross Harrison, *Bentham* (1983); Bentham, *A Fragment on Government*, p. 29。

113 Bentham, *A Fragment on Government*. 边沁认为此书是"激发普通人在法律领域挣脱权威束缚和祖先崇拜的第一本著作"。(p. vi.) 关于法律和法律改革，参见 David Lieberman, *The Province of Legislation Determined* (1989)。边沁和吉本都来自身为詹姆斯党人的托利党家庭，绝不是个巧合。

114 Bentham, *A Fragment on Government*, p. 3.

115 后面的论述，参见 Harrison, *Bentham*。

116 James E. Crimmins, *Secular Utilitarianism* (1990), p. 88.

117 D. J. Manning, *The Mind of Jeremy Bentham* (1968), pp. 37, 59, 引述了 Bentham, *Plan of Parliamentary Reform* (1817), p. cxcviii。

118 有关的阐释，参见 Dinwiddy, *Bentham*; Harrison, *Bentham*; Mack, *Jeremy Bentham, An Odyssey of Ideas, 1748—1792*. 他写信给布里索："我很遗憾，你已允诺出版《人权宣言》——这是一部形而上学著作——形而上学的顶峰。这可能是一种必须的恶，但仍然是一种恶。"参见 Halévy, *The Growth of Philosophic Radicalism*, p. 174。

119 Bentham, *A Fragment of Government and An Introduction to the Priciples of Morals and Legislation*; Charles F. Bahmueller, *The National Charity Company* (1981), p. 203.

120 Bentham, *A Fragment of Government and An Introduction to the Principles of Morals and*

121　Mack, *Jeremy Bentham, An Odyssey of Ideas, 1748—1792*, p. 129.
122　Mack, *Jeremy Bentham, An Odyssey of Ideas, 1748—1792*, pp. 120, 129. 边沁替换了"意译"的方法：解释一个词语的意思，就是将它蕴含的思想，根据感官印象，即愉悦或痛苦，用更简单的语词表达出来。参见 Mack, *Jeremy Bentham, An Odyssey of Ideas, 1748—1792*, p. 155。
123　William Hazlitt, *The Spirit of the Age* (1971 [1825]), p. 25.
124　图钉游戏是当时流行于小酒馆的一种游戏，边沁对性的观点已在第十一章中论述。
125　Simon Schaffer, "States of Mind" (1990), p. 288; Ruth Richardson, *Death, Dissection and the Destitute* (1987); Tim Marshall, *Murdering to Dissect* (1995).
126　关于边沁的遗嘱（1769 年 8 月 24 日），参见 A. Taylor Milne (ed.), *The Correspondence of Jeremy Bentham* (1981), vol. i, p. 136. 边沁的"自我肖像"存放在伦敦大学学院。
127　John Bowring, *The Works of Jeremy Bentham* (1995 [1843]), vol. ii, p. 501.
128　Schaffer, "States of Mind" , p. 274; Crimmins, *Secular Utilitarianism*.
129　Halévy, *The Growth of Philosophic Radicalism*, p. 291.
130　Bowring, *The Works of Jeremy Bentham*, vol. x, p. 595.
131　参见 Janet Semple, *Bentham's Prison* (1993), p. 28; 也可见 Jonas Hanway, Solitude in Imprisonment (1776), p. 210. 隔离制度的设计师是汉韦，而不是边沁，后者担忧，过于孤独会使犯人发疯。Margaret Delacy, *Prison Reform in Lancashire, 1700—1850* (1986); R. Evans, *The Fabrication of Virtue* (1982); Foucault, *Discipline and Punish*; Michael Ignatieff, *A Just Measure of Pain* (1978); V. A. C. Gatrell, *The Hanging Tree* (1994); John Bender, *Imagining the Penitentiary* (1987); Norval Morris and David J. Rothman (eds.), *The Oxford History of the Prison* (1995). 更为总体性的关于规训社会的兴起的解释，见 Mitchell Dean, *The Constitution of Poverty* (1991).
132　Ignatieff, *A Just Measure of Pain*.
133　Semple, *Bentham's Prison*, p. 116.
134　Milne, *The Correspondence of Jeremy Bentham*, vol. iv, p. 342.
135　Semple, *Bentham's Prison*, pp. 100, 288, and "Foucault and Bentham: A Defence of Panopticism" (1992); Jeremy Bentham, *The "Panopticon" Writings* (1995), p. 100; Jeremy Bentham, *Panopticon* (1791).
136　Halévy, *The Growth of Philosophic Radicalism*, p. 84; Semple, *Bentham's Prison*, p. 112.
137　Foucault, *Discipline And Punish*; Ignatieff, *A Just Measure of Pain*, Duncan Forbes, *Hume's Philosophical Politics* (1975). 对边沁而言，圆形监狱的美妙之处——"通过这一宏伟设施，我梦想着彻底改变这个世界"——在于，作为高效控制的模范，它可以做出调整，以服务于各种各样的社会目标：它甚至可以用于畜牧业的畜棚管理。
138　Semple, *Bentham's Prison*, p. 301.
139　Bentham, *Panopticon*. 边沁知道他在扮演上帝的角色。他写道，这个设计整合了"巡视官看似无处不在（倘若神学家允许我这样描述的话）"与"他真实临在这里的极度容易"。

140　Mack, *Jeremy Bentham, An Odyssey of Ideas, 1748—1792*, p. 337. 边沁意识到自己的"疯狂"。"我不喜欢翻阅关于圆形监狱的手稿。那就像拉开一个锁着恶魔的抽屉——这是闯入了一座鬼屋。"引自 Gertrude Himmelfarb, *Victorian Minds* (1968), p. 32。

141　Samuel Romilly, *Memoirs of the Life of Sir Samuel Romilly* (1971 [1840])。

142　B. Mazlish, *James and John Stuart Mill: Father and Son in the Nineteenth Century* (1975); Halévy, *The Growth of Philosophic Radicalism*, p. 249. 詹姆斯·密尔在 1817 年说："如果我有时间写一本书的话，我会让人心像从查令十字街到圣保罗教堂的路那样平坦明了。"参见 Schaffer, "States of Mind", p. 289。

143　Dudley Miles, *Francis Place 1771—1854: The Life of a Remarkable Radical* (1988), pp. 139f.; Mary Thale (ed.), *The Autobiography of Francis Place (1771—1854)* (1972); Bahmueller, *The National Charity Company*, p. 94. 其他对性持激进观点的人，参见 M. L. Bush (ed.), *What Is Love?* (1998); 对维多利亚女王的女儿的洗礼仪式，普莱斯评论说："这些野蛮的仪式早晚会被抛弃。"参见 Thale, *The Autobiography of Francis Place*, pp. xii, xxiii。

144　Waterman, "A Cambridge 'Via Media' in Late Georgian Anglicanism", p. 423; M. L. Clark, *Paley: Evidences for the Man* (1974). 虽然佩利相当激进，不过他可能并不支持杰布的反承认义务活动，因为这样不符合他的本意。关于佩利之前的神学功利主义者，参见 Jacob Viner, *The Role of Providence in the Social Order* (1972), p. 71。

145　　　如果你观察过庄稼地里的鸽群，假如有 100 只鸽子，你会看到其中的 99 只鸽子，没有在自己喜欢的地方挑选自己喜欢的食物，它们将所收集来的东西堆在一起，除了谷壳和废物自己没有保留任何东西，聚集成堆的食物是为另一只鸽子准备的——鸽群中最弱小的那只，兴许也是最坏的那只。然后在整个冬天这些鸽子们围成一圈，看守食物。而那只最弱小的鸽子却大吃大喝，乱扔乱掷，挥霍浪费：如果鸽群中有哪只比其他成员都更莽撞或更饿的鸽子从贮藏堆中拿走一粒谷子，其他鸽子会立即扑上来将它撕成碎片——如果你见过这一幕，你会发现当今人类社会亦是如此。

William Paley, *The Principles of Moral and Political Philosophy* (1785), p. 93. 参见 Searby, *A History of the University of Cambridge*, vol. iii, p. 307; Waterman, "A Cambridge 'Via Media' in Late Georgian Anglicanism", p. 423。

146　Searby, *A History of the University of Cambridge*, vol. iii, p. 307; Paley, *The Principles of Moral and Political Philosophy*, and *Reasons for Contentment Addressed to the Labouring Poor of the British Public* (1793)。

147　Thomas Walker, *A Review of Some of the Political Events Which Have Occurred in Manchester During the Last Five Years, etc.* (1794), p. 46, 引自 Kramnick, *Republicanism and Bourgeois Radicalism*, p. 57。也可见 Frida Knight, *The Strange Case of Thomas Walker* (1957)。

第十九章　进步

1　Edward Young, *Night Thoughts on Life, Death and Immortality* (1780), bk vi, l. 691.

2　Thomas Holcroft, preface to *The Adventures of Hugh Trevor* (1973 [1794]), pp. vi—vii.
3　安妮·瓦特对她儿子格雷戈里所说，引自 Margaret C. Jacob, *Scientific Culture and the Making of the Industrial West* (1997), p. 124。
4　Josiah Tucker, *Four Tracts* (1774), p. 23.
5　Desmond King-Hele (ed.), *The Letters of Erasmus Darwin* (1981), p. 16, letter 63a, to Matthew Boulton (1 July 1763).
6　关于历史观，参见 Stephen Bann, *The Clothing of Clio* (1984); Laird Okie, *Augustan Historical Writing* (1992); Karen O'Brien, *Narratives of Enlightenment* (1997)。
7　Mary Wollstonecraft, *A Vindication of the Rights of Woman* (1792), in *A Vindication of the Rights of Men with A Vindication of the Rights of Woman* (1995), p. 82. 有关论述，参见 Jerome Hamilton Buckley, *The Triumph of Time* (1967); Robert Nisbet, *History of the Idea Progress* (1980); Sidney Pollard, *The Idea of Progress* (1968); R. V. Sampson, *Progress in the Age of Reason* (1956); D. Spadafora, *The Idea of Progress in Eighteenth-Century Britain* (1990); Ernest Lee Tuveson, *Millennium and Utopia* (1964)。
8　Paul K. Alkon, *Origins of Futuristic Fiction* (1987); I. F. Clarke, *The Pattern of Expectation 1644—2001* (1979), p. 16.
9　引自 William C. Lehmann, *John Millar of Glasgow, 1735—1801: His Life and Thought and His Contributions to Sociological Analysis* (1960), p. 218。
10　Richard Price, *Observations on the Nature of Civil Liberty, the Principles of Government, and the Justice and Policy of the War with America* (1776), p. 5, and *The Evidence for a Future Period of Improvement in the State of Mankind* (1787), p. 12; Spadafora, *The Idea of Progress in Eighteenth-Century Britain*, p. 237; 关于劳，参见 R. S. Crane, *The Idea of the Humanities and Other Essays Historical and Critical* (1967), vol. i, pp. 216—218。
11　Thomas Robert Malthus, *An Essay on the Principle of Population* (1798), pp. 1—2.
12　John Aikin, *Letters from a Father to His Son*, 3rd edn (1796 [1792—1793]), 目录页。
13　David Hartley, *Observations on Man, His Frame, His Duty and His Expectation* (1749), p. 376; 引自 Martin Fitzpatrick, "Heretical Rligion and Radical Political Ideas in Late Eighteenth-Century England" (1990), p. 343。
14　18 世纪 60 年代，普利斯特利告诉他的学生："世界的现状，比以往任何一个时期都更为可取得多。""非常确定的是"，我们的后代会"更加智慧，因而最恰当的假设是他们会比我们更好"。"无论这个世界初创时面貌如何，终点会充满荣光，灿若天堂，超越我们现在的想象。" *Lectures On History* (1793), lectures 38 and 56, 载于 John Towill Rutt (ed.), *The Theological and Miscellaneous Works of Joseph Priestley* (1817—1832), vol. xxiv, pp. 225, 425。
15　J. H. Plumb, "The Acceptance of Modernity" (1982), p. 332; Stephen Daniels, *Fields of Vision* (1993), pp. 80f.; Miles Ogborn, *Spaces of Modernity* (1998), p. 23.
16　Edward Gibbon, *The History of the Decline and Fall of the Roman Empire* (1994 [1781]), vol. ii, ch. 38, p. 516; 讨论见 Joseph M. Levine, *The Battle of the Books* (1992), pp. 178f.; Nisbet,

History of the Idea of Progress, p. 187; Spadafora, *The Idea of Progress in Eighteenth-Century Britain*; J. G. A. Pocock, *Barbarism and Religion* (1999), vol. ii。

17 Buckley, *The Triumph of Time*. 可与皮科克《海德隆庄园》一书中的福斯特先生相比较，后者"带着巨大的热情滔滔不绝地讲述着道路和铁路、隧道和运河、制造业和机械设备"。他说："简言之，我们看到的一切都可以证实人类在生活的所有技艺上取得的巨大进步，显示了他们朝着无限完美的状态逐渐前进。"参见 David Garnett (ed.), *The Novels of Thomas Love Peacock* (1948), p. 11。

18 John Money, "Public Opinion in the West Midlands, 1760—1793" [1967], "Taverns, Coffee Houses and Clubs" (1971), *Experience and Identity* (1977), and "Birmingham and the West Midlands 1760—1793" (1990); Jacob, *Scientific Culture and the Making of the Industrial West*; Kathleen Wilson, *The Sense of the People* (1995).

19 William Turner, *Speculations on the Propriety of Attempting the Establishing a Literary Society in Newcastle upon Tyne* (np, 1793), p. 3.

20 Thomas Henry, "On the Adventages of Literature and Philosophy in General, and Especially on the Consistency of Literary and Philosophical with Commercial Pursuits" (1785), pp. 7, 9. 伊拉斯谟斯·达尔文为德比哲学学会寻找"高雅举止的事实"：参见 A. E. Musson and Eric Robinson, *Science and Technology in the Industrial Revolution* (1969), p. 192。

21 William Hutton, *An History of Birmingham*, 3rd edn (1795), pp. 88—91.

22 Robert E. Schofield, *The Lunar Society of Birmingham* (1963), p. 440; Paul Langford, *Englishness Identifield* (2000), p. 76. 达尔文还在德比郡帮助成立了一个类似的学会。参见 Eric H. Robinson, "The Derby Philosophical Society" (1953)。关于该学会，特别是伊拉斯谟斯·达尔文在其中的作用，在如下参考文献中有所论述：Musson and Robinson, *Science and Technology in the Industrial Revolution*。

23 Erasmus Darwin, *Phytologia* (1800), p. vii.

24 倘若不平等没有达到专制和奴隶制那样的极端，那么它就是进步的。达尔文认为："对于获得最大量的食物、实现最大化的人类幸福这一目标，当前世界中人类的不平等过于悬殊。"参见 Darwin, *Phytologia*, pt ii, pp. 415, 416。"一些人劳心"载于 *Zoonomia*, 3rd edn (1801 [1794—1796]), pt ii, p. 416。

25 G. E. Mingay (ed.), *Arthur Young and His Times* (1975); Harriet Ritvo, "Possessing Mother Nature" (1995).

26 Ritvo, "Possessing Mother Nature". 比较乔赛亚·韦奇伍德针对工人的目标，见下文。

27 引自 Maureen McNeil, *Under the Banner of Science* (1987), p. 168。

28 James Thomson, "The Development of Civilization" from "Autumn", *The Seasons* (1744), ll. 1826—1830.

29 Daniel Defoe, *Robinson Crusoe* (1958 [1719]), p. 85.

30 Pat Hudson, *The Industrial Revolution* (1989).

31 Francis D. Klingender, *Art and the Industrial Revolution* (1975), p. 25; Maxine Berg, *The Age of Manufactures, 1700—1820* (1994); 有关历史，参见 David Cannadine, "The Present and

the Past in the English Industrial Revolution, 1880—1980"; Julian Hoppit, "Understanding the Industrial Revolution" (1987).

32 Klingender, *Art and the Industrial Revolution*; Charlotte Klonk, *Science and the Perception of Nature* (1996); Daniels, *Fields of Vision* (1993), p. 57.

33 H. M. Dickinson, *Mattew Boulton* (1937), p. 113.

34 Neil Mckendrick, "Josiah Wedgwood and Factory Discipline" (1961).

35 Josiah Wedgwood, *An Address to the Young Inhabitants of the Pottery* (1783), p. 22.

36 Isaac Kramnick, "Children's Literature and Bourgeois Ideology" (1983).

37 George Birkbeck Hill, *Boswell's Life of Johnson* (1934—1950), Friday 22 March, vol. 2, p. 459.

38 Daniels, *Fields of Vision*, p. 49.

39 引自 J. H. Plumb, *Men and Places* (1966), p. 136。伊拉斯谟斯·达尔文戏谑地说道，傻瓜就是"一辈子从来不做实验的人"。

40 引自 Stephen Daniels, "The Political Iconography of Woodland in Later Georgian England" (1988), p. 44。

41 Robert Owen, *Observations on the Effect of the Manufacturing System* (1815), pp. 1—2. 科贝特公然抨击欧文的合作化村庄，称它为"贫穷的平行四边形"。

42 Owen, *Observations on the Effect of the Manufacturing System*, pp. 3—9.

43 Owen, *Report to the County of Lanark* (1969 [1813]), p. 129.

44 Robert Owen, *A New View of Society* (1813), pp. 28—29. Owen, *Report to the County of Lanark*; W. H. G. Armytage, *Heavens Below* (1961), p. 77.

45 Robert Owen, *The Book of the New Moral World* (1836), vol. i, p. 3.

46 引自 Armytage, *Heavens Below*, p. 77。

47 Bewell, *Wordsworth and the Enlightenment*, pp. 6—7; Edward Duffy, *Rousseau in England* (1979), pp. 2f. , Percy Bysshe Shelley, *The Triumph of Life* (1965 [1824]).

48 Richard Payne Knight, *The Progress of Civil Sciety* (1796), pp. 77—78; Bewell, *Wordsworth and the Enlightenment*, p. 6. 参见 McNeil, *Under the Banner of Science*; Michael Clarke and Nicholas Penny (eds.), *The Arrogant Connoisseur* (1982), pp. 10f. ; Ronald L. Meek, *Social Science and the Ignoble Savage* (1975), p. 211。

49 参见 McNeil, *Under the Banner of Science*; Desmond King-Hele, *Erasmus Darwin: A Life of Unequalled Achievement* (1999), *The Letters of Erasmus Darwin* (1981), and *Erasmus Darwin and the Romantic Poets* (1986)。

50 R. L. Edgeworth and M. Edgeworth, *Practical Education* (1798); Erasmus Darwin, *Plan for the Conduct of Female Education* (1797).

51 达尔文的主要著作包括 *The Botanic Garden* (1789—1791), *Zoonomia* (1794—1796), *Phytologia* (1800), *The Temple of Nature* (1803)。关于《生理学》中的"理论"，参见 vol. i, p. viii。

52 Schofield, *The Lunar Society of Birmingham*, pp. 75, 108, 154.

53　Darwin, *The Botanic Garden*; Janet Browne, "Botany for Gentlemen" (1989).
54　Charles Darwin, *Life of Erasmus Darwin* (1887), pp. 35—36.
55　King-Hele, *The Letters of Erasmus Darwin*, p. 8, letter no. 54A, to Thomas Oakes (23 [?] November 1754). 柯勒律治 1796 年访问德比郡时对达尔文印象深刻，但发现达尔文不是基督徒：

> 德比郡是一个充满有趣之事的地方，棉花、丝绸织造厂、创造者、画家，还有达尔文博士，所有一切，除了基督教！达尔文博士也许比欧洲任何一个人都要博学，也是哲学家中最有发明才能的。他从新的思路来思考一切，除了宗教。他在宗教话题上取笑我……他很确定，不信神是不证自明的，他凭直觉成为一名无神论者。圣保罗的一句话说得好："你有一颗不信教的邪恶心灵。"

Earl Leslie Griggs (ed.), *Collected Letters of Samuel Taylor Coleridge* (1956—1968), vol. i, pp. 177, 178, 216.

56　King-Hele, *The Letters of Erasmus Darwin*, p. 104, letter no. 81A, to James Watt (6 January 1781).
57　King-Hele, *Doctor of Revolution* (1977), p. 75.
58　King-Hele, *Erasmus Darwin: A Life of Unequalled Achievement*, p. 102.
59　C. C. Hankin (ed.), *Life of Mary Anne Schimmelpenninck* (1858), vol. i, pp. 151—153, 242.
60　King-Hele, *The Letters of Erasmus Darwin*, p. 8, letter no. 67A, to unknown man (7 February 1767). Mark Jackson, *New-Born Child Murder* (1996).
61　Darwin, *Zoonomia*, vol. ii, pp. 526—527："在人类社会现在的无理智状态中……几乎所有国家都为战争和备战投入了几乎所有聪明才智和劳动力；人类互相摧毁和奴役，没有一点仁慈之心，就像他们摧毁和奴役野蛮世界一样。"
62　King-Hele, *The Letters of Erasmus Darwin*, p. 189, letter no. 89D, to Josiah Wedgwood (13 April 1789). 关于奴隶颈圈，参见 Folarin Shyllon, *Black People in Britain 1555—1833* (1977), p. 9。
63　然而，面对"放弃你那容易挑起争论的神学吧，继续下去也是徒劳"的要求，普利斯特利反驳道："很抱歉，不过我仍然会进行神学与哲学研究，而且我认为前者对人类的重要性一点都不亚于后者。" King-Hele, *Erasmus Darwin: A Life of Unequalled Achievement*, p. 257.
64　Darwin, *Zoonomia*, 3rd end, vol. ii, p. 505, 引自 McNeil, *Under the Banner of Science*, pp. 100f。
65　McNeil, *Under the Banner of Science*; King-Hele, *Doctor of Revolution*; Roy Porter, "Erasmus Darwin: Doctor of Evolution?" (1989); P. J. Bowler, *Evolution: The History of an Idea* (1984).
66　Darwin, *Zoonomia*, vol. i, p. 514.
67　Darwin, *Zoonomia*.
68　Darwin, *Zoonomia*, vol. i, p. 505.

69 Darwin, *Zoonomia*, vol. i, p. 92. 也可见 Karl Figlio, "Theories of Perception and the Physiology of Mind in the Late Eighteenth Century" (1975)。
70 Darwin, *Zoonomia*, vol. i, p. 148.
71 Darwin, *Zoonomia*, vol. i, p. 96.
72 Darwin, *Zoonomia*, vol. i, p. 72：

> 我们所有的情绪和激情似乎都产生于动物感觉中枢的这两项官能的发挥。自豪、希望、喜悦，是特定愉悦的名称；耻辱、绝望、悲伤、是特定痛苦的名称；并且爱情、雄心、贪婪是特定的欲望；恨、嫌恶、恐惧、焦虑则是特定的厌恶。

73 Darwin, *Zoonomia*, , vol. i, p. 376.
74 通过模仿和习惯对心灵进行教育，是达尔文的《妇女教育指导方案》的关键主题。有关达尔文对模仿的看法的最为清晰详细的论述，参见 *The Temple of Nature* (1803), p. 107, canto 3, ll. 285—288。
75 参见 Darwin, *Zoonomia*, vol. i, p. 376：

> 人被亚里士多德定义为模仿的动物；模仿的习性不仅体现在儿童的行为上，而且还体现在世界上所有的风俗和流行时尚中。

76 Darwin, *Zoonomia*, vol. i, pp. 38, 61, 76.
77 Darwin, *Zoonomia*, vol. i, p. 13.

> 肌肉或感觉器官中的感觉末梢的变化或功能发挥便产生了联想，是一些先行的或伴随的纤维收缩的结果。

78 Darwin, *Zoonomia*, vol. ii, p. 255.
79 Darwin, *Zoonomia*, vol. ii, p. 263; McNeil, *Under the Banner of Science*, pp. 98f.
80 Darwin, *Zoonomia*, vol. ii, pp. 264, 270; James Blondel, *The Strengthy of Imagination in Pregnant Women Examin'd* (1727); Dennis Todd, *Imagining Monsters* (1995).
81 Darwin, *Zoonomia*, vol. ii, p. 270.
82 Darwin, *Phytologia*, pt 3, p. 557.
83 Darwin, *Zoonomia*, vol. ii, pp. 13—14. 达尔文赞美塔希提岛令人欢愉的色情味道：

> 一百位男性和一百位女性组成一个滥交的婚姻，
> 在南方的主岛中，这让维纳斯无比欢愉，
> 对着欧提海特的平原尽情微笑，
> 她张开自己的丝网覆盖这座岛屿，
> 除了自然的法则，爱神嘲笑一切。

The Botanic Gaarden, p. 200, canto 4. 见上文第十一章的论述。

84　Darwin, *Zoonomia*, vol. ii, p. 235.
85　Darwin, *Zoonomia*, vol. ii, p. 240.
86　Darwin, *The Temple of Nature*, p. 24, canto 1, ll. 269—272.
87　Darwin, *The Temple of Nature*, p. 25, canto 1, ll. 273—274.
88　Darwin, *The Temple of Nature*, p. 25, canto 1, ll. 277—280; 可与 p. 107, canto 3, ll. 279—286 比较：

> 因而，当质疑之手轻轻触摸，
> 在坚固形式下探索它的边际线条；
> 转动的眼球使用的语言
> 来自天地的遥远实景；
> 这些关于触摸与视觉的清晰观念，
> 让人们快速产生痛苦和快乐的感觉；
> 模仿的力量，
> 和外部之物的轮廓，皆由此而来。

89　Darwin, *The Temple of Nature*, p. 86, canto 3, ll. 41—46.
90　Darwin, *Zoonomia*, , vol. ii, p. 318.
91　Darwin, *The Temple of Nature*, p. 134, canto 4, ll. 65—66.
92　Darwin, *The Temple of Nature*, p. 166, canto 4, ll. 451—454.
93　在这个反革命的时代，它受到了冷遇。Norton Garfinkle, "Science and Religion in England, 1790—1800" (1955)。
94　Alexander Pope, *An Essay on Man* (1733—1734), epistle 2, l. 10, 载于 John Butt (ed.), *The Poems of Alexander Pope* (1965), p. 516。
95　A. O. Lovejoy, *The Great Chain of Being* (1936).
96　Alexander Pope, *An Essay on Man*, epistle ii, ll. 15—16, 载于 Butt, *The Poems of Alexander Pope* (1965), p. 516。
97　Darwin, *The Temple of Nature*, p. 186, canto 3, ll. 43—46.
98　McNeil, *Under the Banner of Science*.
99　Darwin, *The Temple of Nature*, pp. 139—140, canto 4, ll. 369—382:

> 所以人类的后裔呀，如果你们不受束缚，
> 借助友善的气候与充足的食物，
> 越过大海与土地，多产的族群将很快散布！
> 地球将会被人类占满；
> 但战争，瘟疫，疾病与饥馑
> 却会带走地球上多余的众生……

生与死势均力敌，
自然的每一个缝隙充满了生命；
从印度直到两极，它们在萌芽与呼吸，
地球的广袤土地随着转动燃起生机。

100　这是 M. H. Abram, *Natural Supernaturalism* (1971) 的主题之一。

第二十章　革命时代："现代哲学"

1　William Godwin, *An Enquiry concerning Political Justice 1985* ([1793]), title of bk I, ch. 5.
2　Thomas Paine, *The Complete Writings of Thomas Paine* (1945), vol. i, p. 354.
3　C. B. Jewson, *Jacobin City* (1975), pp. 12—13.
4　有关沾沾自喜的气氛，见 Nicholas Rogers, *Crowds, Culture and Politics in Georgian Britain* (1998), p. 180。"庆典提供了一个为英国的成就而自豪的机会，而非详述过去和目前的挫折。"有关 18 世纪晚期政治，见 I. R. Christie, *Wars and Revolutions* (1982), and *Stress and Stability in Late Eighteenth-Century Britain* (1984); James T. Boulton, *The Language of Politics in the Age of Wilkes and Burke* (1963); Philip Anthony Brown, *The French Revolution in English History* (1965); E. P. Thompson, *The Making of the English Working Class* (1968); Gregory Claeys, "The French Revolution Debate and British Political Thought" (1990); Carl B. Cone, *The English Jacobins* (1968); Clive Emsley, *British Society and the French Wars 1793—1815* (1979); Keith Hanley and Raman Selden (eds.), *Revolution and English Romanticism* (1990)。
5　Desmond King-Hele (ed.), *The Letters of Erasmus Darwin* (1981), p. 200, letter no. 90A, to James Watt (19 January 1790)："我感觉自己在化学与政治学方面都变得像个法国人。"见 Ann Finer and George Savage (eds.), *The Selected Letters of Josiah Wedgwood* (1965), p. 319。
6　William Wordsworth, *The Prelude* (1850 version), bkVI, l. 339, in J. Wordsworth, M. H. Abrams and S. Gill (eds.), *William Wordsworth, the Prelude 1799, 1805, 1850* (1979), p. 205. 华兹华斯这两句诗是后来才创作的，当然，这并不能使它们对 1789 年光环的重新塑造无效。
7　Wordsworth, *The Prelude* (1850 version), bk IX, l. 161, in Wordsworth, Abrams and Gill, *William Wordsworth, the Prelude 1799, 1805, 1850*, p. 320.
8　作为不从国教者牧师中的元老，普莱斯起初打算在前一年，即光荣革命的 100 周年纪念的时候，在伦敦老犹太街的长老会会堂做纪念性布道。普莱斯并不希望废除君主制，他比较青睐于现存的混合民主政体。
9　Richard Price, *A Discourse on the Love of our Country* (1789), pp. 49, 50.
10　Price, *A Discourse on the Love of our Country*, pp. 50—51.
11　Edmund Burke, *Reflections on the Revolution in France* (1790), p. 113.

12　Edmund Burke, *Reflections on the Revolution in France* (1790), 载于 L. G. Mitchell (ed.), *The Writings and Speeches of Edmund Burke* (1989), vol. viii, p. 207。也可见 Peter Stanlis, *Edmund Burke: The Enlightenment and Revolution* (1991)。

13　Clive Emsley, *British Soicety and the French Wars 1793—1815* (1979), p. 14.

14　Theo Barker (ed.), *The Long March of Everyman 1750—1960* (1978), p. 62. 这出自 1794 年叛国罪审判中没收的文章。

15　John Cannon, *Parliamentary Reform 1640—1832* (1972).

16　Mary Wollstonecraft, *A Vindication of the Rights of Men*, in *A Vindication of the Rights of Men with A Vindication of the Rights of Woman* (1995), p. 8; Gary Kelly, *Revolutionary Feminism* (1992).

17　T. J. Mathias, *The Pursuits of Literature, or What You Will* (1794), pt IV, p. 238，致读者的说明文字。

18　Philip Anthony Brown, *The French Revolution in English History* (1965), p. 157.

19　关于此处和前面的引文，参见 Emsley, *British Soicety and the French Wars 1793—1815*, pp. 86—87。

20　Thomas Walker, *A Review of Some of the Political Events Which Have Occurred in Manchester during the Last Five Years* (1794), pp. 1—2.

21　"法国人正快速堕入一种野蛮状态之中，"自由主义者塞缪尔·罗米利宣称，"这对于这样一个民族而言，并且是在如此短的时间之内完成的，真是令人难以想象。所有宗教已经被废除……不久，我们就会看到所有的书籍都要被销毁。" Samuel Romilly, *Memoirs of the Life of Sir Samuel Romilly* (1971 [1840]), vol. ii, p. 37。

22　潘恩成了使人忧惧的幽灵。1795 年《绅士杂志》的讣告栏记录："在康沃尔的雷德鲁斯，一位矿工在那个城市的'三个罗盘'酒馆饮酒，酒醉后，大肆咒骂福音派，诅咒地球上所有的国王都下地狱，并为托马斯·潘恩的健康干杯；忽然间，他牙关紧闭，在最让人难以忍受的痛苦折磨中，他当场死亡。" *Gentleman's Magazine*, no. 65 (1795), p. 495.

23　引自 Emsley, *British Soicety and the French Wars 1793—1815*, p. 161。

24　Gregory Claeys (ed.) , *The Politics of English Jacobinism* (1995)，书中有一个很好的导读；Christina Bewley and David Bewley, *Gentleman Radical* (1998)。

25　Clive Emsley, *Policing and Its Context, 1750—1870* (1983), p. 25; H. R. Dickinson, *The Politics of the People in Eighteenth-Century Britain* (1995), p. 237.

26　有关这一点以及引文，参见 Emsley, *British Soicety and the French Wars 1793—1815*, p. 56；关于早年的柯勒律治，见 Ian Wylie, *Young Coleridge and the Philosophers of Nature* (1989), p. 51。

27　Maurice Colgan, "Prophecy Against Reason" (1985); Roy Foster (ed.), *The Oxford Illustrated History of Ireland* (1991), pp. 134ff. "联合爱尔兰人"失败了，部分是因为他们太依赖法国的支持，见 Marianne Elliott, *Partners in Revolution* (1982)。

28　Robert Southey, *Letters from England by Don Manuel Alvarez Espriella* (1984 [1807]), p. 375. 关于时人对骚塞的评价，见 William Hazitt, *The Spirit of the Age* (1971 [1825]), pp. 365—384。

29 Southey, *Letters from England by Don Manuel Alvarez Esprilla*, p. 375.
30 John Dinwiddy, "Conceptions of Revolution in the English Radicalism of the 1790s", p. 547.
31 Marilyn Butler (ed.), *Burke, Paine, Godwin, and the Revolution Controversy* (1984); Mark Philp, *Paine* (1989); G. Claeys, *Thomas Paine. Social and Political Thought* (1989); Jack Fruchtman Jr, *Thomas Paine: Apostle of Freedom* (1994); John Keane, *Tom Paine: A Political Life* (1995).
32 Thomas Paine, *The Complete Writings of Thomas Paine* (1945), vol. i, p. xxviii. Jack Fruchtman Jr, *Thomas Paine and the Religion of Nature* (1993).
33 Paine, *The Complete Writings of Thomas Paine*, vol. ii, p. 486.
34 Paine, *The Complete Writings of Thomas Paine*, vol. ii, p. 481.
35 Richard D. Altick, *The English Common Reader 1800—1900* (1957), p. 69.
36 Paine, *The Complete Writings of Thomas Paine*, vol. ii, p. 198. "人民之友"("A Friend to the People")——《大不列颠宪法评述》(*A Review of the Constitution of Great Britain*, 1791)的匿名作者——将"贵族老爷们"视为"政治怪兽"、完全是王权的"造物"。他坚称,英国人民,比苏丹的臣民处境更为悲惨:"在土耳其,专制的独裁者这只猛虎只扑向一个受害者,用杀戮喂饱自己。而在英格兰,贵族制这只怪兽,把成千上万颗利齿伸向千千万万全心全意的民众,从人们的每一个毛孔中吸吮鲜血,血流如注,永不停歇。"引自 Cannon, *Parliamentay Reform 1640—1832*, p. 163。
37 Paine, *The Complete Writings of Thomas Paine*, vol. i, p. 251; 见如下讨论: Gregory Claeys (ed.), *Political Writings of the 1790s* (1995), vol. i, p. 64.
38 Paine, *The Complete Writings of Thomas Paine*, ed. Philip S. Foner, 2 vols (New York: Citadel Press, 1945), vol. i, p. 447.
39 Paine, *The Complete Writings of Thomas Paine*, vol. i, p. 260.
40 Paine, *The Complete Writings of Thomas Paine*, vol. i, p. 274.
41 Gregory Claeys, "The French Revoltion Dabate and British Political Thought" (1990).
42 Paine, *The Complete Writings of Thomas Paine*, vol. i, pp. 357—358.

  如果没有社会的帮助,没有人可以满足自己的需求;这些需求作用于每一个个体,迫使他们全部进入一个社会,就像万有引力那样,这一过程是自然而然的。但是她(自然)还可以做更多,她不仅借助需求的多样性迫使人类组成社会——在其中每个人的相互帮助可使需求得到满足——还将社会情感体系植根于每一个人心中,社会情感虽然不是他生存的必须,但是却是他获得幸福的关键。在一个人生命的所有阶段,这种社会之爱都会起作用。(vol. i, p. 357.)

43 Paine, *The Complete Writings of Thomas Paine*, vol. i, p. 431.
44 Paine, *The Complete Writings of Thomas Paine*, vol. i, pp. 459—604; Fruchtman, *Thomas Paine and the Religion of Nature*. 弗鲁赫特曼认为潘恩是一名世俗传道者。
45 Paine, *The Complete Writings of Thomas Paine*, vol. i, p. 451. 宗教宽容是不够的,因为它

是一种不容忍的形式：

> 宽容，并不是不容忍的反面，而是它的虚假仿冒。二者都是专制。一个假定自己有拒绝给予信仰自由的权利，另一个认为自己有给予信仰自由的权利。

vol. i, p. 291。

46 Paine, *The Complete Writings of Thomas Paine*, vol. i, p. 464.
47 Wylie, *Young Coleridge and the Philosophers of Nature*, p. 1.
48 Paine, *The Complete Writings of Thomas Paine*, vol. i, p. 274.
49 Joseph Mather, "God Save Great Thomas Paine" (1792?), in Roger Lonsdale (ed.), *The New Oxford Book of Eighteenth-Century Verse* (1984), p. 790.
50 Paine, *The Complete Writings of Thomas Paine*, vol. i, p. xxxi.
51 Godwin, *An Enquiry concerning Political Justice*, p. 665.
52 Don Locke, *A Fantasy of Reason* (1980); Mark Philp, *Godwin's Political Justice* (1986). 内阁确实在1793年5月25日曾商讨起诉他，但每一册售价1英镑16先令，他们认为这个价格高到不会对社会产生太大危害。
53 Godwin, *An Enquiry concerning Political Justice*, p. 13.
54 Locke, *A Fantasy of Reason*; Peter H. Marshall, *William Godwin* (1984).
55 Godwin, *An Enquiry concerning Political Justice*, p. 140. 见 ch. 4, pp. 96—115："The Characters of Men Originate in Their External Circumstances"。
56 Godwin, *An Enquiry concerning Political Justice*, p. 32.
57 Godwin, *An Enquiry concerning Political Justice*, p. 104.
58 在该著第三版中，换成费内隆的贴身仆人身陷火中。Godwin, *An Enquiry concerning Political Justice*, p. 169; Locke, *A Fantasy of Reason*, p. 168.
59 惩罚不会使人们向善：

> 让我们考虑强制手段对一个受罚者的心灵产生的影响。强制，首先不是开始于试图让他信服，强制，不存在商量，没有争论；而是以制造痛苦的感觉为开端，进而让他产生厌恶的感觉。它以使思维猛烈地疏远真理为开端。而这一真理本来是我们希望他能够认识到的。

Godwin, *An Enquiry concerning Political Justice*, pp. 22—23.

60 和佩利以及边沁一样，葛德文并不认为惩罚是一种理性的报复手段。如下原因不应作为施加惩罚的理由：

> 事物的本质中被认为有一定的适合性和恰当性，这使得痛苦折磨——从对结果有利的抽象角度而论——成为伴随恶行而来的适当结果……施加惩罚应该是由于公共利益需要它。

61　Godwin, *An Enquiry concerning Political Justice*, p. 648.
61　Godwin, *An Enquiry concerning Political Justice*, p. 633.
62　葛德文感到疑惑："我们应否有音乐会呢？……应该有戏剧展演吗？这似乎包含了荒诞的、罪恶的合作。"见 Godwin, *An Enquiry concerning Political Justice*, p. 759。葛德文不赞成同居，因为同居导致两人"互相妨碍、吵嘴、不快乐"，并且婚姻是一种"垄断，而且是所有垄断中最糟糕的"（p. 762）；他强调："个体是保持智慧杰出的关键"（p. 755）。
63　Godwin, *An Enquiry concerning Political Justice*, pp. 19, 556.
64　Godwin, *An Enquiry concerning Political Justice*, p. 776.
65　Godwin, *An Enquiry concerning Political Justice*, p. 777, Locke, *A Fantasy of Reason*, p. 8 加以引用。
66　Godwin, *An Enquiry concerning Political Justice*, p. 776.
67　Godwin, *An Enquiry concerning Political Justice*, p. 730.
68　Godwin, *An Enquiry concerning Political Justice*, p. 769.
69　Godwin, *An Enquiry concerning Political Justice*, p. 529："个体是一切，而社会，从构成它的那些个体中抽取而来，什么都不是。"
70　Godwin, *An Enquiry concerning Political Justice*, p. 268.
71　Godwin, *An Enquiry concerning Political Justice*, pp. 34, 251："我们应该不断改革，但不要革命"，因为"革命是激情的产物，而不是清醒而冷静的理性的产物"；真理必须通过"清醒冷静的理性"，必须通过"交流和讨论"向前推进，见 Locke, *A Fantasy of Reason*, p. 102。一旦启蒙了，"枷锁自动就脱落了"（Godwin, *An Enquiry concerning Political Justice*, p. 33）。因而葛德文宣称："我的信条很简单"；"我原则上是一位共和主义者，但在实践上是一位辉格派。"（见 Locke, *A Fantasy of Reason*, p. 104。）
72　Godwin, *An Enquiry concerning Political Justice*, pp. 184—185，引自 Locke, *A Fantasy of Reason*, p. 3.
73　Godwin, *An Enquiry concerning Political Justice*, p. 221，引自 Locke, *A Fantasy of Reason*, p. 4.
74　引自 Hanley and Selden (eds.), *Revolution and English Romanticism*, p. 151。
75　关于"现代哲学"，有许多混乱的或具有讽刺意味的变体，其中之一就是华兹华斯的"哲思"，见 Edward Duffy, *Rousseau in England*（1979），p. 55。关于"现代哲学"，见 Lois Whitney, *Primitivism and the Idea of Progress*（1934），p. 320。葛德文对理性的执著使哈兹利特谈到了他的"北极圈"（Arctic Circle）。
76　Butler, *Burke, Paine, Godwin, and the Revolution Controversy*, p. 76.
77　William Hodgson, *The Commonwealth of Reason* (1795), p. 46. 和其他自由主义者一样，霍奇森认为婚姻应该只是一个民事契约。
78　Thomas Spence, *The Real Rights of Man* (1793)，是他 1775 年 11 月 8 日在泰恩河畔纽卡斯尔发表的演说，1796 年在《自由的全盛时期》中出版，再版载于 M. Beer (ed.), *The Pioneers of Land Reform* (1920), pp. 5—16。斯宾塞在 1794 年入狱数月，1801 年再次入狱。
79　Armytage, *Heavens Below*, p. 70; Butler, *Burke, Paine, Godwin, and the Revolution*

        Controversy, p. 189; Olivia Smith, *The Politics of Language 1791—1819* (1984), p. 80.

80 Spence, *The Meridian Sun of Liberty*，引自 Armytage, *Heavens Below*, P. 70；Gregory Claeys (ed.), *Utopias of the British Enlightenment* (1994), p. xviii。

81 Spence, *The Meridian Sun of Liberty*. 关于斯宾塞的思想是哈林顿思想的倒置，见 Roger Sales, *English Literature in History: 1780—1830, Pastoral and Politics* (1983), p. 26。和葛德文一样，斯宾塞把社会看做教区的联合体。

82 Armytage, *Heavens Below*, p. 72; Smith, *The Politics of Language 1791—1819*, p. 112. 斯宾塞为 *A Supplement to the History of Robinson Crusoe*（1780）写的诗使用了他的特殊的字母表，他将其称为克鲁索（Kruzonian）风格：

        And dho mi bwk's in kwer Lingo
        I wil it send tw St. Domingo
        Tw dhe Republik ov dhe 'Inkaz
        For an egzampl how tw fram Looz
        For hw kan tel but dhe Mileneum
        Ma tak its riz from mi pwr Kraneum

    见 Marcus Wood, *Radical Satire and Print Culture 1790—1822* (1994), p. 86。

83 Horne Tooke, *The Diversions of Purley* (1786), vol. ii, p. 51b; D. Rosenberg, " 'A New Sort of Logick and Critick' " (1991); Bewley, *Gentleman Radical*.

84 关于图克，见 Hans Aarsleff, *The Study of Language in England, 1780—1860* (1983), p. 71; Butler, *Burke, Paine, Godwin, and the Revolution Controversy*, p. 19。关于哈里斯，见 Smith, *The Politcs of Language* 1791—1819, p. 20。据哈兹利特所说，图克"带着猜忌的警觉性，检查了每个词语的意思，以免被他们蒙骗"。William Hazillit, "The Late Mr Horne Tooke" (1825), in *The Complete Works of William Hazillit* (1930—1934), vol. xi, p. 54.

85 Thomas Beddoes, *Observations on the Nature of Demonstrative Evidence* (1793), p. 151.

86 Kevin C. Knox, "Lunatick Visions" (1999). 弗伦德已在第十四章中论及。

87 Armytage, *Heavens Below*, p. 63. 关于美国 1776 年后作为自由之地的名声，见上文第十八章。年轻的骚塞，因为编辑《鞭笞者》（*Flagellant*）杂志，批评鞭笞和其他不民主的做法，被逐出威斯敏斯特，他随身携带了一本歌德的《少年维特之烦恼》。

88 "On the Prospect of Establishing a Pantisocracy in America" (1826), in Samuel Taylor Coleridge, *The Complete Poems* (1997), p. 58.

89 柯勒律治后来的解释陈述道："我也处于那个大旋涡中，虽然我的小世界描绘了它在自己的轨道内的革命道路。"见 Barbara E. Rooke (ed.), *The Collected Works of Samuel Taylor Coleridge: The Friend I*（1969），vol. iv, p. 223. 他解释道："大同世界的首要理念是通过去除邪恶的一切动机——所有可能的诱惑——来使人必然达到道德上的善。" Earl Leslie Griggs (ed.), *The Collected Works of Samuel Taylor Coleridge* (1956—1968), vol. i, p. 114, letter 65, to Robert Southey (21 October 1794).

90 Richard Holmes, *Coleridge: Early Visions* (1989), p. 72; Armytage, *Heavens Below*, p. 64.

91 关于他早年活动的讨论，见 Samuel Taylor Coleridge, *Biographia Literaria* (1817), pp. 81f.；Wylie, *Young Coleridge and the Philosophers of Nature*, p. 66。

92 Holmes, *Coleridge: Early Visions*, p. 79.

93 在捍卫他对骚塞持有的非正统见解的过程中，柯勒律治不仅坚定了他对哈特利的信仰，而且隐含地拥护着普利斯特利和他的"唯物主义"："我完全是个宿命论者——我对这主题的理解几乎和哈特利本人一样——但我比哈特利走得更远，而且我相信思想的物质性，即，它是运动。" "Lecture 1795 on Politics and Religion" (1795), in Lewis Patton and Peter Mann (eds.), *The Collected Works of Samuel Taylor Coleridge* (1971), p. lviii.

94 Wylie, *Young Coleridge and the Philosophers of Nature*, p. 44.

95 我称颂你高尚的指引
　　用诚挚的诗歌赞美你，葛德文！

"To William Godwin" (1795), in Coleridge, *The Complete Poems*, p. 74.

96 Wylie, *Young Coleridge and the Philosophers of Nature*, p. 109.

97 M. H. Abrams, *Natural Supernaturalism* (1971), p. 338.

98 Griggs, *Collected Letters of Samuel Taylor Coleridge*, vol. i, p. 397, letter 238, to George Coleridge (*c*. 10 March 1798). 关于柯勒律治和华兹华斯，见 Alan Bewell, *Wordsworth and the Enlightenment* (1989); Richard Holmes, *Coleridge* (1982); Butler, *Romantics, Rebels and Reactionaries*, 以及 "Romanticism in England" (1988); R. J. White, *The Political Thought of Samuel Taylor Coleridge* (1938)。

99 Griggs, *Collected Letters of Samuel Taylor Coleridge*, vol. ii, p. 706, letter 387, to Thomas Poole (Monday, 16 March 1801).

100 Samuel Taylor Coleridge, *A Lay Sermon Addressed to the Higher and Middle Classes on the Existing Distresses and Discontents* (1817), in R. J. White (ed.), *Political Tracts of Wordsworth, Coleridge and Shelley* (1953), p. 83.

101 Griggs, *Collected Letters of Samuel Taylor Coleridge*, vol. ii, p. 709, letter 388, to Thomas Poole (23 March 1801).

102 Samuel Taylor Coleridge, *On the Constitution of the Church and State* (1830), in John Colmer (ed.), *The Collected Works of Samuel Taylor Coleridge* (1976), vol. x, pp. 66, 68. 关于柯勒律治的哲学，见 Holmes, *Coleridge*; Harold Orel, *English Romantic Poets and the Enlightenment* (1973); Wylie, *Young Coleridge and the Philosophers of Nature*。

103 Thomas Peacock, *Nightmare Abbey* (1818), in David Garnett (ed.), *The Novels of Thomas Love Peacock* (1948), pp. 115, 359—360. 福罗斯基问道："当我们被阅读的公众包围时，我们怎么高兴得起来？他们对更有才智者而言变得太明察善断了。"

104 哈兹利特评论道，骚塞"在乌托邦里迷路了，而在老塞勒姆（一座古老的山丘堡垒。——译者）找到了方向"。David Garnett, introduction to Thomas Peacock, *Melincourt* (1817), in *The Novels of Thomas Love Peacock*, p. 98.

105 Michael Ferber, *The Social Vision of William Blake* (1985), p. 125.
106 Peter Ackroyd, *Blake* (1995); Jacob Bronowski, *William Blake and the Age of Revolution* (1972); Ferber, *The Social Vision of William Blake*; David V. Erdman, *Blake, Prophet against Empire*, 3rd edn (1954); Morton D. Paley, *Energy and the Imagination* (1970).
107 William Blake, "Annotations to Sir Joshue Reynolds' Discourses" (*c*. 1808), 载于 G. Keynes (ed.), *Blake: Complete Writings* (1969), p. 985, 在以下作品中得到了讨论 Marjorie Hope Nicolson, *Newton Demands the Muse* (1946), p. 170; Jack Lindsay, *William Blake: His Life and Work* (1978), p. 60。
108 William Blake, "Jerusalem: The Emanation of the Giant Albion"（创作并刻印于 1804—1820), ll. 15—16, 载于 Keynes, *The Complete Works of William Blake* (1956), p. 636。有关论述，参见 Orel, *English Romantic Poets and the Enlightenment*, p. 49。
109 浪漫主义对"机械主义"的批评十分普遍，托马斯·卡莱尔写道："倘若我们被要求必须用一个称谓来概括这一时代特征，我们不应称其为英雄时代、虔信时代、哲学时代或伦理时代，而宁愿称它机械时代。"：(T. Carlyle,) "Signs of the Times", *Edinburgh Review* (1829), p. 453。
110 William Blake, *Poems and Fragments from the Note-Book* (*c*. 1800—1803), in *Blake: Complete Writings* (1966), p. 418. 请注意布莱克的言语关乎"视野"（vision），而不是启蒙意义上的"光明"（light）。启蒙运动的煽情限制了视野。
111 他告诉他在伦敦的赞助人托马斯·巴茨（Thomas Batts）："我可以堂堂正正、毫不忧惧且心甘情愿地告诉你，我一直在天国使者的指引下行事，无论白天黑夜。" Lindsay, *William Blake: His Life and Work*, p. 147; Bronowski, *William Blake and the Age of Revolution* p. 28; 关于他对天使的看法，见 Ackroyd, *Blake*, p. 195。
112 William Blake, "Annotations to Richard Watson's 'An Apology to the Bible'" (1798). 布莱克发现自己不是在与无神论的代言人而战，而是与理性基督教的代言人而战。毋庸置疑，这一发现是至关重要的。见 Iain McCalman, "New Jerusalems" (1997)。
113 Ackroyd, *Blake*, pp. 72—73.
114 William Blake, *Letter to Thomas Butts* (22 November 1802), in *Blake: Complete Writings*, p. 818.
115 有关这一反启蒙传统，见 Bernard M. Schilling, *Conservative England and the Case against Voltaire* (1950); D. W. Bebbington, *Evangelicalism in Modern Britain* (1988); Clement Hawes, *Christopher Smart and the Enlightenment* (1999); Margaret Forbes, *Beattie and His Friends* (1904); Edward J. Bristow, *Vice and Vigilance* (1977); Grayson Ditchfield, *The Evangelical Revival* (1997). 关于鲍德勒主义（Bowdlerism），见 N. Perrin, *Dr Bowdler's Legacy* (1970). 贝蒂把休谟的《人性论》称为"可憎的倾诉"：David Hume, *A Treatise of Human Nature* (1969 [1739—1740]), p. 19。
116 Edmund Burke, *Reflections on the Revolution in France* (1790), pp. 129—130.
117 Burke, *Reflections on the Revolution in France* (1790), in *Works* (1826), vol. v, p. 185. 关于柏克的"背弃"的详细论述，见 John Cannon, *Parliamentary Reform 1640—1832* (1972), p. 168。柏克的知识分子式的保守主义被不信国教的约翰·艾金嘲笑，后者告诫自己

的儿子，现在可能会听到许多人说："感谢上帝，我不是个哲学家；我假装不比那些先辈们更智慧，不会吹嘘发现了什么新的原则。" John Aikin, *Letters from a Father to His Son*, 3rd edn (1796), p. 45.

118 Simon Schaffer, "Genius in Romantic Natural Philosophy" (1990), p. 86 and, "States of Mind" (1990), p. 244.

119 引自 Schaffer, "Genius in Romantic Natural Philosophy", p. 88, 出自 John Robison, *Proofs of a Conspiracy against All the Religions and Governments of Europe* (1798); 也可见 R. B. Clark, *William Gifford: Tory Satirist, Critic, and Editor* (1980); Amos Hofman, "Opinion, Illusion and the Illusion of Opinion" (1993)。

120 Emily Lorraine de Montluzin, *The Anti-Jacobins 1798—1800* (1988), p. 16.

121 Arthur Young, *An Enquiry into the State of the Public Mind* (1798), p. 25; Harry T. Dickinson, "Popular Loyalism in Britain in the 1790s" (1990); Montluzin, *The Anti-Jacobins 1798—1800*, p. 7.

122 这首诗出现于 1789 年: Charles Edmonds (ed.), *Poetry of the Anti-Jacobin* (1854), p. 115; Marcus Wood, *Radical Satire and Print Culture 1790—1822* (1944); Montluzin, *The Anti-Jacobins 1798—1800*, p. 14。

123 G. Canning, "The Soldier's Friend" (nd), in L. Sanders (ed.), *Selections from the Anti-Jacobin* (1904), p. 29; Edmonds, *Poetry of the Anti-Jacobin*, pp. 29—30.

124 Locke, *A Fantasy of Reason*, p. 160.

125 引自 A. Aspinall, *Politics and the Press c. 1780—1850* (1949), p. 9。

126 *Anti-Jacobin Review*, no. 1 (July 1798), p. 2; Montluzin, *The Anti-Jacobins 1798—1800*, p. 28.

127 Edmonds (ed.), *Poetry of the Anti-Jacobin*, p. 110; 这对于葛德文关于永生的顽固信念来说，不啻于当头一击。见 Maureen McNeil, *Under the Banner of Science* (1987), p. 86; Wylie, *Young Coleridge and the Philosophers of Nature*, p. 70。

128 Mrs Elizabeth Hamilton, *Letters of a Hindoo Rajah* (1999 [1796]), p. 257.

129 Mrs Elizabeth Hamilton, *Memoirs of Modern Philosophers* (1800), vol. ii, p. 9; Marilyn Butler, *Jane Austen and the War of Ideas* (1975), p. 108; Locke, *A Fantasy of Reason*, p. 116. 关于对"现代哲学"的嘲弄，见 Whitney, *Primitivism and the Idea of Progress*, p. 306。布里吉缇娜首次邂逅葛德文《政治正义论》的神圣文字是在用来包裹鼻烟的校样纸上。"我一边阅读，一边打喷嚏，边打边读，"她告诉我们，"直到哲学使我的灵魂结出果实。从那一刻起，我成了一位哲人，无须向你赘言这重要结果。"

130 M. G. Jones, *Hannah More* (1952), p. 104; Ford K. Brown, *Fathers of the Victorians* (1961), p. 126; Muriel Jaeger, *Before Victoria* (1967); Boyd Hilton, *The Age of Atonement* (1988); Ian Bradley, *The Call to Seriousness* (1976).

131 Hanah More, *An Estimate of the Religion of the Fashionable World* (1791), pp. 31—32; Jones, *Hannah More*, p. 109; R. W. Harris, *Romanticism and the Social Order* (1969), p. 134.

132 W. S. Lewis (ed.), *The Correspondence of Horace Walpole* (1961), vol. xxxi, p. 329; W. Roberts (ed.), *Memoirs of the Life and Correspondence of Mrs Hannah More* (1834), vol. ii,

p. 357.

133 Whitney, *Primitivism and the Idea of Progress*, p. 239.

134 Roberts, *Memoirs of the Life and Correspondence of Mrs Hannah More*, vol. iii, p. 100. 正像第十五章中所表明的，更多的人认为"将儿童视为无知的存在是一个巨大的谬误"。Jones, *Hannah More*, p. 117. 见 Jon Klancher, *The Making of English Reading Audiences, 1790—1832* (1987), p. 12。

135 Altick, *The English Common Reader 1800—1900*, p. 75; Butler, *Burke, Paine, Godwin, and the Revolution Controversy*, p. 180.

136 Hannah More, *Village Politics* (1793), and *The Riot* (1795), pp. 3—4. 引自 Butler, *Burke, Paine, Godwin, and the Revolution Controversy*, p. 180。

137 More, *Village Politics*.

138 *The History of Mr Fantom the New-Fashioned Philosopher*（1805），该书讲述了这样一个故事：一位几乎没接受过正式教育的富裕商人，急切渴望出风头，他偶然发现一份潘恩的小册子，立即对这一新哲学入了迷。书中名叫"真人"（Trueman）的人对幽灵先生解释说哲学家并不知道人类处境悲惨的真正原因是罪恶。

139 Ian Bradley, *The Call to Seriousness* (1976), p. 19.

140 Brown, *Fathers of the Victorians* (1961), p. 1; Jaeger, *Before Victoria*, p. 14. 威尔伯福斯认为宗教信仰沦落为一种随心所欲的行为。见 Roland N. Stromberg, *Religious Liberalism in Eighteenth-Century England* (1954), p. 119。

141 Robert Isaac Wilberforce and Samuel Wilberforce, *The Life of William Wilberforce* (1838), vol. i, p. 84; Bradley, *The Call to Seriousness*, p. 94; William Wilberforce, *A Practical View of the Prevailing Religious System of Professed Christians in the Higher and Middle Classes in This Country Contrasted with Real Christianity* (1797), p. 12; Hilton, *The Age of Atonement*.

142 Wilberforce, *A Practical View of the Prevailing Religious System of Professed Christians in the Higher and Middle Classes in This Country Contrasted with Real Christianity*, p. 12.

143 William Paley, *Natural Theology* (1802), p. 490.

144 William Wilberforce, letter to Ralph Creyke (8 January 1803), 载于 *The Correspondence of William Wilberforce* (1840), vol. i, pp. 247—253；有关论述见 Hilton, *The Age of Atonement*, p. 4。

145 Wilberforce, *A Practical View of the Prevailing Religious System of Professed Christians in the Higher and Middle Classes in This Country Contrasted with Real Christianity*, p. 489. 西德尼·史密斯嘲笑说："具有专利的基督教在克拉彭已经被制造一段时间了"（当时克拉彭教派主要是由该地商人和社会改革者组成。——译者）。引自 Harris, *Romanticism and the Social Order*, p. 54。

146 Patricia James, *Population Malthus: His Life and Times* (1979), p. 25；关于卢梭的影响，见 Duffy, *Rousseau in England*；关于丹尼尔·马尔萨斯的情况，见 Elie Halévy, *The Growth of Philosophic Radicalism* (1972), p. 235。

147 Thomas Robert Malthus, *An Essay on the Principle of Population* (1966 [1798]), pp. 2—3; M.

Turner (ed.), *Malthus and His Times* (1986).

148　Thomas Robert Malthus, *An Essay on the Principle of Population*, preface, p. iii.
149　Thomas Robert Malthus, *An Essay on the Principle of Population*, pp. 8—9.
150　Thomas Robert Malthus, *An Essay on the Principle of Population*, p. 10.
151　Thomas Robert Malthus, *An Essay on the Principle of Population*, p. 8.
152　Thomas Robert Malthus, *An Essay on the Principle of Population*, pp. 150—152.
153　Thomas Robert Malthus, *An Essay on the Principle of Population*, p. 152.
154　Thomas Robert Malthus, *An Essay on the Principle of Population*, p. 153.
155　Thomas Robert Malthus, *An Essay on the Principle of Population*, p. 174.
156　Thomas Robert Malthus, *An Essay on the Principle of Population*, pp. 174—175.
157　Thomas Robert Malthus, *An Essay on the Principle of Population*, p. 176.
158　Thomas Robert Malthus, *An Essay on the Principle of Population*, pp. 11—12.
159　Thomas Robert Malthus, *An Essay on the Principle of Population*, pp. 12—13.
160　Thomas Robert Malthus, *An Essay on the Principle of Population*, pp. 16—17.
161　Thomas Robert Malthus, *An Essay on the Principle of Population*, pp. 37—38.
162　Charles Hall, *The Effects of Civilization on the People in European States* (1805). 关于霍尔，见 Kenneth Smith, *The Malthusiam Controversy* (1951), pp. 50f.; Roy Porter, "The Malthusian Moment" (2000)。
163　Hall, *The Effects of Civilization on the People in European States*, p. 10, 引自 Smith, *The Malthusian Controversy*, p. 51。
164　关于 Thomas Jarrold, 见 Smith, *The Malthusian Controversy*, pp. 56f。
165　Thomas Jarrold, *Anthropologia* (1808).
166　Thomas Jarrold, *Dissertations on Man, Philosophical, Physiological and Political* (1806), p. 69.
167　Jarrold, *Dissertations on Man, Philosophical, Physiological and Political*, p. 73.
168　Jarrold, *Dissertations on Man, Philosophical, Physiological and Political*, p. 267.
169　Jarrold, *Dissertations on Man, Philosophical, Physiological and Political*, p. 366; Porter, "The Malthusian Moment".
170　见 Frederick Raphael, *Byron* (1982)。
171　Catherine Macdonald Maclean, *Born Under Saturn* (1943), pp. 85, 385.
172　Brown, *The French Revolution in English History*, p. 49.
173　Maclean, *Born Under Saturn*, pp. 23, 334.
174　William Hazlitt, *Political Essays* (1819), in *The Collected Works of William Hazlitt* (1901—1906), vol. ii, p. 175; Seamus Deane, *The French Revolution and Enlightenment in England 1789—1832* (1988), p. 142; Maclean, *Born Under Saturn*, p. 332.
175　Hazlitt, *Political Essays* in *The Collected Works of William Hazlitt*, preface, vol. ii, p. 31.
176　Knox, "Lunatick Visions".

第二十一章　持久的光明?

1　W. J. Bate, J. M. Bullitt, and L. F. Powell (eds.), *Samuel Johnson: The Idler and Adventurer* (1963), no. 137, p. 491.

2　James Keir (ed.), *An Account of the Life and Writings of Thomas Day* (1791), p. 104.

3　约翰·亚当斯致托马斯·杰斐逊的信（1815 年 11 月 13 日），载于 Charles Francis Adams (ed.), *The Works of John Adams* (1850—1856), vol. x, p. 174。

4　Perry Anderson, *The Origins of Postmodernity* (1988); Karlis Racevskis, *Postmodernism and the Search for Enlightenment* (1993); Marshal Berman, *All That is Solid Melts into Air* (1983), pp. 34f.

5　Stephen Greenblatt, *Renaissance Self-Fashioning* (1980); Miles Ogborn, *Spaces of Modernity* (1998), pp. 7ff.

6　William Godwin, *An Enquiry concerning Political Justice* (1985 [1793]), p. 281.

7　Godwin, *An Enquiry concerning Plitical Justice*, p. 529. 对反对出版业的声音的嘲讽，参见 Daniel Eaton (pseud, "Antitype"), *The Pernicious Effects of the Art of Printing upon Society, Exposed* (1794)。

8　Erasmus Darwin, *The Temple of Nature* (1803), canto IV, p. 152, ll. 283—286.

9　David Hume, "Of the First Principles of Government" (1741—1742), in *Selected Essays* (1993), p. 24.

10　柯勒律治想象的"知识阶层"，由不同类型的作家、文人和舆论引导者组成，它可以平衡永恒性和进步性之间的冲突。它将"保护并提升文明，倘若没有它，整个国家将既不可能永恒，也不可能进步"。然而，对柯勒律治而言，它将起到保守的作用，尽管启蒙知识分子是变革性和进步性的。参见 *On the Constitution of Church and State* (1830); Richard Holmes, *Coleridge* (1982), pp. 64f. ; R. W. Harris, *Romanticism and the Social Order* (1969), p. 229。

11　W. R. Scott, *Adam Smith as Student and Professor* (1937), pp. 344—345. 出自 1769 年斯密的《国富论》手稿，1776 年出版时被删掉了。

12　Franco Venturi, *Utopia and Reform in the Enlightenment* (1971), p. 132. 关于异议，参见 E. P. Thompson, "The Peculiarities of the English" (1978), p. 58; J. G. A. Pocock, *Barbarism and Religion* (1999), vol. i, pp. 53f。

13　Gerald Tyson, *Joseph Johnson: A Liberal Publisher* (1979), p. 121.

14　Joseph Priestley, *The History and Present State of Electricity, with Original Experiments* (1767), p. xx.

15　Karl Mannheim, *Ideology and Utopia* (1936), pp. 11—12.

16　引自 Terry Eagleton, *The Function of Criticism* (1984), p. 46. 哈兹利特把科贝特称为"某种第四等级"，见 Harris, *Romanticism and the Social Order*, p. 60。

17　John Stuart Mill, *On Liberty* (1859).

18　Marilyn Butler, *Romantics, Rebels and Reactionaries* (1981), p. 69.
19　威廉·哈兹利特的《时代精神》(1825) 是一部经典著作，这本书记叙了一些他认识的伟大思想家。他将其中的一些奉若神明，而将另一些人妖魔化。这是一个文人逸事大为流行的时代。见 John Nichols, *Literary Anecdotes of the Eighteenth Century* (1967 [1812])。
20　Thomas Peacock, *Nightmare Abbey* (1918), in David Garnett (ed.), *The Novels of Thomas Love Peacock* (1948), p. 363:

> 现在，他受到想改造世界的激情的困扰。他建立了许多空中楼阁，在其中安置了许多秘密裁判所，以及大群自称睿智的人。
> 他如此自言自语道："行为是观念的结果，新的观念模式需要有新的社会模式。知识是一种力量，它掌握在极少数人手中，这些人利用手中掌握的知识来愚民，以满足扩大权势和侵吞挪用这样的私利目的。倘若知识掌握在能够使用它来引导民众的少数人之手，结果会是怎样？倘若知识得到普及，倘若大众得到启蒙，结果又会怎样？

自由至上主义的雪莱认为诗人是这个世界尚未被承认的立法者。见 Butler, *Romantics, Rebels and Reactionaries*, p. 147。

21　Raymond Williams, *Keywords* (1988); Penelope J. Corfield (ed.), *Language, History and Class* (1991), p. 102. 围绕语词，论战四起，约翰逊在他的《词典》中不收入"文明"这个词。
22　Thomas Peacock, *Melincourt* (1817), 载于 Carnett, *The Novels of Thomas Love Peacock*, p. 124。
23　*British Critic*, no. 18 (July—December 1801), p. i, 引自 Emily Lorraine de Montluzin, *The Anti-Jacobins 1798—1800* (1988), p. 2. 这是评论的全盛时期。见 John Clive, *Scotch Reviewers* (1957)。
24　引自 J. G. A. Pocock (ed.), *The Varieties of British Political Thought, 1500—1800* (1993), p. 278。
25　J. C. D. Clark, *English Society, 1688—1832* (1985), pp. 69, 89.
26　在弗兰肯斯坦身上能捕捉到对启蒙价值观的浪漫主义批评的关键方面。见 Chris Baldick, *In Frankenstein' Shadow* (1987); Stephen Bann (ed.), *Frankenstein, Creation and Monstrosity* (1994)。
27　Claire Tomalin, *The Life and Death of Mary Wollstonecraft* (1974), p. 255. 也许他有些像皮科克的《梅林科特》一书中描写的奥兰·豪特-托恩爵士，见 Carnett, *The Novels of Thomas Love Peacock*, pp. 97f. 大概她切盼儿子无论如何一定不要变成另一个弗兰肯斯坦。
28　遍布欧洲的大动乱，见 Roy Perter and Mikuláš Teich (eds.), *The Enlightenment in National*

Context (1981)。当然，英国摘取到许多"第一"，从共济会到蒸汽机。

29　英国"独特道路"论得到了科泽勒克如下观点的支持。他认为，国家理由和文人理想之间存在的裂痕在英国是不存在的，在他看来这却是在欧陆如此成问题的因素。R. Koselleck, *Critique and Crisis* (1988), pp. 2f.

30　就像此前论述的那样，在这个问题上，我赞同 J. G. A. 波考克的论述，见 "Post-Puritan England and the Problem of the Enlightenment" (1980)，他的详尽阐述，见 J. G. A. Pocock, *Barbarism and Religion*, vols. i and ii。

31　法国的特性是"朕即国家"。在英格兰，人们已不再那样看待君主，很少人希望由开明专制来引领启蒙运动。这一对比见 Daniel Roche, *France in the Enlightenment* (1998), pp. 32f。

32　"在英国，一般不问一个人是否天资聪颖、资质过人，而是问他是否消极，是否有教养、有美德，或者遵从高贵之人的看法。" G. Keynes (ed.), *Blake: Complete Writings* (1969), pp. 452—453。

33　关于这，参见 E. P. Thompson, *The Making of the English Working Class* (1965); H. Perkin, *The Origins of Modern English Society* (1969)。

34　例如，Maurice Quinlan, *Victorian Prelude* (1941); Muriel Jaeger, *Before Victoria* (1956); Boyd Hilton, *The Age of Atonement* (1988)。

35　见 J. R. Poynter, *Society and Pauperism* (1969)。

36　Louis Dumont, *From Mandeville to Marx* (1977); Sir Isaiah Berlin, *Four Essays on Liberty* (1969); John Gray, *Enlightenment's Wake* (1995).

37　F. R. Leavis (ed.), *Mill on Bentham and Coleridge* (1962).

38　Elie Halévy, *A History of the English People in the Nineteenth Century*, 2nd edn (1961), vol. i.

39　Joseph Priestley, *The Importance and Extent of Free Inquiry in Matters of Religion* (sn, 1785), in John Towill Rutt (ed.), *The Theological and Miscellaneous Works of Joseph Priestley* (1817—1832), vol. xv, p. 78.

40　Roger Shattuck, *Forbidden Knowledge* (1996).

41　William Hazlitt, *Life of Thomas Holcroft* (1816), in *The Complete Works of William Hazlitt* (1992), vol. iii, pp. 132—133.

参考文献

R. I. Aaron and J. Gibb (eds.), *An Early Draft of Locke's Essay Together with Excerpts from His Journals* (Oxford: Clarendon Press, 1936)

Hans Aarsleff, *From Locke to Saussure: Essays on the Study of Language and Intellectual History* (Minneapolis: University of Minnesota Press, 1982)

——, *The Study of Language in England, 1780–1860* (Minneapolis: University of Minnesota Press, 1983)

Mary Abbot, *Family Ties: English Families 1540–1920* (London: Routledge, 1993)

James Johnston Abraham, *Lettsom, His Life, Times, Friends and Descendants* (London: William Heinemann, 1933)

M. H. Abrams, *The Mirror and the Lamp* (London: Oxford University Press, 1953)

——, *Natural Supernaturalism; Tradition and Revolution in Romantic Literature* (London and New York: Oxford University Press, 1971)

Peter Ackroyd, *Blake* (London: Sinclair-Stevenson, 1995)

Charles Francis Adam (ed.), *The Works of John Adams*, 10 vols. (Boston: Little, Brown, 1850–56)

Michael Adas, *Machines as the Measure of Men: Science, Technology, and Ideologies of Western Dominance* (Ithaca, NY: Cornell University Press, 1989)

Alison Adburgham, *Shopping in Style: London from the Restoration to Edwardian Elegance* (London: Thames & Hudson, 1979)

Joseph Addison and Richard Steele, *The Spectator*, Donald Bond (ed.), 5 vols. (Oxford: Clarendon Press, 1965)

John Addy, *Sin and Society in the Seventeenth Century* (London and New York: Routledge, 1989)

A. W. H. Adkins, *From the Many to the One: A Study of Personality and Views of Human Nature in the Context of Ancient Greek Society, Values and Beliefs* (London: Constable, 1970)

David Aers, Jonathan Cook and David Punter, *Romanticism and Ideology: Studies in English Writing, 1765–1830* (London: Routledge & Kegan Paul, 1981)

Jean-Christophe Agnew, *Worlds Apart: The Market and the Theater in Anglo-American Thought, 1550–1750* (Cambridge: Cambridge University Press, 1986)

John Aikin, *An Address to the Dissenters of England on Their Late Defeat* (London: Johnson, 1790)

——, *Letters from a Father to His Son, on Various Topics Relative to Literature and the Conduct of Life*, 3rd edn (London: J. Johnson, 1796 [1792–3])

Lucy Aikin, *Poetry for Children* (London: Phillips, 1803)

Mark Akenside, *The Pleasures of Imagination* (London: Dodsley, 1744)

——, *The Poetical Works of Mark Akenside* (London: Bell and Daldy, 1866)
Jean Le Rond D'Alembert, *Preliminary Discourse to the Encyclopedia of Diderot*, Richard N. Schwab (trans. and ed.) (Chicago: University of Chicago Press, 1995)
David Alexander, *Retailing in England during the Industrial Revolution* (London: Athlone Press, 1970)
William Alexander, *The History of Women, from the Earliest Antiquity to the Present Time, Giving Some Account of Almost Every Interesting Particular concerning that Sex among All Nations*, 2 vols. (London: W. Strahan and T. Cadell, 1779)
William Rounseville Alger, *The Destiny of the Soul. A Critical History of the Doctrine of a Future Life and a Complete Bibliography of the Subject*, 10th edn (New York: W. J. Widdleton, 1878)
Archibald Alison, *Essays on the Nature and Principles of Taste* (Edinburgh: Bell and Bradfute, 1790)
Paul K. Alkon, *Samuel Johnson and Moral Discipline* (Evanston, Ill.: Northwestern University Press, 1967)
——, *Origins of Futuristic Fiction* (Athens, GA, and London: University of Georgia Press, 1987)
David Allan, *Virtue, Learning and the Scottish Enlightenment: Ideas of Scholarship in Early Modern History* (Edinburgh: Edinburgh University Press, 1993)
D. G. C. Allan, *William Shipley: Founder of the Royal Society of Arts. A Biography with Documents* (London: Hutchinson, 1968)
A. Allardyce (ed.), *Scotland and Scotsmen in the Eighteenth Century, from the MSS of John Ramsay*, 2 vols. (Edinburgh: Blackwood, 1888)
B. Sprague Allen, *Tides in English Taste (1619–1800): A Background for the Study of Literature*, 2 vols. (New York: Pageant Books, 1958)
David Elliston Allen, *The Naturalist in Britain: A Social History* (London: Allen Lane, 1976)

Richard C. Allen, *David Hartley on Human Nature* (New York: State University of New York Press, 1999)
H. E. Allison, 'Locke's Theory of Personal Identity: A Re-Examination', in I. C. Tipton (ed.), *Locke on Human Understanding: Selected Essays* (Oxford: Oxford University Press, 1977), 105–22
J. Almon, *Memoirs of a Late Eminent Bookseller* (London: sn, 1790)
P. C. Almond, *Heaven and Hell in Enlightenment England* (Cambridge: Cambridge University Press, 1994)
Richard D. Altick, *The English Common Reader: A Social History of the Mass Reading Public 1800–1900* (Chicago: Chicago University Press, 1957)
——, *The Shows of London: A Panoramic History of Exhibitions, 1600–1862* (Cambridge, Mass.: Belknap Press, 1978)
Susan D. Amussen, *An Ordered Society: Gender and Class in Early Modern England* (Oxford: Basil Blackwell, 1988)
Robert Anchor, *The Enlightenment Tradition* (New York: Harper & Row, 1967)
Benedict Anderson, *Imagined Communities: Reflections on the Origin and Spread of Nationalism* (London: Verso Editions and New Left Books, 1983)
Douglas Anderson, *The Radical Enlightenment of Benjamin Franklin* (Baltimore: Johns Hopkins University Press, 1997)
Patricia Anderson, *The Printed Image and the Transformation of Popular Culture 1790–1860* (Oxford: Clarendon Press, 1991)
Perry Anderson, *The Origins of Postmodernity* (London: Verso, 1998)
Perry Anderson and Robin Blackburn (eds.), *Towards Socialism* (London: Fontana, 1965)
R. G. W. Anderson and Christopher Lawrence, *Science, Medicine and Dissent: Joseph Priestley (1733–1804)* (London: Wellcome Trust/Science Museum, 1987)
Donna T. Andrew, *Philanthropy and Police: London Charity in the Eighteenth Century*

(Princeton, NJ: Princeton University Press, 1989)
C. Bruyn Andrews (ed.), *The Torrington Diaries: Containing the Tours through England and Wales of the Hon. John Byng (Later Fifth Viscount Torrington) between the Years 1781 and 1794*, 4 vols. (London: Eyre and Spottiswoode, 1934–8; 1954)
Jonathan Andrews, Asa Briggs, Roy Porter, Penny Tucker and Keir Waddington, *The History of Bethlem* (London: Routledge, 1997)
Malcolm Andrews, *The Search for the Picturesque: Landscape Aesthetics and Tourism in Britain, 1760–1800* (Aldershot: Scolar Press, 1989)
J. T. Anning, *The General Infirmary at Leeds*, vol. i: *The First Hundred Years* (Edinburgh: E. & S. Livingstone, 1963)
[Anon.], *A Short and Easie Method to Give Children an Idea or True Notion of Celestial and Terrestrial Beings* (sn: sl, 1710)
——, *A System of Magick; Or, a History of the Black Art. Being an Historical Account of Mankind's Most Early Dealing with the Devil; and How the Acquaintance on Both Sides First Began . . .* (London: J. Roberts, 1727)
——, *Some Reflecting on Prescience: In Which the Nature of Divinity is Enquired Into* (London: Roberts, 1731)
——, *A History of Little Goody Two Shoes* (London: J. Newbery, 1766)
——, *A Discourse on Witchcraft. Occasioned by a Bill Now Depending in Parliament, to Repeal the Statute Made in the First Year of the Reign of King James I, Intituled An Act against Conjuration, Witchcraft, and Dealing with Evil and Wicked Spirits* (London: J. Read, 1736)
Joyce Oldham Appleby, 'Locke, Liberalism and the Natural Law of Money', *Past and Present*, lxxi (1976), 43–69
——, 'Ideology and Theory: The Tension between Political and Economic Liberalism in Seventeenth-century England', *American Historical Review*, lxxxi (1976), 499–515
——, *Economic Thought and Ideology in Seventeenth-century England* (Princeton: Princeton University Press, 1978)
——, 'Consumption in Early Modern Social Thought', in John Brewer and Roy Porter (eds.), *Consumption and the World of Goods* (London: Routledge, 1993), 162–75
William W. Appleton, *A Cycle of Cathay: The Chinese Vogue in England During the Seventeenth and Eighteenth Centuries* (New York: Columbia University Press, 1951)
Johann Wilhelm Von Archenholz, *A Picture of England: Containing a Description of the Laws, Customs and Manners of England* (Dublin: P. Byrne, 1791)
Philippe Ariès, *Centuries of Childhood: A Social History of the Family* (Harmondsworth: Penguin Books, 1973)
——, *Western Attitudes towards Death: From the Middle Ages to the Present* (London: Marion Boyars, 1976)
——, *L'homme devant la mort* (Paris: Seuil, 1977), trans. by Helen Weaver as *The Hour of Our Death* (London: Allen Lane, 1981)
Nancy Armstrong, *Desire and Domestic Fiction: A Political History of the Novel* (New York: Oxford University Press, 1987)
W. H. G. Armytage, *Heavens Below: Utopian Experiments in England 1560–1960* (London: Routledge & Kegan Paul, 1961)
——, *Yesterday's Tomorrows: A Historical Survey of Future Societies* (London: Routledge & Kegan Paul, 1968)
Thomas Arnold, *Observations on the Nature, Kinds, Causes and Prevention of Insanity*, 2 vols. (Leicester: Robinson and Cadell, 1782–6)
Richard Ashcraft, *Revolutionary Politics and Locke's Two Treatises of Government* (Princeton, NJ: Princeton University Press, 1986)
——, 'Anticlericalism and Authority in Lockean Political Thought', in Roger D. Lund (ed.), *The Margins of Orthodoxy: Heterodox Writing and Cultural Response, 1660–1750* (Cambridge: Cambridge University Press, 1995), 73–96
——, 'Lockean Ideas, Poverty, and the

Development of Liberal Political Theory', in John Brewer and Susan Staves (eds.), *Early Modern Conceptions of Property* (London and New York: Routledge, 1995), 43–61

Andrew Ashfield and Peter de Bolla (eds.), *The Sublime: A Reader in British Eighteenth-century Aesthetic Theory* (Cambridge: Cambridge University Press, 1996)

John Ashton, *Chap-books of the Eighteenth Century* (London: Chatto & Windus, 1882)

——, *The History of Gambling in England* (London: Duckworth & Co., 1898)

A. Aspinall, *Politis and the Press c. 1780–1850* (London: Home and Van Thal, 1949)

Jan Assmann, *Moses the Egyptian: The Memory of Egypt in Western Monotheism* (Cambridge, Mass.: Harvard University Press, 1997)

Mary Astell, *A Serious Proposal to the Ladies for the Advancement of Their True and Greatest Interest* (London: Wilkin, 1694)

——, *Letters Concerning the Love of God* (London: Wilkin, 1695)

——, *A Serious Proposal to the Ladies: Part II* (London: Wilkin, 1697)

——, *Some Reflections upon Marriage, Occasioned by the Duke and Duchess of Mazarine's Case* (London: Nutt, 1700)

——, *A Fair Way with the Dissenters and Their Patrons* (London: Wilkin, 1704)

——, *An Impartial Enquiry into the Causes of Rebellion and Civil War in This Kingdom* (London: Wilkin, 1704)

——, *Moderation Truly Stated* (London: Wilkin, 1704)

——, *The Christian Religion, as Profess'd by a Daughter of the Church of England* (London: R. Wilkin, 1705)

——, *Bart'lemy Fair or an Enquiry after Wit* (London: Wilkin, 1709)

Herbert M. Atherton, *Political Prints in the Age of Hogarth: A Study of the Ideographic Representation of Politics* (Oxford: Clarendon Press, 1974)

H. F. Augstein (ed.), *Race: The Origins of an Idea, 1760–1850* (Bristol: Thoemmes Press, 1996)

——, *James Cowles Prichard's Anthropology: Remaking the Science of Man in Early Nineteenth-century Britain* (Amsterdam: Rodopi, 1999)

Donald D. Ault, *Visionary Physics: Blake's Response to Newton* (Chicago: Chicago University Press, 1974)

Jane Austen, *Northanger Abbey* (Harmondsworth: Penguin, 1975 [1818])

——, *Persuasion* (Harmondsworth: Penguin, 1965 [1818])

——, *Lady Susan, The Watsons, Sanditon*, Margaret Drabble (ed.) (Harmondsworth: Penguin, 1974)

Emmett L. Avery (ed.), *The London Stage. Part 2: 1700–1729*, 11 vols. (Carbondale, Ill.: Southern Illinois University Press, 1968)

James L. Axtell, *The Educational Writings of John Locke: A Critical Edition with Introduction and Notes* (Cambridge: Cambridge University Press, 1968)

Philip Ayres, *Classical Culture and the Idea of Rome in Eighteenth-century England* (Cambridge: Cambridge University Press, 1997)

Robert W. Babcock, *The Genesis of Shakespeare Idolatry, 1766–1799: A Study in English Criticism of the Late Eighteenth Century* (Chapel Hill: University of North Carolina Press, 1931)

Paula R. Backscheider, *Daniel Defoe: His Life* (Baltimore: Johns Hopkins University Press, 1989)

——, *Spectacular Politics: Theatrical Power and Mass Culture in Early Modern England* (Baltimore: Johns Hopkins University Press, 1994)

Marc Baer, *The Theatre and Disorder in Late Georgian London* (Oxford: Clarendon Press, 1991)

Robert Bage, *Man as He is*, 4 vols. (London: Lane, 1792)

——, *Hermsprong, or Man as He is Not*, V. Wilkins (ed.) (London: Turnstile Press, 1951 [London: Lane, 1796])

Charles F. Bahmueller, *The National Charity*

Company: Jeremy Bentham's Silent Revolution (Berkeley: University of California Press, 1981)

M. Bailey (ed.), Boswell's Column (London: William Kimber, 1951)

Nathan Bailey, Universal Etymological English Dictionary (London: Bell, 1721)

Paul Baines, The House of Forgery in Eighteenth-century Britain (Aldershot: Ashgate, 1999)

Herschel Baker, The Dignity of Man: Studies in the Persistence of an Idea (Cambridge, Mass.: Harvard University Press, 1947)

M. M. Bakhtin, Rabelais and His World, trans. by H. Iswoldsky (Cambridge, Mass.: MIT Press, 1968)

Katherine Balderston (ed.), Thraliana: The Diary of Mrs Hester Lynch Thrale, Later Mrs Piozzi, 1776–1809, 2 vols. (Oxford: Clarendon Press, 1942)

Chris Baldick, In Frankenstein's Shadow: Myth, Monstrosity, and Nineteenth-century Writing (Oxford: Clarendon Press, 1987)

Harry Ballam and Roy Lewis (eds.), The Visitors' Book: England and the English as Others Have Seen Them (London: Max Parrish, 1950)

Ros Ballaster, Seductive Forms: Women's Amatory Fiction, 1684–1740 (Oxford: Clarendon Press, 1992)

J. B. Bamborough, The Little World of Man: An Account of Renaissance Psychological Theory (London: Longmans, Green, 1952)

Samuel Bamford, The Autobiography of Samuel Bamford, vol. i: Early Days (London: Simpkin, Marshall & Co., 1848–9; repr., London: Frank Cass, 1967)

Stephen Bann, The Clothing of Clio: A Study of the Representation of History in Nineteenth-century Britain and France (Cambridge: Cambridge University Press, 1984)

—— (ed.), Frankenstein, Creation and Monstrosity (London: Reaktion Books, 1994)

Anna Barbauld, Address to Opposers of the Repeal of the Corporation and Test Acts (London: Johnson, 1790)

N. Barbon, A Discourse of Trade (London: Thomas Milbourn, 1690; repr. J. Hollander (ed.), Baltimore: Johns Hopkins University Press, 1905)

Michael Barfoot, 'Priestley, Reid's Circle and the Third Organon of Human Reasoning', in R. G. W. Anderson and Christopher Lawrence (eds.), Science, Medicine and Dissent: Joseph Priestley (1733–1804) (London: Wellcome Trust/Science Museum, 1987), 81–9

Hannah Barker, Newspapers, Politics and Public Opinion in Late Eighteenth-century England (Oxford: Clarendon Press, 1998)

Theo Barker (ed.), The Long March of Everyman 1750–1960 (Harmondsworth: Penguin, 1978)

G. J. Barker-Benfield, The Culture of Sensibility: Sex and Society in Eighteenth-century Britain (Chicago: University of Chicago Press, 1992)

Jeffrey Barnouw, 'Hobbes's Psychology of Thought: Endeavours, Purpose and Curiosity', History of European Ideas, x (1990), 519–45

Richard Baron, The Pillars of Priestcraft and Orthodoxy Shaken, 2nd edn, 4 vols. (London: Cadell, 1768)

Poulain de la Barre, De l'égalité des deux sexes (Paris: du Puis, 1673)

John Barrell, The Idea of Landscape and the Sense of Place 1730–1840: An Approach to the Poetry of John Clare (London: Cambridge University Press, 1972)

——, The Dark Side of the Landscape: The Rural Poor in English Painting, 1730–1840 (Cambridge: Cambridge University Press, 1980)

——, English Literature in History, 1730–80: An Equal, Wide Survey (London: Hutchinson, 1983)

——, The Political Theory of Painting from Reynolds to Hazlitt: The Body of the Public (New Haven, Conn.: Yale University Press, 1986)

William Barrett, Death of the Soul. Philosophical Thought from Descartes to the Computer

(Oxford: Oxford University Press, 1987)
James Barry, *The Works of James Barry, Esq., Historical Painter*, 2 vols. (London: Cadell and Davies, 1809)
Jonathan Barry and Christopher Brooks (eds.), *The Middling Sort of People: Culture, Society and Politics in England, 1550–1800* (Basingstoke: Macmillan, 1994)
R. Bartel, 'Suicide in Eighteenth-century England: The Myth of a Reputation', *Huntingdon Library Quarterly*, xxiii (1959), 145–55
Jonathan Bate, *Shakespearean Constitutions: Politics, Theatre, Criticism 1730–1830* (Oxford: Clarendon Press, 1989)
Walter Jackson Bate, *From Classic to Romantic: Premises of Taste in Eighteenth-century England* (Cambridge, Mass.: Harvard University Press, 1946)
W. J. Bate, J. M. Bullitt, and L. F. Powell (eds.), *Samuel Johnson: The Idler and Adventurer* (New Haven, Conn.: The Yale Edition of the Works of Samuel Johnson, Yale University Press, 1963)
W. J. Bate and A. B. Straus (eds.), *Samuel Johnson: The Rambler*, 3 vols. (New Haven, Conn.: The Yale Edition of the Works of Samuel Johnson, Yale University Press, 1969)
William Battie, *A Treatise on Madness* (London: Whiston & White, 1758)
Daniel A. Baugh, *Poverty, Protestantism and Political Economy: English Attitudes towards the Poor 1660–1800* (Clark Library, Los Angeles: University of California, Los Angeles, 1977–8)
Michael Baxandall, *Shadows and Enlightenment* (London and New Haven: Yale University Press, 1995)
J. M. Beattie, *The English Court in the Reign of George I* (Cambridge: Cambridge University Press, 1967)
John Beaumont, *An Historical, Physiological and Theological Treatise of Spirits, Apparitions, Witchcrafts and Other Magical Practises . . . With a Refutation of Dr Bekker's World Bewitch'd; and Other Authors that Have Opposed the Belief of Them* (London: Brown, 1705)
D. W. Bebbington, *Evangelicalism in Modern Britain: A History from the 1730s to the 1980s* (London: Routledge, 1988)
Carl Becker: *The Heavenly City of the Eighteenth-century Philosophers* (New Haven: Yale University Press, 1932)
G. Becker, *The Mad Genius Controversy* (London & Beverly Hills: Sage, 1978)
Marvin B. Becker, *The Emergence of Civil Society in the Eighteenth Century* (Indiana: Indiana University Press, 1994)
J. V. Beckett, *The Aristocracy in England, 1660–1914* (Oxford: Basil Blackwell, 1986)
Robert Beddard (ed.), *The Revolutions of 1688* (Oxford: Clarendon Press, 1991)
Thomas Beddoes (ed.), *Chemical Experiments and Opinions; Extracted From a Work Published in the Last Century* (Oxford: Clarendon Press, 1790)
——, *The History of Isaac Jenkins, and of the Sickness of Sarah His Wife, and Their Three Children* (Madeley: sn, 1792)
——, *Observations on the Nature of Demonstrative Evidence; with an Explanation of Certain Difficulties in the Elements of Geometry, and Reflections on Language* (London: Johnson, 1793)
——, *A Letter to Erasmus Darwin . . . on a New Method of Treating Pulmonary Consumption, and Some Other Diseases Hitherto Found Incurable* (Bristol: Bulgin & Rosser, 1793)
——, *Hygëia: or Essays Moral and Medical, on the Causes Affecting the Personal State of Our Middling and Affluent Classes*, 3 vols. (Bristol: Phillips, 1802–3)
D. Beekman, *The Mechanical Baby: A Popular History of the Theory and Practice of Child-raising* (London: Dennis Dobson, 1979)
E. S. De Beer (ed.), *The Diary of John Evelyn*, 6 vols. (Oxford: Oxford University Press, 1955)
—— (ed.), *The Correspondence of John Locke*, 8 vols. (Oxford: Clarendon Press, 1976–89)
Margaret Beetham, *A Magazine of Her Own?*

Domesticity and Desire in the Woman's Magazine 1800–1914 (London and New York: Routledge, 1996)

D. P. Behan, 'Locke on Persons and Personal Identity', *Canadian Journal of Philosophy*, ix (1979), 53–75

Aphra Behn, *Oroonoko or the Royal Slave* (London: Canning, 1688)

A. L. Beier, ' "Utter Strangers to Industry, Morality and Religion": John Locke on the Poor', *Eighteenth-century Life*, xii (1988), 28–41

Terry Belanger, 'Publishers and Writers in Eighteenth-century England', in Isabel Rivers (ed.), *Books and Their Readers in Eighteenth-century England* (Leicester: Leicester University Press, 1982), 5–25

A. Beljame, *Men of Letters and the English Public in the Eighteenth Century, 1660–1744* (London: Kegan Paul, Trench, Trubner, 1948)

Ian H. Bell, *Literature and Crime in Augustan England* (London: Routledge, 1991)

John Bellers, *Proposals for Raising a College of Industry of All Useful Trades and Husbandry* (London: Sowle, 1696)

Catherine Belsey, 'Afterword: A Future for Materialist-Feminist Criticism?' in Valerie Wayne (ed.), *The Matter of Difference: Materialist-Feminist Criticism of Shakespeare* (Ithaca: Cornell University Press, 1991)

Ilana Krausman Ben-Amos, *Adolescence and Youth in Early Modern England* (New Haven and London: Yale University Press, 1994)

John Bender, *Imagining the Penitentiary. Fiction and the Architecture of Mind in Eighteenth-century England* (Chicago: University of Chicago Press, 1987)

——, 'A New History of the Enlightenment?', *Eighteenth-century Life*, xvi (1992), 1–20

John Bennett, *Strictures on Female Education Chiefly as It Relates to the Culture of the Heart, in Four Essays* (London: T. Cadell, 1787)

Jeremy Bentham, *An Introduction to the Principles of Morals and Legislation* (London: Payne, 1789)

——, *Panopticon; or, The Inspection-House*, 3 vols. (London: Payne, 1791)

——, *Plan of Parliamentary Reform* (London: Wooler, 1817)

——, *Church of Englandism, and Its Catechism Examined* (London: Wilson, 1818)

——, *Not Paul but Jesus* (London: sn, 1823)

——, *The Book of Fallacies* (London: Hunt, 1824)

——, *A Fragment of Government and An Introduction to the Principles of Morals and Legislation*, W. Harrison (ed.) (Oxford: Basil Blackwell, 1948 [1776 and 1789])

——, 'Offenses against One's Self: Paederasty', *Journal of Homosexuality*, iii (1978), 389–405; iv (1979), 91–109

——, *A Fragment on Government*, Ross Harrison (intro.), J. H. Burns and H. L. A. Hart (eds.), (Cambridge: Cambridge University Press, 1988 [1776])

——, *The 'Panopticon' Writings*, Miran Bozovic (ed.) (London: Verso, 1995)

M. Bentham-Edwards (ed.), *The Autobiography of Arthur Young* (London: Smith, Elder, 1898)

[Thomas Bentley], *Letters on the Utility and Policy of Employing Machines to Shorten Labour* (London: Becket, 1780)

John Beresford (ed.), *The Diary of a Country Parson: The Rev. James Woodforde, 1758–1802*, 5 vols. (Oxford: Oxford University Press, 1978–81)

Maxine Berg, *The Age of Manufactures, 1700–1820: Industry, Innovation and Work in Britain* (London: Routledge, 1994)

Maxine Berg and Helen Clifford (eds.), *Consumers and Luxury: Consumer Culture in Europe 1650–1850* (Manchester: Manchester University Press, 1999)

T. Goddard Bergin and Max H. Fish (trans.), *The New Science of Giambattista Vico* (Ithaca, NY: Cornell University Press, 1948 [trans. of 3rd edn, 1744])

George Berkeley, *An Essay towards a New Theory of Vision*, 2nd edn (Dublin: Aaron Rhames, 1709)

——, *Treatise concerning the Principles of Human Knowledge* (Dublin: Pepyat, 1710)

Isaiah Berlin, *Four Essays on Liberty* (London: Oxford University Press, 1969)

David Berman, *A History of Atheism in Britain from Hobbes to Russell* (London: Croom Helm, 1988)

Marshall Berman, *All That is Solid Melts into Air: The Experience of Modernity* (London: Verso, 1983)

Ann Bermingham, *Landscape and Ideology: The English Rustic Tradition 1740–1860* (Berkeley: University of California Press, 1986)

Martin Bernal, *Black Athena: The Afroasiatic Roots of Classical Civilization*, vol. i: *The Fabrication of Ancient Greece, 1785–1985* (London: Free Association Books, 1987)

John Andrew Bernstein, 'Shaftesbury's Optimism and Eighteenth-century Social Thought', in A. C. Kors and Paul J. Korshin (eds.), *Anticipations of the Enlightenment in England, France and Germany* (Philadelphia: University of Pennsylvania Press, 1987), 86–101

Peter L. Bernstein, *Against the Gods: The Remarkable Story of Risk* (New York: John Wiley, 1996)

Christopher J. Berry, ' "Climate" in the Eighteenth Century: James Dunbar and the Scottish Case', *Texas Studies in Literature and Language*, xvi (1974), 281–92

——, 'James Dunbar and the Enlightenment Debate on Language', in Jennifer J. Carter and Joan H. Pittock (eds.), *Aberdeen and the Enlightenment. Proceedings of a Conference Held at the University of Aberdeen* (Aberdeen University Press, 1987), 241–50

——, *The Idea of Luxury: A Conceptual and Historical Investigation* (Cambridge: Cambridge University Press, 1994)

——, *Social Theory of the Scottish Enlightenment* (Edinburgh: Edinburgh University Press, 1997)

Helen Berry, ' "Nice and Curious Questions": Coffee Houses and the Representations of Women in John Dunton's *Athenian Mercury*', *Seventeenth Century*, xii (1997), 257–76

H. Digby Beste, *Personal and Literary Memorials* (London: Henry Colburn, 1829)

Bruno Bettelheim, *The Uses of Enchantment: The Meaning and Importance of Fairy Tales* (New York: Vintage, 1977)

Alan Bewell, *Wordsworth and the Enlightenment: Nature, Man, and Society in the Experimental Poetry* (New Haven and London: Yale University Press, 1989)

Thomas Bewick: *A Memoir of Thomas Bewick, Written by Himself* (London: The Cresset Press, 1961 [1862])

Christina Bewley and David Bewley, *Gentleman Radical: A Life of John Horne Tooke, 1736–1812* (London: Tauris, 1998)

John C. Biddle, 'Locke's Critique of Innate Principles and Toland's Deism', in John W. Yolton (ed.), *Philosophy, Religion and Science in the Seventeenth and Eighteenth Centuries* (Rochester: University of Rochester Press, 1990), 140–51

Thomas Birch (ed.), *The Works of the Honourable Robert Boyle*, 5 vols. (London: Millar, 1744)

P. J. Bishop, *A Short History of the Royal Humane Society* (London: The Society, 1974)

Roberta Bivins, 'Expectations and Expertise: Early British Responses to Chinese Medicine', *History of Science*, xxxvii (1999), 459–89

Jeremy Black (ed.), *Britain in the Age of Walpole* (London: Macmillan, 1984)

——, *The British and the Grand Tour* (London: Croom Helm, 1985)

——, *The English Press in the Eighteenth Century* (London: Croom Helm, 1986)

—— (ed.), *Eighteenth-century Europe 1700–1789* (London: Macmillan, 1990)

——, 'Ideology, History, Xenophobia and the World of Print in Eighteenth-century England', in Jeremy Black and Jeremy Gregory (eds.), *Culture, Politics and Society in*

Britain, *1660–1800* (Manchester: Manchester University Press, 1991), 184–216

——, *A System of Ambition? British Foreign Policy 1660–1793* (London: Longman, 1991)

——, *The Politics of Britain, 1688–1800* (Manchester and New York: Manchester University Press, 1993)

——, *An Illustrated History of Eighteenth-century Britain, 1688–1793* (Manchester: Manchester University Press, 1996)

Jeremy Black and Jeremy Gregory (eds.), *Culture, Politics and Society in Britain, 1660–1800* (Manchester: Manchester University Press, 1991)

J. B. Black, *The Art of History* (New York: Russell & Russell, 1965)

Scott Black, 'Social and Literary Form in the *Spectator*', *Eighteenth Century Studies*, xxxiii (1999), 21–42

Richard Blackmore, *Creation: A Philosophical Poem, in Seven Books* (London: Buckley, Tonson, 1712)

William Blackstone, *Commentaries on the Laws of England*, 4 vols. (Oxford: Clarendon Press, 1765–9; facsimile, Chicago: University of Chicago Press, 1979)

A. Blackwall, *The Sacred Classics Defended and Illustrated* (London: J. Bettenham, 1725)

Hugh Blair, *A Critical Dissertation on the Poems of Ossian* (London: Becket and de Hondt, 1765)

——, *Lectures on Rhetoric and Belles Lettres*, 3 vols. (Dublin: Whitestone, Colles, etc., 1783)

Marc Bloch, *The Royal Touch: Sacred Monarchy and Scrofula in England and France*, J. E. Anderson (trans.) (London: Routledge & Kegan Paul, 1973)

James Blondel, *The Strength of Imagination in Pregnant Women Examin'd* (London: Peele, 1727)

Edward A. Bloom and Lillian D. Bloom, *Joseph Addison's Sociable Animal: In the Market Place, on the Hustings, in the Pulpit* (Providence: Brown University Press, 1971)

Edward A. Bloom, Lillian D. Bloom and Edmund Leites, *Educating the Audience: Addison, Steele, and Eighteenth-century Culture* (Los Angeles: William Andrews Clark Memorial Library, 1984)

Morton W. Bloomfield, *The Seven Deadly Sins: An Introduction to the History of a Religious Concept, with Special Reference to Medieval Literature* (East Lansing: Michigan State University Press, 1952)

Charles Blount, *Anima Mundi* (London: W. Cademan, 1679)

Madame du Boccage, *Letters concerning England, Holland and Italy*, 2 vols. (London: E. and C. Dilly, 1770)

Henry St John, Viscount Bolingbroke, *The Works of Lord Bolingbroke*, 7 vols. (London: David Mallett, 1754–98; Farnborough: Gregg International, 1969 [repr. of 1841 edn])

James R. Bonar, *Malthus and His Work* (London: Macmillan, 1885; repr. Frank Cass, 1966)

Donald F. Bond, ' "Distrust" of Imagination in English Neoclassicism', *Philological Quarterly*, xiv (1937), 54–69

——, 'The Neo-Classical Psychology of the Imagination', *ELH*, iv (1937), 245–64

—— (ed.), *The Tatler*, 3 vols. (Oxford and New York: Clarendon Press, 1987)

Richmond P. Bond (ed.), *Studies in the Early English Periodical* (Chapel Hill: University of North Carolina Press, 1957)

Peter Borsay, 'The Rise of the Promenade: The Social and Cultural Use of Space in the English Provincial Town, *c*. 1660–1800', *British Journal for Eighteenth-century Studies*, ix (1986), 125–40

——, *The English Urban Renaissance: Culture and Society in the Provincial Town 1660–1770* (Oxford: Clarendon Press, 1989)

—— (ed.), *The Eighteenth-century Town: A Reader in English Urban History 1688–1820* (London: Longman, 1990)

Peter Borsay and Angus McInnes, 'The Emergence of a Leisure Town: Or an Urban Renaissance?', *Past and Present*, cxxvi (1990), 189–202

Robert S. Bosher, *The Making of the Restoration Settlement* (London: Dacre Press, 1951)

Ian Bostridge, *Witchcraft and its Transformation, c. 1650–c. 1750* (Oxford: Clarendon Press, 1997)

James Boswell (ed.), *The Celebrated Letter from Samuel Johnson, LLD to Philip Dormer Stanhope, Earl of Chesterfield* (London: Dilly, 1790)

——, *The Life of Samuel Johnson*, 2 vols. (London: J. M. Dent, 1946 [1790])

Ruth B. Bottigheimer, 'Fairy Tales and Folktales', in Peter Hunt (ed.), *International Companion Encyclopaedia of Children's Literature* (London and New York: Routledge, 1996), 162–65

P.-G. Boucé (ed.), *Sexuality in Eighteenth-century Britain* (Manchester: Manchester University Press, 1982)

James T. Boulton, *The Language of Politics in the Age of Wilkes and Burke* (London: Routledge and Kegan Paul, 1963)

—— (ed.), *Selected Writings of Daniel Defoe* (Cambridge: Cambridge University Press, 1975)

William Biggs Boulton, *The Amusements of Old London: being a Survey of the Sports and Pastimes, Tea Gardens and Parks, Playhouses and Other Diversions of the People of London from the Seventeenth to the Beginning of the Nineteenth Century* (New York and London: Benjamin Blom, 1969)

Alain Boureau, *et al.* (eds.), *A History of Private Life*, vol. iii: *Passions of the Renaissance*, Arthur Goldhammer (trans.) (Cambridge, Mass.: Harvard University Press, 1989)

H. R. Fox Bourne, *The Life of John Locke*, 2 vols. (London: H. S. King, 1876)

P. J. Bowler, *Evolution: The History of an Idea* (Berkeley: University of California Press, 1984)

John Bowring, *The Works of Jeremy Bentham*, 11 vols. (Edinburgh: William Tait, 1843; John Hill Burton (intr.), Bristol: Thoemmes Press, 1995)

George R. Boyer, *An Economic History of the English Poor Law, 1750–1850* (Cambridge and New York: Cambridge University Press, 1990)

Robert Boyle, *Some Considerations Touching the Usefulness of Experimental Natural Philosophy* (Oxford: Davis, 1663)

——, *The Works of the Honourable Robert Boyle*, T. Birch (ed.), 5 vols. (London: A. Millar, 1744)

Ian Bradley, *The Call to Seriousness: The Evangelical Impact on the Victorians* (London: Jonathan Cape, 1976)

Leo Brady, '*Fanny Hill* and Materialism', *Eighteenth-century Studies*, iv (1970–71), 21–40

Dennis Brailsford, *Bareknuckles: A Social History of Prize-fighting* (Cambridge: Lutterworth, 1988)

——, *Sport, Time and Society* (London: Routledge, 1990)

——, *British Sport: A Social History* (London: Lutterworth Press, 1992)

John Brand (ed.), *Observations on Popular Antiquities: Chiefly Illustrating the Origin of Our Vulgar Customs, Ceremonies and Superstitions* (London: Johnson, 1777; London: Chatto & Windus, 1913)

George C. Brauer, *The Education of a Gentleman: Theories of Gentlemanly Education in England 1660–1775* (New York: Bookman Associates, 1959)

T. H. Breen, ' "Baubles of Britain": The American and Consumer Revolutions of the Eighteenth Century', *Past and Present*, cxix (1988), 73–104

——, 'The Meanings of Things: Interpreting the Consumer Economy in the Eighteenth Century', in John Brewer and Roy Porter (eds.), *Consumption and the World of Goods* (London and New York: Routledge, 1993), 249–60

John Brewer, 'English Radicalism in the Age

of George III', in J. G. A. Pocock (ed.), *Three British Revolutions: 1641, 1688, 1776* (Princeton: Princeton University Press, 1980), 323–67
——, *The Common People and Politics, 1750–1800: Popular Political Participation in Cartoon and Caricature* (Cambridge: Chadwyck Healey, 1986)
——, *The Sinews of Power. War, Money and the English State 1688–1783* (London: Unwin Hyman, 1989)
——, *The Pleasures of the Imagination: English Culture in the Eighteenth Century* (London: HarperCollins, 1997)
John Brewer and Roy Porter (eds.), *Consumption and the World of Goods* (London: Routledge, 1993)
S. M. Brewer, *Design for a Gentleman: The Education of Philip Stanhope* (London: Chapman and Hall, 1963)
K. M. Briggs, *Pale Hecate's Team* (New York: The Humanities Press, 1962)
Crane Brinton, *The Political Ideas of the English Romanticists* (London: Oxford University Press, 1926)
R. F. Brissenden, *Virtue in Distress: Studies in the Novel of Sentiment from Richardson to Sade* (London: Macmillan, 1974)
Edward J. Bristow, *Vice and Vigilance: Purity Movements in Britain since 1700* (Dublin: Gill and Macmillan, 1977)
Alexander Broadie (ed.), *The Scottish Enlightenment: An Anthology* (Edinburgh: Canongate, 1997)
William H. Brock, *The Fontana History of Chemistry* (London: Fontana, 1992)
Jacob Bronowski, *William Blake and the Age of Revolution* (London: Routledge & Kegan Paul, 1972)
B. Bronson (ed.), *Samuel Johnson, Rasselas, Poems and Selected Prose*, 3rd edn (San Francisco: Rinehart, 1971)
Henry Brooke, *Universal Beauty* (London: J. Wilcox, 1735)
John Hedley Brooke, *Science and Religion: Some Historical Perspectives* (Cambridge: Cambridge University Press, 1991)
Marilyn L. Brooks, 'Mary Hays: Finding a "Voice" in Dissent', *Enlightenment and Dissent*, xiv (1995), 3–24
David Brown, 'Butler and Deism', in Christopher Cunliffe (ed.), *Joseph Butler's Moral and Religious Thought* (Oxford: Clarendon Press, 1992), 7–28
Ford K. Brown, *Fathers of the Victorians: The Age of Wilberforce* (Cambridge: Cambridge University Press, 1961)
John Brown, *An Estimate of the Manners and Principles of the Times*, 2 vols. (London: L. Davis & C. Reymers, 1757)
——, *Thoughts on Civil Liberty, Licentiousness and Faction* (Newcastle-upon-Tyne: Davis and Reymers, 1765)
Laura Brown, *Ends of Empire: Women and Ideology in Early Eighteenth-century English Literature* (Ithaca and London: Cornell University Press, 1993)
Peter Brown, *The World of Late Antiquity: From Marcus Aurelius to Muhammad* (London: Thames & Hudson, 1971)
Philip Anthony Brown, *The French Revolution in English History* (London: Frank Cass, 1965)
Robert Brown, *The Nature of Social Laws, Machiavelli to Mill* (Cambridge: Cambridge University Press, 1984)
Sanborn C. Brown (ed.), *Collected Works of Count Rumford*, vol. iv: *Light and Armament* (Cambridge, Massachusetts: Belknap Press, 1970)
Theodore Brown, 'From Mechanism to Vitalism in Eighteenth-century English Physiology', *Journal of the History of Biology*, vii (1974), 179–216
V. Brown, *Adam Smith's Discourse: Canonicity, Commerce and Conscience* (London: Routledge, 1994)
Alice Browne, *The Eighteenth-century Feminist Mind* (Brighton: Harvester Press, 1987)
Janet Browne, 'Botany for Gentlemen: Erasmus Darwin and *The Loves of the Plants*', *Isis*, lxxx (1989), 593–612

Reed Browning, *Political and Constitutional Ideas of the Court Whigs* (Baton Rouge: Louisiana State University Press, 1982)

Gladys Bryson, *Man and Society: The Scottish Inquiry of the Eighteenth Century* (New York: Kelley, 1968)

W. Buchan, *Domestic Medicine, or a Treatise on the Prevention and Cure of Diseases by Regimen and Simple Medicines* (Edinburgh: Balfour, Auld & Smellie, 1769)

——, *Observations concerning the Prevention and Cure of the Venereal Disease* (London: Chapman, 1796)

Gerd Buchdahl, *The Image of Newton and Locke in the Age of Reason* (London and New York: Sheed and Ward, 1961)

R. O. Bucholz, *The Augustan Court: Queen Anne and the Decline of Court Culture* (Stanford, CA: Stanford University Press, 1993)

Peter Buck, 'People Who Counted: Political Arithmetic in the Eighteenth Century', *Isis*, lxxiii (1982), 28–45

Jerome Hamilton Buckley, *The Triumph of Time: A Study of the Victorian Concepts of Time, History, Progress, and Decadence* (Cambridge, Mass.: Belknap Press, 1967)

V. Bullough, 'Prostitution and Reform in Eighteenth-century England', in R. P. Maccubbin (ed.), *'Tis Nature's Fault: Unauthorized Sexuality during the Enlightenment* (Cambridge: Cambridge University Press, 1987), 61–74

John Bunyan, *Pilgrim's Progress* (London: Nathaniel Ponder, 1678)

James Burgh, *Crito; or, Essays on Various Subjects*, 2 vols. (London: J. Dodsley, 1766, 1767)

——, *Political Disquisitions; or, An Enquiry into Public Errors, Defects, and Abuses*, 3 vols. (Philadelphia: Robert Bell, 1775)

Edmund Burke, *Philosophical Enquiry into the Origin of Our Ideas of the Sublime and the Beautiful* (London: R. and J. Dodsley, 1757)

——, *Reflections on the Revolution in France and on the Proceedings in Certain Societies in London Relative to that Event. In a Letter Intended to have been Sent to a Gentleman in Paris* (London: J. Dodsley, 1790; Conor Cruise O'Brien (ed.), Harmondsworth: Penguin, 1982)

——, *The Works and Correspondence of the Right Honourable Edmund Burke*, 8 vols. (London: Francis and John Rivington, 1852)

——, *A Vindication of Natural Society*, Frank N. Pagano (ed.) (London: Cooper, 1756; North Shadeland, Indianapolis: Liberty Classics, 1982)

Peter Burke, *The Renaissance Sense of the Past* (New York: St Martin's Press, 1970)

——, *Popular Culture in Early Modern Europe* (London: Temple Smith, 1978)

——, '*Heu Domine, Adsunt Turcae*: A Sketch for the Social History of Post-Medieval Latin', in Peter Burke and Roy Porter (eds.), *Language, Self and Society: A Social History of Language* (Cambridge: Polity Press, 1991), 23–50

—— (ed.), *New Perspectives on Historical Writing* (Cambridge: Polity Press, 1991)

——, *The Art of Conversation* (Cambridge: Polity Press, 1993)

Gilbert Burnet, *Some Passages of the Life and Death of the Right Honourable John, Earl of Rochester* (London: Chiswel, 1680)

Thomas Burnet, *The Sacred Theory of the Earth*, translated from the 1681 Latin original (London: Centaur Press, 1956 [1684–90])

R. M. Burns, *The Great Debate on Miracles, from Joseph Glanvill to David Hume* (Lewisburg, PA: Bucknell University Press, 1981)

Robert Burns, *The Poetical Works of Burns* (Boston: Houghton Mifflin, 1974)

J. W. Burrow, *Evolution and Society: A Study in Victorian Social Theory* (Cambridge: Cambridge University Press, 1966, 1970)

Shelley Burtt, *Virtue Transformed: Political Argument in England, 1688–1740* (Cambridge: Cambridge University Press, 1992)

J. B. Bury, *A History of Freedom of Thought* (London: Williams and Norgate, nd)

M. L. Bush (ed.), *What is Love? Richard Carlile's Philosophy of Sex* (London: Verso, 1998)

Bob Bushaway, *By Rite: Custom, Ceremony and Community in England, 1700–1880* (London: Junction Books, 1982)

T. L. Bushell, *The Sage of Salisbury: Thomas Chubb 1679–1747* (London: Vision Press, 1968)

Joseph Butler, *Fifteen Sermons Preached at the Rolls Chapel* (London: Knapton, 1726)

——, *The Analogy of Religion to the Constitution and Course of Nature* (London: Religion Tract Society, n.d.)

Marilyn Butler, *Maria Edgeworth: A Literary Biography* (Oxford: Clarendon Press, 1972)

——, *Jane Austen and the War of Ideas* (Oxford: Clarendon Press, 1975)

——, *Peacock Displayed: A Satirist in His Context* (London: Routledge and Kegan Paul, 1979)

——, *Romantics, Rebels and Reactionaries: English Literature and Its Background 1760–1830* (Oxford and New York: Oxford University Press, 1981)

—— (ed.), *Burke, Paine, Godwin, and the Revolution Controversy* (Cambridge: Cambridge University Press, 1984)

——, 'Romanticism in England', in Roy Porter and Mikuláš Teich (eds.), *Romanticism in National Context* (Cambridge: Cambridge University Press, 1988)

Samuel Butler, *Hudibras, Parts I and II and Selected Other Writings*, John Wilders and Hugh de Quehen (eds.) (Oxford: Clarendon Press, 1973 [1663])

John Butt (ed.), *The Poems of Alexander Pope* (London: Methuen, 1965)

M. Byrd, *London Transformed: Images of the City in the Eighteenth Century* (New Haven and London: Yale University Press, 1978)

Max Byrd, *Tristram Shandy* (London: Allen & Unwin, 1985)

James Byrne, *Glory, Jest and Riddle: Religious Thought in the Enlightenment* (London: SCM Press Ltd, 1996)

William Cadogan, *Essay upon Nursing, and the Management of Children* (London: J. Roberts, 1748)

C. G. Caffentzis, *Clipped Coins, Abused Words, and Civil Government. John Locke's Philosophy of Money* (New York: Autonomedia, 1989)

Barbara Caine, *English Feminism, 1780–1980* (Oxford: Oxford University Press, 1997)

Angus Calder, *Revolutionary Empire: The Rise of the English-speaking Empires from the Fifteenth Century to the 1780s* (London: Jonathan Cape, 1981)

Craig Calhoun (ed.), *Habermas and the Public Sphere* (Cambridge, Mass. and London: MIT Press, 1992)

William Camden, *Britannia* (London: Churchill, 1695)

Charles Camic, *Experience and Enlightenment: Socialization for Cultural Change in Eighteenth-century Scotland* (Edinburgh: Edinburgh University Press, 1983)

C. Campbell, *The Romantic Ethic and the Spirit of Modern Consumerism* (Oxford: Basil Blackwell, 1989)

R. H. Campbell and Andrew S. Skinner (eds.), *The Origins and Nature of the Scottish Enlightenment* (Edinburgh and New York: Edinburgh University Press, 1982)

T. D. Campbell, *Adam Smith's Science of Morals* (London: Allen & Unwin, 1971)

Piero Camporesi, *The Fear of Hell: Images of Damnation and Salvation in Early Modern Europe*, Lucinda Byatt (trans.) (Oxford: Basil Blackwell, 1990)

——, *Exotic Brew: Hedonism and Exoticism in the Eighteenth Century* (Cambridge: Polity Press, 1992)

David Cannadine, 'The Present and the Past in the English Industrial Revolution, 1880–1980', *Past and Present*, ciii (1984), 131–72

——, *The Decline and Fall of the British Aristocracy* (New Haven, Conn.: Yale University Press, 1990)

John Cannon, *Parliamentary Reform 1640–1832* (London: Cambridge University Press, 1972)

—— (ed.), *The Whig Ascendancy: Colloquies on Hanoverian England* (London: Edward Arnold, 1981)

G. N. Cantor, 'The History of "Georgian" Optics', *History of Science*, xvi (1978), 1–21

Bernard S. Capp, *Astrology and the Popular Press: English Almanacs, 1500–1800* (London: Faber & Faber, 1979)

Giancarlo Carabelli, *In the Image of Priapus* (London: Duckworth, 1996)

Daniel Carey, 'Reconsidering Rousseau: Sociability, Moral Sense and the American Indian from Hutcheson to Bartram', *British Journal for Eighteenth-century Studies*, xxi (1998), 25–38

C. L. Carlson, *The First Magazine. A History of the Gentleman's Magazine* (Providence, R. I.: Brown University Studies 5, 1938)

[T. Carlyle], 'Signs of the Times, An Addiction to Prophecy, Not a Favourable Indication, Either of Nations or Individuals', *Edinburgh Review*, xlix (1829), 439–59

W. B. Carnochan, *Confinement and Flight. An Essay on English Literature of the Eighteenth Century* (Berkeley, CA: University of California Press, 1977)

S. C. Carpenter, *Eighteenth-century Church and People* (London: Murray, 1959)

Vincent Carretta (ed.), *Olaudah Equiano: The Interesting Narrative and Other Writings* (New York: Penguin Books, 1995)

—— (ed.), *Unchained Voices: An Anthology of Black Authors in the English-speaking World of the Eighteenth Century* (Lexington, KY: The University Press of Kentucky, 1996)

David Carrithers, 'The Enlightenment Science of Society', in Christopher Fox, Roy S. Porter and Robert Wokler (eds.), *Inventing Human Science: Eighteenth-century Domains* (Berkeley, CA: University of California Press, 1995), 232–70

H. B. Carter, *Joseph Banks 1743–1820* (London: British Museum (Natural History), 1988)

Philip John Carter, 'Mollies, Fops and Men of Feeling: Aspects of Male Effeminacy and Masculinity in Britain c. 1700–1780' [University of Oxford, D.Phil., 1995]

Philip Carter, 'An "Effeminate" or "Efficient" Nation? Masculinity and Eighteenth-century Social Documentary', *Textual Practice*, xi (1997), 429–43

Arthur Cash, *Laurence Sterne: The Later Years* (London: Methuen, 1986)

Ernest Cassara, *The Enlightenment in America* (Lanham: University Press of America, 1988)

Ernst Cassirer, *The Philosophy of the Enlightenment*, Fritz C. A. Koelln and James P. Pettegrove (trans.) (Princeton, NJ: Princeton University Press, 1951)

——, *Kant's Life and Thought* (New Haven: Yale University Press, 1981)

Dario Castiglione, 'Excess, Frugality and the Spirit of Capitalism: Readings of Mandeville on Commercial Society', in Joseph Melling and Jonathan Barry (eds.), *Culture in History: Production, Consumption and Values in Historical Perspective* (Exeter: University of Exeter Press, 1992), 155–79

Terry Castle, *Masquerade and Civilization: The Carnivalesque in Eighteenth-century English Culture and Fiction* (London: Methuen, 1986)

——, *The Female Thermometer: Eighteenth-century Culture and the Invention of the Uncanny* (Oxford: Oxford University Press, 1994)

David Castronovo, *The English Gentleman: Images and Ideals in Literature and Society* (New York: Ungar, 1987)

Alexander Catcott, *The Antiquity and Honourableness of the Practice of Marchandize. A Sermon* (Bristol: sn, 1744)

——, *A Treatise on the Deluge*, 2nd edn (Bristol: E. Allen, 1768)

Hiram Caton, *The Politics of Progress: The Origins and Development of the Commercial Republic, 1600–1835* (Gainesville: University of Florida Press, 1988)

Margaret Cavendish, duchess of Newcastle, *Orations of Divers Sorts* (London: sn, 1663)

Michael de Certeau, *The Writing of History*, Tom Conley (trans.) (New York: Colombia University Press, 1988)

Ephraim Chambers, *Cyclopaedia, Or an Universal Dictionary of Arts and Sciences: Containing the Definitions of the Terms, and Accounts of the Things Signify'd Thereby, in the Several Arts, Both Liberal and Mechanical, and the Several Sciences*, 2 vols. (London: Printed for James & John Knapton *et al.*, 1728; 2nd edn, 2 vols., London: Midwinter, 1738)

Justin A. I. Champion, *The Pillars of Priestcraft Shaken: The Church of England and its Enemies, 1660–1730* (Cambridge: Cambridge University Press, 1992)

C. F. Chapin, *The Religious Thought of Samuel Johnson* (Ann Arbor, Mich.: University of Michigan Press, 1968)

R. W. Chapman (ed.), *Jane Austen's Letters to Her Sister Cassandra & Others* (London: Oxford University Press, 1952)

—— (ed.), *Samuel Johnson, A Journey to the Western Islands of Scotland and James Boswell, The Journal of a Tour to the Hebrides* (Oxford: Oxford University Press, 1970 [1775 and 1785])

Hester Chapone, *Letters on the Improvement of the Mind: Addressed to a Young Lady*, 2 vols. (London: J. Walter, 1773)

Roger Chartier, *The Order of Books: Readers, Authors and Libraries in Europe between the Fourteenth and Eighteenth Centuries*, Lydia Cochrane (trans.) (Cambridge: Polity Press, 1994)

——, *Forms and Meanings: Texts, Performances, and Audiences from Codex to Computer* (Philadelphia: University of Pennsylvania Press, 1995)

Warren Chernaik, *Sexual Freedom in Restoration Literature* (Cambridge: Cambridge University Press, 1995)

William Cheselden, 'An Account of Some Observations Made by a Young Gentleman, Who was Born Blind, or Lost His Sight So Early, That He Had No Remembrance of Ever Having Seen, and was Couch'd Between 13 and 14 Years', *Philosophical Transactions*, xxxv (1727–8), 447–50

Anand C. Chitnis, *The Scottish Enlightenment: A Social History* (London: Croom Helm, 1976)

——, *The Scottish Enlightenment and Early Victorian Society* (London: Croom Helm, 1986)

Jerome Christensen, *Practising Enlightenment: Hume and the Formation of a Literary Career* (Madison: University of Wisconsin Press, 1987)

I. R. Christie, *Wars and Revolutions: England 1760–1815* (London: Edward Arnold, 1982)

——, *Stress and Stability in Late Eighteenth-century Britain: Reflections on the British Avoidance of Revolution* (Oxford: Oxford University Press, 1984)

J. R. R. Christie, 'Laputa Revisited', in J. J. R. Christie and S. Shuttleworth (eds.), *Nature Transfigured* (Manchester: Manchester University Press, 1989), 45–60

John Christie, 'The Human Sciences: Origins and Histories', *History of the Human Sciences*, vi (1993), 1–12

Thomas Chubb, *A Collection of Tracts* (London: for the author, 1730)

Lady Mary Chudleigh, *The Ladies' Defence* (London: Deeve, 1701)

[Lady Mary Chudleigh], *Women Not Inferior to Men or A Short and Modest Vindication of the Natural Right of the Fair Sex to a Perfect Equality of Power, Dignity, and Esteem with the Men* (London: sn, 1739)

Charles Churchill, *The Duellist* (London: Kearsly, 1764), in Roger Lonsdale (ed.), *The New Oxford Book of Eighteenth Century Verse*, p. 512.

Gregory Claeys, *Thomas Paine. Social and Political Thought* (Winchester, Mass.: Unwin Hyman, 1989)

——, 'The French Revolution Debate and

British Political Thought', *History of Political Thought*, i (1990), 59–80
—— (ed.), *Utopias of the British Enlightenment* (Cambridge: Cambridge University Press, 1994)
—— (ed.), *Political Writings of the 1790s*, 8 vols. (London: Pickering and Chatto, 1995)
—— (ed.), *The Politics of English Jacobinism: Writings of John Thelwall* (Pennsylvania: Pennsylvania State University Press, 1995)
Anna Clark, *Women's Silence, Men's Violence: Sexual Assault in England, 1770–1845* (New York: Pandora, 1987)
——, *The Struggle for the Breeches: Gender and the Making of the British Working Class* (Berkeley, CA: University of California Press, 1995)
Geoffrey Clark, *Betting on Lives: The Culture of Life Insurance in England, 1695–1775* (Manchester: Manchester University Press, 1999)
Ian D. L. Clark, 'From Protest to Reaction: The Moderate Regime in the Church of Scotland, 1752–1805', in N. T. Phillipson and Rosalind Mitchison (eds.), *Scotland in the Age of Improvement: Essays in Scottish History in the Eighteenth Century* (Edinburgh: Edinburgh University Press, 1970), 200–224
J. C. D. Clark, *English Society, 1688–1832: Ideology, Social Structure and Political Practice During the Ancien Régime* (Cambridge: Cambridge University Press, 1985) 2nd edn: *English Society, 1660–1832: Religion, Ideology and Politics During the Ancien Régime* (Cambridge: Cambridge University Press, 2000)
——, *Revolution and Rebellion: State and Society in England in the Seventeenth and Eighteenth Centuries* (Cambridge: Cambridge University Press, 1986)
——, *The Language of Liberty 1660–1832: Political Discourse and Social Dynamics in the Anglo-American World* (Cambridge: Cambridge University Press, 1994)
——, *Samuel Johnson: Literature, Religion and English Cultural Politics from the Restoration to Romanticism* (Cambridge: Cambridge University Press, 1994)
M. L. Clark, *Paley: Evidences for the Man* (London: SPCK, 1974)
Peter Clark, *The English Alehouse: A Social History, 1200–1830* (London: Longman, 1983)
——, 'The "Mother Gin" Controversy in the Early Eighteenth Century', *Transactions of the Royal Historical Society*, xxxviii (1988), 63–84
——, *Sociability and Urbanity: Clubs and Societies in the Eighteenth Century* (Leicester: Leicester University Press, 2000)
P. Clark and P. Slack, *English Towns in Transition, 1500–1700* (London: Oxford University Press, 1976)
R. B. Clark, *William Gifford: Tory Satirist, Critic, and Editor* (New York: Russell and Russell, 1980)
Stuart Clark, *Thinking with Demons: The Idea of Witchcraft in Early Modern Europe* (Oxford: Clarendon Press, 1997)
T. B. Clark, *Omai: The First Polynesian Ambassador to England* (San Francisco: Colt Press, 1941)
Desmond Clarke, *The Ingenious Mr Edgeworth* (London: Oldbourne, 1965)
George Clarke (ed.), *John Bellers: His Life, Times and Writings* (London: Routledge and Kegan Paul, 1987; York: Sessions, 1993)
I. F. Clarke, *The Pattern of Expectation 1644–2001* (London: Jonathan Cape, 1979)
J. J. Clarke, *Oriental Enlightenment: The Encounter between Asian and Western Thought* (London: Routledge, 1997)
Michael Clarke and Nicholas Penny (eds.), *The Arrogant Connoisseur: Richard Payne Knight 1751–1824* (Manchester: Manchester University Press, 1982)
Samuel Clarke, *The Scripture-doctrine of the Trinity* (London: Strahan, 1712)
——, *A Demonstration of the Being and Attributes of God* (London: James Knapton, 1705)
John Cleland, *Memoirs of a Woman of Pleasure*,

Peter Sabor (ed.) (Oxford: Oxford University Press, 1985 [1784–9])

E. J. Clery, *The Rise of Supernatural Fiction* (Cambridge: Cambridge University Press, 1995)

James L. Clifford (ed.), *Dr Campbell's Diary of a Visit to England in 1775* (Cambridge: Cambridge University Press, 1947)

—— (ed.), *Man Versus Society in Eighteenth-century Britain: Six Points of View* (Cambridge: Cambridge University Press, 1968)

John Clive, *Scotch Reviewers: The 'Edinburgh Review' 1802–1815* (London: Faber & Faber, 1957)

——, 'The Social Background of the Scottish Renaissance', in Nicholas Phillipson and Rosalind Mitchison (eds.), *Scotland in the Age of Improvement: Essays in Scottish History in the Eighteenth Century* (Edinburgh: Edinburgh University Press, 1970), 225–44

E. L. Cloyd, *James Burnett, Lord Monboddo* (Oxford: Clarendon Press, 1972)

A. W. Coats, 'Changing Attitudes to Labour in the Mid-Eighteenth Century', *Economic History Review*, xi (1958), 35–51

James Aikman Cochrane, *Dr Johnson's Printer: The Life of William Strahan* (London: Routledge and Kegan Paul, 1964)

Catharine Cockburn, *A Defence of the Essay of Human Understanding Written by Mr Lock* (London: W. Turner, 1702)

Estelle Cohen, ' "What the Women at All Times Would Laugh At": Redefining Equality and Difference, circa 1660–1760', *Osiris*, xii (1997), 121–42

I. Bernard Cohen, *Revolution in Science* (Cambridge, Mass.: Belknap Press, 1985)

H. Floris Cohen, *The Scientific Revolution: A Historiographical Inquiry* (Chicago: University of Chicago Press, 1994)

Michèle Cohen, *Fashioning Masculinity: National Identity and Language in the Eighteenth Century* (London and New York: Routledge, 1996)

Sherrill Cohen, *The Evolution of Women's Asylums since 1500: From Refugees for Ex-Prostitutes to Shelters for Battered Women* (New York: Oxford University Press, 1992)

G. D. H. and Margaret Cole (eds.), *The Opinions of William Cobbett* (London: The Cobbett Publishing Co. Ltd, 1944)

D. C. Coleman, *The Economy of England 1450–1750* (London: Oxford University Press, 1977)

Samuel Taylor Coleridge, *Biographia Literaria: or Biographical Sketches of My Literary Life and Opinions* (London: Rest Fenner, 1817)

——, *On the Constitution of the Church and State: According to the Idea of Each: With Aids Towards a Right Judgment on the Late Catholic Bill* (London: Hurst, Chance, 1830)

——, *The Complete Poems*, William Keach (ed.) (Harmondsworth: Penguin, 1997)

Maurice Colgan, 'Prophecy Against Reason: Ireland and the Apocalypse', *British Journal for Eighteenth-century Studies*, viii (1985), 209–16

Rosalie L. Colie, *Light and Enlightenment: A Study of the Cambridge Platonists and the Dutch Arminians* (Cambridge: Cambridge University Press, 1957)

R. L. Colie, 'Spinoza and the Early English Deists', *Journal of the History of Ideas*, xx (1959), 23–46

Linda Colley, 'Radical Patriotism in Eighteenth-century England', in Raphael Samuel (ed.), *Patriotism: The Making and Unmaking of British National Identity*, vol. i: *History and Politics* (London and New York: Routledge, 1989), 169–87

——, 'Britishness and Otherness: An Argument', *Journal of British Studies*, xxxi (1992), 309–22

——, *Britons: Forging the Nation 1707–1837* (New Haven and London: Yale University Press, 1992)

A. S. Collins, *Authorship in the Days of Johnson: Being a Study of the Relation Between Author, Patron, Publisher and Public, 1726–1780* (London: Robert Holden & Co. Ltd, 1927)

——, *The Profession of Letters: A Study of the Relation of Author to Patron, Publisher and*

Public, *1780–1832* (London: George Routledge & Sons Ltd, 1928; repr., Clifton, NJ: Augustus M. Kelley, 1973)

Anthony Collins, *Discourse of Free-thinking* (London: sn, 1713)

——, *A Discourse of the Grounds and Reasons of the Christian Religion* (London: sn, 1724)

——, *An Answer to Mr Clarke's Third Defence to His Letter to Mr Dodwell* (London: Baldwin, 1708)

——, *A Philosophical Inquiry concerning Human Liberty* (London: Robinson, 1717; republished with a preface by Joseph Priestley, London: Johnson, 1790)

Robert Collison, *Encyclopaedias: Their History throughout the Ages* (New York: Hafner, 1964)

George Colman, *Polly Honeycombe, A Dramatick Novel of One Act* (London: T. Becket, 1760)

John Colmer (ed.), *The Collected Works of Samuel Taylor Coleridge* (Princeton: Princeton University Press, 1976)

Patrick Colquhoun, *The State of Indigence, and the Situation of the Casual Poor in the Metropolis Explained* (London: Baldwin, 1799)

Henry Steele Commager, *The Empire of Reason: How Europe Imagined and America Realized the Enlightenment* (London: Weidenfeld & Nicolson, 1978)

Carl B. Cone, *Torchbearer of Freedom: The Influence of Richard Price on Eighteenth-century Thought* (Lexington, Ky: University of Kentucky Press, 1952)

——, *The English Jacobins: Reformers in Late Eighteenth-century England* (New York: Charles Scribner's Sons, 1968)

Syndy McMillen Conger, *Mary Wollstonecraft and the Language of Sensibility* (London and Toronto: Associated University Press, 1994)

Peter Conrad, *Shandyism* (Oxford: Blackwell, 1978)

A. Constable (ed.), *The Letters of Anna Seward, 1784–1807*, 6 vols. (Edinburgh: A. Constable & Co., 1811)

James Cook, *Journals*, J. C. Beaglehole (ed.), 3 vols. (Cambridge: Cambridge University press, 1955–68)

R. I. Cook, *Bernard Mandeville* (New York: Twayne Publishers, 1974)

Roger Cooter and Stephen Pumfrey, 'Separate Spheres and Public Places: Reflections on the History of Science Popularization and Science in Popular Culture', *History of Science*, xxxii (1994), 237–67

Edward Copeland, 'Money Talks: Jane Austen and the *Lady's Magazine*', in J. David Grey (ed.), *Jane Austen's Beginnings: The Juvenilia and 'Lady Susan'* (Ann Arbor and London: U.M.I. Research Press, 1989), 153–71

——, *Women Writing about Money: Women's Fiction in England, 1790–1820* (Cambridge and New York: Cambridge University Press, 1995)

Stephen Copley (ed.), *Literature and the Social Order in Eighteenth-century England* (London: Croom Helm, 1984)

—— (ed.), *The Politics of the Picturesque: Literature, Landscape and Aesthetics since 1770* (Cambridge: Cambridge University Press, 1994)

——, 'Commerce, Conversation and Politeness in the Early Eighteenth-century Periodical', *British Journal for Eighteenth-century Studies*, xviii (1995), 63–77

Stephen Copley and Kathryn Sutherland (eds.), *Adam Smith's Wealth of Nations: New Interdisciplinary Essays* (Manchester: Manchester University Press, 1995)

Penelope J. Corfield (ed.), *Language, History and Class* (Oxford: Basil Blackwell, 1991)

——, *Power and the Professions in Britain 1700–1850* (London: Routledge, 1995)

P. Corrigan and D. Sayer, *The Great Arch: English State Formation as Cultural Revolution* (Oxford: Basil Blackwell, 1985)

Denis Cosgrove and Stephen Daniels (eds.), *The Iconography of Landscape: Essays on the*

Symbolic Representation, Design and Use of Past Environments (Cambridge: Cambridge University Press, 1988)
John Cottingham, *Descartes* (Oxford: Basil Blackwell, 1986)
Peter Coveney, *The Image of Childhood* (Harmondsworth: Penguin, 1968)
Barry Coward, *The Stuart Age: A History of England 1603–1714* (New York: Longman Press, 1980)
D. A. Coward, 'Eighteenth-century Attitudes to Prostitution', *Studies on Voltaire and the Eighteenth Century*, clxxxix (1980), 363–99
William Cowper, *The Task* (London: J. Johnson, 1785)
S. D. Cox, *'The Stranger within Thee': The Concept of the Self in Late Eighteenth-century Literature* (Pittsburgh: Pittsburgh University Press, 1980)
Gerald R. Cragg, *The Church and the Age of Reason* (Harmondsworth: Penguin, 1960)
——, *Reason and Authority in the Eighteenth Century* (Cambridge: Cambridge University Press, 1964)
David Craig, *Scottish Literature and the Scottish People 1680–1830* (London: Chatto & Windus, 1961)
R. S. Crane, *The Idea of the Humanities and Other Essays Historical and Critical*, 2 vols. (Chicago: University of Chicago Press, 1967)
Geoffrey Alan Cranfield, *The Development of the Provincial Newspaper 1700–1760* (Oxford: Clarendon Press, 1962)
——, *The Press and Society from Caxton to Northcliffe* (London: Longman, 1978)
Maurice Cranston, *John Locke: A Biography* (London: Longmans, Green & Co., 1957)
Raymond Henry Payne Crawfurd, *The King's Evil* (Oxford: Clarendon Press, 1911; New York, AMS Press, 1977)
David Cressy, *Bonfires and Bells* (London: Weidenfeld & Nicolson, 1989)
——, 'Literacy in Context: Meaning and Measurement in Early Modern England', in John Brewer and Roy Porter (eds.), *Consumption and the World of Goods* (London and New York: Routledge, 1993), 305–19
J. Hector St John de Crèvecoeur, *Letters from an American Farmer and Sketches of Eighteenth-century America* (Oxford: Oxford University Press, 1997 [1782])
Alexander Crichton, *An Inquiry into the Nature and Origin of Mental Derangement*, 2 vols. (London: T. Cadell & Davis, 1798)
James E. Crimmins, *Secular Utilitarianism: Social Science and the Critique of Religion in the Thought of Jeremy Bentham* (Oxford: Clarendon Press, 1980)
J. Mordaunt Crook, 'The Arcadian Vision: Neo-Classicism and the Picturesque', in G. W. Clarke (ed.), *Rediscovering Hellenism* (Cambridge: Cambridge University Press, 1988), 43–59
Maurice Crosland, 'The Image of Science as a Threat: Burke versus Priestley and the "Philosophical Revolution"', *British Journal for the History of Science*, xx (1987), 277–307
Patrick Cruttwell (ed.), *Samuel Johnson: Selected Writings* (Harmondsworth: Penguin, 1986)
Christopher Cunliffe (ed.), *Joseph Butler's Moral and Religious Thought* (Oxford: Clarendon Press, 1992)
Andrew Cunningham, 'Getting the Game Right: Some Plain Words on the Identity and Invention of Science', *Studies in the History and Philosophy of Science*, xix (1988), 365–89
Hugh Cunningham, *Leisure in the Industrial Revolution*, c. *1780*–c. *1880* (London: Croom Helm, 1980)
——, *The Children of the Poor: Representations of Childhood Since the Seventeenth Century* (Oxford: Basil Blackwell, 1991)
——, *Children and Childhood in Western Society Since 1500* (London: Longman, 1995)
S. Cunningham, 'Bedlam and Parnassus: Eighteenth-century Reflections', *Eighteenth Century Studies*, xxiv (1971), 36–55
Andrew Curran, Robert P. Maccubbin and David F. Morrill (eds.), 'Faces of

Monstrosity in Eighteenth-century Thought', *Eighteenth-century Life*, xxi (1997)

Patrick Curry, *Prophecy and Power: Astrology in Early Modern England* (Cambridge: Polity Press, 1989)

L. A. Curtis, 'A Case Study of Defoe's Domestic Conduct Manuals Suggested by *The Family, Sex and Marriage in England 1500–1800*', *Studies in Eighteenth Century Culture*, x (1981), 409–28

Lewis P. Curtis (ed.), *Letters of Laurence Sterne* (Oxford: Clarendon Press, 1935)

T. C. Curtis and W. A. Speck, 'The Societies for the Reformation of Manners: A Case Study in the Theory and Practice of Moral Reform', *Literature and History*, iii (1976), 45–64

David Dabydeen, *Hogarth's Blacks: Images of Blacks in Eighteenth-century English Art* (Kingston, Surrey: Dangeroo Press, 1985)

—— (ed.), *The Black Presence in English Literature* (Manchester: Manchester University Press, 1985)

——, 'Eighteenth-century English Literature on Commerce and Slavery', in David Dabydeen (ed.), *The Black Presence in English Literature* (Manchester: Manchester University Press, 1985), 26–49

David Daiches, *Robert Burns* (London: G. Bell & Sons, 1952)

——, *The Scottish Enlightenment* (Edinburgh: Saltire Society, 1986)

Norma Dalrymple-Champneys, *George Crabbe: The Complete Poetical Works*, 3 vols. (Oxford: Clarendon Press, 1988)

John Dalton, *A Descriptive Poem Addressed to Two Ladies at Their Return from Viewing the Mines at Whitehaven* (London: J. and J. Rivington, 1755)

Macdonald Daly, 'Vivisection in Eighteenth-century Britain', *British Journal for Eighteenth-century Studies*, xii (1989), 57–68

Stephen H. Daniel, *John Toland: His Methods, Manners and Mind* (Kingston and Montreal: McGill-Queen's University Press, 1984)

Stephen Daniels, 'The Political Iconography of Woodland in Later Georgian England', in Denis Cosgrove and Stephen Daniels (eds.), *The Iconography of Landscape: Essays on the Symbolic Representation, Design and Use of Past Environments* (Cambridge: Cambridge University Press, 1988)

——, *Fields of Vision: Landscape Imagery and National Identity in England and the United States* (Cambridge: Polity Press, 1993)

——, *Humphry Repton: Landscape Gardening and the Geography of Georgian England* (New Haven: Yale University Press, 1999)

John Darling, 'The Moral Teaching of Francis Hutcheson', *British Journal for Eighteenth-century Studies*, xii (1989), 165–74

Robert Darnton, 'In Search of the Enlightenment: Recent Attempts to Create a Social History of Ideas', *Journal of Modern History*, xliii (1971), 113–32

——, *The Business of Enlightenment: A Publishing History of the Encyclopédie, 1775–1800* (Cambridge, Mass.: Harvard University Press, 1979)

——, 'History of Reading', in Peter Burke (ed.), *New Perspectives on Historical Writing* (Cambridge: Polity Press, 1991)

——, *The Forbidden Best-Sellers of Pre-Revolutionary France* (London: HarperCollins, 1996)

——, 'George Washington's False Teeth', *New York Review* (27 March 1997)

Robert Darnton and Daniel Roche (eds.), *Revolution in Print: The Press in France 1775–1800* (Berkeley: University of California Press, 1989)

F. J. H. Darton, *Children's Books in England*, 3rd edn (Cambridge: Cambridge University Press, 1982)

Charles Darwin, *Life of Erasmus Darwin* (London: John Murray, 1887)

Erasmus Darwin, *Zoonomia; or, The Laws of Organic Life*, 2 vols. (London: Johnson, 1794–6)

——, *Plan for the Conduct of Female Education* (Derby: Drewry, 1797)

——, *Phytologia: or, The Philosophy of Agriculture and Gardening* (London: T. Bensley, 1800)

——, *Zoonomia; or the Laws of Organic Life*, 2 vols., 3rd edn (London: Johnson, 1801 [1794–6])

——, *The Temple of Nature; or, The Origin of Society: A Poem with Philosophical Notes* (London: Johnson, 1803)

——, *The Botanic Garden, A Poem in Two Parts. Part I. Containing the Economy of Vegetation. Part II. The Loves of the Plants. With Philosophical Notes*, 2 vols. (London: Johnson, 1789–91)

Lorraine J. Daston, 'The Domestication of Risk: Mathematical Probability and Insurance 1650–1830', in L. Krüger, L. Daston and M. Heidelberger (eds.), *The Probabilistic Revolution* (Ann Arbor, MI: University of Michigan Press, 1987), 237–60

——, *Classical Probability in the Enlightenment* (Princeton, NJ: Princeton University Press, 1988)

——, 'The Ideal and Reality of the Republic of Letters in the Enlightenment', *Science in Context*, iv (1991), 367–86

Lorraine Daston and Katharine Park, *Wonders and the Order of Nature 1150–1750* (New York: Zone Books, 1998)

Charles Davenant, *An Essay on the East-India-trade* (London: sn, 1696)

Leonore Davidoff and Catherine Hall, *Family Fortunes: Men and Women of the English Middle Class, 1780–1850* (London: Hutchinson, 1987)

Caroline A. Davidson, *A Woman's Work is Never Done: A History of Housework in the British Isles, 1650–1950* (London: Chatto & Windus, 1982)

Luke Davidson, ' "Identities Ascertained": British Ophthalmology in the First Half of the Nineteenth Century', *Social History of Medicine*, ix (1996), 313–33

Nicholas Davidson, 'Toleration in Enlightenment Italy', in O. P. Grell and Roy Porter (eds.), *Toleration in the Enlightenment* (Cambridge: Cambridge University Press, 2000), 230–49

George Davie, *The Democratic Intellect. Scotland and Her Universities in the Nineteenth Century* (Edinburgh: Edinburgh University Press, 1961)

Gordon Davies, *The Earth in Decay* (London: MacDonald, 1969)

Horton Davies, *Worship and Theology in England from Watts and Wesley to Martineau, 1690–1900* (Grand Rapids, Mich.: William B. Eerdmans Publishing Company, 1996)

Kate Davies, 'Living Muses: The Politics of Embodiment 1750–1780' [MA Dissertation, University of York, 1995]

Norman Davies, *The Isles* (London: Macmillan, 1999)

Owen Davies, 'Methodism, the Clergy, and the Popular Belief in Witchcraft and Magic', *History*, lxxxii (1997), 252–65

Arthur Paul Davis, *Isaac Watts: His Life and Works* (London: Independent Press Ltd, 1948)

David Brion Davis, *The Problem of Slavery in Western Culture* (Ithaca, NY: Cornell University Press, 1966)

Natalie Zemon Davis and Arlette Farge (eds.), *A History of Women in the West*, vol. iii: *Renaissance and Enlightenment Paradoxes* (Cambridge, Mass.: Harvard University Press, 1993)

Lee Davison, Tim Hitchcock, Tim Keirn and Robert B. Shoemaker (eds.), *Stilling the Grumbling Hive: The Response to Social and Economic Problems in England, 1689–1750* (Stroud: Alan Sutton, 1992)

Richard Dawkins, *The Blind Watchmaker* (London: Longmans, 1986)

Thomas Day, *The History of Sandford and Merton*, 3 vols. (London: J. Stockdale, 1783–9)

Dennis R. Dean, *James Hutton and the History of Geology* (Ithaca, NY: Cornell University Press, 1992)

Mitchell Dean, *The Constitution of Poverty.*

Towards a Genealogy of Liberal Governance (London: Routledge, 1991)
Peter Dear, '*Totius in Verba*: Rhetoric and Authority in the Early Royal Society', *Isis*, lxxvi (1985), 145–61
Daniel Defoe, *Robinson Crusoe* (Harmondsworth: Penguin, 1985 [London: J. Roberts, 1719])
——, *The History and Remarkable Life of Colonel Jacque, Commonly Call'd* (London: J. Brotherton, 1722)
——, *Moll Flanders* (London: Chetwood and Edling, 1722)
——, *Roxana* (London: Warner, 1724)
——, *A Tour Thro' the Whole Island of Great Britain* (London: Strahan, 1724–6)
——, *A System of Magick* (London: J. Roberts, 1727)
——, *The Complete English Tradesman in Familiar Letters, Directing him in all the Several Parts and Progressions of Trade*, 2nd edn, 2 vols. (London: Charles Rivington, 1727, repr. New York: Augustus M. Kelley, 1969)
——, *Augusta Triumphans or The Way to Make London the Most Flourishing City in the Universe* (London: J. Roberts, 1728)
——, *A Plan of the English Commerce* (London: Rivington, 1728)
——, *The Compleat English Gentleman*, Karl Bulbring (ed.) (London: David Nutt, 1890 [1729])
——, *Review*, A. W. Secord (ed.), 22 vols. (New York: Columbia University Press, 1938)
——, *A Tour Thro' the Whole Island of Great Britain*, Pat Rogers (abridged and ed.) (Harmondsworth: Penguin, 1971 [1724–6])
Rudolf Dekker, ' "Private Vices, Public Virtues" Revisited: The Dutch Background of Bernard Mandeville', *History of European Ideas*, xiv (1992), 481–98
Margaret Delacy, *Prison Reform in Lancashire, 1700–1850* (Manchester: Chetham Society, 1986)
Jean Delumeau, *Sin and Fear: The Emergence of a Western Guilt Culture, Thirteenth–Eighteenth Centuries* (New York: St Martin's Press, 1990)
Robert DeMaria Jr, *Johnson's Dictionary and the Language of Learning* (Oxford: Clarendon Press, 1986)
William Derham, *Physico-Theology: or a Demonstration of the Being and Attributes of God, from His Works of Creation* (London: Innys, 1713)
J. T. Desaguliers, *The Newtonian System of the World: The Best Model of Government, an Allegorical Poem* (Westminster: J. Roberts, 1728)
T. M. Devine, *The Scottish Nation, 1700–2000* (Harmondsworth: Allen Lane, 1999)
H. M. Dickinson, *Matthew Boulton* (Cambridge: Cambridge University Press, 1937)
H. T. Dickinson, *Bolingbroke* (London: Constable, 1970)
——, 'Popular Loyalism in Britain in the 1790s', in Eckhart Hellmuth (ed.), *The Transformation of Political Culture: England and Germany in the Late Eighteenth Century* (London: Oxford University Press, 1990)
——, *The Politics of the People in Eighteenth-century Britain* (New York: St Martin's Press, 1995)
David Dickson, *New Foundations: Ireland, 1660–1800* (Dublin: Helicon, 1987)
Bram Dijkstra, *Idols of Perversity. Fantasies of Feminine Evil in Fin de Siècle Culture* (Oxford: Oxford University Press, 1986)
R. Dingley, *Proposals for Establishing a Place of Reception for Penitent Prostitutes* (London: W. Faden, 1758)
John Dinwiddy, 'Conceptions of Revolution in the English Radicalism of the 1790s', in Eckhart Hellmuth (ed.), *The Transformation of Political Culture: England and Germany in the Late Eighteenth Century* (London: Oxford University Press, 1990)
——, *Bentham* (Oxford: Oxford University Press, 1989)
G. M. Ditchfield, 'Anti-Trinitarianism and Toleration in Late Eighteenth-century

British Politics: The Unitarian Petition of 1792', *Journal of Ecclesiastical History*, xlii (1991), 39–67

Grayson Ditchfield, *The Evangelical Revival* (London: UCL Press, 1997)

Betty Jo Teeter Dobbs, *The Janus Face of Genius. The Role of Alchemy in Newton's Thought* (Cambridge: Cambridge University Press, 1991)

Betty Jo Teeter Dobbs and Margaret C. Jacob, *Newton and the Culture of Newtonianism* (Atlantic Highlands, NJ: Humanities Press, 1995)

Michael Dobson, *The Making of the National Poet: Shakespeare, Adaptation and Authorship, 1660–1769* (New York: Oxford University Press, 1992)

Brian Dolan, *Exploring European Frontiers: British Travellers in the Age of Enlightenment* (Basingstoke: Macmillan, 1999)

Jonathan Dollimore, *Death, Desire and Loss in Western Culture* (London: Allen Lane, 1998)

Denis Donoghue, *England, Their England: Commentaries on English Language and Literature* (New York: Alfred A. Knopf, 1988)

Frank Donoghue, *The Fame Machine: Book Reviewing and Eighteenth-century Literary Careers* (Stanford: Stanford University Press, 1996)

Richard M. Dorson (ed.), *Peasant Customs and Savage Myths: Selections from the British Folklorists*, 2 vols. (London: Routledge & Kegan Paul, 1968)

Judith Drake, *Essay in Defence of the Female Sex* (London: Roper and Wilkinson, 1696)

Alice Domurat Dreger, *Hermaphrodites and the Medical Invention of Sex* (Cambridge, Mass.: Harvard University Press, 1998)

John Dryden, *The Poems of John Dryden*, John Sargeaunt (ed.) (London: Oxford University Press, 1959)

James Downey, *The Eighteenth Century Pulpit* (Oxford: Clarendon Press, 1969)

J. A. Downie, 'Walpole: The Poet's Foe', in Jeremy Black (ed.), *Britain in the Age of Walpole* (London: Macmillan, 1984), 171–88

Edward Duffy, *Rousseau in England: The Context for Shelley's Critique of the Enlightenment* (Berkeley: University of California Press, 1979)

Michael Duffy (ed.), *The English Satirical Print, 1600–1832*, 7 vols. (Cambridge: Chadwyck-Healey, 1986)

Richard van Dülmen, *The Society of the Enlightenment: The Rise of the Middle Class and Enlightenment Culture in Germany*, Anthony Williams (trans.) (Cambridge: Polity Press, 1992)

Louis Dumont, *From Mandeville to Marx: The Genesis and Triumph of Economic Ideology* (Chicago: University of Chicago Press, 1977)

James Dunbar, *Essays on the History of Mankind in Rude and Cultivated Ages* (London: R. Strahan, 1780)

John Dunn, *The Political Thought of John Locke* (Cambridge: Cambridge University Press, 1969)

——, *Locke* (Oxford: Oxford University Press, 1984)

——, 'The Claim to Freedom of Conscience: Freedom of Speech, Freedom of Thought, Freedom of Worship?' in O. P. Grell, J. I. Israel and N. Tyacke (eds.), *From Persecution to Toleration: The Glorious Revolution and Religion in England* (Oxford: Oxford University Press, 1991)

John Dunton, *The Life and Errors of John Dunton, Citizen of London*, 2 vols. (London: J. Nichols & Bentley, 1818); repr. as *The Life and Errors of John Dunton, Citizen of London: With the Lives and Characters of More than a Thousand Contemporary Divines and Other Persons of Literary Eminence, to Which are Added Dunton's Conversation in Ireland, Selections from His Other Genuine Works and a Faithful Portrait of the Author* (New York: Burt Franklin, 1960)

John Dwyer, *Virtuous Discourse: Sensibility and*

Community in Late Eighteenth-century Scotland (Edinburgh: John Donald, 1987)

J. Dybikowski, *On Burning Ground: An Examination of the Ideas, Projects and Life of David Williams* (Studies on Voltaire and the Eighteenth Century, Oxford: the Voltaire Foundation, 1993)

A. Dyce (ed.), *The Works of Richard Bentley*, 3 vols. (London: Francis Macpherson, 1838)

John Dyer, *The Fleece* (London: Dodsley, 1757)

Terry Eagleton, *The Function of Criticism: From 'The Spectator' to Post-Structuralism* (London: Verso Editions and NLB, 1984)

——, *The Ideology of the Aesthetic* (Oxford: Basil Blackwell, 1990)

Peter Earle, *The World of Defoe* (London: Weidenfeld & Nicolson, 1976)

——, *The Making of the English Middle Class: Business, Society and Family Life in London, 1660–1730* (London: Methuen, 1989)

B. Easlea, *Witch-hunting, Magic and the New Philosophy: An Introduction to Debates of the Scientific Revolution 1450–1750* (Sussex: Harvester, 1980)

——, *Science and Sexual Oppression: Patriarchy's Confrontation with Woman and Nature* (London: Weidenfeld & Nicolson, 1981)

Daniel Eaton [pseud. 'Antitype'], *The Pernicious Effects of the Art of Printing upon Society, Exposed* (London: Eaton, 1794)

Richard Lovell Edgeworth, *Memoirs*, 2 vols. (London: R. Hunter, 1820)

R. L. Edgeworth and M. Edgeworth, *Practical Education*, 2 vols. (London: J. Johnson, 1798)

Sir F. M. Eden, *The State of the Poor: A History of the Labouring Classes in England, with Parochial Reports*, 3 vols. (London: J. Davis, 1797)

Charles Edmonds (ed.), *Poetry of the Anti-Jacobin* (London: Willis, 1854)

Elizabeth L. Eisenstein, *The Printing Press as an Agent of Change*, 2 vols. (Cambridge: Cambridge University Press, 1979)

Roger Elbourne, *Music and Tradition in Early Industrial Lancashire 1780–1840* (Woodbridge, Suffolk: The Folklore Society, 1980)

Simon Eliot and Beverley Stern (eds.), *The Age of Enlightenment*, 2 vols (London: Ward Lock, 1979)

Marianne Elliott, *Partners in Revolution: The United Irishmen and France* (New Haven: Yale University Press, 1982)

Aytoun Ellis, *The Penny Universities: A History of the Coffee Houses* (London: Secker & Warburg, 1956)

Joyce Ellis, ' "On The Town": Women in Augustan England', *History Today*, xlv (1995), 20–27

Markman Ellis, *The Politics of Sensibility: Race, Gender and Commerce in the Sentimental Novel* (New York: Cambridge University Press, 1996)

Roger L. Emerson, *Professors, Patronage and Politics: The Aberdeen Universities in the Eighteenth Century* (Aberdeen: Aberdeen University Press, 1992)

Clive Emsley, *British Society and the French Wars 1793–1815* (London: Macmillan, 1979)

——, *Policing and Its Context, 1750–1870* (London: Macmillan, 1983)

Encyclopaedia Britannica: or, A Dictionary of Arts and Sciences, Complied upon a New Plan. In Which the Different Sciences and Arts are Digested into Distinct Treaties or Systems; and the Various Technical Terms, &c. are Explained as They Occur in the Order of the Alphabet (Edinburgh: A. Bell and C. Macfarquhar, 1771); 4th edn (1800)

Todd M. Endelman, *The Jews of Georgian England 1714–1830: Tradition and Change in a Liberal Society* (Philadelphia: Jewish Publication Society of America, 1979)

J. Engell, *The Creative Imagination* (Cambridge, Mass.: Harvard University Press, 1981)

Rolf Engelsing, *Der Burger als Lesser* (Stuttgart: Metzler, 1974)

David V. Erdman, *Blake, Prophet against Empire: A Poet's Interpretation of the History of His Own Times*, 3rd edn (Princeton, NJ: Princeton University Press, 1954)

Howard Erskine-Hill, *The Augustan Idea in English Literature* (London: Edward-Arnold, 1983)

John Evelyn, *Silva, or a Discourse of Forest Trees* (York: J. Dodsley, 1776 [1662])

Nigel Everett, *The Tory View of Landscape* (New Haven, Conn.: Yale University Press, 1994)

George Every, *The High Church Party 1688–1718* (London: The Church Historical Society, 1956)

Cecil Henry L'Estrange Ewen, *Lotteries and Sweepstakes: An Historical, Legal and Ethical Survey of Their Introduction, Suppression and Re-Establishment in the British Isles* (London: Heath Cranton, 1932)

M. J. M. Ezell, 'John Locke's Images of Childhood: Early Eighteenth-century Responses to *Some Thoughts Concerning Education*', *Eighteenth Century Studies*, xvii (1983/4), 139–55

Patricia Fara, *Sympathetic Attractions. Magnetic Practices, Beliefs, and Symbolism in Eighteenth-century England* (Princeton, NJ: Princeton University Press, 1996)

Trevor Fawcett, *The Rise of English Provincial Art: Artists, Patrons and Institutions Outside London, 1800–1830* (Oxford: Oxford University Press, 1974)

—— (ed.), *Voices of Eighteenth-century Bath. An Anthology of Contemporary Texts Illustrating Events, Daily Life and Attitudes at Britain's Leading Georgian Spa* (Bath: Ruton, 1995)

John Feather, *The Provincial Book Trade in Eighteenth-century England* (Cambridge: Cambridge University Press, 1985)

——, *A History of British Publishing* (London: Croom Helm, 1988)

——, *Publishing, Piracy and Politics. An Historical Study of Copyright in Britain* (London: Mansell, 1994)

——, 'The Power of Print: Word and Image in Eighteenth-century England', in Jeremy Black (ed.), *Culture and Society in Britain 1660–1800* (Manchester: Manchester University Press, 1997), 51–68

Burton Feldman and Robert D. Richardson, *The Rise of Modern Mythology* (Bloomington: Indiana University Press, 1973)

Frank Felsenstein, *A Paradigm of Otherness: Anti-Semitic Stereotypes in English Popular Culture, 1660–1830* (Baltimore: Johns Hopkins University Press, 1995)

Michael Ferber, *The Social Vision of William Blake* (Princeton: Princeton University Press, 1985)

C. Y. Ferdinand, *Benjamin Collins and the Provincial Newspaper Trade in the Eighteenth Century* (Oxford; Clarendon Press, 1997)

Adam Ferguson, *An Essay on the History of Civil Society* (Edinburgh: Miller and Cadell, 1767)

——, *Institutes of Moral Philosophy, for the Use of Students in the College of Edinburgh*, 2nd edn (Edinburgh: A. Kincaid, W. Creech, and J. Bell, 1773)

——, *An Essay on the History of Civil Society*, Fania Oz-Salzberger (ed.) (Cambridge: Cambridge University Press, 1995 [1767])

J. P. Ferguson, *An Eighteenth-century Heretic: Dr Samuel Clarke* (Kineton: The Roundwood Press, 1976)

Moira Ferguson (ed.), *First Feminists: British Women Writers, 1578–1799* (Bloomington: Indiana University Press, 1985)

——, *Subject to Others: British Women Writers and Colonial Slavery, 1700–1843* (London: Routledge, 1992)

Robert A. Ferguson, *The American Enlightenment 1750–1820* (Cambridge, Mass.: Harvard University Press, 1997)

Vincenzo Ferrone, *The Intellectual Roots of the Italian Enlightenment: Newtonian Science, Religion, and Politics in the Early Eighteenth Century*, Sue Brotherton (trans.) (Atlantic Highlands, NJ: Humanities Press, 1995)

Henry Fielding, 'An Essay on Conversation', in *Miscellanies, by H. F., Esq.*, 3 vols. (London: Millar, 1743) and H. K. Miller (ed.), *Miscellanies by Henry Fielding Esq.* (Oxford: Oxford University Press, 1972)

——, *The Author's Farce* (London: J. Roberts,

1730); C. B. Woods (ed.) (Lincoln: University of Nebraska Press, 1966)
——, *An Inquiry into the Causes of the Late Increase of Robbers, with Some Proposals for Remedying This Growing Evil* (London: A. Millar, 1751)
——, *An Enquiry into the Causes of the Late Increase of Robbers and Related Writings*, Malvin R. Zirker (ed.) (Middletown, CT: Wesleyan University Press, 1988)
John Fielding, *A Plan for a Preservatory and Reformatory for the Benefit of Deserted Girls and Penitent Prostitutes* (London: B. Francklin, 1758)
John Neville Figgis, *The Divine Right of Kings* (New York: Harper, 1965)
Karl M. Figlio, 'Theories of Perception and the Physiology of the Mind in the Late Eighteenth Century', *History of Science*, xiii (1975), 177–212
V. Fildes, *Breasts, Bottles and Babies. A History of Infant Feeding* (Edinburgh: Edinburgh University Press, 1986)
——, *Wetnursing* (Oxford: Basil Blackwell, 1988)
Robert Filmer, *Patriarcha, and Other Political Works of Sir Robert Filmer*, Peter Laslett (ed.) (Oxford: Basil Blackwell, 1949 [1680])
B. Fine and E. Leopold, 'Consumerism and the Industrial Revolution', *Social History*, xv (1990), 151–79
Ann Finer and George Savage (eds.), *The Selected Letters of Josiah Wedgwood* (London: Cory, Adams & Mackay, 1965)
Gabrielle M. Firmager (ed.), *The Female Spectator: Being Selections from Mrs Eliza Haywood's Periodical, First Published in Monthly Parts (1774–6)* (Bristol: Bristol Classical Press, 1992)
Martin Fitzpatrick, 'Heretical Religion and Radical Political Ideas in Late Eighteenth-century England', in Eckhart Hellmuth (ed.), *The Transformation of Political Culture: England and Germany in the Late Eighteenth Century* (London: Oxford University Press, 1990), 339–72
——, 'Toleration and the Enlightenment Movement', in O. P. Grell and Roy Porter (eds.), *Toleration in Enlightenment Europe* (Cambridge: Cambridge University Press, 2000), 23–68
Gloria Flaherty, 'The Non-Normal Sciences: Survivals of Renaissance Thought in the Eighteenth Century', in Christopher Fox, Roy S. Porter and Robert Wokler (eds.), *Inventing Human Science: Eighteenth-century Domains* (Berkeley, CA: University of California Press, 1995), 271–91
M. Kay Flavell, 'The Enlightened Reader and the New Industrial Towns: A Study of the Liverpool Library 1758–1790', *British Journal for Eighteenth Century Studies*, viii (1985), 17–36
Anthony Fletcher, *Gender, Sex and Subordination in England 1500–1800* (New Haven and London: Yale University Press, 1995)
Philippa Foot, 'Locke, Hume, and Modern Moral Theory: A Legacy of Seventeenth- and Eighteenth-century Philosophies of Mind', in G. S. Rousseau (ed.), *The Languages of Psyche: Mind and Body in Enlightenment Thought* (Berkeley/Los Angeles/Oxford: University of California Press, 1991), 81–106
Duncan Forbes, *Hume's Philosophical Politics* (Cambridge: Cambridge University Press, 1975)
——, 'Sceptical Whiggism, Commerce and Liberty', in A. S. Skinner and T. Wilson (eds.), *Essays on Adam Smith* (Oxford: Clarendon Press, 1975), 179–201
Margaret Forbes, *Beattie and His Friends* (London: Constable, 1904)
James A. Force, *William Whiston: Honest Newtonian* (Cambridge: Cambridge University Press, 1985)
James E. Force, 'Hume and Johnson on Prophecy and Miracles: Historical Context', in John W. Yolton (ed.), *Philosophy, Religion and Science in the Seventeenth and Eighteenth Centuries* (Rochester, NY: University of Rochester Press, 1990), 127–39

Jennifer Ford, *Coleridge on Dreaming: Romanticism, Dreams and the Medical Imagination* (Cambridge: Cambridge University Press, 1998)

John Ford, *Prizefighting. The Age of Regency Boximania* (Newton Abbot: David and Charles, 1971)

Michael Fores, 'Science and the "Neolithic Paradox"', *History of Science*, xxi (1983), 141–63

Michael Foss, *The Age of Patronage: The Arts in England 1660–1750* (London: Hamish Hamilton, 1971)

——, *Man of Wit to Man of Business: The Arts and Changing Patronage 1660–1750* (Bristol: Bristol Classical Press, 1988)

Roy Foster (ed.), *The Oxford Illustrated History of Ireland* (New York: Oxford University Press, 1991)

Brian Fothergill (ed.), *Sir William Hamilton: Envoy Extraordinary* (London: Faber and Faber, 1969)

Michel Foucault, *La Folie et la Déraison: Histoire de la Folie à l'Age Classique* (Paris: Librairie Plon, 1961); trans. and abridged by Richard Howard as *Madness and Civilization: A History of Insanity in the Age of Reason* (London: Tavistock Publications, 1967)

——, *The Order of Things: An Archeology of the Human Sciences* (London: Tavistock, 1970; London: Routledge, 1989)

——, 'What is an Author?', in *Language, Counter-Memory, Practice: Selected Essays and Interviews*, Donald F. Bouchard (ed.), Donald F. Bouchard and Sherry Simon (trans.) (Ithaca, NY: Cornell University Press, 1977), 113–38

——, *Discipline And Punish: The Birth of the Prison* (Harmondsworth: Penguin, 1979)

——, 'What is Enlightenment?' in Paul Rabinow (ed.), *The Foucault Reader* (New York: Pantheon Books, 1984), pp. 32–50

Christopher Fox (ed.), *Psychology and Literature in the Eighteenth Century* (New York: AMS Press, 1987)

——, 'Crawford, Willis, and *Anthropologie Abstracted*: Some Early-English Uses of Psychology', *Journal of the History of the Behavioral Sciences*, xxiv (1988), 378–80

——, *Locke and the Scriblerians: Identity and Consciousness in Early Eighteenth-century Britain* (Berkeley, CA: University of California Press, 1988)

Christopher Fox, Roy Porter and Robert Wokler (eds.), *Inventing Human Science: Eighteenth-century Domains* (Berkeley, CA: University of California Press, 1995)

David Foxon, *Libertine Literature in England, 1660–1745* (New Hyde Park, New York: University Books, 1965)

Tore Frängsmyr, J. L. Heilbron, Robin E. Rider (eds.), *The Quantifying Spirit in the Eighteenth Century* (Berkeley, CA: University of California Press, 1990)

Colin Franklin, *Lord Chesterfield, His Character and Characters* (Aldershot: Scolar Press, 1993)

Christopher Frayling, *Nightmare, The Birth of Horror* (London: BBC Books, 1996)

Hans W. Frei, *The Eclipse of Biblical Narrative: A Study in Eighteenth- and Nineteenth-century Hermeneutics* (New Haven and London, Yale University Press, 1974)

['A Friend to the People'], *A Review of the Constitution of Great Britain* (London: Ridgeway, 1791)

E. R. Frizelle and J. D. Martin, *Leicester Royal Infirmary, 1771–1971* (Leicester: Leicester No. 1 Hospital Management Committee, 1971)

Jack Fruchtman, Jr, *The Apocalyptic Politics of Richard Price and Joseph Priestley: A Study in Late Eighteenth-century English Republican Millennialism* (Philadelphia: American Philosophical Society, 1983)

——, *Thomas Paine and the Religion of Nature* (Baltimore: Johns Hopkins University Press, 1993)

——, *Thomas Paine: Apostle of Freedom* (New York and London: Four Walls Eight Windows, 1994)

Tom Furniss, *Edmund Burke's Aesthetic Ideology: Language, Gender and Political Economy in Revolution* (Cambridge: Cambridge University Press, 1993)

Paul Fussell, *The Rhetorical World of Augustan Humanism. Ethics and Imagery from Swift to Burke* (Oxford: Clarendon Press, 1965)

Alan Gabbey, 'Cudworth, More and the Mechanical Analogy', in Richard Kroll, Richard Ashcraft, Perez Zagorin (eds.), *Philosophy, Science and Religion in England 1640–1700* (Cambridge: Cambridge University Press, 1992), 109–48

Norton Garfinkle, 'Science and Religion in England, 1790–1800: The Critical Response to the Work of Erasmus Darwin', *Journal of the History of Ideas*, xvi (1955), 376–88

David Garnett (ed.), *The Novels of Thomas Love Peacock* (London: Rupert Hart-Davis, 1948)

Jane Garnett and Colin Matthew (eds.), *Revival and Religion since 1700: Essays for John Walsh* (London: The Hambledon Press, 1993)

John Gascoigne, 'From Bentley to the Victorians: The Rise and Fall of Newtonian Natural Theology', *Science in Context*, ii (1988), 219–56

——, *Cambridge in the Age of the Enlightenment: Science, Religion and Politics from the Restoration to the French Revolution* (Cambridge: Cambridge University Press, 1989)

——, *Joseph Banks and the English Enlightenment: Useful Knowledge and Polite Culture* (Cambridge and New York: Cambridge University Press, 1994)

V. A. C. Gatrell, *The Hanging Tree: Execution and the English People 1770–1868* (Oxford: Oxford University Press, 1994)

John Gay, *The Present State of Wit* (London: sn, 1711)

Peter Gay, *The Enlightenment, An Interpretation*, vol. i: *The Rise of Modern Paganism* (London: Weidenfeld & Nicolson, 1967); vol. ii: *The Science of Freedom* (London: Weidenfeld & Nicolson, 1970)

J. G. Gazley, *The Life of Arthur Young* (Philadelphia: American Philosophical Society, 1973)

Ernest Gellner, *Plough, Sword and Book: The Structure of Human History* (London: Paladin Grafton Books, 1991)

Ann Geneva, *Astrology and the Seventeenth-century Mind: William Lilly and the Language of the Stars* (Manchester: Manchester University Press, 1995)

Alexander Gerard, *Essay on Taste* (London: A. Millar, 1759)

——, *An Essay on Genius* (London: Strahan, 1774)

Edward Gibbon, *The History of the Decline and Fall of the Roman Empire*, David Womersley (ed.), 3 vols. (London: Allen Lane, 1994 [1776–88])

——, *Memoirs of My Life*, G. A. Bonnard (ed.) (London: Nelson, 1966 [1796])

Edmund Gibson and Edward Chamberlayne, *Angliae Notitia* (London: Martyn, 1669)

John S. Gibson, 'How Did the Enlightenment Seem to the Edinburgh Enlightened?', *British Journal for Eighteenth-century Studies*, i (1978), 46–50

Siegfried Giedion, *Mechanization Takes Command: A Contribution to Anonymous History* (New York: Oxford University Press, 1948)

Marijke Gijswijt-Hofstra, Brian P. Levack and Roy Porter, *Witchcraft and Magic in Europe*, vol. 5: *The Eighteenth and Nineteenth Centuries* (London: Athlone, 1999)

Sheridan Gilley, 'Christianity and the Enlightenment: An Historical Survey', *History of European Ideas*, i (1981), 103–21

Sheridan Gilley and W. J. Sheils, *A History of Religion in Britain: Practice and Belief from Pre-Roman Times to the Present* (Oxford: Blackwell, 1994)

Charles C. Gillispie, *Genesis and Geology: A Study in the Relations of Scientific Thought, Natural Theology, and Social Opinion in Great*

Britain, *1790–1850* (Cambridge, Mass.: Harvard University Press, 1951)

——, *The Montgolfier Brothers and the Invention of Aviation 1783–1784* (Princeton: Princeton University Press, 1983)

Ian Gilmour, *Riot, Risings and Revolution. Governance and Violence in Eighteenth-century England* (London: Hutchinson, 1992)

Mark Girouard, *Life in the English Country House* (New Haven and London: Yale University Press, 1978)

C. Glacken, *Traces on the Rhodian Shore: Nature and Culture in Western Thought from Ancient Times to the End of the Eighteenth Century* (Berkeley, CA: University of California Press, 1967)

Joseph Glanvill, *Plus Ultra, Or the Progress and Advancement of Knowledge Since the Days of Aristotle* (London: James Collins, 1668)

D. V. Glass, *Numbering the People: The Eighteenth-century Population Controversy and the Development of Census and Vital Statistics in Britain* (Farnborough, Hants: Saxon House, 1973)

William Godwin, *The Enquirer. Reflections on Education, Manners and Literature* (New York: Augustus M. Kelley, 1965 [1797])

——, *An Enquiry concerning Political Justice and Its Influence on Modern Morals and Happiness*, Isaac Kramnick (eds.) (Harmondsworth: Penguin, 1985 [London: G. G. J. and J. Robinson, 1793])

——, *Caleb Williams*, Maurice Hindle (ed.) (Harmondsworth: Penguin, 1988 [1794])

Anne Goldgar, *Impolite Learning. Conduct and Community in the Republic of Letters 1680–1750* (New Haven and London: Yale University Press, 1995)

Bertrand A. Goldgar, *The Curse of Party. Swift's Relations with Addison and Steele* (Lincoln: University of Nebraska Press, 1961)

——, *Walpole and the Wits: The Relation of Politics to Literature, 1722–1742* (Lincoln: University of Nebraska Press, 1976)

Mark Goldie, 'Priestcraft and the Birth of Whiggism', in Nicholas Phillipson and Quentin Skinner (eds.), *Political Discourse in Early Modern Britain* (Cambridge: Cambridge University Press, 1993), 209–31

—— (ed.), *Locke: Political Essays* (Cambridge: Cambridge University Press, 1997)

M. M. Goldsmith, *Private Vices, Public Benefits: Bernard Mandeville's Social and Political Thought* (Cambridge: Cambridge University Press, 1985)

Oliver Goldsmith, 'The Comparative View of Races and Nations', in *The Royal Magazine or Gentleman's Monthly Companion* (London: J. Coote, 1760)

——, *The Deserted Village* (London: W. Griffin, 1770)

——, *An History of the Earth and Animated Nature*, 8 vols. (London: J. Nourse, 1774)

——, *Enquiry into the Present State of Polite Learning in Europe* (London: Dodsley, 1759)

——, *Citizen of the World* (London: the author, 1762)

——, *Selected Essays*, J. H. Lobban (ed.) (Cambridge: Cambridge University Press, 1910)

Bette P. Goldstone, *Lessons to be Learned: A Study of Eighteenth-century English Didactic Children's Literature* (New York, Berne, and Frankfurt-am-Main: Peter Lang, 1984)

J. V. Golinski, 'Language, Discourse and Science', in R. C. Olby, G. N. Cantor, J. R. R. Christie, and M. J. S. Hodge (eds.), *Companion to the History of Modern Science* (London: Routledge, 1990), 110–26

Jan Golinski, *Science as Public Culture: Chemistry and Enlightenment in Britain, 1760–1820* (Cambridge and New York: Cambridge University Press, 1992)

Dena Goodman, 'Public Sphere and Private Life: Towards a Synthesis of Current Historiographical Approaches to the Old Regime', *History and Theory*, xxxi (1992), 1–20

——, *The Republic of Letters: A Cultural History of the French Enlightenment* (Ithaca, NY and

London: Cornell University Press, 1994)
Jordan Goodman, *Tobacco in History: The Cultures of Dependence* (London: Routledge, 1993)
Robert W. Gordon, 'Paradoxical Property', in John Brewer and Susan Staves (eds.), *Early Modern Conceptions of Property* (London and New York: Routledge, 1995), 95–110
Scott Paul Gordon, 'Voyeuristic Dreams: Mr Spectator and the Power of Spectacle', *The Scriblerian and the Kit-Cats*, xxxvi (1995), 3–23
Thomas Gordon, *The Humourist*, 3rd edn (London: T. Woodward, 1724)
J. W. Gough, *John Locke's Political Philosophy* (Oxford: Clarendon Press, 1950)
Andrews Graham-Dixon, *A History of British Art* (London: BBC, 1996)
James Grainger, *The Sugar-Cane: A Poem in Four Books, with Notes* (London: Dodsley, 1764)
Alexander Grant and Keith Stringer (eds.), *Uniting the Kingdom? The Making of British History* (London: Routledge, 1995)
Joseph Granvill, *Vanity of Dogmatizing* (London: H. Eversden, 1661)
Selwyn Alfred Grave, *The Scottish Philosophy of Common Sense* (Oxford: Clarendon Press, 1960)
Thomas Gray, *Selected Poems* (London: Bloomsbury Classics, 1997)
Richard Greaves, *Deliver Us from Evil: The Radical Underground in Britain, 1660–1663* (New York: Oxford University Press, 1986)
——, *Enemies under His Feet: Radicals and Nonconformists in Britain, 1664–1677* (Stanford: Stanford University Press, 1990)
——, *Secrets of the Kingdom: British Radicals from the Popish Plot to the Revolution of 1688–89* (Stanford: Stanford University Press, 1992)
V. H. H. Green, 'Reformers and Reform in the University', in L. S. Sutherland and L. G. Mitchell (eds.), *The History of the University of Oxford*, vol. v: *The Eighteenth Century* (Oxford: Clarendon Press, 1986), 607–37
Stephen Greenblatt, *Renaissance Self-Fashioning: From More to Shakespeare* (Chicago: University of Chicago Press, 1980)
Robert Greene, *The Principles of the Philosophy of the Expansive and Contractive Forces* (Cambridge: Cambridge University Press, 1727)
Germaine Greer, *The Obstacle Race* (London: Secker & Warburg, 1979)
——, *Slip-Shod Sibyls. Recognition, Rejection and the Woman Poet* (London: Viking, 1995)
Jeremy Gregory, 'Christianity and Culture: Religion, the Arts and the Sciences in England, 1660–1800', in Jeremy Black (ed.), *Culture and Society in Britain* (Manchester: Manchester University Press, 1997), 102–3
J. Y. T. Greig (ed.), *The Letters of David Hume*, 2 vols. (Oxford: Clarendon Press, 1932)
M. Greig, 'The Reasonableness of Christianity?: Gilbert Burnet and the Trinitarian Controversy of the 1690s', *Journal of Ecclesiastical History*, xliv (1993), 631–51
O. P. Grell, J. I. Israel and N. Tyacke (eds.), *From Persecution to Toleration: The Glorious Revolution and Religion in England* (Oxford: Oxford University Press, 1991)
O. P. Grell and B. Scribner (eds.), *Tolerance and Intolerance in the European Reformation* (Cambridge: Cambridge University Press, 1996)
Dustin Griffin, *Literary Patronage in England, 1650–1800* (Cambridge: Cambridge University Press, 1996)
Earl Leslie Griggs (ed.), *Collected Letters of Samuel Taylor Coleridge*, 6 vols. (Oxford: Clarendon Press, 1956–1968)
M. Grosley, *A Tour to London, or New Observations on England*, 3 vols. (Dublin: J. Ekshaw, 1772)
Gloria Sybil Gross, *This Invisible Riot of the Mind: Samuel Johnson's Psychological Theory*

(Baltimore: Johns Hopkins University Press, 1992)

Richard Grove, *Green Imperialism. Colonial Expansion, Tropical Island Edens and the Origins of Environmentalism 1600–1800* (Cambridge: Cambridge University Press, 1995)

Isobel Grundy, *Lady Mary Wortley Montagu. Comet of the Enlightenment* (Oxford: Oxford University Press, 1999)

Henry Guerlac, 'Where the Statue Stood: Divergent Loyalties to Newton in the Eighteenth Century', in *Essays and Papers in the History of Modern Science* (Baltimore: Johns Hopkins University Press, 1977), 131–45

——, *Newton on the Continent* (Ithaca: Cornell University Press, 1981)

J. A. W. Gunn, *Beyond Liberty and Property: The Process of Self-recognition in Eighteenth-century Political Thought* (Kingston: McGill-Queen's University Press, 1983)

Ahmad Gunny, *Images of Islam in Eighteenth-century Writing* (London: Grey Seal, 1996)

Knud Haakonssen, *Natural Law and Moral Philosophy: From Grotius to the Scottish Enlightenment* (Cambridge: Cambridge University Press, 1996)

—— (ed.), *Enlightenment and Religion: Rational Dissent in Eighteenth-century Britain* (Cambridge: Cambridge University Press, 1997)

Jürgen Habermas, *The Structural Transformation of the Public Sphere: An Inquiry into a Category of Bourgeois Society*, Thomas Burger (trans.) (Cambridge: Polity, 1989); originally published as *Strukturwandel der Öffentlicheit* (Berlin: Luchterhand, 1962)

——, 'Taking Aim at the Heart of the Present', in D. C. Hoy (ed.), *Foucault: A Critical Reader* (Oxford: Basil Blackwell, 1986), 103–19

——, 'Further Reflections on the Public Sphere', in Craig Calhoun (ed.), *Habermas and the Public Sphere* (Cambridge, Mass. and London, 1992), 421–61

I. Hacking, *The Emergence of Probability* (Cambridge: Cambridge University Press, 1975)

——, *The Taming of Chance* (Cambridge: Cambridge University Press, 1990)

Jean H. Hagstrum, *Sex and Sensibility. Ideal and Erotic Love from Milton to Mozart* (Chicago and London: The University of Chicago Press, 1980)

George Hakewill, *An Apologie*, 2nd edn (Oxford: William Turner, 1630; first published 1627)

Matthew Hale, *The Primitive Origination of Mankind* (London: William Godbid, 1677)

Elie Halévy, *The Growth of Philosophic Radicalism* (London: Faber & Faber, 1972)

——, *A History of the English People in the Nineteenth Century*, vol. 1, *England in 1815*, 2nd edn, E. I. Watkin and D. A. Barker (trans.) (London: Benn, 1961)

George Savile, Marquis of Halifax, *The Lady's New Year's Gift, Or Advice to a Daughter* (London: Randal Taylor, 1688)

——, *The Character of a Trimmer*, 2nd edn (London: Baldwin, 1689)

A. Rupert Hall, 'Newton in France: A New View', *History of Science*, xiii (1975), 233–50

——, *Philosophers at War: The Quarrel between Newton and Leibniz* (Cambridge: Cambridge University Press, 1980)

Charles Hall, *The Effects of Civilization on the People in European States: Observations on the Principal Conclusion in Mr Malthus's Essay on Population* (London: the author, 1805)

Marie Boas Hall, *Promoting Experimental Learning: Experiment and the Royal Society 1660–1727* (Cambridge: Cambridge University Press, 1991)

Adrian Hamilton, *The Infamous Essay on Woman: Or John Wilkes Seated Between Vice and Virtue* (London: André Deutsch, 1972)

Elizabeth Hamilton, *Memoirs of Modern Philosophers* (Bath: R. Cruttwell, 1800)

——, *Letters of a Hindoo Rajah* (London: G. G. and J. Robinson, 1796; London: Broadview, 1999)

Sir William Hamilton (ed.), *The Collected Works of Dugald Stewart*, 11 vols. (Edinburgh: Constable, 1854–60)

William Hammond, *Answer to Priestley's Letters to a Philosophical Unbeliever* (London: sn, 1782)

Brean S. Hammond, *Pope and Bolingbroke: A Study of Friendship and Influence* (Columbia: University of Missouri Press, 1984)

——, *Professional Imaginative Writing in England, 1670–1740: 'Hackney for Bread'* (Oxford: Clarendon Press, 1997)

Paul Hammond, 'The King's Two Bodies: Representations of Charles II', in J. Black and J. Gregory (ed.), *Culture, Politics and Society in Britain 1660–1800* (Manchester: Manchester University Press, 1991), 13–48

——, 'Titus Oates and "Sodomy"', in Jeremy Black (ed.), *Culture and Society in Britain* (Manchester: Manchester University Press, 1997), 85–101

Ronald Hamowy, *The Scottish Enlightenment and the Theory of Spontaneous Order* (Carbondale: South Illinois University Press, 1987)

Norman Hampson, *The Enlightenment* (Harmondsworth: Penguin Books, 1968)

C. C. Hankin (ed.), *Life of Mary Anne Schimmelpenninck*, 2 vols. (London: Longmans, 1858)

Thomas L. Hankins, *Science and the Enlightenment* (Cambridge and New York: Cambridge University Press, 1985)

Keith Hanley and Raman Selden (eds.), *Revolution and English Romanticism: Politics and Rhetoric* (Hemel Hempstead: Harvester Wheatsheaf, 1990)

Ivan Hannaford, *Race. The History of an Idea in the West* (Baltimore: Johns Hopkins University Press, 1996)

Nicholas A. Hans, *New Trends in Education in the Eighteenth Century* (London: Routledge and Kegan Paul, 1966)

Jonas Hanway, *A Journal of Eight Days' Journey*, 2nd edn (London: H. Woodfall, 1757)

——, *Solitude In Imprisonment* (London: Bew, 1776)

——, *Defects Of Police* (London: J. Dodsley, 1775)

C. Hardyment, *Dream Babies: Child Care from Locke to Spock* (London: Jonathan Cape, 1983)

Philip Harling, *The Waning of 'Old Corruption': The Politics of Economical Reform in Britain, 1779–1846* (Oxford: Oxford University Press, 1996)

Peter Harman, *Metaphysics and Natural Philosophy* (Brighton: Harvester Press, 1982)

James Harrington, *Commonwealth of Oceana* (London: J. Streater, 1656)

James Harris, *Lexicon Technicum: or, An Universal English Dictionary of Arts and Sciences: Explaining Not Only the Terms of Art, But the Arts Themselves*, 5th edn (London: J. Walthoe, 1736)

——, *Hermes, Or a Philosophical Inquiry, concerning Universal Grammar* (1751), in *The Works of James Harris, Esq.*, 2 vols. (London: F. Wingrave, 1801)

Michael Harris and Alan Lee (eds.), *The Press in English Society from the Seventeenth to the Nineteenth Centuries* (London and Toronto: Associated University Presses, 1986)

R. W. Harris, *Reason and Nature in the Eighteenth century, 1714–1780* (London: Blandford Press, 1968)

——, *Romanticism and the Social Order* (London: Blandford Press: London, 1969)

Victor I. Harris, *All Coherence Gone* (London: Frank Cass & Co., 1966)

John Fletcher Clews Harrison, *The Second Coming: Popular Millenarianism, 1780–1850* (London: Routledge & Kegan Paul, 1979)

Jonathan Harrison, *Hume's Theory of Justice* (Oxford: Oxford University Press, 1981)

Peter Harrison, *'Religion' and the Religions in the English Enlightenment* (Cambridge: Cambridge University Press, 1990)

Ross Harrison, *Bentham* (London: Routledge & Kegan Paul, 1983)

David Hartley, *Observations on Man, His Frame, His Duty, and His Expectations*, 2 vols.

(London: Richardson, 1749; 3 vols. London: Johnson, 1791)

A. D. Harvey, *Sex in Georgian England. Attitudes and Prejudices from the 1720s to the 1820s* (London: Duckworth, 1994)

Karen Louise Harvey, 'Representations of Bodies and Sexual Difference in Eighteenth-century English Erotica' [PhD thesis, University of London, 1999]

Gary Hatfield, 'Metaphysics and the New Science,' in David C. Lindberg and Robert S. Westman (eds.), *Reappraisals of the Scientific Revolution* (Cambridge, New York, Port Chester, Melbourne, Sydney: Cambridge University Press, 1990), 93–166

——, 'Remaking the Science of the Mind: Psychology as Natural Science', in Christopher Fox, Roy S. Porter and Robert Wokler (eds.), *Inventing Human Science: Eighteenth-century Domains* (Berkeley, CA: University of California Press, 1995), 184–231

Clement Hawes, *Christopher Smart and the Enlightenment* (New York: St Martin's Press, 1999)

Laetitia-Matilda Hawkins, *Letters on the Female Mind, Its Powers and Pursuits; Addressed to Miss H. M. Williams, with Particular Reference to Her Letters from France* (London: Hookham and Carpender, 1793)

Judith Hawley, 'The Anatomy of *Tristram Shandy*', in Marie Mulvey Roberts and Roy Porter (eds.), *Literature and Medicine During the Eighteenth Century* (London and New York: Routledge, 1993), 84–100

Carla Hay, *James Burgh, Spokesman for Reform in Hanoverian England* (Washington, DC: University Press of America, 1979)

D. Hay, 'Property, Authority and the Criminal Law' in D. Hay *et al.* (eds.), *Albion's Fatal Tree* (London: Allen Lane, 1975), 17–64

Colin Haydon, *Anti-Catholicism in Eighteenth-century England, c. 1714–80: A Political and Social Study* (Manchester: Manchester University Press, 1993)

Mary Hays, *Appeal to the Men of Great Britain in Behalf of Women* (London: Johnson and Bell, 1798)

——, *The Victim of Prejudice* (London: Johnson, 1799)

——, *Female Biography* (London: R. Phillips, 1803)

——, *Memoirs of Emma Courtney*, Eleanor Ty (ed.) (Oxford: Oxford University Press, 1996 [1796])

Roslynn D. Haynes, *From Faust to Strangelove: Representations of the Scientist in Western Literature* (Baltimore and London: Johns Hopkins University Press, 1994)

Eliza Haywood, *The History of Miss Betsy Thoughtless*, 4 vols. (London: Gardner, 1751)

P. G. M. C. Hazard, *The European Mind, 1680–1715*, J. L. May (trans.) (Harmondsworth: Penguin, 1964)

William Hazlitt, *Political Essays* (London: W. Hone, 1819)

——, *The Collected Works of William Hazlitt*, A. R. Waller and A. Glover (eds.), 13 vols. (London: Dent, 1901–6)

——, *The Complete Works of William Hazlitt*, P. P. Howe (ed.), 21 vols. (London: J. M. Dent, 1930–34)

——, *The New School of Reform* in *The Collected Works of William Hazlitt*, A. R. Waller and A. Glover (eds.), 13 vols. (London: Dent, 1901–6), vol. 7, essay xvii

——, *Selected Writings*, Ronald Blythe (ed.) (Harmondsworth: Penguin, 1970)

——, *The Spirit of the Age* (Menston, Yorks: Scolar Press, 1971 [1825])

P. M. Heimann, 'Newtonian Natural Philosophy and the Scientific Revolution', *History of Science*, xi (1973), 1–7

——, ' "Nature is a Perpetual Worker": Newton's Aether and Eighteenth-century Natural Philosophy', *Ambix*, xx (1973), 1–25

——, 'Voluntarism and Immanence:

Conceptions of Nature in Eighteenth-century Thought', *Journal of the History of Ideas*, xxxix (1978), 271–83
P. M. Heimann and J. E. McGuire, 'Newtonian Forces and Lockean Powers: Concepts of Matter in Eighteenth-century Thought', *Historical Studies in the Physical Sciences*, iii (1971), 233–306
Eckhart Hellmuth, ' "The Palladium of All Other English Liberties". Reflections on the Liberty of the Press in England During the 1760s and 1770s', in Eckhart Hellmuth (ed.), *The Transformation of Political Culture: England and Germany in the Late Eighteenth Century* (London: Oxford University Press, 1990), 467–501
——, 'Enlightenment and the Freedom of the Press: The Debate in the Berlin Mittwochsgesellschaft 1783–84', *History*, lxxxiii (1998), 420–44
Phyllis Hembry, *The English Spa 1560–1815: A Social History* (London: Athlone, 1990)
David Hempton, *Religion and Political Culture in Britain and Ireland: From the Glorious Revolution to the Decline of Empire* (Cambridge: Cambridge University Press, 1996)
A. R. Henderson, 'Female Prostitution in London, 1730–1830' [PhD dissertation, University of London, 1992]
E. Henderson, *Life of James Ferguson F. R. S., in a Brief Autobiographical Account* (Edinburgh: Fullerton, 1867)
Ursula Henriques, *Religious Toleration in England 1783–1833* (London: Routledge, 1961)
John Henry, *The Scientific Revolution and the Origins of Modern Science* (London: Macmillan, 1997)
Thomas Henry, 'On the Advantages of Literature and Philosophy in General, and Especially on the Consistency of Literary and Philosophical with Commercial Pursuits', in *Memoirs of the Manchester Literary and Philosophical Society*, i (1785), 7–29

Brian Hepworth, *The Rise of Romanticism: Essential Texts* (Manchester: Carcanet, 1978)
Michael Heyd, *'Be Sober and Reasonable': The Critique of Enthusiasm in the Seventeenth and Early Eighteenth Centuries* (Leiden; New York; Koln: E. J. Brill, 1995)
C. Hibbert (ed.), *An American in Regency England* (London: Maxwell, 1968); orig. pub. as [L. Simond], *Journal of a Tour and Residence in Great Britain during the Years 1810 and 1811, by a French Traveller* (Edinburgh: A. Constable, 1815)
David R. Hiley, 'Foucault and the Question of Enlightenment', *Philosophy and Social Criticism*, xi (1985–6), 63–83
Bridget Hill, *Eighteenth-century Women: An Anthology* (London: Allen and Unwin, 1984)
——, *The First English Feminist: Reflections upon Marriage and Other Writings by Mary Astell* (Aldershot: Gower, 1986)
——, *The Republican Virago: The Life and Times of Catharine Macaulay* (Oxford: Clarendon Press, 1992)
——, *Women, Work and Sexual Politics in Eighteenth-century England* (London: UCL Press, 1994)
Christopher Hill, *God's Englishman: Oliver Cromwell and the English Revolution* (Harmondsworth: Penguin, 1970)
——, *Antichrist in Seventeenth-century England* (London: Oxford University Press, 1971)
——, *The World Turned Upside Down: Radical Ideas during the English Revolution* (Harmondsworth: Penguin, 1972; repr. 1978)
——, *Some Intellectual Consequences of the English Revolution* (London: Weidenfeld and Nicolson, 1980)
——, *A Turbulent, Seditious and Factious People: John Bunyan and His Church 1628–1688* (Oxford: Oxford University Press, 1989)
——, *The English Bible and the Seventeenth-century Revolution* (London: Allen Lane, 1993)

George Birkbeck Hill, *Boswell's Life of Johnson*, L. F. Powell (ed., rev. and enl.), 6 vols. (Oxford: Clarendon Press, 1934–50)

Boyd Hilton, *The Age of Atonement: The Influence of Evangelicalism on Social and Economic Thought, 1795–1865* (Oxford: Clarendon Press, 1988)

Gertrude Himmelfarb, *Victorian Minds* (London: Weidenfeld & Nicolson, 1968)

——, *The Idea of Poverty: England in the Early Industrial Age* (London: Faber & Faber; New York: Knopf, 1984)

Walter John Hipple, *The Beautiful, the Sublime, and the Picturesque in Eighteenth-century Aesthetic Theory* (Carbondale: Southern Illinois University Press, 1957)

Albert O. Hirschman, *The Passions and the Interests: Political Arguments for Capitalism Before Its Triumph* (Princeton, NJ: Princeton University Press, 1977)

Derek Hirst, *Authority and Conflict: England 1603–1658* (London: Edward Arnold, 1986)

Andrew Hiscock, ' "Here's No Design, No Plot, Nor Any Ground": The Drama of Margaret Cavendish and the Disorderly Woman', *Women's Writing*, iv (1997), 401–20

Tim Hitchcock, *English Sexualities, 1700–1800* (Basingstoke: Macmillan, 1997)

Thomas Hobbes, *Leviathan: or, the Matter, Forme and Power of a Commonwealth Ecclesiasticall and Civil*, C. B. Macpherson (ed.) (Harmondsworth: Penguin, 1968 [1651])

Eric Hobsbawm, *On History* (London: Weidenfeld & Nicolson, 1997)

Eric Hobsbawm and Terence Ranger (eds.), *The Invention of Tradition* (Cambridge: Cambridge University Press, 1983)

M. T. Hodgen, *Early Anthropology in the Sixteenth and Seventeenth Centuries* (Philadelphia: University of Pennsylvania Press, 1964)

William Hodgson, *The Commonwealth of Reason by William Hodgson, Now Confined in the Prison of Newgate, London, For Sedition* (London: the author, 1795)

Ulrich Im Hof, *The Enlightenment*, William E. Yuill (trans.) (Oxford: Blackwell, 1994)

Amos Hofman, 'Opinion, Illusion and the Illusion of Opinion: Barruel's Theory of Conspiracy', *Eighteenth Century Studies*, xxvi (1993), 27–60

William Hogarth, *The Analysis of Beauty* (London: the author, 1753)

Thomas Holcroft, *The Adventures of Hugh Trevor*, Seamus Deane (ed.) (Oxford: Oxford University Press, 1973 [1794])

Martin Hollis (ed.), *The Light of Reason: Rationalist Philosophers of the Seventeenth Century* (London: Collins Fontana, 1973)

Geoffrey Holmes, 'The Achievement of Stability: The Social Context of Politics from the 1680s to the Age of Walpole', in J. Cannon (ed.), *The Whig Ascendancy: Colloquies on Hanoverian England* (London: Edward Arnold, 1981), 1–22

—— (ed.), *Britain after the Glorious Revolution 1689–1714* (London: Macmillan, 1969)

——, *The Trial of Doctor Sacheverell* (London: Eyre Methuen, 1973)

——, *Augustan England: Professions, State and Society 1680–1730* (London: Allen and Unwin, 1982).

——, *British Politics in the Age of Anne* (London: Hambledon, 1987)

——, *The Making of a Great Power: Late Stuart and Early Georgian Britain 1660–1722* (London: Longmans, 1993)

——, *The Birth of Britain: A New Nation 1700–1710* (Oxford: Blackwell, 1994)

Geoffrey Holmes and W. A. Speck, *The Divided Society: Parties and Politics in England, 1694–1716* (London: Edward Arnold, 1967)

Richard Holmes, *Coleridge* (Oxford: Oxford University Press, 1982)

——, *Coleridge: Early Visions* (London: Hodder & Stoughton, 1989)

——, *Dr Johnson and Mr Savage: A Biographical Mystery* (London: Hodder & Stoughton, 1993)

Ann Holt, *A Life of Joseph Priestley* (London: Oxford University Press, 1931)

Henry Homer, *An Enquiry into the Means of Preserving and Improving the Publick Roads of This Kingdom* (Oxford: S. Parker, 1767)

Hugh Honour, *Chinoiserie: The Vision of Cathay* (London: John Murray, 1961)

——, *The Image of the Black in Western Art*, vol. iv: *From the American Revolution to World War I* (Cambridge, Mass.: Harvard University Press, 1989)

Istvan Hont, 'The "Rich Country–Poor Country" Debate in Scottish Classical Political Economy', in Istvan Hont and Michael Ignatieff (eds.), *Wealth and Virtue: The Shaping of Political Economy in the Scottish Enlightenment* (Cambridge: Cambridge University Press, 1983), 271–315

Istvan Hont and Michael Ignatieff (eds.), *Wealth and Virtue: The Shaping of Political Economy in the Scottish Enlightenment* (Cambridge: Cambridge University Press, 1983)

Robert Hooke, *Micrographia* (London: J. Martyn and J. Allestry, 1665)

E. N. Hooker (ed.), *The Critical Works of John Dennis*, 2 vols. (Baltimore: Johns Hopkins University Press, 1943)

Vincent Hope, *Virtue by Consensus: The Moral Philosophy of Hutcheson, Hume, and Adam Smith* (Oxford: Clarendon Press, 1989)

H. M. Höpfl, 'From Savage to Scotsman: Conjectural History in the Scottish Enlightenment', *Journal of British Studies* (1978), 19–40

Julian Hoppit, 'Political Arithmetic in Eighteenth-century England', *Economic History Review*, xlix (1996), 516–40

——, 'Understanding the Industrial Revolution', *Historical Journal*, xxx (1987), 211–24

M. Horkheimer and T. Adorno, *The Dialectic of Enlightenment*, J. Cumming (trans.) (New York: Continuum, 1990)

T. A. Horne, *The Social Thought of Bernard Mandeville: Virtue and Commerce in Early Eighteenth-century England* (London: Macmillan, 1978)

Ralph A. Houlbrooke, *The English Family, 1450–1700* (London and New York: Longman, 1984)

——, *Death, Religion and the Family in England, 1480–1750* (Oxford: Clarendon Press, 1998)

R. A. Houston, *Literacy in Early Modern Europe: Culture and Education, 1500–1800* (London: Longman, 1988)

——, 'Scottish Education and Literacy, 1600–1800: An International Perspective', in T. M. Devine (ed.), *Improvement and Enlightenment* (Edinburgh: John Donald, 1989), 43–61

——, *Social Change in the Age of Enlightenment: Edinburgh, 1660–1760* (Oxford: Clarendon Press, 1994)

W. S. Howell, *Eighteenth-century British Logic and Rhetoric* (Princeton, NJ: Princeton University Press, 1994)

Kenneth Hudson, *A Social History of Museums* (London: Macmillan, 1975)

Pat Hudson, *Britain's Industrial Revolution* (London: Arnold, 1989)

William D. Hudson, *Reason and Right: A Critical Examination of Richard Price's Moral Philosophy* (London: Macmillan, 1970)

C. H. Hull (ed.), *The Economic Writings of Sir William Petty*, 2 vols. (Cambridge: Cambridge University Press, 1899)

Mark Hulliung, *The Autocritique of Enlightenment: Rousseau and the Philosophes* (Cambridge, Mass.: Harvard University Press, 1994)

P. Hulme and L. Jordanova (eds.), *Enlightenment and Its Shadows* (London and New York: Routledge, 1990)

T. E. Hulme, 'Romanticism and Classicism' (1923), in Herbert Read (ed.), *Speculations* (London: Kegan Paul, Trench, Trubner, 1936)

David Hume, *A Treatise of Human Nature*, Ernest C. Mossner (ed.) (Harmondsworth: Penguin, 1969 [1739–40])

——, *A Treatise of Human Nature*, L. A. Selby-Bigge (ed.), 2nd edn revised by Peter H. Nidditch (Oxford: Clarendon Press, 1978 [1739–40])

——, *Philosophical Essays Concerning Human Understanding* (London: A. Millar, 1748)

——, *Essays Moral, Political and Literacy*, T. H. Green and T. H. Grose (eds.), 2 vols. (London: Longman's, Green & Co., 1898 [1741–2])

——, *The Philosophical Works of David Hume*, T. H. Green and T. H. Grose (eds.), 4 vols. (London: Longman's, Green & Co., 1882 [1741–2])

——, *Enquiries concerning Human Understanding and concerning the Principles of Morals*, L. A. Selby-Bigge (ed.) (Oxford: Clarendon Press, 1966 [1748 and 1751])

——, *The History of England Under the House of Tudor*, 6 vols. (London: A. Millar, 1754–62; George Routledge, 1894)

——, *Dialogues concerning Natural Religion*, Norman Kemp Smith (ed.) (Edinburgh: Thomas Nelson, 1947 [1779])

——, *Hume's Dialogues concerning Natural Religion*, Norman Kemp Smith (ed.) (Edinburgh: Thomas Nelson, 1947 [1779])

——, *Selected Essays*, Stephen Copley and Andrew Edgar (eds.) (Oxford: Oxford University Press, 1993)

E. G. Hundert, *The Enlightenment's Fable: Bernard Mandeville and the Discovery of Society* (Cambridge: Cambridge University Press, 1994)

——, 'Performing the Passions in Commercial Society: Bernard Mandeville and the Theatricality of Eighteenth-century Thought', in Kevin Sharpe and Steven N. Zwicker (eds.), *Refiguring Revolutions: Aesthetics and Politics from the English Revolution to the Romantic Revolution* (Berkeley, CA: University of California Press, 1998), 141–72

Lynn Hunt (ed.), *The Invention of Pornography, 1500–1800* (New York: Zone Books, 1993)

Margaret Hunt, Margaret Jacob, Phyllis Mack, and Ruth Perry, *Women and the Enlightenment* (New York: Institute for Research in History, 1984)

Margaret R. Hunt, *The Middling Sort: Commerce, Gender, and the Family in England, 1680–1780* (Berkeley, CA and London: University of California Press, 1996)

Jean E. Hunter, 'The Eighteenth-century Englishwoman: According to the *Gentleman's Magazine*', in Paul Fritz and Richard Morton (eds.), *Women in the Eighteenth Century and Other Essays* (Toronto: Samuel Stevens, Hakkert, 1976), 73–88

Michael Hunter, *Science and Society in Restoration England* (Cambridge: Cambridge University Press, 1981)

——, 'The Problem of "Atheism" in Early Modern England', *Transactions of the Royal Historical Society*, xxxv (1985), 135–57

——, *Establishing the New Science: The Experience of the Early Royal Society* (Woodbridge: Boydell and Brewer, 1989)

——, 'Aikenhead the Atheist: The Context and Consequences of Articulate Irreligion in the Late Seventeenth Century', in Michael Hunter and David Wootton (eds.), *Atheism from the Reformation to the Enlightenment* (Oxford: Clarendon Press, 1992), 221–54

—— (ed.), *Robert Boyle Reconsidered* (Cambridge: Cambridge University Press, 1994)

——, *The Royal Society and Its Fellows 1660–1700: The Morphology of an Early Scientific Institution* (Oxford: Alden Press, 1994)

Richard Hunter and Ida Macalpine, *Three Hundred Years of Psychiatry: 1535–1860* (London: Oxford University Press, 1963)

Christopher Hussey, *English Gardens and Landscapes, 1700–1750* (London: Country Life, 1967)

——, *The Picturesque* (London: F. Cass and Co., 1967)

Francis Hutcheson, *Short View of the Pretended Spirit of Prophecy* (London: Morphew, 1708)

——, *An Inquiry into the Original of Our Ideas of Beauty, Order, Harmony, Design* (London: Darby, 1725; The Hague: Martinus Nijhoff, 1973)

——, *A Short Introduction to Moral Philosophy, in Three Books, Containing the Elements of Ethicks and the Law of Nature* (Glasgow: R. Foulis, 1747)

——, *A System of Moral Philosophy*, 2 vols., ed. by his son (London: R. Foulis, 1755)

——, *Thoughts on Laughter, and Observations on the Fable of the Bees* (Bristol: Thoemmes Reprint, 1989 [1758])

——, *Short View of the Pretended Spirit of Prophecy* (London: Morphew, 1708)

——, *An Historical Essay concerning Witchcraft. With Observations upon Matters of Fact; Tending to Clear the Texts of the Sacred Scriptures, and Confute the Vulgar Errors about That Point, and Also Two Sermons. One in Proof of the Christian Religion; the Other concerning the Good and Evil Angels* (London: R. Knaplock & D. Midwinter, 1718)

Ross Hutchison, *Locke in France (1688–1734)* (Oxford: The Voltaire Foundation, 1991)

Terence Hutchison, *Before Adam Smith: The Emergence of Political Economy, 1662–1776* (Oxford and New York: Blackwell, 1988)

James Hutton, *An Investigation of the Principles of Knowledge, and of the Progress of Reason, from Sense to Science and Philosophy*, 3 vols. (Edinburgh: Strahan and T. Cadell, 1794)

——, *Theory of the Earth*, 2 vols. (Edinburgh: Cadell, Davies and Creech, 1795)

Ronald Hutton, *The Restoration: A Political and Religious History of England and Wales, 1658–1667* (Oxford: Oxford University Press, 1985)

——, *The Rise and Fall of Merry England* (Oxford: Oxford University Press, 1994)

——, *The Stations of the Sun. A History of the Ritual Year in Britain* (Oxford: Oxford University Press, 1996)

William Hutton, *An History of Birmingham*, 3rd edn (Birmingham: Pearson, 1795)

Michael Ignatieff, *A Just Measure of Pain: The Penitentiary in the Industrial Revolution, 1750–1850* (London: Macmillan, 1978)

——, 'John Millar and Individualism', in Istvan Hont and Michael Ignatieff (eds.), *Wealth and Virtue: The Shaping of Political Economy in the Scottish Enlightenment* (Cambridge: Cambridge University Press, 1983), 317–44

R. Iliffe, ' "In the Warehouse": Privacy, Property and Priority in the Early Royal Society', *History of Science*, xxx (1992), 29–62

Mrs Inchbald, *Nature and Art* (London: Robinson, 1796)

Robert Inglesfield, 'Shaftesbury's Influence on Thomson's "Seasons" ', *British Journal for Eighteenth-century Studies*, ix (1986), 141–56

Brian Inglis, *Poverty and the Industrial Revolution* (London: Hodder & Stoughton, 1971)

Allan Ingram, *The Madhouse of Language: Writing and Reading Madness in the Eighteenth Century* (London and New York: Routledge, 1991)

G. Irwin, *Samuel Johnson: A Personality in Conflict* (Auckland: Auckland University Press, 1971)

Malcolm Jack, *Corruption and Progress: The Eighteenth Century Debate* (New York: AMS Press, 1989)

Mark Jackson, *New-Born Child Murder: Women, Illegitimacy and the Courts in Eighteenth-century England* (Manchester and New York: Manchester University Press, 1996)

Margaret C. Jacob, *The Newtonians and the English Revolution, 1689–1720* (Hassocks: Harvester Press, 1976)

——, *The Radical Enlightenment: Pantheists, Freemasons and Republicans* (London: Allen & Unwin, 1981)

——, 'The Crisis of the European Mind: Hazard Revisted', in Phyllis Mack and Margaret Jacob (eds.), *Politics and Culture in Early Modern Europe* (Cambridge: Cambridge University Press, 1987), 251–71

——, *The Cultural Meaning of the Scientific Revolution* (New York: Alfred A. Knopf, 1988)
——, *Living the Enlightenment: Freemasonry and Politics in Eighteenth-century Europe* (New York: Oxford University Press, 1992)
——, 'Reflections on the Ideological Meaning of Western Science from Boyle and Newton to the Postmodernists', *History of Science*, xxxiii (1995), 333–57
——, *Scientific Culture and the Making of the Industrial West* (Oxford: Oxford University Press, 1997)
David L. Jacobson (ed.), *The English Libertarian Heritage: From the Writings of John Trenchard and Thomas Gordon in* The Independent Whig *and* Carto's Letters (Indianapolis, New York, Kansas City: Bobbs-Merrill, 1965).
David L. Jacobson and Ronald Hamowy (eds.), *The English Libertarian Heritage* (San Francisco: Fox and Wilkes, 1994)
Muriel Jaeger, *Before Victoria, Changing Standards and Behaviour 1787–1837* (Harmondsworth: Penguin, 1967)
Patricia James, *Population Malthus: His Life and Times* (London: Routledge and Kegan Paul, 1979)
Lisa Jardine, *Francis Bacon: Discovery and the Art of Discourse* (Cambridge: Cambridge University Press, 1974)
Derek Jarrett, *The Ingenious Mr Hogarth* (London: Joseph, 1976)
Thomas Jarrold, *Dissertations on Man, Philosophical, Physiological and Political; in Answer to Mr Malthus's 'Essay on the Principle of Population'* (London: Cadell and Davis, 1806)
——, *Anthropologia, or Dissertations on the Form and Colour in Man* (London: Cadell and Davis, 1808)
Ricky Jay, *Learned Pigs and Fireproof Women* (New York: Warner Books, 1986)
Geraint H. Jenkins, *The Foundations of Modern Wales: 1642–1780* (Oxford: Clarendon Press; Cardiff: University of Wales Press, 1987)
Philip Jenkins, *The Making of a Ruling Class: The Glamorganshire Gentry 1640–1790* (Cambridge: Cambridge University Press, 1983)
Humphrey Jennings, *Pandaemonium 1660–1886: The Coming of the Machine as Seen by Contemporary Observers*, Mary-Lou Jennings and Charles Madge (eds.) (London: André Deutsch, 1985)
Soame Jenyns, *Free Inquiry into the Nature and Origin of Evil. In Six Letters* (London: R. and J. Dodsley, 1757)
C. B. Jewson, *Jacobin City: A Portrait of Norwich in Its Reaction to the French Revolution 1788–1902* (Glasgow: Blackie, 1975)
Adrian Johns, *The Nature of the Book: Print and Knowledge in the Making* (Chicago: Chicago University Press, 1998)
James William Johnson, *The Formation of English Neo-classical Thought* (Princeton, NJ: Princeton University Press, 1967)
Samuel Johnson, *An Account of the Life of Richard Savage*, 2nd edn (London: Cave, 1748)
——, *A Dictionary of the English Language* (London: Strahan, 1755)
——, *Life Of Gray* (Oxford: Clarendon Press, 1915)
——, *The Lives of the Most Eminent English Poets*, 4 vols., C. H. Firth (ed.) (Oxford: Clarendon Press, 1939 [London: Bathurst, 1781])
——, *The Rambler*, W. J. Bate and Albrecht B. Straus (eds.), 3 vols. (New Haven, Conn.: Yale University Press, 1969 [1750–52])
Clyve Jones (ed.), *Britain in the First Age of Party, 1684–1750* (London: Hambledon, 1987)
Edwin Jones, *The English Nation: The Great Myth* (Stroud: Sutton, 1998)
Howard Mumford Jones, *Revolution and Romanticism* (Cambridge, Mass.: Harvard University Press, 1974)
J. R. Jones (ed.), *The Restored Monarchy, 1660–*

1688 (Totowa, NJ: Rowman & Littlefield, 1979)
—— (ed.), *Liberty Secured? Britain Before and After 1688* (Stanford: Stanford University Press, 1992)
Jean Jones, 'James Hutton's Agricultural Research and His Life as a Farmer', *Annals of Science*, xlii (1985), 573–601
M. G. Jones, *The Charity School Movement* (Cambridge: Cambridge University Press, 1938)
——, *Hannah More* (Cambridge: Cambridge University Press, 1952)
Peter Jones, 'The Scottish Professoriate and the Polite Academy', in Istvan Hont and Michael Ignatieff (eds.), *Wealth and Virtue: The Shaping of Political Economy in the Scottish Enlightenment* (Cambridge: Cambridge University Press, 1983), 89–118
—— (ed.), *Philosophy and Science in the Scottish Enlightenment* (Edinburgh: John Donald Publishers, 1988)
—— (ed.), *The 'Science' of Man in the Scottish Enlightenment: Hume, Reid, and Their Contemporaries* (Edinburgh: Edinburgh University Press, 1989)
R. F. Jones, *Ancients and Moderns: A Study of the Background of the Battle of the Books* (St Louis: Washington University Press, 1936)
Vivien Jones (ed.), *Women in the Eighteenth Century: Constructions of Femininity* (London: Routledge, 1990)
Whitney R. D. Jones, *David Williams: The Hammer and the Anvil* (Cardiff: University of Wales Press, 1986)
W. K. Jordan, *The Development of Religious Toleration in England*, 4 vols. (Cambridge, Mass.: Harvard University Press, 1932–1940; repr. Gloucester, Mass.: Peter Smith, 1965)
Ludmilla Jordanova, 'Natural Facts: A Historical Perspective on Science and Sexuality', in C. MacCormack and M. Strathern (eds.), *Nature, Culture and Gender* (Cambridge: Cambridge University Press, 1980), 42–69

Ludmilla Jordanova, *Nature Depicted* (Harlow: Longman, 1999)
Joseph Juxon, *A Sermon upon Witchcraft: Occasion'd by a Late Illegal Attempt to Discover Witches by Swimming. Preached at Twyford in the County of Leicester, July 11, 1736* (London: H. Woodfall, 1736)
Rana Kabbani, *Europe's Myths of Orient* (Bloomington: Indiana University Press, 1986)
Frank A. Kafker (ed.), *Notable Encyclopedias of the Seventeenth and Eighteenth Centuries: Nine Predecessors of the Encyclopédie* (Oxford: The Voltaire Foundation at The Taylor Institution, 1981)
W. Kaiser, *Praisers Of Folly* (Cambridge, Mass.: Harvard University Press, 1963)
Martin Kallich, *The Association of Ideas and Critical Theory in Eighteenth-century England: A History of a Psychological Method in English Criticism* (The Hague: Mouton, 1970)
Henry Kamen, *The Rise of Toleration* (London: Weidenfeld & Nicolson, 1967)
Henry Home, Lord Kames, *Essays on the Principles of Morality and Natural Religion* (Edinburgh: Felming, 1751)
——, *Elements of Criticism* (Edinburgh: Millar, 1762)
——, *Sketches of the History of Man*, 2 vols. (Edinburgh: W. Creech, 1774)
——, *Historical Law Tracts*, 2 vols., 3rd edn (Edinburgh: Miller, Kincaid and Bell, 1776)
Paul Kaufman, *Borrowings from the Bristol Library, 1773–1784: A Unique Record of Reading Vogues* (Charlottesville, Va: Bibliographical Society of the University of Virginia, 1960)
John Keane, *Tom Paine: A Political Life* (London: Bloomsbury, 1995)
Hugh Kearney, *The British Isles: A History of Four Nations* (Cambridge: Cambridge University Press, 1989)
Patrick J. Kearney, *The Private Case: An Annotated Bibliography of the Private Case Erotica Collection in the British (Museum)*

Library (London: Jay Landesman, 1981)
——, *A History of Erotic Literature* (London: Macmillan, 1982)
Jonathan Keates, *Purcell: A Biography* (London: Chatto & Windus, 1995)
James Keir (ed.), *An Account of the Life and Writings of Thomas Day* (London: Stockdale, 1791)
Gary Kelly, *The English Jacobin Novel, 1780–1805* (Oxford: Clarendon Press, 1976)
——, *Revolutionary Feminism: The Mind and Career of Mary Wollstonecraft* (New York: St Martin's Press, 1992)
——, '(Female) Philosophy in the Bedroom: Mary Wollstonecraft and Female Sexuality', *Women's Writing*, iv (1997), 143–54
James Kelly, *That Damned Thing Called Honour: Duelling in Ireland 1570–1860* (Cork: Cork University Press, 1995)
Patrick Hyde Kelly (ed.), *Locke On Money*, 2 vols. (Oxford: Clarendon Press, 1991)
T. D. Kendrick, *The Lisbon Earthquake* (London: Methuen, 1956)
J. P. Kenyon, *Revolution Principles: The Politics of Party 1689–1720* (Cambridge: Cambridge University Press, 1977)
John Kenyon, *The Popish Plot* (London: Heinemann, 1972)
Charles Kerby-Miller (ed.), *Memoirs of the Extraordinary Life, Works, and Discoveries of Martinus Scriblerus* (Oxford: Oxford University Press, 1988 [1742])
Alvin Kernan, *Printing Technology, Letters and Samuel Johnson* (Princeton, NJ: Princeton University Press, 1987)
Michael Ketcham, *Transparent Designs: Reading, Performance and Form in the Spectator Papers* (Athens, Ga: University of Georgia Press, 1985)
David Kettler, *The Social and Political Thought of Adam Ferguson* (Columbus: Ohio State University Press, 1965)
Geoffrey Keynes (ed.), *The Letters of William Blake* (London: Hart Davis, 1956)
—— (ed.), *Blake: Complete Writings* (London: Oxford University Press, 1969)
V. G. Kiernan, *The Lords of Human Kind* (Harmondsworth: Penguin, 1972)
——, *The Duel in European History: Honour and the Reign of Aristocracy* (Oxford: Oxford University Press, 1989)
Desmond King-Hele, *Doctor of Revolution: The Life and Genius of Erasmus Darwin* (London: Faber & Faber, 1977)
—— (ed.), *The Letters of Erasmus Darwin* (Cambridge: Cambridge University Press, 1981)
——, *Erasmus Darwin and the Romantic Poets* (London: Macmillan, 1986)
——, *Erasmus Darwin: A Life of Unequalled Achievement* (London: DLM, 1999)
Mark Kishlansky, *A Monarchy Transformed: Britain 1603–1714* (Harmondsworth: Penguin, 1996)
Jon Klancher, *The Making of English Reading Audiences, 1790–1832* (Madison: University of Wisconsin Press, 1987)
Lawrence E. Klein, *Shaftesbury and the Culture of Politeness: Moral Discourse and Cultural Politics in Early Eighteenth-century England* (Cambridge: Cambridge University Press, 1994)
——, 'Gender and the Public/Private Distinction in the Eighteenth Century: Some Questions about Evidence and Analytic Procedure', *Eighteenth Century Studies*, xxix (1995), 97–110
F. J. Klingberg, *The Anti-Slavery Movement in England: A Study in English Humanitarianism* (New Haven: Yale University Press, 1926)
Francis D. Klingender, *Art and the Industrial Revolution*, A. Elton (ed.) (London: Evelyn, Adams and Mackay, 1968)
Charlotte Klonk, *Science and the Perception of Nature. British Landscape Art in the Late Eighteenth and Early Nineteenth Centuries* (New Haven and London: Yale University Press, 1996)
Frida Knight, *The Strange Case of Thomas Walker:*

Ten Years in the Life of a Manchester Radical (London: Lawrence and Wishart, 1957)
——, *University Rebel: The Life of William Frend (1756–1841)* (London: Victor Gollancz, 1971)
Richard Payne Knight, *The Progress of Civil Society: A Didactic Poem in Six Books* (London: W. Bulmer and G. Nicol, 1796)
William Knight, *Lord Monboddo and Some of His Contemporaries* (London: John Murray, 1900)
Kevin C. Knox, 'Lunatick Visions: Prophecy, Scientific Public and the Signs of the Times in 1790s London', *History of Science*, xxxvii (1999), 427–58
R. A. Knox, *Enthusiasm: A Chapter in the History of Religion* (London: Clarendon Press, 1950)
Vicesimus Knox, *Liberal Education: or a Practical Treatise on the Methods of Acquiring Useful and Polite Learning*, 10th edn (London: Dilly, 1789 [1781])
Nancy F. Koehn, *The Power of Commerce: Economy and Governance in the First British Empire* (Ithaca, NY: Cornell University Press, 1994)
A. Kors, *D'Holbach's Coterie: An Enlightenment in Paris* (Princeton, NJ: Princeton University Press, 1976)
R. Koselleck, *Critique and Crisis: Enlightenment and the Pathogenesis of Modern Society* (Oxford: Berg, 1988)
August Friedrich Kotzebue, *Lovers' Vows* (London: G. G. Robinson and J. Robinson, 1798)
Isaac Kramnick, *Bolingbroke and His Circle: The Politics of Nostalgia in the Age of Walpole* (Cambridge, Mass.: Harvard University Press, 1968)
——, 'Children's Literature and Bourgeois Ideology: Observations on Culture and Industrial Capitalism in the Later Eighteenth Century', *Studies in Eighteenth-century Culture*, xii (1983), 11–44
——, 'Eighteenth-century Science and Radical Social Theory: The Case of Joseph Priestley's Scientific Liberalism', *Journal of British Studies*, xxv (1986), 1–30
——, *Republicanism and Bourgeois Radicalism: Political Ideology in Late Eighteenth-century England and America* (Ithaca, NY: Cornell University Press, 1990)
Jonathan Brody Kramnick, *Making the English Canon: Print Capitalism and the Cultural Past, 1700–1770* (Cambridge: Cambridge University Press, 1999)
Robert Kreiser, *Miracles, Convulsions and Ecclesiastical Politics in Early Eighteenth-century Paris* (Princeton, NJ: Princeton University Press, 1978)
L. Krüger, L. Daston and M. Heidelberger (eds.), *The Probabilistic Revolution* (Ann Arbor, MI: University of Michigan Press, 1987)
Elisabeth Labrousse, 'Religious Toleration', in P. P. Wiener (ed.), *Dictionary of the History of Ideas*, 5 vols. (New York: Scribner's, 1974), vol. iv, 112–21
——, *Bayle* (Oxford: Oxford University Press, 1983)
James Lackington, *Memoirs of the First Forty-five Years of the Life of James Lackington*, 7th edn (London: for the author, 1794)
Charles Lamb, 'Witches, and Other Night Fears', *London Magazine* (October 1821), 384
Jonathan Lamb, *Preserving the Self in the South Seas* (Cambridge: Cambridge University press, forthcoming)
Claire Lamont, 'Dr Johnson, the Scottish Highlander, and the Scottish Enlightenment', *British Journal for Eighteenth-century Studies*, xii (1989), 47–56
Stephen K. Land, 'Adam Smith's "Considerations concerning the First Formation of Languages"', *Journal of the History of Ideas*, xxxviii (1977), 677–90
——, *The Philosophy of Language in Britain: Major Theories from Hobbes to Thomas Reid* (New York: ASM Press, 1986)
D. S. Landes, *Revolution in Time: Clocks and the Making of the Modern World* (Cambridge,

Mass.: Harvard University Press, 1983)
Paul Langford, *A Polite and Commercial People: England 1727–1783* (Oxford: Oxford University Press, 1989)
——, *Englishness Identified: Manners and Character 1650–1850* (Oxford: Oxford University Press, 2000)
Thomas Laqueur, 'Bodies, Details, and Humanitarian Narrative', in Lynn Hunt (ed.), *The New Cultural History* (Berkeley, CA: University of California Press, 1989), 176–204
——, 'Amor Veneris, Vel Dulcedo Appelatur', in M. Feher (ed.), *Fragments for a History of the Human Body*, iii (New York: Zone, 1989), 91–131
——, *Making Sex. Gender and the Body from Aristotle to Freud* (Cambridge, Mass.: Harvard University Press, 1990)
Peter Laslett, 'The English Revolution and Locke's *Two Treatises of Government*', *Cambridge Historical Journal*, xii (1956), 40–55
Anne Laurence, *Women in England 1500–1760: A Social History* (London: Weidenfeld & Nicolson, 1994)
John Christian Laursen and Cary J. Nederman (eds.), *Beyond the Persecuting Society* (Philadelphia, PA: University of Pennsylvania Press, 1998)
Edmund Law, *Considerations on the State of the World, with Regard to the Theory of Religion* (Cambridge: Bentham, 1745)
William Law, *The Absolute Unlawfulness of the Stage Entertainment Fully Demonstrated* (London: William Innys, 1726)
——, *A Serious Call to a Devout and Holy Life* (London: William Innys, 1729)
C. J. Lawrence, 'William Buchan: Medicine Laid Open', *Medical History*, xix (1975), 20–35
John Lawson and Harold Silver, *A Social History of Education in England* (London: Methuen, 1973)
F. R. Leavis (ed.), *Mill on Bentham and Coleridge* (London: Chatto & Windus, 1962)

W. E. H. Lecky, *A History of Ireland in the Eighteenth Century*, L. P. Curtis, Jr (abridge. and intro.) (Chicago: University of Chicago Press, 1972)
William Lee, *Daniel Defoe: His Life and Recently Discovered Writings*, 3 vols. (London: John Camden Hotten, 1869)
William C. Lehmann, *Adam Ferguson and the Beginnings of Modern Sociology* (New York: Columbia University Press, 1930)
——, *John Millar of Glasgow, 1735–1801: His Life and Thought and His Contributions to Sociological Analysis* (Cambridge: Cambridge University Press, 1960)
——, *Henry Home, Lord Kames, and the Scottish Enlightenment: A Study in National Character and the History of Ideas* (The Hague: Nijhoff, 1971)
Keith Lehrer, *Thomas Reid* (London: Routledge, 1989)
John Leland, *A View of the Principal Deistical Writers that Have Appeared in England in the Last and Present Century* (London: Dodsley, 1754)
Charlotte Lennox, *The Female Quixote, or the Adventures of Arabella*, 2 vols. (London: A. Millar, 1752; Oxford: Oxford University Press, 1989)
[Charles Leslie], *The Charge of Socinianism against Dr Tillotson Considered, By a True Son of the Church* (Edinburgh: sn, 1695)
Charles Leslie, *A Short and Easy Method with the Deists* (London: Onley, 1698)
C. R. Leslie, *Memoirs of the Life of John Constable* (London: John Lehmann, 1949)
Margaret Leslie, 'Mysticism Misunderstood: David Hartley and the Idea of Progress', *Journal of the History of Ideas*, xxxiii (1972), 625–32
W. L. Letwin, *The Origins of Scientific Economics* (London: Methuen, 1963)
Joseph M. Levine, *The Battle of the Books: History and Literature in the Augustan Age* (Ithaca, NY: Cornell University Press, 1992)
W. S. Lewis (ed.), *The Correspondence of Horace*

Walpole, 48 vols. (New Haven, Conn.: Yale University Press, 1961)
—— (ed.), *The Yale Edition of Horace Walpole's Correspondence*, 48 vols. (London: Oxford University Press, 1937–83)
David Lieberman, 'The Legal Needs of a Commercial Society: The Jurisprudence of Lord Kames', in Istvan Hont and Michael Ignatieff (eds.), *Wealth and Virtue: The Shaping of Political Economy in the Scottish Enlightenment* (Cambridge: Cambridge University Press, 1983), 203–34
——, *The Province of Legislation Determined: Legal Theory in Eighteenth-century Britain* (Cambridge: Cambridge University Press, 1989)
Bryant Lillywhite, *London Coffee Houses: A Reference Book of Coffee Houses of the Seventeenth, Eighteenth and Nineteenth Centuries* (London: Allen & Unwin, 1963)
Anthony Hadley Lincoln, *Some Political and Social Ideas of English Dissent, 1763–1800* (Cambridge: Cambridge University Press, 1938)
Jack Lindsay, *William Blake: His Life and Work* (London: Constable, 1978)
Peter Linebaugh, *The London Hanged: Crime and Civil Society in the Eighteenth Century* (London: Allen Lane, 1991)
Luther Link, *The Devil: A Mask without a Face* (London: Reaktion Books, 1995)
Louise Lippincott, *Selling Art in Georgian London: The Rise of Arthur Pond* (New Haven, Conn.: Yale University Press, 1983)
Nigel Llewellyn, *The Art of Death: Visual Culture In the English Death Ritual c. 1500–c. 1800* (London: Victoria and Albert Museum, 1991)
Sarah Lloyd, ' "Pleasure's Golden Bait": Prostitution, Poverty and the Magdalen Hospital', *History Workshop Journal*, xli (1996), 51–72
Don Locke, *A Fantasy of Reason: The Life and Thought of William Godwin* (London: Routledge & Kegan Paul, 1980)

John Locke, *An Essay concerning Human Understanding*, Peter H. Nidditch (ed.) (Oxford: Clarendon Press, 1975 [1690])
——, *Two Treatises of Government*, Peter Laslett (ed.) (Cambridge: Cambridge University Press, 1988 [1690])
——, *Some Thoughts Concerning Education*, R. H. Quick (ed.) (London: sn, 1899 [1693])
——, *The Reasonableness of Christianity* (London: Awnsham and John Churchill, 1695)
——, *A Letter to . . . Edward [Stillingfleet], Ld Bishop of Worcester . . .* (London: Churchill, 1697)
——, *The Philosophical Works of John Locke*, J. A. St John (ed.), 2 vols. (London: George Bell & Sons, 1905)
R. Longrigg, *The English Squire and His Sport* (London: Michael Joseph, 1977)
Roger Lonsdale (ed.), *The New Oxford Book of Eighteenth-century Verse* (Oxford: Oxford University Press, 1984)
—— (ed.), *Eighteenth-century Women Poets* (Oxford: Oxford University Press, 1989)
J. C. Loudon, *The Suburban Gardener and Villa Companion* (London: for the author, 1838)
A. O. Lovejoy, *The Great Chain of Being* (Cambridge, Mass.: Harvard University Press, 1936)
Robert Lowth, *Lectures on the Sacred Poetry of the Hebrews* (London: Johnson, 1787)
F. L. Lucas, *The Search for Good Sense* (London: Cassell, 1958)
——, *The Art of Living* (London: Cassell, 1959)
John Lucas, *England and Englishness: Ideas of Nationhood in English Poetry 1688–1900* (London: The Hogarth Press, 1990)
Roger D. Lund, 'Martinus Scriblerus and the Search for a Soul', *Papers in Literature and Language*, xxv (1989), 135–90
J. O. Lyons, *The Invention of the Self* (Carbondale, Ill.: Southern Illinois University Press, 1978)
Catharine Macauly, *Letters on Education* (London: C. Dilly, 1790)
Iain McCalman: 'Mad Lord George and Madame La Motte: Riot and Sexuality in

the Genesis of Burke's *Reflections on the Revolution in France*', *Journal of British Studies*, xxxv (1996), 343–67

——, 'New Jerusalems: Prophecy, Dissent, and Radical Culture in England, 1786–1830', in Knud Haakonssen (ed.), *Enlightenment and Religion: Rational Dissent in Eighteenth-century Britain* (Cambridge: Cambridge University Press, 1997), 312–35

Donald McCormick, *The Hell-Fire Club: The Story of the Amorous Knights of Wycombe* (Norwich: Jarrold, 1958)

Colleen McDannell and Bernhard Lang, *Heaven – A History* (New Haven and London: Yale University Press, 1988)

Michael MacDonald, 'The Secularization of Suicide in England, 1600–1800', *Past and Present*, cxi (1986), 50–100

Michael MacDonald and Terence R. Murphy, *Sleepless Souls: Suicide in Early Modern England* (Oxford: Clarendon Press, 1990)

Paula McDowell, *The Women of Grub Street: Press, Politics and Gender in the London Literary Marketplace, 1678–1730* (Oxford: Clarendon Press, 1998)

David Dunbar McElroy, *Scotland's Age of Improvement: A Survey of Eighteenth-century Literary Clubs and Societies* (Washington: Washington State University Press, 1969)

G. McEwen, *The Oracle of the Coffee House: John Dunton's Athenian Mercury* (San Marino, CA: The Huntingdon Library, 1972)

Alan Macfarlane, *The Culture of Capitalism* (Oxford: Basil Blackwell, 1987)

A. McInnes, 'The Emergence of a Leisure Town: Shrewsbury, 1660–1760', *Past and Present*, cxx (1968), 53–87

Carey McIntosh, *The Evolution of English Prose, 1700–1800: Style, Politeness and Print Culture* (Cambridge: Cambridge University Press, 1999)

Alasdair MacIntyre, *A Short History of Ethics* (London: Routledge and Kegan Paul, 1967)

Mary P. Mack, *Jeremy Bentham, An Odyssey of Ideas, 1748–1792* (London: Heinemann, 1962)

Phyllis Mack, 'Women and the Enlightenment: Introduction', *Women & History*, xiv (1984), 1–11

Neil McKendrick, 'Josiah Wedgwood and Factory Discipline', *The Historical Journal*, iv (1961), 30–55

——, 'Introduction. The Birth of a Consumer Society: The Commercialization of Eighteenth-century England', in Neil McKendrick, John Brewer and J. H. Plumb, *The Birth of a Consumer Society: The Commercialization of Eighteenth-century England* (London: Europa, 1982), 1–8

Neil McKendrick, John Brewer and J. H. Plumb, *The Birth of a Consumer Society: The Commercialization of Eighteenth-century England* (London: Europa, 1982)

Henry Mackenzie, *Julia de Roubigné* (London: W. Strahan and T. Cadell, 1777)

——, *The Mirror*, 3 vols. (Edinburgh: William Creech, 1779–80)

Michael McKeon, *The Origins of the English Novel, 1600–1740* (Baltimore: Johns Hopkins University Press, 1987)

Eric David Mackerness, *A Social History of English Music* (London: Routledge & Kegan Paul, 1964)

Erin Mackie, *Market à la Mode: Fashion, Commodity, and Gender in The Tatler and The Spectator* (Baltimore: Johns Hopkins University Press, 1997)

H. McLachlan, *English Education under the Test Acts: Being the History of Non-Conformist Academies 1662–1820* (Manchester: Manchester University Press, 1931)

——, *The Unitarian Movement in the Religious Life of England* (London: George Allen and Unwin, 1931)

——, *Warrington Academy, Its History and Influence* (Manchester: Chetham Society, 1943)

Catherine Macdonald Maclean, *Born under*

Saturn: A Biography of William Hazlitt (London: Collins, 1943)

Kenneth MacLean, *John Locke and English Literature of the Eighteenth Century* (New Haven, Conn.: Yale University Press, 1936)

Marie P. McMahon, *The Radical Whigs, John Trenchard and Thomas Gordon* (Lanham, Md.: University Press of America, 1990)

John McManners, *Death and the Enlightenment* (Oxford: Clarendon Press, 1981)

Joseph McMinn, *Jonathan's Travels: Swift and Ireland* (Belfast: Appletree Press, 1994)

Maureen McNeil, *Under the Banner of Science: Erasmus Darwin and His Age* (Manchester: Manchester University Press, 1987)

C. B. Macpherson, *The Political Theory of Possessive Individualism: Hobbes to Locke* (Oxford: Clarendon Press, 1964)

——, *Democratic Theory: Essays in Retrieval* (Oxford: Oxford University Press, 1973)

James Macpherson, *Fragments of Ancient Poetry Collected in the Highlands of Scotland* (Edinburgh: Hamilton and Balfour, 1760)

——, *Fingal* (London: Becket and De Hondt, 1762)

——, *Temora* (London: Becket and De Hondt, 1763)

Samuel Madden, *Memoirs of the Twentieth Century* (London: Osborn and Longman, 1733)

M. Mahl and H. Koon (eds.), *The Female Spectator: English Women Writers Before 1800* (Bloomington, Ind.: University of Indiana Press, 1977)

Brian Maidment, *Popular Prints, 1790–1870: Reading Popular Graphic Images* (Manchester: Manchester University Press, 1995)

R. W. Malcolmson, *Popular Recreations in English Society, 1700–1850* (Cambridge: Cambridge University Press, 1973)

Thomas Robert Malthus, *An Essay on the Principle of Population as It Affects the Future Improvement of Society, With Remarks on the Speculations of Mr Godwin, M. Condorcet, And Other Writers* (London: J. Johnson, 1798; facsimile repr., London: Macmillan, 1966)

——, *An Essay on the Principle of Population*, 2nd edn (London: J. Johnson, 1803)

Bernard de Mandeville, *The Virgin Unmask'd* (London: Morphew, 1709)

——, *A Modest Defence of the Public Stews; or An Essay Upon Whoring* (London: A. Moore, 1724)

——, *The Fable of the Bees: Or, Private Vices, Publick Benefits*, with a Commentary Critical, Historical, and Explanatory by F. B. Kaye, 2 vols. (Oxford: Clarendon Press, 1924 [London: J. Roberts, 1714])

Robert Mandrou, *Magistrats et sorciers en France au XVIIe siècle: une analyse de psychologie historique* (Paris: Plon, 1968)

Karl Mannheim, *Ideology and Utopia* (New York: Harcourt Brace, 1936)

D. J. Manning, *The Mind of Jeremy Bentham* (London: Longman, 1968)

Susan Manning, 'Boswell's Pleasures, the Pleasures of Boswell', *British Journal for Eighteenth Century Studies*, xx (1997), 17–31

Frank E. Manuel, *The Eighteenth Century Confronts the Gods* (New York: Athenaeum, 1967)

——, *Isaac Newton, Historian* (Cambridge, Mass.: Harvard University Press, 1963)

——, *The Religion of Isaac Newton* (Oxford: Clarendon Press, 1974)

——, *A Portrait of Isaac Newton* (Cambridge, Mass.: Harvard University Press, 1968)

L. A. Marchand (ed.), *Byron's Letters and Journals*, 12 vols. (London: John Murray, 1973–82)

Robert Markley, *Fallen Languages: Crises of Representation in Newtonian England, 1660–1740* (Ithaca, NY: Cornell University Press, 1993)

George S. Marr, *The Periodical Essayists of the Eighteenth Century* (New York: Augustus M. Kelley, 1971)

David Marshall, 'Arguing by Analogy: Hume's Standard of Taste', *Eighteenth-century Studies*, xxviii (1995), 323–43

John Marshall, *John Locke; Resistance, Religion*

and Responsibility (Cambridge: Cambridge University Press, 1994)

Peter Marshall (ed.), *The British Discovery of Hinduism in the Eighteenth Century* (Cambridge: Cambridge University Press, 1970)

Peter Marshall and Glyndyr Williams, *The Great Map of Mankind: British Perceptions of the World in the Age of Enlightenment* (London: Dent, 1982)

Peter H. Marshall, *William Godwin* (New Haven, Conn.: Yale University Press, 1984)

Tim Marshall, *Murdering to Dissect: Grave-robbing, Frankenstein and the Anatomy of Literature* (Manchester: Manchester University Press, 1995)

Joanna Martin (ed.), *A Governess in the Age of Jane Austen* (London: Hambledon Press, 1988)

Peter Martin, *A Life of James Boswell* (London: Weidenfeld & Nicolson, 1999)

Michael Mascuch, *Origins of the Individualist Self: Autobiography and Self-identity in England 1591–1791* (Cambridge: Polity Press, 1997)

Haydn T. Mason (ed.), *The Darnton Debate: Books and Revolution in the Eighteenth Century* (Oxford: Voltaire Foundation, 1998)

Michael Mason, *The Making of Victorian Sexual Attitudes* (Oxford: Oxford University Press, 1994)

T. J. Mathias, *The Pursuits of Literature, Or What You Will: A Satirical Poem*, 4 parts (London: J. Owen, 1794)

Robert Mauzi, *L'Idée du bonheur dans la littérature et la pensée française au XVIII siècle* (Paris: Colin, 1960)

Constantia Maxwell, *Dublin under the Georges, 1714–1830* (London: George G. Harrap, 1946)

Henry F. May, *The Enlightenment in America* (New York: Oxford University Press, 1976)

Robert D. Mayo, *The English Novels in the Magazines, 1740–1815* (Evanston, Ill.: Northwestern University Press, 1962)

B. Mazlish, *James and John Stuart Mill: Father and Son in the Nineteenth Century* (London: Hutchinson, 1975)

Jon Mee, *Dangerous Enthusiasm: William Blake and the Culture of Radicalism in the 1790s* (Oxford: Clarendon Press, 1992)

Ronald L. Meek, 'Smith, Turgot and the Four Stages Theory', *History of Political Economy*, iii (1971), 9–27

—— (ed.), *Precursors of Adam Smith* (London: Dent, 1973)

——, *Social Science and the Ignoble Savage* (Cambridge: Cambridge University Press, 1975)

T. K. Meier, *Defoe and the Defense of Commerce* (Victoria, BC: English Literary Studies, University of Victoria, 1987)

Anne K. Mellor, 'British Romanticism, Gender, and Three Women Artists', in Ann Bermingham and John Brewer (eds.), *The Consumption of Culture, 1600–1800: Image, Object, Text in the 17th and 18th Centuries* (London: Routledge, 1995), 121–42

Sara Mendelson and Patricia Crawford, *Women in Early Modern England* (Oxford: Clarendon Press, 1998)

Stephen Mennell, *Norbert Elias: Civilization and the Human Self-image* (Oxford: Basil Blackwell, 1989)

Carolyn Merchant, *The Death of Nature: Women, Ecology and the Scientific Revolution* (San Francisco: Harper and Row, 1980)

Gerald Dennis Meyer, *The Scientific Lady in England, 1650–1760: An Account of Her Rise, with Emphasis on the Major Roles of the Telescope and Microscope* (Berkeley, CA: University of California Press, 1955)

Conyers Middleton, *Letter from Rome* (London: W. Innys, 1729)

——, *Free Enquiry into the Miraculous Powers Which are Supposed to Have Subsisted in the Christian Church from the Earliest Ages* (London: Manby and Cox, 1749)

Dudley Miles, *Francis Place 1771–1854: The Life of a Remarkable Radical* (Brighton: Harvester, 1988)

James Mill, *Essay on Government* (London: Innes, 1824)

John Stuart Mill, *On Liberty* (London: Parker, 1859)

John Millar, *Observations concerning the Distinction of Ranks in Society* (London: Richardson, 1771)

John R. Millburn, *Benjamin Martin: Author, Instrument-maker and Country-showman* (Noordhoff: Leyden, 1976)

Edward Miller, *That Noble Cabinet: A History of the British Museum* (London: André Deutsch, 1973)

G. Miller, *The Adoption of Inoculation for Smallpox in England and France* (London: Oxford University Press, 1957)

James Miller, *The Man of Taste* (Dublin: Hoey, 1735)

John Miller, *Popery and Politics in England 1660–1688* (Cambridge: Cambridge University Press, 1973)

Peter N. Miller (ed.), *Joseph Priestley: Political Writings* (Cambridge: Cambridge University Press, 1993)

A. Taylor Milne (ed.), *The Correspondence of Jeremy Bentham* (London: Athlone, 1981)

John Milton, *Paradise Lost* (London: Parker, 1667)

——, *Of Education* (London: Underhill, 1644)

G. E. Mingay, *English Landed Society in the Eighteenth Century* (London: Routledge & Kegan Paul, 1963)

—— (ed.), *Arthur Young and His Times* (London: Macmillan, 1975)

——, *A Social History of the English Countryside* (London: Routledge, 1990)

George Minois, *History of Suicide: Voluntary Death in Western Culture* (Baltimore: Johns Hopkins University Press, 1999)

Samuel I. Mintz, *The Hunting of Leviathan* (Cambridge: Cambridge University Press, 1962)

Henri Misson, *Memoirs and Observations in His Travels over England* (London: Browne, 1719)

L. G. Mitchell (ed.), *The Writings and Speeches of Edmund Burke*, viii (Oxford: Clarendon Press, 1989)

James Burnett, Lord Monboddo, *Of the Origin and Progress of Language*, 6 vols. (Edinburgh: Kincaid; London: T. Cadell, 1773–92; repr. New York: Garland, 1970)

John Money, 'Public Opinion in the West Midlands, 1760–1793' (PhD thesis, Cambridge University, 1967)

——, 'Taverns, Coffee Houses and Clubs: Local Politics and Popular Articulacy in the Birmingham Area in the Age of the American Revolution', *The Historical Journal*, xiv (1971), 15–47

——, *Experience and Identity: Birmingham and the West Midlands, 1760–1800* (Manchester: Manchester University Press, 1977)

——, 'Birmingham and the West Midlands 1760–1793: Politics and Regional Identity in the English Provinces in the Later Eighteenth Century', in Peter Borsay (ed.), *The Eighteenth-century Town: A Reader in English Urban History 1688–1820* (London: Longman, 1990), 292–314

——, 'Freemasonry and the Fabric of Loyalism in Hanoverian England', in Eckhart Hellmuth (ed.), *The Transformation of Political Culture* (London: Oxford University Press, 1990), 235–74

——, 'Teaching in the Market-Place, or *"Caesar adsum jam forte; Pompey aderat"*: The Retailing of Knowledge on Provincial England during the Eighteenth Century', in John Brewer and Roy Porter (eds.), *Consumption and the World of Goods in the Seventeenth and Eighteenth Centuries* (London: Routledge, 1993), 335–79

Samuel H. Monk, *The Sublime: A Study of Critical Theories in Eighteenth Century England* (Ann Arbor, MI: University of Michigan Press, 1960)

Paul Kleber Monod, *Jacobitism and the English*

People, 1688–1788 (Cambridge: Cambridge University Press, 1989)

John Monro, *Remarks on Dr Battie's Treatise on Madness*, intro. by R. Hunter and I. Macalpine (London: Dawsons, 1962 [1758])

Lady Mary Wortley Montagu, *Letters and Works*, 3rd edn (London: Henry Bohn, 1861)

Montesquieu, *De l'Esprit des lois* (1748; published as *The Spirit of Laws*, T. Nugent (trans.), 2 vols. (London: J. Nourse and P. Vallant, 1750)

Emily Lorraine de Montluzin, *The Anti-Jacobins 1798–1800: The Early Contributors to the Anti-Jacobin Review* (New York: St Martin's Press, 1988)

D. Moore (ed.), *Wales in the Eighteenth Century* (Swansea: C. Davies, 1976)

Jonas Moore, *The History or Narrative of the Great Level of the Fenns, Called Bedford Level* (London: Moses Pitt, 1685)

Hannah More, *Essays on Various Subjects, Principally Designed for Young Ladies* (London: J. Wilkie and T. Cadell, 1778)

——, *An Estimate of the Religion of the Fashionable World*, 3rd edn (Dublin: Wogan, 1791)

——, *Village Politics. Addressed to all the Mechanics, Journeymen, and Day Labourers, in Great Britain. By Will Chip, a Country Carpenter* (London: Rivington, 1793)

——, *The Riot; or Half a Loaf is Better than No Bread* (London: J. Marshall, 1795)

——, *Strictures on the Modern System of Female Education*, 2 vols. (London: Cadell and Davies, 1799; repr. with intro. by Gina Luria, New York: Garland, 1974)

——, *History of Mr Fantom the New-Fashioned Philosopher* (London: J. Binns, 1805)

Carl Philip Moritz, *Journeys of a German in England: A Walking-tour of England in 1782*, Reginald Nettel (trans. and intro.) (London: Eland Books, 1982 [1783])

Arthur D. Morris, *James Parkinson, His Life and Times* (Boston: Birkhauser, 1989)

Stanley Morrison, *John Bell (1745–1831)* (Cambridge: Cambridge University Press, 1930)

Katharine M. Morsberger, 'John Locke's *An Essay Concerning Human Understanding*: The "Bible" of the Enlightenment', *Studies in Eighteenth Century Culture*, xxv (1996), 1–19

Ornella Moscucci, *The Science of Woman: Gynaecology and Gender in England, 1800–1929* (Cambridge and New York: Cambridge University Press, 1990)

Ernest Campbell Mossner, *The Life of David Hume* (Oxford: Clarendon Press, 1954)

——, 'The Religion of David Hume', in John W. Yolton (ed.), *Philosophy, Religion and Science in the Seventeenth and Eighteenth Centuries* (Rochester, NY: University of Rochester Press, 1990), 111–21

——, *Bishop Butler and the Age of Reason* (Bristol: Thoemmes, 1990)

R. Muchembled, *Popular Culture and Elite Culture in France, 1400–1750*, L. Cochrane (trans.) (Baton Rouge, La: Louisiana State University Press, 1978; 1985)

Chandra Mukerji, *From Graven Images: Patterns of Modern Materialism* (New York: Columbia University Press, 1983)

Hoh-cheung Mui and Lorna H. Mui, *Shops and Shopkeeping in Eighteenth-century England* (London: Methuen, 1989)

John Mullan, *Sentiment and Sociability: The Language of Feeling in the Eighteenth Century* (Oxford: Clarendon Press, 1988)

Penelope Murray (ed.), *Genius: The History of an Idea* (Oxford: Basil Blackwell, 1989)

A. E. Musson and Eric Robinson, *Science and Technology in the Industrial Revolution* (Manchester: Manchester University Press, 1969)

Mitzi Myers, 'Shot from Canons; or, Maria Edgeworth and the Cultural Production and Consumption of the Eighteenth-century Woman Writer', in Ann Bermingham and John Brewer (eds.), *The Consumption of Culture, 1600–1800: Image, Object, Text* (London: Routledge, 1995), 193–216

Sylvia Harcstark Myers, *The Bluestocking Circle: Women, Friendship, and the Life of the Mind in Eighteenth-century England* (Oxford: Clarendon Press, 1990)

Benjamin Christie Nangle, *The Monthly Review: First Series, 1749–1789 (Second Series, 1790–1815); Indexes of Contributors and Articles*, 2 vols. (Oxford: Clarendon Press, 1934–5)

Stanley D. Nash, 'Social Attitudes towards Prostitution in London, from 1752 to 1829' (PhD thesis, New York University, 1980)

S. Nash, 'Prostitution and Charity: The Magdalen Hospital, a Case Study', *Journal of Social History*, xvii (1984), 617–28

J. M. Neeson, *Commoners: Common Right, Enclosure and Social Change in England, 1700–1820* (Cambridge: Cambridge University Press, 1993)

Victor Neuberg, *The Penny Histories: A Study of Chapbooks for Young Readers over Two Centuries* (London: Oxford University Press, 1968)

——, *Popular Education in Eighteenth-century England* (London: Welbourn Press, 1971)

——, *Popular Literature: A History and Guide from the Beginning of Printing to the Year 1897* (Harmondsworth: Penguin, 1977)

Gerald Newman, *The Rise of English Nationalism: A Cultural History, 1740–1830* (New York: St Martin's Press, 1987)

Isaac Newton, *Opticks, or A Treatise of the Reflexions, Refractions, Inflections & Colours of Light* (London: Smith and Walford, 1704; London: William and John Innys, 1721)

——, *Mathematical Principles of Natural Philosophy*, 2 vols., Florian Cajori (trans.) (Berkeley, CA: University of California Press, 1962 [1687])

Michael Newton, 'The Child of Nature: The Feral Child and the State of Nature' (PhD thesis, University College London, 1996)

John Nichols, *Literary Anecdotes of the Eighteenth Century* (London, for the author, 1812; Colin Clair Fontwell (ed.), Sussex: Centaur Press, 1967)

Colin Nicholson, *Writing and the Rise of Finance: Capital Satires of the Early Eighteenth Century* (Cambridge: Cambridge University Press, 1994)

Benedict Nicolson, *Joseph Wright of Derby: Painter of Light*, 2 vols. (London: Paul Mellon Foundation for British Art, 1968)

Marjorie Hope Nicolson, 'The Early Stage of Cartesianism in England', *Studies in Philology*, xxvi (1929), 356–75

——, *Newton Demands the Muse: Newton's Opticks and the Eighteenth-century Poets* (Princeton, NJ: Princeton University Press, 1946)

——, *Mountain Gloom and Mountain Glory: The Development of the Aesthetics of the Infinite* (Ithaca, NY: Cornell University Press 1959)

——, *The Breaking of the Circle: Studies in the Effect of the 'New Science' upon Seventeenth-century Poetry* (New York: Columbia University Press, 1960)

Robert Nisbet, *History of the Idea of Progress* (New York: Basic Books, 1980)

David Nokes, *Jonathan Swift: A Hypocrite Reversed: A Critical Biography* (Oxford: Oxford University Press, 1985)

Christopher Norris, ' "What is Enlightenment?": Kant and Foucault', in Gary Gutting (ed.), *The Cambridge Companion to Foucault* (Cambridge: Cambridge University Press, 1994), 159–96

Dudley North, *Discourses Upon Trade* (London: Bassett, 1691); repr. in J. R. McCulloch (ed.), *Early English Tracts on Commerce* (Cambridge: Economic History Society Reprint, 1952)

H. North, *Sophrosyne: Self-knowledge and Self-restraint in Greek Literature* (Ithaca, NY: Cornell University Press, 1966)

J. E. Norton (ed.), *The Letters of Edward Gibbon*, 3 vols. (London: Cassell, 1956)

Rictor Norton, *Mother Clap's Molly House: The Gay Subculture in England 1700–1830* (London: Gay Men's Press, 1992)

Robert E. Norton, *The Beautiful Soul: Aesthetic Morality in the Eighteenth Century* (Ithaca, NY: Cornell University Press, 1995)

Felicity A. Nussbaum, *The Brink of All We Hate: English Satires on Women 1660–1750* (Lexington, Ken.: University Press of Kentucky, 1984)

——, *The Autobiographical Subject: Gender and Ideology in Eighteenth-century England* (Baltimore: Johns Hopkins University Press, 1989)

——, 'Polygamy, *Pamela*, and the Prerogative of Empire', in Ann Bermingham and John Brewer (eds.), *The Consumption of Culture, 1600–1800: Image, Object, Text* (London: Routledge, 1995), 217–36

Barbara Bowen Oberg, 'David Hartley and the Association of Ideas', *Journal of the History of Ideas*, xxxvii (1976), 441–54

Karen O'Brien, 'Between Enlightenment and Stadial Theory: William Robertson on the History of Europe', *British Journal for Eighteenth Century Studies*, xvi (1994), 53–63

——, *Narratives of Enlightenment: Cosmopolitan History from Voltaire to Gibbon* (Cambridge: Cambridge University Press, 1997)

Miles Ogborn, *Spaces of Modernity: London's Geographies, 1680–1780* (New York: The Guilford Press, 1998)

James O'Higgins, *Anthony Collins: The Man and His Works* (The Hague: Nijjoff, 1970)

Laird Okie, *Augustan Historical Writing. Histories of England in the English Enlightenment* (Lanham, Md: University Press of America, 1992)

Richard Olson, *The Emergence of the Social Sciences, 1642–1792* (New York: Twayne, 1993)

——, *Science Deified and Science Defied. The Historical Significance of Science in Western Culture*, vol. ii: *From the Early Modern Age Through the Early Romantic Era ca. 1640 to ca. 1820* (Berkeley, CA: University of California Press, 1990)

Walter J. Ong, *Orality and Literacy: The Technologizing of the Word* (London: Methuen, 1982)

Harold Orel, *English Romantic Poets and the Enlightenment* (Banbury: The Voltaire Foundation, 1973)

Dorinda Outram, *The Enlightenment* (Cambridge: Cambridge University Press, 1995)

D. Owen, *English Philanthropy, 1660–1960* (Cambridge, Mass.: Harvard University Press, 1965)

Robert Owen, *The Book of the New Moral World* (London: Wilson, 1836)

——, *A New View of Society* (London: Cadell and Davies, 1813)

——, *Observations on the Effect of the Manufacturing System* (London: R. Taylor, 1815)

——, *Report to the County of Lanark; A New View of Society*, V. A. C. Gatrell (ed.) (Harmondsworth: Penguin, 1969)

G. W. Oxley, *Poor Relief in England and Wales 1601–1834* (Newton Abbot: David & Charles, 1974)

Fania Oz-Salzberger, *Translating the Enlightenment: Scottish Civic Discourse in Eighteenth Century Germany* (Oxford: Clarendon Press, 1995)

Anthony Pagden, *Lords of All the World: Ideologies of Empire in Spain, Britain and France c. 1500–c. 1800* (New Haven, Conn.: Yale University Press, 1995)

Anthony Page, 'Enlightenment and a "Second Reformation": The Religion and Philosophy of John Jebb (1736–86)', *Enlightenment and Dissent*, xvii (1998), 48–82

Thomas Paine, *Agrarian Justice* (London: Adlard, 1797)

——, *The Complete Writings of Thomas Paine*, Philip S. Foner (ed.), 2 vols. (New York: Citadel Press, 1945)

——, *The Rights of Man*, Henry Collins (ed.) (Harmondsworth: Penguin, 1969 [1791])

Morton D. Paley, *Energy and the Imagination: The Development of Blake's Thought* (Oxford: Clarendon Press, 1970)

William Paley, *The Principles of Moral and Political Philosophy* (London: Faulder, 1785)
——, *Reasons for Contentment Addressed to the Labouring Part of the British Public* (London: Faulder, 1802)
——, *The Complete Works of William Paley* (London: Dove, 1824)
James Parkinson, *The Way to Health, Extracted from the Villager's Friend and Physician* (Broadside, 1802)
——, *The Villager's Friend and Physician, or a Familiar Address on the Preservation of Health and the Removal of Disease on its First Appearance, Supposed to be Delivered by a Village Apothecary, with Cursory Observations on the Treatment of Children, on Sobriety, Industry, etc., intended for the Promotion of Domestic Happiness*, 2nd edn (London: C. Whittingham, 1804)
W. Ll. Parry-Jones, *The Trade in Lunacy: A Study of Private Mad-houses in England in the Eighteenth and Nineteenth Centuries* (London: Routledge and Kegan Paul, 1972)
Anthony Pasquin [pseud.], *Memoirs of the Royal Academicians* (London: Symonds, 1796)
J. A. Passmore, *Priestley's Writings on Philosophy, Science and Politics* (London: Collier Macmillan, 1965)
——, 'The Malleability of Man in Eighteenth-century Thought', in E. R. Wasserman (ed.), *Aspects of the Eighteenth Century* (Baltimore: Johns Hopkins University Press, 1965), 21–46
——, *The Perfectibility of Man* (London: Duckworth, 1970)
——, *Man's Responsibility for Nature* (London: Duckworth, 1980)
Carole Pateman, *The Sexual Contract* (Cambridge: Polity Press, 1988)
Douglas Patey, 'Swift's Satire on ' "Science" ' and the Structure of *Gulliver's Travels*', *English Literary History*, lviii (1991), 809–33
Lewis Patton and Peter Mann (eds.), *The Collected Works of Samuel Taylor Coleridge* (London: Routledge and Kegan Paul, 1971)
Ronald Paulson, *Hogarth: His Life, Art and Times* (New Haven, Conn.: Yale University Press, 1974)
——, *Representations of Revolution (1789–1820)* (New Haven, Conn.: Yale University Press, 1983)
——, *Hogarth, The 'Modern Moral Subject'*: vol. iii: *Art and Politics, 1750–64* (Cambridge: Lutterworth Press, 1992–3)
William R. Paulson, *Enlightenment, Romanticism and the Blind in France* (Princeton, NJ: Princeton University Press, 1988)
Peter H. Pawlowicz, 'Reading Women. Text and Image in Eighteenth-century England', in Ann Bermingham and John Brewer (eds.), *The Consumption of Culture, 1600–1800: Image, Object, Text* (London: Routledge, 1995), 42–53
Christiana Payne, *Toil and Plenty. Images of the Agricultural Landscape in England 1780–1890* (London: Yale, 1993)
H. C. Payne, *The Philosophes and the People* (New Haven, Conn.: Yale University Press, 1976)
Iain Pears, *The Discovery of Painting: The Growth of Interest in the Arts in England 1680–1768* (New Haven, Conn.: Yale University Press, 1988)
Jacqueline Pearson, *Women's Reading in Britain, 1750–1835: A Dangerous Recreation* (Cambridge: Cambridge University Press, 1999)
T. Pennant, *A Tour in Scotland, and Voyages to the Hebrides*, 2 vols. (vol. i, Chester: J. Monk, 1774; vol. ii, London: B. White, 1774–6)
David Pepper, *The Roots of Modern Environmentalism* (London: Croom Helm, 1984)
Samuel Pepys, *The Diary of Samuel Pepys*, 11 vols., R. Latham and W. Matthews (eds.) (London: Bell and Hyman, 1970–83)
Thomas Percy, *Reliques of Ancient English Poetry* (London: J. Dodsley, 1765)

H. Perkin, *The Origins of Modern English Society* (London: Routledge and Kegan Paul, 1969)
N. Perrin, *Dr Bowdler's Legacy – A History of Expurgated Books in England and America* (London: Macmillan, 1970)
Michelle Perrot (ed.), *A History of Private Life*, vol. iv: *From the Fires of Revolution to the Great War*, Arthur Goldhammer (trans.) (Cambridge, Mass.: Belknap Press, 1990)
Ruth Perry, *The Celebrated Mary Astell: An Early English Feminist* (Chicago: University of Chicago Press, 1986)
——, 'Mary Astell and the Feminist Critique of Possessive Individualism', *Eighteenth-century Studies*, xxiii (1990), 444–57
Thomas Joseph Pettigrew, *Memoirs of the Life and Writings of the Late John Coakley Lettsom, With a Selection from his Correspondence* (London: Longman, Hurst, Rees, Orme, and Brown, 1817)
William Petty, *Treatise of Taxes and Contributions* (London: Brooke, 1662)
Nikolaus Pevsner, *The Englishness of English Art* (London: Architectural Press, 1956; Harmondsworth: Penguin, 1976)
Patricia Phillips, *The Scientific Lady: A Social History of Woman's Scientific Interests 1520–1918* (London: Weidenfeld & Nicolson, 1990)
William Phillips, *An Outline of Mineralogy and Geology* (London: William Phillips, 1815)
Nicholas Phillipson, 'Towards a Definition of the Scottish Enlightenment', in Paul Fritz and David Williams (eds.), *City and Society in the Eighteenth Century* (Toronto: Hakkert, 1973), 125–47
——, 'Culture and Society in the Eighteenth Century Province: The Case of Edinburgh and the Scottish Enlightenment', in Lawrence Stone (ed.), *The University of Society*, 2 vols. (Princeton, NJ: Princeton University Press, 1974), ii, 407–48
——, 'The Scottish Enlightenment', in Roy Porter and Mikuláš Teich (eds.), *The Enlightenment in National Context* (Cambridge: Cambridge University Press, 1981), 19–40
——, 'Adam Smith as Civic Moralist', in Istvan Hont and Michael Ignatieff (eds.), *Wealth and Virtue: The Shaping of Political Economy in the Scottish Enlightenment* (Cambridge and New York: Cambridge University Press, 1983), 179–202
——, *Hume* (London: Weidenfeld & Nicolson, 1989)
——, 'Politics and Politeness in the Reigns of Anne and the Early Hanoverians', in J. G. A. Pocock (ed.), *The Varieties of British Political Thought, 1500–1800* (Cambridge: Cambridge University Press, 1993), 211–45
Nicholas Phillipson and Quentin Skinner (eds.), *Political Discourse in Early Modern Britain* (Cambridge: Cambridge University Press, 1993)
Nicholas Phillipson and Rosalind Mitchison (eds.), *Scotland in the Age of Improvement: Essays in Scottish History in the Eighteenth Century* (Edinburgh: Edinburgh University Press, 1970)
Mark Philp, *Godwin's Political Justice* (London: Duckworth, 1986)
——, *Paine* (Oxford: Oxford University Press, 1989)
S. F. Pickering Jr, *John Locke and Children's Books in Eighteenth-century England* (Knoxville, Tenn.: The University of Tennessee Press, 1981)
James Pilkington, *View of the Present State of Derbyshire* (Derby: J. Drewry, 1789)
Adela Pinch, *Strange Fits of Passion: Epistemologies of Emotion, Hume to Austen* (Stanford: Stanford University Press, 1996)
Ivy Pinchbeck and Margaret Hewitt, *Children in English Society*, 2 vols. (London: Routledge and Kegan Paul, 1969–73)
Philip Pinkus, *Grub St Stripped Bare: The Scandalous Lives and Pornographic Works of the Original Grub St. Writers, Together With the*

Battle Songs Which Led Them to Prison, & the Continual Pandering to Public Taste Which Put Them Among the First Almost to Earn a Fitful Living From Their Writing Alone (Hamden, Conn.: Archon Books, 1968)

William Pittis (ed.), *The Original Works of William King*, 3 vols. (London: for the editor, 1776)

Marjorie Plant, *The English Book Trade: An Economic History of the Making and Sale of Books* (London: Allen & Unwin, 1965)

J. H. Plumb, *Men And Places* (Harmondsworth: Pelican, 1966)

——, *The Growth of Political Stability in England 1675–1725* (London: Macmillan, 1967)

——, *In the Light of History* (London: Allen Lane, 1972)

——, *The Commercialization of Leisure in Eighteenth-century England* (Reading: University of Reading, 1973)

——, 'The New World of the Children in Eighteenth-century England', *Past and Present*, lxvii (1975), 64–95

——, *Georgian Delights* (London: Weidenfeld & Nicolson, 1980)

——, 'The New World of the Children in Eighteenth-century England', in Neil McKendrick, John Brewer and J. H. Plumb (eds.), *The Birth of a Consumer Society: The Commercialization of Eighteenth-Century England* (London: Europa, 1982), 286–315

——, 'The Acceptance of Modernity', in Neil McKendrick, John Brewer and J.H. Plumb (eds.), *The Birth of a Consumer Society: The Commercialization of Eighteenth-century England* (London: Europa, 1982), 316–34

J. G. A. Pocock, 'Civic Humanism and Its Role in Anglo-American Thought', in *Politics, Language and Time: Essays on Political Thought and History* (London: Methuen, 1972), pp. 80–103

——, 'Machiavelli, Harrington and English Political Ideologies', in *Politics, Language and Time: Essays on Political Thought and History* (London: Methuen, 1972), 104–47

——, *The Machiavellian Moment. Florentine Political Thought and the Atlantic Republican Tradition* (Princeton, NJ: Princeton University Press, 1975)

——, 'Post-Puritan England and the Problem of the Enlightenment', in P. Zagorin (ed.), *Culture and Politics from Puritanism to the Enlightenment* (Berkeley, CA: University of California Press, 1980), 91–111

——, 'Clergy and Commerce: The Conservative Enlightenment in England', in L. G. Crocker et al. (eds.), *L'Età dei Lumi: studi storici sul settecento europeo in onore di Franco Venturi*, vol. ii (Naples: Jovene, 1985), 523–68

——, *Virtue, Commerce and History: Essays on Political Thought and History, Chiefly in the Eighteenth Century* (Cambridge: Cambridge University Press, 1985)

——, 'Josiah Tucker on Burke, Locke, and Price: A Study in the Varieties of Eighteenth-century Conservatism', in *Virtue, Commerce and History: Essays on Political Thought and History, Chiefly in the Eighteenth Century* (Cambridge: Cambridge University Press, 1985), 157–91

——, 'Conservative Enlightenment and Democratic Revolutions: The American and French Cases in British Perspective', *Government and Opposition*, xxiv (1989), 81–105

—— (ed.), *The Varieties of British Political Thought, 1500–1800* (Cambridge: Cambridge University Press, 1993)

——, *Barbarism and Religion*, 2 vols.: vol. i: *The Enlightenments of Edward Gibbon, 1737–1764*; vol. ii: *Narratives of Civil Government* (Cambridge: Cambridge University Press, 1999)

Mary Pollard, *Dublin's Trade in Books 1550–1800* (Oxford: Clarendon Press, 1990)

Sidney Pollard, *The Idea of Progress: History and Society* (London: Watts & Co., 1968)

Linda Pollock, *Forgotten Children: Parent–Child Relations from 1500–1900* (Cambridge: Cambridge University Press, 1983)

——, *A Lasting Relationship: Parents and Children*

over *Three Centuries* (London: Fourth Estate, 1987)

[Richard Polwhele], *The Unsex'd Females: A Poem, Addressed to the Author of 'The Pursuits of Literature'* (London: Cadell and Davies, 1798)

Richard Polwhele, preface to George Lavington, *The Enthusiasm of Methodists and Papists Considered* (London: Whittaker, 1833)

Clive Ponting, *A Green History of the World* (London: Sinclair-Stevenson, 1991)

Joshua Poole, *English Parnassus* (London: Thomas Johnson, 1657)

Robert Poole, ' "Give Us Our Eleven Days!": Calendar Reform in Eighteenth-century England', *Past and Present*, cxlix (1995) 95–139

Mary Poovey, *A History of the Modern Fact: Problems of Knowledge in the Sciences of Wealth and Society* (Chicago: University of Chicago Press, 1998)

K. Popper, *The Open Society and Its Enemies*, 2 vols. (London: Routledge and Kegan Paul, 1945)

M. V. De Porte, *Nightmares and Hobbyhorses* (San Marino, CA: Huntington Library, 1974)

Roy Porter, *The Making of the Science of Geology* (Cambridge: Cambridge University Press, 1977)

——, 'Philosophy and Politics of a Geologist: George H. Toulmin (1754–1817)', *Journal of the History of Ideas*, xxxix (1978), 435–50

——, 'Creation and Credence: The Career of Theories of the Earth in Britain, 1660–1820', in B. Barnes and S. Shapin (eds.), *Natural Order* (Beverly Hills, CA: Sage Publications, 1979), 97–123

——, 'The Terraqueous Globe', in G. S. Rousseau and R. S. Porter (eds.), *The Ferment of Knowledge: Studies in the Historiography of Eighteenth-century Science* (Cambridge: Cambridge University Press, 1980), 285–324

——, 'Sex and the Singular Man: The Seminal Ideas of James Graham', *Studies on Voltaire & the Eighteenth Century*, ccxxviii (1984), 3–24

——, 'The Drinking Man's Disease: The "Pre-History" of Alcoholism in Georgian Britain', *British Journal of Addiction*, lxxx (1985), 385–96

——, 'Lay Medical Knowledge in the Eighteenth Century: The Case of the *Gentleman's Magazine*', *Medical History*, xxix (1985), 138–68

——, 'Laymen, Doctors and Medical Knowledge in the Eighteenth Century: The Evidence of the *Gentleman's Magazine*', in Roy Porter (ed.), *Patients and Practitioners: Lay Perceptions of Medicine in Pre-Industrial Society* (Cambridge: Cambridge University Press, 1985), 283–314

——, 'Making Faces: Physiognomy and Fashion in Eighteenth-century England', *Etudes Anglaises*, xxxviii (1985), 385–96

——, 'The Hunger of Imagination: Approaching Samuel Johnson's Melancholy', in W. F. Bynum, Roy Porter and M. Shepherd (eds.), *The Anatomy of Madness*, 2 vols. (London: Tavistock, 1985), i, 63–88

——, 'Bedlam and Parnassus: Mad People's Writing in Georgian England', in George Levine (ed.), *One Culture: Essays in Science and Literature* (Madison, Wisconsin: University of Wisconsin Press, 1987), 258–84

——, *Gibbon* (London: Weidenfeld & Nicolson, 1988)

——, *Health for Sale: Quackery in England 1650–1850* (Manchester: Manchester University Press, 1989)

——, 'Erasmus Darwin: Doctor of Evolution?', in James R. Moore (ed.), *History, Humanity and Evolution* (Cambridge: Cambridge University Press, 1989), 39–69

——, 'The Exotic as Erotic: Captain Cook at Tahiti', in G. S. Rousseau and Roy Porter (eds.), *Exoticism in the Enlightenment*

(Manchester: Manchester University Press, 1989), 117–44

——, 'The Gift Relation: Philanthropy and Provincial Hospitals in Eighteenth-century England', in L. Granshaw and R. Porter (eds.), *The Hospital in History* (London: Routledge, 1989), 149–78

——, 'Death and the Doctors in Georgian England', in R. Houlbrooke (ed.), *Death, Ritual and Bereavement* (London: Routledge, 1989), 77–94

——, *Mind Forg'd Manacles: Madness and Psychiatry in England from Restoration to Regency* (London, Athlone Press, 1987; repr. Harmondsworth, Penguin, 1990)

——, 'English Society in the Eighteenth Century Revisited', in Jeremy Black (ed.), *British Politics and Society from Walpole to Pitt: 1742–1789* (London: Macmillan, 1990), 29–52

——, *Doctor of Society: Thomas Beddoes and the Sick Trade in Late Enlightenment England* (London: Routledge, 1991)

——, 'Civilization and Disease: Medical Ideology in the Enlightenment', in J. Black and J. Gregory (eds.), *Culture, Politics and Society in Britain 1660–1800* (Manchester: Manchester University Press, 1991), 154–83

——, 'Consumption: Disease of the Consumer Society?', in John Brewer and Roy Porter (eds.), *Consumption and the World of Goods* (London: Routledge, 1991), 58–84

——, ' "Expressing Yourself Ill": The Language of Sickness in Georgian England', in P. Burke and R. Porter (eds.), *Language, Self and Society: The Social History of Language* (Cambridge: Polity Press, 1991), 276–99

——, 'Spreading Medical Enlightenment: The Popularization of Medicine in Georgian England, and its Paradoxes', in Roy Porter (ed.), *The Popularization of Medicine, 1650–1850* (London: Routledge, 1992), 215–31

——, 'John Hunter: A Showman in Society', *The Transactions of the Hunterian Society* (1993–4), 19–24

——, 'Visiting London', in M. S. Moretti (ed.), *Il Senso del Nonsenso: Scritti in Memoria di Lynn Salkin Sbiroli* (Napoli: Edizioni Scientifiche Italiane, 1994), 93–108

——, 'Medical Science and Human Science in the Enlightenment', in C. Fox, R. Porter and R. Wokler (eds.), *Inventing Human Science: Eighteenth Century Domains* (Berkeley, CA: University of California Press, 1995), 53–87

——, 'The People's Health in Georgian England', in Tim Harris (ed.), *Popular Culture in England c. 1500–1850* (London: Macmillan, 1995), 124–42

——, 'Forbidden Pleasures: Enlightenment Literature of Sexual Advice', in Paula Bennett and Vernon A. Rosario II (eds.), *Solitary Pleasures: The Historical, Literary and Artistic Discourses of Autoeroticism* (New York and London: Routledge, 1995), 75–100

——, 'Accidents in the Eighteenth Century', in Roger Cooter and Bill Luckin (eds.), *Accidents in History: Injuries, Fatalities and Social Relations* (Amsterdam: Rodopi, 1996), 90–106

——, 'Capital Art: Hogarth's London', in F. Ogée (ed.), *The Dumb Show. Image and Society in the Works of William Hogarth* (Oxford: Voltaire Foundation: *Studies on Voltaire and the Eighteenth Century*, 1997), 47–64

——, 'The New Eighteenth-century Social History', in Jeremy Black (ed.), *Culture and Society in Britain 1660–1800* (Manchester: Manchester University Press, 1997), 29–50

——, 'Madness and the Family before Freud: The Views of the Mad Doctors', *Journal of Family History*, xxiii (1998), 159–72

——, 'Reading: A Health Warning', in Robin Myers and Michael Harris (eds.), *Medicine, Mortality and the Booktrade* (Winchester: St Paul's Bibliographies, 1999), 131–52

——, 'The Malthusian Moment', in Brian

Dolan (ed.), *Malthus, Medicine and Morality: 'Malthusianism' After 1798* (Amsterdam: Rodopi, 2000), 57–72

——, 'The Soul and the English Enlightenment', in Duncan Salkeld (ed.), *The History of the Soul* (forthcoming)

Roy Porter and Lesley Hall, *The Facts of Life: The History of Sexuality and Knowledge from the Seventeenth Century* (New Haven, Conn.: Yale University Press, 1994)

Roy Porter and Michael Neve, 'Alexander Catcott: Glory and Geology', *The British Journal for the History of Science*, x (1977), 37–60

Roy Porter and Mikuláš Teich (eds.), *The Enlightenment in National Context* (Cambridge: Cambridge University Press, 1981)

—— (eds.), *The Scientific Revolution in National Context* (Cambridge: Cambridge University Press, 1992)

John Potter, *Observations on the Present State of Music and Musicians* (London: Henderson, 1762)

Frederick A. Pottle (ed.), *Boswell's London Journal, 1762–1763* (London: Heinemann, 1950)

N. Powell, *Fuseli's 'The Nightmare'* (London: Routledge and Kegan Paul, 1956)

Frederick J. Powicke, *The Cambridge Platonists: A Study* (New York: Archon Books, 1971)

J. R. Poynter, *Society and Pauperism* (London: Routledge and Kegan Paul, 1969)

Samuel Jackson Pratt, *Humanity, or, the Rights of Nature: A Poem; in Two Books / by the Author of Sympathy* (London: printed for T. Cadell, 1788)

John Valdimir Price, 'The Reading of Philosophical Literature', in Isabel Rivers (ed.), *Books and Their Readers in Eighteenth-century England* (Leicester: Leicester University Press, 1982), 165–96

Richard Price, *Observations on the Nature of Civil Liberty, the Principles of Government, and the Justice and Policy of the War with America* (London: T. Cadell, 1776)

——, *Observations on the Importance of the American American Revolution, and the Means of Making It a Benefit to the World* (London: Powars and Willis, 1784)

——, *The Evidence for a Future Period of Improvement in the State of Mankind, with the Means and Duty of Promoting It* (London: Goldney, 1787)

——, *A Discourse on the Love of Our Country* (London: T. Cadell, 1789)

Uvedale Price, *Essays on the Picturesque, as Compared with the Sublime and the Beautiful; and, on the Use of Studying Pictures, for the Purpose of Improving Real Landscape*, 3 vols. (London: J. Mawman, 1810)

Joseph Priestley, *The Rudiments of English Grammar* (London: Griffiths, 1761; Menston: Scolar, 1969)

——, *The Scripture Doctrine of Remission* (London: P. F. C. Henderson, 1761)

——, *A Chart of Biography* (London: J. Johnson, 1765)

——, *An Essay on a Course of Liberal Education for Civil and Active Life; ... To Which are Added Remarks on a Code of Education, Proposed by Dr Brown, in a Late Treatise, Intitled, Thoughts on Civil Liberty, &c.* (London: C. Henderson, 1765)

——, *The History and Present State of Electricity, with Original Experiments* (London: J. Dodsley, 1767)

——, *An Essay on the First Principles of Government; and on the Nature of Political, Civil, and Religious Liberty* (London: J. Dodsley; T. Cadell; J. Johnson, 1768)

——, *A Sermon on Behalf of the Leeds Informary Preached at Mill Hill Chapel* (Leek: sn, 1768)

——, *New Chart of History* (London: J. Johnson, 1769)

——, *A View of the Principles and Conduct of the Protestant Dissenters with Respect to the Civil and Ecclesiastical Constitution of England* (London: J. Johnson, 1769)

——, *Remarks on Some Paragraphs in the Fourth Volume of Dr Blackstone's Commentaries on the Laws of England, Relating to the Dissenters*

(London: J. Johnson and J. Payne, 1769)

———, *An Essay on the First Principles of Government* (1771), in John Towill Rutt (ed.), *The Theological and Miscellaneous Works of Joseph Priestley*, 25 vols. in 26 (London: Smallfield, 1817–32), vol. xxii

———, *The History of the Present State of the Discoveries Relating to Vision, Light, and Colours* (London: J. Johnson, 1772)

———, *An Examination of Dr Reid's Inquiry into the Human Mind on the Principles of Commonsense, Dr Beattie's Essay on the Nature and Immutability of Truth, and Dr Oswald's Appeal to Common Sense on Behalf of Religion* (London: J. Johnson, 1774)

———, *Experiments and Observations on Different Kinds of Air* (London: J. Johnson, 1774–7)

[———], *An Appeal to the Serious and Candid Professors of Christianity . . . by a Lover of the Gospel* (London: J. Johnson, 1775)

———, *Hartley's Theory of the Human Mind on the Principle of the Association of Ideas; With Essays Relating to the Subject of It* (London: J. Johnson, 1775)

———, *Course of Lectures on Oratory and Criticism* (London: J. Johnson, 1777)

———, *The Doctrine of Philosophical Necessity Illustrated: Being an Appendix to the Disquisitions Relating to Matter and Spirit; To Which is Added an Answer to the Letters on Materialism, and on Hartley's Theory of the Mind* (London: J. Johnson, 1777)

———, *Disquisitions Relating to Matter and Spirit*, 2 vols. (London: J. Johnson, 1777)

———, *Miscellaneous Observations Relating to Education: More Especially, as It Respects the Conduct of the Mind. To Which is Added, an Essay on a Course of Liberal Education for Civil and Active Life* (London: J. Johnson, 1778)

———, *A Free Address to Those Who Have Petitioned for the Repeal of the Late Act of Parliament in Favour of the Roman Catholics* (London: J. Johnson, 1780)

———, *Additional Letters to a Philosophical Unbeliever, in Answer to Mr William Hammon* [i.e. Matthew Turner] (Birmingham: Pearson and Rollason, 1782)

———, *The Importance and Extent of Free Inquiry in Matters of Religion: A Sermon* (Birmingham: sn, 1785)

———, *An History of Early Opinions Concerning Jesus Christ, Compiled from Original Writers; Proving that the Christian Church was at First Unitarian* (Birmingham: Pearson and Rollason, 1786)

———, *Letter to the Right Honourable William Pitt* (London: Johnson, 1787)

———, *Lectures on History and General Policy: To Which is Prefixed, An Essay on a Course of Liberal Education for Civil and Active Life* (Birmingham: Pearson and Rollason, 1788)

———, *Letters to Edmund Burke Occasioned by His Reflections on the Revolution in France, &c.* (Birmingham: Thomas Pearson, 1791)

———, *Proper Objects of Education in the Present State of the World: Represented in a Discourse, Delivered on Wednesday, the 27th of April, 1791, at the Meeting-House in the Old-Jewry, London to the Supporters of New College at Hackney by Joseph Priestley. To Which is Subjoined, a Prayer . . . by Thomas Belsham* (London: J. Johnson, 1791)

[———], *A Political Dialogue on the General Principles of Government* (London: Johnson, 1791)

———, *Familiar Letters Addressed to the Inhabitants of the Town of Birmingham in Refutation of Several Charges Advanced against the Dissenters and Unitarians, by the Revd Mr Madan: Also, Letters to the Revd Edward Burn . . . and Considerations of the Differences of Opinion among Christians, Which Originally Accompanied the Reply to the Revd Mr Venn* (Birmingham: J. Thompson, 1790–92)

———, *Lectures on History*, 2 vols. (London: Printed for J. Johnson, 1793)

Joseph Priestley, *The Doctrines of Heathen Religion Compared with Those of Revelation* (Northumberland: John Binns, 1804)

———, *An History of the Corruptions of Christianity*

(London: The British and Foreign Unitarian Association, 1871 [1782])
——, *Lecture on History and General Policy To Which is Prefixed, An Essay on a Course of Liberal Education for Civil and Active Life*, 4th edn (London: T. Tegg, 1826 [1788])
——, *Discourses Relating to the Evidences of Revealed Religion*, 3 vols. (London: Johnson, 1794–9)
——, *Letters to the Inhabitants of Northumberland* (Northumberland: for the author, 1801)
——, *Memoirs of Dr Joseph Priestley, Written on Himself* (London: Allenson, 1904 [1795])
——, *Political Writings*, Peter N. Miller (ed.) (Cambridge: Cambridge University Press, 1993)
Joseph Priestley and Richard Price, *A Free Discussion of the Doctrines of Materialism and Philosophical Necessity* (Bristol: Thoemmes Press, 1994 [1778])
Michael Prince, *Philosophical Dialogue in the British Enlightenment: Theology, Aesthetics, and the Novel* (Cambridge: Cambridge University Press, 1996)
David Punter, *The Literature of Terror: A History of Gothic Fictions from 1785 to the Present Day* (London: Longman, 1980)
Diane Purkiss, *The Witch in History: Early Modern and Twentieth Century Representations* (London: Routledge, 1996)
Andrew Pyle (ed.), *Population: Contemporary Responses to Thomas Malthus* (Bristol: Thoemmes Press, 1994)
Peter Quennell, *The Pursuit of Happiness* (London: Constable, 1988)
Maurice J. Quinlan, *Victorian Prelude: A History of English Manners, 1700–1830* (London: Cass, 1941)
——, *Samuel Johnson: A Layman's Religion* (Madison, Wis.: University of Wisconsin Press, 1964)
Karlis Racevskis, *Postmodernism and the Search for Enlightenment* (Charlottesville, VA: University Press of Virginia, 1993)
John B. Radner, 'The Youthful Harlot's Curse: The Prostitute as Symbol of the City in Eighteenth-century English Literature', *Eighteenth-Century Life*, ii (1976), 59–64
James Ralph, *The Case of Authors by Profession or Trade, Stated with Regard to Booksellers, the Stage and the Public* (London: R. Griffiths, 1758)
D. D. Raphael, 'Adam Smith: Philosophy, Science, and Social Science', in S. C. Brown (ed.), *Philosophers of the Enlightenment* (Brighton: Harvester Press, 1979), 77–93
Frederick Raphael, *Byron* (London: Thames and Hudson, 1982)
S. Rashid, 'Dugald Stewart, Baconian Methodology and Political Economy', *Journal of the History of Ideas*, xlvi (1985), 245–7
James Raven, *Judging New Wealth: Popular Publishing and Responses to Commerce in England 1750–1800* (Oxford: Clarendon Press, 1992)
——, 'From Promotion to Proscription: Arrangements for Reading and Eighteenth-century Libraries', in James Raven, Helen Small and Naomi Tadmor (eds.), *The Practice and Representation of Reading in England* (Cambridge: Cambridge University Press, 1996), 175–201
James Raven, Helen Small and Naomi Tadmore (eds.), *The Practice and Representation of Reading in England* (Cambridge: Cambridge University Press, 1996)
Claude Rawson, *Satire and Sentiment 1660–1830* (Cambridge: Cambridge University Press, 1994)
Elizabeth Rawson, *The Spartan Tradition in European Thought* (Oxford: Clarendon Press, 1969)
John Ray, *The Wisdom of God Manifested in the Works of the Creation* (London: Samuel Smith, 1691)
Barry Reay (ed.), *Popular Culture in Seventeenth-century England* (London: Croom Helm, 1985)
Bruce Redford, 'Boswell's "Libertine"

Correspondences', *Philological Quarterly*, lxiii (1984), 55–73

——, *The Converse of the Pen: Acts of Intimacy in the Eighteenth-century Familiar Letter* (Chicago, Ill.: University of Chicago Press, 1986)

John Redwood, *Reason, Ridicule and Religion: The Age of Enlightenment in England, 1660–1750* (London: Thames & Hudson, 1976; repr. 1996)

Jonathan Rée, *I See a Voice: Language, Deafness and the Senses: A Philosophical History* (London: HarperCollins, 1999)

Abraham Rees, *The Cyclopaedia; or, Universal Dictionary of Arts and Sciences . . . Biography, Geography and History*, 39 vols. (London: Longman, Hurst, Rees, Orme, and Brown, 1819)

Clara Reeve, *The School for Widows: A Novel* (London: Hookham, 1791)

Thomas Reid, *An Inquiry into the Human Mind on the Principles of Common Sense* (Dublin: Ewing, 1764)

——, *The Works of Thomas Reid*, Sir William Hamilton (ed.), 2 vols. with continuous pagination (Edinburgh: Maclachlan and Stewart, 1846–63; Bristol: Thoemmes Press, 1995)

——, *Essays on the Intellectual Powers of Man* (Edinburgh: sn, 1785)

Jane Rendall, *The Origins of the Scottish Enlightenment* (London: Macmillan, 1978)

Neil Rennie, *Far-fetched Facts: The Literature of Travel and the Idea of the South Seas* (Oxford: Clarendon Press, 1995)

Humphry Repton, *Fragments on the Theory and Practice of Landscape Gardening* (London: T. Bensley and Sons, 1816)

Myra Reynolds, *The Learned Lady in England 1650–1760* (Boston, Mass.: Houghton Mifflin, 1920)

Alan Richardson, *Literature, Education, and Romanticism: Reading as Social Practice, 1780–1832* (Cambridge: Cambridge University Press, 1994)

Ruth Richardson, *Death, Dissection and the Destitute: A Political History of the Human Corpse* (London: Routledge & Kegan Paul, 1987)

Samuel Richardson, *Clarissa* (London: Richardson, 1748)

——, *Pamela*, in *Works*, Leslie Stephen (ed.), 12 vols. (London: Southeran, 1883–4 [1740–41])

——, *Pamela*, Peter Sabor (ed.) (Harmondsworth: Penguin, 1980 [1740–41])

John J. Richetti, *Popular Fiction Before Richardson: Narrative Patterns, 1700–1789* (Oxford: Clarendon Press, 1969; repr. 1992)

Harriet Ritvo, *The Animal Estate* (Cambridge, Mass.: Harvard University Press, 1987)

——, 'Possessing Mother Nature. Genetic Capital', in John Brewer and Susan Staves (eds.), *Early Modern Conceptions of Property* (London: Routledge, 1995), 414–26

Isabel Rivers (ed.), *Books and Their Readers in Eighteenth-century England* (Leicester: Leicester University Press, 1982)

Caroline Robbins, *The Eighteenth-century Commonwealthmen: Studies in the Transmission, Development and Circumstances of English Liberal Thought from the Restoration of Charles II until the War with the Thirteen Colonies* (New York: Atheneum, 1968)

H. C. Robbins-Landon, *Handel and His World* (London: Weidenfeld & Nicolson, 1984)

Marie Mulvey Roberts, 'Pleasures Engendered by Gender: Homosociality and the Club', in Roy Porter and Marie Mulvey Roberts (eds.), *Pleasure in the Eighteenth Century* (London: Macmillan, 1996), 48–76

W. Roberts (ed.), *Memoirs of the Life and Correspondence of Mrs Hannah More*, 4 vols. (London: R. B. Seeley and W. Burnside, 1834)

John Robertson, 'The Scottish Enlightenment at the Limits of the Civic Tradition', in Istvan Hont and Michael Ignatieff (eds.),

Wealth and Virtue: The Shaping of Political Economy in the Scottish Enlightenment (Cambridge: Cambridge University Press, 1983), 137–78

—— (ed.), *A Union for Empire: Political Thought and the British Union of 1707* (Cambridge: Cambridge University Press, 1995)

—— (ed.), *Andrew Fletcher: Political Works* (Cambridge: Cambridge University Press, 1997)

William Robertson, *Works*, 8 vols. (Edinburgh: T. Cadell, 1840)

Howard Robinson, *The British Post Office: A History* (Princeton, NJ: Princeton University Press, 1948)

Eric H. Robinson, 'The Derby Philosophical Society', *Annals of Science*, ix (1953), 359–67

Mary Robinson, *Thoughts on the Condition of Women, and on the Injustice of Mental Subordination* (London: Longman and Rees, 1799)

N. Robinson, *A New System of the Spleen* (London: A. Bettesworth, 1729)

John Robison, *Proofs of a Conspiracy against All the Governments and Religions of Europe, Carried on in Secret Meetings of Free Masons, Illuminati, and Reading Societies* (Edinburgh: William Creech, T. Cadell Jr, W. Davies, 1798)

Daniel Roche, *France in the Enlightenment* (Cambridge, Mass.: Harvard University Press, 1998)

Betsy Rodgers, *Cloak of Charity: Studies in Eighteenth-century Philanthropy* (London: Methuen, 1949)

G. A. J. Rogers, 'The Empiricism of Locke and Newton', in S. C. Brown (ed.), *Philosophers of the Enlightenment* (Brighton: Harvester Press, 1979), 1–30

——, 'Descartes and the English', in J. D. North and J. J. Roche (eds.), *The Light and Nature: Essays in the History and Philosophy of Science Presented to A. C. Crombie* (Dordrecht: Martinus Nijhoff, 1985), 281–302

——, 'Boyle, Locke and Reason', in John W. Yolton (ed.), *Philosophy, Religion and Science in the Seventeenth and Eighteenth Centuries* (Rochester, NY: University of Rochester Press, 1990), 339–50

——, 'Locke, Newton and the Cambridge Platonists on Innate Ideas', in John W. Yolton (ed.), *Philosophy, Religion and Science in the Seventeenth and Eighteenth Centuries* (Rochester, NY: University of Rochester Press, 1990), 351–65

——, 'Locke's *Essay* and Newton's *Principia*', in John W. Yolton (ed.), *Philosophy, Religion and Science in the Seventeenth and Eighteenth Centuries* (Rochester, NY: University of Rochester Press, 1990), 366–84

——, 'Locke, Anthropology and Models of the Mind', *History of the Human Sciences*, vi (1993), 73–87

Katharine M. Rogers, *Before Their Time: Six Women Writers of the Eighteenth Century* (New York: Frederick Ungar Publishing Co., 1979)

——, *Feminism in Eighteenth-century England* (Brighton: Harvester Press, 1982)

Nicholas Rogers, 'Confronting the Crime Wave: The Debate over Social Reform and Regulation, 1749–1753', in Lee Davison, Tim Hitchcock, Tim Keirn and Robert B. Shoemaker (eds.), *Stilling the Grumbling Hive: The Response to Social and Economic Problems in England, 1689–1750* (Stroud: Alan Sutton, 1992), 77–98

——, *Crowds, Culture and Politics in Georgian Britain* (Oxford: Clarendon Press, 1998)

Pat Rogers, *Grub Street: Studies in a Subculture* (London: Methuen, 1972)

——, *The Augustan Vision* (London: Weidenfeld & Nicolson, 1974)

—— (ed.), *The Context of English Literature: The Eighteenth Century* (London: Methuen, 1978)

——, *Hacks and Dunces: Pope, Swift and Grub Street* (London: Methuen, 1980)

——, *Eighteenth Century Encounters* (Brighton: Harvester Press, 1985)

Eirch Roll, *A History of Economic Thought* (London: Faber, 1938)

Samuel Romilly, *Memoirs of the Life of Sir Samuel Romilly: With a Selection from His*

Correspondence Edited by His Sons, 3 vols. (Shannon: Irish University Press, 1971 [1840])

R. Rompkey, *Soame Jenyns* (Boston, Mass.: Twayne Publishers, 1984)

Alessandro Roncaglia, *Petty: The Origins of Political Economy* (Armonk, NY: M. E. Sharpe, 1985)

Barbara E. Rooke (ed.), *The Collected Works of Samuel Taylor Coleridge: The Friend I* (Princeton, NJ (Bollingen Series LXXV): Princeton University Press, 1969)

Derek Roper, *Reviewing Before the Edinburgh: 1788–1802* (London: Methuen, 1978)

Mark Rose, *Authors and Owners: the Invention of Copyright* (Cambridge, Mass.: Harvard University Press, 1993)

M. E. Rose, *The English Poor Law 1760–1830* (Newton Abbot: David & Charles, 1971)

D. Rosenberg, ' "A New Sort of Logick and Critick": Etymological Interpretation in Horne Tooke's *The Diversions of Purley*', in Peter Burke and Roy Porter (eds.), *Language, Self and Society* (Cambridge: Polity Press, 1991), 300–329

Ian Simpson Ross, *Lord Kames and the Scotland of His Day* (Oxford: Clarendon Press, 1972)

——, 'The Physiocrats and Adam Smith', *British Journal for Eighteenth-century Studies*, vii (1984), 177–90

P. Rossi, *The Dark Abyss of Time: The History of the Earth and the History of Nations from Hooke to Vico* (Chicago: University of Chicago Press, 1984)

Eugene Rotwein, *David Hume: Writings on Economics* (Madison, Wisc.: University of Wisconsin Press, 1970)

G. S. Rousseau, 'Psychology', in G. S. Rousseau and Roy Porter (eds.), *The Ferment of Knowledge: Studies in the Historiography of Eighteenth-Century Science* (Cambridge: Cambridge University Press, 1980), 143–210

——, 'The Pursuit of Homosexuality in the Eighteenth Century: "Utterly Confused Category" and/or Rich Repository?', in R. P. Maccubbin (ed.), *'Tis Nature's Fault: Unauthorized Sexuality during the Enlightenment* (Cambridge: Cambridge University Press, 1987), 132–68

——, 'Towards a Semiotics of the Nerve: The Social History of Language in a New Key', in Peter Burke and Roy Porter (eds.), *Language, Self and Society: A Social History of Language* (Cambridge: Polity Press, 1991), 213–75

——, 'Nerves, Spirits and Fibres: Towards an Anthropology of Sensibility', in *Enlightenment Crossings: Pre- and Post-Modern Discourses* (Manchester: Manchester University Press, 1991), 122–41

Jean-Jacques Rousseau, *The Confessions of Jean-Jacques Rousseau*, J. M. Cohen (trans.) (Harmondsworth: Penguin, 1954 [1781–8])

John Rowning, *A Compendious System of Natural Philosophy* (London: Harding, 1735–42)

George Rudé, *Wilkes and Liberty: A Social Study of 1763–1774* (Oxford, Clarendon Press, 1962)

Maximillian Rudwin, *The Devil in Legend and Literature* (La Salle, Ill.: The Open Court Publishing Company, 1959)

John Rule, *Albion's People: English Society, 1714–1815* (London: Longman, 1992)

——, *The Vital Century: England's Developing Economy 1714–1815* (London: Longman, 1992)

Benjamin Rumford, 'Of the Management of Light in Illumination' (1812), in Sanborn C. Brown (ed.), *Collected Works of Count Rumford*, vol. iv: *Light and Armament* (Cambridge, Mass: Belknap Press, 1970), 97–8

Nicolaas A. Rupke (ed.), *Vivisection in Historical Context* (London: Croom Helm, 1987)

Gordon Rupp, *Religion in England 1688–1791* (Oxford: Clarendon Press, 1986)

Benjamin Rush, *An Account of the Bilious Remitting Yellow Fever* (Philadelphia: Thomas Dobson, 1794)

Andrea Rusnock, *The Correspondence of James*

Jurin (1684–1750), Physician and Secretary of the Royal Society (Amsterdam: Rodopi Press, 1996)

——,: 'Biopolitics: Political Arithmetic in the Enlightenment', in William Clark, Jan Golinski and Simon Schaffer (eds.), The Sciences in Enlightened Europe (Chicago: University of Chicago Press, 1999), 49–68

John Towill Rutt (ed.), The Theological and Miscellaneous Works of Joseph Priestley, 25 vols. in 26 (London: Smallfield, 1817–32)

Edward Said, Orientalism (Harmondsworth: Penguin, 1978)

Roger Sales, English Literature in History, 1780–1830: Pastoral and Politics (London: Hutchinson, 1983)

James Sambrook (ed.), William Cowper, The Task and Selected Other Poems (London: Longman, 1994)

R. V. Sampson, Progress in the Age of Reason: The Seventeenth Century to the Present Day (London: Heinemann, 1956)

L. Sanders (ed.), Selections from the Anti-Jacobin (London: Methuen, 1904)

John Sargeaunt (ed.), The Poems of John Dryden (London: Oxford University Press, 1959)

J. W. Saunders, The Profession of English Letters (London: Routledge and Kegan Paul, 1964)

C. de Saussure, A Foreign View of England in 1725–29 (London: John Murray, 1902; London: Caliban Books, 1995)

Lynn Salkin Sbiroli, 'Generation and Regeneration: Reflections on the Biological and Ideological Role of Women in France (1786–96)', in Marie Mulvey Roberts and Roy Porter (eds.), Literature and Medicine During the Eighteenth Century (London and New York: Routledge, 1993), 266–85

Simon Schaffer, 'Natural Philosophy', in G. S. Rousseau and R. Porter (eds.), The Ferment of Knowledge: Studies in the Historiography of Eighteenth-century Science (Cambridge: Cambridge University Press, 1980), 55–91

——, 'Natural Philosophy and Public Spectacle in the Eighteenth Century', History of Science, xxi (1983), 1–43

——, 'Newton's Comets and the Transformation of Astrology', in Patrick Curry (ed.), Astrology, Science and Society (Woodbridge, Suffolk: The Boydell Press, 1987), 219–43

——, 'Defoe's Natural Philosophy and the Worlds of Credit', in J. H. R. Christie and S. Shuttleworth (eds.), Nature Transfigured: Science and Literature, 1700–1989 (Manchester: Manchester University Press, 1989), 13–44

——, 'Newtonianism', in R. C. Olby, G. N. Cantor, J. R. R. Christie, and M. J. S. Hodge (eds.), Companion to the History of Modern Science (London: Routledge, 1990), 610–26

——, 'States of Mind; Enlightenment and Natural Philosophy', in G. S. Rousseau (ed.), The Languages of Psyche: Mind and Body in Enlightenment Thought (Berkeley, CA: University of California Press, 1990), 233–90

——, 'Genius in Romantic Natural Philosophy', in A. Cunningham and N. Jardine (eds.), Romanticism and the Sciences (Cambridge: Cambridge University Press, 1990), 82–98

——, 'The Consuming Flame: Electrical Showmen and Tory Mystics in the World of Goods', in John Brewer and Roy Porter (eds.), Consumption and the World of Goods in the Seventeenth and Eighteenth Centuries (London and New York: Routledge, 1993), 489–526

——, 'A Social History of Plausibility: County, City and Calculation in Augustan Britain', in Adrian Wilson (ed.), Rethinking Social History: English Society 1570–1920 and Its Interpretation (Manchester and New York: Manchester University Press, 1993), 128–57

——, 'Visions of Empire: Afterword', in David Philip Miller and Peter Hanns Reill (eds.), *Visions of Empire: Voyages, Botany, and Representations of Nature* (Cambridge: Cambridge University Press, 1996), 335–52

Simon Schama, *The Embarrassment of Riches: An Interpretation of Dutch Culture in the Golden Age* (London: Fontana, 1988)

——, *Landscape and Memory* (London: HarperCollins, 1995)

Londa Schiebinger, *The Mind Has No Sex? Women in the Origins of Modern Science* (Cambridge, Mass.: Harvard University Press, 1989)

Bernard M. Schilling, *Conservative England and the Case against Voltaire* (New York: Columbia University Press, 1950)

Wolfgang Schivelbusch, *Disenchanted Night: The Industrialisation of Light in the Nineteenth Century*, Angela Davies (trans.) (Oxford, New York and Hamburg: Berg, 1988)

Thomas Schlereth, *The Cosmopolitan Ideal in Enlightenment Thought: Its Form and Function in the Ideas of Franklin, Hume and Voltaire* (Notre Dame, Ind.: University of Notre Dame Press, 1977)

Joachim Schlör, *Nights in the Big City* (London: Reaktion, 1998)

Leigh Schmidt, *Hearing Things: Religion, Illusion and the American Enlightenment* (Cambridge, Mass.: Harvard University Press, 2000)

G. J. Schochet, *Patriarchalism in Political Thought: The Authoritarian Family and Political Speculation and Attitudes Especially in Seventeenth-century England* (Oxford: Blackwell, 1975)

Robert E. Schofield, *The Lunar Society of Birmingham: A Social History of Provincial Science and Industry in Eighteenth-century England* (Oxford: Clarendon Press, 1963)

——, *Mechanism and Materialism: British Natural Philosophy in an Age of Reason* (Princeton, NJ: Princeton University Press, 1970)

——, *The Enlightenment of Joseph Priestley: A Study of His Life and Work from 1733 to 1773* (Philadelphia, PA: Pennsylvania State University Press, 1997)

Peter Schouls, *Reasoned Freedom: John Locke and Enlightenment* (Ithaca, NY: Cornell University Press, 1992)

J. A. Schumpeter, *History of Economic Analysis* (London: Allen and Unwin, 1954)

John A. Schuster, 'The Scientific Revolution', in R. C. Olby, G. N. Cantor, J. R. R. Christie, and M. J. S. Hodge (eds.), *Companion to the History of Modern Science* (London: Routledge, 1990), 217–43

Hillel Schwartz, *Knaves, Fools, Madmen, and 'That Subtile Effluvium': A Study of the Opposition to the French Prophets in England, 1706–1710* (Gainesville, Fla: University Presses of Florida, 1978)

——, *The French Prophets: The History of a Millenarian Group in Eighteenth-century England* (Berkeley and Los Angeles, CA: University of California Press, 1980)

Richard B. Schwartz, *Samuel Johnson and the Problem of Evil* (Madison, Wisc.: University of Wisconsin Press, 1975)

Lois G. Schwoerer, *The Revolution of 1688–1689. Changing Perspectives* (Cambridge: Cambridge University Press, 1992)

Sarah Scott, *A Description of Millenium Hall and the Country Adjacent: Together with the Characters of the Inhabitants and Such Historical Anecdotes and Reflections as May Excite in the Reader Proper Sentiments of Humanity and Lead the Mind to the Love of Virtue; by 'A Gentleman on His Travels'* (London: Newbery, 1762; repr., Peterborough: Broadview Press, 1996)

W. R. Scott, *Adam Smith as Student and Professor* (Glasgow: Jackson, 1937)

Sir Walter Scott (ed.), *The Poetical Works of Anna Seward* (Edinburgh: J. Ballantyne, 1810)

I. Scoutland (ed.), *Huguenots in Britain and Their French Background, 1550–1800* (Basingstoke: Macmillan, 1987)

Andrew Scull, *The Most Solitary of Afflictions: Madness and Society in Britain, 1700–1900* (New Haven, Conn.: Yale University Press, 1993)

Peter Searby, *A History of the University of Cambridge*, vol. iii: *1750–1870* (Cambridge: Cambridge University Press, 1997)

Sarah Searight, *The British in the Middle East* (London and The Hague: East-West Publications, 1979)

James A. Secord, 'Newton in the Nursery: Tom Telescope and the Philosophy of Tops and Balls, 1761–1838', *History of Science*, xxiii (1985), 127–51

Eve Kosofsky Sedgwick, 'Jane Austen and the Masturbating Girl', in Paula Bennett and Vernon A. Rosario II (eds.), *Solitary Pleasures. The Historical, Literary, and Artistic Discourses of Autoeroticism* (New York and London: Routledge, 1995), 133–54

John Sekora, *Luxury: The Concept in Western Thought, Eden to Smollett* (Baltimore: Johns Hopkins University Press, 1977)

Alan P. F. Sell, *John Locke and the Eighteenth-century Divines* (Cardiff: University of Wales Press, 1997)

Janet Semple, 'Foucault and Bentham: A Defence of Panopticism', *Utilitas*, iv (1992), 105–20

——, *Bentham's Prison: A Study of the Panopticon Penitentiary* (Oxford: Clarendon Press, 1993)

Richard Sennett, *The Fall of Public Man* (Cambridge: Cambridge University Press, 1977)

Anthony Ashley Cooper, 3rd Earl of Shaftesbury, *The Moralists* (London: Wyat, 1709)

——, *Characteristicks of Men, Manners, Opinions, Times* (London: Wyat, 1711)

——, *Characteristicks of Men, Manners, Opinions, Times*, 4th edn, 3 vols. (London: J. Darby, 1727)

——, *Characteristicks of Men, Manners, Opinions, Times*, 2 vols., Philip Ayres (ed.) (Oxford: Clarendon Press, 1999 [1711])

Carole Shammas, *The Pre-industrial Consumer in England and America* (Oxford: Clarendon Press, 1990)

Steven Shapin, 'The Social Uses of Science', in G. S. Rousseau and Roy Porter (eds.), *The Ferment of Knowledge: Studies in the Historiography of Eighteenth-century Science* (Cambridge: Cambridge University Press, 1980), 93–142

——, *A Social History of Truth: Civility and Science in Seventeenth-century England* (Chicago: University of Chicago Press, 1994)

——, *The Scientific Revolution* (Chicago and London: University of Chicago Press, 1996)

Steven Shapin and Simon Schaffer, *Leviathan and the Air-pump: Hobbes, Boyle, and the Experimental Life* (Princeton, NJ: Princeton University Press, 1985)

Barbara J. Shapiro, *Probability and Certainty in Seventeenth-century England: A Study of the Relationships between Natural Science, Religion, History, Law and Literature* (Princeton, NJ: Princeton University Press, 1983)

James Sharpe, *Instruments of Darkness: Witchcraft in England, 1550–1750* (London: Hamish Hamilton, 1996)

Jim Sharpe, 'History From Below', in Peter Burke (ed.), *New Perspectives on Historical Writing* (Cambridge: Polity Press, 1991), 24–41

Kevin Sharpe, *Criticism and Compliment: The Politics of Literature in the England of Charles I* (Cambridge: Cambridge University Press, 1987)

Kevin Sharpe and Peter Lake (eds.), *Culture and Politics in Early Stuart England* (Stanford, CA: Stanford University Press, 1993)

William Sharpe, *A Dissertation upon Genius* (London: Bathurst, 1755)

Roger Shattuck, *Forbidden Knowledge. From Prometheus to Pornography* (New York: St Martin's, 1996)

Percy Bysshe Shelley, *The Necessity of Atheism* (Worthing: C. and W. Phillips, 1811)

——, *The Triumph of Life*, D. H. Reiman (ed.) (Urbana, Ill.: University of Illinois Press, 1965 [1824])

W. George Shelton, *Dean Tucker and Eighteenth-century Economic and Political Thought* (New York: St Martin's, 1981)

Richard Sher, *Church and University in the Scottish Enlightenment: The Moderate Literati of Edinburgh* (Princeton, NJ: Princeton University Press, 1985)

Richard Sher and Jeffrey Smitten, *Scotland and America in the Age of the Enlightenment* (Edinburgh: Edinburgh University Press, 1990)

Richard Brinsley Sheridan, *The Rivals* (London: Arnold, 1961 [1775])

Thomas Sheridan, *British Education: or the Source of the Disorders of Great Britain* (London: sn, 1756)

Thomas Sherlock, *Trial of the Witnesses* (Edinburgh: Robertson, 1729)

Stuart Sherman, *Telling Time: Clocks, Diaries and English Diurnal Form, 1660–1785* (Chicago: University of Chicago Press, 1996)

Kathryn Shevelow, *Women and Print Culture: The Construction of Femininity in the Early Periodical* (London: Routledge, 1989)

B. G. Shrank and D. J. Supino (eds.), *The Famous Miss Burney. The Diaries and Letters of Fanny Burney* (New York: John Day, 1976)

Samuel Shuckford, *The Sacred and Profane History of the World Connected*, 2 vols. (London: Knaplock, 1728)

Folarin Shyllon, *Black People in Britain 1555–1833* (London: Oxford University Press, 1977)

B. Simon, *The Two Nations and the Educational Structure 1780–1870* (London: Lawrence and Wishart, 1974 [1960])

L. Simond, *An American in Regency England: The Journal of a Tour in 1810–1811*, C. Hibbert (ed.) (London: Robert Maxwell, 1968)

Kirsti Simonsuuri, *Homer's Original Genius: Eighteenth-century Notions of the Early Greek Epic, 1688–1798* (Cambridge: Cambridge University Press, 1979)

Clifford Siskin, *The Work of Writing: Literature and Social Change in Britain 1700–1830* (Baltimore: Johns Hopkins University Press, 1998)

Quentin Skinner, *Reason and Rhetoric in the Philosophy of Hobbes* (Cambridge: Cambridge University Press, 1996)

——, 'Who are "We"? Ambiguities of the Modern Self', *Inquiry*, xxxiv (1991), 133–53

——, *Reason and Rhetoric in the Philosophy of Hobbes* (Cambridge: Cambridge University Press, 1996)

Paul Slack, *The English Poor Law, 1531–1782* (Cambridge: Cambridge University Press, 1995)

J. S. Slotkin, *Readings in Early Anthropology* (London: Methuen & Co Ltd, 1965)

Christopher Smart, *The Genuine History of the Good Devil of Woodstock. The Story of Jane Gilbert, a Supposed Witch* (London: J. Roach, 1802)

Adam Smith, *An Inquiry into the Nature and Causes of the Wealth of Nations* (London: W. Strahan and T. Cadell, 1776)

——, *An Inquiry into the Nature and Causes of the Wealth of Nations*, 2 vols., R. H. Campbell, A. S. Skinner and W. B. Todd (eds.) (Oxford: Clarendon Press, 1976)

——, *The Theory of Moral Sentiments*, D. D. Raphael and A. L. Macfie (eds.) (Oxford: Clarendon Press, 1976 [1759])

——, *Lectures on Justice, Police, Revenue and Arms*, Edwin Cannan (ed.) (Oxford: Clarendon Press, 1896)

——, *Essays on Philosophical Subjects*, W. P. D. Wightman, J. C. Bryce, and I. S. Ross (eds.) (Oxford: Clarendon Press, 1980)

——, *Lectures On Jurisprudence*, R. Meek, D. Raphael and P. Stein (eds.) (Oxford: Clarendon Press, 1982)

Bernard Smith, *European Vision and the South Pacific, 1768–1850: A Study in the History of Art and Ideas* (Oxford: Clarendon Press, 1960)

——, *Imagining the Pacific: In the Wake of the Cook Voyages* (New Haven, Conn.: Yale University Press, 1992)

C. U. M. Smith, 'David Hartley's Newtonian

Neuropsychology', *Journal of the History of the Behavioral Sciences*, xxiii (1987), 123–36

Hilda Smith, *Reason's Disciples: Seventeenth-century English Feminists* (Urbana, Ill.: University of Illinois Press, 1982)

Janet Adam Smith, 'Some Eighteenth-century Ideas of Scotland', in N. T. Phillipson and Rosalind Mitchison (eds.), *Scotland in the Age of Improvement: Essays in Scottish History in the Eighteenth Century* (Edinburgh: Edinburgh University Press, 1970), 107–24

Kenneth Smith, *The Malthusian Controversy* (London: Routledge and Kegan Paul, 1951)

Nigel Smith, 'The Charge of Atheism and the Language of Radical Speculation, 1640–1660', in Michael Hunter and David Wootton (eds.), *Atheism from the Reformation to the Enlightenment* (Oxford: Clarendon Press, 1992), 131–58

Olivia Smith, *The Politics of Language 1791–1819* (Oxford: Clarendon Press, 1984)

Roger Smith, *The Fontana History of the Human Sciences* (London: Fontana Press, 1997)

Roger Smith, 'Self-Reflection and the Self', in Roy Porter (ed.), *Rewriting the Self: Histories from the Reinaissance to the Present* (London and New York: Routledge, 1997), 49–57

T. C. Smout, *A History of the Scottish People, 1560–1830* (London: Collins, 1969)

Keith Snell, *Annals of the Labouring Poor: Social Change in Agrarian England, 1660–1900* (Cambridge: Cambridge University Press, 1985)

David H. Solkin, *Painting for Money: The Visual Arts and the Public Sphere in Eighteenth-century England* (New Haven, Conn.: Yale University Press, 1993)

C. John Sommerville, *The Secularization of Early Modern England: From Religious Culture to Religious Faith* (New York: Oxford University Press, 1992)

——, 'The Secularization Puzzle', *History Today*, xliv (1994), 14–19

——, *The News Revolution in England* (Oxford: Clarendon Press, 1997)

Robert Southey, *Letters from England by Don Manuel Alvarez Espriella*, Jack Simmons (ed.) (Gloucester: Allan Sutton, 1984 [1807])

Patricia Meyer Spacks, *Imagining a Self: Autobiography and Novel in Eighteenth-century England* (Cambridge, Mass.: Harvard University Press, 1976)

——, *The Adolescent Idea: Myths of Youth and the Adult Imagination* (London: Faber & Faber, 1981)

D. Spadafora, *The Idea of Progress in Eighteenth-century Britain* (New Haven, Conn.: Yale University Press, 1990)

John Sparrow (ed.), *The Mistress With Other Select Poems of Abraham Cowley* (London: The Nonesuch Press, 1926)

George Spater, *William Cobbett: The Poor Man's Friend* (Cambridge: Cambridge University Press, 1982)

W. A. Speck, *The Divided Society: Parties and Politics in England, 1694–1716* (London: Edward Arnold, 1967)

——, 'Politicians, Peers, and Publication by Subscription 1700–50', in Isabel Rivers (ed.), *Books and Their Readers in Eighteenth-century England* (Leicester: Leicester University Press, 1982), 47–68

——, *Reluctant Revolutionaries: Englishmen and the Revolution of 1688* (Oxford: Oxford University Press, 1988)

J. Spedding, R. L. Ellis and D. D. Heath (eds.), *The Works of Francis Bacon*, 14 vols. (London: Longman, 1857–74)

W. M. Spellman, *The Latitudinarians and the Church of England, 1660–1700* (Athens, GA: University of Georgia Press, 1993)

Thomas Spence, *A Supplement to the History of Robinson Crusoe* (Newcastle: T. Saint, 1782)

——, *The Real Rights of Man* (1793), re-issued as *The Meridian Sun of Liberty, or the Whole Rights of Man Displayed and Most Accurately Defined* (London: Spence, 1796), reprinted

in *The Pioneers of Land Reform*, M. Beer (ed.) (London: Bell, 1920), 5–16
——, *The Rights of Infants* (London: Spence, 1797)
Jane Spencer, *The Rise of the Woman Novelist, from Aphra Behn to Jane Austen* (Oxford: Blackwell, 1986)
Dale Spender, *Mothers of the Novel: 100 Good Women Writers Before Jane Austen* (London: Pandora, 1986)
Pieter Spierenburg, *The Broken Spell: A Cultural and Anthropological History of Preindustrial Europe* (London: Macmillan, 1991)
Thomas Sprat, *The History of the Royal Society of London, for the Improving of Natural Knowledge* (London: Martyn, 1667)
S. E. Sprott, *The English Debate on Suicide from Donne to Hume* (London: Open Court Publishing Co., 1961)
Barbara Maria Stafford, *Voyage into Substance: Art, Science, Nature, and the Illustrated Travel Account 1760–1840* (Cambridge, Mass.: MIT Press, 1984)
——, *Artful Science: Enlightenment Entertainment and the Eclipse of Visual Education* (Cambridge, Mass.: MIT Press, 1994)
J. Martin Stafford, *Private Vices, Publick Benefits? The Contemporary Reception of Bernard Mandeville* (Solihull: Ismeron, 1997)
Peter Stanlis, *Edmund Burke: The Enlightenment and Revolution* (New Brunswick, NJ: Transaction Pub., 1991)
Dorothy A. Stansfield, 'Thomas Beddoes and Education', *History of Education Society Bulletin*, xxiii (Spring 1979), 7–14
——, *Thomas Beddoes MD 1760–1808, Chemist, Physician, Democrat* (Dordrecht: Reidel, 1984)
Susan Staves, 'A Few Kind Words for the Fop', *Studies in English Literature*, xxii (1982), 413–28
Leslie Stephen, *History of English Thought in the Eighteenth Century*, 2 vols. (London: Smith, Elder, 1876; Harbinger, 1962)
Laurence Sterne, *The Life and Opinions of Tristram Shandy*, Graham Petrie (ed.) (Harmondsworth: Penguin, 1967 [1759–67])
J. Stevenson, *Popular Disturbances in England, 1700–1870* (London: Longman, 1979)
Dugald Stewart, *The Collected Works of Dugald Stewart*, Sir William Hamilton (ed.), 11 vols. (Edinburgh: T. Constable & Co., 1854–60)
John B. Stewart, *The Moral and Political Philosophy of David Hume* (New York: Columbia University Press, 1963)
——, *Opinion and Reform in Hume's Political Philosophy* (Princeton, NJ: Princeton University Press, 1992)
Larry Stewart, 'Public Lectures and Private Patronage in Newtonian England', *Isis*, lxxvii (1986), 47–58
——, 'The Selling of Newton: Science and Technology in Early Eighteenth-century England', *Journal of British Studies*, xxv (1986), 179–92
——, *The Rise of Public Science: Rhetoric, Technology, and Natural Philosophy in Newtonian Britain, 1660–1750* (Cambridge: Cambridge University Press, 1992)
——, 'Other Centres of Calculation: Or, Where the Royal Society Didn't Count: Commerce, Coffee-Houses and Natural Philosophy in Early Modern London', *British Journal for the History of Science*, xxxii (1999), 133–53
J. E. Stock, *Memoirs of the Life of Thomas Beddoes MD* (London: Murray, 1811)
R. D. Stock, *The Holy and the Daemonic from Sir Thomas Browne to William Blake* (Princeton, NJ: Princeton University Press, 1982)
Lawrence Stone, *The Family, Sex and Marriage in England, 1500–1800* (London: Weidenfeld & Nicolson, 1977)
——, 'The Residential Development of the West End of London in the Seventeenth Century', in Barbara C. Malament (ed.), *After the Reformation: Essays in Honor of J. H. Hexter* (Philadelphia: University of Philadelphia Press, 1980), 167–212
Lawrence Stone and Jeanne C. Fawtier

Stone, *An Open Elite? England 1540–1880* (Oxford: Clarendon Press, 1984)

Richard Stone, *Some British Empiricists in the Social Sciences, 1650–1900* (Cambridge: Cambridge University Press, 1997)

Tom Stoppard, *Arcadia* (London: Samuel French, 1993)

Charles Strachey (ed.), *The Letters of the Earl of Chesterfield to His Son*, 2 vols. (London: Methuen, 1924, 1932)

Roland N. Stromberg, *Religious Liberalism in Eighteenth-century England* (London: Oxford University Press, 1954)

Dorothy Stroud, *Capability Brown* (London: Faber, 1975)

Gilbert Stuart, *The History of the Establishment of the Reformation of Religion in Scotland* (London: Murray, 1780)

R. E. Sullivan, *John Toland and the Deist Controversy: A Study in Adaptations* (Cambridge, Mass.: Harvard University Press, 1982)

Geoffrey Summerfield, *Fantasy and Reason: Children's Literature in the Eighteenth Century* (London: Methuen, 1984)

James Sutherland, *Defoe* (London: Methuen, 1937)

L. S. Sutherland and L. G. Mitchell (eds.), *The History of the University of Oxford*, vol. v: *The Eighteenth Century* (Oxford: Clarendon Press, 1986)

Akihito Suzuki, 'Mind and its Disease in Enlightenment British Medicine' (PhD thesis, University of London, 1992)

——, 'An Anti-Lockean Enlightenment?: Mind and Body in Early Eighteenth-century English Medicine', in Roy Porter (ed.), *Medicine and the Enlightenment* (Amsterdam: Rodopi, 1994), 226–59

——, *Gulliver's Travels* (London: Dent, 1954 [1726])

——, *The Complete Poems*, Pat Rogers (ed.) (New Haven, Conn.: Yale University Press, 1983)

——, *A Tale of a Tub. Written for the Universal Improvement of Mankind ... To Which is Added, an Account of a Battel between the Ancient and Modern Books in St James' Library (A Discourse Concerning the Mechanical Operation of the Spirit. In a Letter to a Friend)* (London: Nutt, 1704; K. Williams (ed.), London: Dent, 1975)

——, *Mr Collins' Discourse of Free-thinking, Put into Plain English, by Way of Abstract, for the Use of the Poor* (London: Morphew, 1713)

——, *Argument to Prove That the Abolishing of Christianity in England, May, as Things Now Stand, be Attended with Some Inconveniences* (London: Atkins, 1717)

Jonathan Swift, *The Conduct of the Allies* (Edinburgh: Freebairn, 1711)

——, *Bickerstaff Papers*, H. Davis (ed.) (Oxford: Basil Blackwell, 1957 [1708–9])

——, *Gulliver's Travels* (Harmondsworth: Penguin Books, 1985 [1726])

Norman Sykes, *Church and State in England in the Eighteenth Century* (Cambridge: Cambridge University Press, 1934)

James Talbot, *The Christian Schoolmaster* (London: sn, 1707)

J. L. Talmon, *The Rise of Totalitarian Democracy* (Boston, Mass.: Beacon Press, 1952)

H. Talon (ed.), *Selections from the Journals and Papers of John Byrom, Poet – Diarist – Shorthand Writer* (London: Rockliff, 1950)

Richard Tawney, *Religion and the Rise of Capitalism* (New York: Harcourt, Brace and Co., 1926)

Boswell Taylor, *Joseph Priestley: The Man of Science* (London: Macmillan, 1954)

Charles Taylor, *Sources of the Self: The Making of the Modern Identity* (Cambridge: Cambridge University Press, 1989)

Gordon Rattray Taylor, *The Angel Makers: A Study in the Psychological Origins of Historical Change 1750–1850* (London: Secker & Warburg, 1958)

Joyce Taylor, *Joseph Lancaster: The Poor Child's Friend* (West Wickham: The Campanile Press, 1996)

[Tom Telescope], *The Newtonian System of*

Philosophy (London: John Newbery, 1761)

Sir William Temple, *The Works of Sir William Temple, Bart*, 2 vols. (London: Churchill, 1720)

——, *Observations upon the United Provinces of the Netherlands*, G. N. Clark (ed.) (Oxford: Oxford University Press, 1972 [1673])

R. C. Tennant, 'The Anglican Response to Locke's Theory of Personal Identity' *Journal of the History of Ideas*, xliii (1982), 73–90

K. Tester, *Animals and Society. The Humanity of Animal Rights* (London: Routledge, 1991)

Joseph Texte, *Jean-Jacques Rousseau and the Cosmopolitan Spirit in Literature: A Study of the Literary Relations between France and England during the Eighteenth Century* (London: Duckworth, 1899)

C. Thacker, *The Wildness Pleases: The Origins of Romanticism* (London: Croom Helm, 1983)

Arnold Thackray, *Atoms and Powers: An Essay on Newtonian Matter Theory and the Development of Chemistry* (Cambridge, Mass.: Harvard University Press, 1977)

Mary Thale (ed.), *The Autobiography of Francis Place (1771–1854)* (Cambridge: Cambridge University Press, 1972)

——, 'Women in London Debating Societies in 1780', *Gender and History*, xii (1995), 5–24

D. O. Thomas, *The Honest Mind: The Thought and Work of Richard Price* (Oxford: Clarendon, 1977)

Keith Thomas, *Religion and the Decline of Magic: Studies in Popular Beliefs in Sixteenth- and Seventeenth-century England* (London: Weidenfeld & Nicolson, 1971)

——, *Man and the Natural World: Changing Attitudes in England, 1500–1800* (Harmondsworth: Penguin, 1983)

—— (ed.), *The Oxford Book of Work* (Oxford: Oxford University Press, 1999)

Peter D. G. Thomas, *John Wilkes: A Friend to Liberty* (Oxford: Clarendon Press, 1996)

——, *Politics in Eighteenth-century Wales* (Cardiff: University of Wales Press, 1998)

E. P. Thompson, *The Making of the English Working Class* (London: Gollancz, 1965; Harmondsworth: Penguin, 1968)

——, 'The Moral Economy of the English Crowd in the Eighteenth Century', *Past and Present*, 1 (1971), 76–136

——, *The Poverty of Theory and Other Essays* (London: Merlin Press, 1978)

——, 'The Peculiarities of the English', in idem, *The Poverty of Theory and Other Essays* (London: Merlin Press, 1978), 35–91

——, *Customs in Common* (London: Merlin Press, 1991)

——, 'Time, Work-Discipline and Industrial Capitalism', in *Customs in Common* (London: Merlin Press, 1991), 352–403

Elizabeth H. Thomson, 'The Role of the Physician in Humane Societies of the Eighteenth Century', *Bulletin of the History of Medicine*, xxxvii (1963), 43–51

James Thomson, *Liberty* (London: A. Millar, 1735)

——, *The Seasons* (London: A. Millar, 1744)

——, *The Masque of Alfred* in Roger Lonsdale (ed.), *The New Oxford Book of Eighteenth Century Verse* (Oxford: Oxford University Press, 1984), 192

J. W. and A. Tibble (eds.), *The Prose of John Clare* (London: Routledge & Kegan Paul, 1951)

John Tillotson, *The Works of the Most Reverend Dr John Tillotson, Late Lord Archbishop of Canterbury: Containing Two Hundred Sermons and Discourses, on Several Occasions*, T. Birch (ed.), 10 vols. (London: Dove, 1820)

Stella Tillyard, *Aristocrats: Caroline, Emily, Louisa and Sarah Lennox* (London: Chatto & Windus, 1994)

——, *Citizen Lord: Edward Fitzgerald 1763–1798* (London: Chatto & Windus, 1997)

Matthew Tindal, *The Rights of the Christian Church Asserted against the Romish and All Other Priests Who Claim an Independent Power over It* (London: sn, 1706)

——, *Christianity as Old as the Creation; Or the Gospel a Republication of the Religion of Nature* (London: Wilford, 1733)

Ian Tipton, *Berkeley: The Philosophy of Immaterialism* (Bristol: Thoemmes Press, 1995)

Dennis Todd, 'The Hairy Maid at the Harpsichord: Some Speculations on the Meaning of Gulliver's Travels', *Texas Studies in Literature and Language*, xxxiv (1992), 239–83

——, *Imagining Monsters: Miscreations of the Self in Eighteenth-century England* (Chicago: University of Chicago Press, 1995)

Janet Todd, *Sensibility: An Introduction* (London: Methuen, 1986)

——, *The Sign of Angellica: Women, Writing and Fiction, 1660–1800* (London: Virago, 1989)

John Toland, *Christianity Not Mysterious: Or, A Treatise Showing, That There is Nothing in the Gospel Contrary to Reason, Nor Above It, and That No Christian Doctrine can be Properly Call'd a Mystery*, 2nd edn (London: Buckley, 1696)

——, *Letters To Serena* (London: Lintot, 1704)

——, *Reasons for Naturalising the Jews in Great Britain and Ireland* (London: Roberts, 1714)

——, *Pantheisticon, Sive Formula Celebrandae Sodalitatis Socraticae* (London: sn, 1720)

——, *Tetradymus* (London: Brotherton and Meadows, 1720)

Claire Tomalin, *The Life and Death of Mary Wollstonecraft* (London: Weidenfeld & Nicolson, 1974)

Sylvana Tomaselli, 'The First Person: Descartes, Locke and Mind–Body Dualism', *History of Science*, xxii (1984), 185–205

——, 'The Enlightenment Debate on Women', *History Workshop Journal*, xx (1985), 101–24

——, 'Moral Philosophy and Population Questions in Eighteenth-century Europe', in M. S. Teitelbaum and J. M. Winter (eds.), *Population, Resources and Environment* (Cambridge: Cambridge University Press, 1989), 7–29

——, 'Reflections on the History of the Science of Woman', *History of Science*, xxix (1991), 185–205

——, 'Political Economy: The Desire and Needs of Present and Future Generations', in Christopher Fox, Roy S. Porter and Robert Wokler (eds.), *Inventing Human Science: Eighteenth-century Domains* (Berkeley, CA: University of California Press, 1995), 292–322

—— (ed.), *Mary Wollstonecraft: A Vindication of the Rights of Men with A Vindication of the Rights of Woman* (Cambridge: Cambridge University Press, 1995)

Theobald Wolfe Tone, *An Argument on Behalf of the Catholics of Ireland* (Belfast, sn, 1791)

G. Tonelli, 'Genius: From the Renaissance to 1770', in P. P. Wiener (ed.), *Dictionary of the History of Ideas*, vol. ii (New York: C. Scribner's & Sons, 1973), 293–7

Horne Tooke, *The Diversions of Purley* (London: Johnson, 1786)

Norman Torrey, *Voltaire and the English Deists* (New Haven: Yale University Press, 1930)

J. Townsend, *A Dissertation on the Poor Laws by a Well-wisher to Mankind* (London: Dilly, 1786)

Paget Toynbee and L. Whibley (eds.), *Correspondence of Thomas Gray*, 3 vols. (Oxford: Clarendon Press, 1935)

William H. Trapnell, 'Who Thomas Woolston Was', *British Journal for Eighteenth Century Studies*, xi (1988), 143–58

——, 'What Thomas Woolston Wrote', *British Journal for Eighteenth-century Studies*, xiv (1991), 13–30

——, *Thomas Woolston: Madman and Deist?* (Bristol: Thoemmes Press, 1994)

Joseph Trapp, *Lectures on Poetry* (London: Hitch and Davis, 1742)

John Trenchard, *The Natural History of Superstition* (London: Baldwin, 1709)

Hugh Trevor-Roper, 'The Scottish Enlightenment', in Theodore Besterman (ed.), *Studies on Voltaire and the Eighteenth Century*, lviii (1967), 1635–58

Barry Trinder, *The Industrial Revolution in*

Shropshire (Chichester: Phillimore, 1973)

Ulrich Tröhler, 'Quantification in British Medicine and Surgery 1750–1830; with Special Reference to its Introduction into Therapeutics' (PhD Thesis, University of London, 1978)

Thomas Trotter, *A View of the Nervous Temperament* (London: Longman, Hurst, Rees & Owen, 1807)

Howard William Troyer, *New Ward of Grub Street: A Study of Sub-Literary London in the Eighteenth Century* (London: Frank Cass & Co. Ltd, 1968)

Randolph Trumbach, *The Rise of the Egalitarian Family: Aristocratic Kinship and Domestic Relations in Eighteenth-century England* (New York: Academic Press, 1978)

——, 'Modern Prostitution and Gender in Fanny Hill: Libertine and Domesticated Fantasy', in G. S. Rousseau and Roy Porter (eds.), *Sexual Underworlds of the Enlightenment* (Manchester: Manchester University Press, 1987), 69–85

——, *Sex and the Gender Revolution*, vol. i: *Heterosexuality and the Third Gender in Enlightenment London* (Chicago: Chicago University Press, 1998)

Yi-fu Tuan, *The Hydrologic Cycle and the Wisdom of God: A Theme in Geoteleology* (Toronto: University of Toronto Press, 1968)

——, *Topophilia: A Study of Environmental Perception, Attitudes and Values* (Englewood Cliffs, NJ: Prentice-Hall, 1974)

Abraham Tucker, *The Light of Nature Pursued*, 2 vols. in 3 (London: Payne, 1768)

——, *Light of Nature Pursued*, 7 vols. (New York & London: Garland Publishing, 1997 [1768])

Josiah Tucker, *Four Tracts* (Gloucester: Raikes, 1774)

——, *A Treatise concerning Civil Government* (London: Cadell, 1781)

S. I. Tucker, *Protean Shape: A Study in Eighteenth-century Vocabulary and Usage* (London: Athlone Press, 1967)

——, *Enthusiasm: A Study in Semantic Change* (Cambridge: Cambridge University Press, 1972)

Samuel Tuke, *Description of the Retreat, an Institution near York for Insane Persons of the Society of Friends containing an Account of Its Origin and Progress, the Modes of Treatment, and a Statement of Cases* (York: W. Alexander, 1813)

David Turley, *The Culture of English Antislavery, 1780–1860* (London & New York: Routledge, 1991)

Cheryl Turner, *Living by the Pen: Women Writers in the Eighteenth Century* (London: Routledge, 1992)

G. L'E. Turner, 'Eighteenth-century Scientific Instruments and Their Makers', in Roy Porter (ed.), *The Cambridge History of Science*, vol. iv: *The Eighteenth Century* (Cambridge: Cambridge University Press, 2001), 583–607

James Turner, *Reckoning with the Beast: Animals, Pain, and Humanity in the Victorian Mind* (Baltimore & London: Johns Hopkins University Press, 1980)

M. Turner, *English Parliamentary Enclosure: Its Historical Geography and Economic History* (Folkestone: Dawson, 1980)

——, *Enclosures in Britain, 1750–1830* (London: Macmillan, 1984)

—— (ed.), *Malthus and His Times* (Basingstoke: Macmillan, 1986)

William Turner, *Speculations on the Propriety of Attempting the Establishing a Literary Society in Newcastle upon Tyne* (Newcastle: np, 1793)

Ernest Lee Tuveson, *The Imagination as a Means of Grace: Locke and the Aesthetics of Romanticism* (Berkeley, CA: University of California Press, 1960)

——, *Millennium and Utopia: A Study in the Background of the Idea of Progress* (New York: Harper & Row, 1964)

Stanley Tweyman (ed.), *Human on Miracles* (Bristol: Thoemmes Press, 1996)

Gerald Tyson, *Joseph Johnson: A Liberal Publisher* (Iowa City: University of Iowa Press, 1979)

Jenny Uglow, *Hogarth: A Life and a World* (London: Faber & Faber, 1997)

James Usher, *Clio: or, a Discourse on Taste*, 2nd edn (London: T. Davies, 1769)

Abbot Payson Usher (ed.), *Two Manuscripts by Charles Davenant* (Baltimore: Johns Hopkins University Press, 1942)

David Vaisey (ed.), *The Diary of Thomas Turner of East Hoathley* (Oxford: Oxford University Press, 1984)

W. Vamplew, *The Turf: A Social and Economic History of Horse Racing* (London: Allen Lane, 1974)

Norman Vance, *Irish Literature: A Social History: Tradition, Identity and Difference* (Oxford: Basil Blackwell, 1990)

Simon Varey (ed.), *Lord Bolingbroke: Contributions to the Craftsman* (Oxford: Clarendon Press, 1982)

Aram Vartanian, *Diderot and Descartes. A Study of Scientific Naturalism in the Enlightenment* (Princeton, NJ: Princeton University Press, 1953)

Benjamin Vaughan, *New and Old Principles of Trade Compared* (London: Johnson and Debrett, 1788)

Thorstein Veblen, *The Theory of the Leisure Class* (New York: Macmillan, 1912)

Franco Venturi, *Utopia and Reform in the Enlightenment* (Cambridge: Cambridge University Press, 1971)

——, 'Scottish Echoes in Eighteenth-Century Italy', in Istvan Hont and Michael Ignatieff (eds.), *Wealth and Virtue: The Shaping of Political Economy in the Scottish Enlightenment* (Cambridge: Cambridge University Press, 1983), 345–62

Amanda Vickery, *The Gentleman's Daughter: Women's Lives in Georgian England* (New Haven, Conn.: Yale University Press, 1998)

Fernando Vidal, 'Psychology in the Eighteenth Century: A View from Encyclopaedias', *History of the Human Sciences*, vi (1993), 89–120

David Vincent, *Bread, Knowledge and Freedom: A Study of Nineteenth-century Working Class Autobiography* (London: Routledge, 1982)

——, *Literacy and Popular Culture. England 1750–1914* (Cambridge: Cambridge University Press, 1989)

Jacob Viner, *The Role of Providence in the Social Order: An Essay in Intellectual History* (Philadelphia: American Philsophical Society 1972)

Robert Voitle, *Samuel Johnson the Moralist* (Cambridge, Mass.: Harvard University Press, 1961)

——, 'The Reason of the English Enlightenment', *Studies on Voltaire and the Eighteenth Century*, xxvii (1963), 1735–74

——, *The Third Earl of Shaftesbury: 1671–1713* (Baton Rouge: Louisiana State University Press, 1984)

F. M. Voltaire, *Letters concerning the English Nation* (London: printed for C. Davis and A. Lyon, 1733; Charles Whibley (ed.), London: Peter Davies, 1926)

——, *Philosophical Dictionary*, Theodore Besterman (trans.) (Harmondsworth: Penguin, 1979 [1764])

Peter Wagner, *Eros Revived: Erotica in the Age of Enlightenment* (London: Secker & Warburg, 1986)

Dror Wahrman, 'National Society, Communal Culture: An Argument about the Recent Historiography of Eighteenth-century Britain', *Social History*, xvii (1992), 43–72

Thomas Walker, *A Review of Some of the Political Events Which Have Occurred in Manchester during the Last Five Years: Being a Sequel to the Trial of Thomas Walker, and Others, for a Conspiracy to Overthrow the Constitution and Government of This Country, and to Aid and Assist the French, Being the King's Enemies* (London: J. Johnson, 1794)

Derek Wall, *A Reader in Environmental Literature, Philosophy and Politics* (London: Routledge, 1994)

Peter Walmsley, *The Rhetoric of Berkeley's*

Philosophy (Cambridge: Cambridge University Press, 1990)

——, 'Prince Maurice's Rational Parrot: Civil Discourse in Locke's *Essay*', *Eighteenth-Century Studies*, xxviii (1995), 413–25

John Walsh, Colin Haydon and Stephen Taylor (eds.), *The Church of England c. 1689–c. 1833* (Cambridge: Cambridge University Press, 1993)

Alice N. Walters, 'Conversation Pieces: Science and Politeness in Eighteenth-century England', *History of Science*, cviii (1997), 121–54

John K. Walters and James Walvin (eds.), *Slavery, Abolition and Emancipation: Black Slaves and the British Empire* (London: Longman, 1976)

J. Walvin and D. Eltis (eds.), *Abolition of the Atlantic Slave Trade* (Madison, Wisc.: University of Wisconsin Press, 1981)

William Warburton, *The Divine Legation of Moses Demonstrated*, 2 vols. (London: Gyles, 1738–41)

——, *Works*, 7 vols. (London, sn, 1788)

——, *Letters from a Late Eminent Prelate to One of His Friends* (London: Cadell and Davies, 1808)

Marina Warner, *From the Beast to the Blonde: On Fairy Tales and Their Tellers* (London: Chatto & Windus, 1994)

——, *No Go the Bogeyman: Scaring, Lulling and Making Mock* (London: Chatto & Windus, 1998)

Richard Warner, *The History of Bath* (Bath: Cruttwell, 1801)

G. J. Warnock, *Berkeley* (Harmondsworth: Peregrine, 1969)

Joseph Warton, *The Enthusiast: or Lover of Nature: A Poem* (London: Dodsley, 1744)

A. M. C. Waterman, 'A Cambridge "Via Media" in Late Georgian Anglicanism', *Journal of Ecclesiastical History*, xlii (1991), 419–36

Ian Watt, *The Rise of the Novel: Studies in Defoe, Richardson and Fielding* (London: Chatto & Windus, 1957)

Isaac Watts, *Philosophical Essays on Various Subjects* (London: Ford, Hett, 1733)

——, *The Psalms of David Imitated in the Language of the New Testament* (London: Clark, 1719)

——, *Logick: Or, The Right Use of Reason in the Enquiry after Truth. With a Variety of Rules to Guard against Error, in the Affairs of Religion and Human Life, as well as in the Sciences* (London, 1724; 20th edn, Glasgow: William Smith, 1779)

Michael R. Watts, *The Dissenters: From the Reformation to the French Revolution* (Oxford: Clarendon Press, 1978)

Lorna Weatherill, *Consumer Behaviour and Material Culture, 1660–1760* (London: Routledge, 1988)

——, 'The Meaning of Consumer Behaviour in Late Seventeenth- and Early Eighteenth-century England', in John Brewer and Roy Porter (eds.), *Consumption and the World of Goods* (London and New York: Routledge, 1993), 206–27

Miles Weatherall, *In Search of a Cure: A History of the Pharmaceutical Industry* (Oxford: Oxford University Press, 1990)

M. E. Webb, 'A New History of Hartley's *Observations on Man*', *Journal of the History of the Behavioral Sciences*, xxiv (1988), 202–11

——, 'The Early Medical Studies and Practice of Dr David Hartley', *Bulletin of the History of Medicine*, lxiii (1989), 618–36

Max Weber, *The Protestant Ethic and the Spirit of Capitalism* (London: Allen and Unwin, 1930)

Charles Webster, *The Great Instauration. Science, Medicine and Reform 1626–1660* (London: Duckworth, 1975)

Josiah Wedgwood, *An Address to the Young Inhabitants of the Pottery* (Newcastle: Smith, 1783)

David M. Weed, 'Sexual Positions: Men of Pleasure, Economy, and Dignity in Boswell's London Journal', *Eighteenth-century Studies*, xxxi (1997–8), 215–34

Howard D. Weinbrot, *Augustus Caesar in 'Augustan' England: The Decline of a Classical Norm* (Princeton, NJ: Princeton University Press, 1978)

Charles M. Weis and Frederick A. Pottle (eds.), *Boswell in Extremes, 1776–1778* (London: Heinemann, 1971)

Saunders Welch, *A Proposal to Render Effectual a Plan to Remove the Nuisance of Common Prostitutes from the Streets* (London: sn, 1758)

Hugh West, 'The Limits of Enlightenment Anthropology: Georg Forster and the Tahitians', *History of European Ideas*, xx (1989), 147–60

Richard S. Westfall, *Science and Religion in Seventeenth-century England* (Garden City, New York: Doubleday Anchor, 1970)

——, *Never at Rest: A Biography of Isaac Newton* (Cambridge: Cambridge University Press, 1980)

Roxann Wheeler, 'The Complexion of Desire: Racial Ideology and Mid-Eighteenth-century British novels', *Eighteenth-century Studies*, xxxii (1999), 309–32

Frederick G. Whelan, 'Population and Ideology in the Enlightenment', *History of Political Thought*, vii (1991), 35–72

H. Whitbread (ed.), *I Know My Own Heart: The Diaries of Anne Lister (1740–1840)* (London: Virago, 1987)

Gilbert White, *The Natural History and Antiquities of Selborne*, Richard Mabey (ed.) (Harmondsworth: Penguin, 1977 [1789])

R. J. White, *Political Thought of Samuel Taylor Coleridge* (London: Jonathan Cape, 1938)

—— (ed.), *Political Tracts of Wordsworth, Coleridge and Shelley* (Cambridge: Cambridge University Press, 1953)

Lois Whitney, *Primitivism and the Idea of Progress, English Popular Literature in the Eighteenth Century* (Baltimore: Johns Hopkins University Press, 1934)

A. Whyte, *Characters and Characteristics of William Law: Nonjuror and Mystic* (London: Hodder and Stoughton, 1898)

Robert Isaac Wilberforce and Samuel Wilberforce, *The Life of William Wilberforce*, 5 vols. (London: Murray, 1838)

William Wilberforce, *A Practical View of the Prevailing Religious System of Professed Christians in the Higher and Middle Classes in This Country Contrasted with Real Christianity* (London: Cadell and Davies, 1797)

——, *The Correspondence of William Wilberforce*, R. I. and S. Wilberforce (eds.), 2 vols. (London: Murray, 1840)

C. B. Wilde, 'Hutchinsonians, Natural Philosophy and Religious Controversy in Eighteenth-century Britain', *History of Science*, xviii (1980), 1–24

——, 'Matter and Spirit as Natural Symbols in Eighteenth-century British Natural Philosophy', *British Journal for the History of Science*, xv (1982), 99–131

R. McKeen Wiles, *Freshest Advices: Early Provincial Newspapers in England* (Columbus: Ohio State University Press, 1965)

——, 'The Relish for Reading in Provincial England Two Centuries Ago', in Paul J. Korshin (ed.), *The Widening Circle: Essays on the Circulation of Literature in Eighteenth-century Europe* (Philadelphia: University of Pennsylvania Press, 1976), 85–115

——, *Serial Publication in England before 1750* (Cambridge: Cambridge University Press, 1957)

John Wilkes, *An Essay on Woman* (London: André Deutsch, 1972 [1763])

Basil Willey, *The Eighteenth Century Background: Studies on the Idea of Nature in the Thought of the Period* (Harmondsworth: Penguin, 1962)

Carolyn Williams, 'The Genteel Art of Resuscitation', *Transactions of the International Congress of Enlightenment*, viii (1982), 1887–90

Clare Williams (ed. and trans.), *Sophie in London, 1786, Being the Diary of Sophie v. La Roche* (London: Jonathan Cape, 1933)

David Williams, *Lectures On Education* (London: Bell, 1789)

[——], *Incidents in My Own Life Which Have*

been *Thought of Some Importance*, Peter France (ed.) (Brighton: University of Sussex Library, 1980 [1802])

David Williams (ed.), *The Enlightenment* (Cambridge: Cambridge University Press, 1999)

Ernest Neville Williams, *The Eighteenth Century Constitution, 1688–1815* (Cambridge: Cambridge University Press, 1960)

Gwyn Williams, *Madoc: The Making of a Myth* (London: Eyre Methuen, 1979)

——, 'Romanticism In Wales', in Roy Porter and Mikuláš Teich (eds.), *Romanticism in National Context* (Cambridge: Cambridge University Press, 1988), 1–8

Raymond Williams, *The Country and the City* (London: Chatto & Windus, 1973)

——, *Keywords: A Vocabulary of Culture and Society* (London: Fontana Press, 1988)

G. Williamson, 'Mutability, Decay and Seventeenth-century Melancholy', in *Seventeenth-century Contexts* (London: Faber & Faber, 1961), 73–101

Tom Williamson, *Polite Landscapes: Gardens and Society in Eighteenth-century England* (Stroud: Sutton Publishing, 1996)

Adrian Wilson, The Making of Man-Midwifery (London: University College Press, 1995)

Arthur M. Wilson, 'The Enlightenment Came First to England', in Stephen B. Baxter (ed.), *England's Rise to Greatness, 1660–1763* (Berkeley and Los Angeles, CA: University of California Press, 1983), 1–28

A. N. Wilson, *God's Funeral* (London: John Murray, 1999)

Kathleen Wilson, *The Sense of the People: Politics, Culture and Imperialism in England, 1715–1785* (Cambridge: Cambridge University Press, 1995)

John Wiltshire, *Samuel Johnson in the Medical World: The Doctor and the Patient* (Cambridge: Cambridge University Press, 1991)

W. K. Wimsatt, *Philosophic Words: A Study of Style and Meaning in the Rambler and Dictionary of Samuel Johnson* (New Haven, Conn.: Yale University Press, 1948)

——, *Samuel Johnson on Shakespeare* (Harmondsworth: Penguin, 1960)

William Wimsatt Jr and Frederick A. Pottle, *Boswell for the Defence 1769–1774* (London: Heinemann, 1960)

Donald Winch, *Adam Smith's Politics: An Essay in Historiographic Revision* (Cambridge: Cambridge University Press, 1978)

——, *Malthus* (Oxford: Oxford University Press, 1987)

——, *Riches and Poverty: An Intellectual History of Political Economy in Britain, 1750–1834* (Cambridge: Cambridge University Press, 1996)

James Anderson Winn, *John Dryden and his World* (New Haven, Conn.: Yale University Press, 1987)

Robert Wokler, 'Apes and Races in the Scottish Enlightenment: Monboddo and Kames on the Nature of Man', in Peter Jones (ed.), *Philosophy and Science in the Scottish Enlightenment* (Edinburgh: John Donald, 1988), 152–56

——, 'From *l'homme physique* to *l'homme moral* and Back: Towards a History of Enlightenment Anthropology', *History of the Human Sciences*, vi (1993), 121–38

——, 'Anthropology and Conjectural History in the Enlightenment', in Christopher Fox, Roy S. Porter and Robert Wokler (eds.), *Inventing Human Science: Eighteenth-century Domains* (Berkeley, CA: University of California Press, 1995), 31–52

——, 'The Enlightenment Project and its Critics', in S. E. Liedman (ed.), *The Postmodernist Critique of the Project of Enlightenment, Poznan Studies in the Philosophy of the Sciences and the Humanities*, lviii (1997), 13–30

Larry Wolff, 'When I Imagine a Child: The Idea of Childhood and the Philosophy of Memory in the Enlightenment', *Eighteenth Century Studies*, xxxi (1998), 377–401

William Wollaston, *The Religion of Nature Delineated* (London: Palmer, 1724)

Mary Wollstonecraft, *Thoughts on the Education of Daughters*, Janet Todd (ed.) (Bristol: Thoemmes, 1995 [London: sn, 1787])

——, *Mary: A Fiction* (London: Johnson, 1788)

——, *Letters, Written During a Short Residence in Sweden, Norway and Denmark*, Carol H. Poston (ed.) (Lincoln, Nebraska: University of Nebraska Press, 1976 [1796])

——, *Maria or The Wrongs of Woman*, Anne Mellor (ed.) (New York: Norton, 1994 [1798])

——, *A Vindication of the Rights of Men with A Vindication of the Rights of Woman*, Sylvana Tomaselli (ed.) (Cambridge: Cambridge University Press, 1995 [1790 and 1792])

Marcus Wood, *Radical Satire and Print Culture 1790–1822* (Oxford: Clarendon Press, 1994)

Paul B. Wood, *The Aberdeen Enlightenment: The Arts Curriculum in the Eighteenth Century* (Aberdeen: Aberdeen University Press, 1993)

——, 'Methodology and Apologetics: Thomas Sprat's History of the Royal Society', *British Journal for the History of Science*, xiii (1980), 1–26

——, 'The Natural History of Man in the Scottish Enlightenment', *History of Science*, xxviii (1990), 89–123

Samuel Wood, *Strictures on the Gout* (London: J. Bell and J. Sewel, 1775)

Martha Woodmansee, 'The Genius and the Copyright: Economic and Legal Conditions of the Emergence of the "Author"', *Eighteenth Century Studies*, xvii (1984), 417–32

J. Woodward, *To Do the Sick No Harm: A Study of the British Voluntary Hospital System to 1875* (London: Routledge and Kegan Paul, 1974)

John Woodward, *An Essay towards a Natural History of the Earth* (London: R. Wilkin, 1695)

Thomas Woolston, *Six Discourses on the Miracles of Our Saviour and Defences of His Discourses* (New York: Garland, 1979 [1727–30])

J. Wordsworth, M. H. Abrams and S. Gill (eds.), *William Wordsworth, the Prelude 1799, 1805, 1850* (London: W. W. Norton, 1979)

William Wordsworth, *The Prelude. Or, Growth of a Poet's Mind (Text of 1805)*, Ernest de Selincourt and Stephen Gill (eds.) (Oxford: Oxford University Press, 1970)

——, *The Prose Works of William Wordsworth*, W. J. B. Owen and Jane Worthington Smyser (eds.), 3 vols. (Oxford: Clarendon Press, 1974)

Donald Worster, *Nature's Economy: A History of Ecological Ideas* (Cambridge: Cambridge University Press, 1985)

——, *The Wealth of Nature. Environmental History and the Ecological Imagination* (New York: Oxford University Press, 1993)

William Worthington, *An Essay on the Scheme and Conduct, Procedure and Extent of Man's Redemption* (London, sn, 1743)

John P. Wright, 'Association, Madness, and the Measures of Probability in Locke and Hume', in Christopher Fox (ed.), *Psychology and Literature in the Eighteenth Century* (New York: AMS Press, 1987), 103–27

Ian Wylie, *Young Coleridge and the Philosophers of Nature* (Oxford: Clarendon Press, 1989)

Deborah Baker Wyrick, *Jonathan Swift and the Vested Word* (Chapel Hill, NC: University of North Carolina Press, 1988)

E. Yeo (ed.), *Mary Wollstonecraft and 200 Years of Feminism* (London: Rivers Oram Press, 1997)

Richard Yeo, 'Genius, Method and Mortality: Images of Newton in Britain, 1760–1860', *Science in Context*, ii (1988), 257–84

——, *Encyclopaedic Visions: Scientific Dictionaries and Enlightenment Culture* (Cambridge: Cambridge University Press, forthcoming)

John W. Yolton, *John Locke and the Way of Ideas* (Oxford: Oxford University Press, 1956)

——, *Thinking Matter: Materialism in Eighteenth-*

century Britain (Minneapolis, Minn.: University of Minnesota Press, 1983)
——, *Perceptual Acquaintance from Descartes to Reid* (Minneapolis, Minn.: University of Minnesota Press, 1984)
——, *Locke: An Introduction* (Oxford: Basil Blackwell, 1985)
——, 'Schoolmen, Logic and Philosophy', in L. S. Sutherland and L. G. Mitchell (eds.), *The History of the University of Oxford*, vol. v: *The Eighteenth Century* (Oxford: Clarendon Press, 1986), 565–91
——, *Locke and French Materialism* (Oxford: Clarendon Press, 1991)
Arthur Young, *The Farmer's Letters to the People of England* (London: W. Nicoll, 1767)
——, *A Six Weeks' Tour through the Southern Counties of England and Wales* (London: W. Nicoll, 1768)
——, *A Six Months' Tour Through the North of England*, 4 vols., 2nd edn (London: W. Strahan, 1771)
——, *The Farmer's Tour through the East of England*, 3 vols. (London: Strahan and Nicoll, 1771)
——, *An Enquiry into the State of the Public Mind* (London: Richardson, 1798)
——, *Annals of Agriculture and Other Useful Arts*, 46 vols. (London: Arthur Young, 1784–1815)
——, *View of the Agriculture of Oxfordshire* (London: R. Phillips, 1809)
B. W. Young, ' "The Soul-sleeping System": Politics and Heresy in Eighteenth-century England', *Journal of Ecclesiastical History*, xlv (1994), 64–81
——, *Religion and Enlightenment in Eighteenth-century England: Theological Debate from Locke to Burke* (Oxford: Clarendon Press, 1998)
Edward Young, *Conjectures on Original Composition* (London: Millar and Dodsley, 1759)
——, *Night Thoughts on Life, Death and Immortality* (London: Toplis and Bunney, 1780)
——, *The Merchant* (Dublin: Risk, 1730)
R. M. Young, 'David Hartley', in *Dictionary of Scientific Biography*, vi (New York: Charles Scribner's Sons, 1972), 138–40
R. M. Young, 'Association of Ideas', in P. P. Wiener (ed.), *Dictionary of the History of Ideas* (New York: Charles Scribner's Sons, 1973), 111–18

工具书

Jeremy Black and Roy Porter (eds.), *The Basil Blackwell Dictionary of World Eighteenth-century History* (Oxford: Basil Blackwell, 1994)
Philip P. Wiener (ed.), *Dictionary of the History of Ideas* (New York: Charles Scribner's Sons, 1973)
John W. Yolton (ed.), *The Blackwell Companion to the Enlightenment* (Oxford: Blackwell, 1991)
John Yolton, John Valdimir Price and John Stephens (eds.), *The Dictionary of Eighteenth-century Philosophers*, 2 vols. (Bristol: Thoemmes Press, 1999)

索 引

（索引页码为原书页码，即本书边码）

Aberdeen，阿伯丁，242
　另见苏格兰
Académie Royale des Sciences（Paris），皇家科学院（巴黎），135
accountability，责任，167, 219
　另见道德/品行条目
Act of Settlement（1701），《嗣位法案》（1701），xviii
Act of Toleration（1689），《宽容法案》（1689），31—32, 107
Act of Toleration（1813），《宽容法案》（1813），107
Act of Uniformity（1662），《礼拜统一法案》（1662），25
Act of Union（1707），《联合法案》（1707），xvi—xvii, 34, 242, 243
Act of Union（1801），《联合法案》（1801），xvi—xvii
actuarial statistics，精算统计，207, 208
Adam, Robert，罗伯特·亚当，243
Addison, Joseph，约瑟夫·艾迪生，4, 8, 35, 36, 40, 69, 79, 93, 105, 277, 298, 311
　on ballads，~论民谣，365
　on gardens，~论园艺，311—312
　on the imagination~论想象，279
　influence / importance~的影响与重要性，88, 201, 203—204, 265, 482
　on morals / morality，论品行/道德，194—197, 198
　as MP，作为议员，276
　"Pleasures of the Imagination"，《想象之乐》，69
　on trade，~论贸易，384
　on witchcraft，~论巫术，220—221, 222
　on women's rights，~论女性权利，331—332
　另见《旁观者》；理查德·斯梯尔
adult education，成人教育，353—358, 361, 363
the aesthetic，美学/审美，163—165, 194—197, 215, 226—227, 261—262, 279, 281, 283, 313—314
　chinoiserie, vogue for，中国艺术风格的流行，358
　industrialization as threat to，工业化对~的威胁，316—318
　possessors of，有~之人，369
　另见人性
Africa，非洲，148, 354, 359
African Society，非洲协会，148
agricultural improvement，农业改善，306—309, 317—318, 428—429, 430, 451
agricultural societies，农业协会，307, 308

agriculture，农业，147，148，267，297，301，306—311
　　enclosure，圈地，306，309—310，317，318，366，386—387，451，459
　　science and，科学与~，307—308
　　as stewardship，作为一种管理，306，317—318
　　另见乡村生活
Aikenhead, Thomas，托马斯·艾金海德，244
Aikin, John，约翰·艾金，154—155，352，398
　　Letters from a Father...，《父亲给儿子的信》，425
Aikin, Lucy，露西·艾金：
　　Poetry for Children，《与童诗》，352
Akenside, Mark，马克·阿肯赛德，279
　　The Pleasures of Imagination，《想象之乐》，303，304
alcohol，酒精，见酗酒
d'Alembert, Jean le Rond，让·勒朗·达朗贝尔，8，10，57
　　Encyclopédie，《百科全书》，57，92，246
Alexander, William，威廉·亚历山大：
　　History of Women，《妇女史》，321
Algarotti, Francesco，弗朗西斯科·阿尔加洛蒂，134
　　Newtonianismo...（*Sir Isaac Newton's Philosophy...*），《艾萨克·牛顿爵士的哲学——为女士使用而写》，134
Alison, Sir Archibald，阿奇博尔德·艾利森爵士，164—165
almanacs，天文年历，151
　　另见印刷/书籍
Almon, John，约翰·阿尔蒙，192
America，美洲/美国，xviii，1
　　attitudes to，对~的看法，402—403
　　Declaration of Independence（1776），《独立宣言》，402
　　discovery of，~的发现，52，240

emigration to，移民~，240
　　Fundamental Constitutions of Carolina，《卡罗来纳宪法》，xx—xxi
　　Thirteen Colonies，十三州殖民地，239，240
　　trade with，与~的贸易，386
American Revolution，美国革命，9，148，188，240，402，432，448，458
Analytical Review，《分析评论》，81，335
anarchism，无政府主义，455—459
Anderson, Perry，佩里·安德森，12，481
Andrews, Robert and Frances，罗伯特·安德鲁斯与弗朗西丝，310
Anglican Church，国教会，5，25，99，185，404—405
　　另见宗教
animals，动物，348—351
Anne, Queen of Gt Britain and Ireland，大不列颠及爱尔兰的安妮女王，28，152
anthropology，人类学，355—356
Antigallicans，反法国天主教协会，37
Anti-Jacobin Review，《反雅各宾评论》，74，293，423，465—466
antiquarianism，好古研究，230，231，267
Arbuthnot, John，约翰·阿巴斯诺特，345
archaeological excavations，考古发掘，72
Archenholz, Johan Wilhelm von，约翰·威廉·冯·阿兴霍尔茨，18，44，191，324
architecture，建筑，34，44，215
Arden, James，詹姆斯·阿登，143
Argand, Louis，路易·阿尔冈，44
Arianism 阿里乌斯派，104，109—110
　　definition，~的定义，102，109
　　Isaac Newton and，牛顿与~，133，137
Arkwright, Sir Richard，理查德·阿克赖特爵士，316，431
Armstrong, John，约翰·阿姆斯特朗，372
Armstrong, Nancy，南希·阿姆斯特朗，338
Arnold, Thomas，托马斯·阿诺德，216

art galleries，画廊，38—39，270
the arts，艺术，16，25，34—35，92—93，199，267
　　applied arts，应用艺术，215
　　architecture，建筑~，34，44，215
　　Asiatic，亚洲~，357，358
　　engraving，雕刻~，224—225
　　painting，绘画~，145，227，279，296，314，319；另见各单独艺术家条目
　　另见娱乐
Ashley, Lord，阿什利·库珀勋爵见第三代沙夫茨伯里伯爵安东尼·阿什利·库珀
Ashmole, Elias，埃利亚斯·阿什莫尔，209
Ashworth, Caleb，凯莱布·阿什沃思，347
Asiatic Society，亚洲协会，375
assembly rooms，礼堂，40，241
Astell, Mary，玛丽·阿斯特尔，333—334
　　The Christian Religion，《基督教信仰》，333
　　A Fair Way with Dissenters...，《公正对待不从国教者及其支持者》，333
　　An Impartial Enquiry Into...Civil War in This Country，《对英国内战和反叛原因的公正探究》，333
　　Some Reflections Upon Marriage，《对婚姻的一些思考》，333
astrology，占星术，151—152
Athanasian creed，《亚大纳西信经》，104 另见宗教
atheism，无神论，33，59，96—98，99，104，106，107，127—128，131，411，422，455
Athenian Gazette...，《雅典通讯》，81—82
Atterbury, Francis, Bishop of Rochester，罗切斯特主教弗朗西斯·阿特伯里，98
Aubrey, John，约翰·奥布里，151
Austen, Jane，简·奥斯丁，287
　　Mansfield Park，《曼斯菲尔德庄园》，287，293
　　novels，~的小说

　　Sanditon，《桑迪顿》，287
　　on women，~论妇女，323，330
Australia，澳大利亚，148
　　native peoples，~的原住民，362
autobiography，自传，291
　　novels as，自传体小说，290—291，294，479

Bacon, Francis, Baron of Verulam and Viscount St Alban，弗朗西斯·培根，维鲁拉姆男爵与阿尔本子爵，6，14，51，56—57，63，65，68，142，318
　　Advancement of Learning，《知识的进步》，56
　　Instauratio Magna，《大复兴》，57
　　The New Atlantis，《新大西岛》，131—132，480
　　Novum Organum，《新工具》，132
Baconianism，培根主义，131—132，365，418，462
　　William Blake on，威廉·布莱克论~，463—464
Bage, Robert，罗伯特·贝奇，401
　　Hermsprong...，《赫姆斯普朗，又名非本真的人》，401
Baillie, Joanna，乔安娜·贝利，327
Bakewell, Robert，罗伯特·贝克韦尔，429
Ballard, George，乔治·巴拉德：
　　Memoirs of Several Ladies...，《因在博雅语言、艺术及科学领域的写作和技能而知名的大不列颠女士传记》，327
Bamford, Samuel，塞缪尔·班福德，75
Bank of England，英格兰银行，28，29，36，193
Banks, Sir Joseph，约瑟夫·班克斯爵士，37，147—149，314
　　as Keeper of Kew Gardens，~任英国皇家植物园管理者，148
　　as President of the Royal Society，~任皇

家学会主席 148
  Joseph Priestley and, 约瑟夫·普利斯特利与~, 410
Baptists, 浸礼派, 360
  另见宗教
Barbados, 巴巴多斯, 301
Barbauld, Anna Laetitia, 安娜·蕾蒂西亚·巴鲍德, 327, 398
  Evenings at Home..., 《家中的夜晚》, 352—353, 431
  The Rights of Women, 《女性权利》, 335
Barber, Francis, 弗朗西斯·巴伯, 364
Barbon, Nicholas, 尼古拉斯·巴尔本, 262, 380
Barker, Robert, 罗伯特·巴克:
  his Panorama, ~的巨幅画作, 270
Baron, Richard, 理查德·巴伦:
  The Pillars of Priestcraft..., 《教士骗术的柱石与正统的动摇》, 111
Barre, François Poulain de la, 弗朗索瓦·普兰·德·拉巴尔, 331
Barrow, Isaac, 艾萨克·巴罗, 55
Barruel, Abbé Augustin, 巴吕耶尔神父, xviii, 9
Barry, James, 詹姆斯·巴里, 145
Bath, 40, 巴斯, 143
Bath Chronicle, 《巴斯纪事》, 296
Bath and West of England Agricultural Society, 巴斯与英格兰西部农业协会, 308
Battie, William, 威廉·巴蒂, 216
Bayle, Pierre, 皮埃尔·培尔, 113, 120, 121, 234
  Dictionnaire, 《辞典》, 52, 152, 234—235
  on religion, ~论宗教, 234—235
Beattie, James, 詹姆斯·贝蒂, 243
beauty, 美, 见美学/审美
Beckford, William, 威廉·贝克福德:
  Vathek, 《瓦塞克》, 358
Beddoes, Thomas, 托马斯·贝多斯, 93—94, 153—154, 212—213
  on drink, ~论饮酒, 371
  on education, ~论教育, 345—346
  Extract of a Letter on Early Instruction, 《早期教育论摘要》, 346
  History of Issac Jenkins..., 《艾萨克·詹金斯、病弱的妻子萨拉和三个孩子的故事》, 373—374
  on language reform, ~论语言改革, 461
Bedford coffee house, 贝德福德咖啡馆, 36, 37
Bedlam, 疯人院, 见贝特莱姆医院
behaviour, 行为, 见人性条目
Behn, Aphra, 阿芙拉·贝恩, 326, 336
  Oroonoko..., 《奥鲁诺克, 或王奴》, 354, 361
Bekker, Balthasar, 巴尔萨泽·贝克, 221
  De Betoverde Weereld (The World Bewitch'd), 《充满巫术的世界》, 120, 221
Bell, Andrew, 安德鲁·贝尔, 371
Bell, John, 约翰·贝尔:
  Poets of Great Britain..., 《从乔叟到丘吉尔, 英国诗人全集》, 86
Bellers, John, 约翰·贝勒斯:
  Proposal for Raising a College of Industry..., 《关于创办一所包含一切实用手艺和农业的学院的建议》, 378
Bell's circulating library, 约翰·贝尔的租书图书馆, 87
Belsey, Catherine, 凯瑟琳·贝尔西, 338
Bennett, John, 约翰·贝内特:
  Strictures on Female Education, 《女性教育批判》, 336
Bentham, Jeremy, 杰里米·边沁, 4, 47, 111, 146, 396
  on America, ~论美国, 402

on animals，~论动物，349
Auto-Icon...，《自我肖像》，419
on colonialization，~论殖民化，355
on cost-efficiency，~论成本效益，379
Fragment on Government，《政府片论》，416
greatest happiness principle，最大幸福原则，xxi，264—265，416—417，418，419
on homosexuality，~论同性恋，xxi
influence/importance，~的影响与重要性，8，481，482
influences on，对~的影响，418
on language，~论语言，418
on the law，~论法律，33，213—214，416—418
life，~的生平，415—416
on John Locke，~论洛克，69
as a materialist，作为唯物主义者，419
on the modern，~论现代，228
Not Paul but Jesus，《不是保罗而是耶稣》，419，422
on Oxford University，~论牛津大学，347
as political reformer，作为政治改革家，416—422
Joseph Priestley and，约瑟夫·普利斯特利与~，412
as prison reformer，作为监狱改革者，419
on religion，~论宗教，419
on sex，~论性，274
on slavery，~论奴隶制，360
on superstition，~论迷信，219—220
as a utilitarian，作为功利主义者，421—422
on workhouses，~贫民习艺所，378，379
Bentley, Richard，理查德·本特利，98，134
Confutation of Atheism (Boyle Lectures)，《驳无神论》（波义耳讲座），136—137
on Nature，~论自然，299
Bentley, Thomas，托马斯·本特利，432

Berenger, Richard，理查德·贝伦格，286—287
Berkeley, George, Bishop of Cloyne，克罗因主教乔治·贝克莱，53，54，67，98，402
Essay Towards a New Theory of Vision，《视觉新论》，67
Berliner Mittwochgesellschaft，柏林星期三学会，1，2
Bethlem Hospital，贝特莱姆医院，216
Bible，《圣经》，12，49—50，52，76，100—101，102
criticism of，对~的批评，112—115，119，123，228
Daniel, book of，《但以理书》，133，155，414
interpretation of，对~的阐释，226—227，235—236，238，356
New Testament，《新约》，226
Psalms，《诗篇》，298
as source of faith，~作为信仰的来源 404—405
as source of language，~作为词汇的来源，235—236，237
as source of political reform，~作为政治改革的来源，404
另见宗教；基督教
Bickerstaff, Isaac (fictitious)，艾萨克·比克斯塔夫（虚构人物），见乔纳森·斯威夫特
Biographia Britannica，《大英名人传》，93
biological evolution，生物进化，见进化论
Birmingham，伯明翰，41，86，315，414，428 另见月亮社
Blackburne, Revd Francis，弗朗西斯·布莱克本牧师，404—405
The Cofessional，《忏悔录》，404
Blackmore, Sir Richard，理查德·布莱克莫尔：
The Creation，《创世记》，303
Blackstone, William，威廉·布莱克斯通，

192，321，408，416
 The Laws Respecting Women，《维护妇女权利法令集》，321
Blackwell, Anthony，布莱克韦尔，226—227
Blair, Revd Hugh，休·布莱尔牧师，196，245，246，288
 on Francis Hutcheson，论哈奇森，245
 Lectures on Rhetoric...，《修辞学和纯文学演讲集》，245，288
Blake, William，威廉·布莱克，86，129，482
 "America : A Prophecy"，《美利坚：一个预言》，402—403
 on Francis Bacon，论培根，463—464
 on capitalism，论资本主义，318—319
 on enthusiasm，论狂热，281
 on imagination，论想象，228
 An Island in the Moon，《月亮上的小岛》，463
 "Jerusalem"，《耶路撒冷》，318—319
 on John Locke，论洛克，463—464
 Milton，《弥尔顿》，318
 on Joseph Priestley，论普利斯特利，463
 as radical，作为激进分子，463—464
 on working class，论劳动阶层，381
Blasphemy Act (1697)，《亵渎神明法案》(1679)，107
 另见宗教
Bligh, Captain William，威廉·布莱船长，148
Blount, Charles，查尔斯·布朗特，235
 Great is Diana...，《以弗所的狄安娜之伟大》，119
Board of Agriculture，农业委员会，308
Board of Trade，贸易委员会，29
du Boccage, Marie Anne Le Page (Madame)，博卡日夫人，16，18
the body，身体：
 mind/body dualism，思想与身体二元论，141，407
 study of，对~的研究，208，209

 另见人性
Boerhaave, Herman，赫尔曼·布尔哈弗，134
Bolingbroke, Henry St John, 1st Viscount Bolingbroke，博林布鲁克，见第一代博林布鲁克子爵亨利·圣约翰
Bollan, William，威廉·伯兰：
 The Freedom of Speech...，《在所虑及的公共事务上发表言论与进行写作的自由》，192
books，书籍，见文学；印刷/书籍
booksellers，书商，75，82，83，85—86，93
Boothby, Sir Brooke，布鲁克·布思比，436
Boscawen, Francis，弗朗西丝·博斯科恩，77
Bossuet, Cardinal Jacques Bénigne，波舒哀：
 Histoire universelle，《普遍历史》，230
Boswell, James，詹姆斯·博斯韦尔，22，47，81，82，84—85，210，279
 David Hume and，休谟与~，127，210
 on industrialization，论工业化，432
 on prostitution，论性交易，271
 his role models，~的榜样，289
 另见塞缪尔·约翰逊
botanical gardens，植物园，146，437
botanical specimens，植物标本，148，273
Bougainville, Louis Antoine de，布甘维尔，361
Boulton, Matthew，马修·博尔顿，4，428，431，432，435
Boydell, John，约翰·博伊德尔，38
Boyle, Robert，波义耳，56，60，136，305，
Boyle Lectures，波义耳讲座，136—137，260，301，303
 1692 年的~，134，136
 1704—1705 年的~，104，137
Bridgewater Treatises，《布里奇沃特论文集》，299
Brighton，布莱顿，358
Brindley, James，詹姆斯·布林德利，436

Bristol，布里斯托，40，41，143，213，378，461
British coffee house，英国的咖啡馆，36
British Critic，《英国评论家》，81，480
British Museum，大英博物馆，39
Britophil，亲英者，见"威廉・荷加斯"
Brooke, Henry，亨利・布鲁克：
 The Fool of Quality，《高尚的愚人》，283
 Universal Beauty，《宇宙之美》，304
Brown, Revd John，约翰・布朗牧师，7，367
 Estimate of the Manners and Principles of the Times，《对这个时代礼仪与原则的评估》，194
 Thoughts on Civil Liberty...，《论公民的自由、不道德与派系斗争》，346
Brown, Lancelot(Capability)，"能人"布朗，312，313，317
Browne, Sir Thoams，托马斯・布朗爵士，103，259
Bruce, James，詹姆斯・布鲁斯，354
Brunton, Mary，玛丽・布伦顿，286，327
La Bruyère, Jean de，拉布吕耶尔，171
Bryant, Jacob，雅各布・布莱恩特，233
Buchan, William，威廉・巴肯，213
 Domestic Medicine，《家庭医学》，211—212
Budgell, Eustace，尤斯塔斯・巴杰尔，218
Bunyan, John，约翰・班扬，159
 Pilgrim's Progress，《天路历程》，75，157，219，220，262，264
Burgh, James，詹姆斯・伯格，403
 Political Disquisitions，《政治研究》，403—404
Burke, Edmund，埃德蒙・柏克，37，46，97，239
 on commercial societies，论商业社会，396
 on explorations，论探险，354
 on French Revolution，论法国革命，xviii，xix，9，413，448—449，465
 on Nature，论自然，299
 Tom Paine and，潘恩与~，453
 on political reform，论政治改革，399，480
 Philosophical Enquiry into...the Sublime and Beautiful，《对崇高与美概念起源的哲学探究》，164，226
 Joseph Priestley and，普利斯特利与~，413
 Reflections on the Revolution in France，《法国革命论》，158，448—449，452，464—465
 Mary Wollstonecraft on，玛丽・沃夫斯通克拉夫特对~的评析，335，449
Burnet, Gilbert, Bishop of Salisbury，吉尔伯特・伯内特，272
 History of the Reformation，《英国宗教改革史》，231—232
Burnet, Thomas，托马斯・伯内特，130—131
 Sacred Theory of the Earth，《地球的神圣理论》，130，300
Burnett, James, Lord Monboddo，蒙博杜勋爵詹姆斯・伯内特，162，334，461
 On the Origin...of Language，《语言的起源与进步》，322
Burney, Charles，查尔斯・伯尔尼，37
 General History of Music，《音乐通史》，93
Burney, Fanny，范妮・伯尼，143
 The Witlings，《才女》，400
Burney, Susan，苏珊・伯尼，39
Burns, Robert，罗伯特・伯恩斯，203，365
Burton, Robert，罗伯特・博尔顿，220
Butler, Joseph，约瑟夫・巴特勒，16，97—98，180
Button's coffee house，巴顿咖啡馆，36
Byng, John, 5th Viscount Torrington，第五代

托灵顿子爵约翰·宾，41，208，316
Byron, Lord，拜伦勋爵，474

Caledonian Mercury，《加勒多尼亚信使》，245
calendar reform，历法改革，214
Calvinism，加尔文宗，50，242，244，406—407，455
　　也见新教
Cambridge，剑桥，73
　　the Fens，《沼泽》，311
Cambridge University，剑桥大学，59，68，99，104，132，134，180，216，292，404，405，422—423，435，470
　　examination system，~的考试制度，347
　　Lucasian chair of mathematics，卢卡斯数学讲席教授，132
　　Plumian chair of astronomy，布卢米安天文学讲席教授，134
　　as Whig，辉格党的~，68
Campbell, Archibald, Bishop of Aberdeen，阿奇博尔德·坎贝尔，244
　　A Discourse Proving the Apostles were No Enthusiasts，《对使徒不是狂热信徒的论证》，244
Campbell, Dr Thomas，托马斯·坎贝尔，36
canals，运河，435，436
　　另见运输
Cannon, John，约翰·坎农，74
Carlyle, Thomas，托马斯·卡莱尔，296，297
　　"The Hero as Man of Letters"，《文人成为英雄》，479
Caroline, Queen，卡罗琳王后，32
Carter, Elizabeth，伊丽莎白·卡特，326—327，337，368
Cartesian science，笛卡尔主义科学，见笛卡尔
Cartwright, Major John，约翰·卡特莱特少校，336，403

Take Your Choice，《做出你的选择》，403
Cassirer, Ernst，恩斯特·卡西尔：
　　The Philosophy of the Enlightenment，《启蒙哲学》4，10—11
Castle, Terry，特里·卡斯尔，xix
Catalogue of 500 Celebrated Authors...，《大不列颠五百位著名当代作家名录》，327
Catcott, Revd Alexander，亚历山大·卡科特牧师，40，79
Catholicism，天主教，25
　　anti-catholicism，反天主教，49—50，103—104，106，123—124，224，241
　　beliefs，~的信仰，49
　　death, rituals of，~的葬礼仪式，210
　　Popish Plot（1678），天主教阴谋（1678），26，29
　　as a threat，~的威胁，26，49，72
　　另见宗教
Cavendish, Mad Madge，"疯狂玛琪"卡文迪什，见纽卡斯尔公爵夫人玛格丽特·卡文迪什
Cavendish, Margaret, Duchess of Newcastle，纽卡斯尔公爵夫人玛格丽特·卡文迪什，322，336
censorship，（书报）审查制度，2，25，31，72—73，271，477，
　　in France，法国的~，72
Cervantes Saavedra, Miguel de，塞万提斯
　　Don Quixote，《堂吉诃德》，289
Chambers, Ephraim，伊弗雷姆·钱伯斯，92，214
　　Cyclopaedia...，《百科全书》8，67，92，153，170—171，342
Chapone, Mrs，沙彭夫人，337
　　Letters on the Improvement of the Mind，《论心智提升书简》，337
Chapter coffee house，查普特咖啡馆，36

Charity，慈善，见慈善事业
Charles I, King of Gt Britain and Ireland，查理一世，18，24，28，185
Charles II, King of England, Scotland and Ireland，查理二世，24—26，34，185，296
Charlett, Arthur，夏莱特，30
Chatterton, Thomas，托马斯·查特顿，218
chemical industry，化学工业，436
Cheselden, William，威廉·切塞尔顿，67
Chesterfield, Philip Dormer 4th Earl，切斯特菲尔德伯爵，见第四代切斯德菲尔德伯爵菲利普·道摩·斯坦霍普
"Chevy Chase"（ballad），《切维·切斯》，365
Cheyne, George，乔治·切恩，139，367，282
children/young people，儿童/青少年，16，17，209
    diet，~的饮食，341—342，343
    education，~教育，见"教育"
    health，~的健康，341—342
    importance given to，~受到的重视，339—40
    parents，父母，16，324，335，340；mothers，母亲，328，329，330，343
    raising of，~的成长，339—342，343
    as rational beings，~作为理性生物，344
    toys/games for，~的玩具/游戏，268，341，343，344，345
    as wicked，邪恶的~，340
children's books，儿童读物，92，268，348
    educational，教育类的~，91—92，348，351—353
China，中国，357—358
Christianity，基督教：
    anti-clericalism，反教权主义，99，100，102，110—111，112—113，119，222，234；
    Bible，《圣经》，见《圣经》条目

clerics，教士，98—99，208
as corrupt/corrupting，腐败，xix
the Creation，创世，296，298，299，300，355—356，453
criticism of，对~的批评，8，111—127，也见上面的反教权主义；激进主义
faith/works dichotomy，信仰与善行二分法，102
feasts/fasts，宗教庆典/斋戒，259，267，269
God's existence, proof of，上帝存在的证据，104
history of，~的历史，230—231，233
hymns，赞美诗，97
Jesus as Messiah，耶稣作为弥赛亚，101—102
miracles，奇迹，114，123—124，226—227
Nature, Christain view of，基督教的"自然"观，297—299
original sin，原罪，259，262
pleasure, attitudes to，~对享乐的看法，258—260，273—275
prophecy/prophecies，预言，119，123
rejection of，背弃~，33，59，96—98，99，104，106，107，127—128，131
resurrection of the body，肉体的复活，109，114，411
sin/atonement，原罪/赎罪，470
the soul，灵魂，108—109，118，168，170—171
transubstantiation，圣餐变体论，103，124
the Trinity，三位一体论，102，104，107，109，133
wealth, attitudes to，~对财富的看法，384—385，388
也可见无神论；宗教
Chubb, Thomas，托马斯·查布，115，116

Chudleigh, Mary Lady，玛丽·恰德莱夫人，332
the church，教会，见基督教；教士；宗教
Church of Scotland，苏格兰教会，242，244—245，275
    the Kirk，教会，242，244
    Moderates，温和派，244—245
    也见宗教
Churchill, Charles，查理·丘吉尔，43
Cibber, Theophilus，西奥菲勒斯·西柏
    Lives of the Poets，《诗人传记》，327
cities，城市，见城镇／城市
citizenship，公民义务，200—203
Civil War/Interregnum（1642—1660），内战／大空位时期（1642—1660），17—18，21，24—25，28—29，125，151
    effects of，～的影响，50—51
Clairaut, Alexis Claucle，克莱罗，135
Clare, John，约翰·克莱尔，75，111，317
Clarendon Code（1661—1673），"克拉伦登法典"（1661—1673），25
Clark, J. C. D.，J. C. D. 克拉克，5，480
Clarke, John，约翰·克拉克：
    Essay upon the Education of Youth...，《论文法学校的青年教育》，343
Clarke, Samuel，塞缪尔·克拉克，32，178
    beliefs，～的信仰，104—105，112，118
    Boyle Lectures（1704—1705），～的波义耳讲座（1704—1705），104，137
    Anthony Collins and，安东尼·科林斯与～，167
    influence/importance，～的影响／重要性，127
    Isaac Newton and，牛顿与～，134
    Scripture-Doctrine of the Trinity，《三位一体的经文-教义》，104
class structure，阶级结构：

benevolence，善行，181，347；
leisured/upper class，有闲／上等阶层，146，218，266—267，276—277，351，399—401，另见财富
middle class，中等阶层，267，269，277，351，400—401
paternalism，家长式主义，19；也见下面的慈善事业
the people，人民，367—369；也见劳动阶层
philanthropy，慈善事业，14，15，17，19，145—146，148—149，207，374—376
political unrest and，政治动乱与～，449—450
rural life，乡村生活，见乡村生活条目
working class，劳动阶层，见劳动阶层条目
Cleland, John，约翰·克理兰：
    Memoirs of a Woman of Pleasure（*Fanny Hill*），《欢场女子回忆录》（《范妮·希尔》），271—272
clerics，教士，98—99，205
    anti-clericalism，反教权主义，99，100，102，110—111，112—113，119，222，234
    另见基督教；宗教
The Clockmaker's Outcry against...Tristam Shandy，《钟表匠对项狄的生活与观点的创作者的强烈抗议》，290
clothing，服装：
    for children，儿童～，341，343
clubs and societies，俱乐部、协会和学会，22，34，35，36—37，195，201，203，427
    political，政治性的～，449，450
    provincial，地方上的～，427—428
    in Scotland，苏格兰的～，245—246

for women，面向女性的 ~，326
另见各单个组织条目
Cobbett, William，威廉·科贝特，36，74—75，76
　　on critics，~论批判，87
　　on political reform，~论政治改革，399
Cobham, Viscount，科巴姆子爵，见威廉·坦普尔爵士
Cockburn, Catharine Trotter，凯瑟琳·科伯恩：
　　Defence of Mr Locke's Essay...，《捍卫洛克的人类理解论》，67—68，326
coffee houses，咖啡馆，20，30，34，35，80，142，326
　　importance of，~的重要性，35—36
　　另见各单独咖啡馆条目
coinage，货币，29
　　另见金钱
Coleridge, Samuel Taylor，塞缪尔·泰勒·柯勒律治，182，291，451，461—463，477
　　attacks on，对~的批评，463
　　Lay Sermons，《布道》，463
　　as neo-Platonist，~作为新柏拉图主义者，462—463
　　Religious Musings，《宗教沉思录》，462
　　Robert Southey and，~罗伯特·骚塞与，461—462
　　as Unitarian，一位论者 462
　　his Utopia plan，他的乌托邦构想，461—462
　　his *Watchman*，《守望者》，462
Collins, Anthony，安东尼·柯林斯，104，111，114，118—119，276，481
　　Samuel Clarke and，塞缪尔·克拉克与~，167
　　Discourse...of the Christian Religion，《论基督教的根据和理性》，119，123
　　John Locke and，洛克与~，118
　　Philosophical Inquiry concerning Human Liberty...，《人的自由与必然性之哲学探究》，407—408
　　Priestcraft in Perfection，《完美的教士骗术》，118
　　Joseph Priestley and，普利斯特利与~，407—408，411
Collins, Benjamin，本杰明·柯林斯，78
Collins, John，约翰·柯林斯，8
Colman, George，乔治·科尔曼，37，42，286
colonies/colonialization，殖民地/殖民化，40，301，355，362
　　trade with，与殖民地的贸易 384，386
　　另见探险航行；奴隶制/奴隶贸易
Colquhoun, Patrick，帕特里克·科洪，379
Commager, Henry Steele，亨利·斯蒂尔·康马杰，xviii，4
commercial societies，商业社会，16，18，25，40—41，149，189—190，247，396
　　dependency/interdependency in，依赖与相互依赖，187—188，390—392，399—400
　　development of，~的发展，248—249，252—254，391—392
　　David Hume on，休谟对~的论述，247—251
　　materialism，物质主义，243，253，264，390，411，419，437—438
　　Adam Smith on，斯密论~，252—253，254，390—393，471
　　trade，贸易，16，18，25，40—41，149，383—396
　　另见政治经济学
"Common Sense" philosopher，"常识"哲学家，243，410—411，440，464
Condorcet, Jean Antoine Nicolas de Caritat, Marquis de，孔多塞侯爵，10
　　Esquisse d'un Tableau Histrique...，《人

类精神进步史纲要》, 471
Congreve, William, 威廉·康格里夫 93
Constable, John, 约翰·康斯特布尔, 318
consumerism, 消费主义, 18, 265, 268, 277, 383
 production/consumption cycle, 生产与消费周期, 391—392
 shops, 商店, 35, 40, 268—269
contractarianism, 契约论, 188
Conway, Anne, 安妮·康韦:
 The Principles of ...Philosophy, 《古老与现代哲学的原则》, 326
Cook, James (Captain Cook), 詹姆斯·库克（库克船长）148, 354
 native peoples, attitude to, ~对土著居民的态度, 361—363
 Omai (the Polynesian) and, ~与欧迈（波利尼西亚人）, 361
Cook, Judith, 朱迪思·库克:
 Essay in Defence of the Female Sex, 《女性性别之辩护》, 333
Cooke, John, 约翰·库克, 86
Cooper, Anthony Ashley, 3rd Earl of Shaftesbury, 第三代沙夫茨伯里伯爵, 安东尼·阿什利·库珀, 3, 10, 22, 30, 160, 243, 276
 Characteristicks, 《人、风俗、意见与时代之特征》, 160—161
 on culture, ~论文化, 93
 as Deist, 作为自然神论者 333
 in exile, ~的流亡 26
 on Thomas Hobbes, ~论霍布斯, 160
 on human nature, ~论人性, 160—161, 166, 176, 261
 Francis Hutcheson and, 哈奇森与~, 176, 261
 on knowledge/learning, ~论知识与学习, 54, 88
 Letter Concerning Enthusiasm, 《论狂热》, 122
 on liberty, ~论自由, 193
 John Locke and, 洛克与~, 26, 29, 53—54, 160, 188
 on morality, ~论道德, 164
 on the natural order, ~论自然秩序, 17
 on Nature, ~论自然, 313
 as a Protestant, ~作为新教徒, 26
 on religion, ~论宗教, 122
 Soliloquy, 《独白》, 122
 on taste, ~论审美/品位, 163—164
 John Toland and, 约翰·托兰与~, 116
 on working classes, ~论劳动阶层, 368—369
Cooper, Thomas, 托马斯·库珀, 360—361
Copernicus, Nicolaus, 尼古拉斯·哥白尼, 130, 150
Copyright Act (1710), 《版权法案》(1710), 83
Cork, 科克郡, 241
 另见爱尔兰
Cotes, Roger, 罗杰·柯特斯, 134
Cotman, John Sell, 约翰·赛尔·柯特曼:
 Bedlum Furnace, near Madeley (picture), 《梅德利附近的贝德兰姆高炉》(画作), 315—316
Council of Trent (1545—1563), 特伦特会议, 49
Covent Garden Journal, 《科芬园杂志》, 69
Cowley, Abraham, 亚伯拉罕·考利, 299
Cowper, William 威廉·考伯, 317
Crabbe, George, 乔治·克拉布, 78, 99
The Craftsman, 《工匠》, 36, 189
the Creation, 创世, 296, 298, 299, 300, 355—356
creativity, 创造力, 279—280, 另见人性
Crèvecoeur, J. Hector St John de, 赫克托·圣约翰·德·克雷夫科尔, 402

Cribb, Tom，汤姆·克里布，269
Crichton, Alexander，亚历山大·克赖顿，216
cricket，板球，19，268，269
crime and punishment，犯罪与刑罚，xxi，19，167，213，353，413
 death penalty，死刑，107
 deportation，放逐，450
 William Godwin on，葛德文论~，456—457
 infanticide，杀婴，207，438
 prison reform，监狱改革，419—421
 robbery，抢劫，377
 suicide，自杀，217—219
 witchcraft，巫术，219—224
 另见法律改革；法律架构
Critical Review，《评论》，81
critics，评论，87—88
 另见文学；出版/书籍
Crocker, Lester，莱斯特·克罗克，4，9
cruelty，残忍，见暴力/残忍行为
Cudworth, Ralph，拉尔夫·卡德沃斯：*True Intellectual System of the Universe*，《宇宙的真实知识体系》，131
Cullen, William，威廉·卡伦，307
cultural developments，文化发展，12—13，20，25，92—93，277
 elite culture，精英文化，218，266
 erotic culture，情色文化，271—275
 London as cultural centre，伦敦作为文化中心，34—40
 oral culture，口传文化，76，365
 popular culture，大众文化，218，266，277，365—366，381—382，434
 in Scotland，苏格兰的~8，148，212—213，245—246，366
 for women，面向女性的~，277，326—327

 另见文学；印刷/书籍
Customs and Excise，关税与消费税局29，35
Daily Advertiser，《每日广告报》，270
Daily Courant，《每日新闻》，42，77
Dalrymple, Sir John，约翰·达尔林普尔爵士，252
Dalton, John，约翰·道尔顿，311
 Descriptive Poem，《叙事诗》，430
Darnton, Robert，罗伯特·达恩顿，9
Darwin, Erasmus，伊拉斯谟斯·达尔文4，139—140，146，147，209，428
 on agriculture，~论农业，308
 Thomas Beddoes and，贝多斯与~，154
 The Botanic Garden，《植物园》273
 as botanist，作为植物学家，436—437
 character，~的性格，437，444—445
 criticism of，对~的批评，274，466
 as Deist，作为自然神论者，437
 as doctor，作为医生，435，436
 on drink，~论饮酒，371
 on evolution，~论革命，439—443，444—445
 on human nature，~论人性，439—440
 influence/importance，~的影响与重要性，462
 on innovation，~论革新，435—456
 on insanity，~论疯癫，216—217
 as liberal，作为自由主义者，438—439
 life，~的生平，435
 Love of the Plants，《植物的爱》466
 as materialist，唯物主义者，437—438
 Phytologia，《植物学》，308，428—429
 Plan for...Female Education，《妇女教育指导方案》，436
 on religion，~论宗教，437
 on sex，~论性，272
 on slavery，~论奴隶制，438
 social circle，~的社交圈，435—436，

438

Temple of Nature,《自然神殿》, 183, 442—443, 477

Zoonomia,《动物学》, 183, 436, 437, 442

Dashwood, Francis, 弗朗西斯·达什伍德, 115

Davenant, Charles, 查尔斯·达芬南, 387—388

Daventry Academy, 达文特里学院, 407

Day, Thomas, 托马斯·戴, 329—330, 345, 350

    as political reformer, 政治改革家, 403

    Sandford and Merton,《桑福德与默顿》, 330, 351

    on slavery, ~论奴隶制, 359

death and burial, 死亡与葬礼, 209—211, 217—219, 419

Declaration of Indulgence (1672), 信仰自由宣言, 26

Defoe, Daniel, 丹尼尔·笛福, 35, 76, 196

    on authors, ~论著作家, 82

    on the church, ~论教会, 96—97

    Essay...of Apparitions,《论异象的历史与真实》, 229

    History of Apparitions,《幽灵史》, 383

    life, ~生平, 383

    Life of Colonel Jacque,《雅克上校传》, 360

    Moll Flanders, 摩尔·弗兰德斯, 283

    Political History of the Devil,《魔鬼的政治史》, 383

    on poverty, ~论贫困, 376—377

    his *Review*,《评论》79

    Robinson Crusoe,《鲁滨逊漂流记》8, 73, 75, 107—108, 262, 283, 429—430

    Short Way with Dissenters,《惩治不从国教者的捷径》73

    System of Magick,《魔法制度》, 383

    Tour Thro' the Whole Island...,《不列颠全岛纪游》, 40, 383

    on trade, ~论商业, 483—484

    True Relation of the Apparition...,《威尔夫人显灵记》, 383

    True-Born Englishman,《纯血统英国人》, 73

Deism, 自然神论, 10, 97—98, 111—115, 117—112, 138, 303, 364, 368, 437

    beliefs, ~的信仰, 111—112, 117, 119, 141, 233—234

    David Hume on, 休谟论~, 125—126, 127

    另见宗教

demography, 人口学, 12, 298, 379—381

    over-population, 人口过剩, 380, 457, 471

    Radicalism and, 激进主义与~, 470—471

Dennis, John, 约翰·丹尼斯, 83, 175

    on mountains, ~论山脉, 314

dependency/interdenpendency, 依赖与相互依赖, 187—188, 390—392, 399—400

    patronage, 资助, 34, 84—85, 148, 399

    另见商业社会；个体自由

Derby Philosophical Society, 德比哲学学会, 438

Derbyshire, 德比郡, 315, 316, 318, 436

Derham, Revd William, 威廉·德勒姆牧师, 98, 299

    Physico-Theology,《自然神学》, 105

Desaguliers, John Theophilus, 德萨吉利埃, 134, 137, 143

    Newtonian System of the World...,《牛顿的世界体系：政府的最佳模式，一首寓言诗》, 137, 184

    as Royal Society experimenter, 英国皇家学会的实验者, 142—143

Descartes, René，笛卡尔，6，8，55—56，63，65，109，118，131，139，141
 Discourse on Method，《论方法》55
 Geometry，《几何学》，55
 influence/importance，~的影响与重要性，134
 Isaac Newton and，牛顿与~，134，136，139，140
 Principles of Philosophy，《哲学原理》55—56
 on speech，~论演讲，235，238
determinism，决定论，167，219，291—292
Diderot, Denis，狄德罗，7，8—9，10，72，362
 Encyclopédie，《百科全书》，57，92，246
A Discourse on Witchcraft，~论巫术，223
discovery，探索发现，见探险航行；创新
disease，疾病，207—208，211，213，300，365
 另见药物与药品；医院；疯癫；医学
Disney, John，约翰·迪斯尼，405
disposable incomes，可支配收入，12，266，377
 另见财富
D'Israeli, Isaac，艾萨克·迪斯雷利：
 Vaurien，《无赖》459
dissent/dissenters，不从国教／不从国教者，31—33，127，188，333，334，335，415
 beliefs，~的信仰，398—399
 Rational Dissenters，理性的不从国教者，403
 schools run by，不从国教者管理的宗教，346—347，383，407，408，455，470，474
 on slavery，论奴隶制，360—361
 另见政治改革；新教
divorce，离婚，见婚姻

doctors，医生，373—374，
 另见医学
Doddridge, Philip，菲利普·多德里奇，347
Dolomieu, Déodat（Dieudonné Sylvain Guy Tancrede），多洛米厄，148
Donne, John，约翰·多恩，303
Douglas, James, 14th Earl of Morton，第十四代莫尔顿伯爵詹姆斯·道格拉斯，362
Douglas's coffee house，道格拉斯咖啡馆，142
Drake, Judith，朱迪思·德雷克：
 Essay in Defence of the Female Sex，《女性性别之辩护》，323
drama，戏剧，293，327
 也可见文学
drink，喝酒，见酗酒；饮食
drugs and medicines，药物与药品283，300
 另见疾病；医学
Druids，德鲁伊教徒，240—241
 另见宗教
drunkenness，酗酒，371—372
Drury Lane theatre，德鲁里巷剧院，38
Dryden, John，约翰·屈莱顿，36
 Absolom and Achitophel，《押沙龙与亚希多弗》，110
Dublin，都柏林，241
 另见爱尔兰
Dublin Society，都柏林学会，241
Duck, Stephen，斯蒂芬·杜克，365
Dunton, John，约翰·邓顿，81—82，331
duty/duties，责任，1—2，15，161—162，167，178，261，263，278，456，457—458
 另见道德／品行
Dyer, John，约翰·戴尔，378—379

East India Company，东印度公司，36
Essay Club（Scotland），舒适俱乐部（苏格兰），245

Eccles, John，约翰·埃克尔斯，292
economic development，经济发展，40，189—190，193—194，199—200
　　disposable incomes，可支配收入，12，266；wage levels，工资水平，377
　　innovation，创新，见创新条目
　　in Scotland，苏格兰的~，247
　　wealth，财富，172—173，174，180，189—190，193—194，199，248—249，266—267，383—396
　　另见政治经济学
economic problem，经济问题，450—451
Eden, Sir Frederick Morton, bart，弗雷德里克·莫尔顿·伊登，17，377
Edgeworth, Maria，玛利亚·埃奇沃思，286，327，344，345
　　The Absentee，《缺席者》，353
　　Harrington，《哈林顿》，353
Edgeworth, Richard Lovell，理查德·洛弗尔·埃奇沃思，147，213，343—344，345，436
　　Practical Education，《实践教育》344，345，436
Edinburgh，爱丁堡，xvii，128，246
　　另见苏格兰
Edinburgh Evening Courant，《爱丁堡晚报》，245
Edinburgh Review，《爱丁堡评论》，245，246，483
Edinburgh University，爱丁堡大学，68，90，222，243，245，246，255—256，307，347，435
education，教育，339—348，351—363，436
　　for adults，成人~，353—358
　　coeducational，男女合校教育，333，343
　　importance of，~的重要性，340，433，456
　　in Ireland，爱尔兰的~，345
　　literacy，文学~，74—75，76，345；见出版/书籍
　　of native peoples，对土著民族的~，354，361
　　philanthropic，慈善~，146
　　of the poor，贫民~，346
　　printing/books as，作为~的印刷/书籍，94—95
　　process of，~的发展，265，340—342
　　psychology and，心理学与~，344
　　purpose，~的目的，341，342，345—346，350—351，353，363
　　religious，宗教~，74，346，347
　　schools，学校~，见学校
　　scientific，科学~，344
　　universal，普适~，346
　　universities，大学~，见大学条目
　　for women，女性~，322，326，331，333，334，335，336，342，343，344，436
　　for working class，劳动阶层的~，346，347，370—371，377—378，433—439
educational books，教育书籍，91—92，348，351—353
educational methods，教育方法，342，347，371
Edwards, John 约翰·爱德兹：
　　Socinianism Unmasked，《露出真面目的索齐尼派》，109—110
Edwards, Thomas，托马斯·爱德华兹，105
electricity，电，408
Elliot, Sir Gilbert, bart，吉尔伯特·艾略特，准男爵，243
Ellis, Joyce，乔伊斯·埃利斯，326
emancipation，解放：
　　definition，~的含义，48
　　from the past，从过去~出来，48—71
　　knowledge/learning as，作为~的知识/学问，51—71
　　political，政治~，见政治自由
　　religious，宗教~，见宗教；宗教宽容

另见个体自由；现代性
emotions，情感，125，128，250，281，440—441
　　另见人性；个人情感
enclosure，圈地，306，309—310，317，318，366，386—387，451，459
　　另见农业
Encyclopaedia Britannica，《大英百科全书》，92
English Enlightenment，英国启蒙运动：
　　beginnings，~的开端，1—71
　　as conservative，~的保守性，32
　　definition，~的定义，xv，11—12
　　as distinctive，~的独特性，481—484
　　early，早期~，xv，24—275
　　as emancipation from the past，作为从过往中的解放，48—71
　　first，第一次~，见上文早期~
　　as ignored/denied，~被忽视与否定，1—12，31
　　late，后期~，xv，275—475
　　light as symbol of，光明作为~的象征，44—47，48
　　as localized，本地化的~，12
　　John Locke as father of，洛克作为~之父，481
　　as modernizing，~作为现代化，见现代化条目
　　nature of，~的本质，xviii—xxii，3，12—23，32，48，277
　　political background，~的政治背景，25—28
　　pre-Enlightenment，前启蒙运动，xv
　　results of，~的成果，23
　　second，第二次~，见上文晚期~
　　significance of，~的重要性，476—484
　　use of the phrase，对~这一词语的使用，2，5
　　另见启蒙／启蒙运动；欧洲启蒙运动；苏格兰启蒙运动
the English malady，英国病，282
English Review，《英国评论》，81
enlightenment/s，启蒙／启蒙运动，xvi
　　definition，~的定义，1
　　nature of，~的本质，xviii—xix，1—2，9—10，11
　　另见英国启蒙运动；法国启蒙运动；苏格兰启蒙运动
entertainment，娱乐：
　　art galleries，画廊，38—39，270
　　church's attitude to，教会对~的态度，97，268
　　fairs，集市，267，270
　　games/sports，游戏／运动，19，214，267，268，269，341，343，344，349，370
　　as an industry，~产业，268
　　music，音乐，241，269—270，365—366，434
　　museums，博物馆，39，146，148，270，434
　　pleasure gardens，娱乐花园，19，35，269，270
　　sensational，哗众取宠的~，270
　　theatres/concert halls，剧院／音乐厅，34，35，38，39—40，97，241，268，269—270，434
　　另见艺术；幸福
enthusiasm，狂热，125，128，281
entrepreneurial activity，具有企业家精神的活动，39—40，431—434
the environment，环境，见自然
Equiano, Olaudah，奥拉达·艾奎亚诺，359
ethics，伦理学，见道德／品行
ethnography/ethnology，人种学／人类文化学，354，35
Eton College，伊顿学院，143

European Enlightenment, 欧洲启蒙运动, xviii, xix, 1—3
　English influence on, 英国对～的影响, 6—9
　Englih, 英国的～, 见英国启蒙运动
　French, 法国的～, 见法国启蒙运动
　Scottish, 苏格兰的～, 见苏格兰启蒙运动
Evangelicalism, 福音派 / 福音主义, 33, 361
　as anti-reform, 反对改革, 467—470
　另见宗教
Evans, Evan, 埃文·埃文思：
　Some Specimens of...Welsh Bards, 《古代威尔士吟游诗人诗歌选集》, 365
Evelyn, John (the Elder), (老) 约翰·伊夫琳, 24, 300—301
　Silva..., 《林木志：论上帝领土中的森林树木与树木繁殖》, 306
evolution, 进化论, 162, 355—356
　Erasmus Darwin on, 伊拉斯谟斯·达尔文论～, 439—443, 444—445
　heredity, 遗传性, 441
　另见人性
Examiner, 《考察者》, 80
Exclusion Crisis (1679), 王位排除危机, 26, 29, 110, 185
Exeter, 埃克塞特, 40
experience, 经验, 见知识 / 学识
exploration, voyages of, 探险航行, 51, 53, 148, 297, 354—345
　native peoples, attitude to, 对土著居民的态度, 356, 358, 361—362
　racial issues, 种族问题, 356—357
　另见殖民地 / 殖民化；奴隶制 / 奴隶贸易

fairs, 集会, 267, 270
faith, 信仰, 见基督教；宗教
family life, 家庭生活, 16, 201
　parents, 父母, 16, 324, 335, 340; mothers, 母亲, 328, 329, 330, 343
farming, 耕作, 见农业
Feathers Tavern Petition (1772), 羽毛酒馆请愿书, 405
Female Spectator, 《女旁观者》, 80
Females, 女性, 见妇女
Ferguson, Adam, 亚当·弗格森, 162, 235, 246
　An Essay on the History of Civil Society, 《文明社会史论》, 247, 394
　David Hume and, 休谟与～, 247, 251
　Institutes of Moral Philosophy, 《道德哲学原理》, 255
　Adam Smith and, 斯密与～, 394
Ferguson, James, 詹姆斯·弗格森, 143
Fielding, Henry, 亨利·菲尔丁, 35, 69, 80
　Amelia, 《阿米莉亚》, 73
　The Author's Farce, 《作家的闹剧》, 82
　on happiness, ～论幸福, 264
　An Inquiry into...Robbers, 《对于近期盗贼增加的原因探究》, 377
　Tom Jones, 《汤姆·琼斯》, 324
　on trade, ～论贸易, 384
　on working classes, ～论劳动阶层, 368
Fielding, Sir John, 约翰·菲尔丁爵士, 372
Fielding, Sarah, 莎拉·菲尔丁, 290
　Adventures of David Simple, 《大卫·桑普勒历险记》, 283
Fifth Monarchist Rising (1662), 第五王国派暴动, 25
Filmer, Sir Robert, bart, 罗伯特·菲尔默, 340
　John Locke on, 洛克论～, 61, 186, 217, 359
　Patriarcha, 《父权制》, 185
Firmin, Thomas, 托马斯·弗明, 378
Fletcher, Andrew, 安德鲁·弗莱彻, 247
folk culture, 民间文化, 见大众文化

Fontenelle, Bernard le Bovier de, 伯纳德·丰特奈尔, 120
  De l'origine des fables,《神话起源》, 234
food and drink, 饮食, 206
  for children, 儿童的~, 341—342, 343
  drunkenness, 酗酒, 371—372
  food supplies, 食物供应, 380, 381, 417—412, 473
  pleasures of, ~之乐, 270—271
  vegetarianism, 素食主义, 314
  另见咖啡馆；酒馆
Fordyce, George, 乔治·福代斯, 307
  Elements of Agriculture and Vegetation,《农业与植被原理》, 307
Foucault, Michael, 米歇尔·福柯, xviii,
Foundling Hospital, Bloomsbury, 布鲁姆斯伯里的育婴堂, 207
Fox, Charles James, 查尔斯·詹姆斯·福克斯, 477, 451
France, 法国, 40, 382
  England and, 英国与~, 27, 450, 474
  Huguenots, 胡格诺派, 26, 27
  John Locke's ideas in, 洛克的思想在~, 67
  Isaac Newton's ideas in, 牛顿的思想在~, 134—135
  printing/books in, ~的印刷与书籍, 72
  Revocation of Edict of Nantes (1685), 废除《南特敕令》, 26
  under Louis XIV, 路易十四时期的~, 26, 28, 30, 49
  另见法国启蒙运动；法国大革命
Franklin, Benjamin, 本杰明·富兰克林, 146, 148, 196, 408, 435, 457
Frederick the Great, King of Prussia, 腓特烈大王, 1, 2
free trade, 自由贸易, 16, 18, 303, 386—388, 389

free will, 自由意志, 219, 407—408, 411—412
freedom/s, 自由, 见个体自由；政治自由
freemasonry, 共济会, 37—38
Free-Thinker,《自由思想家》, 2, 80
free-thinkers, 自由思想家, 见自然神论者
Freind, John, 约翰·福林德, 134
French Enlightenment, 法国启蒙运动, xvii—xviii, 3, 9, 11
  English influence on, 英国对~的影响, 6—9
  as totalitarian, 极权主义的~, xviii
French Revolution (1789—1792), 法国大革命, 72, 212, 337, 355, 400, 403, 432
  Edmund Burke on, 柏克论~, xviii, xix, 9, 413, 448—449, 465
  Influence of, in England, ~对英国的影响, 6, 9—10, 447—450, 465, 474
Frend, William, 威廉·弗伦德, 208, 292, 461, 470
Friends of the People, 人民之友, 403
"Friends of the Revolution", Birminghan, 伯明翰的"革命之友", 414
Fuseli, Henry (Johann Heinrich Fuessli), 亨利·菲斯利, 227, 293

Gadbury, John, 约翰·盖布利, 151
Gainsborough, Thomas, 托马斯·庚斯博罗, 310
Gale, Theophilus, 西奥菲勒斯·盖尔：
  The Court of the Gentiles,《外邦人院》, 230—231
Galileo, Galilei, 伽利略, 52, 130, 133
gambling, 赌博, 269
games/sports, 游戏/运动, 19, 214, 267, 268, 279, 370
  for children, 儿童的~, 341, 343, 344
  cruel sports, 残忍的运动, 349

gardens/gardening，花园／园艺学，215，311—313
　　另见自然
Garraway's coffee house，葛瑞威咖啡馆，36
Garrick, David，大卫·加里克，37，93
Gassendi, Pierre，皮埃尔·伽森狄，139
Gay, John，约翰·盖伊，35，84，194
　　Beggar's Opera，《乞丐歌剧》，38
Gay, Revd John，约翰·盖伊牧师，16，422
　　Preliminary Dissertation...of Virtue or Morality，《美德或道德基本原则刍论》，180
Gay, Peter，彼得·盖伊，xix，3，9，10，31
gender issues，性别问题，xvi，278
　　另见女性
General Dispensary, Aldersgate Street，综合诊疗所，奥尔德斯盖特街，146
genius，天赋，279，280—281
　　也可见人性
Gentleman Jackson，"绅士"杰克逊，见约翰·杰克逊
Gentleman's Magazine...，《绅士杂志》，80—81，214，313，327，370
　　scientific coverage，科学报道，149，207
George I, King of Gt Britain and Ireland，乔治一世，30
George II, King of Gt Britain and Ireland，乔治二世，32
George III, King of England，乔治三世，34，148，403
Gerard, Alexander 亚历山大·杰拉德：
　　An Essay upon Genius，《天才论》，280
German drama，德国戏剧，293
Germany，德意志，1，8，9，10
Giannone, Pietro，詹诺内·彼得罗，8
Gibbon, Edward，爱德华·吉本，37，46，95
　　Decline and Fall...，《罗马帝国衰亡史》，84，231，357，426—427

on France，~论法国，7
on French Revolution，~论法国革命，xix
History of England，英国历史，231
on literature，~论文学，84
on Oxford Unversity，~论牛津大学，347
Joseph Priestley and，普利斯特利与~，409
on reading，~论读书，74
on religion，~论宗教，50—51，96，128，259
Gilpin, William，威廉·吉尔平，99，314
girls，女孩，见儿童／青少年；女性
Glanvill, Joseph，约瑟夫·格兰维尔，304—305
　　Sadducismus Triumphatus，《撒都该主义的胜利》，225
Glasgow University，格拉斯哥大学，242，244，246，253，347，389
Glasse, Hannah，汉娜·格拉斯：
　　Art of Cookery...，《让厨艺简单易行》，91
Glorious Revolution (1688)，光荣革命（1688）14，18，29，30，136，188，193，300，301，446，447，477
　　Revolutionary Settlement，革命解决方案，27，453
Gloucester Academy，格洛斯特学院，347
Godwin, William，威廉·葛德文，4，127，167，292，352
　　as anarchist，无政府主义者，455—459
　　as atheist，无神论者，455
　　Caleb Williams，《凯莱布·威廉斯传奇》，324，458
　　as Calvinist，加尔文教徒，455
　　criticism of，对~的批评，274，459，466
　　Dramas for Children，《儿童戏剧》，352
　　Enquiry concerning...Political Justice，《政治正义论》，183，291，455—459
　　on genius，~论天才，279
　　on the individual，~论个人，456—457，458

influence/importance，~的影响与重要性，462，481，482

Memoirs of the Author of the Vindication of the Rights of Woman，《〈女权辩护〉作者传》，292—293

on political reform，~论政治改革，399，404，471，472

on printing/books，~论印刷 / 书籍，477

on property，论财产，310

Things as They Are...，《凯莱布·威廉斯传奇》458

Mary Wollstonecraft and，沃夫斯通克拉夫特与~，292—293

Goldie, Mark，马克·戈尔迪，xix

Goldsmith, Oliver，奥利弗·戈尔德斯密斯，37，43，82，85，239

"Chinese Letters"，《中国信札》，81

The Citizen of the World，《世界公民》，357—358

The Deserted Village，《荒村》，317，366

An History of the Earth and Animated Nature，《地球与自然史》，83，142，300，301，303，304

Vicar of Wakefield，《威克菲德的牧师》，283

"Good Old Cause"，"美好的古老事业"，31，33

Goody Two-Shoes，《好小姐》，348

Gordon, John，约翰·戈登，236

Gordon, Thomas，托马斯·戈登：

Cato's Letters，《加图信札》，190—191

The Independent Whig，《独立辉格党人》，111

as MP，~担任议员，276

"Of Witchcraft"，《论巫术》，221

Gordon Riots (1780)，1780年戈登暴动，51

Gothic style，哥特风格：

in literature，~文学，227—228，291

government，政府，见君主制；政治结构

Graham, James，詹姆斯·格雷厄姆，143

Grand Trunk canal，大特伦托运河，436

Grainger, James，詹姆斯·格兰杰：

The Sugar-Cane，《甘蔗》，359

Grand Tour，大游学，267

's Gravesande, William Jacob，威廉·雅各布·斯赫拉弗桑德，134

Gray, Thomas，托马斯·格雷：

"Elegy written in a Country Churchyard"，《墓园挽歌》，95

on mountains，~论山脉，314

Greek civilization，希腊文明，34，51—52，189，193—194，200，233，235，258—259，273

Greene, Robert，罗伯特·格林，140

Gregory, David，大卫·格里高利，134

Griffith, Elizabeth，伊丽莎白·格里菲思，327

Grosley, Pierre Jean，皮埃尔·让·格罗斯莱，19，206

Grotius, Hugo，休·格劳布斯，161

Grub Street，格拉布街，82—83

Grub-Street Journal，《格拉布街日报》，80

Guardian，《卫报》，69，80，194，242

Guy's Hospital，盖伊医院，207

Gwyneddigon (London Welsh society)，"盖内德帮"（伦敦威尔士人社团），241

Hackney Academy，哈克尼学院，474

Hakewill, George，乔治·黑克威尔，300

Hale, Sir Matthew，马修·黑尔爵士，306

Hales, Revd Stephen，斯蒂芬·黑尔斯牧师，180，349

Halifax，哈利法克斯，见第一代哈利法克斯伯爵查尔斯·蒙塔古

Advice to a Daughter，《给女儿的忠告》，322

Hall, Charles，查尔斯·霍尔，472—473

The Effects of Civilization...，《文明对欧

洲国家人民的影响》, 472
Haller, Albrecht von, 阿尔布莱克·冯·哈勒, 146
Halley, Edmond, 埃德蒙·哈雷, 133
Hall-Stevenson, John, 约翰·霍尔-史蒂文森:
 Two Lyric Epistles,《两封抒情书札》, 290
Hamilton, Elizabeth, 伊丽莎白·汉密尔顿, 327
 Letters of a Hindo Rajah,《一位印度王公的信札》, 466
 Memoirs of Modern Philosophers,《现代哲人传》, 459, 466—467
Hamilton, Sir William, 威廉·汉密尔顿爵士, 273, 322
 "Account of...the Worship of Priapus",《普利阿普斯崇拜遗风之研究》, 273
Hampden Club, 汉普登俱乐部, 403
Handel, Georg Friedrich, 亨德尔, 241, 270
 Acis and Galatea,《阿西斯与加拉蒂亚》, 310
Hanway, Jonas, 乔纳斯·汉韦, 97, 420
 Defects of Police,《警政的不足之处》, 372—373
happiness, 幸福, 14—17, 21—22, 258—275
 Jeremy Bentham on, 边沁论~, xxi
 consumerism as, 消费主义, 18, 265, 268, 277, 283
 dangers of, ~的危害, 17—18
 David Hartley on, 大卫·哈特利论~, 180—181
 David Hume on, 休谟论~, 248—249
 Francis Hutcheson on, 哈奇森论~, 168, 169
 entertainment, 娱乐, 见娱乐主条目
 erotic culture and, 情色文化与~, 271—275
 food, interest in, 口腹之欲, 270—271
 nature of, 幸福的本质, 248—249
 pleasure/pain nexus, 快乐与痛苦的联系, 418, 439—440
 religion and, 宗教和~, 258—260, 273—275
 as a right, ~权, 264
 rural leisure, 乡村休闲活动, 267
 self-interest, 自利, 173—175, 178, 180, 262—263, 265, 389, 390
 sources of, ~的源泉, 266—275, 432—433
 time to enjoy, 有时间享受~, 266—467 也可见人性
Hardy, Thomas (radical leader), 托马斯·哈代 (激进派领袖), 450
Harley, Robert, 1st Earl of Oxford, 第一代牛津伯爵罗伯特·哈雷, 116
Harrington, James, 詹姆斯·哈林顿, 188—189, 190, 390
 Oceana,《大洋国》, 188, 460
Harris, James, 詹姆斯·哈里斯, 193, 461
 Hermes...,《赫尔墨斯：关于普遍语法的哲学研究》, 461
Harris, John, 约翰·哈里斯:
 Lexicon Technicum,《技术辞典》, 66—67, 92
Hart, Francis, 弗朗西斯·哈特, 430—431
Hartley, David, 大卫·哈特利, 22, 68
 as a Christian, 作为基督徒, 179, 180—181, 182
 on human nature, ~论人性, 171, 179—183, 264
 influence/importance, ~的影响与重要性 182—183, 291—292, 437, 440
 on knowledge, ~论知识, 426
 life, ~生平, 180
 on novels, ~论小说, 288
 Observations on Man...,《对人的观察，他的体格，他的责任以及他的期望》, 180, 182, 407—408, 411
 Joseph Priestley and, 普利斯特利与~, 171, 182—183, 410—411
 Theory of the Human Mind,《人类心灵论》

182—183
Harvey, William，威廉·哈维，51，153
Hauksbee, Francis，弗朗西斯·豪克斯比，134
Hawkins, Sir John，约翰·霍金斯爵士：
　A General History of ...Music，《科学与音乐行为通史》，92—93
Hawkins, Laetitia-Matilda，蕾蒂西娅·玛蒂尔达·霍金斯：
　Letters on the Female Mind...，《论女性心灵，它的力量和追求》，337
Haydn, Joseph，约瑟夫·海顿，16
Haymarket Theatre，海马基特剧院，143
Hays, Mary，玛丽·海斯，291，292，466，479
　Female Biography，《女性传记》，327
　Memoirs of Emma Courtney，《艾玛·考特尼回忆录》，70，291—292，293，294，400
Hayter, Thomas, Bishop of London，伦敦主教托马斯·海特：
　Essay on the Liberty of the Press，《出版自由论》，192
Haywood, Eliza，伊莱莎·海伍德，80，326
Hazlitt, William，威廉·哈兹利特，86，294
　on Jeremy Bentham，~论边沁，418
　on dissent，~论不从国教，474
　on French Revolution，~论法国革命，474
　on Thomas Holcroft，~论托马斯·霍尔克罗夫特，484
　life，~生平，474
　on political economy，~论政治经济学，396
　Political Essays，《政治论》，475
　as Radical，激进分子，474—475
　on reason，论理智，xxi
health，健康，341—342
　也可见疾病；医院；医学
health education，健康教育，211—213
Hearne, Thomas，托马斯·赫恩，30
Heidegger, J. J，海德格尔，39
Hellfire Club，地狱之火俱乐部，115

Henry, Thomas，托马斯·亨利，427
von Herder, Johann Gottfried，赫尔德，235
heredity，遗传，441
　也可见进化
heresy，异端，107，244
　另见基督教；宗教
Herschel, Sir William，威廉·赫谢尔爵士，155
Hervey, John, Baron Hervey of Ickworth，约翰·赫维，43
Hill, Aaron，艾伦·希尔，80
Hill, Christopher，克里斯托弗·希尔，xix, 4
Hinckley Academy，欣克利学院，347
history，历史：
　antiquarianism，好古研究，230，231，267
　as God centred，以神为中心，230—231，233
　historical evidence，史实，230
　as myth，神话，232—235
　national identity，民族认同，42—44，49，92—93，148，231—232，239—246
　nature of，~的本质，xix，230—242，355，476—484，
　as philosophical，~哲学，232—233
　standard texts，标准文本，230—232
Hobbes, Thomas，托马斯·霍布斯，13，18，25，32，52，57—59，139
　as anti-clerical，反教权，59，119
　De Cive，《论公民》59
　in exile，流亡国外，58
　Leviathan，《利维坦》，58，59，160，161，220，260
　John Locke and，洛克与~，64—65
　on the natural order，~论自然秩序，58—59，60，119，164，260
　on self-knowledge，~论自我认知，165
　Shaftesbury on，沙夫茨伯里论~，160
　on witchcraft，~论巫术，220
Hobsbawm, Eric，埃里克·霍布斯鲍姆，xix

Hodgson, William，威廉·霍奇森，
　　The Commonwealth of Reason，《理性共和国》，459
Hogarth, William，威廉·荷加斯，20，35，43—44，84，96，275，364
　　Analysis of Beauty，《美的分析》，215
　　"Credulity, Superstition and Fanaticism"（engraving）《轻信、迷信与狂热》，（版画），224—225
　　Four Stages of Cruelty，《四个残酷舞台》，349
　　A Harlot's Progress，《妓女生涯》，373
Holbach, Paul Henry Thiry d'，保罗·亨利·霍尔巴赫，10
Holcroft, Thomas，托马斯·霍尔克罗夫特，76，398，401，466
　　The Adventures of Hugh Trevor，《休·特雷弗历险记》，401
　　William Hazlitt on，威廉·哈兹利特论～，484
Holland，荷兰，3，10，72
　　Dutch Republic，荷兰共和国，34，134
　　English Protestants in exile in，在～逃亡的英国新教徒，26
　　Isaac Newton's ideas in，艾萨克·牛顿对～的看法，134
　　religious toleration，～的宗教宽容，107
　　Remonstrants，抗辩派，29
Home, Henry, Lord Kames，凯姆斯勋爵亨利·霍姆，244，263，307
　　"Diversity of Men and Languages"，"人类和语言的多样性"，357
　　Essays on... Morality and Natural Religion，《论道德与自然宗教原则》244，251
　　The Gentleman Farmer...，《乡绅：依据理性原则的检验进行农业改良的尝试》，307
　　Historical Law-Tracts，《历史上的法律小册子》，251
　　on the law，～论法律，251—252
　　Sketches of the Hisrory of Man，《人类史纲》，251
　　on social change，～论社会变迁，252
Home, Revd John，约翰·霍姆牧师，244
homosexuality，同性恋，xxi, 274, 294
　　另见性行为
Honourable Society for the Improvement of Knowledge in Agriculture（Scotland），"改进农业知识荣誉协会"，245
Hooke, Robert: *Micrographia*，罗伯特·胡克：《显微图谱》，149
Horne, Revd John，约翰·霍恩牧师
　　见霍恩·图克
hospitals，医院，206—207
　　as charitable institutions，作为慈善机构的医院，375—376
　　for the insane，疯人院，216
　　Magdalen hospitals，娼妓救济所，207，373
　　另见医学实验
Hot-air balloons, 热气球，266
Houghton, John，约翰·霍顿
　　Collection for Improvement of Husbandry...，《农业与商业改良选辑》，144，306—307
house lighting，室内照明，44
Howard, John，约翰·霍华德，147，420
Howell, William 威廉·豪威尔
　　History of the World，《世界史》，230
Hoxton Academy，霍斯顿非国教徒学院，455
Hoyle, Edmund：埃德蒙·霍伊尔：
　　The Polite Gamester...，《文明的赌徒，关于惠斯特牌、夸德里尔牌、双陆棋和国际象棋的简明论著》，214
Huguenots，胡格诺教徒，26，27
Hulme, Thomas Earnest，托马斯·欧内斯

特·休姆，228
human nature，人性，156—183，364
 acquisitiveness，好奇心，172—13，174，180，390；
 另见财富
 animals compared to 与动物比较，349—350
 creativity，创造力，279—280
 cult of the new，对新事物的崇拜，158—160，480—481
 emotions，情感，125，128，250，281，440—441
 enthusiasm，热情，125，128，281
 evolution，进化，162，355—6，439—443，444—445
 genius，天才，279，280—281
 habits，习惯，170，440—441
 happiness，幸福
 human history and，人类历史与~，162，248—249，252—254
 imagination，想象，279，395
 inner enlightenment 内在启蒙，
 the mind，心灵，141，407，440，457—458
 natural order and，自然秩序与，161—162，183
 natural philosophy，自然哲学，132—138，255—257，304—305
 nervous system/neurology，神经系统/神经学，182，183，281—283，328—329
 optimism，乐观主义，160—161，363，396，424—427
 pleasure，愉悦，见幸福
 psychology，心理学
 religion and，宗教与~，156—157
 science/sentiment debate，科学/情感争论，350
 self-control，自制力，341
 self-interest，利己，173—175，178，180，262—263，265，389，390；另见幸福
 self-knowledge，自知，163，165—171，176，177，201—203，217—218，276—294
 the senses/sensations，官能/感觉，169，177，180，182，439—440，442
 sexual behaviour，性行为
 the soul，灵魂，108—109，118，168，170—171
 understanding，理解，63—64，163，167，169—170
 volition，意志力，440，442
 the will，意志、意愿，169—170
 另见疯癫；理性/理性主义，
Humanism，人道主义，20，52，158—159
Hume, David，大卫·休谟，68，89—91，196，247—251，464
 on avarice，~论贪婪，250
 on beauty，~论美，164，165
 James Boswell and，詹姆斯·鲍斯韦尔与~，127，210
 on causality/causation，~论因果律，126—127
 on clubs and societies，~论俱乐部与社团，245—246
 on commercial societies，~论商业社会，247—251
 Dialogues... Natural Religion，《自然宗教对话录》，126，127
 Enquiry... Human Understanding，《人类理解研究》，126—127，165—166
 as essayist，作为散文家的~，90—91，197—198
 Adam Ferguson and，亚当·弗格森与~，247，251
 in France，~在法国，90
 on happiness，~论快乐，248—249
 as heretic，异端信徒，244

on history, ~论历史, 230, 231, 232
History of England,《英国史》, 90
on human nature, ~论人性, 176—179, 288—289
influence/importance, ~的影响/重要性, 140, 440, 482
on justice, ~论正义, 198—199
on learning, ~论学习, xxii, 59—60, 477
on liberty, ~论自由, 197—199, 399
life, 生平, 89, 90, 128
mental problems, 精神问题, 89—90, 176
"On Miracles",《论奇迹》, 124
on miracles, ~论神迹, 103—104, 124
on morals/morality, ~论道德/品行, 178—179, 200—201, 203
"Natural History of Religion",《宗教的自然史》, 125
"Of the Balance of Trade",《贸易平衡论》, 385—386
as philosopher, 作为哲学家的~, 89—90
on philosophers, ~论哲学家, 88—89
on political science, ~论政治科学, 184, 198—201, 203
on press freedom, ~论出版自由, 192
Joseph Priestley on, 约瑟夫·普利斯特利论~, 407
Michael Ramsey and, 迈克尔·拉姆齐与~, 399
on reason, ~论理性, 178—179, 264
on religion, ~论宗教, xx, 122, 124—127, 234
as a Scot, 作为苏格兰人的~, 243—244
on self-knowledge, ~论认识自我, 167
Adam Smith and, 亚当·斯密与~, 150, 248, 249, 251
on social reform, ~论社会改革, 19
style, ~的个人风格, 214

on suicide, ~论自杀, 218
Treatise of Human Nature...《人性论》, 89, 90, 126—127, 156, 162, 176, 177—8, 197, 198
on working class, ~论劳动阶层, 368, 369
Hunter, Alexander, 亚历山大·亨特, 307
Georgical Essays,《农业论文集》, 307
Hunter, John, 约翰·亨特, 139
Hurd, Richard, Bishop of Worcester, 理查德·赫德, 伍斯特主教, 98
Hutcheson, Francis, 弗朗西斯·哈奇森, 162—163, 168—170, 243, 422
on happiness, ~论快乐, 168, 169
on human nature, ~论人性, 176, 261, 388
Inquiry concerning beauty...《对美、秩序、和谐与设计的探索》, 164
Shaftesbury and, 沙夫茨伯里与~, 176, 261
Short Introduction to Moral Philosophy,《道德哲学简明导论》, 168
System of Moral Philosophy,《道德哲学体系》, 245
Hutchinson, Francis, Bishop of Down, 多恩主教弗朗西斯·哈钦森, 221—222, 223
as heretic, 作为异端信徒的~, 244
An Historical Essay Concerning Witchcraft,《巫术史研究》, 221
Hutton, James, 詹姆斯·赫顿, 138, 140—141, 307, 401
"Principles of Agriculture",《农业发展原则》, 307—308
Theory of the Earth,《地球理论》, 140, 302, 303
Hutton, William, 威廉·赫顿, 428

ideas, 观念, 63—65
association of, 联想, 68, 170, 180, 182, 263, 280, 407, 440—441, 443

innate，先天～，67，179，440
　　另见知识／学识
identity，同一性，163，165—167
　　另见人性、知识／学识
Imlay, Gilbert，吉尔伯特·伊姆莱，293
Inchbald, Elizabeth 伊丽莎白·英奇巴尔德：
　　Nature and Art，自然与艺术，400—401
India，印度，357
individual liberty 个人自由，xx，6，7，13，14，18—21，27，30，34，107，191—194，480
　　definition，定义，389，390
　　dependence/interdependency，依赖与相互依赖，187—188，390—392，399—400
　　freedom of speech，言论自由，192
　　William Godwin on，威廉·葛德文论～，456—457，458
　　John Locke on，洛克论～，64—65，186—187
　　nature of，～的本质，18，184—185，189，394—395，452—453
　　political science and，政治科学与～，184—186
　　press freedom，出版自由，73，191—192
　　Joseph Priestley on，约瑟夫·普利斯特利论～，412
　　private property，私人财产，16，185，186—187，189，193，217，387，465
　　Adam Smith on，亚当·斯密论～，389—390，392，393—394
　　women's rights 女权
　　另见解放、政治自由、激进主义、宗教宽容
industrialization 工业化，12，206，315—317，413
　　chemical industry，化学工业，436
　　manufacturing industries，制造业 429—434

　　production figures，产值，430
infanticide，杀婴，207
The Injured Islanders，《受伤的岛民》，363
inns 小酒馆，见酒馆与旅店
innovation 创新，14—15，44，51，144—145，266，424—439
　　agricultural improvement，农业改善，306—309，317—318，428—489，430
　　clocking-on，时钟，206，431
　　Erasmus Darwin on，伊拉斯谟斯·达尔文论～，435—436
　　Edward Gibbon on，爱德华·吉本论～，426—427
　　industrialists，工业家，431—434
　　manufacturing，制造业～，429—434
　　poetry/paintings in praise of，赞美～的诗歌与绘画，430—431
　　as source of happiness，作为幸福之源，432—433
　　steam engines，蒸汽机，266，430，431
　　textile technology，纺织技术，430
　　另见自然科学；物理科学
insanity，精神病，121，215—218，219
institutional structure，组织结构，28，35—36，199—200，203
insurances，保险，208
Ireland，爱尔兰，xvi—xvii，12，41，117
　　Cork，科克，241
　　Dublin，都柏林，241
　　national identity 民族认同，239，240，241
　　pacification under William III，威廉三世统治下的平定，27—28
　　Parliament，议会，241
　　Protestant ascendancy, attitudes to，对新教优势地位的态度，241
　　Radicalism in，激进主义，451
Irish rights，爱尔兰人的权利，241，345
Islam，伊斯兰教，232，357

Italy，意大利，8, 10, 134

Jackson, John（Gentleman, Jackson），约翰·杰克逊（绅士杰克逊），269
Jacob, Margaret，玛格丽特·雅各布，5—6, 30, 32, 398
Jacobinism，雅各宾主义，27, 30, 33, 49, 240, 244, 274, 278, 292, 449, 451, 470, 474, 483
 Anti-Jacobin Review，《反雅各宾评论》，74, 293, 423, 465—466
 另见激进主义
James II, King of England, Scotland and Ireland，英格兰、苏格兰与爱尔兰国王詹姆斯二世，26—27, 185, 447
Jarrold, Thomas：托马斯·贾罗德
 Anthropologia...《人类学，或论人类的形态与肤色》，473
 Dissertations on Man...，《从哲学、生理学、政治学角度论人》，473
Jebb, John，约翰·杰布，403, 405
Jenner, Edward，爱德华·詹纳，365
Jennings, John，约翰·詹宁斯，347
Jenyns, Soame，索姆·杰宁斯，74, 264, 350
Jesus Christ，耶稣基督，101—102
 另见基督教
Jew Bill（1753），《犹太法案》，353
Jews/Judaism，犹太人/犹太教，231, 233, 273, 353
 Hebrew poetry，希伯来诗歌，226
Johnson, Joseph，约瑟夫·约翰逊，81
Johnson, Dr Samuel，塞缪尔·约翰逊博士，xxi, 10, 22, 47, 81, 82, 98, 152, 461, 464
 on animal experiments，~论动物实验，350
 on books，~论书籍，75—76, 83—84
 on colonialization，~论殖民化，355
 on critics，~论批评 87
 on death，~论死亡，210
 Dictionary...，《词典》，69, 85—86, 92, 214, 399
 on drink，~论饮酒，271
 on education for women，~论妇女的教育，326
 on "to enlighten"，论"照亮"，46
 on "enthusiasm"，论"激进主义"，125
 on Gray's "Elegy..."，~论格雷的《墓园挽歌》，95
 on human nature，论人性，158, 167, 171
 Idler column，"懒汉"专栏，81
 on learning，~论学习，xxii, 84—85, 279
 as lexicographer，作为词典编纂家的~，54, 94
 Life of Mr Richard Savage，《理查德·萨维奇先生的生活》，83
 Lives of... English Poets，《英国诗人传》，92, 326
 on newspapers，~论报刊，78, 80
 on novels，论小说，286
 on pleasure，论愉悦，259, 271
 Rambler，《漫步者》，158
 Rasselas，《拉塞拉斯》，20, 259, 261
 on religion，~论宗教，97, 158, 235
 in Scotland，~在苏格兰，244
 his servants，他的仆人，364
 on the supernatural，~论超自然，225
 on wealth，~论财富，388
 另见詹姆斯·鲍斯韦尔
Dr Johnson's Literary Club，约翰逊博士的文学俱乐部，37
Johnson's Ladies... Pocket Memorandum，《约翰逊的新优雅女性备忘录》，326
Jonathan's coffee house，乔纳森的咖啡馆，36
Jones, Inigo，伊尼戈·琼斯，34
Jones, Rhys，里斯·琼斯：
 Gorchestion Beirdd Cymru，《威尔士诗歌

名作》，365—366
Jones, Samuel，塞缪尔·琼斯，347
Jones, Sir William，威廉·琼斯爵士，37，239，403
Journal encyclopédique，《百科全书杂志》，7，8
Jurin, Dr James，詹姆斯·注林博士，143，208
justice 正义，见法律结构
Juxon, Joseph，约瑟夫·贾克森，222—223

Kames, Lord，凯姆斯勋爵，见亨利·凯姆斯勋爵
Kant, Immanuel，伊曼努尔·康德，1—2
   Critique of Pure Reason，《纯粹理性批判》，11
   on enlightenment，~论启蒙运动，1
Kauffmann, Angelica，安吉莉卡·考夫曼，327
Keill, John，约翰·凯尔，134
Keir, James，詹姆斯·凯尔，436，437
Kent, William，威廉·肯特，312
Kepler, Johannes，约翰内斯·开普勒，52，130，133
Kew Gardens，英国皇家植物园，148，358
Kibworth Academy，基布沃思学院，347
Kincaid, Alexander：亚历山大·金凯德
   History of Edinburgh...《爱丁堡史，从最初的叙述到当代》，252
Kit-Cat Club，基特卡特俱乐部，84，276
Knight, Richard Payne，理查德·佩恩·奈特，273—274，313
   Progress of Civil Society，《公民社会的发展》，434—435
knowledge/learning; 知识 / 学问
   the Ancients，古典~，51—53；另见希腊文明；罗马文明
     assent，赞同，61—62
     belief，信仰，177

   diffusion of，~的传播，423
     另见下文的印刷 / 书籍
   experience and，经验与~，180，263—264
   ideas，观念，见观念条目
   intuitive knowledge，直觉知识，63
   language，~语言，见语言条目
   John Locke on 约翰·洛克论~，60—71，176
   philosophy，哲学，见哲学与哲学家条目
   printing/books and，印刷 / 书籍与~，73，91—93，194—197，477—478
   process of，~的过程，xxii，51—71
   public lectures，公共演讲，142—144
   reason，理性，见理性条目
   revealed truth，天启真理，62
   self-knowledge，自知，163，165—171，176，177，201—203，217—218，276—294
   the senses as source of，作为~来源的感觉，169，177，180，182
   understanding，理解，63—64，163，167，169—170
   另见教育；人性与自然科学
Knox, Ronald，罗纳德·诺克斯，xxi
Knox, Vicesimus，维塞斯莫·诺克斯，196，287
Kotzebue, August von：奥古斯托·冯·科茨布
   Lovers' Vows，《山盟海誓》，293

labour，劳工，186—187
Lackington, James，詹姆斯·莱肯顿，75，76
Lady's Magazine，《女士杂志》，284
Lamb, Charles，查尔斯·兰姆，225—226，352
LaMettrie, Julien Offray de，拉·梅特里，182
Lancaster, Joseph，约瑟夫·兰卡斯特，371
the land，土地，见农业与自然
land reform，土地改革，459—460，461—462，465，473
   另见私有财产

Landscapes，景观，见自然
Lane, William，威廉·莱恩，86
Langley, Batty，巴蒂·兰利：
 Gothic Architecture...，《按规则与比例改良的哥特建筑》，215
 New Principles of Gardening，《园艺新原则》，215
language，语言，54，58，61，69，246，255—258
 Bible as source of，作为～来源的《圣经》，235—236，237
 as oppression，作为压迫的～，461
 origins of，～的起源，235—236
 Sanskrit，梵文，357
 speech，演讲，235，236，237—238，461
 universal，普适～，236
 of working class，劳动阶层的～，370
 另见知识／学问
language reform，语言改革，214，418，459—460，461—462，465
Laqueur, Thomas，托马斯·拉克尔，288
La Roche,（Marie）Sophie von，玛丽·索菲·冯·拉罗什，269
La Rochefoucauld, François, due de，拉罗什富科，171
Latitudinarianism，广教论，103，104，105，110，137，245—298
 Beliefs，～信仰，260，303
 另见宗教
Laud, William, Archbishop of Canterbury，坎特伯雷主教威廉·劳德，98
Lavoisier, Antoine Laurent，安东尼·拉瓦锡，10，410
Law, Edmund, Bishop of Carlisle，卡莱尔主教埃德蒙·劳，74，404，405，425
Law, William，威廉·劳，97，268，464
Law of Settlement（1662），《定居与迁徙法》，376

learning，学识，见知识／学问条目
Le Clerc, Jean，让·克莱克，119
Ledyard, John，约翰·莱迪亚德，148
Leechman, William，威廉·利奇曼，244
Leeds Infirmary，利兹医院，375
legal reform，司法改革，8，14，213—214
 Jeremy Bentham on，杰里米·边沁论～，416—418
 of slavery，奴隶制～，359
legal structure，法律结构，185，199，200，217
 Jeremy Bentham on，边沁论～，33
 Common Law，习惯法，191
 ecclesiastical courts，宗教法庭，98，107，217
 William Godwin on abolition of，威廉·葛德文论废除～，456—457
 habeas corpus，人身保护法，450
 Kames on，凯姆斯论～，251—252
 Radicalism and，激进主义与～，450
 Adam Smith on，斯密论～，393—394
 另见犯罪与惩罚
Leibniz, Gottfried Wilhelm，哥特弗里德·威尔海姆·莱布尼茨，8，67
 Isaac Newton and，牛顿与～，132，134
Leicestershire，莱斯特郡，376，429
leisured/upper class，有闲阶层，上等阶层，146，218，266—267，276—277，351
 criticism of，对～的批评，399—401
Lennox, Charles, 3rd Duke of Richmond，第三代里士满公爵，查尔斯·伦诺克斯，403
Lennox, Charlotte，夏洛蒂·伦诺克斯 327
 The Female Quixote，《女堂吉诃德》，289
Leslie, Charles：查尔斯·莱斯利
 Short and Easy Method with the Deists，《面对自然神论派的简易方法》，119
Lettsom, John Coakley，约翰·科克利·拉特森，145—147，207

Hints...,《旨在推动慈善、戒酒和医学科学的建议》, 147

Natural History of the Tea Tree...,《茶树自然史以及对其医学属性与饮茶效用的观察》, 146

Lever, Sir Ashton, 阿什顿·利弗, 39

Lewis, Matthew Gregory, 马修·路易斯

Ambrosio, or the Monk,《安布罗西奥, 又名僧侣》, 227

liberty, 自由, 见个人自由; 政治自由

libraries, 图书馆, 86—87, 146
  另见印刷 / 书籍

Licensing Act (lapsed 1695),《许可证法案》, 31, 73, 83, 86, 108

Lichfield, 利奇菲尔德, 435

Lichfield Botanic Society, 利奇菲尔德植物学会, 436

light, 光明
  house lighting, 室内照明, 44
  science of sight, 视觉科学, 46, 67, 182
  as a symbol, 作为象征的~, 44—47, 48

Lilly, William, 威廉·莉莉, 151

Lincoln, 林肯郡, 86

Lindsey, Revd Theophilus, 卡特里克教区牧师西奥菲勒斯·林赛, 405

Linley, Elizabeth, afterwards Mrs Sheridan, 伊丽莎白·林利, 后来成为谢里丹夫人, 327

Linnaeus, Carolus, 卡尔·林奈, 142, 273, 436

Linnean Society of London, 伦敦林奈学会, 427

Lister, Anne, 安妮·利斯特, 279

literacy, 读写能力, 74—75, 76, 345, 另见教育; 印刷 / 书籍

Literary Memoirs of Living Authors...,《大不列颠当代文学作家列传》, 327

Literary and Philosophical Society of Manchester, 曼彻斯特文学与哲学协会, 427—428

literature, 文学, 35, 92—93, 99

autobiography, 自传, 292—293, novels as, 小说作为~, 290—291, 294

authorship as a trade, 作为生意的创作, 82—85, 94—95, 246

creativity, 文学的创造力, 279—280

critics, 文学批评, 87—88, 286—291

drama, 戏剧, 293, 327

fiction, 虚构文学, 见小说

forms of, 文学形式, 278

genius, 天赋, 279, 280—281

Gothic style, 哥特风格, 227—228, 291

importance of, 文学的重要性, xxi, 8—9, 13, 478—490

modernization of, 文学的现代化, 277—294

novels, 小说, 见小说条目

oriental themes, 东方题材, 351

poetry, 诗歌, 54—55, 99, 226, 280, 303—304, 327, 434—435

Romanticism, 浪漫主义, 225—227

in Scotland, 苏格兰~, 246

supernatural themes, 超自然主题, 219—220, 224—225

women as writers, 作为作家的女性, 278, 284—285, 286, 291—292, 326, 327
  另见单独作家条目; 印刷 / 书籍

Lloyd's coffee house, 劳埃德咖啡馆, 36

Locke, John, 约翰·洛克, 13, 15, 32, 60—71, 163, 164, 276

on America, ~论美洲, 402

anti-Lockeans, 反对洛克的人士, 33, 333, 463—464

on assent and knowledge, ~论赞同与知识, 61—62, 10, 176, 177, 180

Anthony Collins and, 安东尼·柯林斯与~, 118

on colonialization, ~论殖民, 355

on education, ~论教育, 70, 77, 263, 340—343, 347, 483
on equality, ~论平等, 367
An Essay concerning Human Understanding, 《人类理解论》, 30, 46, 60—61, 62, 67—68, 69, 263, 341, 347
An Essay on the Poor Law, 《论济贫法》, 378
in exile, 流亡中的~, 26, 29, 31, 106
as father of English Enlightenment, 作为英国启蒙运动之父的~, 481
on Sir Robert Filmer, ~论罗伯特·菲尔默爵士, 61, 186, 217, 359
on freedom, ~论自由, 262
on government, ~论政府, 33, 185—188
as heretic, 作为异端信徒, 109—110
Thomas Hobbes and, 托马斯·霍布斯与~, 64—65
influence/importance, ~的影响力与重要性, 66—71, 115, 127, 141, 180, 190, 191, 216, 263, 342—343, 347, 351—352, 410—411, 440, 481, 482
on Interregnum, ~论空位时代, 24
on language, ~论语言, 61, 237
Letters on Toleration, 《论宽容书信》, 106—107
life, ~的生平, 28
on liberty, ~论自由, 64—65, 186
Isaac Newton on, 艾萨克·牛顿论~, 66
on philosophy, ~论哲学, xx, 6
on politeness, ~论文明, 22
on private property, ~论私人财产, 16, 185, 186—187
as Radical, 作为激进分子的~, 28—30, 60, 66, 188
on reason, ~论理性, 60—61
Reasonableness of Christianity..., 《基督教的合理性》, 50, 62, 101—102, 333
his religion, ~的宗教信仰, 30, 66, 128
on religious toleration, ~论宗教宽容, 106—107
Shaftesbury and, 沙夫茨伯里与~, 26, 29, 53—54, 160, 188
on slavery, ~论奴隶制, xx—xxi
Some Thoughts concerning Education, 《教育漫话》, 70, 77, 263, 340, 342
on the soul, ~论灵魂, 171
style, ~的风格, xvi
on the supernatural, ~论超自然, 225, 369
John Tillotson and, 约翰·蒂洛森与~, 102
John Toland and 约翰·托兰德与~, 16, 117
Abraham Tucker on, 亚伯拉罕·塔克论~, 45
"Two Tracts on Government", 《论政府两篇》, 29
Two Treatises of Government, 《政府论》, 29, 30, 162, 185—186, 188, 190
Isaac Watts on, 以撒·华滋论~, 342
on women, ~论妇女, 332—333
on workhouses, ~论劳动救济所, 378
on working classes, ~论劳动阶层, 369—370, 375, 380
London, 伦敦, 318
as communications centre, 作为交流中心的~, 41
as cultural centre, 作为文化中心的~, 34—40, 92
development of, ~的发展, 35
as entertainment centre, 作为娱乐中心的~, 266—270
as literary centre, 作为文化中心的~, 82—83
newspapers/journals printed in, ~的报纸

与出版物，77，78
pleasure gardens，娱乐花园，19，35，269，270
as printing centre，作为出版中心的~，73，86
as trading centre，作为商贸中心的~，40
Westminster Abbey，西敏寺，93
Whitehall Banqueting House，白厅，34
London Constitutional Society，伦敦宪制协会，452
London Corresponding Society，伦敦通讯社，372，449，451—452
London Evening Post，《伦敦晚报》，73，77，191
London Gazette，《伦敦公报》，77
London Guide，《伦敦导报》，34
London Hospital，伦敦医院，207
London Journal，《伦敦日报》，190
lotteries，彩票，209
Loudon, John Claudius，约翰·克劳狄·劳登，312—313
Louis XIV, King of France，法王路易十四，26，28，30，49
de Loutherbery, James Philip，詹姆斯·菲利普·德·卢泰尔堡，
　his "Eidophusikon"（exhibition），"魔幻灯"（展览），270
　The Wonders of Derbyshire（stage sets），《德比郡奇事》（舞台布景），316
love，爱，见婚姻与性行为
Lowth, Robert, Bishop of London，伦敦主教罗伯特·洛斯，226
Lucas, Charles，查尔斯·卢卡斯，293
Lunar Society, Birmingham，伯明翰月亮社，44，46，154，329，343，359，401，413，427，428
　founding of，伯明翰月亮社的成立，435，436

Macaulay, Catherine，凯瑟琳·麦考莱，333，337，343，402
　History of England，《英国史》，327
Macaulay, Thomas Babington, Baron，托马斯·麦考莱男爵，358
Machiavelli, Niccolò，尼可洛·马基雅维里
　Discourses，《论李维〈罗马史〉》，188
Mackenzie, Henry，亨利·麦肯齐，288
　The Man of Feeling，《性情中人》，283—284，291
　Julia de Roubigné，《茱莉亚·德·鲁比格尼》，332
Mackintosh, Sir James，詹姆斯·麦金托什爵士，76
MacLaurin, Colin，科林·麦克劳林，134
MacLean, Kenneth，肯尼兹·麦克莱恩，69
Macpherson, James，詹姆斯·麦克弗森
　Fragments of Ancient Poetry...，《苏格兰高地古诗残篇，译自盖尔语》，366
Madden, Samuel，塞缪尔·马登
　Memoirs of the Twentieth Century，《20世纪回忆录》，425
Madison, James，詹姆斯·麦迪逊，196—197
madness 疯癫，见疯狂
Madoc cult，马多克崇拜，240
Magdalen hospitals，娼妓救济所，207，373
magic，巫术，魔法，223，224，383
　另见迷信
magic lantern shows，魔幻灯展，39，270
the mail，邮件，40—41
Makin, Bathsua，巴斯瓦·梅金
　Essay... Education of Gentlewomen，《论古代淑女教育之复兴》，333
Malthus, Daniel，丹尼尔·马尔萨斯，470
Malthus, Revd Thomas Robert，托马斯·罗伯特·马尔萨斯牧师，99，380，483
　as anti-reform，反改革，470—472

criticism of，对~的批评，472—473
Essay on the Principle of Population，《人口原理》，207, 311, 380—381, 470
　　on progress，~论进步，425
Manchester，曼彻斯特，41, 427—428
Mandeville, Bernard，伯纳德·曼德维尔，74, 168, 178, 203, 237, 243
　　Fable of the Bees...《蜜蜂的寓言：或私人的恶行与公众的利益》，172—173, 174, 175
　　The Grumbling Hive...《抱怨的蜂巢：或骗子变作老实人》，172
　　on human nature，~论人性，171—176, 260, 261, 263
　　Modest Defence of the Public Slews...，《为公共妓院而作的谨慎辩护，又名娼妓论》，272, 373
　　"Search into the Nature of Society"，探索自然协会，174
　　on trade，~论贸易，384
　　The Virgin Unmask'd，《揭开面纱的圣女》，172, 175
　　on women，论妇女，325
　　on working classes，~论劳动阶层，368
Manley, Mary, De la Riviére，德拉里维耶尔·曼利，278, 326
Mann, Sir Horace，贺拉斯·曼爵士，354
Mannheim, Karl，卡尔·曼海姆，479
Mansfield, Sir James, Lord Mansfield，詹姆斯·曼斯菲尔德爵士，359
Marine coffee house，海洋咖啡馆，142
Marmontel, Jean François，让·弗朗索瓦·马蒙泰尔，10
marriage，婚姻，274, 320—321, 324, 325, 329, 333—334
　　divorce，离婚，274
Marsak, Leonard，莱昂纳德·马萨克
　　The Enlightenment，《启蒙运动》，4, 9

Martin, Benjamin，本杰明·马丁，144, 367
materialism，唯物主义，243, 253, 264, 390, 399, 411, 419, 437—438
　　另见商业社会
mathematics，数学，
　　God's existence, mathematics as proof of，数学作为上帝存在的证据，194
　　Isaac Newton's work on，艾萨克·牛顿关于~的作品，132, 134
　　另见自然科学；物理科学
Mathias, Thomas James，托马斯·马赛厄斯，293, 449
Maupertuis, Pierre Louis Moreau de 皮埃尔·路易斯·摩罗·德·莫佩尔蒂，135
measurement 测量，见计量化
medical sciences，医学科学，139
　　advances in，医学的进步，152, 153—155, 161, 209
　　animists，万物有灵论者，139, 140
　　childbirth，生育，209
　　doctors，医生，373—374
　　drugs and medicines，药剂与药物，283, 300
　　folk medicine，民间药物，365
　　King's Evil，瘰疬病，152
　　uses of，~的用途，144—149
　　vitalism 活力论，139
　　另见药物与药品
Medical Society of London，伦敦医学会，146
medicines，药物，见药物与药品
Melmoth, Courtney，考特尼·梅尔莫斯
　　Humanity，《人道》，363
Mendoza, Daniel，丹尼尔·门多萨，269
Mersenne, Marin，马林·梅森，139
Methodism，循道宗，33, 98, 128, 225, 298
　　另见宗教
middle class，中间阶层，267, 269, 351
　　culture for，文化，277

morality as middle class，~的道德规范，400—401

as political reformers，作为政治改革者的~，398，400

Middlesex Hospital，米德尔塞克斯医院，207

Middleton, Conyers，康耶斯·米德尔顿，123—124

 Free Enquiry...，《关于据称在最早期的基督教教会中就已经存在的奇迹异能的自由探讨》，124

 Letter from Rome，《罗马书信》，124

Miège, Guy，盖伊·米耶热，144

military power，军事权力，1，2，24，143，146，189

 in commercial societies，商业社会中的~，249，250—251

 standing armies，常备军，28，190

Mill, James，詹姆斯·密尔，111，358，422

 Essay on Government，《论政府》，336

Mill, John Stuart，约翰·斯图尔特·密尔，90，346，479，482，483

Millar, John，约翰·米勒，252，253—254，255，356，400，425

Miller, James，詹姆斯·米勒

 The Man of Taste，《有品位的人》，369

Milner, Esther，埃丝特·米尔纳，330

Milton, John，约翰·弥尔顿，75，130，159，163，280，297，444

 Paradise Lost，《失乐园》，85，444，445

 Samson Agonistes，《力士参孙》，20

the mind，心灵，440

 mind/body dualism，心灵-身体二分法，141，407

 mind/matter debate，心灵-物质争论，457—458

 另见人性，神经系统与神经学

Minerva Press and Library，密涅瓦出版社与图书馆，86，87

miracles，奇迹，114，123—124，226—227

The Mirror，《镜报》，94

Mirror Club (Edinburgh)，爱丁堡明镜俱乐部，245，288

Misson, Henri，亨利·米松，205

modernization，现代化，xx，12—23，24—47，476—484

 of agriculture，农业~，301，306—311

 of attitudes，态度~，208，228—229，另见人性

 commercial societies，商业社会，另见商业社会

 cult of the new，对新事物的崇拜，158—160，480—481

 cultural，文化~，见文化发展

 dynamics of change，变迁的动力，230—257

 economic，经济~，见经济发展

 of education 教育~，339—348，351—363

 as emancipation from the past，从过去解放出来，48—71

 evolution, understanding of，对进化的理解，439—445

 as history，作为历史的~，xix，230—242

 innovation as，创新作为~，14—15，44，51，144—145，266，424—439

 land reform，土地改革，459—460，461—462，465，473

 language reform，语言改革，214，418，459—460，461—462，465

 of literature，文学的~，277—294

 nature, improvement of，改善自然，304—311

 of politics，政治~，184—204，247—251，397—423

 progress, theory of，进步理论，264，另见商业社会

Radicalism，激进主义，436—475

slavery, criticism of，对奴隶制的批判，358—361

of society，社会~，48—71, 205—229, 另见商业社会

of trade，贸易~，383—396

women's rights，女权，xxi, 16, 294, 325—338

working classes, improvements for，为劳工阶层带来的改善，364—382

Molesworth, Robert, 1st Viscount，第一代罗伯特·莫尔斯沃思子爵

Molesworth，莫尔斯沃思，111, 190

Molyneux, William，威廉·莫利纽克斯，67

the monarchy，君主制/王室，18, 188

constitutional，君主立宪，6, 32

Divine Right of Kings，王权神授，13, 18, 25, 27, 185, 228

importance of，~的重要性，1, 5

nature of，~的本质，200

Parliament and，议会与~，25—26, 28, 185

the Restoration，复辟，24—26

royal prerogative，王室特权，185

the succession，继承问题，27, 28

另见政治结构

Monboddo, Lord 蒙博杜勋爵，见蒙博杜·詹姆斯·博尔纳勋爵

money，货币，187—188, 390, 461

coinage，铸币，29

另见政治科学

monogenesis theory，一元发生说，356

Monmouth Rebellion（1685），蒙茅斯起义，26, 29

Montagu, Charles, 1st Earl of Halifax（2nd G.），查理·蒙塔古，第一代哈利法克斯伯爵，29, 84, 260

Advice to a Daughter，《给女儿的忠告》，522

Montagu, Elizabeth，伊丽莎白·蒙塔古，15, 327, 332, 337

Montagu, John, 4th Earl of Sandwich，约翰·蒙塔古，第四代桑威奇伯爵，38

Montagu, Lady Mary Wortley，玛丽·沃特利·蒙塔古女士，322—323, 336—337

on the Ottoman Empire，~论奥斯曼帝国，357, 365

Montesquieu, Charles Louis de Secondat，查尔斯·路易·德·孟德斯鸠，6, 97, 252

De l'esprit des lois，《论法的精神》，249

Monthly Magazine，《月刊》，81

Moore, John，约翰·摩尔，2

Moore Sir Jonas，乔纳斯·摩尔爵士，311

moral codes，道德信条，174

moral economy，道德经济学，386, 387 另见经济发展；政治经济学

morality/morals，道德/品行，164, 168, 169—171, 180, 255—257, 261—263

accountability，责任，167, 219

Joseph Addison on，约瑟夫·艾迪生论~，194—197, 198, 203

duty/duties，职责与责任，1—2, 15, 161—162, 167, 168, 261, 263, 278, 456, 457—458

in economic activities，在经济活动中的~，396

education as route to，作为通向~之路的教育，342

David Hume on，大卫·休谟论~，178—179, 200—201, 203

Bernard de Mandevillle on，伯纳德·德·曼德维尔论~，171—176

as middle class，中间阶层的~，400—401

in sentimental novels，情感小说里的~，285

Adam Smith on，斯密论~，202—203

另见人性；哲学与哲学家

More, Hannah，汉娜·摩尔，322, 327, 337,

346, 467—469
   her Cheap Repository Tracts，她的"物美价廉的知识宝典小册子"，468
   on children，~论儿童，339—340
   An Estimate of the Religion of the Fashionable，《上流社会宗教信仰之评价》，467
   History of Mr Fantom...，《新潮哲人幽灵先生以及他的助手威廉的故事》，469
   The Riot...，《暴乱，又名半块面包总比没有强》，468—469
   Strictures on... Female Education，《当下女性教育制度批判》，322
   Thoughts on... Manners...，《大人物的举止对总体社会的重要性之思考》，467
   Village Politics，《乡村政治》，468
   Horace Walpole and，贺拉斯·沃波尔与~，467
More, Henry，亨利·摩尔，56
Morgan, Edward（Iolo Morganyg），爱德华·摩根（伊欧·摩根冈），240—241
Morgan, Sydney, Lady（née Owenson），西德尼·摩根，欧文森，327
Moritz, Pastor Carl Philip，卡尔·菲利普·莫里茨神父，14—15，19，44
Morton, Lord，莫尔顿勋爵，见詹姆斯·道格拉斯，第十四代霍顿伯爵
Moyes, Henry，亨利·莫伊斯，143
Moyle, Waller，沃尔特·莫伊尔，111，190
Muchembled, Robert，罗伯特·穆尚布莱，382
Mun, Sir Thomas，托马斯·芒爵士，385
   England's Treasure...，《英国得自海外贸易的财富》，385
Murdoch, William，威廉·默多克，44
Murphy, Arthur，阿瑟·墨菲，93
Murray, John，约翰·莫里，81
museums，博物馆，39，146，148，270，434
music，音乐，241，269—270，434

   folk songs，民间歌曲，365—366
   sheet music，活页乐谱，270
   另见剧院与交响乐大厅
Muslims，穆斯林，见伊斯兰
Musschenbroek, Pieter van，彼得·范·穆森布罗克，134
myth，神话，见异教信仰；迷信

national identity，民族身份，42—44，49，92—93，148，239—246，396
   Irish，爱尔兰，239，240，241
   patriotic histories，爱国史学，231—232
   Scottish，苏格兰人，239，242—246
   Welsh，威尔士人，239，240—241
the natural order，自然秩序，17，21，32—33，51，52，140—141，149，302
   Francis Bacon on，弗朗西斯·培根论~，56—57
   Thomas Hobbes on，托马斯·霍布斯论~，58—59，60，119，164
   human nature and，人性与~，161—162，183
   religion and，宗教与~，104，114
natural philosophy，自然哲学，132—138，255—257，304—305
natural sciences，自然科学，51—52，98
   advances in，自然科学的进步，6—7，8，12—13，32，49，51，52，130—155，256，427
   agriculture and，农业与~，307—308
   astronomy，天文学，149—150
   education in，~教育，344
   experimentation/observation，观察/实验，65，67，134，142—144，149
   God's existence, science as proof of，科学作为上帝的存在的证据，104
   philosophers of，~的哲学家，132—138 另见各单独哲学家条目
   public promotion of，公众推进~，142—

145
  religion and, 宗教与~, 130—131
  scientific publications, 科学出版物, 144—145
  Adam Smith on, 斯密论~, 149—150
  systems of, ~体系, 130, 131
  taxonomy, 分类法, 142
  uses of, ~的用途, 144—149, 152—155
  另见各单独科学家条目；创新；数学；哲学/哲学家；物理科学；技术进步
natural theology, 自然神学, 104, 105, 112, 119—120, 125—126, 136—138, 140—141, 260—261
Nature, 自然 295—319
  agriculture, 农业, 147, 148, 267, 297, 301, 306—311, 317
  animals, attitudes to, 对动物的态度, 348—351
  Christian view of, 基督教关于自然的观点, 297—299
  as civilizing, 传播文明, 310—311
  the Creation, 创世, 296, 298, 299, 300, 355—356, 453
  definition, 定义, 295
  deification of, ~的神化, 295—296, 319
  domestication of, 驯化~, 310—311
  as environment, 作为环境的~, 296, 300, 319, 401
  environmental crises, 环境危机, 300—301, 315—317
  evolution, 进化, 162, 355—356, 439—443, 444—445
  gardens, 花园, 311—313
  improvement of, 改善~, 304—311
  industrialization and, 工业化与~, 315—317
  as inspiration, 带来灵感, 280
  man's relations with, 人与~的关系, 296, 297—298, 302—306, 310—311

Mother Earth concept, 地球母亲的概念, 305
  mountains, 山脉, 313—314
  physical geography, 自然地理学, 302
  as a resource, 作为一种资源的~, 299—300
  rural life, 乡村生活, 147, 148, 259, 267, 269, 298, 310
  as sacred, 神圣的~, 313—314
  the universe, 宇宙, 297—298
nature poetry, 自然诗歌, 303—304
necessitarianism, 决定论, 167
nervous system/neurology, 神经系统, 神经学, 182, 183, 281—283
  female, 女性, 328—329
Netherlands, 尼德兰, 见荷兰
Neville, Henry, 亨利·内维尔, 111
the new, cult of, 对新事物的崇拜, 158—160, 480—481
  另见现代化
New Biographical Dictionary,《新人物生平辞典》, 327
New Lanark Mills, Clydeside, 新拉纳克工厂, 432, 433—434
Newbery, John, 约翰·纽伯里, 348, 351—252
Newcastle, 纽卡斯尔, 40, 41, 86, 427, 459
Newcastle, Margaret, 玛格丽特·纽卡斯尔, 见玛格丽特·卡文迪什, 纽卡斯尔女公爵
Newcastle Courant,《纽卡斯尔新闻》, 143
Newcastle Philosophical Society, 纽卡斯尔哲学学会, 459
Newcomen, Thomas, 托马斯·纽科门, 51
Newington Green Academy, 纽因顿格林学院, 383
newspapers/journals, 报纸/杂志, 36, 77—82, 219
  book review journals, 书评杂志, 81
  growth in, ~的增长, 77—78, 81, 327

importance of，~的重要性，79—80，194—197
  reader input，读者参与，81
  in Scotland，苏格兰的~，245
  sports journalism，体育新闻，269
  uses/purpose，~的用途与目的，79—80，194—197
  for women，女性~，80，284
  另见各单独刊物条目；出版／书籍
Newton, Sir Isaac，艾萨克·牛顿爵士，6，8，12，17，60，132—138，276，318
  alchemy, interest in，对炼金术的热衷，133
  character，~的性格，137—138
  Chronology of Ancient Kingdoms...，《古代王国编年校订》，133
  his followers，~的追随者，134—135，142
  influence/importance，~的影响与重要性，32，134，135—138，139，181—182
  Gottfried Leibniz and，戈特弗里德·莱布尼茨与~，132，134
  life，~的生平，132，134
  on John Locke，~论约翰·洛克，66
  as mathematician，作为数学家的~，132，134，135
  at the Mint，~在造币厂，29，93，134
  Observations on the Prophecies，《对〈但以理书〉和〈启示录〉中预言的考察》，133
  optical work，光学研究，132—133，135
  Opticks，《光学》，45，133，135，140，161，182
  as President of the Royal Society，作为皇家学会主席的~，134
  Joseph Priestley on，约瑟夫·普利斯特利论~，279
  Principia，《自然哲学的数学原理》，30，133，134，135，136—137

  his religion，~的宗教信仰，133，136，137
  theology, interest in，~对神学的兴趣，133
Newtonianism，牛顿主义，56，134—136，138，140，180，215
  anti-Newtonianism，反牛顿主义，33
  as an economic model，作为一种经济模型的~，387
  as paradigm for harmony，作为和谐范本的~，32
  religion and，宗教信仰与~，105
  as the true science，作为真正科学的~，150—151
  for the young，面向年轻人的~，351—352
noble sage concept，圣贤者概念，357—358
noble savage concept，高贵的原始人概念，358，361，363，400
Nonconformism，不从国教，xix，26，97，107，414
  education, attitudes to，~对教育的态度，346
  political reform and，政治改革与~，405—406，另见约瑟夫·普利斯特利
  Remonstrants，抗辩派，29
  另见宗教
Non-Jurors，不矢忠派，33，98，122
  另见宗教
Nore mutiny (1797)，诺尔反叛，449
Norfolk，诺福克，307，309
Norfolk Chronicle，《诺福克编年史》，446
Norris, John，约翰·诺里斯，333
  An Essay... Ideal or Intelligible World，《论关于理想或可认知世界的学说》，118
North, Sir Dudley，达德利·诺思爵士，
  Discourse Upon Trade，《贸易论》，149，388
Northampton Academy，北安普教学院，347

Norwich，诺维奇，38，40
Norwich Post，《诺维奇邮报》，77
Nourse, Timothy，蒂莫西·诺斯
 Campania Foelix...，《富饶的坎帕尼亚，又名论农耕的好处与改善》，307
novels，小说，8—9，86，227，245
 autobiographical，自传性小说，290—291，294，479
 birth of，~的诞生，283
 criticism of，对~的批评，286—291，467
 as critiques of corruption，作为对腐化的批判，400—401
 morality/morals in，~里的道德/品行，285
 plots/themes ~的情节与主题，285，288，291—292，400—401，425
 purpose，~的目标，285—286
 science fiction，科幻小说，425
 of sensibility，情感小说，283—294
 women readers，女性读者，286—288，289
 women writers 女作家，278，284—285，286，291—292，326，327，400—401
 另见各单独作家条目

Old Slaughter's coffee house，老斯劳特咖啡馆，36
Omai (the Polynesian)，波利尼西亚的欧迈，361
Opie, Amelia，阿米莉亚·奥佩，286，327
opium，鸦片 283
optimism，乐观主义，160—161，363，396，424—427
oral culture，口述文化，76，365
Orpheus Caledoinus，《加勒多尼亚的俄耳甫斯》，365
Origen，奥利金，114

Ossian (the Scottish poet)，莪相（苏格兰诗人），8，148，245，366
 Fingal，《芬格尔》，366
 Temora，《特莫拉》，366
Oswald, Dr James，詹姆斯·奥斯瓦尔德，410
Owen, Robert，罗伯特·欧文，239，371，432—434
 A New View of Society，《新社会观》，432—433，479
Owensen, Sedney，西德尼·欧文森见西德尼·摩根
Oxford，牛津，33，73
 Oxford, Earl of，牛津伯爵，见罗伯特·哈特利，第一代牛津伯爵
Oxford University，牛津大学，28，30，59，68，212，415—416
 criticism of，对~的批评，347
 as Tory，托利党的~，68
paganism，异教信仰，232—235，272—273，299
 另见信仰；迷信
Paine, Tom，托马斯·潘恩，4，10，46，452—455
 The Age of Reason，《理性时代》，449，454，483
 in America，~在美洲，452
 as anti-clerical，作为反教权人士的~，111
 Edmund Burke and，埃德蒙·柏克与~，453
 Common Sense，《常识》，452，483
 criticism of，对~的批判，466
 in exile，流亡中的~，449，450
 on government，~论政府，453—454
 influence/importance，~的影响与重要性，452，454—455
 life，~的生平，452
 as a Quaker，作为贵格会教徒的~，452—453
 Rights of Man，《人权论》，46，449，

452，455，467，483
painting，绘画，145，227，279
 landscapes，景观，296
 the Picturesque，如画般标准，314，319
 另见每一位画家条目
Paley, William, Archbishop of Carlisle，卡莱尔大主教威廉·佩利，16，20，46，400，422
 on happiness，~论幸福，261
 Natural Theology，《自然神学》，138，299
 The Principles of... Philosophy，《伦理与政治哲学的原则》，422—423
 on slavery，~论奴隶制，360，422
 William Wilberforce on，威廉·威尔伯福斯论~，469—470
Palmer, Robert R.，罗伯特·帕尔默，9，481
pamphlets，小册子，见印刷 / 书籍
Pantheon Society（Edinburgh），（爱丁堡）名流协会，287—288
parents，父母，见家庭生活
Paris, François de，弗朗索瓦·德·帕里斯，123
Park, Mungo，蒙戈·帕克，148
 Travels in... Africa，《在非洲内部地区旅行》，354
Parkinson, James，詹姆斯·帕金森，371—372
 The Way to Health，《健康的生活方式》，372
Parliament，议会，27，185
 monarchy and，君主制与议会，25—26，28
 另见政治结构
Parliamentary Reform Bill（1785），议会改革法案，403
Partridge, John，约翰·帕特里奇，151，152
Pascal, Blaise，布莱斯·帕斯卡，52
patriotism，爱国主义，见民族身份
patronage，资助人，34，148，399
 of authors，作家的~，84—85
 另见依赖与相互依赖

Peacock, Thomas Love，托马斯·皮科克，240，381，427
 Crotchet Castle，《科罗切特城堡》，318
 Headlong Hall，《海德隆庄园》，240，313
 Melincourt，《险峻堂》，480
 Nightmare Abbey，《噩梦隐修院》，463
pelagian theology，伯拉纠神学，100，103，171
Pelham, Thomas，托马斯·佩勒姆，43
Pemberton, Henry，彭伯顿：
 View of Sir Isaac Newton's Philosophy，《艾萨克·牛顿爵士哲学概览》，134
Penny post，一便士邮政，40—41
the people，人民，367—369
 definition，定义，367
 另见劳动阶层
Pepys, Samuel，塞缪尔·佩皮斯，205
Percy, Thomas, Bishop of Dromore，德罗莫尔主教托马斯·珀西，99，365
 Reliques of English Poetry，《英诗辑古》，365
Peter（the wild boy），野孩子彼得，345，354
Petrarch，彼特拉克，296
Petty, William, 1st Marquess of Lansdowne，威廉·谢尔本，第一代兰斯多恩侯爵，1784年之前为谢尔本伯爵（Earl of Shelbourne to 1784），146，410
Petty, Sir William，威廉·配第爵士，54，380
phallus worship，男性生殖器崇拜，273
philanthropy，博爱，14，15，17，19，145—146，148—149，207，374—376
 benevolence，仁慈，181，437
 charity schools，慈善学校，343，347，370
 as a duty，作为义务的~，375
 paternalism，家长主义，19、
 另见阶级结构；宗教信仰
Philips, Ambrose，安布罗斯·菲利普，2，80
Phillips, William，威廉·菲利普斯，299
philosophy/philosophers，哲学 / 哲学家，55，

62，65，68，88—89，91，98，126，477—479

"Common Sense" philosophers，常识哲学家，243，410—411，440，464

history as philosophy，作为哲学的历史，232—233

moral，道德~，见道德／品行

natural，自然~，132—138，253—257，304

radical，激进~，见激进主义

unity of philosophical sciences，哲学科学的统一性，256—257

另见各单独哲学家条目；知识／学问，自然科学

Phoenix Insurance，凤凰保险公司，208

physical sciences，物理科学，56，138—142

aether theories，以太理论，140—141

matter theory，物质理论，140

uses of，物质理论的用途，144—149

另见创新；数学；自然科学；哲学／哲学家

the Picturesque，如画般信条，313—314，319

Pigott, Charles，查尔斯·皮戈特

Political Dictionary...，《政治词典，解释词语的真意》，461

Pig's Meat，猪肉，见托马斯·斯宾塞

Pilkington, James；詹姆斯·皮尔金顿

View of... Derbyshire，《论德比郡的现状》，316

Pilkington, Laetitia，蕾蒂西亚·皮尔金顿，324—325，336

Pitcairne, Archibald，阿奇博尔德·皮特凯恩，139

Pitt, William，威廉·皮特 47，213，403

Joseph Priestley and，约瑟夫·普利斯特利与~，414

proclamation against seditious writings (1792)，反对"煽动性文章"的公告，449，450

Radicalism, action against，反对激进主义的行动，449，450，451

Place, Francis，弗朗西斯·普雷斯，111，422

Plain Dealer，《老实人报》，80

Plato，柏拉图，50，65，179，259，282

neo-Platonism，新柏拉图主义，50，138，462—463

Platonic love，柏拉图式的爱情，274—275

Platonism，柏拉图主义，56，109，118，131，160，333

pleasure，愉悦，见幸福

pleasure gardens，娱乐花园，19，35，269，270

Plumb, J. H.，杰克·普拉姆，12

Plymouth，普利茅斯，41

Pneumatic Institution, Bristol，气疗研究所，布里斯托 213

Pocock, John G. A.，约翰·波考克，xv—xvi，5—6，31—32

poetry，诗歌，54—55，99，226，280，327

ballads，民谣，365

nature poetry，自然诗，303—304

in praise of innovation，赞美创新的~，434—435

另见各单独诗人条目；文学

Poet's Gallery，诗人画廊，38—39

politeness，礼貌，22—23

political economy，政治经济学，xx，4，12，28，99

in agriculture，农业里的政治经济学，309—310

commercial societies，商业社会，16，18，25，40—41，149，189—190，247—254，264，390—392，396

consumerism，消费主义，18，265，268，277，383，391—392

growth of，政治经济学的发展，386—387

laissez-faire policies，自由放任政策，16，396，419，433

trade 贸易，25，40—41，149，383—396；free trade 自由贸易，16，18，303，386—388
另见经济发展
political liberty，政治自由，xx，31，46，188—191，197，480
    Joseph Priestley on，约瑟夫·普利斯特利论~，203，204，412—413
    Radicalism，激进主义，见激进主义条目
    Adam Smith on，斯密论~，394—395
    suffrage，选举权，336，403，449
political reform，政治改革，184—204，247—251，397—423，480—484
    Jeremy Bentham and，杰里米·边沁与~，416—422
    Bible as source of，作为~来源的《圣经》，404
    economic problems and，经济问题与~，450—451
    middle class as originators of，作为~发起人的中间阶层，398，400
    Joseph Priestley and，约瑟夫·普利斯特利与~，406，412—415
    Radicalism，激进主义，403—404，447—455
    reactions against，反对~，464—474
    religion and，宗教与~，404—415，453，454，465，467—470
    sanctions, use of，制裁的用途，417
    另见不从国教者；社会改革
Political Register，《政治纪事报》，367
political satire，政治讽刺，73，465—467
political science，政治科学，184—204
    barter，物物交换，187
    capitalism，资本主义，187—188
    citizenship，公民权，200—203
    commercialism, effects of，追求利润最大化的影响，189—190

    constitutions，宪法，189，191，193
    contractarianism，契约论，188
    economic improvements，经济改善，40，189—190，193—194，199—200；另见财富
    Extremism，极端主义，196
    Graeco-Roman，希腊-罗马~，188，189，193—194，199—200
    legitimacy，合法性，185
    liberty，自由，见政治自由
    money，金钱，187，390，461
    private property，私有财产，16，185，186—187，189，193，217，361—362，387
    Radicalism，激进主义，见激进主义条目
political structure，政治结构，27，28，29，184—185，189
    church and state，教会与国家，28，33，72
    despotism，独裁专制，189
    William Godwin on destruction of，威廉·葛德文论摧毁~，456—458
    John Locke on government，约翰·洛克论~，453—454
    Modern，现代~，31—32
    monarchy，君主制/王室，见君主制/王室条目
    Tom Paine on government，托马斯·潘恩论政府，453—454
    political opposition，政治反对，31—33；另见激进主义
    stabilization of，~的稳定，31
Polwhele, Revel Richard，理查德·波尔威尔神父，336
Poole, Joshua，约书亚·普尔
    English Parnassus，《英国诗坛》，313
Poole, Thomas，托马斯·普尔，462
the poor，穷人，见劳动阶层
Poor Laws，济贫法，214，376—378，413

abolition of poor relief, 废除贫民救济, 381

Pope, Alexander, 亚历山大·蒲柏, 15, 35, 36, 45, 53, 75, 93
　　on authors, ~论作家, 83
　　Dunciad,《愚人志》, 54, 159, 224
　　"Essay on Criticism",《批评论》, 279
　　Essay on Man,《人论》, 8, 16, 55, 68, 159, 175—176, 444, 445
　　on human nature, ~论人性, 156, 159—160, 175—176
　　on Nature, ~论自然, 295—296, 297
　　Rape of the Lock,《夺发记》, 224
　　on suicide, 论自杀, 218

Popery, 教皇主义, 见天主教

Popish Plot (1678), 天主教阴谋, 26, 29

popular culture, 大众文化, 218, 266, 277, 365—366, 381—382, 434
　　另见乡村生活

population growth, 人口增长, 见人口学

Porter, Anna Maria, 安娜·玛利亚·波特, 327

Porter, Jane, 简·波特, 327

Potter, John, 约翰·波特, 326

Pratt, Samuel Jackson (*pseud*.), 塞缪尔·杰克逊·普拉特（化名）, 见考特尼·梅尔莫斯

Presbyterians, 长老会信徒, 404

press freedom, 出版自由, 见书报审查制度；印刷/书籍

Prévost, Abbé Antoine François, 安东尼·弗朗西斯·普雷沃神父, 15, 20

Price, Richard, 理查德·普莱斯, xvii, 4, 188, 208, 239, 334, 402, 408, 465
　　on French Revolution, ~论法国革命, 447—448, 455
　　Observations on... Liberty,《论公民自由本质》, 73, 402
　　on political liberty, 论政治自由, xx, 46

　　Joseph Priestley and, 约瑟夫·普利斯特利与~, xix, 411—412
　　on progress, ~论进步, 425

Price, Sir Uvedale, 尤维达尔·普莱斯爵士, 316—317

prices, 物价, 385, 387—388
　　另见贸易

Prichard, James Cowles, 詹姆斯·考尔斯·普理查德, 356
　　Research into... Mankind,《人类的物质史研究》, 356

Prideaux, Humphrey, 汉弗莱·普里多, 347

Priestley, Joseph, 约瑟夫·普利斯特利, xix, 4, 16, 17, 140, 143, 146, 147, 404, 406—415, 428
　　in America, 在美洲, 414
　　Appeal to the Professors of Christianity,《致基督教教师的呼请书》, 409
　　Jeremy Bentham and, 杰里米·边沁与~, 412
　　in Birmingham, ~在伯明翰, 413
　　Character, ~的性格, 408, 415
　　Chart of Biography,《人物传记图表》, 408
　　Anthony Collins and, 安东尼·柯林斯与~, 407—408, 411
　　"Common Sense" philosophers and, "常识"哲学家与~, 243, 410—411
　　Course of Lectures on Oratory...,《批评和演讲术教程》, 408
　　criticism of, 对~的批评, 409—410, 463
　　Discourses... Revealed Religion,《有关天启宗教证据的讲演录》, 414
　　Disquisitions Relating to Matter and Spirit,《关于物质与精神的探究》, 141, 411
　　as Dissenter, 作为不从国教者, 398, 406, 407, 413, 415
　　Doctrine of Philosophical Necessity...,《哲学必要性学说例证》, 409—410,

411

on education，~论教育，346—367

Essay on... Government，《论政府的首要原则》，412

Examination... into the Human Mind...，《对里德博士按常识原理探究人类心灵、贝蒂博士论真理的本质和永恒性、奥斯瓦德博士为了宗教而诉诸常识的考察》，410

Experiments... Different Kinds of Air，《对各种不同气体所做的实验以及观察》，410

A Few Remarks on Blackstone's Commentaries，《对布莱克斯通〈英国法释义〉的一点看法》，408

A Free Discussion...，《唯物主义与哲学必要性学说的自由争论》，411—412

French Revolution, support for，~对法国革命的支持，413—414，447

Edward Gibbon and，爱德华·吉本与~，409

as "Gunpowder Joe"，"火药乔"，413

on happiness，论幸福，264

David Hartley and，大卫·哈特利与~，171，182—183，410—411

Hartley's Theory of the Human Mind...，《哈特利的基于联想原则的人类思想理论之考察》，408

History of Christianity，《基督教腐化史》，409

History... Concerning Jesus Christ，《关于耶稣基督的早期看法史》，409

The History... of Discoveries Relating to Vision...，《视觉、光和颜色的发现史及其现状》，45

History... of Electricity...，《电的历史与现状，附独创性试验》，408

on David Hume，~论休谟，407

influence/importance，~的影响与重要性，440，455，481，484

on language，~论语言，236

Letter to Edmund Burke...，《致埃德蒙·柏克的信，因他的〈法国革命论〉而发》，413

Letter to Pitt，《致皮特的信》，414

on liberty，~论自由，203，204，412—413

life，~的生平，406—407，410

as necessitarian，作为决定论者的~，167

New Chart of History，《新历史图表》，408

on Isaac Newton，~论艾萨克·牛顿，279

Political Dialogue...，《关于政府普遍原则的政治对话》，413

as political reformer，作为政治改革者的~，406，412—413

on the poor，~论穷人，374—375

as preacher，作为牧师的~，408—409

"*Present State of Europe...*"，《欧洲当前状态和古代预言之比较》，414

Richard Price and，理查德·普莱斯与~，xix，411—412

Reflections on... Free Enquiry in this Country，《论当下英国的自由探究状态》，413

Rudiments of English Grammar，《英语语法入门》，214

as scientist，作为科学家的~，45，155，408，410

on second coming，论"基督复临"，414

on slavery，~论奴隶制，360

social circle，~的社交圈子，408，436，438

as Socianist，作为索齐尼论者的~，409

on superstition，论迷信，219

as teacher，作为教师的~，408

his *Theological Repository*，《神学集锦》，409

as Unitarian，作为一位论者，413—414

as utilitarian，作为功利主义者，422

John Wesley on，约翰·卫斯理论~，409

printing/books 印刷／书籍，38，72—95

almanacs，年历，151

authors' advances，作家地位的上升，83—84

authorship as trade，作为生意的写作，82—85，94—95，246

book clubs，读书俱乐部，86—87

book prices，书价，85—86

book review journals，书评杂志，81

booksellers，书商，75，82，83

bookshops，书店，86

censorship，书报审查制度，2，25，31，72—73，271，477

children's books，儿童书籍，92，268，348

copyright，版权，83，86

educational books，教育类书籍，91—92，351—353

erotic publications，色情出版物，271—273

extensive reading，泛读，76，77

in France，法国的~，72

growth in，~的增长，73—77，83—84，85—86，93—95，365，479

Grub Street，格拉布街，82—83

influence/importance，~的影响与重要性，xxi—xxii，3，14，36，55，75—76，218—219，365，476—477

intensive reading，精读，76

knowledge/learning and，知识/学问与~，73，91—93，194—197，477—478

libraries，图书馆，77，86—87

Licensing Act (1695)，《许可证法案》，31，73，83，86

literacy，读写能力，74—75，76，345

newspapers，报纸，见报纸/杂志

offensive publications，攻击性出版物，31

Pamphlets，小册子，28，30，36，73，93

patronage of authors，作家的赞助人，84—85

press freedom，出版自由，73，191—192

print wars，出版论战，31

provincial，地方~，86

readers，读者，94—95

scientific books，科学书籍，144—145

Stationers' Company，书籍出版经销同业公会，73，83

uses/purposes，用途/目的，55，73，91—93

另见文学

prison reform，监狱改革，419—421

另见犯罪与惩罚

private property，私有财产，16，185，186—187，189，193，217，387，465

native people's attitude to，土著居民对私有财产的态度，361—362

另见土地改革；财富

prize fighting，职业拳击，269

production/consumption cycle，产销循环，391—392

另见消费主义

prostitution，卖淫，271—272，372—373

Protestantism，新教，25，27，30，31，98

anti-Catholicism，反天主教，26，49—50，72

beliefs，信仰，50

Calvinism，加尔文主义，50，242，244，406—407，455

nature of，~的本质，49，50

Puritanism，清教主义，98，125

in Scotland，~在苏格兰，242

另见不从国教者；宗教

provincial cities/centres，地方城市/中心，12，38，40，41

as centres of astrology，作为占星学中心的~，151

public lectures/demonstrations，公开演讲与展示，143—144

另见每一个城市条目
provincial newspapers/journals，地方报纸与杂志，77—78，191—192
provincial publishing，地方出版物，86
Prussia，普鲁士，1—2
psychology，心理学，168—171，181—182，216，256，264，277—278，291
    associative principle，联想原则，180，181—182，291—292
    definition，~定义，170
    educational，教育~，344
    English malady，英国病，282
    of nervous system，神经系统~，281—283
    pleasure/pain，愉悦与痛苦，180，181
    religion and，宗教与~，182
    of religion，宗教的~，226—227
    of the supernatural，关于超自然的~，225—228
public good concept，公益概念，394—396
public lectures/demonstrations，公共演讲与游行，142—144
Public Ledger，《公簿报》，81
public order，公共秩序，18—19
publishers，出版商，见书商
Pufendorf, Samuel，塞缪尔·普芬道夫，161
punishment，惩罚，见犯罪与惩罚
Puritanism，清教，98，125
    另见新教
The Pursuits of Literature，《文学的追求》，274
Pye, Henry James，亨利·吉姆斯·派伊
    Progress of Refinement，《文雅的发展》，434

Quakers，贵格会，125，146，147，217，378
    另见宗教
quantification，定量研究，54，149，207

racial issues，种族议题，356—357
Radcliffe, Mary Anne，玛丽·安妮·拉德克利夫，227，369
Radicalism，激进主义，412—415，447—455
    action against，反对~的行动，450
    anarchism，无政府主义，455—459
    Edmund Burke on，埃德蒙·柏克论~，xviii, xix, 9，413，448—449
    criticism of，对~的指责，464—467
    French Revolution, influence in England，法国革命对英格兰的影响，6，9—10，447—450，465，474
    in Ireland，爱尔兰的~，451
    Jacobinism，雅各宾主义，见雅各宾主义条目
    Tom Paine on，托马斯·潘恩论~，449，452—445
    Richard Price on，理查德·普莱斯论~，447—448
    Joseph Priestley on，约瑟夫·普利斯特利论~，413—414，447
    punishment for，对~的惩罚，450
    reactions against，对~的反动，464—474
    in Scotland，苏格兰~，450
    working classes and，劳动阶层与~，449，451，452
    另见政治改革
Radicati di Passerano, Alberto，阿尔贝托·拉迪卡迪·迪帕塞拉诺，7
Raleigh, Sir Walter，沃尔特·雷利爵士，
    History of the World，《世界史》，230
Rambler，《漫步者》，81
Ramsay, John, of Ochtertyre，奥赫特泰尔的约翰·拉姆齐，242
Ramsay, Allan，阿兰·拉姆齐，245
    The Gentle Shepherd，《温柔的牧羊人》，224
Ramsey, Michael，迈克尔·拉姆齐，399
Ranelagh pleasure gardens，拉内拉赫花园，

19，269
Ray, Revd John，约翰·雷牧师，305—306
Raynal, Guillaume Thomas François，古拉摩·托马斯·弗朗索瓦·雷纳尔，10
reading，阅读，另见文化；文学；印刷/书籍；读写能力
Reading Mercury，《阅读信使》，191—192
reason/rationalism，理性/理性主义，8，14，32，53，169
    faith and，信仰与~，62
    children as rational beings，作为理性动物的儿童，344
    William Hazlitt on，威廉·哈兹利特论~，xxi
    David Hume on，大卫·休谟论~，178—179，264
    John Locke on，约翰·洛克论~，60—61，263—264
    religion and，宗教与~，96—129，234—235
    women as rational beings，作为理性生物的女性，332—334
    另见人性；知识/学识
Redwood, John，约翰·瑞德伍德
    Reason, Ridicule and Religion，《理性、讽刺和宗教》，5
Rees, Abraham，亚伯拉罕·里斯，92
    Cyclopaedia...，《百科全书，又名科学与艺术通用辞典》，92
Reeves, John，约翰·里夫斯，465
Reform，改革，见政治改革；激进主义
Refugees，流亡者，27
Reid, Thomas，托马斯·里德，163，243，256，369
    Joseph Priestley on，约瑟夫·普利斯特利论~，410
    The Reign of George VI, 1900—1925，乔治四世时代，425
religion，宗教

Anglican Church，国教会，见国教会条目
Arianism，阿里乌斯派，102，104，109—110，133，137
Athanasian creed，《亚大纳西信经》，104
Baptists，浸礼宗，360
blasphemy，亵渎神明，107，244
Blasphemy Act (1697)，《亵渎神明法案》，107
Calvinism，加尔文宗，50，242，244，406—407，455
Catholicism 天主教，见天主教条目
Christianity 基督教会，见基督教会条目
Church of Scotland，苏格兰教会，242，244—245，275
church and state，教会与国家，28，33，72
deism，自然神论，10，97—98，111—115，117—122，125—126，127，138，141，233—234，303，364，368，437
dissent，不从国教，见不从国教者条目
the Divine Order，神圣秩序，17
Druids，德鲁伊派，240—241
ecclesiastical courts，教会法庭，98，107，217
established church，英国国教会，见教会条目
ethics and，伦理与~，21
Evangelicalism，福音运动，33，361，467—470
heresy，异端，107，244
Huguenots，胡格诺教徒，26，27
human nature and，人性与~，156—157
Humanism，人道主义，20，52，158—159
Islam，伊斯兰教，234，357
Latitudinarianism，广教论，103，104，105，10，137，245，260，298，303
Methodism，循道宗，33，98，128，225，298
modernizing of，~的现代化，xx，12—

13,62,96—129
monotheism,一神论,112,119,125—126,233,234
  natural order and,自然秩序与~,104,114
  natural sciences and,自然科学与~,130—131
  natural theology,自然神学,104,105,112,119—120,125—126,136—138,140—141,260—261
  nature of,~的本质,99—100,106,107,110,120,126
Nonconformism,不从国教者,xix,26,97,346,405—406,414
Non-Jurors,不矢忠派,33,98,122
paganism,异教信仰,232—235,272—273,299
Pelagian theology,伯拉纠神学,100,103,171
phallus worship,男性生殖器崇拜,273
philanthropy,博爱,14,15,17,19,145—146,148—149,207,374—376
  political reform and,政治改革与~,404—415,453,454,465—470
polytheism,多神论,125
Presbyterianism,长老会派,404
Protestantism,新教,见新教信仰
  psychology and,心理学与~,182
  psychology of,~心理学,226—227
Puritanism,清教主义,98,125
Quakers,贵格会教徒,125,146,147,217,378
  reason and,理性与~,96—129,234—235
  Remonstrants,抗辩派,29
Sandemaninanism,桑德曼派,459
  in Scotland,苏格兰的~,见苏格兰教会
sects,教派,见各派别条目
Trinitarianism,三位一体论,102,104,107,110,133,138,409
Unitarianism,一位论,30,104,107,128,183,360—361,405,413—414,432,462
  另见无神论
religious apathy,宗教冷漠,96—97
religious education,宗教教育,74,346,347
religious psychology,宗教心理学,120—122
religious toleration,宗教宽容,xx,6,12—13,14,27,98,105—110
  Act of Toleration(1689),《宽容法案》,31—32,107
  Act of Toleration(1813),《宽容法案》,107
  lack of, under Charles II,缺少~的查理二世时代,25
  John Locke on,约翰·洛克论~,106—107
  Joseph Priestley on,约瑟夫·普利斯特利论~,412
Remonstrants,抗辩派,29
  另见宗教
Repton, Humphry,汉弗莱·雷普顿,313,317
  his "Red Book",他的"红皮书",317—318
responsibility,义务,见责任条目
Restoration(1660),复辟,见查理二世
Review,《评论》,79
Revolutionary Settlement(1688),革命解决方案,27,453
  另见光荣革命
Reynolds, Sir Joshua,约书亚·雷诺兹爵士,37,319,361
  on aesthetics,~论美学,279,281
  Discourses,《讲演》,92
Rich, John,约翰·里奇,39
Richardson, Samuel,塞缪尔·理查森
  Clarissa,《克拉丽莎》,272,288,290,294,324

Pamela,《帕梅拉》, 8—9, 70, 73, 285
    Sir Charles Grandison,《查尔斯·格兰迪森爵士》, 284, 325
Richmond, Duke of, 里士满公爵, 见查尔斯·伦诺克斯, 里士满公爵三世, 403
rights, 权利, 见解放; 个人自由
    political liberty, 政治自由
Rivington, Francis, 弗朗西斯·里文顿, 81
roads, 道路, 41, 42
    coaching services, 马车服务, 19—20, 41
    street lighting, 街灯, 44
Robertson, Revd William, 威廉·罗伯逊牧师
    History of America,《美洲史》, 245
    History of Charles V,《查理五世史》, 83, 245
    History of Scotland,《苏格兰史》, 245
Robin Hood Society, 罗宾汉社, 37
Robinson, Bryan, 布莱恩·罗宾逊
    Dissertation on the Aether...,《论艾萨克·牛顿爵士的以太》, 140
Robinson, Crabb, 克莱布·罗宾逊, 455
Robinson, Mary (Perdita), 玛丽·罗宾逊, 327
    A letter to the Women of England...,《致英国女性的一封信，关于精神从属的不公正性》, 335
Robinson, Nicholas, 尼古拉斯·罗宾逊, 215—216
Robinson, Robert, 罗伯特·罗宾逊, 360—361
Robison, John, 约翰·罗比逊
    Proofs of a Conspiracy...,《反欧洲所有宗教及政府之阴谋的证据》, 465
Rochester, Earl of, 罗切斯特伯爵, 见罗切斯特伯爵约翰·威尔莫特
Roland, Marie Jeanne (Madame), 玛丽·让娜·罗兰, 罗兰夫人, 18
Romaine, William, 威廉·罗曼, 229
Roman civilization, 罗马文明, 34, 188, 189, 193—194, 199—200, 233, 235, 258

Romanticism, 浪漫主义, 225—227, 295, 316, 319, 474
Rome, 罗马, 见天主教
Romilly, Sir Samuel, 塞缪尔·罗米利, 422
Rousseau, Jean-Jacques, 让-雅克·卢梭, xviii, 3, 8, 278—279, 290, 470
    Confessions,《忏悔录》, 278
    Discours,《论科学与艺术》, 248
    on education, ~论教育, 342, 343—344
    Émile,《爱弥儿》, 329, 343
    in exile, 流亡中的~, 436
    Sophie,《索菲》, 329
    Mary Wollstonecraft on, 玛丽·沃斯通克拉夫特论~, 329, 424
    on women, 论妇女, 328—330
Rowning, John, 约翰·朗宁, 140
Royal Academy, 皇家艺术院, 39, 326, 327
Royal College of Physicians, 皇家物理学院, 147
Royal Exchange, 皇家交易所, 35
(Royal) Humane Society, (皇家) 救生协会, 146, 207
Royal Institution, 皇家科学研究院, 427
Royal Irish Academy, 爱尔兰皇家学院, 241, 427
Royal Sea Bathing Infirmary, 皇家海水浴疗养所, 146
Royal Society, 皇家学会, 25, 54, 57, 65, 92, 122, 131, 136, 180, 208, 236, 427
    Joseph Banks as President, 约瑟夫·班克斯任主席期间, 148
    criticism of, 对~的批评, 131
    History (Sprat), 斯普拉特所写的《伦敦皇家学会史》, 132
    Isaac Newton as President, 艾萨克·牛顿任主席期间, 134
    official experimenter, 职业实验员, 142—143
    Hans Sloane as President, 汉斯·斯隆任主席期间, 180

Royal Society of Arts, agricultural committee, 皇家艺术学会, 农业委员会 308
Royal Society of Edinburgh, 爱丁堡皇家学会, 427
rural life, 乡村生活, 147, 148, 259, 267, 269, 298, 310
 decline in, ~生活的衰落, 451
 folk culture, 民间文化, 365—366
 sentimentalization of, ~的感伤化, 366—367
 另见农业, 劳动阶层
Rush, Benjamin, 本杰明·拉什, 146, 211
Rye House Plot (1682) 麦酒店密谋案, 29

Sacheverell, Henry, 亨利·萨谢弗雷尔, 73, 98
St Andrews, 圣安德鲁, 242
 另见苏格兰
St George's Hospital, 圣乔治医院, 207
St John, Henry, 1st Viscount Bolingbroke, 圣亨利·约翰, 第一代博林布罗克子爵, 4, 97, 98, 160, 189, 276
 on history, ~论历史, 232—233
 on John Locke, ~论约翰·洛克, 68
 on private property, ~论私有财产, 193
 on religion, ~论宗教, 8, 50, 100
Sale, George, 乔治·赛尔, 357
Salisbury Journal, 《索尔兹伯里杂志》, 78
salons, 沙龙, 326, 327
Samuel, Richard, 理查德·塞缪尔
 The Nine Living Muses… (picture), 《大不列颠九位当世缪斯》, 326—327
Sancho, Ignatius, 伊格纳修斯·桑乔, 359
Sandemaninanism, 桑德曼派, 459
 另见宗教
Sandwich, Earl of, 桑威奇伯爵, 见约翰·蒙塔古, 第四代桑威奇伯爵
Saunders, Richard, 理查德·桑德斯:
 "A Discourse on the Invalidity of Astrology", "论占星术的不合理性", 151
Saussure, César de, 凯撒·德·索绪尔, 36, 44, 78, 98
Sawbridge, John, 约翰·索布里奇, 402
Scargill, Daniel, 丹尼尔·斯卡吉尔, 59
Schama, Simon, 西蒙·沙玛, 297
Schimmelpenninck, Mary Anne, 玛丽·安妮·希姆潘尼克, 437—438
Schmidt, James, 詹姆斯·施密特:
 What Is Enlightenment?, 《什么是启蒙》, 4
schools, 学校, 74, 343, 346, 370
 charity schools, 慈善学校, 343, 347, 370
 Dissenting Academies, 不从国教者学院, 346—347, 383, 407, 408, 455, 470, 474
 public, 公共~, 347
 state-run, 公办~, 346
 Sunday schools, 主日学校, 347, 370
 另见教育
science/sentiment debate, 科学与情感之争, 350
sciences, 科学, 见自然科学
scientific instruments, 科学设备, 144, 149
Scot, Reginald, 雷金纳德·斯科特, 221
Scotland, 苏格兰, xvi—xvii
 Act of Union (1707), 《联合法案》, xvi—xvii, 34, 242, 243
 cultural life, ~的文化生活, 8, 148, 212—213, 245—246, 366
 economic development, 经济发展, 247
 Edinburgh, 爱丁堡, xvii, 128, 246
 folk culture, 民间文化, 365
 national identity, ~的民族认同, 239, 242—246
 as Protestant/Calvinist, 新教与加尔文教的~, 242, 244—245
 Radicalism in, ~的激进主义, 450
 religion, 宗教, 见苏格兰教会
 universities, ~的大学, 68, 90, 168, 202,

242，243，245，246，255—256，307
Scots Magazine，《苏格兰人杂志》，245
Scott, Sarah，莎拉·司各特
　Millenium Hall，《千禧庄园》，334
Scott, Sir Walter，沃尔特·司各特爵士，327
Scottish Enlightenment，苏格兰启蒙运动，
　xvii, 12，242—257，410—411
　　English influence，英格兰影响，242—244
　　另见大卫·休谟；亚当·斯密
Seditious Meetings Act（1795），《煽动性集会法案》，451
Select Society（Scotland），精英协会，245
senses/sensations，感官/感觉，169, 177, 180, 182，439—440，442
　另见人性
sensibility，情感
　concept of，～的概念，281—294
　nervous system and，神经系统与～，281—283
　novels on theme of，以～为题材的小说，283—294
　autobiographical，自传性情感小说，290—291
　rural life and，乡村生活与～，366—367
　science/sentiment debate，科学与情感之争 350
Seward, Anna，安娜·苏华德，315, 316
sexual behaviour，性行为，172，271—275，278，293—294，441，472，473
　celibacy，禁欲，472
　condoms，避孕套，271
　erotic publications，色情出版物，271—273
　homosexuality，同性恋，xxi, 274, 294
　as irrational，被视作非理性的～，457, 472
　of native peoples，土著民族的～，362
　prostitution，卖淫，271—272，372—373
　in public，公开的～，271

sex advice，性爱指南，272
sexual icons，性爱代表，272
　of women，妇女的～，172, 275，330—331
　of working class，劳动阶层的～，371, 372, 375
Shadwell, Thomas，托马斯·沙德韦尔：
　The Lancashire-Witches，《兰开夏郡的女巫》，224
　Tegue o Divelly the Irish Priest，《爱尔兰教士泰格·欧伍莱》，224
　The Virtuoso，《学者》，131
Shaftesburv, Anthony Ashley Cooper, 3rd Earl，第三代沙夫茨伯里伯爵，安东尼·阿什利·库珀，见安东尼·阿什利·库珀，第三代沙夫茨伯里伯爵
Shakespeare, William，威廉·莎士比亚，93, 224, 280, 282
　Merchant of Venice，威尼斯商人，353
Shakespeare Gallery，莎士比亚画廊，38
Sharpe, William，威廉·夏普：
　A Dissertation upon Genius，《天才论》，280
Shelburne, Earl of，谢尔本伯爵，见威廉·佩蒂，第一代兰斯多恩侯爵
Shelburne, Lord，谢尔本勋爵，见威廉·佩蒂，第一代兰斯多恩侯爵
Shelley, Mary Wollstonecraft，玛丽·沃斯通克拉夫特·雪莱，480—481
　Frankenstein，《弗兰肯斯坦》，227
Shelley, Percy Bysshe，珀西·比希·雪莱，143，479—80，481
　Necessity of Atheism，《无神论的必然》，127
　The Triumph of Life，《生命的凯旋》，434
　Vindication of Natural Diet，《自然饮食之辩护》，314
Shenstone, William，威廉·申斯通，369
Sheridan, Richard Brinsley，理查德·布林斯莱·谢里丹，37, 192, 239
Sheridan Thomas，托马斯·谢里丹，239

British Education...,《英国教育：又名大不列颠无秩序状态的渊源》, 214—215

Sherlock, Thomas, Bishop of London, 伦敦主教托马斯·夏洛克, 229

Shipley, William, 威廉·希普利, 145

shops, 商店, 35, 40, 268—269

另见消费主义

Shropshire, 什罗普郡, 315—316

Shuckford, Samuel, 塞缪尔·舒克福特

Sacred and Profane History of the World...,《神圣与世俗相连的世界历史》, 233

Sidney, Algernon, 阿尔杰农·西德尼, 329

Sidney, Sabrina, 塞布丽娜·西德尼, 329—330

Simon, Richard, 理查德·西蒙, 113, 119

Simond, Louis, 路易·西蒙, 14, 19—20, 42, 217

Simpson, John, 约翰·辛普森, 244

slavery/slave trade, 奴隶制、奴隶贸易, xx—xxi, 40, 145, 249, 357

    in ancient world, 古代世界的~, 199, 200

    criticism of, 对~的批评, 358—361, 422, 432, 438

    economic importance, 经济意义, 358

    idealization of, 对~的理想化, 358—359

Sloane, Sir Hans, 汉斯·斯隆爵士, 180, 239

Small, William, 威廉·斯莫尔, 435, 436

Smart, Christopher, 克里斯托弗·斯马特：

The Genuine History of the Good Devil of Woodstock,《伍德斯托克善良魔鬼的真实历史》, 223—224

Smeaton, John, 约翰·斯密顿, 430

Smiles, Samuel, 塞缪尔·斯迈尔斯, 431, 483

Smith, Adam, 亚当·斯密, 4, 16, 37, 84, 87, 88, 91, 201—203, 245, 246, 388—396, 404

    on balance of trade, ~论贸易平衡, 386, 387

on colonialization, ~论殖民化, 355

on commercial societies, ~论商业社会, 252—253, 254, 390—393, 396, 471

on dependency, ~论依附, 390—392; 399—400

Dissertation on the Origin of Language,《语言起源论》, 254—255

on the *Encyclopèdie*, ~论《百科全书》, 246

An Enquiry into... the Wealth of Nations,《国富论》, 389

Adam Ferguson and, 亚当·弗格森与~, 394

on free markets, ~论自由贸易, 303, 389, 419

on history of astronomy, ~论天文学的历史, 7, 149—150

David Hume and, 大卫·休谟与~, 150, 248, 249, 251

on individual liberty, ~论个人自由, 389—390, 392, 393—394

influence/importance, ~的影响与重要意义, 140, 482, 483

on the intellect, ~论智识, 279, 477

invisible hand concept, 看不见的手概念, 17, 175, 265, 394—395

on justice, ~论正义, 393—394

on land, ~论土地, 310

life, ~的生平, 389

on morals/morality, ~论道德/品行, 202—203, 289

on Oxford University, ~论牛津大学, 347

Progress of the Civil Society,《公民社会的发展》, 435

as a Scot, 作为苏格兰人, 244

on self-interest, ~论自利, 389

Dugald Stewart on, 杜格尔德·斯图尔特~, 254

Theory of Moral Sentiments,《道德情操

论》，202，289，393—394

Smith, Charlotte，夏洛特·史密斯，284—285，286

    novels，她的小说，284

Smollett, Tobias，托比亚斯·斯摩莱特，15，76

    Complete History of England，《英格兰全史》，86

    Roderick Random，《蓝登传》，73

    as a Scot，作为苏格兰人的~，244

    on superstition，~论迷信，229

Smyrna coffee house，士麦那咖啡馆，36

social life，社会生活，19—20，30，201，203，266—268

    for women，女性的~，325—326

    另见俱乐部与协会；家庭生活；幸福

social reform，社会改革，8，12，13，18—20，205—229，400

    death, attitudes to，对死亡的态度，209—211

    as emancipation from the past，~作为从过去中解放出来，48—71

    the poor and，穷人与~，19

    suicide, attitudes to，对自杀的态度，217—219

    superstition, altitudes to，对迷信的态度，209，219—228，229

    另见法律改革；政治改革；激进主义

societies，协会，见俱乐部与协会词条

Society for the Diffusion of Useful Knowledge，实用知识传播协会，152

Society of Dilettanti，艺术爱好者协会，37

Society for the Encouragement of Arts, Commerce and Manufactures，技艺、商业与手工业促进协会，145

Society of Friends of the People，人民之友协会，449

Society for Promoting Constitutional Information，宪制信息促进协会，403

Society for the Propagation of Christian Knowledge（SPCK），基督教知识宣传协会，74

Society of the Supporters of the Bill of Rights，权利法案支持者协会，402

Socinianism，索齐尼派，110，404，409

    beliefs，信仰，409

    另见宗教

Solander, Daniel Charles，丹尼尔·查尔斯·索兰德，148

Sons of Freedom，自由之子，37

Sophia, Electress of Hanover，汉诺威女选帝侯索菲亚，8

the soul，灵魂，108—9，118，168，170—171

    另见基督教，人性

South Sea Bubble（1720），南海泡沫，36，190

Southey, Robert，罗伯特·骚塞，99，108，206，288，434，451，459

    Samuel Taylor Coleridge and，塞缪尔·泰勒·柯勒律治与~，461—462

spa towns，矿泉疗养地，19，40，268

Spain，西班牙，8，31，99，358

Spalding Gentlemen's Society，斯伯丁绅士协会，143

Sparta，斯巴达：

    David Hume on，大卫·休谟论~，247—251

The Spectator，《旁观者》，8，36—37，69，79—80，96，160—161，163，194—197，218，220，242，245，265，281，285，311，331，365，369，370，384

speech，讲话，见语言条目

Spence, Thomas，托马斯·斯宾塞，46，459

    Grand Repository of the English Language，《英语大词库》，460

    on land reform，~论土地改革，459—460

    Meridian Sun of Liberty，《自由的全盛时

期》，459—460

Pig's Meat...，《猪肉，又名给粗鄙大众的教导》，460

Restorer of Society...，《社会自然状态的恢复者》，460

Rights of Infants，《婴儿权》，467

Spinoza, Benedict，本尼迪克特·斯宾诺莎，32，104，113

Spitalfields Mathematical Society，斯毕塔菲尔德的数学社，37

sports，运动，见游戏与运动条目

Sprat, Thomas，托马斯·斯普拉特，54
    History of the Royal Society of London，《伦敦皇家学会史》，132

stagecoaches，公共马车，19—20，41
    另见交通

Stanhope, Philip Dormer, 4th Earl of Chesterfield，菲利普·多默·斯坦诺普，第四代切斯特菲尔德伯爵，322
    Dr Johnson and，约翰逊博士与~，85
    Letters to his Son，《父亲给儿子的信》，15，70，83，206，264，272，277，279
    his servants，~的仆从，364—365

Stationers' Company，书籍出版经销同业公会，73，83

steam engines，蒸汽机，266，430，431，435，436

Steele, Sir Richard，理查德·斯梯尔，4，8，10，35，79，80，239，311
    The Christian Hero，《基督徒英雄》，325
    on human nature，~论人性，157
    influence/importance，~的影响与重要性，194，197，198，203—204，265
    as MP，作为议员，276
    The Tender Husband，《温柔丈夫》，325
    on women's rights，~论女权，331
    另见约瑟夫·艾迪生；《旁观者》

Sterne, Laurence，劳伦斯·斯特恩，99，239，284，349
    Sentimental Journey，《感伤之旅》，283，290
    Tristram Shandy，《项狄传》，70，278，283，290—291，294

Steuart, Sir James，詹姆斯·斯图尔特爵士，263

Stevenson, John，约翰·史蒂文森，68

Stewart, Dugald，杜格尔德·斯图尔特，183，242，246，255—257，356
    Elements of... the Human Mind，《人类心灵哲学原理》，256
    Philosophical Essays，《哲学论文》，256
    Philosophy... of Man，《人类的能动及道德力量哲学》，256
    on Adam Smith，~论亚当·斯密，254—255

Stillingfleet, Edward, Bishop of Worcester，伍斯特主教爱德华·斯蒂林弗利特，66，107，109

Stock Exchange，证券交易所，28

Stoicism，斯多葛主义，158，259

Stone, Revd Edmund，埃德蒙·斯通牧师，300

Stone, Lawrence，劳伦斯·斯通，324

street lighting，街灯，44

Stuart, Gilbert，吉尔伯特·斯图尔特，45

the sublime，崇高，226—227

Sublime Society of Beefsteaks，崇尚牛排社，37

suffrage，选举权，449
    female，女性~，336
    male，男性~，403

suicide，自杀，217—219

Sunday schools，主日学校，347，370

superstition，迷信，125，150—151，152，207，209，229，370，383
    magic，魔法，巫术，23，224，383
    psychology of，~心理学，225—228
    witchcraft，女巫，219—225，244，372

另见异教信仰

Swansea, 斯旺西, 41

Swift, Jonathan (Dean of St Patrick's), 乔纳森·斯威夫特 28, 32, 35, 76, 80, 93, 94, 98, 159, 228, 464, 482

 The British Almanac...,《英国年历》, 152

 on critics, ~论文学批评, 87

 Gulliver's Travels,《格列佛游记》, 46, 131, 184, 307, 355

 on ideas and understanding, ~论观念与理解力, 66

 on Ireland, ~论爱尔兰, 240

 A Modest Proposal...,《一个小小的建议》, 240

 "Predictions for the Year 1708",《1708年大预测》, 152

 on religion, ~论宗教, 128—129

 Tale of a Tub,《木桶的故事》, 74—75, 158

Switzerland, 瑞士, 72

Sydenham, Thomas, 托马斯·西德纳姆, 60

A System of Magic,《巫术体系》, 223

Tahiti, 塔希提, 361—362, 363

Talbot, James, 詹姆斯·塔尔博特, 343

taste, 品位, 见审美

Tatler,《闲谈者》, 79—80, 194, 196, 242, 276—277, 331

taverns/inns, 小酒馆, 34, 35, 36, 40

Taylor, John, 约翰·泰勒, 193

technological advances, 技术进步, 见创新

Temple, Sir Richard, bart. cr. Viscount Cobham, 科巴姆子爵理查德·坦普尔, 93

Temple, Sir William, 威廉·坦普尔, 34, 377

 Essay upon the Ancient and Modern Learning,《论古代和现代学问》, 52

Tennyson, Alfred Lord, 阿尔弗雷德·丁尼生勋爵, 297

textile technology, 纺织工业, 430

theatres/concert halls, 剧院与音乐厅, 34, 35, 38, 39—40, 241, 269—270, 434

 the Church's attitude to, 教会对~的态度, 97, 268

 stage sets, 舞台布景, 316

Thelwall, John, 约翰·塞沃尔, 450

Theological Repository,《神学集锦》, 409

theology, 神学, 见自然神学与宗教

Thomas, Keith, 基思·托马斯, 218

Thompson, E. P. , E. P. 汤普森, 11, 12

Thomson, George, 乔治·汤姆逊, 53

Thomson, James, 詹姆斯·托马森, 43, 45, 135

 on animals, ~论动物, 349—350

 on industry, ~论工业, 428

 Liberty,《自由》, 191

 Seasons,《四季》, 303, 368

 on women, ~论女人, 324

Thomson, Scot, 斯科特·托马森:

 Alfred,《阿尔弗雷德》, 239

Thrale (or Piozzi), Hester Lynch, 海丝特·林奇·斯雷尔（又名皮奥齐）, 229, 370

Tillotson, John, Archbishop of Canterbury, 坎特伯雷大主教约翰·蒂洛森, 102, 276

 beliefs, ~的信仰, 102—104, 110, 118

 John Locke and, 约翰·洛克与~, 102

 on pleasure, ~论愉悦, 260

 on transubstantiation, ~论圣餐变体论, 103, 124

time, 时间,

 clocking-on, 考勤计时, 206, 431

 importance of, ~的重要性, 205—206

 free time, 自由时光, 266—267；另见幸福

The Times,《泰晤士报》, 41—42, 326

Tindal, Matthew, 马修·廷德尔, 8, 66

 beliefs, 信仰, 112—114

索 引

Christianity as Old as the Creation...,《基督教与创世同龄,又名福音书是自然宗教的翻版》, 112
Tipton chemical works, West Bromwich, 西布罗姆维奇的蒂普顿制药厂, 436
Toft, Mary, 玛丽·托夫特, 229
Toland, John, 约翰·托兰德, xvii, 8, 10, 239
 Christianity Not Mysterious,《基督教并不神秘》, 116—117
 Letters to Serena,《给塞丽娜的信》, 234
 John Locke and, 约翰·洛克与~, 116, 117
 Pantheisticon,《泛神论要义》, 117—118
 Reasons for Naturalizing the Jews,《归化犹太人的原因》, 353
 on religion, ~论宗教, 110, 116—118, 234
Tom Telescope,《汤姆·泰利斯科珀》, 348, 351—352
Tone, (Theobald), Wolfe, 沃尔夫·西奥博尔德·托恩, 451
Tonson, Jacob, 雅各布·汤森, 276
Tooke, John Horne, 约翰·霍恩·图克, 99, 402, 403, 450
 The Diversions of Purley,《珀利的消遣》, 460
 on language reform, 论语言改革, 460—461
Torrnigton, Viscount, 托灵顿子爵, 见托灵顿子爵约翰·宾
Toulmin, George Hoggart, 乔治·霍加特·图尔敏, 138
towns and cities, 市镇与城市, 268—269
 另见每一个市镇与城市条目
Townsend, Joseph, 约瑟夫·汤森:
 A Dissertation on the Poor Laws,《论济贫法》, 380, 381
trade, 贸易, 25, 40—41, 149
 colonial trade, 殖民地贸易, 384, 386
 expansion of, 贸易的扩张, 384
 free trade, 自由贸易, 16, 18, 303, 386—388, 389
 mercantilism, 重商主义, 385
 prices, 物价, 385, 387—388
 profit-seeking in, ~中的逐利, 388
 regulation of, ~管制, 385—386
 wealth as product of, 作为~产物的财富, 383—96
 另见商业社会; 政治经济学
trade balances, 贸易平衡, 385
 David Hume on, 大卫·休谟论~, 385—386
 Adam Smith on, 亚当·斯密论~, 386, 387
transport, 交通, 运输:
 canals, 运河, 435, 436
 coaching services, 马车服务, 19—20, 41
 roads, 道路, 41, 42
travel, 旅行, 40—41
Treacherous Practices Act (1795),《叛国活动法案》, 451
Treaty of Dover (1670),《多佛条约》, 26
Trenchard, John, 约翰·特伦查德, 53, 122, 190
 Cato's Letters,《加图信札》, 190—191
 The Independent Whig,《独立辉格党人》, 111
 as MP, 作为议员的~, 276
 Natural History of Superstition,《迷信的自然历史》, 120—121
Trent and Mersey canal, 特伦托-默西运河, 435
Trevithick, Richard, 理查德·特里维西克, 266, 430
Trimmer, Sarah, 莎拉·特里默:
 Fabulous Histories... Intruction of Young People,《青少年娱乐与教育寓言故

事集》，351
Trinitarianism，三位一体论，102，104，107，110，133，409
 anti-Trinitarianism，反对三位一体论，138
 另见宗教
Trotter, Thomas，托马斯·特罗特：
 A View of the Nervous Temperament，《神经质论》，282—283
Tucker, Abraham，亚伯拉罕·塔克，261
 The Light of Nature Pursued，《追寻自然之光》，45，68—69，210—211
Tucker, Josiah，乔赛亚·塔克，79，188，263，387
Turkey，土耳其，323，365
Turk's Head inn，特克海德咖啡馆，37
Turner, Thomas，托马斯·特纳，77
Turner, William，威廉·特纳，427
Tyers, Jonathan，乔纳森·泰尔斯，39
Tyrrell, James，詹姆斯·蒂勒尔，111

understanding，理解，见人性；知识／学问
Unitarianism，一位论派，30，104，107，128，183，360—361，404，413—414，432，462
 founding of，~教堂的建立，405
 另见宗教
United Irishmen，联合爱尔兰人运动，451
United Provinces，联省共和国，见荷兰
United States，美利坚合众国，见美洲
Universal Chronicle，《全球纪事报》，81
the universe，宇宙：
 man's view of，人类对~的看法，297—298
 另见自然条目
universities，大学：
 in England，英格兰的~，28，30，59；另见剑桥大学；教育；牛津大学
 in Scotland，苏格兰的~，168，202，242；另见爱丁堡大学；格拉斯哥大学

Usher, James，詹姆斯·厄舍：
 Clio...，《克利俄女神，又名论品位》，227
utilitarianism，功利主义，219，261，265，421—423
 beliefs，信仰，264—265
utopia/utopians，乌托邦，459—462

Vanbrugh, Sir John，约翰·范布勒爵士，276
Vauxhall pleasure gardens，沃克斯霍尔娱乐公园，19，39，269，270
Venturi, Franco，弗朗哥·文图里，7，477—478
Venus, transit of (1769)，金星凌日，148
Victorian age，维多利亚时代，275，479，482，483
violence/cruelty，暴力与残酷，348，349，350
virtue，美德，见道德／品行
Voltaire (François-Marie Arouet)，伏尔泰（弗朗索瓦—玛利·阿鲁埃），xix, 3，5，9，10，21，56，57，93，98，102，115，196
 Candide，《老实人》，261
 Lettres anglaises，《哲学通信》，6，67，134—135
 on Isaac Newton，~论艾萨克·牛顿，134—135
 in prison，监禁中的~，72

wages，工资，见可支配收入
Wakefield, Gilbert，吉尔伯特·韦克菲尔德，470
Wales，威尔士，xvii, 12，157
 folk culture，~的民间文化，365—366
 national identity，~的民族身份，239，240—241
Walker, Adam，亚当·沃克尔，143
Walker, John，约翰·沃克尔：
 Pronouncing Dictionary of English，《英

语发音词典》, 214
Walker, Thomas, 托马斯·沃克尔, 423, 450
Wallace, Robert, 司各特·罗伯特·华莱士, 274
 "Of Venery...",《性欲论, 又名论两性间的交往》, 274—275
Walpole, Horace, 贺拉斯·沃波尔:
 on Africa, ~论非洲, 354
 Anecdotes of Painting in England,《英国绘画轶事》, 92
 Castle of Otranto,《奥特兰托城堡》, 227, 291
 Hannah More and, 汉娜·摩尔与~, 467
 on mountains, ~论山脉, 314
Walpole, Sir Robert, 1st Earl of Orford, 第一代奥尔福德伯爵, 罗伯特·沃波尔爵士, 15, 33, 38, 189
Walsh, John, 约翰·沃尔什, 270
Warburton, William, Bishop of Gloucester, 格洛斯特主教威廉·沃伯顿, 67, 98, 111, 237
 Divine Legation of Moses,《摩西的神圣使命》, 233
Ware, Hertfordshire, 赫特福德郡沃尔, 455
Warltire, John, 约翰·瓦尔泰尔, 143—134
Warner, Revd Richard, 理查德·沃纳牧师, 370
Warrington Academy, 沃灵顿学院, 408
Warton, Joseph, 约瑟夫·沃顿:
 The Enthusiast...,《狂热者, 又名自然的爱好者》, 281
Warton, Thomas, 托马斯·沃顿:
 History of English Poetry,《英国诗歌史》, 92
Washington, George, 乔治·华盛顿, 146
Watchman,《守望者》, 462
water technology, 水利技术, 430
Waterland, Daniel, 丹尼尔·沃特兰:
 Advice to a Young Student,《给青年学生的建议》, 68
Watt, James, 詹姆斯·瓦特, 91, 431, 435, 436
Watts, Isaac, 以撒·华滋:
 on John Locke, 论约翰·洛克, 342
 Logic,《逻辑》, 68
 Treatise on the Education of Children...,《论儿童和青年的教育》, 348
Watts, William, 威廉·沃茨, 375—376
wealth, 财富, 172—173, 174, 180, 189—190, 193—194, 199, 248—249, 266—267
 attitudes to, 对~的态度, 384, 388
 the Church on, 教会论~, 384—385, 388
 generation of, ~的生成, 391—393
 human acquisitiveness, 人的贪婪, 172—173, 174, 180, 390
 Adam Smith on, ~论财富, 389, 391—393
 trade as source of, 作为~之源的贸易, 383—396
 另见经济发展, 私有财产
Weber, Max, 马克斯·韦伯, 297
Webster, John, 约翰·韦伯斯特, 221
Wedgwood, Josiah, 乔赛亚·韦奇伍德, 428, 432
 Address to the Young Inhabitants of the Pottery,《对陶器厂年轻工人的话》, 371
 Etruria works, "伊特鲁利亚工厂", 206, 435
 as an employer, 作为雇主, 371, 431
 on French Revolution, ~论法国革命, 447
 on slavery, ~论奴隶制, 359, 432
 social circle, ~的社交圈, 435, 436, 438
Weekly Mercury(Scotland),《每周信使》(苏格兰), 245
Wenham, Jane, 简·韦纳姆, 222, 223
Wesley, John, 约翰·卫斯理, 85, 128, 225, 482

on Joseph Priestley，论约瑟夫·普利斯特利，409
on sensibility，～论情感，284
Westminster Association，威斯敏斯特协会，403
Westminster Forum，威斯敏斯特论坛，326
Westminster Hospital，威斯敏斯特医院，207
Westminster School，威斯敏斯特学校，143，347，415
Weyer, Johannes，约翰斯·韦耶，221
Whichcote, Benjamin，本杰明·惠奇科特，99
Whiston, William，威廉·惠斯顿，119，134，138，142，143
White, Gilbert，吉尔伯特·怀特，98
  Natural History... of Selborne，《塞尔伯恩自然史与古代史》，298
Whitehurst, John，约翰·怀特赫斯特，206，430
Wilberforce, William，威廉·威尔伯福斯，399
  as anti-reform，作为反对改革者，469—470
  as MP，作为议员，469
  Practical View of the Prevailing Religious System...，《关于与真正基督教相比的本国上流社会和中等阶层中自称基督徒者之盛行信仰体系的实际观点》，469—470
Wilkes, John，约翰·威尔克斯，37，38
  Essay on Woman，《妇女论》，272
  on liberty，～论自由，xx，401—402
Wilkins, John, Bishop of Chester，切斯特主教约翰·维尔金斯，236
William III (of Orange)，King of England, Scotland and Ireland，英格兰、苏格兰与爱尔兰国王（奥兰治的）威廉三世，27—28，190
Williams, David，大卫·威廉姆斯，404，406
Williams, Helen Maria，海伦·玛利亚·威廉姆斯，337
Williams, Dr John，约翰·威廉姆斯博士，240
  An Enquiry... Discovery of America by Prince Madog...，《关于马多克·阿布奥文·圭内斯王子在公元1170年发现美洲这一传统说法的真相探究》，240
Will's coffee house，威尔咖啡馆，36
Wilmot, John, 2nd Earl of Rochester，第二代罗切斯特伯爵，约翰·威尔莫特，272
Winchester (School)，温切斯特学校，143
Witchcraft，女巫：
  attitudes to，对～的态度，219—224，244，372
  in literature，文学中的～，224—225
  另见迷信
Wollaston, William，威廉·沃拉斯顿，8，67，112，116，178
  Religion of Nature Delineated，《自然宗教概论》，112
Wollstonecraft, Mary，玛丽·沃斯通克拉夫特，xxi，4，46，97，278，334—336，398
  on Edmund Burke，～论埃德蒙·柏克，335，449
  criticism of，对～的批评，292，337
  death，～之死，481
  on education for women，～论女性教育，331
  William Godwin and，威廉·葛德文与～，292—293
  on marriage，～论婚姻，329
  Mary，《玛丽》286，335
  Original Stories from Real Life，《源自真实生活的故事》，335
  on progress，～论进步，424，425—426
  as a reviewer，作为评论家的～，335
  on Jean-Jacques Rousseau，～论让-雅克·卢梭，329，424

on sexuality of women, 论妇女的性别, 330—331

Thoughts on the Education of Daughters, 《女教论》, 30, 335

Vindication of the Rights of Men, 《男权辩护》, 335, 449

Vindication of the Rights of woman, 《女权辩护》, 334, 335, 337, 467

women, 女性：
  chastity, 贞洁, 324—325
  childbearing, 生育, 209, 328, 329
  as children/young people, 作为儿童与青年的~, 16
  clubs and societies for, 俱乐部与社团, 326
  culture for, ~文化, 277, 326—327
  discrimination against, 歧视~, 320—325
  emancipation of, ~的解放, 见女权
  female anatomy, ~解剖学, 328, 330
  journals for, ~刊物, 80, 284
  male behaviour towards, 男性对~的行为, 324—325
  as mothers, 作为母亲, 328, 329, 330, 343
  nature of, ~的天性, 328—331, 335, 336
  parents of, ~的父母, 16, 324, 335
  as prostitutes, 娼妓, 271—272, 372—373
  as rational beings, 作为理性生物的~, 332—334
  as readers of novels, 作为小说读者的~, 286—288, 289
  sexual behaviour, 性行为, 172, 275, 330—331
  social life, ~的社会生活, 325—326
  as witches, 作为女巫的~, 219—224, 244, 372
  as writers, ~作家, 278, 284—285, 286, 291—292, 326, 327, 400—401；另见各单独作家条目

women's rights, 女权, xxi, 16, 294, 325—338
  education, 教育, 322, 326, 331, 333, 334, 335, 336, 342, 343, 344, 436
  female attacks on, 女性对~的攻击, 336—338
  for married women, 已婚妇女的~, 274, 320—321, 324, 325, 329, 333—334
  property ownership, 财产所有权, 321
  public position, 公共地位, 324, 325—327, 331—332
  suffrage, 选举权, 336
另见个人自由

Wood, Samuel, 塞缪尔·伍德：
  Strictures on the Gout, 《痛风防治》, 153

Woodforde, Parson James, 伍德福德大牧师, 96, 218

Woodward, John, 约翰·伍德沃德：
  An Essay towards a Natural History of the Earth, 《地球自然史论》, 301

Woolston, Thomas, 托马斯·伍斯顿, 8, 114—115, 116
  Six Discourses, 《神迹六辩》, 114

Wordsworth, William, 威廉·华兹华斯, 133
  on French Revolution, ~论法国革命, 447
  Lyrical Ballads, 《抒情歌谣集》, 366
  Prelude, 《序曲》, 291, 447

working class, 劳动阶层, 19, 146, 206—207, 211—213, 266—267, 364—382, 433
  advancement for, 为~带来的提升, 365, 370—371
  attitudes to, 对~的态度, 364—365, 367—370, 373—374, 381—382
  crime among, ~中的犯罪行为, 377
  drunkenness among, ~的酗酒行为, 371—372

education for, ~的教育, 346, 347, 370—371, 377—378, 433—434
folk culture, 民间文化, 365—366
language, ~的语言, 370
Poor Laws, 济贫法, 214, 376—378, 381, 413
popular culture, 大众文化, 218, 266, 277, 365—366, 381—382, 434
population levels, 人口水平, 379—381
poverty among, ~中的贫困, 19, 227, 374—378, 450—451, 454, 472, 473
prostitution among, ~的中卖淫行为, 271—272, 372—373
as radicals, 作为激进分子的~, 449, 451, 452
as servants, 作为仆人的~, 364—365, 370
wage levels, ~的工资水平, 377
workhouses, 劳动救济所, 378—379
另见乡村生活
Worthington, William, 威廉·沃辛顿, 74, 236
Wotton, William, 威廉·沃顿:
Reflections upon Ancient and Modern Learning,《反思古代和现代学问》, 52—53
Wright, Joseph (Wright of Derby), 约瑟夫·赖特, 德比的赖特, 316, 430—431
Arkwright's Mill...,《阿克赖特的磨坊：对马特洛克附近克劳姆福德的考察》, 316, 431
Experiment... in the Air Pump,《气泵里的鸟实验》, 350

York, 约克郡, 40, 73
York Agricultural Society, 约克农业协会, 307
York Retreat, 约克休养所, 217
Young, Arthur, 阿瑟·扬, 41, 241, 308—309, 377, 429, 465
as editor of *Annals of Agriculture*, 作为《农业年鉴》编辑的~, 308
on enclosure, ~论圈地运动, 309, 317
on industrialization, ~论工业化, 315
Young, Edward, 爱德华·扬, 99
The Complaint (Night Thoughts),《哀怨：夜思录》, 303—304
Conjectures on Original Composition,《对于原始创作的猜想》, 280
Young, William, 威廉·扬, 45
young people, 青年人, 见儿童与青年人条目

英国史前沿译丛

H. T. 狄金森　钱乘旦　刘北成 主编

《1660—1832 年的英国社会》　　　　　　〔英〕J. C. D. 克拉克
《十八世纪英国的大众政治》　　　　　　〔英〕H. T. 狄金森
《英国人：国家的形成，1707—1837 年》　〔英〕琳达·科利
《英格兰景观的形成》　　　　　　　　　〔英〕W. G. 霍斯金斯
《人间烟火：英国近代早期的经济生活，1470—1750 年》
　　　　　　　　　　　　　　　　　　　〔英〕基思·赖特森
《创造现代世界：英国启蒙运动钩沉》　　〔英〕罗伊·波特
《权力的支柱：战争、金钱与英国的崛起，1688—1783 年》
　　　　　　　　　　　　　　　　　　　〔英〕约翰·布鲁尔
《没有民主的政治》　　　　　　　　　　〔英〕迈克尔·本特利

图书在版编目(CIP)数据

创造现代世界:英国启蒙运动钩沉/(英)罗伊·波特著;李源,张恒杰,李上译. —北京:商务印书馆,2022 (2022.12重印)
(英国史前沿译丛)
ISBN 978-7-100-20487-3

Ⅰ.①创… Ⅱ.①罗… ②李… ③张… ④李… Ⅲ.①启蒙运动—研究—英国 Ⅳ.①K561.3

中国版本图书馆 CIP 数据核字(2021)第 231804 号

权利保留,侵权必究。

英国史前沿译丛
创造现代世界
英国启蒙运动钩沉

〔英〕罗伊·波特 著
李源 张恒杰 李上 译
刘北成 校

商务印书馆出版
(北京王府井大街36号 邮政编码100710)
商务印书馆发行
北京冠中印刷厂印刷
ISBN 978-7-100-20487-3

2022年2月第1版 开本710×1000 1/16
2022年12月北京第2次印刷 印张51½
定价:228.00元